August Strindberg
Werke
in zeitlicher Folge

Frankfurter Ausgabe

Herausgegeben von Angelika Gundlach
in Zusammenarbeit mit Lars Dahlbäck
Olof Lagercrantz · Klaus von See
Unter Mitwirkung von Walter Baumgartner
Horst Brandl · Alken Bruns
Wolfgang Butt · Helmut Müssener
Wolfgang Pasche · Jörg Scherzer

Insel Verlag

August Strindberg
Werke
in zeitlicher Folge

Vierter Band
1886

Herausgegeben von Horst Brandl
und Jörg Scherzer
Übersetzt von Hans-Joachim Maass
und Jörg Scherzer

Insel Verlag

Die Frankfurter Ausgabe wurde durch Zuschüsse
des Svenska institutet, Stockholm, gefördert.

Erste Auflage 1984
© dieser Ausgabe Insel Verlag Frankfurt am Main 1984
Satz und Druck: MZ-Verlagsdruckerei GmbH, Memmingen
Printed in Germany

Zeittafel

Februar 1886	Strindberg wohnt mit seiner Familie in einer Pension in Grez-par-Nemours bei Paris. Seine wirtschaftliche Lage ist äußerst angespannt. Nach Beendigung von *Unter französischen Bauern I* teilt Strindberg Albert Bonnier den Plan zu *Der Sohn der Magd* mit (19. 2.).
März 1886	Nach einer Geldsammlung schwedischer Freunde kann die Familie Strindberg ein Haus beziehen (14. 3.). Beginn der Arbeit an Teil I von *Der Sohn der Magd*.
April 1886	Teil I von *Der Sohn der Magd* am 24. 4. an Albert Bonnier abgeschickt. Erweiterung von *Heiraten II*.
Mai 1886	Übersiedlung nach Othmarsingen im Aargau. Intensiver Gedankenaustausch mit Verner von Heidenstam auf Schloß Brunegg. *Lettres de Stockholm* in der Revue Universelle, Paris (bis Juli). Beginn der Arbeit an Teil II von *Der Sohn der Magd*. Teil I erscheint in einer Auflage von 4000 Exemplaren (29. 5.).
Juni 1886	Teil II abgeschlossen. Beginn der Arbeit an Teil III. Ende Juni erwähnt Strindberg den Plan zu zwei Gegenwartsstücken. Druckfassung von *Heiraten II* fertiggestellt. Besuch Gustaf Steffens in Othmarsingen. Plan einer Frankreichreise zur Erforschung der französischen Bauern. Teil III von *Der Sohn der Magd* abgeschlossen.
August 1886	Übersiedlung nach Weggis am Vierwaldstättersee. Beginn der Arbeit an *Marodeure*. Fertigstellung des ersten Aktes. Beginn der Arbeit an Teil IV von *Der Sohn der Magd*. *Höhere Zwecke* in der Neuen Freien Presse erschienen (17. 8.). Be-

	ginn der Frankreichreise (30. 8.). Die Aufzeichnungen werden für *Unter französischen Bauern II*, *Autopsien und Interviews* verwendet.
September 1886	Rückkehr Strindbergs nach Weggis (19. 9.). Weiterarbeit an Teil IV von *Der Sohn der Magd*. Teil II erscheint in einer Auflage von 4000 Exemplaren (27. 9.). Übersiedlung nach Gersau am Vierwaldstättersee (30. 9.).
Oktober 1886	Weiterarbeit an Teil IV. *Heiraten II* erscheint in einer Auflage von 5000 Exemplaren bei Isidor Bonnier.
November 1886	Die von Siri von Essen und mit dem Selbstauslöser aufgenommenen »Impressionistenfotografien«, die als Album verlegt werden sollen, werden von Bonnier abgelehnt. Strindberg schreibt noch einmal den Artikel *Das letzte Wort in der Frauenfrage*, dessen vermutlich im Juni/Juli entstandenes Manuskript verlorengegangen war (erscheint im Januar und Februar 1887 in Jörgens Stockholmsbrev und in Politiken). Abschluß von *Marodeure* (30. 11.).
Dezember 1886	*Marodeure* in 10 Exemplaren bei Bonniers gedruckt. Am 31. 12. sendet Strindberg Teil IV von *Der Sohn der Magd* an Albert Bonnier (erscheint 1909).

Der Sohn der Magd

Teil I
Der Sohn der Magd
Entwicklungsgeschichte einer Seele
(1849-1867)

Interview

Interviewer: Was ist das eigentlich für ein Buch, das Sie da vorlegen, mein Herr? Ist es ein Roman, eine Biographie, Memoiren oder was?

Autor: Das steht auf dem Titel: Entwicklungsgeschichte einer Seele 1849-1867. Ich gebe zu, daß da stehen sollte: in Mittelschweden und unter den und den im Buch angegebenen Voraussetzungen: Vererbung von Mutter, Vater und Amme; die Umstände während der Schwangerschaft; die ökonomischen Verhältnisse der Familie; die Weltanschauung der Eltern; die Art des Bekanntenkreises; die Schule und die Lehrer, die Kameraden, die Geschwister, die Dienstboten usw.

Interv.: Es soll also ein physiologischer Roman sein?

Aut.: Nicht Roman und nicht nur physiologisch. Es soll, wie gesagt, sein: die Entwicklungsgeschichte einer Seele 1849-1867, in Mittelschweden ...

Interv.: Jedenfalls etwas ganz Neues?

Aut.: Es gibt ja nichts Neues. Es mag etwas »anderes« sein, eine, mit einem Wort: Die Entwicklungsgeschichte einer ...

Interv.: Eine Apologie, eine confession.

Aut.: Nein, keine Selbstverteidigung oder Bekenntnisse, denn ich muß nichts verteidigen und habe nicht die Absicht, etwas zu bekennen, weil es nicht meine Absicht ist, um Verzeihung zu bitten. Ich beginne (beachten Sie bitte, daß ich sage, beginne) zu glauben, daß der Mensch nicht verantwortlich ist, da ihm der freie Wille zu fehlen scheint.

Interv.: Das klingt vielversprechend für Ihre literarischen und politischen Gegner, mein Herr, wenn Sie nämlich ihnen gegenüber ebenso mild werden wie gegenüber sich selbst.

Aut.: Ebenso mild kann man nicht sein, und sollte es wohl auch nicht, wenn man nämlich, wie ich glaube, die größten und vordringlichsten Verpflichtungen gegenüber sich selbst hat. Daß ich ihnen gegenüber nicht ebenso mild bin, hat auch noch einen anderen Grund.

Interv.: Welchen Grund?

Aut.: Diesen: daß ich recht habe und sie unrecht, und daß sie mir also unrecht tun, ich ihnen aber recht.

Interv.: Mein Herr, woher wissen Sie, daß Sie recht haben?

Aut.: Das schließe ich aus triftigen Gründen. Nur die Zukunft kann urteilen.

Interv.: Sie als Individuum, mein Herr, glauben gegen die Gesellschaft recht zu haben.

Aut.: Jedes Individuum ist ein Repräsentant; und ich repräsentiere die Individuen, die der gegenwärtigen Gesellschaft gegenüber recht haben.

Interv.: Wer hat Sie zum Repräsentanten gewählt, mein Herr?

Aut.: Ich bin nicht gewählt worden, aber ich hätte gewählt werden können, wenn ich Schwierigkeiten hätte machen wollen, doch das konnte ich nicht wollen. Im übrigen sollten Sie, mein Herr, als Monarchist nicht vom unberechtigten Auftreten eines Individuums gegenüber der Gesellschaft reden, nachdem der König, der ein Individuum ist, ein Veto gegen die *gewählten* Repräsentanten der Gesellschaft hat, was Sie, mein Herr, für richtig halten!

Etwas anderes: ich bin kein »Individuum gegen die Gesellschaft«, ich bin nur ein Individuum gegen die gegenwärtige Gesellschaft. Ich bin im Gegenteil ein Individuum *für* die Gesellschaft, die kommende nämlich.

Interv.: Das klingt gar nicht so dumm; aber Sie hoffen demnach, daß die kommende Gesellschaft es Ihnen, mein Herr, danken wird?

Aut.: Ich glaube nicht, daß die kommende Gesellschaft irgend jemandem danken wird, aus dem Grund, daß die kommende Gesellschaft nicht nach dem Motiv der Person, sondern nach dem Nutzen der Tat urteilt.

Interv.: Na, und warum schimpfen Sie dann, mein Herr?

Aut.: Weil ich nicht anders kann. Warum ich nicht anders kann, das ist in meinem Buch nachzulesen.

Interv.: Also wie Jago sagt: ich kann nicht leben, wenn ich nicht kritisieren darf?

Aut.: Genauso!

Interv.: Und die Motive müssen demnach gleichgültig sein?

Aut.: Total!
Interv.: Sie geben zu, mein Herr, daß Ihre Motive egoistisch sind.
Aut.: Ja! Eine Zeitlang habe ich mir eingebildet, ich sei ein mächtiger Altruist, aber das war vielleicht ein Irrtum. Ich schimpfe nicht, um direkt etwas zu erreichen, denn ich will weder Reichstagsabgeordneter werden, noch Minister, noch reich; ich stehe mir selbst in der Sonne, sagt man, und ich hätte sowohl Reichstagsabgeordneter als auch wohlhabend werden können, wäre ich fähig, dies zu wollen. Mein Egoismus ist also von der Art, daß er letztlich allen nützt, außer mir selbst; vielleicht haben, wenn es hoch kommt, meine Kinder etwas davon, wenn sie andere Luft atmen können, aber daran denke ich selten.
Interv.: Aber ich finde, mein Herr, daß Sie den Helden in Ihrem Buch in vorteilhaftem Licht dargestellt haben.
Aut.: Das kann ich nicht finden. Er ist ja nach Ihren Begriffen ein lasterhafter, feiger, neidischer, selbstgefälliger, hochmütiger, ungehorsamer, unmoralischer, gottloser Lümmel; ist das so vorteilhaft?
Interv.: Ja, aber dann ist es zumindest dumm, den Helden so zu schildern. Sie nehmen auf diese Weise doch Ihrer gesamten Schriftstellertätigkeit ihre Wirkung?
Aut.: Das kann ich nicht glauben. Man nimmt doch die Wahrheiten nicht an, weil sie von Herrn Strindberg ausgesprochen werden, sondern weil sie sich als wahr erweisen. Und im übrigen, wer hat Luthers nützliche Wirkung geleugnet, weil er in Verdacht stand, eine Geschlechtskrankheit zu haben (ja, das läßt Schück in seinem Buch über Shakespeare durchblicken!), oder verwirft man etwa Luthers Reformation, weil er auch das Nebenmotiv hatte, heiraten zu wollen. Wer fragt, ob Edison schlechte Geschäfte machte, bevor er das Telefon lobt; was spricht dagegen, daß Lassalle die alte Nationalökonomie entlarvt und sich für den Arbeiter interessiert hat, obwohl er Austern und schöne Frauen liebte; wer erfreut sich nicht an den Romanen Walter Scotts, obwohl der Autor tatsächlich des Geldes wegen schrieb, um das Schloß seiner Väter zurückkaufen zu können, oder an Tegnérs Dichtungen, obwohl er Onanist war? Gambetta hat die Französische Republik gerettet, obwohl er

auch eine Million durch Aktienspekulationen verdient hat; L.O. Smith hat dem schwedischen Arbeiter genützt, obwohl er ihn benutzt hat; C.O. Berg hat der Abstinenzlerbewegung genützt, obwohl er eine Schlächterei betrieben hat.

Interv.: Ja, aber Lehre und Lebenswandel müssen doch eins sein.

Aut.: Wie sollten sie das können? Bei euch Christen sollten sie es, aber bei uns Heiden gibt es keinen Grund. Ich habe einmal geglaubt, ich könnte Abstinenzler werden, aber ich bin dazu verurteilt zu trinken, so lange ich lebe, weil meine Vorväter seit Olims Zeiten getrunken haben. Das hindert mich nicht daran, den Nutzen der Mäßigkeit einzusehen (das Abstinenzlertum ist ein Irrtum) und sie sogar zu befürworten. Wir Atheisten haben also das Recht auf größere Forderungen an euch Christen als ihr an uns. Fangt darum an, die persönliche Perspektive abzulegen, dann machen wir weiter. Eher fange ich nicht an.

Interv.: Ich möchte jetzt auf das Buch zurückkommen. Es ist kein Roman; es muß also etwas Neues sein.

Aut.: Wenn Sie mich unbedingt mit dieser Leimrute fangen wollen, dann sagen Sie ruhig neu. Es ist ein Versuch in Zukunftsliteratur.

Interv.: Hätte ich mir denken können!

Aut.: Zola selbst hat in seinem letzten Roman L'Œuvre geahnt, daß seine Methode bereits Evolution verlangt. Er hält seine Bücher, trotz aller Wahrheitsliebe, für »verlogen«. Ja, in welcher Beziehung der Impressionist Manet, den er im genannten Buch schildert, zu Rougon-Macquart steht, begreife ich nicht, und die Vererbung ist in letzter Zeit total verschwunden. Außerdem liegt Manets Tätigkeit außerhalb des Zweiten Kaiserreichs und jenseits davon. Ich halte Zola nach wie vor für den Meister im Europa der Gegenwart, glaube aber, daß er den Einfluß des Milieus zuweilen überschätzt hat. Wenn eine Frau in einer Orangerie verführt wird, muß man die Verführung deshalb noch nicht in Zusammenhang mit allen Topfpflanzen bringen, die sich darin befinden, und sie aus diesem Grunde aufzählen. Von anderer Bedeutung ist dagegen die Möblierung des Elternhauses, da sie die allgemeine wirtschaftliche Lage der Familie angibt, und die Bücher im Bücherschrank des Elternhauses sind für die erste Entwicklung einer literarischen Person nicht unwesentlich. Des weiteren glaube ich, daß das ausführlich geschilderte Leben eines Menschen wahrer und aufschlußreicher ist als das einer ganzen Familie. Wie soll man wissen, was in den Hirnen anderer vor sich geht, wie soll man die komplizierten Motive der Tat eines anderen kennen, wie kann man wissen, was diese und jene in einem vertraulichen Augenblick gesagt haben? Ja, man konstruiert. Doch bis jetzt ist die Homologie, die Wissenschaft vom Menschen, wenig gepflegt worden von den Schriftstellern, die sich mit dürftigen Kenntnissen in der Psychologie an Schilderungen des so wohlverborgenen Seelenlebens herangewagt haben. Man kennt nicht mehr als ein Leben, sein eigenes. Der Vorteil, sein eigenes zu schildern, ist der: man hat es mit einer sympathischen Person zu tun, nicht wahr, und so sucht man für ihre Taten stets Motive. Gut! Gerade die Suche nach Motiven war der Zweck dieses Buches.

Interv.: Und die Motive für die Taten der anderen?

Aut.: Die kennt man selten. Entweder läßt man sich zu übertriebener Milde hinreißen, aus Furcht, ungerecht zu sein, oder man wird hart aus Antipathie, Selbstverteidigung und so weiter. Achten Sie indessen genau darauf, ob ich nicht *versucht* habe, gerecht zu sein. Daß ich es nicht ganz konnte, weiß ich, und es tut mir leid, aber denken Sie auch daran, daß die Nebenpersonen letztlich so geschildert werden, wie sie in ihrer Beziehung zu – demjenigen wahrgenommen werden, der über sie schreibt. Sehen Sie doch, wie ich den Vater in seinen vielfältigen Beziehungen schildere: zum Sohn, zur Mutter, zur Stiefmutter, zu den Geschwistern, den Buchhaltern, den Kunden, den Dienstboten, Höherstehenden usw. Ich gebe der Stiefmutter als Ehefrau recht, und bin ihr ausschließlich als Stiefmutter nicht gesonnen, wobei ich als ihr Motiv einschiebe: ihre schiefe Stellung; und ich schlage sogar ein Mittel gegen die Entstehung solcher schiefen Stellungen vor: die Kinder aus dem Haus zu schicken. Also zu ihrem Vorteil!

Interv.: So so, und das soll nun die Zukunftsliteratur sein? Hm! Das ist aber weder schön noch erfreulich.

Aut.: Nein, das nicht, aber es ist bestimmt nützlich. Ich erinnere mich, wie ich als sehr junger Literat, als ich die Mängel der Konstruktionsliteratur bereits durchschaut hatte, mit drei Vierteln Ernst das Projekt einer wirklichen Zukunftsliteratur entworfen habe, die dazu bestimmt ist, Unterlagen für die Geschichte der Seele zu liefern. Diese Literatur sollte aus der Autobiographie jedes Staatsbürgers in einem bestimmten Alter bestehen, anonym und ohne im Text angegebene Namen beim Kommunalarchiv eingereicht.

Das wären Dokumente, nicht wahr. Haben Sie, mein Herr, Pitaval und Feuerbach über das Leben berüchtigter Verbrecher gelesen! Na also. Da gibt es Psychologie. Schade, daß es nur die von sogenannten Verbrechern ist.

Interv.: Sie glauben demnach, mein Herr, daß die Romanliteratur sterben wird?

Aut.: Gewiß! Ich habe nicht vor, sie zu ermorden, aber ich weiß, daß sie im Sterben liegt. Zola hat den letzten Kompromiß mit ihr geschlossen, und scheint sie jetzt durchschaut zu haben. L'Œuvre war kein Roman für mich, der ich Emile Zola hinter Sandor und Edouard Manet hinter Claude Lantier sah und kürzlich das Bild Plein air in Paris gesehen habe. Man liest aber, und das ist ein Symptom, am liebsten Zola, denn man ist sicher, daß sich dies ereignet hat. Warum muß dann arrangiert werden? Die Gerichtsreportagen der Zeitungen sind ohnehin zuverlässiger, und es ist eigenartig zu sehen, wie sie verschlungen werden. Die Unterklasse, die manchmal gesunde Vernunft besitzt, hält sich am liebsten an die volle Wirklichkeit und liest darum nur die Zeitung – oder Märchen. Eine Unterklasse, die Germinal liest, wird sich sicher die Frage stellen: woher weiß der Autor, daß Etienne und seine Geliebte, eingeschlossen in der Grube, dies und jenes gesagt haben? Ja, sehen Sie! Noch schlimmer, wenn die letzten Worte des Selbstmörders referiert werden, ohne daß irgendwelche Zeugen anwesend waren. Wieviel Konvention hat doch noch der Roman. Die Liebeserklärung zum Beispiel. Ich habe mindestens fünfundzwanzig meiner verheirateten Bekannten gefragt, wie sie ihren Heiratsantrag gemacht haben, und sie haben erklärt, daß die Worte »ich liebe dich!« niemals über ihre Lippen gekommen sind.

Wollen Sie noch etwas wissen, mein Herr?
Interv.: Nein danke, das genügt!
Aut.: Schreiben Sie also über mein Buch etwas Nettes. Ich lese es ohnehin nicht, denn ich habe meinen eigenen Kopf. Ich bin der, der ich geworden bin. Wie ich das geworden bin, steht in meinem Buch!

1. Furchtsam und hungrig

Die vierziger Jahre waren vorüber. Der dritte Stand, der sich durch die Revolution von 1792 einige der Menschenrechte erkämpft hatte, war jetzt daran erinnert worden, daß es auch einen vierten und fünften gab, die nach oben wollten. Die schwedische Bourgeoisie, die Gustav III bei seiner königlichen Revolte unterstützt hatte, war unter der Großmeisterschaft des ehemaligen Jakobiners Bernadotte schon lange in die Oberklasse aufgenommen worden und hatte dazu beigetragen, ein Gegengewicht gegen den Adels- und den Beamtenstand zu bilden, die Karl Johan mit seinen Unterklasseninstinkten haßte und verehrte. Nach den achtundvierziger Konvulsionen wurde die Bewegung von dem aufgeklärten Despoten Oscar I übernommen, der eingesehen hatte, daß der Evolution nicht zu widerstehen war, und der sich darum die Ehre nicht entgehen lassen wollte, die Reformen durchgeführt zu haben. Er verpflichtet sich die Bürger durch Gewerbefreiheit und Freihandel, mit gewissen Einschränkungen natürlich, entdeckt die Macht der Frau und bewilligt den Schwestern das gleiche Erbrecht wie den Brüdern, ohne gleichzeitig die Belastungen der Brüder als künftige Familienversorger zu erleichtern. Im Bürgerstand findet seine Regierung Unterstützung gegen den Adel unter Hartmansdorff und gegen die Geistlichkeit, welche die Opposition bilden.

Noch beruht die Gesellschaft auf Klassen, leidlich natürlichen Gruppierungen aufgrund von Gewerbe und Tätigkeiten, die sich gegenseitig in Schach halten. Dies System erhält, zumindest in den oberen Klassen, eine gewisse Scheindemokratie am Leben. Man hat die gemeinsamen Interessen, die die oberen Kreise verbinden, noch nicht entdeckt, und noch gibt es die neue Schlachtordnung nach Ober- und Unterklasse nicht.

Darum existieren in der Stadt noch keine besonderen Viertel, in denen die Oberklasse das gesamte Haus bewohnt, abgeschieden durch hohe Mieten, feine Treppenhäuser und strenge Portiers. Darum ist das Haus am Klara Kirchhof, trotz seiner vorteilhaften Lage und hohen Besteuerung, noch zu Beginn der fünfziger Jahre eine recht demokratische Familistère. Das Gebäude bildet ein Geviert um einen Hof. Der Flügel zur Straße hin wird im Erdgeschoß vom Baron bewohnt; im ersten Stock vom General; im zweiten Stock vom Justizrat, dem Hausbesitzer; im dritten Stock vom Kolonialwarenhändler und im vierten Stock vom pensionierten Küchenmeister des seligen Karl Johan. Im linken Hofflügel wohnt der Schreiner, der Hauswart, ein armer Teufel; im zweiten Hofflügel wohnen der Lederhändler und zwei Witwen; im dritten Flügel wohnt die Kupplerin mit ihren Mädchen.

Im dritten Stock erwachte der Sohn des Kolonialwarenhändlers und der Magd zu Selbstbewußtsein und Bewußtsein des Lebens und seinen Pflichten. Seine ersten Wahrnehmungen, so wie er sich später an sie erinnerte, waren Furcht und Hunger. Er fürchtete sich im Dunkeln, fürchtete sich vor Schlägen, fürchtete sich davor, es jedem nicht recht zu machen, fürchtete sich, hinzufallen, sich zu stoßen, im Wege zu sein. Er fürchtete sich vor den Fäusten der Brüder, den Kopfnüssen der Mägde, den Rüffeln der Großmutter, fürchtete sich vor der Rute der Mutter und dem Rohrstock des Vaters. Er fürchtete sich vor dem Kalfaktor des Generals, der mit Pickelhaube und Faschinenmesser unten im Treppenhaus stand, fürchtete sich vor dem Hauswart, wenn er am Müllkasten auf dem Hof spielte, fürchtete sich vor dem Justizrat, dem Hauswirt. Über ihm Machthaber mit Privilegien, von den Altersvorrechten der Brüder bis hinauf zum obersten Gerichtshof des Vaters, über dem freilich noch der Hauswart stand, der einen immer an den Haaren zog und mit dem Hausbesitzer drohte, welcher meist unsichtbar blieb, weil er auf dem Land wohnte und vielleicht darum der Meistgefürchtete war. Über ihnen allen aber, selbst über dem Kalfaktor mit der Pickelhaube, stand der General, vor allem dann, wenn er in Uniform, mit dreieckigem Hut und Plumagen, ausging. Das Kind wußte nicht, wie ein König aussah, doch es wußte, daß der General zum König ging. Die Dienstmädchen erzählten außerdem oft Märchen über den König und zeigten ihm die Meerkatze des Königs. Die Mutter sprach ihm auch das Abendgebet an Gott vor, doch eine klare Vorstellung von Gott konnte er nicht bekommen, außer, daß dieser unbedingt höher stehen mußte als der König.

Diese Furcht war vermutlich nicht etwas dem Kind Eigentümliches, falls nicht die Stürme, die den Eltern widerfahren waren, als er noch im Mutterleib getragen wurde, einen besonderen Einfluß auf ihn gehabt hatten. Und gestürmt hatte es erheblich. Drei Kinder waren vor der Ehe geboren worden, und Johan wurde bereits zu Beginn der Aufgebotszeit geboren. Er war vermutlich kein Wunschkind, um so weniger, als seiner Geburt ein Konkurs vorausgegangen war, so daß er in einem geplünderten, ehemals wohlhabenden Elternhaus zur Welt kam, wo es jetzt nur noch Bett, Tisch und ein paar Stühle gab. Der Onkel, der Bruder des Vaters, war zur gleichen Zeit gestorben, und er hatte als Feind des Vaters geendet, weil der Vater seine freie Verbindung nicht aufgeben wollte. Der Vater liebte diese Frau, und er zerriß das Band nicht, sondern knüpfte es fürs Leben.

Der Vater war eine verschlossene Natur und besaß vielleicht darum einen starken Willen. Er war Aristokrat von Geburt und Erziehung. Es gab eine alte Ahnentafel, die auf ein adliges Geschlecht im 17. Jahrhundert verwies. Später waren die Vorväter Geistliche gewesen, die ganze Vatersseite aus Jämtland, mit Norweger- und vielleicht Finnenblut. Im Laufe der Zeit war es vermischt worden. Die Mutter des Vaters war deutscher Abstammung, aus einer Schreinerfamilie. Der Vater des Vaters war Kolonialwarenhändler in Stockholm, Chef der Bürgerinfanterie, hoher Freimaurer und ein Verehrer Karl Johans. (Ob die Verehrung dem Franzosen, dem Marschall oder dem Freund Napoleons galt, ist noch unerforscht.) Johans Mutter war eine arme Schneiderstochter, von einem Stiefvater als Dienstmagd ins Leben hinausgeschickt, später Schankmädchen in einem Wirtshaus, und in dieser Stellung wurde sie von

Johans Vater entdeckt. Sie war Demokratin aus Instinkt, sah aber zu ihrem Mann auf, weil er aus »guter Familie« stammte, und sie liebte ihn, ob als Retter, Ehemann oder Familienversorger, das weiß man nicht, und so etwas ist schwer zu rekonstruieren.

Der Vater duzte den Knecht und die Dalkulla und wurde von den Dienstmädchen Patron genannt. Ungeachtet seiner Niederlagen war er nicht zu den Unzufriedenen übergelaufen, sondern verschanzte sich hinter religiöser Resignation: so war es Gottes Wille; und indem er sich in seinem Haus isolierte. Außerdem bewahrte er stets Hoffnung, sich verbessern zu können.

Doch er war von Grund auf Aristokrat, bis in seine Gewohnheiten hinein. Sein Gesicht hatte ein verfeinertes Aussehen angenommen; unrasiert, zarthäutig, das Haar wie Louis-Philippe. Außerdem trug er eine Brille, zog sich stets elegant an und liebte saubere Wäsche. Der Knecht, der seine Stiefel putzte, mußte während dieser Prozedur Handschuhe tragen, denn seine Hände galten als zu schmutzig, um in die Stiefel des Patrons gesteckt werden zu dürfen.

Die Mutter blieb in ihrem tiefsten Inneren Demokrat. Sie war stets einfach, aber reinlich gekleidet. Die Kinder sollten immer ordentlich und sauber sein, mehr aber nicht. Sie ging vertraulich mit den Dienstboten um und bestrafte das Kind, das gegen einen von ihnen unhöflich gewesen war, sofort, ohne Urteil und Ermittlung, auf die bloße Anzeige hin. Zu Armen war sie immer barmherzig, und wie knapp es im Haus auch zuging, nie durfte ein Bettler ohne einen Bissen weggehen. Alle früheren Ammen, vier an der Zahl, kamen oft zu Besuch und wurden dann als alte Freunde empfangen.

Mit ungeheurer Kraft war der Sturm über die Familie hergefallen, und aufgescheucht wie die Hühner waren die verschiedenen Mitglieder zueinandergekrochen, Freunde und Feinde durcheinander, weil sie spürten, daß sie einander brauchten, daß sie einander schützen konnten.

Die Tante hatte zwei Zimmer der Wohnung gemietet. Sie war die Witwe eines berühmten englischen Erfinders und Fabrikbesitzers, der im Ruin geendet hatte. Sie bekam eine Pension, von der sie mit zwei vornehm erzogenen Töchtern lebte. Sie war Aristokratin. Hatte ein glänzendes Haus gehabt, war mit Berühmtheiten umgegangen. Sie hatte ihren Bruder geliebt, seine Ehe mißbilligt, seine Kinder aber hatte sie zu sich genommen, während der Sturm vorüberzog.

Sie trug eine Spitzenhaube, und man küßte ihr die Hand. Sie brachte Neffen und Nichten bei, richtig auf dem Stuhl zu sitzen, anständig zu grüßen und sich gepflegt auszudrücken. Ihre Zimmer wiesen Spuren von früherem Luxus und von zahlreichen und wohlhabenden Freunden auf. Ein gepolstertes Palisandermöbel mit gestricktem Überwurf in englischem Muster. Die Büste des verstorbenen Mannes, im Frack der Wissenschaftsakademie und mit dem Vasaorden. An der Wand ein großes Ölporträt des Vaters in der Majorsuniform der Bürgerwehr. Von ihm glaubten die Kinder immer, er sei König, denn er hatte so viele Orden, die sich später als Freimaurerabzeichen erwiesen.

Die Tante trank Tee und las englische Bücher.

Ein weiteres Zimmer bewohnte der Bruder der Mutter, Krämer am Hötorget, sowie ein Cousin, Sohn des verstorbenen Onkels, Student am Technologischen Institut.

Im Kinderzimmer hielt sich die Großmutter mütterlicherseits auf. Eine strenge Alte, die Hosen flickte, Blusen flickte, das Abc abhörte, Kinder wiegte und ihnen die Ohren langzog. Sie war religiös und kam morgens um acht, nachdem sie bei der Morgenandacht in der Klara Kirche gewesen war. Im Winter hatte sie ihre Laterne bei sich, denn Gaslaternen gab es keine, und die Öllampen waren gelöscht.

Sie hielt sich für sich, liebte wahrscheinlich den Schwiegersohn und dessen Schwester nicht. Die waren zu vornehm für sie. Der Vater behandelte sie mit Achtung, doch nicht mit Liebe.

In drei Zimmern wohnte der Vater mit sieben Kindern und Ehefrau, dazu zwei Dienstboten. Die Einrichtung bestand vor allem aus Wiegen und Betten. Kinder lagen auf Bügelbrettern und Stühlen. Kinder in Wiegen und Betten. Der Vater hatte kein eigenes Zimmer, war aber immer zu Hause. Nahm nie eine Einladung seiner vielen Geschäftsfreunde an, weil er sie nicht erwidern konnte. Ging niemals in Wirtshäuser und niemals ins Theater. Er hatte eine Wunde, die er verbergen und heilen wollte. Seine Zerstreuung war ein Klavier. Jeden zweiten Abend kam die eine seiner Nichten zu ihm, und dann spielte man vierhändig Haydns Symphonien. Nie etwas anderes. Später aber auch Mozart. Nie etwas Modernes. Als die Umstände es dann gestatteten, hatte er noch eine andere Zerstreuung. Er züchtete an den Fenstern Blumen. Doch nur Pelargonien. Warum Pelargonien? Später, als er älter war und die Mutter tot, meinte Johan, stets seine Mutter und dann eine Pelargonie zu sehen oder beide zusammen. Die Mutter war bleich, sie erlebte zwölf Kindbetten, und wurde schwindsüchtig. Ihr Gesicht glich wohl den durchsichtig weißen Blättern der Pelargonie mit ihren Blutstreifen, die unten auf dem Grund dunkler wurden, wo sie eine fast schwarze Pupille bildeten, schwarz wie die der Mutter.

Den Vater sah man nur zu den Mahlzeiten. Traurig, müde, streng, ernst, aber nie hart. Er erschien streng, weil er, wenn er nach Hause kam, stets unvorbereitet in zahlreichen Disziplinarsachen entscheiden sollte, die er nicht beurteilen konnte. Und außerdem bediente man sich seines Namens, um die Kinder zu erschrecken. »Laß das nur Papa hören« war gleichbedeutend mit Prügeln. Er hatte keine sonderlich dankbare Rolle bekommen. Zur Mutter war er immer sanft. Nach den Mahlzeiten küßte er sie stets und dankte ihr für das Essen. Dadurch gewöhnten sich die Kinder unberechtigterweise daran, sie als den Spender aller guten Gaben und den Vater als den allen Übels zu betrachten.

Man fürchtete den Vater. Wenn der Ruf: Papa kommt! zu hören war, rannten alle Kinder los und versteckten sich, oder ins Kinderzimmer, um sich zu kämmen und zu waschen. Am Tisch herrschte unter den Kindern Totenstille, und der Vater sprach nur wenig.

Die Mutter hatte ein nervöses Temperament. Sie brauste auf, wurde aber rasch wieder ruhig. Sie war verhältnismäßig zufrieden mit ihrem Leben, denn sie war auf der sozialen Leiter aufgestiegen und hatte ihre eigene Stellung, die ihrer Mutter und ihres Bruders verbessert. Morgens trank sie den Kaffee im Bett; hatte Ammen, zwei Dienstboten und die Großmutter zu ihrer Hilfe. Vermutlich überanstrengte sie sich nicht.

Für die Kinder aber war sie immer der gute Geist. Sie schnitt

Nietnägel, verband verletzte Finger, tröstete, beruhigte und besänftigte immer dann, wenn der Vater gestraft hatte, obwohl sie der Staatsanwalt war. Das Kind hielt sie für niederträchtig, wenn sie beim Vater »klatschte«, und Achtung erwarb sie sich nicht gerade. Sie konnte ungerecht, heftig sein, zu schnell, auf die bloße Beschuldigung eines Dienstboten hin bestrafen, doch das Kind bekam aus ihrer Hand das Essen, von ihr den Trost, und darum war sie ihm lieb, während der Vater immer ein Fremder blieb, eher ein Feind als ein Freund.

Das ist die undankbare Stellung des Vaters in der Familie. Aller Versorger, aller Feind. Kam er müde, hungrig, düster nach Hause und fand den Fußboden frisch gescheuert und das Essen schlecht zubereitet vor, und erlaubte er sich eine Bemerkung, erhielt er eine kurze knappe Antwort. Er lebte wie auf Gnade in seinem eigenen Haus, und die Kinder versteckten sich vor ihm.

Der Vater war mit seinem Leben weniger zufrieden, denn er war abgestiegen, hatte seine Stellung verschlechtert, verzichtet. Und wenn er die, denen er Leben und Nahrung geschenkt hatte, unzufrieden sah, wurde er nicht fröhlicher.

Doch die Familie an sich ist keine vollkommene Einrichtung. Für die Erziehung hatte niemand Zeit, und sie wurde von der Schule dort fortgesetzt, wo die Dienstmädchen aufgehört hatten. Die Familie war eigentlich eine Volksküche und eine Wasch- und Bügelanstalt, aber eine unwirtschaftliche. Nichts weiter als Essen kochen, auf den Markt, zum Kolonialwarenhändler, zum Milchmann gehen. Waschen, Bügeln, Stärken und Scheuern. So viele Arbeitskräfte im Einsatz für so wenig Menschen. Der Gastwirt, der ein paar hundert verpflegte, benötigte kaum mehr.

Erziehung hieß Rüffel und Knüffe, »Lieber Gott, mach mich fromm« und gehorsam sein. Das Leben empfing das Kind mit Pflichten, nur Pflichten, keinen Rechten. Die Wünsche aller sollten durchgesetzt und die des Kindes unterdrückt werden. Es konnte nichts anfassen, ohne etwas Unrechtes zu tun, nirgendwo hingehen, ohne im Wege zu sein, kein Wort sagen, ohne zu stören. Schließlich wagte es nicht mehr, sich zu bewegen. Seine höchste Pflicht und seine größte Tugend war: ruhig auf einem Stuhl sitzen und still sein.

– Du hast keinen Willen! So hieß es immer. Und damit wurde der Grund zu einem willenlosen Charakter gelegt.
– Was werden die Leute sagen, hieß es später. Und damit war sein Selbst aufgerieben, so daß er niemals er selbst sein konnte, immer von der schwankenden Meinung anderer abhing, und sich nie etwas zutraute, außer in den wenigen Augenblicken, in denen er spürte, wie seine energische Seele unabhängig von seinem Willen arbeitete.

Der Junge war äußerst empfindlich. Weinte so oft, daß er deshalb einen besonderen Spitznamen erhielt. Empfindlich für jede kleine Bemerkung, in ständiger Sorge, etwas falsch zu machen. Jedoch wachsam gegenüber Ungerechtigkeiten, und aufgrund hoher Anforderungen an sich selbst äußerst wachsam gegenüber Vergehen der Brüder. Blieben sie unbestraft, fühlte er sich tief gekränkt; wurden sie zum falschen Zeitpunkt belohnt, litt sein Gerechtigkeitsgefühl. Darum galt er als mißgünstig. In solchen Fällen ging er zur Mutter, um sich zu beklagen. Hie und da wurde ihm Gerechtigkeit zuteil, meist aber die Ermahnung, es nicht so genau zu nehmen. Bei ihm aber nahm man es doch so genau, und ihn forderte man auf, es mit sich selbst genau zu nehmen. Er zog sich zurück und wurde bitter. Dann wurde er schüchtern und zurückhaltend. Versteckte sich im hintersten Winkel, wenn etwas verteilt wurde, und genoß es, übersehen zu werden. Er begann, sich zu kritisieren, und fand Gefallen an der Selbstquälerei. Er war abwechselnd melancholisch und überdreht. Sein ältester Bruder war hysterisch. Wenn man diesen beim Spielen ärgerte, konnte er unter Erstickungsanfällen und konvulsivischem Gelächter zu Boden fallen. Dieser Bruder war der Liebling der Mutter und der zweite der des Vaters. Lieblinge gibt es in allen Familien. Es ist nun einmal so, daß das eine Kind mehr Sympathie auf sich zieht als das andere, warum, das läßt sich niemals feststellen. Johan war niemandes Liebling. Er fühlte das, und es grämte ihn. Die Großmutter aber sah es, und sie nahm sich seiner an. Er sagte ihr das Abc auf und half ihr bei den Kindern. Doch er war mit dieser Liebe nicht zufrieden. Er wollte die Mutter gewinnen. Und er versuchte, sich einzuschmeicheln, stellte sich ungeschickt an, wurde durchschaut und zurückgestoßen.

Im Hause herrschte strenge Manneszucht. Lügen wurden schonungslos verfolgt und Ungehorsam ebenso.

Kleine Kinder lügen oft, aus mangelndem Erinnerungsvermögen.

– Hast du das getan? werden sie gefragt. Nun liegt die betreffende Tat zwei Stunden zurück, und so weit erinnert sich das Kind nicht. Da das Kind die Tat für gleichgültig hielt, mißt es ihr keine Bedeutung bei. Darum können kleine Kinder lügen, ohne es zu wissen, und das muß man beachten.

Sie können auch bald aus Notwehr lügen. Sie wissen, daß ein Nein sie freispricht und ein Ja sie zu Prügeln verurteilt.

Sie können auch lügen, um einen Vorteil zu erlangen. Es gehört zu den ersten Entdeckungen des erwachenden Verstandes, daß ein gut plaziertes Ja oder Nein einen Vorteil bringen kann.

Am häßlichsten ist es, wenn sie sich gegenseitig beschuldigen. Sie wissen, daß das Vergehen bestraft wird, einerlei, an wem. Nun geht es darum, einen Sündenbock zu finden. Das ist die Schuld des Erziehenden. Diese Bestrafung ist reine Rache. Das Vergehen darf nicht bestraft werden, denn das heißt ihm ein weiteres hinzufügen. Der Täter muß korrigiert oder um seiner selbst willen belehrt werden, damit er das Vergehen nicht wiederholt.

Diese Gewißheit, daß das Vergehen bestraft wird, ruft bei dem Kind die Furcht hervor, für den Übeltäter gehalten zu werden, und Johan schwebte in ständiger Furcht, irgendein Vergehen könne entdeckt werden.

Eines Mittags mustert der Vater die Weinflasche, die der Tante gehörte.

– Wer hat den Wein ausgetrunken? fragt er und sieht sich am Tisch um.

Keiner antwortet. Johan aber wird rot.

– Aha, du warst das, sagt der Vater.

Johan, der das Versteck der Weinflasche nie bemerkt hatte, bricht in Tränen aus und schluchzt:

– Ich habe den Wein nicht ausgetrunken.

– Aha, du leugnest auch noch!
Auch noch!
– Warte nur, bis wir mit dem Essen fertig sind.
Die Vorstellung, was er zu erwarten hatte, wenn man mit dem Essen fertig war, und die weiteren Betrachtungen des Vaters über das verstockte Wesen Johans rufen weitere Tränen hervor.
Man steht vom Tisch auf.
– Komm mit, du, sagt der Vater und geht ins Schlafzimmer. Die Mutter folgt.
– Bitte Papa um Verzeihung, sagt sie.
– Ich bin es nicht gewesen, schreit er jetzt.
– Bitte Papa um Verzeihung, sagt die Mutter und packt ihn beim Ohr.
Der Vater hat die Rute hinter dem Spiegel hervorgeholt.
– Lieber Papa, verzeih mir! brüllt der Unschuldige.
Aber jetzt ist es zu spät. Das Geständnis ist abgelegt. Die Mutter hilft bei der Exekution.
Das Kind heult, aus Ärger, aus Zorn, vor Schmerz, aber vor allem wegen der Schande, der Demütigung.
– Bitte Papa jetzt um Verzeihung, sagt die Mutter.
Das Kind sieht sie an, und verachtet sie. Es fühlt sich einsam, verlassen von der, zu der es sich immer geflüchtet hat, um Milde und Trost zu erlangen, so selten aber Gerechtigkeit.
– Lieber Papa, verzeih, sagt er mit verkniffenen lügenden Lippen.
Und dann schleicht er hinaus in die Küche zu Lovisa, dem Kindermädchen, das ihn immer kämmte und wusch, und in ihrer Schürze weint er sich aus.
– Was hast du gemacht, Johan? fragt sie teilnahmsvoll.
– Nichts! antwortet er. Ich bin es nicht gewesen.
Mama kommt hinaus.
– Was hat Johan gesagt? fragt sie Lovisa.
– Er hat gesagt, er ist es nicht gewesen.
– Leugnet er immer noch!
Und nun wird Johan wieder hineingeführt, um zum Geständnis dessen, was er nie getan hat, gefoltert zu werden.

Und nun gesteht er das, was er nie begangen hat.

Herrliche, sittliche Institution, heilige Familie, unantastbare göttliche Stiftung, die Staatsbürger zu Wahrheit und Tugend erziehen soll! Du angeblicher Hort der Tugend, wo unschuldige Kinder zu ihrer ersten Lüge gefoltert werden, wo die Willenskraft von Despotie zerbröckelt wird, wo engstirnige Egoismen das Selbstgefühl töten. Familie, du bist die Heimstatt aller sozialen Laster, die Versorgungseinrichtung aller bequemen Frauen, die Ankerschmiede des Familienversorgers, und die Hölle der Kinder!

Von diesem Tag an lebte Johan in ständiger Unruhe. Weder an die Mutter, noch an Lovisa, noch weniger an die Brüder und am wenigsten an den Vater wagte er sich zu halten. Feinde überall. Gott kannte er bis jetzt nur als »Lieben Gott«, der ihn fromm machte. Er war Atheist, wie das Kind es ist, aber im Dunkel ahnte er wie der Wilde und das Tier böse Geister.

Wer hatte den Wein getrunken? fragte er sich. Wer war der Schuldige, für den er gelitten hatte? Neue Eindrücke, neue Sorgen ließen ihn die Frage rasch vergessen, das empörende Ereignis aber blieb ihm im Gedächtnis.

Er hatte das Vertrauen der Eltern, die Achtung der Geschwister, die Gunst der Tante verloren; Großmutter schwieg. Vielleicht schloß sie aus anderen Gründen auf seine Unschuld, denn sie schalt ihn nicht, doch sie schwieg. Sie hatte nichts zu sagen.

Er war vorbestraft. Vorbestraft wegen Lügens, das im Hause so verabscheut wurde, und wegen Diebstahls, den man gar nicht erst zu erwähnen brauchte.

Der bürgerlichen Ehrenrechte verlustig, verdächtigt, und von den Geschwistern verhöhnt, weil er ertappt worden war. Das alles samt seinen Folgen, die für ihn volle Wirklichkeit waren, gründete sich jedoch auf etwas, das nicht existierte: sein Vergehen.

*

Es herrschte zwar nicht direkt Armut im Haus, aber Übervölkerung. Kindstaufe, Begräbnis, Kindstaufe, Begräbnis. Manchmal zwei Taufen ohne ein Begräbnis dazwischen. Das Essen wurde rationiert und war nicht gerade kräftig: Fleisch sah man nur an Sonntagen. Doch er wuchs tüchtig und war seinem Alter voraus. Man ließ ihn jetzt zum Spielen in den Hof. Dies war, wie üblich, ein steingepflastertes Loch, in das niemals die Sonne kam. Die Schatten erreichten den ersten Stock, tiefer kamen sie nicht. Ein großer Müllkasten, der einer alten Kommode mit Klappe glich, geteert, aber rissig, stand an der einen Wand, auf vier Füßen. Dort hinein wurden Spülschüsseln und Mülleimer geleert, und aus den Rissen rann eine schwarze Sauce in den Hof. Unter dem Müllkasten lebten große Ratten und guckten ab und zu hervor, um hinunter in den Keller zu flüchten. Die eine Hofseite wurde von Holzschuppen und Abtritten begrenzt. Dort war schlechte Luft, Feuchtigkeit und kein Licht. Seine ersten Versuche, den Sand zwischen den großen Feldsteinen aufzugraben, wurden von dem bösartigen Hauswart beendet. Dieser hatte einen Sohn. Johan spielte mit ihm, fühlte sich aber mit ihm nie sicher. Der Junge war ihm an physischer Kraft und an Verstand unterlegen, doch in Streitfragen wußte er stets an seinen Vater, den Hauswart, zu appellieren. Seine Überlegenheit bestand darin, eine Autorität an seiner Seite zu haben.

Der Baron im Erdgeschoß hatte eine Treppe mit Eisengeländer. Es war schön, auf ihr zu spielen, doch alle Versuche, auf das Geländer zu klettern, wurden von einem herausstürzenden Diener unterbunden.

Es war strenge Order erlassen worden, nicht auf die Straße hinauszugehen. Wenn er aber durch die Einfahrt hinauf zum Friedhof sah, hörte er dort oben Kinder spielen. Er sehnte sich nicht danach mitzumachen, denn er hatte Angst vor den Kindern. Am anderen Ende der Gasse sah er den Klara See und die Waschstege. Dort sah es interessant und geheimnisvoll aus, doch er fürchtete sich vor dem See. An den stillen Winterabenden hatte er Hilferufe von Ertrinkenden gehört, die auf dem Eis vor Kungsholmen eingebrochen waren. Dies kam ziemlich oft vor. Man saß im Kinderzimmer um die Lampe. – Still! sagte eines der Dienstmädchen. Alle lauschten. Lange anhaltende Schreie waren zu hören. – Da ertrinkt einer, sagte jemand. Man lauschte, bis es still wurde. Und dann folgte eine Reihe von Geschichten über Ertrunkene.

Das Kinderzimmer lag auf der Hofseite, und von seinem Fenster aus sah man ein Blechdach und einige Bodenräume. Darin standen alte ausrangierte Möbel und anderes Hausgerät. Diese Möbel ohne Menschen wirkten unheimlich. Die Dienstmädchen sagten, es spuke. – Was war das? Spuken. Ja, das konnten sie nicht sagen, doch es waren wohl Tote, die umgingen. So wurde er von den Dienstmädchen erzogen, und so werden wir alle von der Unterklasse erzogen. Das ist ihre unfreiwillige Rache, daß sie unseren Kindern unseren abgelegten Aberglauben vermitteln. Vielleicht ist es das, was die Entwicklung in so hohem Maße behindert, wenn es auch den Klassenunterschied etwas ausgleicht. Warum gibt die Mutter diese ihre wichtigste Tätigkeit aus der Hand, obwohl sie doch vom Vater ernährt wird, damit sie ihre Kinder erzieht. Johans Mutter sprach manchmal das Abendgebet mit ihm, aber meist war es das Kindermädchen. Dieses hatte ihm auch ein altes katholisches Gebet beigebracht, das lautete: »Es ging ein Engel durch unser Land, zwei güld'ne Lichtlein in der Hand«.

Wenn es der Traum des Menschen ist, von der Arbeit erlöst zu werden, dann scheint die Frau durch die Ehe diesen Traum verwirklicht zu haben. Darum steht die Familie als soziale Institution der Herde sehr nahe: das Männchen, das Weibchen und die Jungen, und nicht eine Spur über der Horde, weil Sklaven (Dienstboten) hinzugekommen sind. Darum wird man für die Familie (die Volksküche) erzogen und nicht für die Gesellschaft, falls man überhaupt erzogen wird.

*

Die anderen Zimmer lagen auf den Klara Kirchhof zu. Über den Linden erhob sich das Kirchenschiff wie ein Berg, und auf dem Berg saß der Riese mit dem Kupferhut, der ununterbrochen lärmte, um den Lauf der Zeit anzugeben. Er schlug die Viertelstunden im Diskant und die Stunden im Baß. Um vier Uhr läutete er zur Morgenandacht mit einem kleinen Glöckchen, um acht Uhr läutete er zur Morgenandacht, um sieben Uhr läutete er zum Abendgebet. Er schlug um zehn am Vormittag und um vier am Nachmittag.

Nachts tutete er jede Stunde von zehn bis vier. Er läutete mitten in der Woche zu Beerdigungen, und jetzt während der Cholerazeit läutete er oft. Und an den Sonntagen, ach, da läutete er so, daß die ganze Familie den Tränen nahe war und keiner hörte, was der andere sagte. Das Tuten in der Nacht, wenn er wach lag, war sehr unheimlich. Am schlimmsten aber war das Feuergeläut. Als er nachts zum ersten Mal diesen tiefen dumpfen Klang hörte, fiel er in Schüttelfrost und weinte. Das Haus erwachte immer.

– Es brennt! hörte man jemanden flüstern.

– Wo!

Man zählte die Schläge, und dann schlief man wieder ein, er aber schlief nicht ein. Er weinte. Dann mochte die Mutter zu ihm heraufkommen, ihn zudecken und sagen: Hab keine Angst, Gott beschützt die Unglücklichen schon!

– In dieser Weise hatte er noch nicht an Gott gedacht. – Am Morgen lasen die Dienstmädchen in der Zeitung, daß es auf Söder gebrannt hatte und daß zwei Menschen verbrannt waren.

– Dann war es Gottes Wille, sagte die Mutter.

Zu seinem gesamten ersten Erwachen zum Leben gehörten Glokkenklang, Geläut und Getute. All seine ersten Gedanken und Empfindungen wurden von Trauergeläut begleitet, und seine ersten Lebensjahre in Viertelstundenschläge zerlegt. Dies machte ihn zumindest nicht froh, wenn es auch seinem künftigen Nervenleben nicht die entscheidende Farbe verlieh. Aber wer weiß! Die ersten Jahre sind ebenso wichtig wie die neun Monate zuvor!

*

Mit fünf Jahren kam er in die Vorschule. Er konnte seine Lektionen und las flüssig. Das Zusammensein mit den Kameraden beseitigte die Eintönigkeit des Elternhauses, und der Umgang mit Gleichaltrigen aus anderen Gesellschaftsklassen erweiterte sein Denken, beseitigte die monotone Kritik an Geschwistern und Eltern und verschaffte ihm Erziehung. Viel später, wenn er an diese Zeit zurückdachte, waren nur noch zwei Erinnerungen von Bedeutung vorhanden. Die eine, die ihn später staunen ließ: daß ein siebenjähriger Junge in geschlechtlichen Beziehungen zu einem gleichaltrigen Mädchen gestanden haben sollte. Sein Geschlechtsleben war noch nicht erwacht, so daß er nicht wußte, worum es eigentlich ging; an das Wort, das die Handlung bezeichnete, erinnerte er sich. Das Phänomen soll indessen nicht so einzigartig sein, folgt man dem, was Ärzte in Büchern berichten, und seine eigenen späteren Beobachtungen an Bauernkindern ergaben, daß diese Angabe zumindest glaubwürdig war.

Das zweite war dies: ein Junge hatte an eine Schiefertafel einen Mann gezeichnet und Gott darunter geschrieben, wofür er bestraft wurde. Dieser Junge, der bereits Gebete kannte und Religionsunterricht gehabt hatte, besaß also keinen höheren Begriff vom höchsten Wesen als den, der in jener Gott Vater darstellenden und vor den Zehn Geboten im Katechismus abgedruckten Zeichnung Ausdruck fand. Der richtige Gottesbegriff scheint also nicht angeboren zu sein, und wenn er demzufolge durch die Erziehung erworben werden muß, sollte das Lehrbuch der Regierung nicht solche primitiven Vorstellungen wie die eines alten Mannes vermitteln, der nach sechs Tagen Arbeit Ruhe braucht.

*

Alle Kindheitserinnerungen lehren, wie teils die Sinne zunächst erwachen und die lebendigsten Eindrücke absorbieren, wie die Gefühle durch den geringsten Lufthauch angerührt werden, wie sich die späteren Beobachtungen hauptsächlich auf grelle Ereignisse richten, zuletzt auf moralische Umstände, das Gefühl von Recht und Unrecht, Gewalt und Barmherzigkeit beziehen.

Die Erinnerungen sind ungeordnet, verzerrt wie die Bilder im Taumatrop, dreht man aber am Rad, dann verschmelzen sie und ergeben ein Gemälde, das bedeutungslos oder bedeutungsvoll ist, je nachdem.

Eines Tages sieht er große bunte Bilder von Kaisern und Königen in blauen und roten Uniformen, die die Dienstmädchen im Kinderzimmer angebracht haben. Er sieht ein anderes Bild, ein Gebäude darstellend, das in die Luft fliegt und voller Türken ist. Er hört jemanden aus einer Zeitung darüber vorlesen, wie man mit brennenden Kugeln auf Städte und Dörfer in einem fernen Land geschossen hat, und erinnert sich sogar an Einzelheiten wie die, daß die Mutter weint, als von armen Fischern vorgelesen wird, die mit ihren Kindern aus ihren brennenden Hütten müssen. Dies soll vorstellen: Kaiser Nikolaus und Napoleon den Dritten, die Erstürmung Sewastopols und die Bombardierung der finnischen Küste.

Vater ist einen ganzen Tag zu Hause. Man stellt alle Trinkgläser des Hauses auf die Fensterbänke. Füllt die Gläser mit Schreibsand und steckt Stearinkerzen hinein. Am Abend werden alle Kerzen angezündet. Es ist so warm in den Zimmern und so hell. Und Kerzen im Klara Schulhaus und in der Kirche und im Pfarrhof, und aus der Kirche kommt Musik.

Was war das? Die Illumination zur Genesung König Oscars.

Großer Lärm in der Küche. An der Flurtür hat es geläutet, und Mutter wird hinausgerufen.

Dort steht ein Mann in Uniform mit einem Buch in der Hand und schreibt. Die Köchin weint, die Mutter bittet und spricht laut, doch der Mann mit dem Tschako spricht noch lauter.

Das ist die Polizei.

Die Polizei, schallt es durch die ganze Wohnung. Die Polizei. Den ganzen Tag lang spricht man von der Polizei. Der Vater ist auf die Polizei bestellt. Muß er in Arrest? Nein, er muß 3 Reichstaler und 16 Schillinge banko bezahlen, weil die Köchin am Tag einen Eimer mit Spülwasser in den Rinnstein gegossen hat.

Eines Nachmittags sieht er, wie man unten auf der Straße die Laternen anzündet. Eine der Cousinen macht darauf aufmerksam, daß sie kein Öl und keinen Docht haben; nur einen Metallstift. Man zündet die ersten Gaslaternen an.

Er liegt viele Nächte lang im Bett, ohne tagsüber aufzustehen. Er ist müde und schläfrig. Ein schroffer Herr kommt an sein Bett und sagt, er dürfe die Hände nicht auf der Bettdecke haben. Er muß mit einem Löffel scheußliche Sachen einnehmen, er ißt nichts. Im Zimmer wird geflüstert, und die Mutter weint. Dann sitzt er wieder im Schlafzimmer am Fenster. Den ganzen Tag läutet es. Über den Kirchhof werden grüne Bahren getragen. Manchmal steht ein dunkler Menschenhaufen um eine schwarze Kiste herum. Totengräber mit ihren Spaten kommen und gehen. Er muß eine Kupferplatte an einem blauen Seidenband auf der Brust tragen und den ganzen Tag auf einer Wurzel kauen. Das ist die Cholera von 54.

Eines Tages geht er mit einem Dienstmädchen sehr weit weg. Er geht so weit, daß er Heimweh bekommt und nach Mama weint. Das Dienstmädchen geht mit ihm in ein Haus. Sie sitzen in einer dunklen Küche neben einer grünen Wassertonne. Er glaubt, er werde nie mehr nach Hause kommen. Doch sie gehen noch weiter. Vorbei an Schiffen und Prahmen, vorbei an einem häßlichen Ziegelhaus mit langen hohen Mauern, in dem Gefangene sitzen. Er sieht eine neue Kirche, eine lange Allee mit Bäumen, eine staubige Landstraße mit Löwenzahn an den Rändern. Nun trägt ihn das Mädchen. Schließlich kommen sie an ein großes Steinhaus, neben dem ein gelbes Holzhaus mit einem Kreuz darauf steht, und ein großer Hof liegt dort mit grünen Bäumen. Sie sehen weißgekleidete Leute, bleich, hinkend, trauernd. Sie kommen in einen großen Saal mit braungestrichenen Betten. Nur Betten mit alten Frauen darin. Die Wände sind kalkweiß, die Frauen sind weiß, die Bettwäsche ist weiß. Und es riecht so schlecht. Sie gehen an vielen Betten vorbei und bleiben mitten im Raum vor einem Bett auf der rechten Seite stehen. Darin liegt eine jüngere Frau mit schwarzem krausem Haar und weißer Bettjacke. Sie liegt auf dem Rücken. Ihr Gesicht ist ausgemergelt, über Kopf und Ohren hat sie ein weißes Tuch. Ihre mageren Hände sind halb mit weißen Fetzen umwickelt, und die Arme zittern unaufhörlich einwärts, so daß die Fingerknöchel aneinanderreiben. Als sie das Kind sieht, zittern Arme und Knie heftig, und sie bricht in Tränen aus. Sie küßt den Kopf des Jungen. Der Junge fühlt sich nicht wohl. Er ist verlegen und dem Weinen nahe. – Kennst du Kristin nicht mehr? fragt sie. Das schien nicht der Fall zu sein. Und dann trocknet sie die Augen wieder. – Nun beschreibt sie ihre Leiden dem Dienstmädchen, das aus einem Piraten etwas zu essen nimmt.

Die weißen alten Frauen eröffnen jetzt eine halblaute Unterhaltung, und Kristin bittet das Dienstmädchen, nicht zu zeigen, was es im Piraten hat, denn sie sind so neidisch, die anderen. Und darum steckt das Dienstmädchen heimlich einen gelben Reichstaler in das Gesangbuch auf dem Nachttisch. Dem Jungen wird die Zeit so lang. Sein Herz sagt ihm nichts, nicht, daß er das Blut dieser Frau getrunken hat, das einem anderen gehörte, nicht, daß er seinen besten Schlummer an diesem eingesunkenen Busen verbracht hat, nicht, daß diese zitternden Arme ihn gewiegt, ihn getragen, mit ihm getanzt haben, das Herz sagt ihm nichts, denn das Herz ist nur ein Muskel, der Blut pumpt, einerlei aus welchem Brunnen. Aber als er geht und ihre letzten brennenden Küsse empfangen hat, als er endlich, nachdem er sich vor den Frauen und der Krankenschwester verbeugt hat, aus der Krankenluft hinauskommt und unter den Bäumen auf dem Hof einatmet, da fühlt er gleichsam eine Schuld, eine tiefsitzende Schuld, die sich durch nichts anderes begleichen läßt als durch ewige Dankbarkeit und ein wenig Essen aus einem Piraten und einen Reichstaler im Gesangbuch, und er schämt sich, weil er froh ist, von den braungestrichenen Betten des Leidens fortzukommen.

Dies war seine Amme, die noch fünfzehn Jahre lang mit Krämpfen und Auszehrung im gleichen Bett liegen sollte, bis sie starb und die Direktion des Sabbatsberg Krankenhauses ihm sein Bild mit der Schülermütze zurücksandte. Lange Jahre hatte es dort gehangen; nachdem der erwachsene Jüngling ihr schließlich nur noch einmal im Jahr einen Augenblick unbeschreiblicher Freude geopfert hatte, einen Augenblick leichter Gewissensbisse für ihn selbst. Wenn er auch durch sie Fieber im Blut, Nervenkrämpfe bekommen hatte, fühlte er doch eine Schuld, eine repräsentative Schuld, denn persönlich war er ihr nichts schuldig, weil sie ihm nichts anderes geschenkt hatte als das, was sie hatte verkaufen müssen. Daß sie ihr Blut verkaufen mußte, das war das Verbrechen der Gesellschaft. Als Mitglied der Gesellschaft fühlte er sich in gewisser Weise mitschuldig.

Manchmal ist er auf dem Kirchhof. Dort ist alles fremd. Steinkeller mit Deckeln, die Buchstaben und Zeichnungen tragen, Gras, auf das man nicht treten darf, Bäume mit Laub, das man nicht berühren darf. Eines Tages nimmt der Onkel Laub, doch da kommt die Polizei. Das große Gebäude, an dessen Fuß er überall stößt, ist ihm unbegreiflich. Dort gehen Leute ein und aus; von drinnen hört man Gesang und Musik; und es bimmelt und schlägt und läutet. Das Gebäude ist geheimnisvoll. Und im Ostgiebel befindet sich ein Fenster mit einem vergoldeten Auge darauf. – Das ist Gottes Auge! – Das versteht er nicht, doch es ist jedenfalls ein sehr großes Auge, das weit sehen muß.

Unter dem Fenster ist eine vergitterte Kelleröffnung. Der Onkel zeigt den Jungen, daß unten blanke Särge stehen. – Dort wohnt die Nonne Clara. – Wer ist das? – Das weiß er nicht, aber sicher ist es ein Gespenst.

Er steht in einem entsetzlich großen Raum und weiß nicht, wo er ist. Es ist sehr schön hier; alles in Weiß und Gold. Eine Musik wie von hundert Pianofortes erklingt über seinem Kopf, doch er sieht weder die Instrumente noch den Musikanten. Bänke stehen in einer langen Allee, und ganz vorne ist ein Gemälde, vermutlich aus der biblischen Geschichte. Zwei weiße Menschen liegen auf den Knien und haben Flügel, und große Kerzenleuchter stehen dort. Das ist vermutlich der Engel mit den beiden güldnen Lichtlein, der durch unser Land geht. Und dort steht ein Herr in rotem Mantel und kehrt einem stumm den Rücken zu. In den Bänken beugen sich die Menschen, als schliefen sie. – Setzt eure Mützen ab, sagt der Onkel und hält den Hut vor das Gesicht. – Die Jungen sehen sich um, und jetzt sehen sie dicht neben sich einen braungestrichenen eigenartigen Schemel, auf dem zwei Männer in grauen Kutten liegen, mit Kapuzen über dem Kopf; an Händen und Füßen haben sie Eisenketten und neben ihnen stehen Gardisten.

– Das sind Diebe, flüstert der Onkel.

Der Junge findet es unheimlich hier drinnen, rätselhaft, seltsam, unfreundlich und außerdem kalt. Sicher finden das die Brüder auch, denn sie bitten den Onkel, gehen zu dürfen, und er geht sofort.

Unbegreiflich! Das ist sein Eindruck von jenem Kult, der die einfachen Wahrheiten des Christentums anschaulich machen soll. Grausam! Grausamer als die milde Lehre Christi.

Das mit den Dieben ist das Schlimmste. Eisenketten und solche Mäntel!

*

Eines Tages, als warm die Sonne scheint, wird es unruhig im Haus. Möbel werden verschoben, Kästen geleert, hie und da liegen Kleider verstreut. Eines Morgens kurz danach kommen ein Rollwagen und eine Droschke und holen sie ab, und nun verreist man; einige mit Ruderbooten von Röda Bodarne aus, andere in der Droschke. Am Hafen riecht es nach Öl, Talg und Kohlenrauch; die frischgestrichenen Dampfschiffe glänzen in leuchtenden Farben, und Flaggen wehen; Rollwagen rumpeln an den großen Linden vorbei, das gelbe Ballhaus bleibt staubig und häßlich neben dem Holzschuppen zurück. Er würde eine Schiffsreise machen. Zuerst aber besuchen sie den Vater in seinem Kontor. Er ist erstaunt, in ihm einen vergnügten, flotten Mann zu sehen, der mit braungebrannten Dampferkapitänen scherzt und ein schönes gutmütiges Lachen hat. Ja, er ist sogar jugendlich und hat einen Flitzbogen, mit dem die Kapitäne gerne auf die Fenster des Ballhauses schießen. Es ist eng im Kontor, doch sie dürfen an der grünen Barriere vorbeigehen und hinter einem Vorhang ein Glas Porter trinken. Die Buchhalter sind höflich zu ihnen, aber aufmerksam, wenn der Vater sie anspricht. Noch nie hatte er den Vater bei seiner Arbeit gesehen, hatte ihn nur zu Hause als den müden und hungrigen Familienversorger und Richter gesehen, der es vorzog, zusammen mit neun Menschen in drei Zimmern zu leben, statt allein in zweien. Er hatte nur den untätigen, essenden und zeitunglesenden Vater während seiner nächtlichen Besuche zu Hause, hatte nicht den Mann in seinem Wirkungskreis gesehen. Er bewunderte ihn, fühlte aber, daß er ihn jetzt auch weniger fürchtete, und er glaubte, daß er ihn eines Tages gern haben konnte.

Er hatte Angst vor dem Wasser, doch ehe er sich's versieht, sitzt er in einem ovalen Zimmer, Weiß mit Gold, in dem rote Samtsofas stehen. Ein so schönes Zimmer hatte er noch nie gesehen. Doch es lärmt und zittert. Er guckt aus einem kleinen Fenster, und nun sieht er grüne Strände, blaugrüne Wellen, Heuschuten und Dampfschiffe vorüberziehen. Das war wie im Panorama oder so, wie es im Theater sein sollte. An den Stränden marschieren kleine rote Häuser auf und weiße, vor denen grüne Bäume mit Schnee darauf stehen; große grüne Tücher mit roten Kühen darauf surren vorbei, ganz wie in den Weihnachtsschachteln; die Sonne macht eine Drehung, und jetzt fährt man unter Bäume mit gelben Fransen und braunen Raupen, Anlegestege mit wimpelgeschmückten Segelbooten, kleine Häuschen mit Hühnern und einem bellenden Hund davor; die Sonne scheint auf Fensterreihen, die auf der Erde liegen, und Männer und Frauen laufen mit Gießkannen und Harken herum; dann kommen wieder lauter grüne Bäume, die sich über das Wasser neigen, gelbe Badehäuschen und weiße; über seinem Kopf kracht ein Kanonenschuß, der Lärm und das Zittern hören auf; die Strände halten an; über seinem Kopf sieht er eine Steinmauer und Hosen und Röcke von Leuten und eine Menge Schuhe. Er wird die Treppe hinaufgeführt, die ein Geländer aus Gold hat, und er sieht ein großes großes Schloß.

– Hier wohnt der König, sagt jemand.

Dies war Schloß Drottningholm; die schönste Erinnerung seiner Kindheit, die Märchenbücher eingerechnet.

In einem weißen Häuschen auf einem Hügel sind die Sachen ausgepackt worden, und jetzt kugeln die Kinder im Gras herum, in richtigem grünem Gras ohne Löwenzahn wie auf dem Klara Kirchhof. Es ist so hoch, so hell, und Wälder und Buchten grünen und blauen in der Ferne.

Vergessen ist der Müllkasten, vergessen das Schulzimmer mit dem Geruch von Schweiß und Urin, die schweren Kirchenglocken dröhnen nicht mehr, die Totengräber sind fort. Und am Abend läutet es von einem kleinen Glockenturm ganz in der Nähe. Er schaut erstaunt nach der kleinen harmlosen Glocke, die frei in der Luft schwingt und nur leidlich stark über Park und Buchten klingt. Er denkt an die grimmigen Bässe im Turm zu Hause, die er nur einen Augenblick hatte sehen können, wie einen dunklen Schlund, wenn sie aus den Luken herausschwangen.

Am Abend, wenn er müde und frischgewaschen nach allen Schweißbädern einschläft, hört er, wie die Stille in den Ohren klingt, und er wartet vergeblich darauf, die Glocke schlagen und den Turmwächter tuten zu hören.

Und dann erwacht er am nächsten Morgen, um aufzustehen und zu spielen. Er spielt tagein, tagaus, eine ganze Woche lang. Nie mehr ist er im Weg, und es ist so friedlich. Die Kleinen schlafen drinnen, und er ist den ganzen Tag im Freien. Der Vater läßt sich nicht blicken. Am Samstag aber kommt er heraus, und da trägt er einen Strohhut und ist vergnügt, kneift die Jungen in die Wangen und lobt sie, weil sie gewachsen und braun geworden sind. Prügeln wird er nie mehr, denkt das Kind. Doch er begreift nicht, daß dies an etwas so Einfachem liegen konnte wie der Tatsache, daß man hier draußen mehr Platz hatte, und daß die Luft sauberer war.

Der Sommer verging strahlend, hinreißend wie ein Märchen. Unter Pappelalleen silbergeschmückte Lakaien, auf dem See himmelblaue Wikingerschiffe mit richtigen Prinzen und Prinzessinnen, auf den Wegen gelbe Kaleschen, purpurrote Landauer und arabische Pferde im Viererzug, die vor Peitschen so lang wie Zügel herliefen.

Und das Königsschloß mit spiegelnden Böden und Goldmöbeln, Marmorkachelöfen, Gemälden. Der Park mit seinen Alleen wie lange, hohe grüne Kirchen, die Wasserspiele mit seltsamen Figuren aus den Märchenbüchern, das Sommertheater, das rätselhaft blieb, aber als Labyrinth benutzt wurde, der Gotische Turm, immer verschlossen, immer geheimnisvoll, ohne einen anderen Zweck als den, das Echo der Stimmen wiederzugeben.

Im Park wurde er von seiner Cousine, die er Tante nannte, spazierengeführt. Einem gerade erwachsenen schönen Mädchen mit feinen Kleidern und Sonnenschirm. Sie kommen in einen Wald, der düster ist, mit dunklen Tannen, sie gehen ein Stück weiter hinein, noch weiter; jetzt hört man das Gemurmel von Stimmen, Musik und das Klappern von Tellern und Gabeln: Sie stehen vor einem kleinen Schloß, anders als alles andere. Drachen und Schlangen winden sich von den Dachfirsten herunter, Männer mit gelben eirunden Gesichtern schauen mit schwarzen, schrägen Augen und mit Zöpfen im Nacken herab, Buchstaben, die er nicht lesen kann, die an etwas erinnern und doch anders sind als alles andere, kriechen das Dachgesims entlang. Unten am Schloß aber, bei offenen Türen und Fenstern sitzen Kaiser und Könige bei Tisch und essen von silbernen Tellern und trinken Wein.

– Dort sitzt der König, sagt die Tante.

Er bekommt Angst und sieht nach, ob er nicht auf das Gras tritt oder dabei ist, etwas Böses zu tun. Er meint, daß der schöne König, der gutmütige Gesichtszüge hat, mitten durch ihn hindurchsieht, und er will fortgehen. Aber weder Oscar I noch die französischen Marschälle noch die russischen Generäle sehen ihn an, denn sie denken gewiß an den Frieden von Paris, der den orientalischen Krieg beenden soll. Die Polizisten dagegen gehen umher wie brüllende Löwen, und an sie hat er eine unangenehme Erinnerung. Wenn er so einen nur sieht, kommt er sich kriminell vor und denkt an drei Reichstaler und sechzehn Schillinge banko.

Er hat indessen die höchste Offenbarung der Macht gesehen, höher als die der Brüder, der Mutter, des Vaters, des Hauswartes, des Hausbesitzers, des Generals mit den Plumagen, der Polizei.

Ein anderes Mal. Wieder mit der Tante. Sie gehen an einem kleinen Haus neben dem Schloß vorüber. Auf einem sandigen Hof steht ein Mann in Zivil, mit Panamahut und sommerlich gekleidet. Er hat einen schwarzen Bart und sieht kräftig aus. Um ihn herum läuft an einer Leine ein schwarzes Pferd. Der Mann dreht eine Knarre, knallt mit einer Peitsche und feuert Schüsse ab.

– Das ist der Kronprinz! sagt die Tante.

Er sah damals wie ein gewöhnlicher Mensch aus und war angezogen wie Onkel Janne.

Ein anderes Mal, im Park, tief im Schatten der hohen Bäume, bleibt ein Offizier auf einem Pferd stehen. Er macht »Honneur« vor der Tante, zügelt das Pferd, spricht die Tante an und fragt den Jungen, wie er heiße. Er antwortet wahrheitsgemäß, wenn auch etwas schüchtern. Das dunkle Gesicht sieht ihn mit guten Augen an, und er hört ein tiefes dröhnendes Lachen. Dann verschwindet der Reiter.

– Das war der Kronprinz!

Der Kronprinz hatte zu ihm gesprochen.

Er fühlte sich erhoben und gleichsam sicherer. Der schreckliche Machthaber war ja doch freundlich.

Eines Tages erfährt er, daß der Vater und dessen Schwester alte Bekannte eines Herrn sind, der auf dem großen Schloß wohnt, einen dreieckigen Hut trägt und einen Säbel hat. Das Schloß bekommt ein anderes, freundlicheres Aussehen. Er ist mit denen dort oben gewissermaßen bekannt, denn der Kronprinz hat mit ihm gesprochen, und der Vater ist mit dem Bürovorsteher per du. Jetzt begreift er, daß die stattlichen Lakaien unter ihm stehen, insbesondere, als er erfährt, daß die Köchin mit einem von ihnen abends spazierengeht.

Er hat etwas von der sozialen Skala erfahren und entdeckt, daß er zumindest nicht ganz unten steht.

Ehe er sich's versieht, ist das Märchen zu Ende. Der Müllkasten und die Ratten sind wieder da, Hausmeisters Kalle aber macht von seiner Autorität keinen Gebrauch mehr, als Johan das Pflaster aufgraben will; denn Johan »hat mit dem Kronprinzen gesprochen«, und die Herrschaften waren »in der Sommerfrische«.

Der Junge hat aus der Ferne die Herrlichkeit der Oberklasse gesehen. Er sehnt sich dorthin wie nach einem Heimatland, doch das Sklavenblut der Mutter lehnt sich dagegen auf. Aus Instinkt verehrt er die Oberklasse, verehrt sie zu sehr, als daß er zu hoffen wagt, sie zu erreichen. Und er spürt, daß er nicht dorthin gehört. Zu den Sklaven aber gehört er auch nicht. Dies wird eine der Zwiespältigkeiten seines Lebens.

2. Die Dressur beginnt

Der Sturm war vorüber. Die Familienverbindung begann sich aufzulösen. Man konnte allein gehen. Die Übervölkerung aber, das tragische Los der Familie, dauerte an. Der Tod jedoch sortierte aus. Ständig war im Haus schwarzes Einwickelpapier von Beerdigungskaramellen an die Kinderzimmerwände geklebt. Die Mutter war fortwährend im Umstandskleid, und man hatte schon alle Cousinen und Tanten als Paten in Anspruch genommen, so daß man sich nunmehr an Buchhalter, Dampfschiffskapitäne und Gastwirtinnen wenden mußte. Trotzdem schien der Wohlstand allmählich zurückzukehren. Weil der Platz knapp zu werden begann, zog die Familie in eine Vorstadt hinaus, wo man in einem Malmgård in der

Norrtullsgatan sechs Zimmer und Küche bekam. Gleichzeitig tritt Johan im Alter von sieben Jahren in die Höhere Lehranstalt des Stadtteils Klara ein. Das war für kurze Beine ein langer Weg, der viermal täglich zurückgelegt werden mußte, der Vater aber wollte, daß sich die Kinder abhärteten. Dies war richtig und lobenswert, doch hätte so viel unnötiger Muskelverschleiß durch kräftiges Essen wettgemacht werden müssen, dazu aber reichten die Mittel des Hauses nicht, und außerdem konnte die übertriebene Kopfarbeit durch die einseitige Bewegung des Gehens und das Tragen einer schweren Büchertasche nicht aufgewogen werden.

Plus und Minus kamen in ein Mißverhältnis zueinander, und als Folge entstanden neue Zwiespältigkeiten.

*

Am Wintermorgen werden der Siebenjährige und die Brüder im Stockdunkeln vom Hausmädchen geweckt. Er ist nicht richtig ausgeschlafen, sondern hat noch das Schlaffieber im Körper. Vater, Mutter, die kleinen Geschwister und die Dienstmädchen schlafen weiter. Er wäscht sich in kaltem Wasser, trinkt zu einem Brötchen eine Tasse Malzkaffee, wobei er die Endungen der vierten Deklination in Rabes Grammatik durchrast, einen Abschnitt von Josef wird von seinen Brüdern verkauft durchgeht und den Zweiten Artikel nebst Erklärung herunterleiert.

Dann werden die Bücher in die Tasche gestopft, und man geht. Draußen vor der Tür in der Norrtullsgatan ist es noch dunkel. Jede zweite Öllaterne schaukelt in einem kalten Wind an ihrem Seil, und die Schneewehen sind tief. Noch kein Knecht ist draußen gewesen, um Schnee zu schaufeln. Unter den Brüdern kommt es zu kleineren Streitigkeiten über das Marschtempo. Nur Bäckerkarren und Polizisten sind unterwegs. Am Observatorium sind die Schneewehen sehr hoch, was dazu führt, daß Hosen und Stiefel durchnäßt werden. Am Kungsbacken geht man zu einem Bäcker und kauft Frühstücksbrot, ein Brötchen, das gewöhnlich unterwegs gegessen wird.

An der Hötorgsgränden trennte er sich von den Brüdern, die in eine Privatschule gingen. Als er schließlich an die Ecke der Klara Bergsgränd kam, schlug die Glocke, die fatale Glocke von Klara. Seine Beine bekamen Flügel, die Tasche schlug ihm in den Rücken, die Schläfen klopften, das Gehirn hüpfte im heftigen Takt der Pulsschläge. Als er durch die Friedhofspforte trat, sah er, daß die Klassen leer waren. Er kam zu spät.

Die Pflicht war für ihn wie ein abgelegtes Gelübde. »Force majeure«, zwingende Not, nichts konnte ihn davon entbinden. Im Konossement des Seekapitäns steht, daß er sich verpflichtet, die Ware an dem und dem Tage unbeschädigt anzuliefern, »wenn Gott will«. Wenn Gott Sturm oder Schnee schickt, ist er davon befreit. Der Junge aber hatte keine derartigen Vorsichtsmaßnahmen für sich getroffen. Er hatte seine Pflicht versäumt, und er würde bestraft werden: das war alles.

Mit schweren Schritten betrat er die Klasse. Dort war lediglich der Kustos, der ihm entgegenlächelte, und sein Name wurde an die schwarze Tafel geschrieben, unter der Rubrik: Sero.

Eine qualvolle Weile verging, und dann hört man in der Sekunda heftige Notschreie und dichtfallende Schläge eines Rohrstocks. Das ist der Rektor, der seine Razzia vornimmt oder sich an den Zuspätgekommenen Bewegung verschafft. Er bricht in heftiges Weinen aus und zittert am ganzen Körper. Nicht aus Schmerz, sondern wegen der Schande, wie ein Schlachttier oder ein Delinquent aufgelegt zu werden. Dann wird die Tür geöffnet. Er fährt hoch. Doch es ist die Putzfrau, sie will die Lampe putzen.

– Guten Tag, Johan, sagt sie. Bist du zu spät gekommen, du bist doch sonst so ordentlich. Wie geht es Hanna?

Johan teilt mit, daß es Hanna gut geht und daß es in der Norrtullsgatan so stark geschneit hat.

– In die Norrtullsgatan seid ihr gezogen, du lieber Gott.

Jetzt öffnet der Rektor die Tür, und der Rektor kommt herein.

– Naa, du!

– Der Herr Rektor darf zu Johan nicht so streng sein, er wohnt in der Norrtullsgatan.

– Sei still, Karin, sagt der Rektor, und geh!

– Aha, du wohnst also in der Norrtullsgatan? Das ist schon recht weit. Aber pünktlich kannst du trotzdem sein.

Er drehte sich um und ging.

Es war das Verdienst Karins, daß er ohne Prügel davonkam. Und das des Schicksals, daß Hanna zusammen mit Karin beim Rektor in Stellung gewesen war. Die Macht der Beziehungen hatte ihn vor einer Ungerechtigkeit gerettet.

Und dann die Schule und der Unterricht! Ist über Latein und Prügel nicht schon genug geschrieben! Vielleicht! Denn selbst übersprang er in älteren Tagen alle jene Stellen in Büchern, die von Schulerinnerungen handelten, und er mied alle Bücher, die diesen Gegenstand behandelten. Seine schlimmsten Träume als Erwachsener, wenn er abends etwas Schweres gegessen oder einen ungewöhnlich sorgenvollen Tag hinter sich hatte, bestanden darin, daß er sich in der Klara Schule wiederfand.

Nun ist es freilich so, daß der Schüler vom Lehrer ein ebenso einseitiges Bild bekommt wie die Kinder von den Eltern. Der erste Klassenlehrer, den er hatte, sah aus wie der Menschenfresser im Märchen vom Däumling. Er prügelte ständig und sagte, er werde die Kinder so verdreschen, daß sie auf dem Boden kriechen würden, er werde sie dreschen »wie Korn«, wenn sie ihre Lektionen nicht könnten.

So schlimm war es nun wiederum nicht, als daß nicht Johan als Gymnasiast ihn mit den Kameraden besucht und ihm ein Album überreicht hätte, als er Stockholm verließ, und daß nicht der Lehrer beliebt war und als ehrliche Haut galt. Der Mann endete als Bauer und Held in einem Provinzidyll.

Ein anderer galt als Ungeheuer an Bosheit. Er schien wirklich aus Neigung zu prügeln. – Her mit dem Rohr, begann er die Stunde, die dann darauf hinauslief, so viele wie möglich mit nicht gemachten Hausaufgaben zu erwischen. Dieser Lehrer endete damit, daß er sich wegen eines scharfen Zeitungsartikels erhängte. Noch ein halbes Jahr zuvor aber hatte Johan als Student ihn im Ugglevikswald getroffen, und war gerührt gewesen von den Klagen des alten Lehrers über die Undankbarkeit der Welt. Ein Jahr zuvor hatte dieser aus Australien einen Kasten Steine von einem früheren Schüler zu Weihnachten bekommen. Kollegen des grausamen Lehrers sprachen von ihm sogar als von einem gutmütigen Narren, mit dem sie ihre Späße treiben konnten. So viele Standpunkte, so viele Urteile! Noch heute aber können alte Klaristen nicht zusammenkommen, ohne ihr Grauen, ihren Haß über dies Unbarmherzigste in Menschengestalt auszuschütten, während sie gleichzeitig alle anerkannten, daß er ein ausgezeichneter Lehrer war.

Sie wußten es wohl nicht besser, waren wohl so erzogen, die Alten, und wir, die wir doch dabei sind, alles verstehen zu lernen, mögen auch verpflichtet sein, alles zu verzeihen.

Dies änderte nichts daran, daß man die Schulzeit, die erste, als eine Lehrzeit für die Hölle und nicht für das Leben betrachtete, daß die Lehrer zum Quälen, nicht zum Bestrafen dazusein schienen, daß das ganze Leben Tag und Nacht wie ein schwerer drückender Alp auf einem lag, da es nichts nützte, die Hausaufgaben beherrscht zu haben, wenn man zu Hause wegging. Das Leben war eine Strafanstalt für Verbrechen, begangen, bevor man geboren war, und darum hatte das Kind fortwährend ein schlechtes Gewissen.

Aber Johan lernte auch etwas fürs Leben.

Klara war eine Schule für die Kinder besserer Leute, denn die Gemeinde war reich. Der Junge trug Lederhosen und Fahllederstiefel, die nach Tran und Schuhwichse rochen. Darum saß man nicht gern neben ihm, wenn man eine Samtbluse trug.

Er bemerkte auch, daß die ärmlich Gekleideten mehr Prügel bekamen als die Gutgekleideten, ja, die schönen Jungen kamen ganz davon. Wenn er damals Psychologie oder Ästhetik studiert hätte, hätte er dieses Phänomen begriffen, doch damals begriff er es nicht.

Der Examenstag hinterließ eine schöne unvergeßliche Erinnerung. Die alten schwarzen Räume waren sauber gescheuert; die Kinder feiertäglich gekleidet; die Lehrer in Fräcken und mit weißen Halstüchern; der Rohrstock war beiseitegelegt; alle Exekutionen suspendiert. Jubel- und Festtag, an dem man diese Folterkammern betreten konnte, ohne zu zittern. Die Versetzung innerhalb der Klasse, die am Morgen vorgenommen wurde, sorgte indessen für einige Überraschungen, und die Heruntergestuften stellten Vergleiche und Betrachtungen an, die nicht immer das Urteil des Lehrers ehrten. Und die Noten erschienen recht summarisch, was sie wohl auch sein mußten. Doch die Ferien winkten, und bald würde alles vergessen sein. Bei der Abschlußfeier in der Quinta empfingen die Lehrer den Dank und das Lob des Erzbischofs, die Schüler aber Tadel und Ermahnungen. Die Gegenwart der Eltern jedoch, vor allem der Mütter, machte die kalten Räume so warm, und sicherlich stieg ein unfreiwilliger Seufzer: warum konnte es nicht immer so friedlich sein wie an diesem Tag, in den Kindern auf. Die Seufzer sind zum Teil erhört worden, und mittlerweile sieht die Jugend wohl keine Strafanstalt mehr in der Schule, wenn sie auch noch immer keinen klaren Sinn in der vielen unnötigen Lernerei erkennen kann.

Er war in der Schule keine Leuchte, aber auch kein Taugenichts. Da er nur aufgrund seines frühen Wissens durch Dispens in das Gymnasium aufgenommen worden war, nachdem er das erforderliche Alter noch nicht erreicht hatte, war er immer der Jüngste. Bei der Versetzung in die Sekunda, zu der sein Zeugnis ihn berechtigte, wurde er ein Jahr lang in der Klasse festgehalten, um zu reifen. Dies war ein schwerer Rückschlag in seiner Entwicklung. Seine ungeduldige Wesensart litt darunter, ein ganzes Jahr lang alte Lektionen wiederholen zu müssen. Zwar gewann er viel Freizeit, doch sein Lerneifer wurde abgestumpft, und er fühlte sich übergangen. Zu Hause war er der Jüngste, in der Schule auch, doch nur an Jahren, denn der Verstand war älter.

Der Vater hatte offensichtlich seinen Lerneifer bemerkt und wollte ihn anscheinend bis zum Abitur bringen. Er hörte ihn ab, denn er hatte Elementarschulbildung. Einmal aber, als der Achtjährige mit einer lateinischen Explikation kam und um Hilfe bat, mußte der Vater zugeben, daß er kein Latein konnte. Das Kind spürte, daß es überlegen war, und es ist nicht unwahrscheinlich, daß auch der Vater es spürte. Der ältere Bruder, der gleichzeitig mit Johan in der Klara Schule begonnen hatte, wurde hastig heruntergenommen, weil Johan eines Tages der Moniteur des Älteren gewesen war, der sich stehend von dem Jüngeren hatte abhören lassen müssen. Es war unvernünftig vom Lehrer, dies so einzurichten, und klug vom Vater, das Mißverhältnis zu korrigieren.

Die Mutter war stolz auf die Gelehrsamkeit des Sohnes und prahlte damit vor ihren Freundinnen.

In der Familie spukte oft das Wort Student. Beim Studententreffen zu Beginn der fünfziger Jahre war die Stadt von weißen Mützen überschwemmt. – Wenn du erst die weiße Mütze hast! sagte die Mutter. Wurden Studentenkonzerte veranstaltet, sprach man davon mehrere Tage lang. Auch kamen bisweilen Bekannte aus Uppsala nach Stockholm hinunter und erzählten stets vom fröhlichen Studentenleben. Ein Kindermädchen, das in Uppsala Putzfrau gewesen war, nannte Johan den Herrn Studenten.

Mitten in der schrecklichen Geheimnistuerei des Schullebens, in der das Kind nie einen Kausalzusammenhang zwischen der lateinischen Grammatik und dem Leben finden konnte, tauchte für kurze Zeit ein neues geheimnisvolles Element auf, um dann wieder zu verschwinden. Die neunjährige Tochter des Rektors besuchte die Französischstunden. Man setzte sie absichtlich auf die hinterste Bank, damit sie nicht zu sehen war, und sich auf seinem Platz umdrehen, war ein schweres Verbrechen. Sie war aber da und im Raum zu spüren. Das physische Geschlechtsleben des Jungen war noch nicht erwacht, aber er, wie vermutlich die gesamte Klasse, verliebte sich. Die Stunden in dem Fach, an dem sie teilnahm, verliefen immer gut, der Ehrgeiz war angespornt, und niemand wollte in ihrer Gegenwart geprügelt oder gedemütigt werden. Sie war wohl häßlich, aber fein gekleidet. Ihre weiche Stimme, unter denen der im Stimmbruch befindlichen Jungen, drang durch, und das schroffe Gesicht des Lehrers, des Ungeheuers, lächelte, wenn er zu ihr sprach. Wie schön klang es, wenn er ihren Namen aufrief! Und ein Vorname unter all diesen Familiennamen!

Seine Liebe äußerte sich in einer stillen Melancholie. Er konnte nie mit ihr sprechen und hätte es nie gewagt. Er fürchtete sie und sehnte sich nach ihr. Wenn aber jemand gefragt hätte, was er von ihr wolle, er hätte es nicht sagen können. Er wollte nichts von ihr. Sie küssen? Nein, man küßte sich niemals in seiner Familie. Sie berühren? Nein! Sehr viel weniger noch sie besitzen. Besitzen? Was sollte er mit ihr machen? Er spürte, daß er an einem Geheimnis trug. Es quälte ihn so, daß er darunter litt und das ganze Leben sich verdunkelte. Eines Tages nahm er zu Hause ein Messer und sagte: ich will mir den Hals durchschneiden. Die Mutter meinte, er sei krank. Das konnte er ihr nicht sagen. Da war er ungefähr neun Jahre alt.

Wären ebenso viele Mädchen wie Jungen in der Schule gewesen und in allen Stunden, wären wahrscheinlich kleine, unschuldige Freundschaftsbeziehungen entstanden, die Elektrizitäten wären abgeleitet, die Madonnenverehrung wäre reduziert worden, und seine falschen Vorstellungen von der Frau hätten ihn und all die anderen Jungen nicht ihr Leben lang begleitet.

*

Die kontemplative Wesensart des Vaters, seine Menschenscheu nach der Niederlage, das wegen seiner anfangs illegalen Verbindung auf ihm lastende Urteil der Öffentlichkeit, hatten ihn dazu gebracht, sich in die Norrtullsgatan zurückzuziehen. Dort hatte er einen Malmgård gemietet, mit großem Garten, weitläufigem Landbesitz mit Weide, Nebengebäuden, Kuhstall und Orangerie. Das Land und die Bestellung des Bodens hatte er immer geliebt. Schon früher einmal hatte er einen Besitz vor der Stadt gemietet, hatte ihn aber nicht bewirtschaften können. Nun würde er einen Garten haben, vielleicht für sich selbst und für die Kinder zugleich, welche eine Erziehung erhielten, die ein wenig an die des Emile erinnerte. Zwischen langen Plankenzäunen lag das Haus von den Nachbarn abgeschieden. Die Norrtullsgatan war eine baumgesäumte Avenue, die noch keine gepflasterten Trottoirs hatte und wenig bebaut war. Meist befuhren die Straße Bauern und Milchwagen, wenn sie zum Hötorget wollten, oder von dort kamen. Die Leichenwagen, die sich hinaus zum Nya Kyrkogården schleppten, Schlittenpartien zum Brunnsviken, junge Herren, die nach Norrbacka oder zum Stallmästaregården fuhren, waren neben ihnen die häufigsten Benutzer.

Der Garten, der das kleine einstöckige Haus umgab, war weitläufig. Lange Alleen mit mindestens hundert Apfelbäumen und unzähligen Beerensträuchern kreuzten einander. Dichte Lauben aus Flieder und Jasmin waren hier und da angelegt, und eine gewaltige

Eiche stand noch in einer Ecke. Dort war es schattig, geräumig und hinreichend verwildert, um stimmungsvoll zu sein. Östlich des Gartens erhob sich ein Kiesos, das mit Ahornbäumen, Birken und Ebereschen bewachsen war; ganz oben stand ein Tempel aus dem vorigen Jahrhundert. Die Rückseite des Oses war bei einem mißlungenen Kiesabbau aufgegraben worden, bot aber schöne Partien aus mit Hecken bewachsenen Mulden und Gestrüpp aus Weiden und Dornen. Von dieser Seite aus sah man weder die Straße noch das Haus. Von dort erstreckte sich die Aussicht über Bellevue, die Cederdalsberge und den Liljanswald. In weiter Entfernung waren hier einige wenige Häuser zu sehen, Tabakschuppen und Gärten dagegen unendlich viele.

Man würde also das ganze Jahr in der Sommerfrische wohnen, und dagegen hatten die Kinder nichts. Nun durfte er die Geheimnisse und die Schönheiten des Pflanzenlebens aus der Nähe sehen und selbst entdecken, und das erste Frühjahr war eine Zeit wundervoller Überraschungen.

Wenn der Boden mit seiner tiefen Schwärze unter dem weißen und rosa Sonnendach der Apfelbäume frisch umgegraben war, wenn die Tulpen in ihrer orientalischen Farbenpracht leuchteten, dann war es für ihn eine Feier, in den Garten zu gehen, feierlicher als beim Examen oder in der Kirche, die Christmette nicht ausgenommen. Die Folge war ein gesundes körperliches Leben. Die Jungen wurden mit Bootsschrapen losgeschickt, um das Moos von den Bäumen zu kratzen, sie säuberten die Beete und legten Wege an, gossen und harkten. Der Stall wurde von einer Kuh bewohnt, die trächtig war; der Heuhaufen wurde zur Schwimmschule, indem man von den Balken sprang, und das Pferd im Stall wurde zum Brunnen geritten, um getränkt zu werden.

Die Spiele auf dem Os waren wild; Steinblöcke wurden gerollt, Baumwipfel geentert und Streifzüge unternommen.

Man durchstreifte die Wälder und Dickichte des Hagaparks, stieg auf jungen Bäumen in Ruinen hinab und fing Fledermäuse, entdeckte die Eßbarkeit des Sauerklees und der Bergkirsche, plünderte Vogelnester. Schnell wurde auch das Schießpulver erfunden, nachdem Pfeil und Bogen abgelegt waren, und zu Hause an den Hügeln schoß man bald Krammetsvögel. Mit all dem ging rasch eine gewisse Verwilderung einher. Die Schule wurde immer widerwärtiger, und die Stadtstraßen erschienen scheußlicher.

Gleichzeitig begannen die Jugendbücher, die Entzivilisierung voranzutreiben. Robinson war epochemachend und Die Entdeckung Amerikas, Der Skalpjäger und andere zogen einen aufrichtigen Ekel vor den Schulbüchern nach sich.

Die Wildheit nahm während der langen Sommerferien so sehr zu, daß die Mutter der unbändigen Jungen nicht mehr Herr werden konnte. Zunächst wurden sie versuchsweise in die Schwimmschule bei Riddarholmen geschickt, doch der Weg nahm den halben Tag in Anspruch. Schließlich fällte der Vater die Entscheidung, die drei ältesten aufs Land in Pension zu geben, wo sie bis zum Ende der Sommerferien bleiben sollten.

3. Fort von zu Hause

Und so steht er auf dem Vordeck eines Dampfschiffes, weit draußen auf See. Während der Reise ist so viel zu sehen gewesen, daß er keine Traurigkeit empfunden hat. Jetzt aber ist Nachmittag, stets melancholisch wie das beginnende Alter, die Schatten der Sonne fallen so ungewohnt und verändern alles, ohne wie die Nacht alles zu verbergen. Er beginnt, etwas zu vermissen. So leer, verlassen, abgetrennt fühlt er sich. Er will nach Hause, und die Verzweiflung darüber, es nicht unmittelbar zu können, erfüllt ihn mit Schrecken, und er weint. Als die Brüder ihn nach dem Grund fragen, antwortet er, er wolle nach Hause zu Mama. Sie lachen ihn aus. Jetzt aber taucht das Bild der Mutter auf. Er sieht sie ernst, sanft, lächelnd. Hört ihre letzten Worte auf dem Landungssteg: sei gehorsam, und höflich zu allen Leuten, gib auf deine Kleider acht und vergiß dein Abendgebet nicht. Er denkt daran, wie ungehorsam er ihr war, und er fragt sich, ob sie krank ist. Ihr Bild steigt auf, geläutert, verklärt, und zieht ihn an mit den niemals reißenden Banden der Sehnsucht. Diese Sehnsucht nach der Mutter und die Einsamkeit ohne sie verfolgen ihn sein Leben lang. War er zu früh zur Welt gekommen, war er nicht bis zum Ende ausgetragen, was hielt ihn so gefesselt an den Mutterstamm?

Darauf erhielt er niemals eine Antwort, weder in den Büchern noch im Leben, doch die Tatsache blieb bestehen: er wurde niemals er selbst, niemals frei, niemals ein abgeschlossenes Individuum. Er blieb eine Mistel, die nicht wachsen konnte, ohne von einem Baum getragen zu werden; er blieb eine Kletterpflanze, die sich einen Halt suchen mußte. Er war schwach und ängstlich von Natur aus; er übte sich in allen männlichen Sportarten, war ein guter Turner, saß auf ein laufendes Pferd auf, führte alle möglichen Waffen, schoß, schwamm, segelte kühn, jedoch nur, um nicht schlechter als die anderen zu sein. Wenn ihn beim Baden niemand sah, schlich er sich ins Wasser; sah jemand zu, machte er einen Kopfsprung vom Dach einer Badehütte. Er kannte seine Ängstlichkeit und wollte sie verbergen. Niemals griff er Kameraden an, wurde er aber angegriffen, schlug er zurück, auch nach Stärkeren. Er kam furchtsam zur Welt und lebte in ständiger Furcht vor dem Leben und den Menschen.

Das Schiff dampft in die Buchten hinaus, das Meer öffnet sich; ein blauer Strich ohne Ufer. Das neue Schauspiel, der frische Wind, die Munterkeit der Brüder erfrischen ihn, und so denkt er daran, daß er bald achtzehn Meilen auf See gefahren ist, als das Dampfschiff in den Nyköpingsån einbiegt.

Als der Landungssteg ausgelegt ist, kommt ein Mann mittleren Alters mit langen, hellen Koteletten, der nach einem kurzen Gespräch mit dem Kapitän die Jungen in Empfang nimmt. Er sieht freundlich und vergnügt aus. Das ist der Küster von Vidala. Am Strand steht ein leichter Wagen mit einer schwarzen Stute davor, und rasch sind sie oben in der Stadt und halten am Kaufmannshof an, wo auch die Bauern ihr Quartier haben. Im Hof riecht es nach Heringen und Dünnbier, und das Warten wird unerträglich. Da weint er noch ein bißchen. Endlich kommt auf einem Bauernwagen Herr Linden mit dem Reisegepäck, und nach vielem Händedrücken und kleinen Gläsern fährt man aus der Stadt. Es ist Abend, als man die Stadtgrenze passiert. Brachland und Holzzäune eröffnen einen weiten, öden Ausblick, und hinter roten Weilern sieht man in der Ferne einen Waldrand. Durch diesen Wald muß man hindurch, und man hat drei Meilen zu fahren. Die Sonne geht unter, und man fährt durch den dunklen Wald. Herr Linden redet und versucht, sie bei Laune zu halten. Er erzählt von Spielkameraden, Badeplätzen und Walderdbeeren. Johan schläft ein. Wacht vor einem Gasthof mit betrunkenen Bauern wieder auf. Die Pferde werden ausgespannt und getränkt. Die Fahrt geht durch dunkle Wälder. Man muß absteigen und die Hügel hinauf zu Fuß gehen. Die Pferde dampfen und keuchen, die Bauern auf dem Gepäckwagen scherzen und saufen; der Küster unterhält sich mit ihnen und macht Witze. Und dann fährt man weiter und schläft. Fährt wachend, steigt ab und rastet. Mehr Wälder, in denen es früher Räuber gegeben hat, schwarze Tannenwälder unter Sternenhimmel, Hütten und Gatter. Der Junge ist völlig verloren und nähert sich dem Unbekannten mit Zittern.

Schließlich wird der Weg eben, es wird hell, und die Wagen halten an vor einem roten Haus. Dem Haus gegenüber steht ein hohes schwarzes Gebäude. Eine Kirche. Wieder eine Kirche. Eine alte Frau, wie er meint, lang und mager, kommt heraus und empfängt die Kinder, führt sie in einen Raum im Erdgeschoß, in dem ein gedeckter Tisch steht. Sie hat eine scharfe Stimme, die nicht freundlich klingt, und Johan hat Angst. Man ißt im Dunkeln, doch das Essen schmeckt nicht, denn es ist ungewohnt, und man ist müde und dem Weinen nahe. Dann wird man in eine Bodenkammer hinaufgeführt, noch immer im Dunkeln. Keine Kerze wird angezündet. Eng ist es dort; Betten, Schlafplätze auf Stühlen und auf dem Boden, und es riecht schrecklich. Bettdecken bewegen sich, und ein Kopf taucht auf. Dann noch einer. Es kichert und flüstert, doch die Neuankömmlinge können keine Gesichter erkennen. Der älteste Bruder bekommt ein eigenes Bett, Johan aber und sein zweitältester Bruder sollen Kopf bei Fuß liegen. Das war neu. Nun, sie legen sich hin und fangen an, an der Bettdecke zu zerren. Der große Bruder streckt sich ungeniert aus, Johan aber protestiert gegen den Übergriff. Sie treten einander, und Johan wird geschlagen. Er weint sofort. Der älteste Bruder schläft schon.

Jetzt hört man eine Stimme aus einem Winkel tief unten am Fußboden.

– Liegt still, ihr Kerle, und schlagt euch nicht.

– Was hast du gesagt? antwortet der Bruder, der ein mutiger Junge ist.
Die Baßstimme antwortet:
– Was ich gesagt habe? Ich habe gesagt, daß du den Kleinen nicht so schikanieren sollst.
– Geht dich das vielleicht was an?
– Ja, das geht mich was an. Komm nur her, dann werd' ich dich verhauen.
– Verhauen? Du mich?
Der Bruder steht im bloßen Hemd auf. Der Baß kommt ihm entgegen. Ein kleiner viereckiger Kerl mit breiten Schultern, das ist alles, was man erkennen kann. Viele Zuschauer sitzen aufrecht in den Betten.
Sie prügeln sich, und der große Bruder bekommt Keile.
– Nein, schlag ihn nicht; schlag ihn nicht.
Der kleine Bruder wirft sich dazwischen. Er konnte niemals mitansehen, wie jemand von seinem Blut Prügel bekam oder litt, ohne es in seinen Nerven zu spüren. Wieder seine Unselbständigkeit, die unlösbaren Blutsbande, die Nabelschnur, die niemals zerschnitten, nur abgenagt werden konnte.
Dann wird es still, und der Schlaf kommt, der bewußtlose, der dem Tod gleichen soll und der darum so viele zu vorzeitiger Ruhe verführt hat.
Jetzt beginnt ein neues kurzes Leben für sich. Die Erziehung ohne Eltern, denn das Kind ist draußen in der Welt unter fremden Menschen. Er hat Angst und vermeidet sorgfältig alle Rügen. Greift keinen an, verteidigt sich aber gegen Despoten. Indessen ist man in ausreichender Zahl, um ein Gleichgewicht zu erhalten, und für Gerechtigkeit sorgt der Breitschultrige, der bucklig ist, vielleicht aber darum immer zum Schwächeren hält, wenn dieser ungerecht angegriffen wird.
Vormittags wird gelernt, vor dem Essen gebadet und an den Nachmittagen gearbeitet. Man jätet im Garten, holt Wasser von der Quelle, bringt den Stall in Ordnung. Es ist der Wunsch des Vaters, daß die Kinder körperlich arbeiten sollen, obwohl sie die übliche Pension bezahlen.

Doch Johans Gehorsam und Pflichtgefühl sich selbst gegenüber reichen nicht aus, um ihm das Leben erträglich zu machen. Die Brüder ziehen sich Rügen zu, und an ihnen leidet er ebensosehr wie sie. Er fühlt sich solidarisch und ist in diesem Sommer nie mehr als ein Drittel Mensch. Andere Strafen als Stubenarrest gibt es nicht, die Rügen jedoch sind genug, um ihn zu beunruhigen. Die Arbeit stärkt seinen Körper, die Nerven aber bleiben für Eindrücke weiter empfänglich. Manchmal trauert er der Mutter nach, manchmal ist er wildvergnügt und führt die Spiele an, am liebsten die gewalttätigen. Steine im Kalksteinbruch losbrechen und Feuer machen auf seinem Grund, auf kurzen Brettern steile Hänge hinabrutschen. Furchtsam und verwegen, ausgelassen und grüblerisch, kein Gleichgewicht.

Die Kirche steht auf der anderen Straßenseite und wirft mit diesem pechschwarzen Dach, dieser leichenweißen Wand, einen Schatten auf die Sommerszene. Die Grabkreuze ragen über die Kirchhofmauer und gehören schließlich zu seiner täglichen Aussicht. Die Kirche läutet nicht den ganzen Tag wie in Klara, abends um sechs aber müssen die Jungen zum Turm gehen und mit dem Seil, das aus ihm herunterhängt, läuten. Es war ein großer Augenblick, als er zum ersten Mal an der Reihe war zu läuten. Er war fast ein Beamter der Kirche, und als er dreimal die drei Schläge zählte, glaubte er, Gott, der Pastor und die Gemeinde würden Schaden nehmen, wenn er einen Schlag zuviel läutete.

Sonntags mußten die großen Jungen die Glocken läuten. Dann stand Johan auf der dunklen Holztreppe und bewunderte. Später im Sommer kam eine amtliche Bekanntmachung mit schwarzem Rand. Als sie in der Kirche verlesen wurde, herrschte große Rührung. König Oscar war tot. Es wurde sehr viel Gutes von ihm gesagt, wenn auch niemand direkt um ihn trauerte. Jetzt aber wurde jeden Tag zwischen zwölf und eins geläutet.

Die Kirchenglocken schienen ihn zu verfolgen.

Auf dem Kirchhof spielte man zwischen den Gräbern, und bald wurde die Kirche zur Vertrauten. Sonntags wurden alle Pensionsgäste auf die Orgelempore gesetzt. Als der Küster dann das Eingangslied anstimmte, waren die Jungen an den Registern postiert, und auf ein Nicken des Meisters wurden alle Register auf einmal herausgezogen, und die Jugend fiel im Chor ein. Auf die Gemeinde machte das immer einen großen Eindruck.

Freilich, indem er die heiligen Dinge aus der Nähe sah und mit den Requisiten des Kults hantierte, wurde er schnell vertraut mit diesen hohen Dingen, und der Respekt nahm ab. Darum war das Abendmahl nicht länger erhebend, wenn er samstags abends in der Küsterküche vom Heiligen Brot gegessen hatte, wo es gebacken und mit einer Form ausgestochen wurde, in die das Kreuz graviert war. Die Knaben aßen es und nannten es Briefmarke. Einmal wurde ihm nach der Beendigung des Abendmahls in der Sakristei zusammen mit den Kirchenvorstehern Wein angeboten.

Trotzdem begann jetzt, nachdem man ihn von der Mutter losgerissen hatte und er sich von unbekannten, bedrohlichen Mächten umgeben fühlte, ein starkes Bedürfnis zu erwachen, sich unter einen Schutz zu stellen. Er betete seine Abendgebete mit leidlicher Andacht; morgens, wenn die Sonne schien und der Körper ausgeruht war, empfand er dieses Bedürfnis nicht.

Eines Tages, als die Kirche gelüftet wurde, liefen die Kinder hinein und spielten. In einem Anfall von Übermut stürmte man den Altar. Johan aber, zu weiteren Taten angespornt, stürmte auf die Kanzel hinauf, drehte die Sanduhr um und predigte aus der Bibel. Dieser Streich hatte großen Erfolg. Darauf stieg er hinunter und lief auf den Oberkanten der Bänke durch die ganze Kirche, ohne den Fußboden zu berühren. An der ersten Bank vor dem Altar angekommen, der Bank des Grafen, tritt er zu fest auf das Gesangbuchspult, das mit einem Knall zu Boden fällt. Panik. Alle Kameraden stürzen aus der Kirche. Er blieb zurück, allein, vernichtet. Nun hätte er zur Mutter stürzen wollen, seine Schuld bekennen und sie um Hilfe bitten. Doch sie war nicht da. Gott fällt ihm ein. Er fällt am Altar auf die Knie und spricht das ganze Vaterunser. Stark und ruhig, als habe er von oben eine Eingebung bekommen, steht er auf, untersucht die Bank, sieht, daß die Zapfen nicht abgebrochen sind; nimmt die Leiste, fügt Fugen und Zapfen zusammen, reißt sich den Schuh herunter, den er in einen Hammer verwandelt, und mit einigen wohlgesetzten Schlägen ist das Pult repariert. Er prüft sein Werk; es hält. Und er geht, verhältnismäßig gelassen, aus der

Kirche hinaus. – Wie einfach, dachte er jetzt. Und er schämte sich, daß er das Vaterunser gesprochen hatte. Warum schämte er sich? Vielleicht fühlte er dunkel, daß es in diesem wirren Komplex, den man Seele nennt, eine Kraft gab, die, in der Stunde der Not zur Selbstverteidigung angerufen, eine recht große Fähigkeit besaß, sich zu behaupten. Daß er nicht glaubte, Gott habe ihm geholfen, ging daraus hervor, daß er nicht niederfiel und ihm für die Hilfe dankte, und dieses unbestimmte Gefühl der Scham entstand vermutlich, weil er einsah, daß er, um Wasser zu holen, den Fluß überquert hatte.

Doch dies war nur ein vorübergehender Augenblick des Selbstgefühls. Er ist unausgeglichen und jetzt sogar launisch. Launen, Kapricen oder »diables noirs«, wie der Franzose es nennt, sind ein nicht völlig geklärtes Phänomen. Das Opfer ist besessen: es will das eine, tut aber das Gegenteil; es leidet an der Sucht, sich Schlimmes zuzufügen, und genießt beinahe die Selbstquälerei. Dies ist eine Seelenkrankheit, eine Kränklichkeit des Willens, und ältere Psychologen haben gewagt, sie mit dem Dualismus des Gehirns zu erklären, dessen beide Hemisphären unter gewissen Umständen voneinander unabhängig und im Widerspruch zueinander operieren könnten. Diese Erklärung aber wurde verworfen. Eine doppelte Persönlichkeit haben viele beobachtet, und Goethe hat dieses Thema im Faust behandelt. Launische Kinder, die nicht »wissen, was sie wollen«, brechen schließlich in Tränen aus, die Lösung der Nervenanspannung. Sie »betteln um Prügel«, sagt man auch, und es ist eigentümlich zu sehen, wie bei solchen Gelegenheiten eine leichte Züchtigung die Nerven sozusagen ins Gleichgewicht bringt und dem Kind fast willkommen zu sein scheint, das sich sofort beruhigt, versöhnlich ist und durchaus nicht bitter über die Strafe, die erlitten zu haben es für ungerecht halten muß. Es hat wirklich um Prügel gebettelt, als Medizin. Doch es gibt eine andere Methode der Austreibung der schwarzen Geister. Man nimmt das Kind in seine Arme, so daß es den Magnetismus eines freundlichen Menschen spürt, und es beruhigt sich. Diese Methode ist besser als alle anderen.

Der Junge hatte solche Anfälle. Wenn ein Vergnügen winkte, ein

Ausflug zum Beerenpflücken beispielsweise, bat er, zu Hause bleiben zu dürfen. Er wußte, daß er sich zu Hause tödlich langweilen würde. Er wollte so gern mitkommen, vor allem aber wollte er zu Hause bleiben. Ein anderer Wille, stärker als seiner, befahl ihm, zu Hause zu bleiben. Je mehr man mit ihm darüber räsonierte, desto stärker wurde der Widerstand. Kam dann aber jemand frank und frei, packte ihn scherzhaft am Kragen und warf ihn auf den Heuwagen, dann gehorchte er und war froh, auf diese Weise von dem unerklärlichen Willen befreit zu sein. Im allgemeinen gehorchte er gern und wollte sich nie hervortun oder befehlen. Er war zu sehr als Sklave geboren. Die Mutter hatte ihre ganze Jugend über gedient und gehorcht und war als Kellnerin höflich zu allen gewesen.

Eines Sonntags waren sie auf dem Pfarrhof. Dort gab es Mädchen. Er mochte sie, fürchtete sich aber vor ihnen. Die ganze Kinderschar brach auf und pflückte Walderdbeeren. Jemand hatte vorgeschlagen, man solle die Beeren zusammenschütten und sie dann mit Zucker löffeln, wenn man nach Hause kam. Johan pflückte fleißig und hielt sich an diese Vereinbarung, aß keine einzige Beere, sondern lieferte seinen Tribut ehrlich ab. Doch er sah andere, die mogelten. Bei der Heimkehr werden die Beeren von der Tochter des Pastors ausgeteilt, und die Kinderschar drängt sich um das Mädchen, damit jeder seinen Löffel voll bekommt. Johan bleibt ganz hinten. Wird vergessen und bekommt keine Beeren.

Übergangen! Mit Bitterkeit im Herzen geht er als Übergangener in den Garten hinaus und versteckt sich in einer Laube. Er fühlt sich als der Letzte, der Schlechteste. Jetzt aber weint er nicht, sondern spürt, wie sich etwas Hartes und Kaltes wie ein Stahlskelett in seinem Inneren erhebt. Und nachdem er die ganze Gesellschaft der Kritik unterzogen hat, findet er, daß er der Ehrlichste ist, denn er hat draußen auf der Lichtung keine einzige Beere gegessen und dann – peng! kam der Trugschluß – weil er besser als die anderen war, hatte man ihn übergangen. Resultat: er hielt sich für besser als die anderen. Und er empfand einen starken Genuß daran, übergangen worden zu sein.

Und er hatte auch eine Fähigkeit, sich unsichtbar zu machen und sich zu verstecken, so daß er übergangen wurde. Einmal kam der

Vater mit einem Pfirsich für den Abendbrottisch nach Hause. Alle Kinder erhielten eine Scheibe der seltenen Frucht, doch, wie es sich trifft, Johan ging leer aus, und zwar so, daß der sonst gerechte Vater es nicht bemerkte. Er war so stolz auf diesen neuen Beweis für sein unfreundliches Schicksal, daß er später am Abend vor den Brüdern damit prahlen mußte. Die glaubten ihm nicht, für so unsinnig hielten sie die Geschichte. Je unsinniger, desto besser!

Dazu quälten ihn Antipathien. An einem Sonntag auf dem Lande kam ein Wagen mit jungen Leuten zum Küsterhof. Heraus stieg ein dunkelhäutiger Bursche mit verschlagenem, aber kühnem Aussehen. Johan lief bei seinem Anblick weg und versteckte sich auf dem Dachboden. Man spürte ihn auf, der Küster redete ihm zu, er aber blieb in seinem Winkel sitzen und hörte zu, wie die Kinder spielten, bis der schwarze Bursche wieder abgefahren war.

Kalte Bäder, wilde Spiele, harte körperliche Arbeit, nichts konnte seine schwachen Nerven abhärten, die sich zuweilen binnen eines Augenblicks bis aufs äußerste anspannen konnten.

Er hatte ein gutes Gedächtnis, las viel, am liebsten von realen Gegenständen wie Geographie und Naturwissenschaft. Arithmetik ging ihm ein, Geometrie aber haßte er. Eine Wissenschaft über Unwirklichkeiten beunruhigte ihn; erst später, als ihm ein Handbuch der Landvermessung in die Hände fiel und er den praktischen Nutzen der Geometrie erkannt hatte, bekam er Lust auf das Fach, und dann vermaß er Räume und Häuser, fertigte Risse von Gartenbeeten und Alleen an und konstruierte Pappfiguren.

Er ging jetzt in sein zehntes Jahr. War breitschultrig und braungebrannt; das Haar war blond und über einer krankhaft hohen und vorstehenden Stirn zurückgestrichen, die häufig Gesprächsthema war und Verwandten Anlaß zum Spitznamen »Herr Professor« gab.

Er war nicht länger Automat, sondern begann, eigene Beobachtungen zu sammeln und Schlüsse zu ziehen, darum rückte der Zeitpunkt näher, da er sich von seiner Umgebung absondern und allein gehen mußte. Die Einsamkeit aber mußte für ihn zu einer Wüstenwanderung werden, denn er besaß keine ausreichend starke Individualität, um allein gehen zu können; seine Sympathie für die

Menschen sollte unbeantwortet bleiben, weil ihr Denken mit seinem nicht Schritt halten konnte; und später sollte er umherlaufen und sein Herz dem ersten besten darbieten, doch niemand sollte es annehmen, denn es war ihnen fremd, und so sollte er sich in sich selbst zurückziehen, verletzt, gedemütigt, übersehen, übergangen.

*

Der Sommer ging zu Ende, und zu Schulbeginn reiste er nach Hause. Doppelt traurig wirkte jetzt das dunkle Haus am Klara Kirchhof, und als er die lange Reihe von Räumen sah, die unter lateinischen Bezeichnungen bis einschließlich Quinta in genau abgesteckten Jahren durchsessen werden mußten, ehe man sich auf dem Gymnasium durch eine weitere Reihe von Räumen hindurchlangweilte, fand er das Leben nicht sonderlich verlockend. Gleichzeitig beginnt sein selbständiges Denken gegen die Schulstunden zu revoltieren. Die Folge sind schlechte Zeugnisse. Ein Halbjahr später, nach einer Herabstufung in der Klasse, nimmt der Vater ihn von der Klara Schule und gibt ihn in die Jakobschule, gleichzeitig verläßt man die Norrtullsgatan und richtet sich in einem Malmgård in der Stora Gråbergsgatan in der Nähe von Sabbatsberg ein.

4. Berührung mit der Unterklasse

Kristineberg, so wollen wir den Malmgård nennen, lag noch abgelegener als das Haus in der Norrtullsgatan. Die Gråbergsgatan war nicht gepflastert. Innerhalb einer Stunde sah man dort nicht mehr als einen einsamen Wanderer, und Wagenlärm war ein Ereignis, das einen ans Fenster lockte, damit man feststellte, worum es sich handelte. Das Haus lag in einem baumbestandenen Hof und glich einem Pfarrhof auf dem Lande. Es war von Garten und großen Tabakplantagen umgeben, weitläufige Ländereien mit Teichen erstreckten sich auf Sabbatsberg zu. Jetzt aber pachtete der Vater kein Land, darum war die Freizeit zum Faulenzen da. Und zu Spielkameraden hatte man jetzt die Kinder ärmerer Leute. Die

Söhne des Müllers und des Kuhhirten. Die Spielplätze waren vor allem die Mühlenhügel, und die Mühlenflügel waren das Spielzeug. Die Jakobschule war eine Schule für arme Kinder. Hier kommt er in Kontakt mit der Unterklasse. Die Kameraden waren schlechter gekleidet, wund um die Nase, hatten häßliche Gesichtszüge und rochen übel. Hier machten seine Lederhosen und Fahllederstiefel keinen schlechten Eindruck. Er fühlte sich ruhiger in dieser Umgebung, die ihm angemessen war; wurde mit diesen Kindern vertrauter als mit den hochmütigen in Klara.

Doch viele dieser Kinder waren Mordskerle, wenn es um die Schularbeiten ging, und das Genie der Schule war ein Bauernjunge. Daneben gab es in den unteren Klassen viele sogenannte »Rabauken«, und diese kamen gewöhnlich nur bis in die zweite Klasse. Er ging jetzt in die dritte und kam nicht in Berührung mit ihnen, und sie rührten nie jemanden aus einer höheren Klasse an. Diese Kinder gingen gleichzeitig einer Arbeit nach, hatten schwarze Hände, waren recht alt, bis zu vierzehn, fünfzehn Jahren. Viele von ihnen fuhren im Sommer auf der Brigg Carl Johan und erschienen dann im Herbst in teerigen Leinwandhosen mit Leibriemen und Messern. Sie prügelten sich mit Kaminkehrern und Tabakbindern, tranken in der Frühstückspause ihren kleinen Schnaps, gingen in Kneipen und Cafés. Unaufhörlichen Untersuchungen und Verweisen waren diese Jungen ausgesetzt und galten im allgemeinen, wenn auch sehr zu Unrecht, als schlechte Kinder. Viele von ihnen sind später tüchtige Bürger geworden, und einer, der auf der Carl Johan (der Rabaukenbrigg) gefahren war, ist schließlich Offizier der Garde geworden. Über seine Zeit auf dem Schiff hat er nie zu sprechen gewagt, doch wenn er die Wachtparade am Nybrohamnen entlangführt und die berüchtigte Brigg dort liegen sieht, durchfährt ihn ein Schauer, sagt er.

Eines Tages traf Johan einen ehemaligen Kameraden aus Klara und versuchte, ihm aus dem Weg zu gehen. Der aber geht auf ihn zu und fragt ihn, in welche Schule er jetzt gehe. – Ach, in diese Rabaukenschule gehst du, sagte der Kamerad.

Johan fühlte, daß er »abgestiegen« war, doch er hatte es selbst gewollt. Er stach keineswegs von den Schulkameraden ab, sondern fühlte sich bei ihnen zu Hause, mit ihnen verwandt, und er fühlte sich wohler als in Klara, denn hier gab es keinen Druck von oben. Er selbst wollte nicht aufsteigen und andere niederdrücken, doch unter Druck von oben litt er. Er wollte nicht dort hinauf, hatte aber das Bedürfnis, daß es dort oben niemanden gab. Dennoch wurmte es ihn, daß die alten Schulkameraden meinten, er sei abgestiegen. Und als er beim Turnfest im dunklen Trupp der Jakobisten daherkam und der leichten Riege der Klaristen mit ihren feinen Sommerkleidern und hellen Gesichtern begegnete, da sah er den Klassenunterschied, und wenn dann aus dem anderen Lager das Wort »Rabauke« fiel, roch es nach Krieg. Die beiden Schulen prügelten sich manchmal, doch Johan war nie dabei. Er wollte nicht die alten Freunde sehen und seine Erniedrigung zeigen.

Der Tag der Jahresabschlußprüfung bot in der Jakobschule ein anderes Bild als in Klara. Handwerker, ärmlich gekleidete Frauen, herausgeputzte Gastwirtinnen, Fuhrleute und Schankwirte bildeten das Publikum. Und die Rede, die der Schulinspektor der Versammlung hielt, war anders als die heitere blumige Rede des Erzbischofs. Er verlas die Namen der Faulen (oder zum Lernen schwach Begabten), beschimpfte Eltern, weil ihre Kinder zu spät gekommen waren oder gefehlt hatten, und der Saal hallte wider vom Weinen armer Mütter, die vielleicht an diesen leicht erklärlichen Versäumnissen unschuldig waren und in ihrer Einfalt glaubten, sie hätten schlechte Söhne. Dann kamen die Preise. Stets waren es die Söhne wohlhabender Bürger, die es sich leisten konnten, sich ausschließlich den Schularbeiten zu widmen, die man nun als Muster der Tugend feierte.

Die Moral, die eigentlich die Lehre von Pflichten und Rechten sein sollte, letztlich aber eine Lehre von den Pflichten unseres Nächsten gegenüber uns geworden ist, erschien ausschließlich als eine große Gesetzessammlung von Pflichten. Bis jetzt hatte das Kind noch von keinem einzigen Menschenrecht gehört. Alles war Gnade; er lebte aus Gnade, aß gnadenhalber, durfte aus Gnade in die Schule gehen. Hier in der Schule der Armen verlangte man von den Kindern noch mehr. Man verlangte von den Armen, daß sie ordentliche Kleider haben sollten. Woher sollten sie die bekommen? Man beanstandete ihre Hände, weil sie durch die Berührung mit Teer und Pech schwarz geworden waren; man verlangte Aufmerksamkeit, feine Sitten, Höflichkeit, das heißt alles Unbillige. Der Schönheitssinn der Lehrer verleitete sie häufig zu Ungerechtigkeiten. Johan hatte einen Banknachbarn, der nie gekämmt war, wund unter der Nase und übelriechenden Ausfluß aus den Ohren hatte. Seine Hände waren unsauber, seine Kleider fleckig und zerlumpt. Die Hausaufgaben konnte er selten, und immer bekam er Tadel und Schläge auf die Hände. Eines Tages wurde er von einem Klassenkameraden beschuldigt, in die Klasse Ungeziefer gebracht zu haben. Da bekam er einen besonderen Platz zugewiesen: er war ausgestoßen. Er weinte bitterlich, so bitterlich. Dann blieb er weg. Johan wurde als Vertrauensschüler losgeschickt, um ihn zu Hause zu besuchen. Er wohnte in der Dödgrävargränden. Die Malerfamilie lebte, mit Großmutter und vielen kleinen Kindern, in einem Zimmer. Georg, der betreffende Junge, hatte eine kleine Schwester auf dem Schoß, die verzweifelt schrie. Die Großmutter hatte ein anderes Kleines in ihren Armen. Vater und Mutter waren zur Arbeit, jeder anderswo. In diesem Zimmer, das zu putzen niemand Zeit hatte und das nicht zu putzen war, roch es nach den Schwefeldämpfen des Kokses und den Ausscheidungen der kleinen Kinder, hier wurde Kleidung getrocknet, Essen gekocht, Ölfarbe gerieben, Kitt geknetet. Hier lagen alle Motive für Georgs Unmoral offen zutage. Aber, wendet stets irgendein Moralist ein, man ist nie so arm, daß man sich nicht in Ordnung und sauber halten könnte. Wie einfältig. Als ob der Nählohn (falls man etwas Ordentliches hat, woran man nähen kann), Seife, Wäsche, Zeit, nichts kosteten. Ordentlich, sauber und satt zu sein, ist gewiß das Höchste, das zu erreichen der Arme sich vorstellen kann. Georg konnte es nicht, und darum wurde er ausgestoßen.

Jüngere Moralisten glaubten die Entdeckung gemacht zu haben, die Unterklasse sei unmoralischer als die Oberklasse. Unter unmoralisch verstand man in diesem Fall, daß sie soziale Vereinbarungen nicht so gut einhält wie die Oberklasse. Dies ist ein Irrtum, wenn nicht Schlimmeres. In all den Fällen, in denen die Unterklasse nicht durch Not gehindert ist, ist sie pflichtbewußter als die Oberklasse.

Sie ist auch barmherziger mit ihresgleichen, zärtlicher mit Kindern und vor allem geduldiger. Wie lange hat sie geduldet, daß ihre Arbeit von der Oberklasse benutzt wird, bis sie schließlich ungeduldig zu werden begann.

Im übrigen hat man stets darauf geachtet, die Moralgesetze so unbestimmt wie möglich zu halten. Warum werden sie nicht in Schrift und Druck bewahrt wie die göttlichen und die bürgerlichen Gesetze? Vielleicht, weil ein ehrlich abgefaßtes Moralgesetz genötigt wäre, auch die Menschenrechte aufzunehmen.

*

Die Revolte gegen die Schule nahm jetzt bei Johan zu. Zu Hause las er alles mögliche, die Schulaufgaben aber vernachlässigte er. Die wichtigsten Lehrfächer der Schule waren nun Latein und Griechisch. Die Unterrichtsweise war absurd. Es forderte ein halbes Jahr, einen Feldherrn bei Cornelius zu explizieren. Der Lehrer hatte eine Methode, die Sache zu komplizieren, die darin bestand, daß der Schüler die »Konstruktionsordnung herausfinden« sollte. Doch er erklärte niemals, was das hieß. Eigentlich bedeutete es, die Worte des Textes in einer bestimmten Reihenfolge vorzulesen, in welcher, sagte er aber nie. Sie stimmte nicht mit der schwedischen Übersetzung überein, und als der Junge einige Versuche unternommen hatte, den Zusammenhang zu erfassen, jedoch keine Klarheit gewann, nahm er sich vor zu schweigen. Er wurde halsstarrig, und wenn er zum Explizieren aufgerufen wurde, schwieg er, auch wenn er die Lektion beherrschte. Denn sobald er zu lesen begann, hagelte es Beanstandungen, an der Betonung der Worte, am Tempo, an der Stimme, an allem.

– Kannst du nicht, begreifst du nicht? schrie der Lehrer außer sich.

Der Junge schwieg und sah den Pedanten verächtlich an.

– Bist du stumm?

Er schwieg. Er war jetzt zu alt, um Schläge zu bekommen, was jetzt außerdem allmählich abgeschafft wurde. Und so durfte er nur dasitzen.

Er konnte den Text ins Schwedische übersetzen, aber nicht auf die einzige Art, die der Lehrer akzeptierte. Daß der Lehrer nur eine Art akzeptierte, hielt der Junge für albern. Er hätte den ganzen Cornelius in ein paar Wochen durchrasen können, und dieses absichtliche unvernünftige Kriechen, wenn man rasen konnte, deprimierte ihn. Er sah darin keinen Sinn.

Das gleiche Phänomen in der Geschichtsstunde.

– Na, Johan, sagte der Lehrer etwa, erzähl mal, was du von Gustav dem Ersten weißt.

Der Junge steht von seinem Platz auf, und dann verlaufen seine widerspenstigen Gedanken etwa so: – Was ich von Gustav dem Ersten weiß? Oh. Viel. Aber das habe ich schon in der Prima gewußt (jetzt ist er in der Quarta), und das weiß auch der Lehrer. Was nützt es, das alles nochmal herunterzuhaspeln?

– Naa, du? Ist das alles, was du weißt? – Er hatte kein Wort gesagt, und die Kameraden lachen. Jetzt wird er böse. Er versucht, etwas zu sagen, doch es bleibt ihm im Hals stecken. Womit soll er anfangen? Gustav wurde auf Lindholmen in Roslagen geboren. Ja, aber das wußten er und der Lehrer schon vorher. Wie albern, dazustehen und das nochmal herunterzuleiern.

– Ach so, du kannst deine Lektion nicht, du weißt überhaupt nichts von Gustav dem Ersten.

Jetzt öffnet er den Mund und sagt kurz und bestimmt: – Doch, natürlich kann ich das!

– Ach, du kannst es, warum antwortest du dann nicht?

Er fand, daß der Lehrer so dumm gefragt hatte, und jetzt wollte er nicht antworten. Er entschlug sich der Gedanken an Gustav den Ersten und dachte mit Gewalt an etwas anderes, an die Karten an der Wand, an die Lampen an der Decke, und jetzt stellte er sich taub.

– Dann setz dich, wenn du deine Lektion nicht kannst, sagte der Lehrer. Er setzt sich hin und läßt den Gedanken freien Lauf, nachdem er entschieden hat, daß der Lehrer lügt.

Es lag etwas von Aphasie, Unfähigkeit oder Abneigung zu sprechen darin, und dies verfolgte ihn im Leben noch lange, bis die Reaktion in Form von Geschwätzigkeit, der Unfähigkeit, den

Mund zu halten, dem Trieb, alles zu sagen, was der Kopf produzierte, sich einstellte. Die Naturwissenschaften reizten ihn, und in den Stunden, in denen der Lehrer in der Schulbotanik die kolorierten Zeichnungen von Kräutern und Baumarten zeigte, da schien ihm, der dunkle Raum werde hell; und als der Lehrer aus Nilssons Fauna vom Leben der Tiere vorlas, hörte er zu und merkte es sich. Der Vater aber sah, daß es in den anderen Fächern schlecht stand. Vor allem in Latein. Doch Johan sollte Latein und Griechisch lernen. Warum? Er war wohl dazu ausersehen, den Weg der Gelehrsamkeit zu gehen. Der Vater stellte eine Untersuchung an. Als er vom Lateinlehrer hören mußte, daß dieser den Sohn für einen Idioten hielt, muß dies sein Selbstgefühl getroffen haben, und er beschloß, den Jungen auf ein Privatgymnasium mit rationaleren Methoden zu geben. Ja, er war so aufgebracht, daß er sich die Vertraulichkeit gestattete, Johans Verstand zu loben und zum ersten Mal schlecht von seinen Lehrern zu sprechen.

Die Berührung mit den ärmeren Klassen hatte indessen in dem Jungen einen deutlichen Widerwillen gegen die höheren erzeugt. In der Jakobschule gab es einen demokratischen Geist insofern, als Gleichaltrige sich stets auf demselben Niveau fühlten. Niemand entzog sich der Gesellschaft des anderen aus anderen Gründen als persönlicher Antipathie. In Klara gab es Kasten- und Herkunftsunterschiede. In Jakob hätte Vermögen eine Aristokratie schaffen können, doch es gab keine mit Vermögen. Und die extrem Armen wurden von den Kameraden teilnehmend, doch ohne Herablassung behandelt, wenn auch der dekorierte Inspektor und die akademisch gebildeten Lehrer einen Widerwillen gegen die Elenden zeigten.

Johan fühlte sich solidarisch und verwandt mit den Kameraden, sympathisierte mit ihnen, blieb aber den Höheren gegenüber scheu. Er mied die großen Straßen. Ging immer die triste Holländargatan oder die ärmliche Badstugatan. Von den Kameraden aber lernte er, die Bauern, die hier ihre Quartiere hatten, zu verachten. Dies war der Städter-Aristokratismus, den selbst das allerunbedeutendste Stadtkind, wie arm es auch sein mag, in sich eingesogen hat. Diese eckigen Figuren in grauen Röcken, die auf Milchkarren und Heuwagen daherrüttelten, wurden als lächerliche Figuren, unterlegene

Geschöpfe behandelt, die grundlos mit Schneebällen beschossen wurden. Hinten auf ihren Schlitten mitzufahren galt als angeborenes Privileg. Sie schreiend aufzuklären, daß das Wagenrad sich drehe, und sie dazu zu bringen, sich dieses Wunder anzugucken, war ein ständiger Spaß.

Doch wie sollten Kinder, die nichts anderes sahen als eine Gesellschaft, in der alles auf den Kopf gestellt war, gemessen an seinem eigentlichen Gewicht, in der das Schwerste zuunterst und das Leichteste zuoberst lag, vermeiden, das, was unten lag, für das Schlechtere zu halten? Aristokraten sind wir alle. Das ist zwar teilweise wahr, aber es ist nichtsdestoweniger von Übel, und wir sollten uns bemühen, diese Haltung abzulegen. Die Unterklasse ist allerdings eher wirklich demokratisch als die Oberklasse, denn sie will nicht höher steigen als andere, sondern nur dasselbe Niveau erreichen; daher ihr angebliches Bestreben, nach oben zu kommen. Die Unterklasse möchte am liebsten ein Gleichgewicht erreichen, indem sie das Niveau senkt, und der verzweifelten Anstrengung entgehen, sich zu »erhöhen«. Es gibt Aristokraten, Demokraten genannt, die sich erhöhen wollen, um Druck ausüben zu können, aber sie sind bald durchschaut. Ein wahrer Demokrat will lieber das unberechtigt Erhöhte senken, als sich zu »erhöhen«. Man nennt das etwas auf seinen niederen Standpunkt hinabziehen. Der Ausdruck ist korrekt, ihm ist aber eine falsche häßliche Bedeutung untergeschoben worden.

Die Gesellschaft gehorcht dem Archimedischen Prinzip vom Gleichstand der Flüssigkeiten in kommunizierenden Röhren. Beide Oberflächen haben das Bestreben, auf dieselbe Höhe zu kommen. Aber ein Gleichstand kann nur eintreten, wenn die höhere Ebene gesenkt wird, wodurch gleichzeitig die niedrigere Ebene angehoben wird. Dorthin strebt die moderne Gesellschaftsarbeit. Und es wird so weit kommen! Mit Sicherheit! Und dann gibt es Ruhe.

*

Nachdem körperliche Arbeit zu Hause nun nicht mehr in Betracht kam, wurde Johans Leben zu einem ausschließlich inneren unwirklichen Kopfleben. Er las zu Hause alles, was er erreichen konnte. Mittwochs- und Samstagsnachmittags konnte man den Elfjährigen in einem Schlafrock und mit einer Rauchmütze dasitzen sehen, die er vom Vater bekommen hatte, eine lange Tabakspfeife im Mund, die Finger in die Ohren gesteckt, vertieft in irgendein Buch, am liebsten ein Indianerbuch. Er hatte schon fünf verschiedene Robinsöhne gelesen und sie unglaublich genossen. In Campes Bearbeitung hatte er, wie alle Kinder, die Moralpredigten übersprungen. Warum hassen alle Kinder Moralpredigten? Sind sie von Natur aus unmoralisch? Ja, antworten die neuen Moralisten, denn sie sind noch Tiere und erkennen den Gesellschaftsvertrag nicht an. Ja, aber die Moral bringt auch für das Kind lediglich Pflichten und keine Rechte mit sich. Darum ist die Moral gegen das Kind ungerecht, und das Kind haßt Ungerechtigkeit.

Er hatte auch ein Herbarium, eine Insektensammlung und eine Mineraliensammlung angelegt und las außerdem Liljeblads Flora, die er im Bücherschrank des Vaters gefunden hatte. Dieses Buch gefiel ihm besser als die Schulbotanik, denn es enthielt viele Einzelheiten über den Nutzen der Pflanzen, während das Schulbuch nur von Staubgefäßen und Stempeln sprach.

Wenn die Brüder ihn absichtlich beim Lesen störten, konnte er aufspringen und mit einer Rauferei drohen. Darum sagte man, er habe einen Lesekoller.

Die Verbindung zu den Wirklichkeiten des Lebens löste er auf, und er lebte ein Scheinleben in fremden Ländern, in seinem Kopf, und war unzufrieden mit dem grauen einförmigen Alltag und seiner Umgebung, die ihm immer fremder wurde. Doch der Vater ließ nicht zu, daß er sich in den Phantasien verirrte, und so mußte er jetzt Besorgungen machen, wie zum Beispiel Zeitungen holen und Post aufgeben, was er für einen Eingriff in seine persönlichen Rechte hielt und stets mit Mißvergnügen tat.

*

Heutzutage spricht man so viel von der Wahrheit und davon, sie zu sagen, als sei dies eine schwere Aufgabe, die Lob verdiente. Zieht man das Lob ab, dann bleibt es nicht aus, daß man seine Mühe hat zu erfahren, wie es sich wirklich verhält, was ja in diesem Sinn die Wahrheit sein soll. Ein Mensch ist nicht immer der, den sein Ruf behauptet, ja, eine ganze öffentliche Meinung kann falsch sein; hinter jedem Gedanken lauert eine Leidenschaft, jedes Urteil ist von einer Neigung gefärbt. Die Kunst aber, den Sachverhalt von der Neigung zu unterscheiden, ist grenzenlos schwer, darum können sechs Zeitungsberichterstatter im selben Augenblick auf dem Krönungsmantel des Kaisers sechs verschiedene Farben sehen. Neue Gedanken werden von unseren automatischen Gehirnen nicht gerne aufgenommen, ältere Menschen glauben nur an sich selbst, und Ungebildete bilden sich ein, ihren eigenen Augen wohl trauen zu können, worauf sie sich nicht immer verlassen sollten, da es so viele optische Täuschungen gibt.

In Johans Elternhaus verehrte man die Wahrheit. – Sag immer die Wahrheit, mag geschehen, was will, wiederholte der Vater so oft, und dann erzählte er eine Geschichte von sich selbst. Wie er einmal einem Kunden versprochen hatte, eine Ware am selben Tag abzusenden. Er vergißt es, muß aber Entschuldigungen zur Hand gehabt haben, denn als der wütende Kunde im Kontor erscheint, und ihn mit Schimpfworten überschüttet, antwortet der Vater, indem er zerknirscht seine Vergeßlichkeit eingesteht, um Verzeihung bittet und sich bereit erklärt, den Verlust zu ersetzen. Sens moral: der Kunde ist sehr erstaunt, streckt die Hand aus und bezeugt seine Hochachtung. (Nebenbei gesagt: Kaufleute sollten nicht so hohe Forderungen aneinander stellen.)

Na also! Der Vater hatte einen scharfen Verstand, und als älterer Mann war er sich seiner Schlußfolgerungen sicher.

Johan, der niemals untätig sein konnte, hatte eine Entdeckung gemacht, wie man sich auf dem langen Weg zur und von der Schule die Zeit vertreiben und zugleich reicher werden konnte. Auf der trottoirlosen Holländargatan hatte er einmal eine Eisenmutter gefunden. Sie gefiel ihm sehr, denn an einer Schnur eignete sie sich gut als Schleuderstein. Von da an ging er stets mitten auf der Straße und hob alles aus Eisen auf, was er sah. Weil die Straßen schlecht gepflastert waren und wildes Fahren nicht verboten war, wurden die Fahrzeuge grausam mißhandelt. Ein aufmerksamer Fußgänger konnte also sicher sein, jeden Tag ein paar Hufnägel, einen Splint und wenigstens eine Mutter, zuweilen ein Hufeisen zu finden. Johan gefielen die Muttern am besten, und sie wurden seine Spezialität. In ein paar Monaten hatte er ungefähr eine halbe Metze voll gesammelt.

Eines Abends sitzt er da und spielt mit ihnen, als der Vater ins Zimmer kommt.

– Was hast du da? sagt der Vater und macht große Augen.

– Das sind Muttern, antwortet Johan bestimmt.

– Wo hast du die denn her?

– Ich hab' sie gefunden.

– Gefunden? Wo?

– Auf der Straße.

– Auf einem Fleck?

– Nein, auf vielen. Man geht mitten auf der Straße und guckt nach unten, sagt er.

– Nein, mein Lieber, das nehme ich dir nicht ab. Jetzt lügst du! Komm her, ich muß mit dir reden.

Die Rede wurde mit einem Rohrstock gehalten.

– Willst du jetzt gestehen!

– Ich habe sie auf der Straße gefunden.

Er wird geprügelt, bis er »gesteht«.

Was sollte er gestehen? Der Schmerz und die Furcht, der Auftritt könnte kein Ende nehmen, nötigten ihm die folgende Lüge ab.

– Er hatte sie gestohlen.

– Wo?

Nun wußte er nicht, wo es an einem Wagen Muttern gab, vermutete aber, daß sie unten saßen.

– Unter den Wagen also.

– Wo?

Die Phantasie beschwor einen Platz, an dem viele Wagen standen.

– An der Baustelle gegenüber der Smedgårdsgränden.

Diese exakte Angabe machte die Sache glaubhaft. Der Alte war

überzeugt, die Wahrheit aus ihm herausgeholt zu haben. Und dann folgten die Reflexionen.
– Wie hast du die denn mit bloßen Fingern abmachen können?
Das hatte er sich nicht träumen lassen. Doch, nun sah er den Werkzeugkasten des Vaters vor sich:
– Mit einem Schraubenzieher.
Freilich kann man Muttern nicht mit einem Schraubenzieher abschrauben, aber die Phantasie des Vaters war in Bewegung gekommen, und er ließ sich hinters Licht führen.
– Aber das ist ja furchtbar! Du bist ja ein Dieb! usw. Stell dir vor, die Polizei wäre gekommen usw.
Johan überlegte einen Augenblick, ob er ihn damit beruhigen sollte, daß alles erlogen war, doch die Aussicht, noch mehr Prügel und kein Abendessen zu bekommen, hielt ihn davon ab.
Am Abend, als er ins Bett gegangen war und die Mutter hereinkam und ihn aufforderte, sein Abendgebet zu sprechen, sagte er pathetisch und mit erhobener Hand:
– Verdammt nochmal, ich habe keine Muttern gestohlen.
Die Mutter sah ihn lange an, und dann sagte sie: – Du sollst nicht so fluchen!
Die körperliche Bestrafung hatte ihn gedemütigt, ihn gekränkt, er war böse auf Gott, Eltern und am meisten auf die Brüder, die nicht für ihn ausgesagt hatten, obwohl sie den Hergang kannten. An diesem Abend betete er nicht, sondern wünschte sich, ein Brand möge ausbrechen, ohne daß er Feuer legen mußte. Und dann auch noch Dieb!
Seitdem stand er unter Verdacht, oder richtiger, sein schlechter Ruf war gefestigt, und man hänselte ihn lange mit der Erinnerung an diesen Diebstahl, den er nie begangen hatte.
Ein andermal machte er sich selbst der Lüge schuldig, wenn auch durch eine Nachlässigkeit, die er sich lange nicht erklären konnte. (Wird Eltern zum Nachdenken empfohlen.) An einem Sonntagmorgen im Frühling kommt ein Schulkamerad mit seiner Schwester und fragt, ob er mit nach Haga gehen wolle. Ja, das will er, aber erst muß er Mama um Erlaubnis fragen. (Papa war fort.)
– Dann beeil dich!

– Ja, aber erst muß er sein Herbarium zeigen.
– Gehen wir jetzt!
– Ja, aber erst muß ich noch zu Mama.
Jetzt aber kommt ein kleiner Bruder und faßt sein Herbarium an. Der Unfug wird unterbunden, aber nun müssen sie auch noch seine Mineraliensammlung ansehen.

Unterdessen muß er die Bluse wechseln. Anschließend nimmt er ein Stück Brot aus dem Büffet. Die Mutter kommt vorbei und begrüßt die Kameraden; sie erzählen das eine und das andere von zu Hause. Johan hat es eilig, verstaut die Sachen und führt seine Freunde in den Garten hinaus, um ihnen den Froschteich zu zeigen. Endlich geht es nach Haga. Er ruhig, in dem festen Glauben, er habe die Mutter um Erlaubnis gebeten.

Dann kommt der Vater nach Hause.
– Wo bist du gewesen?
– Ich bin mit den Freunden in Haga gewesen.
– Hat Mama dir das erlaubt?
– Jaa!
Die Mutter protestiert.
Johan ist stumm vor Verblüffung.
– Ach so, du versuchst es mit Lügen.

Er war sprachlos. Doch er war so sicher gewesen, daß er die Mutter um Erlaubnis gebeten hatte, um so mehr, als eine Ablehnung nicht zu befürchten war. Er war so fest entschlossen gewesen, es zu tun, die Begleitumstände aber hatten es verhindert, er hatte es vergessen und hätte dafür sterben können, daß er nicht gelogen hatte.

Kinder sind im allgemeinen zu ängstlich zum Lügen, aber ihr Gedächtnis ist kurz, die Eindrücke wechseln so rasch, und sie verwechseln Wünsche und Entschlüsse mit ausgeführten Handlungen.

Der Junge lebte indessen lange in dem Glauben, die Mutter habe gelogen. Als er dann viele Male über das Phänomen nachgedacht hatte, glaubte er, sie habe die Sache vergessen oder seine Bitte nicht gehört. Viel viel später begann er den Verdacht zu hegen, daß ihn womöglich sein Gedächtnis getäuscht hatte. Aber sein gutes Gedächtnis war bekannt, und es hatten ja nur zwei drei Stunden dazwischen gelegen.

Sein Argwohn gegenüber der Wahrhaftigkeit der Mutter (und warum hätte sie keine Unwahrheit sagen sollen, da Frauen doch so leicht ihre Halluzinationen mit Wirklichkeit verwechseln) verstärkte sich kurze Zeit später. Die Familie hatte ein Möbelstück gekauft: ein großes Ereignis! Die Jungen sollten gerade der Tante einen Besuch machen. Die Mutter wollte die Neuigkeit geheimhalten und die Tante bei ihrem nächsten Besuch überraschen. Darum bat sie die Kinder, von dem Ereignis nichts zu erzählen.

Sie kommen zur Tante. Die fragt sofort: Hat die Mama das gelbe Möbel schon gekauft?

Die Brüder schweigen. Johan aber antwortet fröhlich: nein.

Wieder zu Hause, beim Abendessen, fragt die Mutter:

– Nun, hat die Tante nach dem Möbel gefragt?

– Ja!

– Was habt ihr geantwortet?

– Ich habe nein gesagt! sagt Johan.

– Ach, du hattest die Courage zu lügen, fährt der Vater dazwischen.

– Ja, Mama hat es doch gesagt, antwortet der Junge.

Die Mutter wird bleich, und der Vater verstummt.

Dies insgesamt war ja an und für sich zwar harmlos, in seinem Zusammenhang jedoch nicht unwichtig. Im Kind erwachten leichte Zweifel an der Wahrheitsliebe »anderer«, und leiteten jetzt einen neuen Belagerungszustand der Gegenkritik ein.

Die Kälte gegen den Vater nimmt zu, und nun fahndet der Junge nach Unterdrückung und unternimmt trotz seiner Schwäche kleine Versuche zum Aufruhr.

Jeden Sonntag werden die Kinder in die Kirche kommandiert, wo die Familie über eine Bank verfügte. Der sinnlos lange Gottesdienst und die unverständlichen Predigten hörten bald auf, Eindruck zu machen. Als es noch keine Heizung gab, war es eine absolute Tortur, im Winter zwei Stunden lang in einer Bank zu sitzen und an den Füßen zu frieren, doch man mußte trotzdem hingehen, ob für das Seelenheil, der Ordnung halber oder des häuslichen Friedens wegen, wer weiß. Der Vater selbst war eine Art Theist. Er las lieber Wallins Predigten, als daß er in die Kirche ging. Die Mutter begann sich dagegen dem Pietismus zuzuwenden. Sie lief Olin, Elmblad und Rosenius nach und hatte Freundinnen, die den Pietisten und Die geistliche Taubenstimme ins Haus brachten. Die Taubenstimme wurde von Johan geprüft, und es zeigte sich, daß sie lustige Geschichten von Missionaren in China und Beschreibungen von Schiffbrüchen enthielt. Dem Pietisten schenkte er keine Beachtung. Das war nur ein Aufguß der Briefe des Neuen Testaments.

Eines Sonntags hat Johan den Einfall, vielleicht nach irgendeiner unvorsichtigen Bibelauslegung in der Schule, bei der von der Freiheit des Geistes oder dergleichen die Rede war, daß er nicht zur Kirche gehen wird. Er bleibt einfach zu Hause. Mittags, bevor der Vater nach Hause kommt, erklärt er vor Geschwistern und Tanten, niemand könne das Gewissen eines anderen zwingen und daher werde er nicht in die Kirche gehen. Nun hielt man ihn für wunderlich, und darum kam er diesmal ohne Prügel davon, wurde dann aber doch in die Kirche geschickt.

*

Aufgrund der nicht ganz einwandfreien Form der Ehe konnte der Bekanntenkreis der Familie, von den Verwandten abgesehen, nicht groß sein. Leidensgefährten aber finden einander, und so verkehrte man mit einem der Jugendfreunde des Vaters, der mit seiner Geliebten eine Mesalliance eingegangen war und deswegen von Eltern und Freunden verstoßen worden war. Er war Jurist und Beamter. Bei ihm traf man sich mit einer dritten, ebenfalls einer Beamtenfamilie, mit dem gleichen Eheschicksal. Die Kinder wußten natürlich nichts von der Tragödie, die hier gespielt wurde. Beide Familien hatten Kinder, aber Johan fühlte sich zu ihnen nicht hingezogen. Seine Schüchternheit und seine Menschenscheu hatten nach den Foltergeschichten in Elternhaus und Schule zugenommen, und die Übersiedlung in die Außenviertel der Stadt und die Sommeraufenthalte auf dem Land hatten ihn verwildern lassen. Er wollte nicht tanzen lernen und fand die Jungen, die sich vor den Mädchen aufplusterten, albern. Als die Mutter ihn einmal ermahnte, zu den Mädchen höflich zu sein, fragte er, warum? Er stand jetzt allem kritisch gegenüber und wollte wissen, warum?

Bei einem Ausflug ins Grüne versuchte er, die Jungen zur Meuterei anzustiften, als sie die Schals und Sonnenschirme der Mädchen trugen. – Warum sollen wir die Dienstboten dieser Fratze sein? fragte er, die Jungen aber hörten nicht auf ihn.

Schließlich hatte er das Ausgehen so satt, daß er sich krank stellte oder am Teich seine Kleider naßspritzte, damit er zur Strafe zu Hause bleiben konnte. Er war kein Kind mehr, und so fühlte er sich unter den anderen Kindern nicht wohl, die Älteren aber sahen in ihm nur ein Kind. Jetzt war er allein.

*

Im Alter von zwölf Jahren wurde er für einen Sommer auf einen Küsterhof bei Mariefred geschickt. Dort gab es viele Pensionsgäste, alle von sogenannter unehelicher Geburt. Weil der Küster nicht sonderlich gebildet war, reichte sein Wissen nicht aus, um Johan abzuhören. Beim ersten Versuch in Geometrie stellte der Lehrer fest, Johan sei so tüchtig, daß er am besten selbständig lernte. Nun war er obenauf. Er lernte selbständig. Der Küsterhof lag neben dem Park des Gutshofs, und in dessen königlicher Umgebung ging er spazieren, frei von Arbeit, frei von Überwachung. Die Flügel wuchsen und die Mannbarkeit näherte sich.

Aufgrund erworbenen und vielleicht natürlichen Schamgefühls hat man die wichtige Frage vom Eintreten der Mannbarkeit und damit zusammenhängender Phänomene sehr lange im verborgenen gehalten. Schlechte Bücher, Medizinbuchspekulanten und Pietisten, die um jeden Preis Propaganda machen wollen, ängstliche und unwissende Eltern, sie alle, und viele von ihnen in guter Absicht, haben alles getan, um junge Sünder vom Weg der Untugend abzuhalten. Neuere und aufgeklärtere Untersuchungen erfahrener Ärzte haben es sich dagegen zur Aufgabe gemacht, die Ursache dieses Phänomens und vernünftige Gegenmittel zu erforschen, und vor allem die übertriebene Furcht des Kindes vor den Folgen zu beseitigen, da sich gezeigt hat, daß die Angst und die übertriebenen Gewissensbisse gerade die Ursache der wenigen Fälle von Wahnsinn und Selbstmord gewesen sind, die man verzeichnet hat. Weiter hat man entdeckt, daß nicht die Unsitte selbst, sondern der unbefriedigte Trieb die Krankheitsphänomene hervorgerufen hat, und ein jüngerer französischer Arzt ist sogar so weit gegangen, die Handlung als eine unschädliche Unterstützung der Natur zu bezeichnen. Das muß er selber verantworten. Zwar ist es eine Tatsache, daß man Geisteskranke in der Regel mit dieser schlechten Angewohnheit behaftet findet. Der Fehlschluß aber liegt in der Verwechslung von Ursache und Wirkung.

Geisteskranke werden eingesperrt; was also sollen sie tun?

Bei Geisteskranken hat mit dem Erlöschen des Seelenlebens das vegetative und animalische Leben überhand genommen, und darum bricht der Trieb aus, und sucht, wo auch immer, ungehemmt seine Befriedigung. Ein weiterer Trugschluß: an jedem Geisteskranken wird erforscht, ob er früher Hand an seinen Körper gelegt hat. Alle Geisteskranken haben dies, doch ist es nicht darum die Ursache der Krankheit, denn jetzt hat sich gezeigt, daß vermutlich alle Menschen irgendwann einmal Hand an ihren Körper gelegt haben. Das aber verheimlicht man, und so meint eine große Anzahl junger Sünder, sie begingen als einzige dies angebliche Verbrechen, sie glauben, die gestrengen Lehrer, die sie später ängstigen, hätten unschuldig gelebt. Nun läßt sich andererseits nicht leugnen, daß einer Übertreibung in diesem Fall Krankheiten folgen können, doch dann ist es die Übertreibung, die sie hervorgerufen hat, und die fortgesetzte Gewohnheit, die dazu führt, daß das natürliche Verhalten nicht zu seinem Recht kommt, hat gerade hierdurch den Mißstand bewirkt. Daß eine Abneigung gegen das Geschlecht eine Folge hiervon sei, trifft nicht zu, denn aus weniger tugendhaften Knaben sind später tüchtige Weiberhelden, gute Ehemänner und glückliche Väter geworden. Bezeichnend ist auch, daß die Frauen männlichen Jungfrauen nicht gewogen sind.

Wie aber kam es nun dazu? Auf die übliche Weise. Ein älterer Kamerad ging beim Baden mit dem Beispiel voran, und die Jüngeren machten es nach. Das Spiel, oder wie man es nennen soll, wurde auf einer offen daliegenden Anlegebrücke im hellichten Sonnenschein betrieben. Ein Gefühl von Scham oder Sünde war nicht zu bemerken, und niemand machte ein Geheimnis daraus[1]. Die ganze Angelegenheit schien kaum in Zusammenhang mit dem höheren Geschlechtsleben zu stehen, denn verliebt in ein Mädchen war der Junge bereits mit acht Jahren gewesen, als der Trieb noch vollständig schlummerte.

Gleichzeitig erhielt er auch Kenntnis davon, daß die Schulkinder des Dorfes im Wald miteinander verkehrten, wenn sie aus der Schule kamen. Diese Kinder waren acht bis neun Jahre alt, und die Eltern erfuhren davon, mischten sich aber nicht ein. Dieser Zustand oder Mißstand scheint auf dem Land die Regel zu sein und sollte in Betracht gezogen werden, wenn man so selbstsicher vom Laster und der Aufforderung dazu spricht.

Einen Wendepunkt im Seelenleben des Jungen bildete diese Begebenheit nicht, denn er war als Grübler geboren, und zum Einzelgänger machten ihn seine neuen Gedanken. Im übrigen legte er die Gewohnheit bald ab, als er ein Abschreckungsbuch in die Hand bekam, dann aber wurde sie durch den Kampf gegen die Begierden ersetzt, die er nicht besiegen konnte, weil sie ihn in Form von Trugbildern im Traum überfielen, wo seine Kraft zu Ende war, und den Schlaf konnte er nicht mehr ruhig genießen, bis er im Alter von achtzehn Jahren Beziehungen mit dem anderen Geschlecht aufnahm.

Später im Sommer verliebte er sich in die Tochter des Inspektors, eine Zwanzigjährige, die auf dem Küsterhof nicht verkehrte. Er kam nie dazu, mit ihr zu sprechen, kundschaftete aber ihre Wege aus, kam oft in die Nähe ihrer Wohnung. Das Ganze war eine stille Anbetung ihrer Schönheit auf Distanz, ohne Begierden, ohne Hoffnung. Die Neigung glich eher einer stillen Trauer und hätte vielleicht ebensogut auf eine andere fallen können, wenn es dort Kontakt mit Mädchen gegeben hätte. Es war eine Madonnenverehrung,

---

[1] Die oben geschilderte, in den Schulen früher wie später häufig vorkommende Unsitte hatte gerade zu diesem Zeitpunkt Aufsehen erregt und Untersuchungen veranlaßt, sogar eine öffentliche Debatte in der Presse. (Vergleiche weiter unten S. 163.)

die nichts begehrte, es sei denn, ein großes Opfer bringen zu dürfen, am liebsten ein Ertränken in der Bucht, aber in ihrer Gegenwart, ein dunkles Gefühl, unzulänglich, ein halber Mensch zu sein, der nicht leben will, ohne durch die andere »bessere« Hälfte vervollständigt worden zu sein.

Der Kirchendienst ging weiter und machte jetzt keinen besonderen Eindruck mehr. Es war einfach nur langweilig.

Dieser Sommer war indessen recht wichtig für seine Entwicklung, weil er ihn vom Elternhaus losriß. Keiner der Brüder war dabei. Er hatte also keine vermittelnden Blutsbande zur Mutter mehr. Dies machte ihn verschlossener und härtete seine Nerven, wenn auch nicht unmittelbar, denn bei Anfällen von Langeweile packte ihn das Heimweh mit harten Klauen. Dann erschien ihm die Mutter in dem üblichen verklärten Licht aus Schutz und Huld, die Wärmequelle, die sorgende Hand.

Im Herbst, Anfang August, kam ein Brief mit der Nachricht, der ältere Bruder Gustav werde nach Paris reisen, um in einem Pensionat seine ökonomischen Studien zu vollenden und die Sprache zu lernen, zuvor aber sollte er einen Monat auf dem Lande verbringen und dort den Bruder ablösen. Der Gedanke an die bevorstehende Trennung, die Glorie der großen glänzenden Stadt, die Erinnerung an viele lustige Streiche, die Sehnsucht nach dem Elternhaus, die Freude, einen seines Blutes wiederzusehen, alles vereinte sich jetzt, Johans Gefühle und Phantasie in Bewegung zu setzen. Im Laufe der Woche, in der er den Bruder erwartete, dichtete er ihn zu einem Freund um, einem überlegenen Mann, zu dem er aufsah. Und Gustav war ihm als Mensch überlegen. Er war ein mutiger, offener junger Mann, zwei Jahre älter als Johan, mit dunklen kräftigen Zügen; er grübelte nicht, hatte ein tatendurstiges Temperament; war klug, konnte schweigen, wenn es sein mußte, und zuschlagen, wenn es nötig war. Verstand sich auf Ökonomie und sparte. Er war zu klug, meinte der träumende Johan. Seine Schulaufgaben konnte er nicht, denn er verachtete sie, aber er beherrschte die Kunst des Lebens: gab nach, wenn es sein mußte, griff ein, wenn es sein sollte, und traurig war er nie.

Johan hatte nun ein Bedürfnis anzubeten, aus einem anderen Stoff als aus seinem eigenen schwachen Ton ein Bild zu formen, in das er seine schönen Wünsche legen konnte, und jetzt übte er sich in dieser Kunst acht Tage lang. Er bereitete die Ankunft des Bruders vor, indem er ihn seinen Freunden vorteilhaft schilderte, ihn dem Küster empfahl, Spielplätze mit kleinen Überraschungen auswählte, am Badeplatz für ein Sprungbrett sorgte, und so weiter.

Am Tag vor der Ankunft ging er in den Wald und sammelte Multbeeren und Blaubeeren, mit denen er den Gast erfreuen wollte. Dann deckte er mit weißen Papierbogen einen Tisch. Darauf verteilte er die Beeren, eine gelbe und eine blaue abwechselnd, und in der Mitte bildete er aus ihnen ein großes G. Das Ganze wurde mit Blumen umlegt.

Der Bruder kam, warf einen hastigen Blick auf das Arrangement, aß, bemerkte aber nicht die Finesse des Anfangsbuchstabens oder fand sie übertrieben. In der Familie galten nämlich alle Gefühlsausbrüche als Übertreibungen.

Anschließend badete man. Kaum hatte Gustav das Hemd ausgezogen, lag er bereits im Wasser und schwamm sofort, ohne abzusetzen, zur Ankerboje hinaus. Johan bewunderte ihn, wäre gerne mitgekommen, doch diesmal fand er es lustiger, schlechter zu sein und dem Bruder den Glanz zu lassen. Er war als erster bis zur Ankerboje geschwommen. Beim Mittagstisch ließ Gustav ein Stück fetten Schinken auf dem Teller liegen. Das hatte bis dahin noch niemand gewagt. Er wagte alles. Als man abends läutete, lud Johan Gustav zum Läuten ein. Er läutete mindestens zehnmal. Johan schauderte, als sei das Schicksal des Sprengels bedroht und lachte und bettelte abwechselnd, er solle aufhören. – Ach, zum Teufel, was macht das schon, sagte Gustav.

Dann bot er ihm seinen Freund an, den erwachsenen Sohn des Schreiners, vielleicht fünfzehn Jahre alt. Zwischen den Gleichaltrigen entstand sofort Intimität, und der Freund ließ Johan, der zu klein war, im Stich. Johan aber empfand keine Bitterkeit, obwohl die beiden Großen sich über ihn lustig machten und allein Ausflüge mit dem Gewehr unternahmen. Er wollte nur geben; und er hätte seine Geliebte gegeben, hätte er eine besessen. Ja, er machte auch auf die Inspektorstochter aufmerksam, an der der Bruder wie erwartet Gefallen fand. Statt hinter den Baumstämmen zu seufzen, ging er zu ihr und sprach sie an. Dies war die kühnste Tat, die Johan in seinem Leben gesehen hatte, und er hatte ein Gefühl, als sei er gewachsen. Er vergrößerte sich, seine schwache Seele handelte gleichsam durch die starken Nerven des Bruders, und er identifizierte sich mit ihm. Er war ebenso glücklich, als habe er selbst das Mädchen angesprochen. Er gab Anregungen zu Ausflügen, Streichen, Rudertouren, und der Bruder führte sie aus. Er entdeckte Vogelnester, und der Bruder bestieg den Baum und plünderte sie.

Doch das dauerte nur eine Woche. Am letzten Tag, als die Abreise stattfinden sollte, sagte Johan zu Gustav:

– Wir wollen Mama einen schönen Blumenstrauß kaufen.

– Gewiß doch.

Und so gingen sie zum Gärtner des Guts. Gustav bestellte, aber es sollte etwas Besonderes sein. Während der Strauß gebunden wurde, aß er im Garten ganz offen Beeren. Johan wagte nicht, eine anzurühren.

– Iß doch, sagte der Bruder.

Nein, er konnte nicht. Als der Strauß fertig war, übernahm es Johan, ihn mit vierundzwanzig Schillingen zu bezahlen. Gustav machte keine Anstalten. So trennten sie sich.

Zu Hause angekommen, überreichte Johan den Strauß in Gustavs Namen.

Die Mutter war gerührt. Beim Abendessen erregten die Blumen die Aufmerksamkeit des Vaters.

– Die hat Gustav mir geschickt, sagte die Mutter. Er ist immer so lieb, und Johan wurde mit einem betrübten Blick bedacht, weil er so hart war. Die Augen des Vaters blitzten hinter der Brille auf.

Johan empfand keine Bitterkeit. Die schwärmerische Opferlust des jungen Mannes war aufgeblüht, der Kampf gegen Ungerechtigkeiten hatte ihn zum Selbstquäler gemacht, und er schwieg. Er schwieg sogar, als der Vater Gustav noch zusätzliches Taschengeld schickte und in ungewöhnlich gerührten Wendungen erklärte, wie tief er diesen feinen Zug seines guten Herzens empfunden habe. Er schwieg über diese Geschichte sein Leben lang, auch als er Gründe hatte, bitter zu sein, und er sprach erst am Ende, überwältigt, gestürzt, in den schmutzigen Sand der Arena getreten, mit einem derben Fuß auf der Brust und ohne daß er eine Hand gesehen hätte, die winkte: Gnade. Und da war es keine Rache, nur die Selbstverteidigung des Sterbenden!

5. Bei der Oberklasse

Die Privatschule war in Opposition zum Schreckensregiment der öffentlichen Lehranstalten entstanden. Da ihre Existenz vom guten Willen der Schüler abhing, hatte man große Freiheiten bewilligt und einen äußerst humanen Geist eingeführt. Die körperliche Bestrafung war verboten, und die Schüler waren es gewöhnt, sich zu äußern, Einspruch zu erheben, sich gegen Anschuldigungen zu verteidigen, mit einem Wort, sie wurden als denkende Wesen behandelt. Hier spürte Johan zum ersten Mal, daß er Menschenrechte hatte. Wenn der Lehrer sich in einem Sachverhalt geirrt hatte, war es sinnlos, wenn er einfach weiterging und auf seine Autorität pochte; er wurde korrigiert und, nicht körperlich, von der Klasse gelyncht, die ihm seinen Irrtum nachwies. Rationale Methoden waren auch im Unterricht eingeführt worden. Wenig Hausaufgaben. Kursorische Explikationen in den Sprachen vermittelten den Schülern einen Begriff vom Sinn des Unterrichts, nämlich übersetzen zu können. Außerdem hatte man für die lebenden Sprachen Lehrer aus den betreffenden Ländern eingestellt, so daß sich das Ohr an eine richtige Betonung gewöhnte und man eine Vorstellung von der gesprochenen Sprache bekam.

Eine große Zahl Jugendlicher war aus den staatlichen Schulen hierher geflohen, und Johan traf hier viele alte Kameraden aus Klara. Doch auch Lehrern begegnete er wieder, von Klara wie von Jakob. Diese machten hier einen ganz anderen Eindruck und nahmen ein anderes Verhalten an. Er begriff jetzt, daß sie vom gleichen Fluch betroffen gewesen waren wie ihre Opfer, denn sie hatten Rektor und Schulrat über sich gehabt. Endlich schien also der Druck von oben abzunehmen, seinem Willen und seinen Gedanken wurde Freiheit gewährt, und er empfand ein Gefühl des Glücks und des Wohlbefindens. Zu Hause lobte er die Schule, dankte den Eltern für die Befreiung und erklärte, er genieße nichts so sehr wie die Schule. Er vergaß alte Ungerechtigkeiten, wurde weicher im Wesen und freimütiger. Die Mutter begann, seine Gelehrsamkeit zu bewundern. Neben der Muttersprache lernte er fünf Sprachen und hatte nur noch ein Jahr bis zur Gymnasialabteilung. Der älteste Bruder war jetzt draußen in der Welt in einem Kontor, der zweite Bruder war in Paris. Johan wurde zu Hause gleichsam in eine höhere Altersklasse versetzt und lernte jetzt die Mutter persönlich kennen. Er erzählte ihr aus den Büchern von der Natur und der Geschichte, und sie, die sich nie Wissen erworben hatte, hörte andächtig zu. Doch ob sie sich nun darüber erheben mußte oder die Weisheit der Welt wirklich fürchtete, wenn sie lange zugehört hatte, kam sie mit dem einzigen Wissen, das den Menschen glücklich machen könne. Sie erzählte von Christus; Johan erkannte diese Rede wohl wieder, doch die Mutter verstand es, sie an ihn persönlich zu richten. Er solle sich vor geistigem Hochmut hüten und stets einfältig bleiben. Der Junge verstand das Wort einfältig nicht, und die Rede von Jesus war anders als die der Bibel. Es lag etwas Ungesundes in ihrer Anschauung, und er meinte den Widerwillen des Ungebildeten gegen Bildung zu spüren. Wozu dieser lange Schulbesuch, fragte er sich, wenn er doch nichts galt im Vergleich mit diesen dunklen unzusammenhängenden Lehren von Jesu teurem Blut. Er wußte auch, daß die Mutter diese Sprache in Unterhaltungen mit Ammen, Näherinnen und alten Damen gelernt hatte, die in die Sirupskirche gingen. Merkwürdig, dachte er, daß gerade die über die allerhöchste Weisheit verfügen sollten, von der weder der Pastor in der Kirche noch der Lehrer in der Schule eine Ahnung hatte. Er begann, diese Demütigen für geistig recht hochmütig und den Weg zur Weisheit durch Christus für eine erfundene Abkürzung zu halten. Hinzu kam, daß er unter seinen Mitschülern jetzt Grafen und Barone hatte, und als in seinen Erzählungen von der Schule Namen auf hjälm oder svärd auftauchten, wurde er vor Hochmut gewarnt.

War er hochmütig? Vermutlich! In der Schule hielt er sich nie an die Vornehmen. Er schaute sie lieber an als die Bürgerlichen, denn mit ihren schönen Kleidern, feinen Gesichtern, glänzenden Brillantnadeln sprachen sie seinen Schönheitssinn an. Er fühlte, daß sie zu einer anderen Rasse gehörten, eine Stellung innehatten, die er niemals erreichen konnte, die er nicht erstrebte, denn er wagte nicht, vom Leben etwas zu fordern. Als ihn aber eines Tages ein Baron bei einer Lektion um Hilfe bat, hielt er sich für ebenso gut wie diesen oder in diesem einen Punkt sogar für besser. Damit hatte er entdeckt, daß es etwas gab, das ihn mit den Höchsten der Gesellschaft auf eine Ebene bringen konnte und das er sich verschaffen konnte: Bildung.

An dieser Schule herrschte gerade aufgrund ihres liberalen Geistes eine Demokratie, die er in Klara nicht festgestellt hatte; Grafen und Barone, die meisten von ihnen faul, hatten vor den anderen keinen Vorrang. Dem Rektor, selbst ein Bauernsohn aus der Provinz Småland, ging jede Ehrfurcht vor der Herkunft ab, ebensowenig wie er Vorurteile gegen die Adligen hatte oder sie besonders ducken wollte. Er duzte alle, Große und Kleine, war zu allen gleich vertraulich, studierte jedes Individuum, nannte sie beim Vornamen und war an den jungen Leuten interessiert.

Durch den täglichen Umgang von Bürgerskindern und Adelskindern nutzte sich der Respekt ab. Kriecher gab es nur weiter oben in der Gymnasialabteilung, wo erwachsene Adelssöhne mit Reitgerte und Sporen erschienen, während ein Gardist vor dem Tor das Leibpferd hielt. Diese jungen Männer zogen jene Klugen an, die bereits Einblick in die Kunst des Lebens hatten, doch weiter als bis ins Café oder in die Junggesellenbude führte dieser Weg nicht.

Im Herbst kehrten einige der vornehmen jungen Männer von Fahrten als außerordentliche Seekadetten zurück. In Uniform mit Säbel traten sie in der Klasse auf. Sie wurden sehr bewundert, von vielen beneidet, Johans Sklavenblut aber war in dieser Hinsicht niemals vermessen: er erkannte das Privilegium an, träumte sich niemals dorthin, hatte eine Ahnung, dort würde er mehr gedemütigt als hier, und darum wollte er nicht dorthin. Doch auf andere Weise auf ihr Niveau zu kommen, durch Meriten, Arbeit, davon träumte er kühn. Und als gleichzeitig im Frühjahr frischgebackene

Studenten in die Klasse kamen, um sich von den Lehrern zu verabschieden, da sah er ihre weißen Mützen, ihre ungezwungene Art, ihre offenen Mienen, da wünschte er sich an ihre Stelle, denn er bemerkte, daß auch die Seekadetten voller Bewunderung nach den weißen Mützen schauten.

*

In der Familie war ein gewisser Wohlstand eingezogen. Man war wieder in die Norrtullsgatan gezogen. Dort war es heiterer als in Sabbatsberg, und die Söhne des Hausbesitzers waren Schulkameraden. Einen Garten hatte der Vater nicht mehr, und Johan beschäftigte sich nun meist mit Büchern. Er führte das Leben eines wohlhabenden jungen Mannes. Das Haus war lebendig, erwachsene Cousinen und die vielen Buchhalter des Kontors machten sonntags Besuch, und Johan wurde trotz seiner jungen Jahre in ihren Kreis aufgenommen. Er trug jetzt Jacketts, pflegte sein Äußeres, und als hoffnungsvoller Gymnasiast genoß er ein höheres Ansehen, als seine Jahre es mit sich gebracht hätten. Im Garten ging er spazieren, und weder Beerensträucher noch Apfelbäume übten eine besondere Anziehung auf ihn aus.

Dann und wann kamen Briefe vom Bruder in Paris. Sie wurden mit großer Andacht vorgelesen. Verwandten und Bekannten wurden sie vorgelesen, und das war der Trumpf der Familie. Zu Weihnachten traf ein fotografisches Porträt des Bruders in der Uniform eines französischen Collégien ein. Das war das Trumpfas. Jetzt hatte Johan einen Bruder, der Uniform trug und französisch sprach. Er zeigte das Porträt in der Schule und gewann soziales Ansehen. Die Seekadetten grinsten dazu und sagten, dies sei keine richtige Uniform, weil der Säbel fehle. Aber sie hatte ein Käppi und blanke Knöpfe und etwas Gold am Kragen.

Zu Hause führte man Stereoskopbilder von Paris vor, und nun lebte man in Paris. Die Tuilerien und der Triumphbogen waren bekannt wie das Stockholmer Schloß und die Statue Gustav Adolfs. Es schien, als besitze die Redensart, daß der Vater in seinen Kindern lebt, tatsächlich einige Berechtigung.

Heiter bot sich jetzt dem jungen Mann das Leben dar; der Druck hatte nachgelassen, er atmete leichter und wäre wahrscheinlich einen leichten geebneten Weg durchs Leben gegangen, hätten sich die Umstände nicht so gefügt, daß er Gegenwind bekam.

Die Mutter war nach ihren zwölf Kindsbetten lange kränklich gewesen. Jetzt mußte sie das Bett hüten und stand nur gelegentlich auf. Ihr Temperament wurde erregbarer, und bei Widerspruch traten rote Flammen auf ihre Wangen. Beim letzten Weihnachtsfest war sie mit ihrem Bruder in einen heftigen Disput über Pietistenprediger geraten. Dieser hatte, beim Weihnachtsessen, auf die Tiefsinnigkeit von Fredmans Episteln hingewiesen und sie, was ihr gedankliches Gewicht betraf, sogar weit über die Predigten von Pietisten gestellt. Die Mutter wurde hitzig und verfiel in Hysterie. Dies war lediglich ein Symptom.

Jetzt begann sie, solange sie noch auf war, Wäsche und Kleider der Kinder instandzusetzen und Schränke aufzuräumen. Mit Johan sprach sie oft über Religion und andere erhabene Fragen. Eines Tages zeigte sie ihm einige Goldringe. – Die werdet ihr bekommen, wenn eure Mama stirbt, sagte sie. – Welcher ist meiner? fragte Johan, ohne sich mit Gedanken an den Tod aufzuhalten. Sie zeigte ihm einen geflochtenen Mädchenring mit einem Herz. Er machte starken Eindruck auf den Jungen, der einen Gegenstand aus Gold niemals besessen hatte, und er dachte oft an den Ring.

Eine Mamsell für die Kinder kam ins Haus. Sie war jung, sah gut aus, sprach wenig und zeigte manchmal ein kritisches Lächeln. Sie war bei einem Grafen in der Stora Trädgårdsgatan gewesen und meinte wahrscheinlich, sie sei in ärmliche Verhältnisse abgestiegen. Sie sollte die Kinder und die Dienstmädchen beaufsichtigen, doch mit letzteren ging sie beinahe vertraulich um. Es waren jetzt drei Dienstmädchen, eine Hausmamsell, ein Knecht und eine Dalkulla im Haus. Die Dienstmädchen hatten Bräutigame, und in der großen Küche, die mit ihrem Kupfer und Zinn einen stattlichen Eindruck machte, ging es lustig zu. Es wurde gegessen und getrunken, und auch die Knaben wurden eingeladen. Von den Bräutigamen wurden sie mit Herr angeredet, und man trank auf ihr Wohl. Der Hausknecht freilich machte nie mit: er hielt es für »schweinisch«, sich so aufzuführen, weil die Frau des Hauses krank war. Der Haushalt schien in Auflösung begriffen, und der Vater focht mit den Dienstboten manchen harten Strauß aus, seit die Mutter bettlägerig geworden war. Die Mutter aber wurde im Tode die Vertraute der Dienstmädchen. Aus Instinkt gab sie ihnen recht. Und diese mißbrauchten ihre Parteilichkeit. Es war streng verboten, die Kranke Gemütsbewegungen auszusetzen, die Dienstboten aber intrigierten gegeneinander und sicher auch gegen den Hausherrn. Eines Tages hatte Johan in einem Silberlöffel Blei geschmolzen. Die Köchin klatschte es der Mutter; diese wurde heftig und sagte es dem Vater. Der Vater aber war nur aufgebracht über die Denunziantin. Er ging zu Johan und sagte freundlich, als habe dieser sich zu beklagen: – In Silberlöffeln darfst du kein Blei schmelzen. Der Löffel ist mir gleichgültig, der kann repariert werden, aber die verdammte Frederika hat Mama traurig gemacht. Geh nicht zu den Mädchen, wenn du etwas angestellt hast, sag es lieber mir, dann bringen wir es in Ordnung!

Sie waren Freunde, der Vater und er, zum ersten Mal, und jetzt, als der Vater zu ihm herabstieg, liebte er ihn.

Eines Nachts wird er von der Stimme des Vaters aus dem Schlaf geweckt. Er fährt hoch. Es ist dunkel im Zimmer. Im Dunkeln hört er die Stimme, die tief und zitternd sagt: kommt herein, Kinder, an Mamas Sterbebett! Jetzt schlug es wie ein Blitz in ihn ein. Er fror so, daß seine Glieder gegeneinanderschlugen, während er sich anzog, seine Kopfhaut gefror, seine Augen standen weit offen und schwammen, so daß die Kerzenflamme wie eine rote Blase aussah.

Und dann standen sie am Krankenbett. Sie weinten eine Stunde, weinten zwei, drei. Die Nacht kroch dahin. Die Mutter war bewußtlos und erkannte niemanden. Der Todeskampf hatte begonnen, mit Röcheln und Notschreien. Die kleinen Geschwister wurden nicht geweckt. Johan saß da und dachte an all das Böse, das er getan hatte. Eine Aufrechnung mit den Ungerechtigkeiten gab es nicht. Nach drei Stunden versiegten die Tränen. Die Gedanken eilten hierhin und dorthin. Der Tod war das Ende. Wie würde es sein, wenn Mama nicht mehr da war. Einsam, leer. Kein Trost, kein Ersatz. Nur ein dichtes Dunkel aus Unglück. Er suchte nach einem einzigen lichten Punkt. Der Blick fällt auf die Kommode der Mutter, wo Linné in Gips sitzt, mit einer Blume in der Hand. Dort lag der einzige Vorteil, den dieses bodenlose Unglück mit sich bringen würde: er würde den Ring bekommen. Er sah ihn an seiner Hand. – Das ist ein Andenken an meine Mutter, würde er wohl sagen, und bei der Erinnerung würde er weinen, doch er konnte es nicht lassen, an den feinen Goldring zu denken. – Pfui! Wer dachte einen so niedrigen Gedanken am Totenbett seiner Mutter? Ein schlaftrunkenes Gehirn, ein verweintes Kind. Behüte, nein, ein Erbe. War er gieriger als andere, hatte er Anlagen zum Geiz? Nein, dann hätte er diese Geschichte niemals erzählt, denn sie war tief in ihm begraben; doch er erinnerte sich an sie sein Leben lang; ab und zu tauchte sie auf, und wenn sie hervorkam, in schlafloser Nacht, in untätigen Augenblicken der Erschöpfung, dann spürte er, wie die Röte an den Ohren brannte. Dann stellte er Betrachtungen über sich und sein Verhalten an und bestrafte sich als den niedrigsten aller Menschen. Erst als er älter wurde und viele Menschen und die Mechanik des Denkapparates kennenlernte, kam ihm der Gedanke, daß das Gehirn ein wunderliches Ding ist, das seine eigenen Wege geht, und daß die Menschen sich recht gleich sind, auch in dem Doppelleben, das sie führen: in dem, was man sieht, und dem, was man nicht sieht, in dem, was man sagt, und dem, was man bei sich denkt.

Zu diesem Zeitpunkt aber hielt er sich nur für schlecht, und als ihm der Pietismus einfiel, in dem vom Kampf gegen böse Gedanken die Rede war, sah er ein, daß er sehr böse Gedanken hatte. Woher sie kamen? Von der Erbsünde und dem Teufel, antworteten die Pietisten. Ja, damit war er einverstanden, denn für einen so häßlichen Gedanken wollte er nicht verantwortlich sein, aber dennoch konnte er nicht umhin, sich verantwortlich zu fühlen, denn die Lehre vom Determinismus oder der Unfreiheit des Willens war ihm unbekannt. Verkünder dieser Lehre hätten gesagt: ein gesunder Gedanke von dir, mein Junge, aus einem Übel das kleinstmögliche Übel zu suchen; ein Gedanke, den alle Erben, große und kleine, gedacht haben, und beachte dies wohl, gedacht haben müssen, nach allen Gesetzen des Denkens. Die Selbstverleugnungsmoral des Christentums mit ihrem luftigen Säulenheiligenideal nennt Gedanken schlecht, deren Ziel die Selbsterhaltung ist, dies aber ist ungesund, denn die erste heiligste Pflicht des Individuums ist es, soweit wie möglich sein Selbst zu schützen, ohne dem anderen zu schaden. Doch seine ganze Erziehung war ja der primitiven Vorstellungsweise der Zeit entsprechend auf den Himmel und die Hölle ausgerichtet. Einige Handlungen galten als böse, andere als gut. Die ersteren mußten bestraft, die letzteren belohnt werden. So hielt man es für eine Tugend, heftig um eine Mutter zu trauern, gleichgültig, wie sich diese Mutter dem Kind gegenüber verhalten hatte. Ein so zufälliges Phänomen wie die Dauerhaftigkeit der Gefühle wurde als eine Tugend angesehen. Diejenigen, die über so beschaffene Gefühle nicht verfügten, waren weniger tugendhaft. Die Unglücklichen, die an sich diesen Mangel feststellten, wollten sich ändern, sich bessern. Daher Heuchelei, Falschheit sich selbst gegenüber. Inzwischen ist man so weit, daß die Empfindsamkeit als eine Schwäche entlarvt wurde, die in früheren Stadien als Laster abgestempelt worden wäre. Das Französische bezeichnet noch immer mit demselben Wort, *vice*, Gebrechen und Laster. Das Überwiegen von Gefühl und Phantasie gilt heute als Merkmal niederer Entwicklungsstadien: des Wilden, des Kindes, der Frau, die bald wie durch Raubbau ausgelaugte Böden aufgegeben werden, und das Zeitalter des reinen Denkens steht vor der Tür.

Der Jüngling war ein Quadrinom aus Romantik, Pietismus, Realismus und Naturalismus. Darum wurde er nie etwas anderes als Flickwerk.

Johan dachte gewiß nicht nur an das armselige Schmuckstück; das Ganze war eine Zerstreuung des Augenblicks, zwei Minuten in langen Monaten der Trauer, und als es schließlich still im Zimmer wurde und der Vater sagte: Mama ist tot, da war es trostlos. Er schrie wie ein Ertrinkender. Wie kann der Tod so bodenlose Verzweiflung bei denen auslösen, die an ein Wiedersehen glauben? Es muß um den Glauben schon schlecht bestellt sein in diesen Augenblicken, in denen sich vor unseren Augen mit unerschütterlicher Konsequenz die Vernichtung der Persönlichkeit vollzieht.

Der Vater, der sonst nach außen hin die Gefühllosigkeit eines Isländers hatte, war jetzt sanft. Er ergriff die Hände der beiden

Söhne und sagte: – Gott hat uns heimgesucht; jetzt müssen wir wie Freunde zusammenhalten. Die Menschen in ihrer Selbstgenügsamkeit meinen, sie sind sich genug, dann kommt der Schlag, und man sieht, daß alle einander brauchen. Wir wollen aufrichtig und nachsichtig miteinander sein.

Die Trauer des Jungen nahm einen Augenblick lang ab. Er hatte einen Freund bekommen, einen mächtigen, klugen, männlichen Freund, den er bewunderte.

Im Haus wurden jetzt weiße Laken vor die Fenster gehängt.

– Du brauchst nicht in die Schule zu gehen, wenn du nicht willst, sagte der Vater. Wenn du nicht willst! Dies war eine Anerkennung seines Willens.

Dann kamen alte Tanten, nähere Verwandte, Cousinen, Ammen, alte Dienstboten, und sie alle beteten für die Tote. Alle halfen beim Nähen der Trauerkleider: für vier kleine Kinder und drei große. Da saßen junge Mädchen und nähten in dem kränklichen Licht, das durch die weißen Laken fiel, und sie sprachen halblaut. Alles war mystisch, und die Trauer erhielt ein ganzes Gefolge ungewöhnlicher Empfindungen. Niemals war der Junge Gegenstand so starker Anteilnahme gewesen; und niemals hatte er so viele warme Hände gespürt, so viele freundliche Worte gehört.

Am Sonntag las der Vater eine Predigt Wallins über den Text: Unsere Freundin ist nicht tot, sie schläft nur. Mit welch unerhörter Zuversicht nahm er diese Worte wörtlich, und wie sehr verstand er es, Wunden aufzureißen und gleichzeitig zu heilen. Sie ist nicht tot, sie schläft nur, wiederholte er froh. Die Mutter dort in dem kalten Salon schlief also, und doch erwartete niemand, sie erwachen zu sehen.

Die Beerdigung kam heran. Ein Grabplatz war gekauft. Auch die Schwägerin saß da und nähte. Sie nähte und nähte, die alte Mutter sieben mittelloser Kinder, die ehemals reiche Bürgersfrau, nähte für Kinder aus einer Ehe, die ihr Mann verdammt hatte. Dann stand sie auf und bat, mit ihrem Schwager sprechen zu dürfen. In einer Ecke des Eßzimmers flüstert sie mit ihm. Die beiden Alten fallen einander in die Arme und weinen. Der Vater teilt mit, die Mutter dürfe im Grab des Onkels begraben werden. Das Grab des Onkels, das aus einer Eisensäule mit einer Urne darauf bestand, war auf dem Nya Kyrkogården ein viel bewundertes Monument. Sie begriffen darum, daß der Mutter eine Ehre widerfahren war, doch ihnen war nicht klar, daß damit Bruderhaß erloschen, daß einer guten und pflichtgetreuen Frau, verachtet, weil sie Mutter wurde, bevor sie den Titel Frau erhielt, nach dem Tod Genugtuung geschenkt worden war.

Nun strahlte alles vor Versöhnung und Frieden, und man überbot einander in Freundlichkeiten. Man suchte die Blicke des anderen, vermied störende Beschäftigungen, las Wünsche ab.

So kam der Tag der Beerdigung. Als der Sarg zugeschraubt war und durch das Eßzimmer getragen wurde, das voller Schwarzgekleideter war, bekam eine kleine Schwester einen Anfall. Sie schrie und warf sich Johan in die Arme. Er nahm sie auf den Arm und drückte sie an sich, als sei er ihre Mutter, die sie schützen wolle. Und als er fühlte, wie sich der kleine zitternde Körper an ihm festklammerte, empfand er eine Kraft, die er lange entbehrt hatte. Ohne Trost konnte er selbst Trost spenden, und als er sie beruhigte, wurde auch er ruhig. Es zeigte sich freilich, daß es der schwarze Sarg und die vielen Menschen waren, die sie geängstigt hatten; denn die Kleinen vermißten die Mutter kaum, weinten nicht um sie und hatten sie in kurzer Zeit vergessen. Das Mutterband ist nicht so rasch geknüpft, dies geschieht nur durch eine lange persönliche Bekanntschaft. Eine wirkliche Sehnsucht nach ihr hatte Johan kaum ein Vierteljahr. Er trauerte lange, doch entsprang dies eher einem Bedürfnis, in der Stimmung weiterzuleben, die ein Ausdruck seiner natürlichen Schwermut war, und die jetzt in der Trauer um die Mutter eine geeignete Form gefunden hatte.

*

Dem Todesfall folgte ein langer Sommer des Müßiggangs und der Freiheit. Im ersten Stock verfügte Johan über zwei Zimmer, zusammen mit dem ältesten Bruder, der erst abends aus seinem Geschäft nach Hause kam. Der Vater war den ganzen Tag fort, und wenn sie aufeinandertrafen, schwiegen sie. Die Feindschaft war beigelegt,

Freundschaft aber war unmöglich. Der Jüngling war jetzt sein eigener Herr; kam und ging, schaltete und waltete. Die Hausmamsell war ihm gegenüber nachgiebig, und sie gerieten nie in Konflikt. Den Umgang mit Kameraden vermied er, schloß sich in sein Zimmer ein, rauchte Tabak, las und grübelte.

Stets hatte er gehört, daß Wissen das Höchste, daß es ein Kapital sei, das man niemals verlieren könne, und daß man mit ihm bestehen werde, wie tief man auf der Gesellschaftsskala auch sinke. Alles zu erforschen, alles zu wissen, war bei ihm eine Manie. Er hatte Zeichnungen des ältesten Bruders gesehen und sie rühmen hören. In der Schule hatte er lediglich geometrische Figuren gezeichnet. Er wollte also zeichnen, und während der Weihnachtsferien kopiert er wie rasend eine Zeichnung des Bruders nach der anderen. Die letzte in der Sammlung war ein Pferd. Als er es fertiggestellt und gesehen hatte, daß dies keine Kunst war, hörte er auf mit dem Zeichnen.

Alle Kinder außer Johan spielten ein Instrument. Johan hörte so viele Tonleitern und Übungen auf dem Klavier, der Violine und dem Violoncello, daß er das Ganze satt bekam und die Musik wurde, was vorher die Kirchenglocken gewesen waren. Er wollte spielen können, aber nicht die Tonleitern durchgehen. Heimlich nahm er sich Noten und spielte gleich Stücke. Gut ging es nicht, doch ihm machte es Vergnügen. Dafür nahm er sich vor, bei allem, was die Geschwister spielten, über Komponist und Opus Bescheid zu wissen, so daß er ihnen in der Kenntnis der Musikliteratur überlegen war. Einmal wurde ein Notenschreiber gesucht, der Die Zauberflöte, arrangiert für ein Streichquartett, kopieren sollte. Johan bot sich an. – Kannst du etwa Noten schreiben? fragte man ihn. – Ich will es versuchen, sagte er. Er übte ein paar Tage und schrieb dann alle vier Stimmen aus. Das war eine lange öde Arbeit, und er wäre ihrer fast überdrüssig geworden, schließlich aber hatte er sie fertig. Nachlässig hie und da, aber brauchbar.

Er hatte keine Ruhe, bevor er nicht alle Pflanzen der Stockholmer Flora kennengelernt hatte. Als er sie kannte, ließ er die Sache fallen. Eine botanische Exkursion machte ihm keinen Spaß mehr; Wanderungen in der Natur boten nichts Neues. Er konnte keine unbekannte Pflanze mehr finden. Über die wenigen Mineralien wußte er

Bescheid. Die Insekten hatte er in seiner Sammlung. Und die Vögel erkannte er an den Tönen, an den Federn und sogar an den Eiern. All das waren nur äußere Erscheinungen, Namen von Dingen, die bald ihr Interesse verloren. Er wollte nach innen sehen. Oft beschuldigte man ihn der Zerstörungslust, denn er zerlegte alles, Spielzeug, Uhren, alles, was ihm in die Hände fiel. Zufällig geriet er in eine Vorlesung Thams in der Wissenschaftsakademie und durfte bei einer chemischen und physikalischen Seance zusehen. Die ungewöhnlichen Instrumente und Geräte fesselten ihn. Der Professor war ein Zauberer, aber einer, der sagte, wie das Wunder zustandekam. Das war ·neu, und er wollte selbst in das Verborgene eindringen.

Er erzählte dem Vater von seiner neuen Neigung, und dieser, der sich in jungen Jahren mit Galvanoplastik beschäftigt hatte, gab ihm Bücher aus dem Bücherschrank. Focks Physik, Girardins Chemie, Figuiers Entdeckungen und Erfindungen und Nybläus' Chemische Technologie. Auf dem Dachboden gab es außerdem eine galvanische Batterie mit sechs Zellen nach dem Daniellschen Kupfer- und Zinksystem. Die bekam er schon als Zwölfjähriger in die Hände und hantierte derart mit Schwefelsäure, daß Handtücher, Servietten und Kleider zerstört wurden. Nachdem er alles galvanisiert hatte, was geeignet erschien, stellte er diese Tätigkeit ein. Jetzt in der Einsamkeit des Sommers wandte er sich mit Leidenschaft der Chemie zu. Aber er wollte nicht die Experimente ausführen, die in den Lehrbüchern standen; er wollte Entdeckungen machen. Alle Mittel fehlten ihm, Geld, Apparate, doch nichts konnte ihn hindern. Seine Natur war nun einmal so und wurde es nach dem Tod der Mutter, als er sein eigener Herr war, noch mehr, so daß er seinen Willen allem zum Trotz und auf der Stelle durchsetzen mußte.

Spielte er Schach, richtete er seinen Angriffsplan auf den König des Gegners aus; griff rücksichtslos an, ohne auf seine Verteidigung zu achten, überrumpelte den Gegner manchmal durch seine Rücksichtslosigkeit, verlor aber meist die Partie. – Hätte ich noch einen Zug gehabt, wärst du an meiner Stelle matt gewesen, sagte er. – Ja, aber den hattest du nicht, und darum bist du matt.

Wollte er an eine Schublade und der Schlüssel war nicht zur

Hand, nahm er den Schürhaken und brach das Schloß auf, so daß Schrauben und Schloßmaske ausgerissen wurden. – Warum hast du das Schloß zerbrochen? fragte man. – Weil ich an die Kommode wollte!

In all diesem Draufgängertum lag jedoch eine gewisse Beharrlichkeit. Doch nur, solange die Leidenschaft anhielt. Er wollte sich eine Elektrisiermaschine bauen. Auf dem Dachboden fand er ein Spinnrad. Von dem brach er ab, was er nicht brauchte und wollte dann das Rad durch eine runde Glasscheibe ersetzen. Er fand ein Innenfenster. Mit einem Quarzsplitter schnitt er die Scheibe heraus. Jetzt aber mußte sie rund werden und in der Mitte ein Loch bekommen. Mit einem Schlüsselschaft brach er Splitter für Splitter heraus, manchmal nicht größer als ein Sandkorn; dies dauerte viele Tage. Die Scheibe wurde rund. Wie aber sollte er ein Loch machen? Ein Loch in eine Glasscheibe. Er baute sich einen Drillbohrer. Für den Bogen zerbrach er einen Schirm, um zu einem Walfischknochen zu kommen und nahm eine Violinsaite als Leine. Dann ritzte er das Glas mit dem Quarz an, befeuchtete es mit Terpentin und bohrte. Doch er sah keinen Erfolg. Da, als er sich so dicht vor dem Ziel sah, verlor er die Geduld und die Besinnung. Er wollte das Loch mit einem Sprengkeil durchbrechen. Die Scheibe zersprang. Da warf er sich auf sein Bett, machtlos, erschöpft, hoffnungslos. In den Ärger mischte sich auch ein Gefühl von Armut. Hätte er nur Geld gehabt! Manchmal stand er vor Spolanders Magasin in der Västerlånggatan und schaute sich die chemischen Apparate an, die es dort gab. Er fragte sich, was sie kosteten, wagte aber nie hineinzugehen und zu fragen. Was hatte das für einen Sinn? Geld bekam er vom Vater nie.

Nachdem er sich von dem Mißerfolg erholt hatte, wollte er, was noch nie jemandem gelungen war und niemandem gelingen kann: ein Perpetuum mobile machen. Der Vater hatte erwähnt, daß für den Erfinder des Unmöglichen seit langem ein hoher Preis ausgesetzt war. Das war etwas, das ihn reizte. Er kombinierte einen Wasserfall, der eine Pumpe antrieb, mit einer Heronsquelle. Der Fall sollte die Pumpe in Gang setzen, die Pumpe wiederum mit Hilfe der Heronsquelle das Wasser hochziehen. Er mußte jetzt in die Bodenkammer und eine Razzia vornehmen. Nachdem er alle möglichen Dinge zerbrochen hatte, um Material zu sammeln, begann die Arbeit. Ein Kaffeekocher mußte ein Rohr beisteuern, eine Sodawassermaschine die Behälter, die Schublade Beschläge, die Kommode Holz, ein Vogelkäfig lieferte Eisendraht, eine Blumenampel wurde eines der Wasserbecken und so weiter. Der Tag, an dem die Erprobung stattfinden sollte, war gekommen. Da kommt die Hausmamsell und fragt, ob er mit den Geschwistern zu Mamas Grab gehen will. – Nein, er hatte keine Zeit.

Ob nun das schlechte Gewissen ihn drückte und seine Arbeit störte, oder ob er ohnehin nervös war, kurzum, der Versuch mißglückte. Da nahm er, ohne den Fehler beheben zu wollen, den ganzen seltsamen Apparat und schlug ihn gegen die Kachelofensteine. Da lag das Werk, das so viele nützliche Dinge das Leben gekostet hatte, und sehr viel später entdeckte man in der Bodenkammer die Spuren seines Wütens. Er bekam Schelte, doch das traf ihn jetzt nicht mehr.

Um sich im Haus, wo er wegen seiner mißglückten Experimente Spott auf sich gezogen hatte, Revanche zu verschaffen, veranstaltete er einige Knallgasexplosionen und verfertigte eine Leidener Flasche. Das Katzenfell zog er einer toten schwarzen Katze ab, die er am Observatoriumshügel gefunden, und trug es in seinem Taschentuch nach Hause. Eines Nachts, als der älteste Bruder und er von einem Konzert heimkamen, fanden sie keine Streichhölzer und wollten das Haus nicht aufwecken. Johan suchte Schwefelsäure und Zink, stellte beim Schein der Straßenlaterne Wasserstoffgas her, schlug mit dem Elektrophor Feuer und zündete die Lampe an. Damit war sein Ruf als »Chemiker« gefestigt. Er stellte sogar nach einem Rezept aus der Technologie Jönköpings-Streichhölzer her. Weswegen er sich über das erst Jahre später erteilte Jönköpingspatent für Streichhölzer sehr verwunderte, welche sich im übrigen bereits als Björneborgs Wachshölzer im Handel befanden. Und dann legte er die Chemie eine Zeitlang beiseite.

Der Bücherschrank des Vaters enthielt eine kleine Buchsammlung, die nunmehr zu Johans Verfügung stand. Dort gab es außer den genannten chemischen und physikalischen Arbeiten: Gartenbücher, eine illustrierte Naturgeschichte, Meijers Universum, das

Handbuch für Mütter nebst Entbindungskunst, eine deutsche Anatomie mit Zeichnungen. Die Geschichte Napoleons auf Deutsch mit Stahlstichen, Wallins, Franzéns und Tegnérs Gedichte, Wallins Predigten, Blumauers Aeneis, Don Quixote, Frau Carléns und Fredrika Bremers Romane, deutsche Klassiker u. a.

Außer Indianerbüchern und Tausendundeiner Nacht hatte Johan noch keine schöne Literatur gelesen. Er hatte in Romane geschaut, sie aber lang und langweilig gefunden, vor allem, weil sie keine Abbildungen hatten. Als aber jetzt die Chemie und alle anderen Wirklichkeiten der Natur durchschaut waren, machte er eines Tages dem Bücherschrank einen Besuch. Er warf einen Blick auf die Gedichte. Dort hatte er das Gefühl, in der Luft zu schweben, und wußte nicht, wo er war. Er verstand es nicht. Dann nahm er Fredrika Bremer: Schilderungen aus dem Alltagsleben. Familienmief und Tantenmoral schlugen ihm entgegen, und er stellte sie zurück. Dann griff er nach dem Jungfernturm. Das waren Erzählungen und Märchen. Die unglückliche Liebe rührte ihn tief. Wichtiger als alles andere aber war, daß er sich bei diesen erwachsenen Menschen erwachsen fühlte. Er verstand, was sie sagten, und er merkte, daß er kein Kind mehr war. Diese Erwachsenen waren ja seinesgleichen. Schließlich war er unglücklich verliebt gewesen, hatte gelitten, gekämpft, wurde aber im Gefängnis der Kindheit festgehalten. Und jetzt wurde ihm voll bewußt, daß seine Seele im Gefängnis saß. Schon vor langer Zeit war sie flügge gewesen, aber man hatte die Flügel gestutzt und ihn in einen Käfig gesetzt. Nun suchte er den Vater und wollte mit ihm sprechen wie mit einem Gleichaltrigen, doch der Vater verschloß sich und brütete über seiner Trauer.

*

Im Herbst traf ihn ein neuer Rückschlag, kam ein neuer Hemmschuh. Er war reif für die Gymnasialabteilung, wurde aber in der Schule zurückgehalten, da er zu jung sei und reifen solle. Er tobte. Es war das zweite Mal, daß man ihn am Rock festhielt, als er rennen wollte. Er kam sich wie ein Omnibuspferd vor, das unaufhörlich anzieht und unaufhörlich gezügelt wird. Das erschütterte sein Nervenleben, schwächte seine Willenskraft und legte den Grund zu künftiger Mutlosigkeit. Er wagte nie, sich etwas wirklich lebhaft zu wünschen, denn er hatte so viele Male erlebt, daß man seinen Wünschen entgegenarbeitete. Er wollte mit Arbeit voranstürmen, doch Arbeit nützte ja nichts: er war zu jung. Nein, die Schule dauerte zu lange. Sie zeigte in der Ferne das Ziel, setzte dem Läufer aber Schranken. Er hatte sich ausgerechnet, daß er mit fünfzehn Jahren Student sein würde. Er wurde es erst mit achtzehn. Und in den letzten Jahren, als er den Ausgang des Gefängnisses schon so nahe vor sich sah, erlegte man ihm ein weiteres Strafjahr auf, indem man die siebte Klasse zweijährig machte.

Kindheit und Jugend wurden ihm zur äußersten Qual, er hatte das ganze Leben satt und suchte Trost jetzt im Himmel.

6. Schule des Kreuzes

Die Trauer hat die glückliche Eigenschaft, sich selbst zu verzehren. Sie verhungert. Weil sie im wesentlichen eine Unterbrechung von Gewohnheiten ist, kann sie durch neue ersetzt werden. Weil sie ein Leerraum ist, wird er rasch aufgefüllt wie durch einen wirklichen horror vacui.

Eine zwanzigjährige Ehe war aufgelöst. Ein Kamerad im Kampf gegen die Widrigkeiten des Lebens war verloren; eine Frau, an deren Seite ein Mann gelebt hatte, war dahingegangen und hatte einen Zölibatär zurückgelassen; der Verwalter des Hauses hatte seine Stelle aufgegeben. Alles war in Unordnung. Die kleinen schwarzgekleideten Knirpse, die überall in den Zimmern, im Garten dunkle Flecken bildeten, erinnerten an den Verlust. Der Vater meinte, sie fühlten sich verlassen, und hielt sie für hilflos. Oft kam er nachmittags von seiner Arbeit nach Hause und saß dann einsam in der Lindenlaube an der Straße. Die älteste Tochter, eine Siebenjährige, hatte er auf dem Schoß, und die anderen spielten zu seinen Füßen. Johan sah den grauhaarigen Mann mit den schönen traurigen Zügen oft dort unten im grünen Zwielicht des Laubwerks sitzen. Er konnte ihn nicht trösten und suchte nicht mehr seine Nähe. Er sah die Weichheit des Alten, die er nicht für möglich gehalten hatte, sah seinen Blick starr auf dem Gesicht der Tochter ruhen, als versuche er, aus den unbestimmten Gesichtszügen des Kindes die Züge der Toten zu rekonstruieren. Er sah dieses Bild oft, zwischen den Stämmen der Bäume, von seinem Fenster aus, in der langen Perspektive der Allee; es wärmte ihn, doch er begann, um den Vater zu fürchten, weil dieser nicht mehr der alte war.

Sechs Monate waren vergangen, als der Vater an einem Herbstabend mit einem fremden Herrn nach Hause kam. Dieser war ein alter Mann von ungeheuer jovialem Aussehen. Er scherzte gutmütig, war freundlich und höflich zu Kindern und Dienstboten und unwiderstehlich in seiner Art, die Menschen zum Lächeln zu bringen. Er wurde Rechnungsrat genannt, war ein Jugendfreund von Johans Vater, und man hatte ihn im Haus nebenan als Nachbarn entdeckt. Die Alten unterhielten sich über ihre Kindheitserinnerungen. Hier lagen Möglichkeiten, die Leere zu füllen. Anfangs strafften sich die erstarrten Züge des Vaters, wenn er sich dazu verleiten ließ, über die Bemerkungen des geistreichen und humorvollen Mannes zu lächeln. Nach einer Woche lachten er und die ganze Familie, wie nur die es können, die lange geweint haben. Der Freund war ein Spaßvogel ersten Ranges, und obendrein spielte er Geige, Gitarre und sang Bellman. Frische Luft und neue Ansichten kamen in die Wohnung, und die Hirngespinste der Trauer wurden hinausgeblasen. Auch der Rechnungsrat hatte getrauert, er hatte seine Verlobte verloren und war dann Junggeselle geblieben. Das Leben hatte ihm nicht zugelächelt, doch die Sache mit dem Leben hatte er nie recht ernst genommen.

Dann kehrte Gustav aus Paris zurück; in Uniform, französische Wörter mit schwedischen vermischend, in munterer Laune und mit flinken Bewegungen. Der Vater empfing ihn mit einem Kuß auf die Stirn, und eine Wolke der Erinnerung an die Trauer zog vorüber, denn der Sohn war beim Tod der Mutter nicht zu Hause gewesen. Aber dann klarte es wieder auf, und es wurde lebendig im Haus. Gustav trat in das Geschäft ein, und jetzt hatte der Alte jemanden, mit dem er über das, was ihn interessierte, reden konnte.

An einem späten Herbstabend nach dem Abendessen, als der Rechnungsrat da war und die Gesellschaft zusammensaß, stand der Vater auf und bat darum, etwas sagen zu dürfen. – Meine lieben Jungen und mein Jugendfreund, begann er. Dann gab er seine Absicht bekannt, seinen unmündigen Kindern eine neue Mutter zu schenken, und er fügte hinzu, daß die Zeit der Leidenschaften bei ihm vorüber sei und daß einzig das Interesse der Kinder maßgebend für seine Entscheidung gewesen sei, Mamsell *** zur Ehefrau zu nehmen.

Das war die Hausmamsell. Er sagte dies in einem überlegenen Ton, als wolle er sagen: das geht euch eigentlich nichts an, aber ihr sollt es trotzdem wissen! Dann wurde die Mamsell hereingeführt und nahm Glückwünsche entgegen, herzliche vom Rechnungsrat, sehr gemischte dagegen von den drei jungen Männern.

Zwei von ihnen hatten kein so gutes Gewissen, denn sie hatten sie heftig, wenn auch unschuldig, angebetet, der dritte, Johan, hatte in letzter Zeit mit ihr im Unfrieden gelebt. Fragt sich, wer sich am meisten genierte.

Es entstand eine lange Pause, in der die jungen Männer sich auf Herz und Nieren prüften, ihre Bilanz zogen und über die Folgen dieses unerwarteten Ereignisses nachdachten. Johan hatte wohl als erster die Gefahr gewittert und die Erfordernisse der neuen Situation erkannt, denn am selben Abend ging er ins Kinderzimmer und geradewegs auf die Mamsell zu. Es wurde ihm schwarz vor Augen, als er die folgende hastig nach der Art des Vaters komponierte und auswendig gelernte Rede hersagte.

– Da wir nun ja in andere Beziehungen zueinander treten werden, sagte er, bitte ich Sie, das Vergangene zu vergessen und uns Freunde sein zu lassen.

Das war ehrlich gemeint, klug gehandelt und ohne Hintergedanken. Es war ein Abschluß des Alten und ein Wunsch nach gutem Zusammenleben in der Zukunft.

Am folgenden Mittag kam der Vater in Johans Zimmer hinauf und dankte ihm für sein edles Betragen der Mamsell gegenüber, und als Ausdruck seiner Freude überreichte er ihm ein kleines Geschenk, sogar ein lang ersehntes. Einen chemischen Apparat.

Johan schämte sich, das Geschenk anzunehmen, und fand seine Handlung nicht edel. Sie war selbstverständlich erfolgt, sie war klug, der Vater und die Mamsell aber sollten sie überbewerten und ein gutes Vorzeichen für ihr Liebesglück darin sehen.

Sie mußten ihren Irrtum auch bald einsehen, der dann natürlich auf das Sündenregister des Kindes kam.

Daß der Alte der Kinder wegen wieder heiratete, da besteht kein Zweifel, doch daß er die junge Frau auch liebte, ist sicher. Und warum sollte er das nicht dürfen? Das ging niemanden etwas an, das Phänomen aber bleibt sich gleich, nämlich daß Witwer sich rasch wieder verheiraten, wie schwierig die Ehe auch gewesen sein mag, und daß sie meinen, der Verstorbenen untreu zu sein. Sterbende Ehegatten quält bei ihrem Ende gewöhnlich vor allem der Gedanke, daß der Überlebende wieder heiraten wird.

Die Brüder nahmen die Sache leicht und beugten sich. Sie hatten den Vaterkult zur Religion. Glauben, nicht zweifeln. Sie hätten nie daran gedacht, daß Vaterschaft nur eine zufällige Eigenschaft war, die jedem Mann zuteil werden kann.

Johan aber zweifelte. Er geriet in endlose Dispute mit den Brüdern und griff den Vater an, der sich vor Ende des Trauerjahres verlobt hatte. Er beschwor den Schatten der Mutter herauf, prophezeite Unglück und Verderben, ließ sich zu Übertreibungen hinreißen und handelte unüberlegt.

Das Argument der Brüder lautete: Was Papa tut, geht uns nichts an! – Es war richtig, daß sie nicht darüber urteilen durften, doch es ging sie alle zutiefst an. – Wortklauber, sagten sie, denn sie wußten nicht, daß Worte viele Nuancen haben.

Eines Abends kurz darauf, als Johan von der Schule nach Hause kam, sah er das Haus erleuchtet und hörte Musik und Heiterkeit. Er ging in sein Zimmer hinauf und setzte sich hin, um zu lernen. Das Hausmädchen kam und bat ihn im Auftrag des Vaters herunterzukommen, denn sie hätten Gäste.

– Wen?

– Die neuen Verwandten.

Er ließ ausrichten, er habe keine Zeit. Dann kam ein Bruder hinauf. Er war zunächst grob, dann bettelte er. Dem Alten zuliebe könne er doch herunterkommen, bloß einen Augenblick, und guten Tag sagen. Er würde gleich wieder gehen dürfen.

– Ja, er wollte überlegen!

Schließlich ging er hinunter; sah das Eßzimmer voller Frauenzimmer und Herren: drei Tanten, eine neue Großmutter, einen Onkel, einen Großvater. Die Tanten waren junge Mädchen. Er machte mitten im Zimmer eine Verbeugung, höflich, aber steif.

Der Vater ärgerte sich, wollte es aber nicht zeigen. Er fragte Johan, ob er ein Glas Punsch haben wolle. Johan nahm eines. Darauf fragte der Alte ironisch, ob er für die Schule so viel zu tun habe. Ja, das habe er. Und dann ging er in sein Zimmer hinauf. Dort war es kalt und halbdunkel, und lernen konnte er nicht, wenn er dort unten Tanz und Musik hörte. Dann kam die Köchin und bat zum Abendessen. Er wollte nicht essen. Hungrig und wütend ging er im Zimmer auf und ab. Manchmal wollte er hinunter, wo es warm, hell und lustig war; und viele Male hatte er die Hand an der Türklinke. Doch dann kehrte er um. Er war schüchtern. Von Natur furchtsam Menschen gegenüber, war er während des Sommers, in dem er mit niemandem gesprochen hatte, noch wilder geworden. Und so ging er hungrig zu Bett und hielt sich für den unglücklichsten Menschen, den es gab.

Am nächsten Tag kam der Vater in sein Zimmer hinauf. Jetzt sagte er ihm, er habe sich verstellt, als er die Mamsell um Verzeihung bat. – Verzeihung? Es gab nichts, wofür er um Verzeihung hätte bitten müssen. – Jetzt aber wollte der Vater ihn beugen, mochte er sich noch so hart machen. – Versuch es! dachte er. Eine Zeitlang blieben die Versuche aus, doch Johan stählte sich, um den Zähmungsversuchen zu begegnen.

*

Der Bruder saß oben in der Kammer und las im Schein der Lampe. Johan fragte: was liest du? Der Bruder zeigte ihm den Titel auf dem Umschlag: Mit großen Frakturbuchstaben stand dort auf goldenem Einbandpapier der allbekannte Titel: Warnung eines Freundes der Jugend vor dem gefährlichsten Jugendfeind. – Hast du das gelesen?

fragte Gustav. Johan antwortete: ja, und zog sich zurück. Als die Lektüre beendet war, legte Gustav das Buch in seine Kommodenschublade und ging hinunter. Johan öffnete die Schublade und nahm die unheimliche Schrift heraus. Seine Augen eilten über die Seiten und wagten nicht innezuhalten. Seine Knie zitterten, das Blut wich aus dem Gesicht, der Puls gefror. – Er war also zum Tode oder zum Wahnsinn im Alter von fünfundzwanzig Jahren verurteilt. Sein Rückgrat und sein Gehirn würden zerfließen, sein Gesicht ein Totenschädel werden, sein Haar ausfallen, die Hände zittern – es war schrecklich. Und das Heilmittel? Jesus! – Aber Jesus konnte nicht den Körper heilen, nur die Seele. Der Körper war zum Tode verurteilt – im Alter von fünfundzwanzig Jahren –, blieb nur noch, die Seele vor ewiger Verdammnis zu retten. – Dies war die berüchtigte Parteischrift des Dr. Kapff, die so viele junge Männer ins Irrenhaus gebracht hatte, nur um des Vergnügens willen, die Partei der protestantischen Jesuiten vergrößern zu können. Eine solche Schrift, so zutiefst unsittlich, so schädlich, sollte wahrhaftig unter Anklage gestellt, eingezogen und verbrannt werden. Oder zumindest sollte ihr mit aufgeklärteren Schriften entgegengearbeitet werden. Eine solche gab es tatsächlich, und sie fiel Johan später in die Hände, der daraufhin alles tat, um sie zu verbreiten, weil sie so selten war. Sie hieß »Onkel Pauls Rat an junge Sünder« und galt als von Medizinalrat Wistrand verfaßt. Dies war ein herzhaftes Buch, das die Sache ungezwungen anging; sich aufmunternd an die Jungen wandte und vor allem betonte, wie sehr man die Gefahren dieser Unart übertrieben habe, außerdem gab er praktische Ratschläge und hygienische Anweisungen. Noch heute aber regiert Kapffs eifernde Schrift, und die Ärzte sind überlaufen von Sündern, die mit klopfendem Herzen ihr Geständnis ablegen. Vor nicht langer Zeit kam ein Student zu einem bekannten Stockholmer Arzt und gestand unter Tränen, wie er sein Leben vergeudet habe und nur den Tod erwarte.

– Ach, Unsinn, mein Herr, antwortet der Arzt. Sehen Sie mich an; es gibt wohl keinen, der so unartig war wie ich.

Der Sünder sah ihn an und fand sich einem fünfundvierzigjährigen Herkules gegenüber, der zudem eine starke unbehinderte Intelligenz besaß.

Johan aber erhielt in seiner schweren Trübsal ein ganzes Jahr lang kein Wort des Trostes. Er war zum Tod verurteilt; blieb ihm nur noch, ein züchtiges Leben in Jesu zu leben, bis der Schlag kommen würde. Er holte die alten Pietistenschriften der Mutter hervor und las von Jesus. Er betete und quälte sich. Hielt sich allein für einen Verbrecher, demütigte sich. Wenn er am nächsten Tag auf die Straße ging, trat er bei jedem Menschen, der ihm entgegenkam, vom Trottoir. Er wollte sein Selbst töten und in Jesu aufgehen; seine Zeit durchleiden und dann in die Freude seines Herrn eingehen.

Eines Nachts wachte er auf und sah, daß die Brüder Licht hatten. Sie sprachen über das Thema. Er kroch unter die Decke, steckte sich die Finger in die Ohren, um nichts zu hören. Doch er hörte trotzdem. Der Bruder erzählte vom Pensionat in Paris, wo junge Männer in den Betten festgebunden wurden, ohne daß dies etwas genützt hätte. Er wollte aufspringen, vor ihnen ein Geständnis ablegen, um Gnade bitten, um Hilfe, doch er wagte nicht, die Bestätigung des Todesurteils zu hören. Hätte er es getan, er hätte vielleicht Trost und Hilfe gefunden. Doch er schwieg. Er schwitzte und betete zu Jesus, jetzt nicht mehr zu Gott. Wohin er auch ging, sah er dieses entsetzliche Wort in schwarzer Frakturschrift auf goldenem Grund, an Hausmauern, auf den Tapeten des Zimmers. Und die Kommode, in der das Buch lag, enthielt die Guillotine. Jedesmal wenn der Bruder an die Schublade ging, zitterte Johan und lief hinaus. Lange Zeit verbrachte er vor dem Spiegel und sah nach, ob die Augen eingesunken waren, das Haar sich gelockert hatte und der Totenschädel hervortrat. Doch er sah frisch und rosig aus.

Er verschloß sich in sich selbst, wurde still und mied Gesellschaft. Jetzt bildete der Vater sich ein, er wolle die Unzufriedenheit mit seiner Eheschließung demonstrieren, er sei hochmütig, und jetzt sollte er gebeugt werden. Er war schon gebeugt, und als er sich schweigend der Vernichtung unterwarf, triumphierte der Vater über seine erfolgreiche Kur.

Dies reizte den Jüngling, und dann und wann richtete er sich auf. Dann und wann stieg eine schwache Hoffnung auf, daß der Körper zu retten wäre. Er ging zum Turnen, benutzte kaltes Wasser und aß abends wenig.

Im übrigen darf man nicht glauben, Pietist zu sein oder Jesus zu lieben, sei etwas Totales; es ist eine Stimmung, die unvermittelt kommt und wie ein Wetter geht, es ist eine Art, die Dinge zu sehen, die eine lange Gewohnheit voraussetzt, um sie zu beherrschen, es ist eine Rolle, die man nicht so rasch lernt. Pessimist zu sein, wenn man jung und stark ist –, und der Jesuismus war reiner Pessimismus, weil er glaubte, die Welt sei von Grund auf schlecht –, das ist nicht so leicht. Die Lebensfreude existiert, und man sieht so viele sogenannte aufrichtige Selbstbetrüger unter den Pietisten, die recht munter sind. Sind sie verheiratet und gesund, müssen sie notwendigerweise viele Augenblicke erleben, in denen sie Jesus voll und ganz vergessen, in denen er nicht dabeisein darf, gerade in den Augenblicken, in denen das Individuum die Lebenskraft so vervielfacht spürt, daß sie sich über das Individuum hinaus auf die Gattung erstreckt.

In der Schule merkte man seinen Aufsätzen die Eindrücke der Pietistenschriften jetzt an, und zwei Prüfungsaufsätze, datiert 1862 und 1863, sahen folgendermaßen aus:

Ein schlecht genutzter Tag ist für immer verloren

Die Zeit ist die kostbarste aller Gaben, die Gott uns gegeben hat; darum müssen wir sie auf eine Art nutzen, die zeigt, wie hoch wir diese Gabe schätzen. Wir sollen jeden Tag, jede Stunde zu einem nützlichen Zweck nutzen, sowohl für den Körper als auch für die Seele, und ihn nicht auf unnütze Art vergeuden.

Wenn ich mithin einen Tag auf eine für mein Gewissen nicht zufriedenstellende Art verwende, so läßt sich der Verlust, den ich erlitten habe, niemals ersetzen; mithin ist der vergeudete Tag für immer verloren, in Hinblick auf die nützlichen Lehren, die ich hätte erwerben können, denn die Zeit, die vergangen ist, kehrt nie zurück. Jeder Tag bringt uns dem Grab näher, und wir müssen daran denken, daß wir uns einst dafür verantworten müssen, wie wir unsere Zeit genutzt haben. Darum müssen wir uns von Jugend an daran gewöhnen, die kostbare Zeit richtig zu schätzen und zu nutzen, und jeden Tag versuchen, neues Wissen zu erwerben, und sie im übrigen auf eine Weise nutzen, die Gott und unser Gewissen uns gebieten. Denn ein schlecht genutzter Tag ist für immer verloren.

Was die Sonne für die Erde, ist die Religion für den Menschen

Die Sonne ist unentbehrlich für jede irdische Vegetation. Ohne ihr lebenspendendes Licht und ihre Wärme würde es keine Pflanzen, keine Tiere und demzufolge keine Menschen geben, sondern unsere ganze Erde wäre eine Wüste. Aber die Sonne flößt den Menschen nicht nur Leben, sondern auch Hoffnung ein; denn wenn sie am Abend untergeht, hoffen wir stets, sie am nächsten Morgen mit einem neuen Tag aufgehen zu sehen. Ebenso wie wir für unser leibliches Leben die Sonne nötig haben, ist die Religion die Lebenskraft unseres geistigen Lebens. Denn sie ist es, die uns in unserem Kummer Trost spendet und sogar die Hoffnung auf ein künftiges Leben, sie ist auch die einzige Triebfeder zu einem tugendsamen und rechtschaffenen Leben, weil sie für die guten Taten eine Belohnung verheißt und Strafe für die schlechten.

*

Das Ich des jungen Mannes war nun durch Leben, Schulkameraden und Wissen ein recht reichhaltiges Resümee geworden, und beim Vergleich mit dem einfacheren Ich anderer fand er sich überlegen. Jetzt aber kam Jesus und wollte sein Ich töten. Das ging nicht so einfach, und der Kampf wurde schwer und grimmig. Er sah auch, daß niemand sonst sein Ich verleugnete, warum, warum in Jesu Namen sollte er seines verleugnen?

Bei der Hochzeit revoltierte er. Er trat nicht vor und küßte die

Braut wie die anderen Geschwister, und er zog sich vom Tanz zurück, zu den Grogtrinkern, wo er zu einem gelinden Rausch kam.

Jetzt sollte die Strafe kommen und sein Selbst niedergerungen werden.

Er wurde Gymnasiast. Das heiterte ihn nicht weiter auf. Es kam zu spät, wie eine vor langer Zeit fällige Schuld. Diesen Genuß hatte er bereits im voraus ausgekostet. Niemand gratulierte ihm, und er bekam nicht sofort die Gymnasiastenmütze. Warum? Sollte er geduckt werden, oder wollte der Vater das äußere Zeichen seiner Gelehrtheit nicht sehen. Schließlich kam der Vorschlag, eine Tante solle den Kranz auf Samt sticken, der dann auf eine gewöhnliche schwarze Mütze genäht werden sollte. Sie stickte einen Eichen- und Lorbeerzweig, freilich schlecht, weshalb er Schmähungen seiner Mitschüler über sich ergehen lassen mußte. Er war der einzige, der lange Zeit ohne die übliche Mütze ging. Der einzige! Allein gezeichnet, allein übergangen!

Dann wurde das Frühstücksgeld, das in der Schule fünf Öre betragen hatte, auf vier Öre gekürzt. Das war eine unnötige Grausamkeit, denn das Elternhaus war nicht arm, und ein junger Mann braucht mehr zu essen. Die Folge war, daß Johan niemals frühstückte, denn die zwölf Schillinge pro Woche gingen für Tabak drauf. Er hatte jetzt einen schrecklichen Appetit und war stets hungrig. Wenn es zu Mittag Klippfisch gab, aßen sich seine Kiefer müde, doch er verließ den Tisch hungrig. Bekam er aber, absolut gesehen, zu wenig zu essen? Nein, denn es gibt Millionen von körperlich Arbeitenden, die viel weniger bekommen, doch die Mägen der höheren Klassen dürften an kräftigere, konzentriertere Nahrung gewöhnt sein. Er erinnerte sich darum seiner gesamten Jugend als einer langen Hungerszeit.

Darüber hinaus wurde unter dem Regiment der Stiefmutter der Speiseplan reduziert, und das Essen wurde schlechter. Die Wäsche durfte jetzt auch nur noch einmal in der Woche gewechselt werden statt zweimal. Dies waren Vorboten einer Unterklasse an der Macht. Der junge Mann war nicht hochmütig insofern, als er die Herkunft der Hausmamsell nicht anerkannt hätte, doch als sie sich als Druck auswirkte, der von unten über ihn gekommen war, da lehnte er sich auf – dann aber trat Jesus dazwischen und forderte ihn auf, auch die andere Wange hinzuhalten.

Er wuchs und mußte ausgewachsene Kleider tragen. Die Schulkameraden fingen an, ihn wegen seiner kurzen Hosen und seinem selbstfabrizierten Kranz auf der Mütze zu foppen. Alle seine Schulbücher wurden antiquarisch in alten Auflagen gekauft, wodurch es in der Schule zu vielen Unannehmlichkeiten kam.

– Das steht so in meinem Buch, antwortete Johan.

– Zeig dein Buch her!

Skandal! Und der Befehl, die neueste Auflage zu kaufen, was niemals geschah.

Seine Hemden endeten jetzt auf dem halben Arm und konnten nicht zugeknöpft werden. Beim Turnen behielt er darum immer die Jacke an. Eines Mittags sollte er in seiner Eigenschaft als Riegenführer noch an einer zusätzlichen avancierten Turnstunde beim Leutnant teilnehmen.

– Zieht die Jacken aus, Jungs, wir wollen uns ein bißchen Bewegung machen, sagte der Leutnant.

Alle warfen die Jacken ab, außer Johan.

– Na, die Jacke noch nicht aus?

– Nein, ich friere, sagte Johan.

– Dir wird bald warm werden, sagte der Leutnant, nur herunter mit der Jacke.

Er weigerte sich. Der Leutnant kam jetzt freundlich scherzend auf ihn zu und zog an den Ärmeln. Er leistete Widerstand. Der Lehrer sah ihn an:

– Was? sagte er. Ich bitte dich nett, und du willst nicht gehorchen. Mach, daß du wegkommst!

Der junge Mann wollte etwas zu seiner Verteidigung sagen, schaute den netten Mann, mit dem er sich immer gut verstanden hatte, betrübt an – doch er schwieg und ging!

Jetzt spürte er die Unterdrückung. Armut, aus Grausamkeit mit dem Ziel der Demütigung auferlegt, nicht durch Not hervorgerufen. Er beklagte sich bei den Brüdern, die aber sagten, er solle nicht hochmütig sein. Die Kluft, die unterschiedliche Bildung zwischen ihnen gezogen hatte, war aufgerissen. Sie gehörten jetzt zu verschiedenen Gesellschaftsklassen, und sie stellten sich auf die Seite des Vaters, als des Klassengenossen und Machthabers.

Ein anderes Mal bekam er ein Jackett, einen geänderten blauen Rock mit blanken Knöpfen. Die Kameraden spotteten deswegen, er wolle den Kadetten spielen. Und dies war das letzte, was er wollte, denn mehr zu sein als zu scheinen, darin bestand sein Hochmut. Unter diesem Jackett litt er unglaublich.

Dann begann die systematische Beugungsarbeit. Johan wurde frühmorgens aus dem Bett gejagt und losgeschickt, Besorgungen zu machen, die erledigt sein mußten, bevor er in die Schule ging. Er schützte Schulaufgaben vor, doch das half nichts: du lernst so leicht, daß du sogar Zeit hast, anderes Zeug zu lesen, hieß es.

Besorgungen zu machen, wenn es Knecht, Bauernmädchen und so viele Dienstboten gab – unnötig. Er begriff, daß dies die Zuchtrute war. Nun haßte er seine Unterdrücker, und sie haßten ihn.

Danach begann ein weiterer Kurs in Dressur. Er sollte morgens aufstehen und den Vater hinunter in die Stadt fahren, und das, bevor er in die Schule ging, dann mit Pferd und Wagen zurückkehren, ausspannen, den Stall kehren und dem Pferd zu fressen geben. Das gleiche Manöver wiederholte sich mittags. Also Aufgaben machen, Schule und zweimal am Tag nach Riddarholmen und zurück fahren. In späteren Jahren fragte er sich, ob dahinter eine liebevolle Absicht gestanden haben mochte; ob der kluge Vater sah, daß seine Kopfarbeit ihm schadete und daß er Körperarbeit nötig hätte. Oder war es vielleicht eine wirtschaftliche Maßnahme zur Verringerung der Arbeitszeit des Knechts. Gewiß war die Körperarbeit nützlich und könnte allen Eltern als erwägenswert empfohlen werden, doch Johan konnte dahinter die gute Absicht nicht erkennen, falls es sie gab, denn das Ganze ging so bösartig, so offen bösartig wie möglich zu und machte den Vorsatz wehzutun so deutlich, daß er irgendwelche guten Absichten, die es neben den bösen ja auch geben mochte, nicht feststellen konnte. Als die Sommerferien kamen, artete das Kutschieren in Stalldienst aus. Das Pferd sollte zu bestimmten Zeiten gefüttert werden, und Johan mußte zu Hause bleiben und die Zeiten einhalten. Seine Freiheit war zu Ende. Und er spürte die große Veränderung, die sich in seiner Situation vollzogen hatte, und die er der Stiefmutter zuschrieb. Von einem freien Mann, der über seine Zeit und seine Gedanken verfügte, war er zum Diener geworden: für das Essen kannst du dich ein wenig nützlich machen! – Und wenn er sah, wie die anderen Brüder von Knechtsarbeit verschont blieben, war er überzeugt davon, daß es Bösartigkeit war. Häcksel schneiden und den Boden kehren, Wasser holen und dergleichen, das war ausgezeichnet, die Absicht aber verdarb alles. Hätte der Vater ihm gesagt, dies sei seiner Gesundheit, besonders seinem Geschlechtsleben zuträglich, er hätte es mit Vergnügen getan. Jetzt haßte er es. Er fürchtete sich im Dunkeln, denn er war wie alle Kinder von Dienstmädchen erzogen, und er mußte sich sehr zusammennehmen, um abends in den Heuschober gehen zu können. Er verfluchte jedes Mal, wenn er dorthin mußte, aber das Pferd war ein gutmütiger Trottel, mit dem er manchmal redete und bei dem er sich beklagte. Außerdem war er Tierfreund und hatte Kanarienvögel, die er mit großer Fürsorge pflegte.

Er haßte diese Tätigkeiten, weil sie ihm von der ehemaligen Hausmamsell auferlegt worden waren, die sich rächen und ihre Überlegenheit über seine Überlegenheit beweisen wollte. Er haßte sie, weil er durch sie seine Studien bezahlen sollte. Jetzt hatte er die Kalkulation hinter seiner Gelehrtenlaufbahn durchschaut. Man prahlte mit ihm und seinem Wissen; also wurde ihm die Ausbildung nicht aus Güte gewährt.

Da wurde er trotzig und fuhr die Wagenfedern zusammen. Wenn sie am Riddarhustorget abstiegen, inspizierte der Vater immer den ganzen Wagen. So mußte er feststellen, daß eine Wagenfeder lose war.

– Fahr zum Schmied, sagte er.

Johan schwieg.

– Hast du gehört?

– Ja, ich hab's gehört.

Jetzt mußte er hinunter zur Målargatan fahren, wo der Schmied war. Dieser erklärte, daß er für die Reparatur drei Stunden brauche. Was blieb zu tun? Ausspannen, das Pferd nach Hause bringen und zurückkommen. Aber ein aufgezäumtes Wagenpferd über die Drottninggatan führen und das mit der Gymnasiastenmütze; vielleicht am Observatorium den Jungen begegnen, die ihn um seine Mütze beneideten, oder, noch schlimmer, den schönen Mädchen in der Norrtullsgatan, die ihm freundlich zulächelten. Nein, lieber alles andere. Dann dachte er daran, Brunte hinunter zur Rörstrandsgatan zu führen, doch dann mußte er ihn an Karlberg vorbeizerren, und da kannte er Kadetten. Er blieb auf dem Hof; saß in der Sonnenhitze auf einem Balken und verfluchte sein Schicksal. Er dachte an all die Sommer, die er auf dem Lande gewesen war, an alle Kameraden, die jetzt auf dem Lande wohnten, und danach bemaß er sein Unglück. Hätte er aber an die Brüder gedacht, die jetzt zehn Stunden lang in heißen, dunklen Kontoren eingesperrt saßen, ohne Hoffnung auf einen einzigen freien Tag, wäre er, was seine Lage anging, zu anderen Resultaten gekommen, doch das tat er nicht. Gleichwohl hätte er jetzt mit ihnen tauschen wollen. Sie verdienten wenigstens ihr Brot und mußten nicht zu Hause sein. Ihre Stellung war klar, seine aber war unklar. Warum mußten ihn die Eltern am Apfel riechen lassen und diesen dann wegziehen? Er begann sich hinauszusehnen, irgendwohin. Seine Stellung war falsch, und er wollte sie geklärt haben. Hinunter, oder hinauf, nicht zwischen den Rädern zermalmt werden!

Darum ging er auch eines Tages zum Vater und bat ihn, mit der Schule aufhören zu dürfen. Der Vater machte große Augen und fragte freundlich, warum. Er habe alles satt, lerne nichts und wolle ins Leben hinaus, um zu arbeiten und sich selbst zu ernähren.

– Was willst du denn werden?

Das wußte er nicht. Und da weinte er.

Einige Tage später fragte ihn der Vater, ob er Kadett werden wolle. Kadett? Es flimmerte ihm vor Augen. Er wußte nicht, was er antworten sollte. Das war zuviel. Ein so feiner Herr mit Säbel werden. So kühn hatte er nie geträumt.

– Überleg's dir, sagte der Vater.

Er überlegte den ganzen Abend. Dort in Karlberg, wo er gebadet hatte und von den Kadetten fortgejagt worden war, sollte er in Uniform herumlaufen dürfen. Offizier werden, das heißt Macht bekommen, die Mädchen würden ihm zulächeln, und – niemand würde ihn mehr unterdrücken. Er fühlte, wie sich das Leben aufhellte, der harte Druck von seiner Brust genommen wurde und Hoffnung erwachte. Doch es war zu viel für ihn. Es entsprach weder ihm noch seiner Umgebung. Er wollte nicht dort hinauf und befehlen, er wollte nur nicht mehr blind gehorchen müssen, bewacht werden, geduckt werden. Der Sklave, der vom Leben nichts zu fordern wagt, erwachte in ihm. Er sagte nein! Es war zu viel für ihn!

Aber die Vorstellung, daß er hätte bekommen können, wonach sich vielleicht alle jungen Männer sehnten, war ihm genug. Er verzichtete darauf, stieg herab und nahm wieder seine Kette. Als er später zum selbstsüchtigen Frömmler wurde, bildete er sich ein, er habe auf diese Ehre um Jesu willen verzichtet. Das traf nicht zu, aber etwas Selbstquälerei lag schon in diesem Opfer.

Indessen hatte er den Eltern noch weiter in die Karten geschaut: Sie wollten Ehre mit ihm einlegen. Diese Kadetten-Idee stammte vermutlich von der Stiefmutter!

Neue Streitpunkte boten sich an, von ernsterer Art. Johan meinte bemerkt zu haben, daß die jüngeren Geschwister schlecht gekleidet waren, und er hatte auch Schreie aus dem Kinderzimmer gehört.

– Ha! Sie schlägt sie!

Jetzt spionierte er. Eines Tages bemerkte er, daß die Kindermädchen auf verdächtige Art mit dem jüngeren Bruder spielte, als dieser im Bett lag. Der Junge war wütend und empört und spuckte dem Mädchen ins Gesicht. Die Stiefmutter wollte eingreifen, doch Johan ging dazwischen. Jetzt hatte er Blut geleckt. Die Angelegenheit wurde bis zur Heimkunft des Vaters vertagt. Nach dem Abendessen sollte die Schlacht stattfinden. Johan war bereit. Er fühlte sich als Vertreter der toten Mutter. – Dann war es soweit. Nach der entsprechenden Denunziation näherte sich der Vater Pelle, um ihn zu schlagen.

– Schlag ihn nicht! schrie Johan in gebieterischem und drohendem Ton und rückte dem Vater auf den Leib, als wolle er ihn am Kragen packen.

– Was um Himmels willen redest du da?

– Rühr ihn nicht an. Er ist unschuldig.
– Hör mal, komm mal mit, ich muß mit dir reden, du scheinst verrückt zu sein, sagte der Vater.
– Ja, ich komme schon, fuhr der ängstliche Johan wie ein Besessener fort. Der Vater erlag einen Augenblick seinem sicheren Ton, und sein recht klarer Verstand schien ihm gesagt zu haben, daß an der Sache etwas faul war.
– Was hast du zu sagen? fragte er ruhiger, aber noch mißtrauisch.
– Ich sage, es ist Karins Schuld; sie hat sich schlecht benommen, und wäre Mama noch am Leben, ...
Das saß genau!
– Was faselst du da von Mama! Du hast jetzt eine neue Mama. Beweise, was du sagst. Was hat Karin getan?
Ja, das war ja eben das Unglück, daß er das nicht sagen konnte, denn er fürchtete einen wunden Punkt zu berühren. Er schwieg und mußte aufgeben. Tausend Gedanken wirbelten ihm durch den Kopf. Wie sollte er sich ausdrücken! Die Worte überstürzten sich in ihm, und er sagte etwas Dummes, das er in einem Schulbuch gelesen hatte.
– Beweisen? sagte er. Es gibt klare Dinge, die man weder beweisen kann noch muß. (Pfui Teufel, wie dumm, dachte er, doch es war zu spät!)
– Hör mal, jetzt bist du dumm, sagte der Vater und hatte die Oberhand.
Johan war geschlagen, aber dennoch wollte er es ihm zurückgeben. Eine andere Redewendung aus der Schule, die er selbst abbekommen hatte und die ihm noch immer in den Knochen saß, drängte sich ihm auf.
– Wenn ich dumm bin, dann ist das ein natürlicher Mangel, den niemand das Recht hat mir vorzuwerfen!
– Schäm dich, mir solchen Unsinn zu erzählen. Raus mit dir und komm nicht noch mal.
Er wurde hinausgeworfen.
Nach dieser Lektion fanden alle Abstrafungen in Johans Abwesenheit statt. Man meinte, er würde ihnen an die Kehle gehen, wenn er etwas hörte, und das war auch wahrscheinlich.

Es gab noch eine andere Methode, ihn zu beugen, eine scheußliche Methode, die in Familien oft genug angewandt wird. Sie bestand darin, ihn im Wachstum aufzuhalten, indem man ihn zwang, mit jüngeren Geschwistern umzugehen. Kinder werden oft gezwungen, mit ihren Geschwistern zu spielen, ob sie einander sympathisch sind oder nicht. Dies ist ein grausamer Gewaltakt, aber einen Älteren zu nötigen, die Gesellschaft eines viel Jüngeren zu suchen, ist ein Verbrechen gegen die Natur, heißt, einen jungen wachsenden Baum verstümmeln. Johan hatte einen jüngeren Bruder, ein Kind von sieben Jahren, ein liebes Kind, das allen nur Gutes zutraute und niemandem etwas zuleide tat. Johan achtete darauf, daß man ihn nicht schlecht behandelte, und hatte ihn lieb. Doch mit einem so jungen Menschen, der Gedanken und Sprache des Älteren nicht verstand, zu sprechen oder vertraulich umzugehen, das war unmöglich.

Jetzt mußte er es. An einem ersten Mai, als Johan geplant hatte, mit Freunden auszugehen, sagte der Vater ganz einfach: nimm Pelle mit und geh nach Djurgården, aber paß auf ihn auf. Einspruch war unmöglich. Sie kamen dorthin, trafen Kameraden, und Johan empfand den kleinen Bruder wie einen Klotz am Bein. Er führte ihn, damit er von den Leuten nicht getreten wurde, spürte aber, wie sehr er ihn nach Hause wünschte. Der Kleine redete, deutete auf Vorübergehende, und Johan wies ihn zurecht. Doch weil er sich solidarisch fühlte, schämte er sich für ihn. Warum mußte er sie wiederholen, diese Erfahrungen, sich für Verstöße gegen die Etikette zu schämen, die er obendrein nicht selbst beging. Er wurde starr, kalt und hart. Der Kleine wollte sich das Kaspertheater ansehen, Johan aber wollte nicht. Er wollte nichts von dem, was der Bruder wollte. Und dann schämte er sich für seine Härte. Verfluchte seinen Egoismus, haßte sich, verachtete sich, konnte sich aber nicht von den schlechten Gefühlen befreien.

Pelle begriff nichts; er sah nur traurig und sehnsüchtig aus, geduldig und sanft. – Du bist hochmütig, sagte Johan sich selbst, du raubst dem Kind ein Vergnügen. Sei sanft.

Doch er wurde nur härter. – Schließlich bat der Kleine, Pfefferkuchen kaufen zu dürfen. Johan zwang sich zu diesem Kauf. Mitten auf Djurgården. Wenn jemand ihn, einen Gymnasiasten, Pfefferkuchen kaufen sah, und die Freunde saßen in Novilla und tranken dann Punsch. Er kaufte die Kuchen und stopfte sie dem Bruder in die Blusentasche. Und so gingen sie weiter. Nun kommen zwei Kadetten daher, die früher Johans Mitschüler gewesen sind. Er sieht sie auf sich zugehen. Im selben Augenblick hält ihm eine kleine Hand einen Pfefferkuchen hin – Hier, Johan, du auch!

Er stieß die kleine Hand zurück. Und sieht zwei blaue herzensgute Augen fragend, bittend zu sich aufblicken. – Jetzt wollte er sterben, weinen, das verletzte Kind in seine Arme nehmen, es um Verzeihung bitten, das Eis auftauen, das in seinem Herzen kristallisiert war. Er fühlte, daß er ein Lump, ein schlechter Mensch war, als er eine Hand zurückstieß. Sie gingen nach Hause.

Er wollte das Verbrechen von sich abschütteln, konnte es aber nicht. Und er rief sich das Bild der Mittäter vor Augen, die diese klägliche Situation erzwungen hatten, und in seinen Gedanken peitschte er sie aus.

Er war zu alt, um mit einem Kind auf einer Stufe zu stehen, und er war zu jung, um zum Kind hinabsteigen zu können.

Der Vater aber, durch seine Verbindung mit einer vierundzwanzigjährigen Frau aufgelebt, wagte nun Opposition gegen Johans Autorität des Wissens, und wollte ihn auch auf diesem Gebiet ducken. Sie saßen da, nachdem der Abendbrottisch abgedeckt war, der Vater mit seinen drei Zeitungen, Aftonbladet, Allehanda und Posttidningen, Johan mit einem Schulbuch. Der Alte machte eine Pause.

– Was liest du da? fragte er.
– Philosophie!
Lange Pause. Die Jungen nannten die Logik immer Philosophie.
– Was ist eigentlich Philosophie?
– Die Lehre vom Denken.
– Hm! Als ob man denken lernen müßte! Kann ich mal sehen!
Er hob die Brille hoch und las.
– Glaubst du, die Bauern im Reichstag (er war Bauernhasser, doch jetzt brauchte er die Bauern zum Argumentieren), glaubst

du, die Bauern im Reichstag haben Philosophie gelernt. Das glaube ich nicht. Aber trotzdem klopfen sie den Professoren auf die Finger, daß es eine Art ist. Ihr lernt so viel Unnötiges!
Und damit war die Philosophie abgetan.

Die Sparsamkeit des Vaters brachte Johan auch in höchst unangenehme Situationen. Zwei Mitschüler boten sich an, ihm in den Ferien Mathematikstunden zu geben. Johan bat den Vater um Erlaubnis.

– Ja, meinetwegen.

Als sie dann entlohnt werden sollten, meinte der Alte, sie seien so reich, daß man sie nicht bezahlen könne.

– Aber man könnte ihnen ein Geschenk machen, meinte Johan.

Sie bekamen nie etwas!

Er schämte sich ein ganzes Jahr lang und spürte zum ersten Mal das Drückende einer Schuld. Die Kameraden gaben ihm zunächst leichte Winke, dann derbe. Er wich ihnen nicht aus, lief ihnen nach, um seine Dankbarkeit zu zeigen. Er fühlte, daß sie Teile seiner Seele, seines Körpers besaßen, daß er ihr Sklave war und daß er nicht frei kommen konnte. Bisweilen stieß er Versprechungen hervor und redete sich ein, sie würden in Erfüllung gehen, doch sie erfüllten sich nie, und die Bürde der Schuld vergrößerte sich um die gebrochenen Versprechen. Es war eine Zeit endloser Qualen, damals vielleicht viel bitterer, als er sich später daran erinnern konnte.

Um ihn im Wachstum aufzuhalten, wurde auch die Konfirmation verschoben. In der Schule hatte er Theologie und konnte die Evangelien Griechisch lesen, zur Konfirmandenprüfung aber war er nicht reif genug!

Die Vernichtungsarbeit im Elternhaus wurde um so belastender, als seine Stellung in der Schule die eines freien Mannes war. Als Gymnasiast hatte er dort Rechte erhalten. So stand er auf und verließ das Klassenzimmer, ohne um Erlaubnis zu fragen; blieb bei Fragen sitzen und wagte, mit den Lehrern zu argumentieren. Er war der Jüngste der Klasse, saß aber unter den Ältesten und Größten. Das Auftreten der Lehrer war jetzt eher das von Dozierenden als das von Lektionsabfragern. Der ehemalige Menschenfresser von der Klara Schule war ein Patriarch, der Ciceros De senectute und Amicitia auslegte und sich um die Vokabeln weniger kümmerte. Ja, er ließ sich auf eine recht indiskrete Erklärung der Begegnung zwischen Dido und Äneas in der Grotte ein, wobei er mit der Feststellung »dem Reinen ist alles rein« begann, sich über die Liebe verbreitete, sich verirrte und tief melancholisch wurde. (Die Jungen erfuhren später, daß er zu eben dieser Zeit um ein altes Fräulein freite.) Er saß jetzt nie mehr auf dem hohen Roß, sondern war so großzügig, daß er einmal, als er die falsche Lektion vorbereitet hatte (er war schwach in Latein), ganz offen zugab, er wage aus diesem Grunde die Stunde nicht zu halten, woraus er die sens moral ableitete, man dürfe nie unvorbereitet in die Schulstunde gehen, auch wenn man noch so tüchtig sei. Auf die Jungen machte dies großen Eindruck. Er gewann als Mensch, wenn er auch als Lateiner verlor. Und dann half man sich bei den Explikationen gegenseitig.

Johan wurde, weil er in den Naturwissenschaften begabt war, in den Verein Freunde der Naturwissenschaften gewählt, und für ihn als den einzigen aus seiner Klasse war dies eine große Ehre. Jetzt durfte er mit Kameraden aus den obersten Klassen zusammensein, die im nächsten Jahr Studenten werden sollten. Und außerdem sollte er einen Vortrag halten. – Er erzählte zu Hause, daß er einen Vortrag halten solle. – Dann schrieb er eine Abhandlung über die Luft zusammen und trug sie vor.

Nach der Zusammenkunft ging der Verein in eine Kneipe am Hötorget, und man trank Punsch. Johan war schüchtern angesichts dieser großen Herren, doch er fühlte sich merkwürdig wohl. Es war das erste Mal, daß er aus seiner Altersklasse herausgehoben worden war. Dort wurde eine unanständige Anekdote nach der anderen erzählt. Er erzählte nur eine harmlose und mit großer Schüchternheit. Dann kamen die Herren zu ihm auf Besuch und nahmen seine besten Gebirgspflanzen und einige chemische Apparate mit.

*

Rein zufällig hatte Johan in der Schule einen Freund gefunden. Als er in der höchsten Klasse der Schule saß und Primus war, kam eines

Tages der Rektor mit einem langen Herrn mit Gehrock, Schnurrbart und Pincenez herein.

– Hör mal, Johan, sagte er, kümmere dich um den Jungen, er kommt vom Land und ist neu hier, mach ihn mit den Verhältnissen vertraut.

Der Pincenez blickte den Knirps im Jackett verächtlich an, und sie kamen sich nicht näher. Doch sie saßen nebeneinander, und Johan hielt das Buch und sagte dem Alten vor, der nie etwas wußte, aber von Blandare und Cafés erzählte.

Eines Tages spielt Johan mit seinem Pincenez und bricht zufällig die Feder ab. Der Kamerad wurde böse. Johan versprach, ihn reparieren zu lassen. Er nahm den Pincenez mit nach Hause. Er wog schwer, denn Johan sah keine Möglichkeit, an Geld zu kommen. So machte er sich daran, ihn zu reparieren. Entfernte Schrauben, setzte eine alte Uhrfeder ein, doch es gelang ihm nicht. Der Kamerad drängte. Johan war verzweifelt. Der Vater würde das niemals bezahlen. – Na, dann laß ich ihn reparieren, dann kannst du es nachher bezahlen.

Er wurde repariert, und das kostete fünfzig Öre. Am Montag lieferte Johan zwölf Kupferschillinge ab und versprach, am nächsten Montag den Rest mitzubringen. Der Kamerad begriff den Zusammenhang. – Das ist dein Frühstücksgeld, sagte er. Bekommst du nur zwölf Schillinge in der Woche?

Johan wurde rot und bat ihn, es anzunehmen. – Am nächsten Montag lieferte er die übrigen Kupfermünzen ab. – Neuer Widerstand, neues Beharren.

Die jungen Männer begleiteten einander von Klasse zu Klasse, bis nach Uppsala und noch länger. Der Freund hatte ein heiteres Temperament und begegnete der Welt ohne alle Umschweife. Hatte mit Johan seine Dispute, brachte ihn aber meist zum Lachen. Und durch den Gegensatz zum tristen Elternhaus wurde jetzt die Schule zu einem heiteren hellen Zufluchtsort vor der Familientyrannei. Daraus aber entwickelte sich ein Doppelleben, das ihn erneut in allen Fugen erschüttern sollte.

7. Die erste Liebe

Wenn der Charakter des Menschen letztlich die Rolle ist, an der er in der Komödie des gesellschaftlichen Lebens festhält, dann war Johan in diesem Zeitabschnitt der Charakterloseste, das heißt: einigermaßen aufrichtig. Er suchte, fand nichts und konnte bei nichts bleiben. Seine brutale Natur, die alle auferlegten Zügel abwarf, beugte sich nicht, und sein Gehirn, ein geborener Revolutionär, konnte nicht automatisch werden. Er war ein Reflexionsspiegel, der alle Strahlen, die ihn trafen, zurückwarf. Ein Kompendium aller Erfahrungen, aller wechselnden Eindrücke und voll von widersprüchlichen Elementen.

Einen Willen hatte er, und dieser arbeitete schubweise und dann fanatisch; gleichzeitig aber wollte er eigentlich nichts; war Fatalist, glaubte ans Unglück; war sanguinisch und erhoffte alles. Hart wie Eis im Elternhaus, war er sonst manchmal empfindsam bis zur Sentimentalität; konnte in einen Hauseingang treten und sich für einen Armen den Rock ausziehen, beim Anblick einer Ungerechtigkeit weinen. Sein Geschlechtsleben, das nach der Entdeckung der Sünde stillgelegt worden war, brach jetzt in nächtlichen Träumen aus, die er dem Teufel zuschrieb und gegen den er Jesus zum Helfer anrief. Er war jetzt Pietist; aufrichtig? So aufrichtig, wie jemand sein konnte, der sich in eine antiquierte Weltanschauung einleben wollte. Zu Hause, wo sich alles als eine Bedrohung seiner geistigen und körperlichen Freiheit erwies, war er es aus Notwendigkeit. In der Schule war er ein Mann von Welt, heiter, unsentimental, sanft und umgänglich. Dort wurde er für die Gesellschaft erzogen und besaß Rechte. Im Elternhaus wurde er wie eine eßbare Pflanze für den Bedarf der Familie herangezogen und besaß keine Rechte. Wie alle Pietisten war auch er aus geistigem Hochmut Pietist. Beskow, der bußfertige Leutnant, war von Christi Grab heimgekehrt, wo er den kürzesten Weg über die Demissionsprüfung zum Himmel gefunden hatte. Seine Reisebeschreibung wurde im Elternhaus von der Stiefmutter gelesen, die dem Pietismus zuneigte. Beskow machte den Pietismus fein und modisch, und dieser Mode folgte nun ein großer Teil der Unterklasse. Der Pietismus war, was heute der Spiritismus ist: ein Allerweltswissen, ein vorgeblich höheres Wissen um verborgene Dinge, und darum wurde er von allen Frauenzimmern und Ungebildeten begierig aufgenommen und drang schließlich bei Hofe ein. Gunnar Wennerberg hatte in der Bethlehemskirche eine Kirchenbank, und Justizrat Adlercreutz war Vorsitzender der Evangelischen Vaterlandsstiftung.

Beruhte dies auf einem allgemeinen geistigen Bedürfnis? War die Zeit so hoffnungslos reaktionär, daß man Pessimist werden mußte? Nein! Der König führte in Ulriksdal ein munteres Leben und verlieh dem gesellschaftlichen Leben einen heiteren, vorurteilsfreien Ton. Frische Ströme brausten in das politische Leben, wo jetzt die Reform der Volksvertretung vorbereitet wurde. Der Dänische Krieg zog die Aufmerksamkeit auf das Ausland und lenkte die Blicke vom eigenen Kirchturm ab; die Volksbewaffnung mit der Schützenbewegung erweckte mit Trommeln und Spielmannszügen Stadt und Land; die neuen Oppositionszeitungen Dagens Nyheter und der unerbittliche Söndags-Nisse wurden Ventile für den eingeschlossenen Dampf, der heraus mußte; an allen Ecken und Enden wurden Eisenbahnen eingeweiht und verbanden Einöden mit den großen motorischen Nervenzentren. Dies war kein düsterer Niedergang, im Gegenteil die lichte, hoffnungsvolle Jugendzeit eines Erwachens. Woher kam da der Pietismus? Er war ein Sturmwind; vielleicht auch eine Landungsbrücke für die in Sachen Bildung Benachteiligten, auf dem sie sich vor dem Bildungsdruck von oben in Sicherheit brachten; es hatte auch ein demokratisches Element, daß hier ein Hoch und Niedrig gemeinsames Allerweltswissen verfügbar war, das alle Gesellschaftsklassen auf eine Stufe stellte. Jetzt, wo der Geburtsadel auf dem Rückzug war, empfand man den Bildungsadel als um so drückender. Durch den Pietismus, so glaubte man, schaffte man ihn auf einen Schlag ab.

Johan wurde aus vielen Gründen Pietist. Auf Erden bankrott – er würde im Alter von fünfundzwanzig Jahren mit geschmolzenem Rückgrat und abgefallener Nase sterben – suchte er den Himmel. Schwermütig von Natur, doch voller Wildheit, liebte er das Schwermütige. Voller Überdruß angesichts der Lehrbücher, die, weil sie das Leben nicht berührten, kein strömendes Wasser gaben, fand er mehr Nahrung in einer Religion, die im täglichen Leben unaufhörlich zur Anwendung kam. Weiter trug noch direkter dazu bei, daß die ungebildete Stiefmutter, die seine Bildungsüberlegenheit spürte, auf der Jakobsleiter an ihm vorbeizuklettern versuchte. Sie sprach oft mit dem ältesten Bruder über die höchsten Dinge, und war Johan in der Nähe, mußte er hören, wie sie seine weltliche Weisheit verachteten. Das reizte ihn, und er wollte zu ihnen hinauf. Darum mußte er an ihnen vorbei. Außerdem hatte die Mutter ein Testament hinterlassen, in dem sie sich gegen geistigen Hochmut wandte und auf Jesus verwies. Hinzu kam schließlich die Gewohnheit, Sonntag für Sonntag in der Familienbank sitzend, einen Pietistenpastor predigen zu hören, abgesehen davon, daß das Haus mit Pietistenschriften übersät war. Es drang von allen Seiten auf ihn ein.

Die Stiefmutter und der älteste Bruder hatten sich angewöhnt, eine gute Pietistenpredigt, die sie in der Kirche hatten hören können, aus dem Gedächtnis durchzugehen. Eines Sonntags nach beendigtem Gottesdienst schrieb Johan die ganze bewunderte Predigt nieder. Er konnte sich das Vergnügen nicht versagen, sie der Stiefmutter zu präsentieren. Das Geschenk wurde nicht mit Wohlgefallen angenommen. Sie war geduckt. Doch sie gab keinen Zoll nach.
– Gottes Wort muß im Herzen geschrieben stehen und nicht auf dem Papier! sagte sie. Das war nicht übel geantwortet, aber Johan sah, daß sie hochmütig war. Sie meinte, auf dem Weg der Heiligung weiter zu sein, und hielt sich schon für ein Gotteskind.

Das Wettrennen beginnt, und Johan geht in Konventikel. Dies wird mit einem halben Verbot beantwortet, denn er war noch nicht konfirmiert; und infolgedessen für den Himmel nicht reif. Jetzt gehen die Dispute mit dem älteren Bruder weiter. Johan sagt, Jesus habe erklärt, auch den Kindern gehöre der Himmel. Man streitet sich um den Himmel. Johan kennt die Norbecksche Theologie, doch die wird unbesehen verworfen. Er holt Krummacher, Kempis und alle Pietisten zu Hilfe. Nein, es half trotzdem nichts.
– So muß es sein!
– Wie?
– So wie bei mir, wo du aber nicht hinkommen kannst!

Wie bei mir? Da war sie wieder, die Formel der Pietisten. Selbstgerechtigkeit.

Eines Tages sagte Johan, alle Menschen seien Gottes Kinder!

– Unmöglich! Dann wäre es ja keine Kunst, selig zu werden! Es sollte eine Kunst sein, die nur sie beherrschten!

– Würden denn alle selig werden?

– Ja, gewiß, Gott sei die Liebe und wolle niemandes Verderben.

– Wenn alle selig würden, wozu brauchte man sich dann zu plagen?

– Ja, genau das sei die Frage!

– Du bist also ein Zweifler, ein Heuchler?

Gut möglich, daß sie alle miteinander dies waren!

*

Johan wollte jetzt den Himmel erstürmen und Gotteskind werden, und damit vielleicht auch die anderen ducken. Die Stiefmutter war nämlich nicht konsequent. Sie ging ins Theater und tanzte gern. Eines Samstagabends im Sommer wurde bekanntgegeben, daß die ganze Familie am Sonntagmorgen einen Ausflug machen werde. Das war ein Befehl. Johan hielt das für eine Sünde, wollte die Gelegenheit nutzen und Jesus, den er noch nicht gefunden hatte, in Einsamkeit suchen. Die Bekehrung sollte nach der Beschreibung nämlich einsetzen wie ein Donnerschlag und von der Gewißheit begleitet sein, daß man ein Gotteskind war, und dann war der Frieden da.

Als der Vater abends die Zeitung las, ging Johan zu ihm und bat ihn, am Ausflug nicht teilnehmen und zu Hause bleiben zu dürfen.

– Warum denn? fragte dieser freundlich.

Johan schwieg. Er schämte sich.

– Ja, wenn deine religiöse Überzeugung dir das verbietet, dann folge deinem Gewissen.

Die Stiefmutter war geschlagen. Sie würden den Sabbat brechen, und er nicht.

Sie fuhren ab. Johan ging in die Bethlehemskirche und hörte Rosenius. Der Raum war dunkel, unheimlich, und die Menschen sahen aus, als hätten sie die fatalen fünfundzwanzig Jahre erreicht und als sei ihr Rückgrat bereits aufgelöst. Bleigrau im Gesicht, erloschene Blicke; sollte es möglich sein, daß dieser Doktor Kapff sie alle miteinander zu Jesus gescheucht hatte? Seltsam sah das aus.

Rosenius sah aus wie der Friede und strahlte vor himmlischer Freude. Zwar gestand er, ein durch und durch niederträchtiger Sünder zu sein, Jesus aber habe ihn gereinigt, und nun sei er glücklich. Er sah glücklich aus. War es möglich, daß es einen glücklichen Menschen gab? Warum wurden dann nicht alle Pietisten!

Johan hatte jedoch die Gnadenbewegung nocht nicht erfahren und lebte im Unfrieden. Das Publikum war zu klein, als daß es ihn hätte glauben machen können, nur hier im Haus an der Övre Bangränden hätten die Seligen ihre Behausung. Dann wären ja all die großen Kirchen, in denen tote Pastoren predigten, voll von künftigen Unseligen.

Am Nachmittag las er Thomas a Kempis und Krummacher. Dann ging er nach Haga hinaus und betete die ganze Norrtullsgatan hinauf, Jesus möge ihn auserwählen. Im Hagapark saßen kleine Familien mit Proviantkörben, und die Kinder spielten. War es möglich, daß all diese zur Hölle fahren sollten? Ja, gewiß! Unsinn, antwortete sein scharfer Verstand. Doch es war so. Eine Kalesche mit feinen Herren und Damen fuhr vorbei. Und die erst, die waren schon verurteilt! Aber sie amüsierten sich wenigstens. Die lebendigen Bilder fröhlicher Menschen verdüsterten ihn noch mehr, und er spürte die entsetzliche Einsamkeit inmitten einer Menschenmenge. Mit müden Gedanken ging er nach Hause, niedergeschlagen wie ein Schriftsteller, der mit Gewalt nach einer Disposition gesucht hat, sie aber nicht hat finden können. Und er legte sich auf sein Bett und sehnte sich vom ganzen Leben fort.

Am Abend kamen vergnügt und lärmend die Geschwister nach Hause und fragten, ob er sich amüsiert habe.

– Ja, antwortete er, und ihr?

Und jetzt erfuhr er Einzelheiten von dem Ausflug, und spürte Stiche im Herzen, sooft er sie beneidete. Die Stiefmutter sah ihn nicht an, denn sie hatte den Sabbat gebrochen. Das war ein Trost!

Nun hätte der durchschaute Selbstbetrug sich selbst verzehrt und wäre abgestorben, doch da tritt ein neuer wichtiger Faktor in sein Leben, der die Selbstquälerei zum Fanatismus aufheizt, worauf sie Knall und Fall stirbt.

Sein Leben war in diesen Jahren nicht so durchgängig grau in grau gewesen, wie es sich aus späterer Perspektive ausnahm, als alle dunklen Punkte zahlreich genug waren, um zu einem einzigen gleichmäßig tristen Hintergrund zusammenzuschmelzen. Doch hinter und unter allem lag die zurückgesetzte Stellung eines Lebens als Kind, als er schon mannbar war, das Unvermögen der Schulfächer, ihn zu interessieren, sein Chiliasmus, oder das Warten auf den Tod im fünfundzwanzigsten Lebensjahr, sein unbefriedigter Geschlechtstrieb, der niedrigere Bildungsgrad der Umgebung und die Unfähigkeit, ihn zu verstehen.

Mit der Stiefmutter kamen drei junge Mädchen ins Haus, ihre Schwestern. Sie freundeten sich mit den Stiefsöhnen bald an und unternahmen zusammen Spaziergänge, Schlittenfahrten und Spiele. Sie versuchten stets, versöhnlich zu wirken; bestätigten dem Jungen die Fehler ihrer Schwester, und damit war er sofort zufrieden, so daß sein Haß sich legte. Auch die Großmutter, die Mutter der Stiefmutter, übernahm eine Vermittlerrolle und trat schließlich als entschiedener Freund Johans auf, und oft brachte sie den Sturm dazu, sich zu legen. Ein fatales Geschick aber ließ ihn auch diesen Freund verlieren. Die Schwester des Vaters hatte die neue Eheschließung nicht gebilligt, und es war zum Bruch mit dem Bruder gekommen. Dies bereitete dem Alten großen Kummer. Man verkehrte nicht mehr miteinander und sah einander nicht mehr. Das war natürlich Hochmut. Eines Tages aber begegnete Johan der Cousine, jetzt schon ein älteres Mädchen, sehr fein gekleidet, auf der Straße. Sie war neugierig, von der neuen Ehe zu hören, und promeniert mit Johan auf der Drottninggatan.

Zu Hause trifft er auf die Großmutter, die ihm in scharfen Worten vorhält, sie am Kungsbacken nicht gegrüßt zu haben, doch sie sehe ein, daß er in zu feiner Gesellschaft gewesen sei, um die Alte grüßen zu wollen. Er beteuerte seine Unschuld, doch vergebens. Da er nicht viele Freunde hatte, war dieser Verlust schmerzlich.

Indessen kam es auch zu Kontakten mit anderen jungen Mädchen aus dem Bekanntenkreis der Stiefmutter. Man spielte Spiele, Pfänderspiele nach den schlichten Sitten der Zeit, und man küßte die Mädchen und faßte sie um die Taille. Und eines schönen Tages hatte er Tanzen gelernt und wurde ein eifriger Walzertänzer. Dies war für den Jüngling eine gute Schulung, denn so gewöhnte er sich daran, den Frauenkörper zu sehen und zu berühren, ohne daß seine Leidenschaften geweckt wurden. Als er zum ersten Mal küssen sollte, zitterte er, bald aber war er gelassen. Die Elektrizität verteilte sich, die Phantasien nahmen feste Formen an, und die Träume wurden ungestörter. Doch das Feuer brannte, und die Kühnheit setzte sich durch; einige Male. Beim Pfandauslösen in einem dunklen Zimmer griff er einem schönen schwarzhaarigen jungen Mädchen an die Brüste, die nur von einer dünnen Garibaldibluse verborgen waren. Sie fauchte. Nachher schämte er sich, konnte aber nicht umhin, sich männlich zu fühlen. Wenn sie nur nicht gefaucht hätte!

Einen Sommer hielt er sich mit der Stiefmutter bei einem ihrer Verwandten, einem Bauern in der Provinz Östergötland, auf. Dort, als Gentleman behandelt, wurde er mit der Stiefmutter recht gut Freund. Doch das hielt nicht lange vor, und bald war der Kampf wieder lichterloh entbrannt. So ging es auf und ab, vor und zurück.

Zu dieser Zeit geht er, jetzt fünfzehn Jahre alt, seine erste reguläre Liebesverbindung ein, falls es nun Liebe war. Die Kulturliebe ist ein sehr verfälschtes und kompliziertes Gefühl und im Grunde ungesund. Reine Liebe ist ein innerer Widerspruch, wenn man nämlich für den Begriff rein die Bedeutung unsinnlich einsetzt. Die Liebe als Geschlechtstrieb muß sinnlich sein, wenn sie gesund sein soll. Als eine sinnliche muß sie den Körper lieben. Solange der Rausch andauert, akkomodieren sich die Seelen, und es entsteht Sympathie. Sympathie ist die Waffenruhe, der Kompromiß. Darum bricht gewöhnlich Antipathie aus, wenn die sinnliche Verbindung sich gelockert hat, nicht umgekehrt. Doch das Wort sinnlich hat durch die Kadavermoral des Christentums eine niedrige Bedeutung erhalten: Der Geist ist im Fleisch gefangen; töte das Fleisch und befreie den Geist. Nun sind gleichwohl Geist und Fleisch eins, so daß man mit dem Fleisch auch den Geist tötet.

Kann zwischen den Geschlechtern Freundschaft entstehen und Bestand haben? Nur scheinbar, denn die Geschlechter sind geborene Feinde; + und − bleiben Gegensätze, positive und negative Elektrizität sind Feinde, suchen einander jedoch, um sich zu ergänzen. Freundschaft kann nur zwischen Menschen mit gleichen Interessen, ungefähr gleichen Anschauungen entstehen. Mann und Frau sind durch die Gesellschaftsordnung mit unterschiedlichen Interessen, mit unterschiedlichen Anschauungen geboren; darum kann Freundschaft zwischen den Geschlechtern nur in der Ehe entstehen, wo die Interessen identisch werden, dort aber nur so lange, wie die Frau ihr ganzes Interesse der Familie widmet, für die der Mann arbeitet. Sobald sie sich für irgend etwas außerhalb der Familie einsetzt, ist der Vertrag gebrochen, denn nun haben Mann und Frau unterschiedliche Interessen, und damit ist die Freundschaft zu Ende. Daher sind geistige Ehen unmöglich, weil sie zur Versklavung des Mannes führen, und daher steht die baldige Auflösung der Ehe bevor.

Der Fünfzehnjährige verliebte sich in eine Frau von dreißig Jahren. Wäre es reine, sinnliche Liebe gewesen, hätte man an ihm etwas Ungesundes vermuten müssen, doch er konnte zu seiner Ehre damit prahlen, daß seine Liebe unsinnlich war.

Wie er dazu kam, sie zu lieben? Viele Motive, wie immer, nicht ein einziges.

Sie war die Tochter des Hausbesitzers, hatte als solche eine übergeordnete Stellung, und die Familie war reich und gastfreundlich. Sie war gebildet, umschwärmt, die Herrscherin des Hauses, duzte ihre Mutter; sie konnte Gastgeberin sein, Konversation machen, war umgeben von den Herren, die alle von ihr bemerkt werden wollten. Obendrein war sie emanzipiert, ohne männerfeindlich zu sein; sie rauchte und trank ihr Glas, doch nicht ohne Stil. Außerdem war sie mit einem Mann verlobt, den ihr Vater haßte und nicht zum Schwiegersohn haben wollte. Der Verlobte hielt sich im Ausland auf und schrieb selten. Im Hause verkehrten ein Kreisgerichtsrat, Mitglieder des Technologischen Instituts, ein Literat, Geistliche, Bürger. Alle umflatterten sie. Johans Vater bewunderte sie, die Stiefmutter fürchtete sie, die Brüder machten ihr den Hof.

Johan hielt sich hinter allen anderen zurück und beobachtete sie. Es dauerte lange, bis sie ihn entdeckte. Eines Abends endlich, als sie Funken gesprüht und alle Herren entflammt hatte, zog sie sich müde in einen Vorraum zurück, wo Johan saß.

– Gott, wie unglücklich ich bin! sagte sie vor sich hin und warf sich aufs Sofa.

Johan machte eine Bewegung und wurde entdeckt. Er glaubte, etwas sagen zu müssen.

– Sie sind unglücklich, wo Sie die ganze Zeit lachen? Bestimmt sind Sie nicht so unglücklich wie ich.

Sie sah den Jungen an, begann ein Gespräch, und sie waren Freunde.

Danach sprach sie am liebsten mit ihm. Dies erhöhte ihn. Er war verlegen, wenn sie einen Kreis erwachsener Männer verließ, um sich neben ihn zu setzen. Nun begann er, in ihrer Seele zu graben, stellte Fragen und machte Bemerkungen zu ihrem Seelenzustand, die verrieten, daß er viel beobachtet und viel gedacht hatte. Er bekam die Oberhand und wurde ihr Gewissen. Wenn sie an einem Abend zu lebhaft gescherzt hatte, kam sie zu dem jungen Mann, um bestraft zu werden. Dies war eine Art Flagellation, angenehm wie eine Liebkosung. Schließlich begannen die Herren, sie wegen des Jungen zu necken.

– Können Sie sich vorstellen, sagte sie in einer Abendstunde, sie behaupten, ich sei in Sie verliebt.

– Das sagt man von allen Menschen unterschiedlichen Geschlechts, die Freunde sind.

– Glauben Sie, daß es zwischen Mann und Frau Freundschaft geben kann?

– Ja, dessen bin ich sicher, antwortete er.

– Danke, sagte sie und reichte ihm die Hand. Wie sollte ich, die doppelt so alt ist wie Sie, die häßlich und krank ist, in Sie verliebt sein können; und außerdem bin ich ja auch verlobt!

Nein, natürlich war es unmöglich, daß es einer alten und häßlichen Frau der gut entwickelte, trainierte Körper eines jungen Mannes angetan haben konnte, zumal der junge Mann kleine rundliche Hände mit langen, wohlgepflegten Nägeln, kleine Füße und schlanke Beine mit starken Waden hatte und noch im Besitz einer frischen Haut mit sprießendem Bartwuchs war. Doch die Logik ist nicht so stark, wenn das Herz verletzt ist. Daß Johan dagegen eine dreißigjährige Frau lieben sollte, groß und männlich, ohne alle weiblichen Reize, die zuckerkrank war und Wassersucht hatte, das war fast widersinnig.

Nach dieser Lektion aber bekam sie die Oberhand. Sie wurde mütterlich. Das rührte ihn; und als man sie dann ihrer Neigung wegen ein wenig aufzog, genierte sie sich beinahe und verdrängte alle Gefühle außer den mütterlichen und begann, an seiner Bekehrung zu arbeiten, denn auch sie war Pietistin.

Sie gerieten in einen französischen Konversationszirkel und hatten lange Heimwege, auf denen sie französisch sprachen. Es war leichter, heikle Dinge in einer fremden Sprache auszusprechen. Dann begann er, französische Aufsätze für sie zu schreiben, die sie korrigierte.

Die Bewunderung des Vaters für das alte Mädchen nahm ab, und das französische Gerede war ein Dorn im Auge der Stiefmutter, weil sie es nicht verstand. Auch das Prärogativ des älteren Bruders auf das Französische war damit neutralisiert, was den Vater so verdroß, daß er eines Tages zu Johan sagt, es sei unhöflich, eine fremde Sprache in der Gegenwart von Leuten zu sprechen, die sie nicht verstünden, und er könne nicht begreifen, wie Mamsell X, die doch, gottbewahre, so gebildet sein solle, sich eine solche Taktlosigkeit erlauben könne. Doch Herzensbildung sei eben nicht dasselbe wie Bücherbildung.

Im Elternhaus wurde sie jetzt nicht mehr geduldet, und so waren sie »Verfolgte«. Hinzu kam, daß die Familie in das Nachbarhaus umzog, wodurch der Umgang weniger rege wurde.

Am ersten Tag nach dem Umzug war Johan stark mitgenommen. Er konnte nicht ohne diese Stütze leben, die ihn aus seiner Altersklasse zu den Erwachsenen hinaufgehoben hatte. Zu ihr gehen und sie besuchen wie ein lächerlicher Liebhaber, nein, das konnte er nicht. Blieb nur die Möglichkeit, Briefe zu schreiben. Und jetzt beginnt eine Korrespondenz, die ein Jahr anhielt. Die Schwester der Stiefmutter, die das intelligente und heitere Mädchen vergötterte, überbrachte die Briefe heimlich, und die Briefe wurden französisch geschrieben, um im Falle einer Konfiszierung geheim zu bleiben, abgesehen davon, daß man sich unter diesem Schutz leichter bewegte.

Wovon die Briefe handelten? Von allem. Von Jesus, vom Kampf gegen die Sünde, von Leben, Tod, Liebe, Freundschaft, Zweifel. Obwohl sie Pietistin war, verkehrte sie mit Freidenkern und litt unter Zweifeln, Zweifeln an allem. Johan war abwechselnd ihr gestrenger Lehrer und ihr bestrafter Sohn.

Einige Übersetzungen der französischen Aufsätze können eine Vorstellung vom Durcheinander im Inneren beider vermitteln:

Ist das Menschenleben ein Schmerzensleben?
(Les jours de l'homme sont ils
des jours de douleurs?)
(1864)

Das menschliche Leben ist ein Kampf von Anfang bis Ende. Wir alle werden unter Umständen voller Kummer und Schmerzen in dieses elende Leben geboren. Schon die Kindheit hat ihre kleinen Sorgen und Ungelegenheiten; die Jugend hat ihre großen Versuchungen, auf deren Meisterung das ganze Leben beruht. Das Mannesalter hat seine Sorgen um die Existenz und die Erfüllung der Pflichten; das Alter schließlich hat ebenfalls seine Dornen und Gebresten. Was sind alle Genüsse, ist alle Freude, die so viele Menschen für das höchste Gut des Lebens halten? Schöne Illusionen! Das Leben ist ein unausgesetzter Kampf mit Widrigkeiten und Unglücken, ein Kampf, der erst mit dem Tode endet. Doch versuchen wir, die Sache von einer anderen Seite zu betrachten. Gibt es keine Gründe, froh und zufrieden zu sein? Ich habe ein Zuhause, Eltern, die Sorgfalt auf meine Zukunft verwenden, ich lebe in recht guten Verhältnissen, bin von guter Gesundheit, muß ich da nicht froh und zufrieden sein? Doch, und trotzdem bin ich es nicht. Sieh den einfachen Arbeiter an, der nach beendetem Tagewerk zu seiner schlichten Hütte zurückkehrt, in der die Armut herrscht; er ist

glücklich und sogar vergnügt. Er würde sich über eine Kleinigkeit freuen, die ich verachte. Oh, ich beneide dich, glücklicher Mensch, der du die wahre Freude besitzt!
Ich aber bin traurig. Warum? – »Du bist unzufrieden«, antwortest du. – Nein, durchaus nicht, ich bin recht zufrieden mit meinem Los und begehre nichts. Was ist es also? Oh, jetzt weiß ich es; ich bin mit mir selbst nicht zufrieden, und nicht mit meinem Herzen, das so voller Bosheit und Zorn ist. Hinweg von mir, ihr bösen Absichten, mit Gottes Hilfe will ich versuchen, glücklich und zufrieden zu sein. Denn man ist nur glücklich, wenn man mit sich selbst, seinem Herzen und seinem Gewissen zufrieden ist.

Anmerkung: Der Freundin sagte diese Genügsamkeit nicht zu, und sie änderte den letzten Punkt, damit die Unzufriedenheit bestehen blieb. Sie schrieb darüber:
»Man ist erst glücklich, wenn Herz und Gewissen einem sagen, daß man den einen guten Arzt, der alle Herzenswunden heilen kann, gesucht und gefunden hat, und wenn man *Seinem* Rat aufrichtig folgen will.«
Dies und lange Gespräche bewirkten eine hastige Bekehrung (plötzlichen Umschwung) des Jünglings zum wahren Glauben (der Freundin), und waren der Anlaß zum folgenden Erguß, in dem er seine Auffassung von Glauben und Werken diszipliniert hatte.

Kein Glück ohne Tugend, keine Tugend ohne Religion (1864)

Was ist das Glück? Die meisten Weltmenschen[1] meinen, Glück sei der Besitz großer Reichtümer und aller Güter der Welt, mit denen sie ihre sündigen Wünsche und Leidenschaften befriedigen können. Andere, die nicht so große Forderungen stellen, finden das Glück im bloßen Wohlbefinden, in der Gesundheit und darin, daß sie sich

---

1 Man beachte den neuen Ausdruck.

»glücklich«[1] im Schoße ihrer Familie befinden. Wieder andere, die an das weltliche »Glück« noch nicht einmal so hohe Anforderungen stellen und die arm sind, schlechte Nahrung zu sich nehmen, erworben mittels fleißiger Arbeit, sind[2] mit ihrem Los zufrieden und sogar glücklich. Sie können sogar denken: wie glücklich bin ich im Vergleich mit diesen Reichen, die niemals zufrieden sind[3]. Indessen, sind sie wirklich glücklich, weil sie zufrieden sind? Nein, es gibt kein Glück ohne Tugend. Niemand ist glücklich, außer dem, der ein wirklich glückliches Leben führt.[4] Nun gut[5], es gibt aber viele wirklich tugendhafte Menschen. Es gibt Menschen, die niemals im Laster versinken, die ein anspruchsloses Leben führen, die niemanden verletzen, die bereit sind zu verzeihen[6] und die gewissenhaft ihre Pflicht erfüllen, sie sind sogar religiös; sie gehen jeden Sonntag in die Kirche, ehren Gott und sein heiliges Wort (jedoch ohne vom Heiligen Geist wiedergeboren zu sein!). Nun, sind sie denn nicht glücklich, da sie doch tugendhaft sind? Es gibt keine Tugend ohne *wahre Religion*.[7] Diese *tugendhaften* »Weltmenschen« sind in Wahrheit viel schlechter als die lasterhaftesten.[8] Die ersteren wiegen sich in einer moralischen Sicherheit (certitude morale), sie halten sich für besser als andere Menschen[9] und für gerecht vor den Augen Des Heiligen. Doch gerade diese Pharisäer sind es, die erfüllt von Eigenliebe glauben, durch ihre Werke die ewige Seligkeit zu erlangen. Was jedoch sind *unsere* Werke vor dem heiligen Gott? Sünden, nichts weiter als Sünden. Diese Menschen, die sich für gerecht halten, haben die größte Mühe, sich zu bekehren, weil sie meinen, keinen Mittler zu brauchen, da sie den Himmel durch ihre Werke selbst gewinnen wollen.

Ein »alter Sünder« hingegen, er kann sich, nachdem er erweckt

1 Ein vermutlich ironisches Anführungszeichen.
2 Korrigiert zu: können zufrieden sein etc. Johan ist mit der Sache noch nicht ganz vertraut.
3 Es war immer sein dürftiger Trost, daß die Reichen unzufrieden seien.
4 Er insistiert!
5 Jetzt tourniert er.
6 Dies war die höchste Tugend, die er kannte, denn es war die schwerste.
7 Pietismus!
8 Die Jalousie de metiers der Pietisten gegen andere Religiöse.
9 Das ist sehr lustig gesagt!

worden ist, als schlecht erkennen und das Bedürfnis nach einem Heiland haben.¹ Das wahre Glück besteht darin, »*in seinem Herzen Frieden mit Gott zu haben durch den Mittler Jesus Christus.*« Man kann diesen Frieden erst finden, wenn man erkannt hat, der größte aller Sünder zu sein, und dann zu seinem Heiland flieht, um in ihm Erlösung zu finden. Wir wissen alle, wo es zu finden ist, doch statt es zu suchen, suchen wir das Unglück unter dem Vorwand, das Glück zu suchen.

Hierunter schrieb die Freundin: Sehr gut geschrieben. – Es waren auch ihre eigenen Gedanken oder zumindest Worte, die sie gelesen hatte.

Zweifel fraßen freilich an ihm, und er prüfte sich auf Herz und Nieren. So schrieb er über ein selbstgewähltes Thema.

Der Egoismus lenkt alle unsere* Taten
* (Ich spreche von den Weltmenschen)²

Gewöhnlich sagt man: »dieser Mensch ist so gut und so wohltätig zu seinen Nächsten, all seine Taten sind gut, er ist tugendhaft, und alles, was er tut, kommt aus der Barmherzigkeit und der Liebe zum Rechten und Wahren.« Nun gut, geh in dich und erforsche dich ein wenig. Du begegnest auf der Straße einem Bettler; der erste Gedanke, der dich ergreift, ist gewiß dieser: »Wie unglücklich ist dieser Mann, ich will ein gutes Werk tun und ihm helfen.« Du bedauerst ihn und gibst ihm eine Münze. Aber ergreift dich daraufhin nicht ein Gedanke wie der folgende: »Oh, wie schön ist es, wohltätig und barmherzig zu sein, es tut dem Herzen so gut, einem Armen ein Almosen zu geben.« Was war das Motiv deiner Tat? War es wirklich Liebe oder Barmherzigkeit? Da erscheint in deinem Herzen dein liebes Ich und verurteilt dich: für dein *Ich* hast du das getan, um *dein* Herz zu beruhigen, dein Gewissen zu befriedigen.
    Es gab eine Zeit, da ich die Absicht hatte, Geistlicher zu werden,

---

1 Gefährliche Lehren! Dies ist ja seine direkte Aufforderung zum Laster.
2 Er hielt sich bereits für ein Gotteskind, oder enthielt er der Freundin die Anmerkung vor? Im Text straft er sich selbst.

eigentlich eine gute Absicht. Aber welches Motiv hatte ich? War es, um meinem Erlöser zu dienen und für ihn zu arbeiten, oder war es nur die Liebe zu ihm? Nein, ich war feige, und ich wollte meine Bürde und sein Kreuz erleichtern und den großen Versuchungen ausweichen, die mir überall begegneten. Ich fürchtete die Menschen. Das sind die Motive! – Die Zeiten ändern sich. Ich sah ein, daß ich das Leben eines Christen nicht in Gesellschaft solcher Kameraden führen konnte, deren gottlose Gespräche ich Tag für Tag anhören *mußte*, und so entschied ich mich für einen anderen Weg, auf dem ich unabhängiger oder wenigstens ...

Hier bricht der Aufsatz ab. Er ist auch unkorrigiert. Sollte er die neuen Sergeantenpläne betreffen? Möglicherweise.

Andere Aufsätze handeln vom Schöpfer in der Natur und scheinen von Rousseau beeinflußt, von dem man Auszüge in Staaffs Lesebuch für die französische Sprache lesen mußte. Er spricht nämlich von Hirten und Nachtigallen, die er niemals gehört oder gesehen hat.

Lange Erörterungen und Beweisführungen hatten sie auch ihre Beziehung betreffend. War das Liebe oder Freundschaft. Doch sie liebte schließlich einen anderen Mann, über den sie nahezu nie sprach. Johan beachtete niemals ihren Körper. Er sah nur ihre Augen, die tief und ausdrucksvoll waren. Es war auch nicht gerade die Mutter, die er verehrte, denn er sehnte sich niemals danach, seinen Kopf in ihren Schoß zu legen, auch wenn er noch so unglücklich war, was er bei anderen Frauen hingegen tun wollte. Er empfand fast Grauen davor, sie zu berühren, nicht das Grauen der versteckten Begierde, sondern das des Ekels. Einmal tanzte er mit ihr, tat es aber kein zweites Mal. Wenn es draußen stürmte und ihr Kleid hochflog, sah er weg. Es war also Freundschaft, und ihre Seele war männlich genug, und ihr Körper ebenso, daß eine Freundschaft entstehen und andauern konnte. Geistige Ehen können darum lediglich zwischen mehr oder minder Entsexualisierten stattfinden, und wo sie existieren, wird man immer etwas Anormales feststellen. Die besten Ehen, das heißt, die Ehen, die ihre wirkliche Bestimmung am besten erfüllen, sind gerade die »mal assortis«.

Antipathie, Verschiedenartigkeit der Ansichten, Haß, Verachtung können die wahre Liebe begleiten. Ungleiche Intelligenzen und Charaktere bringen die am reichsten ausgestatteten Kinder hervor, die die Anlagen beider erben. Frau Marie Grubbe, die an Überkultur litt, sucht und sucht ganz bewußt einen geistigen Gatten. Sie ist unglücklich, bis sie einen Stallknecht findet, der ihr gibt, was sie braucht, und Prügel dazu. Das war es, was sie als Komplement brauchte.

*

Indessen rückte die Konfirmation heran. Sie war so lange wie möglich aufgeschoben worden, um den jungen Mann unter den Kindern zu halten. Und sogar sie sollte zur Unterwerfung genutzt werden. – Bei der Mitteilung seiner Entscheidung äußerte der Vater die Hoffnung, daß der Konfirmandenunterricht das Eis um Johans Herz schmelzen werde.

Nun, es wurde eine Lektion, daß es eine Art hatte. Zuerst hinunter unter die Kinder der Unterklasse, Tabaksbinder und Kaminkehrer, alle möglichen Lehrlinge. Wie früher empfand er Mitleid mit ihnen, liebte sie aber nicht, konnte und wollte sich ihnen nicht nähern. Er war ihnen durch die Erziehung entwachsen, wie er seiner Familie entwachsen war.

Er wurde wieder Schuljunge; wurde geduzt und mußte auswendig lernen; bei Fragen aufstehen und sich in der Herde der anderen anschnauzen lassen. Der Geistliche war Vikar und Pietist. Er sah aus, als habe er eine ansteckende Krankheit gehabt oder Dr. Kapff gelesen. Streng, unbarmherzig, gefühllos, ohne ein Wort der Gnade oder des Trostes. Cholerisch, reizbar, nervös, war dieser eingebildete Bauernjunge der Liebling aller Damen.

Aber weil man ihn oft hörte, machte er schließlich Eindruck. Er war ein Höllenprediger, verdammte Theater und alle Arten von Vergnügungen. Lehre und Lebenswandel sollten eins sein. Johan nahm sich nun die eigene Person und die Freundin gründlich vor. Sie sollten ihr Leben ändern; nicht tanzen, nicht ins Theater gehen, nicht lustig sein. In der Schule schrieb er jetzt Pietistenaufsätze und setzte sich allein in eine Bank, um keine leichtsinnigen Geschichten mehr hören zu müssen. – Pfui Teufel, du bist ja Pietist, sagte eines Tages öffentlich ein Mitschüler. – Ja, das bin ich, sagte er. Er wollte seinen Erlöser nicht verleugnen.

Die Schule wurde jetzt unerträglich. Er durchlitt ein Martyrium und fürchtete sich vor den Verlockungen der Welt, denn er hatte wohl empfunden, wie das Leben lockte. Auch fühlte er sich als Mann und wollte hinaus, arbeiten, sich selbst ernähren und heiraten. Heiraten war sein Traum, denn in anderer Form konnte er sich die Verbindung mit einer Frau nicht vorstellen. Gesetzlich und gesegnet mußte es sein. Unter diesen Träumen gebiert er einen Entschluß, der wohl recht bizarr war, aber doch seine Gründe hatte. Es sollte ein Beruf sein, der leicht zu erlernen war, der seinen Mann bald ernährte, eine Position, in der er nicht der letzte, aber dennoch nicht erhöht wäre; eine geringe, bescheidene Stellung, die jedoch ein gesundes Leben mit viel Bewegung in der frischen Luft mit einer rasch gewonnenen ökonomischen Stellung verband. Die Bewegung an der frischen Luft, ein Leben in sportlicher Betätigung, war vielleicht das Hauptmotiv, als er sich entschloß, Unteroffizier in einem Kavallerieregiment zu werden, um diesem fatalen Todesjahr zu entgehen, mit dem ihn der Pastor aufs neue erschreckt hatte. Sollten auch die Uniform und das Pferd eine Rolle gespielt haben? Wer weiß? Der Mensch ist ein wunderliches Tier, die Kadettenuniform aber hatte er ja abgelehnt.

Die Freundin riet ihm ab, so sehr sie konnte; sie schilderte die Sergeanten als die schlechtesten aller Menschen. Er aber war stark und sagte, der Glaube an Jesus werde ihn vor Befleckung bewahren, ja, er werde zu ihnen von Christus predigen und sie alle rein werden lassen. Dann ging er zum Vater. Dieser faßte das Ganze als Phantasiegespinst auf, sprach vom bevorstehenden Abitur, das ihm die ganze Welt öffnen werde. Und so verschob er die Angelegenheit bis auf weiteres.

Die Stiefmutter hatte einen Sohn bekommen. Johan haßte ihn aus Instinkt, als Konkurrenten, vor dem seine jüngeren Geschwister zurückstehen mußten.

Doch die Macht der Freundin und des Pietismus über ihn war so stark, daß er sich zur Selbstkasteiung auferlegte, den Kleinen gern zu haben. Er trug ihn auf seinen Armen und wiegte ihn. – Bestimmt nur dann, wenn es niemand gesehen hat, sagte die Stiefmutter später, als er dies als Beweis für seinen guten Willen anführte. Ja, nur dann, wenn es niemand sah, denn er wollte nicht damit prahlen. Oder schämte sich dessen. Das Opfer war aufrichtig, als es gebracht wurde; als es ihm zu widerstreben begann, unterblieb es.

*

Die Konfirmation ging nach gründlichem Drill vonstatten, privat, öffentlich, im Chor der Kirche im Halbdunkel, mit einer Serie von Passionspredigten, endlosen Gesprächen über Jesus, Kasteiungen, so daß die Stimmung nicht weiter hätte hochgeputscht werden können. Nach der Konfirmandenprüfung schalt er die Freundin, weil er sie hatte lachen sehen.

Am eigentlichen Konfirmationstag hielt der Gemeindepastor die Predigt. Sie war der wohlwollende Rat eines aufgeklärten alten Mannes an die Jugend auf ihrem Lebensweg; herzlich und tröstend; keine Posaunen des Jüngsten Gerichts, keine Bestrafung nicht begangener Sünden. Doch auch er war tot, und die Freunde hatten den Jüngling bereits gegen ihn beeinflußt. Während der Predigt war es ihm bisweilen, als lege es sich ihm wie Balsam auf sein verwundetes Herz, und für Augenblicke schien es ihm, als habe der Alte recht. Der eigentliche Akt vor dem Altar, von dem er so viel erwartet hatte, verfehlte auch seinen Eindruck. Die Orgel rackerte sich stundenlang mit O Lamm Gottes miserere ab, Jungen und Mädchen weinten und waren halbtot wie beim Anblick einer Hinrichtung. Die Gnadenmittel hatte er im Küsterhof aus der Nähe gesehen, und die Sache war ad absurdum getrieben. Jetzt war sie reif zum Fallen. Und sie fiel!

*

Er bekam einen Zylinder; erbte die abgelegten Kleider des Bruders, die geräumig und elegant waren. Der Freund, der mit dem Pincenez, nahm sich jetzt seiner an. Dieser hatte ihn während seiner Frömmelei allerdings nie verlassen. Er nahm die Sache leicht, wohlwollend, nachsichtig und mit einer gewissen Bewunderung für das Märtyrertum und den festen Glauben, die Johan in die Tat umsetzen wollte. Jetzt aber griff er ein. Er nahm ihn auf den Mittagsspaziergang mit. Zeigte ihm die Schönheiten der Stadt, nannte an der Ecke der Regeringsgatan die Namen der Schauspieler, und teilte mit, welche Offiziere die Wachtparade anführten. Johan war noch schüchtern, und es fehlte ihm an Selbstvertrauen.

Eines Mittags um zwölf Uhr, als sie in die Griechischstunde gehen wollten, sagte der Freund:

– Komm mit in die Drei Römer, wir wollen frühstücken.

– Nein, wir müssen in die Griechischstunde!

– Ach, dem Griechisch geben wir heute frei!

Schwänzen! Es war das erste Mal. Doch man war Manns genug, einen Rüffel zu überstehen.

– Ja, aber ich habe kein Geld!

– Ach, was macht das schon, wenn ich dich einlade!

Er war gekränkt.

Sie gingen in das Wirtshaus. Ein schöner Duft von Beefsteak schlug ihnen entgegen; die Kellner nahmen die Mäntel in Empfang und hängten die Hüte auf.

– Die Karte! rief der Freund gewandt, denn er aß schon seit ein paar Jahren im Gasthaus! – Willst du Beefsteak?

– Oh ja! – Beefsteak hatte er nicht öfter als zweimal in seinem Leben gegessen.

– Butter, Käse und Schnaps; und zwei Halbe Bier!

Ohne weiteres schenkte er den Schnaps ein.

– Nein, ich weiß nicht, ob ich mich traue!

– Hast du noch nie getrunken! – Nein!

– Ach, trink nur, er tut so gut.

Er trank ihn. Oh! Ihm wurde warm, Tränen stiegen ihm in die Augen, und ein leichter Nebel senkte sich über den Raum; hinter dem Dunst aber klarte es auf; und die Kräfte wuchsen, der Kopf arbeitete, neue Perspektiven zeigten sich, und all das Dunkle wich zurück und wurde hell.

Und dann das saftige Fleischstück. Das war Essen. Der Freund aß ein Käsebrot dazu. Johan sagte:
– Was wird denn der Wirt sagen!
Der Freund lächelte ihn an wie ein guter Onkel.
– Iß nur, das kostet nicht mehr!
Nicht doch, ein Käsebrot zum Beefsteak. Welch eine Unsitte. Aber, Herrgott, schmeckte das gut. Er hatte das Gefühl, noch nie gegessen zu haben. Und dann das Bier.
– Was, jeder soll eine halbe Flasche trinken, bist du wahnsinnig?
Das hieß wenigstens einmal essen!
Es war kein so leerer Genuß, wie der bleiche Mann behauptet hatte! Nein, es war ein solider Genuß, zu spüren, wie kräftiges Blut, das die Nerven für den Lebenskampf versorgen würde, in den halbleeren Adern dahinrollte. Es war ein Genuß zu fühlen, wie die zerronnene Manneskraft zurückkehrte und die schlaffen Sehnen eines halbzerstörten Willens sich wieder strafften. Die Hoffnung erwachte, der Nebel verwandelte sich in eine rosarote Wolke, und der Freund ließ ihn in die Zukunft blicken, wie Freundschaft und Jugend sie erdichten. Diese jugendlichen Illusionen vom Leben, woher kommen sie? Aus der Kraft, sagt man. Doch der Verstand, der so viele zerstörte Kinderträume gesehen hat, müßte darauf schließen können, wie unsinnig die Verwirklichung von Jugendillusionen ist. All diese Träume sind ungesunde Halluzinationen, vom unbefriedigten Trieb hervorgerufen, und sie werden eines Tages verschwinden, und dann werden die Menschen verständiger und glücklicher sein.

Johan hatte nicht gelernt, vom Leben anderes zu fordern als Freiheit von Tyrannei und das tägliche Brot. Das war schließlich genug. Er war kein Aladin und glaubte nicht an das Glück. Er besaß wohl Kräfte, doch er kannte sie nicht. Der Freund mußte ihn erst entdecken.
– Du mußt raus und ab und zu mit uns losziehen, sagte er, und nicht zu Hause sitzen und versauern.
– Ausgehen, ja, aber das kostet Geld, und ich bekomme nie welches.
– Beschaff's dir doch mit Stunden.

– Mit Stunden? Ich? Meinst du, ich könnte Stunden geben?
– Du weißt doch so viel, es müßte also leicht sein.
Er wußte viel! Das war eine Anerkennung oder Schmeichelei, wie die Pietisten dergleichen nannten, und es fiel auf fruchtbaren Boden.
– Ja, aber ich habe keine Bekannten! Keine Beziehungen!
– Sag es nur dem Rektor, dann klappt es. Bei mir hat es doch auch geklappt.

Johan wagte an ein solches Glück, daß er Geld verdienen könne, kaum zu glauben. Doch als er hörte, daß andere es konnten, und sich mit ihnen verglich, ja, aber die hatten eben Glück!

Der Freund machte ihm Beine, und bald gab er abends Stunden und war Lehrer in einem Mädchenpensionat.

Jetzt erwachte sein Selbstgefühl. Die Dienstmädchen zu Hause nannten ihn Herr Johan, und die Lehrer in der Schule wandten sich mit »meine Herren« an die Klasse. Nun beginnt er von sich aus sein Schuldasein zu reformieren. Zunächst nahm er nicht mehr am griechischen Unterricht teil, worum er den Vater lange, aber vergeblich gebeten hatte. Dies regelte er jetzt auf eigene Faust, und der Vater erfuhr es erst lange nach dem Abitur. Anschließend ließ er die gesamte Mathematik ruhen, nachdem er erfahren hatte, daß ein Lateiner das Recht hatte, in diesem Fach keine Note zu haben. Des weiteren vernachlässigte er das Latein. Durch Büffelei würde er vor dem Examen binnen eines Monats alles wieder aufholen. Dann führte er ein, während der Schulstunden französische, deutsche und englische Romane zu lesen. Normalerweise wurden die Fragen reihum gestellt, und er saß über seinem Buch, bis die Frage näher kam, worauf er sich ausrechnete, was er gefragt würde, und sich in aller Eile vorbereitete. Jetzt waren die lebenden Sprachen seine Stärke, dazu die Naturwissenschaften.

Mit Minderjährigen die Schulaufgaben durchzunehmen, war eine neuerliche furchtbare Strafe, doch es war eine Arbeit, die sich bezahlt machte. Natürlich waren es nur Jungen mit einer Abneigung gegen das Lernen, die einen Nachhilfelehrer in Anspruch nahmen. Es war eine grausame Mühe für sein bewegliches Gehirn, sich den ihren anzupassen. Sie waren unmöglich! Sie konnten nicht aufmerksam sein. Er glaubte, sie seien störrisch. Die Wahrheit war, daß sie nicht den Willen entwickeln konnten, aufmerksam zu sein. Diese Jungen wurden zu Unrecht für dumm gehalten. Sie waren im Gegenteil wach; ihre Gedanken umspielten Wirklichkeiten, Realitäten, und viel eher schienen sie die Absurdität der Lehrfächer durchschaut zu haben. Viele von ihnen wurden im späteren Leben tüchtige Männer, und noch mehr wären dies geworden, hätten ihre Eltern sie nicht gezwungen, ihre Natur zu vergewaltigen und die Studien fortzusetzen. Im Mädchenpensionat lernte er nur mit den Kleinen. Die Großen dagegen gingen ungezwungen im Zimmer umher und zeigten Tisch- und Stuhlbeinen ihre Strümpfe, und er warf ein Auge auf sie, wagte aber keine Annäherung.

Mit der Freundin, die seine veränderte Art bemerkte, kam es jetzt zu einer neuen Auseinandersetzung. Sie warnte ihn vor dem Freund, der ihm schmeichle, und sie warnte ihn vor den jungen Mädchen, von denen er mit einer gewissen Wärme sprach. Sie war eifersüchtig. Sie verwies auf Jesus, Johan aber war mit anderem beschäftigt, und so zog er sich von ihr zurück.

Ein heiteres und tätiges Leben führte er jetzt. Die Parade und Blandare bei der Andalusierin. Abends Serenaden, denn er sang jetzt in einem Quartett mit, Punsch und harmlose Techtelmechtel mit Caféhausmädchen. Er verliebte sich in eine kleine Blonde bei der Andalusierin, die immer hinter der Theke einschlief. Er wollte sie für sich retten, sie in einem Pfarrhof einquartieren, selbst Geistlicher werden und sie heiraten. Doch mit der Liebe war es bald vorbei, als er eines Abends sah, wie die Kameraden ihr in einem Séparée an die Brust faßten.

Bei alledem war Jesus suspendiert, doch ein schwacher Grundton von Gottgnädigkeit und Askese klang noch nach. Er betete noch aus Gewohnheit, doch ohne Hoffnung auf Erhörung, nachdem er nun so lange die Bekanntschaft gesucht hatte, von der es hieß, sie sei so leicht zu machen, klopfte man nur ein wenig an der Gnadenpforte an. Und, um die Wahrheit zu sagen, er war auch nicht darauf aus, beim Wort genommen zu werden. Wenn sich die Tür geöffnet und der Gekreuzigte Herein gerufen hätte, er wäre nicht froh gewesen. Sein Fleisch war zu jung und zu gesund, als daß es Lust verspürt hätte, gekreuzigt zu werden.

8. Eisgang

Die Schule war es, die erzog, nicht das Elternhaus. Die Familie ist zu eng und hat zu kleine selbstsüchtige antisoziale Ziele. Kommt es obendrein noch zu so abnormen Verhältnissen wie einer zweiten Ehe, dann ist es mit der einzigen Legitimation der Familie vorbei, und die Kinder einer verstorbenen Mutter sollten der Familie ganz einfach weggenommen werden, wenn der Vater sich wieder verheiratet. Damit wären die Interessen aller Beteiligten gewahrt, und nicht zuletzt die des Vaters, der bei der Bildung eines neuen Wurfs vielleicht am meisten leidet. In der Familie gab es nur einen (oder zwei) Willen, die ohne Einspruchsmöglichkeit herrschten; darum war Gerechtigkeit unmöglich. In der Schule gab es eine ständige wache Jury, die Schüler oder Lehrer schonungslos verurteilte. Die jungen Männer verloren allmählich ihre Wildheit, und die Grausamkeit nahm ab; soziale Instinkte erwachten; man begann einzusehen, daß die eigenen Interessen durch Kompromisse gemeinsam befördert werden mußten. Unterdrückung konnte nicht stattfinden, denn die Zahl der Mitglieder war ausreichend für Parteienbildung und Revolte. Ein Lehrer, der von einem Schüler schlecht behandelt wurde, konnte am ehesten Gerechtigkeit finden, wenn er sich an die Schüler wandte. Auch die Anteilnahme an wichtigeren öffentlichen Angelegenheiten, des Volkes und der Nation, der Menschheit, begann sich zu regen.

Während des Dänischen Krieges 64 wurde ein Fond zum Kauf von Kriegstelegrammen gebildet, die am schwarzen Brett angeschlagen, von den Lehrern mit Interesse gelesen wurden und Anlaß zu vertraulichen Gesprächen gaben, zu reiferen Reflexionen der Lehrer über Entstehung und Ursachen des Krieges. Man war natürlich parteilicher Skandinavier, und die Frage wurde aus der Perspektive der Studententreffen beurteilt. Jetzt wurde der Preußen- oder Deutschenhaß für den kommenden Krieg begründet und nahm schon bei der Beerdigung des beliebten Turnlehrers Leutnant Betzholtz einen fanatischen Zug an. An seinem Sarg kam es zur Versöhnung zwischen Lyzeum und Gymnasium, und die Gesangsübungen wurden in den Räumen des Gymnasiums von Oskar Torssell vom Lyzeum und von Georg Göthe vom Gymnasium geleitet. Der Königliche Sekretär Pauli hatte neue Verse zu Die Klänge der Wogen geschrieben, und Conny Burman stand den Chören vor.

Die Vorfälle vor La Croix' Salon mit den bekannten Wasserspritzereien hatten nur eine lächerliche Wirkung, und man erfuhr nie, worum es eigentlich gegangen war.

Auch das Telegramm im Aftonbladet mit dem Titel »Er selbst und die 20 000 Mann« blieb unklar.

Das Jahr 65 rückte heran. Der Geschichtslehrer, Adliger und Aristokrat, ein gefühlvoller und gutmütiger Mann, versuchte, die jungen Männer mit der Frage vertraut zu machen. In der Klasse hatten sich Parteien gebildet, und der Sohn eines der Redner im Riddarhuset, ein Graf S., allgemein geschätzt und beliebt, war der Anführer der Antragsgegner. Er stammte aus altem deutschen Schwertbrüderadel, war arm, ging mit seinen Mitschülern um, doch das Herkunftsgefühl war stark in ihm verwurzelt. In den Tagen vor der letzten Abstimmung waren die Schüler unten am Riddarhuset gewesen und hatten mitgeholfen, den Klerus zu bespucken. In der Klasse kam es, mehr aus Jux, zur Schlacht, und Tische und Bänke wurden umgeworfen.

Dann war die Sache durch. Graf S. blieb dem Unterricht fern. Der Geschichtslehrer sprach gerührt von dem Opfer, das Ritterschaft und Adel auf dem Altar des Vaterlandes gebracht hätten, als sie auf ihre Privilegien verzichteten. Der gute Mann wußte nicht, daß Privilegien keine Rechte, sondern erkaufte Vergünstigungen sind, die wie das Eigentum bei bestimmten weniger legalen Käufen zurückgegeben werden müssen. Er bat die Klasse, Mäßigung zu zeigen und die Besiegten nicht zu verletzen. Der junge Graf wurde bei seiner Rückkehr in die Klasse auch mit ausgesuchter Höflichkeit empfangen, doch beim Anblick dieser vielen jetzt unfreiwillig erhöhten Unebenbürtigen überwältigten ihn die Gefühle, so daß er in Tränen ausbrach und hinausgehen mußte.

Johan kannte sich in der Politik nicht aus. Als eine Angelegenheit öffentlichen Interesses war sie natürlich aus dem Elternhaus verbannt, wo nur private Interessen berücksichtigt wurden, und auch die sehr schlecht. Söhne werden erzogen, als sollten sie Söhne werden und ihr Leben lang Söhne bleiben, ohne einen Gedanken daran, daß sie Väter werden müssen. Doch der junge Mann hatte seinen Unterklasseninstinkt, der ihm sagte, daß man dabei war, eine Ungerechtigkeit zu beseitigen, daß man die höhere Ebene senkte, wodurch es für die niedrigere leichter war, auf dieselbe Stufe zu kommen. Er war natürlich liberal, da aber auch der König liberal war, war man gleichzeitig Royalist.

*

Parallel zu dem großen Gegenstrom, dem Pietismus, verlief der Neurationalismus, jedoch in entgegengesetzter Richtung. Das Christentum, das mit dem Ausgang des achtzehnten Jahrhunderts in das Reich der Mythologie verwiesen worden war, war wieder in Gnaden aufgenommen worden, und da die Lehre unter staatlichem Schutz stand, konnten sich die Söhne der Restauration der neuerlich eingeimpften Dogmen nicht erwehren. 1835 aber hatte Strauss' Leben Jesu eine neue Bresche geschlagen, und sogar in Schweden sickerte in die verfaulten Brunnen frisches Wasser. Das Buch wurde Gegenstand eines Prozesses, auf seinem Fundament aber wurde später die gesamte moderne Reformationstätigkeit aufgebaut, die selbsternannter Reformatoren, wie immer, denn die anderen, die reformieren nicht.

Der Oberpastor Cramér hat die Ehre, der erste gewesen zu sein. Bereits 1859 veröffentlichte er seinen Abschied von der Kirche, eine populäre, aber kenntnisreiche Kritik des Neuen Testaments. Er besiegelte seinen Glauben mit der Tat und trat, sobald er sein Amt niedergelegt hatte, aus der Staatskirche aus. Seine Schrift wirkte am tiefsten, denn wenn sich auch die Bücher Ignells bei den Theologen stärker durchsetzten, kamen sie doch nie bis zur Jugend hinunter. Im selben Jahr (1859) erschien Der letzte Athener.

Ihm wurde sehr viel von seiner Wirkung genommen, weil man diese Arbeit als einen literarischen Erfolg aufnahm und auf das neutrale Gebiet der schönen Literatur verwies. Einschneidender wirkte Rydbergs Schrift Die Lehre der Bibel von Christus, 1862, die die Theologen zum Ragnarök rief. Renans Leben Jesu, in der Übersetzung Ignells, gewann alle, Junge wie Alte, im Sturm und wurde in der Schule neben Cramér gelesen, was mit der Lehre der Bibel von Christus nicht der Fall war. Und mit Boströms Angriff auf die Höllenlehre, 1864, standen dem Rationalismus oder der Freidenkerei, wie man das nannte, die Tore offen. Boströms eigentlich unbedeutende Schrift wirkte jedoch durch den großen Namen des Uppsalienser Professors und ehemaligen Hauslehrers der Prinzen kolossal, einen Namen, den der mutige Mann riskierte, was nach ihm niemand mehr riskiert hat, nachdem es keine Ehre mehr ist, Freidenker zu sein oder sich für die Freiheiten und Rechte des Denkens einzusetzen.

Genug davon, alles war bereit, und es bedurfte nur eines Windhauchs, damit das Kartenhaus des jungen Mannes einstürzte. Ein junger Ingenieur lief ihm über den Weg. Dieser war sogar Mieter im Haus der Freundin. Er beobachtete Johan lange, bevor er sich ihm näherte. Johan hatte Respekt vor ihm, weil er ein so kluger Kopf sein sollte, und wahrscheinlich war er auch ein wenig eifersüchtig. Die Freundin bereitete Johan auf die Bekanntschaft vor und warnte ihn. Dies sei ein äußerst interessanter Mensch mit brillantem Kopf, doch er sei gefährlich. Johan traf sich mit dem Mann. Er war ein kräftig gebauter Värmländer, mit derben ehrlichen Zügen, einem guten kindlichen Lächeln, wenn er lächelte, was nicht häufig vorkam, eher still als laut. Sie waren sofort vertraut. Am ersten Abend tauschte man nur ein paar Stiche aus. Es ging um die Frage von Glauben und Wissen.

– Der Glaube würde die Vernunft töten! meinte Johan mit Krummacher.

– Pfui, sagte der Freund. Die Vernunft ist eine Gottesgabe, die den Menschen über das Tier erhebt; soll sich etwa der Mensch zum Tier erniedrigen, indem er Gottes Gabe verwirft?

– Es gibt Dinge, antwortete Johan (mit Norbeck), an die man sehr gut glauben kann, ohne Beweise zu fordern. So glauben wir auch an den Kalender, ohne selbst von den Bewegungen der Planeten etwas zu wissen.

– Ja, antwortete der Freund, wir glauben, wo wir nicht das Empfinden haben, daß sich unsere Vernunft dagegen wehrt. Gegen den Kalender hat sich meine Vernunft nicht gesträubt.

– Ja, antwortete Johan, aber zur Zeit Galileis widerstrebte es der Vernunft aller, die Erde um die Sonne kreisen zu lassen. Das ist nur Widerspruchsgeist, sagte man; er will sich interessant machen.

– Wir leben nicht zur Zeit Galileis, antwortete der Freund, und in unserer Zeit der aufgeklärten Vernunft widerstrebt es einem, an die Göttlichkeit Christi und die ewigen Strafen zu glauben.

– Über diese Dinge müssen wir nicht disputieren, sagte Johan.

– Warum nicht?

– Sie stehen jenseits der Erörterung!

– Genau das gleiche habe ich vor zwei Jahren gesagt, als ich noch gläubig war.

– Sind Sie Pietist gewesen?

– Ja, das war ich.

– Hm! Und jetzt haben Sie Frieden?

– Jetzt habe ich Frieden!

– Wie sind Sie dazu gekommen?

– Ich habe durch einen Prediger den Geist des wahren Christentums kennengelernt.

– Dann sind Sie Christ?

– Ja, ich bekenne mich zu Christus!

– Aber Sie glauben nicht, daß er Gott ist.

– Das hat er selbst nie gesagt. Er nennt sich nur Gottes Sohn, und Gottes Söhne sind wir alle.

Die Freundin kam und unterbrach das Gespräch, das, nebenbei gesagt, für die Religionsdispute um 1865 typisch war. Johans Neugier war geweckt. Es gab Menschen, die nicht an Christus glaubten, aber Frieden hatten. Nun hätte Kritik allein die alten Götterbilder nicht stürzen können; die Furcht vor dem Vakuum hielt ihn zurück, bis er Parker in die Hand bekam. Predigten ohne Christus und Hölle, das war es, was er brauchte. Und so schöne Predigten. Zugegebenermaßen las Johan sie äußerst hastig, denn es kam ihm vor allem darauf an, daß Geschwister und Angehörige Gefallen an ihnen fanden, so daß ihm ihre Mißbilligung erspart blieb. Er verwechselte nämlich die Mißbilligung anderer mit einem schlechten Gewissen, war so daran gewöhnt, anderen recht zu geben, daß er mit sich selbst in Zwietracht geriet.

Christus aber, der Inquisitor, stürzte, die Gnadenwahl, das Jüngste Gericht, alles brach zusammen, als sei es schon sehr lange baufällig gewesen. Er wunderte sich darüber, daß es so schnell ging. Es war wie zu klein gewordene Kleider ablegen und neue anziehen.

An einem Sonntagmorgen ging er mit dem Ingenieur in den Hagapark. Es war Frühling. Der Hasel blühte, und die Leberblümchen waren herausgekommen. Das Wetter war halbklar, die Luft nach einem nächtlichen Regen lau und feucht. Sie sprachen über die Freiheit des Willens. Der Pietismus hatte hiervon eine sehr unsichere Auffassung. Gotteskind wurde man nicht aus freiem Willen. Der Heilige Geist mußte einen aufsuchen, also Prädestination. Johan hatte sich zwar gewünscht, bekehrt zu werden, doch vergeblich. Herr, schaffe einen neuen Willen in mir, hatte er zu beten gelernt. Wie aber konnte er dann für seinen bösen Willen verantwortlich sein? Ja, antwortete der Pietist, durch den Sündenfall, als der mit einem freien Willen ausgestattete Mensch das Böse wählte, wurde sein Wille erblich böse und für alle Zeiten böse und hörte auf, frei zu sein. Und einzig durch Jesu und des Heiligen Geistes Gnadenwerk konnte er diesen bösen Willen loswerden. Diese Wiedergeburt aber hing nicht vom eigenen Willen ab, sondern von der Gnade Gottes. Also unfrei. Doch als Unfreier war der Mensch nach wie vor verantwortlich. Hierin lag der Trugschluß.

Der Ingenieur war Naturliebhaber und Johan ebenso. Was ist diese Liebe zur Natur, die in unserer Zeit als so kulturfeindlich gilt?

Ein Rückfall in die Barbarei, sagen einige; eine gesunde Abkehr von der Überkultur, sagen andere. Als der Mensch entdeckt hat, daß die Gesellschaft eine auf Fehlern und Ungerechtigkeiten beruhende Einrichtung ist, als er begreift, daß die Gesellschaft im Austausch gegen kleine Vorteile Trieben und Begierden harte Zwänge auferlegt, als er die Illusion, ein Halbgott und Gottes Kind zu sein, durchschaut hat und feststellt, ganz einfach eine Tierart zu sein, flieht er die Gesellschaft, die auf der festen Überzeugung vom göttlichen Ursprung des Menschen aufgebaut war, und er geht in die Natur, in die Landschaft hinaus. Dort fühlt er sich in seinem Milieu, als Tier, fühlt sich dem Gemälde als Staffage hinzugefügt, sieht seinen Ursprung, die Erde, die Wiese; sieht den Zusammenhang der gesamten Schöpfung in einer lebendigen Zusammenfassung; den Berg, der zu Erde, den See, der zu Regen geworden ist, die Wiese, die aus zerfallenen Bergen besteht, den Wald, der aus den Bergen und dem Wasser emporgestiegen ist; sieht die Luft in großen Massen (den Himmel), den er und alle lebenden Kreaturen atmen, hört die Vögel, die von Insekten leben, sieht die Insekten, die die Pflanzen befruchten, erblickt die Säugetiere, von denen er selbst lebt. Er ist bei sich zu Hause. In unserer Zeit mit ihrer naturwissenschaftlichen Weltanschauung sollte ein einsamer Augenblick in der Natur, wo die gesamte Evolutionsgeschichte in lebenden Bildern dargestellt ist, das einzige Surrogat für einen Gottesdienst sein. Doch die Evolutionsoptimisten ziehen dem die Zusammenkunft in einer düsteren Kneipe vor, wo sie ihre Verwünschungen über die Gesellschaft ausschütten, die sie zugleich bewundern und verachten. Sie preisen sie als den Höhepunkt der Entwicklung, wollen sie aber stürzen, weil sie mit dem wahren Glück des Tieres unvereinbar ist.

Sie wollen sie umgestalten und weiterentwickeln, sagen andere. Doch ihre Umgestaltung kann nicht stattfinden, ohne daß das Bestehende bis auf den Grund zerstört wird, und Halbheiten wollen sie nicht. Erkennen sie denn nicht, daß die bestehende Gesellschaft eine mißglückte Evolution und selbst kulturfeindlich ist, wie auch naturfeindlich zugleich?

Wie alles ist die Gesellschaft ein Naturprodukt, sagen sie, und Kultur ist Natur. Ja, aber schlechte Natur, Natur auf Abwegen, weil sie ihrem Ziel entgegenwirkt: dem Glück.

Indessen deckte die Naturverehrung des Ingenieurs, Johans Vorbild, und der Zeitgenossen die Mängel der Kulturgesellschaft auf und ebnete der neuen Anschauung von der Abstammung des Menschen den Weg. Bereits 1859 war Darwins Entstehung der Arten erschienen, doch noch hatte es nicht durchdringen und noch weniger aufgehen und befruchten können. Zu dieser Zeit predigte man Moleschott, und das Schlagwort war der Kreislauf der Materie. Hiermit und mit seiner Geologie zerpflückte der Ingenieur die mosaische Schöpfungsgeschichte. Er sprach noch vom Schöpfer, denn er war Theist, und sah dessen Weisheit und Güte in den Werken der Schöpfung.

Während sie auf Gamla Haga zuspazierten, fangen alle Glocken in der Stadt zu läuten an. Johan bleibt stehen und lauscht: hier waren die schrecklichen Glocken von Klara, die in seiner traurigen Kindheit geläutet hatten, da die von Adolf Fredrik, die ihn in die blutige Umarmung Jesu des Gekreuzigten geworfen hatten, dort die von Johannis, die samstags der Jakobschule verkündet hatten, daß die Woche vorüber war.

Ein leichter südlicher Wind trug den Lärm aus der Stadt hinaus, und unter den hohen Fichten hallte er wider, mahnend, warnend.

– Gehst du in die Kirche? fragte der Freund.

– Nein, sagte Johan. Ich gehe nie mehr in die Kirche.

– Ja, folge deinem Gewissen, sagte der Ingenieur.

Es war das erste Mal, daß Johan der Kirche fernblieb. Es galt, dem Befehl des Vaters und der Stimme seines Gewissens zu trotzen. Er erregte sich und fiel über die Religion und die Familientyrannei her und sprach von Gottes Kirche in der Natur; sprach mit Begeisterung vom neuen Evangelium, das Seligkeit für alle verkündete, Leben und Glück für alle. Dann aber verstummte er.

– Du hast ein schlechtes Gewissen, sagte der Freund.

– Ja, sagte Johan. Entweder nicht tun, was man bereut, oder nicht bereuen, was man tut!

– Das letztere ist besser!

– Aber ich bereue es trotzdem! Bereue eine richtige Tat, denn es wäre unrecht, in diesen alten Häusern der Abgötterei zu heucheln. Mein neues Gewissen sagt mir, daß ich recht habe, und mein altes, daß ich unrecht habe. Ich kann nie mehr Frieden finden!

Das konnte er auch nicht. Sein neues Ich erhob sich gegen sein altes, und sie lebten wie zwei unglückliche Ehegatten in Zwietracht sein ganzes künftiges Leben hindurch, ohne sich trennen zu können.

*

Die Reaktion gegen das Alte, das ausgerottet werden sollte, machte sich in heftigen Angriffen Luft. Die Furcht vor der Hölle war fort, Selbstentsagung war Einfalt, und die Natur des jungen Mannes nahm sich ihr Recht. Die Konsequenz war eine neue Moral, die er gefühlsmäßig so formulierte: was keinem Mitmenschen schadet, ist mir erlaubt. Er fühlte, daß der Familiendruck ihm schadete und nicht nützte; er erhob sich gegen die Unterdrückung. Den Eltern, die ihm niemals Liebe erwiesen, sondern auf Dankbarkeit gepocht hatten, weil sie ihm gnädig und zum Preis von Demütigungen sein gesetzliches Recht gewährten, zeigte er jetzt seine wirklichen Gefühle. Sie waren ihm zuwider, er erwies ihnen Kälte. Auf die unaufhörlichen Angriffe gegen die Freidenkerei antwortete er offen, vielleicht übermütig. Sein halbzerstörter Wille begann sich aufzurichten, und er sah ein, daß er vom Leben Rechte zu fordern hatte.

Der Ingenieur, dem die Rolle des Bösen zugeteilt worden war, wurde in den Bann getan und Beeinflussungsversuchen der Freundin ausgesetzt, die jetzt einen Freundschaftsbund mit der Stiefmutter einging. Der Ingenieur war der Sache nicht ganz auf den Grund gegangen und hatte unter Annahme des Parkerschen Kompromisses die Selbstverleugnung des Christentums beibehalten. Man sollte liebevoll und verträglich sein, dem Beispiel Christi folgen und so weiter.

Johan hatte alles über den Haufen geworfen und geriet jetzt in Opposition zu seinem Lehrer. Unter dem Druck der Freundin, zu der er eine stille Neigung hegte, und erschrocken über die Konsequenzen seiner Lehren, ließ er sich dazu bewegen, folgendes Schreiben aufzusetzen, diktiert von der Furcht vor dem Feuer, das er entfacht hatte, der Liebe zur Freundin, der Freundschaft zu seinem Schüler und aufrichtiger Überzeugung.

»An meinen Freund Johan

Wie froh begrüßen wir doch den Frühling, der jetzt kommt, um uns mit seiner herrlichen göttlichen Frische und Grüne zu berauschen und zu verzaubern! Die Vögel stimmen ihre fröhlichen und leichten Melodien an, Leberblümchen und Anemonen schieben unter den flüsternden Zweigen der Tanne schüchtern ihre zarten Köpfchen hervor.«

– Wie seltsam, dachte Johan beim Lesen, daß dieser schlichte Mann, der so einfach und wahr redet, so schwülstig schreiben kann. Das ist doch nicht wahr.

»Welche Brust, sei sie alt oder jung, weitet sich nicht, um die frischen Düfte des Lenzes einzusaugen, die in jedes Herz himmlische Freude trägt, Sehnsucht, die eine selige Ahnung von Gott und seiner Liebe sein muß; – (diesen Frühlingsduft genießen wir wie einen Atemzug Gottes). – Kann jetzt noch Schlechtes in unseren Herzen wohnen? Können wir nicht verzeihen? O doch! Wir *müssen* es jetzt, da die Liebesstrahlen der Frühlingssonne die frostige Schneedecke von Natur und Herz fortgeküßt haben. Wir warten darauf und sehnen uns danach, das Grün der schneefreien Erde, die guten und liebevollen Taten des guten und warmen Herzens zu sehen, zu sehen, wie sich Friede und Glückseligkeit in der Natur ausbreiten.«

– Verzeihen? Ja, freilich, wenn man nur sein Verhalten änderte und ihn freigab. Aber *man* verzieh ihm ja nicht! Mit welchem Recht verlangte man dann von ihm Nachsicht? Mit welchem Recht? Es mußte gegenseitig sein!

»Johan, Du meinst, in der Natur und durch die Vernunft Gott auf eine bessere Weise erfaßt zu haben, als Du dies früher tatest, als Du an die Göttlichkeit Christi und an die Bibel glaubtest, aber Du begreifst nicht die Idee in Deinen eigenen Gedanken. Du hast nur den Schatten erfaßt, den das Licht hinter einem Gegenstand zurückläßt, nicht aber die Hauptsache, das Licht selbst. Du glaubst, daß ein wahrer Gedanke den Menschen stets veredelt, aber, o nein, das merkst Du doch selbst in Deinen besseren Augenblicken. Mit Deinen früheren Ansichten konntest Du einem Mitmenschen einen Fehler verzeihen, Du konntest eine Sache von ihrer guten Seite sehen, wenn sie auch schlecht zu sein *schien*, wie aber bist Du jetzt? Du bist heftig und bitter gegen eine liebevolle Mutter, Du verurteilst die Taten Deines zärtlichen, erfahrenen und grauhaarigen Vaters und bist mit ihnen unzufrieden.«

– Mit seinen früheren Ansichten konnte Johan niemals jemandem einen Fehler verzeihen, sich selbst am wenigsten, anderen bisweilen, aber das war dumm. Was für eine schlappe Moral! – Eine liebevolle Mutter! O ja, die war liebevoll! Wann war Axel zu dieser Ansicht gekommen? Nachdem sie diese harte Frau zusammen durchgehechelt hatten! Und ein zärtlicher Vater! Nun, warum sollte er dessen Handlungen nicht verurteilen. Bei der Selbstverteidigung Auge um Auge! Nicht länger die linke Wange hinhalten, wenn die rechte schon geschlagen worden war.

»Früher warst Du ein anspruchsloses liebenswertes Kind, jetzt aber bist Du ein selbstgefälliger und eingebildeter Jüngling.«

– Anspruchslos! Ja, das stand fest, und darum wurde er niedergetrampelt, jetzt aber kannte er seine rechtmäßigen Ansprüche! – Eingebildet! Ha! Der Lehrer fühlte sich von seinem undankbaren Schüler übergangen.

»Die warmen Tränen Deiner Mutter strömen über ihre Wangen...«

– Deiner Mutter! Habe keine Mutter! Und die Stiefmutter weint nur, wenn sie wütend ist! Wer zum Teufel hat das da diktiert!

»... wenn sie in der Einsamkeit an Dein hartes Herz denkt, ...«

– Was zum Teufel geht sie mein Herz an, wo sie einen Haushalt und sieben Kinder zu versorgen hat?

»... Deinen erbärmlichen Seelenzustand ...«

– Das ist ja der reinste Pietismus! Meine Seele hat sich nie so gesund und lebenskräftig gefühlt wie jetzt!

»... und die Brust Deines Vaters ist vor Kummer und Sorge fast am Zerspringen.«

– Das ist gelogen. Er ist selber Theist und bekennt sich zu Wallin, außerdem hat er keine Zeit, an mich zu denken. Er weiß, daß ich fleißig und ehrlich bin und nicht zu Mädchen gehe. Dieser Tage hat er mich sogar gelobt.

»... Du verstehst nicht den traurigen Blick Deiner Mutter ...«

– Der hat andere Gründe, denn die Ehe ist nicht glücklich.

»... die liebevollen Ermahnungen Deines Vaters. Du bist wie eine Schlucht oberhalb der Schneegrenze, aus der die Küsse der Frühlingssonne den Schnee nicht wegschmelzen oder auch nur ein paar Körnchen davon in einen Tropfen Wasser verwandeln können.«

– Er scheint Romane zu lesen. Im übrigen hatte Johan einen großen Freundeskreis und war liebevoll zu seinen Schulfreunden. Doch den Feinden im Elternhaus gegenüber war er hart geworden. Es war ihre Schuld.

»Was soll Deine Umgebung von der Religion, die Du angenommen hast, denken, wenn sie so erbärmliche Früchte trägt? Ja – man wird sie verdammen (und ihre Ansichten geben einem unbedingt das Recht hierzu) ...«

– Recht nicht, aber Gelegenheit!

»... man wird den niederträchtigen Schuft hassen und verachten, der dieses teuflische Gift in Dein unschuldiges Kinderherz gesenkt hat.«

– Da haben wir's. Den niederträchtigen Schuft! Er war umzingelt.

»Beweise künftig durch Deine Taten, daß Du die Wahrheit nicht so falsch verstehst, wie Du es bisher getan hast. Vergiß nicht, verträglich zu sein ...«

– Die Stiefmutter!

»... die Fehler und Mängel der Mitmenschen mit Liebe und Milde zu übersehen ...«

– O nein, das wollte er nicht! Sie hatten ihn gefoltert, bis er log, sie hatten in seiner Seele herumgeschnüffelt, gute Saat als angebliches Unkraut ausgerissen, sie wollten sein Ich ersticken, dessen Daseinsberechtigung ebenso groß war wie ihre; sie hatten seine Fehler nie übersehen, warum sollte er nachsichtig mit den ihren sein? Weil Christus gesagt hatte ... Er pfiff darauf, was Christus gesagt hatte, dafür hatte er keine Verwendung mehr. Im übrigen kümmerte er sich nie um die zu Hause, er zog sich in sich selbst zurück. Sie waren ihm zuwider und würden seine Sympathie nie gewinnen. Das war alles! Sie irrten indessen, und wollten seine

Verzeihung erreichen! Schön! Er verzieh ihnen! Wenn man ihn nur in Ruhe ließ!

»... lerne, Deinen Eltern dankbar zu sein, die für Dein wirkliches Wohlergehen und Glück (hm!) keine Mühe scheuen, und laß dies die Liebe zu Deinem Gott und Schöpfer bewirken, der Dich in dieser veredelnden (hm! hm!) Schule zur Welt kommen ließ, zu Frieden und Seligkeit immerdar, bittet Dein trauernder, aber hoffnungsvoller

Axel.«

*

Genug mit Beichtvätern und Inquisitoren, fand Johan, seine Seele war gerettet und fühlte sich frei. Sie streckten die Krallen nach ihm aus, aber er floh. – Der Brief des Freundes war unwahr und gekünstelt, und er spürte die Hände Esaus. Er antwortete nicht, sondern brach den Umgang mit dem Freund und der Freundin ab.

Sie nannten ihn undankbar. Wer auf Dankbarkeit pocht, ist schlimmer als ein Gläubiger, denn er macht erst ein Geschenk, mit dem er prahlt, und schickt dann die Rechnung, eine Rechnung, die niemals beglichen werden kann, denn nach allgemeiner Ansicht kann eine Gegenleistung die Dankesschuld nicht tilgen; sie ist eine Hypothek auf der Seele des Menschen, eine Schuld, die nie zu bezahlen ist und sich über ein ganzes Leben erstreckt. Nimm einen Gefallen an, und der Freund wird fordern, daß du dein Urteil über ihn verfälschst, daß du seine schlechten Taten und die schlechten Taten seiner Frau und seiner Kinder lobst.

Dankbarkeit aber ist ein tiefes Gefühl, das den Menschen ehrt, und das ihn erniedrigt. Kämen wir doch so weit, daß wir uns nicht zu Dankbarkeit verpflichten müssen für eine Wohltat, die vielleicht nur eine pure Schuldigkeit war!

Johan schämte sich über den Bruch mit den Freunden; doch er empfand sie als hinderlich und tyrannisch. Im übrigen: was hatten sie ihm im Zusammensein an Vergnügen geschenkt, das er seinerseits ihnen nicht geschenkt hätte?

*

Fritz, so hieß der Freund mit dem Pincenez, war ein kluger Weltmensch. Diese beiden Worte, klug und Weltmensch, hatten in jener Zeit eine häßliche Bedeutung. Im Zeitalter der Nachromantik, in dem alle etwas verrückt waren und es ein Oberklassenmerkmal war, verrückt zu sein, in diesem Zeitalter klug zu sein, galt damals als fast gleichbedeutend mit etwas Schlechtem. Weltmensch zu sein, in dieser Zeit, in der sich alle, so gut sie konnten, in den Himmel zu schwindeln versuchten, war auch weniger gut. Fritz war klug. Er wollte sein einziges Leben gut und angenehm verbringen und Karriere machen und so weiter. Darum hielt er sich an die Vornehmen. Das war klug, denn sie hatten Macht und Geld. Warum sollte er sich nicht an sie halten? Wie er dazu kam, an Johan zu hängen? Vielleicht aus animalischer Sympathie, vielleicht aus langjähriger Gewohnheit; irgendwelchen Interessen konnte Johan nicht dienlich sein, abgesehen davon, daß er ihm vorsagte und mit Büchern aushalf. Fritz machte nämlich niemals Schulaufgaben, und für das Geld, das für Bücher vorgesehen war, kaufte er Punsch.

Jetzt, als er merkte, daß Johan innerlich gereinigt und sein äußerer Mensch präsentabel war, führte er ihn in seine Clique ein. Diese war ein kleiner Kreis teils vermögender, teils vornehmer junger Herren aus Johans Klasse. Der war den ansehnlichen Herren gegenüber zunächst etwas schüchtern, doch bald war er mit ihnen vertraut. Eines Tages erscheint Fritz, und während der Parade erzählt er Johan, daß dieser auf einen Ball eingeladen sei.

– Ich auf einen Ball, bist du verrückt! Da pass' ich nicht hin!

– Ein so ansehnlicher Junge wie du wird bei den Mädchen Erfolg haben.

Hm! Dies war eine neue Betrachtungsweise seiner Person, die Johan da erfuhr. War er etwa – hm? Man stelle sich vor, wo er zu Hause nie anderes als Kritik zu hören bekam!

Er ging auf den Ball. Dieser fand in einem bürgerlichen Haus statt. Die Mädchen hatten Bleichsucht, manche, andere waren rot wie Beeren. – Johan gefielen die weißen, die blau oder schwarz um die Augen waren, am besten. Sie sahen so leidend und schmachtend aus und warfen bittende, so bittende Blicke. Eine war darunter, die war leichenblaß, ihre Augen brannten kohlschwarz in tiefen Höhlen, und ihre Lippen waren so dunkel, daß sich ihr Mund beinahe wie ein schwarzer Strich öffnete. Sie machte Eindruck auf ihn, doch er wagte nicht, es auf sie abzusehen, denn sie hatte bereits ihren Verehrer. So blieb es bei einer weniger Blendenden, Süßeren und Sanfteren. Auf einem Ball fühlte er sich wohl. Fort von zu Hause, unter fremden Menschen zu sein, ohne die kritischen Augen eines einzigen Verwandten zu sehen. Doch es fiel ihm so schwer, sich mit den Mädchen zu unterhalten.

– Was soll ich zu ihnen sagen? fragte er Fritz.

– Kannst du denn nicht ein bißchen Geschwätz von dir geben! Schönes Wetter heute, tanzen Sie gern, laufen Sie Schlittschuh, haben Sie Frau Hvasser gesehen? Man muß wendig sein.

Johan ging hin und haspelte sein Repertoire herunter, aber der Gaumen wurde ihm trocken, und beim dritten Tanz ekelte es ihn an. Er wurde wütend über sich selbst und schwieg.

– Macht dir Tanzen keinen Spaß, fragte Fritz. Reiß dich zusammen, alter Leichenbitter!

– Doch, Tanzen macht schon Spaß, wenn man nur nicht reden müßte. Ich weiß nicht, was ich sagen soll?

Das entsprach auch den Tatsachen. Die Mädchen gefielen ihm, er fand es angenehm, sie um die Taille zu fassen, das war so männlich, aber mit ihnen reden? Er spürte, daß er es mit einer anderen Art homo zu tun hatte, in gewisser Hinsicht einer höheren, in anderer einer niederen. Insgeheim betete er die kleine Sanfte an und hatte sie zur Ehefrau erkoren. Ehefrau war die einzige Form, in der er sich die Frau vorerst vorstellen konnte. Er tanzte unschuldig, über die Freunde mußte er aber schreckliche Dinge hören, die er erst viel später verstand. Sie konnten nämlich auf eine unkeusche Art rückwärts durch den Raum Walzer tanzen und redeten respektlos über die Mädchen.

Seine Reflexionssucht, sein ewiges Überprüfen der eigenen Gedanken, hatte ihm das Spontane genommen. Wenn er mit einem Mädchen sprach, hörte er seine eigene Stimme, seine Worte, bewertete sie, und dann fand er den ganzen Ball albern. Und die Mädchen erst! Was fehlte ihnen eigentlich? Sie waren doch erzogen wie er, hatten Weltgeschichte und lebende Sprachen gelernt, studierten am

Seminar Isländisch und kannten sich mit Wortstämmen aus, beherrschten Algebra, alles. Sie hatten also die gleiche Bildung, und dennoch konnte man mit ihnen nicht reden!
– Schwätze ein bißchen, sagte Fritz.
Das aber konnte er nicht. Und im übrigen hatte er von den Mädchen eine höhere Meinung.
Er wollte die Bälle aufgeben, da er keinen Erfolg hatte, doch er wurde mitgeschleppt. Es schmeichelte ihm, eingeladen zu sein, und es hatte immer etwas Anregendes. Eines Tages war er in einer adligen Familie, wo der Sohn Kadett war. Dort traf er zwei Schauspielerinnen vom Dramatischen Theater. Mit ihnen hätte er wohl sprechen können! Sie tanzten mit ihm, doch sie antworteten ihm nicht. Er war zu unschuldig. Dann ging er zu Fritz, um dessen Konversation zuzuhören. Mein Gott, über welche Dinge der in eleganten Wendungen redete, und die Mädchen waren hingerissen von ihm. Aha, so mußte das also sein! Das aber konnte er nicht! Es gab Dinge, die er tun wollte, aber darüber reden, nein! Seine asketische Religion hatte in ihm sogar den Mann getötet, und er fürchtete die Frau wie der Schmetterling, der weiß, daß er sterben muß, wenn er befruchtet hat.
Eines Tages erwähnte ein durchreisender Freund nebenbei, daß der ältere Bruder bei Mädchen gewesen sei. Entsetzen packte Johan, und er wagte den Bruder nicht anzusehen, als dieser abends zu Bett ging. Zum Umgang mit Frauen gehörte auch die Vorstellung von nächtlichen Schlägereien, Polizei und gefährlichen Krankheiten.
Einmal war er an dem langen gelben Plankenzaun in der Hantverkargatan vorbeigegangen, und ein Freund hatte gesagt: dort ist die Kur! Später ging er heimlich dorthin und versuchte, durch das Tor zu gucken, um etwas Entsetzliches zu sehen. Das lockte und erschütterte ihn wie einmal der Anblick einer Moritatentafel auf einer Stange, die eine Hinrichtung darstellte. Er war von diesem Anblick so mitgenommen, daß er meinte, es sei ein trüber Tag, obwohl die Sonne schien, und als er am Abend in der Dämmerung nach Hause gekommen war, hatten ihn ein paar zum Trocknen ausgebreitete Laken, weil sie ihn an das Hinrichtungsbild erinnerten, so er-

schreckt, daß er in Tränen ausgebrochen war. Ein Kamerad, dessen Leiche er gesehen hatte, war ihm in der Nacht erschienen.

Als er an einem Freudenhaus in der Apelbergsgatan vorbeiging, zitterte er vor Furcht, nicht vor Lust. Die ganze Prozedur hatte für ihn abscheuliche Formen angenommen. Die Schulkameraden hatten ansteckende Krankheiten und sagten voneinander, sie seien ruiniert. Nein, nie zu solchen Mädchen gehen, aber heiraten, mit der einen, die er liebte, zusammenleben, beschützen und beschützt werden, Freunde bei sich empfangen, das war sein Traum, und in jeder Frau, für die er entflammte, sah er ein Stück von einer Mutter. Er verehrte darum nur Frauen, die sanft waren, und er fühlte sich geehrt, daß diese ihm freundlich entgegenkamen. Vor den attraktiven, charmanten, lachenden fürchtete er sich. Sie sahen aus, als seien sie auf Beute aus und wollten ihn verschlingen.

Diese Furcht war allen Jungen zum Teil angeboren, wäre aber beseitigt worden, hätten nicht die Geschlechter getrennt voneinander gelebt. Ein lange zurückliegender Vorschlag des Vaters, die Söhne in eine Tanzschule zu geben, war von der Mutter verhindert worden. Das war ein Fehler.

Johan aber war schamhaft von Natur. Er wollte sich nicht nackt zeigen, und beim Baden trug er gern Badehosen. Ein Dienstmädchen, das seinen Körper entblößt hatte, während er schlief, und dann von den Brüdern denunziert worden war, verprügelte er am nächsten Morgen mit einem Rohrstock.

Den Bällen folgten jetzt Serenaden und damit Punschabende. Johan hatte großes Verlangen nach starken Getränken; es war, als trinke er konzentrierte, flüssige Nahrung. Seinen ersten Rausch hatte er bei einem Umtrunk in Djurgårdsbrunn. Der Rausch machte ihn selig, überirdisch heiter, stark, freundlich und sanft, etwas später aber wahnsinnig. Er redete Unsinn, sah auf den Tellern Bilder und spielte den Possenreißer. Die Tendenz, sich zu produzieren, hatte er zur Zeit mit dem ältesten Bruder gemeinsam, der, obgleich in seiner Kindheit ein tiefer Melancholiker, als Komiker einen gewissen Ruf besaß. Er verkleidete sich, maskierte sich und spielte eine Rolle. Sie hatten auch auf dem Dachboden Theater gespielt, doch Johan war schlecht, befangen und hatte nur Erfolg, wenn er eine exaltierte Passage darstellen sollte. Als Komiker war er unmöglich.

Nun machte sich in der Entwicklung des jungen Mannes ein neues Moment bemerkbar. Dies war die Ästhetik.

Im Bücherschrank des Vaters hatte Johan Lenströms Ästhetik, Boijes Malerlexikon und Oulibicheffs Das Leben Mozarts gefunden, von den schon erwähnten klassischen Dichtern abgesehen. Aus einem Nachlaß kam zu dieser Zeit auch ein großer Posten Verlagsremittenden ins Haus, die zu Johans früher Beschlagenheit in der schönen Literatur beitrugen. Da gab es in mehreren Exemplaren Talis Qualis' Gedichte, die für ungenießbar befunden wurden; Byrons Don Juan in der Übersetzung Strandbergs wurde nie sein Geschmack, denn die beschreibende Poesie haßte er, und Verse liebte er nicht, sondern übersprang sie regelmäßig, wenn sie innerhalb von Prosa vorkamen; Tassos Befreites Jerusalem in der Übersetzung Kullbergs war langweilig; Carl von Zeipels Erzählungen waren unmöglich; die Romane Walter Scotts zu lang, besonders die Schilderungen, darum begriff er nicht die Größe Zolas, als er nach vielen Jahren dessen überfrachtete Schilderungen las, von deren Unvermögen, Totaleindrücke zu erzeugen, ihn Lessings Laokoon schon früher überzeugt hatte. Dickens hauchte seinen leblosen Gegenständen Leben ein und spielte mit ihnen, verband die Landschaft mit der Person und der Situation. Das verstand er besser. Eugène Sues Der wandernde Jude fand er grandios und wollte ihn kaum zu den Romanen zählen, denn Romane waren etwas aus der Leihbücherei und der Dienstmädchenkammer. Dies war eine welthistorische Dichtung, beschloß er, und der Sozialismus darin ging ihm glatt ein. Alexandre Dumas schrieb Indianerbücher, fand er, und mit denen begnügte er sich jetzt nicht mehr; er brauchte einen Inhalt. Den gesamten Shakespeare verschlang er in der Übersetzung Hagbergs. Doch es fiel ihm stets schwer, Stücke zu lesen, wo das Auge von den Personennamen in den Text springen mußte. Seine übertriebenen Erwartungen an Hamlet erfüllten sich nicht, und die Komödien hielt er für puren Blödsinn.

Die Familie glaubte sich verwandt mit Holmbergsson, dessen

Porträt an der Wand hing und von dem man Geschichten erzählte. Er war wohl ein Cousin des Vaters. Die Büsten Goethes und Schillers standen auf dem Bücherschrank, und über dem Klavier hingen Porträts aller großen Komponisten. Man hielt das Lithografiskt Allehanda, und darin waren alle großen zeitgenössischen Künstler mit ihren Biographien zu bewundern. Der Vater war Mitglied des Vereins für Nordische Kunst und, wie schon erwähnt, Musikliebhaber, er spielte Klavier und etwas Violoncello. Und jetzt trugen die erwachsenen Söhne und die älteste Tochter Violinquartette vor, nie von anderen als Haydn, Mozart und Beethoven. Das Elternhaus hatte also einen leichten Anstrich von Kunstliebhaberei, entsprechend den beschränkten Möglichkeiten eines dürftigen Bürgerhaushaltes.

In der Schule hatte Johan Svedboms Lesebuch und Bjurstens Literaturgeschichte gelesen, letzteres in der Klara Schule bei Bjursten persönlich. Ein Junge wußte schon, daß Bjursten Dichter war. Was war ein Dichter? Ja, das wußte keiner so genau. Später erzählte Johan seinen Dichterkollegen gern, wie er von Herman Bjursten Prügel bezogen hatte, weil er während der Stunde in einem Märchenbuch gelesen hatte, was nach der Sichtweise jener Zeit ein Vorzeichen für seine künftige Tätigkeit oder Berufung sein sollte, an die man damals glaubte. Noch später, als man gelernt hatte, Bjursten geringzuschätzen, wurde dies als komische Geschichte erzählt.

Am Privatgymnasium wurde die schöne Literatur fleißig vom Schwedischlehrer gepflegt, der selbst literarisch interessiert war. In der vierten Klasse hatten sie den Fähnrich Stål auswendig gelernt. Der Rektor, ein Lateiner, fragte eines Tages, was sie lasen. – Fähnrich Stål! – So etwas dürfen Sie nicht lesen; das verdirbt den Geschmack, sagte er zum Lehrer, zu der Zeit ein Regimentspastor und Naturforscher. – Realismus, Barbarei! Disput!

Der spätere Lehrer hatte einen anspruchsvollen Geschmack. Man mußte die öden Könige auf Salamis lesen, die man damals in allen gebildeten Familien vorlas. Ein Literaturverein war gegründet worden, und dort wurden an Festtagen Dichtungen vorgetragen. Fritz hatte ein großes Stück geschrieben, das von der Riddarholmskirche handelte und Die schwedische Nekropolis hieß. Es ging nach der Melodie von Ich stand am Strand unter der Königsburg, und war recht schlecht.

Johan vertrug Poesie nicht. Sie war gekünstelt, unwahr, fand er. Die Menschen sprachen nicht so und dachten selten so schöne Dinge. Doch jetzt forderte man ihn auf, in Fannys Album einen Vers zu schreiben. – Das wirst du doch zusammenschustern können, sagte der Freund. Johan saß nächtelang da, brachte aber nicht mehr als die ersten beiden Zeilen zustande, und außerdem wußte er nicht, was das Gedicht enthalten sollte. Seine Gefühle konnte man doch nicht so einfach zur öffentlichen Besichtigung freigeben. Fritz übernahm es, für ihn zu mogeln, und es kamen sechs, acht Zeilen zusammen, die sich reimten und in denen Snoilskys später so bekannter Spatz an der Fensterscheibe aus Ein Weihnachtsabend in Rom Federn lassen mußte. Eigentümlich war, daß Fritz nie im Leben mehr eine Verszeile schrieb. Er selbst sagte es oft so: Die Fliege hat einmal gefurzt, und dann ist sie gestorben.

Ein häufiger Diskussionsgegenstand war das Genie. Der Lehrer pflegte zu sagen: Genies stehen über allem Rang, wie die Exzellenzen. Johan dachte lange darüber nach und fand, dies sei eine Art, mit den Exzellenzen auf eine Stufe zu kommen, ohne Herkunft, ohne Geld, ohne Karriere zu machen. Doch was Genie hieß, wußte er nicht. In einem zärtlichen Augenblick mit der Freundin äußerte er einmal, er wolle lieber ein Genie als ein Gotteskind sein, und erhielt dafür eine scharfe Zurechtweisung. Ein anderes Mal sagte er zu Fritz, er wolle ein gelehrter Professor sein, der wie ein Landstreicher angezogen sein und sich so ungehobelt benehmen könne, wie es ihm paßte, ohne an Ansehen zu verlieren. Doch wenn ihn jemand fragte, was er werden wolle, antwortete er Pastor; das konnte, wie er sah, jeder Bauernjunge werden, und das, meinte er, kam ihm zu. Als er dann Freidenker wurde, wollte er den Doktor machen. Und dann? Das wußte er nicht. Doch Lehrer wollte er auf keinen Fall werden.

Der Lehrer war natürlich Idealist. Braun war ein Friseursalonpoet; Sehlstedt war hübsch, doch es fehlte ihm an Idealität; Bjurstens Napoleon-Prometheus mußte laut gelesen werden; das Decamerone, das zu dieser Zeit in schwedischer Übersetzung erschien, konnte nur von gefestigten Charakteren gefahrlos gelesen werden, war ansonsten aber eine klassische Arbeit; Runeberg war in den Elchschützen der Form nach ein starker Realist und neigte stellenweise zu Derbheiten, wenn er klassisch einfach sein wollte: (vergleiche den lausigen Aron auf dem Herd).

Zu Weihnachten bekam Johan von Fritz zwei Bände Gedichte: Topelius und Nyblom. Topelius lernte er allmählich schätzen, weil er Liebesqualen aussprach, und in den Träumen des Jünglings wurde das zeitgenössische Ideal eines jungen Mannes formuliert. Nyblom war als Poet dürftig, spielte aber eine gewisse Rolle als Wortführer der Ästhetik, teils durch seine Briefe aus Italien in der Illustrerad Tidning, teils durch seine Vorlesungen für Frauen in der Börse. In seinen Vorträgen war Nyblom noch kein gesunder Realist, sondern ein Verehrer der Antike oder dergleichen, als Dichter war er ein banaler Kleinstadtpoet, vielen Stockholmer Kontoristen ebenbürtig.

Größere Bedeutung bekam das Theater, das ein starkes Bildungsmittel für Jugendliche und Ungebildete sein kann, welchen bemalte Leinwand und unbekannte Schauspieler, mit denen sie nicht Brüderschaft getrunken haben, noch Illusionen bereiten können.

Als Junge, als Achtjähriger, hatte Johan ein Stück gesehen, von dem er nicht das geringste verstanden hatte. Es war wohl Der reiche Onkel gewesen, und er erinnerte sich nur an einen Herrn, der eine silberne Schnupftabaksdose ins Meer warf und von Rio Janeiro sang. Dann sah er Engelbrekt und seine Dalekarlier und war begeistert. Und gleichzeitig: Der Besieger des Bösen, mit Arlberg, bei Stjernström. Darauf folgten Opern, die während der Pietismusperiode als weniger sündig anerkannt wurden. Einmal war er im Dramatischen Theater gewesen und erinnerte sich von daher an Knut Almlöf und Die schwache Seite und an Mamsell Hammarfeldt in Ein Ausflug ins Grüne.

Die zeitgenössische Sittenkomödie, die nicht ohne Einfluß war, bestand aus Jolins Müllerfräulein, Meister Smith, Lächeln und Tränen und Der Schmähschreiber. In Meister Smith wurde, dem Kompromiß nach den mißglückten Sozialistenrevolutionen von 1848 gemäß, bewiesen, daß wir alle Aristokraten sind, wie diesem Mißverhältnis aber abzuhelfen wäre, erfuhr man nicht. Das Faktum blieb bestehen, und mit dem Faktum gab man sich zufrieden. Im Müllerfräulein wurde die Revolution von 1865 vorbereitet, denn darin wurde bewiesen, daß der Adel keine höhere Rasse ist.

Der Schmähschreiber erregte Aufsehen, weil er auf das Gesindel der Zeitungsreptile einknüppelte, und dem Autor wurde ein Schrubber auf die Bühne geworfen. Dieses Stück indessen war so realistisch – der Autor hatte unter anderem den lebenden Nyblom auf die Bühne geholt –, daß seine in späteren Jahren unternommenen Ausfälle gegen den modernen Realismus unmotiviert erschienen. Allerdings hatte Jolin etwas Liebenswürdiges und Sympathisches, und seine Bedeutung für das Theater war fast größer als die August Blanches, der schließlich zu einem Cliquendichter des Opernkellers herabsank.

Hedberg, der mit dem Pamphlet Vier Jahre im Kleinstadttheater ärgerliche Aufmerksamkeit erregt und dann aufgrund des Sendbriefes an den Theaterdirektor Stedingk eine eher scherzhafte als ernste Aufforderung erhalten hatte, die Schauspielschule des Theaters zu leiten, rettete sich vor dem totalen Sonnenuntergang mit der Hochzeit auf Ulvåsa, die populär wurde und Die Värmländer und Engelbrekt überstrahlte. Die Hochzeit ist tot, Södermans Marsch aber lebendig. Das schlechte Stück, wie Georg Brandes es nennt, hatte im übrigen für die Entwicklung Johans oder eines anderen Zeitgenossen keine Bedeutung. Es war ein Schattenspiel, hohl wie ein Operntext, und wurde von Damen hochgejubelt, die dort ein Rauchopfer im hohen mittelalterlichen Stil erhielten. Der unterjochte Mann murrte zwar und wollte sich in Bengt Lagman nicht wiedererkennen, doch darauf kam es nicht so sehr an.

Von größerer Bedeutung war die Einführung der Offenbach-Operette am Königlichen Theater. Nachdem der Autor der Schönen Helena in die Französische Akademie aufgenommen worden ist, ist es wohl nicht mehr lebensgefährlich, gerecht zu ihm zu sein. Halévy und Offenbach waren Israeliten und Pariser im Zweiten Kaiserreich. Als Israeliten kannten sie keine Pietät gegenüber den Ahnen der europäischen Kultur, den Griechen und Römern, deren Bildung sie als Orientalen niemals über sich ergehen lassen mußten.

Als Israeliten standen sie der westlichen Zivilisation skeptisch gegenüber, und vor allem der westlichen christlichen Moral. Sie sahen, daß sich eine christliche Gesellschaft zur strengen Asketemoral bekannte und wie die Heiden lebte. Sie entdeckten den Widerspruch von Lehre und Leben, ein Widerspruch, der sich nur auflösen ließ, wenn man die veraltete Lehre änderte, denn der Lebenswandel war nicht zu ändern, es sei denn, durch Kloster oder Kastration. Die Menschen waren es müde zu heucheln, und sie freuten sich darüber, eine neue Moral zu erhalten, die sich in voller Übereinstimmung mit der Beschaffenheit der menschlichen Natur und den hergebrachten Bräuchen befand. Offenbach schlug ein, weil die Gemüter vorbereitet waren und man allgemein die unbequeme Mönchskutte satt hatte. Dann lieber splitternackt. Offenbachs Operette packte gründlich zu, denn sie verlachte die gesamte veraltete westliche Kultur, die Pfaffenherrschaft, die Königsherrschaft, die Verpflegungsanstalt Ehe, die zivilisierten Kriege, und was man auslacht, verehrt man nicht länger.

Die Operette Offenbachs spielte die gleiche Rolle wie die Komödie Aristophanes', war ein ähnliches Phänomen am Ende einer Kulturepoche, und darum hat sie eine Aufgabe erfüllt. Sie war humorvoll, Humor aber ist gewöhnlich maskierter Ernst. Nach dem Lachen kam der pure Ernst, und hier sind wir nun.

Die Juden lächelten gegen Ende des Zeitalters über diese Christen, die zweitausend Jahre lang versucht hatten, aus dem heiteren Erdenleben eine Hölle zu machen, und erst jetzt einsahen, daß die Lehre Christi eine subjektive, für die geistigen Bedürfnisse des Urhebers und seiner unter der Römerherrschaft seufzenden Zeitgenossen geeignete Lehre war, die den neuen Verhältnissen angepaßt werden mußte. Jene, die von Natur aus Positivisten waren und ganze Epochen durchlebt hatten, ohne Christi teilhaftig zu sein, sahen jetzt, wie die Christen das Christentum umstürzten, und sie lächelten. Dies war die Rache des Juden und seine Mission in Europa.

Der junge Mann von 1865, noch zitternd von der Stigmatisierung, vom Kampf gegen das Fleisch und den Teufel ausgemergelt, die Ohren gepeinigt von Psalmengesang und Glockengeläut, kam in den erleuchteten Theatersalon, in Gesellschaft kühner junger Männer von Herkunft und guter Stellung, und vom ersten Rang Mitte sieht er nun, wie diese Bilder des fröhlichen Heidentums entrollt werden, und hört eine Musik, ursprünglich, mit einem gewissen gemüth, denn Offenbach war germanisiert, voller Gesang, ausgelassen. Schon die Musik der Ouvertüre machte ihn lächeln, und dann! Der Tempeldienst hinter dem Vorhang erinnerte ihn an das Brotbacken in der Küche des Küsters; der Donner entpuppte sich als unverzinnte Eisenplatte; die Götter, die die Opfer verspeisten, Carl Johan Uddman, die Göttinnen, drei schöne Schaupielerinnen, unsichtbare Regisseure. Doch auch die ganze antike Welt ging hier unter. Diese Götter, Göttinnen, Helden, die durch die Lehrbücher einen Anstrich von Heiligkeit erhalten hatten, wurden gestürzt; Griechenland und Rom, auf die man sich stets als Urquelle aller Bildung berief, wurden entlarvt und im Niveau herabgezogen. Im Niveau! Das war demokratisch, denn nun empfand er einen Druck weniger, und die Furcht, sich nicht nach dort »oben« erheben zu können, war beseitigt. Dann aber kam das Kapitel über die Lebensfreude. Menschen und Götter paarten sich kreuz und quer, ohne um Erlaubnis zu fragen, und Götter halfen jungen Mädchen, alten Männern fortzulaufen, der Priester steigt aus dem Tempel herab, wo er das Heucheln satt bekommen hat, und mit Weinlaub um seine feuchten Schläfen tanzt er mit den Hetären Cancan. Das war reines Spiel! Es ging ihm ein wie Gottes Wort, und er hatte nichts einzuwenden oder anzumerken; es war so, wie es sein sollte, genau so. War das ungesund? Nein! Es aber im Leben anzuwenden, danach hatte er kein Verlangen. Es war ja ein Theaterstück, unwirklich, und seine Betrachtungsweise war noch ästhetisch und sollte es immer bleiben. Was war dieses Ästhetische, in das man so viel hineinschmuggeln konnte, unter dessen Schutz sich so viele Zugeständnisse machen ließen? Ja, Ernst war es nicht; Scherz auch nicht; es war etwas sehr Unbestimmtes. Das Decamerone verherrlichte das Laster, sein ästhetischer Wert aber stand dennoch fest. Welcher Wert? Ethisch war das Buch verwerflich, ästhetisch jedoch lobenswert. Ethisch und ästhetisch! Eine neue doppelbödige Zauberschachtel, aus der man nach Belieben Mücken oder Kamele hervorholen konnte.

Doch das Stück wurde mit offizieller Genehmigung vom Königlichen Theater gegeben und von den hervorragendsten Künstlern gespielt, Knut Almlöf persönlich war Menelaos. Die Generalproben wurden mit einem Frühstück verbunden, an dem der König und die Gardeoffiziere als Gastgeber teilnahmen. Dies wußten die Jungen vom Sohn des Kammerherrn, der ihnen Theaterkarten schenkte. Das war ja nahezu auf höchsten Befehl!

Freilich war das Geschrei ebenso laut wie die Begeisterung. Man konnte sich nicht unterhalten, ohne auf ein Zitat aus der Schönen Helena zurückzugreifen. Man konnte nicht Vergil lesen, ohne Achilles mit der mürrische Achilles zu übersetzen. Johan, der das Stück erst zu sehen bekam, als es schon ein halbes Jahr gespielt worden war, wurde sogar vom Lateinlehrer, als dieser ein Zitat aus dem Stück benutzte, das Johan nicht verstand, gefragt, ob er die Schöne Helena nicht gesehen habe. – Nein! – Ach, du liebe Zeit, die müssen Sie unbedingt sehen.

Man mußte sie sehen, und er sah sie.

Der Literaturlehrer, ein gemäßigter Pietist, predigte dagegen und warnte, aber vorsichtigerweise griff er sie aus ästhetischem Blickwinkel an; sprach von schlechtem Geschmack, simplem Ton. Das hatte bei einigen Erfolg, und auf die Aufforderung des Lehrers hin gingen die Ästhetik-Snobs ins Theater und pfiffen Ritter Blaubart aus, natürlich, nachdem sie sich gründlich über ihn amüsiert hatten.

Das Stück hatte das gedrückte Gemüt des jungen Mannes erleichtert und ihn gelehrt, über Abgötter zu lächeln, auf sein Geschlechtsleben oder seine Auffassung von der Frau aber hatte es keinen Einfluß.

Tiefer ging dagegen der schwermütige Hamlet. Wer ist dieser Hamlet, der noch immer lebt, obwohl er im Zeitalter Johans des Dritten das Licht der Bühne erblickt hat und stets gleich jung geblieben ist? Man hat ihn zu so vielem gemacht und ihn zu allen möglichen Zwecken benutzt. Johan eignete sich ihn sofort für seine an.

Der Vorhang geht auf; der König und der Hof in leuchtenden Gewändern, Musik und Heiterkeit. Dann kommt in Trauerkleidern der bleiche Jüngling herein und opponiert gegen den Stiefvater. Ha! Er hat einen Stiefvater! Das ist mindestens ebenso scheußlich, wie eine Stiefmutter zu haben, denkt Johan. Das ist mein Mann! Und dann soll er geduckt werden, und man will Sympathie für die Tyrannen in ihn hineinquälen. Das Ich des jungen Mannes erhebt sich. Aufruhr! Doch sein Wille ist gelähmt; er droht, doch er kann nicht schlagen. Gleichwohl züchtigt er die Mutter! Nur schade, daß es nicht der Vater war! Und nachher hat er Gewissensbisse! Gut, gut! Er ist reflexionssüchtig, gräbt in sich selbst, überdenkt seine Handlungen, bis sie sich in Nichts auflösen. Und dann liebt er die Verlobte eines anderen. Das stimmt ja komplett überein. Johan beginnt daran zu zweifeln, daß er eine Ausnahme ist. Ach so, das ist im Leben etwas ganz Normales. Gut! Dann habe ich keinen Grund, es mir so nahegehen zu lassen, bin aber auch nichts Besonderes. Der grobschlächtige Schluß verfehlte seine Wirkung, was jedoch durch die schöne Rede Horatios wiedergutgemacht wurde. Den unverzeihlichen Fehler des Bearbeiters, Fortinbras zu streichen, bemerkte der junge Mann nicht, Horatio aber, der jetzt zum Gegenspieler wurde, war kein Gegenspieler; er war eine ebenso große Memme wie Hamlet und sagte nur ja und nein. Fortinbras, das war der Mann der Tat, der Sieger, der den Thron beanspruchte, doch er war nicht dabei, und so endete alles in Jammer und Elend.

Doch es war schön, sein Schicksal beweinen zu dürfen und sein Schicksal beweint zu sehen. Hamlet war indessen zunächst nichts weiter als der Stiefsohn; später wurde er der Grübler, und noch später der Sohn, das Opfer der Familientyrannei. So ungefähr wachsen die Auffassungen. Schwartz hatte sich für den Phantasten, den Romantiker entschieden, der sich mit der Wirklichkeit nicht versöhnen konnte, und damit entsprach er dem Geschmack seiner Zeit. Eine positivistische Zukunft, für die die Romantik ganz einfach lächerlich ist, wird Hamlet wohl als Don Quixote von einem Komiker gespielt sehen. Hamletische Jünglinge sind schon seit langem dem Gelächter ausgesetzt, denn es ist eine andere Generation herangewachsen, die ohne Visionen denkt und so, wie sie denkt, auch handelt.

*

Das neutrale Gebiet der schönen Literatur und des Theaters, wo die Moral nichts zu suchen und zu sagen hatte, wo die Menschen beschlossen hatten, sich nackt in grünen Hainen zu treffen und das Tier mit den zwei Rücken zu spielen, wo man Gott und sein heiliges Evangelium verleugnen, wo man, wie im Ritter Blaubart, auf höchsten Befehl die Königswürde zum Narren halten durfte, die Unwirklichkeit der Dichtung mit ihren Rekonstruktionen einer besseren Welt als der bestehenden war für den jungen Mann mehr als Dichtung, und bald verwechselte er Dichtung und Wirklichkeit und bildete sich ein, das Leben dort draußen, außerhalb seines Elternhauses, seine Zukunft, sei ein solcher Lustgarten. Vor allem begann jetzt das nächstliegende Paradies, oder Uppsala, als Heimstatt der Freiheit zu winken. Dort durfte man schlecht angezogen, arm, aber trotzdem Student sein, das heißt, zur Oberklasse gehören, dort durfte man singen und saufen, betrunken nach Hause kommen, sich mit der Polizei schlagen, ohne das Ansehen zu verlieren. Das war das Idealland. Wer hatte ihn das gelehrt? Die Gluntarna, die er mit seinem Bruder sang. Nun wußte er aber nicht, daß die Gluntarna den Blick der Oberklasse auf die Verhältnisse wiedergaben; daß jedes einzelne dieser Lieder entstanden war, damit es von Prinzen und künftigen Königen gehört wurde; daß die Helden von Stand waren; er dachte nicht daran, daß die Geldpumperei nicht so schlimm war, wenn es im Hintergrund eine Tante gab, die Prüfung nicht so gefährlich, wenn man den Bischof zum Onkel hatte, das Einwerfen einer Fensterscheibe nicht so kostspielig, wenn man sich in so guter Gesellschaft befand.

Jedenfalls begann ihn die Zukunft zu beschäftigen; er hatte die Hoffnung auf eine Zukunft zurückgewonnen, und das schicksalsschwangere fünfundzwanzigste Jahr wirkte nicht mehr so bedrohlich. Dies hatte seinen Grund in den Ergebnissen einer Untersuchung, die die Schuldirektionen zur Ergründung der sittlichen Verhältnisse an den Schulen der Hauptstadt vorgenommen hatten. Der Bericht war in den Abendzeitungen zu lesen, und Johan hörte davon. Bei der Untersuchung war festgestellt worden, daß die meisten Jungen und die meisten Mädchen einem Laster verfallen waren, das der gefährlichste Feind der Jugend sei. Also in guter und zahlreicher Gesellschaft in den Himmel eingehen! Er war nicht der einzige Sünder! Hinzu kam, daß man in der Schule über diese Angelegenheit als zur Vergangenheit jedes Mannes gehörig offen sprach, nicht ernsthaft, sondern in Anekdotenform. Jetzt wurde Johan klar, daß dies keine Geschlechtskrankheit war und daß Geschlechtskrankheiten nur Folge des Verkehrs mit Frauen waren. Er war jetzt gelassen, zumal sich noch keine Schädigungen gezeigt hatten, und seine Gedanken waren von Arbeiten oder unschuldigen Schwärmereien für reine Mädchen mit Bleichsucht erfüllt.

*

Zu diesem Zeitpunkt blüht die Scharfschützenbewegung auf. Eine schöne Idee, die Schweden eine Armee, größer als das stehende Heer, schenkte: 40.000 zu 37.000.

Johan trat als Aktiver bei, bekam eine Uniform, machte sich Bewegung und lernte schießen. Und er kam auch mit Jugendlichen aus anderen Gesellschaftsklassen in Berührung. In seiner Kompanie gab es Handwerksgesellen, Ladendiener, Kontoristen und namenlose junge Künstler. Sie waren ihm sympathisch, aber fremd. Er versuchte, sich ihnen zu nähern, doch sie nahmen ihn nicht an. Sie sprachen ihr Argot, eine Cliquensprache, die er nicht verstand. Jetzt merkte er, wie die Klassenbildung ihn von den Kameraden seiner Kindheit abgesondert hatte, und er zog sich zurück. Sie hielten ihn a priori für hochmütig. Tatsächlich aber sah er in gewisser Hinsicht zu ihnen auf. Sie waren naiv, unerschrocken, selbständig und wirtschaftlich besser gestellt als er, denn sie hatten immer Geld.

Das Gefühl, auf langen Märschen in der Gruppe zu gehen, hatte für ihn etwas Beruhigendes. Er war zum Befehlen nicht geboren und gehorchte gern, es sei denn, er hörte aus dem Befehl Übermut oder Herrschsucht heraus. Er hatte keine Sehnsucht danach, Korporal zu werden, denn dann mußte er für die anderen denken und, was schlimmer war, entscheiden.

Er blieb Sklave, aus Natur und Neigung, spürte aber die Unbefugtheit des Tyrannen und beobachtete ihn genau. Bei einem größeren Manöver konnte er es nicht lassen, über bestimmte Eigentümlichkeiten zu räsonieren, wie zum Beispiel, daß die Gardeinfanterie bei einer Landung den Kanonen der Flotte standhielt, welche die Prahme deckten, auf denen er sich befand. Die Kanonen strichen aus einigen Klaftern Entfernung den Gardisten genau auf die Nase, die aber blieben stehen. Auch sie gehorchten wohl, ohne zu begreifen. Er räsonierte und fluchte, doch er gehorchte ebenfalls, denn er hatte sich verpflichtet zu gehorchen.

Während einer Rast auf Tyresö rang er spielerisch mit einem Kameraden. Der Kompaniechef kam und verbot etwas barsch die Spielerei. Johan antwortet scharf, jetzt sei Rast und dies ein Spiel. – Ja, aber aus Spiel kann Ernst werden. – Das hängt von uns ab! antwortete er und gehorchte. Doch er fand es unverschämt vom Chef, sich in solche Kleinigkeiten einzumischen, und er glaubte, einen gewissen Unwillen bei dem Vorgesetzten bemerkt zu haben, der ihn dann verfolgte. Dieser wurde Magister genannt, weil er für Zeitungen schrieb, doch er hatte noch nicht einmal Abitur. Da haben wir's! dachte er, er will mich ducken. Und von nun an überwachte er dessen Verhalten. Die gegenseitige Antipathie hatte ein Leben lang Bestand.

Die Scharfschützenbewegung war vor allem durch den deutschdänischen Krieg hervorgerufen worden und hatte, obwohl nur vorübergehend, einen gewissen Nutzen. Der Jugend gefiel es darin, und durch sie wurde ein Teil des Militärprestiges beseitigt, weil die unteren Klassen durch sie erfuhren, daß es damit nicht so weit her war. Später war diese Erfahrung Grundlage des Widerstandes gegen die Einführung des preußischen Wehrpflichtsystems, das stark propagiert wurde, nachdem Oscar II in Berlin Kaiser Wilhelm gegenüber die Hoffnung geäußert hatte, daß schwedische und preußische Truppen noch einmal Waffenbrüder würden.

9. Er ißt anderer Leute Brot

Ein kühner Traum war in Erfüllung gegangen: er hatte für den Sommer die Stelle eines Hauslehrers bekommen. Warum nicht früher? Er hatte es nicht zu hoffen gewagt; und sich daher nie darum bemüht. Was er sich lebhaft wünschte, danach wagte er nicht die Hände auszustrecken, aus Furcht, eine Ablehnung zu erfahren. Eine zerstörte Hoffnung war das Schlimmste, was er sich denken konnte. Jetzt aber leerte das Glück sein ganzes Füllhorn auf einmal über ihn aus; die Stelle war in einem vornehmen Haus, in der schönsten Natur gelegen, die er kannte: im Schärenmeer; und noch dazu in der poetischsten aller seiner Landschaften: auf Sotaskär. Jetzt sagten ihm die Vornehmen zu. Die rohe Behandlung durch die Stiefmutter, das ewige Lauern der Verwandtschaft, um Hochmut zu entdecken, wo es nur Verstandesüberlegenheit, Edelmut und Opferbereitschaft gab, die Bemühungen der Scharfschützenkameraden, ihn zu dukken, hatten ihn aus der Klasse, aus der er gekommen war, verjagt; er dachte nicht mehr wie sie, fühlte nicht wie sie; hatte eine andere Religion, andere Vorstellungen vom Leben, und sein ästhetischer Sinn war vom Wesen der vornehmen Kameraden, ihrer harmonischen und sicheren Art des Auftretens angesprochen worden; durch seine Erziehung fühlte er sich ihnen näher und immer weiter von der Unterklasse entfernt. Er fand die Vornehmen weniger hochmütig als die Bürgerlichen; sie protzten nicht; traten nicht, schätzten Bildung und Talent; sie waren, da sie ihn als ihresgleichen verstanden, ihm gegenüber in gewisser Weise demokratischer als die zu Hause, die ihn als einen weit Unterlegenen, Untergeordneten behandelten. Fritz zum Beispiel, der ein Müllersohn vom Lande war, wurde beim Kammerherrn empfangen und führte mit dessen Söhnen eine Komödie vor dem Direktor des Königlichen Theaters auf, der ihm ein Engagement anbot, und dort fragte keiner danach, wer sein Vater sei. Als Fritz aber auf einem Ball in Johans Elternhaus war, wurde er von vorn und hinten besichtigt, und es geschah mit großem Vergnügen, als ein Verwandter mitteilen konnte, daß sein Vater nur ein ehemaliger Müllerbursche war.

Johan war Aristokrat geworden, ohne seine Sympathie für die Unterklasse aufzugeben, und weil der Adel um 65 und unmittelbar danach recht liberal war, leutselig und vorübergehend populär, ließ er sich täuschen. Er begriff nicht, daß jene, die einmal oben waren, nicht mehr nach unten treten mußten, daß jene, die auf dem Gipfel saßen, leutselig sein konnten, ohne abzusteigen, und ihm war nicht klar, daß jene, die unten waren, sich von denen getreten fühlten, die an ihnen vorbei aufsteigen wollten, und daß sich jene, die niemals Aussicht hatten, nach oben zu kommen, nur damit trösten konnten, die hinabzuzerren, die oben waren oder auf dem Wege dorthin. Diese Gesetze des Gleichgewichts waren es, die er noch nicht verstanden hatte. Er war begeistert, unter die Vornehmen zu kommen.

Fritz begann, ihm Instruktionen zu geben, wie er sich verhalten und benehmen solle. Man durfte nicht kriechen, nachgiebig sein, nicht alles sagen, was man dachte, denn das wollte niemand wissen; konnte man Höflichkeiten von sich geben, ohne zu plump zu schmeicheln, war es gut; konversieren, nicht aber räsonieren, vor allem nicht disputieren, denn recht bekam man ohnehin nie. Das war doch ein kluger junger Mann. – Johan fand ihn schrecklich, behielt aber diese Worte für sich. Was er gewinnen konnte, wäre eine akademische Informatorstelle, vielleicht die Möglichkeit, ins Ausland zu reisen, mit den Schülern nach Rom oder Paris; das war das höchste, was er von den Vornehmen ersehnte. Dies, meinte er, sei Erfolg, und nach diesem Erfolg wollte er jetzt jagen.

Dann machte er an einem Sonntagnachmittag, als sie in der Stadt war, seinen ersten Besuch bei der Freifrau. Sie ähnelte dem alten Porträt einer mittelalterlichen Dame. Adlernase, große braune Augen und über den Schläfen krauses Haar. Sie war elegisch, hatte eine schleppende Stimme und sprach leicht durch die Nase. Johan fand nicht, daß sie fein aussah, und die Wohnung war ärmlicher als sein Elternhaus, doch sie hatten ja einen Herrenhof auf dem Land, ein Schloß. Gleichwohl sagte sie ihm zu, denn sie hatte etwas, das ihn an seine Mutter erinnerte. Sie examinierte ihn, machte Konversation und ließ ihr Knäuel fallen. Johan sprang auf, packte das Knäuel, gab es aber mit einer Miene zurück, die selbstzufrieden ausdrückte: das beherrsche ich, denn ich habe den Damen schon oft Taschentücher aufgehoben. Das Examen fiel zu seinem Vorteil aus, und er war angenommen.

Am Morgen des Tages, an dem sie aus der Stadt abreisen sollten, fand er sich in der Wohnung ein. Der Königliche Sekretär, so nannte sich der Herr des Hauses, stand in Hemdsärmeln vor dem Eßzimmerspiegel und knotete sein Halstuch. Er sah stolz und schwermütig aus und grüßte kurz und kalt. Johan nahm sich unaufgefordert einen Stuhl, versuchte, Konversation zu machen, doch es gelang ihm nicht, ein lebhaftes Gespräch in Gang zu bringen, zumal ihm der Sekretär den Rücken zukehrte und knapp antwortete. – Das ist kein Vornehmer, dachte Johan, das ist ein Flegel. Und sie waren einander unsympathisch wie zwei Unterklassen, die einander beim Aufwärtskrabbeln scheel zusahen.

Der Wagen stand vor dem Tor. Der Kutscher trug Livree und stand mit der Mütze in der Hand da. Der Sekretär fragte Johan, ob er im Wagen oder auf dem Kutschbock fahren wolle, dies aber in einem solchen Ton, daß Johan beschloß, fein zu sein und die Einladung auf den Kutschbock zur Kenntnis zu nehmen. Und dort setzte er sich neben den Kutscher.

Als die Peitsche knallte und die Pferde den Wagen anzogen, hatte er nur einen Gedanken: weg von zu Hause! hinaus in die Welt!

*

Beim ersten Gasthof, an dem sie Rast machten, stieg Johan ab und trat ans Wagenfenster. Dort erkundigte er sich in einem leichten, verbindlichen, vielleicht etwas vertraulichen Ton nach dem Befinden der Herrschaft, und erhielt vom Patron eine knappe, scharfe Antwort, die jede weitere Annäherung verbot. Was hatte das zu bedeuten? Sie stiegen wieder auf. Johan zündete sich eine Zigarre an und bot dem Kutscher eine an, doch der antwortete flüsternd, auf dem Kutschbock dürfe er nie rauchen. Daraufhin holte er den Kutscher aus; erkundigte sich nach Bekanntenkreis und ähnlichem, wenn auch vorsichtig.

Gegen Abend kamen sie auf dem Herrenhof an. Er lag auf einem baumbestandenen Hügel und war ein weißes Steinhaus mit Markisen. Das Dach war flach, und seine stumpfen Giebel verliehen dem Gebäude etwas Italienisches, aber diese rot- und weißgestreiften Markisen, das war die eigentliche Finesse. Johan wurde mit drei Knaben in einem Flügel des Anwesens untergebracht, der aus einem separaten Häuschen mit zwei Zimmern bestand, von denen der Kutscher das äußere bewohnte.

Nach achttägigem Aufenthalt hatte Johan entdeckt, daß er Dienstbote war, mit einer recht unangenehmen Stelle. Der Knecht seines Vaters hatte ein besseres Zimmer, und ein eigenes; der Knecht seines Vaters verfügte für einige Zeit des Tages über sich und seine Gedanken; Johan niemals. Tag und Nacht sollte er bei den Kindern sein, mit ihnen spielen, mit ihnen lernen, mit ihnen baden. Nahm er sich einen Augenblick frei und jemand von der Herrschaft bekam ihn zu sehen, hieß es sofort: wo sind die Kinder? – Die Jungen waren meist zu den Statare hinuntergelaufen, doch da durften sie sich nicht aufhalten, des Flusses wegen, der dort vorbeifloß. Er lebte in ständiger Sorge, daß etwas nicht in Ordnung sein könnte. Er war für das Betragen von vier Menschen verantwortlich: für sein eigenes und das der drei Jungen. Jeder Tadel für sie fiel auf ihn. Kein Gleichaltriger zum Unterhalten, keine Jugendlichen. Der Inspektor war den ganzen Tag bei der Arbeit und ließ sich nie blicken.

Doch es gab zweierlei, das ihn entschädigte: die Natur, die Natur von Södertörn, und die Freiheit vom Elternhaus. Die Freifrau behandelte ihn vertraulicher, beinahe mütterlich, und unterhielt sich gern mit ihm über Literatur. Da hatte er Augenblicke, in denen er sich aufgrund seiner Belesenheit ebenbürtig und überlegen fühlte, sobald aber der Sekretär nach Hause kam, war Johan das Kindermädchen.

Die Schärenlandschaft übte mehr Reiz auf ihn aus als die Strände des Mälaren, und die zauberhaften Erinnerungen an Drottningholm und Vigbyholm verblaßten. Im Jahr zuvor war er auf einer Scharfschützenübung bei Tyresö auf eine Anhöhe gekommen. Dort stand dichter Fichtenwald. Sie krochen zwischen Blaubeerbüschen und Wacholdersträuchern herum, bis sie auf eine steil abfallende Felsplatte hinauskamen. Dort eröffnete sich plötzlich ein Bild, das ihn vor Entzücken frieren ließ. Buchten und Holme, Buchten und Holme, weit hinaus bis ins Unendliche. Er hatte, obwohl Stockholmer, das Schärenmeer nie zuvor gesehen und wußte nicht, wo er war. Dieses Bild machte einen Eindruck auf ihn, als habe er ein Land wiedergefunden, das er in schönen Träumen gesehen hatte, oder in einer früheren Existenz, an die er glaubte, von der er aber nichts wußte. Die Jägerkette zog sich seitlich in den Wald, Johan aber saß noch auf dem Felsen und betete an, das ist das Wort. Die feindliche Kette hatte sich genähert und feuerte; es zischte ihm um die Ohren; er versteckte sich; er konnte diesen Ort nicht verlassen. Das war seine Landschaft, die wahre Umgebung für sein Wesen; Idyllen, armselige, höckerige graue Steininseln mit Tannenwald, hinausgeworfen in weite stürmische Buchten, und im Hintergrund, in gebührender Entfernung, das unendliche Meer. Er hielt auch fest an dieser Liebe, die nicht damit erklärt ist, daß sie die erste war; weder die Schweizer Alpen, die Olivenhaine des Mittelmeers, noch die Felsküsten der Normandie konnten den Rivalen verdrängen.

Jetzt war er dort im Paradies, wenn auch etwas zu weit im Landesinneren; die Strände von Sotaskär waren grüne fette Weiden im Schatten von Eichen, und nach Mysingen hinaus öffneten sich Buchten, jedoch weit entfernt. Das Wasser war sauber und salzig; das war neu.

Bei den Streifzügen mit Büchse und Hunden und Jungen kam er an einem schönen Sonnentag an den Strand hinunter. Jenseits des Wassers lag ein Schloß. Ein großes altmodisches Steinschloß. Er hatte entdeckt, daß er auf nichts anderem als einem Hof wohnte und daß sein Herr nicht adlig und nur Pächter war.

– Wer wohnt in dem Schloß dort? fragte er die Jungen. – Dort wohnt Onkel Wilhelm, antworteten sie.

– Wie heißt er? – Baron X.

– Seid ihr nie dort? – Doch, manchmal.

Es gab also doch ein Schloß, mit einem Baron darin. Hm! Bald führten Johans Spaziergänge regelmäßig zum Strand hinunter, von wo aus er das Schloß sah. Es war von Park und einem großen Garten umgeben. Zu Hause hatten sie keinen Garten. Das da war schon etwas anderes!

Eines schönen Tages teilt ihm die Freifrau mit, er solle am nächsten Tag die Knaben zu Barons begleiten, wo sie den ganzen Tag bleiben würden. Sie und der Sekretär wollten zu Hause bleiben, und das Haus werde er vertreten, fügte sie scherzhaft hinzu. Daraufhin fragte er nach den Kleidervorschriften. Doch, er könne in seinem Sommeranzug hinfahren, aber er solle den schwarzen Rock über den Arm nehmen und in das kleine Gobelinzimmer im unteren Stock gehen und sich zum Essen umziehen. Das Gobelinzimmer! Hm! Sollte er vielleicht Handschuhe tragen? Sie lachte. Nein, Handschuhe natürlich nicht. Die ganze Nacht träumte er vom Baron und vom Schloß und vom Gobelinzimmer. Am Morgen fuhr ein Leiterwagen auf den Hof, um die jungen Leute abzuholen. Äh! Das gefiel ihm nicht. Das erinnerte an den Küsterhof.

Und dann fuhren sie los. Kamen in eine große Lindenallee, fuhren in den Hof und hielten vor dem Schloß an. Es war tatsächlich ein Schloß aus Dahlbergs Suecia und stammte aus der Unionszeit. Aus einer Laube hörte man das wohlbekannte Knallen von Puffsteinen. Und dort heraus trat ein Herr mittleren Alters in schlottrigem Segeltuchanzug. Sein Gesicht war nicht vornehm, eher bürgerlich, mit einem graugelben Schifferbart. Außerdem trug er Ohrringe. Mit dem Hut in der Hand stand Johan da und stellte sich vor. Der Baron begrüßte ihn freundlich und bat ihn, in die Laube zu kommen. Dort stand ein Puffspiel, vor dem ein kleiner, sehr zuvorkommender Mann mit einem grünen Schirm an der Mütze saß. Er wurde als Rektor aus einer Kleinstadt vorgestellt. Johan bekam Kognak und mußte Neuigkeiten aus Stockholm berichten. Er war über Theaterklatsch und ähnliches bestens informiert und wurde mit großer Aufmerksamkeit angehört. Na bitte, da haben wir's, dachte er, die richtig Vornehmen sind viel demokratischer als die falschen.

– So, sagte der Baron, entschuldigen Sie, Herr ... wie war doch der Name ... Ja, richtig. Sind Sie mit Oskar verwandt?

– Das ist mein Vater!

– Ach, mein Gott, wirklich! Das ist ja mein alter Freund von damals, als ich mit der Strängnäs hinausgefahren bin!

– Was! Johan traute seinen Ohren nicht. Der Baron hatte ein Dampfschiff geführt? Ja, das hatte er. – Doch der Alte fuhr fort und wollte von Oskar hören und wie es ihm ergangen sei.

Johan guckte nach dem Schloß und fragte sich, ob das wirklich der Baron war. Dann kam die Baronin herunter, und sie war ebenso schlicht und freundlich wie der Baron. Es läutete zum Essen.

– Jetzt trinken wir einen, sagte der Baron, kommen Sie.

Im großen Vorraum machte Johan eine hastige Bewegung und wollte sich hinter einer Tür den Gehrock anziehen, doch das war gar nicht nötig. Er tat es trotzdem, denn die Freifrau hatte es gesagt! Dann kamen sie in den großen Saal hinauf. – Doch, es war ein richtiges Schloß. Steinfußboden; geschnitzte Holzdecke; Fensternischen, tief wie kleine Zimmer; ein Kamin, der ein Klafter Holz faßte; ein Klavier auf drei Beinen; ein Kronleuchter mit Gläsern wie Pfefferkuchen; und an den Wänden lauter schwarze Porträts. Das stimmte voll und ganz.

Das Mittagessen ging vorüber, und Johan fühlte sich wie zu Hause. Am Nachmittag spielte er mit dem Baron Puff und trank Grog. Alle Höflichkeiten, die er sich zurechtgelegt hatte, unterblieben, und er war sehr zufrieden mit seinem Tag, als dieser zu Ende war.

In der großen Allee drehte er sich um und schaute nach dem Schloß. Jetzt sah es weniger stattlich aus; beinahe ärmlich. So paßte es besser zu ihm, doch dieses Märchenschloß, zu dem man vom anderen Ufer aus aufsehen, hinübersehen konnte, war reizvoller. Jetzt hatte er nichts mehr, zu dem er aufsehen konnte. Doch er war nicht länger unten. Aber vielleicht war es doch schöner, dort oben irgend etwas zu haben, wo man hinschielen konnte!

Als er nach Hause kam, wurde er von der Freifrau examiniert. Wie ihm der Baron gefalle? – Er sei nett und leutselig. – Johan war jetzt schon so klug, daß er die Bekanntschaft mit dem Vater verschwieg. Das würden sie schon noch erfahren, dachte er. Indessen fühlte er sich wohler in seiner Haut und war nicht mehr so empfindlich.

Eines Tages lieh er sich vom Sekretär ein Reitpferd, ritt aber so wild, daß die Pferde beim nächsten Male besetzt waren. Da schickte er einen Statarjungen ins Dorf und mietete ein Pferd. Er war stolz, hoch zu sitzen und dahinzujagen, und er fühlte seine Kräfte gleichsam erneuert.

Die Illusionen waren zusammengebrochen, doch es war beruhigend, auf gleichem Niveau zu sein, ohne daß man jemand hatte herunterzerren müssen. Er schrieb nach Hause an den Bruder und prahlte. Bekam aber eine naseweise Antwort. Weil er einsam war und niemanden hatte, mit dem er reden konnte, führte er für den Freund Tagebuch. Der hatte eine Hauslehrerstelle bei einem Kaufmann am Mälaren bekommen, wo es Mädchen, Musik, junge Leute und gutes Essen gab. Johan wünschte manchmal, an seiner Stelle zu sein, und fühlte, daß er in ein muffiges Milieu geraten war. Im Tagebuch versuchte er die Wirklichkeit emporzudichten, und es gelang ihm sogar, den Neid des Freundes zu wecken.

Die Geschichte von der Bekanntschaft mit dem Baron breitete sich aus, und die Freifrau fühlte sich verpflichtet, ihren Bruder schlechtzumachen. Johan hatte jedoch Verstand genug, um zu begreifen, daß es sich hier um Details einer Fidei-Kommiß-Tragödie handelte. Da ihn diese nichts anging, bemühte er sich nicht darum, sie zu ergründen.

*

Bei einem Besuch im Pfarrhof erfuhr der Vikar zufällig von Johans geistlichen Absichten. Weil der Gemeindepastor wegen Altersschwäche nicht mehr predigte, war sein Vikar der einzige Diensthabende. Und die Tätigkeit fiel ihm schwer; darum spähte er nach jungen Schülern und Studenten, die darauf erpicht waren, debütieren zu dürfen. Er fragte Johan, ob er predigen wolle. – Er sei aber kein Student. – Das mache nichts. – Hm! Darüber mußte man nachdenken!

Der Vikar ließ nicht locker. Hier hatten schon so viele Studenten und Gymnasiasten gepredigt, ja, die Kirche hatte einen gewissen Ruf erlangt, weil der bekannte Schauspieler Knut Almlöf in seiner Jugend hier gepredigt hatte. – Menelaus? In der Schönen Helena? – Genau der! – Und dann wurde das Evangelium aufgeschlagen.

Postillen wurden ausgeliehen, und Johan versprach, sich am Freitag einzufinden und probezupredigen.

Ein Jahr nach der Konfirmation sollte er also auf die Kanzel treten und im Namen Unseres Herrn sprechen, und sie würden als andächtige demütige Zuhörer dasitzen, sein Herr, die Barone, die Fräulein und die Patrone. Schon am Ziel, so rasch, so ohne geistliches Examen, ja, ohne Abitur, und Talar und Beffchen würde er sich leihen dürfen und das Stundenglas umdrehen und das Vaterunser sprechen und Aufgebote verlesen. Dies stieg ihm zu Kopfe, und um eine halbe Elle länger fuhr er nach Hause, in voller Gewißheit, daß er kein Knabe mehr war.

Doch als er nach Hause kam, erwachten die Bedenken. Er war Freidenker. War es anständig, vorzutreten und zu heucheln? Nein, nein! Aber sollte er deshalb verzichten? Das war ein zu großes Opfer. Die Ehre winkte, und vielleicht konnte er ein paar Samenkörner freier Gedanken aussäen, die gedeihen würden.

Ja, aber es ist unanständig! – Mit seiner alten Egoistenmoral achtete er nämlich stets auf die Absicht des Handelnden, nicht auf Nutzen oder Schaden der Handlung. Für ihn war es nützlich zu predigen, für andere war es nicht schädlich, ein neues wahres Wort zu hören, also ... Aber es war nicht anständig! Er kam nicht davon weg. Er erleichterte sein Gewissen vor der Freifrau.

– Meinen Sie, der Pastor glaubt alles, was er sagt? – Das war die Sache des Pastors, er aber, Johan, er konnte es nicht.

Schließlich machte er einen Spaziergang (zu Pferde) zum Pfarrhof und legte die Karten auf den Tisch. Der Vikar sah verdrießlich aus, weil er das Geständnis entgegennehmen mußte.

– Aber Sie glauben doch wohl an Gott, in Jesu Namen!

– Ja, natürlich!

– Nun, dann *reden* Sie einfach nicht darüber. Bischof Wallin hat den Namen Jesu in seinen Predigten nie erwähnt. Aber lassen wir das, ich will's gar nicht wissen.

– Ja, ich werde mein Bestes tun, sagte Johan, froh, seinen Anstand gerettet zu haben und nicht zuletzt seine Ehre!

Sie nahmen einen Schnaps und ein belegtes Brot zu sich und die Sache war abgemacht. Es hatte etwas, jetzt mit seinem Gävle vapen, seinem Tabak und seinen Postillen vor sich dazusitzen und den Sekretär nach dem Herrn Lehrer fragen zu hören. – Und dann ein Hausmädchen, das antwortete: der Herr Lehrer schreibt gerade an seiner Predigt.

Er mußte jetzt über den Text nachdenken. Es war der siebte Sonntag nach Trinitatis, erster Jahrgang, und die Worte lauteten in ihrer Gesamtheit wie folgt:

»Jesus sagte: jetzt ist des Menschen Sohn verklärt, und Gott ist verklärt in ihm. Ist aber Gott in ihm verklärt, so wird auch Gott ihn in sich selbst verklären; und wird ihn bald verklären.«

Das war alles. Johan wendete es hin und her, her und hin, doch er fand keinen Sinn. Das war »dicht«, fand er. Doch es berührte den kitzligsten Punkt: die Göttlichkeit Christi. Wenn er jetzt seinen Mut zusammennahm und Christi Göttlichkeit leugnete, hatte er eine große Tat vollbracht. Dies reizte ihn, und mit Parkers Hilfe dichtete er ein Loblied in Prosa auf Christus als Gottes Sohn, und rückte äußerst vorsichtig damit heraus, daß wir alle Gottes Söhne seien, Jesus aber Gottes auserwählter, lieber Sohn, an welchem er großes Wohlgefallen habe, und dessen Lehren wir hören sollten. Das aber war nur die Einleitung, und nach der Einleitung wurde ja das Evangelium verlesen. Worüber sollte er da predigen. Sein Gewissen hatte er jetzt schon beruhigt, indem er seine Überzeugung hinsichtlich der Göttlichkeit Christi dargelegt hatte. Das Fieber glühte, der Mut wuchs, und er spürte, daß er einer Berufung nachkommen mußte. Er wollte gegen die Dogmen, die Gnadenordnung und den Pietismus das Schwert ziehen. Das war eine Aufgabe.

Als er dann zu jenem Teil der Predigt kam, in dem er nach der Verlesung des Textes sagen sollte: Von dem verlesenen heiligen Text veranlaßt, wollen wir in dieser kurzen Stunde zum Gegenstand der Betrachtung usw., da schrieb er: Weil der Text des heutigen Tages uns zu keinen weiteren Betrachtungen veranlaßt, wollen wir in dieser kurzen Stunde einen Gegenstand betrachten, der von größerem Gewicht als alles andere ist. Und dann ließ er sich über Gottes Gnadenwerk in der Bekehrung aus.

Das waren zwei Angriffe: einer gegen die Textkommission, einer gegen die kirchliche Lehre von der Gnadenwahl.

Zunächst sprach er von der Bekehrung als einer ernsten Angelegenheit, die ihre Opfer fordere und vom freien Willen des Menschen abhängig sei (Das war ihm nicht klar). Er rüttelte an der Gnadenordnung und riß schließlich die Pforten des Himmelreiches für alle auf: Kommet her zu mir alle, die Ihr mühselig und beladen seid; Zöllner und Sünder, Huren und Statthalter, alle sollten in den Himmel, sogar der Räuber erhielt das Evangelium. Heut' noch sollst du mit mir im Paradiese sein. Dies war Jesu Evangelium für alle, und keiner sollte meinen, die Schlüssel des Himmelreichs in der Tasche zu haben, und sich einbilden, allein ein Gotteskind zu sein (da hatte er's den Pietisten gegeben!), nein, die Pforten der Gnade standen allen, allen offen!

Jetzt wurde er ernst und fühlte sich wie ein Missionar.

Am Freitag fand er sich in der Kirche ein und mußte von der Kanzel einige Stellen aus der Predigt vortragen. Er wählte die harmlosesten. Dann wurden die Gebete geübt, während der Vikar unter der Orgelempore stand und schrie: lauter, langsamer! Er war approbiert, und sie nahmen einen Schnaps und ein belegtes Brot zu sich.

Am Sonntag war die Kirche voll. In der Sakristei wurden Johan Talar und Beffchen angelegt. Einen Augenblick fand er das lächerlich, dann aber überfiel ihn Angst. Er betete zum Einzigen, Wahren Gott um Hilfe, jetzt, da er das Schwert für seine Sache ziehen wollte, gegen tausendjährige Verirrungen, und als der letzte Ton der Orgel verklungen war, stieg er mutig auf die Kanzel.

Alles ging glatt. Als er an die Stelle kam: Weil der Text des heutigen Tages uns zu keinen weiteren Betrachtungen veranlaßt, und sah, wie sich unten in der Kirche die vielen weißen Flecken, die Gesichter waren, bewegten, zitterte er. Doch nur einen Augenblick. Dann legte er los und trug mit ziemlich starker und sicherer Stimme seine Predigt vor. Als er sich dem Schluß näherte, war über die schönen Lehren, die er verkündete, selbst so gerührt, daß die Tränen die Schrift auf dem Papier verschwimmen ließen.

Er atmete auf. Sprach alle Gebete, bis die Orgel einsetzte, dann ging er hinunter. Dort stand der Vikar, der ihn mit einem Dank empfing, aber, aber, vom Text abgehen, das geht nicht; o je, o je, wenn das das Konsistorium erfuhr. Aber es hat wohl niemand gemerkt, wollen wir hoffen. Gegen den Inhalt selbst war nichts einzuwenden.

Und dann gab es im Pfarrhof Mittagessen, und es gab Spiel und Tanz mit Mädchen, und Johan war gewissermaßen der Held des Tages. – Das war eine sehr gute Predigt, sagten die Mädchen, weil sie so kurz war. – Er habe entschieden zu schnell gesprochen. – Und außerdem habe er ein Gebet ausgelassen.

– Aller Anfang ist schwer, sagte der Vikar.

*

Im Herbst kehrte Johan mit den Jungen in die Stadt zurück, um bei ihnen zu wohnen und mit ihnen zu lernen. Sie gingen in die Klara Schule. Wieder eine Lektion. Dieselbe Klara Schule, derselbe Rektor, derselbe bösartige Lateinlehrer. Johan lernte und büffelte mit den Jungen gewissenhaft, hörte sie ab und konnte schwören, daß die Aufgaben erledigt waren. Und trotzdem kam das Führungsheft nach Hause, und in ihm las der Vater der Jungen von so und so vielen nicht gemachten Aufgaben.

– Das ist gelogen, sagte Johan.
– Ja, aber hier steht es jedenfalls, sagte der Vater.

Es war eine grausame Arbeit, und gleichzeitig lernte er selbst für das Abitur.

Als das Herbsthalbjahr zu Ende war, fuhr man wieder aufs Land. Man saß am Kamin, knackte Nüsse, einen ganzen Sack, und las Frithiofs Saga, Axel und Die Kommunikanten. Die Abende waren lang und unerträglich. Doch Johan entdeckte einen neuangestellten Inspektor, der beinahe wie ein Knecht behandelt wurde. Das reizte Johan, seine Bekanntschaft zu machen, und auf dessen Zimmer brauten sie Punsch und spielten Karten. Die Freifrau erlaubte sich die Bemerkung, der Inspektor sei kein Umgang für Johan.

– Warum nicht?
– Der hat doch keine Bildung!
– Hm! So schlimm ist es nicht.

Sie deutete auch an, daß es ihr angenehm wäre, wenn der Hauslehrer an den Abenden die Gesellschaft der Familie vorziehe oder sich zumindest im Zimmer der Knaben aufhalte. Letzteres war ihm lieber, denn dort oben war es muffig, und er hatte es satt, vorzulesen und Konversation zu machen.

So saß er nun in seinem und dem Zimmer der Jungen. Der Inspektor kam dorthin, und sie spielten ihre Partie. Die Jungen baten und bettelten, mitmachen zu dürfen. Warum nicht? Sein Lebtag lang hatte Johan in seinem Elternhaus mit dem Vater und den Brüdern Whist gespielt, und dieses unschuldige Vergnügen diente als Erziehungsmittel in Sachen Disziplin, Ordnung, Aufmerksamkeit und Gerechtigkeit, und er hatte niemals um Geld gespielt. Jedes Schummeln wurde augenblicklich unterbunden, unverschämter Jubel über einen Gewinn unterdrückt, jede unzufriedene Miene über einen Verlust verspottet.

Man ließ die Sache durchgehen und sagte nichts dagegen, denn die Herrschaft war zufrieden, daß die Jungen beschäftigt waren und daß man sie los war. Der Umgang mit dem Inspektor aber mißfiel ihnen. Im Sommer hatte Johan einmal aus seinen Schülern und Statarkindern eine Truppe zusammengestellt, mit der er auf dem Feld exerzierte. Gegen den Umgang mit Statarkindern wurde ein Verbot erlassen. – Jede Klasse soll für sich bleiben, sagte die Freifrau. Johan aber konnte nicht verstehen, warum, nachdem seit 1865 der Klassenunterschied aufgehoben war!

Das Unwetter zog sich indessen zusammen und war kurz davor loszubrechen. Eine Kleinigkeit löste es aus.

Eines Morgens machte der Herr des Hauses Krach wegen seiner abhanden gekommenen Kutschhandschuhe. Sein Verdacht traf den ältesten Sohn. Dieser leugnete und beschuldigte den Inspektor, wobei er den Zeitpunkt angab, eine Fahrt zum Pfarrhof, bei der dieser die Fäustlinge getragen haben sollte. Der Inspektor wird heraufgerufen.

– Sie haben meine Kutschhandschuhe genommen, mein Herr, was soll das heißen?

– Nein, das habe ich bestimmt nicht!

– Wie bitte? Hugo behauptet es!

Johan, der anwesend war, tritt ungefragt vor und sagt: Da lügt Hugo. Er hat sie selbst gehabt.
– Was zum Teufel sagen Sie da? (Ein Nicken zum Inspektor zu gehen.)
– Ich sage die Wahrheit!
– Wie können Sie sich unterstehen, meinen Sohn in Gegenwart eines Knechts zu beschuldigen?
– Herr X. ist kein Knecht! Und außerdem ist er unschuldig!
– Ja, ihr seid unschuldig, dahocken und Karten spielen und mit den Jungen saufen! Nett ist das!
– Warum haben Sie nicht früher etwas dagegen gesagt, dann hätten Sie erfahren, daß ich nicht mit den Jungen trinke!
– Sie, Sie! Verdammter Knirps! Für Sie bin ich nicht Sie.
– Der Herr kann sich einen anderen Knirps als Lehrer für seine Knirpse suchen, wenn der Herr so geizig ist, daß er sich keinen Erwachsenen nehmen will. – Und dann ging er.
Am selben Tag wollten sie in die Stadt fahren, denn die Weihnachtsferien waren zu Ende. Nach Hause also, wieder nach Hause. Kopfüber in die Hölle zurück, verhöhnt, geduckt, siebenmal so schlimm, nachdem er mit seiner neuen Position geprahlt und Vergleiche mit dem Elternhaus angestellt hatte. Er weinte vor Zorn, doch nach einer solchen Schmach konnte er nicht zurück.
Die Freifrau schickte nach ihm. Sie mußte eine Weile warten. Dann noch einmal. Mürrisch ging er hinauf. Sie war recht milde. Bat ihn um das Versprechen, noch einige Tage zu bleiben! Bei ihnen zu bleiben, bis sie einen neuen Lehrer gefunden hatten. Er versprach es, als sie inständig darum bat. Sie würde mit den Jungen in die Stadt fahren.
Dann fuhr der Schlitten vor. Der Sekretär stand daneben und sagte: Sie können auf dem Kutschbock sitzen.
– Ich kenne schon meinen Platz, sagte er.
Allerdings schien der Sekretär mehr gefürchtet zu haben, daß es im Schlitten mit der Ehefrau zu einem Kompromiß käme, als daß er darauf aus gewesen wäre, Johan zu demütigen, denn bei der ersten Rast bat ihn die Freifrau einzusteigen. Nein, das wollte er nicht.
In der Stadt blieb er noch acht Tage bei ihnen. In dieser Zeit hatte

er nach Hause einen leicht spöttischen, in weltmännischem Ton gehaltenen Brief geschrieben, der dem Alten nicht gefiel, obwohl er ihm schmeichelte.

– Ich finde, du hättest erst fragen sollen, ob du nach Hause kommen darfst, sagte er. Ja, da hatte er recht. Doch der Sohn hatte das Elternhaus immer nur als Hotel verstanden, in dem man gratis aß und wohnte.

Und so war er wieder zu Hause. Mit unergründlicher Naivität hatte Johan sich dazu bewegen lassen, mit seinen ehemaligen Schülern noch einige Zeit die Aufgaben zu machen. – Eines Abends wollte Fritz ihn mit in ein Café schleppen.

– Nein, sagte Johan, ich muß zur Stunde.

– Wohin?

– Zum königlichen Sekretär!

– Was! Bei denen hast du noch nicht aufgehört?

– Nein, ich habe versprochen weiterzumachen, bis sie einen Hauslehrer haben.

– Was kriegst du denn dafür?

– Was ich kriege? Ich hatte Unterkunft und Verpflegung!

– Ja, aber was kriegst du jetzt, wo du nicht mehr Unterkunft und Verpflegung hast?

– Hm! Daran habe ich nicht gedacht!

– Du bist ein verdammter Narr, hingehen und gratis mit reicher Leute Kinder lernen! So, und jetzt kommst du mit und setzt nie mehr einen Fuß dorthin!

Auf dem Trottoir kämpfte Johan einen Kampf aus.

– Ich habe es versprochen!

– Du darfst nichts versprechen! Komm jetzt und schreib eine Absage!

– Ich muß mich verabschieden!

– Das ist unnötig! Man hatte dir zu Weihnachten eine Gratifikation versprochen, das gehörte zur Abmachung, aber du hast nichts bekommen; und dann läßt du dich wie einen Knecht behandeln. Komm jetzt und schreib!

Man schleppte ihn zur Andalusierin. Amanda holte Papier und Feder, und nach dem Diktat des Freundes schrieb er, er habe im

Hinblick auf das bevorstehende Examen keine Zeit mehr zum Stundengeben!
Er war frei!
– Aber ich schäme mich, sagte er.
– Wofür schämst du dich?
– Ja, ich schäme mich, weil ich unhöflich gewesen bin!
– Ach was! Und nun – eine halbe Punsch bitte!

10. Charakter und Schicksal

Die Zeit hatte sich aufgerappelt, und sie war lebhaft. Die Ausstellung von 66 war etwas Neues und außerdem ein Ausdruck des realistischen Skandinavismus. Die Eröffnung des Nationalmuseums, die Vorlesungen Dietrichsons, die Gründung des Kunstvereins gaben der Ästhetik neuen Schwung. Die Wahlen zu den Kammern von 67 führten zu einer Überraschung, die die gesamte Nation zum Nachdenken anregte, denn die Reform hatte die Gesellschaft so gründlich auf den Kopf gestellt, daß der Boden nach oben kam.

Leichte Dünungen ließen sich bis in die höchste Klasse des Gymnasiums vernehmen, wo sich jetzt junge Männer für öffentliche Fragen interessierten. So war eines Morgens die schwarze Tafel mit Namen vollgeschrieben, beginnend mit Adlersparre. Der Rektor, der die Morgenzeitung nicht gelesen hatte, fragte, was diese Namensliste bedeuten solle. Es war die Stockholmer Wahlliste für die Zweite Kammer. Hierauf gab er einen Überblick und verbreitete sich über die Zusammensetzung der Kammer, wobei er Befürchtungen äußerte, ob die neue Volksvertretung Land und Reich zum Nutzen gereichen werde. Schon legte man die Ohren an; und die Begeisterung war vorüber.

Außerdem war die Klasse in Freihändler und Protektionisten aufgeteilt, und man las die Rede Gripenstedts.

Eifrig diskutiert wurde die Fräuleinreform. Johan, der vor kurzem gesehen hatte, wie sich drei alte Fräulein die Haare rauften und in feiner Gesellschaft den »Zeitgeist« verfluchten, der ehrbaren Leuten stehle, was ihre Vorväter ehrlich erworben hätten, hielt sie für eine gute Reform. Sie nahm den Fräulein nichts, denn sie durften ihren Titel behalten, doch sie gab allen das gleiche Recht. Mit diesem Titel war es wie mit der Seligkeit. Niemand legte Wert auf sie, wenn sie allen zugänglich gemacht wurde.

– Dann werden sich auch die Dienstmädchen Mamsell nennen, schrien die Fräulein.

– Ja, antwortete Johan, mindestens!

Aus unbekannten Gründen aber läßt diese Reform noch auf sich warten. Natürlich wollten sie Fräulein genannt werden, doch zunächst einmal sollte man sie zu Mamsellen erheben, um sie nicht unberechtigtem Gelächter auszusetzen.

Die Freidenkerei nahm Formen an. Nach der Predigt hatte Johan gefühlt, daß er eine Berufung hatte, eine Pflicht, die neue Lehre zu verbreiten und für sie einzutreten. Darum begann er, dem Schulgebet fernzubleiben, und blieb in der Klasse sitzen, wenn der Aufbruch in den Andachtsraum stattfand. Der Rektor kam und wollte ihn und Gesinnungsgenossen hinaustreiben. Johan antwortete, seine Religion verbiete ihm die Teilnahme an einem fremden Kult. Der Rektor berief sich auf Gesetze und Verordnungen. Johan entgegnete, daß die Juden vom Gebet freigestellt seien. Der Rektor bat ihn höflich, um des Beispiels willen teilzunehmen. Er wolle kein schlechtes Beispiel sein. Der Rektor bat herzlich, inbrünstig, um der langen Bekanntschaft willen. Johan gab nach. Doch sang er die Lieder nicht mit und seine Kameraden auch nicht. Da wurde der Rektor wütend und hielt eine Strafpredigt; deutete Johan heraus und beschimpfte ihn. Johan reagierte mit der Organisation eines Streiks. Er und Gleichgesinnte gingen nun regelmäßig so spät zur Schule, daß das Gebet beendet war, wenn sie eintrafen. Kamen sie dennoch zu früh, saßen sie im Flur und warteten. Dort am Brennholzkasten trafen sie Lehrer und plauderten mit ihnen über dieses und jenes. Das entdeckte der Rektor. Um die Aufrührer zu vernichten, verfiel er darauf, die Flurtüren öffnen zu lassen und die Revolutionäre hereinzurufen, sobald das Gebet beendet und die Schule versammelt war. Diese defilierten dann mit frechen Mienen und unter einem Hagel von Vorwürfen durch den Andachtsraum, ohne jedoch zu bleiben. Schließlich machten sie es sich zur Gewohnheit, unaufgefordert einzutreten und sich die Schelte anzuhören, während sie durch den Andachtsraum zogen.

Im Rektor entstand Groll gegen Johan, und er ließ Anzeichen erkennen, ihn im Abitur durchfallen lassen zu wollen. Johan ließ es darauf ankommen und lernte Tag und Nacht.

Die Religionsstunden arteten jetzt zu Disputationen mit dem Lehrer aus. Dieser war Geistlicher und Atheist und hatte sein Vergnügen an den Einwänden, doch auch er verlor die Lust und befahl bald, man solle mit dem Lehrbuch antworten.

– Wie viele Personen in der Gottheit?
– Eine!
– Ja, aber was sagt Norbeck?
– Der sagt drei!
– Na, dann sagen Sie's doch auch!

Zu Hause war es ruhig. Johan wurde in Frieden gelassen; man sah, daß er verloren war, und es war zu spät, ihn einzufangen. Eines Sonntags machte der Vater einen Versuch im alten Stil, erhielt aber eine gehörige Antwort.

– Warum gehst du nie mehr in die Kirche? fragte er.
– Was habe ich dort verloren?
– Eine gute Predigt hat immer etwas für sich.
– Predigen kann ich selbst.

Fertig!

Die Pietisten ließen einen Pastor in der Bethlehemskirche für Johan Fürbitte halten, nachdem sie ihn eines Sonntagvormittags in Scharfschützenuniform hatten sehen müssen.

*

Im Mai 67 machte er Abitur. Merkwürdige Dinge kamen ans Licht. Da gab es Männer mit Bärten und Brillen, die die Halbinsel Malakka Sibirien nannten und glaubten, die östliche indische Halbinsel sei Arabien. Die Französischprüfung bestanden Individuen, die eu wie ü aussprachen und nicht die Hilfsverben konjugieren konnten. Es war unglaublich. Johan selbst war der Ansicht, er sei in Latein drei Jahre früher besser gewesen. In Geschichte wären sie alle durchgefallen, hätte man nicht die Fragen vorher gewußt. Man hatte zu viel gearbeitet und zu wenig gelernt. Kompendien für alle Fächer hätten größeren Nutzen gehabt und das Abitur in der vierten Klasse ermöglicht. Doch mit dem Abitur war und ist es wie mit der Seligkeit und dem Fräulentitel, es würde seinen Reiz verlieren, wäre es für alle da; und doch wäre dies für alle angenehmer und viel nützlicher.

Als er am Abend approbiert war (es endete mit einem Gebet, welches von einem Freidenker gesprochen werden sollte, der beim Vaterunser stotterte, was man unrichtigerweise einer Gemütsbewegung zuschrieb), wurde er von den Kameraden in die Storkyrkobrinken hinuntergeschleppt, wo sie ihm eine weiße Mütze kauften (er hatte niemals Geld!). Dann ging er zum Kontor, um dem Vater eine Freude zu machen.

Er begegnete ihm im Flur, im Begriff, nach Hause zu gehen.

– Aha, das ist jetzt also erledigt, sagte der Vater.

– Ja!

– Und schon die Mütze?

– Die habe ich auf Kredit gekauft!

– Geh zum Kassierer hinein, damit du sie bezahlen kannst.

Und so trennten sie sich.

Kein Glückwunsch; kein Handschlag. Nun, es lag in der Isländernatur des Alten, keine zärtlicheren Gefühle äußern zu können.

Johan kam nach Hause, wo alle am Abendbrottisch saßen. Er war vergnügt und hatte Punsch getrunken. Doch seine Freude weckte Verstimmung. Alle schwiegen. Die Geschwister gratulierten nicht. Da wurde er selbst verstimmt und schwieg. Ging direkt vom Tisch weg in die Stadt zu den Kameraden. Und dort herrschte Freude. Kindliche, dumme, übertriebene Freude, mit zu großen Hoffnungen.

*

Im Sommer gab er in großem Umfang Stunden und war zu Hause. Mit dem Geld wollte er im Herbst nach Uppsala fahren und den Doktor machen. Der Pastor lockte ihn nicht mehr; das hatte er hinter sich gebracht, und im übrigen widerstrebte es seinem Gewissen, den geistlichen Eid abzulegen.

In jenem Sommer war er zum ersten Male bei einem Mädchen. Er war enttäuscht, wie so viele andere. – Ach so, das war alles! – Es war lustig, daß es gerade gegenüber der Bethlehemskirche passierte. Warum aber war es nicht früher passiert, dann wäre ihm die Qual so vieler Jahre erspart, so viel Kraft erhalten geblieben. Nachher war er indessen recht ruhig, und er fühlte sich gesund, froh, als habe er eine Pflicht erfüllt.

*

Im Herbst reiste er nach Uppsala. Die alte Margret packte seine Reisetasche, legte Koch- und Eßgeschirr hinein. Dann zwang sie ihn, sich fünfzehn Kronen von ihr zu leihen. Vom Vater bekam er ein Futteral mit Zigarren und die Ermahnung, selbst für sich zu sorgen. Selbst nahm er achtzig Kronen mit, die er sich mit Stunden verdient hatte und mit denen er sein erstes Semester bestreiten wollte.

Jetzt stand ihm die Welt offen, und die Eintrittskarte hatte er in der Hand. Blieb nur noch hineinzukommen. Nur!

*

Des Menschen Charakter ist sein Schicksal, war zu dieser Zeit eine stehende und sehr anerkannte Redensart. Jetzt, da Johan in die Welt hinaus und sein Schicksal machen sollte, verwandte er viele Stunden darauf, sein Horoskop aufzustellen, ausgehend von seinem Charakter. Er meinte nämlich, seinen Charakter fertig zu haben. Mit der Bezeichnung Charakter ehrt die Gesellschaft jene, die ihre Stellung gesucht und gefunden, ihre Rolle übernommen, für ihr Verhalten bestimmte Gründe ersonnen haben und schließlich automatisch danach handeln.

Ein sog. Charakter ist eine sehr einfache, mechanische Vorrichtung; er besitzt nur eine Betrachtungsweise für die so äußerst verwickelten Umstände des Lebens; er hat sich entschieden, sein

Leben lang von einer bestimmten Sache ein und dieselbe Meinung zu haben; und um sich nicht der Charakterlosigkeit schuldig zu machen, ändert er seine Meinung nie, wie einfältig oder unvernünftig sie auch ist. Ein Charakter muß folglich ein ziemlich gewöhnlicher Mensch und das sein, was man ein wenig dumm nennt. Charakter und Automat scheinen nahezu zusammenzufallen. Dickens' berühmte Charaktere sind Leierkastenfiguren, und die Charaktere auf der Bühne müssen Automaten sein. Ein gut gezeichneter Charakter ist gleichbedeutend mit einer Karikatur. Ein Charakter soll außerdem wissen, was er will. Was weiß man davon, was man will. Man will oder will nicht, das ist alles. Versucht man, über sein Wollen zu reflektieren, hört der Wille normalerweise auf. In Gesellschaft und Leben muß man die Folgen seiner Handlung für sich und andere stets bedenken und darum reflektieren. Wer spontan handelt, ist unklug und ein Egoist, ein Naiver, ein Unbewußter; und solche sind es, die im Leben vorankommen, denn sie achten nicht darauf, welche Ungelegenheiten ihre Handlungen für andere haben können, sondern sehen nur auf den Vorteil der Handlung für sie selbst.

Johan, durch die christliche Prüfung auf Herz und Nieren gewohnt, sich selbst zu erforschen, fragte sich, ob er einen Charakter habe, angemessen für einen Mann, der seine Zukunft machen wollte.

Er erinnerte sich, daß das Hausmädchen, das von ihm geschlagen worden war, weil sie im Schlaf seinen Körper entblößte, nach dem Vorfall gesagt hatte: der Junge hat Charakter! – Was hatte sie damit gemeint? – Sie hatte gesehen, daß er genügend Tatkraft besaß, um nach einer Schmach in den Park hinauszugehen, einen Stock abzuschneiden und sie zu bestrafen.

Wäre er den gewöhnlichen Weg gegangen und hätte bei den Eltern geklatscht, hätte sie ihn für eine Memme gehalten. Die Mutter dagegen, die damals noch lebte, hatte seine Handlung anders beurteilt: sie nannte ihn rachsüchtig. Da hatte er schon zwei Betrachtungsweisen derselben Angelegenheit, und er hielt sich natürlich an die, die ihn am wenigsten ehrte, denn daran glaubte er vor allem. Rache? Das war doch Strafe? Hatte er das Recht zu strafen? Recht? Wer hatte Recht? Die Eltern rächten sich doch immer! Nein, sie straften. Sie hatten also ein anderes Recht als er, und es gab zwei Rechte.

Doch, rachsüchtig war er schon. Ein Junge auf dem Klara Kirchhof hatte offen gesagt, daß Johans Vater im Halseisen gewesen sei. Dies war eine Beschimpfung der ganzen Familie. Da Johan schwächer war als dieser Junge, bietet er seinen älteren Bruder auf, der sich prügeln konnte, und gemeinsam fordern sie mit einigen Schneebällen Blutrache. Ja, sie trieben die Rache noch weiter, denn sie vermöbelten auch dessen jüngeren Bruder, der relativ unschuldig war, aber aufsässig aussah.

Gewiß war das gute alte Familienrache, mit all ihren Symptomen. Was hätte er tun sollen? Beim Lehrer petzen. Nein, das tat er nie. Er war also rachsüchtig. Das war ein gravierender Vorwurf.

Dann aber begann er nachzudenken. Hatte er sich am Vater für die Ungerechtigkeiten gerächt, die dieser ihm zugefügt hatte, oder an der Stiefmutter? Nein! Er vergaß und zog sich zurück.

Hatte er sich an den Lehrern in Klara gerächt, indem er ihnen zu Weihnachten Steinkisten schickte? Nein! War er also anderen gegenüber so streng und war er in der Beurteilung ihrer Handlungsweisen ihm gegenüber so kleinlich? Bewahre, nein, er ließ sich recht leger behandeln, war leichtgläubig und zu allem möglichen zu bringen, wenn er nur keinen Druck, keine Unterdrückung spürte. Gegen das Versprechen zu tauschen hatten ihm Kameraden sein Herbarium abgeluchst, seine Insektensammlung, chemische Apparate, seine Indianerbücher. Hatte er sie zur Rechenschaft gezogen, oder schikaniert? Nein, er schämte sich, stellvertretend für sie, und nahm es hin. Am Ende des Schulhalbjahres hatte der Vater eines Schülers vergessen, Johan zu bezahlen. Er schämte sich, sein Geld zu verlangen, und erst ein halbes Jahr später mußte er auf die Ermahnung des Vaters hin seine Forderung anmelden.

Es war ein eigentümlicher Zug an Johan, daß er sich identifizierte, für andere litt, sich schämte. Hätte er im Mittelalter gelebt, er hätte sich stigmatisiert.

Er raufte mit einem Kameraden, und es gelang ihm, diesem einen Schlag vor die Brust zu versetzen, doch wenn er sah, wie sich das

Gesicht des Jungen vor Schmerz verzog, brach er in Tränen aus und reichte ihm die Hand. Wenn ihn jemand um etwas bat, das er höchst ungern wollte, litt er stellvertretend für den, dem er nicht zu Willen sein konnte.

Er war feige, ließ niemanden unerhört fortgehen, aus Furcht, einen Unzufriedenen sehen zu müssen. Er fürchtete sich noch immer im Dunkeln, fürchtete sich vor Hunden, Pferden, fremden Menschen. Doch wenn es darauf ankam, konnte er mutig sein, wie damals, als er in der Schule revoltierte und das Abitur auf dem Spiel stand, oder als er gegen den Vater opponierte.

Ein Mensch ohne Religion ist ein Vieh, stand im alten Abc-Buch. Jetzt, da man entdeckt hat, daß die Tiere am religiösesten sind und daß Wissende keine Religion brauchen, reduziert sich die nutzbringende Wirkung der Religion erheblich. Indem der junge Mann die Kraft unablässig auf etwas außerhalb von sich, auf Gott, verlegt hatte, hatte er die Kraft und den Glauben an sich selbst verloren. Gott hatte sein Ich zerfressen. Er betete immer und allemal, wenn er in Not war. Er betete in der Schule, wenn die Frage kam, er betete am Spieltisch, wenn die Karten gegeben wurden. Die Religion hatte ihn verdorben, denn sie hatte ihn für den Himmel statt für die Erde erzogen, die Familie hatte ihn zerstört, denn sie hatte ihn für die Familie statt für die Gesellschaft geformt, und die Schule hatte ihn für die Universität statt für das Leben entwickelt.

Er war unschlüssig, schwach. Wenn er Tabak kaufen wollte, fragte er den Freund, welche Sorte, und bei der Entscheidung zwischen Hoppet und Gävle vapen schwankte er, bis er schließlich Chandeloup nahm. Darum wurde er von Freunden abhängig. Sich geschätzt zu wissen, nahm ihm die Furcht vor dem Unbekannten, und die Freundschaft stärkte ihn.

Launen verfolgten ihn noch immer. Eines Tages, als er Hauslehrer auf dem Lande war, reiste er in die Stadt, um von dort aus hinauszufahren und Fritz zu besuchen. In der Stadt angekommen, fuhr er nicht weiter, sondern blieb zu Hause bei den Eltern auf seinem Bett liegen, in vielstündigem Kampf, ob er weiterfahren solle oder nicht. Er wußte, daß der Freund ihn erwartet, sehnte sich selbst danach, diesen zu treffen, fuhr aber nicht. Am Tag darauf reiste er zu seiner Herrschaft zurück, schrieb einen jammernden Brief an Fritz und versuchte, sich zu erklären. Fritz aber war böse und verstand sich nicht auf Launen.

In all seiner Schwäche spürte er bisweilen einen unermeßlichen Kräftevorrat, der bewirkte, daß er sich alles zutraute. Mit zwölf Jahren sah er ein französisches Jugendbuch, das der Bruder aus Paris mitgebracht hatte. – Das wollen wir übersetzen und zu Weihnachten herausgeben, sagte er. Sie übersetzten, doch mit der weiteren Prozedur kannten sie sich nicht aus, und das Buch blieb liegen.

Er geriet an eine italienische Grammatik und lernte Italienisch.

Als Hauslehrer nahm er sich in Ermangelung eines Schneiders vor, ein Paar Hosen zu ändern. Er trennte die Nähte auf, nähte neu, bügelte sie mit dem großen Stallschlüssel. Auch seine Schuhe reparierte er.

Wenn er die Geschwister Quartett spielen hörte, war er mit der Ausführung nie zufrieden. Er bekam Lust aufzuspringen, ihnen die Instrumente wegzunehmen und sie hören zu lassen, wie es sein sollte.

Als er seine Singstimme übte, benutzte er das Violoncello und stümperte darauf herum. Wenn er nur gewußt hätte, wie die Saiten hießen.

Johan hatte gelernt, die Wahrheit zu sagen. Bediente sich kleiner Lügen, wie alle Kinder, aus Selbstverteidigung oder auf naseweise Fragen, hatte aber ein brutales Vergnügen daran, mitten in einer Unterhaltung, in der man sich um die Wahrheit herumdrückte, ganz offen auszusprechen, was alle dachten. Auf einem Ball, bei dem er schwieg, fragte ihn seine Dame, ob ihm das Tanzen Spaß mache.

– Nein, überhaupt nicht.
– Und warum tanzen Sie dann?
– Weil ich muß.

Er hatte wie alle Jungen Äpfel gestohlen, und das bedrückte ihn nicht, und er machte kein Geheimnis daraus. Es war so üblich.

In der Schule war etwas wirklich Unangenehmes bei ihm nicht vorgekommen. Einmal hatte er am letzten Tag des Schulhalbjahres zusammen mit anderen Kleiderhaken abgebrochen und alte Schreibhefte zerrissen. Er wurde erwischt, als einziger. Das Ganze war Mutwilligkeit gewesen, ein Ausbruch wilder Freude, und wurde nicht weiter tragisch genommen.

Jetzt, wo er mit sich selbst ins Gericht ging, begann er, die Urteile anderer über sich zu sammeln, und erst jetzt erschrak er über ihre Unterschiedlichkeit: Der Vater meinte, er sei hart; die Stiefmutter, er sei bösartig; die Brüder, er sei wunderlich; die Hausmädchen hatten ebenso viele Meinungen, wie sie zahlreich waren; das letzte liebte ihn und meinte, die Eltern behandelten ihn schlecht und er sei nett; die Freundin fand anfangs, er sei gefühlvoll, der Ingenieurfreund (anfangs), er sei ein liebenswertes Kind; der Freund Fritz, er sei ein Trauerkloß voller Verrücktheiten; die Tanten, er habe ein gutes Herz, die Großmutter, er habe Charakter; seine Geliebte im Stallmästaregården vergötterte ihn natürlich; die Lehrer in der Schule wußten nicht recht, woran sie mit ihm waren. Den Anmaßenden gegenüber war er anmaßend, den Freundlichen gegenüber freundlich. Und die Kameraden? Das sagten sie nie; Schmeichelei war nicht üblich, aber Beschimpfungen und Schläge, wenn es nötig war.

Johan fragte sich nun, ob er eine so vielseitige Figur sei, oder ob die Urteile so vielseitig seien. War er falsch, stellte er sich den einen anders als den anderen dar? Ja, das argwöhnte die Stiefmutter. – Sie sagte immer, er verstelle sich, wenn sie etwas Gutes von ihm hörte.

Ja, aber alle verstellten sich. Sie, die Stiefmutter, war freundlich zu ihrem Mann, hart zu den Stiefkindern, zärtlich zu ihrem Kind, buckelte vor dem Hausbesitzer, war arrogant zu den Dienstmädchen, knickste vor dem Pietistenpfarrer, lächelte die Mächtigen an und grinste über die Ohnmächtigen.

Das waren die Akkomodationsgesetze, die Johan nicht kannte. Die Menschen waren so; es war ein Anpassungstrieb, auf Berechnung beruhend und in unbewußte oder Reflexbewegung übergegangen. Wie ein Lamm zu seinen Freunden, wie ein Löwe zu seinen Feinden.

Wann aber war man wahrhaftig? Und wann war man falsch? Wo war das Ich? Das der Charakter sein sollte? Es war nicht auf der einen oder auf der anderen Seite; es war auf beiden. Das Ich ist kein

Selbst; es ist eine Vielfalt von Reflexen, ein Komplex aus Begierden, Trieben, einige hier unterdrückt, andere dort losgelassen!

Der Komplex des jungen Mannes war, durch viele Kreuzungen des Blutes, durch sich widersprechende Elemente des Familienlebens, durch reiche Erfahrungen aus Büchern und farbige Erlebnisse im Leben, ein recht reichhaltiges, jedoch ungeordnetes Material. Noch suchte er seine Rolle, weil er seine Stellung noch nicht gefunden hatte, und darum blieb er weiter charakterlos.

Er war noch zu keinem Schluß gekommen, welche Triebe unterdrückt werden sollten und wieviel vom Ich für die Gesellschaft geopfert werden sollte und mußte, in die einzutreten er sich jetzt vorbereitete.

Hätte er sich jetzt selbst sehen können, hätte er festgestellt, daß die meisten Worte, die er sagte, aus Büchern und von Kameraden stammten; seine Gesten von Lehrern und Freunden; seine Mienen von Verwandten, sein Wesen von Mutter und Amme, seine Neigungen vom Vater, vom Großvater vielleicht. Sein Gesicht hatte von Mutter oder Vater keine Züge. Da er Großvater und Großmutter nicht gekannt hatte, konnte er über diesbezügliche Ähnlichkeiten nicht urteilen. Was hatte er also von sich selbst und in sich selbst? Nichts. Doch es gab zwei Grundzüge in seinem Seelenkomplex, die für sein Leben und sein Schicksal bestimmend wurden.

Den Zweifel! Er nahm Gedanken nicht völlig kritiklos auf, sondern entwickelte sie, kombinierte sie. Darum konnte er nicht zum Automaten werden und war in die geordnete Gesellschaft nicht einzufügen.

Empfindlichkeit gegen Druck! Deshalb versuchte er einerseits, diesen zu mindern, indem er sich im Niveau erhöhte, andererseits das Höhere zu kritisieren, um dann festzustellen, daß es nicht so hoch und folglich nicht so erstrebenswert war.

Und so ging er ins Leben hinaus! Um sich zu entwickeln, und dennoch immer so zu bleiben, wie er war.

Briefe

Februar bis April 1886

An Jonas Lie

Grez, d. 19. Febr. 1886

Lieber Jonas Lie,

Es scheint, als gefalle es dem Schicksal und der Frauenfrage nicht, daß Björnson und ich Freunde sind. Gestern, am 18. Februar, habe ich durch Nilssons Buchhandel den König »Mit Grüßen von Björnson« erhalten, datiert vom 13. Januar.

Und unterdessen habe ich ihn angegriffen.

Ich habe unseren Bruch persönlich tief bedauert und tue es noch, aber Amicus Björnson, Amicus Ibsen sed magis amica veritas. Ich halte B. für den Vertreter einer falschen Richtung, die die ganze Arbeit mit dem Untergang bedroht. Und in diesem Punkt muß ich ihn bekämpfen.

Vielleicht ist es besser so, wie es gekommen ist – für die Sache.

Für mich – ist es unerträglich, und ich wünschte, ich zählte zu den Gefallenen.

Um einen her wird es immer einsamer, und das Leben hat keinen reinen Klang mehr. Ein alt. Idealist wie ich kann das Gefühlsleben nicht brachliegen lassen und ist darum in einem Kampf mit dem Realismus unbrauchbar.

Manchmal träume ich von einer Koalition von Anhängern der dringendsten Reformen. Das Programm: Aufschiebung aller sozialen Fragen, bis die Monarchie, die Staatskirche und das Abitur gestürzt sind.

Das wäre bestimmt zeitgemäß. Statt jetzt an Reformen zu arbeiten, die, werden sie auf der alten Grundlage durchgeführt, unser ganzes Gewebe zerreißen.

Unser Streit um des Kaisers Bart (die Frauenfrage und all das) gibt nur der Reaktion reichlich Zeit, und unsere Schismen arbeiten ihnen in die Hände.

Laß einen Abgeordneten des Stortings jahrein jahraus die Streichung der königlichen Apanage fordern, und der König wird sich schämen und sich zurückziehen.

Trenne Staat und Kirche, schaffe die Privilegien-Examina ab usw., und wir haben am richtigen Ende angefangen. Komm dann mit dem anderen!

Leb inzwischen wohl.

Und viele Grüße\
Herzlich\
Aug. Strindberg

An Gustaf Steffen

Grez, d. 21. März 86

Bester Herr Steffens,

Es ist schon recht merkwürdig, daß ich stets mehr Respekt vor denen, die jünger sind, als vor den Älteren gehabt habe. Ich habe nämlich gespürt, daß die Jüngeren in gewissem Maße überlegen sind, weil sie ohne die Verirrungen geboren werden, in denen wir Älteren gelebt haben, und die neuen Ideen von Anfang an aufgenommen haben, also sicherer sind – sie machen weiter, wo wir aufgehört haben. Darum hat mir Ihr Brief viel Respekt eingeflößt, und ich bin immer bescheiden, wenn ich einem Mann begegne, der versteht, was ich sage.

Sie wissen wohl, welchen Kampf ich gekämpft habe, um mich bis dorthin durchzuleben, wo ich jetzt angekommen bin, und erst vor acht Monaten bin ich Atheist geworden und habe den Standpunkt erreicht, den Sie bereits hatten.

Doch ich bin ein alter christlicher Idealist und lebe in ewiger Fehde mit meinem alten Ich, einer Fehde, die mich zerstört. Ich bin in zwei Hälften gespalten. Glaube bisweilen, mein Weg ist zu Ende: glaube bisweilen, daß dies nur die Krise ist und daß ich der Entwicklung gewachsen bin. Ich tröste mich indessen damit, daß ich eine notwendige Übergangsform war, und würde mit Freuden von hinnen gehen, sähe ich nur den Mann, der weitermachen würde. Sie sind bestimmt derjenige, und ich bin daher ruhiger, seit ich Ihre Bekanntschaft gemacht habe.

Mein Gemüt ist von zuviel Arbeit, Not, und Kampf krank gewesen. Darum mißtrauisch. Ich habe Christensen schändlich verdächtigt, doch wenn ich Sie gut von ihm sprechen höre, schäme ich mich. Ich habe C. nie gesehen, aber an Ihr Gesicht erinnere ich mich als eines guten, schönen, ehrlichen mit klugen reinen Blicken: Man lebt in erbärmlichen Zeiten und kann zuweilen niemandem glauben. Reichen Sie C. für mich die Hand, und bitten Sie ihn, mir zu verzeihen!

Was den Katechismus betrifft, so ist er ein Agitationsbuch mit dem Ziel, den Haß der Unterklasse gegen die Oberklasse zu wecken und all ihre Phrasen auf populäre Weise abzuschneiden.

Es ginge nicht an, der unwissenden Unterklasse zu sagen, daß die Gesellschaft eine aus Notwendigkeit entwickelte Form ist, denn dann würde die U.K.[1] von der belesenen O.K. düpiert, die lehrt, daß das, was aus Notwendigkeit geworden ist, gut geworden ist und darum nicht verändert werden soll oder kann.

Ebenso muß ich dabei bleiben, einen Schöpfer vorauszusetzen. Beachten Sie bitte, daß damit Christus und Die Vorsehung fallen. Beachten Sie auch, daß ich den Atheismus eingeschmuggelt habe! Als das nützlichste aller Bekenntnisse. Sie, der Sie an Evolution glauben, müssen notwendige Übergangsformen annehmen. Stürzen Sie Christus zuerst, Theos anschließend und Deus zuletzt.

Was die Frauenfrage angeht, gebe ich sie bald auf, und mein letztes Wort ist dies: Die Frauenfrage ist in gewissen Aspekten eine maladie de la personnalité, hervorgerufen durch Degeneration.

Was die deutschen Sozialisten betrifft, bewundere ich sie, von zwei Punkten abgesehen: ihrem einseitigen Industriearbeitersozialismus unter Vernachlässigung der Bauernfrage, und ihrem Getatsche mit den heutigen entarteten Damen, denen sie das Stimmrecht geben wollen.

Ich will kein Herumdoktern, keinen Kompromiß, darum bin ich am ehesten Agrarsozialist. Das Ganze ist eine Frage der Ernährung:

1 U.K. = Unterkl., O.K. = Oberkl.

also zuerst die nahrungserzeugende Bevölkerung. Der Bauer füttert den Schlachtochsen: der Adel ißt das Roastbeef, der Spießer ißt die Brust, der Industriearbeiter das Gekröse (= die Innereien), und der Bauer kocht die Knochen aus; nein, er kauft die Knochenkohle zurück und gibt sie auf den Acker, um neues Gras für neue Schlachtochsen zu erhalten, von denen er die Knochen auskochen darf.

Der Bauer also zuerst!

Jetzt bleibt mir nur, meine früheren Schriften zu annullieren und wieder vorwärtszugehen.

Morgen fange ich mit einer neuen Arbeit an.

Berlin und Sie, Freunde, werde ich noch lange nicht wiedersehen.

Grüßen Sie also und seien Sie gegrüßt, und Dank für Ihre Bekanntschaft. Und schreiben Sie mir, ob Sie nicht hierherkommen können.

Ihr Freund
August Strindberg

P.S. Wenn ich denke, daß Sie über mich schreiben wollen, danke ich Ihnen. Dies kann mir schließlich von großem Nutzen sein.

Ders.

P.S. Hiermit sende ich Ihnen meine neueste Arbeit: Unter französischen Bauern. Sie ist aus der dänischen Politiken. Bestellen Sie Ch., daß mehrere meiner Briefe an ihn verlorengegangen sind. Ich habe ihn um Information betr. einer oder mehrerer Arbeiten über deutsche Bauern gebeten.

An Albert Bonnier

Grez, 25. 4. 86

Lieber Herr Bonnier,
mit gestrigem Schnellzug ist ein Postpaket abgegangen, das ein schwedisches Manuskript enthält. Betitelt

Der Sohn der Magd
(Entwicklungsgeschichte einer Seele 1849-1867)

Wenn Sie nun diesen ersten Teil gelesen haben, den wir des Publikums wegen wahrscheinlich nicht Teil nennen, sondern wie jedem einzelnen der fünf Bände einen eigenen Titel geben sollten, fragen Sie sich vermutlich, wie es auch das Publikum tun wird: was ist das? Ist es ein Roman? Nein. Eine Biographie? Nein? Memoiren? Nein!
Meine Antwort: Es ist ein Buch, das darstellt, wofür es sich ausgibt: Die Entwicklungsgeschichte einer Seele 1849-1867 unter den und den gegebenen Voraussetzungen. Das Buch dient, außer dem psychologischen, das die Hauptsache ist (weshalb auch auf alle Schilderungen verzichtet und die Anekdote nur einbezogen wurde, um den Charakter zu beleuchten), auch einigen anderen Interessen: es ist die vollständige Biographie eines bekannten und bedeutenden Schriftstellers, so wenig verlogen, wie eine Biographie geschrieben werden kann, außerdem eine Geschichte Schwedens 49-67. Darum ist das Buch nützlich für die Jugend, zur Erklärung der gerade vergangenen Periode, ohne deren Verständnis die Gegenwart unbegreiflich bleibt. Es handelt sich weniger um Attacken als um Ermittlungen, und auf unwichtige Dinge wie die Frage, ob er sich nach dem ersten Beischlaf gewaschen habe oder nicht, wurde ebenso verzichtet wie auf eine vollständige Beschreibung des Mobiliars der Hure.
Es ist also von Form und Stil her ein Versuch, in die Schriftstellerei mehr Ehrlichkeit und schlichte Anspruchslosigkeit einzuführen, welche Folgen dies auch haben mag.
Die folgenden fünf Bände werden betitelt:

Draußen
(1867-1872)

Wilde
(1872-1875)
Etabliert
(1875-1882)
Die erste Liebe
(1875-1877)
Wieder hinaus
(1882-1886)

Sollten Sie, Herr Bonnier, der Meinung sein, das Vorhaben könnte durch eine ununterbrochene Veröffentlichung in Heftform gewinnen, wäre ich dem sehr geneigt und schriebe in diesem Fall die Arbeit in einem. U. A. w. g.

Sind Sie der Arbeit überhaupt nicht gewogen, bitte ich um sofortige Übersendung an Isidor. Vom Manuskript gibt es keine Abschrift, es ist also das einzige Exemplar.

Von meinem Bruder höre ich, daß Sie, Herr Bonnier, die Lebensversicherungen gerettet haben: dies ist mehr als gütig, und ich kann dennoch nicht mehr als danken. Mit Grüßen an Karl Otto, über dessen Gesundheitszustand ich gute Nachrichten erhalten habe, zeichne ich

Mit vorzüglicher Hochachtung
August Strindberg

Der Sohn der Magd

Teil II
Die Zeit der Gärung
Entwicklungsgeschichte einer Seele
(1868-1872)

1. Im Vorhof

(1867)

Das Dampfschiff hat Flottsund passiert, und die Domkirche, das Gustavianum und die Carolina kommen in Sicht. – Jetzt geht das eigentliche Steinewerfen los! ruft einer der Kameraden aus, einen Ausdruck von den Straßenunruhen 64 benutzend. – Das eigentliche! Die heitere Stimmung nach Frühstück und Punsch legt sich; man spürt, daß Ernst in der Luft liegt und daß der Kampf beginnt. Keine Versprechen von ewiger Freundschaft, keine Zusicherungen von Beistand oder Hilfe. Die Jugend ist aus dem Rausch der Romantik erwacht. Man weiß, daß man sich am Landungssteg trennen wird; neue Interessen werden den Haufen zerstreuen, der vom Klassenzimmer zusammengehalten wurde, die Konkurrenz wird Bande zerreißen, und alles wird vergessen sein. Das eigentliche Steinewerfen wird beginnen.

*

Zusammen mit dem Freund Fritz mietete Johan in der Klostergränden ein Zimmer. Dort gab es zwei Betten, zwei Tische, zwei Stühle und einen Schrank. Das kostete dreißig Kronen im Semester, also fünfzehn Kronen für jeden. Das Mittagessen wurde von der Aufwartefrau geholt, für zwölf Kronen im Monat, oder sechs Kronen für jeden. Morgens und abends nahm man ein Glas Milch und ein belegtes Brot zu sich. Das war alles. Holz kaufte man auf dem Markt von einem Bauern, das kleine Bauernklafter für vier Kronen, und außerdem bekam Johan eine Petroleumlampe von zu Hause geschenkt und durfte seine Wäsche nach Stockholm schicken. Er hatte jetzt achtzig Kronen in seiner Schreibtischschublade, und diese sollten alle Ausgaben des Semesters decken.

Es war eine neue eigenartige Gesellschaft, in die er eintrat, anders als alles andere. Sie war privilegiert wie das alte Riddarhuset und hatte ein eigenes Gericht. Doch alles war Kleinstadt. Es roch nach Bauernquartier. Alle Professoren waren Bauern, nicht ein einziger war Stockholmer. Die Häuser und Straßen waren wie in Nyköping. Und hierher hatte man das Hauptquartier der Bildung verlegt, aufgrund einer Inkonsequenz Regierender, die doch ganz bestimmt die Hauptstädte für die großen Zentren der Bildung hielten.

Man war Student und als solcher Oberklasse in einer Stadt, in der die Bürger mit der verächtlichen Bezeichnung »Spießer« belegt wurden. Der Student stand noch außerhalb und über dem bürgerlichen Gesetz. Fenster einschlagen, Zäune niederreißen, die Polizei schlagen, die Ruhe stören, das Eigentumsrecht verletzen war erlaubt, denn es wurde nicht bestraft; im allerschlimmsten Fall mit einer Rüge, seit der alte Karzer auf dem Schloß nicht mehr benutzt wurde; ja, sogar seine Wehrpflicht leistete man in eigener, privilegierter Uniform und unter sich ab. So wurde man systematisch zum Aristokraten erzogen, zu einem neuen Ritterstand nach dem Sturz des Riddarhuset. Was für den Spießer ein Verbrechen war, hieß für den Studenten Spiel und Streich. Zudem hatte der Studentengeist jetzt einen Höhepunkt erreicht, aufgrund der Sängerfahrt nach Paris, auf der man Erfolg gehabt hatte und zu Hause als heimkehrende Sieger und Triumphatoren empfangen worden war.

Jetzt sollte er sich auf den Doktor vorbereiten und besaß kein einziges Buch.

– Im ersten Semester muß man sich orientieren, hieß es. Er ging in die Nation. Die Nation war ein altertümliches Überbleibsel aus der Zeit der Provinzialgesetze, ja, sogar so altertümlich, daß die annektierten Provinzen Skåne, Halland und Blekinge als Nationen noch nicht einmal vertreten waren.

Die Nation war wie eine wohlgeordnete Gesellschaft in Klassen eingeteilt, allerdings nicht nach Meriten, sondern nach Alter und bestimmten vermuteten Meriten zugleich, und noch stand im Studentenverzeichnis das Wort *nobilis* hinter den Namen der Adligen. Es gab viele Methoden, in der Nation auf sich aufmerksam zu machen. Man konnte durch einen adligen Namen, durch Verbindungen, durch Verwandtschaft, durch Geld, durch Talent und durch Kühnheit oder Geschmeidigkeit vorankommen; letzteres allein genügte bei so skeptischen und vernünftigen jungen Männern freilich nicht.

Am ersten Nationsabend machte Johan seine Erfahrungen. Viele alte Schulkameraden aus der Klara Schule trafen sich, doch denen wich er am liebsten aus, und sie ihm. Er war desertiert und hatte eine Abkürzung über die Privatschule versucht, während sie ihren Pfad durch die staatliche Schule getrampelt hatten. Sie alle waren prinzipientreu und verkümmert, meinte er. Fritz dagegen warf sich sofort unter die Aristokraten und fand sich zurecht.

Als sie nachts nach Hause gingen, fragte Johan, wer dieser Snob sei, der eine Samtjacke und Benoitonkragen mit aufgemalten Steigbügeln trug. Fritz antwortete, dies sei kein Snob und es sei schäbig, Leute nach vornehmen Kleidern zu beurteilen, ebenso schäbig, wie sie nach schlechten Kleidern zu beurteilen. Johan mit seinen Unterklassenvorstellungen verstand dies nicht und blieb stur. Fritz beteuerte, dies sei ein außerordentlich angenehmer Mann, und obendrein sei er Senior der Nation. Um Johan zu ärgern, fügte er noch hinzu, besagter Mann habe seine Zufriedenheit über Auftreten und Aussehen der Neuankömmlinge geäußert: sie haben Haltung, sollte er gesagt haben. Früher hätten die Stockholmer wie Handwerksgesellen ausgesehen, wenn sie hier heraufgekommen seien. – Johan wurde durch diese Mitteilung gekränkt und spürte, daß etwas zwischen sie getreten war. Fritz' Vater war Müllersknecht gewesen, seine Mutter aber war von adliger Herkunft. Er hatte von seiner Mutter geerbt, was Johan von seiner Mutter geerbt hatte.

Die Tage vergingen. Fritz trug jeden Morgen Frack und machte seinen Professoren die Cour; er wollte Jurist werden. Das war die Karrierelaufbahn, und die Juristen waren die einzigen, die einige für das öffentliche Leben nützliche Sachkenntnisse erhielten, die einzigen, die Einblick in die Organisation der Gesellschaft nehmen und mit dem Handel und Wandel des täglichen Lebens Kontakt haben durften. Das waren die Realisten.

Johan hatte keinen Frack, keine Bücher, keine Bekannten.

– Leih dir meinen Frack, sagte Fritz.

– Nein, ich will mich nicht vor den Professoren produzieren, sagte Johan.

– Du bist dumm, sagte Fritz, und damit hatte er recht, denn die Professoren gaben tatsächlich, wenn auch vage, Auskunft über die Lehrveranstaltungen. Dies war eine Art Hochmut bei Johan, sein Vorwärtskommen nur seiner Arbeit verdanken zu wollen, und was schlimmer war, er hielt es für schmählich, als Kriecher durchschaut zu werden. Würde denn ein alter Professor nicht sofort erkennen, daß er vor ihm kroch? Daß er ihn benutzen wollte? Sich Übergeordneten unterzuordnen, war nämlich gleichbedeutend mit Kriechen. Alles übrige war ungewiß. Die Universität, die als hohe Schule der freien Forschung gelockt hatte, war im Grunde nur eine Examensanstalt, Schule, mit Pensum und Abhören, doch nach den Aufgaben mußte man die Kommilitonen fragen, denn die Professoren wollten nicht sagen, daß es Aufgaben gab. Vorlesungen hielten sie, um den Schein zu wahren oder weil sie Gehalt dafür bekamen, und ohne Kollegien (private Stunden) war ein Examen unmöglich. Johan beschloß, in Vorlesungen zu gehen, die nichts kosteten. Er ging ins Gustavianum, um die Geschichte der Philosophie zu hören. In der Dreiviertelstunde, die die Vorlesung dauerte, ging der Professor die Einleitung zur Ethik des Aristoteles durch. Bei drei Stunden Vorlesung die Woche würde er demnach vierzig Jahre brauchen, um die Geschichte der Philosophie zu durchdringen. Vierzig Jahre, dachte Johan, das ist zu lange für mich, und darum ging er nicht mehr hin. Überall das gleiche. Ein Studienrat las über Shakespeares Heinrich VIII und interpretierte und kommentierte ihn auf Englisch, vor einem Auditorium von fünf Personen. Johan nahm einige Male teil, merkte aber, daß es sich zehn Jahre hinziehen würde, bis Heinrich VIII zu Ende war.

Indessen begann ihm zu dämmern, worum es bei den Examensforderungen ging. Zunächst galt es, öffentlich einen lateinischen Aufsatz zu schreiben. Also doch noch mehr Latein. Das widerstrebte ihm. Er hatte sich für Ästhetik und Lebende Sprachen als Hauptfächer entschieden. Doch die Ästhetik umfaßte die Geschichte der Architektur, Bildhauerei, Malerei, Literatur und dazu die ästhetischen Systeme. Allein dies zu bewältigen, füllte ja ein Leben aus. Die Lebenden Sprachen bestanden aus Französisch, Deutsch, Englisch, Italienisch und Spanisch, samt komparativer

Linguistik. Woher sollte er dafür die Bücher nehmen? Und Kollegien konnte er sich nicht leisten! Trotzdem nahm er die Ästhetik in Angriff. Er hatte erfahren, daß man sich in der Nation Bücher leihen konnte, und so lieh er sich die Teile von Atterboms Sehern und Dichtern, die zufällig zu haben waren. Leider handelten sie nur von Swedenborg und enthielten die Briefe Thorilds. – Ja, aber das sollte man doch wohl um Himmels willen nicht auswendig können? – Darauf konnte niemand antworten. Swedenborg hielt er für nicht recht gescheit, und Thorilds Briefe an Per Tamm auf Dagsnäs gingen ihn nichts an.

Swedenborg und Thomas Thorild waren zwei verstiegene Schweden, welche im Land der Einsamkeit von jener Krankheit *Grössenwahn* befallen worden waren, die die Einsamkeit mit sich bringt, und die in Schweden gerade aufgrund seiner isolierten Lage und der auf einer großen Fläche angesiedelten kleinen Bevölkerungszahl nicht ungewöhnlich ist und oft zum Ausbruch kam: in Gustav Adolfs Kaiserplänen, den europäischen Großmachtideen Karls X, dem Attilaprojekt Karls XII, Rudbecks Atlantica-Manie, zuletzt in Swedenborgs und Thorilds Himmelsstürmer- und Weltbrandphantasien. Sie waren verrückt, meinte Johan, und warf sie weg. Und so etwas sollte man lesen.

Er begann über seine Lage nachzudenken. Was sollte er in Uppsala tun? Mit achtzig Kronen in sechs Jahren den Doktor machen. Und dann? Er hatte niemals weiter gedacht. Keine Zukunftspläne, keine ehrgeizigeren Träume als den, Lehrer zu werden. Lorbeerkranz, Doktorfrack und dann bis ans Lebensende in der Jakobschule den Katechismus lehren. Nein, das war es nicht, was er wollte!

Das Semester verstrich, und es ging auf Weihnachten zu. Das Geld in der Tischschublade schmolz langsam, aber sicher zusammen. Und dann. Die Zeit der studentischen Hauslehrer ging zu Ende, seit die Eisenbahnen den Verkehr zwischen dem Land und den Städten, wo Schulen und Gymnasien lagen, erleichterten. Das ganze Unternehmen war wahnsinnig, und als es keine Bücher mehr gab, begann er, sich bei Kommilitonen herumzutreiben. Er entdeckte Leidensgefährten. Lernte zwei kennen, die das ganze Semester Schach gespielt hatten und nicht mehr als ein Gesangbuch besaßen, das eine Mutter in einen Koffer gesteckt hatte. Auch sie stellten sich die Frage: was um Himmels willen hat man hier zu suchen? Das Examen kam nicht von selbst zu einem, und man mußte all die geheimen Wege aufspüren, die Pförtner mit Kolleggeldern bestechen, durch Löcher kriechen, für Bücher Schulden machen, sich in Vorlesungen zeigen, oh, es war so viel, so viel!

Um die Zeit auszufüllen, lernte er B-Kornett im Nationssextett zu blasen, überredet von Fritz, der die Tenorposaune traktierte. Doch die Übungen fanden unregelmäßig statt und begannen, im gemeinsamen Haushalt Zwietracht zu säen. Auch Puff spielte er, Fritz aber haßte das Spiel, und so wanderte Johan mit dem Puffkasten bei Bekannten herum und spielte bei denen. Das war idiotisch genug, ebenso idiotisch wie Swedenborg zu lesen, fand er.

– Warum lernst du nicht? fragte Fritz recht oft.
– Ich habe keine Bücher, antwortete Johan.
Das war wirklich ein Grund.

*

Die Freiheit, zumindest die gab es, die Freiheit von Glockenschlag und Beaufsichtigung, doch sie empfand er als belastend. Hätte es Lehrer und Schulbücher gegeben, es wäre besser gewesen, und mancher junge Mann wäre nicht verlorengegangen. Die Freiheit erschien lediglich als ein Vakuum, das von denen, die kein Geld hatten, um in die Arbeit des Universitätslebens einzudringen, unmöglich auszufüllen war. Der erzwungene Müßiggang war unerträglich, und wäre nicht die Ehre gewesen, Johan wäre umgekehrt.

Kneipenbesuche konnte er sich nicht leisten. In Bierstuben kam er umsonst und sah schlimme Dinge. Die jungen Männer standen Schlange, saßen auf Tischen und Kommoden, tranken Bier und warteten, bis sie an der Reihe waren. Einmal sah er, wie eine Frau, die über fünfzig Jahre alt war, es mit jungen Männern trieb, und ein anderes Mal, wie ein Ehemann sich zur Wand drehte, während seine Frau es trieb, und auf der Bettkante saßen Studenten und hielten die Kerze. Die vielen anderen, die dazu nicht kamen, erschöpften ihre Manneskraft in Gewalttaten. Einige hatten zum Beispiel eines Nachts einen fünfzehn Ellen langen Balken genommen und versucht, damit ein Holzhaus zu demolieren. Es war kompletter Wahnsinn. Die vielen, die heute das harte Schicksal der Prostituierten beklagen, glauben, Not und Verführung seien die einzigen Motive. Im Laufe seines langen Junggesellendaseins, in dem er in Kontakt mit gut hundert Freudenmädchen kam, fand Johan hingegen keine einzige, die sentimental war oder ihren Weg ändern wollte. Sie hatten ihn aus Veranlagung gewählt, fühlten sich wohl und waren alle zufrieden. Fast alle waren Dienstmädchen, die ihre Stellen verlassen hatten, weil sie sich langweilten; und über den Verführer sprachen sie nur in seiner Eigenschaft, der erste gewesen zu sein, und irgendeiner mußte schließlich der erste sein. Daß sie sich untersuchen lassen mußten, paßte ihnen nicht, doch auch der Rekrut wird untersucht. Um wie vieles berechtigter war da also diese Sanitätsmaßnahme bei den Frauen, die die Krankheit hervorbrachten, was die Männer nicht taten. Allgemein und öffentlich beklagte man sich jetzt über den durch Phantasien gestörten Nachtschlaf und ersetzte die vergeudete Kraft mit Punsch und Grog. Er lebte äußerst abstinent. Zum Mittagessen wurde nur Wasser getrunken, und wenn er und Fritz sonntags jeder eine halbe Flasche Bier tranken, wurden sie halb betrunken, blieben am Tisch sitzen und erzählten einander zum hundertsten Mal gemeinsame Abenteuer aus der Schulzeit.

Ein kleines Ereignis ungewöhnlicher Art führte indessen dazu, daß er auf einem Gebiet Erfahrungen sammelte, das nahezu hermetisch abgeschlossen und das zu öffnen an der Zeit ist, damit das Problem geklärt wird. Eines Morgens zu Beginn des Semesters erhielten Johan und Fritz aus dem Gasthof eine Visitenkarte mit der Einladung, den Freund von X., Legationssekretär an der Botschaft von X., in Stockholm zu besuchen.

– Der ist hier? sagte Fritz. Dann gibt's ein feines Essen.
– Ja, erinnerst du dich denn nicht, daß er versprochen hat, uns aufzusuchen, wenn er nach Uppsala kommt?
– Ah, ich dachte, das hätte er vergessen.

Mit dem Zustandekommen dieser vornehmen Bekanntschaft verhielt es sich folgendermaßen.

Im Sommer nach dem Abitur waren Johan und seine Clique im Restaurant Hasselbacken gewesen. Dort waren sie dem Legationssekretär X. vorgestellt worden, der sich zu ihnen gesetzt hatte. Er war ein älterer Mann mit wäßrigen Augen, aber von sehr gemütlichen leutseligen Umgangsformen. Er trank Bruderschaft mit den Jungen, von denen ihn einige von Soireen beim Kammerherrn kannten. Man trank mehr, als man vertrug, und Herr v. X. mußte in die Stadt. Er nahm eine Droschke; Johan und Fritz fuhren mit. Unterwegs setzte sich Herr v. X. unter allgemeiner Aufmerksamkeit der Leute auf der Straße eine Studentenmütze auf, die er eingetauscht hatte. Während der Fahrt sagte v. X.:

– Jetzt müßt ihr mit zu mir kommen und ein Glas Champagner trinken.

Johan nimmt dankend an, Fritz aber zwinkert und sagt nein.

– Wir haben noch eine Einladung, sagt er, und müssen erst nach Hause und uns umziehen.

Johan macht große Augen, Fritz aber tritt ihm auf den Fuß.

– Wo wohnt ihr denn, ich fahre euch nach Hause, sagt v. X.

– Am Brunkebergstorg Numero 11, lügt Fritz. Johan begriff nichts. Die Droschke hält am Brunkeberg, und Fritz zieht den Freund in einen Hauseingang.

– Was soll denn das bedeuten? fragt Johan.

– Äh, das ist ein altes Schwein, sagt Fritz, und ich wollte ihn los sein.

Johan fand das sehr geheimnisvoll, aber die Sache geriet in Vergessenheit. Jetzt lebte sie wieder auf. Sie gingen zum Hotel und trafen dort einen Freund aus der alten Garde, der ebenfalls eingeladen war. Nun gut! Sie fuhren zu den Hügeln von Alt-Uppsala, wo ihre Namen als zweideutige Erinnerung an eine einigermaßen schlecht gewählte Gesellschaft noch im Gästebuch stehen. Die Freunde sind tot, der feine Herr des Landes verwiesen, wie es heißt, und nur Johan ist noch ein wenig am Leben.

Man kehrte in die Stadt zurück, und in einem Hinterzimmer von Gästis fand das Mittagessen statt. Der Champagner wurde auf Eis gelegt, und man bestellte das Beste, was es gab. Zum Champagner wurden Reden gehalten: politische von den Jünglingen, der alte Herr aber lächelte und wartete mit Indiskretionen über, so behauptete er, Kabinettsgeheimnisse auf. Aus erster Hand Neuigkeiten und Landesgeheimnisse zu erfahren, war reizvoll. Herr v. X. will jetzt die Tür zum Kellersaal schließen, doch das wird verboten. Studenten kommen herein und essen mit scheelen Blicken ihre halben Portionen. Jetzt ist man berauscht und beim Kapitel der ewigen Freundschaft angekommen, Besuchen beim Freund, wenn man ins Ausland kommt usw. Dann wird man umarmt und auf die Wange geküßt, nach der angeblichen Sitte jenes Landes, in dem Herr X. zu Hause ist.

Dann bricht man auf und geht zu Flustret, um Kaffee zu trinken. Herr v. X. will drinnen sitzen, die Jungen aber wollen ihre vornehme Bekanntschaft vorführen und draußen sitzen. Dabei bleibt es. Nun jedoch scharen sich adlige Jünglinge um ihren Tisch, grüßen v. X. vertraut, aber spöttisch, und lachen seine Begleiter aus.

– Worüber lachen die, zum Teufel? sagt Johan.

– Wir sind natürlich betrunken.

Es wurde Abend, und v. X. muß mit dem Zug nach Hause fahren. Die Freunde begleiten ihn zum Bahnhof. Fritz und Johan bleiben auf dem Bahnsteig, Philip aber geht mit in den Waggon. Darauf kommt er rückwärts wieder heraus und wirft mit einem »Fahr zur Hölle!« die Tür zu.

– So ein Aas, auf den Mund wollte er mich küssen, sagt er noch zitternd und zieht seine Freunde durch die Menschenmenge mit sich fort.

Was war das?

– Seine Sitte, schlug Fritz vor.

– Nein, das ist ein Teufel, sagt Philip.

– Hat der sich über uns lustig gemacht? fragt Johan. Also deshalb haben sie bei Flustret gelacht.

Man kam zu keinem Ergebnis, doch man fühlte sich betrogen und unbefriedigt. Was also war dies? Die Geschichte vom »alten Herrn«, die sicher jedem jungen Mann irgendwann einmal zugestoßen ist, und Johan erinnerte sich später, daß er im Küsterhof von

Vidala eine mystische Geschichte über einen Jungen gehört hatte, der von einem »alten Herrn« eine goldene Uhr und so viel Geld bekommen hatte, wie er wollte. Warum? Das wußte der Gewährsmann nicht.

*

Das Semester kroch dahin, unerträglich langsam, ergebnislos, abstumpfend. Johan spürte, daß er sich als Unterklasse bis hierher hatte durchbüffeln können, weiter aber nicht. Es war jetzt eine ökonomische Frage, die seine Pläne stranden ließ. Oder war er dieses einseitige Kopfleben ohne Muskelarbeit leid? Auch kleine Erfahrungen, auf die er hätte vorbereitet sein müssen, taten das Ihre, ihn zu verbittern. Eines Tages kam Fritz mit einem jungen Grafen nach Hause in ihre Kammer. Fritz stellte die Herren einander vor, und der Graf versuchte, sich zu entsinnen, ob sie nicht in der Klara Schule Klassenkameraden gewesen seien. Johan meinte sich an so etwas zu erinnern. Die alten Freunde und Banknachbarn titulierten einander als Herr Graf und Herr. Natürlich erinnerte sich Johan, wie er und der junge Graf bei Sabbatsberg in einer Tabakscheune gespielt hatten und wie Johan einmal prophezeit hatte, »in ein paar Jahren, mein Lieber, da kennen wir einander nicht mehr«; worauf der Graf lebhaft protestiert und sich beleidigt gefühlt hatte. Warum aber fiel Johan gerade dieser Fall auf, und so viele andere nicht, wo es doch etwas ganz Natürliches war, daß man auseinanderwuchs, wenn man lange Zeit nicht miteinander umging? Weil er fühlte, wie sein Sklavenblut beim Anblick des Edelmanns kochte. Man hat angenommen, es sei der Rassenunterschied, der diesen Haß erzeugt. So aber scheint es nicht zu sein, denn dann würde sich die stärkere Rasse der Unterklasse der schwächeren des Geburtsadels überlegen fühlen. Es ist wohl ganz einfach Klassenhaß. Der betreffende Graf war ein bleicher, magerer Jüngling, mit sehr simplen Zügen, schlaksig, ohne Haltung; war sehr arm und sah verhungert aus. Er hatte einen scharfen Verstand, war fleißig und überhaupt nicht anmaßend. Wurde Johan im späteren Leben ein weiteres Mal vorgestellt und erwies sich als ein angenehmer, humaner Mann, der unter Schwierigkeiten, die denen Johans glichen, eine anspruchslose und ruhige Beamtenkarriere gemacht hatte. Warum sollte er ihn also hassen? Und sie lächelten gemeinsam über den Unverstand ihrer Jugend. Zu diesem Zeitpunkt konnten sie lächeln, denn Johan war gerade das, was man »oben« nennt, andernfalls hätte zumindest Johan nicht gelächelt. »Steh auf, damit ich mich setzen kann«, hat man eher boshaft als erhellend das Bestreben der Unterklasse in unseren Tagen formuliert. Doch man hat sich geirrt. Früher schuftete man, um sich zu den anderen hinaufzudrängeln; jetzt will man die anderen unten haben, um sich die Mühe zu ersparen hinaufzukrabbeln, wo es kein Oben gibt. – »Rück zur Seite, dann können wir beide sitzen«, sollte es jetzt richtiger heißen. Man hat gesagt, daß diejenigen, die jetzt oben sind, aus Notwendigkeit dorthin gekommen sind und unter allen Umständen dort sitzen müssen; daß der Wettbewerb frei ist; daß jeder einzelne es zu etwas bringen kann; und daß unter neuen Voraussetzungen der gleiche Wettlauf von vorn anfangen würde. – Gut, also fangen wir den Wettlauf von vorn an, aber komm her und stell dich hier unten auf, wo ich stehe, sagt die Unterklasse, dann werden wir sehen! Jetzt hast du durch Privilegien und Kapital einen Vorsprung, und nach den Bestimmungen der neuen Zeit müssen wir mit Zaumzeug oder englischem Reitsattel gewogen werden. Daß du als erster angekommen bist, liegt daran, daß du gemogelt hast! Darum wird das Rennen für ungültig erklärt, und wir fangen von vorn an; falls wir uns nicht darauf einigen, den ganzen Lauf als antiquierten Sport aus vergangenen Zeiten abzuschaffen!

Fritz hatte in diesem Punkt eine andere Sichtweise. Er wollte denen dort oben nicht am Zeug flicken, sondern er wollte sich dem Adel anpassen und zu ihnen hinaufsteigen, ihnen gleichen. Er begann zu lispeln und elegante Handbewegungen zu machen, grüßte wie ein Botschafter und warf den Kopf, als lebe er von Zinsen. Doch er achtete darauf, sich nicht lächerlich zu machen, und ironisierte sich selbst und sein Streben. Nun war es allerdings so, daß die Aristokraten, denen er gleichen wollte, einfache, sichere, ungekünstelte Manieren hatten, einige sehr bürgerliche, und daß Fritz nach einem alten Theatermodell arbeitete, das es nicht mehr gab. Darum wurde er im Leben auch nicht, was er erwartet hatte, obwohl er im Sommer lange bei seinen Freunden in Schloßsälen herumsaß, und er endete auf einem recht bescheidenen Posten in einer Kollegialbehörde. Als Student wurde er im Vorzimmer empfangen, doch weiter kam er nicht, und der Kreisgerichtsrat wurde in denselben Salons nicht vorgestellt, die der Student unvorgestellt betreten hatte.

Indessen begannen sich die Auswirkungen des unterschiedlichen Bekanntenkreises zu zeigen. Zunächst Kälte, dann Feindschaft. Eines Nachts am Spieltisch brach es aus.

Fritz hatte eines Tages gegen Ende des Semesters zu Johan gesagt:
– Mit solchen Langweilern solltest du nicht verkehren!
– Stimmt mit ihnen etwas nicht?
– Nein, aber du solltest lieber mit mir zu meinen Freunden gehen.
– Wir kommen miteinander nicht aus!
– Sie mit dir schon, aber sie meinen, du bist hochmütig!
– Ich?
– Ja, und um zu zeigen, daß du das nicht bist, komm heute abend mit zum Punsch.

Johan ging widerstrebend mit.

Man kam zu sicheren, soliden Juristen, die Karten spielten. Anfangs Préference. Man diskutierte den Point, und es glückte Johan, ihn auf ein Minimum zu drücken, obgleich die Herren saure Gesichter machten. Dann wurde Knack vorgeschlagen. Johan sagte, er spiele nie Knack.
– Aus Prinzip? fragte man.
– Ja, antwortete er.
– Wann hast du dir dieses Prinzip denn zugelegt, fragte Fritz giftig.
– Jetzt!
– Gerade eben? Hier?
– Ja, gerade eben, hier! antwortete Johan.

Man tauschte gehässige Blicke, und es war vorbei. Sie gingen schweigend nach Hause; gingen schweigend zu Bett; standen schweigend auf. Sie aßen schweigend fünf Wochen lang am selben

Tisch zu Mittag, und sie sprachen nie mehr miteinander. Die Kluft hatte sich geöffnet, die Freundschaft war zu Ende, der Kontakt war zu Ende, von der Beziehung zwischen ihnen war nichts mehr übrig. Wie das kam? Ihre gegensätzlichen Naturen waren wohl fünf Jahre lang von der Gewohnheit, vom Klassenzimmer, von gemeinsamen Erinnerungen, Niederlagen, Siegen attrahiert worden. Es war ein Kompromiß zwischen Feuer und Wasser, der enden mußte und jederzeit und augenblicklich enden konnte. Nun krepierte er auch wie ein Schuß; die Masken fielen, und sie wurden nicht erst, sie entdeckten ganz einfach, daß sie geborene Feinde waren, das heißt, zwei unterschiedlich beschaffene Naturen, von denen jede in ihre Richtung gehen wollte. Nicht mit einem Streit und groben Beschimpfungen zog man Bilanz, man machte Schluß, ohne daran zu denken. Es ging von selbst. Ein unheimliches Schweigen herrschte bisweilen am Mittagstisch, wo die Hände einander kreuzten und die Blicke einander auswichen; manchmal bewegten sich Fritz' Lippen, als wollten sie sprechen, doch der Kehlkopf funktionierte nicht. Was sollte man sagen? Es gab nichts anderes zu sagen als schweigend mitzuteilen: zwischen uns gibt es nichts mehr.

Und trotzdem gab es etwas! Manchmal konnte Fritz abends nach Hause kommen, heiter und offensichtlich mit der Absicht zu sagen: komm mit raus und muntere dich auf, alter Freund; dann aber blieb er mitten im Zimmer stehen, eingefroren durch Johans Kälte, und schließlich ging er wieder. Manchmal überkam es Johan, der unter dem Bruch litt, zum Freund sagen zu wollen: wie dumm wir doch sind! – Doch beim Anblick seiner weltmännischen Art fror er ein. Sie hatten die Freundschaft verschlissen, indem sie zusammen wohnten. Sie kannten einander auswendig, kannten Geheimnisse und Schwächen des anderen, wußten jederzeit, was der andere antworten würde. Es war zu Ende! Was weiter?

*

Nun folgte eine Zeit elender Abstumpfung. Herausgerissen aus dem Gemeinschaftsleben der Schule, wo er wie ein Teil einer Maschine gesessen und in Zusammenarbeit mit den anderen funktioniert hatte, hörte er, sich selbst überlassen, auf zu leben. Ohne Bücher, Zeitungen oder Bekannte wurde er leer; denn das Gehirn produziert sehr wenig, vielleicht nichts, und zum Kombinieren muß es Material von außen bekommen. Von außen kam nichts, die Kanäle waren verstopft, die Wege abgeschnitten, und seine Seele hungerte. Manchmal nahm er Fritz' Bücher und sah hinein. Unter ihnen fand er zum ersten Mal Geijers Geschichte. Geijer war ein großer Name, ihm nur durch den Köhlerjungen und den letzten Kämpen, den Wikinger und andere schlechte Gedichte vertraut. Jetzt sollte er dem Geschichtsschreiber begegnen. Er las Gustav Vasa. Es erstaunte ihn, daß er weder einen großen Gesichtspunkt oder weitergehende neue Informationen fand. Und der Stil, über den man damals sprach, war alltäglich. Sie glich einer Gedenkrede, diese kurze Geschichte der Regierung eines so langlebigen Königs, und knapp war sie obendrein, wie ein richtiges Lesebuch. Mit feinen Typen ohne Anmerkungen gedruckt, hätte die Regierung des Reformkönigs eine kleine Broschüre ergeben. Eines Tages fragte er auch die Kameraden, was sie von Geijer hielten: – Der ist grauenhaft, antworteten sie. Das war die allgemeine Ansicht in jener Zeit, als nicht jedermann durch Jubiläums- oder Denkmalsrücksichten gehindert war, seine Meinung zu sagen.

Dann schaute er in die Verfassung. Pfui! Es war schrecklich, daß man so etwas lernen mußte! Diese Abneigung gegen alles, was öffentliche Interessen betraf, hatte Johan aus Elternhaus und Schule mitbekommen, und weil er unaufhörlich den alten Satz hörte, die Jugend solle sich mit Politik, das heißt dem öffentlichen Wohl, nicht befassen, und durch den Individualismus des Christentums mit seinem ewigen Herumgraben im Ich und dessen Gebrechen war er konsequent zum Egoisten geworden. »Wenn jeder einzelne seinem Geschäft nachgeht etc.« war ja das erste Gebot der christlichen Egoistenmoral. Darum las er auch keine Zeitungen und kümmerte sich nicht darum, wer regierte oder wie regiert wurde, was sich draußen in der Welt zutrug, wie sich die Schicksale der Völker gestalteten, oder was die großen Geister der Zeit dachten. Darum kam es ihm nie in den Sinn, auf die Nationsversammlungen zu gehen, wo öffentliche Angelegenheiten behandelt wurden. Das besorgen die schon, meinte er. Und mit dieser Ansicht stand er nicht allein, weswegen die Nationszusammenkünfte von einigen flinken Kerlen geleitet wurden, die man vielleicht fälschlicherweise für Egoisten hielt, welche die öffentlichen für private Interessen ausnutzen wollten. Er, der die Angelegenheiten der kleinen Gemeinschaft sich selbst überließ, war sicher der größere Egoist, da er sich mit den privaten Angelegenheiten seiner Seele beschäftigte, auch wenn man zu seiner Entschuldigung und der vieler Nationskameraden anführen kann, daß er schüchtern war. Dieser Schüchternheit aber hätte die Schule durch Übungen im öffentlichen Auftreten und durch Rednerschulung abhelfen sollen. Doch auch Feigheit lag in der Schüchternheit: die Furcht vor Widerspruch, vor Lächerlichkeit und vor allem davor, für frech gehalten zu werden, sich aufspielen zu wollen; und jeder junge Mann, der sich aufspielte, wurde sofort zurechtgestutzt, denn hier herrschte in hohem Maß Altersaristokratie.

Wenn die Kammer ihm zu eng wurde, ging er hinaus vor die Stadt. Doch diese entsetzliche Landschaft mit ihren endlosen Lehmäckern machte ihn traurig. Er war kein Flachlandbewohner, sondern hatte seine Wurzeln in der hügeligen und von Wasserläufen belebten Natur der Stockholmer Gegend. Er litt unter der Landschaft Uppsalas und hatte eine Art Heimweh nach seiner Landschaft, so sehr, daß er, als er zu Weihnachten nach Hause kam und die lieblichen Strandlinien von Brunnsviken sehen durfte, gerührt war bis zur Sentimentalität, und sein Auge ruhte in der Betrachtung der sanften Laubwaldlinien des Hagaparks, bis er fühlte, wie seine Seele gleichsam wieder im Ton gestimmt war, nach einer langen Zeit der Disharmonie. So abhängig war sein Nervenleben von dem Medium, das es umgab.

Als kleinere Stadtansiedlung hätte ihm die Kleinstadt Uppsala mehr zusagen müssen als die Großstadt, die er haßte. Wäre die Kleinstadt wirklich eine entwickelte Form des Dorfes gewesen, unter Beibehaltung der einfachen ländlichen Mittel für Gesundheit und Wohlbefinden, mit Fragmenten von Landschaft zwischen den Häusern, dann wäre sie vorzuziehen gewesen. Nun aber ist die Kleinstadt eine dürftige, anspruchsvolle Kopie der Nachteile der

Großstadt, darum ist sie so abstoßend. Es war auch alles kleinstädtisch. Das ununterbrochene Erinnern an die Nationszugehörigkeit: – »Mein Name ist Pettersson, Östgöte.« – »Ich heiße Andersson, Småländer.« Und erst die Konkurrenz zwischen den Nationen. Die Stockholmer hielten sich für die Höchsten und wurden darum von den »Bauern« beneidet und verachtet. Was war am höchsten? Darüber gab es viel Streit. Große Männer hervorgebracht zu haben meinten die Värmländer, die in ihrem Saal das Porträt Geijers hatten, und die Småländer, die Tegnér und Linné hatten. Die Stockholmer, die nur mit Professor Bergfalk und Bellman aufwarten konnten, wurden »Gossenjungen« genannt. Das war nun nicht sonderlich geistreich, vor allem, wenn es von einem Kalmariten kam, der dann daraufhin auch gefragt wurde, ob es in Kalmar denn schon Gossen gebe. Und die Kalmariten waren aus der Småländer Nation ausgebrochen und hatten zwei Zimmerchen für sich. Die Wahl des Vorsitzenden der Studentenschaft gab dem Lokalpatriotismus besondere Gelegenheit, seine Möglichkeiten zu entfalten. Auch das Beförderungsgezänk der Professoren mit Zeitungsartikeln und Pamphleten hatte etwas Schildbürgerhaftes, denn zu guter Letzt entschied dann doch der Universitätskanzler, der in Stockholm saß, wer auf den Lehrstuhl berufen werden sollte. Darüber hinaus war auch von seltsamen Berufungen die Rede. Die Übergangenen wurden bisweilen auf weniger angebrachte Weise abgefunden, wie z. B. in dem Fall, als eine übergangene Kapazität, zum Nachfolger Elis Malmströms ausersehen und Dozent in Ästhetik, zum Kommerzienrat und Ritter des Nordsternordens gemacht wurde.

Die Universität von Uppsala hatte 1867 nicht einen einzigen bedeutenden Lehrer, der sich aus der Masse abhob. Einige waren alte und geradezu verkommene Grogbrüder. Andere waren junge, unerfahrene Dilettanten, die durch ihre Frauen oder mittelmäßiges Talent vorangekommen waren. Der einzige, der ein gewisses Ansehen genoß, war Swedelius. Mehr freilich wegen seiner humanen, gutmütigen Art und der Anekdoten, zu denen er Anlaß gegeben hatte, als wegen seines Genies. Seine Gelehrtentätigkeit beschränkte sich auf die Produktion von Lehrbüchern und Gedenkreden, beides in einem schroffen, schwedisch-chauvinistischen Ton, ohne streng wissenschaftlich zu sein oder selbständige Forschung zu verraten.

Insgesamt betrachtet war alles, was gelehrt wurde, aus dem Ausland, meist aus Deutschland, importiert. Die Lehrbücher für die meisten Fächer waren Deutsch oder Französisch abgefaßt. Englisch dagegen sehr selten, denn das beherrschte man nicht. Selbst der Professor für Literaturgeschichte beherrschte die englische Aussprache nicht, und darum begann er seine Vorlesungen damit, sich für seine Aussprache zu entschuldigen. Daß er die Sprache konnte, brauchte er nicht zu erklären, weil man seine Übersetzung englischer Gedichte kannte. Aber warum lernte er die Aussprache nicht? fragten sich die Studenten. Die meisten Dissertationen waren nur schlechte Kompilationen aus dem Deutschen, und es traten Fälle von reiner Übersetzung mit nachfolgendem Skandal auf. Das war allerdings nicht etwas dieser Epoche Eigentümliches, denn eine schwedische Bildung gibt es ebensowenig wie eine belgische, eine schweizerische oder eine ungarische, obwohl es einen Linné und einen Berzelius gegeben hat, beide ohne schwedische Nachfolger.

*

Johan litt an mangelnder Unternehmungslust. Die Schule hatte ihm die Arbeit in die Hand gegeben. Die Universität überließ alles ihm selbst. Mutlosigkeit und Trägheit befielen ihn, und jetzt faßte er, gepeinigt von dem Gedanken, was nach dem Ende dieses Semesters kommen sollte, den Entschluß, sich eine Stelle und ein Auskommen zu suchen. Von einem Kommilitonen hatte er gehört, daß man ohne besonderes Examen Volksschullehrer auf dem Land werden und daß man von einer solchen Stelle leben könne. Es war jetzt Johans Traum, auf dem Land zu leben. Gegen die Stadt hatte er einen angeborenen Widerwillen, obgleich er in einer Hauptstadt geboren war. Er war außerstande, sich dem Leben ohne Licht und Luft anzupassen, sich wohl zu fühlen auf diesen Straßen und Plätzen, gleichsam zu einer Zurschaustellung jener äußeren Zeichen bestimmt, die Aufstieg und Abstieg auf der törichten sozialen Leiter angaben, wo Nebensächlichkeit wie Kleider oder Benimm so viel bedeuten. Er hatte die Kulturfeindlichkeit im Blut, konnte nie aufhören, sich als ein Naturprodukt zu fühlen, das sich aus der organischen Verbindung mit der Erde nicht lösen wollte. Er war eine wilde Pflanze, die mit ihren Wurzeln zwischen den Pflastersteinen vergebens nach einer Metze Erde suchte, ein Tier, das sich nach dem Wald sehnte.

Es gibt einen Fisch, der auf Bäume klettert, und der Aal kann an Land in den Erbsenacker hinaufsteigen, doch kehren beide immer wieder ins Wasser zurück. Die Hühner sind seit langer Zeit so domestiziert, daß die Urfedern absterben konnten, aber dennoch behält der Vogel seine Gewohnheit bei, auf einer Sprosse zu schlafen. Das ist der Schlafzweig des Auerhahns und des Birkhuhns. Die Gänse werden im Herbst unruhig, denn ihr Blut erinnert sich, daß es Zeit ist zu ziehen. Besser steht es um die Anpassung nicht! Sie strebt immer zurück. Mit dem Menschen ist es ebenso. Der Bewohner des Nordens hat sich, indem er die Kulturgewohnheiten beibehielt, dem nördlichen Klima nicht anpassen können, darum ist die Schwindsucht eine nördliche Krankheit. Der Magen, die Nerven, das Gehirn, die Haut konnten sich fügen, nicht aber die Lungen. Der Eskimo dagegen, der ebenfalls Südländer ist, hat sich dem Eis angepaßt, mußte aber die Kultur aufgeben. Und die Sehnsucht nach dem Süden, die der Bewohner des Nordens hat, was ist sie anderes als das Bestreben, in sein ursprüngliches Milieu in einem sonnigeren Land zurückzukehren, an die Strände des Ganges, wo seine Wiege stand. Und die Abneigung des Kindes gegen den Verzehr von Fleisch, und die Gier nach Früchten, den Hang zum Klettern, alles Streben zurück! Darum ist Kultur: in einer ewigen Spannung, in einem ewigen Kampf gegen Rückschritt leben. Durch die Erziehung wird die Uhr aufgezogen, doch ist die Feder nicht stark genug, bricht sie, und die ganze Maschinerie schnurrt herunter, zurück, bis Ruhe eintritt. Mit zunehmender Kultur wird die Spannung immer größer, und die Statistiken über den Wahnsinn weisen in den Kolumnen immer größere Zahlen auf. Gegen den Kulturstrom kann man nicht schwimmen, doch man kann sich an Land retten. Der Sozialismus, der jetzt kommt und der die Oberklasse mit ihrem wertlosen »Höheren«, das zum Aufwärtsstreben verlockt, herabziehen will, ist eine Bewegung in rückwärtsgewandter gesunder Richtung. Schließlich wird die Spannung abnehmen, wenn der Druck nach oben nachläßt. Damit aber wird ein großer Teil der Luxuskultur abgeschafft werden. In einigen inneren Teilen der deutschen Schweiz ist bereits relative Ruhe eingekehrt. Dort gibt es nämlich keine nervöse Jagd nach Höherem, nach Ehrenämtern und Auszeichnungen, weil solche nicht vorhanden sind. Ein Millionär wohnt in einem Holzhäuschen und lacht den eingezwängten aufgeputzten Stadtbewohner aus, lacht aus vollem Hals und nicht neidisch bitter, denn er weiß, daß er diesen Tand für bares Geld kaufen könnte, wenn er wollte. Doch er will nicht, denn seine Nachbarn schätzen Luxus nicht. Die Menschen können dennoch glücklicher sein, wenn die Jagd einmal nicht mehr so hitzig ist, und sie werden es sein, denn das Glück ist wohl hauptsächlich Frieden. Weniger Arbeit und weniger Luxus. Nicht die Eisenbahnen sind zu kritisieren, sondern das Übermaß von Eisenbahnstrecken, und in der arkadischen Schweiz hat man mit Eisenbahnen schon Gebiete ruiniert, denn es gibt nichts, was auf ihnen zu transportieren wäre, und die Passagiere gehen zu Fuß. Ja, noch heute rechnet man Entfernungen nach dem Fußweg. – Acht Stunden sind es nach Zürich, sagt man. – Acht, das ist nicht möglich. – Doch, bestimmt! – Mit der Eisenbahn? – Ach so, mit der Bahn? Da sind es wohl nur anderthalb.

In Schweden gibt es bereits eine Bahn, die in ihren drei Klassen regelmäßig drei Passagiere befördert: den Hüttenwerksbesitzer, den Verwalter und den Buchhalter. Wir werden wohl noch erleben, daß man Stationen schließt, aus Kohlemangel, wenn die Bergwerkstreiks den Preis erhöht haben, aus Mangel an Schaffnern, wenn die Löhne gestiegen sind, und aus Mangel an Fracht, wenn Hafer und Holz nicht mehr exportiert werden können; das Eisen ist bereits zu teuer, um auf der Bahn transportiert zu werden, und muß wieder auf die alten Wasserstraßen.

Es nützt nichts, gegen die Kultur zu predigen, das ist bekannt, doch wenn man die Bewegungen der Zeit beobachtet, wird man feststellen, daß eine Rückkehr zur Natur in Evolution und bereits unter dem von Turgenjew eingeführten Terminus Vereinfachung (simplification) geläufig ist. Es ist der Irrtum der Evolutionisten, in allem, das sich in Evolution oder Bewegung befindet, einen Fortschritt zum Glück der Menschheit zu sehen, denn sie erkennen nicht, daß auch eine Krankheit sich zur Krise, zur Genesung oder zum Tod entwickelt.

Welch loses Anhängsel ist doch die Kultur! Trink einen Edelmann unter den Tisch, und er wird zum Wilden; setze ein Kind ohne Erziehung im Wald aus (vorausgesetzt, es kann sich dort ernähren), und es wird nicht einmal sprechen lernen. Aus einem Bauernjungen, der doch so niedrig stehen soll, kann man (in ein und derselben Generation) einen Wissenschaftler, einen Minister, einen Erzbischof, einen Künstler machen. Hier von Vererbung zu sprechen ist nicht angebracht, denn der Bauer, sein Vater, der auf einem als niedrig geltenden Niveau stehengeblieben ist, kann ja kein Bluterbe von kultivierten Gehirnen erhalten haben. Und die Kinder des Genies erben normalerweise nichts weiter als ausgebrannte Gehirne, zuweilen eine Fertigkeit im Beruf des Vaters, die jedoch meist durch täglichen Umgang mit dem Vater erworben wurde.

Die Stadt ist die Feuerstätte, die lebenden Brennstoff vom Land verschlingt, um die heutige Gesellschaftsmaschinerie in Gang zu halten, das ist wahr, dieser Brennstoff aber wird auf die Dauer zu teuer, und darum wird die Maschine stehenbleiben. Die künftige Gesellschaft wird diese Maschine nicht benötigen, um funktionieren zu können, auch eine sparsamere Verwendung von Brennstoff mag weiterhelfen. Doch von den Bedürfnissen der bestehenden Gesellschaft auf die der kommenden zu schließen, ist ein Fehlschluß.

Die bestehende Gesellschaft ist ein Naturprodukt, mag sein, aber ein unorganisches; die künftige Gesellschaft muß in erster Linie ein organisches Produkt werden, also ein höheres, weil sie den Menschen nicht von den wichtigsten Grundvoraussetzungen eines organischen Daseins abtrennen darf. Der Unterschied wird derselbe sein wie zwischen Pflasterstraße und Wiese.

*

Die Träume des jungen Mannes gingen aus der künstlichen Gesellschaft oft in die Natur hinaus. Erstere ist durch menschliche Gewalt an den Naturgesetzen errichtet worden, denn man kann einer Pflanze Gewalt antun, indem man sie unter einem Blumentopf bleicht und so einen vom Menschen eßbaren Salat hervorbringt, die Pflanze als Gewächs mit dessen Fähigkeit, gesund zu leben und sich fortzupflanzen, aber zerstört. Der Kulturmensch ist eine solche durch künstliches Bleichen für die bleiche Gesellschaft nützlich gemachte Pflanze, freilich unglücklich und als Individuum ungesund. Soll also das Bleichen weitergehen, damit die verrottete Gesellschaft bestehen bleibt? Soll das Individuum unglücklich leben, damit eine ungesunde Gesellschaft aufrechterhalten wird? Und kann die Gesellschaft gesund sein, wenn die Individuen krank sind? Das Individuum, ein einzelner, darf wohl nicht verlangen, daß die Gesellschaft um seinetwillen geopfert wird, die Individuen oder die Mehrzahl aber haben das Recht, für ihr Wohlbefinden Veränderungen des Gesellschaftszustandes zu verlangen, denn die Gesellschaft, das sind doch sie selbst!

Auf dem Land mit seinen einfacheren Verhältnissen glaubte Johan sich in einer bescheidenen Stellung wohl fühlen zu können, ohne das Gefühl zu haben, gesunken oder abgestiegen zu sein; in der Stadt nicht, denn dort wurde an Höhe und Sturz unaufhörlich erinnert. Freiwillig abzusteigen ist nicht peinlich, wenn sich die Zuschauer nur überzeugen lassen, daß es freiwillig geschieht, Stürzen aber ist bitter, zumal ein Sturz stets vom Beifall der Untenstehenden begrüßt wird. Steigen oder nach oben streben, die eigene Stellung verbessern, ist zu einem Gesellschaftstrieb geworden, und von ihm wurde der junge Mann angetrieben, auch wenn er nicht immer einsah, daß aufwärts höher hieß.

Jetzt allerdings wollte er ein Resultat, ein tätiges Leben und ein Auskommen. In der Posttidningen sah er die vielen Annoncen von Volksschullehrerstellen durch. Da gab es welche mit 300 Kronen, 600 Kronen, mit Wohnung, Weideland und Garten. Er bewarb sich um eine nach der anderen, erhielt aber keine Antwort.

Als dann das Semester zu Ende ging und die achtzig Kronen verzehrt waren, fuhr er nach Hause, ohne zu wissen, wohin er sich in der Welt wenden, was er werden, wovon er leben sollte. Er hatte einen Blick in den Vorhof geworfen und gesehen, daß dort kein Platz für ihn war.

2. Da unten und da oben

(1867-1868)

– Weißt du jetzt alles? Mit solchen und ähnlichen Fragen wurde er bei der Heimkehr ironisch begrüßt.

Der Vater nahm die Sache ernster und versuchte Pläne zu machen, ohne einen zustande zu bringen. Johan war Student, das war eine Tatsache, aber was weiter?

Jetzt war Winter, so daß noch nicht einmal die weiße Mütze ihm mildernden Glanz oder der Familie Ehre eintragen konnte. Irgend jemand hat vermutet, die Kriege würden aus Mangel an Offizieren aufhören, wenn man die Uniform abschaffte; fest steht, daß nicht so viele Studenten würden, gäbe es dieses äußere Zeichen nicht. In Paris, wo dergleichen unüblich ist, verschwinden die Studenten in der Menge, und niemand macht viel Wesens von ihnen, während sie in Berlin als privilegierter Stand neben den Offizieren auf dem Vormarsch sind. Deswegen ist Deutschland auch ein Doktorenland und Frankreich ein Bürgerland.

Jetzt sah der Vater die Folge davon, daß er einen für die Gesellschaft Untauglichen herangezogen hatte, der es nicht schaffte zu graben, sich womöglich aber nicht schämte zu betteln. Dem jungen Mann stand die Welt offen, um in ihr zu hungern, in ihr unterzugehen.

Seine Volksschullehrerpläne gefielen dem Vater nicht. Aus so viel Arbeit ein so lächerliches Resultat. Auch seine ehrgeizigen Träume würden unter einem solchen Abstieg leiden. Volksschullehrer, das war ja wie Unteroffizier; Unterklasse ohne Hoffnung auf Aufstieg, und aufgestiegen mußte werden, solange alle anderen aufstiegen, und es muß aufgestiegen werden, solange die Klassen- und Ranggesellschaft existiert. Das Abitur hatte er nicht der Bildung wegen gemacht, sondern um Oberklasse zu werden, und nun stand er gleichwohl im Begriff, Unterklasse zu werden.

Zu Hause wurde es unangenehm, denn Johan hatte das Gefühl, das Gnadenbrot zu essen, da Weihnachten vorüber war und er nicht länger als Weihnachtsbesuch gelten konnte.

Eines Tages trifft er auf der Straße zufällig einen befreundeten Lehrer an einem Gymnasium, den er lange nicht gesehen hatte. Sie sprachen von der Zukunft, und der Freund empfahl die Stockholmer Volksschule als eine gute Möglichkeit, seinen Lebensunterhalt zu verdienen, während man für den Doktor studierte, denn dort bekam man tausend Kronen Gehalt und hatte täglich um ein Uhr frei. Wo auch immer, nur nicht in Stockholm, meinte Johan. Ah, es gebe außer ihm noch mehr Studenten an der Volksschule. – Tatsächlich? Nun, dann hatte man ja Leidensgefährten! – Ja, und einer hatte die Neue Elementarschule, wo er Lehrer gewesen war, verlassen.

Johan ging hin, bewarb sich und wurde mit neunhundert Kronen Gehalt eingestellt. Der Vater billigte die Entscheidung, nachdem er gehört hatte, daß hierdurch das Studium vorangetrieben würde, und Johan versprach, sich zu Hause einzuquartieren.

*

Um halb acht Uhr ging er an einem Wintermorgen von der Norrtullsgatan nach Klara hinunter. Ganz so, wie er es im Alter von acht Jahren getan hatte. Dieselben Straßen, dieselben Klaraglocken. Und in die unterste Klasse. Das war eine Rückversetzung um elf Jahre! Ebenso ängstlich, ja ängstlicher, zu spät zu kommen, betrat er die große Klasse, wo er und zwei Lehrerinnen mit über hundert Kindern lernen sollten. Und da saßen sie nun, die gleichen Kinder wie in der Jakobschule, jedoch in jüngeren Ausgaben. Häßlich, verkümmert, bleich, verhungert, kränklich und mit niedergeschlagenen Mienen, groben Kleidern und schweren Schuhen. Das Leiden, vielleicht vor allem das Leiden, spüren zu müssen, daß es anderen besser geht und daß dies immer so sein wird, denn das glaubte man damals, hat dem Gesicht der Unterklasse diesen hoffnungslosen, gequälten Zug aufgedrückt, den die religiöse Resignation oder die Hoffnung auf den Himmel nicht auslöschen können, und der wie das schlechte Gewissen bewirkt, daß die Oberklasse sie flieht, ihre Häuser vor der Stadt baut und die persönliche Berührung mit diesen Ausgestoßenen der Armenfürsorge überläßt.

Der Choral wurde gesungen, das Vaterunser gesprochen; alles war sich gleich, nichts war weitergegangen, abgesehen davon, daß man die Bänke gegen Stühle und Tische ausgetauscht hatte und daß der Raum hell und luftig war. Er mußte die Hände falten und den Choral mitsingen. Gleich das war eine Vergewaltigung der Gewissensfreiheit.

Das Gebet war beendet und der Oberlehrer oder Rektor kam herunter. Er begegnete Johan etwas väterlich. Dies war also ein Vorgesetzter. Instruktionen und Ratschläge wurden erteilt. Diese Klasse sei die schlimmste, und der Lehrer solle streng sein. Und dann führte Johan seine Klasse in einen eigenen Raum, um dort seine Stunde zu beginnen. Der Raum glich aufs Haar dem Vorschulraum der Klara Schule, und dort stand der fürchterliche Stuhl mit den Treppenstufen, der einem Schafott glich und rotgebeizt war, als wäre er mit Blut beschmiert. Und dann bekam er einen Zeigestock in die Hand, mit dem er abwechselnd auf den Tisch klopfen und prügeln sollte. – Er sollte prügeln! Er bestieg das Schafott. Vor diesen dreißig Kindergesichtern, Jungen und Mädchen, die spähend von seinem Gesicht abzulesen versuchten, ob er Schwierigkeiten machen würde, war er schüchtern.

– Was habt ihr auf? fragte er.

– Das Erste Gebot! brüllte die ganze Klasse.

– Nein, nur einer darf antworten. Du da ganz hinten. Wie heißt du?

– Hallberg, brüllte die ganze Klasse.

– Nein, nur einer darf antworten, und zwar der, den ich frage.

Die Kinder kicherten. – Der ist nicht gefährlich, meinten sie.

– Nun, wie lautet das Erste Gebot? fragte Johan den, der ganz hinten saß.

– Du sollst keine anderen Götter haben neben mir!

Nun, das konnte er also.

– Was ist das? fragte er weiter, in dem Versuch, auf das *das* so wenig Betonung wie möglich zu legen. Nun, auch das klappte. Dann fragte er fünfzehn Kinder dasselbe, und eine Viertelstunde war vergangen. Johan fand das idiotisch. Was sollte er jetzt anfangen. Von Gott erzählen, was er wußte. Doch auf dem Stand der damaligen Forschung war man zu dem bescheidenen Resultat gekommen: daß man von Gott nichts wußte. Johan war Theist und glaubte wohl noch an einen persönlichen Gott, konnte aber Näheres dazu nicht sagen. Am liebsten hätte er die Göttlichkeit Christi angegriffen, doch dann wäre er entlassen worden. Eine Pause entstand. Unheimlich still war es, während er über seine falsche Stellung und das Törichte des Unterrichts nachdachte. Wenn er jetzt einfach hätte sagen dürfen, von Gott wisse man nichts, dann wären der ganze Katechismus und die biblische Geschichte überflüssig gewesen. Daß sie nicht stehlen durften, wußten sie, und daß sie nicht lügen durften, auch. Warum dann darüber schwätzen. Er hatte plötzlich eine verrückte Lust, zu den Kindern freundlich zu sein und sie als Komplizen zu behandeln.

– Na, was wollen wir jetzt machen? sagte er.

Die ganze Klasse guckte von einem zum anderen und kicherte.

– Der Lehrer da ist lustig, dachten sie.

– Was macht denn der Lehrer, wenn er die Aufgaben abgehört hat? fragte er den ganz hinten. – Hm, er erklärt immer, antworteten der und noch ein paar. Ja, natürlich konnte Johan Entstehung und Geschichte des Gottesbegriffes erklären, aber das durfte er ja nicht.

– Ihr dürft euch selbst beschäftigen, sagte er, aber ihr dürft keinen Lärm machen.

Die Klasse guckte ihn an und er sie. Sie lächelten einander zu.

– Findet ihr nicht auch, daß das Ganze idiotisch ist? hatte er auf den Lippen, doch es nahm keine konkretere Form an als ein Lächeln.

Johan wurde aber bald ernst, als er sah, daß sie über ihn lachten. Diese Methode funktioniert nicht, dachte er. Und dann gebot er Schweigen und begann, das Gebot noch einmal durchzugehen, so daß alle eine Frage erhielten. Nach unerhörten Anstrengungen gelang es der Uhr tatsächlich, neun zu werden, und die Stunde war zu Ende.

Jetzt wurden die drei Abteilungen der Klasse wieder in dem großen Saal versammelt, damit sie sich darauf vorbereiteten, auf den Hof hinauszugehen und Luft zu schnappen. Vorbereiten ist genau das richtige Wort, denn ein so einfacher Vorgang wie auf den Hof hinauszugehen, erforderte eine lange Vorbereitung. Eine exakte Beschreibung würde einen Druckbogen füllen und womöglich zu den modernen Karikaturen gezählt werden; wir müssen uns mit einer Andeutung begnügen.

Zunächst mußten alle einhundert Kinder bewegungslos, absolut bewegungslos, und still, absolut still, auf ihren Stühlen sitzen, als sollten sie fotografiert werden. Vom Katheder aus bot die ganze Versammlung einen Augenblick lang das Schauspiel eines grauen Teppichs mit hellen Mustern, doch im nächsten bewegte einer den Kopf; der Effekt war zerstört, und das Opfer mußte aus seiner Bank treten und sich an die Wand stellen. Jetzt war das Ensemble gestört, und es erforderte wiederum häufiges Tischklopfen, bis die 200 Arme parallel auf der Tischplatte lagen, die 100 Köpfe parallel im rechten Winkel zu den Schlüsselbeinen saßen. Als wieder einigermaßen Ruhe eingekehrt war, folgte ein neues Klopfen, welches das Absolute forderte. Doch im selben Augenblick, in dem das Absolute eintreten sollte, ermüdete ein Muskel, erschlaffte ein Nerv, ließ eine Sehne locker. Wieder Auflösung, Schläge, Schreie und erneute Arbeit am Absoluten. Gewöhnlich endete es damit, daß die Lehrerin (Lehrer betrieben das Absolute nicht) ein Auge zudrücken und so tun mußte, als sei es absolut. Nun kam der wichtige Moment, in dem die Hundert auf ein gegebenes Klopfen hin von ihren Plätzen aufstehen sollten, um dazustehen, darüber hinaus aber nichts. Dies war eine heikle Situation, denn nun fielen Schiefertafeln und klapperten Lineale. Ja, dann mußte man sich wieder setzen. Und dann saß man wieder, und mußte den Drill von vorn beginnen, indem man absolut still saß. War es wirklich gelungen, auf die Beine zu kommen, begann in Abteilungen der Ausmarsch, aber auf Zehenspitzen, absolut. Anderenfalls mußte man kehrtmachen und sich wieder setzen, und wieder aufstehen usw. usw. Ach! Auf Zehenspitzen sollte man gehen, mit holzbesohlten Schuhen, mit nassen Galoschen, mit pechdrahtgenähten Stiefeln. Dies war ein grober

Mißgriff, denn es gewöhnte den Jugendlichen das Schleichen an und gab ihrem ganzen Auftreten etwas Katzenhaftes, Verschlagenes. Draußen auf dem Hof mußte jetzt der Lehrer die Trinkenden in einer geraden Reihe vor dem Wasserleitungsrohr aufstellen, das sich am Eingang befand, und gleichzeitig die Abtritte inspizieren, die am anderen Ende des langen Hofes lagen, außerdem Spiele organisieren und mitten auf dem Hof die Spiele beaufsichtigen. Dann wurden die Kinder wieder aufgestellt und marschierten hinein. Kamen sie nicht still, mußten sie wieder hinausgehen. Ach!

Und dann begann eine neue Stunde. Es war die Lektüre eines patriotischen Lesebuches vorgesehen, dessen Hauptzweck darin zu bestehen schien, Ehrfurcht vor der Oberklasse und vor Schweden als dem besten Land Europas zu verbreiten, obwohl es in klimatischer und ökonomischer Hinsicht eines der schlechtesten ist, obwohl seine Kultur von außerhalb entlehnt ist und all seine Könige ausländischer Herkunft sind. Solche Lehren wagte man den Kindern der Oberklasse in Klara und im Lyzeum nicht zu bieten, in der Jakobschule aber hatte man die Courage, die armen Kinder ein patriotisches Lied über den Herzog von Östergötland singen zu lassen, in welchem eine Strophe an die Mannschaft der Flotte vorkam, die Siege in ersehnten Schlachten versprach. Der Sieg war sicher, denn, so sang man: »Uns, Prinz Oscar, führe an« oder etwas Ähnliches. Dann begann man zu lesen. Doch gleich zu Beginn der Stunde kommt der Inspektor herein, Johan will unterbrechen, der Vorgesetzte aber gibt ihm ein Zeichen, daß die Stunde weitergehen soll. Die Kinder, die nach der Katechismusstunde den Respekt verloren haben, sind unaufmerksam. Johan setzt ihnen zu, doch ohne Erfolg.

Da tritt der Inspektor mit einem Rohrstock vor; nimmt dem Lehrer das Buch ab und hält eine kleine Rede. Diese Abteilung ist die schlimmste, und jetzt soll der Lehrer sehen, wie man sie behandelt. Die Übung, die nun folgte, schien zum Hauptziel zu haben, absolute Aufmerksamkeit hervorzurufen. Das Absolute schien das Ziel zu sein, das bei dieser Dressur von Menschenkindern in der unvollkommenen Welt der Beziehungen erreicht werden sollte.

Der Lesende wurde unterbrochen, und aus der Menge wurde ein

Name aufgerufen, die Lektüre fortzusetzen. Folgen zu können und aufmerksam zu sein, hielt er für die leichteste Sache, dieser alte Mann, der sicher oft erfahren hatte, wie die Gedanken abschweifen, während die Augen über die Seiten eines Buches irren. Der Unaufmerksame wurde an den Haaren oder an den Kleidern nach vorn gezerrt und mit dem Rohrstock durchgeklopft, bis er heulend auf dem Boden herumrollte. Dem Lehrer wurde aufgetragen, fleißig den Rohrstock zu benutzen; und der Inspektor ging. Hier blieb nichts anderes übrig, als der Methode zu folgen oder den Dienst zu quittieren; letzteres paßte nicht in Johans Pläne, und darum blieb er. Er hielt den Kindern eine Rede und bezog sich auf den Inspektor.

– Jetzt wißt ihr, sagte er, wie ihr euch verhalten müßt, um euch Prügel zu ersparen. Wer sich Prügel zuzieht, hat es sich selbst zuzuschreiben. Gebt dann nicht mir die Schuld. Hier liegt der Rohrstock, da ist die Pflicht; erfüllt die Pflicht, sonst kommt der Rohrstock – ohne mein Verschulden.

Das war recht listig gesagt, aber dennoch unbarmherzig, denn es hätte erst festgestellt werden müssen, inwieweit die Kinder die Pflicht erfüllen konnten. Das konnten sie nicht, denn sie waren die Lebhaftesten und darum die Unaufmerksamsten. Infolgedessen war der Rohrstock den ganzen Tag in Bewegung. Notschreie, die Angst auf die Gesichter der Unschuldigen gezeichnet. Es war schauerlich. Aufmerksam zu sein, fällt nicht in den Machtbereich des Willens, und darum waren all diese Bestrafungen die reine Folter. Johan spürte das Unsinnige seiner Rolle, doch seine Pflicht hatte er ja hinter sich. Bisweilen wurde er müde und ließ alles seinen Gang gehen, dann aber kamen Kollegen, Lehrer und Lehrerinnen, und machten ihm freundliche Vorhaltungen. Manchmal fand er alles so absurd, daß er die Kinder anlächeln mußte, während der Rohrstock in Aktion war. Beiden Parteien war klar, daß sie am Unmöglichen und Unnötigen arbeiteten.

Ibsen, der nicht an den Geburtsadel oder den Geldadel glaubt, hat kürzlich seinen Glauben an den Industriearbeiter als den neuen Adel verkündet. Warum muß es unbedingt Adel sein? Wenn es wirklich zu Degeneration führt, überhaupt nicht körperlich zu arbeiten, dann degeneriert man durch zu viel körperliche Arbeit und Not vielleicht leichter. All diese Kinder, deren Eltern Körperarbeiter waren, sahen kränker, schwächer, unverständiger aus als die Kinder der Oberklasse, die er gesehen hatte. Der eine oder andere Muskel mochte stärker entwickelt sein, ein Schulterblatt, eine Hand, ein Fuß, doch das Blut sah schlecht aus, wo es durch die bleiche Haut schien. Viele hatten große Köpfe, die wassergedunsen wirkten, Ohren und Nasen näßten, die Hände waren erfroren. Die Berufskrankheiten der Stadtarbeiter schienen weitervererbt worden zu sein: hier sah man en miniature Lungen und Blut des Gaswerkarbeiters, durch Schwefeldämpfe verdorben, die Schultern und die nach außen gestellten Füße des Schmieds, das von Firnis und giftigen Farben atrophierte Gehirn des Malers, die skrofulösen Ausschläge des Kaminkehrers, die eingeklemmte Brust des Buchbinders; hier hörte man das Echo vom Husten des Metallarbeiters und Asphaltherstellers, roch die Gifte des Tapetendruckers, bemerkte Neuauflagen der Kurzsichtigkeit des Uhrmachers. Wahrlich, dies war keine Rasse, der die Zukunft gehörte, oder auf die die Zukunft bauen konnte, und vermehren kann sie sich auf die Dauer auch nicht, denn die Reihen der Arbeiter rekrutierten sich unaufhörlich vom Land.

Erst gegen zwei Uhr war der Saal geräumt, denn es nahm fast eine Stunde mit Klopfen und Schlägen in Anspruch, aus dem Klassenzimmer auf die Straße zu kommen. Das Unpraktischste war, daß die vielen Kinder gruppenweise auf den Flur hinausmarschierten, um die Kleider anzuziehen, und dann wieder in den Saal hineinmarschierten, statt direkt nach Hause gehen zu dürfen. Auf der Straße angekommen, fragte er sich: ist das die berühmte Erziehung, die man der Unterklasse unter so großen Opfern gewährt hat? Fragen konnte er ja, und die Antwort war: kann es denn anders sein? Nein, mußte er antworten. Ist es das Ziel, eine sklavische Unterklasse heranzubilden, die allzeit zum Gehorchen bereit ist, dann schlage sie mit dem Rohrstock; ist es das Ziel, einen Proletarier heranzuziehen, der vom Leben nichts fordern darf, dann lüge ihm einen Himmel vor. Sag ihnen, der Unterricht sei unsinnig, laß sie kritisieren, laß ihnen ihren Willen in einem Punkt, und wir gehen der

Auflösung der Gesellschaft entgegen. Doch die Gesellschaft ist schließlich auf einer gehorsamen, pflichtgetreuen Unterklasse aufgebaut; also unterdrücke sie von Anfang an, nimm ihnen ihren Willen, nimm ihnen die Vernunft und lehre sie, nicht zu hoffen, aber zufrieden zu sein.

Dieser Wahnsinn, er hatte schon Methode. Doch war, was den Unterricht betraf, an der Volksschulmethode etwas Gutes wie etwas Schlechtes. Gut: daß Anschauungsmaterial eingeführt worden war, ein Erbe des schon 1827 verstorbenen Pestalozzi, Schüler Rousseaus; schlecht: daß die in die Volksschule eingetretenen Studenten die Wissenschaftlerei eingeführt hatten. Es ging also inzwischen nicht mehr, daß man die Multiplikationstabelle ganz einfach beherrschte, verstehen sollte man sie. Man sollte die Bruchrechnung verstehen. Verstehen? Und doch kann kein Ingenieur nach Absolvierung der Technischen Hochschule erklären, *warum* ein Bruch mit drei gekürzt werden kann, wenn die Summe der Ziffern durch drei teilbar ist. Sollte es also nicht angehen, daß Seeleute die Logarithmentabellen benutzen, auch wenn sie die Logarithmen nicht »ausrechnen« können? Dies, auf dem bereits Erreichten nicht aufzubauen, sondern jede Begründung zu wiederholen, dürfte ein Luxus sein; und daher das viele Lernen in den Schulen.

Nun wendet jemand ein, Johan hätte als Lehrer zunächst sich selbst reformieren sollen, ehe er den Unterricht reformieren wollte. Das aber konnte er ja nicht, denn er war ein willenloses Werkzeug in den Händen des Inspektors, des Reglements und des Schulrats. Die besten Lehrer, also die, welche die schlechtesten (in diesem Falle: besten) Ergebnisse herausquälten, waren die ungebildeten Lehrer, die vom Seminar kamen. Sie hatten keine Zweifel an der Methode, kein Herz für die Kinder, und vor ihnen hatten die Kinder den größten Respekt. Ein langer grober Kerl, der aus dem Wagnerhandwerk kam, hatte die großen Jungen völlig in der Hand. Sollte also die Unterklasse vor ihresgleichen mehr wirkliche Achtung oder Furcht als vor der Oberklasse haben? Der Aufseher und der Werkmeister scheinen mehr Respekt zu genießen als der Inspektor und der Meister. Wie das? Sieht die Unterklasse, daß sie mehr Anteilnahme von dem zu erwarten hat, der ihre Leiden nicht durchlitten hat und der nicht fürchten muß, zu ihr hinunter zu geraten, und daß er darum entgegenkommender ist? Oder erkennt sie, daß der aus ihren Reihen stammende Vorgesetzte ihre Sache besser versteht und darum größere Achtung verdient?

Auch die Lehrerinnen genossen mehr Respekt als die Lehrer. Sie waren pedantisch, verlangten das Absolute und waren überhaupt nicht mitfühlend, eher grausam. Sie hatten eine größere Vorliebe für die raffinierte Pfötchenstrafe und legten damit eine Unvernunft an den Tag, die ein oberflächliches Studium der Physiologie hätte beseitigen können. Wenn das Kind in einer Reflexbewegung die Finger wegzog, wurde es zusätzlich bestraft, weil es die Finger nicht still hielt. Als könnte man es vermeiden zu blinzeln, wenn einem Staub ins Auge kommt! Die Lehrerinnen hatten den Vorteil, daß sie über die Lehrfächer hinreichend wenig wußten und von keinerlei Zweifeln geplagt wurden. Daß sie weniger Gehalt bekamen als die Lehrer, war eine Unwahrheit. Sie bekamen relativ mehr, und wenn sie mit einem anspruchslosen Lehrerinnenexamen mehr als die Studenten erhielten, war das ungerecht. Außerdem wurden sie bevorzugt, als Wunder betrachtet, wenn sie sich verdient machten, und erhielten Stipendien für Auslandsreisen.

Als Kollegen waren sie freundlich und hilfsbereit, wenn man nur höflich und nachgiebig war und ihnen die Zügel überließ. Von irgendeinem Flirt war keine Spur zu sehen, aber die Männer sahen sie auch in alles andere als vorteilhaften Situationen und von Seiten, die Frauen dem anderen Geschlecht sonst nicht zu zeigen pflegen, nämlich als Profosse. Sie machten Notizen über alles, bereiteten sich auf die Stunden vor, waren kleinlich und zufrieden, und durchschauten nichts. Unter den obwaltenden Verhältnissen war es eine sehr passende Beschäftigung für sie.

Wenn Johan das Prügeln richtig satt hatte oder mit jemandem nicht fertig wurde oder über die ganze Situation verzweifelt war, schickte er das Subjekt zu einer Lehrerin, die sich der häßlichen Rolle des Büttels mit Vergnügen annahm.

Was es ist, das jemanden zum Lehrer geeignet macht, ist wohl nicht erforscht. Einige wirken durch ihre Ruhe, andere durch ihre nervösen Züge, einige schienen die Kinder zu magnetisieren, andere schlugen sie, wieder andere wirkten durch ihr Alter, ihr männliches Äußeres, und die Frauen wirkten als Frauen, das heißt, durch die halbvergessene Tradition eines Matriarchats oder einer Mutterherrschaft der Vergangenheit.

Johan war ungeeignet. Er sah zu jung aus und war ja auch erst achtzehn Jahre; zweifelte an der Methode und allem; war in einem Winkel seines ernsten Inneren verspielt und jungenhaft und betrachtete außerdem alles nur als Nebenbeschäftigung, denn jetzt war er doch ehrgeizig und wollte vorwärts, wohin, wußte er nicht.

Außerdem war er wie seine Zeitgenossen Aristokrat. Durch die Erziehung hatten sich seine Gewohnheiten verfeinert, seine Sinne verfeinert, oder waren degeneriert, wenn man so will; daher vertrug er schwer üblen Geruch, häßliche Gegenstände, entstellte Körper, unschöne Aussprache, zerlumpte Kleider. Trotz allem hatte ihm das Leben ja viel geschenkt, und diese täglichen Erinnerungen an das Elend quälten ihn wie ein schlechtes Gewissen. Er hätte einer von denen da unten sein können, hätte seine Mutter einen aus ihrem Stand geheiratet.

Er war hochmütig, hätte ein Ladenangestellter gesagt, den man zum Zeitungsredakteur erhoben hatte, derselbe Redakteur, der damit prahlte, mit seinem Los zufrieden zu sein, und dabei vergaß, daß er sehr wohl zufrieden sein konnte, da er aus seiner geringgeachteten Stellung aufgestiegen war. Er war hochmütig, würde ein Schuhmachermeister sagen, der lieber ins Wasser gegangen als wieder zum Gesellen abgestiegen wäre. Johan war hochmütig, da gibt es keinen Zweifel, ebenso hochmütig wie der Meister Schuhmacher, aber vielleicht doch nicht ganz so sehr, weil er vom Studenten zum Volksschullehrer abgestiegen war. Das jedoch war keine Tugend, sondern eine Notwendigkeit, und er prahlte weder mit seinem Schritt noch wollte er sich den Anschein geben, ein sogenannter Volksfreund zu sein. Sympathie und Antipathie lassen sich nicht beherrschen, und alles Pochen von unten auf Liebe und Aufopferung seitens der Oberklasse ist Idealismus. Die Unterklasse ist für die Oberklasse geopfert worden, aber weiß Gott, sie hat sich freiwillig geopfert. Sie hat das Recht, ihre Rechte zurückzuholen, doch das muß sie selbst tun. Niemand verläßt seine Stellung freiwillig, darum sollte die Unterklasse nicht erwarten, daß Könige oder Oberklasse abtreten. Zerrt sie herunter! aber alle zugleich! Will eine aufgeklärte Oberklasse ihnen dabei helfen, dann können sie gern dankbar sein, zumal eine solche Hilfestellung stets von der Beschuldigung begleitet wird, man habe unlautere Motive. Die Unterklasse sollte es deshalb mit den Motiven ihrer Helfer nicht so genau nehmen: das Resultat der Handlung ist stets dasselbe für sie. Die höchste Oberklasse scheint dies begriffen zu haben, und darum hält sie eine Oberklasse, die mit der Unterklasse stimmt, stets für einen Verräter. Er ist ein Verräter an seiner Klasse, das ist wahr, doch das sollte die Unterklasse ihm zugute halten.

Johan war nicht in der Weise Aristokrat, daß er das Wort Pack benutzte oder die Armen verachtete. Er fühlte sich durch die Mutter in zu enger Verwandtschaft mit ihnen, doch er war ihnen fremd. Das war der Fehler der Klassenerziehung, und dieser Fehler kann in Zukunft vermieden werden, wenn die Volksschule durch Aufnahme der bürgerlichen Bildung in den Lehrplan reformiert und obligatorisch für alle wird, ohne Freikaufsmöglichkeit, wie es die Rekrutenschule bereits ist. Dann wäre es auch keine Schande mehr, Volksschullehrer zu werden, wie es jetzt der Fall, tatsächlich der Fall ist, wo es sogar als Vorwurf oder Beschimpfung Verwendung finden kann. Dann wäre dies Problem erledigt, woraus deutlich wird, daß Gesetzesreformen vorausgehen müssen, damit wir daraufhin selbst reformiert werden.

Um sich oben zu halten, nahm er die Arbeit an seiner Zukunft in Angriff. Er konnte jetzt Bücher kaufen, und er kaufte sie. Mit seiner italienischen Grammatik, die er zwischen den Stunden auf dem Schulhof las, meinte er sich gleichsam oben zu halten. Er war ehrlich genug, in diese Bemühungen, sich aufzurappeln, keinen idealen Wissensdurst oder ein höheres Streben für das Wohl der Menschheit hineinzudichten, und wenn er auch manchmal bis zur Verzweiflung bedrückt war, bildete er sich nicht ein, im Himmel auf harmlose Professoren zu treffen. Er arbeitete für den Doktor, das war es.

Doch die magere Kost in Uppsala, die Sechskronenmittagessen, Milch und Brot hatten ihm die Kraft genommen, und er war jetzt in der genußsüchtigen Zeit der Jugend. Zu Hause war es langweilig, und abends saß er im Café oder Restaurant, wo er Freunde traf. Die starken Getränke gaben ihm Kraft, und er schlief gut danach. Dieses Verlangen nach Alkohol scheint im Mannbarkeitsalter jedes jungen Mannes regelmäßig aufzutreten. Er, wie das gesamte Geschlecht, stammt ja von Trinkern ab, Glied um Glied seit uralter heidnischer Zeit, als Bier und Met genossen wurden, wie hätte da das Verlangen nicht Bedürfnis werden sollen? Bei ihm war es ein Bedürfnis, dessen Unterdrückung von einer Verminderung der Kräfte gefolgt wurde. Und es ist die Frage, ob nicht die totale Abstinenz dieselben Beschwerden hervorrufen kann, wie die Beendigung des Giftgenusses beim Arsenesser. Vermutlich wird diese ansonsten löbliche Bewegung bei der Mäßigkeit stehenbleiben, was eine wirkliche Tugend und keine Kraftprobe mit anschließender Prahlerei und Selbstgerechtigkeit wäre.

Er begann jetzt auch, sich elegant zu kleiden, er, der bis dahin nur abgelegte Kleider aufgetragen hatte. Das Gehalt erschien ihm unverhältnismäßig groß und nahm in seiner vergrößernden Phantasie riesige Proportionen an, mit der Folge, daß er rasch Schulden hatte. Schulden, die wuchsen und wuchsen und nie bezahlt werden konnten, wurden der nagende Geier seines Lebens, Gegenstand seiner Träume, Wermut seiner Freude. Welch eine sanguinische Haltung, welch ein kolossaler Selbstbetrug steckte doch dahinter, Schulden zu machen! Was erhoffte er? Den Doktor zu machen? Und dann? Lehrer zu werden mit 750 Kronen Gehalt. Weniger, als er jetzt bekam.

*

Sein Gehirn dem Fassungsvermögen der Kinder anzupassen, war nicht nur schmerzlich; es hieß auch sich auf das Niveau Jüngerer und Unvernünftigerer hinabzubegeben, den Hammer so weit hinunterzuschrauben, daß er den Amboß traf, wodurch die Maschine beschädigt wurde.

Wirklichen Gewinn brachten dagegen die Beobachtungen in den Elternhäusern der Kinder, wohin ihn sein Dienst sonntags rief. Es gab einen Jungen, der der schwierigste von allen war. Er war schmutzig und schlecht gekleidet; war ungekämmt; grinste ununterbrochen; konnte es sich erlauben, mutwillig und lautstark zu furzen; hatte nie die Aufgaben und bekam immer Schläge. Er hatte einen großen Kopf mit Glotzaugen, die unaufhörlich schielten und rollten. Johan mußte die Eltern aufsuchen und die Gründe für seinen unregelmäßigen Schulbesuch und sein unordentliches Benehmen in Erfahrung bringen. Darum ging er zur Apelbergsgatan, wo die Eltern eine Kneipe hatten. Der Vater war außer Haus zur Arbeit; doch die Mutter stand hinter der Theke. Die Kneipe war dunkel und stank, voll von Männern, die dem eintretenden Herrn, welcher vermutlich für einen Zivilpolizisten gehalten wurde, drohende Blicke zuwarfen. Er nannte der Mutter sein Anliegen und durfte in die Kammer hinter der Theke kommen. Er brauchte nur diesen Raum und seine Lage zu sehen, um zu begreifen. Die Mutter verfluchte und entschuldigte ihren Sohn abwechselnd, und letzteres konnte sie wirklich. Das Kind »leckte die Gläser aus«; das war die Lösung, und das reichte. Was war dagegen zu tun? Die Wohnung verändern, ihn besser ernähren, ihm eine Bonne geben, die ihn betreute, und so weiter. Alles ökonomische Fragen!

Dann kam er ins Armenhaus von Klara, das von den alten Armenhäuslern geräumt worden war und jetzt während der Wohnungsnot als provisorischer Wohnraum diente. In einem großen Saal lagen und standen wohl ein Dutzend Familien, die den Boden mit Kreidestrichen aufgeteilt hatten. Dort stand ein Schreiner mit seiner Hobelbank, dort saß ein Schuhmacher mit seinem Tisch, und rundherum wimmelte es zu beiden Seiten des Kreidestriches, der zu dünn war, um zu verbergen, was gewöhnlich verborgen wird, von Frauen und Kindern. Was konnte er dagegen tun? Über einen bekannten Sachverhalt Meldung machen, Holzwertmarken und Gutscheine für Lebensmittel und Kleider verteilen.

Oben in den Kungsholmsbergen traf er auf die stolze Armut. Dort wurde er hinausgeworfen.

– Brauchen Gott sei Dank noch keinen Fürsorger. Uns geht es gut!

– Ach ja, aber dann sollten Sie nicht Ihr Kind im Winter mit kaputten Schuhen herumlaufen lassen.
Die Tür wurde zugeschlagen.
– Das geht Sie nichts an!
Schreckliche Bilder waren das bisweilen. Ein krankes Kind, das Zimmer von den Schwefeldämpfen des Kokses erfüllt, alle hustend, von der Großmutter bis zum Allerjüngsten hinunter. Was konnte er dagegen tun? Deprimiert sein und fliehen! Ein anderes Heilmittel als die Armenfürsorge gab es in jener Zeit nicht, und die Literatur, die das Elend schilderte, konnte nur bedauern; von einer Hoffnung wußte man nichts. Darum blieb einem nichts anderes übrig, als zu bedauern, für den Augenblick zu helfen, und zu fliehen, um nicht zu verzweifeln.

Wie eine bedrückende Wolke lagen diese Tätigkeiten über ihm, und er verlor die Lust zu lernen. Hier stimmte etwas nicht, das spürte er, aber besser werden konnte es nicht, sagten alle Zeitungen und Bücher, und die Leute auch. Es mußte wohl so sein. Sich hochzurappeln stand ja jedermann frei. Dir auch!

Dennoch lernte er nachmittags und vervollständigte die lebenden Sprachen mit dem Italienischen. Er hatte jetzt erfahren, daß man imstande sein mußte, Boccaccios Decamerone zu explizieren. Ein merkwürdiges Examensbuch war das, fand er. Immerhin enthielt es recht direkte Aufforderungen zur Unsittlichkeit und machte sich über Männer lustig, die von ihren Frauen betrogen wurden. Doch es war einigermaßen witzig. Es hatte auch andere Seiten, die ihm aus der Literaturgeschichte bekannt waren: denn es war ein Oppositionsbuch gegen das mittelalterliche Mönchsleben, gegen Ende des Mittelalters geschrieben, und es machte sich lustig über die Ehe. Boccaccio scheint als erster durchschaut zu haben, wie lächerlich die Situation des Ehemanns als Familienversorger und zweifelhafter Kindesvater ist, seit die Frau es für gut befunden hat, dem Mann die Arbeit aufzubürden und ihn allein für all ihre Kinder verantwortlich zu machen. Es ist also eine Satire auf das komische Patriarchat, das gegen das rationellere und ursprünglichere Matriarchat auszutauschen die Frau für vorteilhaft befunden hat, wobei sie die vorteilhafte Position des scheinbar Unterjochten wählte, der sich keine weiteren bürgerlichen Rechte vorbehalten hat als die Chefpositionen Kaiserin, Königin, Äbtissin, Mutter und Madonna.

Diese freimütige Behandlung geschlechtlicher Angelegenheiten sanktionierte nun gewissermaßen den Trieb, und jetzt säte er seinen Wildhafer in alle Richtungen. Gewöhnlich hatte er drei Flammen gleichzeitig. Eine große, heilige, reine, wie er es nannte, auf Distanz, mit Heiratsplänen im Hintergrund, also ein Ehebett, aber rein. Dazu einen kleinen Flirt mit einem Schankmädchen, und schließlich die ganze große Freischar, blonde, braune, rothaarige, schwarze. Es schien, als nehme die Reinheit des Gefühls in Proportion mit den Schwierigkeiten, doch auch mit dem Bildungsgrad zu. Eine rasende Liebe kann sicher nur zwischen Menschen derselben Klasse entstehen. Sogar die Liebe ist zur Klassenangelegenheit geworden, obwohl sie letztlich immer das gleiche Ziel hat.

Ein Jahr lang hatte er eine Beziehung zu einem Mädchen im Stallmästaregården unterhalten. Weil er Frauen immer mit einer gewissen Achtung behandelte und nicht brutal wurde, bevor die Situation reif dazu war, begann das Mädchen, Zuneigung zu fassen und schien an ernste Absichten zu glauben, obwohl er nie dergleichen andeutete oder irgendwelche Versprechungen machte. Sie gewährte ihm jede Gunst bis auf die letzte. Ein enervierendes Leben war das, und Johan beklagte sich bei einem Freund.

– Du bist zu schüchtern, sagte der Freund. Die Mädchen lieben verwegene Kerle.

– Ja, aber ich bin nicht schüchtern, beteuerte Johan.

– Ja, aber du warst es am Anfang. Man muß seine Absichten gleich zeigen.

Es war wirklich zu spät. Dies war eine Beobachtung, die er später oft bestätigt fand. Bestand keine Hoffnung auf Heirat, war es leicht, sonst nicht. Zwei Jahre verschwendete er auf diese Neigung, ohne Resultat. Zuweilen schien es nahe zu sein. Er erlebte nächtliche Stelldicheins, durfte auf Feuerleitern aus dem Fenster steigen, sich mit Kettenhunden herumschlagen, an Zäunen seine Kleider zerreißen, ohne mehr zu gewinnen als halbe Gunstbeweise. Es endete mit Tränen und Bitten.

– Ich liebe dich zu sehr! sagte sie.

Was sollte das bedeuten? Oder hatte sie ganz einfach Angst vor den Folgen? Das wurde ihm nie klar.

*

Das Semester verging, und das Frühjahr kam heran. Johans engster Bekannter war ein Lehrer an der Kunstgewerbeschule, der Gedichte schrieb und literarisch bewandert war, dazu musikalisch. Sie machten ihre Spaziergänge zum Stallmästaregården, unterhielten sich über Literatur und aßen zu Abend. Während Johan seinem Flirt nachging, spielte der Lehrer Klavier. Manchmal unterhielt er sich damit, lustige Verse für die Mädchen zu schreiben. Johan hatte den Fimmel, Verse schreiben zu wollen, doch er konnte es nicht. Es mußte angeboren sein und plötzlich kommen, wie die Bekehrung. Er war offensichtlich nicht berufen. Wie gern wäre er es doch gewesen, und wie sehr fühlte er sich als ein von der Natur Vernachlässigter, als Krüppel!

Eines Abends, als Johan sich mit dem Mädchen unterhielt, sagte sie plötzlich zu ihm:

– Am Freitag habe ich Namenstag; da schreibst du mir doch ein paar Verse?

– Ja, sagte Johan, das mach' ich.

Als er dann den Lehrer traf, erzählte er ihm von seinem vorschnellen Versprechen.

– Ich schreibe für dich, sagte dieser.

Und am nächsten Tag übergab er ihm ein fein ins reine geschriebenes und im Namen Johans abgefaßtes Gedicht. Es ließ Unanständigkeiten durchblicken und war witzig. Und am Morgen des Namenstages wurde es abgesandt.

Am Abend desselben Tages kamen die beiden Lehrer, um zu Abend zu essen und zu gratulieren. Das Mädchen ließ sich eine Zeitlang nicht blicken, sie war am Ausschank. Man deckte für die Herren, und sie begannen zu essen.

Dann zeigte sich das Mädchen an der Tür und winkte Johan zu. Sie sah fast ernst aus. Johan stand auf und folgte ihr in den ersten Stock.

– Hast du die Verse da geschrieben? fragte sie.
– Nein, sagte Johan.
– Ja, das habe ich mir gedacht! Die Schankmamsell sagt, sie hätte sie schon vor zwei Jahren gelesen, als dieser Lehrer sie der alten Majken geschrieben hat, und die war ein schlechtes Mädchen. Pfui, Johan!

Er nahm seine Mütze und wollte hinausstürzen, doch das Mädchen legte die Arme um ihn und wollte ihn zurückhalten, denn sie sah, daß er leichenblaß war und außer sich. Er aber riß sich los und rannte in den Bellevuepark hinaus. Er rannte in den Wald, weg vom Weg. Die Äste der Büsche schlugen ihm ins Gesicht, Steine rollten vor seine Füße, und erschreckte Vögel flogen auf. Durch die Schande vollkommen rasend, suchte er aus Instinkt den Wald, um sich zu verstecken. Dies ist ein eigentümliches Phänomen: in den Wald zu flüchten, ist der stärkste Ausdruck der Verzweiflung, bevor der Mensch ins Wasser gehen will. Der Wald ist das Vorletzte und das Wasser das Letzte. Man erzählt von einem berühmten Schriftsteller, der Ruhe und Größe einer zwanzigjährigen Popularität genossen hatte, durch eine plötzliche Wende in seiner Schriftstellerei aber von Unpopularität überrascht und von seiner Höhe gestürzt wurde. Er war wie vom Blitz getroffen, verfiel in Raserei und Scham und ging vor die Stadt, in den Wald, wo man ihn aufgriff. Der Wald ist die Urheimat der Barbarei und der Feind des Pfluges, also der Kultur. Wird nun ein Kulturmensch seiner Kulturherrlichkeit, seines so künstlich zusammengewobenen Ruhms, plötzlich entkleidet, wird er augenblicklich zum Barbaren oder zur Bestie. So lose hängt das Kulturhabit um den Körper. Wenn ein Mensch wahnsinnig wird, beginnt er damit, die Kleider abzuwerfen. Was also ist dann Wahnsinn? Eine Rückkehr? Ja, es gibt manche, die das Tier für wahnsinnig halten.

Es war Abend, als Johan in den Wald ging. In einem Dickicht legte er sich auf einen großen Feldsteinblock. Er schämte sich, das war sein Haupteindruck. Ein empfindlicher Mensch ist sich selbst gegenüber viel strenger, als andere annehmen. Er war unbarmherzig und geißelte sich. Erstens hatte er sich mit fremden

Federn schmücken wollen, also gelogen; zweitens hatte er ein unschuldiges Mädchen in ihrer Tugend gekränkt.

Zum ersten Anklagepunkt gehörte noch ein zweiter, sehr heikler, der seiner Invalidität als poetische Intelligenz. Er wollte mehr, als er konnte. Er war unzufrieden mit seiner Stellung, die ihm Natur und Gesellschaft zugewiesen hatten. Ja, aber jetzt, nachdem das Blut durch die abendliche Kühle beruhigt worden war, begann die Selbstverteidigung, ja, aber in der Schule wurde man doch immer ermahnt, aufwärts zu streben, man sprach doch lobend von aufwärtsstrebenden Naturen, und damit erklärte man doch die Unzufriedenheit mit der gegenwärtigen Stellung für berechtigt. Ja, aber (jetzt kam die Geißel) er hatte durch Mogelei Erfolg haben wollen. Durch Mogelei! Keine Widerrede! Er schämte sich. Entkleidet, entlarvt, ohne Ausweg. Durch Mogelei, Falschheit, Betrug! So war es.

Der älteste Beschreiber Japans erzählt von einem japanischen Mädchen, das buchstäblich vor Scham gestorben ist, als ihm in einer Gesellschaft ein natürliches Mißgeschick unterlief. Man kann also vor Scham sterben. Als alter Christ hatte er am meisten Angst davor, Schuld zu tragen, und als Gesellschaftswesen fürchtete er, daß die Schuld sichtbar werden könnte. Schuld war man, das wußte man, aber es galt ja als zynisch, dies zuzugeben, denn die Gesellschaft wollte immer besser erscheinen, als sie war. Doch zuweilen verlangte die Gesellschaft, daß man gestand, wenn man Vergebung wünschte. Das aber war die reine Heimtücke, denn die Gesellschaft brauchte das Geständnis, um sich das Vergnügen der Strafe leisten zu können, und die Gesellschaft war sehr heimtückisch. Er hatte sofort gestanden, war bestraft worden, und dennoch empfand er sich als Missetäter.

Auch der zweite Punkt, der mit dem Mädchen, war kompliziert. Sie hatte ihn also rein geliebt, und er hatte sie nur besitzen wollen. Wie roh, wie gemein. Wie konnte er nur so primitiv sein zu glauben, daß ein Schankmädchen nicht unschuldig lieben könne. Die eigene Mutter war ja in der Situation dieses Mädchens gewesen. Sie hatte er gekränkt. Schäm dich! Schäm dich!

Jetzt hörte er im Park Rufe und hörte, wie sein Name gerufen wurde. Die Stimmen des Mädchens und des Lehrers hallten zwischen den Bäumen, doch er antwortete nicht. – Für einen Augenblick fielen ihm alle Strafwerkzeuge aus den Händen, und er wurde nüchtern und dachte etwa so: ich gehe hin, wir essen weiter und trinken mit Riken ein Glas; dann ist es vorbei. Aber nein! Er war zu hoch oben, und so plötzlich konnte man nicht hinuntersteigen.

Dann verstummten die Rufe. Er blieb betäubt liegen und käute sein doppeltes Verbrechen wieder. Er hatte gelogen, und er hatte ihre Gefühle verletzt. Die Dunkelheit brach an. Hie und da raschelte es in den Büschen, und er zuckte zusammen, schwitzte vor Angst. Und dann setzte er sich auf eine Bank. Dort saß er, bis es tagte. Er fror und schauerte. Stand auf und ging nach Hause. Jetzt hatte er einen klaren Kopf und dachte. Wie dumm, die ganze Geschichte! Es war doch gar nicht meine Absicht, daß sie mich für den Verfasser halten sollte, und ich war doch bereit, ihr den Zusammenhang zu erklären. Es war doch eher ein Scherz. Und ihre Gefühle, hm, so rein sind die auch nicht gewesen, als ich aus ihrem Fenster geklettert bin. Pah! Dieser verdammte Lehrer, auch ihn hereinzulegen. Aber es war einerlei!

Als er nach Hause kam, lag der Lehrer in Johans Bett und schlief. Er wollte aufstehen, doch Johan sagte nein. Er wollte sich ein weiteres Mal kasteien. Und mit einer Zigarrenkiste unter dem Kopf und einem Scharfschützenmantel über sich legte er sich auf den blanken Fußboden. Am Morgen, als sie aufwachten, fragte Johan mit zitternder Stimme:

– Nun, wie hat sie es aufgenommen?
– Ach, sie hat gelacht und dann haben wir Puback getrunken, und dann war es gut. Sie fand die Verse herrlich!
– Sie hat gelacht!! War sie nicht böse?
– Überhaupt nicht!
– Und trotzdem hat sie mir gegenüber die Züchtige gespielt!
– Ja, du bist ihr immer zu sentimental gekommen. Dieser lange Hornberg hat neulich gesagt, daß es mit Rikens Tugend nicht weit her ist. Er hätte sie gehabt...
– Was? Hornberg?

– Jaja! Nichts Schlimmes, aber immerhin. Du weißt, daß sie früher bei den Wildkatzen gewesen ist, und da ...

Johan wollte nichts mehr hören. Und diese Bagatelle hatte ihn eine ganze Schreckensnacht umgetrieben. Er schämte sich zu fragen, ob sie sich Sorgen um ihn gemacht hätten. Aber nachdem sie Punsch getrunken und gelacht hatten, war das Ganze wohl nicht so ernst! Nicht einmal Sorgen um sein Leben!

Er zog sich an und ging zur Schule.

*

Die egoistische Selbstkritik des Christentums hatte ihn daran gewöhnt, sich mit seinem Ich zu beschäftigen, es wie eine geliebte zweite Person zu hätscheln und zu pflegen. Und gehegt und gepflegt, wuchs das Ich und blickte nach wie vor nach innen, statt hinaus in die Welt zu sehen. Es wurde zu einer interessanten persönlichen Bekanntschaft, einem Freund, dem geschmeichelt werden, der aber auch die Wahrheit hören und sich korrigieren lassen mußte. Dies war die Zeitkrankheit, systematisiert von Fichte, der alles Sein im Ich und durch das Ich sah, ohne welches die Wirklichkeit nicht existierte. Dies war die Formel der Romantik und des subjektiven Idealismus. »Ich stand am Strande unter der Königsburg«, »Ich wohn' in Bergessälen«, »Ich kleiner Knabe wach' am Tor«, »Ich denk' noch an die süße Zeit«, alle gingen nach der gleichen Melodie. War sie so hochmütig, diese *Ichheit*? War das Ich des Dichters nicht bescheidener als das königliche Wir des Zeitungsmannes? Der Realismus unserer Zeit hat auch eine Wiedergeburt dieses bescheidenen Ichs erlebt, in der Bedeutung: für meine geringe Person. Gleichzeitig hat die naturwissenschaftliche Philosophie das: so scheint mir, ausgetauscht gegen: so ist es. Ist es wirklich so? Ja, dann haben wir einen Schritt auf die Wahrheit, das heißt, auf die Entdeckung zu gemacht, wie es sich wirklich verhält; ist es nicht so, dann haben wir, und dann gnade uns Gott, eine neue Theologie auf dem Hals.

Dieses Versinken im Ich oder die neue Kulturkrankheit, über die jetzt geschrieben wird, tritt wohl konstant bei allen Menschen auf,

Zweiter Teil

die nicht mit dem Körper arbeiten. Das Gehirn ist nur ein Impulsorgan für die Muskeln. Wenn nun beim Kulturmenschen die Impulse des Gehirns auf die Muskeln nicht einwirken, ihre Kraft nie abgeben dürfen, entsteht eine Störung des Gleichgewichts, ähnlich der des unbefriedigten Geschlechtstriebes. Das Gehirn beginnt zu träumen; übervoll von Säften, die nicht in die Muskeltätigkeit hinaustreten können, stößt es die Träume unwillkürlich aus, in Systemen, in Gedankenkombinationen, in Maler-, Bildhauer- und Dichter-Halluzinationen. Gibt es kein Ventil, können Stockungen entstehen, heftige Eruptionen, Depressionen, was mit dem Wahnsinn endet. Die Schule, die eine solche Vorbereitungsanstalt auf das Irrenhaus ist, muß zum Korrektiv der Gymnastik greifen, aber mit welchem Erfolg? Es gibt keinen Zusammenhang zwischen der Gehirntätigkeit des Lernens und der Muskeltätigkeit der Gymnastik, die durch das Kommandowort doch nur dem Willen eines anderen gehorcht.

Alle studierenden jungen Männer bekommen solche Wallungen im Gehirn. Daß diese auf eine Verbesserung oder Verschönerung der Gesellschaft hinauslaufen, ist ein Glück, doch besser ginge dies, wenn das Gleichgewicht wiederhergestellt würde und eine gesunde Seele in einem gesunden Körper wohnte. Man hat jetzt die Lösung in der Einführung körperlicher Arbeit an den Schulen gesucht. Besser wäre wohl, den ersten Unterricht ins Elternhaus zu verlegen, die Schule zu einer Bürgerschule zu machen und dann jeden einzelnen sich selbst zu überlassen. Im übrigen wird die Emanzipation der Unterklasse die Kulturmenschen zu körperlicher Arbeit, die jetzt von den Haussklaven verrichtet wird, zwingen, und dann tritt Gleichgewicht ein. Daß die Intelligenz hierunter nicht leiden muß, läßt sich daran feststellen, daß die stärksten Geister der Zeit zumindest Anstellungen, also täglichen Kontakt mit der Wirklichkeit hatten, wie Mill, der Beamte, Spencer, der Diplomingenieur, Edison, der Telegrafenbeamte.

Die Studentenzeit, die, weil nicht diszipliniert, die ungesundeste Zeit ist, ist auch zugleich die gefährlichste. Das Gehirn soll aufnehmen, unaufhörlich aufnehmen, doch niemals abgeben, noch nicht einmal in intelligenter Produktion, während gleichzeitig das gesamte Muskelsystem ungenutzt daliegt.

Bei Johan schien zu dieser Zeit eine Überproduktion an Ideen und Phantasie vorzuliegen. Und die mechanische, in ewig gleichen Kreisen, mit immer denselben Fragen und Antworten festgelegte Schularbeit bot kein Ventil. Sie vergrößerte vielmehr seinen Vorrat an Beobachtungen von Kindern und Lehrern. Materialsammlungen von Erfahrungen, Beobachtungen, Anmerkungen, Kritik, Ideen lagen in einer ungeordneten Masse da und goren. Er suchte daher Kontakt, um sich aussprechen zu können. Doch als das nicht reichte und er niemanden fand, der immer den Resonanzboden abgeben konnte oder wollte, begann er zu deklamieren.

Gegen Ende der sechziger Jahre des 19. Jahrhunderts stand das Deklamieren hoch in Mode. In den Familien las man Die Könige auf Salamis vor; in Konzerten, die damals, vor allem bei den Scharfschützen, massenhaft stattfanden, deklamierte man. Und fast immer die gleichen Texte. Die Asenzeit, Die Milchstraße, Sehlstedt und so weiter. Die Deklamation stand im Begriff, das zu werden, was der Quartettgesang gewesen war: ein Ventil für all den Enthusiasmus, die hoffnungsvolle Freude, die auf die Erweckung von 65 gefolgt war. Weil der Schwede weder ein geborener noch ein geübter Redner ist, wurde er Sänger und Deklamator, vielleicht auch deswegen, weil sein Mangel an Originalität sich des vorgefertigten Ausdrucks bedienen mußte. Exekutor, nicht aber Komponist. Derselbe Mangel an Eigenleben machte sich auch im Junggesellenleben bemerkbar, wo das Anekdotenerzählen in Blüte stand. Dieser schlechte und langweilige Zeitvertreib ist aufgegeben worden, seit man durch die neuaufgeworfenen Tagesfragen Gesprächs- und Diskussionsstoff bekommen hat.

Eines Tages kam Johan zu seinem Freund, dem Elementarlehrer, wo er mit anderen jungen Lehrern zusammentraf. Als das Gespräch zu versiegen drohte, holte der Freund Schiller hervor, der gerade in einer neuen Billigausgabe erschienen war und vor allem des günstigen Preises wegen gekauft wurde. Er schlug Die Räuber auf, und man las. Johan bekam die Rolle Karl Moors. Die erste Szene des ersten Aktes spielte zwischen dem alten Moor und Franz. Dann kam Szene zwei. Johan las: »Mir ekelt vor diesem tintenklecksenden Säkulum, wenn ich in meinem Plutarch lese von großen Menschen. – (Spiegelberg: Den Josephus mußt du lesen). Der hohe Lichtfunke Prometheus' ist ausgebrannt, dafür nimmt man itzt die Flamme von Bärlappenmehl – Theaterfeuer, das keine Pfeife Tabak anzündet. Da krabbeln sie nun wie die Ratten auf der Keule des Herkules und studieren sich das Mark aus dem Schädel, was das für ein Ding sei, das er in seinen Hoden geführt hat. Ein französischer Abbé doziert, Alexander sei ein Hasenfuß gewesen; ein schwindsüchtiger Professor hält sich bei jedem Wort ein Fläschchen Salmiakgeist vor die Nase und liest ein Kollegium über die *Kraft*. Kerls, die in Ohnmacht fallen, wenn sie einen Buben gemacht haben, kritteln über die Taktik des Hannibals – feuchtohrige Buben fischen Phrases aus der Schlacht bei Cannä und greinen über die Siege des Scipio, weil sie sie exponieren müssen.«

Johan kannte Die Räuber nicht und hatte das Stück auf Schwedisch nie gesehen. Anfangs war er zerstreut, doch beim Lesen begann er aufzuleben. Das waren neue Töne. Seine dunklen Träume in Worte umgesetzt, seine revoltierende Kritik gedruckt. Es gab also einen anderen, noch dazu einen großen, berühmten Schriftsteller, der den gleichen Ekel vor der Schul- und Universitätsbildung verspürt hatte, und der lieber ein Robinson oder ein Strauchdieb sein als sich in diese Armee einschreiben lassen wollte, die man Gesellschaft nannte. Er las weiter, seine Stimme zitterte, seine Wangen glühten, und die Brust arbeitete schwer.

»Da verrammeln sie sich die gesunde Natur mit abgeschmackten Konventionen, haben das Herz nicht, ein Glas zu leeren, weil sie Gesundheit dazu trinken müssen (Gesundheit, nicht nur prost) – belecken den Schuhputzer, daß er sie vertrete bei Ihro Gnaden, und hudeln den armen Schelm, den sie nicht fürchten. Vergöttern sich um ein Mittagessen und möchten einander vergiften um ein Unterbett, das ihnen beim Aufstreich überboten wird. – Verdammen den Sadduzäer, der nicht fleißig genug in die Kirche kommt, und berechnen ihren Judenzins am Altare – fallen auf die Knie, damit sie ja ihren Schlamp ausbreiten können – wenden kein Auge von dem Pfarrer, damit sie sehen, wie seine Perücke frisiert ist.«

Da stand alles, alles!

– Und das ist Schiller? rief er aus. Der Schiller, der die elende

Geschichte des Dreißigjährigen Krieges geschrieben hatte und das zahme Theaterstück Wallenstein, das man in der Schule las! Ja, es war derselbe Mann.

Hier wurde Aufruhr gepredigt; Aufruhr gegen Gesetze, Gesellschaft, Sitten, Religion. Dies war die Revolution von 1781, also acht Jahre vor der großen Revolution. Dies war das Anarchistenprogramm hundert Jahre vor seiner Zeit, und Karl Moor war der Nihilist. Das Drama erschien mit einem Löwen auf dem Titelblatt und dem Motto: In Tyrannos. Der Autor, damals (1781) zweiundzwanzigjährig, mußte fliehen. Die Idee des Stückes war also unzweifelhaft. Auch ein weiteres Motto war vorhanden, aus Hippokrates, das die Absicht ebenso deutlich zeigt: Quae medicamenta non sanant, ferrum sanat, quae ferrum non sanat, ignis sanat.

Ist das deutlich genug? Darüber hinaus aber gab es eine Vorrede, in welcher der Autor um Verzeihung bittet und widerruft. Er leugnet jeden Anteil an Franz' Sophismen, erklärt, er habe in Karl das Laster strafen wollen. Und dann sagt er über die Religion das folgende: »Auch ist itzo der große Geschmack, seinen Witz auf Kosten der Religion spielen zu lassen (wie Voltaire und Friedrich der Große), daß man beinahe für kein Genie mehr passiert, wenn man nicht seinen gottlosen Satyr auf ihren heiligsten Wahrheiten sich herumtummeln läßt ... Ich kann hoffen, daß ich der Religion und der wahren Moral keine gemeine Rache verschafft habe, wenn ich diese mutwilligen Schriftverächter in der Person meiner schändlichsten Räuber dem Abscheu der Welt überliefere.«

War Schiller nun wahrhaftig, als er das Drama schrieb, und verlogen, als er das Vorwort schrieb? In beiden Fällen gleich wahrhaftig, denn der Mensch ist ein Doppelgänger und tritt abwechselnd als Kulturmensch und als Gesellschaftsmensch auf. Am Schreibtisch, in der Einsamkeit, als die stummen Buchstaben auf das Papier geschrieben wurden, scheint Schiller wie andere, vor allem junge Autoren, unter dem Einfluß des blinden Spiels der Naturtriebe gearbeitet zu haben, ohne Rücksicht auf das Urteil der Menschen, ohne Gedanken an Publikum oder Gesetze oder Verfassungen. Einen Moment lang wird der Schleier gehoben, und man durchschaut den Gesellschaftsschwindel in seinem ganzen Ausmaß; die

Stille der Nacht, in der die Arbeit, vor allem der Jugend, gemacht wird, erinnert nicht an das lärmende, künstlich zusammengesetzte Leben dort draußen, das Dunkel verbirgt diese Steinhaufen, in denen sich schlecht angepaßte Tiere niedergelassen haben. Dann kommen der Morgen, das Tageslicht, der Straßenlärm, die Menschen, die Freunde, die Polizisten, die Glockenschläge, und der Seher erbebt vor seinen Gedanken. Die öffentliche Meinung erhebt ihr Geschrei, die Zeitungen schlagen Lärm, die Freunde wenden sich ab, es wird öde um einen, und den Angreifer der Gesellschaft befällt unwiderstehlicher Schrecken. Willst du nicht für uns sein, sagt die Gesellschaft, dann geh hinaus, hinaus in den Wald. Bist du ein schlecht angepaßtes Tier oder ein Wilder, dann deportieren wir dich in die so niedrig stehende Gesellschaft, in die du hineinpaßt. – Und von ihrem Standpunkt aus hat die Gesellschaft recht und bekommt leider Gottes recht. Die künftige Gesellschaft aber feiert den Aufrührer, das Individuum, das eine Verbesserung der Gesellschaft in Gang gesetzt hat, und der Aufrührer bekommt recht lange nach seinem Tod recht.

Im Leben jedes wachen jungen Mannes tritt, beim Übergang von der Familie in die Gesellschaft, ein Augenblick ein, in dem ihn das ganze seltsame Kulturleben anekelt, und er bricht aus. Bleibt er dann in der Gesellschaft, ist er durch diese massierten Erschütterungen der Gefühle und der Existenz bald geduckt, und er wird müde, läßt sich blenden, fällt ab und überläßt das Weitere anderen jungen Männern. Dieser unverstellte Blick auf die Dinge, dieser Ausbruch gesunder Natur, der dem unverbogenen jungen Mann aus Notwendigkeit eigen sein muß und der später von der Gesellschaft getrübt und unterdrückt wird, ist mit einer Bezeichnung versehen worden, die den Wert der guten Absichten des jungen Mannes mindern soll. Man nennt dies nunmehr Frühjahrshochwasser und will damit ausdrücken, daß es nichts weiter als eine Kinderkrankheit sei, die vorübergeht, ein Steigen der Säfte, das Blutstau und Schwindel hervorruft. Wer weiß, ob nicht der Jugendliche richtig gesehen hat, bevor die Gesellschaft ihm die Augen ausstach? Und warum den Geblendeten dann verhöhnen?

Schiller mußte in den Staatsdienst kriechen und Brotberufen

nachgehen, um leben zu können. Sogar das Gnadenbrot von Herzögen essen. Darum ging es mit seinen schriftstellerischen Werken beständig abwärts, wenn auch nicht aus ästhetischem oder untergeordnetem Blickwinkel. Seinen Tyrannenhaß aber kann er dennoch nicht aufgeben. Dieser trifft nun Philipp II von Spanien, Doria aus Genua, Gessler aus Österreich, doch damit hört die Wirkung der Schläge auf. Schillers Opposition, die anfangs der ganzen Gesellschaft gilt, richtet sich später allein gegen die Monarchie. Und so beschließt er auch seinen Weg mit einem Rat an einen Weltverbesserer (freilich, nachdem er gesehen hatte, wie der großen Revolution die Reaktion folgte):

»Nur für Regen und Thau und fürs Wohl der
                                                    Menschengeschlechter.
Laß du den Himmel, Freund, sorgen, wie gestern so heut.«

Der Himmel, der unglückselige alte Himmel würde dafür sorgen, *genausogut* wie zuvor!

Daß der altersschwache Voltaire Gott in Gnaden wieder aufnahm, warum schreibt man dies eigentlich keinem Schwindelanfall zu? Und warum mißt man seinen Worten aus einer lebenskräftigeren Periode nicht mehr Bedeutung bei?

Ebenso wie man nur einmal seinen Wehrdienst ableistet, und dies mit 21 Jahren, leistete Schiller den seinen ab. Und wie viele haben ihn geschwänzt?

Johan nahm es mit der Vorrede und alledem nicht so genau, oder er sah sie nicht; er nahm Karl Moor beim Wort, und er zog sich Karl Moor an, denn der paßte ihm. Er imitierte ihn nicht, denn er war ihm so ähnlich, daß er ihn nicht nachzuäffen brauchte. Ebenso aufmüpfig, ebenso schwankend, ebenso unklar, und stets bereit, sich im Falle eines Alarms den Händen der Gerechtigkeit zu überlassen.

Sein Überdruß an allem wuchs, und er begann, Pläne für eine Flucht aus der geordneten Gesellschaft zu entwerfen. Einmal war er darauf verfallen, nach Algier zu reisen und in die Fremdenlegion einzutreten. In der Wüste zu leben, in Zelten, auf halbwilde Stämme zu schießen und vielleicht erschossen zu werden, das wäre schön, meinte er. Diese Unruhe und Unlust beruhten nicht auf einem unterdrückten Geschlechtstrieb, denn seinen Trieben versagte er jetzt nichts. Es war wohl das Frühjahrshochwasser, das alle Dämme und Pfahlwerke, die Schule und Elternhaus errichtet hatten, niederriß.

Es traten jedoch rechtzeitig Umstände ein, die ihn wieder für einige Zeit mit den Verhältnissen versöhnten. Durch Empfehlung eines Freundes wurde ihm in einer reichen und gebildeten Familie eine Stelle als Hauslehrer zweier Mädchen angeboten. Die Kinder sollten nach neuen freisinnigen Methoden erzogen werden und weder in ein Mädchenpensionat gehen noch Gouvernanten haben. Dies war eine wichtige Aufgabe, und Johan fühlte sich nicht erwachsen, außerdem, wandte er ein, ein Volksschullehrer? Weiß man, daß ich das bin? Ja, gewiß. Und trotzdem? In dem Haus ist man liberal! Wie war man doch in jener Zeit liberal!

Jetzt setzte ein neues Doppelleben ein. Von der Strafanstalt Volksschule mit Zwangskatechismus und biblischer Geschichte, mit Armut, Elend und Grausamkeit, ging er um ein Uhr zu seinem Mittagstisch, schlang innerhalb von einer Viertelstunde das Essen hinunter und war um zwei Uhr an seinem Arbeitsplatz. Zu jener Zeit war dies das stattlichste Haus von Stockholm, mit Portier, pompeianischem Treppenhaus und bemalten Flurfenstern. In einem schönen großen hellen Eckzimmer mit Blumen, Vogelkäfigen, Aquarien sollte er zwei gutgekleideten, gewaschenen und gekämmten Mädchen, die vergnügt und satt zum Unterricht kamen, Stunden geben. Und hier würde er seine eigenen Gedanken äußern dürfen. Der Katechismus war mit dem Bann belegt, und aus der biblischen Geschichte würde man nur ausgewählte Erzählungen mit aufgeklärten Darstellungen von Leben und Lehre des Ideal-Menschen lesen, denn die Kinder sollten nicht konfirmiert, sondern zu neuen Menschen erzogen werden. Und jetzt wurde Schiller gelesen und für Wilhelm Tell und das glückliche kleine Land, »der Freiheit Land«, geschwärmt, und man führte sich die besten Derbheiten Shakespeares, der noch nicht als unsittlich gebrandmarkt war, zu Gemüte. Johans gesundes Geschlechtsleben ermöglichte es, daß er über die heiklen Stellen in Shakespeares Cäsar offen und frei sprechen und den aufgeweckten Kindern ihre wißbegierigen

Fragen nach den Geheimnissen des Geschlechtslebens von Tieren und Pflanzen beantworten konnte, wenn sie Naturkunde hatten. Er lehrte alles, was er wußte, referierte mehr, als er abhörte, vermittelte die Hoffnung auf ein besseres Dasein und erhielt sie selbst.

Hier hatte er Einblick in eine Gesellschaftsklasse, die er nicht kannte: die des Gebildeten und Reichen. Er fand dort Freisinn und Mut und das Bedürfnis, wahrhaftig zu sein. Unten in der Volksschule war man feige, konservativ und verlogen. Würden etwa die Eltern der Kinder, auch wenn der Schulrat sie bestärkte, die Religion in der Schule abgeschafft sehen wollen? Vermutlich nicht. Sollte also die Aufklärung von oben kommen? Sicherlich; nicht ganz von oben, sondern aus der Republik der wahrheitssuchenden Wissenschaftler. Er fühlte auch, daß man da oben sitzen mußte, um Gehör zu finden. Also: strebe dort hinauf, oder reiße die Bildung herunter und verstreue die Funken unter alle! Freisinnig zu sein, setzte ökonomische Unabhängigkeit voraus, eine Position, in der das eigene Wort Geltung hatte, also Aristokratie, auch dort.

*

Zu dieser Zeit gab es eine Gruppe junger Ärzte, Wissenschaftler, Literaten und Reichstagsabgeordneter, die eine liberale Gruppe bildeten, ohne sich zu einer Gesellschaft zu konstituieren. Sie veranstalteten populäre Vorlesungen, gelobten, keine Orden anzunehmen, schmiedeten Komplotte gegen die Staatskirche und schrieben für Zeitungen. Unter den Namen fielen auf: Axel Key, Nordenskiöld, Christian Lovén, Harald Wieselgren, Hedlund, Viktor Rydberg, Meijerberg, Jolin, und verschiedene Ungenannte, die im stillen wirkten, ohne viel Wesens zu machen, von einigen Ausnahmen abgesehen. Nach der Reaktion von 1872 verblaßten sie, wurden müde und konnten in keine Partei eintreten, was auch nicht gut war, da die Bauernpartei bereits anfing, sich durch jährliche Stockholmer Aufenthalte und Besuche bei Hofe korrumpieren zu lassen. Heute gehören sie alle zur moderaten oder salonliberalen Partei, falls sie sich nicht den Gleichgültigen und Müden angeschlossen haben, was nach so vielen Jahren sinnlosen Streites um nichts ganz natürlich sein mag.

Durch die Familie seiner Schüler kam Johan mit dieser Gruppe in oberflächlichen Kontakt und bekam sie bei Mittagessen und Soupers zumindest aus der Nähe zu sehen und zu hören. Manchmal dachte er, dies seien die Männer, die es schaffen würden, indem sie »erst aufklärten und später reformierten«. Hier begegnete er auch dem Inspektor für die Volksschulen und war erstaunt, ihn unter den Liberalen zu finden. Doch hatte dieser ja den Schulrat über sich und war so gut wie machtlos. Bei einem vergnügten Essen nahm Johan, kühn geworden, seinen Mut zusammen und wollte mit dem Inspektor vernünftig reden. Hier, dachte er, können wir wohl Auguren sein und über das Ganze ein gutes Champagnerlächeln miteinander lächeln. Der Vorgesetzte aber wollte nicht lächeln, sondern bat ihn, das Gespräch zu verschieben, bis sie einander in der Schule begegneten. Nein, das wollte Johan nicht, denn in der Schule trug man, auch sie beide, andere Gesichter, und darum redete man jetzt von »etwas anderem«.

Beide, Johan und der Inspektor, hatten sich selbst reformiert, darum durften sie aber noch lange nicht andere reformieren; das war nur ein Popanz von dem, der dies versprochen hatte.

*

Die Schulden wuchsen, und die Arbeit nahm zu. Von acht bis ein Uhr in der Volksschule; zu Mittag essen und in einer halben Stunde zur Stunde gehen; atemlos ankommen und im Eßfieber, das in Schlaf überzugehen drohte; bis vier Uhr unterrichten, dann in die Norrtullsgatan und Stunden geben; abends zu den Mädchen zurück, und dann nach zehn Stunden Unterricht bis in die Nacht fürs Examen arbeiten. Das hieß Überanstrengung. Der Schüler hält seine Arbeit für schwer, doch sie bedeutet nur, Wagen zu sein, wo der Lehrer Pferd sein muß. Bestimmt war es schwerer, als am Schraubstock oder Kran einer Maschine zu stehen, und doch ebenso eintönig. Das von Arbeit und gestörter Essensruhe betäubte

Gehirn mußte angestachelt, die Kräfte mußten ersetzt werden, und er entschied sich für das Nächstliegende und Beste: in ein Café gehen, ein Glas trinken, eine Weile sitzen. Und es war gut, daß es solche Erholungsstätten gab, wo junge Männer sich ohne die Polizeiaufsicht der Familie treffen, wo Familienväter eine Weile ausruhen konnten, um bei einer Zeitung oder einer guten Unterhaltung von »etwas anderem« zu sprechen.

*

Im folgenden Sommer zog er in eine Sommerkolonie auf Djurgården hinaus. Dort lernte er ein paar Stunden mit den Mädchen und ein paar mit einem ganzen Schwarm anderer Jugendlicher. Der Umgang war inhalts- und abwechslungsreich. Die Kolonie bestand aus drei Lagern: dem gelehrten, dem ästhetischen und dem bürgerlichen. Johan gehörte zu allen dreien. Man hat gesagt, für die Entwicklung des Charakters (zum Automaten) sei Einsamkeit schädlich, und man hat gesagt, für die Entwicklung des Charakters sei ein großer Bekanntenkreis schädlich. Alles kann behauptet werden und wahr sein; das hängt von den Gesichtspunkten ab. Für die Entwicklung einer Seele zu einem reichen, freien Leben aber sind viele Kontakte nötig. Je mehr Menschen man sieht und spricht, desto mehr Gesichtspunkte, desto mehr Erfahrung gewinnt man. Jeder Mensch trägt stets einen Keim in sich, der seine Originalität ausmacht, jedes Individuum hat seine Geschichte. Johan kam mit allen gleich gut zurecht. Er sprach über gelehrte Dinge mit den Gelehrten, über Kunst und Literatur mit den Ästheten, sang Quartette und tanzte mit der Jugend, machte Aufgaben mit den Kindern, und botanisierte, segelte, ruderte und schwamm mit ihnen. Doch wenn er eine Zeitlang draußen im Gewimmel gewesen war, zog er sich für ein oder zwei Tage in die Einsamkeit zurück und verdaute seine Eindrücke.

Wer sich wirklich köstlich amüsierte, waren die Bürger. Sie kamen von ihrer Arbeit in der Stadt, schüttelten die Mühsal ab, und abends spielten sie. Alte Großhändler warfen Ringe, tanzten, spielten Spiele, sangen wie die Kinder. Die Gelehrten und Ästheten saßen auf ihren Stühlen, sprachen von ihrer Arbeit, wurden von ihren Gedanken geritten wie von Mahren und schienen nie recht glücklich zu sein. Sie konnten sich von der Tyrannei der Gedanken nicht befreien. Die Bürger hatten noch ein kleines grünes Stückchen Land in sich, das weder die Gewinnsucht, die Spekulation noch die Konkurrenz hatten absengen können. In ihnen hatte sich noch ein gefühlvolles und herzliches Moment erhalten, das Johan Natur hätte nennen wollen. Sie konnten lachen wie Verrückte, schreien wie Wilde und zu gegebenem Anlaß leicht in Rührung verfallen. Sie weinten über das Unglück oder den Tod eines Freundes, fielen einander in Augenblicken der Begeisterung in die Arme und konnten über einen schönen Sonnenuntergang in Verzückung geraten. Die Professoren saßen auf ihren Stühlen und sahen wegen ihrer Brillen die Landschaft nicht, ihre Blicke waren nach innen gerichtet, und ihre Gefühle sah man nie. Ihre Rede verlief in Syllogismen, nach Formeln, ihr Lachen war bitter, und mit all ihrer Weisheit schienen sie Marionetten zu sein. Ist dies nun ein höchster Standpunkt? Ist es nicht ein Mangel, wenn man einen ganzen Bereich des Seelenlebens in Einöde verwandelt hat?

Am vertrautesten wurde Johan jedoch mit dem dritten Lager. Dies war eine kleine Clique, die aus der Familie eines Arztes und ihren Bekannten bestand. Dort sang der berühmte Tenor W., begleitet von Professor M.; dort spielte und sang der Komponist J.; dort erzählte der alte Professor P. von seinen Romreisen mit Malern alten Schlags. Hier gab es Gefühlsleben in reichem Maße, aber ästhetisch. Man genoß den Sonnenuntergang, sprach von Linien und Farbwerten. Die eher lautstarken Vergnügungen der Großhändler wurden als störend empfunden und ihre Spiele als unästhetisch. Hier schwärmte man für das schöne Spiel der Kunst. Johan fühlte sich unter diesen liebenswürdigen Menschen einige Stunden wohl, doch wenn er aus der Villa nebenan Quartettgesang und Tanzmusik hörte, sehnte er sich dorthin. Dort war es bestimmt lustiger.

In einsamen Stunden las er und lernte erst jetzt Byron wirklich kennen. Don Juan, den er schon kannte, hatte er nur leichtsinnig gefunden. Der handelte von nichts, und die Naturbeschreibungen waren unerträglich lang. Das waren nur Abenteuer oder Anekdoten, fand er. In Manfred erneuerte er die Bekanntschaft mit Karl Moor in anderer Gestalt. Manfred war kein Menschenhasser; er haßte vielmehr sein Ich und ging in die Alpen hinaus, um vor sich selbst zu fliehen, fand sich aber immer mit seinem Verbrechen neben sich wieder, denn Johan kam sofort auf den Gedanken, daß Manfred in einem verbrecherischen Verhältnis zu seiner Schwester gestanden haben müsse. Heute nimmt man an, Byron habe dieses Verbrechen, das nicht existiert haben soll, durchblicken lassen, um sich interessant zu machen. Interessant zu sein wie die Romantiker, um welchen Preis auch immer, sollte allerdings mit sich differenzieren übersetzt werden, mit dem Bestreben also, sich von den anderen abzuheben und über sie zu kommen, das ewige Streben, höher zu kommen. Nun galten Verbrechen als Zeichen der Kraft, und darum wollte man ein Verbrechen, um damit zu prahlen, wenn auch ein unbestraftes. Ohne Polizei und Zuchthaus. Es lag wohl auch etwas von Opposition gegen Gesetz und Moral darin, sich mit Gesetzesübertretungen zu brüsten.

Als ein mit dem Himmel und dem himmlischen Regiment Unzufriedener sprach Manfred Johan an. Wenn Manfred sein Pfui über die Menschen ausruft, dann gilt es wohl der Gesellschaft, doch die Gesellschaft war noch nicht entdeckt. Keineswegs waren all diese, Rousseau, Byron und die übrigen, unzufriedene Menschenhasser. Es ist veraltetes Christentum zu fordern, man solle die Menschen lieben. Wenn man sagte, man interessiere sich für sie, wäre dies bescheidener und wahrer zugleich. Zwar mag, wer im Kampf überlistet und beiseite geschoben wurde, die Menschen fürchten, sie aber hassen kann wohl niemand, weil jeder einzelne sich mit der Menschheit solidarisch fühlt und weiß, daß der größte Genuß des Lebens das Zusammensein mit Menschen ist. Byron war ein Geist, der früher als die übrigen geweckt wurde und theoretisch die Menschenmassen seiner Zeit hätte hassen müssen, der aber dennoch für ihrer aller Wohl stritt und litt.

Als Johan sah, daß das Poem in nicht gereimten Versen abgefaßt war, begann er es zu übersetzen, kam aber nicht weit, bis er erneut feststellte, daß er keine Verse schreiben konnte. Er war nicht berufen.

Zeitweise schwermütig, bisweilen hektisch ausgelassen, verspürte er manchmal eine unwiderstehliche Begierde, das brennende Feuer der Gedanken im Rausch zu ersticken und das Gehirn in seinem Lauf anzuhalten. Schüchtern, fühlte er sich zuweilen genötigt, hervorzutreten, sich zu produzieren, Zuhörer zu haben, aufzutreten. Wenn er viel getrunken hatte, wollte er deklamieren. Großes, Feierliches. Doch mitten im Text, wenn die Ekstase am größten war, hörte er seine eigene Stimme, wurde schüchtern, ängstlich, fand sich lächerlich und schlug um, senkte den Ton, verfiel ins Komische und schloß mit einer Grimasse. Er hatte Pathos, doch nur für eine Weile; dann kam die Selbstkritik, und er lachte über seine übersteigerten Gefühle. Die Romantik lag ihm im Blut, doch der nüchterne Realitätssinn schickte sich an, zu erwachen.

Auch Anfälle von Launenhaftigkeit und Selbstquälerei verfolgten ihn. So blieb er einer Einladung zum Mittagessen fern, lag auf seinem Zimmer und hungerte bis zum Abend. Er schützte vor, verschlafen zu haben.

Der Sommer näherte sich seinem Ende, und Johan sah mit Widerwillen und Angst dem Beginn des Winterhalbjahres in der Volksschule entgegen. Er war jetzt in Kreisen gewesen, in die die Armut ihr verwüstetes Gesicht niemals gesteckt hatte, er hatte jetzt den verlockenden Wein der Bildung gekostet, und er hatte die Lust verloren, nüchtern zu sein.

Seine Schwermut nahm zu, und er zog sich in sich selbst zurück, entfernte sich aus dem Bekanntenkreis. Eines Abends aber klopfte es an seine Tür; der alte Arzt, der sein engster Bekannter gewesen war, und der in derselben Villa wohnte, trat ein.

– Wie ist die Stimmung? fragte er, und ließ sich wie ein väterlicher alter Freund nieder.

Johan wollte nicht gestehen. Wie sollte er es wagen zu sagen, daß er unzufrieden war mit seiner Position, zugeben, daß er ehrgeizig war und in der Welt vorwärtskommen wollte.

Doch der Arzt hatte all das gesehen und begriffen.

– Sie müssen Arzt werden, sagte er. Das ist eine Tätigkeit, die zu Ihnen paßt und Sie in Kontakt mit dem Leben bringen wird. Sie haben eine lebhafte Phantasie, die sie im Zaum halten müssen, sonst geht es schlimm aus. Sie haben doch Lust zu diesem Beruf? Nicht wahr? Habe ich recht?

Er hatte recht. Durch die entfernte Bekanntschaft mit diesen neuen Propheten, die an die Stelle von Geistlichkeit und Beichtvätern getreten waren, hatte Johan sich daran gewöhnt, in ihren praktischen Kenntnissen vom Menschenleben die Höhe menschlicher Weisheit zu sehen. Ein Weiser zu werden, der die Rätsel des Lebens verstand, das war für den Augenblick sein Traum. Für den Augenblick, denn er wollte eigentlich keinen Weg einschlagen, auf dem er in die Gesellschaft eingegliedert würde, nicht aus Furcht vor der Arbeit, denn er arbeitete mit Raserei, und unter Untätigkeit litt er, sondern aus Widerwillen dagegen, inkorporiert zu werden. Er wollte nicht in die Gesellschaftsarmee eingegliedert, eine Nummer, ein Zahnrad, eine Schraubenmutter werden. Er ließ sich nicht zähmen. Er wollte außerhalb stehen und zusehen, lehren und verkünden. Die Laufbahn des Arztes war in gewisser Hinsicht frei. Er war kein Beamter, hatte keine Vorgesetzten, keine Amtsstube, keine Glockenschläge. Dies war doch recht verlockend, und Johan ließ sich locken. Aber wie sollte das vor sich gehen? Acht Jahre Ausbildung! Ja, darüber hatte der freundliche Mann schon nachgedacht.

– Wohnen Sie in der Stadt bei uns, und machen Sie mit meinen Söhnen die Aufgaben.

Nun, das war ja ein faires Geschäft, eine Hauslehrerstelle und keine demütigende Wohltätigkeit. Aber die Schule! Seinen Platz verlassen!

– Das ist nicht Ihr Platz, unterbrach ihn der Arzt. Jeder einzelne muß seinen Fähigkeiten entsprechend tätig werden, und in der Volksschule, wo Sie für den Schulrat die Aufgaben abhören müssen, können Ihre Fähigkeiten nichts ausrichten.

Johan erschien dies vernünftig, doch die Mönchslehre war in ihm so verwurzelt, daß er im Herzen einen Stich spürte. Er wollte so gern fort, doch eine Art Pflicht, ein eigenartiges Schuldgefühl, hielt ihn fest. Des Ehrgeizes, eines so menschlichen Triebes, verdächtigt zu werden, brachte ihn dazu, sich zu schämen. Und sein Platz, der des Sohnes der Magd, der war ihm ja da unten zugewiesen. Aber der Vater hatte ihn doch heraufgezogen, buchstäblich hier heraufgezogen, warum sollte er dann hinunter und da unten Wurzeln schlagen!

Er kämpfte einen kurzen blutigen Kampf, nahm das Angebot dankend an und verabschiedete sich von der Schule.

3. Der Arzt

(1868)

Seine neue Heimat fand er jetzt bei den Heimatlosen, bei Israeliten. Hier wehte ihm sofort andere Luft entgegen. Keine Erinnerungen an Christentum oder Quälerei, weder bei sich selbst noch bei anderen. Keine Tischgebete, kein Kirchgang, kein Katechismus. Was sollen diejenigen, die an die Bedeutung des Christentums für die Entwicklung glauben, von einem Volk halten, das zweitausend Jahre der Weltgeschichte ohne Christentum verbracht und sich auf den gleichen Kulturstand wie die anderen erhoben hat, so daß sie beinahe vollständig in die christliche Gesellschaft hätten eingehen können. Hätte die europäische »Weltgeschichte« Christentum, Konzile, Päpste, Inquisition, den Dreißigjährigen Krieg und Luther womöglich entbehren können? Könnte das Christentum nicht womöglich ganz einfach eine Humanisierungsperiode gewesen sein, die notwendigerweise und nur gleichzeitig mit der Entstehung der Kirche, aber unabhängig von dieser, eingetreten ist? Und könnte die Kirche nicht eine der vielen Mißbildungen der Weltgeschichte und der Entwicklung gewesen sein? Der Mohammedaner und der Buddhist können doch ebenso human sein wie die Christen, obwohl sie auf die Christen nur zu Gelegenheiten treffen, bei denen Humanität nicht im Spiel sein darf: nämlich in Kriegszeiten.

Hier ließ es sich leben, meinte Johan, das waren freie Menschen, die aus der Kultur aller Länder das Beste herausgegriffen hatten, ohne daß sie gezwungen gewesen waren, auch das Schlechte zu übernehmen. Hier begegnete er zum ersten Mal frischem Wind von draußen. Man war viel gereist, hatte Verwandte im Ausland, sprach alle Sprachen und empfing Ausländer bei sich. Alle großen und kleinen Angelegenheiten des Landes wurden mit dem Blick auf die ausländischen Originale betrachtet und beurteilt, wodurch man sich einen weiteren Horizont angewöhnte und einen richtigen Maßstab für das eigene Land bekam.

Die patriarchalische Regierungsform hatte innerhalb der Familie nicht die Form von Familientyrannei angenommen, im Gegenteil, die Kinder behandelten die Eltern eher wie ihresgleichen, und die Eltern waren zärtlich, ohne kleinlich zu sein. Allein in einem unfreundlichen Teil der Welt, von halben Feinden umgeben, suchten die Familienmitglieder Schutz beieinander und hielten zusammen. Ohne Vaterland zu sein, was als so hart gilt, hat den Vorteil, daß die Intelligenz stets beweglich gehalten wird. Stete Wachsamkeit, beständige Beobachtung, neue und reiche Erfahrungen, bieten sich dem Umherziehenden, während der Stillsitzende träge wird und sich auf andere verläßt.

In sozialer Hinsicht nehmen die Kinder Israels eine eigentümliche Ausnahmestellung ein. Sie haben die Messiasverheißung vergessen und glauben nicht an sie. In den meisten Ländern Europas mußten sie Mittelklasse bleiben. Unterklasse zu werden, war ihnen wohl verwehrt, wenn auch nicht in dem Ausmaß, wie man normalerweise annimmt. Oberklasse zu werden, ebenso. Darum fühlen sie sich mit der Unterklasse nie verwandt, und auch nicht mit der Oberklasse. Nach Gewohnheiten und Neigungen sind sie Aristokraten, haben aber das gleiche Interesse wie die Unterklasse: den Stein, der dort oben liegt und drückt, herunterzuheben. Den Proletarier jedoch fürchten sie, denn er ist von der Religion verdummt und liebt die Reichen nicht. Darum fliehen die Kinder Abrahams lieber nach oben, als daß sie unten Sympathien suchen. Zu dieser Zeit, 1868, begann man die Frage erweiterter Rechte für die Juden zu diskutieren, und alle Liberalen stimmten dafür. Dies war eine Abdankungserklärung des Christentums. Taufe, Eheschließung, Konfirmation, Kirche, all das war als für einen Bürger einer christlichen Gesellschaft überflüssig befunden worden. Solche scheinbar kleinen Reformen sind es, die auf den Staat einwirken, wie die Tropfen auf den Stein.

Es herrschte daher beste Stimmung in der Familie, weil sich den Söhnen nun eine hellere Zukunft eröffnete, als die des Vaters es gewesen war, dessen akademische Laufbahn einst die Gesetzgebung behindert hatte.

Im Haushalt ging es großzügig zu; alles war von bester Qualität und reichlich. Die Dienstboten führten ihn und hatten in allem freie Hand; als Dienstboten wurden sie nie behandelt. Das Hausmädchen war Pietistin, doch das konnte sie gern sein. Sie hatte einen guten und humorvollen Charakter und machte sich, unlogisch genug, über das im Haus herrschende fröhliche Heidentum lustig. Dagegen machte sich niemand über ihren Glauben lustig. Johan selbst wurde abwechselnd als Vertrauter und Kind behandelt, und er wohnte bei den Söhnen. Die Arbeitsverpflichtungen waren gering. Man legte mehr Wert darauf, daß er den Kindern Gesellschaft leistete, als daß er mit ihnen lernte. Hier wurde er nun allerdings das, was man mit den üblichen Bezeichnungen zwecks Unterdrückung der Jugend verwöhnt nennt. Neunzehn Jahre alt, wurde er bei bekannten und schon reifen Künstlern, Ärzten, Literaten und Beamten als Ebenbürtiger eingeführt. Er gewöhnte sich daran, sich für erwachsen zu halten, und darum waren die Rückschläge um so härter.

Seine ärztliche Laufbahn begann mit chemischer Laborarbeit im Technologischen Institut. Dort hatte er die erträumten Herrlichkeiten seiner Kindheit in nächster Nähe. Aber wie trist und trocken waren die Wurzeln der Wissenschaft! Dastehen und Säuren auf Salze gießen und zusehen, wie die Lösung die Farbe wechselte, das war nicht unterhaltsam. Aus ein paar Lösungen Salze zu erzeugen, nicht weiter interessant. Später, als die Analyse kam, begann das Geheimnisvolle. Einen Becher, so groß wie ein Punschglas, mit einer wasserklaren Flüssigkeit bekommen und dann im Filter die vielleicht zwanzig Stoffe nachweisen, die sie enthielt, dies hieß doch in die Mysterien ein wenig eindringen. Wenn er im Laboratorium allein war, nahm er auf eigene Faust kleine Experimente vor und hatte sich bald eine kleine Flasche mit Blausäure beschafft, die er mit recht großem Risiko hergestellt hatte. Sie zu besitzen, war seltsam reizvoll. Der Tod, das Ende, in ein paar Tropfen unter einem Glasstöpsel.

Gleichzeitig nimmt er die Studien in Zoologie, Anatomie, Botanik, Physik und Latein auf. Noch mehr Latein! Lernen, sich einen Überblick verschaffen und den Stoff aneignen, das ging an, das Auswendiglernen aber widerstrebte ihm bald. Sein Kopf war mit so vielerlei angefüllt, daß nur schwer noch mehr hineinging. Doch es mußte sein. Schlimmer war, daß mit den Arztstudien jetzt so viel anderes zu konkurrieren begann. Das Dramatische Theater lag einen Steinwurf von zu Hause entfernt, und dorthin ging er ein paarmal in der Woche, dritter Rang Mitte, Stehplatz. Von hier aus sah er jetzt die elegante und heitere Welt der französischen Komödie, auf Brüsseler Teppichen gespielt. Dieses leichte gallische Temperament, das der schwermütige Schwede als sein ersehntes Komplement bewundert, nahm ihn gefangen. Welch eine Ausgeglichenheit des Gemüts, welch eine Widerstandskraft gegen die Messerstiche des Lebens besaß doch diese Nation aus einem südlicheren Land mit mehr Sonne! Und seine Gedanken wurden noch schwerer, als er fühlte, wie sein germanischer Weltschmerz auf alles Schleier legte, die auch hundert Jahre französische Erziehung nicht hätten fortwehen können. Doch er wußte nicht, daß das Leben des Parisers auf der Bühne nicht dasselbe war wie das Leben des fleißigen und sparsamen Parisers hinter Büropult oder Ladentisch. Die französische Komödie war für die reichen Emporkömmlinge des Zweiten Kaiserreichs geschrieben, und dieses übte Zensur an Politik und Religion, nicht aber Moral. Sie war aristokratisch, wirkte aber befreiend, weil sie die Wirklichkeit erfaßte, auch wenn sie sich nicht unter die Ebene der Marquis und Kaufleute begab. Sie gewöhnte das Publikum daran, mit dieser vornehmen Welt, die einen die andere, niedrigere vergessen ließ, zu sympathisieren und sich in ihr heimisch zu fühlen, und wenn man aus dem Theater kam, meinte man, bei seinem Freund Herzog Job auf einem Souper gewesen zu sein.

Der Zufall wollte auch, daß die Frau des Doktors eine hübsche Bibliothek mit schöner Literatur aus aller Welt besaß. Es war ein unermeßlicher Vorzug, all diese kostbaren Stücke aus dem Regal nehmen zu dürfen. Und der Doktor besaß eine Gemäldesammlung schwedischer Meister und eine wertvolle Sammlung von Stichen.

Die Ästhetik, die jetzt ungehindert blühte, brach ins Leben und sogar in die Schule ein, wo literarische Vereine Vorträge veranstalteten. In der Familie unterhielt man sich meist über Gemälde, Schauspiele, Schauspieler, Bücher, Schriftsteller, so daß der Doktor sich bisweilen veranlaßt sah, das Gespräch mit einem starken Detail aus seiner Praxis zu würzen.

Von nun an beginnt Johan Zeitungen zu lesen, und das politische und soziale Leben mit seinen mannigfaltigen Fragen offenbart sich ihm, stößt ihn, den Ästheten und Familienegoisten, der er mittlerweile ist, anfangs jedoch ab. Die Politik, so meinte er, ging ihn nichts an. Sie war eine Fachwissenschaft wie alle anderen.

Seine Stunden mit den Mädchen setzte er ebenso wie den familiären Umgang fort. Außerhalb des Hauses verkehrte er mit erwachsenen Verwandten, die Kaufleute waren, und deren Bekannten. Sein Kreis war also ausgedehnt, und dadurch wurden seine Ansichten vom Leben nicht einseitig. Die ständige Beschäftigung mit Kindern aber hätte ihn wohl gewissermaßen unten gehalten. Er hatte beinahe das Gefühl, nie älter zu werden, und er konnte die Jugend nicht überlegen behandeln. Bereits jetzt merkte er, daß die Jungen ihm voraus waren, daß sie mit neuen Ideen geboren wurden, daß sie weiterbauten, wo er aufgehört hatte, und als er im späteren Leben erwachsenen Schülern begegnete, sah er zu ihnen auf wie zu Älteren. Sie hatten ihn überholt, so schien es, obwohl die optische Täuschung sich damit erklärte, daß sie, die er früher gekannt hatte, sich selbst überholt hatten.

*

Der Herbst 68 war angebrochen. Die Enttäuschung über die Folgen der neuen Staatsform begannen sich in Unzufriedenheit zu äußern. Man hatte die Gesellschaft auf den Kopf gestellt, so daß die Untersten nach oben gekommen waren. Die Bauern bedrohten Stadt und Kultur, und die Verbitterung war allgemein. Ist über die Bauernpartei eigentlich schon das letzte Wort gesprochen? Vermutlich nicht. Sie begann äußerst demokratisch reformatorisch, und der Angriff auf die Zivilliste war das Verwegenste, das man je gesehen hatte. Er bedeutete, auf gesetzlichem Wege die Monarchie zu stürzen. Durch Abstimmung die Mittel auf ein beleidigendes Minimum zu reduzieren, und der König dankt ab. Das war einfach und genial.

In einer Zeit, die das Recht der Majorität verkündete, hätte man Widerstand gegen das Auftreten der Bauernwelt nicht erwarten sollen. Schweden war ein Bauernland, denn die Landbevölkerung machte vier Millionen aus, was bei einer Bevölkerungszahl von viereinhalb Millionen wohl die Majorität ist. Sollte nun die halbe Million die vier regieren oder umgekehrt? Das Letztere schien das Angemessenste zu sein. Natürlich sprechen jetzt die Städter von Egoismus und Tyrannei der Bauern, aber haben denn die Arbeiter in ihrem Programm einen einzigen Punkt, der auf eine Verbesserung der Lage von Bauern, Statare oder Häuslern abzielt? War nicht ihr Egoismus größer, als sie entgegen der wirtschaftlichen Situation und den Lebensbedingungen der 86 Prozent mit Hilfe von Schutzzöllen den Brotpreis der vierzehn Prozent schützen wollten? Wie töricht, von Egoismus zu sprechen, nachdem man inzwischen annimmt, daß jeder einzelne dem Ganzen am besten dient, wenn er sich selbst dient!

Die Unzufriedenen entdeckten indessen jetzt, 1868, eine Partei, die der zugelassenen und gesetzlichen Majorität entgegentreten sollte und die alle grundlegenden Reformen in ihr Programm aufnahm. Dies war die Neuliberale Partei, die zumeist aus Literaten bestand, außerdem einigen Handwerkern, einem Professor usw. Diese wiederum erweckte einen neuentdeckten Stand, die Industrie- oder Stadtarbeiter, und mit dieser Handvoll von Leuten, ohne die größeren und wichtigeren Interessen, die der Grundbesitz mit sich bringt, dazu mit einer so wenig gefestigten Position, daß eine Mißernte sie in Proletarier verwandeln konnte, sollte jetzt die Gesellschaft umgestaltet werden. Was wußten die Arbeiter von der Gesellschaft, und wie wollten sie sie haben? Zu ihrem Vorteil verändert, mit einem ruinierten Bauernstand. Dies aber hieß, den Ast absägen, auf dem man saß, denn Schweden ist kein exportierendes Industrieland, und darum würden die vier Millionen Kunden auf dem Land im selben Augenblick, in dem ihre Kaufkraft abnähme, unfreiwillig die Industrie ruinieren und die Arbeiter an den Bettelstab bringen. Daß die Arbeiter Gewicht erlangten, war eine Notwendigkeit, doch alle Menschen, wie es dann die Industriesozialisten forderten, zu Industriearbeitern zu machen, ist sehr viel unvernünftiger, als alle zu Bauern zu machen, wohin, wie die Agrarsozialisten annehmen, die Entwicklung geht. Das Kapital, das der Arbeiter jetzt angreift, scheint das Fundament der Industrie zu sein, und rührt man es an, fallen die Industrie und mit ihr die Arbeiter wahrscheinlich dorthin zurück, von wo sie gekommen sind und täglich kommen – auf das Land.

Allerdings war die Bauernpartei noch nicht durch den Umgang mit feinen Herren verdorben, und sie war weder konservativ noch kompromißlerisch. Zwischen Stadt und Land schien sich ein Krieg vorzubereiten. Jedenfalls lag ein Gewitter in der Luft, und ein kleiner Anlaß hätte zur Entladung von Blitzen führen können, und seien es Theaterblitze.

Die Hauptstadt mit ihren hohen Kulturinteressen wollte Karl XII eine Statue errichten. Warum? War dieser letzte Ritter des Mittelalters das Ideal der Zeit? Waren die Idole Gustav IV und Karl XV zum Ausdruck der neuen unkriegerischen Zeit geworden, die einsetzte? War dies ein Echo aus der Zeit des Skandinavismus, als Er höchstselbst etcetera den dahinsiechenden Kriegsruhm Schwedens wiederbeleben wollte? Oder war das Ganze, wie so oft, vom Atelier des Bildhauers ausgegangen? Wer weiß? Die Statue war fertig und sollte enthüllt werden. Für die Zuschauer wurden Tribünen errichtet, aber so ungeschickt, daß die Zeremonie von der Volksmasse nicht verfolgt werden konnte, und innerhalb der Absperrungen hatten ausschließlich der Hof und Geladene, Sänger und zahlendes Publikum Zutritt.

Eine nationale Sammlung war vorausgegangen, und alle meinten, zum Zusehen berechtigt zu sein. Die Veranstaltung war verhaßt. Man forderte in Eingaben die Entfernung der Tribüne, wurde aber mit Nein beschieden. Das Volk setzte sich in Bewegung und wollte die Tribünen einreißen, doch da rückte das Militär aus.

Es war beim Essen des Doktors für die italienische Operngesellschaft. Man war beim Dessert angekommen, als von der Straße Geräusche zu hören waren. Anfangs klang es wie Regen auf einem Blechdach, dann hörte man deutliche Rufe einer Menschenmenge. Johan lauschte. Es war nichts mehr zu hören. Zwischen italienischen und französischen Redewendungen, die über den Tisch hin und her geworfen wurden, klangen die Weingläser, es hagelte Gelächter und calembours, und die Tischgesellschaft konnte kaum sich selbst verstehen. Jetzt aber drang von der Straße ein Gebrüll herauf, und gleich darauf Pferdegetrappel, das Klirren von Waffen und Sattelzeug. Einen Augenblick wurde es still, und der eine oder andere erbleichte. – Was ist das, fragte die Primadonna. – Das Pack randaliert, antwortete ein Professor.

Johan stand vom Tisch auf, ging in sein Zimmer, nahm Hut und Mantel und ging hinaus. – Das Pack! klang es in seinen Ohren, während er die Straße entlangging. Das Pack! Die ehemaligen Klassenkameraden seiner Mutter, seine Schulfreunde und seine Schüler; sie waren dieser dunkle Hintergrund, vor dem die lichten Gemälde dort oben erst wirken konnten. Ihm war wieder, als sei er desertiert, als habe er unrecht getan, indem er sich hochgearbeitet hatte. Aber er mußte doch erst oben sein, damit er für die da unten etwas ausrichten konnte. Ja, das hatten so viele gesagt, und wenn sie dann erst einmal hinaufgekommen waren, hatten sie sich so gut eingelebt, daß sie die da unten vergessen hatten. Die Kavalleristen zum Beispiel, die aus den allerfinstersten Löchern hervorgekrochen waren, wie brüsteten die sich, und mit welch ungetrübter Freude schlugen sie auf ihre Kameraden ein, auch wenn man zugeben muß, daß sie noch lieber auf die schwarzen Hüte einschlugen. Er ging weiter und kam auf den Karl XIII:s Torg. Wie riesengroße Marktstände zeichneten sich die Tribünen gegen den Novemberhimmel ab, und rundherum wimmelte es von Menschen. Von der Arsenalsgatan her hörte man Pferdegetrappel, in kurzem Schritt. Und da kamen sie jetzt, die blauen Gardisten, die Grundpfeiler der Gesellschaft, auf denen die da oben ruhten. Johan wurde von einer rasenden Lust ergriffen, dieser Masse von Pferden, Menschen, Säbeln entgegenzutreten, gleichsam als sehe er in ihr den ganzen Druck verkörpert.

Dort war der Feind; nun gut, er wollte ihm begegnen. Die Truppe rückte vor, und Johan stellt sich mitten auf die Straße.

Woher hatte er seinen Haß gegen diese Garanten der Ordnung, die eines Tages ihn und seine Rechte verteidigen würden, wenn er sich nach oben gearbeitet hatte und nach unten auf die anderen drückte? Wenn man dieser Menschenmenge, mit der er sich jetzt solidarisch fühlte, freie Hand gelassen hätte, hätte sie vielleicht den ersten Stein in das Fenster geworfen, hinter dem er gerade noch mit vier Weingläsern vor sich gesessen hatte. Ja, gewiß, doch das hielt ihn trotzdem nicht davon ab, ihre Partei zu ergreifen, ebenso, wie man sehr oft die Oberklasse inkonsequenterweise Partei gegen die Polizei ergreifen sieht. Diese abstrakte Freiheitsmanie ist wohl im Grunde die ewige kleine Rebellion des Naturmenschen gegen die Gesellschaft.

In irgendeiner dunklen Absicht, sie alle zu Boden zu schlagen, oder etwas Ähnliches, ging er geradewegs auf die Kavallerie zu, als ihn glücklicherweise jemand am Arm packt, kräftig, aber freundlich, und dann wird er wieder nach Hause zu Doktors geführt, die ausgeschickt hatten, ihn zu suchen. Nachdem er sein Ehrenwort gegeben hatte, nicht mehr auszugehen, fiel er auf ein Sofa, und am Abend lag er im Fieber.

Am eigentlichen Karl XII-Tag sang er im Studentenchor mit, war also unter den Auserwählten, den »upper ten thousand«, und hatte allen Grund, für seine Person zufrieden zu sein. Als die Zeremonie beendet war, stürmte das Volk heran. Die Polizei drängte es zurück. Da aber begann das Volk mit Steinen zu werfen. Die Konstabler zogen ihre Säbel und schlugen dazwischen, arrestierten und mißhandelten. Johan war auf den Platz vor der Jakobskirche gekommen, als er sah, wie ein Kommissar auf einen Mann einschlug, während es Steine regnete, die den Konstablern die Helme herunterschlugen. Ohne zu zögern, rannte er auf den Kommissar zu, packte ihn am Kragen, schüttelte ihn und schrie:

– Lassen Sie den Mann los!

Der Kommissar schaute den Angreifer verdutzt an.

– Wer sind Sie? fragte er zögernd.

– Ich bin der Teufel, und ich hole Sie, wenn Sie den Mann nicht loslassen.

Er ließ ihn wirklich los, doch nur, um Johan zu packen. Im selben Augenblick schlug ihm ein Stein seinen Dreispitz herunter. Johan riß sich los; die Volksmenge wurde jetzt mit Bajonetten zur Wache am Gustav Adolfs Torg hinuntergetrieben. Ihr folgte ein Menschenschwarm, Herren aus höheren Gesellschaftsklassen, wild schreiend und in der, wie es schien, festen Absicht, die Gefangenen zu befreien. Johan rannte mit. Es war, als trage sie ein Sturmwind dahin; gesellschaftlich hochstehende Leute, die überhaupt nicht behelligt, nicht zurückgedrängt worden waren, stürzten blindlings voran und riskierten ihre Stellung, ihr Familienglück, alles. Johan fühlte, wie eine Hand die seine ergriff. Er drückte zurück und sah neben sich einen vornehm gekleideten Herrn mittleren Alters, mit verzerrten Gesichtszügen. Sie kannten einander nicht, sie sprachen nicht miteinander, doch sie rannten Hand in Hand wie zwei, über die derselbe Geist gekommen ist. Dann stießen sie auf einen dritten. Johan erkannte einen Schulkameraden wieder, bereits Beamter in einem zivilen Kollegium, Sohn eines Ressortchefs. Dieser junge Mann hatte in der Schule nie zur Opposition gehört, galt im Gegenteil als reaktionär und seine Zukunft als gesichert. Jetzt war er im Gesicht weiß wie eine Leiche, die Wangen blutleer, und die Muskeln lagen dicht am Kranium, so daß er einem Totenschädel glich, in dem zwei Augen brannten. Sie konnten nicht miteinander sprechen, doch sie packten sich gegenseitig an den Händen und rannten zur Wache hinunter, die gestürmt werden sollte.

Die Flutwelle trieb vorwärts, vorwärts, bis sie sich an den Bajonetten brach, wie immer, und dann löste sich das Ganze in Schaum auf.

Eine halbe Stunde später saß Johan mit einigen Studenten im Opernkeller bei einem Beefsteak. Er erzählte von seinem Abenteuer wie von etwas, das außerhalb seiner selbst und seines Willens stattgefunden hatte. Ja, er scherzte darüber. Dies mochte Feigheit vor der öffentlichen Meinung sein, oder auch ganz einfach eine Objektivierung des Ausbruchs eines Gesellschaftsmenschen, der jetzt als solcher ruhig dasaß und ihn beurteilte. Die Luke war einen Augenblick lang geöffnet worden, der Gefangene hatte den Kopf hinausgesteckt, nun schlug die Luke wieder zu. Sein unbekannter

Mittäter war, wie sich später herausstellte, ein stark ausgeprägt konservativer Großhändler, der es stets vermied, Johans Blicken zu begegnen, wenn sie sich über den Weg liefen. Einmal stießen sie auf einem Trottoir zusammen und mußten einander ansehen. Sie lächelten nicht.

Während sie im Opernkeller saßen, kam die Nachricht vom Tod Blanches. Die Studenten nahmen sie recht kühl auf. Künstler und Bürger hitziger. Die Unterklasse aber sprach von Mord. Sie wußte, daß er persönlich bei Karl XV um die Entfernung der Tribüne gebeten hatte. Sie wußte, daß er, obwohl er alle irdischen Güter hatte, immer an sie dachte, und sie war dankbar. Dumme Menschen wandten wie üblich ein: für ihn war es keine Kunst, den Armen eine Rede zu spendieren, weil er reich und gefeiert war. Es war keine Kunst? Gerade dann ist es die größte Kunst.

Eigentümlich war, daß sich die gesamte Unzufriedenheit über dem Oberstatthalter und der Polizei entlud, nicht über dem König, wie sonst. Karl XV war persona grata, einer, der tun konnte, was er wollte, ohne unpopulär zu werden. Er war nicht leutselig oder demokratisch, eher hochmütig, wovon die eine oder andere Geschichte von in Ungnade gefallenen Günstlingen zeugt, die es in froher Runde an Respekt hatten fehlen lassen. Er konnte Soldaten Tabak in den Mund stecken, aber Offiziere, die seinen Launen nicht augenblicklich gehorchten, beschimpfen. Bei Bränden verteilte er Ohrfeigen und lachte nicht, als er im Söndagsnisse abgebildet war, was man ursprünglich vermutet hatte. Er war der Herrscher und meinte, gleichermaßen Krieger und Staatsmann zu sein. Griff selbst in die Regierung ein und konnte mit einem Ausspruch wie: das verstehst du nicht, Fachleute herunterputzen. Doch er war und blieb populär. Der Schwede, der unter einer Schwächung des Willens zu leiden scheint, bewunderte den Willen und beugte sich ihm. Und eigentümlich auch, daß er ihm sein unstetes Leben verzieh, vielleicht deshalb, weil er kein Geheimnis daraus machte. Er hatte sich wohl seine eigene Moral geschrieben, und nach ihr lebte er. Darum besaß er Harmonie, und Harmonie sieht man immer gern.

Doch mochte man auch aus Instinkt Revolteur sein, an die notwendige Übergangsform zu einer besseren Gesellschaft, die Republik, glaubte man nicht. Man hatte gesehen, wie auf zwei französische Republiken neue Monarchien gefolgt waren. Man war insgeheim Anarchist, nicht aber Republikaner, und man hatte sich einreden lassen, daß die Monarchie kein Hindernis auf dem Weg zur Freiheit sei. Das galt für die Jungen. Die Älteren sahen dagegen mit Blanche alle Rettung in der Republik, und darum hat unsere Zeit erlebt, wie sich die alt-liberale Schule in eine Art konservativer Republikaner verwandelt hat.

*

Als der Doktor sah, daß Johans Medizinstudium von der schönen Literatur seiner Frau beeinträchtigt wurde, beschloß er, ihm Einblick in die Geheimnisse des Berufs zu gewähren und ihm einen Vorgeschmack zu geben, der ihn reizen sollte, die langwierigen Vorstudien, die er für zu umfangreich hielt, zu überstehen. Johan wußte über Chemie und Physik jetzt mehr als der Arzt, und dieser hielt es für reine Bosheit, durch schwierige Vorstudien Konkurrenten auf ihrer Laufbahn zu behindern. Warum nicht wie in Amerika gleich an den Kadaver gehen, nachdem es ja ohnehin ein Fachstudium war.

Von den theoretischen anatomischen Studien durfte er jetzt als Gehilfe direkt in die Praxis übergehen. Das war ein neues abwechslungsreiches Leben, voller Realität. Man fuhr in eine düstere Gasse, kam in einen Hausmeisterraum, wo eine Frau im Fieber lag. Hin zum Bett, zwischen armen Kindern, Großmutter und anderen Verwandten, die auf Zehenspitzen gingen und das Urteil erwarteten. Herunter mit der muffigen, geflickten Decke, eine eingesunkene, schwer arbeitende Brust entblößen, die Pulsschläge zählen und dann Papier und Stift. Dann hinauf in die Trädgårdsgatan fahren; über weiche Teppiche durch glanzvolle Räume in ein Schlafzimmer geführt werden, das wie ein Tempel aussah; eine blaue Seidendecke hochheben, das Bein eines in Spitzen gekleideten engelsschönen Kindes schienen. Auf dem Weg hinaus eine Kunstsammlung betrachten und sich über Künstler unterhalten. Das war neu, und das war interessant, doch in welchem Zusammenhang stand es mit Titus Livius und der Geschichte der Philosophie?

Und dann kamen die chirurgischen Details. Morgens um sieben Uhr geweckt werden, in die schwarze Kammer des Doktors kommen und handgreiflich beim Ausbrennen einer Wunde assistieren, die von einer Geschlechtskrankheit herrührte. Das Zimmer stank nach Menschenfleisch, und auf nüchternen Magen war das ekelerregend. Oder einem Patienten den Kopf nach hinten halten, während der Doktor mit einer Gabel aus dem Rachen Drüsen entfernte, und fühlen, wie der Kopf des Patienten vor Schmerz zuckte. – Daran gewöhnt man sich bald, sagte der Doktor, und dies war wahrscheinlich, doch Johans Gedanken waren jetzt bei Goethes Faust, Wielands delikaten Romanen, George Sands sozialen Phantasien, Chateaubriands Naturschwärmereien und Lessings klugen Theorien. Die Phantasie war in Bewegung gesetzt, und das Gedächtnis wollte nicht funktionieren; die Wirklichkeit mit ihren Brandwunden und Blutgerinnseln war unschön, und die Ästhetik hatte den jungen Mann gepackt, so daß das Leben traurig und abstoßend wirkte.

Der Umgang mit Künstlern hatte ihm die Augen für eine neue Welt, eine freie Gesellschaft in der Gesellschaft, geöffnet. Da kamen sie an den reichen und kultivierten Tisch, schlecht gekleidet, mit schwarzen Nägeln und unreiner Wäsche, nicht nur als Ebenbürtige, sondern als Überlegene – worin? Sie konnten kaum ihren Namen schreiben, sie borgten Geld, ohne zu bezahlen, sie sprachen eine rohe Sprache. Ihnen war alles erlaubt, was anderen nicht erlaubt war. Warum? Sie konnten malen. Doch das lernte man ja auf der Akademie, und die Akademie fragte nicht danach, ob alle, die sich dort einschrieben, Genies waren. Woher wußte man dann, daß sie Genies waren? Bedeutete Malen denn mehr als Wissen, gebildet, gelehrt sein? Und diese Leute hatten eingestandenermaßen eigene Moralgesetze. Sie mieteten sich Ateliers und schickten nach Frauenzimmern, die sich nackt auszogen. Sie prahlten mit ihren Geliebten, für die andere sich genierten und getadelt wurden. Sie durften ungeordnete Finanzverhältnisse haben und sich über diese für andere so gravierende Angelegenheit lustig machen, ja, nach allgemeiner Ansicht gehörte es zu einem richtigen Künstler, ein, wie man das sonst nannte, Luftikus zu sein. Es war eine heitere freie Welt, fand Johan, in ihr würde er sich wohl fühlen, ohne alle konventionellen Gesellschaftsbande, ohne Verpflichtungen der Gesellschaft gegenüber, und vor allem ohne Kontakt mit der langweiligen Wirklichkeit. Doch er war kein Genie; wie sollte er dorthin gelangen? Sollte er malen lernen, um so an den Freibrief zu kommen? Nein! das ging nicht, und er hatte nie daran gedacht zu malen, man mußte berufen sein, um sich dem Prinzip zu verschreiben, meinte er, und das Gemälde würde nicht ausdrücken können, was er sagen wollte, falls er eines Tages reden würde. Kam etwas in Frage, wenn etwas in Frage kam, war es das Theater. Der Schauspieler durfte vortreten und all diese Wahrheiten aussprechen, wie bitter sie auch waren, und mußte sie dennoch nicht verantworten. Das war bestimmt eine schöne Laufbahn.

4. Vor dem Vorhang

(1869)

Johans Einfall, die Universität nach Stockholm zu verlegen, sollte nicht ohne Folgen bleiben, und die Kommilitonen hatten ihn gewarnt. Als er also zu Beginn des Frühjahrs nach Uppsala hinauffuhr, um seine Lateinklausur zu schreiben, hatte er dem Dozenten die drei Probeaufsätze und die fünfzehn Kronen per Post zukommen lassen, so daß sein Anschlag ungehindert oder unbemerkt vonstatten gehen konnte, und er bestand. Jetzt im Mai sollte er nun zur Chemieprüfung hinauf. Um sich wirklich sicher fühlen zu können, bat er den Adjunkten des Technologischen Instituts um eine Prüfung. Dieser prüfte ihn und erklärte, Johan besitze größere Kenntnisse, als sie zum medizinisch-philosophischen Examen erforderlich waren. So gerüstet fuhr er nach Uppsala. Der erste Besuch galt einem Freund, der schon in Chemie geprüft worden war und die Geheimnisse kannte.

– Ich habe Synthesen und Analyseproben gemacht und bin in der organischen Chemie gewesen, begann Johan.

- Das ist schon in Ordnung, wir brauchen zum Medikofil nur die Synthese, aber es nützt nichts, weil du nicht in seinem Laboratorium gearbeitet hast.
- Stimmt, aber das Lab des Instituts in Stockholm ist viel besser.
- Das nützt nichts, weil es eben nicht seines ist.
- Wir werden sehen, sagte Johan, ob nicht Wissen auf jeden Fall genügt.
- Wenn du so sicher bist, dann versuch's, aber vergiß nicht, was ich dir jetzt sage. Zuerst mußt du zum Dozenten und dir eine sogenannte Kronen-Abreibung verpassen lassen.
- Was, wie bitte?
- Ja, für eine Krone paukt der eine Stunde lang mit dir und fragt dich alle ausgefallenen Fragen, die der Professor im letzten Jahr gestellt hat. Zum Beispiel fragt er jetzt immer nach Streichhölzern aus seiner Leiche und Ammoniak aus deinen alten Stiefeln. Aber das erfährst du vom Dozenten. Außerdem darfst du nicht im Frack und mit weißem Halstuch hingehen, und auf keinen Fall so elegant wie jetzt. Du mußt dir meinen Reitrock leihen, der auf den Schultern grün und an den Nähten rot ist, und meine Schaftstiefel, denn Stiefeletten kann er nicht ausstehen.

Johan folgte der Anweisung und ging zunächst zum Dozenten, der ihm die Fragen gab, die zuletzt dran gewesen waren, und im Gegenzug Johans Versprechen erhielt, unter allen Umständen wiederzukommen und die an ihn gestellten Fragen mitzuteilen, welche den Katechismus erweitern sollten.

Am nächsten Tag ging er zu dem Freund und ließ sich kostümieren. Die Hosen wurden mit Hosenträgern hochgehievt, so daß man den Schaft der Stiefel sah, und der lose Kragen wurde an einer Seite hochgefaltet, so daß zwischen Hemd und Kragen die Haut zu sehen war. Und so gerüstet ging er in seine erste mündliche Prüfung.

Der Professor für Chemie war ein früherer Offizier der Pioniere, der seinerzeit von der gelehrten Zunft Uppsalas nicht freundlich aufgenommen worden war. Er war Soldat, akademisch nicht gebildet und folglich eine Art »Spießer«. Dies hatte ihn geärgert und leberkrank gemacht. Um seinen Laienstand nicht in Erscheinung treten zu lassen, mimte er den überstudierten und aufrichtigen

Gelehrten. War schlecht gekleidet und machte sich interessant. Als Schüler von Berzelius, und das waren wohl viele Hunderte gewesen, liebte er es, hieran zu erinnern. Dies war sein Trumpf. Berzelius trug unter anderem zerrissene Hosen, darum waren »Löcher im Schritt« Kennzeichen eines guten Chemikers, und so weiter. Daher all diese Kauzigkeiten.

Johan stellte sich vor, wurde mißtrauisch beäugt und gebeten, in einer Woche wiederzukommen. Er erklärte, er sei nur auf der Durchreise und könne sich, weil arm, nicht eine Woche in Uppsala aufhalten. Erwirkte die Genehmigung, am nächsten Tag wiederkommen zu dürfen. – Das wird schnell erledigt sein, meinte der Alte. – Was?

Am nächsten Tag saß er beim Professor auf einem Stuhl. Es war ein sonniger Mainachmittag, und der Alte schien sein Mittagessen schlecht verdaut zu haben. Er sah unheimlich aus, als er vom Schaukelstuhl aus seine erste Frage hervorschleuderte. Anfangs kamen die Antworten korrekt. Dann wanden sich die Fragen wie Schlingen.

– Wenn ich in einem Boden Salpeter vermute, wie muß ich dann vorgehen, um eine Salpeterfabrik anzulegen?

Johan antwortete, indem er eine Salpeteranalyse vorschlug.

– Nein.

– Ja, dann weiß ich auch nicht!

Es wurde still, und die Fliegen summten. Eine lange Stille, eine unangenehme Stille. – Jetzt kommen sicher gleich die Stiefel oder die Streichhölzer, dachte Johan, dann werde ich glänzen. Es kam aber nichts. Einen Augenblick erwog er, sich in Erinnerung zu bringen, und hustete. Doch die Stille dauerte an. Johan überlegte, ob er durchschaut war, ob der Alte den Prüfungsrock wiedererkannt hatte.

Dann kam eine neue Frage, unbeantwortet, und noch eine.

– Es ist zu früh, sagte der Alte und richtete sich auf.

– Ja, aber ich habe ein Jahr lang im Laboratorium gearbeitet und beherrsche auch die Analyse.

– Ja, mein Herr, die Rezeptur beherrschen Sie, aber sehen Sie, mein Herr, Sie haben sie nicht verdaut! Wissen Sie, mein Herr, im

Institut in Stockholm ist man Handwerker, aber hier, hier ist man Wissenschaftler.

Nun verhielt sich dies genau umgekehrt, denn die Medikofiler in Uppsala beklagten sich darüber, daß sie wie die Köchinnen dastehen und Mixturen und Salze kochen mußten, ohne auch nur einmal eine Analyse zu sehen, was ja gerade die Aufgabe des Arztes war, während die Synthese die des Apothekers war. Die einige Jahre zuvor aufgeworfene Frage einer Universitätsverlegung nach Stockholm hatte jedoch Uppsala gegen die Hauptstadt aufgebracht, außerdem war das Laboratorium des neu erbauten Technologischen Instituts für seine vortrefflichen Einrichtungen berühmt, während das Uppsalienser Laboratorium berühmt war für seine Kümmerlichkeit.

Hier trat also prinzipielle Kleinlichkeit auf den Plan und tobte sich aus, und Johan spürte die Ungerechtigkeit.

– Ich habe also nicht bestanden?

– Nein, mein Herr, dieses Jahr nicht, aber kommen Sie nächstes Jahr wieder!

Er genierte sich zu sagen: kommen Sie in mein alleinseligmachendes Laboratorium.

Rasend vor Wut ging Johan weg. Also kein Wissen, kein Fleiß, nur Geld, und dann hineinkriechen in die Zunft. Hatte er Abkürzungen gesucht? Nein, im Gegenteil, er hatte Umwege gehen müssen, weite mühevolle Umwege, während die anderen den geraden Schafsweg gingen, und der geradeste Weg ist der schnellste!

Wütend wie eine Hummel kam er in den Carolinapark hinaus. Wollte nicht gleich in die Stadt hinunter, sondern setzte sich auf eine Bank. Hätte er an das Drecksnest doch Feuer legen können! Ein Jahr! Nein, niemals! Er hatte das Ganze satt. So viel Unnötiges lernen, das man doch vergaß und das in der Praxis nie vorkam. Und so lange schuften, um schließlich in diesem schmuddeligen Gewerbe zu landen. Urinproben analysieren, in Erbrochenem herumstochern, in allen Winkeln des Körpers herumwühlen, pfui Teufel.

Wie er so dasitzt, kommt eine Gesellschaft fröhlicher Leute daher und bleibt vor der Rückfront der Carolina stehen. Sie schauen zu den Fenstern hinauf, durch die man die langen Buchreihen sieht, Regal um Regal. Sie lachen! Damen und Herren lachen die Bücher aus! Er meint, sie wiederzuerkennen! Ja, es sind die französischen Schauspieler Levasseurs, die er in Stockholm gesehen hatte, und die jetzt Uppsala besuchten. Sie lachten die Bücher aus. Glückliche Menschen, die ohne Bücher Träger der Bildung und des Genies sein können! Vielleicht hatte jede Seele etwas zu geben, was nicht in den Büchern stand, was dort aber eines Tages stehen würde. Ja, bestimmt war es so. Er selbst hatte ja solche Schätze an Erfahrungen und Gedanken, die für die Wissenschaft vom Menschen sicherlich etwas ausrichten konnten und die bereitlagen, ausgestoßen zu werden.

Und so schlich sich wieder die Idee hervor, in diesen privilegierten Stand einzutreten, der außerhalb der kleinen Gesetze der Gesellschaft und darüber stand, der die Rangliste umging, und in dem man sich nie mehr unterlegen zu fühlen brauchte. Dort durfte man sich an das Urteil der Öffentlichkeit wenden und in voller Beleuchtung arbeiten, statt hier abseits in einem entlegenen dunklen Loch, ohne Urteil und Untersuchung, ohne Zeugen gehängt zu werden.

Durch die neuen Gedanken gestärkt, stand er auf, lächelte den Büchern da oben ein Lächeln zu und ging in die Stadt hinunter, entschlossen, nach Hause zu fahren und im Königlichen Theater um ein Debüt zu bitten.

*

Jeder Stadtmensch dürfte einmal in seinem Leben die Lust verspürt haben, als Schauspieler aufzutreten. Es ist wohl der Kulturtrieb, sich größer zu machen, sich zu »produzieren«, sich mit anderen, größeren erdichteten Personen zu identifizieren, der sich hier bemerkbar macht. Johan, der Romantiker war, hatte außerdem in sich, vortreten und zu den Leuten reden zu wollen. Er glaubte nämlich, er dürfe die Rollen auswählen, und er wußte genau, welche. Daß er, wie alle anderen, diese Fähigkeit zu besitzen meinte, beruhte auf dem Übermaß unverbrauchter Kraft, das durch das

Fehlen körperlicher Arbeit entstanden war, und auf dem hierdurch bewirkten Vergrößerungstrieb des Gehirns, das aufgrund geistiger Überanstrengung unregelmäßig arbeitete. Im Beruf selbst sah er keine Schwierigkeiten, doch er erwartete Widerstand aus anderer Richtung.

Ererbte Neigung zu vermuten, weil diese Manie in der Familie bereits aufgetreten war, dürfte vielleicht übereilt sein, da wir ja vorausgesetzt haben, daß dieser Wunsch bei den meisten einmal vorgelegen hat. Allerdings hatte der Großvater väterlicherseits, ein Stockholmer Bürger, für eine Ordensgesellschaft Theaterstücke geschrieben, und als noch lebendes, warnendes Beispiel diente auch ein junger entfernter Verwandter. Letzterer war Ingenieur gewesen, in der Mechanischen Fabrik in Motala ausgebildet worden und bei der Köping-Hult-Bahn angestellt gewesen. Hatte also eine schöne Zukunft vor sich gehabt, diese aber jäh unterbrochen und war zum Theater gegangen. Johan erinnerte sich noch, wie in seiner Kindheit Studenten des Technologischen Instituts in der Wohnung des Verwandten Stücke geprobt hatten, und in La Croix' Salon hatte er ein Technologen-Spektakel gesehen. Der Schritt des Ingenieurs wuchs sich zum Familienkummer aus, der sich niemals legte, und aus dem bejammerten jungen Mann war zu diesem Zeitpunkt noch immer nichts geworden, sondern er reiste mit namenlosen Provinzkompanien. Dies war der schwierigste Punkt. – Ja, der, antwortete Johan sich selbst, ich aber werde Erfolg haben! – Warum? Weil er es glaubte. Und er glaubte es, weil er es sich wünschte.

Das Vorhandensein einer angeborenen Lust in der Tatsache vermuten zu wollen, daß Johan als Kind oft mit einem kleinen Spielzeugtheater gespielt hatte, entbehrt ebenfalls eines hinreichenden Grundes, weil alle Kinder mit Theatern spielen. Seine Lust war wahrscheinlich dadurch entstanden, daß er andere hatte spielen sehen, und das Theater war schließlich eine unwirkliche, bessere Welt, die einen aus der öden Wirklichkeit herauslockte, welche wohl nicht öde erscheinen würde, wäre die Erziehung harmonischer, realistischer und nicht so romantisch gewesen, wie sie war.

Genug damit, die Entscheidung war gefallen, und ohne es jemandem zu sagen, geht er zum Vorsteher der Schauspielschule, dem Dramaturgen des Königlichen Theaters.

Als er seine Worte: ich will Schauspieler werden, ausgesprochen hörte, erschauerte er. Es war, als reiße man ererbte Schüchternheit ab, und bedeutete eine Vergewaltigung seines Naturells.

Der Lehrer fragte, womit er sich zur Zeit beschäftige.

– Ich wollte Arzt werden.

– Und eine solche Laufbahn aufgeben, für diese, die schwerste und schlechteste von allen!

– Ja!

Das sagten alle Künstler von ihren Laufbahnen: die schwerste und schlechteste von allen, obwohl es ihnen damit so gut ging. Sie wollten einem nur Angst machen.

Sein Anliegen war nun, um Privatstunden zu bitten, für das Debüt. Der Lehrer wollte jetzt aufs Land fahren, denn das Semester war zu Ende, doch er bat Johan, am ersten September wieder zu kommen, wenn das Theater wieder geöffnet und die Direktion in die Stadt zurückgekehrt war. Das war abgemacht und die Angelegenheit klar.

Als er auf die Straße hinunterkam, ging er mit weit aufgerissenen Augen umher, als habe er in eine lichte Zukunft gestarrt, und im Körper spürte er den Sieg, er war schon berauscht von ihm und flog, wenn auch schwankenden Schritts, die Straße entlang.

Doktors sagte er nichts und auch sonst niemandem etwas. Jetzt lagen drei Monate vor ihm, in denen er sich alles selbst beibringen wollte, um dann bereit zu sein. Aber heimlich, denn er war feige und schüchtern. Feige dem Kummer des Vaters, dem Kummer des Doktors gegenüber, schüchtern gegenüber der ganzen Stadt, die erfahren würde, daß er glaubte, sich zum Schauspieler zu eignen, dem Hohn der Verwandten, dem Grinsen der Freunde und allen Warnungen gegenüber.

Hier zeigten sich die Früchte dieser Erziehung: was werden die Leute sagen? Und darum wurde die Furcht übertrieben, und seine Einbildungskraft steigerte die Handlung zu einem Verbrechen. Schließlich war es auch ein Eingriff in den Seelenfrieden vieler, denn Verwandte, Freunde und Bekannte spüren ja die Erschütterung, wenn ein Glied heftig an der Kette rüttelt, und er spürte es selbst, darum mußte er die Gewissenszweifel von sich abrütteln.

Als Debütrollen hatte er ausgewählt: Karl Moor und Wijkanders Lucidor. Dies war nun nicht zufällig, sondern streng logisch geschehen. In Gestalt dieser beiden hatte er den Ausdruck seines innersten Wesens in gedruckter Form gefunden, und darum wollte er mit ihren Zungen sprechen. Lucidor verstand er nun als eine verunglückte und unzufriedene, von Armut untergrabene höhere Natur. Höher, natürlich! – In diesen Theaterschwärmereien tauchte auch etwas von dem auf, was er gefühlt hatte, als er predigte, und als er Opposition gegen das Schulgebet machte – der Verkünder, der Prophet, der Besitzer der Wahrheit. Was seine Vorstellungen von der hohen Bedeutung des Theaters am meisten förderte, war die Lektüre von Schillers Vortrag Die Schaubühne als moralische Anstalt. Sätze wie die folgenden bewiesen ja, wie hoch das Ziel war, das er anstrebte: »Die Schaubühne ist der gemeinschaftliche Kanal, in welchem von dem denkenden bessern Teil des Volks das Licht der Weisheit herunterströmt; und von da aus in milderen Strahlen durch den ganzen Staat sich verbreitet.« – »In dieser künstlichen Welt träumen wir die wirkliche hinweg, wir werden uns selbst wiedergegeben, unsre Empfindung erwacht, heilsame Leidenschaften erschüttern unsre schlummernde Natur, und treiben das Blut in frischeren Wallungen. Der Unglückliche weint hier mit fremdem Kummer seinen eigenen aus – der Glückliche wird nüchtern, und der Sichere besorgt. Der empfindsame Weichling härtet sich zum Manne, der rohe Unmensch fängt hier zum ersten Mal zu empfinden an. Und dann endlich – welch ein Triumph für dich, Natur! so oft zu Boden getretene, so oft wieder auferstehende Natur! – wenn Menschen aus allen Kreisen und Zonen und Ständen, abgeworfen jede Fessel der Künstelei und der Mode, herausgerissen aus jedem Drange des Schicksals, durch *eine* allwebende Sympathie verbrüdert, in *ein* Geschlecht wieder aufgelöst, ihrer selbst und der Welt vergessen und ihrem himmlischen Ursprung sich nähern. Jeder einzelne genießt die Entzückungen aller, die verstärkt und verschönert aus hundert Augen auf ihn zurückfallen, und seine Brust gibt jetzt nur *einer* Empfindung Raum – es ist diese: ein *Mensch* zu sein.«

Das schrieb der vierundzwanzigjährige Schiller, und der zwanzigjährige junge Mann unterschrieb es.

Gewiß ist das Theater eine Bildungsanstalt für Jugend und Mittelklassen, denen Schauspieler und bemalte Leinwände noch Illusionen vermitteln können. Für Ältere und Gebildete ist es ein Vergnügen, bei dem besonders die Kunst der Schauspieler die Aufmerksamkeit fesselt. Darum ist es fast die Regel, daß alte Rezensenten unzufrieden und quengelig sind. Sie haben die Illusion verloren und lassen sich von den Fehlern der Technik nicht täuschen. Die jüngste Zeit hat erlebt, wie das Theater, vor allem die Schauspielkunst, aufs äußerste überschätzt wurde, und die Folge davon war die Reaktion. Die Schauspieler nämlich haben ihre Kunst von der Dramatik losgerissen, da sie sich einbildeten, auf eigenen Beinen stehen zu können. Daher Starkult, Schauspielerverehrung und Opposition. In Paris, wo man am weitesten gegangen ist, machte sich die Gegenbewegung zuerst bemerkbar. Le Figaro rief die Helden am Théâtre Français zur Ordnung und erinnerte sie daran, daß sie die Puppen der Autoren seien. Der Ruin aller großen europäischen Theater weist darauf hin, daß die Kunst im Begriff steht, an Interesse zu verlieren. Die Gebildeten gehen nicht dorthin, weil die Entwicklung des Wirklichkeitssinnes steckengeblieben und die Phantasie als ein Überbleibsel des Wilden auf dem Rückzug ist; die Ungebildeten haben weder Zeit noch Geld, dorthin zu gehen. Dem Varieté-Theater, das unterhält, ohne aufzuklären, scheint die Zukunft zu gehören, denn es ist Spiel und vermittelt Ruhe. Und alle bedeutenden Schriftsteller wählen zur Behandlung der großen Fragen eine andere geeignetere Form. Ibsens Stücke haben ihre Wirkung stets bereits in Buchform getan, bevor sie gespielt werden, und wenn sie gespielt werden, konzentriert sich das Interesse meist darauf, wie sie gespielt wurden – also ein sekundäres Interesse.

Johan beging jetzt den üblichen Fehlschluß der Jugend, Schauspieler und Autor zu vermengen. Der Schauspieler war der Verkünder, und der Autor der Verantwortliche, der hintanstehen mußte.

*

Jetzt im Frühjahr gab er seine alte Hauslehrerstelle bei den Mädchen auf und war gänzlich frei, den Sommer über seine Kunst zu studieren, heimlich und auf eigene Faust. Er hatte über die Bücher gelächelt, und das erste, was er jetzt aufsuchte, waren die Bücher. Darin standen Gedanken und Erfahrungen von Menschen, und mit ihnen, die meisten davon tot, konnte er jetzt vertraulich sprechen, ohne verraten zu werden. Er hatte gehört, daß es auf dem Schloß eine Bibliothek gab, die dem Staat gehörte, und daß man dort die Erlaubnis bekommen konnte, Bücher zu entleihen. Er beschaffte sich einen Bürgen und ging hin. Die kleinen Zimmer waren feierlich und voller Bücher, und grauhaarige, schweigende alte Männer saßen da und lasen. Er bekam seine Bücher und ging verschämt und glücklich nach Hause. Er wollte seine Sache gründlich anpacken und ihr auf den Grund gehen, und er war gründlich. Aus Schiller holte er die Äußerungen über die tiefe Bedeutung des Theaters heraus; aus Goethe eine ganze Abhandlung mit direkten Anweisungen, wie man gehen und stehen, sich benehmen, sich setzen, auftreten und abgehen sollte; in Lessings Hamburgischer Dramaturgie las er einen ganzen Band Theaterrezensionen mit den feinsten Beobachtungen. Lessing machte ihm am meisten Hoffnung, Erfolg zu haben, denn er ging so weit zu erklären, daß das Theater durch die Schauspielkunst in Verfall geraten sei, und forderte, man solle mit Dilettanten aus den gebildeten Klassen spielen, die ihre Rollen besser verstehen könnten als die geschulten und meist ungebildeten Schauspieler. Er las Raymond de St. Albin, dessen lange Zeit zitierten Beobachtungen über die szenische Kunst von großem Wert sind.

Außerdem machte er praktische Übungen. Bei Doktors arrangierte er, wenn die Jungen nicht zu Hause waren, eine Bühne. Er übte sich in Auftritten und Abgängen. Inszenierte Die Räuber, maskierte und kostümierte sich als Karl Moor und spielte ihn. Er ging ins Nationalmuseum und studierte die Gesten antiker Skulpturen; legte den Spazierstock ab und übte sich darin, auf der Straße ungezwungen zu gehen. Seiner Schüchternheit, die ihm fast die Krankheit Agoraphobie oder Platzangst eingetragen hatte, und die sich in der Furcht äußerte, über offene Plätze zu gehen, tat er

Gewalt an und ging jetzt vorzugsweise auf den Karl XIII:s Torg, wo sich große Menschenansammlungen befanden. Zu Hause turnte er jeden Tag und focht mit den Schülern. Er achtete auf jede Muskelbewegung: übte, mit hocherhobenem Kopf und vorgestreckter Brust zu gehen, die Arme locker herunterhängend und die Hand (nach Goethe) leicht geballt, die Finger schön fallend in einem abnehmenden Bogen.

Am schwierigsten war es mit der Ausbildung der Stimme, denn er war, wenn er deklamierte, bis in die Wohnung zu hören. Da verfiel er darauf, hinaus vor die Stadt zu gehen. Und der einzige Platz, an dem er ungestört blieb, war das Ladugårdsgärdet. Von dort überschaute er die Ebene weit in alle Richtungen, falls jemand kam, und dort erstarb das Geräusch, so daß er sich anstrengen mußte, um sich selbst zu hören. Dies verlieh ihm eine starke Sprechstimme.

Und jetzt ging er jeden Tag dort hinaus. Hier wütete er gegen Himmel und Erde, und die Stadt, deren Kirchtürme hinter dem Ladugårdslandet aufstiegen, war die Gesellschaft, während er hier draußen stand in der Natur. Er ballte die Faust gegen Schlösser, Kirchen, Kasernen und schäumte gegen das Militär, das ihm mit seinen Manövern bisweilen zu nahe kam. Die Arbeit hatte etwas Fanatisches, und er scheute keine Mühe, um seine ungebärdigen Muskeln zum Gehorsam zu zwingen.

5. Wie er Aristokrat wird

(1869)

Im Hause verkehrte unter anderem ein junger Mann, der die Bildhauerkunst studierte. Er war aus den unteren Schichten der Gesellschaft aufgestiegen, war Schmiedegehilfe gewesen und jetzt in die Akademie eingetreten, wo er seine ersten Erfahrungen sammelte. Er war glücklich und immer vergnügt, glaubte sich von der Vorsehung auf seinen neuen Weg berufen und erzählte, wie er vom Geist erweckt und getrieben worden sei, im Dienst des Schönen tätig zu sein. Johan mochte ihn gern, weil ihm Reflexion und Selbstkritik abgingen und er völlig unbewußt war. Außerdem war er ein Mitschuldiger, der sich auf dem gleichen verbotenen Weg wie Johan befand: sich aus der Unterklasse hochzustrampeln, doch fehlte ihm das Schuldgefühl, von dem Johan beherrscht wurde. Auch war er Katechismuschrist, im Glauben strikt, und wollte von irgendeinem anderen Glauben nichts wissen. Die beiden jungen Männer kamen bald überein, den Glauben des anderen zu respektieren, was Johan einhielt, während der Freund sich hie und da vergaß. In theoretischer Moral war er als Christ streng, gab aber darüber hinaus dem Fleisch das seine. Eines Tages überraschte ihn Johan, als er mitten am Vormittag ein Mädchen hinausließ. Ohne verlegen zu werden, erklärte er ganz einfach, sein Körper brauche das, wobei er gleichzeitig davon sprach, daß andere Menschen wie die Schweine lebten. Johan fragte ihn einmal, ob seine Religion ihm Derartiges gestattete.

– Ja, weißt du, antwortete der wahre Christ, wir, die wir in Christo leben, wir haben alle Sünden auf Jesus geworfen.

– Na, und die Gebote?

– Die Gebote hat Jesus für uns vollendet. Die Gebote kann niemand erfüllen, und darum ist Jesus in die Welt gekommen, um den Fluch der Gebote von uns zu nehmen. Und weißt du, mein lieber Johan, darum kann man einzig mit Christus Freude und wahren Frieden haben!

Das war kolossal, meinte Johan, und jetzt begriff er den angeblichen Frieden der Pietisten. Sie schoben alles auf die Sünde und den Teufel, und über die Taten zerbrachen sie sich nicht weiter den Kopf. Eine bequeme Religion war das, wie Schlafrock und Pantoffeln.

– Du bist niemals glücklich, fuhr der Freund fort, weil du den Geboten unterliegst, weil du die Gebote vollenden und fehlerlos werden willst, aber das kann niemand.

Also daran lag es. Johan hatte immer eine Art schlechtes Gewissen, weil er Fehler hatte. Dieses Gewissen mußte also zum Schweigen gebracht und alles auf Jesus abgewälzt werden. Doch das war unbillig, und darum würde er niemals Frieden finden. Sie hatte etwas Humanes, diese Art des Pietismus, das fröhliche Christentum, sich immer schuldfrei zu fühlen, tun zu dürfen, was man wollte, wenn man nur glaubte, daß Jesus Gott war. Das war ja moderner Determinismus, der alles entschuldigte, weil er alles erklärte, wenn er auch die Freiheit des Sündigens nur den Gläubigen zugestand. Nur in Jesu durfte man sündigen und vergnügt sein.

Das war Jesuiterei, meinte Johan: wenn man nur mit der Partei stimmte, durfte man sündigen, und dennoch anderen gegenüber streng sein.

Eines Tages kam der Freund, Albert, zu ihm und erzählte, er werde nach Kopenhagen fahren und das Thorvaldsenmuseum besuchen. Ein ideenreicher Mensch hatte nämlich eine Vergnügungsreise organisiert, auf dem Kanalweg hin und die Küste entlang zurück, für eine sehr geringe Summe.

– Komm doch mit, sagte er, und bald war beschlossen, daß Johan und einer der Jungen mitfahren würden. Anlaß der Reise war der Einzug des Kronprinzen in Kopenhagen, doch für die Wallfahrer an Thorvaldsens Grab sollte dies nur eine Nebensache sein.

*

An einem Augustabend sitzt Johan mit dem Bildhauer, einem der Jungen und einem von dessen Schulfreunden auf dem Achterdeck des Dampfschiffes. In der bereits eingetretenen Dämmerung sieht man Damen und Herren an Bord kommen. Die Reisegesellschaft scheint in Ordnung zu sein. Feiste Familienväter mit Ferngläsern und Reisetaschen, Damen mit hellen Kostümen und modischen Hüten. Es ist ein einziger Wirrwarr, und man sucht die allen zugesagten Schlafplätze. Johan und seine Gruppe sitzen ruhig da und warten ab. Sie haben ihren Proviant und ihre Decken und fürchten nichts. Als das Schiff abgelegt und das Durcheinander sich gegeben hat, sagt Johan:

– Na, wollen wir noch ein belegtes Brot essen, bevor wir uns hinlegen.

Man sucht nach der Reisetasche und dem Proviantkorb. Man findet sie nicht. Und dann entdeckt man, daß man sie nicht mitgenommen hat. Das war ein harter Schlag, denn die Kasse war kümmerlich, und auf den vortrefflichen Proviantkorb, den die Doktorin persönlich zusammengestellt hatte, hatten sie gezählt. Nun gut, man ißt aus der Kiste des Bildhauers, aber darin ist nur trockene Kost und davon sehr wenig. Dann will man sich hinlegen. Von allen Seiten wird nach den Schlafplätzen gefragt. Es gibt keine. Die Passagiere sind in Aufruhr, und es hagelt Flüche. So sitzt man also an Deck. Die Rufe nach dem Veranstalter gehen weiter, doch der ist nicht an Bord. Johan legt sich auf das blanke Deck, und die Jungen ziehen eine Persenning über sich, denn der Tau fällt, und es ist empfindlich kalt. In Södertälje wachen sie durchgefroren auf, denn die Matrosen haben die Persenning weggezogen.

Am Kanalufer zeigt sich jetzt der Tapezierer-Veranstalter. Die Passagiere stürzen sich auf ihn, zerren ihn an Bord und überschütten ihn mit Vorwürfen. Er verteidigt sich und will an Land, doch vergeblich. Man setzt ein Standgericht ein und entscheidet, die Reise fortzusetzen, und der Tapezierer wird als Geisel festgehalten. Der Dampfer fährt durch den Kanal, doch als man gerade eine Schleuse passiert, schwingt der Veranstalter sich auf die Schleuse hinauf und verschwindet unter einem Hagel von Verwünschungen.

Die Reise wird fortgesetzt, und zur Mittagszeit ist man im Göta-Kanal. Auf dem Achterdeck wird jetzt zum Essen gedeckt. Johan und seine Reisegesellschaft nehmen Quartier im Rettungsboot, das hinter dem Achtern hängt, und nehmen dort aus der Kiste des Bildhauers eine einfache Mahlzeit zu sich. Der Bildhauer, der unten im Lastraum auf einem Warenballen geschlafen hat, ist gut gelaunt und kennt Stand und Namen aller Passagiere. Jetzt ist der Mittagstisch voll besetzt. Der Schornsteinfeger nebst Familie ist der Präses. Dann kommen der Pfandleiher, der Kneipier, der Fuhrmann, der Hausschlachter, der Hausmeister mit Familie, dazu ein Haufen junger Ladengehilfen und ein paar Huren. Es quält Johan, gedünstete Barsche und Walderdbeeren zu sehen, und Rotwein und Sherry, denn er ist bereits vom Luxus so verdorben, daß er von einfacher Kost krank wird. Dies also ist die Oberklasse unter den Passagieren. Der Schornsteinfeger spielt den großen Herrn. Er grient über den Rotwein und schilt die Bedienung aus, die erklärt, daß über die Verpflegung die Wirtin entscheide. Der Hausmeister im Reichsarchiv spielt den Gelehrten und scheint als Beamter auf die Spießer herunterzusehen. Zum Sherry werden Reden gehalten. Die Unterklasse vom Vordeck hängt an Relingen und Geländern und hört zu. Auf die Parias im Rettungsboot achtet niemand. Man weiß, daß sie da sind, aber man sieht sie nicht. Die weiße Mütze hätte man sich freilich lieber fortgewünscht, denn unter dem Schirm saßen zwei Augen, die sahen, daß dies nicht wirklich bessere Leute waren. Johan spürte das. Er steht schon außerhalb dieser Klasse, der er durch Geburt angehörte, doch selbst hat er keinen Lebensunterhalt und ist nichts. Er spürt seine Unterlegenheit und seine Überlegenheit; und ihre Überlegenheit. Sie haben gearbeitet, und darum essen sie. Ja, aber er hatte doch ebensoviel gearbeitet wie sie. Ja, aber nicht auf diese Weise. Er arbeitete und wurde für seine Arbeit geehrt, sie hatten das schöne Essen und bekamen die Ehre nicht. Man konnte nicht beides haben.

Dort aber saßen sie nun satt und vergnügt und tranken Kaffee und Liköre und machten sich auf dem ganzen Achterdeck breit. Jetzt begannen sie, dreist zu werden und über die Gesellschaft im Rettungsboot Bemerkungen zu machen. Man konnte nur schweigen und leiden, denn sie waren Majorität, und Oberklasse, weil sie ja konsumierten.

Johan fühlte sich in einem Element, das nicht das seine war. Rundherum herrschte eine feindliche Atmosphäre, und ihm war flau zumute. Hier an Bord gab es keinen Polizisten, der ihm helfen konnte, und keine Gerechtigkeit, an die man appellieren konnte, und wenn sie irgendwie aneinandergerieten, würden alle ihn verurteilen. Er brauchte nur eine spitze Antwort zurückzuwerfen, und er würde Prügel beziehen. Pfui Teufel, dachte er, nein, dann lieber Offizieren und Beamten gehorchen, die wären niemals solche Tyrannen wie diese Demokraten. Auf Anraten Alberts versuchte er später, sich ihnen zu nähern, doch sie waren unzugänglich.

Später auf der Strecke zwischen Vänersborg und Göteborg sollte es zur Explosion kommen. Der Hunger nahm in bedenklichem Maße zu, und zu einem Mittagessen beschließt man, hinunter in den Vorsalon zum kalten Büffet zu gehen. Johan und die Jungen gingen hinunter. Dort waren so viele Leute, die aßen und tranken, daß es schwer war hindurchzukommen. Darum, und den Sitten seiner Klasse entsprechend, behielt Johans Schüler den Hut auf. Der Schornsteinfeger wurde des Hutes ansichtig.

– Hör mal, schrie er, meinst du, hier ist die Decke zu hoch!

Der Junge tat, als verstehe er nichts.

– Nimm den Hut ab, Junge! ertönte es wieder.

Der Hut blieb, wo er war. Ein Ladengehilfe schlägt den Hut herunter. Der Junge nimmt den Hut und setzt ihn wieder auf. Da brach der Sturm los. Wie ein Mann sprangen alle auf und schlugen den Hut herunter. Und dann brach es über Johan herein.

– Und solche Bengel haben einen Hauslehrer, der den Jungen keinen Benimm beibringen kann. Verdammt nochmal, die kennen wir.

Und nun hagelte es Schimpfworte über die Eltern.

Johan wollte die Gesellschaft informieren, daß man in ihren Kreisen in der Öffentlichkeit bedeckt zu gehen pflegte, und daß dies *dort* kein Ausdruck von Mißachtung war. Doch das wurde übel aufgenommen. *Dort* und *ihre Kreise!* Was für einen Blödsinn, zum Teufel, redete er da! Wollte er ihnen beibringen, was sich gehörte! Und so weiter.

Ja, das konnte er in der Tat, weil sie vor fünfundzwanzig Jahren von eben diesen Kreisen gelernt hatten, daß man barhäuptig sein mußte, was nun nicht mehr Sitte war; und er hätte ihnen sagen können, daß sie in fünfundzwanzig Jahren bedeckt gehen würden, wenn sie erst einmal erfahren hatten, daß das fein sei. Aber so weit waren sie noch nicht.

Sie gingen wieder an Deck. – Mit denen kann man nicht diskutieren, sagte Johan.

Der Auftritt hatte ihn erschüttert. Er hatte den Klassenhaß ausbrechen sehen; hatte funkelnde Augen bei Leuten gesehen, die er nicht beleidigt hatte, hatte den Fuß der künftigen Oberklasse auf seiner Brust gespürt. Also, sie waren seine Feinde geworden. Die Brücke zwischen ihnen und ihm war eingezogen. Doch die Blutsverbindung gab es noch, und er empfand denselben Haß gegen die Gesellschaft und die selbsternannten Bonzen wie sie, denselben Groll gegen die guten Sitten, denen sich alle beugen mußten; ja, er hatte noch die Repliken Karl Moors im Ohr, aber die, die ihn gerade geschlagen hatten, waren alle Spiegelberge. Kamen sie nach oben, würden sie alle treten, Große wie Kleine; kam er nach oben, würde er nur die Großen treten. Dies war der Unterschied zwischen ihnen. Allerdings, es war die Bildung, die ihn zum größeren Demokraten als sie gemacht hatte; also: hinüber zu den Gebildeten! Sie würden für die da unten arbeiten, aber auf Distanz und von oben. Mit dieser rohen unförmigen Masse war nicht umzugehen.

Der Aufenthalt an Bord wurde jetzt unerträglich. Ein Ausbruch war jederzeit zu erwarten. Und er kam.

Draußen auf dem Kattegatt saß Johan auf dem Oberdeck, als er unter sich heftigen Lärm, Stimmen, Schreie hörte. Und er meint, die Stimme des Schülers zu erkennen. Er stürzt hinunter. Auf dem Zwischendeck steht wieder der arme Sünder, umgeben von einer Menschenmenge. Der Pfandleiher fuchtelt mit den Armen und schreit. Johan fragt, worum es geht.

– Der hat meinen Hut gestohlen! schreit der Pfandleiher.

– Das halte ich für unmöglich, sagt Johan.

– Doch, ich habe gesehen, daß er ihn in diesen Schlafsack gelegt hat!

Das war Johans Schlafsack.

– Das ist mein Schlafsack, sagte Johan, sehen Sie bitte selbst!

Er öffnet den Schlafsack und – da liegt der Hut des Pfandleihers. Allgemeine Verblüffung. Johan stand betroffen da, und der Sturm drohte über die Diebe hereinzubrechen. Ein Student, der stahl? Das war ein Leckerbissen. Wie war das gekommen? Jetzt erinnerte sich Johan. Er hatte einen ähnlichen grauen Hut wie der Pfandleiher und benutzte ihn nachts beim Schlafen. Er hatte dem Jungen aufgetragen, ihn in den Schlafsack zu legen, und dieser hatte dann den falschen Hut genommen. Jetzt wandte er sich an die Vordeckspassagiere.

– Meine Herren, begann er, halten Sie es für wahrscheinlich, daß der Sohn eines reichen Mannes hingeht und einen speckigen Hut stiehlt, wenn er einen fast neuen besitzt; können Sie nicht sehen, daß hier ein Irrtum vorliegt?

– Ja, antwortete die Unterklasse, es ist ein Irrtum.

Der Pfandleiher aber blieb stur.

– Dann bleibt mir nichts anderes übrig, als diesen Herrn für den Irrtum um Entschuldigung zu bitten, und ich bitte meinen Schüler, das gleiche zu tun!

Der tat es, wenn auch widerwillig. Allgemeine Zufriedenheit und Gemurmel, das sei nobel.

Die Affäre war glücklich überstanden.

– Siehst du, sagte Johan zu dem Jungen, die Leute lassen mit sich reden!

– Pah! Weil Sie ihnen geschmeichelt haben und gesagt haben: meine Herren! Das verdammte Pack!

– Vielleicht, antwortete der Lehrer, der fand, daß die Demütigung für eine solche Bagatelle recht groß war.

Dann kamen sie endlich nach Kopenhagen. Ausgehungert, durchgefroren, bei miserabler Laune saßen sie im Regenschauer vor dem Thorvaldsenmuseum, das anläßlich des Festes geschlossen war. Albert aber schwor, er werde hineinkommen. Nach einer Stunde Warten mit dem Schornsteinfeger, dem Kneipier und all den übrigen Passagieren kam ein alter Mann, der gelehrt aussah. Er wollte hineingehen. Albert stürzt sich auf ihn, nennt den Namen Professor Molins, und sie wurden eingelassen, die anderen Passagiere jedoch nicht. Albert trat ein und war begeistert, konnte es aber nicht lassen, dem Schornsteinfeger, der draußen stand, eine lange Nase zu machen, und am meisten genoß es der junge Schüler, der das Pack haßte. – Jetzt sind wir Herren, sagte er.

Johan war nicht in der Stimmung, Thorvaldsen herrlich zu finden. Er war ein Durchschnittskünstler, gerade talentiert genug, um so berühmt zu werden. Albert fand die Antike aufgefrischt, wagte aber nicht zu opponieren.

Den Einzug des Kronprinzen sah man nicht, sondern saß auf dem Turm der Frauenkirche und betrachtete die Aussicht.

Gegen Abend, als man müde und erschöpft war, wollte man zum Dampfschiff hinunter, um zu schlafen, das aber war nach Malmö gefahren. Und nun stand man im Regen auf der Straße. In ein Hotel zu gehen war unmöglich, denn man hatte kein Geld. Da beschloß Albert, in das nächstbeste Gasthaus zu gehen und um Nachtlogis zu bitten. Ein Seemannskrug am Toldboden. Ja, eine Herberge hatte man schon, aber die war nur für Seeleute. Das macht nichts, wir müssen ein Dach über dem Kopf haben. Und so wurde man in einen Hofraum geführt. Dort standen zwei aufgebettete Pritschen, Waschschüsseln waren nicht zu sehen; die Wände ohne Tapeten, und es sah schauerlich aus. Auf der einen Pritsche lag ein Matrose. Wer sollte sich zu ihm legen? Das übernahm Albert, und rasch war er ausgezogen und lag neben dem Fremden, der Holländer war und mit einem Schnaps geweckt wurde. Und dann schlief die ganze Gesellschaft ein, Johan verfluchte das Abenteuer, denn die Bettwäsche roch.

Die Heimreise, an der Ostküste entlang, war ein einziges großes Leiden. Das Essen war knapp und das Geld, weshalb man sich am Leben erhalten mußte, indem man rohe Eier trank, die man in den Kleinstädten kaufte, und mit hartem Brot und Schnaps, woraus drei Tage lang die Verpflegung bestand.

Nur Albert ging es gut, und er amüsierte sich. Er schlief bei den Gasten im Mannschaftsraum und unterhielt sie mit Geschichten. Er war vertraut mit ihnen und beherrschte ihre Sprache. Er trank mit ihnen und bekam warmes Essen; ja, manchmal ging er in die Küche und erbettelte einen Teller Suppe.

Wie leicht ist das Leben doch für ihn, dachte Johan. Er spürte nicht das Fehlen eines Luxus, den er nie gekostet hatte, und er wurde nicht abgewiesen wie ein Fremder, wenn er sich ihnen näherte. Während die anderen hungerten, hatte er ein Fest und sah überall nur Freunde. Doch auch sein Tag würde kommen, dachte Johan, wenn er nicht länger Unterklasse wäre, wenn Luxus und vornehme Gewohnheiten ihn ebenso hilflos und unglücklich machen würden.

Kaum zu Hause angekommen, tobte er sich aus. So war es also überall. Die, die oben standen, traten nach unten, und die, die unten standen, zerrten einem am Rock, wenn man nach oben wollte. Was war also das Gerede von Aristokrat und Demokrat? Die da unten redeten von ihren demokratischen Ansichten wie von einer Tugend. Was war das für eine Tugend, die zu hassen, die oben standen? Und was bedeutete Aristokratie? Aristos bedeutete das Beste, und krateo herrschen. Aristokrat war also, wer wollte, daß die Besten herrschten, und Demokrat, wer wollte, dies sollten die Schlechtesten tun. Aber, dann kam ein Aber, wer waren die Besten? War eine niedrige gesellschaftliche Stellung, Armut, Unmündigkeit etwas, das die Menschen besser machte? Nein, denn dann würde man Armut und Unwissenheit ja wohl nicht bekämpfen? Wem könnte man also die Macht übergeben und sicher sein, daß sie den am wenigsten Schlechten in die Hände fiele? Denen, die am meisten wußten? Aber dann hätte man ja eine Professorenherrschaft, und dann wäre Uppsala ... nein, keine Professoren! Was? Wer? Ja, darauf konnte er nicht antworten, der Schornsteinfeger und der Fuhrmann aber, die mit auf dem Dampfschiff gewesen waren, würden es bestimmt nicht sein.

Weiter kam er in dieser Angelegenheit damals nicht, denn noch hatte man nicht die Frage aufgeworfen, ob es nicht möglich sei, allen dieselbe Bildung zu gewähren, oder ob überhaupt geherrscht werden solle. Außerdem war er auf die schlechteste aller Aristokratien gestoßen, die Oberklasse der Unterklasse, oder, wie man sie mit einem häßlichen Namen nannte, die Spießer. Eine schlechte Kopie der Oberklasse, die mit der Macht stimmte, die Gewohnheiten der Vornehmen nachäffte, sich an der Arbeit anderer bereicherte, Autoritäten zitierte, Opposition haßte, abgesehen von ihrer schweigenden gegen die da oben. Der Schornsteinfeger verdiente Reichtümer an den Allerelendesten, der Fuhrmann an den armen Kutschern und Gäulen, der Pfandleiher durch einen unbilligen Gewinn an der Not, und so weiter überall. Ein Lehrer hingegen, ein Arzt, ein Künstler, der durfte seine Arbeit nicht an Sklaven weitergeben, da hieß es ganz allein gehen, und also war er kein Hai wie die da unten. Wenn Bildung für das Glück der Menschen sorgte, und wenn Bildung Menschen besser machte, dann war diese Aristokratie berechtigt und von positiver Wirkung und konnte sich für etwas Besseres halten. Ja, aber diese Bildung bekam man für Geld, oder konnte sich wie so viele Studenten zu ihr hinbetteln oder bis zu ihr durchsingen, und dann war es zumindest eine Tugend. Nein, das war es nicht, doch man konnte nicht vermeiden, sich über den anderen zu fühlen, wenn man mehr wußte und die Gesetze des Zusammenlebens befolgte, so daß man niemanden kränkte. Blieb der wahren Demokratie nur, all das zu nivellieren, so daß niemand das Gefühl haben mußte, unten zu sein, und keiner glauben konnte, er sei oben.

6. Hinter dem Vorhang

(1869)

Das schwedische Theater war zu dieser Zeit vielen Angriffen ausgesetzt, und wann war das Theater dies nicht? Das Theater ist eine Miniaturgesellschaft in der Gesellschaft, auf dieselbe Weise organisiert, mit Monarch, Ministern, Ämtern, und einer ganzen Menge Volksklassen, eine über der anderen. Ist es da verwunderlich, daß diese Gesellschaft stets Angriffen Unzufriedener ausgesetzt ist?

Zu diesem Zeitpunkt aber hatten die Angriffe einen eher praktischen Zweck. Man hatte erlebt, wie ein Provinzschauspieler a.D. das Königliche Theater mit einer Broschüre beschoß, die kaum höhere Gesichtspunkte erkennen ließ, mit der Folge jedoch, daß der Verfasser in die Direktion berufen wurde. Dies regte zur Nachahmung an, und jetzt waren es viele, die ihre Abhandlungen für den Direktionsgrad einreichten.

Allerdings war das Königliche Theater damals wahrscheinlich weder schlechter noch besser als früher. Aber, so fragte man, wenn das Theater ist, wofür es sich ausgibt, oder eine Bildungsanstalt, warum dann die Leitung Ungebildeten überlassen? Darauf hieß die Antwort: vor nicht langer Zeit hatten wir einen der gelehrtesten Männer des Landes, Hyltén-Cavallius, auf diesem Posten, und was ist daraus geworden? Obwohl er den Vorzug hatte, nicht adlig zu sein, wurde er von der sogenannten demokratischen Presse, die ihn von unten am Rock zerrte, zerfetzt. In unseren Tagen hat man nun endlich die Utopie der Selbstverwaltung verwirklicht, und einen kleinen Mann auf den höchsten Platz gesetzt, und jetzt herrscht allgemeine Zufriedenheit.

Am festgesetzten Tag ging Johan in die Theaterkanzlei, um sich

zum Debüt anzumelden. Nach einigem Warten durfte er eintreten und wurde nach seinem Anliegen gefragt.
– Debüt!
– So? Haben Sie an irgendein bestimmtes Stück gedacht?
– Karl Moor in den Räubern! antwortete er herausfordernder, als es nötig gewesen wäre.
Man sah einander an und lächelte.
– Es müssen aber drei Rollen sein, können Sie noch eine andere vorschlagen?
– Lucidor!
Man besprach sich und erklärte dann, diese Stücke seien nicht im Repertoire. Dies hielt Johan für keinen triftigen Grund, bekam jedoch die sehr vernünftige Antwort, das Theater könne nicht für unerprobte Kräfte so große Stücke inszenieren und sein Repertoire durcheinanderbringen. Dann schlug der Direktor den Fechter von Ravenna vor. Nach solchen Triumphen wie denen des letzten Rollenträgers damit aufzutreten, nein, das wagte er nicht. – Das Ende war, daß Johan mit dem Dramaturgen sprechen sollte.

Jetzt begann ein Kampf, der vermutlich nicht der erste oder der letzte in diesem Raum war.
– Seien Sie vernünftig, mein Herr; diesen Beruf muß man erlernen wie alle anderen. Keiner ist gleich fertig. Krabbeln Sie, bevor Sie gehen. Übernehmen Sie zuerst eine kleine Rolle.
– Nein, die Rolle muß so groß sein, daß sie mich trägt. In einer kleinen Rolle muß man ein großer Künstler sein, um gesehen zu werden.
– Hören Sie doch auf mich, mein Herr, ich habe Erfahrung.
– Ja, aber andere haben mit großen Rollen debütiert, ohne vorher auf der Bühne gestanden zu haben.
– Sie brechen sich den Hals!
– Na gut; dann breche ich mir den Hals.
– Ja, aber die Direktion überläßt nicht dem ersten besten die erste Bühne des Landes zu Experimenten.
Nun, das war vernünftig. Er würde eine kleine Rolle übernehmen. Und so einigte man sich auf Härved Boson in der Hochzeit auf Ulvåsa. Johan las sie zu Hause und war wie vom Donner gerührt.

Das war doch keine Rolle. Das handelte von nichts. Er zankte nur ein paarmal mit seinem Schwager, und dann umarmte er seine Frau. Aber er mußte sie nehmen. Das hieß sich herunterhandeln lassen.

Dann begannen die Stunden. Hohle Worte ohne Sinn herausschreien, es war grauenhaft.

Nach ein paar Lektionen erklärte der Lehrer, er habe keine Zeit mehr, und riet Johan, beim Unterricht in der Schauspielschule zuzuhören.

– Ja, aber Schüler werde ich nicht! – Nein, natürlich nicht.

Er hatte von der Schauspielschule als einer Art Kleinkinder- oder Sonntagsschule gehört, in die man alle möglichen Leute ohne Schulbildung oder irgend etwas aufnahm, und dort hinunter wollte er nicht. Nein, er würde nur zuhören.

Dann ging er schweren Schritts dorthin. Gewöhnt, selbst Lehrer zu sein, trat er wie eine Art Ehrengast ein und setzte sich auf einen Stuhl. Doch er zog unangenehme Aufmerksamkeit auf sich. Die Lektion wurde mit dem Vorlesen der Milchstraße, die er auswendig konnte, und einigen anderen Versstücken fortgesetzt.

– Ja, aber das kann doch kein Wissen für die Bühne sein, wagte er zum Lehrer zu sagen.

– Na, dann kommen Sie doch auf die Bühne und versuchen es mit dem Rampenlicht, sagte dieser.

– Wie soll denn das gehen?

– Als Statist!

– Statist? Hm! Das ging bergab, bevor es überhaupt losgegangen war, dachte Johan. Doch er beschloß, alles auszuhalten.

So erhielt er eines Morgens die Aufforderung, sich zu einer Probe von Björnsons Maria Stuart einzufinden, in der er eine Rolle bekommen hatte. Der Bote händigte ihm ein kleines blaues viereckiges Heft aus, auf dem zu lesen war: Ein Adliger. Und innen stand auf einem weißen Blatt: »Die Lords haben einen Parlamentär gesandt, der eine Herausforderung an den Grafen von Bothwell überbringt.« Das war die ganze Rolle. Und dies war also sein Debüt!

Zur festgesetzten Zeit ging er die kleine Treppe am Strömmen hinauf und kam am Pförtner vorbei auf die Bühne. Es war das erste Mal, daß er hinter den Kulissen stand. Dies war die Kehrseite. Ein großer Lagerraum mit schwarzen Wänden; ein zernagelter, schmutziger Scheunenboden; und diese grauen Leinwandschirme mit ungestrichenem Holz auf der Rückseite!

Von hier aus hatte man ihm herrliche Szenen aus der Weltgeschichte geboten, hier hatte Masaniello Tod den Tyrannen gerufen, während er selbst zitternd dort oben, vierter Rang Mitte, gestanden hatte; hier hatte Hamlet seine Leiden verhöhnt und durchlitten, und von hier aus hatte ja auch einmal Karl Moor der Gesellschaft und der ganzen Welt sein Pfui zugerufen. Er bekam Angst, denn wie sollte man selbst hier beim Anblick ungestrichenen Holzes und ungefärbten Sackleinens zu irgendeiner Illusion kommen. Alles sah staubig und schmutzig aus, und die Arbeiter liefen wie düstere arme Teufel herum, und Schauspielerinnen und Schauspieler sahen in ihren Privatkleidern nach nichts aus.

Er wurde ins Foyer hinaufgeführt, wo man zuerst eine halbe Stunde lang die Gavotte tanzen sollte, die das Stück einleitete. Dort herrschte volles Tageslicht, und auf einem Stuhl saß der alte Musiklehrer der Familie und strich die Violine. Der Ballettmeister brüllte und klatschte in die Hände, und dann stellte man sich auf. Aber, dachte, Johan, das war nicht die Abmachung. Es war zu spät. Und dann befand er sich mitten in einem Kontratanz, den er nicht beherrschte; bekam Püffe und Ermahnungen. Nein, da mache ich nicht mit, meinte er, doch zurück konnte er nicht.

Ein Gefühl der Scham überkam ihn. Mitten am Vormittag tanzen. Das war eine abscheuliche Beschäftigung. Und dann vom Lehrer zum Schüler absteigen. Hier der Letzte sein; so weit zurückgefallen war er noch nie.

Dann läutete es zur Probe, und man wurde auf die Bühne hinuntergetrieben. Dort wurde man zur Gavotte aufgestellt. Ganz vorn an der Rampe standen die großen Schauspieler, die die Hauptrollen hatten, und von dort aus zogen sich die zwei Reihen bis zur Rückwand hinauf.

Pang! Und dann spielt das Orchester. Mit langsamen feierlichen Rhythmen beginnt der Tanz. Unten von der Rampe her aber hört man die tiefen Stimmen der beiden Puritaner, die die tiefe Verderbtheit des Hofes verfluchen.

LINDSAY Seht, wie die Reihen der Tänzer sich winden, gleich Schlangen in der Sonne! Hört, wie die Musik mit der Hölle Flammen spielt. Des Teufels Hohngelächter wohnt darin.
ANDREW KERR Still, still! Die Strafe wird über sie kommen, wie das Meer über Pharaos Kriegsheer.
LINDSAY Seht, wie sie flüstern! Der Sünde pestverheißenden Atem! Seht ihr wollüstiges Lächeln, die leichtfertigen Gewänder der Damen!
EIN BÜRGER Vergeudet ist alles an diesem Hof, was Knox predigt.
LINDSAY Er ist wie der Prophet in Israel, er spricht nicht vergebens, denn Der Herr selbst wird sein Wort einlösen an diesem gottlosen Geschlecht.

Die Wirkung war ergreifend, und er fühlte, wie es ihn packte.

Die Herren hatten Hüte, Überzieher und Stöcke und die Damen Mäntel und Muffs, aber dennoch machte es in seiner schlichten Größe Eindruck. Er stand in der Kulisse und hörte zu, das ganze Stück hindurch. Maria Stuart gefiel ihm nicht, sie war grausam und gefallsüchtig; Bothwell war zu roh und stark; Darnley, der schwache hamletartige Mann, der niemals aufhören konnte, diese Frau zu lieben, und der vor Liebe verbrannte, trotz allem, trotz Untreue, Hohn, Bosheit, der gefiel ihm. Und dann Knox. Hart wie Stein, mit seinen sittlichen Forderungen und seinem entsetzlichen norwegischen Christentum.

Dies war doch etwas, vortreten und in Gestalt solcher Persönlichkeiten ein Stück Geschichte durchleben zu können. Es war feierlich, wie damals in der Kirche. Nachdem er aufgetreten war und seinen Satz gesagt hatte, ging er weg, entschlossen, alles zu erdulden – für diese heilige Kunst.

*

Der Schritt war also vollzogen. Dem Vater hatte er einen exaltierten Brief geschrieben und versprochen, auf dem Weg, den er jetzt betrat, etwas Großes zu werden oder sich anderenfalls zurückzuziehen; und er hatte sich gelobt, erst nach Hause zu gehen, wenn er Erfolg hatte. Der Doktor war traurig, schimpfte aber nicht, denn er sah, daß es unmöglich war, es zu verhindern. Doch er hatte andere geheime Rettungspläne, die er jetzt in die Tat umzusetzen begann. Zunächst hatte er Johan dazu gebracht, einige kleine medizinische Schriften zu übersetzen, für die er einen Verleger beschafft hatte. Jetzt kam er mit dem Vorschlag, mit ihm zusammen Artikel für Aftonbladet zu schreiben. Johan hatte auf eigene Faust Schillers Die Schaubühne als moralische Anstalt übersetzt, und weil nun einmal die Theaterfrage vor den Reichstag gekommen war, schrieb der Doktor eine Einleitung, in der den Bauern ihre Kulturfeindlichkeit ernstlich vorgehalten wurde, und damit konnte der Artikel erscheinen.

An einem anderen Tag kam der Doktor mit einem Heft der medizinischen Zeitschrift The Lancet, das die Frage der Eignung der Frau zum Arzt behandelte. Ohne zu zögern und gefühlsmäßig wandte sich Johan gegen diese Bestrebungen. Er hegte eine unbeschreibliche Verehrung für die Frau als Frau, Mutter, Gattin, doch die Gesellschaft, so wie sie existierte, war auf dem Mann als Familienversorger und der Frau als Gattin und Mutter aufgebaut, also besaß der Mann seinen Arbeitsmarkt mit vollem Recht und allen daraus folgenden Verpflichtungen. Jede Stelle, die man dem Mann nahm, wäre eine Ehe weniger, oder auch ein hart bedrängter Familienversorger mehr, denn der Ehetrieb lag tief im Mann, und er würde sicherlich weiterhin heiraten, und wäre die Not noch so groß. Im übrigen hatte die Frau ihren großen Arbeitsmarkt für sich: sie konnte Dienstmädchen, Haushälterin, Hausmamsell, Lehrerin, Amme, Hebamme, Näherin, Gouvernante, Schauspielerin, Malerin, Schriftstellerin, Königin, Kaiserin und Ehefrau und Mutter werden. Aber die Unverheirateten? Ja, für sie reichte der weibliche Arbeitsmarkt voll aus. Also handelte es sich hier um einen Übergriff. Wollte die Frau in den Bereich des Mannes hinein, dann mußte der Mann von der Pflicht, die Familie zu versorgen, befreit werden, und die Vaterschaft durfte nicht festgestellt werden. Das aber wollte man nicht. Nein, man begann im Gegenteil, Jagd auf die Prostituierten zu machen und wollte damit den Mann zur Heirat zwingen, und sicher eingefangen sollte er durch das Eigentumsrecht der verheirateten Frau zum Hausklaven herabsinken.

Dieses verwickelte Problem, dessen Erforschung die Arbeit so vieler Jahre erforderte, ging Johan instinktiv an und schrieb gegen die Bewegung, in der er den Untergang des Mannes sah. Die Frauenemanzipation hatte in den fünfziger Jahren eklatante Formen angenommen, und der Schlachtruf: Keine Männer, keine Männer, hatte den wahren Charakter der Bewegung verraten, der auch von Rudolf Wall in einer Komödie mit dem Titel Mamsell Garibaldi ins Lächerliche gezogen wurde. Doch die Jahre waren vergangen, und die Damen hatten im stillen gearbeitet. Groß war daher die Überraschung des Doktors und Johans, als sie ihren Artikel im Aftonbladet zu sehen bekamen, allerdings so verändert, daß er für die Bewegung sprach. – Er ist in den Händen von Frauenzimmern, sagte der Doktor, und damit war die Sache klar.

Am Theater ging es einer Krise entgegen. Johan war eine Garderobe zugewiesen worden, in der Schnaps gesoffen und keine Ordnung gehalten wurde, wo er sich mit Statisten umziehen sollte. – Die wollen mich ducken, dachte er, aber nur Geduld. Er wurde jetzt ganz einfach in einer Oper nach der anderen als Statist eingesetzt. Er erklärte, daß er die Rampe und das Publikum nicht fürchte, weil er in der Kirche gepredigt habe. Es half nichts. Aber das schlimmste war, stundenlang auf Proben herumlungern zu müssen, ohne etwas zu tun. Las er in einem Buch, bekam er zu hören, er sei nicht interessiert. Ging er weg, schlug man Alarm. In der Schauspielschule las man jetzt Rollen. Kinder, die nur die Grundschule absolviert hatten, mußten Goethes Faust lesen, natürlich ohne irgend etwas zu begreifen. Sonderbarerweise jedoch rettete sie ihre Unerschrockenheit, und sie machten ihre Sache recht gut, so daß es den Anschein hatte, als müsse der Schauspieler eigentlich nicht verstehen, wenn es nur gut klang.

Nach ein paar Monaten hatte er alles satt. Es war Handwerk. Die größten Schauspieler waren müde und gleichgültig, sprachen niemals von Kunst, nur von Engagements und Prämien. Dies war noch nicht einmal ein Schatten des fröhlichen Lebens hinter den Kulissen, worüber man so viel geschrieben hatte. Stumm und still wie Arbeiter saßen sie da und warteten auf das Stichwort; Balletteusen und Choristinnen saßen in ihren Kostümen da und nähten oder strickten. Im Foyer ging man auf Zehenspitzen, guckte auf die Uhr, putzte sich den falschen Bart und sagte kein Wort.

Eines Abends, als man Maria Stuart gab, saß Johan allein im Foyer und las eine Zeitung. Dahlqvist, John Knox, kam herein. Johan, der eine unsägliche Ehrfurcht vor dem großen Schauspieler hatte, stand auf und verbeugte sich. Mit einem solchen Mann reden zu dürfen! Er zitterte bei dem Gedanken. Knox mit seinem herrlichen weißen langen Haar, seiner schwarzen Tracht und den halberloschenen großen Augen im gewaltigen, jetzt faltigen Gesicht ließ sich am Tisch nieder. Er gähnte. – Wie spät ist es? fragte er mit Grabesstimme. Johan antwortete, es sei halb zehn, während er an seiner burgundischen Samtjacke herumknöpfte, um nach der nicht vorhandenen Uhr zu suchen. – Verdammt, wie langsam das heute abend geht! sagte Knox und gähnte wieder. Darauf begann er, über diversen Klatsch zu plaudern. Das war nur noch eine Ruine der früheren Größe, die einst, als er Karl Moor gab, ihre Neider gezähmt hatte. Auch er hatte es durchschaut, auch er hatte alles satt. Und er hatte doch einmal von seiner Kunst eine so hohe Meinung gehabt.

Weil er jetzt freien Eintritt im Theater hatte, versuchte Johan, vom Zuschauerraum aus Studien zu betreiben. Aber ach, die Illusion war verschwunden. Da waren Herr Soundso und Frau Soundso, da hing der Fond aus Quentin Durward, da saß Högfelt, da, hinter jener Kulisse, stand Boberg. Es war vorbei mit der Illusion.

Und mit dieser kläglichen Rolle, an der er jetzt täglich herumkaute, stellte sich Schritt für Schritt die Langeweile ein. Damit aber gingen die Reue und die Furcht einher, sich nicht ehrenvoll aus dem Spiel zurückziehen zu können. Endlich nahm er seinen Mut zusammen und bat um eine Vorsprechprobe. Das Stück war wohl fünfzigmal gespielt worden und die großen Schauspieler waren darüber nicht erfreut; doch kommen mußten sie. Und so verlief die Probe, ohne Kostüme, ohne Requisiten. Er hatte die damals gängige Schreimanier gelernt, und er schrie wie ein Pastor. Es ging schlecht. Nach beendeter Probe verkündete der Lehrer das Urteil. Er sollte in die Schauspielschule eintreten. – Nein, das wollte er nicht. Er weinte vor Zorn, ging nach Hause und aß eine Kapsel Opium, die er lange versteckt hatte, doch ohne Wirkung; dann wurde er von einem Freund mitgeschleppt und trank sich einen Rausch an.

7. Er wird Schriftsteller

(1869)

Am folgenden Morgen war er wie zerschlagen, wund, zerrissen. Die Nerven zitterten noch, und die Scham und der Rausch brannten im Körper. Was sollte er tun? Die Ehre mußte gerettet werden. Er würde noch ein paar Monate aushalten und es dann noch einmal versuchen. An diesem Tag blieb er zu Hause und las Die Erzählungen des Feldschers. Während er las, meinte er, das alles selbst erlebt zu haben. Es handelte von einer Stiefmutter und einem Stiefsohn, die sich versöhnen. Der Bruch mit seinem Elternhaus hatte wie eine Sünde auf ihm gelegen, und er sehnte sich nach Versöhnung und Frieden. Diese Sehnsucht nahm an diesem Tag einen ungewöhnlich schwermütigen Ausdruck an, und während er auf dem Sofa lag, begann sein Hirn, verschiedene Vorschläge zu einer solchen Lösung der Mißklänge im Elternhaus zu ersinnen. Frauenverehrer, der er war, und geleitet vom Feldscher, spinnt er zusammen, nur eine Frau könne ihn und den Vater versöhnen. Und diese schöne Rolle gibt er der Stiefmutter.

Während er dort liegt, spürt er ein ungewöhnliches Fieber im Körper, und die ganze Zeit über arbeitet der Kopf daran, Erinnerungen an die Vergangenheit zu ordnen, einiges auszumerzen, etliches hinzuzufügen. Neue Nebenpersonen treten auf, er sieht sie in die Handlung einbezogen, hört sie reden. Es ist, als sehe er sie auf der Bühne. Nach Ablauf einiger Stunden hat er eine Komödie in zwei Akten fertig im Kopf. Es war eine Arbeit, schmerzlich und wollüstig zugleich, wenn man es eine Arbeit nennen konnte, denn sie ging von selbst vonstatten, ohne seinen Willen und sein Zutun. Jetzt aber mußte es niedergeschrieben werden. Nach vier Tagen war das Stück fertig. Er lief zwischen dem Schreibtisch und dem Sofa hin und her, auf das er zwischendurch niederfiel wie ein nasser Lappen. Und als das Stück fertig war, tat er einen tiefen Seufzer, als sei ein jahrelanger Schmerz vorüber, als sei ein Geschwür aufgeschnitten worden. Er war so froh, daß es in ihm sang, und jetzt würde er sein Stück dem Theater einreichen. Dort lag die Rettung.

Am selben Abend machte er sich daran, einem Verwandten, der eine Stelle bekommen hatte, einen Glückwunschbrief zu schreiben. Als er die erste Zeile geschrieben hatte, fand er, sie klinge wie ein Vers. Dann schrieb er die zweite Zeile nieder, und sie reimte. Schwerer war das nicht? Und an einem einzigen Tag schrieb er einen vierseitigen Brief in gereimten Versen. Er konnte also auch Verse schreiben! Schwerer war das nicht! Und ein paar Monate zuvor hatte er wieder einen Freund gebeten, ihm bei einigen Namenstagsversen zu helfen, jedoch eine freundlich abschlägige, aber ihn ehrende Antwort erhalten, in der er aufgefordert wurde, nicht mit Mietkutschen zu fahren, wenn er eine eigene hatte.

Also! Zum Verseschreiben wurde man nicht geboren; man lernte es auch nicht, denn in der Schule lernte man ja alle Versformen, sondern es kam – oder es kam nicht. Dies erschien ihm wie eines der Gnadenwerke des Heiligen Geistes. War die Seelenerschütterung nach der Niederlage so groß gewesen, daß sie den ganzen Vorrat an Erinnerungen und Eindrücken gewissermaßen von innen nach außen gekehrt hatte, und hatte die Einbildungskraft unter so starkem Druck gestanden, daß sie zu arbeiten begann? Etwas trug dies wohl dazu bei, doch war ja alles schon so lange vorbereitet. War es nicht seine Phantasie, die Bilder erzeugte, wenn er sich im Dunkeln fürchtete? Hatte er nicht Aufsätze in der Schule geschrieben, Briefe, jahrelang? Hatte er sich nicht durch Lesen, Übersetzen und Schreiben von Zeitungsartikeln seinen Stil gebildet? Doch, so war es wohl, doch erst jetzt bemerkte er die sogenannte künstlerische Leistungsfähigkeit.

Die Schauspielerei war also nicht die Form, die er brauchte, das war ein Irrtum, dem jetzt aber leicht abgeholfen werden konnte. Allerdings mußte seine Schriftstellerei weitgehend geheim und er bis zum Ende des Semesters am Theater bleiben, damit die Niederlage nicht offensichtlich wurde, oder so lange, bis sie durch die Annahme des Stückes verborgen werden konnte, denn dieses würde natürlich angenommen werden, da er es ja für gut hielt. Das jedoch mußte untersucht werden. Zu diesem Zweck lud er zwei seiner gebildeten Bekannten ein, die dem Theater fern standen. Am Abend, bevor sie kamen, machte er in seiner Mansarde, die er im Haus des Doktors gemietet hatte, einen Großputz. Er schmückte sie, zündete anstelle der Lampe des Fleißes zwei Stearinkerzen an, deckte den Tisch mit einer sauberen Serviette und arrangierte Punschflasche und Gläser, Aschenbecher und Streichhölzer. Es war das erste Mal, daß er Besuch hatte, und der Anlaß war so neu und ungewohnt. Arbeiten von Schriftstellern hat man so oft mit der Leibesfrucht verglichen, und der Vergleich hat eine gewisse Berechtigung. Es lag etwas von der Ruhe nach dem Sturm darin, die in einem Haus nach der Geburt eines Kindes eintritt; man fühlte, daß etwas oder jemand hinzugekommen war, den es vorher nicht gegeben hatte; es war gelitten und geschrien worden, und jetzt war es still und friedlich.

Johan war in Feiertagsstimmung; es war wie früher, wenn die Kinder angezogen waren, und der Vater in seinem schwarzen Gehrock einen letzten Blick auf die Vorbereitungen warf, ehe die Besucher kamen.

Dann kamen sie. Unter Schweigen verlief die Lesung bis zum Schluß. Dann kam das Urteil, und Johan wurde von den älteren Freunden als Schriftsteller gefeiert.

Als sie weggegangen waren, fiel er auf die Knie und dankte Gott, der ihn aus Bedrängnis gerettet und ihm die Dichtergabe geschenkt hatte. Sein Umgang mit Gott war sehr unregelmäßig gewesen, eigentümlich aber war, daß er in großer Not seine Kräfte gleichsam in sich sammelte und nicht sofort Den Herrn anrief; in der Freude empfand er ein unwillkürliches Bedürfnis, dem Geber aller guten Gaben sofort zu danken. Es war also genau umgekehrt wie in seiner Kindheit, und dies war natürlich, weil sich der Gottesbegriff auf den Urheber des Guten ausgedehnt hatte, während der Gott der Kindheit der Gott der Furcht gewesen war und in seiner Hand alles Unglück gehalten hatte.

Jetzt endlich hatte er seine Bestimmung gefunden, seine Rolle im Leben, und jetzt begann sein weiches Wesen ein Skelett zu bekommen. Er wußte nun ungefähr, was er wollte, und damit hatte er zumindest das Ruder seines Schiffes in der Hand. Und jetzt stieß er es vom Land ab, um auf große Fahrt zu gehen, immer bereit abzufallen, wenn der Wind zu hart auf den Bug traf, doch nicht, um in Lee zu treiben, sondern um im nächsten Augenblick voll dagegenzuhalten und in den Wind zu luven.

Jetzt hatte er seine Familiensorgen aus sich herausgeschrieben. Darauf brach die Erinnerung an die religiösen Auseinandersetzungen in einer dreiaktigen Komödie aus, und dies erleichterte das Schiff bedeutend. In dieser Zeit war seine Produktionskraft riesengroß. Das Fieber trat jetzt täglich auf, und innerhalb von zwei Monaten schrieb er zwei Komödien, eine Tragödie in Versen und schüttelte außerdem kleine Verse aus dem Ärmel.

Die Tragödie war sein erstes Kunstwerk im eigentlichen Sinne, denn sie handelte nicht von Ereignissen seines eigenen Lebens. Das hübsche kleine Thema hieß *Das sinkende Hellas*. Die Komposition war vollständig und klar, mit leicht abgenutzten Situationen und viel Deklamation. Das einzige, was auf seinem eigenen Mist gewachsen war, war strenge Askesenmoral und Verachtung des ungebildeten Demagogen. Folglich läßt er einen alten Mann vor der Jugend seiner Zeit über Unsittlichkeit und mangelnde Vaterlandsliebe wettern. Und Demosthenes verhöhnt den Demagogen, wenn er ihm Polemark empfiehlt, folgendermaßen.

– – – – – Er ist ein Mann
des Volkes erst einmal, und bereits das ist
nicht unbedeutendes Verdienst in diesen
so schweren Zeiten, da das Volk Athenes

> in früh'ren Stand versetzt ist, daß es nicht
> sich suhlen kann im selben Laster
> wie die Vornehmen – – – –

Da spukten der Schornsteinfeger und der Pfandleiher der Kopenhagenreise. Und dann:

> – – – – – – – – – – – – – – Ihr habt's
> gehört, wie er am Anfang seiner Reden immer sagt:
> »Ich bin ein armer Mann, der keine Bildung hat.«
> O, welch ein Zug von Männlichkeit und Stärke,
> zu wagen, sich in Angelegenheiten einzumischen,
> von denen man nicht einmal eine Spur begreift,
> der eig'nen Roheit wegen Gegenstand des Mitleids,
> und alles für des edlen Volkes hohes Ziel. – – –

Hier bekam der Leiter der Schauspielschule einen Hieb, denn dieser pflegte sich oft bei Johan darüber zu beklagen, daß er keine Bildung genossen habe, bei welchen Gelegenheiten Johan stets versucht war zu fragen, wie er dann die Stirn haben könne, Vorsteher einer Bildungsanstalt zu sein. Das Stück war aristokratisch, und die Freiheit, die darin ausposaunt wurde, war die Freiheit der 60er Jahre: die nationale Freiheit.

Inzwischen war die Komödie über die Familie beim Königlichen Theater eingereicht worden, jedoch anonym.

Während sie dort lag, war Johan frohgemut Statist. Wartet nur, dachte er, bald bin ich an der Reihe, dann habe ich ein Wort mitzureden. Auf der Bühne war er jetzt dreist und fühlte sich, auch wenn er ein Bauernjungenkostüm im Wilhelm Tell trug, wie ein verkleideter Prinz. »Ich bin bestimmt kein Schweinehirt, auch wenn ihr das meint«, summte er vor sich hin.

Der Bescheid zu seinem Stück ließ auf sich warten. Schließlich verlor er die Geduld und gab dem Lehrer gegenüber seine Anonymität auf. Dieser hatte das Stück gelesen und Begabung festgestellt, aber gespielt werden könne es nicht. Nun, das war kein Donnerschlag, weil er mit seiner Tragödie eine Reserve hatte.

Sie wurde besser aufgenommen, sollte aber hie und da umgearbeitet werden.

Eines Abends, als die Schauspielschule zu Ende war, bat der Lehrer Johan zu einem Gespräch.

– Jetzt haben wir gesehen, was Sie können, sagte er. Sie haben doch eine schöne Laufbahn vor sich, warum dann die schlechtere wählen. Daß Sie Schauspieler werden können, ist anzunehmen, wenn Sie einige Jahre lang arbeiten wollen, aber warum wollen Sie sich auf diesem undankbaren Gebiet plagen? Fahren Sie nach Uppsala zurück, und machen Sie Ihren Doktor, wenn Sie das können; und werden Sie dann Schriftsteller, denn um gut schreiben zu können, muß man das nötige Alter und die Erfahrung haben.

Schriftsteller werden, da war Johan dabei; das Theater aufgeben – auch; aber zurück nach Uppsala – nein! Er haßte die Universität und sah nicht ein, was die Überflüssigkeiten, die man dort lernte, der Schriftstellerei nutzen sollten, die direkt am Leben studiert werden mußte.

Jetzt aber begann er nachzudenken; und als ihm klar wurde, daß ein Stück, das als Rettungsanker hätte dienen können, jetzt auf keinen Fall angenommen würde, ergriff er den zweiten Strohhalm: Uppsala. Wieder Student werden war keine Schande, und am Theater wußte man jetzt, daß er nicht nur ein erfolgloser Debütant, sondern auch Schriftsteller war.

Gleichzeitig erfuhr er, daß er von mütterlicher Seite ein Erbe von ein paar hundert Kronen gut hatte. Damit konnte er sein erstes Semester bestreiten, und so ging er nach Hause zum Vater, nicht als der verlorene Sohn, sondern als der vielversprechende Schriftsteller und Gläubiger. Es gab einen heftigen Streit, der damit endete, daß Johan erlaubt wurde, sich das Erbe im voraus auszahlen zu lassen.

Jetzt hatte er eine Tragödie mit dem gewaltigen Titel »Jesus von Nazareth« geplant, die in dramatischer Form das Leben Jesu behandelte, die zum Ziel hatte, mit einem Schlag und für alle Zeiten das Gottesbild zu zerschmettern und das Christentum auszurotten. Doch als er einige Szenen vollendet hatte, sah er ein, daß das Thema zu groß war und langwierige Studien erforderte.

Die Theatersaison ging jetzt ihrem Ende entgegen. Die Schauspielschule gab auf der Bühne des Dramatischen Theaters eine öffentliche Vorstellung. Johan hatte keine Rolle bekommen, übernahm aber das Soufflieren. Und im Souffleurkasten endete seine Schauspielerlaufbahn. So weit hatte man ihn vom Karl Moor auf der Bühne des Großen Theaters heruntergehandelt! Verdiente er dieses Schicksal? War er für die Bühne schlechter ausgerüstet als die anderen? Dies war unwahrscheinlich, wurde aber nie geklärt.

Am Abend nach der Vorstellung fand ein Festessen für die Schauspielschüler statt. Auch Johan war eingeladen, hielt eine Trinkrede in Versen, um seinen Abgang so wenig fiaskoartig wie möglich zu gestalten. Wurde wie üblich betrunken, benahm sich daneben, und verschwand von dieser Schaubühne.

8. Der Runa-Bund

(1870)

Das Uppsala der sechziger Jahre weist Zeichen von Ausgang und Auflösung einer Periode auf, die man als die Boströmsche bezeichnen könnte. In welcher Beziehung aber steht das für das Zeitalter verbindliche philosophische System zur Zeit selbst? Ja, es mag scheinen, als sei das System eine Zusammenfassung der Gedanken der Zeit zu einem bestimmten Zeitpunkt. Nicht der Philosoph macht die Zeit, sondern die Zeit macht ihn. Der Philosoph führt Buch und sammelt alles, was seine Mitwelt gedacht hat, und hierdurch kann er auf die Mitwelt zurückwirken, darum ist sein Wirken mit dem Ausgang der Epoche zu Ende und muß es sein.

Die Boströmsche Philosophie hatte den Nachteil, daß sie schwedisch sein wollte, daß sie zu spät kam, und daß sie ihre Zeit überleben wollte. Eine schwedische Philosophie schaffen zu wollen, war eine Absurdität, denn es bedeutete, sich von der Verbindung mit dem großen Mutterstamm loszureißen, der drüben auf dem Festland wuchs und auf die harte Erde der hyperboreischen Halbinsel nur Samenkörner schickt. Sie kam zu spät, denn die Schaffung eines Systems kostet Zeit, und bis sie fertig war, war die Zeit vorüber.

Boström als Philosoph kam nicht aus heiterem Himmel. Alles Wissen ist Sammelwerk und von der Persönlichkeit gefärbt. Boström ist aus Kant und Hegel hervorgewachsen, von Biberg und Grubbe begossen worden und schließlich recht selbständig weiter in die Höhe geschossen. Das ist alles! Den eigentlichen Grundgedanken scheint er aus Krauses Panentheismus bezogen zu haben, einem Versuch, die Kant-Fichtesche und die Schelling-Hegelsche Philosophie zu verbinden, wofür bereits Grubbe des Eklektizismus beschuldigt worden war. Boström studierte zunächst Theologie, und sie ist es, die seinen Geist zu hemmen scheint, als er die spekulative Theologie schreibt. Seine Sittenlehre bekam oder hatte er von Kant. Boström einen originalen Philosophen zu nennen ist Lokalpatriotismus. Sein Einfluß reichte über die Grenzen Schwedens nicht hinaus und hält dort nicht länger als bis zum Ausgang der sechziger Jahre vor. Seine Staatslehre war bereits nach 1865 Archäologie geworden, als die Studenten in der mündlichen Prüfung noch, aus Hochachtung vor dem Lehrer, und getreu dem Lehrbuch, erklären mußten, die Vier-Stände-Vertretung sei das einzig Vernünftige, was später in den Kollegs gestrichen wurde. Wie war Boström auf einen solchen Gedanken gekommen? Soll man wagen, aus so zufälligen Umständen wie denen zu schließen, daß er, Sohn eines armen Mannes aus Norrland, in seiner Eigenschaft als Lehrer der Prinzen in zu engen Kontakt mit Karl Johan und dem Hof kam? Konnte der Philosoph dem Schicksal aller entgehen, seine privaten Ansichten oder gängigen althergebrachten Vorstellungen in *gewisser* Hinsicht zu generalisieren? Wahrscheinlich nicht. Als Idealist war Boström subjektiv, so subjektiv, daß er der Wirklichkeit eine selbständige Existenz absprach, als er erklärte, »Sein ist Wahrnehmen« (des Menschen). Die Erscheinungswelt sollte also lediglich in unserer und durch unsere Wahrnehmung derselben existieren. Dieser Fehlschluß, und es war ein doppelter, wurde übersehen. Das System geht nämlich von einem unbewiesenen Satz (petitio principi) aus und müßte wohl folgendermaßen korrigiert werden: die Erscheinungswelt existiert *für uns* lediglich durch unsere Wahrnehmung, was ja nicht ausschließt, daß sie von unserer Wahrnehmung unabhängig an sich existiert, wie es auch die Naturwissenschaften bewiesen haben, oder daß die Erde mit einem recht hochentwickelten organischen Leben bereits existierte, bevor es einen wahrnehmenden Menschen gab.

Boström brach mit dem Christentum der Kirche, behielt aber, wie Kant und sogar spätere Evolutionsphilosophen, die Sittenlehre des Christentums bei. Kant war aufgrund mangelnder psychologischer Kenntnisse mitten im kühnen Lauf seines Denkens stehengeblieben und diktierte ganz einfach den kategorischen Imperativ und die praktischen Postulate. Das Sittengesetz, das ja von der Epoche abhängt und mit ihr wechselt, ist weiterhin ganz und gar christlich »Gottes Gebot«. Boström stand noch immer »unter den Geboten« und sah den sittlichen Wert oder Unwert einer Handlung im Motiv begründet, und das einzig befriedigende Motiv sei »die Achtung vor dem unsinnlichen Wesen des Verpflichteten«, was sich im Gewissen offenbare. Die Gewissen aber sind so zahlreich wie die Religionen und die Völker, und darum war die Sittenlehre völlig unfruchtbar.

Boströms Bedeutung für die Entwicklung liegt einzig in seinem Auftreten in der Auseinandersetzung mit Bischof Beckmann über die Höllenlehre (1864), obwohl diese Lehre schon damals von den Gebildeten mit Hilfe der Neurationalisten verworfen worden war. Für die Entwicklung hemmend wiederum war Boström durch seine Schriften Über Heiligkeit und Nichtverantwortung des Monarchen, und Sind die Reichsstände berechtigt, für das schwedische Volk den nun niedergelegten, sogenannten (!) Volksvertretungsvorschlag zu beschließen und zu verabschieden? (1865)

In seiner Eigenschaft als Idealist ist Boström für die heute lebende Generation nicht nur bedeutungslos, sondern auch reaktionär. Er ist nichts als ein notwendiges Glied in der Kette der verwerflichen Religionsphilosophie, die folgenschwer und düster auf die Aufklärungsphilosophie des achtzehnten Jahrhunderts folgt. Er hat gelebt und ist tot! Friede seiner Asche!

*

Als weiteres Barometer für die geistige Atmosphäre einer Zeit gilt die schöne Literatur. Doch damit sie dies sein kann, muß sie die

Freiheit haben, die Fragen der Zeit zu behandeln, etwas, was die damalige Ästhetik nicht zuließ.

Die Poesie sollte ebenso wie die schönen Künste ein Spiel sein und war es (nach Boström). Unter solchen Umständen und bei der gängigen Ich-Vergötterungsphilosophie wurde die Poesie lyrisch, drückte die kleinen privaten Gefühle und Meinungen des Dichters aus und spiegelt darum die Zeit nur in bestimmten Zügen, die vielleicht nicht die wesentlichsten sind.

Die Poesie der sechziger Jahre gehörte den Signaturen. Von diesen jedoch hatten nur zwei Bedeutung: Snoilsky und Björck. Snoilsky war, was man mit einem Ausdruck des Pietismus erweckt nennen würde; Björck war tot. Beide waren, wie man sagt, geborene Dichter, das heißt, ihre Neigungen zeigten sich früher als üblich. Beide hatten bereits in der Schule auf sich aufmerksam gemacht, kamen früh zu Ehre und Ruhm und sahen durch Herkunft und Stellung das Leben von den sonnigen Höhen. Snoilsky war unbewußt von den Geistern der neueren Zeit ergriffen. Befreit von der Furcht vor der Hölle, von Christus, der Mönchsmoral, Zeuge der Kassierung der Adelsprivilegien, gibt er den Geist frei und das Fleisch frei. In seinen ersten Gedichten ist er revolutionär und verehrt die phrygische Mütze; er predigt die Lebensfreude durch das Fleisch, und hegt einen gewissen Haß gegen die Überkultur als konventionelle Fessel. Doch als Dichter entging er nicht dem tragischen Schicksal des Dichters: nicht beim Wort genommen zu werden. Poesie war nun einmal Poesie, und Snoilsky war Poet.

Björck war mit einem für starke Eindrücke unempfindlichen Gemüt begabt. Harmonisch, schlapp, schon von Anfang an fertig, verbringt er sein Leben in innere Erwägungen versunken, oder bemerkt er nur die kleinen Begebenheiten der kleinen Außenwelt und schildert sie schön und korrekt. Für die große Mehrheit, die das harmonische Leben von Automaten lebt, atmet seine Poesie eine unermeßliche Nächstenliebe. Doch warum reichte diese Liebe nicht weiter, über die großen Menschenkreise, über die Menschheit hinaus? Uns scheint die Liebe Björcks nicht über die persönliche Ruhe hinauszugehen, die das Individuum gewinnt, indem es die

Pflichten von sich fernhält, die das Leben in einer Gesellschaft mit sich bringt. Er ist zufrieden mit seiner Welt, weil die Welt gnädig zu ihm war, und Kampf darf es nicht geben, weil er die Ruhe des einzelnen stört. Björck zeigt uns den Glücklichen, dessen Leben nicht im Widerstreit mit der Erziehung steht, sondern Stein für Stein auf dem einmal gelegten Fundament aufbaut; dann verläuft alles handwerklich nach Wasserwaage und Lineal, und das Haus steht fertig da, wie es gezeichnet wurde, und ohne Veränderungen des Plans. Domestiziert durch Familientyrannei, früh Achtung und Bewunderung der Menschen genießend, blieb er im Wachstum stehen. Den Boströmschen Kompromiß mit dem Christentum nahm er unbesehen an, und damit hatte er sein Lebenswerk vollbracht. An seinem dichterischen Werk wird besonders das Reine, das Seraphische hervorgehoben. Worin besteht sie eigentlich, diese Reinheit, die heute so schroff der Sinnlichkeit entgegengehalten wird? Er hat sie nicht gekriegt, das ist das Geheimnis, ebenso wie sich die himmlische Liebe Dantes zu Beatrice von der gleichen unbeabsichtigten Ursache herleitet. So besingt er das Unerreichbare, mit der stillen Schwermut der unbefriedigten Liebe. Das aber war doch keine Tugend, und die Reinheit mußte schließlich Tugend sein. Hätte er sie doch nur bekommen! – Und im übrigen, wie war es um die Reinheit in den Gemütern der Signaturen wirklich bestellt? Blühte nicht die unanständige Anekdote, besuchte man nicht die Bierstuben, übersetzte das Decamerone, gab Geranien und Kakamoja heraus? Zwar sind wohl alle Menschen sinnlich veranlagt, damals aber galt es als unrein, seine Sinnlichkeit zu zeigen, und darum mußte sie unterirdische Ventile haben. Snoilsky brach mit der Heuchelei und machte sich Luft, und sogar Björck verriet sich, als er erzählte, wie er auf der Heimfahrt im Wagen die Minderjährige küßte. Nicht das Kind, das Mädchen hat er geküßt, und zwar das Mädchen in kurzen Hosen. Gewiß hätten die Gegner Hans Jægers dies als unrein empfunden, als frühreif oder etwas noch Schlimmeres. Außerdem gibt es aus der Zeit der Signaturen Traditionen, aus denen hervorgeht, daß der allerseraphischste aller Seraphimsdichter ein stürmisches Leben geführt hat und daß ihm die Engelsschwingen erst gewachsen sind, als das Bocksfell Haare gelassen hatte. Sie besangen das Wasser, tranken aber Wein, ebenso wie man die Schriftsteller der Gegenwart beschuldigt, den Wein zu besingen und Wasser zu trinken. Das Leben des Poeten befindet sich mit seinen Lehren stets in Disharmonie. Warum? Will er sich mit Hilfe der Dichtung selbst entkommen und einen anderen erfinden; ist es das Verlangen, sich zu entkleiden, ist es Schüchternheit, die Furcht sich hinzugeben, seine Scham zu entblößen? Mit der Erforschung dieser Fragen wird die künftige Seelenwissenschaft einige Arbeit haben!

Björck sang 1865 beim Reformfest in Uppsala. Doch was er besingt, ist die königliche Revolution:

> Den König segnet nun das Volk,
> denn er ist zu ihm voller Huld.

In allem sieht er Harmonie, und wenn er 1864 die wiederhergestellte Eintracht zwischen Schweden und Norwegen besingt, ist er eitel Wohlklang:

> Du, der du Svea und Nore versöhnt,
> unsterblich Großer, wir seh'n dich gekrönt.

Und sogar Abraham Lincoln besingt er und ruft ihn an:

> Vater, sonnengleich dein Name leuchten soll,
> Mut entzünden, wo wir kalter Ängste voll,
> Feuerzeichen gleich der Erde Sklaven rufen
> zum Kampfe aller gegen der Gewalt Gesetz.

Das ist das Freiheitsideal der Heiligen Allianz: Negeremanzipation und weiße Sklaverei! Revolution, aber eine gesetzliche Revolution mit Gottes Gnaden!

Nun, er wußte es nicht besser, und wenige wußten es besser zu jener Zeit. Darum ist dies kein Urteil über den Mann, sondern eine Beurteilung seines Werks, dessen Motive der Nachwelt gleichgültig sind.

Die Jugend las die Signaturen, viele mit großer Erbauung. Sie verkündeten keine neue Zeit, sondern prophezeiten im nachhinein, nun sei das Tausendjährige Reich gekommen, seien die Ideale verwirklicht, sei die Demarkationslinie gezogen, ein für allemal gezogen. Mit Zufriedenheit betrachteten sie das von ihnen geschaffene Werk, rieben sich die Hände und befanden alles für gut. Ein stiller Friede hatte sich über die ganze Uppsalienser Gegend gesenkt, und nun, so meinten Alt und Jung, konnte man schlafen bis zum Jüngsten Tag. Da aber ertönten Mißklänge, und in den Tagen des allgemeinen Friedens nimmt man auf den Bergspitzen der Nachbarn Feuerzeichen wahr. Aus Norwegen wird offenes Wasser signalisiert, und man entzündet die Leuchtfeuer.

Rom besetzte Griechenland, doch Griechenland eroberte Rom. Schweden hatte Norwegen besetzt, doch jetzt eroberte Norwegen Schweden.

1861 wird Lorentz Dietrichson zum Dozenten an der Universität Uppsala ernannt, und er war der Vorbote. Er macht Schweden mit der dänischen und norwegischen Poesie vertraut, die damals fast unbekannt war, und er stiftet die literarische Gesellschaft, aus der die Signaturen austraten.

Nachdem sich Norwegen von der dänischen Monarchie losgerissen und aufgehört hatte, Filiale des Hauptkontors in Kopenhagen zu sein, ließ es sich nicht Schweden aufpfropfen, sondern konzentrierte sich auf sich selbst und eröffnete gleichzeitig eine direkte Verbindung zum Festland. Gleichzeitig mit dem selbständigen Erwachen traf also ein starker Golfstrom von außen auf die norwegischen Küsten.

Björnson hatte Norwegen Selbstgefühl gegeben, und als dieses in beschränkten Patriotismus ausartete, kam Ibsen mit der Schere. Als dieser Streit hitzigen Charakter annahm und Kristiania nicht die Walstatt abgeben wollte, verlegt man den Streit ins gastfreundliche Schweden. Der norwegische Wein, stark »verschnitten«, eignete sich gut zur Ausfuhr, und auf der Überlandreise gewannen die Pamphlete und wurden in Schweden Literatur. Die Ideen kamen hoch, aber die Persönlichkeiten setzten sich am Boden des Gefäßes ab.

Ibsen und Björnson fielen in Schweden ein; Tiedemand und Gude waren die Sieger bei der Kunstausstellung von 66; Kierulf und Nordraak beherrschten das Lied und das Klavier.

Björnson begann als Charmeur; Ibsen als Erwecker. Zwischen

den Schlachten begeisterte die Stockholmer, und das mit vollem Recht. Den Bund der Jugend verstand man nicht wegen der lokalen Anspielungen, ja, man begriff noch nicht einmal, daß er die neuen Bestrebungen verhöhnte, denn die schwedischen Verhältnisse meinte er nicht. Man munkelte, Steensgaard sei Björnson und der Schauspieler Fredriksson habe sich nach einem Porträt maskiert, doch das interessierte ja nicht. Auf den Siebzehnten Mai pfiff man, bewunderte aber Dahlqvist als Aslaksen.

Dann kam Brand. Er war schon 66 erschienen, fiel Johan und seinen Zeitgenossen aber erst 69 in die Hände. Brand ergriff sein altchristliches Gemüt sehr, doch er war düster und streng. Die Schlußreplik über Deus Caritatis erschien ungenügend, und der Dichter schien allzu sehr zu seinem Helden gehalten zu haben, um ihn nur nicht ironisch dem Untergang preiszugeben. Brand bereitete Johan viel Kopfzerbrechen. Er hatte das Christentum aufgegeben, die schreckliche Askesenmoral aber beibehalten. Er forderte Gehorsam für seine alten Lehren, für die es keine Verwendung mehr gab; er verhöhnte das Streben der Zeit nach Humanität und Kompromissen, endet jedoch mit einer Empfehlung an den Gott des Kompromisses, den Geist des Einklangs. Brand war ein Pietist, ein Fanatiker, der sich anmaßte zu meinen, er könne gegen die ganze Welt recht behalten, und Johan fühlte sich mit diesem entsetzlichen Egoisten, der obendrein noch unrecht hatte, verwandt. Keine Halbheiten, nur drauflos, breche und trample alles nieder, was dir im Weg steht, denn du allein hast recht. Johans empfindliches Gewissen, das unter jedem Schritt litt, den er ging, weil er dem Vater oder den Freunden weh tun konnte, wurde von Brand betäubt. Alle Bande der Liebe und der Rücksichtnahme sollten um der »Sache« willen zerrissen werden. Daß Johan jetzt nicht die ungerechte Sache der Haugianer vertrat, war noch ein Glück, sonst wäre auch er unter die Lawine geraten, doch Brand vermittelte ihm den Glauben an ein reineres Gewissen als jenes, das die Erziehung ihm mitgegeben hatte, und an ein Recht, das höher stand als das Gericht. Und er brauchte diese Eisenstange in seinem schwachen Rücken, denn er hatte lange Perioden, in denen er sich schubweise aus Humanität selbst unrecht gab und dem ersten besten recht, weshalb man ihn auch sehr leicht täuschen konnte. Brand war der letzte Christ, der einem alten Ideal zum Opfer fiel, darum konnte er auch für jemanden, der allen alten Idealen gegenüber eine dunkle Revoltierlust empfand, kein Vorbild sein. Das Stück bleibt eine schöne Pflanze, die in der Gegenwart keine Wurzel hat und darum ins Herbarium gehört.

Dann kam Peer Gynt. Er ist eher dunkel als tief und als Gegengift gegen die nationale Eigenliebe von Wert. Daß Ibsen nicht des Landes verwiesen oder verfolgt wurde, nachdem er dem stolzen norwegischen Volk so bittere Dinge gesagt hatte, beweist, daß man in Norwegen den Streit loyaler austrug als später auf der anderen Seite des Seveberges.

Die Komödie der Liebe wirkte »unanständig«. Ibsen leugnete die Liebe und stellte die Ehe als eine Lebensversicherung für die Frau dar, bei der sie die Prämien mit ihrer Gunst bezahlte. So roh wirkte die Wahrheit zu dieser Zeit.

Ibsen galt damals als Menschenhasser und als Neider und Feind Björnsons. Man war in zwei Lager geteilt, und die Streitigkeiten, wer der größere sei, waren endlos, denn es ging um das Problem der Kunst: Inhalt oder Form.

Der Einfluß der norwegischen Poesie auf die schwedische Entwicklung ist groß und zum Teil sehr wohltuend gewesen, doch sie hatte etwas eigentümlich Norwegisches an sich, das in Schweden, einem Land mit einer ganz anderen Entwicklung, keine Entsprechung hatte. In den abgeschiedenen Tälern Norwegens lebte ein Volk, dem, durch Not und schlechtes Auskommen geprägt, in den Entsagungslehren des Christentums eine fertige Enthaltsamkeitsphilosophie begegnete, die den Himmel als Entgelt für die Entbehrungen verhieß. Eine schwere, düstere und karge Natur, feuchtes Klima, lange Winter, große Entfernungen zwischen den Dörfern, Einsamkeit, alles wirkte zusammen, das Christentum in seinen strengen mittelalterlichen Formen zu erhalten. Dazu gibt es im norwegischen Charakter etwas, das man als geisteskrank bezeichnen könnte, von gleicher Art wie der englische Spleen, und wer weiß, ob nicht der intime Kontakt Norwegens mit diesem schwermütigen Eiland der Kultur seine Spuren aufgedrückt hat. In Jonas

Lies Der Hellseher ist die Kränklichkeit des Gemüts Thema, und es herrscht darin die gleiche unheimliche Stimmung, der man in den isländischen Sagas begegnet. Der Kampf des Geistes gegen die physische Dunkelheit, gegen die Kälte. Die Schilderung des traurigen Schicksals des Nordbewohners, aus sonnigen Ländern in die Wüsten des Dunkels und der Kälte verwiesen zu sein, das jetzt sein Korrektiv in der Auswanderung sucht, deren ethnographische Bedeutung man zugunsten der ökonomischen verdrängt hat. Das norwegische Gemüt ist die Frucht von vielen hundert Jahren Tyrannei, von ungerechter Behandlung, von schweren Kämpfen um das tägliche Brot, von Abwesenheit von Freude. Diese nationalen Eigentümlichkeiten hätte der Schwede nicht übernehmen sollen, doch sie haben ihn vernorwegert. In der schwedischen Literatur spukt also noch der Dovregubbe herum, und Brand tritt mit seinen idealen Forderungen auf, die der romanisierte und heitere Schwede nicht aufrichtig teilen kann. Darum steht ihm auch diese fremde Volkstracht so schlecht; darum klingt die moderne schwedische Musik so unharmonisch nach Nachklängen der von Grieg neu gestimmten Hardangerfiedel; darum wirkt der neue Dialektkult so deplaziert; und darum tut das Gerede von größerer sittlicher Reinheit den Ohren des lebenslustigen Schweden so weh. Er hat nicht in langer nationaler Unterdrückung gelebt und braucht sich nicht im Alten zu suchen; er ist in seiner offenen flachen Seen- und Flußlandschaft nicht so düster geworden, und darum steht ihm die saure Miene schlecht.

Als er dagegen via Kristiania oder direkt von außen durch Ibsen und Björnson große neue Gedanken erhielt, hätte er das Nettogewicht behalten und die norwegische Tara fallen lassen sollen. Sogar das Puppenheim ist norwegisch. Nora ist eine Verwandte der isländischen Frauen, die das Matriarchat mit nach Island genommen haben, und verwandt mit den beängstigenden, herrschsüchtigen Frauen in Die Helden auf Helgeland, die wiederum reine Norwegerinnen sind, mit durch jahrhundertelange Inzucht erfrorenen oder verwachsenen Gefühlen, wie es in Ländern aufzutreten pflegt, in denen die Verbindungen spärlich sind und der Familienverband sich an Orten ansiedelt, die voneinander weit entfernt liegen. Die gesamte schwedische Frauenzimmerliteratur ist norwegisch-norwegisch, mit ihren unverschämt idealen Forderungen an den Mann und der Verhätschelung der verwöhnten Frau; mehrere junge Schriftsteller haben in die schwedische Sprache einen norwegischen Stil eingeführt, und eine Schriftstellerin schließlich hat sogar die Handlung nach Norwegen verlegt und den Helden norwegisch sprechen lassen. Weiter sollte man nicht gehen!

Ausländisches gern, denn das ist universell; aber nichts Norwegisches, denn das ist provinziell, und davon haben wir selbst reichlich!

*

So war er wieder in Uppsala, diesem Uppsala, aus dem er vor einem dreiviertel Jahr geflohen war, und wohin er am wenigsten gern zurückwollte. Die Tatsache, zu etwas genötigt zu werden, das er nicht wollte, machte auf ihn stets den Eindruck einer Begegnung mit einem persönlichen Feind, der ihm seine Wünsche und seine Antipathien entlockte und ihn zur Unterwerfung zwang. Als er noch geglaubt hatte, unter der besonderen Obhut Gottes zu stehen, hatte er dies als etwas angenommen, das zu seinem wahren Besten sei, später jedoch war diese Haltung in das Gefühl übergegangen, es gebe eine böse Macht, woraus sein späterer Glaube an zwei lenkende Mächte erwuchs, eine böse und eine gute, die sich die Herrschaft teilten oder einander abwechselten.

*

Wieder stellte er sich die Frage: was hast du hier zu suchen? Den Doktor machen, und vor allem den Rückzug von der Theaterlaufbahn decken. Er würde wohl heimlich ein Stück schreiben und sich unter dem Schutz des Erfolges vor dem Examen drücken.

In der ersten Zeit fühlte er sich in seiner einsamen Dachkammer unwohl. Er war jetzt an Luxus, große Zimmer, gutes Essen, Aufwartung und Gesellschaft gewöhnt. Gewöhnt, als Mann behandelt zu werden und mit älteren und gebildeten Leuten zu verkehren, fand er sich als kleiner Student wieder. Diesmal aber stürzte er sich ins Gewimmel hinaus und hatte bald drei verschiedene Bekanntenkreise. Zunächst die Mittagsgesellschaft, die aus Medizinern, Atheisten und Naturwissenschaftlern bestand. Hier hörte er zum ersten Mal den Namen Darwin und von dessen Lehren, doch das flog wie eine Hypothese, zu der er sich noch nicht hingelebt hatte, an seinem Ohr vorbei. Sodann die Abendgesellschaft, ein Geistlicher und ein Jurist, mit denen er bis spät in die Nächte hinein Karten spielte. Er war, so meinte er jetzt, nur zum Wachsen und zum Älterwerden in Uppsala, weswegen es absolut gleichgültig war, was er tat, wenn nur die Zeit totgeschlagen wurde. Er warf jetzt eine Tragödie über Erik XIV aufs Papier, fand sie aber schlecht und verbrannte sie, denn nun war die Selbstkritik erwacht und der Anspruch gewachsen.

Später im Semester bekam er Kontakt zu einer Gruppe, die dann während der gesamten Uppsalazeit und darüber hinaus sein Kreis wurde. Zufällig begegnete er eines Abends einem jüngeren Schulfreund aus der Privatschule. Sie unterhielten sich über Literatur, und bei einem Grog wurde der Plan geboren, einige junge Poeten zu einer Gesellschaft zu sammeln. Das versprach eine Art Wirkungskreis, und der Plan wurde in die Tat umgesetzt. Neben Johan und dem zweiten Stifter wurden vier junge Studenten berufen. Das waren vortreffliche junge Männer, idealistisch veranlagt, wie man so sagt, mit schönen Vorsätzen und für unbekannte dunkle Ideale schwärmend. Mit den Widrigkeiten des Lebens waren sie noch nicht in Berührung gekommen, alle hatten wohlhabende Eltern, keine Sorgen und wußten nicht das geringste vom Kampf um das tägliche Brot. Johan, der gerade die übelsten Verhältnisse verlassen und Menschen gesehen hatte, die fortwährend die Zähne bleckten, eingebildete, hohle Schauspielerseelen, fand sich in eine völlig neue Welt versetzt. In ihr setzten sich selige Jünglinge an ihre gedeckten Tische, rauchten feine Zigarren, promenierten und poetisierten schön über das schöne Leben, das sie noch nicht kannten.

Man setzte einen Statutenentwurf auf, und der Bund nahm den Namen Runa an, das heißt: Lied. Daß er Runa genannt wurde, lag wohl an der gerade herrschenden neunordischen Renaissance, die mit dem Skandinavismus aufgekommen war, von Karl XV in der Poesie, von Winge und Malmström in der Malerei, von Molin in der Bildhauerei geadelt wurde und jetzt kürzlich in Björnsons und Ibsens Dramen über das Leben der alten Wikinger so schön wieder aufgelebt ist. Auch das kurz zuvor an der Universität eingeführte Studium des Isländischen trug dazu bei.

Die Mitgliederzahl sollte höchstens neun betragen, und jeder von ihnen wählte als Bundesbruder eine Rune zum Namen. Johan hieß Frö und der zweite Gründer Ur. Alle Richtungen waren vertreten. Ur war ein großer Patriot und betete Schweden und seine Vergangenheit an. Dieses Land habe die stolzeste Geschichte in Europa und sei immer frei gewesen. So sang er:

»Die mächtigen Könige Schwedens,
sie steh'n in der Kirche Chor,
und manche besingen Christus,
doch andere opfern Thor.«

Davon abgesehen war er ein realistisch veranlagter Mann mit einem ausgeprägten Sinn für Statistik, Staatswissenschaft und Biographie, ein strenger und begabter Kritiker der Form, und der Administrator des Bundes. Ein zuverlässiger Freund, guter Gesellschafter, hilfsbereit und herzlich. Daneben gab es einen Vollblutromantiker, der Heine las und Absinth trank; einen gefühlvollen Jüngling, der noch immer für die alten Ideale, am meisten aber für Heine schwärmte; es gab einen Seraphen, der das unendlich Kleine und insbesondere die Glückseligkeit der Kindheit besang; es gab einen stillen Naturverehrer; einen Eklektiker und Improvisator. Letzterer war ein Kind Israels mit einer unglaublichen Fähigkeit, auf Aufforderung in welcher Tonart auch immer zu improvisieren. Zwei Minuten nach erteiltem Auftrag erhob er sich und machte aus dem Stegreif mündlich einen Anakreontiker, einen Bellman mit Gesang, einen Horaz, eine Edda, was auch immer, und sogar in fremden Sprachen.

Die erste Zusammenkunft wurde bei Thurs, dem Improvisator, anberaumt, der mit zwei Zimmern die geräumigste Wohnung und die besten Pfeifen hatte. In seiner Eigenschaft als Gründer verlas

Johan als allererster seine Eintrittsrede, die den Statuten zufolge in Versen gehalten sein mußte. Sie begann so:

> Ist der Gesang verstummt im Land im Norden
> Hat Brages Harfe keine Töne mehr
> Sind wir vom Sehergeist verlassen worden
> Der früher zu uns kam vom Himmel her?
>
> Hat lump'ges Zeitbestreben ausgelöscht die Flammen
> Die heil'gen, die dem Leben Wärme einst gebracht
> Schlossen Narr und Barde sich zusammen
> Verkauften sich als Sklaven an die Macht?

Brage und der Barde, das war das Neunordische, das man jetzt ausgraben zu müssen glaubte. »Das lump'ge Zeitbestreben« enthielt das gesamte Idealistenprogramm. Die ganze große Arbeit der Zeitgenossen an der Wirklichkeit, an der Verbesserung der Lebensbedingungen, sie war lumpig. Der Geist war in der Materie gefangen, und darum mußte die Materie der Feind sein; das waren die Lehren der Romantik.

Dann zieht der Skalde in die Natur (in den Eklundshovwald) hinaus und hört die Glocken der Domkirche, Leberblümchen, Kiefern, den Wind, die Vögel etcetera singen und stellt sich darauf die nicht unberechtigte Frage:

> Es jubelt die Natur, wie sollt' *ich* schweigen?

Er beschließt, nicht länger zu schweigen, sondern singt frei heraus, vom Frühling des Lebens, dem frohen, jungen, vom Herbst des Lebens, von der Liebe zur Heimaterde. Da kommt der weise Mann mit den eingefrorenen Sinnen und greift sich sein Lied, zerlegt es und befindet, es sei Schund. Und da verstummte der Gesang.

> Die Überklugheit unserer Tage ist die Pest
> Sie tötet jugendwarmen Liedes Art...

Jetzt noch mit Sicherheit zu sagen, was er 1870 unter Überklugheit verstand, ist nicht leicht, aber womöglich waren es ganz einfach gewisse Vorahnungen künftiger Rezensionen, wie ja auch der weise Mann niemand anderes war als der Rezensent.

Danach bricht er aus:

> – – – des Tages üble Krämerseelen fallen
> Vor goldnen Kälbern in den Staub hernieder
> Nicht Lieder lieben sie, wenn sie erschallen
> Bloß Goldes Klang schenkt ihnen Andacht wieder.

Irgendein Zusammenhang mit den Bestrebungen der Zeit konnte hier nicht vorliegen, denn die sechziger Jahre zeichneten sich durch Mißernten und daher großen Geldmangel aus. Betrügereien und das Unwesen der Aktiengesellschaften nahmen erst in den siebziger Jahren ihren Anfang. Es gehörte in dieser Zeit zum Programm des Dichters, auf Geld und dem Goldenen Kalb herumzuhacken, und darum kam diese Stichelei hinein.

Wie üblich endete die Rede im Stil von Tegnérs Epilog zur Magisterpromotion in Lund, mögen auch die Todesgedanken des Einundzwanzigjährigen etwas unbegründet sein:

> Und wenn dereinst des Auges Brand verloren
> Sein Glanz – und schwach nur noch des Pulses Schlag
> Und Sängergeist vor Sorg' und Plag' erfroren –
> Wenn dann an einem frühlingslichten Tag
> Ein anderes Geschlecht singt seine Lieder
> Hier oben in dem alten Odinlund
> Dann denken wir an unsre Jugend wieder
> An unsren frischen frohen Sängerbund.

Die beiden letzten Zeilen enthielten weder weitere Versprechungen noch hatten sie überhaupt einen Sinn. Ein Programm existierte auch nicht. Daß der Gesang im Land im Norden verstummt war, schwebte dem jungen Mann vor, wie aber der neue Ton klingen sollte, das verriet er nicht. Daß er oder der Bund irgendwelche neuen Gesänge anstimmen würde, läßt er nicht durchblicken. Aus seinem Text spricht eine dunkle Ahnung, sie könnten Epigonen sein. Er äußert nämlich die Befürchtung, die Nachwelt werde ihnen keinen Marmor errichten, und sie würden im Grab der Vergessenheit verschwinden:

Nicht unsere Schuld ist, daß uns weniger gegeben
Daß unser Ruhm bald in Vergessenheit gerät.

Das Ganze ist eine Mischung aus Schüchternheit und Unverschämtheit, bezeichnend für den Mann.

Nun folgte ein poetisches Faulenzerleben mit allabendlichen Sondersitzungen in Restaurants und zu Hause auf den Zimmern. Doch für einen künftigen Schriftsteller war dies keine vertane Zeit. Er durfte aus den reichhaltigen Bibliotheken der Freunde schöpfen, und durch die unterschiedlichen Anschauungen konnte er sich an viele Sichtweisen auf die Literatur gewöhnen. Das Leben aber, die öffentlichen Interessen, die Tagespolitik, die Mitwelt existierten nicht; man lebte in Träumen.

Zuweilen erwachte sein Unterklassen-Gewissen, und er fragte sich, was er unter diesen reichen jungen Männern zu suchen hatte, doch es wurde durch den Rausch und ihr Zusammensein bald zum Schweigen gebracht, und ihm wurde Mut eingeredet, vorwärts zu streben, ans Leben Ansprüche zu stellen, denn nach Ansicht der Freunde hatte er etwas zu bieten.

Sein Zimmer war schlecht; es regnete hinein, und ein Bett gab es nicht, sondern nur eine Pritsche, die tagsüber ein Sofa war. Wenn ihm zu Hause die Zeit lang wurde und die poetischen Gespräche ihn anekelten, besuchte er seinen alten Schulfreund, den Naturforscher. Dort durfte er ins Mikroskop gucken, von Darwin und der neuen Weltanschauung hören. Dort erhielt er Ratschläge, praktisch und wohlwollend, und der Freund war es, der ihn darin bestärkte, seine Stellung zu sichern, indem er einen Einakter für das Königliche Theater schrieb, in Versen. Nein, in einem Akt hatte Johan nicht genug Platz, lieber eine Tragödie in fünf Akten. – Ja, aber die wird schwerer gespielt.

Schließlich ließ er sich überzeugen und beschloß, einen kleinen Einfall auszuführen, der herumlag und von Thorvaldsens erstem Besuch in Rom handelte. Der Freund lieh ihm Bücher über Italien, und dann war Johan an der Arbeit.

In vierzehn Tagen war das Stück fertig. – Das wird gespielt, sagte der Freund. Das sind Rollen, weißt du!

Weil es ihm zu lange dauerte, auf die nächste Zusammenkunft des Bundes zu warten, lief Johan am Abend zu Thurs und Rejd und las ihnen das Stück vor. Beide waren der gleichen Meinung wie der Naturforscher, oder, daß das Stück gespielt werden würde. Und dann luden sie ihn zu Champagner und zum Abendessen ein; hielten Reden und tranken bis zum Morgen, wo sie, die Punschgläser neben sich, auf Rejds Fußboden einschliefen. Nach ein paar Stunden wachten sie auf und leerten im Sonnenaufgang die halbvollen Gläser, und dann gingen sie aus, um zu feiern.

Ihre Anteilnahme war herzlich, interesenlos, warm, ohne eine Spur von Neid, und Johan erinnerte sich an diesen ersten Erfolg immer als an eine seiner schönsten Jugenderinnerungen. Der schwärmerische, ihm ergebene Rejd vergrößerte die Dankesschuld, indem er das Stück mit seiner schmucken Handschrift ins Reine schrieb. Und dann wurde das Werk an die Königliche Theaterdirektion geschickt.

*

Das Frühjahr kam, und den Monat Mai verbrachte man in einem einzigen zusammenhängenden Rausch. Der Bund hatte einen Schuppen auf Lilla Fördärvet für seine Abendessen ausersehen. Dort führte man Gespräche, hielt Reden und trank unmäßig. Schließlich trennte man sich für dieses Semester, doch mit dem Versprechen, sich noch einmal in Stockholm zu treffen und den Festtag des Bundes mit einem Ausflug ins Grüne zu feiern.

An einem Junimorgen um sechs versammelten sich die vier Stammbrüder des Bundes auf Skeppsholmen, wo man ein Ruderboot gemietet hatte. Die Bundesarche oder -lade, ein großer Pappkarton, in dem man die Unterlagen verwahrte, wurden ebenso verstaut wie Proviant- und Flaschenkörbe, und als Os und Rejd die Ruder ergriffen hatten, ging die Fahrt in Richtung Djurgårdsbrücke und in den Kanal hinein, auf den Bestimmungsort, eine Landzunge auf dem Lidingöland, zu. Thurs blies auf der Flöte Bellmanlieder, und Frö (Johan) begleitete ihn mit der Gitarre, was er in Uppsala ein wenig gelernt hatte. Am Landungsplatz angekommen, deckt man auf einer Wiese am Strand den Frühstückstisch. Mitten auf das Tischtuch wird die Arche gestellt, geschmückt mit Grün und Blumen, und darauf stellt man Branntweinflasche und Gläser bereit. Johan, der für seine griechische Tragödie das Altertum studiert hat, arrangiert die Mahlzeit auf griechische Art, so daß die Gäste liegend und bekränzt essen. Dann wird zwischen ein paar Steinen Feuer gemacht und Kaffee gekocht, worauf man morgens um neun Kognak und Punsch zu sich nimmt. Und jetzt liest Johan den Freidenker vor, der kritisiert wird. Dann läßt man der Rhetorik freien Lauf. Thurs ist der größte Redner, und in gebundener Form macht er Gefühlen und Gedanken Luft. Gedichte werden vorgetragen und nunmehr alle mit Beifall bedacht. Dann wird musiziert; Johan singt zur Gitarre abwechselnd romantische Volkslieder in weinerlichem Ton, abwechselnd unanständige. Als der Mittag kommt, sind die Geister noch erhitzt, jedoch leicht betäubt. Der Nachmittag bricht an, und die Sonne steht über Lilla Värtan. Nach einem kurzen Schlummer frischt man den Rausch wieder auf, tritt jedoch in ein neues Stadium ein. Thurs, das Kind Israels, hat eine Hymne auf die Größe des Nordens vorgetragen und die alten Götter Skandinaviens angerufen. Ur, der Patriot, bestreitet ihm das Recht, die Götter anderer zu annektieren. Die Judenfrage fängt Feuer und droht, zum Streit zu werden, der sich in Umarmungen auflöst. Jetzt beginnt das sentimentale Stadium. Man muß weinen, denn so wirkt der Alkohol auf die Magenschleimhaut und die Nerven der Tränendrüsen. Zuerst hat Ur das Bedürfnis, und unbewußt kramt er etwas Trauriges hervor. Er bricht in Tränen aus. Man fragt, warum? Das weiß er zunächst nicht, doch schließlich fällt ihm ein, daß man ihn wie einen Possenreißer behandelt hat, was er immer war. Er beteuert, er sei eine sehr ernste Natur und habe große Sorgen, von denen niemand wisse; jetzt aber erleichtert er sein Herz und erzählt eine Familiengeschichte. Nachdem er sich erleichtert hat, wird es wieder lustig. Doch der Abend ist lang, und man sehnt sich nach Hause. In den Köpfen herrscht Leere, und man ist einander, des Spiels und des Rausches überdrüssig. Man wird tiefsinnig und ergründet die Philosophie des Rausches. Woher haben die Menschen dieses Verlangen, sich wahnsinnig zu machen?

Und was steckt dahinter? Ist es die Sehnsucht des südländischen Auswanderers in nördlichen Ländern nach einer verlorenen sonnigen Existenz? Ein Bedürfnis muß dem zugrunde liegen, denn eine schlechte Gewohnheit könnte nicht ohne allen Sinn das gesamte menschliche Geschlecht ergriffen haben. Ist es der Gesellschaftsmensch, der im Rausch alle Gesellschaftslügen abwirft, denn menschlicher Verkehr und Gesellschaft fordern unvermeidlich, daß man nicht all seine Gedanken ausspricht. Warum sonst liegt die Wahrheit im Wein? Warum verehrten die Griechen Bacchus als Menschen und Sitten veredelnd? Warum liebte Dionysos den Frieden und vermehrte, wie man meinte, den Reichtum? Könnte der Wein, der hauptsächlich vom männlichen Geschlecht genossen wurde, einen Einfluß auf die Entwicklung der Intelligenz und Handlungskraft des Mannes gehabt haben, so daß er der Frau überlegen wurde? Und warum blieb das Volk Mohammeds, das keinen Wein trank, auf einem als niedriger angesehenen Kulturstadium stehen? Nachdem das Salz von Ackerbauern und Hirten als tägliches Nahrungsmittel eingeführt worden war, um die Salze zu ersetzen, die die einstigen Jäger aus dem Blut des Wildbrets erhalten hatten, könnte dann nicht der Wein irgendein Ersatzstoff für verlorene Nährstoffe früherer Stadien sein? Und für welche? Irgendein Gedanke oder irgendein Bedürfnis muß einem so seltsamen Brauch zugrunde liegen. Oder sollte das Bedürfnis, das Bewußtsein zu verlieren, den Satz der pessimistischen Schule unterstützen, das Bewußte sei der Beginn des Leidens? Man wurde ja naiv, unbewußt wie ein Kind, man wurde zum Tier durch den Wein! Wollte man die verlorene Glückseligkeit zurückgewinnen? Aber die Reue, die danach kam? Reue und Magensäure haben dieselben Symptome. Könnte nicht eine Verwechslung vorliegen, so daß man als Reue empfand, was doch nur Kardialgie war. Oder bereute der zu Bewußtsein gekommene Trinker, daß er sich tags zuvor entblößt, seine Geheimnisse offenbart hatte? Das war doch etwas, das man bereuen mußte! Er schämte sich darüber, daß er sich hatte überrumpeln lassen, und er hatte die Furcht, indem er sich entblößt hatte, seine Waffen übergeben zu haben. Reue und Furcht liegen ja nahe beieinander.

Ein weiteres Mal ertränkte man das Bewußtsein, und man setzte sich ins Boot, um nach Hause zu fahren. Jetzt aber gerieten Johan und Thurs in einen Streit über Bellman, der bis zum Skeppsholmen anhielt und mit scharfen Wahrheiten endete. Auf Bellman hatte Johan einen alten Groll. Als Kind war er einen ganzen Sommer lang krank gewesen und hatte zufällig aus dem Bücherschrank des Vaters Fredmans Episteln bekommen. Der reine Unsinn, fand er, doch er war zu jung, um ein fundiertes Urteil haben zu können. Ab und zu kam es auch vor, daß der Vater sich ans Klavier setzte und den Magistrat in Tälje summte, oder In Gripsholm geht es lustig zu. Unbegreiflich, meinte der Junge, daß Onkel und Vater so etwas so komisch finden konnten. Dann hörte er am Weihnachtstisch einen sehr hitzigen Streit zwischen seiner Mutter und seinem Onkel über Bellman mit an, den der Onkel von allem am höchsten schätzte, höher als die Bibel und die Predigten. In Bellman sei Tiefe! Tiefe! Vermutlich war die romantische Parteikritik Atterboms durch Zeitungen ganz allmählich hinunter in die Mittelklasse gesickert. Als Gymnasiast und Student hatte Johan Auf, Amaryllis und die anderen Idyllen gesungen, ohne natürlich die Worte zu verstehen oder auch nur an sie zu denken. Er sang im Quartett oder im Chor mit, denn das klang gut. Schließlich hatte er Ljunggrens 1867 erschienene Vorlesungen in die Hand bekommen, und dann ging ihm ein Licht auf, wenn auch nicht das von Ljunggren entzündete. Das ist Wahnsinn, meinte er. Bellman war ein Liedersänger, mag sein, aber ein großer Dichter, der größte Dichter, den der Norden hervorgebracht habe! Unmöglich! Bellman hatte seine nach französischem Muster zugeschnittenen Weisen für Hof und Freunde gesungen, aber niemals für das Volk, das Amaryllis, Eol, Tritone, Fröja und den ganzen Anhang des Rokokos nicht verstanden hätte. Dann starb er und ward vergessen. Warum hat Atterbom ihn wieder ausgegraben? Weil die streitende Meinungspartei, die Romantische Schule, eine Inkarnation des Regellosen brauchte, um sie rühmend den Akademisten entgegenzuhalten, nachdem sie sich selbst nicht rühmen konnte. Dann kam die Schule an die Macht, und in Kenntnis der menschlichen Feigheit gegenüber der Meinungsgewalt, und in Kenntnis der Affektiertheit und Autoritätsverehrung der Mittelklasse wird man sich weniger wundern, daß Bellman so hochgelobt wurde. Dann treten als Forscher Ljunggren und Eichhorn auf, die Atterbom später im Aufspüren von Schönheit und Genie noch übertreffen sollten, und so nahm sich die gesamte Priesterschaft des Ordens Par Bricole des Kultes an, und damit war der Gott fertig. Ja, Byström hatte den kleinen Lotteriesekretär und Hofpoeten bereits zum Dionysos ernannt und ihm die Züge des antiken Bacchuskopfes gegeben.

Johans Opposition richtete sich jetzt in erster Linie gegen den Gott. Dazu fand er als Idealist den Humor Bellmans widerwärtig und unwahr. Kein noch so großer Trunkenbold liegt im Rinnstein und sinnt über den Beischlaf seiner Mutter nach, der ihn in die Welt gebracht hat. Keine Landpartie fährt an einem Sonntagvormittag zum Fiskartorpet hinaus, um, wenn in Danderyd die Glocken läuten, mitten im Sonnenschein den Beischlaf zu vollziehen. Das ist keine Lebensfreude, denn die gehört der Jugend, und hier geht es nur um unfähige alte Männer! Darum ist Bellman der Grogbrüderpoet und ein Stammvater des abstoßenden alten Hagestolzes Konjander.

Die Idyllen sind schlampig, aus dem Ärmel geschüttelt, voller Reimnot, unzusammenhängend wie die Gedanken im Hirn eines Betrunkenen. Man weiß nicht, ob es Tag oder Nacht ist; mitten im Sonnenschein donnert es, und die Wogen rauschen, während das Boot in der Flaute liegt. Es ist ein Musiktext, und als solchen kann man sogar das Adreßbuch verwenden. Was es ist, ist gleichgültig, Hauptsache, es klingt.

Wie üblich fühlte sich Thurs persönlich angegriffen. Das sei ein Angriff auf seinen guten Geschmack und seine Ehre, denn Johan hatte gesagt, er spiele diese Bewunderung nur, aus Snobismus; er habe sie sich angelesen; sie sei nicht wahr. Thurs beschuldigte Johan der Anmaßung, da er den größten Dichter schulmeistern wolle.

– Beweise, daß er der größte war!
– Tegnér, Atterbom haben gesagt...
– Das sind keine Beweise!
– Der Widerspruchsgeist, natürlich!

– Der Zweifel ist der Anfang der Gewißheit, und in einem gesunden Gehirn muß Unsinn Widerspruch hervorrufen.
Und so weiter!
Während es keine generellen oder allgemeingültigen Urteile gibt, da ja jedes Urteil individuell ist, gibt es dagegen Majoritätsurteile und Parteiurteile. Mit ihnen wurde Johan zerschmettert und schwieg dann über Bellman viele Jahre lang. Als später der alte Fryxell bewies, daß Bellman nicht der Abstinenzapostel war, zu dem ihn Eichhorn und Ljunggren gemacht hatten, kein Gott, sondern ein kleiner Liedersänger mit mäßigen Ansprüchen, sah Johan den Schimmer einer Hoffnung, daß sein individuelles Urteil eines Tages auch ein Majoritätsurteil werden könne. Doch da sah er die Sache bereits unter anderen Gesichtspunkten und wollte sagen: daß Schweden weder unglücklicher noch schlechter gewesen wäre, hätte es Bellman nicht gegeben; und den Patrioten und Demokraten wollte er nun sagen, daß Bellman ein Stockholmer Lokalpoet, ein royalistischer Hofpoet gewesen sei, der mit kleinen Leuten recht grausame Späße trieb, und den Guttemplern, die Bellman sangen, wollte er sagen, daß sie Sauflieder sangen, die im Suff geschrieben worden seien und den Suff schilderten.
Für seine eigene Person blieb er dabei, daß Bellman der leichten französischen Melodien wegen angenehm zu singen war, und die vorurteilsfreie französische Voltairemoral berührte ihn keineswegs unangenehm, im Gegenteil. Damals aber tat sie es, denn er war Idealist und forderte Reinheit in der Poesie, ganz wie die noch heute lebenden Idealisten und Bellmanverehrer. Diese letzteren haben sich und ihre Moral gerettet, unter der Bezeichnung Humor. Was meinen sie mit Humor? Scherz oder Ernst? Was ist dann Scherz? Das Ausweichen des Feigen, wenn er seine Meinung sagen soll? Im Humor findet man die Doppelnatur des Menschen wieder: die Gleichgültigkeit des Naturgeschöpfes althergebrachter Moral gegenüber, und das Jammern des Christen über das Unmoralische, das dennoch so verlockend, so verführerisch ist. Der Humor spricht mit zwei Zungen: der des Satyrs und der des Mönchs. Der Humorist läßt die Mänade los, meint sie aber aus alten schlechten Gründen mit Ruten schlagen zu müssen. Dies ist eine Übergangs-

form, die im Aussterben begriffen ist und jetzt ihr letztes bißchen Leben in den niederen Stadien lebt. Die großen modernen Geister haben die Rute beiseitegelegt und heucheln nicht mehr, sondern reden frei heraus, und die alte Säufer-Sentimentalität geht nicht länger als gutes Herz durch, wenn sie sich als schwache Nerven erwiesen hat.

Nach beendetem Streit ging also der Bund auf Skeppsholmen an Land. Es war jetzt eine helle Sommernacht. Mit Proviantkörben und Gitarre, die Bundesarche an der Spitze, zog man als wahre Idealisten zu den Mädchen. Bei Sonnenaufgang saß der Bund bei offenem Fenster in der Apelbergsgatan, tischte aus den Proviantkörben auf, und wieder erklangen Gitarre und Flöte, und jetzt wurden die Gesänge des Horaz an Lydias und Chloes zitiert und in weichen Betten für Aphrodite Pandemos die Feuer der Liebe entzündet.

9. In den Büchern und Auf der Bühne

(1870)

Die Entwicklungsgeschichte einer Seele zu schreiben, kann bisweilen mit einer schlichten Bibliographie erledigt werden, denn ein Mensch, der in kleinen Kreisen lebt und den besten persönlich nie begegnet, sucht ihre Bekanntschaft in den Büchern. Daß dieselben Bücher jedoch nicht auf alle den gleichen Eindruck machen und die gleiche Wirkung ausüben, beweist ihre relative Unfähigkeit, jemanden zu bekehren. Die Kritik zum Beispiel, die mit unserer Meinung übereinstimmt, nennen wir gut, jene, die unserer Meinung widerspricht, ist eine schlechte Kritik. Wir scheinen also zumindest mit vorgefaßten Meinungen erzogen worden zu sein, und das Buch, das diese bestärkt, erforscht und entwickelt, spricht uns an. Die Gefahr einseitiger Bücherbildung besteht darin, daß die meisten Bücher, besonders gegen Ende einer Kulturperiode und vor allem an der Universität, veraltet sind. Der junge Mann, der von Eltern und

Lehrern alte Ideale mitbekommen hat, wird also, ehe er fertig ist, notgedrungen veraltet sein, so daß er bei Eintritt des Mannesalters gewöhnlich seinen gesamten Vorrat an alten Idealen aufgeben muß und gleichsam noch einmal geboren wird. Die Zeit ist an ihm vorbeigegangen, während er in den alten Büchern las, und er stellt fest, daß er mitten in seiner Gegenwart ein Fremder ist. Johan hatte seine Jugend damit verbracht, die Vergangenheit zu erforschen. Marathon und Cannae, der Spanische Erbfolge- und der Dreißigjährige Krieg, Mittelalter und Vorzeit waren ihm bekannt, doch als jetzt im Sommer der große Krieg zwischen Frankreich und Deutschland ausbrach, wußte er nicht, worum es ging. Er las darüber, wie über ein Theaterstück, und interessierte sich für den Schluß, um zu erfahren, was daraus wurde. In Kristineberg, wo er den Sommer über bei den Eltern wohnte, lag er draußen im Park im Gras und las Oehlenschläger. Für seinen Doktor mußte er innerhalb seines Hauptfaches, der Ästhetik, ein Spezialgebiet wählen, und er hatte sich für die dänische Literatur entschieden, angeregt von Dietrichsons Vorlesungen. In Oehlenschläger hatte er den Höhepunkt nordischer Poesie entdeckt. Für ihn war dies die Poesie der Poesie, das Unmittelbare, das er bewunderte, vielleicht vor allem deswegen, weil es ihm fehlte. Sicher trug auch die dänische Sprache dazu bei, die wie ein idealisiertes Schwedisch wirkte und wie die Muttersprache von den Lippen einer aus der Ferne angebeteten Frau klang. Als er Helge gelesen hatte, achtete er die Frithiofs Saga gering; fand sie tolpatschig, nüchtern, pfaffenhaft, unpoetisch.

Oehlenschläger war ein Buch, das durch Kontraste als Supplement wirkte, vielleicht aber fand auch die Romantik darin noch ein Echo bei dem jungen Mann, der nun zu poetischer Tätigkeit erwacht war und Poesie und Romantik für identisch hielt. Eine Rolle spielten wohl auch solche Umstände wie seine Schwäche für das Nordische, das Oehlenschläger ja entdeckt hatte, und seine augenblickliche unglückliche Liebe zu einem blonden bleichen Mädchen, das mit einem Leutnant verlobt war. Oehlenschläger machte darum auch nur einen vorübergehenden Eindruck, der kaum ein Jahr währte; eine leichte Frühjahrsbrise, die vorüberzog.

Schlimmer war es mit den ästhetischen Systemen, wie sie Ljunggren dargestellt hatte. Zwei Bände, eng gesetzt, gedruckte Aufzählungen der Ansichten aller Philosophen über das Schöne, ohne daß eine annehmbare Definition zustande gekommen wäre. Während seiner Studien der Antike im Nationalmuseum hatte sich Johan gefragt, wie denn Der Schaber, häßlich, wie er war, unter die schönen Künste hatte geraten können; und wieso die Kneipenszenen der holländischen Genremaler im Gemälde schön sein konnten, obwohl sie nicht geschönt waren und derartige Szenen in der Wirklichkeit als schmutzig bezeichnet wurden. Darauf gaben die Philosophen keine Antwort. Sie wichen aus und produzierten eine Rubrik nach der anderen, ohne zu wagen oder imstande zu sein, aufs Ganze zu gehen und das Häßliche mit einer anderen Begründung als der der Kontrastwirkung und des Komischen zu vereinnahmen. Jetzt aber war in ihm der starke Verdacht erwacht, daß das Schöne nicht immer das Hübsche war. Außerdem quälte er sich mit dem Zweifel an der Möglichkeit objektiver Geschmacksurteile ab. In der kürzlich gegründeten Svensk Tidskrift hatte er gelesen, wie man sich über Kunstwerke stritt, und gesehen, wie Gegner ihre entgegengesetzten Meinungen gleich gut vertraten. Der eine suchte das Schöne in der Form, ein anderer im Inhalt, und der dritte in der Harmonie von beiden. Ein gut gemaltes Stilleben sollte also höher stehen als die Niobe, denn diese Skulpturengruppe war in den Linien nicht schön, vor allem die Draperie der Hauptfigur war höchst geschmacklos, auch wenn die Majorität an ihrer Meinung festhielt, das Werk sei sublim.[1] Die Frucht dieser Studien war, daß er zu dem Schluß kam, alle Geschmacksurteile seien subjektiv, da sie ja von Subjekten gefällt wurden, und sogenannte objektive Urteile seien lediglich subjektive, denen es gelungen war, die Majorität zu gewinnen oder sich einzubürgern.

Mitten in diesen Grübeleien bekam er ein Buch in die Hand, das in die Dunkelheit des Zweifels wie ein Blitz einschlug und auf die ganze Welt des Schönen ein neues Licht warf. Es war Georg Brandes' Kritiken und Porträts, das im Sommer erschien und in Aftonbladet besprochen wurde. Hier handelte es sich nicht um ein neues fertiges System, doch über dem Ganzen lag eine neue Beleuchtung.

1 Das Sublime brauchte also in der Form nicht schön zu sein.

All diese bei der deutschen Philosophie entlehnten Worte Inhalt und Form, schön, sublim, charakteristisch fehlten; und ganz bestimmt hatte der Autor nicht die ästhetischen Systeme benutzt, um zu seinem Maßstab zu kommen. Welchen Zirkel er jedoch benutzte, das erfuhr man noch nicht. Brandes schrieb anders als die anderen; sah anders als die anderen, und er schien einen feineren Denkmechanismus als die Alten zu haben. Er ging vom vorliegenden Faktum aus; untersuchte es; zerpflückte das Kunstwerk; zeigte dessen Anatomie und Physiologie, ohne definitiv zu sagen, ob es schön oder nicht schön sei. Dies war die Methode der neuen französischen Ästhetik, die mit Taine aus England eingeführt worden war und jetzt auf die Kunst angewandt wurde. Die ganze alte Ästhetik, die über den Standpunkt, dieses sei gut, jenes sei nicht gut, nicht hinausgekommen war, war damit gestrichen. Das Kunstwerk existierte als eine Äußerung der Aktivität menschlichen Geistes, vom Zeitraum, aus dem es hervorgegangen war, beeinflußt, von der Persönlichkeit geprägt, und sollte nur als Dokument, als Urkunde der inneren Geschichte seiner Zeit behandelt werden. Die Schönheitsideale wechselten nach Land, Volk und Klima, und Rubens' verfettende Frauen waren ebenso schön oder unschön wie die als Madonnen verkleideten Mätressen Raffaels. Dies bedeutete, die Frage an einem Punkt zu stellen, den man mit subjektiven oder objektiven Urteilen nicht erreichen konnte; damit hatte die Kritik alle absoluten Urteile überhaupt für ungültig erklärt und erkannte nur noch die Erklärungsmethode an. Und wie hätte es anders sein können, da jedes Urteil, von einem bestimmten Individuum oder einer Partei von Individuen gefällt, aufgrund bestimmter angelernter Anschauungen, abhängig von der Epoche, nur ein relatives oder individuelles Urteil sein konnte. Damit aber war zugleich auch die Unmöglichkeit der Kritik selbst erklärt. Denn wer anders als der Schriftsteller oder der Maler selbst konnte die Entstehung des Kunstwerkes erklären; wer außer ihm kannte alle geheimen Zusammenhänge, Beweggründe, Interessen, die bei der Arbeit zusammengewirkt hatten? Doch er war ja selbst parteilich und kannte selten sich selbst, zumal, wenn er im seligen Selbstbetrug des Unbewußten lebte; und er mußte ja auch, um sich nicht zu schaden, die Geheimnisse seines Berufes geheimhalten.

In der schwierigen Frage der Priorität von Inhalt oder Form trat Brandes entschieden für den Inhalt ein. Um ein Zeitdokument zu sein, mußte ein Kunstwerk in einer engen Beziehung zu seiner Zeit stehen und tatsächlich etwas enthalten. Ausdruck fand diese Forderung in der später berühmten Formel: Probleme zur Debatte stellen. Dies jedoch hatte ja schon der so verketzerte Tendenzroman, dessen bekanntestes Opfer in Schweden Frau Schwartz gewesen ist, in die Tat umgesetzt. Die Gefahr dieser Lehre erkennend, zieht sich Brandes aus der Affäre, indem er sich solche Schlußfolgerungen verbittet, ohne freilich genau anzugeben, aus welchem Grund.

Dennoch war dies der erste Schritt zur Emanzipation der Literatur von der drückenden Sklaverei im Dienst der Kunst, durchgeführt von einem Ästhetiker. Die Befreiung war Schritt für Schritt schon früher erfolgt, als die Zeitungsliteratur die meisten Schriftstellerkräfte an sich band. Der Dichter durfte nicht länger der seinem Zeitalter gegenüber gleichgültige Gaukler sein. Er sollte die Träume aufgeben und in die Wirklichkeit seiner Gegenwart, in die Realität, eintreten, und damit war der Weg frei für jene Übergangsform, die jetzt als Realismus und Naturalismus bekannt ist, und die wohl in der Autobiographie enden wird, dem einzigen Gegenstand, den ein Schriftsteller einigermaßen beherrschen kann, falls er sich nämlich der Unfreiheit seines Willens voll bewußt ist und sich daher nicht scheut, aufrichtig zu sein, was er nur sein kann, wenn er sich über seine Nichtverantwortlichkeit im klaren ist.

*

Victor Hugos Romane waren bei Johan auf fruchtbaren Boden gefallen. Der Aufruhr gegen die Gesellschaft; die Naturverehrung des auf einer einsamen Insel lebenden Dichters; die Verhöhnung der allzeit herrschenden Dummheit; das Wüten gegen die Pfaffenreligion und die Schwärmerei für Gott als den Urheber des Alls; dies alles, das in dem jungen Mann angelegt war, begann zu keimen, wurde aber vom herbstdürren Laub alter Bücher noch erstickt.

Das Leben im Elternhaus war jetzt ruhig. Die Stürme hatten sich gelegt; die Geschwister waren erwachsen. Der Vater, der nach wie vor über seinen Rechnungsbüchern saß und die Möglichkeit kalkulierte, die Kinderschar ohne Schulden zu versorgen, war älter geworden und sah jetzt ein, daß auch Johan älter war. Jetzt unterhielten sie sich oft über öffentliche Fragen. Bezüglich des gerade stattfindenden Krieges waren sie recht neutral. Als romanisierte Germanen mochten sie die Deutschen nicht. Sie fürchteten und haßten sie wie Onkel, die als solche den Schweden gegenüber ein gewisses Altersvorrecht besaßen, doch sie vergaßen auch nicht, daß das siegreiche Preußen eine schwedische Provinz gewesen war. Der Schwede war mehr zum Franzosen geworden, als er wußte, jetzt aber fühlte er sich mit dieser schönen Nation verwandt.

An den Abenden, wenn sie im Garten saßen und der Wagenlärm sich gelegt hatte, drangen von Blanchs Café die Töne der Marseillaise bis zu ihnen hinaus, und sie hörten die Hurrarufe, die bald verstummen sollten.

*

Im August, als die Theater wieder öffneten, erhielt Johan den so lange ersehnten Bescheid, sein Stück sei zur Aufführung angenommen. Nun lernte er den Rausch des ersten Erfolgs kennen. Im Alter von einundzwanzig Jahren ein Stück am Königlichen Theater unterzubringen, das genügte, um die Erinnerungslast all der Mißerfolge von einem zu nehmen. Jetzt würde sein Wort von der ersten Bühne des Landes zum Publikum hinausgehen; die Panne mit der Theaterlaufbahn vergessen werden; der Vater einsehen, daß sich der Sohn mit seiner so berüchtigten Unstetheit richtig entschieden hatte, und alles wieder gut sein.

Und im Herbst, vor Semesterbeginn, wurde das Stück gegeben. Es war kindlich, fromm, voller Kunstverehrung, enthielt aber einen dramatischen Effekt, der das magere Stück rettete, Thorvaldsen vor der Jasonstatue, die er mit einem Hammer zerschlagen will. Unverschämt war dagegen ein Ausfall gegen die Reimeschmiede der Zeit. Auf wen spielte der Autor an? Und wie konnte ein Anfänger mit so großer Reimnot es wagen, die anderen mit Steinen zu bewerfen? Dies war eine Dummdreistigkeit, die sich auch rächte.

Johan schlich sich hinauf, dritter Rang Mitte, um seinem Werk stehend beizuwohnen. Rejd stand schon dort, und der Vorhang war oben. Johan fühlte sich, als stehe er unter einer Elektrisiermaschine. Jeder Nerv zitterte, die Beine wackelten, und vor lauter Nervosität flossen die ganze Zeit Tränen. Rejd mußte seine Hand halten, um ihn zu beruhigen. Das Publikum applaudierte hie und da, doch Johan wußte, daß dies meist Verwandte und Freunde waren, ließ sich also nicht täuschen. Jede Dummheit, die ihm in den Versen herausgerutscht war, erschütterte ihn und gellte im Ohr; nichts als Unvollkommenes sah er in seinem Werk; immer wieder schämte er sich, daß ihm die Ohren brannten, und bevor der Vorhang fiel, rannte er hinaus. Auf den dunklen Theaterplatz hinaus. Er war total vernichtet. Der Angriff auf die Poeten war dumm und ungerecht; die Verherrlichung der Armut und des Hochmuts erschien ihm falsch, seine Schilderung der Beziehung zum Vater war zynisch. Sich so aufzuspielen! Es war, als habe er seine Scham entblößt, und Scham war das stärkste Gefühl, das er empfand. Die Schauspieler hingegen fand er gut, die Inszenierung war stimmungsvoller, als er sich hätte träumen lassen. Alles war gut, außer dem Stück. Er irrte unten am Norrström umher und wollte sich ertränken.

Was ihn am meisten empörte, war, daß er seine Gefühle gezeigt hatte! Wie das? Und warum schämte man sich im allgemeinen dafür? Warum sind die Gefühle so heilig? Vielleicht deswegen, weil Gefühle im allgemeinen falsch sind, da sie lediglich eine physische Sensation ausdrücken, woran die Persönlichkeit nicht voll beteiligt ist. Wenn es sich wirklich so verhielt, dann schämte er sich als Alltagsmensch dafür, daß er am Schreibtisch so unwahrhaftig gewesen war und sich maskiert gezeigt hatte.

Beim Anblick des Leidens eines Mitmenschen gerührt zu sein, gilt als schön und verdienstvoll, doch die Rührung scheint nur ein Reflex zu sein. Man verlegt das Leiden des anderen in sich selbst, und wofür man leidet, ist das eigene Ich. Die Tränen eines anderen können einen ebenso leicht zum Weinen bringen wie das Gähnen eines anderen zum Gähnen. Weiter nichts.

Er schämte sich dafür, gelogen und sich selbst ertappt zu haben. Das Publikum aber ertappte ihn nicht.

Niemand ist ein so unbestechlicher Kritiker wie der Theaterautor, der sein eigenes Stück sieht. Seinem Sieb entgeht kein Wort. Den Schauspielern gibt er nicht die Schuld, denn die bewundert er gewöhnlich, weil sie seine Dummheiten so geschmackvoll aufsagen können. Und Johan hielt das Stück für dumm. Es hatte ein halbes Jahr herumgelegen; vielleicht war er darüber hinausgewachsen.

Anschließend gab man ein Stück, das zwei Stunden dauerte. Die ganze Zeit über irrte er in der Dunkelheit in den Alleen umher, und schämte sich.

Er hatte mit Freunden und Verwandten ein Treffen im Hotel du Nord verabredet, auf ein Glas, doch er ging nicht hin. Er sah, wie sie herumliefen und ihn suchten, aber er wollte sie nicht sehen. Und sie gingen wieder hinein, um sich das zweite Stück anzusehen. Endlich war das Spektakel zu Ende. Die Leute strömten heraus und verliefen sich in den Alleen. Er lief vor ihnen weg, um von ihren Äußerungen nichts zu hören.

Schließlich sah er unter dem Vordach des Dramatischen Theaters noch eine einzige Gruppe stehen. Sie guckten hierhin und dorthin; sie riefen nach ihm. Nun ging er hin, bleich wie eine Leiche und finster.

Sie gratulierten ihm zum Erfolg. Es hatte Applaus gegeben, und alles war recht gut gegangen. Man gab Äußerungen Umsitzender wieder, und man beruhigte ihn. Darauf wurde er am Kragen ins Restaurant geschleift und zum Essen und Trinken gezwungen und dann zu ein paar Mädchen mitgeschleppt. – Das wird dir guttun, du alter Trauerkloß, sagte ein Großhändler.

Und bald war er von seiner Himmelfahrt auf die Erde gezerrt.

– Was hast du für einen Grund, trübsinnig zu sein, wo das Königliche Theater ein Stück von dir gespielt hat!

Ja, das konnte er ihnen auch nicht sagen. Sein kühnster Wunsch war erfüllt, doch wahrscheinlich war dies nicht das, was er wollte. Der Gedanke, daß es immerhin eine Ehre war, tröstete ihn nicht.

*

Am nächsten Morgen ging er in den Kolonialwarenladen und kaufte die Morgenzeitung. Er riß sie auf und durfte lesen, daß das Stück eine schöne Sprache habe und offensichtlich (weil es anonym gegeben wurde) von einem bekannten Kunstkritiker stamme, der die Künstlerwelt Roms eingehend studiert habe. Das war eine Höflichkeit, und sie half seiner Laune etwas auf.

Um die Mittagszeit reiste er nach Uppsala, wo ihn der Vater bei einer Pastorenwitwe in Pension geben wollte, damit er seine Studien unter gebührender Aufsicht abschloß.

10. Zerrissen

(1870)

Das Pensionsdasein brachte täglichen und abwechslungsreichen Umgang mit vielen Menschen mit sich. Vielleicht allzu abwechslungsreich. Es gab dort Studenten aller Altersstufen und Studienfächer und aus allen Provinzen. Vom Geistlichen, der für das Pastoralexamen studierte, bis zu jungen Medizinern und Juristen. Auch Frauen wohnten im Haus, aber Johan war jetzt zum achten Male verliebt, und wiederum in eine Unerreichbare, die verlobt war. Der große Bekanntenkreis überschwemmte gleichsam das Gehirn mit Eindrücken aus allen Kreisen, und durch all diese Anpassungen, durch Kompromisse mit anderen Ansichten, wie sie zum menschlichen Umgang gehören, wurde die Persönlichkeit schlapp und zerrissen. Außerdem wurde viel getrunken, fast jeden Abend.

An einem der ersten Tage nach der Ankunft erschienen die Kritiken des Stückes in den Abendzeitungen. Eine war sehr scharf. Sie war gerecht, und gerade weil sie wahr war, traf sie Johan ganz entsetzlich. Er fühlte sich entkleidet, durchschaut. Der Autor habe seine unbedeutende Person hinter einem großen Namen versteckt (Thorvaldsens), und dieses Kostüm stehe ihm nicht. Und so weiter. Er war vollkommen am Ende. In solcher Not greift man zur Selbstverteidigung, und er stellte Vergleiche mit anderen Schundstücken an, die derselbe gestrenge Herr gelobt hatte. Nun fand er die Behandlung ungerecht. Ja, von diesem Standpunkt aus, das heißt, bei einem Vergleich, war sie auch ungerecht, an sich aber, für sich gesehen, war sie wahr. Das Stück konnte nicht besser werden, nur weil der Kritiker schlechter wurde.

Johan wurde jetzt scheu und wild. Hinzu kam, daß man sich in einer Zeitung der Studentennation über ihn und das Stück lustig gemacht hatte. Jetzt glaubte er überall Hohn und Grinsen zu sehen und benutzte nur noch Nebenstraßen.

Dann aber kam ein weiterer Schlag, der härter war. Ein Freund hatte im Eigenverlag sein erstes Werk, das Freidenkerstück, drukken lassen. Und jetzt, eines Abends oben bei Rejd, kommt ein Bekannter mit der verhaßten Abendzeitung. Darin stand ein hohntriefender Artikel über sein eben erschienenes Stück, das verspottet und zerfleddert wurde. Johan war gezwungen, den Artikel in Gegenwart der Freunde zu lesen. Gegen seinen Willen mußte er zugeben, daß es wahr war, aber es empörte ihn schrecklich. Warum war es so schwer, von anderen die Wahrheit zu hören, wo man doch so streng gegen sich selbst sein kann? Vermutlich, weil die Gesellschaftsmaskerade jeden einzelnen fürchten läßt, demaskiert zu werden; vermutlich auch, weil Verantwortung und Unannehmlichkeiten damit verbunden sind. Man fühlt sich überlistet, hereingelegt. Derjenige, der gelassen dasitzt und die Entlarvung vollzieht, käme sich ebenso durchgeprügelt und entblößt vor, würden seine Geheimnisse enthüllt. Das gesellschaftliche Zusammenleben ist ein falsches Spiel, wer aber will entdeckt werden! Darum bereut man in einsamen Stunden, wenn unbestechlich die Vergangenheit aufsteigt, nicht seine Fehler, sondern seine Dummheiten und notgedrungenen Grausamkeiten. Die Fehler muß es geben, sie wurden von der Notwendigkeit verursacht und waren nützlich, die Dummheiten aber, die waren schädlich und hätten unterbleiben können. Und damit ehrt der Mensch die Intelligenz mehr als die Moral, da erstere eine Realität, letztere eine listige Erfindung ist. Schlag dich mit deiner Intelligenz durchs Leben und verleite andere dazu, moralisch zu sein (dir gegenüber), dann fällt dir der Sieg leichter, indem du die Moral (die Übereinkunft) brichst. Alle, die im Leben nichts erreicht haben, sind ins Hintertreffen geraten, weil sie moralisch gewesen sind. Darum ist auch das moralische oder Sittlichkeits- und Opferstreben unserer Zeit eine Oberklassenbewegung, durch die man die andrängenden Massen aufhalten will.

Indessen, er litt die gleichen Schmerzen, wie sie nach seiner Vorstellung ein Verbrecher empfand. Und er fühlte sich getrieben, den Eindruck seiner Dummheit so schnell wie möglich auszulöschen. Doch er spürte auch, daß eine Spur von Ungerechtigkeit darin lag, wie man ihn behandelt hatte, da er ja jetzt ganz und gar als Talent beurteilt wurde, während sein Werk ein Jahr alt und er also ein Jahr reifer war. Das aber war nicht die Schuld des Rezensenten. Es lag vielmehr ein Mißverhältnis zwischen dem Urteil und dem corpus delicti vor. So warf er sich auf ein Trauerspiel, Blotsven, das in künstlerischer Form das Christentum behandeln und dieselben Probleme und dieselben Konflikte lösen sollte. Unter künstlerisch verstand man zu dieser Zeit, daß das Thema in einer vergangenen Zeit angesiedelt war, damit die Wirkung des Stoffes abgeschwächt wurde. Angeregt von Oehlenschläger und den isländischen Sagas, die er jetzt in der Originalsprache las, schrieb er den Blotsven. Doch er hatte einen harten Gewissenskampf auszufechten, denn der Vater hatte ihm das Versprechen abgenommen, er werde nicht mehr schreiben, bis er sein Examen abgelegt hatte, und es war Betrug, seinen Unterhalt auszunutzen und die Bedingungen nicht zu erfüllen. Er schlug jedoch die Bedenken damit tot, daß der Vater gewiß zufrieden sein werde, wenn sich ein großes und rasches Resultat zeigte. Und das hätte wohl zutreffen können.

Jetzt aber kamen andere neue Ingredienzien in sein Leben und wirkten entscheidend auf seine Geistesverfassung und seine Arbeit. Es handelte sich um zwei Bekanntschaften: einen Autor und eine Persönlichkeit. Unglücklicherweise waren beide Abnormitäten, Ausnahmeerscheinungen, und darum für seine Entwicklung nur störend.

Der Autor war Sören Aaby Kierkegaard. Dessen Entweder-Oder hatte sich Johan von einem Bundesbruder geliehen und mit Furcht und Zittern gelesen. Auch die Kommilitonen hatten es gelesen und genial gefunden, den Stil bewundert, sich aber nicht weiter beeindruckt gezeigt, was beweist, daß die Bücher schwerlich

Wirkung haben, wenn nicht ihr Leser mit dem Autor verwandt ist. Auf Johan machte er den angestrebten Eindruck. Er las den ersten Teil des Ästheten A. War bisweilen begeistert, fühlte sich aber dennoch stets unbehaglich, wie am Bett eines Kranken. Und als er den ersten Teil hinter sich gebracht hatte, war er tatsächlich leer und verzweifelt, vor allem aber erschüttert. Das Tagebuch des Verführers hielt er für Phantasien eines Impotenten oder eines geborenen Onanisten, der niemals ein Mädchen gereizt hatte. So ging das doch nicht zu. Und im übrigen, Johan war kein Verehrer des Genusses, war ganz im Gegenteil zur Askese und Selbstquälerei übergegangen, und eine solche Genußsucht wie die des A. war darüber hinaus widersinnig, weil das Leiden, das er mit der Befriedigung seiner Gelüste verursachte, ihm zwangsläufig Leiden einbringen und so seinen Zielen entgegenarbeiten mußte. Tiefer drang die Predigt des Ethikers über das Leben als Pflicht und Aufgabe, und dem entnahm er, daß er in dieser Hinsicht ein Ästhet gewesen war, der die Schriftstellerei als Genuß verstanden hatte. Sie sollte als Berufung aufgefaßt werden. Warum? Ja, da haperte es mit der Beweisführung, und Johan, der nicht wußte, daß Kierkegaard Christ war, sondern das Gegenteil annahm, da er dessen Erbauliche Reden nicht kannte, wurde nun die christliche Sittenlehre mit Opferschuld und Pflichtgefühl untergeschoben. Und so schlich sich der Begriff Sünde wieder ein. Genuß war Sünde, seine Pflicht zu tun, war Pflicht. Warum? Der Gesellschaft wegen, zu der man in Dankesschuld stand? Nein, weil es Pflicht war. Es war ganz einfach Kants kategorischer Imperativ. Als er dann den Schluß von Entweder–Oder erreichte und feststellte, daß sogar der sittliche Ethiker verzweifelt war, und daß die ganze Pflichtenlehre nur einen Philister erzeugt hatte, da riß es ihn mitten entzwei. Nein, dann lieber Ästhet! Ja, aber man kann kein Ästhet sein, wenn man fünf Sechstel seines Lebens Christ gewesen ist, und ohne Christus kann man kein Ethiker sein. So wurde er jetzt wie ein Ball zwischen beiden hin- und hergeworfen, und am Ende stand ganz richtig Verzweiflung. Hätte er jetzt die Erbaulichen Reden erwischt, er hätte möglicherweise einen Schritt auf das Christentum zu getan, möglicherweise, denn das läßt sich jetzt schwer entscheiden, doch Christus wieder annehmen, das war, als setze man einen ausgerissenen Zahn wieder ein, den man bei Zahnweh mit Freuden ins Feuer geworfen hatte. Es hätte auch geschehen können, daß er in Kenntnis, daß es sich bei Entweder–Oder nur um eine Peitsche zum Kreuz handelte, das ganze Buch als Jesuitenschrift verworfen hätte und gerettet gewesen wäre. Jetzt entstand nur ein einziger schreiender Mißklang. »Die Wahl« und »der Sprung« sollten unternommen werden, aber wohin? Zwischen dem Ästhetischen und dem Ethischen. Und so ging es hin und her. Hinaus ins All zum Paradoxon oder Christus, das konnte er nicht, denn das war Vernichtung oder Wahnwitz. Doch Kierkegaard predigte den Wahnwitz. War es die Verzweiflung des Überbewußten darüber, stets bewußt zu sein? War es das Verlangen des Durchschauers nach der Besinnungslosigkeit des Rauschs?

Johan hatte den Kampf zwischen seinem Willen und dem anderer schon kennengelernt. Er hatte dem Vater Kummer bereitet, indem er seine Pläne durchkreuzte, doch das war auch gegenseitig; und das ganze Leben bestand aus einem Gewebe einander durchkreuzender Willen. Des einen Tod, des anderen Brot; nichts Gutes für den einen ohne etwas Schlechtes für den Übergangenen. Genuß und Leiden, in ewigem Wechsel und Kampf. Seine Sinnlichkeit oder sein Genießen hatte andere nicht verletzt und niemandem Kummer bereitet. Er ging zu öffentlichen Mädchen, die nicht mehr verlangten, als sich verkaufen zu dürfen, und er hatte nie eine Unschuld verführt oder sich davongemacht, ohne zu bezahlen. Er war moralisch aus Gewohnheit oder Instinkt, aus Angst vor den Folgen, aus Geschmack, aufgrund seiner Erziehung, doch gerade die Tatsache, daß er sich nicht unmoralisch fühlte, war ein Mangel, eine Sünde. Nach der Lektüre von Entweder–Oder fühlte er sich sündhaft. Unter einer lateinischen Bezeichnung und ohne das Kreuz auf dem Rücken schlich sich der Kategorische Imperativ heran, und er ließ sich täuschen. Er erkannte nicht, daß sich hier zweitausend Jahre Christentum maskiert hatten.

Nun hätte allerdings Kierkegaard keine so tiefe Wirkung gehabt, wären nicht gerade zu dieser Zeit viele weitere Umstände von Einfluß gewesen. In den Briefen des Ästheten predigte Kierkegaard das Leiden als Genuß. Johan litt unter dem öffentlichen Spott; er litt unter den Schmerzen, die seine schwere Arbeit mit sich brachte; er litt an unerwiderter Liebe; er litt unter unbefriedigtem Geschlechtstrieb, da es in Uppsala schwierig war, Mädchen zu bekommen; er litt unter Trunksucht, denn er war fast jeden Abend betrunken; er litt unter Seelenkämpfen und Zweifeln an seiner künstlerischen Arbeit; er litt unter Uppsala, unter der häßlichen Landschaft; unter der ungemütlichen Wohnung; unter den Examensbüchern; und unter dem schlechten Gewissen, weil er nicht lernte, sondern schrieb. Aber all dem lag noch etwas anderes zugrunde. Er war mit schwerer Arbeit und strengen Pflichten aufgezogen worden. Jetzt lebte er gut, sorgenfrei und genoß eigentlich. Lernen war ein Genuß, die Schriftstellerei, mit all ihrem Schmerz, war ein unerhörter Genuß, das Leben mit den Studienkollegen war eitel Fest und Lustbarkeit. Sein Unterklassenbewußtsein erwachte und sagte ihm, es sei nicht recht, zu genießen, wenn andere arbeiteten, und seine Arbeit war Genuß, denn sie brachte ihm letztlich Ehre ein und vielleicht Geld. Daher sein ständiges schlechtes Gewissen, das ihn grundlos verfolgte. Fühlte er schon jetzt die Anzeichen dieses erwachenden Bewußtseins einer unerhörten Schuld der Unterklasse, den Sklaven gegenüber, die arbeiteten, während er genoß? Erwachte jetzt dunkel dieses Rechtsgefühl in ihm, das heute viele aus der Oberklasse so ergriffen hat, daß sie nicht rechtmäßig erworbenes Kapital zurückerstatten, für die Befreiung der Unterklasse Arbeit und Zeit opfern, und das aus einem Trieb heraus, gefühlsmäßig, gegen ihr eigenes Interesse, um recht zu handeln? Möglich! Doch Kierkegaard war nicht der Mann, die Disharmonie aufzulösen. Erst den Evolutionsphilosophen war es vorbehalten, Frieden zwischen Sinnlichkeit und Vernunft, zwischen Genuß und Pflicht zu stiften. Sie sollten dieses hinterlistige Entweder–Oder streichen und Sowohl–Als auch! verkünden und damit Fleisch und Geist das Ihre geben.

Kierkegaards wirkliche Bedeutung wurde Johan erst viele Jahre später klar, als er in ihm ganz einfach den Pietisten, den Ultrachristen erkannte, der in einer modernen Gesellschaft zweitausend Jahre alte östliche Ideale verwirklichen wollte. In einem Punkt aber hatte Kierkegaard recht. Wenn Christentum, dann richtig. Entweder—Oder galt in diesem Fall jedoch nur für die Geistlichen der Kirche, die behaupteten, Christen zu sein.

Weiter sah Kierkegaard nicht, und von ihm, der sein Buch 1843 geschrieben hatte und von Geistlichen erzogen worden war, konnte man nicht verlangen, daß er den Satz aufstellte: entweder ein solches Christentum, oder eben gar keines; woraufhin man sich vermutlich für keines entschieden hätte. Sein Satz hieß statt dessen: ob du nun Ästhet oder Ethiker bist, du mußt dich gleichwohl dem Wahnwitz Christus in die Arme werfen. Der Fehler bestand darin, ethisch und ästhetisch einander gegenüberzustellen, denn sie passen recht gut zusammen. Johan aber brachte sie nie zusammen, bis er nach endlosem Kampf im Alter von siebenunddreißig Jahren einen Kompromißversuch begann und feststellte, daß zum Genuß auch Arbeit und Pflicht gehören und daß das Vergnügen selbst, wohl angewandt, eine Pflicht sein kann.

Indessen ritt ihn das Buch wie ein Mahr. Er wurde wütend, als die Freunde es zur Literatur zählen wollten. Es nützte nichts, daß sie es nach Reichtum, Tiefe, Stil über Goethes Faust stellten, den es zweifellos um ein Vielfaches übertrifft. Johan begriff damals auch nicht, daß der Säulenheilige Kierkegaard es weidlich genossen hatte, als er den Teil A schrieb, und daß der Verführer und Don Juan der Autor selbst waren, der in der Phantasie seine Lust befriedigte. Nein, das war Dichtung, meinte er.

Alle Voraussetzungen für den Eintritt Kierkegaards in Johans Leben waren gegeben, und hinzu kam die bereits angedeutete Bekanntschaft, die überhaupt keine Rolle gespielt hätte, wäre der Boden nicht vorbereitet gewesen, denn auf die übrigen Freunde wirkte der Betreffende letztlich nur lächerlich. Damit verhielt es sich indessen so. Eines Tages kam Bruder Thurs, Israels Sohn, und erzählte, er habe die Bekanntschaft eines Genies gemacht, das in den Bund eintreten wolle.

– Oh, ein Genie! Keiner der Bundesbrüder fühlte sich zu dieser Gnadengabe berufen, nicht einmal Johan, und es ist die große Frage, ob irgendein Dichter geglaubt oder gefühlt hat, dies zu sein. Nach angestelltem Vergleich kann man zu der Ansicht gelangen, Besseres als andere gemacht zu haben, und ein guter Verstand wird natürlich merken, daß er besser als andere versteht, doch Genie, das war etwas Besonderes; wurde gewöhnlich erst nach dem Tod verliehen und gehört mittlerweile, nachdem die Entstehungsgeschichte des Genies aufgedeckt ist, nicht mehr zum Sprachgebrauch.

Die Nachricht rief Unruhe hervor, und der Unbekannte wurde unter dem Namen Is hineingewählt. Er sei ein Poet, hieß es, doch gebildet und ein starker Kritiker.

Eines Abends, als Zusammenkunft bei Thurs war, erschien er. Ein kleiner dünner Mensch, ohne Mantel, wie ein Arbeiter auf Urlaub gekleidet, stand in der Tür; seine Kleider sahen geborgt aus, denn Armbeugen und Kniefalten hingen an den falschen Stellen (Johan, der abgelegte Kleider erbte, konstatierte das sofort). In der Hand hielt er einen bierlachengefärbten schmutzigen Hut, wie man ihn nur bei Drehorgelspielern sah. Sein Gesicht sah aus wie das eines südländischen Mausefallenhändlers. Das schwarze Haar hing auf die Schultern, und das Gesicht war von einem schwarzen Bart zugewachsen, der bis auf die Brust hing. – Ist es möglich, fragte man sich, daß das ein Student war? Er sah nach allem anderen aus und wirkte wie vierzig, obwohl er erst dreißig war.

Mit dem Hut in der Hand blieb er wie ein Bettler an der Tür stehen und traute sich kaum herein. Nachdem Thurs ihn ins Zimmer gezogen und vorgestellt hatte, erklärte man die Zusammenkunft für eröffnet. Is begann zu sprechen. Und man lauschte. Das war die Stimme einer Frau, die sich bisweilen unverschämt zu einem Flüstern dämpfte, als verlange der Redner Totenstille oder spreche zu seinem eigenen Vergnügen. Worüber er sprach, ließe sich schwer wiedergeben, denn darin war alles, was er gelesen hatte, und da er zehn Jahre länger gelesen hatte als die Zwanzigjährigen, hielten sie ihn mit seiner Gelehrsamkeit für bewundernswert. Dann las jemand ein Gedicht vor. Is sollte sich äußern. Er begann mit Kant, berührte Schopenhauer und Thackeray und schloß mit einem Vortrag über George Sand. Doch es fiel niemandem auf, daß es mit dem Gedicht nichts zu tun hatte. Dann ging man aus und aß. Is redete unaufhörlich über Philosophie, Ästhetik, Weltgeschichte. Manchmal mit einem kummervollen Ausdruck in seinen schwarzen rätselhaften Augen, die nie auf der Gesellschaft ruhten, sondern weit weg in fernen unbekannten Räumen ein unsichtbares Publikum zu suchen schienen.

Der Bund lauschte andächtig, hingerissen.

Von diesem Mann wollte Johan nun sein Urteil hören. Er und einer der allerpoetischsten Brüder hatten starke Zweifel an ihrer Berufung bekommen. Oft, wenn sie viel getrunken hatten, fragten sie einander, ob sie glaubten? Damit war gemeint, ob der eine glaube, daß der andere zum Dichter berufen sei. Dies war der gleiche Zweifel wie damals, als Johan sich fragte, ob er ein Gotteskind sei. Jetzt sollte Is den Blotsven lesen und sein Urteil abgeben. Eines Morgens ging Johan zu ihm, um seine Meinung zu hören. Is redete bis zum Mittag. Worüber? Über alles. Jetzt aber hatte er Johans Seele zu fassen bekommen. Durch Thurs waren ihm die Fäden vom Hörensagen bekannt, und daran zog er jetzt nach Belieben. Nicht aus Sympathie wühlte er in Johans Innerem, sondern aus einer Art Spinnengier. Und über das Stück äußerte er sich nicht direkt, sondern stellte einen Plan für ein neues auf, in seinem Sinne. Er wirkte wie ein Magnetiseur, und Johan war verzaubert, doch er ging verzweifelt von ihm fort, als habe der Freund seine Seele umgerührt, sie zerpflückt und die Stücke nach befriedigter Neugier von sich geworfen.

Johan aber kam wieder und saß auf dem Sofa des weisen Mannes, lauschte seinen Worten wie denen des Orakels und fühlte sich vollkommen unter seiner Gewalt. Bisweilen meinte er, er sei ein Geist, der auf einem Teppich herumwanderte, und sein Körper verschwand in den Tabakswolken. Er wirkte dämonisch, wie man es nennt, das heißt, auf den ersten Blick rätselhaft. Er hatte kein Blut in den Adern, keine Gefühle, keinen Willen, keine Begierden. Er war ein redender Kopf. Sein Standpunkt war keiner und alle. Er war ein Präparat aus Büchern, und der Mann war typisch für einen Buchgelehrten, der nie gelebt hat.

Manchmal, wenn die Brüder unter sich waren, sprachen sie von Is. Thurs hatte ihn bereits satt und fragte sich, ob er ein Verbrechen begangen habe, denn er schien von einer ständigen Unruhe getrieben. Zudem stellte sich heraus, daß er Poet war, seine Gedichte aber nicht zeigen wollte, weil er von der Dichtkunst so hehre Vorstellungen hegte. Des weiteren wunderte man sich darüber, daß es in der Wohnung des gelehrten Mannes kein Buch gab. Und so fragte man sich, warum er die Gesellschaft dieser Jünglinge gesucht hatte, denen er so überlegen war und deren Poesie er verachten mußte. Die Jünglinge, die selbst am Ausgang der Romantik standen, erkannten nicht den blutlosen Romantiker, der den Boden unter den Füßen verloren hatte. Sie sahen in dem langen Haar und dem schäbigen Hut nicht die Kopie von Murgers Bohemien. Sie wußten nicht, daß diese Zerrissenheit eine Mode aus Paris war, und daß diese hohle Weisheit aus deutscher Mystik gesponnen, diese Experimentalpsychologie bei Kierkegaard abgeguckt war, daß diese Interessantheit, die ein unbegangenes Verbrechen, einen tiefen heimlichen Kummer andeuten wollte, von Byron entlehnt war. Das erkannten sie nicht. Darum auch konnte Is mit Johans Seele spielen und ihn in seinen Netzen halten. Ja, Johan war von ihm so eingenommen und umgarnt, daß er sich in einer Rede Gamaliel nannte, der zu Pauli (Is') Füßen sitze und dem Weisheit zuteil werde.

Die Folge von all dem war, daß Johan eines schönen Abends den Blotsven verbrannte. Die Arbeit eines Semesters ging in Flammen auf. Als er die Asche aufgelesen hatte, weinte er. Is hatte ihm, ohne es auszusprechen, bewiesen, daß er kein Dichter war. Also war alles ein Irrtum, auch dies! Hinzu kam die Verzweiflung darüber, daß er den Vater betrogen hatte und nicht mit einer Arbeit nach Hause kommen konnte, die seine Versäumnisse rechtfertigte.

In einem Anfall von Reue und um ein Resultat vorzuweisen, meldet er sich zur Lateinklausur an, ohne jedoch die erforderlichen Übungen und Aufsätze geschrieben zu haben. Der Professor erblickt seinen Namen auf der Liste und kennt ihn nicht. Eines Sonntagabends, als Johan gerade beschwipst von einem Abendessen nach Hause gekommen ist, erscheint der Pedell. Johan geht dreist zum Professor und fragt, was der wolle.

– Sie wollen sich in Latein prüfen lassen, mein Herr?
– Ja.
– Aber ich sehe Ihren Namen nicht auf meiner Liste.
– Ich bin schon bis zum Medikofil geprüft.

– Das hat damit nichts zu tun. Man muß sich nach Gesetzen und Verordnungen richten.
– Mir ist ein Gesetz über die drei Aufsätze nicht bekannt.
– Mir scheint, Sie werden unverschämt, mein Herr!
– Das mag sein!
– Raus! Sie, oder ...

Die Tür wird geöffnet, und Johan ist an die Luft gesetzt. Er schwor sich, trotzdem hinzugehen und zu schreiben, doch am nächsten Morgen verschlief er.

Also auch dieser Strohhalm verbrannt.

Eines Morgens kurz darauf kommt ein Freund und weckt ihn.

– Weißt du, daß W. tot ist! (W. war ein Pensionsgast und Tischnachbar).
– Nein!
– Doch, er hat sich die Kehle durchgeschnitten.

Johan fährt hoch, zieht sich an und läuft zusammen mit dem Freund zur Järnbrogatan, wo W. wohnte. Sie stürzen die Treppen hinauf, kommen auf einen dunklen Dachboden.

– Hier?
– Nein, hier.

Johan tastet an einer Tür; die Tür gibt nach und fällt auf ihn. Im selben Augenblick sieht er auf dem Fußboden eine Blutlache. Er dreht sich um, läßt die Tür los und schafft es bis zur Treppe, bis die Tür zu Boden kracht.

Die Szene erschütterte ihn unerhört. Und er begann zu grübeln. Einige Tage zuvor war ihm W. im Carolinapark begegnet, wo Johan die Einsamkeit suchen und an seinem Stück arbeiten wollte. W. war zu ihm gekommen und hatte gegrüßt; gefragt, ob er ihm Gesellschaft leisten dürfe, oder ob er vielleicht störe. Johan hatte ehrlich geantwortet, er störe, und W. hatte sich entfernt und traurig ausgesehen. War das der ertrinkende Einsame, der eine Seele gesucht hatte und zurückgestoßen worden war? Johan fühlte sich beinahe schuldig an diesem Mord. Doch zum Tröster war er nicht geeignet.

Jetzt erschien Johan der Tote, und er wagte nicht mehr, sich in seinem Zimmer aufzuhalten, sondern schlief bei Freunden. Eine

Nacht verbrachte er bei Rejd. Der mußte Kerzen brennen lassen und wurde nachts mehrmals von Johan, der nicht schlafen konnte, geweckt.

Eines Tages wurde er mit seiner Blausäureflasche von Rejd überrascht. Der tat so, als stimme er dem Selbstmordplan zu, bat aber, zuerst noch einen Abschiedsbecher trinken zu dürfen. Sie gingen zu Novum hinunter; bestellten sich acht Grogs, die zubereitet auf einem Tablett serviert wurden. Jeder trank vier, in vier Zügen, mit der gewünschten Folge, daß Johan zur »Leiche« wurde. Anschließend wurde er nach Hause getragen, doch weil das Tor verschlossen war, trug man ihn über ein Nachbargrundstück und warf ihn über den Zaun. Dort blieb er in einer Schneewehe liegen, bis er zu sich kam und hinauf in sein Zimmer kroch.

In der letzten Nacht, die er in Uppsala verbrachte, einige Tage später, schlief er auf einem Sofa bei Thurs, während die Freunde bei ihm wachten und die Zimmer voll beleuchtet ließen. Sie wachten gutmütig bis zum Morgen, begleiteten ihn zum Bahnhof und setzten ihn ins Abteil. Als der Zug Bergbrunna passiert hatte, atmete er auf. Es war, als habe er etwas Häßliches, Unheimliches, wie eine nordische Winternacht mit dreißig Grad Kälte hinter sich gelassen, und er schwor sich, niemals mehr zurückzukehren und sich in dieser Stadt niederzulassen, in der die Seelen, aus Leben und Gesellschaft verbannt, durch die Überproduktion von Gedanken zu verfaulen, von Grundsäuren ohne Abflußmöglichkeiten zerfressen zu werden, in Flammen aufzugehen schienen wie leer mahlende Mühlsteine.

11. Idealismus und Realismus 1871

(1871)

Als Johan wieder nach Hause zu den Eltern kam, fühlte er sich geborgen, als sei er nach einer stürmischen nächtlichen Bootsfahrt an Land gestiegen. Und wieder schlief er auf seinem Feldbett in der Kammer der Brüder eine ruhige Nacht. Hier sah er stille, geduldige

Menschen, die genau wie früher zu bestimmten Zeiten kamen und gingen, die arbeiteten und schliefen, ohne von Träumen oder ehrgeizigen Plänen aus der Ruhe gebracht zu werden. Die Schwestern waren zu großen Mädchen herangewachsen und arbeiteten im Haushalt. Alle arbeiteten, außer ihm. Als er nun sein ausschweifendes regelloses Leben, ohne Ruhe, ohne Frieden, damit verglich, erschienen sie ihm glücklicher und besser. Ihr Leben war ernsthaft, und sie erfüllten ihre Aufgaben, taten ihre Pflichten ohne Lärm und Prahlerei.

Er suchte jetzt alte Bekannte unter Kaufleuten, Kontoristen und Seekapitänen auf und fand sie alle so neu und erfrischend. Sie lenkten seine Gedanken auf die Wirklichkeit zurück, und er spürte wieder den Boden unter den Füßen. Und damit begann eine Verachtung des falschen Idealismus in ihm zu wachsen, während er gleichzeitig einsah, wie unwürdig die Verachtung des Studenten für den Philister war.

Dem Vater beichtete er jetzt schlicht und offen, doch ohne Reue, sein elendes Leben in Uppsala, und bat ihn, zu Hause bleiben und das Examen machen zu dürfen, sonst sei er verloren. Das durfte er, und nun bereitete er seinen Feldzugsplan für das Frühjahrssemester vor. Zuerst würde er bei einem fähigen Lehrer in Stockholm für die Lateinklausur üben und dann im Frühjahr hinauffahren und es schaffen. Außerdem würde er seine Abhandlung zum laudatur in Ästhetik schreiben und sich auf die mündliche Prüfung in diesem Fach vorbereiten. Mit diesen Vorsätzen begann er jetzt, als das neue Jahr anbrach, ein ruhiges Arbeitsleben. Noch aber lag ihm die Niederlage mit dem Freidenkerstück auf der Seele, und die Anfragen der Freunde, ob sie nicht bald etwas Neues zu sehen bekämen, reizten ihn so, daß er beschloß, den Blotsven binnen vierzehn Tagen zu einem Einakter umzuschreiben. Und nachdem dies geschehen war, machte er sich ans Lernen.

Im April schrieb er bei seinem Lehrer eine Probeklausur, und dieser schwor, daß er durchkommen werde. Und so reiste er nach Uppsala hinauf. Dem Vater gefiel diese Kraftprobe nicht übel, als er hörte, daß Johan so bombensicher war, aber er gab dennoch zu bedenken, ob es nicht zweckmäßiger sei, nachzugeben und zuerst beim Professor zu schreiben. – Nein, jetzt war es eine Frage des Prinzips und eine Ehrensache.

In das Wartezimmer des Professors gekommen, wartete Johan, bis er an die Reihe kam, einzutreten. Als der Alte seiner ansichtig wurde, wurde er rot und fragte:

– Sie sind also wieder da, mein Herr?
– Ja!
– Was wünschen der Herr?
– Mich zur Lateinklausur eintragen.
– Ohne die Probeklausur?
– Die Probeklausur habe ich in Stockholm geschrieben! Und ich wollte nur fragen, ob die Statuten es gestatten, daß ich in die Prüfung gehe.
– Die Statuten? Danach fragen Sie den Dekan; ich weiß nur, was ich verlange.

Johan ging sofort zum Dekan. Dieser war ein junger, lebhafter und sympathischer Mensch. Johan trug sein Anliegen vor und berichtete von dem Hergang.

– Ja, mein Herr, die Statuten sagen nichts darüber, aber der alte P. läßt Sie auch ohne Statuten durchfallen.
– Das werden wir schon sehen! Meine Frage ist: gestatten Sie, Herr Dekan, daß ich in die Klausur gehe?
– Das kann Ihnen niemand verweigern. Gehen Sie nur! Sie haben also die Absicht, sich durchzutrotzen?
– Ja, die Absicht habe ich!
– Sind Sie denn so sicher, mein Herr?
– Ja!
– Na, dann viel Glück! sagte er und klopfte Johan auf die Schulter.

Er ging in die Klausur, schrieb und bekam eine Woche später ein Telegramm, er sei ausgehängt, das heißt, durchgekommen. Einige schrieben diesen Ausgang dem Edelmut des Professors zu und mißbilligten Johans unbegründeten Auftritt, doch Johan war überzeugt, daß sein Fleiß und sein Wissen zu diesem Erfolg geführt hatten, wenn er auch nicht leugnen konnte, daß der Professor ein ehrenhafter Mann war, der ihn nicht hatte durchfallen lassen, wo er die Macht besaß, dies zu tun.

Im Mai sollte die mündliche Prüfung stattfinden. Gegen allen Brauch schickte er jetzt seine Abhandlung hinauf und bat per Post um Ansetzung der mündlichen Prüfung.

Die Abhandlung hatte den Titel Hakon Jarl und handelte von Idealismus oder Realismus. Da sie, datiert 1871, ein wichtiges Dokument der Entwicklungsgeschichte ihres Verfassers und vielleicht auch einen kleinen Beitrag zur Gegenwart darstellt, wird sie wortgetreu mit den notwendigen Kommentaren im folgenden abgedruckt.

Hakon Jarl
oder
Idealismus und Realismus
(1871)

Von A. an B.

Thorshammar, im Göijemonat 18 ...
Wann kann ich mich auf das Urteil meines Geschmacks verlassen? Dies ist eine Frage, die mir lange viel Kopfzerbrechen bereitet hat, die ich jedoch endlich gelöst zu haben glaube! Hör zu und antworte dann, ob ich mich getäuscht habe!

Es war vor einem Jahr – ich besuchte das Nationalmuseum, um die niederländischen Gemälde zu betrachten – der Tag war neblig – mein Gemüt niedergeschlagen – nichts ergriff mich – Rubens' rosarotes Fleisch in den grünen Hainen unter einem tiefblauen Himmel verärgerte mich, und Ariadne – welch eine Ansammlung – und Rembrandt, der ernste Meister – wie konnte er sich herablassen zu solch einer Effekthascherei! – dort sitzt lesend Sankt Anastasius – Warum? Ja, damit das Licht einen Gegenstand erhält, auf den es fallen kann – und der unerträgliche Teniers mit seinen schmutzigen Kneipenwirten und Zechbrüdern – und den ewigen Tabakspfeifen – wahrlich, nicht nur zum Vergnügen öffnet er in der Wand stets eine Luke – Allerdings, Teniers erscheint mir weit reicher als Rembrandt – denn wenn Rembrandt ein Fenster öffnet, dann immer, um Licht hereinzulassen – während Teniers bloß etwas Rauch herauslassen wollte – vom holländischen Knaster. Und Ruysdael – welch schmuddelige Leinwände – welch öde Landschaften – warum läßt er die Wolken sich nie teilen – doch nein, diese Wolken gefielen mir – sie paßten vortrefflich zu meiner Stimmung – ich schlug den Katalog auf, Nr. 00, Landschaft mit einem Weg durch einen Waldpark; im Vordergrund Bauersleute und ein weißes Pferd mit einem Karren. Ich sah tatsächlich den Weg und das weiße Pferd und die Bauersleute – ich sah das Bild noch einmal an und begann, ein wundersames Gefühl der Wärme ums Herz zu spüren – ich ließ mich vor dem Bild nieder – von dem, was um mich her geschah, hörte ich nichts – doch ich hörte die Regentropfen von einem Blatt auf das nächste fallen – immer, wenn der Wind die Bäume schüttelte – ich sah, wie die Baumspitzen sich zueinander neigten – ich sah den Weg durch den Park – dort ging ein vom Alter gebeugter Mann – jetzt geht er an einer alten krummen entlaubten Birke vorüber – nehmt einander bei der Hand, ihr beiden Alten, die ihr im Sturm gekämpft habt! – – – der Weg schlängelt sich weiter durch den Park – zwischen den Bäumen wird es hell – in der Ferne wird die grenzenlose Ebene sichtbar – wohin gehst du, Alter – in die Unendlichkeit – fürchtest du die Sturmwolken – paß auf – dort oben in der schwarzen Gefängnismauer ist eine Ritze – siehst du den blauen Himmel hindurchlugen – Mut und Trost und Hoffnung – bald liegt er offen und klar vor deinen Augen – und du wirst dorthin fliegen wie der Falke, den du über deinem Kopfe kreisen siehst. – – – – –

Dort fließt ein Bach – woher kommst du, wohin gehst du – wurdest du oben im Walde geboren, oder bist du nur eine Träne, die der Himmel heute geweint hat und die die Sonne morgen trocknen wird – – – – – einige Reisende sind stehengeblieben – – – ruht euch aus, Wanderer – um dem Weg zu folgen, auf dem der Alte nun vorauswandert – auch ihr müßt ja hinaus auf die Ebene – – – – –.

Es schlug drei, ich mußte fort – doch zuerst eine Bitte um Vergebung an Dich, der Du mir gezeigt hast, daß der Geist im Fleische wohnt, und an Dich, der das Licht vom Himmel holte und es auf die Menschen leuchten ließ, und an Dich, der zeigt, daß die Idee, daß Gott auch mit Falschspielern zu Tische sitzen konnte und daß die Poesie nicht nur in Christi Grab oder in Hellas' Lorbeerhainen wohnt, sondern ebenso im elendesten Gasthaus!

Warum schätzte ich Ruysdael am höchsten? Ich glaube, weil ich meine augenblickliche Stimmung bei ihm wiederfand! Doch wenn ich die anderen gerade unrichtig beurteilt habe – wie kann ich sicher sein, Ruysdael jetzt richtig zu beurteilen? Soll ich mich kühl verhalten und es wegreflektieren! Nein, ich will das Kunstwerk genießen, dazu ist es schließlich da, und ich habe in diesen Tagen unendlich genossen – die ganze reiche Welt der Poesie hat sich geöffnet – der Geist der nordischen Natur hat mich getroffen – ich habe dem Gesang der Meerjungfrau auf der grünen Woge gelauscht – ich habe mit Balder über die verlorene Nanna geweint – ich habe mit der Nachtigall über die Kürze des Sommers geklagt und am winterlichen Feuer Sagen von den Heldentaten entschwundener Zeiten gehört, als der Norden noch eins war – ich habe Oehlenschläger gelesen – ich habe Hakon Jarl gelesen!!!

Wo soll ich anfangen – wo aufhören? Mein Urteil würde ein Dithyrambus werden, wäre ich Poet – doch so – Warum liest man den größten Dichter des Nordens nicht mehr – warum spielt man nicht bei uns seine Tragödien – von seinen 26 Tragödien werden nur fünf gegeben – warum gibt es seine Arbeiten nicht im Buchhandel – zumindest gab es O. in Stockholm nicht zu kaufen, als ich kürzlich dort war – hier draußen frage ich alle Leute, ob sie Hakon Jarl gelesen haben – bis jetzt habe ich noch keinen jungen Mann getroffen, der denselben kennt, und die Alten antworten mit einem kurzen ja!, zucken die Schultern und erinnern sich an nichts weiter als an die schöne Stelle im ersten Akt, wenn Odins Bild umstürzt – Hat er denn dieses Vergessen verdient, das mir reineweg fürchterlich erscheint? Warum haben unsere dramatischen Schriftsteller ihn nicht studiert; ihn, dessen Gesang so lieblich wie ein Frühlingstag am Sund und stark wie der Klang der Schilde ist!

Was hat die Kritik zu Hakon Jarl gesagt – sie kann wohl nichts zu tadeln haben, und wenn es kleine Fehler gibt – was macht das schon bei einem so großartigen Kunstwerk – Ist nicht Apollo di Belvedere schön, obwohl der Kopf nicht zwischen den Schultern sitzt? Ja, ich erkläre mich zu Hakons – vielleicht unwürdigem – Ritter und fordere jeden, der bereit ist, auf, in die Schranken zu treten und eine Lanze mit mir zu brechen – ich sehe Dein sarkastisches Lächeln – doch ich will Dir im voraus begegnen – denn ich weiß, daß Du – wie alle Kritici Deine Lust daran hast, alles Große niederzureißen.

Zum ersten ist Hakon eine Prinzipientragödie – die ja auf der Rangleiter am höchsten steht – und gleichwohl sind die Helden keine abstrakten Repräsentanten ihrer Ideen. – Wie sanft ist doch der christliche Olaf, – aber dennoch versündigt er sich – ist also nicht fehlerlos, was falsch wäre. Wie grausam ist doch der Heide Hakon und dennoch so menschlich – wie stark ist er doch und gleichwohl so schwach!

Wie vorzüglich ist doch die Exposition – um mich jetzt an das Technische zu halten, was Dir die Hauptsache zu sein scheint – und dennoch so ungesucht – zwei Sklaven unterhalten sich über das eine oder andere – ganz Gleichgültige – allmählich kommt man auf die Tagesfragen zu sprechen – die Situation wird erklärt – und Hakon geht über die Bühne – merke auf! er geht nur über die Bühne – wieviel bleibt hier doch dem Schauspieler überlassen – und wie fein, den Zuschauern diese große Reckengestalt zunächst zu zeigen, bevor er redend und handelnd eingeführt wird – diese Exposition hat doch etwas Shakespearehaftes! Und weiter, in der nächsten Szene, welch schöne Offenbarung – Gudrun – welche Lyrik, wenn sie den Kranz aus Schlüsselblumen auf Freyas Bild legt – Hakon tritt auf – anfangs kein Wort von Christentum und Heidentum – nein, er will nur die Jarlswürde gegen die Königswürde austauschen – Obwohl er flüchtig den Abfall Olafs erwähnt – Hakon bemerkt Gudrun – seine unglückliche Leidenschaft offenbart sich – doch was hat das mit dem Heidentum zu tun, wendest Du ein – Richtig – doch es ist ein rein menschlicher Zug – und dann, welch tiefsinnige Idee, Odins Standbild umfallen zu lassen – zugleich ist dies einer der größten Effekte, die man sich auf der Bühne vorstellen kann – besagt das nicht – Hakon, nimm dich in acht! Deine Götter sind zu alt! Und weiter, Hakons Besuch bei seiner Krone – welch geniale Idee – Hakon ist der Krone nicht gewachsen. Und welche Sprache! Was ist in dieser Hinsicht Tegnér gegen Oehlenschläger – nebenbei gesagt, hat der Dichter Frithiofs als bloßer Imitator all meine Achtung verloren – Wie wohl durchdacht, Hakon – den Heiden – von einem alten Mann darstellen zu lassen, und Olaf, den neuen Christen – von einem jungen – Wie grauenhaft wirkt doch das Heidentum in seiner Roheit und Härte, als Hakon in grausamer Weise die Bitte Thoras ablehnt – als sie sein gottloses Unternehmen verhindern will –

Welch schöne Szene zwischen Einar – der die schöne Seite des Heidentums repräsentiert – und Hakon – und weiter, Olafs Auftritt während des Gesanges der Mönche – dies ist eine Szene voll der schönsten Stimmung!

Und als Olaf dann Grib aufnimmt und sagt »Du christlicher Heide«! Wie schön erscheint da doch das milde versöhnende Christentum! Und das Vorzeichen mit dem Goldhorn und dem Opfer – ist dies nicht wunderbarste Romantik. –

Doch nein! Ich merke, daß ich keine Kritik schreiben kann – und ich will ein Kunstwerk wie dieses nicht zerpflücken – denn wer das tut, muß ein herzloser lebloser Mensch sein – ebensowenig kann ich durch die Ansammlung vorzüglicher Details ein ganzes Bild erzeugen – Genug davon, Hakon Jarl ist die interessanteste – die rührendste – die effektvollste aller dramatischen Schöpfungen, die ich je gelesen habe – ja, selbst Shakespeare – verzeih! – erscheint mir gegen Oehlenschläger trocken. –

Und noch ein Verdienst, dessentwegen, wie ich meine, Oehlenschläger Shakespeare übertrifft – auch wenn letzterer vielleicht ein größerer Dramatiker als ersterer ist – ist die Liberalität, mit der er seinen Stoff behandelt – er liebt alle gleich stark – Heide wie Christ – und läßt am Schluß stets die vollkommene Versöhnung erscheinen – so daß man den gefallenen Helden stets vollkommen versöhnt verläßt – und so vom Ganzen einen friedvollen Eindruck mitnimmt, wohingegen Shakespeare, wenn der Vorhang über dem letzten Akt fällt, einen im erschüttertsten Zustand zurückläßt. –

Was weiter! Oehlenschläger könnte man leichter lieben als kritisieren – darum schließe ich – und hoffe, daß Du nicht mit Deinem Rabengekrächz den Gesang der ersten Lerche stören wirst – und ich beschwöre Dich bei den Tränen, die ich bei der Lektüre von Hakon geweint habe, daß Du nicht in Deiner üblichen Grausamkeit das schöne Bild des Daneskalden zerstörst – des Wikingerbarden, das ich mir gemacht habe – und ist es nur ein Traum gewesen – oh, dann laß mich träumen – laß mich niemals zur prosaischen verhaßten Wirklichkeit erwachen – die mit ihrem Nordsturm die Maiblume der Jugendideale zum Welken bringen wird. Aber schreib – schreib bald über Hakon und Thora, sag mir, daß auch Du geweint hast, sag mir, daß Du Gudrun geliebt hast – und erwecke Du, der Du durch Deine Tätigkeit Einfluß auf die öffentliche Meinung hast, die Menschen – kläre die jetzt lebenden Schriftsteller darüber auf, daß die »Goldhörner« gefunden sind, daß Oehlenschläger sie vor siebzig Jahren gefunden hat, doch keiner – keiner hat sie bisher auf die andere Seite des Sundes gebracht – lade sie ein, aus ihnen zu trinken – bis auf den Grund – sie enthalten den gleichen Summungsmet, der Sveas Skalden die Gabe des Gesangs bescheren wird.

Von B. an A.
Stockholm, den 19. Februar 18..
Nachdem ich nach der Lektüre Deines Schreibens Gleichgewicht und Ruhe noch nicht wiedergefunden habe, darf es Dich nicht wundern, wenn der Stil leidenschaftlich oder geradezu gehässig wird – nicht gegen die Person, bewahre – sondern gegen die Sache, und ich meine, das Recht zu haben, das Falsche und Schiefe zu hassen. Du hast mich herausgefordert – nun gut – ich lasse sogleich zum Angriff blasen und – en garde!!
1. Werde ich Dein Geschmacksurteil bestreiten, denn Du bist zu jung. 2. Auf Deine Bekanntschaft mit Oehlenschläger zu sprechen kommen, die am falschen Ende begonnen hat – und in der Gefahr, wie Baggesen als Ketzer verbrannt zu werden – und mit aller Achtung für den größten Dichter des Nordens einige allgemeine Urteile über seine schriftstellerische Tätigkeit fällen. 3. Werde ich auf einer halben Seite Werther verwünschen. 4. »über Hakon Jarl sprechen«, obwohl ich weder Gudrun liebe noch irgendeine Träne über Thora-Donna Elvira, die Theaterdirne – vergossen habe – wobei ich auf Sentimentalität – Nordländertum – Tragik – Effekt und in Zusammenhang damit auf die Theatermaschinerie – des

weiteren auf die genialische Ironie der Romantiker – Epik und Lyrik im Drama – usw. komme. 5. Dein Gekläffe gegen Shakespeare total ignoriere – das an den Hund und den Mond erinnert – Aufklärung über Deine Irrtümer kannst Du im übrigen in irgendeinem ästhetischen Lehrbuch finden. Und 6. ein Rezept gegen Deine Krankheit nenne usw.

Der Grund, warum ich zunächst auf Dein Gerede über Geschmacksurteile einschlage, liegt darin, daß all Deine Äußerungen über Hakon Jarl sich auf einen, wie Du recht dunkel behauptest, Eindruck gründen, der Dich in eine poetische Stimmung versetzt hat. So ist Deine gesamte Auslassung über Ruysdaels Gemälde eine Lüge – eine Dichtung – aber kein Urteil – und ich wage zu behaupten – daß Du ein Gemälde nicht verstehst, weil Du den Stoff auf Dich wirken läßt – nicht die Harmonie zwischen Idee und Form – Du dichtest, nachdem Du Dich von der Stimmung des Gemäldes hast ergreifen lassen, eine Menge Sachen hinein, die nie vorhanden waren oder an die der Maler, als er das Bild malte, nie gedacht – die er aber womöglich dunkel gefühlt hat, als er es konzipierte. Ein Beispiel –! Wo ein gewöhnlicher Mensch nur einen Vogel sieht, siehst Du einen Falken – woher weißt Du, daß es ein Falke ist, wo dieser Vogel und Vögel im allgemeinen auf Gemälden dieses Aussehen haben ⌒ – Da hast Du gedichtet, und Du hast gedichtet, als Du Hakon Jarl gelesen hast. »Wie sollst Du denn zu einem gültigen objektiven Urteil gelangen«, wendest Du ein, »oder muß ich den Kunstgenuß aufgeben, um urteilen zu können?« Keineswegs – denn das Urteil muß, um wahr zu sein, mit Genuß im harmonischen Zustand der Seelenfunktionen beginnen – danach muß das ruhige Reflektieren eintreten – bei dem alles Stoffliche wegabstrahiert wird. Sei sicher, daß Holberg die Größe Homers erfaßte, obwohl er ihn in Dichterlaune ausgelacht hat, ebenso wie ein Byron unter dem Einfluß seines Dämons alles verspottete, was Dichter hieß, groß und klein, obwohl er in normalem Zustand der erste war, der vor einem Shakespeare auf die Knie fiel.

Im übrigen genieße Du nur, während Du gleichzeitig durch Studien Deinen Geschmack bildest – und verachte die Rezensenten nicht – die das recht undankbare Los haben, im Tempel der Schönheit an der Tür zu stehen und die Unwürdigen hinauszuwerfen, die sich hineinschmuggeln wollen – ohne daß sie selbst jemals weiter als bis an die Schwelle kommen – und wenn sie ihre Pflicht tun, ruft der Pöbel: »die reitet der Teufel.«

Nun zu Deiner Bekanntschaft mit Oehlenschläger.

Glückliche Fügung des Geschicks! Du begegnest dem Dramatiker Oehlenschläger und gerätst in den siebten Himmel – sei guten Mutes, wenn ich Dich aus Deinem seligen Traum reiße und behaupte, daß Du diese Bekanntschaft nicht hättest machen sollen – denn wenn Du demnächst auf den Epiker-Lyriker Oehlenschläger stößt, dann geht es sicher hinauf in den achten. Lies Aladdin – Das Johannisnachtspiel – Helge – Thors Reise und weiter nichts! Dort findest Du den größten Dichter, den der Norden hervorgebracht hat! Forsche aber nicht weiter, weder nach der Person des Dichters – seinen Lebensumständen – Jahren – denn dann hast Du vom Baum der Erkenntnis gegessen, was Dich aus dem Paradies der Illusionen wirft! Doch nein – Du hast die Pforte geöffnet – Du hast Hakon Jarl gelesen – hier beginnt Oehlenschlägers in doppelter Hinsicht tragischer Weg – willst Du mein Paradoxon hören – man wird darüber lachen – vielleicht nicht Du, dem zu weinen leichter fällt! Oehlenschläger ist die tragischste Persönlichkeit der dänischen Literaturgeschichte – nächst Kierkegaard! Damit du mich verstehen kannst, muß ich kurz die Voraussetzungen darstellen, auf denen Oehlenschlägers Wirken beruhte – d. h. den Zustand der dänischen Literatur vor und bei seinem Auftreten.

Selten hat wohl ein Dichter zu seiner Aufnahme alles so vorbereitet gefunden wie Oehlenschäger. Verschiedene Johannes-Wegbereiter hatten den Pfad gerodet und den kommenden Messias angekündigt.

Vater Holberg hatte die alte Mittelalter-Gelehrten-Pedanterie, die der Dänischen Muse beibringen wollte, schlechtes Mönchslatein zu singen, kurz und klein gelacht; Wessel, der zu seinem Leidwesen gesehen hatte, wie schief Melpomene auf den roten Absätzen ging, die ihr die Franzosen unter die Kothurne genagelt hatten – kam eines schönen Tages nach Kopenhagen hinunter und stellte die ernste Muse in Strumpfsocken dar – die Leute lachten und fanden dies viel lustiger als die französischen Tragödien, und dann wollte von dem Unfug keiner mehr etwas wissen – Ewald hatte mit seinen im übrigen schlechten Tragödien Balders Tod und Rolf Krake die Aufmerksamkeit auf den Schatz gelenkt, den die nordische Mythologie und Saga an Poesie besaß – und durch Die Fischer auf der dänischen Bühne einen Fremdling eingeführt – – – die Poesie, die nationale Poesie. – Baggesen hatte gezeigt, daß man, um Poet zu sein, nicht weinen mußte und daß auch lustige Geschichten poetisch sein und in künstlerische Form gekleidet werden können. Die Norwegische Gesellschaft – frische Jungens übrigens, wenn auch schlechte Poeten – hatte ein wenig frische Bergluft in das südlichere Mutterland mitgebracht, wo die Herren Deutschen mit ihrer schlappen Gemütlichkeit die Luft verpestet hatten.

Dann erschien der Messias und siehe – alle Leute glaubten an ihn – sogar Jens Baggesen.

Man könnte die Genies in zwei Sorten einteilen: solche, die ihre Gaben von der Vorsehung geschenkt bekommen haben, ohne daß sie für dieselben hätten arbeiten müssen, und solche, die mit einem sensiblen Gemüt in den Jugendstürmen das Wenige, das ihnen gegeben wurde, ausarbeiten; die ersteren setzen die Welt mit ihren reichen Schätzen, die sie freigiebig ohne Anstrengung um sich streuen, in Erstaunen, die letzteren kämpfen ihr Leben lang weiter, gelangen selten zur Harmonie und enden gewöhnlich als Märtyrer.

Oehlenschläger hatte alles, was er besaß, von der Natur erhalten, tat aber leider nichts, um mit seinen Pfunden zu wuchern – seine Erziehungszeit verlief sorgenlos und heiter – sein Genie wurde rechtzeitig erkannt, und er wurde der Liebling seines Volkes, ja, sein Abgott. So gut hatte die Vorsehung für ihn gesorgt, daß sie ihm einen Genius an die Seite gab, der ihm unaufhörlich den richtigen Weg zeigte und ihn vor dem bösen Dämon des Genies, dem Hochmut, warnte – doch vergeblich!

Die Eitelkeit machte den durch verfrühtes Lob bereits trübäugigen Dichter blind – und er sah im Freund seinen Feind, und er bekämpfte ihn, denn er hatte gewaltige Kräfte auf seiner Seite – er hatte die ganze Nation – außer Grundtvig. Er, der mit 23 Jahren Die Johannisnacht, mit 25 Thors Reise, etwa gleichzeitig den Aladdin gedichtet und mit 27 Jahren eine solche dramatische Begabung gezeigt hatte, wie sie sich in Hakon Jarl offenbart, beendete mit 36 Jahren seine Dichterlaufbahn – obwohl er frisch und gesund mit der Möglichkeit zu weiteren Studien bis zu seinem 72. Jahr lebte – in beständigem Verfall – – Ist dies nicht tragisch – sieht man nicht mit tiefstem Kummer, wie das Göttliche, wenn es schon einmal zur Menschheit herabsteigt, der irdischen Hülle rasch müde wird und sie verläßt – oder werden wir nicht daran erinnert, daß alles Schöne vergänglich ist – dies ist das Tragische als »universi Gesetz« – – – –

Gerade habe ich einen Tatbestand berührt und deutlich gemacht, daß ich der dänischen Literaturdogmatik gegenüber heterodoxe Ansichten hege – Ich muß mich erklären – Die dänische Literatur ist in unserem Lande sonderbarerweise ziemlich lange ihrem Schicksal überlassen gewesen – Ein achtenswerter Versuch, die literarischen Bewegungen beider Länder zusammenzubringen und Interesse für die dänische Literatur zu wecken, die wirklich eine gründliche Erziehung genossen hat und unserer Beachtung besonders würdig ist, wurde um 1860 vom jetzigen Professor Dietrichson unternommen – dabei wurde auch der sogenannte Baggesen-Oehlenschläger-Streit berührt. Dem alten Schlendrian folgend, stellte er diesen Streit – der kein Streit zwischen den erwähnten Parteien war, denn Oehlenschläger schwieg nachweislich so gut wie die ganze Zeit – als von größter Bedeutung für den Erfolg der dänischen Literatur dar. Baggesen steht da wie ein literarischer Verbrecher – ein frevelnder Neider, und Oehlenschläger als Märtyrer. Baggesen erscheint als Vertreter einer alten Schule, die elegante Verse den gediegenen vorzieht, und ein witziges Wortspiel als den Höhepunkt der Poesie betrachtet – Ich bin so kühn, mich diesem Urteil zu widersetzen, indem ich die Unrichtigkeit von Dietrichsons Auffassung behaupte und dann zu beweisen suche – ich behaupte, daß Baggesen eine liebenswerte Dichternatur war (was durch sein allgemein bekanntes, wenn auch etwas sentimentales Als ich klein war und das stellenweise wirklich großartige Labyrinth bewiesen wird) und in seinen Komischen Erzählungen ein wahrer Humorist. Damit will ich nicht gesagt haben, daß Baggesen ein großer origineller Dichter war – denn die sind rar. Weiter behaupte ich und überlasse die

Entscheidung darüber jedem selbst, nicht aufgrund des Studiums der literaturhistorischen Schriften der Herren Molbech, Nyerup und Rahbek, die mir äußerst einseitig erscheinen – sondern aufgrund der Schriften der Streitenden selbst, daß dieser Streit bei weitem nicht von so peinlicher Natur war wie jener zwischen Phosphoristen und Akademisten in unserem lieben Vaterland, denn ein solches Werfen mit Dreck wie im Polyphem kommt bei Baggesen niemals vor, noch nicht einmal in dem so verschrieenen Kommentar Per Vrølers zu Oehlenschlägers erbärmlichem Gelegenheitsgedicht zu einem Schützenfest, aus dem ich das folgende zitieren will:

> Der Baggesen, der als Skribent es nicht verhehlt,
> Daß er mit Übermut verfolgt, was andere verfehlt,
> —————————————————————
> Der bin ich wohl; und da ich Oehlenschlag vertraue,
> So schlag' ich drauf mit dem, was ich am besten kann;
> Doch wen mit unbarmherz'gem Schlag ich haue,
> Ist nur das Reittier, nicht der Mann!

Und weiter:

> Am Anfang rief ich – warum wurd' ich nicht gehört?
> Ihn selbst zu retten, muß ich mit Gewalt nun streiten,
> Der Bestie, die ihn trägt, das Ende zu bereiten.
> So lange ihn sein Pegasus (so hieß es wohl mit Fug)
> Hoch über meinen prächtig aufwärts trug –
> War ich da nicht der erste, der dies eingestand?
> Reicht' ich ihm nicht im Frieden meine Hand?
> Wär' ich imstande, seine Ehr' schief anzusehen,
> Warum ließ stumm ich nicht ihn jetzt zu Grunde gehen?
> —————————————————————
> Beneiden – Dich, Gespenst des Oehlenschläger!
> Ach, wär' an Deiner Stell' mit meinem Stolze ich,
> Und käme zu mir des bekränzten Bechers Träger,
> Bei jedem Trunke weint' ich bitterlich.
> —————————————————————
> Nein, dies mißgönne Dir der tumbe Tor!
> Doch es Dir gönnen – kann der Böse nur!

Angemerkt werden muß, daß Oehlenschläger zu dieser Zeit bereits Ludlams Höhle und Hugo von Rheinberg geschrieben hatte, und das folgende mag zeigen, welchen Oehlenschläger Baggesen nicht angriff:

> Bin nicht der Baggesen, des üblen Spottes Jäger,
> Den Kopenhagens Klatsch sich da zusammennäht.
> So wenig, wie Thors, Hakons, Helges Oehlenschläger
> Derselbe ist, den ich geschmäht.

Baggesen erwies Oehlenschläger jede mögliche Gerechtigkeit, davon zeugt das folgende aus Noureddin an Aladdin, auch wenn die Verleumder zwischen den Zeilen einen versteckten Neid erkennen wollen, doch der Unparteiische darf nicht zwischen den Zeilen lesen:

> Sei hier gegrüßt, ich reich' Dir meine Hand,
> Irr' ich mich nicht und hütest Du Dich vor dem Falle
> Dann sei begrüßt vom ält'ren Bruder in der Skalden Halle
> ― ― ― ― ― ― ― ― ― ― ― ― ― ― ― ― ―
> Als *Dichter Melpomenes, Größter im Dänenland.*

Der alte anerkannte Dichter konnte dies dem eben in die Höhe geschossenen Jüngling sagen – war es Neid, warum setzte er dann nicht sein ästhetisches Seziermesser an den Aladdin – der niemals als dramatisches Gedicht gelten kann, auch wenn Heiberg eigens für Aladdin ein neues Konto für das »unmittelbare Drama« eingerichtet hat – Baggesen schätzte die Poesie im Aladdin, und seine Kritik verstummte! Und wie bescheiden, ja demütig, ist diese Anerkennung, die keinen Neid, sondern nur Schmerz darüber zu atmen scheint, ein halbes Leben lang Aladdins Lampe vergeblich gesucht zu haben.

> Doch was ich finden werd' nach manch durchkämpftem
> Jahre,
> (Sollt' mir ein Fund denn gar gelingen)
> *Die Lampe* wird's kaum sein, die wunderbare,
> Grad *Wielands Stein,* so fürcht' ich, kann ich mir erringen.

Und nennt Baggesen nicht Hakon Jarl »unser bestes nationales Trauerspiel«, wie warm verteidigt er doch Axel und Valborg gegen die schwedische wie gegen die deutsche Kritik, die das Stück in Grund und Boden gestampft haben soll. Wenn Baggesen dagegen mit solchen Stücken wie Ludlams Höhle und Hugo von Rheinberg hart ins Gericht geht – wer will sich darüber wundern – da Oehlenschläger – Hakons Dichter sich zu derartigen Ausschweifungen herabließ, die den jüngeren Schriftstellern das schlechteste Beispiel gaben.

Was wollte also Baggesen mit seiner grimmigen Polemik? Ja – er wollte – was jeder Wächter des Parnaß wollen sollte – er wollte, daß die Poesie nicht nur ein Spiel ist – er wollte, daß das höchste aller Gefühle wirklich eine Kunst ist – und eine schöne Kunst – er wollte dem genialischen Leichtsinn entgegenarbeiten, der die Form verachtet – ohne die es keine Kunst gibt – er wollte, daß der, welcher zum größten nordischen Dichter geboren war, wenigstens ordentliche Verse schrieb – das war ja nicht zuviel verlangt – er wollte diesen verfluchten Dilettantismus ausmerzen – und darum – nein, weil er einen auf Irrwege geratenen Jüngling zurückführen wollte – darum wurde er – von zwölf Studenten, einigen Professoren, ein paar Pastoren und einigen anderen literarischen Pfuschern – auf dem Altar des Abgottes Oehlenschläger bei lebendigem Leibe gebraten – und zu alledem rief der Pöbel bravo! Das folgende mag Aufschluß darüber vermitteln, wie man Baggesen mordete –

> Wie kann das ganze Heer mir einzelnem, entblößt,
> Die spitzen Klingen richten gegen's nackte Herz,
> Wo doch, mit treffender Kritik und Scherz
> Allein mein Kopf sie vor die Köpfe stößt?
> Sie wissen: dieser schützt sich, wird gesunden,
> Und stark und kräftig trotzt er ihrer Macht;
> Doch: jenes, das zu schwach und weich für solche Schlacht,
> Wird lange bluten noch aus vielen tiefen Wunden.

Baggesens Waffen waren stets blank – nicht so die seiner Gegner – Baggesen schrieb niemals eine Satire oder machte sich über irgendwelche von Oehlenschlägers Werken, die der tiefsten Tiefe des

Gefühls entsprungen waren, lustig – er war zu nobel, um die heiligeren Gefühle eines anderen zu verletzen und zu verspotten – Paul Møller parodierte Als ich klein war, Baggesen wurde des Plagiats bezichtigt – bewies seine Unschuld – und wurde verurteilt – von seinen Feinden. –

Zerrissen von Kummer und Schmerzen starb er 1826, und – wie schön! – im Theater wurde ein Fest gefeiert – Oehlenschläger bekam eine gute Gelegenheit, ein Gelegenheitsstück zu schreiben – und man verzieh dem Toten ... O Edelmut! Oehlenschläger hatte seinen Zuchtmeister verloren, doch der Geist des Abgeschiedenen scheint ihn verfolgt zu haben – denn in den meisten seiner Gedichte wird man zwei Dichter finden, von denen der eine ein Engel und der andere der leibhaftige Satan ist, welcher den ersteren beneidet – z. B. Hrane und Ragnvald in Hroars Saga – Thormod und Sighvat in Olaf, und schließlich Sokrates und Aristophanes – wo – Aristophanes den Sokrates um Verzeihung dafür bittet – daß er Die Wolken geschrieben hat – – – – So wenig verstand Oehlenschläger seinen Aristophanes, und Fahlcrantz hätte vielleicht ein gutes Werk getan, hätte er seinen Gedanken ausgesprochen, als Oehlenschläger seine Absicht erwähnte, Sokrates zu schreiben. (»Sie – Sokrates«! Siehe Fahlcrantz' Reiseerinnerungen)

Mehr zu beweisen, würde zu weit führen – ich verlange nicht, daß mein Urteil unbedingt angenommen oder verworfen wird, ich will nur andeuten, wie Baggesen von Rechts wegen beurteilt werden müßte – hier ist auch nicht der Ort, seine vielen großen Fehler aufzuzählen, was insgesamt unnötig ist, weil man sie in jeder dänischen Literaturgeschichte nachlesen kann, ebenso wenig, wie ich alle sattsam bekannten Verdienste Oehlenschlägers aufzähle – wenn Du mich nur nicht einseitig nennst, weil ich zwei Menschen von zwei recht wenig beachteten Seiten sehe! Oehlenschlägers schlechteste Seite betrachte ich, weil er als Dramatiker einen höchst verderblichen Einfluß nicht nur auf die dänische, sondern auch auf unsere Bühne ausgeübt hat.

Bevor ich zu Hakon Jarl komme, will ich eine kleine Attacke auf einem Steckenpferd reiten – sollte Oehlenschlägers Pegasus dabei wiehern, kannst Du davon ausgehen, daß er von einem –

wenn ich das sagen darf – absichtlichen Tritt getroffen wurde! Zur Sache!

Das Kindesalter ist der Glaube – das Jünglingsalter der Zweifel – und das Mannesalter ist das Wissen oder sollte es sein – Ich halte mich an das Jünglingsalter. Hast Du gesehen, wie an einem gotischen Gebäude alle Linien nach oben streben – auf die Wolken zu – zum Himmel – vertikal; dies war in der Jugend der Zeit – hast Du andererseits gesehen, wie an den Gebäuden der frühen Renaissance alle Linien horizontal verlaufen – parallel zum Boden – sich von der Erde nicht erheben – das sollte der Eintritt ins Mannesalter sein. – Welch unruhigen, mystischen, sehnsuchtserregenden Eindruck macht doch das gotische Bauwerk mit seinen Fialen, Wimpergen, Baldachinen, Krabben und unzähligem anderen phantastisch geformten Schmuck – alles ist so erregt – so viel ist nötig, um das suchende Gemüt zur Andacht zu bewegen. Dann kam die Renaissance und baute, stell Dir vor, gewöhnliche Wohnhäuser statt Kirchen – riß den Tand ab und setzte an Stelle des Zierats – gerade Linien! Und gleichwohl, welch männlicher, würdiger Eindruck!

Der Jüngling geht mit seinen Idealen ins Leben hinaus – sie sieden und gären in ihm – er will sie verwirklichen – will einen gotischen Dom bauen, der bis in die Wolken ragen soll – doch es endet wie üblich – sein Leben reicht nicht aus – und das Bauwerk muß warten, oder er gibt die Hoffnung auf und tröstet sich damit, daß die Welt so erbärmlich ist – und fängt von vorn an und stellt allmählich fest, daß die Ideale zum Teil in der Wirklichkeit zu finden sind, auch wenn er blind war und geglaubt hat, der Welt etwas Neues zu sagen, das schon vor tausend Jahren gesagt worden ist. Endet es so, ist es gut, verharrt er aber in seinen Träumen und besteht darauf, die Welt zu verachten und sich verkannt zu fühlen usw., dann ist er verloren, dann ist er – Werther!

Hast Du einen jungen Mann gesehen – ein Jüngling muß Werther zumindest in den drei, vier Monaten sein, die seine erste sog. Liebe anhält – mit ungekämmtem Haar, schmuddeligem Hemdkragen und die oberen Knöpfe der Weste aufgeknöpft – (er hat solche Schwierigkeiten beim Atmen) – der niemals Anzeichen von Nützlichkeit äußert, sondern nur liest, was er »Humaniora« nennt – d. h. schöne Literatur von zweideutiger Natur – und – Broschüren – und Verse schreibt – viele Verse – insbesondere Erotik, wofür er Distichen wählt, damit er um die schwierigen Reime herumkommt. Dies ist das erste Wertherstadium und tritt unter jüngeren Studenten auf. Ich vergaß zu erwähnen, daß Werther immer Abitur hat – denn Nicht-Abiturienten haben keine Zeit, Humaniora zu lesen, und dürfen darum bei geeigneten Gelegenheiten verspottet werden, wozu nicht die Gelegenheiten zählen, bei denen sich Werther Geld leihen muß. Das zweite Stadium ist erreicht, wenn Werther »Junior« geworden ist – wenn er sich einschließt und – Faust ist – Blasiert durch seine ästhetische Erziehung, mit der eine empfindliche körperliche Konstitution einhergeht – empfindet er grauenhafte Schmerzen darüber – mit einem Körper geboren zu sein – jedesmal, wenn er Mittag essen muß, verflucht er sein Geschick – denn, der arme Kerl! er muß Menschen sehen! Öffentliche Vergnügungen besucht er jetzt nie mehr – denn »er fühlt, wie im Gewimmel der Massen seine Persönlichkeit vernichtet wird«. Vorlesungen verachtet er – denn sein freier Geist haßt Zwang – vor allem in Form von Stundenschlägen – Verse schreibt er nicht mehr – das verachtet er! Außerdem hat er jetzt das Skript eines Philosophiekollegiums gelesen – und ist Skeptiker geworden – heute ist er Pantheist, morgen Atheist – von seiner Liebe spricht er jetzt nicht mehr – an die Liebe glaubt er nicht mehr! er ist ein schrecklicher Menschenkenner – besonders die Frau kennt er durch und durch – genug damit, es kommt so weit, daß er – Selbstmordversuche unternimmt, jedoch stets so, daß rechtzeitig ein Freund erscheinen und dieselben vereiteln kann!

Dies ist nur ein Beispiel für das Grassieren des Werther-Teufels – stell Dir vor, eine ganze Zeit ist davon besessen! Sie war es, als Goethe mit seinem Werther herauskam – über die Gründe kann Goethe Dir in seinem »Aus meinem Leben« kaum Auskunft geben. Genug davon, es lag eine Schlappheit in der Zeit, es hatte zu lange Stillstand geherrscht – wozu vor allem der Englische Empirismus und Sensualismus durch seine Ausartung zum Nihilismus beigetragen hatte – das war englischer spleen, durch die Poesien Joungs und

Ossians auf deutschen Boden übertragen. Goethe durchstach die Pestbeule – doch statt geheilt zu werden, verbreitete sich die Krankheit – steckte die Nachbarn, unter ihnen auch den ansonsten gesunden Oehlenschläger an. Und dorthin wollte ich kommen!

Es ist diese verfluchte Sentimentalität – »Weltschmerz« – die, in seinen späteren Werken sonderbarerweise mit dem frischesten Liberalismus verbunden oder, richtiger, vermengt, bisweilen auf bedauerliche Art à la Heine hervortritt und sein eigenes Werk zerstört. Das werde ich jetzt, indem ich Hakon Jarl betrachte, darlegen – wobei ich keine ausführliche Rezension liefere – denn eine solche erhebt den Anspruch, in ihrer Art ein vollgültiges Kunstwerk zu sein – sondern nur die Gebrechen angreife, die durch ihr Beispiel einen so schädlichen Einfluß auf die neuere nordische Dramatik ausgeübt haben.

Laß uns zunächst die Charaktere betrachten – das lyrische Element! Hakon wird nach einem Gespräch zwischen zwei Sklaven, welche die Situation erklären, vorgestellt – Hakons Herrschaft gründet sich auf ein Verbrechen – dies ist in die Zeit vor Beginn des Dramas verlegt – das ist zwar antik, wirkt hier aber störend – Hakon tritt auf und spricht von Olafs Verachtung für die Götter des Nordens, während er im selben Atemzug die Heiligkeit von Freyas Hain verletzt, indem er Gudrun küßt – im ersten Akt erscheint uns Hakon als ein liederlicher Despot. Im zweiten Akt bricht die nordische Kraft durch, wenn er die Liebe der Mannestat opfert – (im Gegensatz zu Frithiof) – dies ist ein männlicher Zug, wenn auch die Art etwas roh ist – aber Werther braucht darüber nicht zu weinen! Im Auftritt mit Einar ist Hakon feige – was Hakon sich in diesem Akt zuschulden kommen läßt, als er ein altes »jus« ausnutzt, bei der Braut zu schlafen, ist die Ursache seines Sturzes – was vielleicht nicht ganz logisch ist, denn Olaf – das Christentum – müßte ihn schon besiegen – Im dritten Akt läßt Hakon sich dazu herab, bezahlte Mörder zu dingen – dies mag historisch sein – ist aber für den nordischen Helden keineswegs charakteristisch – doch als dieser Anschlag mißglückt, erhöht sich Hakon, indem er Pathos in tragische Größe verwandelt. Dieser Umschlag von Pathos wirkt für die ganze Figur Hakon störend.

Zu Beginn steht Hakon nur als Erhalter seiner Herrschaft da, am Ende als Verteidiger der Götter. Das gleiche läßt sich von Olaf sagen – zu Beginn spricht er von der Einführung des Christentums – tritt mit großer Milde auf – singt Messen u. dgl. Im vierten Akt erschlägt er aufgrund eines Irrtums den unschuldigen Erland und verfolgt Hakon dann mit wirklichem Haß – wie er selbst sagt – und als er die Krone bekommen hat, gönnt er der heiligen Jungfrau noch nicht einmal ein Gebet – kein Te Deum oder auch nur ein paar Priester – Hauptsache scheint also die Krone zu sein und das Christentum ein Vorwand. Und Thora – zu Beginn ein rohes Geschöpf, das Sklaven schlägt, Hakon beschimpft und dabei nicht die geringste Spur jener sanften – rein göttlichen – Weiblichkeit verrät, die sie dem so schäbigen Hakon erweist, als er darum bettelt, sich bei ihr verstecken zu dürfen.

Um die Spuren dieses platten Rationalismus und dieser Wehleidigkeit zu verfolgen, müssen wir die Behandlung jener beiden Prinzipien untersuchen, die der Autor einander gegenübergestellt hat, da wir dann sofort eine Vorstellung bekommen, was die Romantiker mit ihrer Ironie wollten.

Um der dramatischen Gerechtigkeit Genüge zu tun, hat der Autor die Absicht gehabt, das Heidentum in scheußlichen Farben zu malen und das Christentum in das reinste Licht zu stellen. Wie ist ihm dies, was zum Teil falsch ist, gelungen? Ja, er läßt Olaf mit einem Monolog auftreten – in dem er in reimenden Jamben künftige Segnungen durch die Einführung des Christentums prophezeit – dann nämlich wird in den alten Tempeln nicht das Gebrüll der Opfergötter erschallen, sondern es wird Mönchsgesang – vermutlich auf Latein – in die gotischen Gewölbe aufsteigen – statt des Blutes der Opfertiere werden zur Ehre des »Einzigen« und seines Sohnes und dessen Mutter Weihrauch und Myrrhe ihren Duft verströmen – die Tempel werden nicht durch Gastmähler entehrt werden, statt dessen werden unter Austeilung von Segnungen im Altarrund Liebesmähler verzehrt werden – auf Haß und Gewalt werden Unschuld und Liebe folgen. Dies ist der Unterschied zwischen Heidentum und Christentum – meint Oehlenschläger – ist das etwa Ernst? oder – Ironie? Hat Hakons Odinsbild nicht etwa ebenso große Berechtigung wie Olafs Marienbild, wenn beide an das ihre glauben. Und weiter: Hakon opfert seinen einzigen Sohn – denn die Götter geben ihm ein, dies sei das einzige Versöhnungsopfer – und gleichwohl behauptet Olaf, dieses Verbrechen sei es, das er bestrafen wolle – denn – sagt er, etwas so Ungeheuerliches habe man seit Abrahams Zeiten nicht gehört – doch jenes sei auf *Gottes* Befehl geschehen und nur eine Prüfung gewesen – aber, meint er – wäre nicht der Engel dazwischengekommen – hätte Abraham das Messer sicherlich fallen lassen! Da war Hakon doch viel größer, der gutherzig sein Opfer brachte – Ja, Vater Abraham – ein Heide hat dich erledigt – oder vielleicht scherzt der Dichter Adam auch nur!

Und Herr Auden – wie er heißt – ist ein abgefeimter Rationalist, der das gepriesene Christentum Stück für Stück zerpflückt – so daß Olaf über seine Dummheit erschrickt, und käme nicht der alte Tangbrand und ordinierte am Samstag vor Pfingsten eine Messe, hätte Olaf gewiß als Freidenker geendet.

So hat das »geniale Subjekt« Oehlenschläger in seiner Souveränität sich wie ein Gott über sein Werk hinweggesetzt und seine Geschöpfe zu Tode gehöhnt – doch das darf man ihm nicht zur Last legen – er war ein Kind seiner irreligiösen, skeptischen Zeit, die sich so schön die der Aufklärung nannte – Daß er jedoch bis zum Ende seines Lebens so weitermachte, obwohl in die Zeit seines Alters die Wirkungsperiode Kierkegaards fiel, das war unerklärlich!

Hakon Jarl ist ein interessant-sentimentaler Schurke, der zwecks Erregung von Mitleid von so unverschuldetem Kummer wie Erlands Tod getroffen werden muß – er muß so weit gedemütigt werden, daß er Schutz bei seiner verachteten Konkubine sucht – damit er einem »leid tut«. Er ist ein romantischer – kein nordischer Held – die führten sich ganz anders auf – worüber Du Aufschluß erhalten kannst – nicht in Frithiofs Saga – sondern in den isländischen – Njáls – Egil Skallagrimssons – der Jomsvikingasaga u. a. Dort wirst Du den nordischen Stoizismus finden – die nordische Treue – besonders die eheliche, aber keine Spur der Wertherschen oder Oehlenschlägerschen oder Tegnérschen Liebe. Wahr ist, daß die Menschen zu allen Zeiten gleich gewesen sind, und die Geschichte des Menschenherzens ist dieselbe – doch Charakter oder Gefühle des Nordbewohners äußern sich nicht auf dieselbe Weise wie die des Südländers – doch genau das haben verschiedene romantische Schriftsteller vergessen, als sie den Nordbewohner schildern wollten.

Oehlenschläger ist Epiker – dies beweisen auch die epische Breite und die Weitschweifigkeit seiner Stücke – was ihnen jedoch den Anschein gibt, so viel Handlung zu enthalten – was aber ist Handlung? Ja, die Leute sagen, daß einem Stück die Handlung fehle, wenn auf der Bühne nichts passiert. Doch laß den Maschinisten hinter einer Kulisse stehen und eine Kerze ausblasen, die auf der Bühne auf einem Tisch steht – laß dann einen der kräftigsten Soprane im Chor ein greuliches Gelächter anstimmen – oder laß den Helden durch eine Schießscharte hinausspringen – oder irgendwelche wichtigen Dokumente verbrennen – am besten ein Testament – von dem es jedoch der Auflösung des Stücks zuliebe – eine Abschrift geben darf – draußen beim Requisiteur – oder laß den Theateronkel ein paar Pasteten essen und ein Glas Sherry trinken – und die Handlung ist da – das Stück ist dramatisch. Dies aber gehört zur Lehre von der Theatermaschinerie, in der sich Oehlenschläger besonders gut auskannte, denn er war eine Zeitlang am Theater gewesen – und diese Eigenschaft, »spielbar« zu sein, ist die erste, die für die Aufnahme eines Stückes an der Bühne heutzutage zählt. Oehlenschläger benötigt zur Erzeugung einer Metapher oder eines Gleichnisses eine ganze Menge »Attribute« aus dem Fundus. So gibt es die ganze Szene mit dem Schmied und der Krone nur, damit Bergthor sagen kann – Hakon ist der Krone nicht gewachsen – sie ist ein »lebender Rebus«, eine »charade en action«, ebenso wie der ganze Aufwand zur Einführung Einars. Hakon Jarl ist in 16 Abteilungen unterteilt, von denen einige gestrichen werden könnten – dies ist, verglichen mit den 65 des Götz, wenig – aber doch zu viel! Du hast den Hakon nur gelesen, darum hast Du das Unruhige, das Unübersichtliche dieses Arrangements nicht bemerkt, ebensowenig wie Dir die Falschheit des Effektes beim Sturz des Odinsbildes hat auffallen können. – Doch um zur Handlung zurückzukehren ...

Ich habe einmal einen Zwölfjährigen Oehlenschlägers Tragödien lesen sehen – das ging schnell – denn innerhalb von vierzehn Tagen wußte er über alle 26 Bescheid. Gefragt, wie dies möglich sei und wie sie ihm gefielen – antwortete er, sie seien sehr »lustig« zu lesen – vor allem, weil er nur das Personenverzeichnis lesen und – – die Klammern lesen mußte! Dann bekam er Palmblads Sophokles-Übersetzungen – aber sieh da! die waren so »langweilig«, weil es da keine Klammern gab. – Es wäre also mehr Handlung in den Tragödien Oehlenschlägers als in denen des Sophokles – oder Sophokles wäre weniger dramatisch als Oehlenschläger! Was ist dann Handlung? Sie ist die rasche Entwicklung der Charaktere durch die Veränderung der Situationen – das innere Voranschreiten oder die Annäherung des Pathos des Helden an die Verwirklichung oder die Vernichtung – Handlung oder Bewegung erreicht man, indem man Hindernisse in den Weg wirft – oder die streitenden Parteien so oft wie möglich zusammenbringt – wenn der Konflikt entsteht – der mit wahrem Effekt verbunden sein kann – was ist dann wahrer Effekt? Entweder überraschende Wendungen oder das Auftreten unvorgesehener Hindernisse – oder auch das Entstehen unerwarteter Situationen. Alles, was keinen Bezug zur Handlung hat, muß ausgemerzt werden – es mag so schön sein, wie es will – und sich auf der Bühne so gut machen, wie es mag.

Das Umstürzen des Odinsbildes ist in einem Epos ausgezeichnet – in einem Drama könnte es durchgehen, falls es erstens in Bezug zur Handlung gesetzt und zweitens kein Wunder wäre. Wenn Frithjof Balders Bild umstößt – ist dies ein wahrer Effekt – weil es erstens erzählt wird, nicht zu sehen ist, weil es zweitens nicht weniger bedeutet, als daß der Held die Unschuld mit seinem Trotz verletzt hat, und weil es drittens ganz natürlich ist, daß man eine Holzfigur umstürzen kann.

Wenn aber ein Granitbild von selbst reißt und gleich darauf versichert wird, daß »der Bruch frisch ist«, dann ist das Ganze eine große Lüge – Wenn es wenigstens an der Bruchstelle hätte verwittert sein dürfen, was es anfangs angeblich sollte, dann hätte der Effekt etwas bedeutet – jetzt ist alles verdorben, und Oehlenschläger steht wie ein Zauberkünstler vor einem verdutzten Publikum – das seine Possen mit Applaus begrüßt!

Trotz meines Vorsatzes, Deinen im übrigen völlig unschädlichen Angriffen auf Shakespeare nicht zu begegnen – will ich doch einige Anmerkungen machen.

Shakespeare ist trocken – zu lesen! Vielleicht für einen Schwärmer wie Dich, der von Oehlenschlägers »süßen« Poemen über Schlüsselblumen Sterne Rosenwolken usw., welche die Lücken im Dialog füllen, hingerissen ist. Doch ich gehe in meiner Behauptung so weit, daß ich es für ein Kriterium eines gutes Dramas halte, daß es sich schlecht lesen läßt – denn es soll gesehen werden – und sog. Lesedramen sind Außenseiter, die nie Einlaß in die Dramatik finden sollten.

Was weiter die Exposition angeht, so ist sie keineswegs shakespearisch – denn es gehört zu den Kompositionsgesetzen, ein Stück mit Nebenpersonen zu eröffnen, um das Kommende vorzubereiten – doch da sollte man während des scheinbar belanglosen Gesprächs immer das in der Ferne grollende Gewitter hören, das im dritten Akt ausbrechen und im fünften den Helden erschlagen wird – Dergleichen kommt hier nicht vor – doch willst Du im Hakon Jarl zwei Stellen sehen, die eines Shakespeare würdig wären – sie sind so unbedeutend, daß du lächeln wirst, wenn ich sie nenne, und gleichwohl sind sie in ihrer Kleinheit unendlich großartig –. Achte auf Einars Auftritt zu Beginn des fünften Aktes – höre, wie abrupt er spricht:

> Gott grüß dich, Thora!
> Wenn ich nicht irre, ist es Morgen schon.
> Der Hahn kräht auf dem Hof. Ich komme, um
> Dir zu verkünden, was im Kampf geschehʼn.
> Mein Namʼ ist Einar Bogenschüttler.

und weiter unten:

> Grüß unsre Schwester Thora, riefen sie;
> Das war das letzte Wort aus ihrem Munde.
> Versprachʼs! Und jetzt erfülltʼ ich mein Versprechen;
> Ich reitʼ mit einer Schar von Olafs Männern,
> Hakon zu suchen; Olaf mit einer andern.
> Bei Gaulaa treffen wir uns wieder. Olaf

> Hat Thing bestimmt; wo, weiß ich nicht.
> Ich machte diesen kleinen Umweg, Thora!
> Für deine Brüder. *Ei, ich glaub', es regnet,*
> *Mein Helmbusch trieft.* Bald hoffen wir
> Den Jarl zu fassen und zu rächen dich.
> Nun, Frigga, freue dich! Leb wohl! Ich eile.

Na, verstehst Du nun oder noch nicht? »Ich glaub', es regnet«. Was hat das da zu suchen, meinst Du! Aber *siehst* Du denn nicht Einar – hörst Du nicht, wie atemlos er ist – wie eilig er es hat – Thora kann ja kaum antworten – und dennoch hat er Zeit zu sagen, daß es regnet – Ja – Oehlenschläger hat Einar vor sich *gesehen*, als er diese Szene dichtete – darin liegt die Größe – Und als gleich darauf Hakon hereinkommt –

> Der Walküre, der hohen Rota Hand,
> Hat eiskalt schwer sich auf mein Haupt gelegt.
> Ich ritt mit meinem Knecht stumm durch die Nacht,
> Verlassen, müde von des Tages schwerem Kampf,
> Von Feuersdurst war lang ich schon geplagt.
> *Steht reines Wasser hier in diesem Becher?*
>
> THORA Oh, Hakon, wart' und laß mich holen Dir –
> HAKON *(trinkt)* Gewiß nicht! Bleib. – Es hat mich sehr erquickt. –
> Bei Gaulaa schließlich stürzt' mein Pferd.

. . . .

Verstehst Du immer noch nicht – dann lies Brandes über Hotspur.

Zuletzt die Schlußszene! Da ist wieder die unglückselige unmännliche Empfindsamkeit am Werk. Ist es nicht genug Versöhnung, daß Hakon stirbt – was hat Thoras Gedicht danach zu suchen – Ich wage zu behaupten, daß dies das Stück zerstört – denn nun ist der letzte Eindruck ungefähr der folgende: Es ist trotzdem schon recht schade um Hakon – warum hat er nicht weiterleben und sich bessern dürfen – so böse war er doch gar nicht! Dies ist das Falsche – Wer bedauert schon Richard III, wenn er stirbt? – niemand – und ist es nicht genug Versöhnung, daß Richmond die Krone nimmt und die beiden Rosen versöhnt. – »Aber die Leute wollen sich nicht mit einem so erschütternden Eindruck vom Helden verabschieden, nach einem Trauerspiel schläft man nachts so schlecht!« Ja, so ist es, aber man darf nicht schlafen, oder soll die Tragödie aussterben, weil die Leute enerviert und abgestumpft sind – Keineswegs – aber bevor nicht eine nationale Dramatik emporgewachsen ist, darf man von einem halbgebildeten Publikum nicht zu viel erwarten – es kann nicht unmittelbar seine prosaischen Tätigkeiten verlassen und mit einem Hamlet leiden – denn es muß den untätigen Schwärmer verachten – und Oehlenschläger – Gott bewahre uns – erweckt in unserer realistischen Zeit keine Dramatik zum Leben – denn wir sind endlich soweit gekommen, daß wir Realisten geworden sind! Nein, laß Du Oehlenschläger und seine Dramatik in Ruhe schlafen – mag beim Feuer an langen Winterabenden die Jugend sich damit vergnügen, ebenso wie sie schöne Märchen liest – denn sie enthält große Schätze reinster Poesie – doch von der Bühne muß er verbannt werden – und jenseits des Sundes bleiben – denn jetzt hat der Norden Dramatici gesehen – wirkliche Shakespeare-Embryos – ich meine Hauch – Ibsen und Björnson – sie mag man studieren – doch eine Dramatik schenken sie uns nicht –

Nein, die Zeit selbst in ihrer Vollendung wird uns eine Dramatik hervorbringen, und gegenwärtig bleibt unseren Dramatici kein anderes Studium zu empfehlen als – die Zeit selbst –

Wir sind Realisten geworden – das ist gut – doch wir sind auf dem Weg, Materialisten zu werden – wir eifern für Aufklärung – doch wir haben das Alte zu früh weggeworfen – wir haben nichts behalten – wir sind bankrott – wir zweifeln an allem – wir wissen nicht, was wir glauben sollen – ja, möge es mit unserem Zweifel doch Ernst werden, daß wir endlich ernstlich verzweifeln – daß wir unseren verzweifelten Zustand einsehen – Doch wann wird unser Johannes kommen, der uns den Weg zu Wahrheit und Leben zeigt – oder ist er vielleicht schon gekommen? Ja, er ist gekommen – er wurde schon 1813 geboren, nicht unerwartet 1855 gekreuzigt und vor 1871 vergessen – Sören Kierkegaard hieß er! – Ihn werde ich mit Vergnügen predigen – und zuallererst Dir, der Du noch auf dem Standpunkt des Ästheten stehst! Doch nein, er – mag selbst reden – Du mußt Entweder – Oder lesen – Du mußt das erste Buch lesen und fühlen, wie ein Schwert durch Deine Seele geht – Du mußt das zweite Buch lesen und verzweifeln – so gründlich, daß Du in Deinen innersten Grundfesten erschüttert wirst und alle Qualen der Hölle spürst – dann sollst Du lesen – ja, was? Seine »Einübung in das Christentum«? – – – ich weiß nicht – – – denn ich stehe selbst mitten im Kampf – doch ich glaube nicht, daß ich mich zu etwas weiterem durchlesen kann – nur durchkämpfen zu – was? wieder ein Fragezeichen! ... Persönlichkeit – nennt Kierkegaard das! Was will dann Kierkegaard? Ich glaube kaum, daß er es weiß! Aber was er nicht will, ist Unglaube, Irreligiosität, Leichtsinn, und sein ewiges Verdienst liegt darin, daß er Hegels leeren Ideenpantheismus zerschmettert hat! Kierkegaard will – Ernst!

Trockne jetzt Deine Tränen, die Oehlenschläger Dir entlockt hat – denn das war nur Spaß – und laß Dich von Kierkegaard dazu bringen, Blut zu weinen – im Ernst, und Du wirst Mensch werden – oder untergehen!

Du mußt mir verzeihen, daß ich meinen Brief nicht mit einer rhetorischen Pointe beende – doch ich bin wirklich so ernst gestimmt, wenn ich auf Kierkegaard zu sprechen komme, daß all solcher Tand mir wie eine Lüge erscheint, und was ich im ersten Teil des Briefes gesündigt habe, reut mich jetzt aufrichtig – doch es ist zu spät, den Plunder wegzuräumen.

P.S. Schreib lieber Februar statt Göijemonat – ich verstehe Latein recht gut, und Du bleibst trotzdem ebenso nordisch – wie Oehlenschläger.

*

Das Ziel der Abhandlung war: 1. dem Professor einen Eindruck von der Belesenheit des Verfassers in Ästhetik im allgemeinen und seiner Kenntnisse der dänischen Literatur im besonderen zu vermitteln; 2. den Standpunkt des Verfassers selbst zu ermitteln. Nach Kierkegaard hatte er sich selbst und seinen aufgegebenen Standpunkt in der Person A. angegriffen. Dieser, der Göijemonat statt Februar schreibt, ist der Runabruder, der das Nationale verehrt.

Bruder A. beginnt mit seinem Zweifel an einem allgemeingültigen Urteil, kann aber in den Wirrwarr keine Ordnung bringen. Schlägt mit seinen Studien im Nationalmuseum um sich und kommt dann sofort auf Hakon Jarl.

Bruder B., der bereits Februar datiert, liest Bruder A. die Leviten und karikiert sich selbst, wobei er sich auch einige Züge von Bruder Is leiht; legt seine Ansichten über die dänische Literatur dar und muß, um zu zeigen, daß er eine eigenständige Meinung hat, Professor Dietrichson angreifen. Dann pflügt er mit den Ochsen Georg Brandes' im Stoppelacker Shakespeares und stürzt sich schließlich auf Kierkegaard.

– Was will dann Kierkegaard? fragt er. Ich glaube kaum, daß er es weiß! Aber was er nicht will, ist Unglaube, Irreligiosität, Leichtsinn...! – Leider wußte Johan nicht, daß Kierkegaard das Paradoxe wollte.

Zur festgesetzten Zeit tritt Johan bei dem sonst als so liberal und human geltenden Lehrer ein. Er merkte sofort, daß er hier auf keine Sympathie traf. Mit beinahe verächtlicher Miene gibt ihm der Professor seine Schrift zurück und erklärt, sie sei am besten für die »Leserinnen der Ny Illustrerad Tidning« geeignet und die dänische Literatur sei nicht von solchem Interesse, daß sie Gegenstand eines Spezialstudiums sein könne. Johan war beleidigt und erklärte, er habe Grund zu der Annahme, die dänische Literatur sei für Schweden von größerem Interesse als zum Beispiel Malesherbes und Boileau, über die andere geschrieben hätten. Die mündliche Prüfung beginnt und nimmt den Charakter eines heftigen Streites an. Sie wird am Nachmittag fortgesetzt und endet mit einer Note unterhalb der angestrebten und der Information, Universitätsstudien könnten nur an der Universität betrieben werden. Johan wandte ein, ästhetische Studien würden am besten in Stockholm betrieben, wo man Nationalmuseum, die Bibliothek, die Theater, die Musikakademie und die Künstler hätte. Nein, das sei Quatsch; hier mußte es sein! Johan stieß etwas von Kollegien und Konfirmandenunterricht hervor, und man trennte sich als nicht gerade gute Freunde.

12. Protégé eines Königs

(1871)

Die Beziehung zum Vater war die ganze Zeit gut gewesen, und der Alte hatte sich bis zu einem gewissen Grade als erziehbar erwiesen. Doch sein unverständiger Stolz auf eine so untergeordnete Eigenschaft wie die, Vater zu sein, kam ab und zu zum Vorschein und verletzte. Johan, der ständig zu Hause war, verbrachte viele Abendstunden mit dem Alten bei Gesprächen über alle Lebensfragen. Schließlich auch über Religion. Eines Tages sprach er eine halbe Stunde über Parker, so daß der alte Mann schließlich bat, ihn sich ansehen zu dürfen. Er behielt das Buch einige Tage, sagte aber nichts, und Johan fand es in seiner Kammer wieder. Der Vater war zu stolz, um zuzugeben, daß der Freidenker ihn angesprochen hatte, doch von einem Bruder erfuhr Johan, daß er besonders entzückt über die berühmte Predigt Vom Alter gewesen war.

In der Frage der Opposition gegen den Professor verhielt der Vater sich schwankend. Auch er meinte, Recht solle Recht bleiben, doch die mangelnde Achtung dem alten Professor gegenüber behagte ihm nicht. Johan sah indessen, daß er das Spiel gewonnen hatte und daß der Alte an seinen Erfolgen lebhaft interessiert war.

Eines Tages im Frühjahr aber war Johan, nachdem er kurz die Hausmamsell informiert hatte, aufs Land hinausgefahren. Bei der Heimkehr am nächsten Tag empfing man ihn beleidigt.

– Du verreist, ohne mir etwas zu sagen?

– Ja, ich habe es der Mamsell gesagt.

– Ich verlange, daß du mich um Erlaubnis bittest, solange du mein Brot ißt.

– Um Erlaubnis bitten? Was soll denn das heißen!

Er stand auf; ging weg und borgte sich von einem wohlwollenden Kaufmann hundert Kronen, und dann fuhr er mit drei Bundesbrüdern auf eine Insel im Schärenmeer, wo sie sich für dreißig Kronen im Monat bei einem Fischer einmieteten. Niemand versuchte ihn zurückzuhalten, und wahrscheinlich war die Krise aufgrund von

Johans spürbarem Einfluß auf Vater und Geschwister durch die Regierung des Hauses hervorgerufen worden. Dort gab es nämlich eine Herrscherin, die sah, daß ihr die Macht aus den Händen glitt.

Den Sommer verbrachte er mit disziplinierter Arbeit für das Examen, denn von zu Hause hatte er jetzt keine Mittel mehr zu erwarten. Es war ein gesundes und geregeltes Leben mit unschuldigen Vergnügungen. Er trug Schlafrock, Unterhosen und Seestiefel, und die Freunde hatten noch weniger an. Man badete, segelte, focht, spielte in freien Stunden wie die Kinder, und Johan überließ sich jetzt einer zunehmenden Verwilderung. Starke Getränke standen fast nie auf dem Tisch, und Johan fürchtete sie, denn sie machten ihn wahnsinnig. Doch die Enthaltsamkeit und die Arbeit brachten ein Verlangen, andere zu bekehren, und eine erhebliche Selbstgerechtigkeit mit sich, wie es stets die Folge ist, ob nun der Opferbereite fühlt, daß er in dieser Hinsicht besser ist als die anderen, oder ob man das Opfer gebracht hat, um sich besser zu fühlen. Daher Predigten an einen Bruder, der trank, und Moralpredigten an die anderen, die nicht arbeiteten, sondern nach Dalarö fuhren, um zu tanzen oder etwas Kräftiges zu essen. Er hatte Kierkegaard in den Gliedern und wollte ethisch sein, und wetterte gegen die Ästhetik.

Er studierte jetzt Philosophie und ging Dante, Shakespeare und Goethe durch. Letzteren haßte er, weil er Ästhet war. Unter allem lag wie ein dunkler Hintergrund der Bruch mit dem Vater, den er nach der Vertrautheit im Winter zuvor zeitweise in einem verklärten Licht sah und dem er jetzt im nachhinein recht gab, wobei er alle kleinen Mißhelligkeiten der Kindheit vergaß. Am meisten jedoch vermißte er die Geschwister, vor allem die Schwestern, die ihm persönliche Freunde geworden waren.

Die Arbeit mit Wortstämmen und Lexikon war ihm eine Qual, doch jetzt genoß er es, seine Phantasie mit disziplinierter Arbeit zu quälen und zu zügeln.

Gegen Ende des Sommers war er wild und scheu. Die Kleider, die jetzt hervorgesucht wurden, spannten, und der lose Kragen, den er monatelang nicht benutzt hatte, peinigte ihn wie ein Halseisen; die Stiefeletten drückten, und er empfand all das als Zwang, wie guten

Ton und Unnatürlichkeit. Einmal hatte man ihn zu einer Soiree nach Dalarö gelockt, doch er war augenblicklich umgekehrt. Er war schüchtern und ertrug es nicht, die Eitelkeit und die Vergnügungssucht zu sehen. Diesmal jedoch nicht als Unterklasse, denn dies war er nicht länger und fühlte sich nicht mehr so. Die Askese hatte seinen Willen und seine Tatkraft gestärkt, und als in Uppsala das Semester begann, nahm er seine Reisetasche und reiste hinauf, ohne mehr zu besitzen als eine Krone, und ohne zu wissen, ob er ein Zimmer und etwas zu essen bekommen würde.

Er durfte bei Rejd wohnen, und dort ließ er sich nieder.

Am ersten Abend suchte er ausgehungert Is auf. Der hatte den ganzen Sommer allein in Uppsala gesessen und sah noch trauriger aus als gewöhnlich. Seine Erscheinung war jetzt die eines Schattens. Die Einsamkeit hatte seine Seele noch kränker gemacht. Er ging mit Johan aus und lud ihn zu einem Imbiß ins Fördärvet ein. Is redete wie gewöhnlich und zerriß sein Opfer, das sich wehrte, zurückschlug, den Ästheten angriff. Is sah dem Ausgehungerten beim Essen zu und berauschte sich selbst an der Schnapsflasche. Er wurde mütterlich, zärtlich und bot sich an, Johan Geld zu leihen. Dieser dankte gerührt und nahm etwa zehn Kronen entgegen, denn inzwischen borgte er ohne Angst, weil er glaubte, eine Zukunft zu haben. Schließlich wurde Is betrunken und phantasierte. Dann schwenkte er plötzlich um, nannte Johan einen Egoisten und warf ihm vor, daß er die zehn Kronen angenommen hatte.

Des Egoismus verdächtigt zu werden, war das Grausamste, das Johan kannte, denn Christus hatte ihm eingeredet, das Ich müsse gekreuzigt werden. Durch die Freiheit von Druck und durch den Kontakt mit der Öffentlichkeit war sein Selbst gewachsen. Menschen, die öffentlich auftreten, bekommen durch die Aufmerksamkeit, die ihnen zuteil wird, ein stärkeres Ich, oder sie ziehen die Aufmerksamkeit gerade deswegen auf sich, weil sie ein stärkeres Ich als die anderen haben. Er fühlte, daß er auf einem für seine Zukunft richtigen Weg war, und er kam vorwärts durch Arbeit und Willenskraft und die Hilfe vieler Freunde, nicht aber durch Scharlatanerie oder Kniffe. Doch die Beschuldigung schlug ihm ins Gesicht, denn sie muß schließlich alle Menschen treffen, die ein Ego haben. Er wollte das Geld zurückgeben, doch da zierte sich Is, wurde zum Gentleman und romantisierte weiter. Dieser Idealist war ein Lump, fand Johan, er spielte dämonisch, um die Reue über die zehn Kronen zu verbergen.

Bis die Freunde nach Uppsala kamen, war Is eine Zeitlang seine einzige Gesellschaft. Er war stets undurchdringbar, sonderbar, aber fesselnd. Eines Abends zeigte er sich schließlich von einer neuen Seite. Mitten in einem Gespräch, in dem Johan vom Inhalt seines neuen Blotsven erzählte, begannen seine Augen zu glühen, und er schien Johan nur anzusehen, nicht zu hören. Dann wurde er elegisch, sprach schlecht von den Frauen und näherte sich schließlich Johan, um ihn zu küssen. Als sei in einem Augenblick das Rätsel gleichsam gelöst worden und das Geheimnis des Scharlatans von ihm durchschaut, packte Johan ihn an der Brust und warf ihn in eine Ecke zwischen dem Kachelofen und einer Kommode, und da lag der kleine welke Körper wie ein Sack. Darum also hatte er, der alte Student, den Bund der Jünglinge gesucht! Darum!

Jetzt trafen die Studenten zum Semester ein und alle mit Geld. Johan war mit seiner Reisetasche und seinen Büchern umhergezogen und spürte, wie aus Freude Last wurde, wenn man zu lange auf anderer Leute Sofa lag. Er lieh sich Geld für ein Zimmer. Das war eine alte Bude mit einem Feldbett ohne Laken oder Kopfkissenbezug. Nicht einmal ein Kerzenleuchter, nichts. Doch er lag in der Unterwäsche im Bett und las, die Kerze in einer Halbliterflasche. Die Freunde beschafften ihm hie und da etwas zu essen. Dann aber kam die Kälte. Da ging er, wenn es dunkel wurde, hinaus und borgte sich einen Armvoll Holz, das er in seiner Reisetasche nach Hause trug. Und dann brachte ein Physiker ihm bei, wie man mit verkohltem Holz ein Kohlenfeuer machen konnte. Außerdem ging ein Schornsteinrohr weit ins Zimmer hinein, und das war jeden Donnerstag, wenn gewaschen wurde, warm. Dann stand er mit den Händen auf dem Rücken da und las in einem Buch, das er auf die herangerückte Kommode gestellt hatte.

*

Das Stück wurde gespielt und frostig aufgenommen. Das Thema war religiös. Es ging um Heidentum und Christentum, und das Christentum wurde als neue Zeitrichtung, nicht als Kirchenlehre verteidigt. Christus selbst wurde beiseite geschoben und Gott, der einzig Wahre, auf dessen Kosten erhöht. Hinzu kamen Familienkonflikte, und der Mode der Zeit entsprechend wurden die Frauen auf Kosten der Männer gefeiert. Außerdem gibt der Autor in einigen Repliken seine Meinung über die Stellung des Dichters im Leben zu erkennen. – Bist du Mann, Orm? fragt der Jarl. – Ich bin nur Dichter, antwortet Orm. – Darum ist auch nie etwas aus dir geworden.

Johan glaubte jetzt nämlich, das Leben des Dichters sei ein Schattenleben, er habe kein Ich, sondern lebe nur in anderen Ichs. Aber ist es so sicher, daß der Dichter kein Ich hat, weil er nicht nur eines hat? Vielleicht ist er reicher, weil er mehr besitzt als die anderen. Und warum ist es besser, nur eines zu haben, wenn das einzige Ich ohnehin ebensowenig das eigene ist wie mehrere Ichs, nachdem ein Ich ja ein von Eltern, Erziehern, Bekannten, Büchern zusammengesetztes Resümee ist? Vielleicht, weil die Gesellschaft als Maschinerie verlangt, daß sich diese Einheiten, die Ichs, als Räder, Muttern, Maschinenteile einordnen und für einen beschränkten automatischen Zweck arbeiten. Dann aber ist der Dichter doch mehr als das Maschinenteil, wenn er selbst eine ganze Maschine ist?

Im Stück hatte sich Johan in fünf Personen verkörpert. Im Jarl, der gegen die Zeit kämpft; im Dichter, der überblickt und durchschaut; in der Mutter, die revoltiert und aufgehalten, ihrer Kraft zur Rache aber durch ihre Sympathie beraubt wird; im Mädchen, das für ihren Glauben mit dem Vater bricht; im Liebhaber, der mit einer unglücklichen Liebe ringt. Er verstand die Motive aller Handelnden, und er sprach für die Sache aller. Doch ein Theaterstück, das für Durchschnittsmenschen mit fertigen Meinungen über alles geschrieben wird, muß wenigstens für einige seiner Figuren Partei ergreifen, um das stets leidenschaftliche und parteiische Durchschnittspublikum zu gewinnen. Dies hatte Johan nicht über sich gebracht, weil er an ein absolutes Recht oder Unrecht nicht glaubte, aus dem einfachen Grund, weil all diese Begriffe relativ sind. Man kann für die Zukunft recht und in der Gegenwart unrecht haben; man kann dieses Jahr unrecht haben, nächstes Jahr aber recht erhalten; der Vater kann meinen, der Sohn habe recht, während die Mutter findet, er habe unrecht; die Tochter hat das Recht zu lieben, wen sie liebt, der Vater aber meint, sie habe unrecht, wenn sie einen Heiden liebt. Dies war der Zweifel. Warum hassen und verachten die Menschen den Zweifler? Weil der Zweifel eine Entwicklung nach vorn ist, und der Gesellschaftsmensch haßt die Entwicklung, weil sie seine Ruhe stört. Doch Zweifel ist gerade wahre Menschlichkeit und wird mit einem humanen Urteil enden. Nur der Dumme ist sicher; nur der Unwissende meint, die Wahrheit gefunden zu haben. Doch Ruhe ist Glück, darum suchen die Pietisten das Glück in der Ruhe der Stupidität. Der Zweifel frißt die Tatkraft auf, sagt man. Aber ist es denn besser zu handeln, ohne die Folgen der Handlung zu bedenken und abzuwägen. Das Tier und der Wilde handeln blind, gehorchen Trieb und Begierde, darin gleichen sie den Männern der Tat!

Nach Uppsala zurückgekehrt, verfolgten ihn neue schmähliche Rezensionen. Teilweise trafen sie zu, etwa, daß die Form bei den Kronprätendenten entlehnt sei, doch auch dies stimmte nur zum Teil, denn Johan hatte den eiskalten Ton und die knappe Sprache direkt den isländischen Sagas und den Lebensinhalt dem eigenen Fundus entnommen. Der Spott verfolgte ihn, und er galt als das Schlimmste, dessen man verdächtigt werden konnte, als ein Mann, der Dichter werden wollte. Mitten in Not, Arbeit, Leiden kommt eine Woche nach der Niederlage ein Brief vom Geschäftsführer des Königlichen Theaters, mit dem Ersuchen, Johan möge unverzüglich nach Stockholm fahren, weil ihn der König zu sehen wünsche. Krankhaft mißtrauisch, glaubt er, Gegenstand eines Scherzes zu sein, und geht mit dem Brief sofort zu seinem klugen Freund, dem Naturforscher. Dieser telegraphiert am Abend einem ihm bekannten Schauspieler am Königlichen Theater und bittet ihn, den Geschäftsführer zu fragen, ob dieser an Johan geschrieben habe. In der Nacht schlief Johan unruhig, zwischen Hoffnung und Furcht hin und her geworfen. Am nächsten Morgen traf die Antwort ein: es sei so, und Johan solle unverzüglich hinunterkommen. Er fuhr.

Warum zögerte er, der den Revolteur in sich trug, nicht, die königliche Gnade anzunehmen? Darum, ganz einfach, weil er keiner demokratischen Partei angehörte; niemals Mutter oder Vater versprochen hatte, keine Königsgunst anzunehmen; weil er an die Aristokratie oder das Recht der Besten zu regieren glaubte und weil er nicht glaubte, die Besten seien da unten, was er auch in seiner Tragödie Das sinkende Hellas gezeigt hatte, in der er Demagogen verhöhnte. Tyrannen haßte er, dieser König aber war kein Tyrann. Es gab also keinen inneren oder äußeren Grund zu zögern.

So reiste er hinunter und erhielt eine Audienz. Der König war sehr krank, sah abgezehrt und zusammengefallen aus, wodurch er einen schmerzlichen Eindruck machte. Er war sanft, wie er mit seiner langen Tabakspfeife dastand, und lächelte, als er den jungen bartlosen Schriftsteller zwischen den Adjutanten und Kammerherren hereinstolpern sah. Er dankte für das Vergnügen, das ihm das Stück geschenkt habe. In seiner Jugend habe er selbst mit einem Wikingergedicht an einem Wettbewerb der Akademie teilgenommen und liebe das Altnordische. Jetzt wolle er dem jungen Studenten zu seinem Doktor verhelfen, und er beendete das Gespräch, indem er ihn zur Hofverwaltung hinunterschickte, wo er die erste Auszahlung angeordnet hatte. Später sollte es mehr werden, und er äußerte die Vermutung, daß es bis zu Johans Doktor noch ein paar Jahre dauern werde.

Dies bedeutete, daß die Zukunft gesichert war, und Johan war über diese Güte eines Königs, der an so viel und so viele denken mußte, dankbar und gerührt.

Er kehrte nach Uppsala zurück und durfte zwei Monate lang erleben, daß ihn der Sonnenschein in einen Stern verwandelt hatte. Der Hofmarschall, der die Mittel zur Auszahlung angewiesen hatte, hatte gefragt, ob er *später* in ein Ministerium oder die Bibliothek eintreten wolle. So weit waren seine Überlegungen nie gegangen, und auch jetzt taten sie es nicht.

Der Hauptzweck des menschlichen Strebens scheint und hat wohl zu sein, das Leben bis zum Tod auf die am wenigsten unangenehme Art zu verbringen. Dieser Zweck schließt die Fürsorge für das Wohl anderer nicht aus, im Gegenteil, denn zum Angenehmen gehört das Bewußtsein, das Recht anderer nicht unnötig verletzt zu haben. Darum können alle erworbenen Reichtümer allein ein angenehmes Leben nicht gewähren; darum kann eine Laufbahn, die man sich durch das Niedertrampeln oder Töten anderer geebnet hat, für ein angenehmes Leben nicht sorgen; und darum ist der Utilitarismus, oder die Weltanschauung, die das Glück der meisten will, nicht unmoralisch.

Johan konnte es, aller Askese zum Trotz, nicht unterlassen, glücklich zu sein. Sein Glück bestand in der halben Gewißheit, daß er sein Leben ohne die größeren Schmerzen würde leben können, welche die Unsicherheit der Existenzmittel mit sich bringt. Sein Dasein war von der Not bedroht gewesen, und nun war es gesichert; das Leben war ihm zurückgeschenkt, und es ist süß zu leben, wenn man noch im Wachstum steht. Seine von Hunger und Überanstrengung zusammengedrückte Brust füllte sich, sein Rücken wurde gerader, das Leben erschien ihm nicht mehr so trist. Er war mit seinem Los zufrieden, darum stellte sich das Leben heller dar, und er wäre undankbar gewesen, hätte er sich jetzt unter die Unzufriedenen eingereiht.

Doch dies dauerte nicht lange. Als er um sich die alten Freunde sah, wie sie in einer Situation weiterstrebten, die sich durch sein Glück nicht geändert hatte, merkte er, daß eine Disharmonie eingetreten war. Sie waren es gewohnt, ihm als einem Notleidenden zu helfen, und jetzt war das nicht mehr nötig. Sie hatten ihn gern, weil sie ihn beschützen konnten, und waren es gewohnt, ihn unter sich zu sehen. Als er jetzt nach oben neben sie und über sie kam, fanden sie ihn, folgerichtig, verändert. Ja, die veränderten Umstände hatten ihn verändern müssen. Der Notleidende ist in seinen Ansichten nicht so kühn und nicht so gerade im Rücken wie der Gesicherte. Für sie war er verändert, doch war er deswegen schlechter? Sonst ist Selbstgefühl doch eine geschätzte Ware. Genug davon, er verletzte einfach dadurch, daß er glücklich war, und noch mehr dadurch, daß er seinerseits die anderen glücklich machen wollte.

Das Geschenk brachte Verpflichtungen mit sich, und Johan begann sofort, sich zu Kollegien und Seminaren anzumelden. Zu Semesterende machte er die mündliche Prüfung in Philologie,

Astronomie und Staatswissenschaften, wurde aber in allen Fächern eine Note schlechter beurteilt, als er angestrebt hatte. Er hatte zuviel und zuwenig gelernt. In der mündlichen Prüfung wurde er gewöhnlich von Aphasie befallen[1]. Er saß sprachlos da, da er mehr wußte, als er gefragt wurde, und dann kamen der Trotz und die Selbstquälerei, der Mißmut und das Verlangen, die Flinte ins Korn zu werfen. Er kritisierte die Lehrbücher und kam sich unehrlich vor, weil er lernte, was er verachtete. Seine Rolle, die man ihm übertragen hatte, begann zu beengen, und er sehnte sich hinaus, gleichgültig wohin, wenn er nur von hier weg kam. Nicht daß er das Geschenk als Wohltätigkeit empfunden hätte. Es war ein Stipendium, eine Belohnung für Verdienste, wie sie Künstler zu allen Zeiten für ihre Ausbildung empfangen haben, und der königliche Schenker war nicht der Monarch, sondern der persönliche Freund und Bewunderer. Darum übte dies auch auf seine aufrührerischen Gedanken keinen Zwang aus, abgesehen davon, daß es ihm eine Weile vorgaukelte, alles stehe zum besten in der Welt, weil es ihm gut ging. Auch ging seine Opposition bereits tiefer, als daß sie das Verkehrte nur darin gesehen hätte, daß die Staatsform monarchistisch war, und er glaubte nicht wie die Heiden, daß die Ernte besser werde, wenn man auf dem Altar der Götter den König schlachtete. Seine Mutter hätte vor Freude über seine Auszeichnung geweint, wenn sie noch gelebt hätte, so aristokratisch war sie.

Demokraten sind wir alle, bis zu den Kronprinzen hinauf, insofern, als wir das zu uns herunter wünschen, was oben liegt; doch oben gut angekommen, wollen wir nicht hinuntergerissen werden. Es ist fraglich, ob das, was oben liegt, in geistiger Hinsicht höher ist, und ob es wirklich dort oben hingehört. Das war es, woran Johan allmählich seine Zweifel bekam.

---

[1] Die Physiologie erklärt diese Krankheitsform mit Beschädigungen des linken Stirnbeins. Und Johan hatte tatsächlich zwei Narben über dem linken Auge: die eine von einem Axthieb, die andere von einem Stein, an dem er sich einmal sehr übel gestoßen hatte, als er den Observatoriumshügel hinuntergerannt war. Eine unüberwindliche Schwierigkeit, Reden zu halten und fremde Sprachen zu sprechen, schrieb er ebenfalls dieser Aphasie zu.

13. Auflösung

(1872)

Zu Beginn des Frühjahrsemesters zog Johan mit einem älteren Kommilitonen zusammen, um die Studien fortzusetzen. Als er jetzt wieder die alten Bücher in Angriff nehmen sollte, in denen er so lange gelesen hatte, ging ihm das absolut gegen den Strich. Der Kopf war von Eindrücken, von dem gesammelten schriftstellerischen Material, erfüllt und wollte nicht mehr aufnehmen; die Phantasie und das Denken arbeiteten bereits und konnten nicht dem Gedächtnis allein die Herrschaft überlassen. Zweifel und Apathie stellten sich ein, und manchmal blieb er den ganzen Tag auf dem Sofa liegen. Und damit erwachte gelegentlich das Verlangen, von allem befreit zu sein und in ein tätiges Leben hinauszukommen. Doch das königliche Stipendium hielt ihn gefesselt. Es erlegte Verpflichtungen auf, und er hatte schließlich, indem er es angenommen hatte, das Versprechen auf seinen Doktor gegeben, der jetzt halb fertig war. So begann er mit dem Fach Philosophie; doch als er ihre Geschichte gelesen hatte, fand er alle Systeme gleichermaßen gültig oder ungültig, und sein Denken leistete gegen all diese fremden Gedanken Widerstand.

Im Bund herrschten Zersplitterung und Schlappheit. Man hatte all seine Jugendgedichte vorgelesen und produzierte nichts Neues, so daß die Zusammenkünfte nur mit Punsch abgehalten wurden. Is hatte sich auch hier bloßgestellt und war nach einer Szene mit einem anderen Bruder hinausgeworfen worden, hatte das Messer gezogen und Prügel bekommen. Daraufhin hatte er sich hinter eine lächerliche Maske gerettet und war nur noch Gegenstand des Gespötts, nachdem man entdeckt hatte, daß seine Weisheiten in Referaten aus den Zeitschriften des Studentenkorps bestanden, welche die anderen nicht zu benutzen wußten.

Zu Beginn des Semesters war zudem vom Professor für Ästhetik ein ästhetischer Verein gegründet worden, und durch ihn wurde der Runa-Bund überflüssig.

Bei einer Zusammenkunft in diesem Verein kam Johans Revolte gegen die Autoritäten zum ersten Mal zum Ausbruch. Er hatte nämlich am Abend getrunken und hatte einen halben Rausch. Bei einem Gespräch mit dem Professor kam man auf heiße Eisen, und Johan ließ sich aus seinen Verschanzungen so weit herauslocken, daß er erklärte, Dante sei für die Menschheit recht bedeutungslos und werde überschätzt. Johan hatte eine Menge guter Gründe, konnte sie aber nicht anführen, als der Professor insistierte, und der ganze Verein stand wie ein Schwarm um die beiden Kämpen, die in die Ecke mit dem Kachelofen gedrängt wurden. Als erstes wollte er sagen, daß die Komposition der Commedia nicht originell sei, sondern eine sehr gebräuchliche Form, die kurz zuvor in der Vision des Albericus Verwendung gefunden hatte. Er wollte behaupten, daß Dante in diesem Poem nicht die Bildung und das Denken seiner gesamten Zeit habe wiedergeben können, weil er so ungebildet war, daß er kein Griechisch konnte. Er sei kein Philosoph, weil er dem Denken die Fesseln der Offenbarung anlege, und darum sei er auch kein Vorgänger von Renaissance oder Reformation. Er sei kein Patriot, denn er huldige einem deutschen Kaiserreich von Gottes Gnaden. Er sei höchstens ein florentinischer Lokalpatriot. Und Demokrat sei er auch nicht, denn er träume stets von einem vereinigten Papst- und Kaiserreich. Er greife nicht das Papsttum, sondern irgendwelche Päpste an, die ein unsittliches Leben führten, wie er selbst in seiner Jugend auch. Er sei ein Mönch, ein wahrhaft idiotisches Kind seiner Zeit, keinen Deut weiter, wenn er ungetaufte Kinder in die Hölle schickt. Er sei ein beschränkter Royalist, der Brutus neben Satan in den Brennpunkt der Hölle stellt. Ihm fehle jede Selbstkritik, wenn er unter die schlimmsten Verbrechen Undankbarkeit gegenüber Freunden und Verrat am Vaterland aufnimmt und dabei selbst seinen Freund und Lehrer Brunetto Latini in den Abgrund befördert sowie den deutschen Kaiser Heinrich VII gegen seine Vaterstadt Florenz unterstützt. Er habe einen schlechten Geschmack, da er als die sechs größten Dichter der Welt Homer, Horaz, Lukan, Ovid, Vergil – und sich selbst nennt. Wie konnten moderne Menschen, die jeden Skandal strikt ablehnten, Dante preisen, der durch seine Dichtung so viele lebende Personen und Familien entehrt hat, wie er es tut, wenn er in der Hölle neben Dieben fünf Florentiner von edler Herkunft findet, und dabei ausruft:

> Freu dich, Florenz! Wie groß bist du, wie weit
> Spannst du die Schwingen über Land und Meere!
> Auch höllab klingt dein Name weit und breit.
> Fünf deiner Bürger fand ich unterm Heere
> Der Diebe: Schächer, daß die Scham mich nagt,
> Und wahrlich, dir auch bringt es wenig Ehre!
> Doch wenn im Morgentraum die Wahrheit tagt,
> Dann spürst du bald – von andren nichts zu sagen –,
> Was Pratos Haß dir nur zu wünschen wagt.
> Und träf es schon, hättst nicht zu früh geschlagen:
> O wärs geschehen, da's einmal doch muß sein!
> Je älter, um so schwerer werd ichs tragen. –

Wie üblich wurde dieser Streit von wechselnden Standpunkten aus ausgetragen, dem des Angreifers und dem des Angegriffenen. Johan wollte dem Professor beweisen, daß von dessen Standpunkt aus die Commedia ein Pamphlet sei, doch da schwenkte der Professor um, ging auf den Standpunkt des Gegners über und meinte, daß er sie als solches nicht mißbilligen werde. Worauf Johan antwortete, daß er sie gerade als solches rubriziere, nicht jedoch als kolossales Gedicht von ewigem Wert, wie sie der Professor gerade in seinem Kollegium genannt habe, was freilich ein Irrtum sei. Da machte der Professor kehrt und ersuchte darum, das Gedicht aus seiner Zeit heraus zu beurteilen.

– Ganz genau, antwortete Johan, aber Sie haben es von unserer und allen künftigen Zeiten aus beurteilt und also unrecht gehabt. Aber auch von seiner Zeit aus ist es nicht epochemachend, weil es seiner Zeit nicht voraus ist, sondern mitten darin oder vielmehr hinterher. Es war ein Sprachmonument für Italien, mehr nicht, und an einer Universität in Schweden sollte es nie gelesen werden, weil die Sprache veraltet und – das letzte Wort! – es zu bedeutungslos war, um zur Entwicklungslinie der Bildung gehören zu können.

Das Ergebnis: Johan wurde für unverschämt und halb verrückt gehalten.

Nach dieser Explosion war er aufgewühlt und unfähig zum Arbeiten. Das ganze Leben in dieser Stadt, in der er sich nicht zu Hause fühlte, war ihm widerwärtig. Die Freunde ermahnten ihn, sich auszuruhen, er habe zuviel gearbeitet, und das hatte er allerdings. Jetzt begannen wieder Pläne aufzusteigen und sich vorzudrängen, doch ohne Folge. Seine Seele befand sich in Auflösung, war schwebend wie Rauch und äußerst empfindlich. Die graue schmutzige Stadt quälte ihn, die Landschaft um ihn peinigte ihn, und nun lag er stets auf seinem Sofa und betrachtete Illustrationen in einer deutschen Zeitschrift. Der Anblick von Landschaften anderer Länder wirkte auf ihn wie Musik, und er hatte das Bedürfnis, grüne Bäume zu sehen, blaue Seen, er wollte aufs Land hinaus: doch noch war es erst Februar, und die Luft war grau wie Sackleinen, Straße und Wege matschig.

Wenn er dann am niedergeschlagensten war, besuchte er seinen Freund, den Naturforscher. Es erfrischte ihn, dessen Herbarien und Mikroskope, seine Aquarien und physiologischen Präparate zu sehen. Vor allem anderen aber diesen stillen friedlichen Atheisten, der die Welt ihren Gang gehen ließ, weil er wußte, daß er in seinem bescheidenen Rahmen mehr für die Zukunft arbeitete als der Poet mit seinen konvulsivischen Erschütterungen. Der Freund hatte jedoch eine alte Schwäche für Ästhetik, und er malte in Öl. Johan interessierte dies außerordentlich. Sich vorzustellen, daß man jetzt mitten im Nebel dieses entsetzlichen Spätwinters eine grüne Landschaft hinpinseln und sie sich an die Wand hängen konnte!

– Ist Malen schwer? fragte er.

– Ach was, es ist leichter als Zeichnen. Versuch's nur!

Johan, der schon gänzlich unerschrocken ein Lied mit Gitarrenbegleitung komponiert hatte, hielt das Malen für nicht so unmöglich, und er lieh sich eine Staffelei, Farben und Pinsel. Und dann ging er nach Hause und schloß sich ein. Er nahm aus einer illustrierten Zeitung eine Zeichnung, die eine Schloßruine darstellte, und kopierte sie. Als er sah, daß die blaue Farbe wie ein klarer Himmel wirkte, wurde er von Sentimentalität ergriffen, und als er dann grüne Büsche und einen Grasteppich hervorzauberte, war er unsagbar glücklich, als habe er Haschisch gegessen. Der erste Versuch war geglückt. Dann aber wollte er ein Gemälde kopieren. Es ging nicht. Alles wurde grün und braun; er konnte seine Farben nicht mit denen des Originals abstimmen. Da war er zutiefst verzweifelt.

Eines Tages, als er sich eingeschlossen hatte, hörte er, wie sich im anderen Zimmer ein Besucher mit dem Freund unterhielt. Sie flüsterten, als sei von einem Kranken die Rede.

– Jetzt malt er auch noch! sagte der Freund in tief niedergeschlagenem Ton.

Was sollte das bedeuten? Hielten sie ihn für verrückt? Doch, jetzt begriff er. So war das! Jetzt begann er, über sich selbst zu reflektieren, und kam wie alle Grübler zu dem Schluß, er sei verrückt. Was war zu tun? Wenn man ihn einsperrte, dann, da war er sicher, würde er verrückt werden. Besser, dem zuvorkommen, dachte er, und als er sich jetzt erinnert, von einer privaten Irrenanstalt auf dem Lande gehört zu haben, wo man sich frei bewegen und im Garten arbeiten durfte, schreibt er an den Vorsteher. Nach einiger Zeit erhielt er eine freundliche Antwort, mit der Bitte, sich zu beruhigen. Der Briefschreiber hatte sich bei Freunden über Johan erkundigt und kannte seinen Seelenzustand jetzt. Dies sei eine Krise, die alle empfindsamen Naturen durchmachen usw.

Diese Gefahr war also überstanden. Doch er wollte hinaus, hinaus ins Leben, gleichgültig wohin.

Eines Tages sieht er, daß ein Tourneetheater in die Stadt gekommen ist. So schreibt er einen Brief an den Direktor und bittet um Debüt. Erhält keine Antwort und geht auch nicht hin.

So wurde er hin und her gerissen, bis schließlich das Schicksal kam und ihn befreite. Drei Monate waren vergangen, und die Hofverwaltung hatte bezüglich irgendwelchen Geldes nichts von sich hören lassen. Die Freunde rieten ihm, an den Hofmarschall zu schreiben und höflich anzufragen, welche Regelung getroffen worden sei. Das tat er und erhielt zur Antwort, daß »von einer regelmäßig ergehenden Zahlung nie die Rede war, daß vielmehr Seine Majestät lediglich eine einmalige Gratifikation gewährt haben, unter Berücksichtigung drängender Umstände jedoch gnädig ein weiteres Mal eine einmalige Summe von 200 Kronen bewilligen, welche folgen werden.«

Anfangs war Johan froh, denn jetzt war er frei, dann aber beunruhigte ihn diese Wendung der Angelegenheit, denn in den Zeitungen hatte gestanden, er sei Stipendiat, und das Stipendium war vom König tatsächlich als Dauerstipendium für »die Jahre« bekanntgegeben worden, die er bis zu seinem Examen brauchte. Außerdem hatte ja der Hofmarschall mit der Zukunft gewinkt, die sich schließlich nicht mit 200 Kronen machen ließ. Man zerbrach sich den Kopf über die Gründe. Einige hielten es für das wahrscheinlichste, daß der König es vergessen hatte; andere, daß seine wirtschaftliche Lage es nicht zuließ, und man wußte, daß sein guter Wille nicht immer im Verhältnis zu seinen Möglichkeiten stand. Niemand äußerte sich mißbilligend, und Johan war von Herzen froh, wäre mit dem Einzug nur nicht eine gewisse Blamage verbunden gewesen, wodurch er in Verdacht geriet, Unsinn verbreitet zu haben. Diejenigen, die an »Ungnade« glaubten, schrieben diese der Tatsache zu, daß Johan die Cour versäumt hatte, als er Weihnachten und Neujahr in Stockholm gewesen war. Andere wollten ihren Grund in der weniger etikettegemäßen Präsentierung der gedruckten Tragödie Das sinkende Hellas sehen, die Johan ganz einfach ins Schloß geschickt hatte, statt selbst damit hinzugehen, was ihm seine Geradheit verbot. Zehn Jahre später hörte er eine ganz neue Interpretation der »Ungnade«. Er sollte nämlich ein Spottgedicht auf den König verfaßt haben! Diese Geschichte aber war »reine« Dichtung, vielleicht die einzige, die der übel beleumundete Gewährsmann der Nachwelt hinterlassen hat.

Die Tatsache blieb bestehen, und nun war der Beschluß schnell gefaßt! Er würde nach Stockholm reisen und Literat werden, und möglicherweise Schriftsteller, wenn sich seine Berufung als begründet erwies.

Der Zimmergenosse übernahm die Deckung des Rückzuges und schützte vor, Johan müsse sich einige Zeit in Stockholm aufhalten, damit der Wirt nicht unruhig wurde, und man selbst die Miete, die erst am Ende des Semesters zu entrichten war, auftreiben konnte.

Ein Abschiedsfest wurde veranstaltet, und Johan dankte seinen vielen Freunden, denn er erkannte die Verbindlichkeiten an, die jeder seinem Bekanntenkreis gegenüber hat, da eine Persönlichkeit sich nicht aus sich selbst entwickelt, sondern aus jeder anderen Seele, mit der sie in Berührung kommt, einen Tropfen saugt, so wie die Biene aus Millionen von Blütenböden ihren Honig sammelt, den sie jedoch selbst umschmilzt und für ihren ausgibt.

Dann reiste er ins Leben hinaus, fort von den Träumen und den vergangenen Zeitaltern, um in der Gegenwart und der Wirklichkeit zu leben. Doch er war schlecht vorbereitet, und die Universität war nicht die Schule für das Leben. Außerdem fühlte er, daß die Stunde der Entscheidung gekommen war. In einer schlecht formulierten Rede nannte er das Fest einen Polterabend, denn jetzt würde er ein Mann werden und die Knabenjahre hinter sich lassen; sich in die Gesellschaft einordnen, ein nützlicher Staatsbürger werden und sein eigenes Brot essen.

So glaubte er damals, doch er sollte bald feststellen, daß ihn die Erziehung untauglich für die Gesellschaft gemacht hatte, und als er sich nicht damit abfand, aus ihr verwiesen zu sein, begann sein Zweifel zu erwachen, ob nicht auch die Gesellschaft, zu der Schule und Universität doch gehörten, Schuld an seiner Erziehung trug, und ob nicht die Gesellschaft Fehler hatte, denen abgeholfen werden mußte.

Briefe

Mai bis Juni 1886

Briefe

Mai bis Juni 13...

An Albert Bonnier

Grez, d. 7. Mai 1886

Bester Herr Bonnier,

Ich kann nicht ausdrücken, wie sehr ich mich darüber freue, daß Sie beide meinen neuen Versuch in der Überwindung der Konstruktionsliteratur schätzen und daß wir wieder in Geschäftsbeziehungen zueinander getreten sind. Eine angenehme Überraschung war auch, daß Sie 4.000 Ex. wagen, während ich mit nur 3.000 gerechnet habe, allerdings glaube ich, daß das Manuskript im Druck umfangreicher wird, denn ab Seite 30 oder 50 sind meine Blätter um ¼ oder ⅕ ergiebiger als die Druckseite. Aber das wird sich noch zeigen.

Es gibt freilich ein anderes schreckliches Aber. Ist es sinnvoll, mit dem verflixten Heiraten zu konkurrieren, das um Pfingsten erscheinen soll. Und noch etwas. Gibt Sohn d. M. nur zwölf Bögen, dann lassen Sie uns Teil I,II im September in 24 veröffentlichen.

Die Sache sieht dann folgendermaßen aus! (Im Vertrauen, und ich glaube jetzt, daß Sie mir wohlwollen!) Meine Mission in Frankreich ist erfüllt, doch um ein Opfer, das mich beinahe vernichtet hätte. Die Nouvelle Revue hat die Wahrheit gesagt. Sie hat mit den Societäten aufgehört, aber am 15. Juni (Pfingsten) erscheint als erster Artikel: Coup d'œil sur La Suède Contemporaine par Aug. Strindberg, enthaltend Introduction, La Cour, Chambres Ministres in veränderter Form. Gleichzeitig veröffentlicht die Revue Universelle (Paris) am 15. Juni Lettres de Stockholm par Aug. Sg. (Korrektur bereits gelesen!) Das ist der Rest der Société! Jetzt gibt es Radau wegen Heiraten 2; starkes Gegengift mit den Französischen Briefen. Man merkt, daß man gegen meine neun Leben nicht ankommt, auch wenn man mir die acht genommen hat. Ich bin tot; werde begraben; auf dem Grab wächst der Sommerrasen. Dann kommt der Herbst. Die Leiche steht auf und veröffentlicht ihre Memoiren. Das ist doch gut geplant und hat System. Nicht wahr? Alles gleichzeitig zu verheizen ist zuviel, und um Pfingsten herum ist es wohl warm, da es ohnehin der Tag der Verzückung ist.

Indessen, wie Sie wollen! Die Änderungen werden gebilligt! –

Wenn ich jetzt die 3.000 Frcs bekomme, reise ich aus diesem ausgedienten teuren Grez in die Umgebung des billigen Zürich, wo ich mich mit Bier stupid trinke und wo meine Frau das Hebammenexamen machen wird (meine Töchter sollen Hebammen werden), denn ich lebe wohl nicht so lange, und irgend jemand muß für die Kinder arbeiten, bis sie es selbst können. Dort setze ich mich sofort hin und schreibe Teil II von Sohn d. M., der von Uppsala, Meiner Theaterlaufbahn, Meiner Arztlaufbahn, Erster Schriftstellerei handelt, und alle Leute schont (auch mit dem Risiko, unwahr zu sein), außer mich selbst. Hierdurch wird das Buch gewinnen, denn die Kindheit ist traurig, an sich und zu lesen!

Was die Geschäfte angeht, stehe ich ja mit Lebensversicherungen, Mieten, Büchern u. ä., was ja nicht als zur schriftstellerischen Tätigkeit gehörig gelten kann, in Ihrer Schuld. Wie sollen wir die abtragen? Von den überschüssigen 294 Kronen, die nach der Zahlung von 3.000 Fr. für die 12 Bögen übrigbleiben, sollten Sie 200 Kr. für die kürzlich bezahlten Lebensversicherungen nehmen. Wenn wir vielleicht die 94 für Bücher verwenden könnten, die für Teil II unentbehrlich sind, nämlich Hofbergs Lexikon, Linders Familjebok und Åberg, Die Boströmsche Weltanschauung, dann wäre das gut. Allerdings nur unter der Bedingung, daß keine Schulden entstehen, denn jetzt sollten wir uns keine geschäftlichen Scherereien mehr machen. Würde der Überschuß größer (was ich annehme, denn ich rechne mit mindestens 14 bis 16 Bogen), sollte damit die alte Schuld abgetragen werden.

Viel Lebenskraft nach der Auslösung aus dem Laurentschen Pensionsgefängnis, das Ergebnis der Société, Wechsel von Klima und Wohnung machen mir neue Hoffnung auf die Zukunft, und eine friedlichere Behandlung der Themen, weshalb es beim Druck wohl keine Schwierigkeiten geben wird.

Sollten für den Namenszettel Verantwortliche erforderlich sein, wird man wohl ein paar kaufen müssen, bevor man Leute bittet, die dann nicht nur Dankbarkeit, sondern einen selbst mit Haut und Haaren beanspruchen.

Jetzt breche ich also von Grez auf und werde wieder Germane, wobei ich auf das Reisegeld warte. Wenn Sie, Herr Bonnier, es in französischen Banknoten schicken könnten, käme ich darum herum, das entsetzliche und teure Paris wiedersehen zu müssen, und würde mich per Eisenbahn über Moret mit Frauen und Kindern und Bücherkisten direkt nach Zürich begeben.

Wenn ich Teil II abgeschlossen habe, wollte ich im Germanischen Wald und See und Bergland ein Heft Schwedische Weihnachtsidyllen schreiben, schon seit langem in Hexametern konzipiert. Dabei handelt es sich um Ersparnisse von Sohn d. M., worin die Landschaft absichtlich vernachlässigt ist. Die Idyllen sollen nur impressions ohne Ideen sein, vielleicht mit einigen Vignetten von Andrén.
Ich habe nämlich zwischen den Gefechten ein sehr idyllisches Gefühl und glaube an das Bier, die Kegelbahnen und die Alpen, seit ich mir nämlich Eingang in Paris verschafft habe, was mich absolut nicht mehr reizt. (Vergleichen Sie: S. d. M.! Aber so viele zerbrochene Regenschirme, Kaffeekocher, Rückgrate, Nervenenden, bis man in dieser Mauer ein Loch hat!), seit ich meinen Willen durchgesetzt habe!

Mit den herzlichsten Grüßen an Karl Otto und meinen ehrerbietigen an Ihre Familie zeichne ich
In Hochachtung und Ergebenheit
August Strindberg

An Gustaf Steffen
Othmarsingen, Aargau,
Schweiz, 19. Mai 1886
Bester Herr Steffens,
Jetzt wohne ich in Othmarsingen, Aargau, einem kompletten Arkadien, wo ich noch mehr in dem Glauben bestärkt werde, daß Intelligenz Geistesverwirrung ist. In Dresden möchte ich nicht wohnen; erstens, weil Snoilsky dort wohnt, außerdem, weil Bebel dort wohnt. Ich hasse Bebel, weil er an der Wiedereinführung des

Matriarchats arbeitet¹, und ich wirklich meine, daß der Mann, der alles Kapital geschaffen, alle Gedanken, alle Arbeit geleistet hat, das Recht haben muß, die Gesellschaft allein umzuredigieren und den faulen Ludern von Frauen aus Barmherzigkeit das zu geben, was er (♂) für gut hält. Haben Sie Le Matriarcat in der Nouvelle Revue 15. März 1886 gelesen. Lesen Sie es, und gehen Sie dann in ein Bordell! Bachofen hat 186? Mutterrecht geschrieben. Haben Sie oder Christensen dieses Buch, um es mir zu leihen. Ich offenbare mich jetzt im Zweiten Teil von Heiraten als absoluter (?) Weiberhasser.

Wenn sich der Mann aus dem Gorilla entwickelt hat, dann sind die Gorillaweibchen bestimmt untergegangen, und die Gorillamännchen haben mit Weibchen einer Schimpansenart kopuliert. Mann und Frau gehören nicht zur selben Tierart!

Christensen soll nicht beleidigt sein. Ich fand, daß Sie zu rasch zu ihm gegangen sind. Als Landsmann und einigermaßen Bekannter wende ich mich in vollem Vertrauen an Sie, da ich meine, daß wir uns näherstehen als er und ich.

Ich habe nach dem Bildungsschwindel an ihn geschrieben und gesagt, daß ich ihm mißtraue: weil er, als er auf die heutige schwedische Literatur zu sprechen kommt, zuerst zwei Kühe erwähnt, die dumm sind und uns bestehlen, von denen die eine konservativ (Agrell), die andere eine halbe Pietistin (Edgren) ist. Darauf sagte er, ich sei so ein Teufelskerl von der Sorte, von der pro Jahrhundert nur einer geboren wird. Dies habe ich als Scherz aufgefaßt! Das war es sicherlich auch, denn Ch. ist ein wenig maliziös.

Allerdings halte ich es für unnötig, daß Sie ihm dies sagen. Was meinen Sie?

Haben Sie mich wirklich verdächtigt, ich wollte eine politische Rolle spielen? Ich hätte durch den Prozeß ja Reichstagsabgeordneter werden können, habe aber abgelehnt – Ich habe manchmal geglaubt, ich sei Philosoph! Entdecke aber meine Verwirrung und rette mich wieder in die Schöne Literatur, wo man glücklicherweise noch Quatsch reden darf. In Bebels Heilsarmee will ich nicht

1 Lesen Sie Jacoby L'hérédité. Maudsley Maladies de l'Esprit.

eintreten. Vor seiner Dogmatik müssen Sie sich in acht nehmen. Wenn er Bauer wäre, d. h. besäße er nur gesunden Verstand, wie reine Unterklasse, wäre er besser; jetzt ist er schon Mittelklasse mit Kulturkotze und Bekenntnissen, zusammengesammelt aus Oberklassenbüchern. Das Zeug über die Frau ist schändlich und dumm! Nein, erst Dynamit unter das Ganze, und dann eine neue natürliche Auswahl. Gesellenregierung ist Mittelklasse oder Kleinbürgerherrschaft. Von unseren Kartoffeln werden wir nur noch die Schalen wieder zu sehen bekommen. Bebel ist ein Moderner, aber ein moderner Automat! Wenn er die Oberklasse und die Mittelklasse abschaffen will! gut, da bin ich dabei!

Ich habe schon im Winter junge Darwinistenautomaten und Spencerautomaten getroffen! Die Konsequenzen der Evolutionstheorie müssen entweder sein: Aristokratie (wie jetzt errichtet von den Listigen (= Intelligenten) und Unmoralischen mit Hilfe der rohen Gewalt (= der Armee); oder Anarchie: natürliche Neuwahl!

Deutschland ist ein Doktorenland. Es ist mir zu sittlich (entsexualisiert) und zu christlich. Frankreich ist besser – für mich. Obwohl ich persönlich weder saufe, noch außerhalb der Ehe ficke, aus dem einfachen Grunde, daß ich vieles Saufen nicht mag, und weil ich leider monogam bin.

Haben Sie Hans Jægers Kristiania-Bohême gelesen? Das ist ein starkes Buch! Evoe Phallos!

Enfin! Ich traue mich nicht, in die Sozialistenbewegung einzutreten, denn dann würde ich Opponent oder Mordbrenner!
Zur Zeit studiere ich Psychologie. Daran ist nichts Schlechtes!

Leben Sie also für diesmal wohl, und sehen wir zu, daß wir uns bei Gelegenheit treffen.

Grüßen Sie Ch.
Freundlichst
August Strindberg

An Gustaf af Geijerstam

Othmarsingen, Aargau, 21. Mai 86

Bruder,

Dank für die Revue. Bestelle Branting, daß ich seit einiger Zeit an einem Stück arbeite, betitelt Ödland, das vom Untergang des schwedischen Bauern handelt.

Personen: Der Bauer
Der Landkaufmann
Der Probenreiter
Der Sohn (Volkshochschulgeselle)
Der Reichstagsabgeordnete (Staatsanwalt und Ruinierter Großbauer)

Der Wanderprediger
Die Ehefrau
Die Magd
Der Häusler
Der Altsitzer

Endet natürlich mit Auswanderung, nachdem Der Bauer vom Aufkäufer ruiniert ist und Der Landkaufmann und Der Staatsanwalt von der Amerikanischen Konkurrenz. Der Landkaufmann durch die Spekulation auf die Getreidezölle, aber der Aufkäufer (der Großhändler) wird reich. Verd. merkwürdig, daß die Schlußreplik des Stücks (welche die Auswanderung empfiehlt) gerade die Brantings über die Konkurrenz war.

»Wir werden uns rächen«, sagt der Bauer, »und wir werden in Amerika Weizen machen, daß der Großbauer, der uns zu Hause ruiniert hat, krepiert.«

Noch eine Replik: »Es geht vorwärts!«

»Ja, vorwärts – zum Teufel!«

Ich habe vor einem Monat das ganze Stück dem Künstler, Maler-Sänger Nyberg in Grez erzählt, Du kennst ihn (Wird im Falle von Plagiatvorwürfen als Zeuge aufgeboten!). Merkwürdig, daß Br. den großen Landwirtschaftsbetrieb verordnet, der eine kapitalistische

Ausbeutung des Bauern (= des Arbeiters) ist. Und – wenn die Zukunft dem Arbeiter gehört, dann gehört sie auch dem Bauern, nachdem Br. doch sagt, daß der Bauer Arbeiter ist.

Br. scheint mir bereits Sozialistenautomat und Dogmatiker zu sein. Sein Programm ist fertig. Vorwärts – zur Industrie-Kollektiv-Kapitalgesellschaft mit unglücklichen Menschen in Bergwerken und Fabriken, der vordringlichsten materiellen (also ideellen) Voraussetzungen Licht und Luft beraubt, welche noch nicht einmal so niedere Geschöpfe wie die Pflanzen und die Bauern entbehren wollen oder können. Vorwärts – siebenmal schlimmer – zur Fäulnis! Drauflos!

Hast Du Le Matriarcat in der Nouvelle Revue vom 15. März diesen Jahres gelesen! Glaubst Du, daß die Frauen Gleichstellung wollen? Neeein! Und jetzt arbeiten Du und Branting an der *Wieder*einführung des Matriarchats. Das ist doch *rückwärts*! zurück zur Barbarei – nach Euren Ansichten! Du bist noch im Liebesrausch, darum siehst Du nicht, wie idiotisch Frau Agrell, Edgren und Fr. Key sind! Und haben sie manchmal ein Korn gefunden, dann haben sie es auf den Abfallhaufen unserer Mannen (♂) entdeckt.

Pfui Teufel!

Lebwohl inzwischen und lebe glücklich!

Wünscht
Dein Freund
August Strindberg

An Edvard Brandes
Othmarsingen, Aargau,
27. Mai 86

Lieber Brandes,

Wo zum Teufel ist der letzte Brief, der jetzt schon einen Monat auf sich warten läßt? Die Deutschen schreiben und schreien nach einer Forts. Sollte er nun von den mit dem Vorigen unzufriedenen Damen unterdrückt werden, dann sende mir den letzten zurück.

Soll er wirklich aufgenommen werden, dann streich ein bißchen dort, wo es um die Abstinenz und den Geiz des Bauern geht.

Nun, wenn ich mit Schweden je gebrochen habe, dann jetzt. Lettres de Stockholm I sind in der Revue Universelle erschienen. Herrgott, was das für ein Wehgeschrei geben wird. Und dann Der Sohn der Magd. Ein Versuch in Zukunftsliteratur. Ohne Handlung, ohne Stil. Psychologie, und die Geschichte der Epoche im Leben eines Menschen. Keine Landschaften, keine Möbel, keinen Stil!

Bin bereits bei Teil II. Es werden fünf Teile, also die ganze Geschichte Schwedens 1849-1886.

Es wird die Geschichte Schwedens; die Geschichte, wie ein Schriftsteller entsteht; die Geschichte der Entstehung und Entwicklung einer Seele in einer bestimmten Periode, die Geschichte von Natur und Ursachen der Kulturkrankheit. U. a. m.

So habe ich geschrieben, denn so, das hat mir immer vorgeschwebt, sollte jedermann schreiben!

Die Literatur, scheint mir, sollte sich von der Kunst total emanzipieren und Wissenschaft werden. Die Schriftsteller müssen ihren Beruf lernen, indem sie studieren: Psychologie, Soziologie, Physiologie, Geschichte, Politik. Sonst sind wir nur Dilettanten!

Damit bist Du nicht einverstanden!

Ich habe es bis jetzt nicht gewagt, darum bin ich in den alten Geleisen marschiert. Nun tue ich es und glücklicherweise frei! Wie wunderbar ist es, keine Partei zu haben und nicht Tendenz- und Parteilügen lügen zu müssen. Das Gehirn arbeitet ehrlich und geht, wohin es will. Keine Feigheit, keine Rücksichten! Beneidenswert!

Jetzt höre ich auf mit der Zeitungsschreiberei, denn ich kann sie mir nicht mehr leisten. Alles muß in die Entwicklungsgeschichte meiner Seele kommen.

Leb also vorerst wohl und gib mir bald Bescheid über das Schicksal der Bauernbriefe.

bittet Freundlichst
August Strindberg

Will Politiken den Artikel aus der Revue Universelle abdrucken?

An Edvard Brandes

Othmarsingen, Aargau,
9. 6. 86.

Lieber Brandes,
warum ich nichts schicke, um es in Dänemark übersetzen zu lassen? Ja, kannst Du Dir das vorstellen? Schüchternheit, oder Dummheit oder weiß der Teufel, was.

Wenn Du wüßtest, wie es mich freut, daß mein Buch Eindruck auf Dich gemacht hat. Ich glaube, ich bin bei all meinem Demagogismus zu vornehm, um für den Pöbel zu schreiben. Früher habe ich mich abgestrampelt, ich bin wohl ein unbewußter Possenreißer gewesen, der »Stil gemacht«, sich verkleidet, Grimassen gemacht hat, alles, um die Leute zum Zuhören zu bringen. Diesmal habe ich mich eher als tot betrachtet, habe nicht die neugierigen Schnauzen der Menge gesehen, habe mich selbst mehr versteckt als gezeigt (denn es sind keine confessions oder mémoires, vieles ist arrangiert) und außerdem habe ich das Allerschwierigste versucht, ehrlich zu sein. Ich glaube kaum, daß es im ganzen Buch ein Bild oder überhaupt »Stil« gibt; keinen einzigen Witz, keine Satire, keine Landschaften und keine Frauen.

Wie es in Schweden aufgenommen wurde, weiß ich nicht; darum kümmere ich mich nicht, denn dieses Buch habe ich für mich selbst geschrieben. Der zweite Teil 1867-1872 ist fertig. Er ist wertvoller und enthält die innere Geschichte dieser Jahre.

Bestelle nun Philipsen, daß das Angebot mit Kußhand angenommen wird und sei selbst bedankt, Du gute Seele, die mir wohl will.

Doch was werden die Dänen zu diesem intimen Buch sagen? Es war ein tête à tête zwischen Schweden und mir!

Lebwohl! Du solltest in die Schweiz fahren statt nach Schweden.

Dieses Land hier hat etwas Bemerkenswertes, wenn man so wie ich die Hotel-Schweiz meidet.

Der Armeeoberst (Le Colonel) kutschiert mich, er selbst sitzt für 3 Francs 50 auf dem Kutschbock, und der Geselle meines Schuhmachers setzt sich in der Wirtschaft neben mich und stößt mit seinem Seidel mit mir an und spricht mich an.

Ein europäisches Land ohne König, ohne königliches Theater,

Orden, Akademie, Posttidning und Reptilienbübchen, ein Land mitten in Europa ohne Oberklasse, das ist doch etwas! Komm und schau's Dir an, alter Kulturmensch, und Du wirst in vielem Deine Träume verwirklicht sehen. Das ist erhebend und heilend, und ich werde stets ein besserer Mensch, wenn ich die Grenze überschreite.

Hier trieft das Land vor Milch und Honig.

Für 3 Fr. 50 habe ich Vollpension. Mein Frühstück ist fürstlich. Kaffee, Milch, Zwieback, Brot, Butter, Käse, Honig, Marmelade, so viele Eier, wie ich essen will.

Das ist das Schlaraffenland. Aber nur an abgelegenen Orten; die großen Hauptverkehrswege sind von Hotelräubern besetzt.

In acht Tagen beginne ich damit, *zwei* Theaterstücke zu schreiben! Kehre also dennoch zur schönen Literatur zurück. Was soll man machen? Man kann ja nicht leben, wie man lehrt, und man lehrt ja für die Nachwelt.

Lebwohl

Dein Freund
August Strindberg

Der Sohn der Magd

Teil III
Im Roten Zimmer
Entwicklungsgeschichte einer Seele
(1872-1876)

1. Bei den Unzufriedenen

(1872)

Als Johan nach Stockholm kam, begann er, sich Geld für ein Zimmer zusammenzuborgen, das auf dem Ladugårdslandet liegen sollte. Schon jetzt Eindrucksmensch bis zum äußersten, wählte er diesen Stadtteil deswegen, weil dorthin immer die Erster-Mai-Spaziergänge seiner Kindheit geführt hatten; und vor allem über der Storgatan lag etwas wie Feststimmung. Darüber hinaus mündete sie in Richtung Djurgården aus, dem Ort seiner Spaziergänge. Die Kasernen mit ihren Trommeln und Trompeten hatten etwas Anregendes, und die Nähe der See bot freie Aussichten. Es war luftig und hell. Wenn er morgens seinen Spaziergang machte, konnte er, je nachdem wie seine Stimmung war, den Weg wählen. Traurig und niedergeschlagen ging er den schattigen Sirihovsweg; fröhlich bog er auf die Ebene von Manilla ein, wo die paradiesische Landschaft von Rosendal Genußfreude und Wollust spiegelte; verzweifelt und scheu zog er aufs Ladugårdsgärdet hinaus, wo niemand seine Selbstgespräche und seine Gebete zu Gott störte. Bisweilen, wenn in seiner Seele Aufruhr herrschte, konnte er lange am Kreuzweg oberhalb der Djurgårdsbrücke stehen, unschlüssig, welchen Weg er einschlagen sollte. Es riß ihn hin und her, als zerrten viele Mächte in ihm, jede in eine andere Richtung.

Sein Zimmer war dürftig und hatte keine Aussicht. Es roch nach Armut wie das ganze Haus, in dem die einzige Standesperson der Hauswart, ein Polizeikonstabler, war.

Er begann zunächst zu malen; aus dem Bedürfnis heraus, seine unbestimmten Gefühle Form annehmen zu sehen, vielleicht auch, um sie auf eine handgreifliche Art ausdrücken zu können, denn die kleinen geduckten Buchstaben lagen tot auf dem Papier und konnten nicht so offen und in einem Zug ihn sich selber zeigen. Er dachte nicht daran, Maler zu werden, im Kunstverein auszustellen, Bilder zu verkaufen oder ähnliches. An die Staffelei gehen war wie ein Lied anstimmen. Gleichzeitig erneuerte er die Bekanntschaft mit seinem Freund, dem Bildhauer, der ihn in einen Kreis junger Maler einführte, alle unzufrieden mit der Akademie und den veralteten Methoden, weil diese sie nicht mehr befriedigen oder die dunklen Halbträume der Zeit nicht ausdrücken konnten. In dieser Periode nämlich hatte Wahlberg den Realismus der Düsseldorfer Schule aufgegeben und die Stimmungsmalerei der Nachromantik aufgenommen, die in Paris von Corot und Rousseau vertreten wurde. Dies war ein Übergangsstadium und eigentlich ein Anachronismus, der sich darauf gründete, daß Corot erst nach seinem Tod Anhänger gewann, was einen Rückschlag in der Wirklichkeitsrichtung zur Folge hatte.

Diese jungen Maler waren absolute Nachromantici, außer in der Hinsicht, daß sie die Wahrheit in der Farbe suchten. Hätten sie nicht die moderne Technik gehabt, wären sie Jünger von Fahlcrantz gewesen. Sie hielten sich noch an den Boheme-Typus; denn so spät erreichte die Strandwelle der großen Wogen die abgelegenen Küsten des Nordens. Sie trugen langes Haar, Schlapphüte, grelle Halstücher und lebten wie die Vögel unter dem Himmel. Sie lasen und zitierten Byron und träumten von ungeheuren Leinwänden mit so gewaltigen Themen, daß das Atelier noch nicht gebaut war, das sie hätte aufnehmen können. Ein Bildhauer hatte mit einem Norweger vereinbart, aus dem Dovrefjäll den Dovregubbe herauszuhauen; ein Maler wollte das Meer malen, nur das glatte Meer, jedoch mit einem so weiten Horizont, daß die Rundung der Erde sichtbar würde und somit die Wasserlinie in einer konvexen Kurve verliefe.

Das machte Eindruck auf Johan. Man sollte sein Inneres malen und nicht Stöcke und Steine abzeichnen, die ja in sich bedeutungslos waren und eine Form nur annehmen konnten, indem sie den Schmelzofen eines wahrnehmenden und fühlenden Subjektes durchliefen. Darum wurde nicht draußen studiert, sondern man malte zu Hause, aus dem Gedächtnis und mit der Phantasie.

Johan malte immer das Meer, mit Küste im Vordergrund; knorrigen Kiefern, ein paar nackten Schären weiter draußen, einer weißgestrichenen Bake, einem Seezeichen, einer Spierentonne. Die Luft war meist trüb, mit einer schwachen oder starken Lichtöffnung am Horizont; Sonnenuntergänge oder Mondschein; niemals klares Tageslicht.

Doch aus diesem Traumleben erwachte er bald; zum einen weckte ihn der Hunger, zum anderen erinnerte er sich der Wirklichkeit, die er ja aufgesucht hatte, um sich vor den Träumen zu schützen.

Wie hatte sich die Wirklichkeit der schwedischen Gegenwart in den Jahren, in denen Johan sich mit den Existenzsorgen Thorvaldsens und Hellas' Eroberung durch den Mazedonier beschäftigt hatte, entwickelt? Durch das Wahlgesetz von 1865 war der Bauernstand in die neuen Kammern vorgedrungen und hatte dort mit einem Programm die Mehrheit gebildet und sich als politische Partei konstituiert. Unüberlegterweise hat man den Parteicharakter der Bauernpartei leugnen wollen und geglaubt, ihren Wert schmälern zu können, indem man sie eine Fraktion nannte. Die Bauern waren eine homogene Fraktion der Bevölkerung, sie waren nahezu die Nation, und darum hatte es eine sehr große Berechtigung, daß sich diese natürliche Gruppierung zu einer Partei mit Majoritätsinteressen zusammenschloß, die für das ganze Land von größter Bedeutung waren. In einer Partei allein sieht man gewöhnlich entweder eine Vereinigung privater Interessen Einzelner, die dem Land in seiner Gesamtheit nicht nur nicht dienen, sondern seinem Fortschritt eher entgegenarbeiten, oder man sieht in ihr das Komplott von theoretisierenden Anhängern einer Meinung zur Förderung dieser Meinung. Ein Beispiel für eine Partei, die keine Fraktion darstellt, ist die Intelligenzpartei, die für die Erhaltung ihrer Ämter und ihrer Machtstellung und für die Durchsetzung ihrer Grillen gearbeitet hat.

Schon als sich die Bauernpartei 1867 noch im Gründungsstadium befand, war sie als demokratische Partei aufgetreten und hatte ein Programm aufgestellt, das einfach ein Korrelat der Parlamentsreform oder der Vollzug derselben war. Der Adel als selbstverständlicher Stand war abgeschafft, doch die alten ökonomischen Vorrechte der Feudalherrschaft (denn eine Art davon hatte in Schweden tatsächlich existiert) waren erhalten geblieben. Ein solches Vorrecht war die Steuerfreiheit oder Steuerermäßigung für Kronboden. Die Bauern, die überwiegend »nicht privilegiertes« Land besaßen, forderten eine Steuerangleichung, und das war nur recht und billig. Da aber wurde Egoismus geschrien, als wäre nicht alles Streben egoistisch. Die Gefahr war in diesem Fall freilich nicht so groß, weil der Egoismus der Bauern von der berechtigten Sorte war, da er der Mehrheit und dem ganzen Land nützte. Der Kaufmannsstand hätte am allerwenigsten Egoismus schreien sollen, da eine Verminderung der bäuerlichen Steuerlasten zu einer großen Käuferschar geführt hätte, von der auch die Industrie hätte profitieren können.

Die Partei trat auch mit demokratischen Forderungen nach Reformen in anderen Bereichen auf wie: die Umgestaltung des Schulwesens, die prinzipielle Anerkennung des Freihandels, Sparsamkeit bei den Staatsausgaben, Vereinfachung der Verwaltung, bessere Rechtsprechung sowie erweitertes Stimmrecht bei Kommunalwahlen und anderes. Zu dieser Zeit war sie also keine reaktionäre Partei.

Mit halben Schritten jedoch nicht zufrieden, nutzten die »immer Unzufriedenen«, solange die Gemüter warm waren, die Gelegenheit und bildeten die Gesellschaft Die Neuliberalen. Deren Programm wurde 1868 verabschiedet und erschien mit zwei vortrefflichen Broschüren im Druck. Was wollen Die Neuliberalen (von Hultgren) und Was das Volk von der neuen Volksvertretung erwartet (von Hedin). Das Programm der neuliberalen Partei, dargestellt in Hultgrens Broschüre, ist eine mustergültige Arbeit. Es enthält all die Umgestaltungsvorschläge, die man der Reihe nach hätte durchführen sollen, bevor man die neuen Sozialistenprogramme herauspeitschte. Es gab darin zeitgemäße und realistische Reformvorschläge, in angemessener Reihenfolge und alle nebeneinander. Die Gefahr der Reformarbeit unserer Tage liegt darin, daß die Vorschläge ungeordnet herniederhageln, so daß einer, der zuerst kommen sollte, später kommt und umgekehrt, wie etwa, wenn man die Frauenfrage aufwirft, bevor man die alte patriarchalische Gesellschaft ausrangiert hat, die Frau auf den Arbeitsmarkt des Mannes wirft, bevor man den Mann von den Verpflichtungen der Ehe und der Kinderversorgung befreit hat, und wenn man die Mädchen in die staatlichen Gymnasien für Knaben lassen will, bevor man diese Gymnasien neu geordnet hat.

Das Richtigste im Programm der Partei war, daß sie die Theorien, die die Reform ausmachten, verwirklichen wollte. Auf dem Papier hatte man die kommunale Selbstverwaltung bereits 1864 erhalten. Die Provinziallandtage, die den Keim der Dezentralisierung in sich trugen, waren durch das Veto der Regierungspräsidenten so etwas wie Regierungsbüros geworden. Die Neuliberalen forderten die Unabhängigkeit der Regionallandtage und die Erweiterung des kommunalen Stimmrechts. Darüber hinaus aber verlangten sie ein allgemeines Stimmrecht zu den Kammern, die Abschaffung der Ritterorden, die Streichung von Stellen, die Beschränkung der Macht des Königs in der wichtigen Wirtschaftsgesetzgebung, die Abschaffung der Regierungspräsidien, die Streichung von Präsidenten-, Bischofs- und Generaldirektorsstellen, die Trennung des Staates von der Kirche, die Einführung der Zivilehe, den Ersatz der Volksschule durch die beiden unteren Klassen der Elementargymnasien, die Umgestaltung des Unterrichtes, die Organisation der Landesverteidigung nach dem Prinzip der allgemeinen Wehrpflicht und anderes. Alles, was man damals fordern konnte, war hier enthalten und noch mehr, und hätte man darauf bestanden und einträchtig Schritt für Schritt an der Ausführung des Programmes gearbeitet, wäre damit mehr gewonnen gewesen als mit all diesen danebengegangenen Sprüngen in die Zukunft. Doch der Schwede ist ein wenig Phantast und nicht tatkräftig, darum hielt er die Reformen für durchgeführt, als sie ausdiskutiert waren.

Daß die Dichter, der nie verwirklichten Pläne müde, vorauseilten, war natürlich, und sie hatten ja auch das Recht, sich in Phantasien zu bewegen, daß aber die Politiker nichts taten, war schon tadelnswerter, falls sie überhaupt etwas konnten für die Ohnmacht, die beim Anblick eines Stillstandes, der mit Rückschritt endete, alle befiel. Hedins Kommentare zum Programm waren vernichtend und können und sollten noch heute von dem gelesen werden, der sehen will, wie weit es mit dem schwedischen Fortschritt gekommen ist. Die Briefe enden mit einem kühnen Satz, der heute vielleicht Gegenstand einer Anklage oder von den Schlaubergern für wahnwitzig gehalten würde, die den Stein der Weisen in der Hosentasche zu haben glauben.

»Wir sind also einig darüber«, schließt er, »daß *la monarchie c'est une affaire de la liste civile.* Die Frage ist nur, ob man über die Mittel verfügt, sich die Befriedigung dieser romanesk-politischen Phantasie leisten zu können.«

Von all dem hatte Johan keine Vorstellung. Er wußte nur, daß die Bauern an die Macht gekommen waren, daß sie Bürgerschaft und Beamten den Krieg erklärt hatten und daß man sie in Uppsala haßte. Und jetzt sollte er sich selbst unter die Kämpfenden einreihen und die alte Gesellschaft angreifen. Von den Kenntnissen, die er aus Uppsala mitgebracht hatte, war zur direkten Verwendung nur das bißchen Staatswissenschaft, das er studiert hatte, geeignet. Was halfen hier Astronomie, Philologie, Ästhetik, Latein und Chemie. Über Grundgesetze und Kommunalgesetze des Landes wußte er Bescheid, doch über politische Ökonomie, Kameralgesetzgebung, Rechtswesen überhaupt nicht.

Als er sich jetzt eine geeignete Zeitung für seine Tätigkeit suchen wollte, dachte er nicht daran, seine alten Verbindungen zu Aftonbladet zu benutzen, sondern wandte sich an eine kleine, eben gegründete Abendzeitung, die als radikal galt und aus der Neuliberalen Gesellschaft hervorgegangen war. Der Redakteur hielt seine Sprechstunden in La Croix' Café ab, und dort wurde Johan in den Kreis der Zeitungsleute eingeführt. Er fühlte sich fremd unter ihnen. Sie dachten nicht wie er, wirkten ungebildet, was sie auch waren; klatschten mehr, als daß sie sich über wichtige Ereignisse unterhielten. Zwar beschäftigten sie sich mit der Wirklichkeit, doch die kleine Tagesnachricht bedeutete ihnen mehr als die großen Tages- und Zeitfragen. Sie gaben Phrasen von sich und schienen in den Gegenständen, über die sie schrieben, nicht bewandert zu sein. Er war gegen seinen Willen zu sehr Universitätsaristokrat, als daß er mit diesen Demokraten, die ihre Laufbahn nicht gewählt hatten, sondern wie die meisten in sie hineingeworfen worden waren, hätte sympathisieren können. Die Atmosphäre wirkte auf seinen idealistischen Sinn erstickend, und er ging nicht mehr in die Sprechstunde, nachdem er seinen Zweck erreicht und man ihn aufgefordert hatte, für die Zeitung zu schreiben.

So debütierte er als Kunstkritiker. Es ging um Winges Thor mit den Riesen und Rosens Erik XIV und Karin Månsdotter. Der junge Kritiker wollte natürlich seine Kenntnisse unter Beweis stellen und hatte nur welche aus Kollegien und Büchern. Darum geriet die Kritik über Winge zu einer Hymne. Das Thema, nordisch und im großen Stil, bildete den Gegenstand seiner Betrachtung, was von den Malern, die wollten, daß man nur darauf sah, wie gemalt sei, aufs höchste mißbilligt wurde. An Rosens Erik XIV legte er seine monomanische Perspektive an: aristokratisch oder demokratisch, und tadelte die ungerechte Auffassung von Göran Persson, den er in seiner verbrannten Tragödie Erik XIV als Adelshasser und Mann des Volkes dargestellt hatte. Herabgestiegen von der Höhe des vielversprechenden Studenten, Schriftstellers und königlichen Protégés, in die damals weniger geachtete Klasse der Zeitungsskribenten hinunter, begann er wieder mit den unteren Klassen zu fühlen. Nachdem man in der Redaktion den Gelehrtenfirlefanz herausgestrichen hatte, wurden die Artikel gedruckt. Der Redakteur erklärte, sie seien pikant, bat aber den Autor, sich zu bemühen, sie flüssiger zu gestalten. Er hatte noch nicht den Zeitungsstil intus, die »Phrase«, wie der Redakteur sich ausdrückte.

Anschließend machte sich Johan an eine Artikelserie, die unter dem Titel Perspektiven Betrachtungen über soziale und wirtschaftliche Fragen anstellte. Hier unternahm er Angriffe auf die Studenterei und die Klassenbildung, die verderbliche Viellernerei und die unglückliche Lage der Studierenden. Weil die Arbeiterfrage noch nicht brennend war, wagte er einen Vergleich zwischen den Lebensaussichten eines studierten Menschen und eines Arbeiters, wobei er das Los des Arbeiters für glücklicher befand, weil dieser bei guter Gesundheit mit achtzehn Jahren beginnen konnte, sich zu versorgen, und mit etwa zwanzig heiraten, wohingegen der Studierte erst mit über Dreißig an Ehe und Auskommen denken konnte. Als Heilmittel empfahl er die Abschaffung des Abiturs, wie es Jaabæk in Norwegen bereits getan hatte, die Verlegung der Universität in die Hauptstadt, um den Studenten die Möglichkeit eines Auskommens während der Studienzeit zu verschaffen, und als Beispiel führte er die Studenten im heutigen Athen an, die neben ihren Studien einem Handwerk nachgingen. Über all das war er sich bereits 1872 im klaren, und dennoch wurden zwölf Jahre später seine Erörterungen des Themas als zufällig aus dem Ärmel geschüttelte Schnapsideen aufgenommen.

Gleichzeitig wandte er sich an eine neue kleine illustrierte Zeitung für Frauen und durfte Biographien und Novellen schreiben. Die Damen waren sehr liebenswürdig, ließen ihn aber schwer arbeiten und schickten ihn mit Aufträgen herum. Als er ein paar Tage damit verbracht hatte, Besuche zu machen, ein Verlagsmagazin in der Katarina Gemeinde zu durchwühlen, die Romane des Biographierten (in drei, vier Teilen) zu lesen, Ermittlungen in der Bibliothek angestellt hatte, zur Druckerei gelaufen war und schließlich sorgfältig seine Spalten niedergeschrieben hatte, wobei er die betreffende Person in das Licht der Zeit stellte und ihren Werdegang analysierte, bekam er für die ganze Arbeit fünfzehn Kronen. Er rechnete sich aus, daß dies pro Stunde weniger war, als ein Dienstmann verdiente.

Die Laufbahn des Literaten war ein hartes Brot, und daß das aller anderen Literaten ebenso hart war, macht die Sache nicht besser. Doch das Gewerbe genoß große Mißachtung, und Johan fühlte, daß er im sozialen Ansehen unter den Brüdern, unter seinen Freunden, den Kaufleuten, und unter den Schauspielern, ja, unter den Volksschullehrern stand.

Die Literaten führten eine unterirdische Existenz. Sie hatten keine Namen, doch sie schrieben Wir und redeten wie von Gottes Gnaden; sie hatten das Wohl oder Wehe der Menschen in ihrer Hand, weil der Kampf ums Dasein, inzwischen zivilisiert, mit Hilfe des sozialen Ansehens ausgetragen wurde. Wie hatte die Gesellschaft eine so entsetzliche Macht ohne irgendwelche Garantien an Freischaren abtreten können? Ja, aber welche Sicherheit hatte man für Fähigkeiten und Einsicht der Gesetzgeber im Reichstag, in den Ministerien, auf dem Thron? Gar keine! Das hielt sich also die Waage. Es gab jedoch zwei Klassen von Zeitungen: die, welche die Gesellschaft mit ihren Gebrechen erhalten wollten, die konservativen, und die, welche die immer mangelhafte Gesellschaft verbessern wollten, die liberalen. Die ersteren genossen ein gewisses Ansehen, die letzteren überhaupt keines. Johan hielt es aus Instinkt mit den letzteren, und er spürte, wie er geradezu als jedermanns Verräter behandelt wurde. Liberaler Zeitungsmann und Skandalschreiber war ungefähr eins.

Zu Hause hatte er die althergebrachte Redensart gehört, es sei »keiner ein ehrlicher Kerl, der nicht im Fäderneslandet gestanden hat«. Auf der Straße hatte man ihn auf einen Banditentyp mit in die Stirn gezogenem Hut und einer Messernarbe zwischen den Augen aufmerksam gemacht, und man hatte gesagt: dort geht der Literat X. Im La Croix war ihm unter den neuen Amtsbrüdern nicht wohl gewesen, er wußte nicht warum, und trotzdem entschied er sich für ihren weniger geachteten Kreis. Entschied er sich? Man entscheidet sich nicht für seine Triebe, und es ist keine Tugend, Demokrat zu sein, wenn man Haß gegen die Oberklasse empfindet und einem die Lust fehlt, zu ihr zu gehören.

Seine Freunde hatte er dagegen unter den Malern. Das war eine seltsame Welt. Es gab so viel Natur an diesen Menschen, die sich mit der Kunst beschäftigten. Sie kleideten sich schlecht, hausten wie im Obdachlosenasyl – einer von ihnen lebte in ein und demselben Zimmer mit einem Hofknecht zusammen –, aßen, was sie kriegen konnten; sie konnten kaum fließend lesen, und Rechtschreibung war ihnen unbekannt, und dennoch sprachen sie wie Gebildete, ja, sie hatten selbständige Ansichten und dachten zuweilen scharf, stets unbelastet von Dogmen. Einer hatte vier Jahre zuvor noch Gänse gehütet, ein anderer hatte den Schmiedehammer geschwungen, ein dritter war Bauernknecht gewesen und hatte die Mistkarre geschoben, ein vierter war Gardist gewesen. Sie aßen mit dem Messer und wischten sich mit dem Rockärmel ab, hatten keine Taschentücher und trugen im Winter nur eine Jacke, aber dennoch fühlte sich Johan heimisch bei ihnen, obwohl er in den letzten Jahren ausschließlich mit wohlhabenden und gebildeten jungen Männern umgegangen war. Das lag nicht etwa daran, daß er ihnen überlegen gewesen wäre, denn das erkannten sie nicht an, und ihnen mit Büchern zu kommen, lohnte sich nicht, denn sie akzeptierten keine

Autoritäten. Jetzt erwachte sein Zweifel an den Büchern, zumindest an den Lehrbüchern, und er begann sogar zu argwöhnen, daß die alten Bücher für das Denken eines Gegenwartsmenschen schädlich seien. Und dies nahm den Charakter voller Gewißheit an, als er auf einen aus der Bande traf, der von allen für das Genie gehalten wurde.

Er war ein dreißigjähriger Maler, der Bauernknecht gewesen, aber auf die Akademie gekommen war, um Künstler zu werden. Nachdem er einige Jahre an der Malerschule zugebracht hatte, hatte er die Kunst für ein unzureichendes Ausdrucksmittel seiner Gedanken befunden und lebte jetzt von nichts, damit beschäftigt, über die großen Fragen der Zeit nachzudenken. Mit schlechter Volksschulbildung hatte er sich auf die neuesten Bücher gestürzt, und war daher, indem er anfing, wo Johan aufgehört hatte, diesem voraus. Zwischen Johan und ihm bestand der gleiche Unterschied wie zwischen einem Mathematiker und einem Steuermann. Ersterer konnte die Logarithmen errechnen, der andere aber konnte sie zum Manövrieren benutzen. Måns aber war außerdem kritisch veranlagt und begegnete den Büchern nicht gutgläubig, sondern zerpflückte sie und besaß kein Schema, nach dem sein Kopf dachte, kein fertiges System, in dem seine Gedanken gefesselt waren, sondern er dachte frei, wählte, wog ab und behielt nur, was er für gewichtig genug befand. Von Leidenschaften freier als Johan, konnte er rücksichtslos Schlußfolgerungen ziehen, auch wenn diese seinen Wünschen und Interessen zuwiderliefen, natürlich wie immer mit Einschränkungen, und klug, wie er war und sein mußte, um sich aus tiefer Unterklasse herauszubugsieren, wußte er auch solche Schlußfolgerungen zu verschweigen, die ihm, laut und am falschen Ort ausgesprochen, hätten schaden können.

Als literarischen Berater hatte er einen Telegrafenassistenten an seiner Seite, dessen Kenntnisse Måns besser verwerten konnte als ihr Besitzer, denn dieser besaß kein so lebhaftes Ingenium, auch wenn er durch seine Sprachkenntnisse die Schlüssel zur Literatur der drei großen Kulturländer besaß. Leidenschaftslos und bewußt, mit einer starken Beherrschung seiner Begierden, stand dieser dagegen über dem Ganzen und außerhalb von ihm, betrachtete und belächelte leicht das freie Spiel der Gedanken, dem er zusah, wie man ein Kunstwerk ansieht, genießend, doch in der Gewißheit, daß es letztlich nur eine Illusion ist.

Mit diesen beiden hatte Johan seine friedlichen Kämpfe. Måns konnte er über weite Strecken begeistern und mit sich ziehen, wenn er seine Planzeichnungen vom Menschen und von der Gesellschaft der Zukunft entwarf, doch wenn er seine Zuhörer dann mit Bildern und Gemälden voller Leidenschaft und Phantasie in beachtliche Höhen getrieben hatte, zog Måns seine Lupe hervor und sah sofort die Furche, an der man das Messer ansetzen mußte, und dann schnitt er zu. Johan wurde dann ungeduldig und wollte nichts davon wissen.

– Du bist so kleinlich, sagte er, und mußt dich immer an einem Detail festbeißen.

Doch manchmal wurde dann festgestellt, daß dieses Detail die Prämisse war, mit deren Herausschneiden die ganze stattliche conclusio zusammenfiel. Johan war immer Dichter, und hätte er diesen Weg ungehindert gehen dürfen, wäre er vielleicht weit gekommen. Der Dichter darf zum eigentlichen Punkt kommen und ausreden, wie der Pastor, und das ist eine angenehme Position. Er drängt vorwärts, ohne unterbrochen zu werden, und darum kann er überreden, wenn nicht überzeugen.

Durch diese beiden Ungelehrten erfährt Johan von einer Philosophie, die Uppsala nicht kannte. Im Laufe der Gespräche beriefen sich die Gegner nicht selten auf eine unbekannte Autorität, die sie *Buckle* nannten. Johan wies eine solche Autorität, die in Uppsala nicht vertreten war, zurück. Doch der Name kam wieder und verfolgte ihn, so daß er schließlich darum bat, dieses Buch ausleihen zu dürfen. Er bekam es.

Die Wirkung der Lektüre war die, daß Johan diese Bekanntschaft eine Propyläe seines bewußten Lebens nennen wollte. Dies war die nackte klare Wahrheit. So sollte es sein, und so war es. Der Mensch war den Naturgesetzen unterworfen wie alle anderen organischen Geschöpfe; alle sogenannten geistigen Eigenschaften beruhten letztlich auf einer materiellen Grundlage, und das chemische Verwandtschaftsgesetz war ebenso geistig wie die Sympathie der Seelen. Die gesamte spekulative Philosophie, die innere Gesetze stiften wollte, war bloß eine bessere Theologie, und, was schlimmer war, eine Inquisition, welche die reiche Vielfalt des Weltprozesses in private Systeme hineinzwängen wollte. Keine Systeme, war Buckles Losung. Der Zweifel ist der Beginn der Weisheit, der Zweifel ist Untersuchung, und nur der Zweifel hat den Geist weitergebracht. Die Wahrheit, nach der man sucht, ist nichts als die Entdeckung der der Natur zugrundeliegenden Gesetze. Wissen ist das Höchste, Sittlichkeit nur eine zufällige Art, sich zu benehmen, die von den Übereinkünften der betreffenden Gesellschaft abhängt. Nur das Wissen kann die Menschheit glücklich machen, und die Einfältigen oder Unwissenden richten mit ihrem Sittlichkeitsstreben, ihrer Wohltätigkeit, ihrem Schutz nur Schaden oder Unnützes an.

Dann kamen die Konsequenzen. Die himmlische Liebe, deren *Resultat* die Ehe ist, ist mit diesem ihrem Resultat an solche äußeren Umstände wie den Getreidepreis gebunden; die Selbstmorde an die Arbeitslöhne; die Religionen an die Naturszenerien, das Klima, die Bodenbeschaffenheit.

Der Geist war auf den Empfang der neuen Lehren vorbereitet, und sie hielten ihren Einzug. Johan war immer versucht, auf der Erde festen Fuß zu fassen, und weder die Ballonreisen der Poesie noch die Laternenträger der deutschen Philosophie hatten einen aufrichtigen Freund in ihm gehabt. Verzweifelt hatte er über Kants Kritik der reinen Vernunft gesessen und sich gefragt, ob er dumm oder ob Kant verwirrt sei. Beim Studium der Geschichte der Philosophie war er verblüfft gewesen, als er sah, wie alle Philosophen auf ihr jeweiliges System als die Wahrheit verwiesen, und wie sie einander alle widersprachen. Jetzt wurde ihm klar, daß die Idealisten, die ihre dunklen Empfindungen mit den klaren Vorstellungen verwechselten, welche die Wirklichkeit widerspiegelten, nur Wilde oder Kinder waren, und daß die Sensualisten, die klarer Perzeption fähig waren, die höchst entwickelten organischen Geschöpfe darstellten. Die Poeten und die Philosophen waren wache Träumer, und die Religiösen, die in ewiger Furcht vor dem Unbekannten lebten, waren wie die Tiere im Wald, die erschauerten, wenn es in den Büschen raschelte, oder wie die Urmenschen, die dem Gewitter opferten, statt Blitzableiter aufzustellen.

Und so erhielt er Waffen gegen die alten Bücher und gegen die unter dem Schutzgeist versklavten Schulen und Universitäten. Buckle selbst war aus der Schule ausgerissen, nie Student gewesen und haßte die Universität. Als er auf Locke zu sprechen kommt, ruft er aus: »Lebte dieser tiefe Denker in unserer Zeit, welchen Krieg würde er führen gegen unsere großen Universitäten und öffentlichen Schulen, an denen noch immer unzählige Dinge gelehrt werden, die niemand zu wissen braucht und die im Gedächtnis zu behalten sich nur wenige die Mühe machen sollen!« Also hatte Uppsala unrecht gehabt, und er recht. Er wußte, daß es »unwissende Gelehrte« gab, und die Unbildung der Philosophieprofessoren war der Grund, warum sie nichts anderes als deutsche Philosophie lehren konnten. Die englische kannten sie nicht, ebensowenig wie die französische, weil sie nur Latein und Deutsch konnten. Und Buckles Die Geschichte der Zivilisation in England war 1857 geschrieben worden, kam aber erst 1871/72 nach Schweden. Und dennoch war der Boden für diese Aussaat nicht bereit. Die gelehrte Kritik verwarf sie, und sie fiel nur in die Köpfe einiger junger Leute, doch diese hatten nichts mitzureden.

»Keine Literatur«, sagt der Verfasser selbst, »kann jemals einem Volke dienen, wenn sie zu ihrem Empfang nicht vorbereitet findet.« So war es mit Buckle und seinem Werk, das dem Darwins (1858) vorausging und alle Konsequenzen desselben enthält, was zeigt, daß die Entwicklung in der Welt des Geistes nicht so strikt geregelt ist, wie man angenommen hat. Buckle kennt auch Mill und Spencer noch nicht, deren Gedanken jetzt die Welt beherrschen, doch das meiste von dem, was sie später sagten, hat er schon gesagt.

Hätte nun Johan einen Charakter gehabt, das heißt, wäre er von einer einzigen stillen Leidenschaft beherrscht gewesen, ein Ziel zu verwirklichen, hätte er Buckle für seine Zwecke benutzt, entnommen, was ein Beweis dafür, und außer acht gelassen, was eine Aussage dagegen war. Doch seine Seele war die eines Wahrheitssuchers, und vor dem Abgrund der Widersprüche zitterte er, zumal Buckle nie behauptet hatte, die Wahrheit gefunden zu haben, denn die Wahrheit war etwas Relatives, das auf beiden Seiten liegen konnte. Der Zweifel, die Kritik, die Untersuchung waren die Hauptsache und das einzig Nützliche, denn es gewährte Freiheit; die Predigt, das Programm, die Gewißheit, das System, »die Wahrheit« war Unfreiheit, denn es war Dummheit. Ein folgerichtiger Zweifler zu sein, ist jedoch nicht möglich, wenn man mit »bis zur völligen Evidenz bewiesenen« Wahrheiten vollgestopft ist, und wenn Klassenleidenschaften, Existenznöte, der Kampf um Positionen das Urteil verwirren.

Als er erfahren hatte, daß all das Verrückte, das es auf der Welt gab, aus gesetzmäßiger Notwendigkeit verrückt war, wurde er ruhig, als er aber dahintergekommen war, daß es mit Gesellschaftszustand, Religion, Moral nicht stimmte, befiel ihn ein verrückter Zorn. Er wollte seine Meinungsgegner verstehen und ihnen zu verzeihen lernen, da sie in ihrem Handeln so unfrei waren wie er, doch pflichtgemäß mußte er sie erwürgen, weil sie die Entwicklung zum Glück aller behinderten, das einzige und das größte Verbrechen, das es gab. Aber es gab ja keine Verbrecher, wie sollte er also dem Verbrechen beikommen können?

Er jubelte aus voller Seele, daß die Irrtümer jetzt entdeckt waren, doch als er erkannte, daß die Entdeckung zu früh stattgefunden hatte, wurde er bedrückt bis zur Verzweiflung. Für viele Jahre war an dieser Sache nichts zu ändern. Die Entwicklung ging nicht so schnell vonstatten, sie mußte langsam gehen. Also mußte er auf der Reede vor Anker gehen und die Flut abwarten. Dann aber wurde ihm das Warten zu lang; er hörte innere Mahnungen, die ihm zu sprechen geboten, denn ohne daß jemand aufklärte, konnte schließlich keine Veränderung der öffentlichen Meinung eintreten. Ja, aber eine Aufklärung, die zu früh kam, konnte nicht nützen. So riß es ihn hin und her.

Jetzt erschien ihm alles so alt und antiquiert, daß er keine Zeitung lesen konnte, ohne Krämpfe zu bekommen. Sie arbeiten ja nur für den Augenblick, an die Zukunft aber dachten sie nicht. Sein philosophischer Freund tröstete und beruhigte ihn unter anderem mit La Bruyères Sentenz: Ärgere dich nicht darüber, daß die Menschen dumm und böse sind, oder ärgere dich ebenso über den Stein, weil er fällt; beide sind den gleichen Gesetzen unterworfen: dumm zu sein und zu fallen!

– Ja, das ist leicht gesagt, aber ein Vogel sein und in einer Grube leben! Luft, Licht, ich kann nicht atmen, nicht sehen! stieß er hervor. Ich ersticke!

– Schreib, sagte der Freund.

Ja, aber was? Wo sollte er anfangen? Buckle hatte es ja alles geschrieben, und trotzdem war es wie ungeschrieben! Das Schlimmste war das Gefühl, daß ihm die Kraft fehlte. Sein Ehrgeiz war bisher mäßig gewesen. An der Spitze zu gehen, Chef zu sein, Sieger zu werden und dergleichen schwebte ihm nicht vor. Mit der Axt wie ein simpler Sappeur vorneweg zu gehen und Bäume zu fällen, Dickicht zu roden, und dann die anderen die Brücke und die Schanzen bauen zu lassen, das erschien ihm angemessen, und man kann oft sehen, daß ein großer Ehrgeiz lediglich ein Ausdruck großer Kraft ist. Johan war nur mäßig ehrgeizig, weil er jetzt nur noch mäßige Kräfte in sich spürte. Früher, als er jung und stark gewesen war, hatte er sich mehr zugetraut. Er war ein Fanatiker, das heißt, sein Wille wurde von starker Leidenschaft unterstützt, doch erwachte Einsicht und der gesunde Zweifel bewirkten, daß er sich jetzt weniger zutraute. Die Arbeit, die vor ihm lag, nahm die Gestalt von Felswänden an, die abgebrochen werden sollten, und er war nicht so einfältig, sich an sie heranzuwagen.

Um sich zur Geduld zu zwingen und nicht zu explodieren, beginnt er jetzt, den Zweifel mit Gewalt zu betreiben. Sogar in den Zweifel an seiner Aufgabe arbeitet er sich hinein, und zur Rettung nimmt er sich vor, seinen Kampf und seinen Zweifel in einem Drama zu schildern, dessen Thema, bereits seit einem halben Jahr geplant, er der Geschichte der schwedischen Reformation entnahm. Und so entstand das Drama, das später unter dem Titel Ein Abtrünniger bekannt wurde.

2. Ein Abtrünniger

(1872)

Im Frühjahr sollte der Runa-Bund den Jahrestag seiner Gründung feiern, und Johan war auf das inständigste gebeten worden, nach Uppsala hinaufzukommen. Er sagte so lange wie möglich nein, denn ihm graute davor, Orte zu sehen, an denen er gelitten hatte, so abhängig war er von der Umgebung, in der er sich bewegte. Er hatte auch Angst, den alten Freunden zu begegnen, warum, wußte er nicht ganz genau. Schließlich ließ er sich erweichen, denn es fiel ihm schwer, jemanden zu enttäuschen, und so fuhr er.

Das Fest sollte den ganzen Tag dauern und fand in einem mit Tannenzweigen und Flaggen dekorierten Nebenzimmer des Hotels Gillet statt. Es sollte natürlich ein nordisches Gastmahl im großen Stil werden, mit einem ganzen gebratenen Schwein, Met aus Hörnern und so weiter. Es begann um zehn mit einem Frühstück. Anschließend sofort Punsch und Festversammlung. Die Festreden kamen Johan hohl vor, und er versuchte vergeblich, sich in Stimmung zu bringen. Gegen das Versprechen, sich anständig aufzuführen, war diesmal Is zugelassen worden. Doch er konnte seinen Kleinstadtneid nicht zurückhalten und begann, auf Stockholm herumzuhacken, und nannte Johan ungebildet. Und dann brach es los. Johan machte Universität, Professoren und deutsche Philosophie herunter. Die Kameraden hörten lächelnd zu. Um die Mittagszeit war man reif zum Schlafen und legte sich auf die Sofas. Am Abend fand das eigentliche Festessen statt, und da war von Poesie nicht mehr die Rede. Man aß, trank und stritt sich. Das Ganze kam Johan kindisch, archaisch vor, und er spürte, daß sich zwischen ihm und den Freunden eine Kluft aufgetan hatte. Sie waren genau so, wie er sie zum ersten Male gesehen hatte; sie sprachen gleich, dachten das Gleiche. Jetzt merkte er, daß man in Uppsala nicht wächst und daß die Kenntnisse, die dort vermittelt wurden, nur Stelzen waren, auf denen man größer wirkte, ohne einen Zoll gewachsen zu sein. Er fühlte, daß die Bundesbrüder und er theoretisch Feinde waren, und daß es sich bei dem Ganzen nur um eine Waffenruhe handelte.

Als er wieder nach Stockholm kam, unternahm er in einer gut recherchierten Artikelserie einen Angriff auf den Erbfeind Latein und schlug als Ersatz das Isländische vor. Das war nichts Halbes und nichts Ganzes, vielleicht ein Rückschritt, denn eine noch totere Sprache als das Latein konnte den Mißstand nicht beseitigen. Wenn er als Ersatz für die kulturfeindliche schwedische Sprache die Einführung des Deutschen vorgeschlagen hätte, wäre das eine Heldentat gewesen, denn dies mußte so rasch wie möglich gesagt werden, damit die zuständigen Patrioten ihre hundert Jahre bekamen, die Sache zu überschlafen und sich an den Gedanken zu gewöhnen.

Doch während die Artikel noch lagen, ging die Zeitung ein, und damit stand Johan auf der Straße. Der Sommer kam näher, das Zimmer in der Stadt wurde stickig. Die Not stellte sich ein, denn während er und die Philosophen die Geschicke der Welt neu gestaltet hatten, waren keine Mittel zum Leben eingegangen. Hier mußte etwas geschehen, und zum Äußersten gebracht, packte Johan seine Reisetasche, kaufte ein Reis Bienenkorbpapier und fuhr zu seinen Fischern hinaus, wo er den ganzen Sommer auf Kredit leben konnte. Später trafen drei von den Uppsala-Freunden ein, und so war die Hütte wieder voll.

Die ersten Tage im Juni machte er sich daran, an seinem Drama Ein Abtrünniger zu schreiben. Den Gegenstand hatte er in der Bibliothek sorgfältig studiert und große Bogen mit dem gefüllt, was er Lokalkolorit nannte und von dem er hie und da einen Tupfer verwendete, damit die Absicht des Stückes nicht allzu sehr durchschien. Der Stoff war reichhaltig und ließ sich vortrefflich für alle möglichen Absichten verwenden. Nach der Lektüre von Goethes Götz mit seinen über sechzig Bildern mutig geworden, hatte er beschlossen, mit dem gängigen Schauspiel, wie es aus Fryxell und Afzelius zugeschnitten zu werden pflegte, zu brechen. Also kein Vers, keine Deklamation; keine Einheit des Raumes. Die Handlung selbst sollte die Anzahl der Bilder und Akte bestimmen. Außerdem mußten die Menschen eine einfache Alltagssprache sprechen, so wie Menschen außerhalb der Bühne es tun; Tragisches und Komisches,

Großes und Kleines sich abwechseln wie im Leben. Das alles waren alte Neuerungen, doch die Zeit war gekommen, sie wieder aufzunehmen, meinte Johan.

Dann kam der Angriffsplan. Das Drama war die geeignetste Form, in der man alles sagen konnte, um dann im fünften Akt soviel, wie man wollte, zurückzunehmen oder zum Nachdenken offenzulassen. Hinter den historischen Personen wollte sich der Autor verstecken, und in Olaus Petri wollte er als der Idealist, in Gustav Vasa als der Realist und im Wiedertäufer Gert als der Kommunarde auftreten, denn er war jetzt darauf gekommen, daß die Männer der Pariser Kommune nur inszenierten, was Buckle verkündet hatte. In den drei Hauptpersonen wollte Johan seine drei Ideen von drei Standpunkten aus äußern. Um alles sagen zu können, muß er Gert (Karl Moor) den Wahnsinnigen spielen, Olaus seine Ansichten widerrufen und Gustav Vasa recht bekommen lassen, und niemand anders unrecht. Auch den Feind aus dem Lager der Alten, Hans Brask, behandelt er mit Achtung, nämlich als den, der recht gehabt, im Laufe der Zeit aber unrecht bekommen hatte. Darum hatte er für das Stück noch einen anderen Titel vorgesehen: Was ist Wahrheit? Doch damit es gespielt wurde, änderte er die beiden in Frage kommenden Titel in das indifferentere Meister Olof.

Und dann begannen die Angriffe. Zuerst auf die Wahrheit als etwas in einer ewigen Entwicklung Befindliches, die jedesmal stehenblieb, wenn es jemandem gelang, der Masse einzureden, er habe sie gefunden. Darum müssen alle nützlichen Wahrheiten vergänglich sein. Dann wurde die Ehe als göttliche Institution angegriffen. Olaus Petri heiratete im Widerspruch zum kanonischen Recht, wenn auch mit Trauung. Seine Ehe wurde von den bürgerlichen Gesetzen und der öffentlichen Meinung nicht anerkannt. Dies war ein recht listiger Einwand gegen das göttliche Gesetz. Als Parallele und Gegensatz mußte die Hure dienen, eine Person, für die Johan aus Erfahrung weder Sympathie noch Bedauern empfand, weil all die Huren, denen er begegnet war, ihr widerwärtiges Gewerbe aus Neigung gewählt hatten und es mit Lust und Freude ausübten. Auch daß sie ihr bürgerliches Ansehen verloren hatte, traf nicht zu, denn sie durfte sowohl mit Geschwistern und Eltern als auch mit anderen aus ihrer Gesellschaftsklasse umgehen. Und der Mann war an ihrer Erniedrigung unschuldig, da nun einmal kein Mann ein Mädchen dazu verführt hat, mit ihrem Körper ein öffentliches Gewerbe zu betreiben, und da nun einmal alle Huren nichts weiter verlangten, als sooft wie möglich »verführt« zu werden. Der Mann hätte das Verhältnis am liebsten ideal gehabt, das heißt, ums Bezahlen herumkommen wollen. Die Hure mußte also vorkommen, und hier hatte sie die Aufgabe zu zeigen, daß der Unterschied zwischen ihr und der »Dame« nicht so schrecklich groß war, weil sich beide bezahlen ließen, das heißt per Stück oder per Akkord (= lebenslängliche Vertragsdauer).

Weiter sollte die Familie als antisoziale Einrichtung angegriffen werden. Die Mutterherrschaft und ihr Arbeiten gegen die größeren Interessen der Gesellschaft wurde in Olaus' Mutter und in ihrem übermütigen und tyrannischen Auftreten gegeißelt.

Der Regierung, der Buckle jeden guten Einfluß abgesprochen hatte, wurden die Leviten in Gestalt von Gustav Vasa gelesen, dessen Reformarbeit nicht von ihm, sondern von den Reformatoren ausgeführt wurde, obwohl der König wie auch der Realist (Bismarck vielleicht) die Früchte und die Ehre erntete.

Das Volk, die blinde Masse, wurde als Vieh behandelt. Sie wollten die Zahlungen an die Kirche los sein, doch den Aberglauben wollten sie behalten, und sie waren die ersten, die den Befreier mit Steinen bewarfen.

Dies war durchaus nicht das, was unsere sogenannten Demokraten demokratisch nannten. Die Überzeugung, daß es unmöglich war, mit den Ungebildeten zu operieren, hatte Johan ebenfalls mit Buckles Hilfe gewonnen. Die Französische Revolution war nicht vom »Volk«, sondern von Adel, Priestern und Gelehrten gemacht worden, doch gerade vom »Volk« waren ihre Wirkungen verhindert worden. Dasselbe Volk hatte unter Carlos III von Spanien erkennen lassen, wie gefährlich es war, ihm die Macht einen Augenblick zu überlassen. Dieser aufgeklärte König hatte im Jahr 1767 die Jesuiten aus Spanien vertrieben. Im Jahr darauf, als der König zu seinem Namenstag, dem Brauch entsprechend, der Masse das Recht gewährte, einen Wunsch zu äußern, der erfüllt werden mußte, war das erste, was das Volk verlangte: das Zurückholen der Jesuiten. Diesen Tatbestand läßt Johan seinem Gustav Vasa bekannt sein, wenn er ihn sagen läßt: man muß erst auflösen und dann reformieren; doch auf der Bühne einen Vorschlag zur Abschaffung der Universitäten und zur Freigabe des Unterrichtes vorzutragen, war nicht sinnvoll. Im übrigen schien es sehr fraglich, ob nicht die Freigabe des Unterrichts dieselben Folgen wie in Amerika haben konnte, daß er abergläubischen Pietisten in die Hände fiel. Am richtigsten wäre natürlich gewesen, die Regierung und die Zwangskirche zu stürzen und so den Aufgeklärten zum Aufklären volle Freiheit zu geben, die ihnen noch heute fehlt, da sie Betrüger genannt und mit Gefängnis bedroht werden, sobald sie aufklären wollen.

Das Stück trug auch die Farbe der Zeit, in der es geschrieben wurde. In der Kulturfeindlichkeit der Wiedertäufer spukt die Pariser Kommune. Der Französisch-deutsche Krieg hat die Anregung zum Auftritt des Deutschen im Gasthaus gegeben, wo der übermütige annektierende Preuße eins übergebraten bekommt. Doch ganz unparteiisch wird dann im Adelsmann der Leichtsinn des Franzosen verspottet, während gleichzeitig der Deutsche (nicht der Preuße) ein Lob für seinen »sittlichen« Ernst erhält. Sogar die im reaktionären Rückzug begriffene Bauernpartei bekommt einen Hieb, wenn der Marschall gegen die Dalekarlier aufbraust.

Dem Helden Olaus gegenüber ist der Autor unparteiisch. In der Szene, in der Olaus auf Audienz bei Gustav Vasa wartet, verspottet er sich selbst und seine Unterklassengefühle, mit denen er unter den Ordonnanz-Gardisten im Vorraum Karls XV gesessen hatte. Er macht Olaus zu einer schwachen Seele, die von unten vorwärtsgetrieben wird und am liebsten im zweiten Glied gehen würde. Er macht ihn zu einem Idealisten, ohne Verständnis für die rationelleren Methoden des realistischeren Königs, die Kirche zu zerschlagen, indem man sie aushungert. Auch Olaus' Ehe ist etwas eigenartig. Sie ist eine Satire auf eine geistige Ehe oder eine moderne Räsonierpartei. Kristina macht ihm von sich aus einen Antrag: »Olof«, sagt sie, »ich will deine Frau werden, hier ist meine Hand.

Du warst nicht der Ritter meiner Träume, und ich danke Gott, daß er nie gekommen ist, denn dann wäre er wieder gegangen – wie ein Traum.«

Dies schmeckt nach Ibsens Komödie der Liebe. Allerdings ist Olaus in Kristina verliebt. Er liebt sie mit der gesunden sinnlichen Liebe, die zumindest länger als die unbeständige Freundschaft lebt. Kristina aber ist ein kleines anmaßendes Huhn, das die Absichten der starken Intelligenz begreifen will, und als sie das nicht kann, zieht sie ihn nach unten. Angenommen, sie hätte die gleiche gründliche Bildung genossen, die allen Frauen offenstand und die sich unter anderem die Heilige Brigitta verschaffte, hätte sie Olaus dann besser verstanden, und wäre die Ehe glücklicher geworden? Vermutlich noch unglücklicher, denn Ausnahmeerscheinungen wie Olaus Petri mußten ja auch von starken männlichen Köpfen unverstanden bleiben. Angestachelt jedoch durch die Tatsache, daß der große Mann zu ihr aufsieht, bildet sie sich ein, ihm ebenbürtig zu sein und will über ihn hinaus. Der Autor zeigt deutlich, daß Mann und Frau inkommensurable Größen sind, daß die Frau als Frau und der Mann als Mann höher steht, und dies war von Olaus Petri 1872 ganz richtig gedacht.

Nichtsdestoweniger ist der Autor hie und da in der uralten Frauenverehrung befangen und gibt Kristina Olof gegenüber zu viel recht, und natürlich ist der Autor, da unverheiratet, viel zu höflich zu der jungen Frau. Völlig frei dagegen ist er, wenn er Hiebe gegen das Matriarchat austeilt.

»Wollt Ihr Dankbarkeit«, darf vorsichtigerweise Kristina und nicht der Sohn Olaus zur Mutter sagen, »sucht sie, aber auf andere Weise; meint Ihr, es ist die Bestimmung des Kindes, sein Leben zu opfern, nur um Dankbarkeit zu zeigen? ... Soll er in die Irre gehen, soll er seine Kräfte opfern, die der Gesellschaft gehören, der Menschheit, nur um Eure kleine private Selbstsucht zu befriedigen, oder meint Ihr, daß Eure Tat, ihm Leben und Erziehung geschenkt zu haben, Dankbarkeit überhaupt verdient? War nicht dies Aufgabe und Bestimmung Eures Lebens?«

Vor vierzehn Jahren waren dies kühne Worte, doch wie man sieht, rühmen sich einerseits die Mütter ihrer Mutterschaft und beanspruchen sie als Machtstellung, halten sie aber andererseits für etwas Geringes, das durch akademische Examina ersetzt werden sollte. Bereits jetzt witterte Johan in der Mutterherrschaft und Frauenherrschaft Tyrannei, und wo immer er Ungerechtigkeit oder Druck sah, schlug er zu, sogar auf den empfindlichsten Punkt, den Kult um *seine* tote Mutter, der nichts anderes als die Verehrung der Vorväter bei den Wilden ist und der mit der Ehrfurcht vor dem Alten beseitigt werden muß, falls aus dem Fortschritt etwas werden soll. Als er älter war, sah er stets eine selbstsüchtige, sogenannte zärtliche Mama hinter der Tür stehen und den kühnen Jüngling am Rockschoß festhalten, wenn dieser hinauslaufen und an einem Lebenskampf teilnehmen wollte, der nicht mit Gold und Ehre belohnt wurde, und nach langjähriger Mühe gelang es ihm schließlich, diesen alten Aberglauben auszurotten: die Ausnahmeehrfurcht vor der Mutter und der Frau.

Was die Charaktere betrifft, hatte er sich in den tatkräftigen König und dessen Halbschatten, den verständigen Marschall, so hineingedichtet, wie sich gewünscht hätte, daß er wäre; in Gert, wie er im Augenblick der Leidenschaft war; und in Olaus schließlich so, wie er nach jahrelanger Selbstprüfung zu sein glaubte. Ehrgeizig und willensschwach; rücksichtslos, wenn es darauf ankam, und nachgiebig, wenn es nicht darauf ankam; großes Selbstvertrauen gemischt mit tiefer Verdrossenheit; besonnen und unvernünftig; hart und weich. Dieser Dualismus des Charakters war eine natürliche Folge seiner dualistischen Erziehung in Christentum und Positivismus. Wie eine Übergangsform zu einem neuen Menschen enthielt er alte und neue Ablagerungen von Idealismus und Realismus. Mit seinen beiden Standpunkten, dem kleinen der Gegenwart und dem großen der Zukunft, mußte er die Dinge stets von mindestens zwei Seiten aus sehen. Das Unglück war, daß sein heftiges Temperament es ihm nicht immer gestattete zu entscheiden, wann der eine oder der andere Standpunkt einzunehmen war. Als Feinde betrachtet, mußte er auf seine Feinde auf die übliche Art einschlagen, mit der Absicht, sie zu vernichten; als Mitmenschen betrachtet und nach den Gesetzen der Entwicklung durch die eigenen Voraussetzungen festgelegt, mußte er Nachsicht mit ihnen haben, sie erklären und ihnen verzeihen. Wann das eine, und wann das andere?

Bei der Schilderung des Olaus zeigte sich auch ein weiterer Zwiespalt seines Charakters: der zwischen dem Hang zu ästhetischer und dem zu ethischer Tätigkeit. In der ersten Szene des ersten Aktes sitzt Olaus da und repetiert sein Schauspiel Tobiae comoedia. Das nennt er »spielen«. Und am Ende des Aktes blickt er mit Sehnsucht auf sein Spiel zurück, das er verlassen muß, um nach Stockholm hinaufzugehen und zu predigen. Dem entsprach Johans Kampf zwischen dem Schauspieler und dem Priester, wobei sich bereits hier seine dunkle Einsicht in die geringe Bedeutung der Kunst im Vergleich zu den übertriebenen Einschätzungen derselben verrät.

Seine größte Bedeutung und Erklärung erhielt das Stück jedoch durch sein Ende. Alle bekommen recht und haben relativ recht, denn absolut gibt es kein Recht. Der Marschall hat recht in der Gegenwart, wenn er Olaus bittet, gelassen zu sein und weiterzupredigen; Olaus hat recht, wenn er zugibt, daß er zu weit gegangen ist; der Jüngling Scholaris hat recht, wenn er als junger Mensch die Entwicklung einer neuen Wahrheit fordert; Gert hat recht, wenn er Olaus einen Abtrünnigen nennt. Das Individuum muß der Notwendigkeit der Naturgesetze gegenüber stets zum Abtrünnigen werden; aufgrund von Müdigkeit, von Unfähigkeit, sich weiter zu entwickeln, da das Gehirn im Alter von fünfundzwanzig Jahren in seinem Wachstum stehenbleibt, aufgrund der Forderungen der Wirklichkeit, die auch von einem Reformator verlangen, daß er als Mensch, Ehegatte, Familienvater, Gesellschaftsmitglied lebt. Diejenigen aber, die vom Individuum fordern, sich bis in alle Ewigkeit einzusetzen, sind kurzsichtig, vor allem weil sie meinen, die Sache werde fallen, weil das Individuum abfällt. Sie können sich schließlich selbst das Vergnügen gönnen, weiterzumachen, sie, die für die Sache nichts getan haben, aber am lautesten schreien.

Im übrigen ist es fraglich, ob Olaus nicht von der Kanzel der reformierten Storkyrka aus für seine Sache besser hätte wirken können als von den Straßenkneipen. Die Bildungssamen, die er am ersteren Ort aussäte, fielen nicht auf steinigen Boden, jene aber, die er an letzterem ausstreute, mußten bereits von den Dornen erstickt werden, der Kenntnis entsprechend, die Olaus vom Volk hätte haben sollen, welches auf ihn den ersten Stein geworfen hatte.

*

Das Stück entstand im stillen, geregelten, gesunden Leben zweier Sommermonate ohne Trinken. Meeresluft, Schwimmen, Segeln, Fischen, Fechten, Spiele im Freien und frühes Zubettgehen machten Körper und Seele leistungsfähig. Freiheit von gesellschaftlichen Auftritten, Etikette und allen konventionellen Verpflichtungen erhielt den Geist mutig und rücksichtslos. Die Gegenwart der Freunde und endlose, von Buckle ausgehende Diskussionen waren für seine seelischen Fähigkeiten eine unentbehrliche Gymnastik. Gegenüber der gelegentlich erwachenden Unruhe hinsichtlich der Bezahlung der Lebenshaltungskosten stellte er sich taub. Und als der Sommer zu Ende ging und das Stück fertig dalag, war er bereit, vor den Schulden auszurücken, falls dies nötig sein sollte, da er wußte, daß der wohlhabende Fischer gut warten konnte, und er war sicher, in seiner Arbeit, die er nach dem Durchlesen für gut befand, Aktiva zu haben. Einer solchen Maßnahme kam jedoch ein edelmütiger Freund zuvor, der ihm die erforderliche Summe lieh.

Und so reiste er wieder in die Stadt, siegesgewiß und hoffnungsfroh, ruhig, nachdem er sein Herz erleichtert und alles gesagt hatte.

3. Das Rote Zimmer

(1872)

Im Herbst starb Karl XV. In die Trauer, die ziemlich aufrichtig und allgemein war, mischten sich dunkle Befürchtungen für die Zukunft. Einer der jungen Maler, der zu Johans Bekanntenkreis gehörte, war gerade mit einem Stipendium des Königs in Norwegen und kam jetzt mittellos und ohne Zukunftsaussichten nach Hause. Mit ihm pflegte Johan hinaus nach Djurgården zu gehen und zu malen, um sich in Erwartung des Bescheides auf sein Stück zu »idiotisieren«.

Es gab nämlich keine Beschäftigung, die alle Gedanken, alle Gefühle so aufsog wie die des Malens. Doch wenn er vor der Natur saß, endete alles im Nichts. Johan sah und genoß die feinen Rhythmen der Linien in der Verästelung der Bäume, in den Wellenlinien des Geländes, doch der Pinsel war zu stumpf, als daß er die Konturen hätte wiedergeben können, wie er es wollte. Da griff er zum Stift und fertigte eine bis in die Einzelheiten gehende Zeichnung an. Doch als er die Studie auf die Leinwand umsetzen wollte und die Farbe hinzukam, wurde das Ganze nur Geschmiere.

Pelle dagegen, der Stimmungsmaler war, sah nie Details. Er bürstete die ganze Landschaft auf einmal hin und holte die Farbwerte heraus, die Gegenstände aber lösten sich auf in unbestimmte Silhouetten. Johan meinte, Pelles Landschaften seien schöner als die der Wirklichkeit, obwohl er vor dem Werk des »Schöpfers« große Ehrfurcht hatte.

Nachdem er sich ungefähr einen Monat lang mit Malen die Zeit vertrieben hatte, ging Johan eines Abends zu La Croix. Der erste, dem er begegnete, war sein ehemaliger Redakteur.

– Na, ich habe von X. (der Name eines jungen Schriftstellers) gehört, daß das Königliche Theater den Abtrünnigen abgelehnt hat.

– Davon weiß ich nichts, antwortete Johan, wurde von Übelkeit befallen und verließ die Gesellschaft, so rasch er konnte.

Am nächsten Morgen suchte er seinen früheren Lehrer auf, um zu hören, wie die Dinge lagen. Dieser begann damit, das Stück zu loben, und schloß damit, es zu kritisieren, was gerecht war. Gustav Vasa und Olaus Petri seien in den Schmutz gezogen und entstellt. Johan hielt dagegen, sie seien im Gegenteil wieder in den Zustand versetzt, in dem sie sich vermutlich einmal befunden hatten, der aber durch patriotische und idealistische Verirrungen allmählich übertüncht worden sei. Das nütze nichts, und das Publikum werde keine neue Auffassung zur Kenntnis nehmen, bevor nicht die Forschung ihre Vorarbeit geleistet habe.

Das war wohl richtig, der Schlag war aber dennoch betäubend, auch wenn er so sanft wie möglich ausgeteilt und der Autor ermuntert wurde, das Stück umzuarbeiten. Er war wieder einmal zu früh gekommen. Blieb nur, zu warten und sich die Zeit zu vertreiben. Jetzt an eine Umarbeitung zu denken, war unmöglich, denn Johan sah beim Durchlesen, daß das Stück in einem Block gegossen und alles an seinem Platz war. Das ließ sich nicht verändern, ohne daß sich sein Denken änderte, und darauf mußte er jetzt warten.

So griff er wieder zu den Büchern. Der Zufall fügte es, daß er zwei der »besten Bücher, die man lesen kann«, in die Hand bekam. Es waren Tocquevilles Die Demokratie in Amerika und Prevost-Paradols Das neue Frankreich. Das erstere verstärkte seinen Zweifel an der Möglichkeit der Demokratie in einer unaufgeklärten alten Gesellschaft. Mit aufrichtiger Bewunderung für die politischen Institutionen Amerikas geschrieben und diese als Muster für Europa darstellend, enthält diese Arbeit so unverhohlene Hinweise auf die Gefahren der Massenherrschaft, daß sogar einem geborenen Adelshasser Bedenken kommen mußten. Furchtbare Schläge vor die Stirn waren es, die Johan jetzt bekam, und diesmal siegte sein guter Verstand über die Leidenschaft, doch mit dem Verlust des Glaubens an das, was ihn im Leben trieb, brach er völlig zusammen und war bald zur absoluten Skepsis reif. Sätze wie die folgenden ließen *damals* eine Widerlegung nicht zu: »Die sittliche Herrschaft der Mehrheit gründet sich zum Teil auf die Überzeugung, daß in vielen Menschen mehr Verstand, Einsicht und Weisheit versammelt sind als in einem einzelnen, in einer Vielzahl von Gesetzgebern mehr als in einer Auslese. Das heißt das Gleichheitsprinzip auf seelische Fähigkeiten anwenden. Diese Lehre greift den Stolz des Menschen in seiner letzten Freistatt an.«

Daß dieser Stolz gebeugt werden konnte und mußte, sah ein solcher Individualist wie Johan nicht ein, und ebensowenig, daß sich Weisheit und Aufklärung durch gute Schulen unter den Massen verbreiten ließen.

»Erfährt eine Person oder eine Partei in den Vereinigten Staaten eine Ungerechtigkeit, an wen soll sie sich wenden? An die öffentliche Meinung? Sie bildet die Mehrheit. An die Legislative? Diese vertritt die Mehrheit und gehorcht ihr blind. An die Exekutive? Diese wird von der Mehrheit ernannt und dient ihr als gefügiges

Werkzeug. An das Heer? Dieses ist nichts anderes als die Mehrheit unter Waffen. An das Geschworenengericht? Dieses ist die Mehrheit, mit dem Recht ausgestattet, Urteile zu fällen.«

Einerseits sollte ja das Glück der Mehrzahl, das darin bestand, recht zu bekommen, anerkennenswert sein, und es wäre eine glimpflichere Lösung, wenn statt einer Majorität eine Minorität unter Druck litte, doch die Leiden, die einer aufgeklärten Minorität von einer unaufgeklärten Majorität zugefügt wurden, waren unendlich viel größer als der Druck einer gebildeten Minorität auf die Majorität, meinte der Gebildete. Andererseits wüßte die Minorität stets besser als die Majorität, worin derer und aller Glück bestünde, und darum wäre die Tyrannei der Minorität, was ihre Nachteile betrifft, mit der der Majorität keineswegs zu vergleichen. Ja, aber welche Leiden litt nicht die Unterklasse in Europa durch Tyrannei der Minorität! Allein, daß es eine Oberklasse gab, lag wie eine dunkle Wolke über dem Leben der Masse. Warum, kann man jetzt fragen, muß unterschiedliche Klassenbildung eine gebildete Minorität und eine ungebildete Majorität erzeugen? Damals aber fragte man das nicht! Im übrigen, hatte man jemals einen Staat gesehen, in dem eine gebildete Minorität wirklich die Macht hatte zu »unterdrücken«? Nein, denn Regenten und Minister und Reichstage waren im allgemeinen mäßig gebildet.

Was Johan am meisten verführte, die Herrschaft der Masse zu fürchten, war ihre von Tocqueville beobachtete Tyrannei über die Freiheit des Denkens.

»Untersucht man, wieviel Denkfreiheit in den Vereinigten Staaten existiert, so sieht man deutlich, in welchem Maß der Druck der Masse jeden in Europa bekannten Despotismus übersteigt. --- Ich kenne kein Land, in dem im allgemeinen weniger Unabhängigkeit des Denkens und weniger wirkliche Freiheit der Diskussion herrscht als in Amerika. --- Die Mehrheit umspannt hier das Denken mit einem erschreckenden Ring. Innerhalb dieser Begrenzung ist der Schriftsteller frei; aber wehe ihm, wenn er sich aus ihm herauswagt. Ein Ketzergericht hat er nicht zu fürchten, aber er ist allen möglichen Verdrießlichkeiten und täglichen Verfolgungen ausgesetzt. --- Man verweigert ihm alles, sogar die Ehre. Bevor er seine Ansichten veröffentlicht hatte, meinte er, Anhänger zu haben; jetzt, nachdem er sie allen offenbart hat, sieht er, daß er keine mehr besitzt; denn die, die ihn bekritteln, reden laut, die aber, die wie er denken, ohne allerdings seinen Mut zu besitzen, die schweigen und halten sich heraus. Er gibt nach, die täglichen Anstrengungen zermürben ihn, und er versinkt wieder in Schweigen, als empfinde er Reue darüber, die Wahrheit gesagt zu haben. – – – In demokratischen Republiken läßt die Tyrannei den Körper außer acht und zielt direkt auf die Seele. Der Herrscher sagt nicht: entweder du denkst wie ich, oder du mußt sterben; er sagt: es steht dir frei, nicht so zu denken wie ich; dein Leben, dein Besitz, alles bleibt unangetastet; aber von dem Tage an, da du eine abweichende Meinung geäußert hast, bist du ein Fremdling unter uns. Du behältst deine Freiheiten und Rechte als Staatsbürger, aber sie werden dir nichts mehr nützen. – – – Du bleibst unter den Menschen, bist aber aller menschlichen Rechte beraubt. Näherst du dich deinesgleichen, werden sie dich wie ein unreines Wesen fliehen; und selbst die, die an deine Unschuld glauben, werden dich verlassen, denn auch sie würden gemieden. Ziehe hin in Frieden! Ich schenke dir das Leben, aber ein Leben härter und elender als der Tod.«

Dies also war die wahrhaftige und glaubwürdige Darstellung des edlen, volksfreundlichen Tyrannenhassers Tocqueville von der Tyrannei der Masse; dieser Masse, deren Stiefelabsätze Johan im Elternhaus, in der Schule, auf dem Dampfschiff, am Theater auf seiner Brust gespürt hatte; dieser Masse, die er in Das sinkende Hellas verhöhnt hatte und die er Steine nach Olaus Petri werfen läßt, wenn dieser gerade ihnen die Freiheit predigt! Wenn es in Amerika so zuging, wie konnte er dann von Europa Besseres erwarten! Er befand sich in einer Sackgasse. Aristokrat konnte er nicht werden, aus ererbtem Instinkt, und mit der Masse konnte er nichts ausrichten. War er nicht eben selber von der ignoranten Theaterleitung, die das ungebildete Publikum hinter sich hatte, niedergetrampelt worden, als seine neuen und befreienden Gedanken zum Schweigen gebracht worden waren. Demnach gab es ja bereits zu Hause in Schweden Massenherrschaft, und die königliche Theaterleitung war nur ein Diener der Masse. Lauter Widersprüche! Ja, aber wenn die Gesellschaft von denen regiert würde, die am meisten wußten? Ja, dann kamen mit ihrem antiquierten Wissen die Professoren! Angenommen, die Theaterleitung hätte sein Stück gespielt. Es wäre von den Großhändlern im Parkett sicherlich ausgepfiffen worden, und da hätte keine Kritik geholfen.

Seine Gedanken zappelten wie Fische im Netz und endeten damit, daß sie sich verwickelten, und dann wurde er ganz still. Es lohnte sich nicht, daran zu denken. Weg damit! Doch es ließ sich nicht vertreiben. Es blieb in ihm wie ein stiller großer Kummer, eine Verzweiflung darüber, daß die Welt ihren Gang, idiotisch, majestätisch, unabänderlich zum Teufel ging. Unabänderlich, denn noch hatten sich nicht tausend starke Köpfe auf das Problem gestürzt, das doch gelöst werden konnte, und provisorisch etwa zehn Jahre später gelöst wurde, als das Wissen um all diese Sphinxrätsel sich so weit verbreitet hatte, daß sogar ein Arbeiter einsah und auf einer öffentlichen Versammlung aussprach, daß Gleichheit unmöglich sei, denn die Dummen und die Klarsichtigen könnten nicht gleich werden, und das Höchste, das man fordern könne, sei Gleichstellung. Dieser Arbeiter war mehr Aristokrat, als Johan es 1872 zu sein wagte, obwohl er keiner Partei angehörte, welche die Schlüsselgewalt über die Maulkörbe forderte.

*

Prevost-Paradol behandelte dasselbe Thema wie Tocqueville, hatte aber ein Geheimmittel gegen Massentyrannei: kumuliertes Votum, oder das Recht, auf den Wahlzettel mehrere Male denselben Namen zu setzen. Diese Methode, die man in England erprobt hatte, hielt Johan jedoch für zweifelhaft.

*

Johan, der in sein Stück große Hoffnungen gesetzt und sich auf die Hoffnung Geld geliehen hatte, fühlte sich zutiefst niedergeschlagen. Das Mißverhältnis zwischen dem, als der er galt, und dem, der er wirklich war, rieb ihn auf. Jetzt mußte er eine Rolle annehmen, sie lernen und sie ausführen. Er erdichtete sich eine solche des Zweiflers, Materialisten, Leugners, und sieh da, sie paßte ihm im großen und ganzen, aus dem einfachen Grund, weil die Zeit zweiflerisch und materialistisch war und weil er sich unbewußt zu einem Mann dieser Zeit entwickelt hatte. Dies war sein Ich-Komplex, so wie er sich herausgebildet hatte und wie ihn die Zeit gerade verlangte. Doch noch immer meinte er, daß der alte abgelegte Komplex, beherrscht von Umsturzleidenschaft, gespickt mit dem idealistischen Glauben an Berufung, höhere Mission, Liebe zur Menschheit und ähnliche Einbildungen sein richtiger, sein besserer Mensch sei, den er vor der Welt verbarg. In solchen Verirrungen leben indessen alle Menschen, wenn sie krankhafte Empfindsamkeit für etwas Höheres als starkes Denken halten und wenn sie auf ihre Jugend zurückblicken und meinen, in dieser Zeit reiner und besser gewesen zu sein, was völlig falsch ist. Die Welt bezeichnet den Schwächezustand des Menschen als sein besseres Ich, weil dieser Zustand für die Welt vorteilhafter ist, und das Interesse daran scheint die Urteile zu diktieren.

Johan fand sich in seiner neuen Rolle von allen möglichen Vorurteilen befreit: religiösen, gesellschaftlichen, politischen, moralischen. Er hatte nicht mehr als eine Meinung: daß das Ganze verrückt sei, nur eine Überzeugung: daß jetzt nichts daran zu ändern sei, und nur eine Hoffnung: daß einmal die Zeit kommen werde, wo man einschreiten konnte und wo es besser werden würde.

Doch von nun an hörte er auf, Zeitungen zu lesen. Das Lob der Dummheit zu hören, egoistische Taten als menschenfreundlich gepriesen, die Vernunft geschmäht zu sehen, das war für einen fanatischen Skeptiker denn doch zu viel. Manchmal allerdings meinte er, die Majorität habe recht, sich auf eben dem Standpunkt zu befinden, den sie einnahm, und es sei unnötig, daß einige aufgrund einer Spezialausbildung vorausgaloppierten. In ruhigen Augenblicken konnte er einsehen, daß seine Entwicklung, die im Denken so rasch vonstatten ging, ohne irgendwelche Ideale verwirklicht zu sehen, für eine so schwerfällige Maschine wie die Gesellschaft kein Muster sein konnte. Warum stürmte er auch so davon? Der Fehler der Schule und der Universität war das nicht, denn die hatten ihn mit der Mehrzahl auf dem niedrigsten Niveau gehalten.

Ja, aber die anderen draußen in der Welt, von wo das Feuer doch ausging, die waren schon bei Buckles Zweifel an der alten Gesellschaftsordnung angelangt. Er war also nicht so schrecklich weit voraus. Ja, aber gerade, daß es so langsam ging, war ja zum Verzweifeln. Was Schillers Karl Moor schon vor hundert Jahren erkannt und was die Französische Revolution in die Tat umgesetzt hatte, das war jetzt etwas ganz Neues. Und nach der Revolution war die Entwicklung rückwärts gegangen. All der religiöse Aberglaube war wieder herbeigeschleppt, der Glaube an Gott und den König aufs neue bestätigt worden, der Glaube an ein Besseres war dahin, der Fortschritt auf ökonomischem und industriellem Gebiet von Fabriksklaverei und grauenhafter Armut begleitet. Es war verrückt! Und alle wachen Geister mußten leiden, wie jedes lebende Geschöpf, das am Wachstum gehindert, das unterdrückt wird. Das Jahrhundert war mit zerstörten Hoffnungen eingeleitet worden, und nichts wirkt so lähmend, so zerstörerisch auf den Seelenkomplex wie enttäuschte Hoffnung. Die Statistik zeigt, daß von den Ursachen des Wahnsinns keine so häufig vorkommt wie betrogene Hoffnung. Darum waren auch all die großen Geister, vulgär gesagt, verrückt. Chateaubriand war ein Melancholiker, Musset ein Maniker, Hugo verfiel in Raserei. Der kleine automatische Alltagsmensch kann sich unmöglich eine Vorstellung machen, was solches Leiden bedeuten kann, meint aber trotzdem, urteilen zu können!

Physiologisch ist es ganz richtig, daß der antike Dichter den Geier an der Leber des Prometheus nagen läßt. Prometheus war der Revolteur, der die Menschen aufklären wollte, ob aus altruistischen Beweggründen oder dem egoistischen, selbst in einer besseren geistigen Atmosphäre leben zu können, mag dahingestellt bleiben. Johan, der sich verwandt mit diesem Aufrührer fühlte, empfand einen Schmerz, der gleichermaßen der Trauer und dem ewig mahlenden »Zahnschmerz der Leber« glich. War Prometheus nur ein Leberkranker, der aufgrund einer Verwechslung die Ursache seiner Schmerzen aus sich heraus verlegte? Wahrscheinlich nicht! Doch sicher wurde er bitter davon, die Welt als ein Irrenhaus zu sehen, in dem die Idioten frei herumliefen und den einzigen Vernünftigen als lebensgefährlich bewachten. Krankheiten können die Ansichten der Menschen färben, und jeder weiß, wie düster das Denken wird, wenn ein Fieber einen plagt. Kranke wie Samuel Ödman und Olof Eneroth waren jedoch weder boshaft noch bitter, im Gegenteil mild, vielleicht schlaff aus Mangel an Kraft. Voltaire, der nie gesund gewesen ist, hatte eine unverwüstlich gute Laune, und Musset schrieb nicht, wie er schrieb, weil er Absinth trank, sondern er trank aus demselben Grund, aus dem er so und nicht anders schrieb: aus Verzweiflung. Darum geschieht es nicht im guten Glauben, wenn die Idealisten, die ja sogar die Existenz des Körpers leugnen, die Unzufriedenheit einiger Schriftsteller solchen ihren Theorien zuwiderlaufenden Motiven wie schlechter Verdauung usw. zuschreiben, sondern sie müssen es gegen besseres oder mit schlechterem Wissen tun. Kierkegaards düstere Schriftstellerei läßt sich aus wahnwitziger Erziehung, finstern Familienverhältnissen, traurigem sozialen Milieu und daneben einem organischen Gebrechen, nicht aber aus letzterem allein herleiten.

Die Unzufriedenheit mit dem Bestehenden muß sich stets zuerst bei den in Entwicklung Befindlichen äußern, und die Unzufriedenheit hat die Welt vorwärts-, die Genügsamkeit rückwärtsgeführt. Die Genügsamkeit war eine Tugend, die von der Notwendigkeit, der Hoffnungslosigkeit oder dem Überfluß erzeugt wurde, und kann ohne weiteres mit den übrigen Tugenden gestrichen werden.

Magenkatarrh kann ein quengeliges Temperament verursachen, hat aber niemals einen großen Politiker, das heißt: einen großen Unzufriedenen, hervorgebracht. Jedoch kann Kränklichkeit der Tätigkeit der Unzufriedenen mehr Farbe und größeres Tempo geben und entbehrt daher nicht eines gewissen Einflusses. Ebenso kann andererseits bewußte Einsicht in Mißstände Kummer und Mißmut hervorrufen, und diese wiederum können zu körperlichen Krankheiten führen. So kann der Verlust lieber Menschen durch Todesfälle zu Schwindsucht führen, ebenso wie der Verlust einer sozialen Stellung oder eines Vermögens Wahnsinn hervorrufen kann.

*

Wie konnte nun ein junger Mann ohne Religion, ohne Moral und ohne Grundsätze leben, fragt sich der boshafte Moralist. Ja, er lebte, wie es die Leute meistens tun, aber viel angenehmer, weil er alle ererbten inneren Tyrannen gestürzt hatte. Wenn heutzutage jedes Individuum eine geologische Lagerstätte aller Entwicklungsstadien ist, die die Vorväter durchlaufen haben, dann enthält jede europäische Menschenseele Spuren, vom Arier: Kastengefühl, bestimmte Familienvorstellungen, religiöse Grundmotive; vom ersten Christen: Einbildungen von Gleichheit, Spuren von Nächstenliebe, Verachtung des Erdenlebens; vom mittelalterlichen Mönch: Selbstquälerei, Hoffnung auf den Himmel; Spuren vom lebensfrohen wiederauferstandenen, aber ausgebildeten Heiden der Renaissance; vom religiösen und politischen Fanatiker des 17. Jahrhunderts; vom Skeptiker des Aufklärungszeitalters und vom Zerstörer der Revolution. Erziehung sollte also vor allem in einem Entfernen alter Flekken bestehen, die unaufhörlich durchschlagen wollen, mag man sie noch so sehr reiben.

Johan rieb den Mönch, den Fanatiker und den Selbstquäler aus, so gut er konnte, und da er, bis er auf sein Gleis finden und auf seiner Linie Fahrt aufnehmen sollte, nur ein Provisorium war, setzte er zum Prinzip seines provisorischen Lebens den Grundsatz vom wohlverstandenen Interesse, der im Grunde und unbewußt von allen verfolgt wird, welchem Bekenntnis sie auch immer angehören mögen. Weil er nicht vor Gericht kommen wollte, brach er keine allgemeinen Gesetze; er verletzte niemandes Recht, weil er nicht wollte, daß seines verletzt wurde. Menschen näherte er sich mit Sympathie, denn er haßte die Menschen nicht, und erst dann, wenn sie den Vertrag mit ihm gebrochen hatten und ihm unsympathisch geworden waren, studierte er sie. Er machte es allen recht, soweit er konnte, und wenn er es nicht konnte, dann konnte er es nicht, bemühte sich dann aber durch Arbeit, eines Tages dazu fähig zu werden. Sein Talent, so meinte er, hatte auch die Eigenschaft eines Kapitals; wenn es auch jetzt keinen Gewinn abwarf, gab es ihm das Recht und die Pflicht zu leben, zu welchem Preis auch immer. Und er war nicht jemand, der unverfroren in die Gesellschaft einbrach, um sie ausbeuten zu können; er war ganz einfach eine Begabung, die, ihrer Kraft bewußt, darum ersuchte, sich der Gesellschaft zur Verfügung stellen zu dürfen, hier und jetzt und in aller Bescheidenheit: ihrem Theater, das ihn für sein schwedisches Repertoire tatsächlich brauchte.

*

Wenn die Arbeit des Tages in der Einsamkeit beendet war, ging er ins Café, um seine Bekannten zu treffen. Familienanschluß zum Zwecke edlerer Zerstreuungen wie Konversation, Kartenspiele und ähnlichem bereitete ihm kein Vergnügen. Wenn er in eine Familie kam, schlug ihm immer eine muffige fade Luft wie von stehenden Gewässern entgegen. Eheleute, die einander ausgequält hatten, stürzten sich mit Begeisterung auf einen Blitzableiter, doch Blitzableiter zu sein, behagte ihm nicht. Die Familie kam ihm stets wie ein Gefängnis vor, in dem zwei Gefangene einander bewachten, als Ort, wo man in großem Umfang öffentlich Unzucht betrieb, wo Kinder gequält wurden und Dienstmädchen sich stritten. Das war etwas Abstoßendes, vor dem er floh. Und darum ging er in die Kneipe. Dort hatte man einen öffentlichen Versammlungsort, an dem man niemandes Gast und niemandes Gastgeber war. Dort war es hell und geräumig, dort gab es Musik, und dort sah man Leute und traf Freunde.

Aus Gewohnheit war man bei einem Hinterzimmer von Berns großem Etablissement geblieben, das nach der Farbe seiner Möbel den Namen Rotes Zimmer erhielt. Die Stammgesellschaft bestand ursprünglich aus Johan und seinen Künstlern und Philosophen. Der Kreis vergrößerte sich bald um ältere ehemalige Bekanntschaften, die wieder aufgefrischt wurden. So wies die erste Rekrutierung einen Zuwachs von drei ansehnlichen früheren Klaraschülern auf: den Notar der Post, der auch Bassist, Pianist und Komponist war; den Kammerschreiber in der Hofverwaltung, sowie den großen Trumpf der Gesellschaft, den Leutnant bei der Artillerie. Hinzu kamen später der unentbehrliche Freund des Komponisten, der Lithograf, der die Musik des Freundes veröffentlichte, und der Notar, der die Kompositionen des Komponisten sang. Die Gesellschaft war nicht ganz homogen, doch man paßte sich einander rasch an, und es ging gut.

Wenn nun aber die Gespräche auf Kunst, Literatur und Philosophie zusteuerten, und die nicht eingeweihten Laien keine Lust hatten, Vorträgen zuzuhören, gerieten die Gespräche bald auf das spielerische Gebiet. Johan, der Probleme nicht eingehend diskutieren wollte, schlug einen skeptischen Ton an und schnitt alle Argumentationsversuche mit einem Wortsalto, einem Einwurf, einem Zweifel ab. Sein neuerliches Warum hinter dem letzten Darum illuminierte gewissermaßen die selbstsichere Schlußfolgerung der Dummheit und ließ die Zuhörer ahnen, daß es hinter dem Bewiesenen und Vorausgesetzten Wahrheitsmöglichkeiten bis ins Unendliche gab. Die diesbezügliche Einsicht dürfte als Keim dunkel in den Köpfen der meisten gelegen haben, denn in kurzer Zeit hatte sich Skepsis entwickelt und damit eine neue ganze Umgangssprache herausgebildet. Diesen gesunden Zweifel an der Unfehlbarkeit des Urteils begleitete als natürliche Folge eine brutale Aufrichtigkeit von Sprache und Denken. Es lohnte sich also nicht, von den eigenen Gefühlen als etwas Lobenswertem zu sprechen, denn das wurde sofort abgeschnitten mit:

– Mann, bist du sentimental. Nimm Bicarbonat!

Kam einer und beklagte sich, er habe Zahnschmerzen, wurde ihm geantwortet:

– Das erregt mein Mitleid überhaupt nicht, denn ich habe nie Zahnschmerzen gehabt, und es hat keinerlei Einfluß auf meinen Entschluß, dich nicht zum Abendessen einzuladen.

Mit Helvetius war man nämlich darin übereingekommen, der Egoismus sei die Triebfeder allen menschlichen Handelns, und darum lohne es nicht, irgendwelche höheren Gefühle zu heucheln. Sich Geld zu leihen oder Waren auf Kredit zu kaufen, ohne völlig sicher zu sein, bezahlen zu können, galt mit Recht als Betrug und wurde auch so genannt. Ein Mitglied kommt in einem neuen Mantel, von dem man annahm, er sei auf Kredit gekauft, und wird ganz freundlich gefragt:

– Wen hast du für diesen Mantel betrogen?

Bei anderer Gelegenheit äußert ein anderer:

– Heute habe ich Samuel einen neuen Frack abgegaunert.

Es stellte kein Hindernis dar, daß sowohl der Mantel als auch der Frack wirklich bezahlt wurden, doch weil der Käufer sich dessen nicht völlig sicher war, als er die Ware kaufte, hielt er sich für einen potentiellen Betrüger. Es herrschten wirklich strenge Moral und Selbstkritik.

Mitten in einem solchen Gespräch mußte der Leutnant zum Artilleriehof und mit seiner Kompanie beten.

– Wohin willst du?

– Ich muß heucheln gehen! antwortete er sehr aufrichtig.

Dieser Ton von Aufrichtigkeit nahm bisweilen den Charakter einer tiefen Einsicht in die menschliche Natur und die Natur der Gesellschaft an. Eines Tages wollte der Kreis am hellichten Tag Johans Wohnung verlassen. Es war Winter, und Måns hatte keinen Mantel und war dazu sehr schlecht gekleidet. Der Leutnant, der Uniform trug, wirkte leicht besorgt, wollte aber an diesem Tag nicht verletzend sein. Schließlich, als Johan die Tür öffnet, sagt Måns:

– Geht nur voraus, dann komme ich nach; ich will nicht, daß Jean seiner Stellung schadet, wenn er mit mir zusammen geht.

Johan schlägt vor, daß er mit Måns den Strandvägen nimmt und die anderen die Riddargatan gehen, doch da stößt Jean aus:

– Ach, du brauchst dich nicht aufzuspielen mit deinem Edelmut, es ist dir ebenso peinlich wie mir, mit Måns zu gehen.

– Ja, das ist es, antwortet Johan, aber – – –.

– Warum willst du dann heucheln?

– Ich will nicht heucheln, ich will nur versuchen, vorurteilsfrei zu sein.

– Wozu mußt du verdammt nochmal vorurteilsfrei sein, wenn es sonst keiner ist, und wenn es dir schadet, und es ist vorurteilsfreier, Måns die Wahrheit zu sagen, als ihm etwas vorzumachen.

Måns war bereits auf dem Strandvägen verschwunden und kam ungefähr gleichzeitig zum Restaurant, wo er ohne die geringste Mißstimmung am Essen teilnahm.

– Prost, Måns, weil du intelligent bist, tröstete ihn der Leutnant.

Die Gewohnheit zu sagen, was man im Innersten dachte, ohne

Rücksicht auf die Tagesmeinung, ging mit dem Abwerfen aller traditionellen Urteile einher. In der entsetzlichen Gedankenverwirrung, in der die Menschen leben, seit die Freiheit des Denkens von Zwangsgesetzen eingeschnürt ist, haben uralte Urteile über alte Personen und Dinge fortdauern können, obwohl sich aus den alten Weltanschauungen neue entwickelt haben. So hält man noch heute eine ganze Reihe von Kunstwerken für unübertroffen, obwohl Technik und Auffassung unglaublich vorangeschritten sind. Johan meinte also, wenn er sich hier in den siebziger Jahren des 19. Jahrhunderts befand und seine Meinung über Shakespeare sagte, keineswegs verpflichtet zu sein, die Meinung des 18. Jahrhunderts zu äußern, sondern seine Meinung von etwa 1870, so wie sie unter neuen Gesichtspunkten ausfallen mußte. Dies rief meist Widerstand hervor. Vielleicht, weil das Risiko, als ungebildet zu gelten, größer ist als die Gefahr, für gottlos gehalten zu werden. An Christus wagten sich alle heran, denn er war der gelehrten Kritik zum Opfer gefallen, doch Shakespeare, vor dem schreckte man zurück. Johan hatte jedoch keine Angst. In vollständiger Kenntnis aller Arbeiten des Dichters, von denen er die bedeutendsten in der Originalsprache gelesen und deren größte Kommentatoren er studiert hatte, entwarf er eine Kritik an der lockeren Komposition und der dürftigen Charakterzeichnung im Hamlet. Eigentümlicherweise hat der schwedische Hamletverehrer Schück in einer mittlerweile aus der landläufigen Gedankenverwirrung und der notgedrungenen Feigheit erklärlichen Inkonsequenz heraus ebenso schwere Einwände gegen Hamlet als Kunstwerk erhoben, obwohl er das Stück früher als über jedes Lob erhaben bezeichnet hatte. Wenn Johan das Buch des Dozenten Schück damals hätte lesen können, hätte er nicht mutig sein müssen, um Verrisse wie den folgenden zu unterschreiben: »Am wenigsten befriedigend ist Hamlet... Die Komposition ist locker und unzusammenhängend. -- Nachdem sich die Handlung zu ihrem Höhepunkt entwickelt hat, bricht sie ganz plötzlich ab. Hamlet wird nach England geschickt, ohne daß diese Reise auf irgendeine Art das Interesse zuspitzt. Noch schlimmer ist es mit der Katastrophe. Es ist der Zufall, der dafür sorgt, daß Hamlets Rache überhaupt je zur Ausführung kommt, und dieselbe

Laune des Geschicks verursacht auch seinen Untergang. --- Daß er im Todesaugenblick Claudius erschlägt, erhält sogar eher den Anschein einer Privatrache für den Mordversuch an ihm selbst, als den eines im Namen der gekränkten Sittlichkeit gefällten Urteils.«

Und erst das Dunkel der Motivierung, die ja Teil der Charakterzeichnung sein sollte! – »So schwebt der Zuschauer über einen so wichtigen Punkt wie den Wahnsinn Ophelias in Unkenntnis. Und Hamlets eigener Wahnwitz! --- Selbst im Lear ist Edmunds Verrat so plump, daß kein einigermaßen vernünftiger Mensch hierdurch glaubhaft hätte betrogen werden können!«

Wenn nun das Drama gerade in den Teilen Mängel aufwies, die das Drama ausmachen, Komposition und Charakterzeichnung nämlich, wie konnte es dann so unerreichbar sein? Die Ehrfurcht vor dem Alten und Berühmten hat dieselbe Grundlage wie das Erschaffen von Göttern, und das Niederreißen des Alten hat die gleichen Folgen wie Angriffe auf Götter. Wie sollte sonst ein kluger vorurteilsfreier Mensch in Wut geraten, wenn er hört, daß ein anderer über eine alte Größe ein Urteil haben kann und ausspricht, das von seinem eigenen (das er für sein eigenes hält) abweicht. Es müßte ihm doch gleichgültig sein! Das nationale und intellektuelle Pantheon wird von Atheisten ebenso wütend verteidigt wie von Monotheisten, vielleicht sogar wütender. Der sonst so Aufrechte kriecht vor dem großen sorgsam befestigten Ruhm, und Johan hatte einen Pietistenprediger äußern hören, Shakespeare sei ein *reiner* Dichter. Aus dem Munde des Pietisten war dies eine Lüge. Der Determinist dagegen würde die Worte rein oder unrein nie benutzen, weil die Begriffe nicht existieren. Der arme Christusanbeter aber wagte es nicht, für Shakespeare ein Kreuz auf sich zu nehmen! Nun, er hatte genug damit zu tun, eines für Christus auf sich zu nehmen!

Indessen schien Johans Methode, alte Sachverhalte vom Standpunkt der Gegenwart aus zu beurteilen, richtig gewesen zu sein, denn sie machte Schule. Dies war das ganze Geheimnis seiner später von theistischen und atheistischen Theologen so mißverstandenen Art, alte Gegenstände und Personen mit Respektlosigkeit zu behandeln, was sie in ihrer Einfalt ganz unschuldig für das hielten, was man bei Kindern Widerspruchsgeist nennt. Er erforschte die verworrenen Begriffe seines Kreises und lehrte seine Mitglieder, ihre materialistische Weltanschauung folgerichtig anzuwenden. Waren sie Materialisten, dann durften sie keine Worte verwenden, die vom Christentum entlehnt waren, und nicht wie Idealisten denken. Daraus entstand ein Schlagwort, das die ganze Respektlosigkeit dem Veralteten gegenüber in sich trug: Das ist alt! Als neue Menschen mußten sie neue Gedanken denken, und neue Gedanken verlangten eine neue Sprache. Anekdoten und alte Schlagfertigkeiten wurden sofort unterbrochen. Phrasen und übernommene Ausdrücke wurden verworfen. Man sollte roh sein und die Dinge bei ihrem richtigen Namen nennen, doch nicht vulgär, keine Zitate aus der letzten Operette verwenden, keine Pointen, die im neuesten Witzblatt abgedruckt waren. Hierdurch gewöhnte sich jeder einzelne daran, aus seinem Fundus hervorzusuchen, was es dort an ursprünglichen Beobachtungen gab, und auf diesen neuen Standpunkt gründeten sich die Urteile.

Wenn Johan nun aber an allem zweifelte, warum konnte er nicht an seiner demokratischen fixen Idee zweifeln? Vermutlich deshalb, weil sie nicht zum Bewußtsein gehörte, sondern ein Trieb war, ererbt wie eine Krankheit; und vermutlich deshalb, weil es in ihm ein Gleichgewichtsgefühl gab, das nicht zur Ruhe kommen konnte, bevor er nicht außerhalb von sich, in dem sozialen Medium, in dem er lebte, Gleichgewicht verwirklicht sah. Das war ein Naturgesetz, ähnlich dem, das man Endosmos nennt und das zwei Flüssigkeiten unterschiedlicher Dichte veranlaßt, die Membran zu durchdringen und sich zu vermischen. Und Gleichgewicht konnte erst eintreten, wenn die Dichte auf beiden Seiten der Membran die gleiche war. Alle Gesellschafts-Klassen waren von unterschiedlicher Dichte, und darum herrschte in der Gesellschaft ewige Unruhe. Nur die Demokratie oder eine vollständige Vermischung konnte Ruhe bringen. Doch daraus folgte nicht, daß eine einzelne Klasse, die Unterklasse, oben schwimmen würde, sondern sie würde langsam durch- und in die Oberklasse hineinsickern, so daß es schließlich nur noch eine Mittelklasse gab.

In seinem Bekanntenkreis, von dem bald Menschen aus anderen und den unterschiedlichsten gesellschaftlichen Stellungen angelockt wurden, hatte Johan diesen Endosmos verwirklicht. So wurden Kaufleute und Bankangestellte aufgenommen, auch Lehrer und gelegentlich auch Gelehrte, doch mit älteren und renommierten Personen schien der Vermischungsprozeß mit größerer Schwierigkeit abzulaufen. Sie fanden den Ton zynisch, nicht etwa, weil man von unanständigen Dingen geredet hätte, sondern weil man sagte, was man dachte. Sie hatten in der Gesellschaft eine Position erreicht und begriffen, daß die Position wie die Gesellschaft auf stillschweigenden Übereinkünften beruhte, zu lügen oder wenigstens zu schweigen. Darum erschien ihnen die Aufrichtigkeit zynisch. Ja, noch heute gilt es als zynisch, seine sogenannten Fehler oder Schwächen zu offenbaren, sofern man nicht wie der Pietist mit ihnen kokettierte, um zu zeigen, wie vortrefflich man später geworden war.

Johans Entdeckung war der Automatismus der Menschen. Alle dachten dasselbe, alle urteilten auf dieselbe Weise; und je gebildeter sie waren, desto weniger Eigentätigkeit übten ihre Köpfe aus. Dies führte bei ihm zu Zweifeln an der ganzen Bücherbildung. Die, die aus Uppsala kamen, hatten alle ein und dieselbe Vorstellung von Raffael, ein und dasselbe Urteil über Schiller, auch wenn die Verschiedenartigkeit der Charaktere, welche die Urteilenden aufwiesen, notwendigerweise Differenzen des Urteils hätte bedingen müssen. Diese Menschen dachten also nicht, auch wenn sie sich Freidenker nannten, doch sie sprachen – also waren sie Papageien.

Johan aber konnte nicht durchschauen, daß es nicht die Bücher als Bücher waren, die die Gebildeten zu Automaten gemacht hatten. Er selbst und seine ungebildeten Philosophen waren schließlich durch Bücher zur Eigentätigkeit erwacht. Die Gefahr der Universitätsbildung bestand darin, daß diese aufgrund des Schutzgeistes der Regierung schlechten Büchern entnommen wurde, von der Oberklasse im Interesse der Oberklasse geschrieben, in der Absicht also, das Alte und das Bestehende zu feiern und damit weitere Entwicklung zu verhindern.

*

Diese Skepsis indessen hatte Johan steril gemacht. Er hatte eingesehen, daß die Kunst mit der Entwicklung nichts zu tun hatte, daß sie lediglich eine Umsetzung von Phänomenen und als Kunst um so unvollkommener war, sobald sie sich rein abbildend verhielt. Der Trieb zur Umgestaltung der Dinge hielt sich, und er fand Ausdruck in seiner Malerei. Seine Dichtkunst dagegen zerfiel, da sie Gedanken wiedergeben oder Absichten dienen sollte. Die Niederlage mit dem Stück hatte einen ungünstigen Einfluß auf seine Ökonomie.

Eines Abends kamen die Freunde, von denen er Geld geborgt hatte, zu Hause bei Johan zusammen, um sich das Stück vorlesen zu lassen, doch weil sie von der Arbeit des Tages müde waren, schliefen sie nach dem ersten Akt ein und baten darum, die Vorlesung aufzuschieben. Einer von den Wacheren meinte freilich bemerkt zu haben, daß das Stück zu viel von Gottes Wort enthielt, welches nicht auf die Bühne passe. Damit waren alle Hilfsquellen erschöpft, und unbestechlich, stocktaub kam die Not heran. Nachdem Johan einige Zeit ohne Mittagessen gewesen war, wurde er dieses Lebens überdrüssig und wollte sich nach einem Broterwerb umsehen. Woher aber sollte er in dieser Wüste Brot nehmen? Ja, das nächstliegende wäre, sich ein Engagement bei einem Provinztheater zu suchen. Dort sah er Krethi und Plethi in den Tragödien Heldenrollen spielen und sich nicht selten einen Namen machen, was mit einer Anstellung am Königlichen Theater endete. Kurzerhand faßt er seinen Entschluß, packt seine Reisetasche, borgt Reisegeld und fährt nach Göteborg hinunter. Es tobte gerade der Novembersturm 1872. Empfindlich, wie er dem Medium gegenüber, in dem er lebte, war, bekam er sofort einen Widerwillen gegen die Stadt. Düster, korrekt, teuer, hochmütig, zurückhaltend lag sie eingeschlossen hinter ihrer Ringmauer aus felsigen Anhöhen und machte ihn, den lebhaften, an die reiche, heitere Natur Stockholms gewöhnten Hochschweden, traurig. Sie war eine Kopie der Hauptstadt, wenn auch eine verkleinerte, und Johan fühlte sich dieser in Entwicklung stehenden Ansiedlung gegenüber wie Oberklasse. Doch er merkte auch, daß es hier etwas gab, das in der Hauptstadt fehlte. Ging er zum Hafen hinunter, sah er eine Flotte, deren Zielorte beinahe alle im Ausland lagen, und große Schiffe unterhielten regelmäßige Verbindungen zum Kontinent. Die Menschen und die Gebäude wirkten nicht so ausschließlich schwedisch, die Zeitungen waren gleichsam wacher für die großen Bewegungen draußen in der Welt. Wie nah war es doch von hier nach Kopenhagen, Kristiania, London, Hamburg, Havre! Hier sollte Stockholm liegen, hier an einer Bucht des Weltmeeres, während die Hauptstadt jetzt in einer Krümmung des Binnenmeeres Ostsee lag. Wahrhaftig, hier lag die Zelle für ein neues Zentrum, und jetzt begriff er, daß nicht länger Stockholm der Mittelpunkt des Nordens war, sondern daß Göteborg im Begriff stand, es zu werden.

Doch dies war im Augenblick kein Trost für jemanden, der in so kleinen Angelegenheiten kam wie ein Schauspieler.

Er suchte den Theaterdirektor auf; stellte sich als einer vor, der dem Theater einen Dienst erweisen wollte, etwa in der Art. Der Direktor meinte indessen, mit dem Personal, das er bereits hatte, recht gut bedient zu sein, bewilligte ihm jedoch eine Probe in der Rolle, mit der Johan debütieren wollte. Es war Dietrichsons Ein Arbeiter, der große Tageserfolg. Johan hatte eine gewisse Ähnlichkeit zwischen Stephensons Lokomotive und seinem abgelehnten Theaterstück festgestellt und hoffte, der Verachtung des Ingenieurs für das Grinsen der Masse, den Befürchtungen der Gelehrten und dem Kummer der Verwandten über eine vergeudete Existenz einen realistischen Ausdruck verleihen zu können. Eines Abends probte er bei einer Gaslampe und vor leeren Wänden. Natürlich konnte er keine Steigerung erreichen. Er spürte es selbst und bat um eine Wiederholung im Kostüm. Nein, das war nicht nötig. Der Direktor hatte genug gehört. Anlagen seien vorhanden, doch sie müßten entwickelt werden. Er bot ihm ein Engagement mit zwölfhundert Kronen ab dem ersten Januar des folgenden Jahres an. Johan überlegte: zwei Monate in Göteborg die Zeit totschlagen und dann Dienstboten oder Volk in einem Provinztheater spielen? Nein! Das wollte er nicht. Was blieb zu tun? Geld borgen und wieder nach Hause fahren. Und das tat er.

Also wieder ein Fiasko. Und die Freunde hatten ein Abschiedsfest veranstaltet, Reisegeld aufgetrieben, alles getan, um zu helfen, und jetzt kam er unverrichteter Dinge zurück. Wieder einmal würde er die alte berechtigte Beschuldigung hören müssen, er sei unbeständig. Unbeständig zu sein ist äußerst unpraktisch in einer geordneten Gesellschaft, in der zähe und einseitige Ausbildung in einem Fach zum Überholen der Konkurrenten erforderlich ist, und jedes eingereihte Individuum fühlt sich unbehaglich, wenn es irgend jemanden aus seinem Kreis sieht, der zu schwanken anfängt. Es muß kein oberflächlicher Egoismus sein, es kann sich ja auch um eine Äußerung von Solidaritätsgefühl, von Fürsorge für andere handeln. Johan fühlte, daß er mit diesen zahllosen Umschwüngen seine Freunde beunruhigte, und er schämte sich darüber und litt darunter, doch anders handeln konnte er nicht.

Und so war er wieder zu Hause und saß wieder lange Abende im Roten Zimmer und fragte sich, ob nicht auch ihm ein Platz in der an Karrieren sonst so reichen Gesellschaft zustehe.

*

Um die Weihnachtszeit mußte Johan wieder nach Uppsala hinauf, denn als Mitarbeiter des dort erscheinenden Literarischen Kalenders war er zu einem Fest eingeladen.

Der Kalender, der bekanntlich mit einem einstimmigen »pereat« aufgenommen wurde, war als Exponent nicht bedeutungslos. Der Leser, der dazu bewegt werden konnte, sich durch dieses Blumenpflücken auf dem Dorfanger hindurchzuquälen, konnte sich mit Berechtigung fragen: Was geht mich das an? Diese Poesie konnte wie die der Signaturen fünfzig, ja hundert Jahre zuvor geschrieben worden sein. Sie war indifferent, aber schlecht war sie auch. Schlecht, weil sie keinerlei Entwicklung in den Wahrnehmungssensorien der Poeten verriet, indifferent, weil sie nicht auf dem Baum der Zeit gewachsen war. Sie war mit 1872 datiert und enthielt nicht ein Echo des Jubels von 1865, nicht einen Blutstropfen von 1870, nicht eine Ahnung des Brandrauches von 1871. Hatte diese Elitejugend geschlafen? Ja, gewiß! Und das Eigenartige war, daß die Poeten, die bis dahin als Vorreiter gegolten hatten, sich jetzt im Troß befanden. Die Studenten, die große Masse, waren gemeinhin Realisten, Skeptici, Spötter, wie es den Kindern der Zeit anstand, die Poeten aber waren gläubige Idioten, mit den Signaturidealen im Herzen. Sie waren Nachrealisten, in der Form, in den Gedanken, denn die neue Weltanschauung war nicht bis zu diesen isolierten Individualisten durchgedrungen, die noch ein romantisches Bohemeleben lebten. Es war Nachklang, Epigonentum. Aber war die schwedische Poesie früher anders gewesen, und konnte sie anders sein? War Tegnér etwas anderes als Epigone von Schiller, Oehlenschläger, den Eddas und den altnordischen Sagas; war Atterbom etwas anderes als eine deutsche Spieldose, konstruiert aus Tieck, Hoffmann, Wieland, Bürger, und dann die ganze Reihe durch? Dieser literarische Kalender aber war der Nachklang des Nachklangs; das waren Träume von Träumen. Der Realismus, der mit Kræmers Diamanten in Steinkohle schon 1857 seinen vorzeitigen Einzug in Schweden gehalten hatte und dann mit Snoilsky unter Jubel vorangeschritten war, hatte den Jungen keine Spuren aufgedrückt. Die schlappe Poesie der Signaturen war Ausdruck einer schlappen Zeit gewesen, diese Poesie aber drückte nichts weiter als die Unfähigkeit des Autors aus.

Johan hatte eine freie Umarbeitung der Ån Bogsveigs Saga beigesteuert. In diesem nichtsnutzigen männlichen Cendrillon hatte er sich selbst als das anerkannt schwarze Schaf seiner Familie verherrlicht. Der unmittelbare Anlaß war die Mißachtung gewesen, die ihm seine Gönner und Freunde aus der Bürgerklasse nach seinem Mißerfolg als Schriftsteller erwiesen hatten. Die Sprache zeichnete sich durch eine gewisse Roheit des Ausdrucks und den Versuch aus, das Niedrige zu adeln oder zumindest den Ausdruck Schmutz von Dingen abzukratzen, die an und für sich nicht das waren, was man schmutzig nennt. Weil das Wort Naturalismus noch nicht im Schwange war, konnte das unter dem Epitheton roh und geschmacklos durchgehen.

Doch von größerer Bedeutung als Kalender und Festgesellschaft war eine Bekanntschaft, die Johan zufällig auf der Reise machte. Er wohnte bei einem Freund, und auf dessen Schreibtisch fand er ein Heft der Svensk Tidskrift, in dem Hartmanns Die Philosophie des Unbewußten besprochen wurde. Die Darstellung des Systems stammte von dem Finnen A. V. Bolin und verriet insgesamt eine halbversteckte Bewunderung; der Redakteur Hans Forssell aber hatte in seiner üblichen jungenhaften Art am Schluß eine Anmerkung zugefügt, nachdem er auf etwas Neues gestoßen war, das aufzunehmen sein Hirn nicht fähig war.

Dies sei der Pessimismus! Bewußtes Leben sei Schmerz, da die Triebkraft des Weltprozesses unbewußter Wille sei und das Bewußtsein den unbewußten Willen hemme. Dies sei der alte Mythos vom Baum der Erkenntnis, dessen Frucht Wissen darüber verleiht, was gut und was böse ist. Dies sei der innerste Glaube des Buddhismus, die Hauptlehre des Christentums: Vanitas, vanitatum vanitas.

Die meisten Großen, also bewußte Geister seien Pessimisten gewesen, Durchschauer, Enthüller der Illusionen des Lebens als *Lust*. Nur Wilde, Kinder und Durchschnittsmenschen konnten daher vergnügt sein, weil sie sich des Betrugs nicht bewußt seien und weil sie sich, wenn man ihnen die Wahrheit sagen wolle, die Ohren zuhielten, mit der Bitte, ihrer Illusionen nicht beraubt zu werden.

Johan fand all das in Ordnung und hatte nichts Wesentliches einzuwenden. Es war also wahr, was er so oft geträumt hatte, daß das ganze absurd war! Dieser Verdacht hatte also seiner Weltanschauung zugrunde gelegen, durch die er alles Große und alle Großen reduziert hatte. Dieses Bewußtsein hatte er unklar in sich gehabt, als er als Kind, obgleich wohlgestaltet, gesund und stark, meist über einen unbekannten Schmerz geweint hatte, dessen Ursache er nicht in sich und nicht außerhalb von sich festmachen konnte. Dies war das Geheimnis seines Lebens, der Grund dafür, daß er nichts bewundern, an nichts sein Herz hängen, für nichts leben konnte, daß er zu bewußt war, um sich täuschen zu lassen. Das Leben war Schmerz, der nur zu lindern war, wenn dem Willen so viele Hindernisse wie möglich aus dem Weg geräumt wurden; sein Leben war darum so äußerst schmerzhaft, weil seine Klassenstellung, seine Ökonomie seinen Willen daran hinderten, sich zu äußern.

Wenn er das Leben und vor allem den Gang der Geschichte betrachtete, fand er nur Kreise und die Wiederholung von Verirrungen. Der Gegenwartsmensch träumte von einer Republik, welche die Griechen und die Römer vor zweitausend Jahren gehabt hatten; die Kultur der Ägypter war zerfallen, als sie ihre Nichtigkeit durchschauten; Asien schlief den ewigen Schlaf, nachdem es vom unbewußten Willen zu Welteroberungen angetrieben worden war; alle Völker hatten Betäubungsmittel und Rauschmittel erfunden, um das Bewußtsein auszulöschen; der Schlaf war eine Wonne, und der Tod das höchste Glück. Aber warum nicht den ganzen Schritt tun und sich des Lebens berauben? Weil der unbewußte Wille den Menschen unaufhörlich dazu verleitete, durch die Illusion zu leben, die in der Hoffnung auf ein Besseres enthalten war.

Der Pessimismus als mechanische Weltanschauung ist konsequenter als der Transformismus, der die Entwicklung zum Glück des Menschen in der mechanischen Entwicklung sieht. Ist nicht diese letztere die Vorsehung eines alten und transformierten Gottes? Oder kann man glauben, daß die mechanischen, blind herrschenden Naturgesetze in ihrem Wirken an die Entwicklung der menschlichen Gesellschaften zum Glück hin denken, wenn sie Eiszeiten, Überschwemmungen, vulkanische Eruptionen hervorrufen, und muß ein aufgeklärter Mann konservativ in abwertendem Sinne genannt werden, weil er nicht glauben kann, daß der Mensch die Naturgesetze unterworfen hat und jetzt beherrscht, wie Stuart Mill sich scherzhaft ausdrückt. Hat man bereits sichere Mittel gegen Schiffbrüche, Blitzschläge auf dem Feld, wirtschaftliche Krisen, Todesfälle in der Familie, Krankheiten gefunden; und kann man nach Belieben die Neigung der Erdachse regulieren, für die Jahresernte hinderliche Wolkenbildungen beseitigen? Hat man mit dem derzeitigen hohen Stand der Forschung schon die Phyllorexia ausrotten, Überschwemmungen verhindern, Aberglauben und Despoten beseitigen, Kriege vermeiden können? Ist es nicht vermessen oder einfältig zu glauben, daß der Mensch, der selbst von den Naturgesetzen, den chemischen, physischen, physiologischen, beherrscht wird, deshalb über ihnen steht, weil er es verstanden hat, sich einiger von ihnen zu seinem Vorteil zu bedienen, ebenso wie die segelnde Schnecke und der Vogel es verstanden haben, für ihr Fortkommen den Wind zu nutzen, oder wie der Biber den Druck des Stroms für seine Bauten nutzt? Sind nicht die Flügel des Falken und der Fliege vollkommeneres Bewegungsmaterial als die Eisenbahn und das Dampfschiff? Wie kann da der Mensch so einfältig sein zu glauben, er stehe über der Natur, wenn er selbst ein der Natur so unterworfenes Geschöpf ist, daß er noch nicht einmal frei wollen, frei denken kann? Dies wirkt wie ein Überbleibsel früherer Stadien der Illusion. Und wenn sich die europäische Gesellschaft nun zum Atheismus entwickelt, so hatten die Buddhisten diesen früher, zur Religionsfreiheit, so gibt es diese auf dem niedrigeren Stadium in China, zur Polygamie, so gibt es diese bei den Australnegern, zu kollektivem Eigentum, so war diese Form die älteste, zu metrischer Bodenbesteuerung mit ausschließlicher Bodensteuer, so können wir diese Kunst von den Chinesen lernen. Nein, Europa ist von allen großen Völkergruppen zuletzt zum Bewußtsein erwacht. Macht nun weiter so und wendet euch nicht wie einige Orientalen teilsnahmslosem Quietismus zu, sondern macht weiter, um die Schmerzen und Unannehmlichkeiten des Erdenlebens so weit wie möglich zu beseitigen, auch wenn man die geeignete Methode noch nicht gefunden hat.

Der Fehler der Industriesozialisten ist, daß sie, gemäß der vieldeutigen Formel der Entwicklungstheorie, auf dem Bestehenden aufbauen wollen, denn sie glauben, daß das Bestehende aus Notwendigkeit besteht und zum Glücke aller errichtet ist. Das Bestehende ist aber nur zum Glücke einiger gemacht, also eine Abnormität, und auf einer Abnormität aufbauen heißt auf undrainiertem Boden ein Haus errichten. Vermutlich ist jedoch diese angestrebte Gesellschaftsform, wie unsinnig sie auch ist, ein notwendiger Irrtum, durch den die Menschen zu etwas Besserem vordringen werden. Die Gefahr und die Erfolgsaussichten dieser Bewegung liegen darin, daß sie ihr Programm bereits fertig hat und darum bereits automatisch ist, weswegen sie arbeiten wird, wie eine blinde unwiderstehliche Masse arbeitet. Will sie die ganze Gesellschaft nach einer Minorität, der Klasse der Industriearbeiter, umgestalten und alle Menschen zu Maschinenarbeitern machen, dann möge sie es nicht allzu abwegig finden, wenn einige daran zu zweifeln wagen, daß dies die Glückseligkeit ist. Der Sozialismus als Gesellschaftsreform hingegen kann nicht ausbleiben, denn Europa hat in seiner Selbstvergötterung nicht bemerkt, wie weit es zurück ist. Mit einer asiatischen Regierungsform ausgestattet, die bis in die Details hineinregiert, eine mit altem asiatischem Aberglauben besudelte Religion unterhaltend, mitten in einer grauenhaften Kapitalsklaverei lebend, die von bewaffneter Macht aufrechterhalten wird, veranstaltet es politische und religiöse Verfolgungen, verehrt die balsamierten Monarchen wie Pharaonenmumien, zivilisiert das wilde Volk mit Ausschußfabrikaten und Kruppschen Kanonen, und vergißt, daß seine Zivilisation einmal aus dem Osten kam und damals besser war als jetzt, ebenso viel besser, wie die Philosophie des Aristoteles besser als das Christentum unserer Zeit war.

Hartmann und der Pessimismus glauben, daß diese Verbesserung, die sich Sozialismus nennt, kommen wird, doch daß auf sie etwas anderes folgen wird. (Die Evolutionsoptimisten glauben weniger scharfsinnig, daß die Entwicklung bereits zu Ende und das Vollkommene erreicht ist.)

Der Spießbürger ist Optimist, denn er vermag über die täglichen Phänomene nicht hinauszusehen oder hinwegzudenken. Das ist ein Glück für ihn und kein Verdienst, denn er hat keine Wahl. Ja, er begreift nicht einmal, was Pessimismus ist, sondern glaubt, damit sei die Ansicht gemeint, diese Welt sei die schlechteste aller Welten. Wie könnte irgend jemand darüber eine begründete Ansicht haben? Voltaire, der kein Pessimist war, schreibt ein ganzes Buch, um zu beweisen, daß diese Welt für uns zumindest nicht die beste aller Welten ist, wie Leibnitz sich eingebildet hat. Sie ist natürlich die beste für sich, wenn auch nicht für uns, und eben dies ist der Unterschied zwischen der Weltanschauung des Hypochonders und des Pessimisten, daß ersterer sie als die für ihn schlechteste betrachtet, während der Pessimist davon absieht, was sie für das Individuum sein kann. Hartmann ist kein Hypochonder, wie man gern glauben wollte, und er versucht, den Schmerz des Lebens so weit wie möglich zu beseitigen, indem er sich in einen unbewußten Zustand versetzt.

Die jüngere Generation unserer Zeit ist traurig, weil sie zum Bewußtsein erwacht ist und die Illusionen von Gott, vom Leben danach und von vielem anderen verloren hat, doch sie ist nicht hypochondrisch, und sie arbeitet an der Verwirklichung des Eintretens der Welt in das letzte Stadium der Illusion oder der neuen Gesellschaftsform, als erhoffe sie von derselben eine Linderung des Schmerzes, und um so fanatischer, je tiefer sie diesen empfindet.

Einmal angenommen jedoch, daß Hartmanns Philosophie ein Fehler wäre, und ein Skeptiker muß so etwas annehmen, obwohl sie alle Wahrscheinlichkeit auf ihrer Seite hat, da ja die Grundbedingung des Lebens, der Selbsterhaltungstrieb, in der Beseitigung von Schmerz besteht und somit der Schmerz die äußerste Triebkraft ist, dann muß man eine historische Erklärung für die Entstehung und Ausbreitung dieser Philosophie suchen. Oberflächliche Betrachter wie der Spiritualist Caro zögern nicht, die Inkonsequenz zu begehen, sie als Ausfluß einer körperlichen Krankheit zu erklären. Die Sozialisten, die Hoffnung auf die Durchführbarkeit ihrer Lehren einflößen müssen, erklären sie als das Gefühl des bevorstehenden Untergangs bei einer Klasse, die in Hartmann ihren Vertreter gehabt habe. Doch Hartmann glaubt an den Sozialismus und die neue Gesellschaft, wenn auch als Übergangsformen. Er ist nicht verzweifelt, nicht einmal melancholisch. Er ist, wie es scheint, der erste Philosoph, der, vollständig gereinigt von Christentum, Europäismus, Idealismus, den Weltprozeß aus Theorien der mechanischen Weltanschauung erklären will. So ist es, so geht es zu, sagt er ganz offen. Wir haben uns aus unbewußten Mineralien entwickelt, sind Eiweißkörper geworden, haben Nervenganglien mit Bewußtsein und schließlich Gehirne mit einem immer wacheren Selbstbewußtsein bekommen. Je höher das Nervenleben, desto größer der Schmerz, die Empfänglichkeit für Eindrücke. Erst in unseren Zeiten gelang es dem Großhirn, zu klaren Wahrnehmungen zu gelangen und so den Weltprozeß zu durchschauen. Darwin war der erste und Hartmann der zweite.

Hartmann kann demnach als der zu höchstem Bewußtsein Gekommene betrachtet werden und wird darum als der große Enthüller fortleben, vor dessen scharfem Blick die Augenbinden fielen. Auch ist es ein Irrtum, ihn als den Propheten der Verzweiflung zu bezeichnen. Der Christ und der Idealist müssen sich angesichts der nackten Wahrheit verzweifelt fühlen, der Transformist aber erfährt eine unsagbare Ruhe. Der Mensch wird bescheiden werden, da er in seiner Kleinheit nicht mehr als ein Staubkorn auf einem kosmischen Gebilde ist; er wird nicht weiter Götter aus sich selbst schaffen, sein Glück nicht auf ein künftiges Leben aufbauen, sondern gerade durch den Pessimismus getrieben werden, sein einziges Leben für sich und also für alle anderen so gut wie möglich einzurichten. Er wird einsehen, wie sinnlos es ist, über die Erbärmlichkeit des Daseins zu weinen und zu jammern, wie es die Christen tun, und er wird den Schmerz als ein Faktum hinnehmen und ihn vertreiben, so gut er kann.

Hartmann ist Realist, und eher aus Gehässigkeit Pessimist im veralteten Sinn des Wortes genannt worden. Er grämt sich nicht über das Elend der Welt, und sagt noch nicht einmal, es sei ein Elend. Er zeigt nur, daß das Leben nicht so groß, nicht so schön ist, wie die Menschen es sich gern vorstellen, und Schmerz ist für ihn keine körperliche Qual, ausschließlich Bewegungs*vehikel*. Dies ist eine gesunde, lebensstarke Weltanschauung, gegen die der Sozialismus bisweilen wie Idealismus erscheinen mag, wenn er die Gesellschaft nach Wünschen, nicht nach Möglichkeiten umgestalten will.

*

Auf Johan wirkte das Referat des Systems allerdings erfrischend. Es gab demnach in diesem Wahnsinn ein System, und sein Bewußtsein hatte vorgegriffen mit dem Verdacht, das Ganze sei recht bedeutungslos. Doch eine Weltanschauung dringt nicht auf einmal voll und ganz in das Gehirn ein. Sie hinterließ auch hier nur gewisse Ablagerungen und vermittelte einen Grundton. Als theoretische Betrachtungsweise wurde sie noch von seiner religiösen, idealistischen Erziehung getrübt, verdunkelt von seinem angeborenen und erworbenen Klassenhaß und seinem Naturtrieb, außerhalb von sich im Leben Gleichgewicht zu suchen. Das Ganze war insgesamt gesehen absurd, doch sollte man leben, bis man starb, mußte man die Wirklichkeit in Angriff nehmen, und wenn man an sie heranging, mußte man einen anderen Alltagsmaßstab anlegen. Und dies tat man, weiß Gott! Wenn man sein Auskommen suchte, war die Schwierigkeit, es zu erreichen, etwas Großes, suchte man den Ruhm, war der Widerstand etwas Unermeßliches. Die Ehre war, insgesamt gesehen, nichts, doch in Relation zu den kleinen Verhältnissen des Lebens war sie etwas sehr Großes und Erstrebenswertes. Dies begriffen die Spießbürger nicht, und sie hatten später manchen vergnügten Augenblick, wenn sie ihn, den Pessimisten, um Auszeichnungen ringen sahen. Ihre Uhrwerkgehirne fanden dies inkonsequent, weil sie nicht begriffen, daß der Oberbegriff: die Ehre, zwei Werte hatte, einen absoluten und einen relativen!

4. Der Redakteur

(1873)

Die sechziger Jahre waren mit schlechten Jahren und schlechten Geschäften zu Ende gegangen, mit Beginn der siebziger Jahre aber beginnt die gute Zeit, mit guten Ernten, günstigen Konjunkturen für Holz und Eisen, allgemein erwachender Unternehmungslust bei dem sonst trägen Schweden. Buckle hatte entdeckt, daß der Schwede und Bewohner des Nordens im allgemeinen unbeständiger seien, weil die Veränderlichkeit des Klimas starke Unterbrechungen der Arbeit mit sich bringt, indem im Winter Ackerbau, Handel, Seefahrt und andere Erwerbszweige eingestellt werden, und die Menschen zum Müßiggang gezwungen sind, während der kurze Sommer sie zu fieberhafter Eile treibt. Etwas Wahres scheint daran zu sein, denn der Schwede arbeitet schubweise mit großem Eifer, fällt dann zusammen und wird wieder ratlos und passiv. Die günstigen Jahre zu Beginn der siebziger Jahre scheinen ihm zu Kopf gestiegen zu sein, so daß er von dem damals in Deutschland und Österreich herrschenden Schwindel befallen wurde. Die Eisenwerke erweiterten ihre Tätigkeit, kauften und bauten; die Holzhändler schlugen ein und sägten; die Landwirte nahmen Hypotheken auf und machten Land urbar; Eisenbahnen wurden parallel zueinander angelegt, an jeder Häuserecke vorbei; bis dahin ungenutzte Schätze an Torf und Steinkohle wurden ausgegraben; Gesellschaften wurden gegründet, oft in guter Absicht, manchmal in weniger guter. Man hat diese Zeit die Gründerzeit genannt. Die Aktiengesellschaft ist eine große und nutzbringende Erfindung und hat viele fruchtbare Unternehmen zustande gebracht, doch durch die mangelnde Verantwortung, die eine unpersönliche Verwaltung mit sich bringt, konnte sie leicht Anlaß zu Nachlässigkeit geben, vor welcher der einzelne sich in acht nehmen mußte.

Durch einen Zufall wird Johan eins zwei drei in eine Tätigkeit hineingeworfen, die es ihm gestattete, aus nächster Nähe diese wirtschaftliche Revolution zu verfolgen, deren Wirkungen sich weit in die Zukunft hinein erstreckten und die ihren Rückschlag in der Krise erfuhr, die schließlich 1878 ausbrach.

Eines Tages, als die Not am größten war, kommt ein Delegierter des Roten Zimmers, ansonsten stellvertretender Assessor und Bankbeamter, und fragt Johan, ob er als Schreibkundiger nicht eine gute Idee für die Herausgabe einer Zeitung habe. Das Interesse für das Versicherungswesen hatte nämlich in den letzten Jahren in hohem Maße zugenommen, und die vielen verschiedenartigen Versicherungsgesellschaften hatten Tausende von Agenten im Land, die einen selbstverständlichen Abonnentenkreis für die vorgeschlagene Zeitung abgeben würden. Johan antwortete wahrheitsgemäß, daß er von diesem Geschäft nicht das Geringste verstehe. Der Freund wandte ein, daß er sich in kurzer Zeit damit vertraut machen könne und daß er außerdem einen Mathematiker und einen im Versicherungswesen wohlbewanderten Direktor an die Seite bekommen werde, so daß er selbst lediglich Herausgeber sein, Artikel redigieren, Korrektur und Druck besorgen solle. Nein, das wollte er nicht, denn dann würde er nur ein Strohmann sein und könne nicht wissen, was für Geschäfte er vielleicht betreiben müsse. Die Verhandlungen wurden eine Zeitlang eingestellt, aber wieder aufgenommen. Jetzt kam man mit Garantieangeboten. Alle Gesellschaften hätten halbwegs versprochen, das Unternehmen zu unterstützen, und es gehe nicht darum, ein Unternehmen zu unterstützen, nur das Versicherungswesen im allgemeinen zu fördern. Er wollte nachdenken, und weil er kein anderes Einkommen hatte und das eine für ebenso unsinnig wie das andere hielt, eröffnete er die Verhandlungen. Die Garantien schienen vielversprechend, und so hatte er bald den Tisch voller Bücher und Zeitungen, die er studieren sollte. Der Einblick, den er nun in das Geschäftswesen, den Zusammenhang des Versicherungsgeschäftes mit der Statistik, mit den Nativitäts- und Mortalitätsverhältnissen, mit dem Pauperismus, mit dem Handel, mit der Seefahrt erhielt, lockte ihn zunächst. Es war die lebendige gegenwärtige Arbeit an allgemeinem Wohlstand und Glück, für die ihm jetzt die Augen aufgingen, und er entdeckte ein Interesse an diesem Studium, das er zuvor nicht vermutet hatte. Hier geriet er auch zum ersten Mal an den Arbeitersozialismus, der auf unangemessene Weise dargestellt und als überflüssig bekämpft wurde, da man als Heilmittel bereits das Versicherungswesen habe.

Doch Johan wollte das Unternehmen nicht beginnen, bevor er mit dem Geschäft nicht bis in den Kern vertraut war und ebensoviel wußte wie sein Vorgesetzter. Darum holte er jetzt seine alte Mathematik hervor; ging Reihen und Wahrscheinlichkeitsrechnungen durch, auf welche letzteren die Prämientabellen zurückgingen. Als er sich heimisch fühlte, begann er, die Probenummer zu redigieren. Kritisch veranlagt und fest entschlossen, nicht anderer Geschäfte zu erledigen, sondern wirklich ein Auge auf alle Fehlentwicklungen zu haben, beginnt er mit der Kritik an einer entstehenden Gesellschaft, welche die Prämien herabsetzen wollte und Gewinnanteile versprach. Weil Versicherungsschwindel im ausländischen Versicherungswesen zugenommen hatte und mit dem Herabsetzen der Prämien rücksichtslos Konkurrenz betrieben wurde, fing er mit einer Warnung an. Jede Herabsetzung der Prämien vermindere die Garantien der Versicherten und sei Schwindel. Für den Bestand der Zeitung war dies unklug, und es kam zu Polemik, natürlich rücksichtslos und mit Beschuldigungen. Johan beteuerte, daß er, weder Aktienbesitzer noch Agent, es wagen könne, die Frage unparteiisch zu beurteilen. Darauf wurde geantwortet, daß die Zeitung sich im Besitz einer Gesellschaft befinde usw.

Nun gehörte es aber zur Tätigkeit des Redakteurs und zum Fortkommen der Zeitung, daß er selbst die Direktoren der Gesellschaften besuchen, für das Produkt sprechen, interviewen und Notizen machen mußte. Er begann bei den Seeversicherungsgesellschaften. Weil bei diesen nur wenige Jahre zuvor der große Krach stattgefunden hatte, wurde er mit Mißtrauen und Zurückhaltung empfangen. Man sprach von schlechten Zeiten, und die versprochenen Garantien wurden nicht sofort gewährt. Man wand sich und machte Versprechungen – für die Zukunft. Dann sollte er zur Börse.

Eines Mittags, als die Makler in voller Tätigkeit waren, trat er zum ersten Mal in diesen geräuschvollen Kreis. Anfangs fürchtete er sich. Was hatte er hier zu suchen, er, der Poet, der gescheiterte Schriftsteller? Man guckte ihn an, und er sah unsicher aus wie ein Spion. Alte Kaufleute, die er kannte, lachten über ihn und fragten, was er dort zu suchen habe. Dann wurde er einigen Direktoren vorgestellt, aber frostig empfangen und mit Versprechungen abgespeist.

Zur selben Zeit bekam Johan zufällig die berüchtigte Rede Plimsolls im englischen Parlament über den Seeversicherungsschwindel, die Spekulationen mit alten Schiffen und die maßlose Herabsetzung der Prämien in die Hände. Ohne die Folgen zu bedenken und ohne Bewußtsein davon, in welche Wunden er Salz streute, legt er sich mit den Seeversicherungsgesellschaften an. Als er später in die große Seeversicherungsgesellschaft kam, wo die Direktion tagte, mußte er ziemlich lange warten. Schließlich wurde er in das hintere Zimmer geführt, wo die Direktoren saßen. Er stellte sich vor und fragte, ob sie seine Zeitung abonnieren wollten. Es wurde vollkommen still. Die Herren saßen auf Sofas und sahen bekümmert aus. Schließlich fragte der geschäftsführende Direktor die anderen Herren nach ihrer Meinung. Sie antworteten unhöflich. Dann kamen sie überein, fünf Exemplare zu nehmen, obwohl sie halb zugesagt hatten, vierzig zu nehmen. Wenn Johan gewußt hätte, was er ahnte, daß er nämlich in einen Kreis von zum Tode Verurteilten gekommen war, die schiffbrüchig geworden waren, und zwar durch eben den Sturm, der im November getobt hatte, als er in Göteborg war! Wenn er gewußt hätte, daß er ein trübes Gewässer aufgerührt hatte und daß man ihn haßte, noch mehr aber fürchtete! Doch das erfuhr er später!

Die Zeitung erschien zweimal im Monat, teuer gedruckt, sorgfältig redigiert. Es war eine recht harte Arbeit, die Sache zu studieren, gleichzeitig die Zeitung vollzuschreiben, sich um den Druck zu kümmern, Korrektur zu lesen und zu expedieren. Dazu kamen Ausgaben, wie Laufbursche, Postporto, lithografische Arbeit, Fahrten zur Druckerei, die weit weg auf Söder lag, Zeitungen und Bücher. Und dabei sollte er standesgemäß leben, anständig gekleidet sein, Druck, Papier und Annoncen bezahlen und tausend Kronen pro Jahr sich selbst gutschreiben, als Redakteur, Redaktion, Korrektor und Expedient. Recht bald wurde ihm klar, daß sich das Unternehmen nicht tragen konnte, doch er vertraute darauf, daß die Garantien eingehen würden, wenn sich nur erwies, daß die Zeitung herauskam. Und er machte unerschrocken weiter, obwohl er spürte, wie der Boden unter ihm schwankte.

*

Das Rote Zimmer blühte, und neue Mitglieder stellten sich ein; jetzt meist aus dem Handelsstand. Johan schätzte ihre Gesellschaft, denn sie waren Männer der Wirklichkeit. Und was ihn erstaunte, war, daß er unter ihnen mehr wirklich moderne und aufgeklärte Seelen als unter den Gelehrten traf. Sie waren gebildet und lebten in dieser Welt, ohne sich um den Himmel und andere Luftbilder zu kümmern. Sie waren emanzipiert, ohne Buckle oder Hartmann gelesen zu haben, so daß Johan wirklich ernstlich zweifelte, ob die Bücher die Menschen oder die Menschen die Bücher machten. Sie lasen nichts anderes als Zeitungen, doch in den Zeitungen stand ja alles. Dort wurden alle Fragen diskutiert, dort wurde tagtäglich jede tatsächliche Reform besprochen, dort wurde die Weisheit der Bücher en detail verkauft. Und wieviel Talent diese Menschen besaßen! Ein Buchhalter war Virtuose auf der Violine, kannte die gesamte Musikliteratur. Ein anderer spielte genial Klavier, ohne es gelernt zu haben. Ein dritter improvisierte Verse. Bei ihnen gab es auch originelle Begabung, die sich mit dem Nachvollziehen nicht begnügte. Durch sie kam Johan in zwei Familien, wo er lernte, die Verachteten zu achten, und die Geachteten zu verachten. Der eine Versammlungsort war bei einem Maler, der als Witwer mit seinen beiden Söhnen zusammenwohnte, die beide Kaufleute waren. Dort wurde zum Beispiel einmal, bei einer Abendgesellschaft, vor den Professoren der Musikakademie Theater gespielt. Die jungen Leute hängten ein paar Tücher auf und arrangierten eine Bühne. Die Idee des Stücks war am Vorabend bei einem Glas Punsch entworfen worden. Die Rollen wurden verteilt, die Kostümierung fand statt, und dann hieß es nur noch hineingehen und spielen. Das waren ja Genies, fand Johan, die gleichzeitig dichteten und spielten. Und so war es wohl. Das Stück gehörte zum burlesken Genre, doch man mußte jedenfalls hineinkommen und auf Stichworte antworten. Ergänzt werden soll, daß diese jungen Herren alle zu Israels wachem und begabtem Stamm gehörten, denn ein so lebhafter Esprit fehlt dem Schweden, der zudem ein schlechter Redner ist. An einem anderen Abend wollte man anläßlich eines Geburtstages vor einem Publikum von Großhändlern, Bankdirektoren und Geschäftsführern spielen. Johan sollte ein Stück komponieren, das in die Situation hineinpaßte. Und er dichtete ein Stück zusammen, das zwar Bezug zum Augenblick hatte, das feine Publikum aber nicht gerade belustigte. Das Stück handelte, in drei Akten, von einer Gesellschaft verkommener Künstler, die eine Firma gründen wollten. Die Firma kommt zustande und hat zum Zweck, den Erfolg junger Genies in der Welt zu versichern. Der Grundfond und der Reservefond, die von zwei bemalten Schranktüren und der großen Studienmappe des Künstlers gespielt wurden, enthielten drei Billets der White-Star-Linie nach New York. Die Firma geht nicht, und die Direktion hebt die Fonds ab und will abreisen. Doch da entdeckt man, daß *sogar* die Billets nicht garantiert waren. Die letzte Szene zeigte den geschäftsführenden Direktor, der sich beim Pförtner der Firma eine Krone für das Mittagessen leiht. Als der Vorhang fiel, hatte das Publikum bereits seine Mäntel geholt. Ein Direktor, der nicht schnell genug die Treppe hatte erreichen können, wurde in der Diele eingefangen und dankte für den angenehmen Abend, indem er versicherte, das Stück sei sehr lustig gewesen, aber »ein bißchen lang«.

Nach dieser Lektion war Johans Redakteurstätigkeit unpopulärer denn je, und er fühlte, daß der Augenblick des Bruchs näherrückte. Geschäftsmänner sind ernste Leute und tun so, als verstünden sie Satire nicht.

Der andere Versammlungsort war bei einem reichen Kaufmann, der unterhalten werden wollte. Weil er ganz ausgezeichnete Essen gab und liebenswert war, ließ man sich nicht bitten. Hier wurde viel Talent entwickelt; zum Dessert wurden Reden gehalten, Verse improvisiert; und, was schlimmer war, man fabrizierte aus dem Stegreif Jubelouvertüren für Klavier und Streichinstrumente. Auch dieses war ein Haus Israels, und man bewegte sich hier freier, fand Johan, als unter Landsleuten mit religiösen, politischen, sozialen Vorurteilen, die einander eifersüchtig bewachten und stets ihre gradierte Gesellschaftsskala bei sich trugen. Hier traf man sich auf neutralem Boden; der Leutnant bei der Garde und der Handelsagent oder Probenreiter, wie man ihn nennt; der namenlose Künstler und der Professor; der geschäftsführende Direktor und der jüngste Kontorist; der Doktor und der Buchhandelsgehilfe. Weil noch keine brennenden Fragen hochgekommen waren, war das Gesellschaftsleben ungestört, und man tanzte, sang, musizierte, spielte, mit einem Wort, benutzte die schönen Künste als das, was sie sein sollten: als freies Spiel in Stunden der Muße und nicht als Beruf, als Beförderer des Ehrgeizes, oder als Handelsware.

Johan fühlte sich in diesem demokratischen Kreis sehr wohl, und er machte sich eine etwas idealisierte Vorstellung vom Kaufmann, den er in einer historischen Figur zusammenfassen wollte. Zu diesem Zweck wählte er zunächst Jacques Coeur, den Finanzminister Karls VII, um in seiner Person den Spießbürger zu verherrlichen, dessen ungerechte Geringschätzung durch die Gelehrten zurückzuweisen er sich berufen fühlte. Später spukte Lorenzo di Medici, Kaufmann, Gelehrter, Künstler, Schriftsteller, Staatsmann, herum, doch unangenehme persönliche Erfahrungen mit Kaufleuten brachten ihn dazu, seine Entscheidung zu ändern, und als er schließlich ein Hinterbein des Sozialismus zu fassen bekam, wollte er sofort die ganze Klasse als unnötig streichen, was sicherlich etwas übereilt war.

Zu diesem Zeitpunkt, voller Illusionen über das Wachstum der Zeitung, beginnt er zu lernen, wie man Geld bei der Bank leiht. Der

Redakteur als Darlehensnehmer, und der Leutnant und der Höfling als Bürgen, das ging glatt. Der Anfang war bescheiden, achtzig Kronen auf seinen Anteil, mit einem Fünftel jedes halbe Jahr zurückzahlbar; doch schnell entdeckten die Freunde, daß es mehrere Banken gab, und jetzt wuchs die Lawine. Geliehenes Geld hat die sonderbare Eigenschaft, flüchtig zu sein, und in der Phantasie wächst die Zahlungskraft, die Verfallzeit scheint unendlich fern zu liegen, der redliche Wille wird von der Hoffnung getäuscht, und eines schönen Tages ist man kein ganz ehrlicher Mensch mehr.

Als die Darlehen ausgezahlt wurden, wollten so viele Hungrige von dem Kuchen essen, so viele Schulden bezahlt und mußte so vielen Freunden ausgeholfen werden. So viele versäumte Essen und Soupers mußten da auf einmal gegessen werden; man hatte eine Verpflichtung sich selbst gegenüber; man hatte eine Forderung an die eigene Person. Bei solchen Gelegenheiten wurde in der Manège, übrigens einem bescheidenen Restaurant, den nichtzahlenden Mitgliedern des Roten Zimmers Freitisch gewährt. Dann fand im Klavierzimmer der Club statt, wobei sich Musik mit Späßen und gelehrten Gesprächen abwechselte.

Bisweilen hielt man kleine Abendzusammenkünfte in der Wachstube des Artilleriehofes ab, wenn der Leutnant der Gesellschaft Dienst hatte. Es war eigentümlich zu sehen, wie diese heimlichen Feinde der Gesellschaft die dort hängenden Helme und Säbel betrachteten und befingerten. Man fühlte sich unter der Obhut der Macht gleichsam sicherer und fürchtete zugleich, die Säbel an den Wänden sich bewegen zu sehen. Hörte man dann das »Wer da« der Wache draußen vor der Tür und das Klirren von Sporen, zuckte man zusammen wie erschrockene Schuljungen und fürchtete, den Major oder einen anderen hohen Herrn eintreten zu sehen. Doch dann kam der Kalfaktor mit Punsch und stand vor dem Leutnant stramm, und dann war man wieder ruhig. Eines Abends trat der Sergeant ein und meldete Feuer. – Raus mit euch! lautete der Befehl, und in einem Augenblick war die Wachstube leer. Als die Gesellschaft dann den Leutnant zu Pferde an der Spitze seiner Gruppe hinausreiten sah, trauten sie sich nicht, ihn auszulachen. Er, über den man sich sonst lustig machte und der sich selbst für einen

Idioten und es für eine Ehre hielt, mit Künstlern und Talenten zusammen sein zu dürfen, war jetzt obenauf. Das war die Philosophie der Uniform. Der Rock und die archaischen Attribute der Macht wirkten auf den skeptischsten Menschen unwiderstehlich. In Gesellschaft der Uniform wurde man auf der Straße gegrüßt, was sonst nicht der Fall war, und die Kaufleute nahmen den »Goldriemen« besonders gern zu Abendessen auf Hasselbacken mit. Dann wurde einem besser serviert.

– Kartouchenriemen heißt das, du Idiot! korrigierte er dann und zeigte ihnen offen, daß ihm der Charakter der Einladung klar war. Bei solchen Festen durften Pelle und Måns nicht dabei sein. Doch der Kartouchenriemen kam die Großhändler teuer, denn auch er hatte die schlechte Angewohnheit, sich Geld zu borgen, und er war nur die Hülle eines großen Elends: einer falschen Stellung, die nur mit Mühe aufrechterhalten wurde und Anlaß vieler tragikomischer Szenen war.

Es war am Tag vor der Krönung Oscars II, als Johan um die Mittagszeit beim Höfling hereinschaute. Dieser saß gerade vor einem Bündel, in dem seine Uniform (die kleine Hofuniform) soeben aus dem Pfandhaus gekommen war. Er glättete die Falten mit einem nassen Handtuch und putzte das Gold am Dreispitz, als im Sturmschritt der Leutnant eintritt.

– Holt nur schnell euer Geld raus! Aha, du hast deine schon ausgelöst! Ich muß bis morgen früh um acht unbedingt meine Paradeuniform abholen, oder ich bin verloren.

– Ach, du mußt auch zur Krönung.

– Auch? Bist du denn dabei?

– Ich hab' Wache im Logården.

– Soo! Aber das hilft mir auch nicht weiter. Nur her mit dem Geld!

Geld in ausreichender Menge war bis zwei Uhr, wenn das Pfandhaus geschlossen wurde, nicht zu beschaffen. Selbst konnte der Leutnant nicht dorthin gehen, um die Angelegenheit zu regeln, sondern das mußte Johan übernehmen. Er suchte einen Beamten in dessen Wohnung auf; bat ihn, für den folgenden Morgen Bündel Nummer soundsoviel bereitzuhalten, dann werde es mit einer Vergütung um sieben Uhr ausgelöst. Dann wurde eine Razzia nach Geld veranstaltet. Gegen sechs Uhr erreichte man einen Bankbeamten, der die Summe auszahlte und vor Begeisterung darüber, die Embleme der Königsmacht durchschaut zu haben, zum Souper einlud. Froh über die Rettung und um den weniger glanzvollen Eindruck, den die Transaktion geboten hatte, gleichsam zu beseitigen, lud der Leutnant zum Kaffee ein.

– Jetzt lass' ich dich nicht aus den Augen, sagte er zu Johan, sondern ich folge dir, wohin du gehst. Ich schlafe auf deinem Fußboden, ich sitze auf einem Stuhl neben deinem Bett, mit der Uhr in der Hand. Und besauf dich heute abend nicht zu sehr.

Indessen zog sich der Kaffee in die Länge und man trank erheblich. Danach ging es zu Mädchen.

– Jetzt mußt du mir ein bißchen Geld leihen, sagte Johan, bis morgen früh, nachdem du sowieso schon vom Kapital zehrst. Ich weiß genau, wo ich's mir wiederhole.

Im Rausch gibt er ihm Geld. Johan schlief bei dem Mädchen, doch im selben Zimmer lag der Leutnant auf einem Sofa, ohne sich auch nur ein Stück auszuziehen, in voller Montur, und las einen Roman von Gerstäcker. Als es fünf Uhr schlug, fühlte Johan einen starken Arm, der ihn aus dem Bett hob.

– Hoch mit dir! Auf, auf, auf, zum Teufel, es ist fünf! Wenn du kein Geld auftreibst, bist du ein toter Mann.

Er zog seinen Säbel und schwang ihn über dem Kopf des Schlaftrunkenen.

Jetzt gab es eine Rennerei um die Stadt herum, denn einige Tore waren noch nicht offen. Schließlich gelang es Johan, die geforderten siebzehn Kronen zu bekommen, und dann ging es zum Pfandhaus. Hinein mit dem Bündel in eine Droschke und den Leutnant im Vasacafé abholen.

Als sie in dessen Wohnung in der Regeringsgatan kamen und die Kleider auspackten, erwiesen sie sich als so zerknittert, daß jede Hoffnung vergeblich schien. Außerdem waren sie zu eng, und der Waffenrock ging am Hals nicht zu. Die Minuten waren kostbar, denn in einer halben Stunde sollte das Opfer beim Major sein.

Als er die Kleider angezogen hatte, nahm Johan eine Haarbürste, tauchte sie in sauberes Wasser und bespritzte Rock und Hosen, worauf er die Falten glättete, so gut es sich machen ließ. Dann schlug die Uhr! Noch eine Viertelstunde, und es gab keine Rettung mehr.

So rannte der arme Mann los, wie er war, auf die Straße in den schönen Maimorgen hinaus und sah aus, als komme er aus einem Dauerregen.

Am Abend traf Johan Pelle und Måns im Roten Zimmer.

– Na, habt ihr Jean und Ludvig gesehen?

– Klar, grinste Pelle. Jean saß schmuck auf einem schwarzen Pferd mit dem Helm über den Augen, und Ludvig hatte einen Degen und einen Dreispitz und kommandierte die Lakaien.

Und dann lasen sie in der Abendzeitung von dem glänzenden Zug, von den prächtigen Uniformen, von der Militärparade! Es war ein unvergeßliches Fest, stand da, das in Erinnerung bleiben werde! Und das tat es wirklich, denn Johan konnte später nie einen königlichen Cortège sehen, ohne an das Pfandhaus zu denken.

5. Seelennot

(1873)

Mit Beginn des Sommers reiste Johan wieder auf die Insel im Schärenmeer hinaus, wo er zwei Jahre zuvor als Student gewohnt hatte. Als er jetzt diese Landschaft wiedersah, in der er von einer anderen Zukunft geträumt hatte, empfand er sein jetziges Ich als fremd. Doch er konnte nicht entscheiden, ob es Entwicklung oder Rückschritt war, worin er sich befand. Hier in derselben Hütte, in der er jetzt die Zeitung redigierte, hatte er den Abtrünnigen gedichtet. War seine jetzige Arbeit wirklich so nützlich, daß sie die Bedürfnisse seiner Seele erfüllen konnte, fragte er sich. War es Idealismus, wenn er antworten mußte, daß er von seiner Berufung abgegangen war?

Auch andere Gesellschaft hatte er. Ein Bankbeamter, der seine Stelle verlassen hatte, um das Abitur zu machen und Arzt zu werden, war mitgekommen, und außerdem ein alter Runa-Bruder, dessen Ansichten er nunmehr für antiquiert hielt. Aron, so hieß der Abiturkandidat, war eine wache Intelligenz, da gab es keinen Zweifel, doch zwischen ihm und Johan bestanden Klassendifferenzen, die sie einander fremd sein ließen. Der Kaufmann war Aristokrat; aber er setzte Besitz als Grenzmarken zwischen die Klassen; er hatte sich von zahlreichen Vorurteilen befreit, viele Vorbehalte aber beibehalten, im Zusammenleben eine Menge kleiner Freimaurerabzeichen konserviert, die von der Oberklasse erfunden worden waren, damit sie die Ihren wiedererkannte; er hielt auf das Feine, auf die Form. Eine kleine Hinterlist störte nicht, wenn sie fein betrieben wurde; eine verletzende Unterstellung war zulässig, wenn sie in gepflegter Form vorgetragen wurde. Die Bauern, mit denen Johan per du war und vertraulich umging, betrachtete er als niedere Tiere; und arme Leute verachtete er. Mit Måns und Per hatte er verkehrt, weil das originell war und »voller Atmosphäre«, wie er sagte. Ein so ausgeprägtes Bewußtsein von Rassenüberlegenheit war Johan nie begegnet, und er merkte bald, daß hier Feuer und Wasser zusammengekommen waren.

Am Mittsommerabend wurde in der Hütte zur Ziehharmonika getanzt. Aron faßte die derb gewachsenen und häßlichen Mädchen um den Leib und schwenkte sie herum. Doch er bekam es bald satt, und gegen seine Gewohnheit betrank er sich. Dann lief er verzweifelt hinaus. Johan folgte ihm, um zu helfen.

– Oh, schrie Aron; es ist entsetzlich! Daß ich mit diesen Kühen tanzen muß, wo ich doch draußen in Skärsätra sein könnte und mit meinen entzückenden Mädchen in ihren feinen Sommerkleidern nach Klaviermusik tanzen. Du hast Rosa nicht gesehen! Oh! Wangen wie Samt, Hände wie Lilien und diese Arme! Das ist ja eine Erniedrigung hier! Sodomie ist das!

Er weinte!

Johan konnte nicht antworten. Seine aristokratischen Gefühle hatten diese Richtung nie genommen, denn er fand, im Grunde seien alle Menschen ungefähr gleich, und der Rassenunterschied könne so groß nicht sein, wenn aus einem Bauernsohn ein Genie werden konnte. Er suchte eine Erklärung und kam zu dem Schluß, einem Rätsel im geheimen Reich der Seele gegenüberzustehen. Wie konnte dieser junge Mann sich so erhaben fühlen über diese Mädchen, die zwar derb gebaut und von zu schwerer Arbeit schief und krumm waren, aber doch Seelen mit recht feinen Gefühlen hatten? Johan hatte in der Bodenkammer einen Liebesbrief gefunden, den eine dieser Bauernmägde geschrieben hatte, und er hatte festgestellt, daß er von edlen Empfindungen, einem Gefühl und einer Ursprünglichkeit zeugte, die Rosa ganz bestimmt fehlten. Wie konnte Aron sich im Vergleich zu ihnen so vornehm vorkommen und denken, sie seien mit Kühen vergleichbar? Sein Vater war ein armer Weber gewesen und zu Wohlstand gekommen; er selbst hatte im Kontor begonnen und dem Kassierer das Morgenpapier geglättet; und schließlich hatte er eine Stelle in einer Privatbank bekommen. Er hatte also nicht die Herkunftsvorurteile mehrerer Generationen in den Knochen. Doch er hatte gut gelebt, fein gegessen und feine Kleider getragen. Bewirkte bereits dies, wie auch die Bildung, einen Klassenunterschied? Vermutlich! Oder betrog ihn sein ästhetischer Sinn? Sicherlich auch das, denn der Schein des Schönen hat vorher und nachher schon viele getäuscht! Doch er mußte auch ein schlechter Menschenkenner sein, wenn er solche ignoranten und hohlen Puppen über diese starken Seelen stellte. Beim Segeln war Johan mit einem Knecht und einer Magd in einen Sturm geraten, und in der Seenot hatte er das mutige und in ihrem Fach überlegene Mädchen bewundert. Sie besaß also große und für ihr Leben hervorragende Eigenschaften, die für das Leben der gebildeten Herren wertlos waren. Warum sollte sie schlechter sein, weil sie nicht gleich war?

In der Gemeinschaft entstand Disharmonie, doch man ließ es nicht zu Ausbrüchen kommen.

Indessen wirkten die Landschaft und die Erinnerungen auf Johan ein, so daß er das Redigieren der Zeitung leid wurde. Der Kopf arbeitete, und das Bedürfnis zu dichten bedrängte ihn; doch er hatte den Mut verloren. Außerdem befand sich seine Seele in einem solchen Auflösungszustand, daß er in nichts eine Form bringen konnte. Darum begann er wieder zu malen, doch in der Natur wollte es ihm nicht gelingen. Er fand die Farben der Landschaft banal, und er wollte etwas anderes, Schöneres darstellen als diese ewig wiederkehrenden Stimmungen und Beleuchtungen, die sich auch auf einige wenige Formeln zurückführen ließen.

Nun kamen die alten Gedanken und die nie ruhende Frage hoch, ob nicht die Bildung demokratisiert, die Klassenunterschiede aufgehoben und die Menschen gleich werden und Frieden und Glück auf Erden finden könnten. Jetzt also rief jeder Gedanke seinen Gegensatz hervor, und alles löste sich in einem endlosen Widerspruch auf.

Um eine Vorstellung von den Kämpfen seiner Seele und von seinem Getriebensein zu geben, die Widersprüche des Lebens zu lösen, werden im folgenden seine Aufzeichnungen so wortgetreu wiedergegeben, wie er sie aufs Papier warf. Sie enthalten das gesamte Programm seiner künftigen schriftstellerischen Arbeit und zeigen gerade durch die Widersprüche, daß damals im menschlichen Denken die Vorarbeit noch nicht geleistet war, um diese Fragen lösen zu können. Der Kerngedanke in allem scheint zu sein: das Menschengeschlecht macht angeblich Fortschritte, doch die Individuen entarten, werden Maschinenteile, nervös, unglücklich, unfähig, im Leben zurechtzukommen. Sollte man nicht mehr an das Individuum denken und vollkommene Menschen anstreben, statt eines vollkommenen Menschengeschlechtes aus idiotischen Individuen. Die Bildung, die Kunst müßten demokratisiert werden und ins Leben eingehen; jedermann müßte Handwerker, Familienvater, Künstler, Dichter, Geistlicher, Staatsmann sein, also der vollkommene Mensch, so etwa wollte er es haben!

»*Aufzeichnungen eines Zweiflers*
(1873)

sapere aude!

*Zwei gerade Linien können nunmehr
einen Raum einschließen*

Daß zwei gerade Linien keinen Raum einschließen können, läßt sich entweder induktiv auf dem Weg der Erfahrung oder deduktiv auf dem der Abstraktion beweisen –

Die Induktion eignet sich nicht, denn da zwei gerade Linien sich nun einmal auf unendlich viele Arten kombinieren lassen, hat noch niemand und wird niemand sie je auf alle Arten kombinieren können.

Die Deduktion: eine gerade Linie ist

*

Über die Wärme

Warum ist Pelzwerk ein schlechter Wärmeleiter?
Warum ist Stahl ein guter Wärmeleiter?
      Vielleicht infolge der Anordnung der Moleküle oder ihrer
      Dichte
Zwei Körper: der eine wiegt 1 ℔
der andere wiegt 1,00001 ℔. Können meine Sinne den Unterschied wahrnehmen? Nein! Versieh den Sinn mit einer Übersetzung, einem Hebelarm – einer Waage! Die Sinne vervollständigen – der menschlichen Natur nachhelfen!
Aufgabe der Wissenschaft!

*

Wenn alles blau wäre – gäbe es dann den Begriff Farbe? Ja, denn es würde bei Abwesenheit von Licht seinen Gegensatz nicht-blau geben!

Ist dies wahr!
Hat Nicht-Farbe mit Farbe Bestimmungen gemeinsam?
Ja, Licht! (Lüge! oder wahr!)

*

Warum fing man zu Beginn des Mittelalters an, in die alten Erzählungen der Juden neue Sätze einzufügen?
Warum war die Poesie der Juden so geeignet?
der besondere Zug der J. Poesie? –

*

In der Beschränkung usw. ist sehr gut, kann aber nur für die Antike gelten – inzwischen ist die dramatische Kunst nicht mehr möglich, denn innerhalb von drei Stunden den Weltverlauf darzustellen, ist nicht machbar – bei den Griechen war es möglich, denn dort lag der Hauptgesichtspunkt in der Art des Schicksals – nach der Katastrophe – bei uns will man auch den Anfang sehen – das frei handelnde Individuum – will man einen großen Inhalt entwickeln, so reicht die Form nicht aus – Faust! –

*

Bildersturm!

*

Über den Zusammenhang der tierischen Natur des Menschen mit seiner geistigen –

*

Dies beachten!

Die Jugend sollte lernen, die Wahrscheinlichkeit ihrer Berechnungen oder Hoffnungen abzuschätzen, damit ihr als Trost für die enttäuschten Hoffnungen folgendes Naturgesetz dienen kann: wenn all deine Hoffnungen in Erfüllung gehen, oder die Mehrzahl von ihnen dies täte, würden die vieler Menschen es ebenfalls in noch höherem Maße tun, als dies jetzt der Fall ist. Wenn die aller Menschen aufgingen, gingen alle zum Teufel. Wenn drei Viertel deiner Berechnungen aufgingen, würde dies auf Kosten des Glücks anderer Menschen geschehen – jetzt geht normalerweise ein 100stel auf, und darum müssen alle in einer größeren oder kleineren Hölle leben, denn ein absolutes Wohlbefinden gibt es nicht. Also kannst du dich damit trösten, daß dein Unglück stets jemandes Glück gewesen ist – Das ordnende Gesetz hat dich zu einer negativen guten Tat gezwungen, und es ist doch erfreulich, irgendwann einmal eine solche wohlfeil tun zu dürfen.

*

Poesie	{	Plastik	Antike (Heidentum)
		Architektur	Mittelalter (Christentum)
		Malerei	Renaissance
		Musik	Reformation (Revolution)

Ende.

*

Blüteperioden der Kunst

Griechenland –
Athen und Sparta –
Schönheit   Tugend
καλόν   ἀγαθόν
Der Peloponnesische Krieg war vor allem eine Opposition gegen das Ästhetisieren –
Demos erwacht nach Perikles Tod,
= Fall der Schönheit – Kleon = =
Euripides = Die Subjektivität –
der Geist erwacht – *Die Frösche*
Skeptiker – greifen die Religion an –
Chorist – Solist

*

Die Dramatik

Der griechische Geist lebte in einem Ganzen und in Harmonie mit der Natur – hatte sich noch nicht in sich selbst vertieft – als dieses Bedürfnis zuerst auftrat und der Geist erwachte, ging er dennoch nicht in sich, sondern wollte sich selbst objektiv sehen, sein Inneres durch einen anderen offengelegt sehen – seine Gedanken, Gefühle usw. von einem anderen analysiert – auf eine schöne Weise – damals liebte er das Theater, und die Dramatik entstand –
Sophokles hatte seine Zuhörer, Euripides lehrte und erschütterte sie – Aristophanes schlug sie – jetzt ist es mit der Schönheit zu Ende – denn jetzt kam die Wahrheit –
Alcibiades ist schön – Perikles groß und schön – Sophokles ist vor allem der Hellene – ἁρμονία – σωφροσύνη
Sokrates ist am größten, aber *häßlich*
erkenne dich selbst – Du bist eine Person –
Individuum – Du bist eines; die Natur ein anderes
Du bist nicht er – ich bin nicht Du –

Ich bin Ich – Ich bin Gott! Ich und der Vater sind eins! Jetzt ist das Christentum hier!

*

SAVONAROLA das Genie = eine einseitige Ausprägung
die Kunst = ein Spiel mit schönen Formen –
= das Herunterziehen der Ideen in die Sinnlichkeit
= oder die Sinnlichkeit zur Idee erhoben
Serien- die große und die kleine Kunst –
Die künstlerische Arbeit –
(Auch der Schuhmacher hat Inspiration bei seiner Arbeit – hat auch Ideen –)
Die Kunst und das Handwerk –
Das Kunstwerk – Inhalt und Form –
Laokoon und Niobe –
Die Bilderstürmer
Plastik – Architektur – Malerei – Musik
Der Weltplan – Befreiung der Ideen aus der Sinnlichkeit
Die Griechen sinnlich – Harmonie zwischen Geist und Natur oder Sinnlichkeit – das Christentum hat den Geist höher bewertet – Disharmonie –
Kampf – Sieg – Fortschritt! –
darum muß die Kunst werden, was sie war –
nützlich – zum Leben gehören – Ideenträger – Wohltäter der Menschheit – die Künstler Gaukler – sofern sie nicht Ideen hervorbringen – doch dann zerbricht die Kunst.

*

Die Antike
Geist und Natur eins –
Neuplatonismus, als man die Sinnlichkeit entdeckte – töte die Sinnlichkeit

Das Christentum
Durchdringe die Sinnlichkeit – bearbeite sie – liebe sie – mit Maßen.

*

Die gepriesene griechische Harmonie zwischen Sinnlichkeit und Vernunft ist eine alte Lüge – die Vernunft schlief – – die Sinnlichkeit wachte – doch der Hellene wußte nicht, was Gewissen war, gerade weil seine Vernunft schlief – als sie erwachte, kamen Gewissen, Selbstbewußtsein, Verantwortung vor sich selbst als Gott – die Menschheit trat in das Alter der Mündigkeit ein –
Die Griechen lebten in der Objektivfreiheit der Sinnlichkeit
die Plastik – machten ihre Götter selbst –
stell dir vor, wenn ein Grieche eines schönen Tages, als er vor Zeus auf seinem Antlitz lag, das folgende gedacht hätte, ›Woher ist dieser Gott gekommen? Von außen? Nein! Von innen? Ja! Aus Phidias' Innerem!

Also hat Phidias einen Gott in sich gehabt! Habe ich einen Gott in mir? Ist es mein Inneres, vor dem ich hier liege?‹ Falls er in seinem Räsonnement so weit gekommen wäre, hätte er in seinem Pantheismus dennoch halt gemacht – und gesagt – ›Nein, nur Phidias allein trägt Götter in sich – ich bin kein Phidias – denn er verehrte das Genie‹ –

Hätte er weitergemacht – ja, dann hätte Christus ihm schließlich nie sagen müssen, er und der Vater seien eins!

Die griechische Harmonie war nur scheinbar – *zeigt, wie traurig es um das griechische Leben bestellt war –*
Sklaverei – Sodomie – Seiltänzerei, das goldene Zeitalter der Akrobaten
das Mittelalter rein geistiges Leben
parallel zum rohesten Materialismus –

*

Dritter Teil

Die Aufgabe unserer Zeit

Die Arbeitsteilung führt zum Fortschritt der Art und zum Tod des Individuums –

Führe in der Welt des Geistes konsequent die Demokratie durch, wagen wir alle, Genies zu sein – wagen wir alle zu denken – erhöhe die Zurückgebliebenen und kläre sie auf – reiße die Traditionen ein – stürze die Götter – weg mit dem Geniekult – zweifle an allem, dann wirst du gläubig – weg mit den Vormündern – wir sind mündig – die Welt ist einundzwanzig Jahre alt geworden, als Christus hingerichtet wurde –

Arbeitsteilung leb wohl – seien wir christliche Hellenen – sei dein eigener Priester – dein eigener Krieger – dein eigener Lehrer

Glaub an Dich selbst (du Dummkopf) dorthin gehen wir – die Freidenkerei macht Fortschritte, wir werden Priester – lebt wohl, Ihr faulen Bäuche – die Demokratie macht Fortschritte, wir werden Staatsmänner – zum Teufel mit den Vormündern – allgemeine Bewaffnung – wir werden Krieger – Schluß mit den Kriegen – allgemeine Bildung, wir werden alle gelehrt – weg mit den Akademien – herunter mit der Eule – hinauf mit dem Adler – denke selber deine Gedanken um des Gedankens willen – weg mit dem prächtigen Tand, wir haben keine Zeit für Formalitäten, leb wohl Kunst – wenn wir Zeit haben, werden wir spielen – wenn wir es uns leisten können, werden wir schöne Möbel, schöne Häuser, schöne Tapeten und schöne Mosaiken machen – jetzt sind die Ideen, die Ideen selber dran –

*

Die Art muß ein wenig langsamer fortschreiten, damit alle mitkommen können – sonst werde ich Pantheist – sonst gibt es eine Heidenarbeit, die Armen, die zurückgeblieben sind, emporzuheben – sonst gibt es weiterhin Herren und Knechte – sonst ist das Gleichgewicht gestört –

Das ist die Demokratie

– Sieh nur, wie wenig Große Männer wir in dieser Zeit haben, und die, welche groß sind, sind dennoch nicht größer, als daß wir sie verstehen – beim Teufel, wie – groß – wir geworden sind – darum meinen wir, daß alles vorwärtsgeht, meinen wir, daß die Zeit erbärmlich ist –

Wie viele seiner Zeitgenossen haben Kant verstanden?

Halten wir uns an die Erde! Wer ist so dreist, Darwin als Philosophen zu leugnen? Und ihn haben alle verstanden! Wie viele verstehen Solger? Drei! Wie viele verstehen Taine? 10000! Wer ist der Größte! Also! Wie viele verstanden Jakob Böhme? 1. Wie viele verstehen Mill – 6000. Was ist Hartman –! Ein guter rückständiger Kopf! Dialog: Ist Buckle dumm? Nein, wieso? Doch, ich war dieser Meinung, weil ich ihn verstanden habe! Ist Taine Philosoph? Ja, zum Teufel! Aber meine Schwester versteht ihn – Sie ist dennoch recht oberflächlich!

Dies ist die Demokratie in der Wissenschaft, und das ist das Größte – man sollte stets an dieses ungeheure Faktum denken, wenn man sich aus Kummer über die Erbärmlichkeit der Zeit erschießen will!

*

Der Idealmensch der Zukunft vielleicht beinahe eine Wirklichkeit – Was jetzt kommt, ist Ernst, doch ein Spießer glaubt es nicht. Der Kolonialwarenhändler sitzt an seinem Ladentisch und nagelt eine Leinwand auf einen Spannrahmen – liest in der Dagens Nyheter über sein letztes Bild im Kunstverein. Es wäre besser gewesen, wenn Herr F. ein schlechterer Kolonialwarenhändler wäre – nun aber danken wir Gott, daß wir einen Kolonialwarenhändler wie ihn haben und kaufen sein Bild, mit dem wir unsere Wand tapezieren – Der Kolonialwarenhändler F. steht eines Sonntagvormittags in seiner Scharfschützenuniform auf dem Ladugårdsgärdet und hält Gottesdienst für eine Gemeinde von 2000 Personen – er liest Verse, die er selbst geschrieben hat – Es ist wahr – die Jamben gehen schleppend, doch wären sie besser, wäre Herr F. vielleicht nicht weit von einer Zession –

Herr F. ist Stadtverordneter und wird vielleicht Reichstagsabgeordneter – Er besucht die Vorlesungen der Hochschule und lernt die Zukunft – voilà un homme!

Sophokles war Literat, Akrobat, Tänzer, Schauspieler, Volksredner

Herr F. ist Maler = (Genie), Poet = (Begabung), Krieger, Staatsmann, Priester, Denker, Philosoph, Kaufmann.

Dies an und für sich ist schon tüchtiger als Sophokles, auch wenn man Sophokles gerne heraushält – doch Herr F. ist Familienvater – und noch mehr Ehemann –

Das ist der Unterschied –

Dennoch muß die Arbeit bis zu einem *gewissen Maß* geteilt werden! Bis zu welchem Maß? Das weiß ich nicht! Fragt Bergstedt!

Kann die Zeit Fortschritte machen, wenn die Individuen dabei verlieren! Ja –

Können die Individuen Fortschritte machen, daß die Art leidet. Nein –

Laßt uns also Hand in Hand folgen – ist jemand voraus, dann laßt ihn die, welche weit zurück sind, mit sich ziehen, so können ihn die anderen mit der Zeit einholen.

*

Bei den Griechen war eine Komödie ja eine Unterweisung in den menschlichen Charakteren – dies war nützlich und notwendig in dieser Zeit, als γνῶθι σ'αυτόν neu war – jetzt haben wir dies hinter uns gebracht – wir haben erwachtes Selbstbewußtsein – wir studieren das Leben und die Menschen und uns selbst und sehen dort den Zusammenhang zwischen dem Willen und dem Handeln viel besser als auf der Bühne –

Bis jetzt habe ich noch keinen Autor einen Dialog wiedergeben hören, wie ich ihn als Zuhörer hätte hören können – sofern nämlich der Autor die betreffende Wirklichkeit nicht kopiert hat, und in diesem Fall glaube ich lieber der Wirklichkeit mit ihren lebendigen Lehren, als daß ich der Komödie glaube –

Oder will jemand behaupten, daß die Komödie einen anderen Zweck hat, als zu lehren?

Gewiß doch! Ja, von der Kunst will ich nicht viel haben! Wir haben keine Zeit, uns zu amüsieren.

*

Es ist die Pflicht des Philosophen, die Sinnlichkeit zu zerschlagen und die Idee hervorzuholen –
Des Künstlers, die Idee in eine so sinnliche Hülle wie möglich zu bringen – je sinnlicher, desto besser –
Der Künstler darf keinen guten Kopf haben, denn dann zerstört er die Sinnlichkeit, und die Idee zeigt ihr häßliches Gesicht –
Die Konkretion – das ist die geringe Aufgabe des Künstlers –
Schiller hatte einen zu guten Kopf. –

*

Die Künstler sind im allgemeinen oberflächlich
Der Landschaftsmaler nimmt nur das, was man sieht. $\begin{pmatrix} \varphi\alpha\iota\nu\acute{o}\mu\eta\nu \\ \alpha\grave{\iota}\sigma\vartheta\acute{\alpha}\nu\text{o}\mu\alpha\iota \end{pmatrix}$

Savonarola (Alex VI)
Die Bilder*stürmer*

*

Die Kunst muß demokratisiert, auf die Industrie angewandt werden – alle sollen schöne Möbel, schöne Tapeten usw. haben, statt daß die Museen welche haben – – –

*

In Amerika sind die Journalisten Dichter – –

*

Brand und Peer Gynt haben auf dem Theater keinen Platz –
Kann Faust gesungen werden?
Er muß! Denn er ist sich selbst nicht klar –
Er hat alles Streben und alle Ideale der neuen Zeit in sich – diese lassen sich in Worten nicht wiedergeben, denn dann müßte Faust die ganze neue Zeit durchleben und anschließend ihre Geschichte schreiben –

*

Ist richtig, was vor 1000 Jahren richtig war oder es bei wilden Völkern noch ist? Nein!
Ist schön, was vor fünfhundert Jahren schön war?
Die Gesetze (!!!!) für das Schöne noch richtig –
Die Kunst existierte, um dem Volk die höchsten Wahrheiten, die Ideen anschaulich zu machen – Heidentum – Dieses scheint nicht mehr erforderlich zu sein. –«

*

Dies war das Geheimnis seines später so falsch verstandenen, viel berüchtigten und entstellten Angriffs auf die Kultur. Die Kultur, so sagte man, beruhe ja letztlich darauf, daß die Individuen Maschinenteile seien. Weg mit dieser Kultur, meinte Johan da, und laßt uns wenigstens ganze Maschinen sein! Wie kann eine Gattung, die aus Individuen besteht, glücklich sein, wenn ihre Teile, die Individuen, unglücklich sind? Und wie kann eine Gesellschaft Bestand haben, wenn ihre Mitglieder durch Klassenunterschiede, Klasseninteressen und den daraus folgenden unaufhörlichen Mißverständnissen voneinander getrennt sind? Gerade diese Arbeitsteilung im Detail ist es, die jede Reform unmöglich macht, weil Menschen aus verschiedenen Klassen einander nicht verstehen, da ihre Meinungen von strittigen Interessen gefärbt sind. Was ist dieses »Ganze«, das voranschreiten soll, während die Teile schlechter werden? Was ist sie nur für ein Babel, diese moderne Gesellschaft, in der man mit so vielen Zungen redet, daß es schließlich zur Explosion kommt und jeder einzelne in seine Richtung geht? Ein englischer Philosoph hat Entwicklung leider als gleichbedeutend mit Evolution vom Gleichartigen (homogenity) zum Ungleichartigen (heterogenity) charakterisiert. Dies erklärt lediglich Entstehung und Natur des Verrückten, doch es ist kein Beweis dafür, daß das Verrückte klug ist. Ein französischer Philosoph ist weniger philosophisch, aber klarsichtiger gewesen, wenn er konstatiert, das Krankheitsphänomen sei ein Antagonismus der Interessen:

»Überall sieht man jede Klasse daran interessiert, über die anderen Klassen Übles zu bringen, weil das private Interesse im Gegensatz zum Kollektivinteresse steht.

Der Jurist ist daran interessiert, daß sich in allen wohlhabenden Familien Zwietracht verbreitet und dort gute Prozesse heraufbeschwört.

Der Arzt kann seinen Mitbürgern nichts anderes wünschen als gute Fieber und schöne Katarrhe.

Der Soldat wünscht einen schönen Krieg, der die Hälfte der Kameraden tötet, so daß er zu einer guten Beförderung kommt.

Der Getreideaufkäufer will eine gute Hungersnot, die den Brotpreis um das Zehnfache und mehr erhöht.

Der Weinhändler wünscht sich einen guten Hagel auf die Weinernte.

Der Architekt, der Maurer und der Zimmermann wünschen eine gute Feuersbrunst, die um die hundert Häuser verbrennt.

Die menschliche Gesellschaft bringt die Menschen notwendigerweise dazu, einander in Proportion zu ihren sich kreuzenden Interessen zu hassen, sich gegenseitig offen Gefallen zu tun und insgeheim allen möglichen Schaden zuzufügen.«

Diese Interessen so weit wie möglich zu vereinen, hat sich der Sozialismus zur Aufgabe gemacht; und er beginnt damit, daß er die oberen zehrenden Klassen abschafft, wodurch der Klassenunterschied verringert wird. Was er dann beabsichtigt, ist durch bekannte Schriften zum Thema mittlerweile wohlbekannt. Johan aber suchte damals eine Lösung in seinem Sinne, deren Wert bis auf weiteres dahingestellt bleiben muß.

*

In der Chronik des Roten Zimmers hatte der elfte Juli eine besonders fatale Bedeutung erhalten. An diesem Tage sollte die erste Rate eines Reichsbankdarlehens zurückgezahlt werden. Schon zu Beginn des Sommers war es üblich geworden, daß man als Abschiedsgruß sagte: Nimm vor dem elften Juli dich in acht! Am neunten schickte Johan seinen Anteil an der Summe und das Reversal an den Leutnant, der das Darlehen erneuern sollte. Am zwölften atmete er auf wie nach einer überstandenen Gefahr. Am fünfzehnten aber erhält er einen großen stattlichen Brief mit einem kolossalen roten Siegel. Das war die Mitteilung vom Vertreter der Reichsbank, daß aufgrund unterbliebener Erneuerung zur Vermeidung von Zwangsvollstreckung das ganze Darlehen zur sofortigen Rückzahlung fällig sei. Es war also schiefgegangen! Am selben Tag traf der zweite Bürge ein und verkündete, alles sei hoffnungslos. Der Freund Jean sei insolvent, habe in seiner Not Johans Rate durchgebracht und könne in der Angelegenheit nichts unternehmen.

Gleichzeitig traf eine Rechnung von der Druckerei der Zeitung ein, mit der Drohung, die Zeitung werde, bevor die Zahlung nicht eingetroffen sei, nicht mehr gedruckt. Die Summe betrug achthundert Kronen. Johan schreibt jetzt an die Gesellschaften und ersucht dringend um die zugesagten Garantien. Die werden nicht ausgezahlt. Da erkrankt er an gastrischem Fieber. Die Phantasien drehen sich um ein großes Haus und ein rotes Siegel. In den Feuchtigkeitsflecken an der Decke sieht er den Vertreter der Reichsbank mit den Insignien des Gesetzes, dem Schwert, den Waagschalen und den Fasces.

Schuldig! hört er in seinem Inneren und um sich her! Schulden bei der Bank der Nation! Furchtbare Gläubiger, eine ganze Nation. Er hatte das Geld des Volkes durchgebracht und dessen Vertreter betrogen. Er will sich damit verteidigen, daß er stets an den elften Juli gedacht, seinen Anteil geschickt hatte, daß er niemals jemanden hatte betrügen wollen! Es half nichts. Die Gewissensqualen wüteten. Das Bett war von Schweiß durchnäßt, und er mußte das Bettzeug hinauswerfen, um trocken zu liegen. Dann versammeln sich andere Schatten um sein Fieberlager. Die Abonnenten und der Buchdrucker, und hinter ihnen der Postdirektor, der die Mittel aufgebracht hatte und jetzt seine Verpflichtungen nicht erfüllen konnte. Vergeblich gab er den unsicheren Garantien der Versicherungsgesellschaften die Schuld, vergeblich beteuerte er seinen guten, aber schwachen Willen! Die Gläubiger suchten ihn Tag und Nacht heim. Sie besaßen ja Anteile an seinem Körper, der von ihrem Geld unterhalten worden war; sie besaßen Stücke seiner Seele, die von diesem mit Hypotheken belasteten Körper ernährt wurde. Warum gab es die gerechte und angemessene Schuldhaft nicht mehr? Die Gläubiger besaßen doch diesen Körper, den sie gefüttert hatten; warum sollten sie ihn nicht ins Gefängnis bringen dürfen? Er wollte eine reelle Strafe haben, sie sollte das Gleichgewicht wiederherstellen; sie sollte die Gewissensqualen lindern.

Dann erwachte die Energie, und er wollte aufstehen, gesund werden, in die Stadt fahren und etwas unternehmen.

Eines Mittags, als die Freunde badeten, stand er aus dem Bett auf, taumelte, in eine Decke gehüllt, zum Strand hinunter, und dann stürzte er sich ins Meer. Stieg aus dem Wasser und fiel wieder ins Fieber. Die Freunde erwiesen dem Kranken eine exemplarische Gefühllosigkeit. Sie kamen und gingen, warfen die Türen und ließen sich im Krankenzimmer nieder, um sich zu streiten. Manchmal bat er sie um einen Rat, um ein Wort des Trostes. Sie lachten über seine Gewissensskrupel und meinten, er solle es sich nicht so sehr zu Herzen nehmen. Sie sahen nur die Folgen. Die Zwangsvollstreckung müsse doch ergebnislos bleiben, da es nichts zu holen gab.

Weil Johan durch die Krankheit, die sein Gehirn von innen nach außen gekehrt hatte, seine Gedanken nicht zusammenhalten konnte, tauchten die alten auf. Einen Gott als Schöpfer hatte er für sich nie abgeschafft, wenn er ihn auch nicht anrief. Er suchte eine Ursache für sein Unglück, und weil er von der Religion gelernt hatte, alles außerhalb von sich statt in sich zu suchen, erdichtete er sich einen bösen Gott, der die Geschicke der Menschen lenkte. Alte Erinnerungen an Ormuz und Ahriman stiegen auf, und bald war sein System fertig. Es erschien ihm so einfach, daß diese Welt aus Lügen, aus Betrug, aus Schmerz von einer bösen Macht regiert werde, welcher der Höchste die Macht auf Erden überlassen hatte.

Er kämpfte also gegen den Bösen, und Gott, der Gute, saß da, die Hände in den Schoß gelegt, und schaute zu. Diese Fieberreligion hing ihm lange an und war eine Art Trost, weil sie ihm die Verantwortung für die Schwierigkeiten, in die er durch mangelnde Voraussicht hineingeraten war, abnahm.

Als er sich von der Krankheit erholte, hatte er ein Wechselfieber behalten, und diese Krankheit begleitete ihn viele Jahre lang, unterhöhlte seine Kräfte, raubte ihm Mut und Lebenslust und verleidete ihm das Leben.

Jetzt aber machte er sich daran, ein Rundschreiben an die Versicherungsgesellschaften aufzusetzen, in dem er mitteilte, die Zeitung sei aufgrund fehlender Mittel eingestellt. Sie trage sich nicht, und darum falle sie. Daraufhin hagelte es scharfe Briefe, und er hatte Tag und Nacht keine Ruhe mehr. Die Aktiva waren verbraucht; es fehlte an Mitteln zur Existenz, und sein Leben war in Gefahr. Jetzt wollte er sich das Leben nehmen.

An einem stürmischen Nachmittag nahm er ein großes Strömlingsboot, takelte es auf und segelte allein nach Dalarö, um noch einmal mit einem Runa-Bruder zusammen zu sein, der ihm sehr nahestand und den er lange nicht gesehen hatte. Die Segelfahrt war mühsam, weil er allein zwei Schoten und das Ruder bedienen mußte. Als er an Land kam, suchte er den Freund auf, bekam in der Societät ein Zimmer und bestellte ein Souper. Sie aßen und tranken, doch das Gespräch kam nicht so in Gang, wie Johan es sich gewünscht hatte. Er wollte in Schmähungen, Spott, Flüchen über die Erbärmlichkeit des Lebens schwelgen, doch Rejd hatte nicht die Erziehung des Roten Zimmers hinter sich und war keine Resonanz. Er hatte den Idealismus gegen einen spießbürgerlichen, nüchternen Blick auf die Realität des Lebens eingetauscht. Unzufrieden und enttäuscht stand Johan vom Tisch auf, ohne daß es ihm auch nur gelungen wäre, sich einen Rausch anzutrinken, und so machte er sich mit seinem Boot in die Herbstnacht davon. Es ging ein kräftiger Wind, und es war dunkel. Durch Strömungen und Buchten ging es in scharfer Fahrt dahin. Das Boot lag so stark auf der Leeseite, daß Wasser hereinströmte. Für kurze Zeit machte er die Schot fest, setzte sich auf die Leeseite und wollte kentern. Doch als er den schwarzen Windstoß dunkel und kalt wie den Hauch des Todes von Luv heranstürmen sah, sprang er auf die Luvseite hinüber, legte den Steven in den Wind und fierte die Schot auf. Der Selbsterhaltungstrieb war stärker als die Todeslust, und jedesmal, wenn das Boot kentern wollte, rettete er sich. Als er schließlich Ornö Huvud passierte, wo er das zum Gedenken an einige Ertrunkene errichtete Eisenkreuz sah, hatte er tatsächlich Angst, das Boot könne kentern. Nachdem er einen Schlag gemacht hatte, lief er in den Sund ein, wo er in Lee kam. Jetzt sah er die Lichter aus den Hütten und sehnte sich danach, wieder in die Wärme zu kommen.

Angekommen und wieder an Land, empfand er eine starke Lust zu leben und kam zu dem Schluß, daß er noch einen großen Kräftevorrat besaß. Als er ins Haus kam und die Haushälterin dort allein fand, da die Freunde in die Stadt gefahren waren, steigerte sich die Lebenslust so, daß er das Mädchen bat, bei ihm zu schlafen. Das tat sie. Drei Tage lang lebten sie, allein im ganzen Haus, wie Verheiratete, und Johan fühlte, wie er wieder auflebte. Es entstand eine unsichtbare Verbindung des Fleisches zwischen ihnen, und weil sie der einzige Mensch gewesen war, der ihm während der Krankheit Anteilnahme erwiesen hatte und jetzt freundlich und zärtlich war, gewann er sie lieb. Gewann sie so lieb, daß er ganze Tage dasaß und sie ansah, mit ihr redete und all ihre Bewegungen verfolgte.

Am vierten Tag kam Aron zurück. Man hatte vereinbart, sich um die Galanterien des anderen nicht zu kümmern, und Johan hatte im Laufe des Sommers nicht bemerkt, daß das Mädchen irgendein Verhältnis gehabt hätte. Er wollte nun seines nicht zeigen und nahm sich zusammen.

Am Abend flüsterte er dem Mädchen zu, sie solle zu ihm kommen, wenn Aron zu Bett gegangen sei. Sie antwortete ja.

Nach dem Abendessen setzte sich Johan in sein Zimmer, nachdem Aron in seines gegangen war. Er las und schrieb eine Stunde, und es wurde still im Haus. Schließlich hörte er draußen in der Diele das Rascheln eines Kleides; anschließend vorsichtige Schritte auf der Holztreppe. Dann wurde es still. Er hörte nur den brausenden Lauf des Blutes in den Arterien des Ohrs, die Hand mit der Feder hatte über dem Papier innegehalten, und so saß er bewegungslos lauschend da. Die Augen starrten sich müde, nicht ein Muskel rührte sich, und als er schließlich auf die Uhr sah, war es elf. Warum kam sie nicht? – Er saß wie festgenagelt, als er hörte, wie Arons Tür leise geöffnet wurde, ein paar barfüßige Schritte hineinschlichen und die Tür geschlossen wurde. Sie war also zu ihm gegangen. Jetzt wurde ihm schwarz vor Augen, und die Eifersucht raste ihren bekannten Lauf.

Was ist Eifersucht? Besitzrechtsgefühl, Haremsvorstellungen, sagt der Weise. Ja, aber wie kann dann die Frau, die nie Männer im Harem oder zum Eigentum gehabt hat, eifersüchtig sein. Verletzte Eigenliebe, sagt ein anderer. Zum Teil, das muß man zugeben, aber doch eher verletzte Anderenliebe.

Anfangs meinte Johan, das Opfer eines Verrates zu sein. Sie hatte versprochen und nicht gehalten. Außerdem fühlte er sich als Übergangener verletzt. Warum wurde er übergangen? Doch etwas anderes kam hinzu. In die Seele dieses Mädchens hatte er Stücke seiner eigenen deponiert; er hatte sie als seinesgleichen behandelt, sich für ihr Schicksal interessiert, ihr für ihr Wohlwollen seine Dankbarkeit bewiesen. Dies warf sie weg, machte sich vielleicht in diesem Augenblick darüber lustig. Außerdem hatte er sein Blut mit ihrem vermischt, vielleicht sein Bild auf die Frucht ihres Leibes gedrückt, Impulse gegeben, die feinen Saiten seiner Nerven mit ihren in Einklang gebracht, so daß sie bereits zueinander gehörten, und jetzt kam ein anderer und brachte durcheinander, was er zu ordnen versucht hatte, unterbrach seine elektrische Verbindung, stimmte die Saiten um, zerstörte seine Arbeit und brachte Disharmonie in seine Seele, die er unvorsichtigerweise der einer Frau aufgepfropft hatte. Ausschließlich physisch konnte das nicht sein, denn auf öffentliche Mädchen, wo nur der Körper beteiligt war, war er nicht eifersüchtig. Was jetzt geschah, erschütterte seinen ganzen Seelenkomplex. Ein Teil seiner selbst wurde jetzt von einem anderen in Besitz genommen, mit einem Teil seiner Eingeweide spielte man jetzt, so war es. Und jetzt wollte er hingehen und sich selbst, seine eine Hälfte, zurückholen, ohne die er, das glaubte er zu fühlen, nicht mehr leben konnte. Wenn er sich aber geirrt hatte? Wenn sie nicht dort war? So grübelte er stundenlang hin und her. Es war unmöglich, daß sie dort war! Doch er mußte es wissen. Mußte Gewißheit haben! Nachdem er vielleicht drei Stunden bewegungslos dagesessen hatte, den Kopf verwirrt, von einem einzigen Gedanken besessen, steht er auf, geht in die Diele hinaus und steuert geradewegs auf Arons Tür zu. Sie war verschlossen! Er stößt einen Schmerzensschrei aus, denn jetzt hatte er Gewißheit! Es war also wahr! Er mußte die Tür aufbekommen und geht zurück in sein Zimmer, um das Schüreisen zu holen, doch sein Blick fällt auf ein als Papiermesser benutztes, gleich oberhalb des Blattes abgeschnittenes mosaisches Schlachtmesser.

Gleichzeitig kommt Aron heraus! – Was ist? sagt er freundlich, denn er hat den Zusammenhang begriffen und macht sich gar nichts aus dem Mädchen. Johan gesteht, daß er vernarrt in sie ist, daß sie versprochen habe, zu ihm zu kommen, daß er eifersüchtig ist, daß er die Tür aufbrechen wollte.

– Ich dachte, du wolltest mich umbringen, sagt Aron scherzhaft und guckt auf sein Messer. Aber wie ist es möglich, daß du in eine Magd verliebt bist?

– Ja, es ist so, ich kann es nicht ändern, und ich werde sie heiraten!

– Ja, aber das ist ja unangenehm. Warum hast du mir das nicht gesagt, ich mach' mir aus dem Mädchen doch nichts, ich hab' doch so viele, wie ich will. Und jetzt sei ganz unbesorgt; ich werde sie nicht mehr ansehen.

Sie redeten bis Sonnenaufgang. Aron versuchte, Johans Gedanken von dieser unglücklichen Neigung abzubringen. Er sagte ihm, daß sie im Laufe des Sommers viele Liebhaber gehabt habe, daß sie liederlich und dumm sei, alles Schlechte, was er wußte. Doch es half nichts.

Schließlich fiel Johan ins Bett und schlief ein. Am späten Vormittag erwachte er und fühlte sich, als habe man ihm das Fleisch von Knochen und Sehnen gekratzt, und sein Kopf war leer. Jetzt schämte er sich seiner Schwäche, zugelassen zu haben, daß Trieb und Leidenschaft die Vernunft tyrannisierten. War es möglich, daß er in diese Frau verliebt war, daß er es riskieren wollte, sein Ich mit ihr als Medium zu vervielfältigen und zu vergrößern? Konnte er sicher sein, daß sie keinen neuen Betrug beging und seinen Samen vermischte, so daß er dann sein Leben lang die Pflanzen anderer begießen mußte? Eher hatte er doch Grund, das Gegenteil anzunehmen. Er verachtete sie, und er schämte sich. Sie hatte einen Teil seines Körpers genommen, während er auch seine Seele geben wollte.

Als sie am Morgen an den Tisch kam, sah sie verlegen aus, und Johan sprach nicht mit ihr.

Um sich zu beruhigen, ging er in den Wald hinaus, doch jetzt war die Landschaft nicht mehr die Quelle des Genusses wie zuvor. Er bemerkte Farbe und Zeichnung, achtete darauf, wie sich die Bäume gegen den Himmel abhoben, wie sich das Terrain färbte, und konnte so das Ganze nicht mehr wie früher genießen. Es stimmte ihn nicht mehr ein, es waren nur Motive und Studien. Die Natur war für ihn tot, wie sie es für den Bauern war. Wie oft hatte er nicht den Bauern bedauert, der, weil ihm der Schönheitssinn fehlte, in der Farbe der See nur ein Vorzeichen für gutes und schlechtes Wetter sah. Wie oft hatte er nicht im Wald den Fischer von einem schönen Bootsrumpf, einem schönen Balken, reden hören, wo Johan eine gut gezeichnete Kiefer und eine fein gewachsene Tanne sah. Vielleicht war der Schönheitssinn nur eine weniger entwickelte Art, die Dinge wahrzunehmen, weil er falsche, nicht existierende Vorstellungen in sie hineinlegte? War nicht der Bauer ein klarsichtiger Realist, der den Nutzen der Dinge erfaßte? Und wie hatte Johan andererseits den Genuß an der Natur verlieren können? War nicht seine neue Sichtweise als künstlerische ebenso subjektiv praktisch wie die des Bauern, wenn er jetzt ausschließlich Studien und Motive sah? Sahen nicht ein Waldaufkäufer, ein Forstmeister, ein Züchter, ein Landschaftsmaler, ein Botaniker, ein Jäger und ein Poet denselben Wald mit verschiedenen Augen? Ja, gewiß, wer aber sah den Wald dann richtig? Wer sah, was der Wald eigentlich war? Der Botaniker vielleicht, der nur eine Sammlung Phanerogame und Kryptogame vorfand, die in ihren Gefäßbündeln aufgelöste Mineralien und Gase umsetzten. Am oberflächlichsten und falschesten sah dann sicher der Künstler, der nur auf das Äußere, die Zeichnung, die Farbe achtete. Und was hatte er als Poet gesehen? Seine

Gefühle in Halbdunkel und Zwielicht wiedergefunden, im Farbenspiel der Moore, die Erinnerungen an sein verschwommenes Inneres weckten, wo alle Funktionen der Seele unabhängig vom Willen arbeiteten.

Doch wie er so ging, am Strand entlang, über Hage und in den Wald hinein, flossen Farbe und Zeichnung ineinander, als sehe er alles durch Tränen. Die Seelenerschütterung, die Gewissensqualen, die Reue, die Scham begannen ihn aufzulösen, und das Bewußtsein knackte in seinen Fugen. Alte Vorstellungen von einer versäumten Pflicht, von einer Menschheit, die an Verirrungen und Wahnvorstellungen litt, tauchten auf. Das Leiden vergrößerte sein Ich, der Eindruck, er kämpfe gegen eine böse Macht, stachelte seine Widerstandskraft zu wildem Trotz an; die Kampfeslust gegen das Schicksal erwachte, und er nahm aus einem Zaunlattenstapel gedankenverloren eine lange spitze Stange. Sie wurde in seiner Hand zum Speer und zur Keule. Er drang in den Wald ein, schlug um sich her Äste herunter, als wolle er sich mit diesen dunklen Riesen prügeln. Er zertrat Pilze unter seinen Füßen, als schlage er auf ebensoviele hohle Zwergenschädel ein. Er schrie, als wolle er Wölfe und Füchse aufschrecken, und auf! auf! auf! rollte der Ruf durch den Tannenwald. Schließlich kam er zu einer Felsplatte, die sich ihm wie eine Wand fast lotrecht entgegenstellte. Er schlug mit seinem Spieß dagegen, als wolle er sie zu Fall bringen, und dann stürmte er hinaus. Büsche ächzten unter seiner Hand und rutschten mit ausgerissenen Wurzeln den Fels hinunter, Steine rasten hinab; er setzte den Fuß auf junge Wacholderbüsche und schlug auf sie ein, bis sie abgebrochen dalagen wie niedergetretenes Gras. Dann schwang er sich hinauf und stand auf der Felsplatte. Dort lagen die Schären und dahinter das Meer in einem großen, unermeßlichen Panorama. Er atmete, als habe er erst jetzt genug Raum. Auf dem Felsen aber stand eine windzerzauste Tanne, die größer war als er. Mit dem Speer in der einen Hand kletterte er hinauf und setzte sich wie ein Reiter auf den Wipfel, der einen Sattel bildete. Dann nahm er seinen Gürtel ab und schlang ihn um einen Ast, stieg vom Baum herunter, schleppte einen großen Stein hinauf und legte ihn in den fest angezogenen Riemen, der eine Schleuder darstellen sollte. Jetzt hatte er nur noch den Himmel über sich. Unter ihm aber stand der Tannenwald Kopf an Kopf wie eine Armee, die seine Burg stürmte; dahinter brauste die Meeresbucht und kam Woge um Woge auf ihn zu wie eine Kavallerie von weißen Kürassieren; und hinter ihnen lagen die nackten Schären wie eine ganze Flotte von Kriegsschiffen.

– Kommt! rief er und schwang seinen Speer. Kommt hundert-, kommt tausendfach! schrie er. Kommt, Esel, kommt, Schurken, kommt, Teufel, ich werde euch alle kurz und klein schlagen. Komm, Satan mit deinem Anhang, und ich werde euch zertreten wie Schaben, denn ich bin der Erzengel Michael!

Und dann spornte er sein hohes Holzpferd an und schwang den Speer.

Von der Bucht wehte der Septemberwind, und die Sonne ging unter. Der Tannenwald unter ihm wurde zu einer murmelnden Menschenmenge. Und jetzt wollte er zu ihr sprechen! Doch sie murmelte nur unverständliche Worte, und wenn er sie ansprach, antwortete sie nur »Holz«.

– Jesus oder Barrabas! brüllte er. Jesus oder Barrabas!

– Natürlich Barrabas, antwortete er sich selbst, als er nach Antwort lauschte. Das Dunkel brach herein, und er bekam Angst. Stieg aus dem Sattel und ging nach Hause.

War er verrückt? Nein! Er war nur ein Poet, der draußen im Wald dichtete statt am Schreibtisch. Doch er hoffte, wahnsinnig zu sein, er wünschte sich, das Dunkel werde sein Licht löschen, da er keine Hoffnung mehr sah, das Dunkel zu erhellen. Sein Bewußtsein, das die Nichtigkeit des Lebens durchschaute, wollte nicht mehr sehen; es wollte lieber in Illusionen leben, wie der Kranke, der glauben will, daß er gesund wird, und es darum hofft! Mit dem Gedanken aber, verrückt zu sein, wurden die Gewissensqualen betäubt, und er fühlte sich wie ein Verrückter nicht verantwortlich. Darum gewöhnte er sich daran zu glauben, die Szene auf dem Felsen sei ein Anfall gewesen, und schließlich glaubte er daran, viele Jahre lang, bis er eine neue Psychologie las, die ihn darüber aufklärte, daß er bei Verstand war. Ein Verrückter nämlich wäre mit dem Wald und den Schären nie so logisch verfahren und hätte sie mit seinen inneren Stimmungen nie in solche Kongruenz gebracht, daß sie Material für ein recht gut formuliertes Gedicht abgeben konnten und sich auf dem Papier nicht übel ausnahmen, wenn man sie ein wenig arrangierte. Ein Verrückter hätte hinter den Bäumen wahrscheinlich Feinde gesehen, nicht aber Gläubiger oder Gesinnungsgegner; nur ganz einfach Feinde, Mörder; hätte sie vielleicht auch in Personen verwandelt, die von der zerrissenen Erinnerung mit den aktuellen Ereignissen nicht in Zusammenhang gebracht werden konnten. Er hätte Neger oder Hottentotten, mit einem Wort Figuren ohne logische Verbindung zur Wirklichkeit gesehen, und sie hätten volle körperliche Gestalt angenommen, was die Tannen vor ihm nie getan hatten. Er hatte gedichtet; das war alles.

*

Zum siebten Mal mußte Johan nach Hause kriechen und sich als der verlorene Sohn präsentieren, doch jetzt gab es kein gemästetes Kalb, das geschlachtet werden konnte, und mit der Geduld war es zu Ende. Er sah, daß er, krank wie er war, äußerst unwillkommen war. Man erwies ihm offene Verachtung, und auch die jüngeren Geschwister hatten gelernt, daß er ein Nichtsnutz war oder noch Schlimmeres. Diese Ungerechtigkeit, der sie sich unwissentlich schuldig machten, kränkte ihn, brannte in ihm. Selbst wußte er, daß er in seinem Beruf hervorragend war, und er hatte den Verdacht, daß er als Dramatiker im Grunde den Größen des Tages in nichts nachstand. Doch wie sollte er das beweisen? Den Abtrünnigen hatte er umgearbeitet und mit der Aufforderung zurückbekommen, ihn der Akademie einzureichen; und weil nun einmal seine Eltern an die Akademie glaubten und er es nicht für unmoralisch hielt, sich an einem Wettbewerb der Akademie zu beteiligen, reichte er das Stück mit einer kunstvollen Vorrede ein.

Jetzt aber wurde es ihm zu Hause unerträglich. Noch einmal lieh er sich eine Geldsumme von einem barmherzigen Kaufmann, und dann reiste er nach Sandhamn hinaus, um etwas zu schreiben, was, wußte er nicht, und danach wieder aufzutauchen.

6. Im Nothafen

(1873)

Krankheit, Schmach, Schulden, enttäuschte Hoffnungen, offene Verachtung, alles Widrige, was das Leben zu bieten hat, war zusammengekommen. Johan kam es vor, als werde er persönlich von einer persönlichen bösen Macht verfolgt. Er war zu schwach, um sich das Leben zu nehmen, und besaß dennoch genug Kraft zu hoffen.

Die Leidenschaft für diese Frau glühte noch, und er wollte sich von der Fessel als etwas, das ihn tyrannisierte und bedrückte, befreien. Jetzt, aus der Distanz, versuchte er, über die Angelegenheit nachzudenken. Galt diese Zuneigung wirklich ihr als Person? Hätte es nicht ebensogut irgendeine andere Frau sein können? Doch, vermutlich, aber sie war die einzige da draußen in der Einöde, die einen Anflug von Bildung hatte, so unbedeutend er auch war. Unter den Bauersleuten war ihre hauptstädtische Kleidung, ihre Sprache, ihre Haut, ihr ganzes Äußeres am kultiviertesten gewesen, und in der Liebe war der Mann stets unbewußter Aristokrat. Hatte er nicht im Sommer zuvor am gleichen Ort eine leichte Neigung zu einer Magd mit weißer Haut, feinen Gesichtszügen und weißen Zähnen gehabt, und hatte sie ihn nicht aus demselben Grund gefesselt, nämlich weil sie in dieser Umgebung die feinstentwickelte gewesen war! Johan erinnerte sich sehr gut, daß er sie ordinär und häßlich gefunden hatte, als eines Sonntags »Familienmädchen« aus Dalarö zu Besuch gekommen waren und sich damit Vergleichsmöglichkeiten geboten hatten. Es war also nur der Mangel an Besserem. Und wieso konnte er sich durch diese Neigung herabgewürdigt fühlen? War er denn dann nicht ein ebenso großer Aristokrat wie Aron? Wie kam es, daß er, der Sohn einer Magd, es als Schande empfand, sich zu einer Magd hingezogen zu fühlen? Gab es denn wirklich eine Sodomie der Seelen, und war Bildung wirklich Entwicklung, etwas Höheres? Oder saßen die Vorurteile des Klassengefühls so tief? Warum nannte man es Vorurteile, wenn dieses strafende und mißbilligende innere Urteil mit den gleichen Symptomen wie ein Gewissen auftrat? Was hätte seine Mutter gesagt, hätte sie noch gelebt und erfahren, daß er sich mit einer Magd verbinden wollte? Sie hätte geweint vor Kummer über die Erniedrigung des Sohnes und ihre Herkunft vergessen. Es gab also ein Gesetz, das dem Menschen gebot, sich zu erhöhen, wie man das nannte. War dies aber ein Gesellschaftsgesetz, ein konventionelles, willkürliches, oder war es ein Naturgesetz? Leistete nicht der Rassehengst Widerstand, wenn man ihn mit einer Bauernstute kopulieren wollte? Doch, aber das brauchte nicht daran zu liegen, daß der Hengst höher entwickelt war, es mochte einfach daran liegen, daß die Stute von anderer Art war. Und war dieses sozial Höhere das Höhere, das heißt: Bessere, weil es sich oben befand? Seine Mutter war aufgestiegen, Frau geworden, hatte Sprache und Sitten der Mittelklasse gelernt, doch hatte sie sich deswegen entwickelt, so daß sie wirklich zu einer höheren Art geworden war? Sie hatte nicht selbst stillen können und starb an den Kindbetten; also gehörte sie zu einer aussterbenden Art, die ihren Stammbaum nicht am Leben halten konnte! Es war vermutlich ein konventionelles Gewissen, das Johan für die Mesalliance bestrafte.

Nachdem indessen einige Tage vergangen waren und er die Stadtmädchen gesehen hatte, trübte sich das Bild des Mädchens rasch und verschwand. Doch sei es, daß er sich schämte, weil sein Schmerz auf so losen Grund gebaut war, oder daß es ihm peinlich war, getäuscht worden zu sein, oder daß sein Kummer die illusorische Grundlage brauchte, genug damit, jetzt, als die Wunde verheilen wollte, riß er sie auf. Es scheint bei manchen Menschen (wir dürfen ja nicht sagen, bei allen, da es Ausnahmen gibt) ein Bedürfnis vorhanden zu sein, sich für sich selbst interessant zu machen. Was ist das für ein Bedürfnis? Braucht man das Gefühl, im Kampf um die Entwicklung der Art in die Differenzierung einbezogen zu sein? Über den anderen zu stehen? Oder im Begriff zu sein, die anderen zu überholen? Warum prahlt man zuweilen mit seinen Sorgen, seinen Fehlern? Um nicht in der homogenen Masse aufzugehen und die Illusion zu haben, man sei heterogen?

Als Johan in Sandhamn angekommen war, hatte sich die ganze Seifenblase in nichts aufgelöst.

*

Johan hatte aus mehreren Gründen Sandhamn als Versteck gewählt. Als junger Student hatte er dort während einer Regatta in angenehmer Gesellschaft, fröhlicher Stimmung und bei Gesang und Zechrunden einige unvergeßliche Sommertage verlebt. Ebenso wie die Landschaft seine Sinnesstimmung färbte, gaben seine Stimmungen ihre Farbe an die Landschaft ab und wirkten zurück. In Sandhamn hatte er das offene Meer, mit Wellen, Leuchtfeuern, jetzt im Herbst vielleicht Schiffbrüchen. Eine einsame Natur, ohne Laubbäume, der man kaum ansehen konnte, ob es Sommer oder Winter war, denn die Kiefern waren immer gleich grün und die sandigen Böden immer gleich weiß. Außerdem lag es weitab von Stockholm, und die Reisewege waren beschwerlich und schützten vor Besuch. Es gab dort einen Gasthof, und da wollte er wohnen. Außerdem hielt er die Lotsen für urwüchsige Leute, die ebenso wie er selbst zum Teil außerhalb der Gesellschaft standen und auf dem offenen Meer weit entfernt von Zivilisation und Künstelei lebten.

Er kam an; mietete bei einem Lotsen ein Zimmer und wollte zu schreiben anfangen. Einen Umstand aber hatte er nicht in Betracht gezogen, nämlich den, daß er seit langem, schon seit dem Sommer 68 den Oberaufseher der Zollstation kannte. Die Bekanntschaft erneuerte sich von selbst, und Johan fand einen herzlichen und männlichen Freund, der genau das war, was Johan hätte sein wollen, ein Realitätsmensch. Er hatte eine heitere und durch Erfahrung gewonnene Weltanschauung, die sich darauf gründete, daß er das Leben zwar durchschaute, sich seinen kleinen Anforderungen aber angepaßt hatte. Hier mußte Johan gar nicht erst anfangen, über die Absurdität des Lebens zu jammern.

– Schämst du dich nicht, mein Kleiner, daß du schon so groß bist und das Leben immer noch nicht leben kannst, schalt der erfahrene Mann in seinem väterlichen liebenswürdigen Ton. Meinst du, ich wüßte nicht, daß aus der großen Perspektive gesehen alles nur absurd ist, aber aus der kleinen, weißt du, da ist es großartig, daß man leben darf. Und wenn du die Absicht hast zu leben, dann steck nur die Pfeife in den Sack und nimm den Löffel ins schöne Händchen, wenn du etwas zu essen hast!

Das hieß den Herrn am Kragen packen, und diese Methode war bei Johan äußerst angebracht.

– Du bist vierundzwanzig und bist noch nichts, fuhr der Freund fort. Du mußt etwas werden wie andere Leute, auch wenn du Schriftsteller werden willst, denn davon kann man nicht leben!

Das war gesunde Vernunft, und gemeinsam überlegte man.

– Schau dir nur den Jungen an, fuhr er fort und deutete auf den Telegrafenbeamten, er hätte Zeit, im Jahr ein Bücherregal vollzuschreiben, bei der Stelle, die er hat. So eine Beschäftigung wäre etwas für dich.

Die Worte fielen auf wohlvorbereiteten Boden, und bevor die Woche zu Ende war, saß Johan da und klapperte auf einem Blindapparat, der dem Königlichen Elektrischen Telegrafenamt gehörte. Dann reichte er das Gesuch ein, als Lehrling ins Amt aufgenommen zu werden, und nach einem Monat telegrafierte er die Wetterberichte aus Sandhamn.

Durch den neuen Umgang mit zwei verheirateten und im Staatsdienst stehenden Männern gewöhnte er sich allmählich daran, ans Leben endlich die kleine Perspektive anzulegen. Leben war eines und Dichten etwas anderes. Im Leben zu dichten, endete mit Hungersnot und Zwangsvollstreckung; also: das Leben für sich und das Dichten für sich.

Maschinenarbeiter zu sein brachte seine Schwierigkeiten mit sich. Sobald er im Büro frei war, ging er nach Hause und malte; jetzt immer das Meer.

Versuchte er, einen ganzen Tag zu schwänzen, wurde er mit geeigneten Mitteln geholt, das heißt, freundlich am Ohr genommen und zur Ordnung gerufen. Man behandelte ihn wie einen Kranken oder wie ein Kind, und zerrissen und willenlos, wie er war, sah er mit Dankbarkeit zu zwei guten Menschen auf, die sich ohne einen Funken Eigennutz seiner annahmen und ihm einen Willen einpflanzten. Außerdem Gegenstand unbegrenzter Gastfreiheit in beiden Familien, einbezogen in einen Kreis von Seekapitänen, Bugsierern, Tauchern, Seglern, kam er jeden Tag mit Menschen in Kontakt, die sich mit der schweren Arbeit des Alltags und des Lebens abmühten. Alle waren tätig, heiter und vergleichsweise zufrieden mit ihrem Los. Da gab es keine Romantik, keine Schwärmereien, sondern viel Pflicht und viel Mühe. Das also hieß Leben.

Doch unter ihnen war Johan der letzte. Er gab bereitwillig ihre große Überlegenheit in der Kunst des Lebens zu und sah ein, daß er, verglichen mit ihnen, auf diesem Gebiet ein armer Tropf war, doch er wußte, daß es ein Gebiet gab, auf dem er ihnen überlegen war; das aber wußten sie nicht, denn er hatte keine Gelegenheit gehabt zu zeigen, was er konnte. Und im übrigen, meinte er, gab es wohl andere berechtigte Laufbahnen als die des Beamten, Seemanns und Kaufmanns, und die des Literaten und Künstlers waren schließlich aus dem Hauptbuch der Gesellschaft nicht gestrichen worden.

*

Im November kam es zu einem Schiffbruch unter besonders pittoresken Umständen, und Johan war bei der Seeverklarung und dem Umtrunk dabei. Die ganze Szenerie war so neu und malerisch, daß er Lust bekam, sie zu schildern, jetzt aber genügten Pinsel und Farbe nicht, sondern er mußte zur Feder greifen. Und so schrieb er einige Korrespondenzen für die liberale Morgenzeitung in Stockholm.

Durch die Beschäftigung mit dem Malen hatte sich sein Blick gleichsam geschärft, so daß er Details scharf wahrnahm und durch ihre Zusammenstellung und Anordnung beim Leser eine starke Vision des Geschilderten hervorrufen konnte. Eine leichte Skepsis, vermischt mit ein wenig Gefühl, gab dem Stil etwas Luftiges, und ohne es zu wissen, hatte er genau den Ton getroffen, der die Menschen dieser Zeit zuhören ließ. Die Briefe hatten einen gewissen Erfolg. Doch sie waren für Johan gleichzeitig eine Lehre.

Am selben Tag, an dem sie erschienen, war er in einer kleinen Angelegenheit in der Stadt. Am Abend durfte er auf einem Bugsierdampfer mit zurückfahren, der voller Lotsen war. Durch den Umgang mit ihnen war ihm schon zuvor klargeworden, daß sie keine Naturmenschen, sondern hochmütige königliche Beamte waren. Nie hatte er sie vom großen Schauspiel des Meeres als von etwas Schönem oder Stimmungsvollem sprechen hören; nie hatte er gehört, daß sie einen Schiffbruch als etwas anderes als ein gutes Geschäft betrachteten: nur Bergungs- und Lotsengeld. Und er hatte sich diese Leute als eine Art Helden vorgestellt, die ihr Leben opferten, um sich und ihre Familien zu versorgen und Notleidenden beizustehen. Und jetzt bekam er von Lebensgefahr nie etwas zu hören. Seit Menschengedenken war kein Lotse im Dienst auf dem Meer ertrunken, wohl aber einige in angetrunkenem Zustand im Schärengebiet.

Jetzt saßen diese Herren Kronlotsen im Achtersalon und tranken Schnaps, als ein alter Mann aus der Gruppe die Zeitung nimmt und laut zu lesen beginnt. – Hier soll etwas über Sandhamn stehen, sagt er und sucht den Artikel. Dann liest er. Johan hatte geglaubt, er sei anonym, doch das war er natürlich nicht. Allerdings gaben die Lotsen vor, nicht zu wissen, daß er der Verfasser war. Und der Alte las, und die anderen hörten zu.

Er las in einem Zug ohne Satzzeichen, so daß alles zu einem seltsamen Brei verschmolz. Johan fragte sich anfangs, ob man verstehen konnte, was man auf diese Weise las. (Daß Ungebildete immer laut lasen und erst über das Gehör zu einem Verständnis kamen, war ihm bekannt.) Bald sah er ein, wie hoffnungslos mißverstanden er war. Lustiges entging ihnen und wurde pathetisch vorgetragen; die Satire wurde ernstgenommen; und gefühlvolle Stellen wurden als Witze mit Gelächter begrüßt. Sie begriffen offenbar kein bißchen. Doch eine etwas ungenaue sachliche Angabe fiel ihnen auf und führte zu lebhaften Diskussionen und Unmut gegen den Verfasser.

Johan bekam einen lebhaften Vorgeschmack davon, was es hieß, von Ungebildeten nicht verstanden zu werden. Und für die sollte er schreiben! Wie hoffnungslos, wie sinnlos!

Als die Lesung zu Ende war, hielt Johan es für angebracht, etwas zu sagen.

– Wer mag das geschrieben haben? fragte er.

– Ja, wer weiß? sagte der Alte. Das ist nicht schlecht gemacht, fuhr er fort, aber woher kann der wissen, was draußen bei Gillöga passiert?

Im Salon wurde es still, und alle schlugen die Augen nieder, als wollten sie ihre Gedanken über die häßliche Unterstellung bezüglich der Ursache des Schiffbruches verbergen.

Die Arbeiter des Meeres sind in dieser Hinsicht ebenso gebildet wie die Gebildeten, daß sie zu schweigen wissen, wenn es nötig ist, und ihre Leidenschaften recht gut im Zaum halten.

– Hab' ich was gesagt? fing der Alte wieder an, als die Stille andauerte. Kommen Sie und essen Sie ein belegtes Brot, falls das einem Herrn wie Ihnen schmeckt.

Johan wollte diesen Menschen, die er noch immer bewunderte, näherkommen und erklärte, natürlich werde es ihm schmecken, denn er sei nicht verwöhnt, und so wie er in Uppsala habe vielleicht von ihnen noch niemand gehungert.

Tatsache war, daß keiner von ihnen gehungert hatte, und daher fanden sie es schäbig, gehungert zu haben, und damit hatten sie ihn unter ihren Stiefeln. Ein älterer Lotse hielt jetzt den Augenblick zum Zuschlagen für gekommen und zog blank.

– Ja, hungern, ja, das kann man ruhig, wenn man Papas Geld beim Punsch versäuft! Ich kenn' die Herren Studenten!

Der ist gar nicht so dumm, dachte Johan, doch laut sagte er das nicht.

*

Später im Herbst ereignete sich draußen vor den Leuchtfeuern ein weiterer Schiffbruch. Dem Lotsen drohte Gefängnis, und jetzt wurde Johan als Schreibkundiger zu Hilfe gerufen, um dem armen Teufel bei der Ermittlung mildernder Umstände zu helfen, die auch vorlagen, weil der Lotse zu Hause an einem Wochenbett gewacht und ein paar Nächte nicht geschlafen hatte. Zunächst schilderte Johan das Abenteuer in der Zeitung, und dann setzte er eine Verteidigungsschrift mit einem Gnadengesuch auf. Doch als er zur Verhandlung kam, hatte der Lotse schon alles auf sich genommen, weshalb eine Zurücknahme des Geständnisses als Widerspruch gedeutet worden wäre und die Sache noch verschlechtert hätte. Die Verteidigung mußte also fallengelassen werden, und die Sache nahm ihren Lauf. Später verwandte Johan das Ereignis als Motiv für eine Novelle, die zeigen sollte, wie unzuverlässig die Realitätssicht des Poeten und wie falsch das Urteil sein konnte, wenn es vom Gefühl diktiert war.

Indessen hatten die Korrespondenzen die recht vorteilhafte und ehrenvolle Folge, daß Johan eine Stelle bei der Zeitung angeboten wurde. Und nun verließ er Telegrafenamt, Freunde und Versteck, um geradewegs ins brennende öffentliche Leben hinauszugehen und in der geordneten Gesellschaft anzumustern.

Er sehnte sich nach diesem Augenblick, wenn er ins Glied treten und sehen durfte, wie seine Fähigkeiten Früchte trugen, doch er zitterte auch davor und trennte sich voller Wehmut von dem stillen und gastfreundlichen Sandhamn, wo er guten Menschen begegnet war, die ihm eine Freistatt gewährt hatten, als er wie ein Schiffbrüchiger auf die unfruchtbare, aber freundliche kleine Sandinsel geworfen worden war.

7. Das öffentliche Wort

(1873-1874)

So war er wieder von der Gesellschaft angemustert und spürte die Ruhe des Amtes und den Zwang des Glockenschlags. Wie schön war es doch, um neun Uhr ins Büro gehen zu können, sich an seinen Tisch zu setzen, seine Pfeife anzustecken, die dänisch-norwegische Post zu öffnen und gemächlich die Zeitungen zu lesen. Die Arbeit bot sich ihm selbst an, legte sich ihm vor, schnitt sich auf und steckte sich ihm in den Mund. Und außerdem ist er nicht mehr allein; er hat drei Kollegen im Zimmer. Einer geht die Stockholmer und die Provinzzeitungen durch; ein zweiter liest die ausländische Post, der dritte läuft durch die Stadt und hört sich um, was passiert. Es ist, als sitze man in einer kolossalen Turmuhr und höre jeden Mucks, den die Uhr der Zeit von sich gibt, doch es bringt auch die Gefahr mit sich, daß man von innen die Zeiger nicht sieht.

Das Zeitungsbüro faszinierte ihn wie ein Observatorium, von dem aus man die Welt überblickte und die Weltgeschichte heranwachsen sah, und seine Geringschätzung für die hochmütige alte Universität, ein Überbleibsel des Mittelalters, eine Kathedrale in einem Kristallpalast, nahm durch den Vergleich zu. Auf dem Schreibtisch hatte er all diese nützlichen, von der Halbbildung jedoch mit gespielter Verachtung betrachteten Nachschlagewerke, denen er Antworten auf alle Fragen entnehmen konnte. Er lernte das Konversationslexikon, diesen Ersatz für das so unzuverlässige und so überlastete Gedächtnis, schätzen und hätte es an die Stelle der Schule setzen wollen. Hier konnte über einen Sachverhalt niemals ein Zwist entstehen, denn man schlug nur auf und erhielt volle Gewißheit, während sonst ein vergessenes unbewiesenes Faktum endlose Auseinandersetzungen zur Folge haben konnte. Später im Bibliotheksdienst stellte er zu seinem Erstaunen fest, daß die gelehrtesten Männer sofort »an den Brockhaus gingen«, wohingegen Ungebildete nach einem einfachen Faktum stundenlang suchten.

Es war eine schöne Arbeit, die niemals eintönig wurde. Es lag in ihrer Natur, stets neu zu sein. Jeden Morgen und jeden Abend brachte die Post neue Nachrichten, und alle zwei Stunden verkündete der Telegraf, was es Neues gab auf der Welt. Diese Position, aus der er den ablaufenden Weltprozeß überblickte, verführte ihn jedoch ganz natürlich dazu, die große Perspektive anzulegen, wodurch Dinge von Gewicht für das kleine tägliche Leben als Bagatellen behandelt wurden und sogar die Weltereignisse das Aussehen von Unwesentlichkeiten annahmen; historische Tatsachen wurden zu Notizen; Personen, die in die Entwicklung eingriffen, erschienen von oben gesehen verkürzt und konnten darum auch leicht lächerlich werden.

Gleichzeitig mit seinem Eintritt in die Zeitungswelt leistete die Bekanntschaft mit der neuamerikanischen Literatur seiner Skepsis unerwarteten Beistand. Amerikanische Humoristen, die man jetzt zu übersetzen begann, schienen bei den Zeitgenossen einige gut gespannte Saiten zum Klingen gebracht zu haben. Die Allgemeinheit verstand ihre Witze als Witze, Johan aber nahm sie ernst, denn das war Ernst. Hier wurde alles vom Standpunkt der Gegenwart aus behandelt und untersucht, und infolgedessen erwies sich alles als

Bosch! Der Realitätssinn des Amerikaners hatte im Kampf ums Dasein den wahren Sinn des Lebens durchschaut; gereinigt von allen Halluzinationen, allen Idealen und aller Romantik hatte er die relative Nichtigkeit des Lebens und die absolute des Himmels erkannt, und jetzt lächelte er über die ganze alte Kultur ein breites Lächeln. Weder Rang, Größe, Talent noch Reichtum nötigten ihm Bewunderung ab; nichts Vergangenes, Altes flößte ihm Respekt ein. Napoleon und Washington, Michelangelo und Beecher Stowe wurden wie Zechgenossen behandelt; Revolution und Reaktion, Reformation und Renaissance waren nur Bewegungen, gleichgültig, ob vorwärts oder zurück; die unterdrückte Frau und der unterdrückte Neger entlockten keine Tränen; die Presse, aus der diese Autoren hervorgegangen waren, erfuhr die gleiche Verachtung wie jedes andere Geschäft; Dogmen und Kunsttheorien; Grundgesetze und Lynchgesetze, alles wurde über einen Kamm geschoren; Achtung vor der persönlichen Existenz war bei ihnen nicht zu finden; der Glaube an Justizgerechtigkeit und die Liebe zum allgemeinen Wohl waren wie weggeblasen und durch den Taschenrevolver ersetzt. Es waren Vorboten der Anarchie des Denkens, die später aufblühen sollte, es war die Abrechnung mit der alten Weltanschauung, der Beginn der Abbrucharbeit.

Als Johan nun diese Betrachtungsmethode beim Redigieren der täglichen Zeitung anwenden wollte, geriet er in Widerspruch zu deren Aufgabe. Die schwedische Presse war zu Beginn der siebziger Jahre, von einigen Ausnahmen abgesehen, noch naiv und ehrlich und kannte keine anderen Einnahmequellen als Abonnenten, das heißt Gesinnungsfreunde, deren Interessen durch den Text und die Annoncen gefördert wurden. Die Revolverpresse mit der Reklame, dem gekauften falschen Zeugnis, und die Reptilpresse mit der gekauften Verleumdung waren aus Amerika und Preußen noch nicht eingeführt worden. Man lobte nicht gegen Bezahlung, und man verleumdete nicht für Beförderung oder Titel. Doch man hatte natürlich mit einem Freund mehr Nachsicht und nahm weniger Rücksicht auf einen Feind. Man mochte einem Notleidenden oder einem Freund mit einer unschädlichen Erwähnung helfen, doch man verstand es nicht, sich dafür bezahlen zu lassen. Eine nützliche

Erfindung, eine gute Ware wurden gratis gelobt, weil sie vielen nützte, und man sah nicht so sehr darauf, ob auch der einzelne damit Gewinn machen würde.

Als Johan sich nun über Personen, Sachen, Fragen äußern wollte, vergaß er, daß die kleine Perspektive angelegt werden mußte, und bedachte nicht, daß ein gedrucktes Wort, schlecht überlegt, einem Menschen der Gesellschaft in seinen kostbarsten Interessen, den sozialen und wirtschaftlichen, schaden konnte. Als er also über das Theater zu schreiben begann, das ebenfalls zu seinem Ressort gehörte, ging er die Sache als ganze an, sagte offen seine Meinung, wie sie sich aufgrund von Erziehung, Studien, Temperament in ihm herausgebildet hatte. Doch er berücksichtigte nicht, daß es hier um das Wohlergehen von Individuen ging, daß von einem harten Urteil die Existenz eines Schauspielers abhängen konnte.

Als man ihm dies vorwarf, gab er die Berechtigung der Kritik zu, verteidigte aber andererseits sein Recht und seine Pflicht, seine Meinung zu sagen, nachdem man ja wollte, daß er sie sagte. Lobte man jemanden, wurde man dafür aus einer anderen Ecke getadelt, welche Richtschnur sollte er also haben, wenn nicht seine Meinung? Für die wirklichen Leistungen wäre es doch ebenso schlecht, wenn man die Unfähigen lobte? Wäre es den Künstlern lieber, wenn man sich nicht über sie äußerte? Nein, natürlich nicht, dann beschwerten sie sich, sie würden totgeschwiegen! Blieb nur, den eigenen Weg zu gehen, auch wenn er es als höchst unangenehm empfand, der Büttel zu sein und für seine Kritiken selbst Kritik zu ernten, meist viel härter und unhöflicher als seine eigene.

Schlimmer war es, wenn er aus dem Reichstag berichten sollte. Die bereits korrumpierte Bauernpartei, die im Vorjahr (1873) den Kompromiß eingegangen war, flößte ihm weiter keinen Respekt mehr ein. Als er auf der Tribüne saß und auf diese paar hundert Menschen hinabsah, die das Land vertreten sollten, fand er es verhältnismäßig richtig, daß die Bauern in einem ackerbauenden Land hier drinnen ebenso wie draußen die Majorität bildeten, und daß die Stadtbewohner in der Minderheit waren; gleichzeitig aber waren ihm die Interessen dieser Mehrheit fremd, weil sie durch den Gang der so gefeierten Entwicklung in Gegensatz zu den sogenannten Kulturinteressen geraten waren. Als Anträge über Zäune und Gasthöfe Anträge auf Beamtenpensionen und Zuschüsse für Theater durchkreuzten, erkannte er, daß es hier nur um mehr oder weniger private Interessen ging, und so behandelte er den ganzen Reichstag »en canaille«.

Keine einzige Frage nach der Erweiterung der politischen und religiösen Freiheit, nicht ein Antrag zur Reform des Unterrichtswesens, nicht eine Stimme für soziale Verbesserungen war dort zu hören. Lokale Angelegenheiten, dynastische Interessen, Ehrgeiz, Raufereien um die Verteilung des guten Staatskuchens, darin bestand die ganze Politik.

Doch eine Frage ließ ihn für einen Augenblick einen Schimmer der Revolution ahnen: der Angriff der Bauern auf die Beamtenherrschaft, formuliert in der Rede des Grafen Posse gegen den geforderten Teuerungszuschlag für Beamte. Einen Augenblick war er versucht, den Grafen für einen Volkstribun zu halten, der mit den Massen gegen Königtum und Bürokratie Sturm lief, doch als die Angelegenheit mit einem Vergleich endete und die Beamten ihre Gehaltserhöhung bekamen, wenn auch reduziert, glaubte er nicht mehr an den Volkstribun, und die ganze Politik im schwedischen Reichstag erschien ihm für die Arbeit an der Zukunft vollkommen gleichgültig. Indessen zog er durch seine nachlässige Art, über die Sitzungen zu berichten, Kritik auf sich, und als er ins Büro zurückkam, ohne Aufzeichnungen von der Plenarsitzung des Tages gemacht zu haben, und dazu erklärte, es habe sich nichts von Bedeutung ereignet, wurde er versetzt, da er keinen Sinn für die Politik habe. Als man ihn jetzt aber ausschickte, um über Firmenhauptversammlungen, Zusammenkünfte in Vereinen, Ausstellungen, Feste und alles mögliche zu berichten, und es ihm nicht gelang, sein Sehglas auf den richtigen Winkel einzustellen, erhielten die Leser die merkwürdigsten Vorstellungen von den kleinen Tagesereignissen und wurden andauernd vor den Kopf gestoßen. Eines Tages sollte er sich über Kunst äußern, und den Kopf voll von Tocqueville und der Demokratisierung der Kunst, behauptet er gänzlich unvorsichtig, ein Farbdruck nach einem Meisterwerk Correggios sei seine dreißig Kronen mehr wert als das Original eines

Akademieschülers achthundert. Die Folge war, daß man ihn in einem demokratischen Witzblatt, das in Kunstfragen eine aristokratische und theologische Haltung einnahm, als Esel abbildete, der auf die Kunst, vertreten durch einen Schüler der Akademie, eintrat.

Ein anderes Mal rezensierte er eine christliche Zeitschrift, indem er erklärte, der Herausgeber lade mit der Verbreitung solcher »Verirrungen« eine große Verantwortung auf sich. Der Herausgeber erschien beim Redakteur und verlangte eine Erklärung. Der Redakteur konnte keine andere Auskunft geben als die, daß der Rezensent die christlichen Lehren vermutlich für Verirrungen halte. Und daß er das tat, stand fest. Und warum sollte er seine Meinung nicht äußern dürfen, wenn alle anderen ihre äußern durften?

Die Folge dieser wiederholten Beschwerden war die, daß man Johan aufforderte, sich einer angemesseneren Betrachtungsweise zu befleißigen, doch dies war ihm nicht möglich. Da er alles für sinnlos hielt, konnte er nichts ernst nehmen oder hochachten, sofern er nicht eine Bewegung nach vorn, einen Schritt zu etwas Besserem sah, dann aber sparte er im Interesse der guten Sache nicht mit Lob. So hatte er einen guten Anlaß, den im Schlendrian dahindämmernden Traditionen des Königlichen Theaters einen Weckruf zukommen zu lassen, als eine ausländische Schauspielerin ein Gastspiel gab, doch diesmal war ihm über das Entzücken, etwas Geniales zu sehen, die Klugheit abhanden gekommen, und damit hatte er sich das Theater für seine Stücke auf lange Jahre verschlossen.

Bei alledem empfand er es als Verantwortung, als unangenehme Verantwortung, daß er Richter sein mußte. Er wußte, daß die Verletzten und Geschlagenen schrien, und von einer schlechten Theatertruppe, die in Stockholm gastierte, wurden ihm sogar Prügel angedroht. Er hatte nämlich geschrieben, sie handelten mit falschen Waren, da sie die gleichen Preise verlangten wie das Dramatische Theater und ihre Sache so miserabel machten. Ihm war bewußt, daß die Macht des öffentlichen Wortes erheblich war, doch wie sollte man das ändern? Er signierte seine Artikel, allen war bekannt, wer hinter der Signatur steckte, und er war bereit, dafür einzustehen. Sollte die Öffentlichkeit sich nicht angewöhnen können, den gedruckten Buchstaben nicht zu verehren? Es handelte sich doch nur um die Meinung eines einzelnen, und man konnte ihm schließlich nicht verübeln, wenn er seine Meinung äußerte. Wie man sieht, haben in späteren Jahren die Übertreibungen beim Mißbrauch der Pressefreiheit die Auswirkungen dieses Mißbrauchs abgeschwächt, so daß also der Tyrann den Tyrannen fast getötet hat. Außerdem hat eine jüngere skeptische Philosophie die Menschen gelehrt, daß es objektive oder absolut wahre Urteile nicht gibt, womit die Kritik auf das reduziert wurde, was sie ist: das mehr oder weniger wohlbegründete Urteil eines einzelnen.

Die hartnäckige Weigerung der Öffentlichkeit, dieser despotischen Oligarchie Achtung zu schenken, ist auch ein Heilmittel gegen eine entstehende Aristokratie gewesen, in die einzutreten dem erstbesten kühnen Burschen freistand, und darum ist die Presse, vielleicht gegen ihren Willen, gezwungen gewesen, einigermaßen demokratisch zu sein, da alle ihre Mitglieder mehr oder weniger unzufrieden mit der Gesellschaft waren, die ihnen volles soziales Ansehen versagte. Und gerade weil sie überwiegend von Unstudierten und geradezu Ungebildeten betrieben wird, hat sie zudem ein gesundes Gegengewicht gegen das Aufkommen einer Gelehrtendemokratie entwickelt.

*

Für Johan erwies es sich indessen als mehr und mehr unmöglich, den Zaum in den Mund zu nehmen und ins Geschirr zu kriechen. Seine Stellung bei der Zeitung wurde unhaltbar, und nach einem unbedeutenden Streit kündigte er und ging. Ging, ohne zu wissen, wohin er gehen sollte, und so stand er wieder auf der Straße!

Nach Hause in seine Kammer gekommen, fühlte er sich wie ein Ausgestoßener und war von der Gewißheit erfüllt, daß er nichts mehr zu erwarten hatte von dieser Gesellschaft, in der er, mit seiner erwachten Einsicht in ihre Rückschrittlichkeit, unmöglich einen Platz finden konnte. Und als er nun seine zerbrochenen Hoffnungen überblickte, von dem Tag an, an dem er aus Uppsala geflohen war, sah er, wie der Fortschritt rückwärts gegangen war. Nach dem Tod Karls XV hatte die Reaktion eingesetzt. Während der Krönung des neuen Königs in Trondheim hatte sich zufällig der deutsche Kronprinz auf einer Flottenabteilung vor dem Hafen befunden und war eingeladen worden. Einige Wochen später hatte er Stockholm besucht und war dort von denselben Hurraschreiern gefeiert worden, die vor ein paar Jahren als Preußenhasser die Marseillaise gesungen hatten. Man konnte also bereits einen Umschwung jener Politik erkennen, mit der Oscar I Schweden den liberaleren Westmächten angeschlossen und bei ihnen Unterstützung gegen die halbasiatischen Despotien im Osten und Südosten gesucht hatte. Und als der König ein paar Jahre später den beiden Kaisern in Berlin und Petersburg seine Aufwartung machte, erhielt man volle Gewißheit darüber, daß die gefährlichen Nachbarn zu Freunden Schwedens geworden waren, was sie gefährlicher machte als Gleichgültige. Als man dann Zeuge der Inspektionsreise Feldmarschall Moltkes durch Schweden und der Vermählung des schwedischen Konprinzen mit der Enkelin des deutschen Kaisers wurde, hielt man das Opfer für vollbracht. Dies war eine häßliche Kettenrechnung, doch der Schein sprach dagegen. Der Anschluß an Preußen galt, nachdem Frankreich Republik geworden war, als reine Dynastiepolitik, und die Wehrpflichtvorschläge, die dann auf jeden Reichstag herabregneten, wurden mit dem Trinkspruch des schwedischen Königs in Berlin in Zusammenhang gebracht, in dem er die Hoffnung äußerte, daß die schwedischen und die preußischen Armeen noch einmal als Waffenbrüder zusammenkommen würden.

Es war deutlich, daß im Reich frische Winde aufkamen. Schon bei den Krönungsfestlichkeiten in Uppsala hatte der bis dahin unbeachtete Kleinstadtstudienrat Wirsén dem Königspaar die Studentenschaft zu Füßen gelegt und sie dem Regentenhaus als Kronpark zur unmittelbaren Verfügung überlassen, und bald sieht man die gesamte junge Literatur auf allen vieren.

Die religiöse Befreiungsarbeit war im Keim erstickt worden. Der Dozent Scheele hatte die berüchtigte Legende von der Austreibung des Teufels in Gestalt eines Nagels mit nach Hause gebracht; 1867 war Beskows Kirche mit einem Wunder (der bekannten Taube, die durch die Kirche flog) eingeweiht worden; und Justizrat Adlercreutz war Vorsitzender der Evangelischen Vaterlandsstiftung geworden. Derselbe Beskow hatte seinen Namen für ein Schulunternehmen hergegeben, und in diesem Institut wurden die Prinzen erzogen. Die Dichter stimmten ihre Leierkästen auf den neuen Sonnenuntergang ein; die Freimaurerei stand als Ritterhaus der Bürgerschaft in Blüte; die königlichen Theater spielten Wehrpflichtstücke, und die Bauernpartei schloß Kompromisse mit der Reaktion; der Geschäftsschwindel nahm zu, und die Ästhetik blühte. Die ganze Maschinerie lief rückwärts, und der Zug rollte bergab.

Es war hoffnungslos, jetzt an eine Arbeit für den Fortschritt zu denken! Und ebenso hoffnungslos zu versuchen, den Rückschritt aufzuhalten.

Johan wurde das Leben unerträglich, als er sah, wie alle die Fahnen im Stich ließen, und jetzt einen Schlachtruf anzustimmen wäre mit schallendem Gelächter beantwortet worden. Doch in Ruhepausen erwachte wie ein Funke die Hoffnung, und er begann, für die Attacke, die er plante, sein reiches Material zu sichten.

– Wenn ich dreißig Jahre alt werde, schreibe ich einen Roman! pflegte er spät in der Nacht nach einem durchbummelten Abend zu sagen.

– Und wovon soll er handeln? fragte man ironisch.

– Das werden wir dann schon sehen!

*

Dann kehrte die Hungersnot zurück, und ohne zu zögern, nahm er eine Stelle bei der Halbwochenzeitung der Bauernpartei an. Ohne Illusionen schon am Anfang, sah er seine Enttäuschungen hier jedoch bald noch übertroffen. Auch sie waren müde geworden und hatten sich, ursprünglich eine Oppositionspartei, durch Kontakt mit der »Intelligenz« im Laufe der Jahre korrumpieren lassen.

Sein Aufenthalt bei der Zeitung dauerte nicht länger als ein paar Monate. Er durchlebte eine Zeit der tiefsten Not, der Krankheit und der Demütigung. Dann jedoch lenkten das Schicksal oder wohlwollende Menschen seine Schritte auf eine neue Bahn, die für den künftigen Schriftsteller große Bedeutung haben sollte. Im Herbst desselben Jahres wurde nämlich sein Gesuch an den König bewilligt, als außerordentlicher Amanuens an der Königlichen Bibliothek angestellt zu werden.

8. Königlicher Sekretär

(1874-1875)

Auch bei der Presse hatte es eine Rangordnung gegeben, und Johan war auf der sozialen Skala gesunken, weil er von einer Tages- zu einer Halbwochenzeitung gegangen war. Zu Hause wagte er sich nicht zu zeigen, denn dort hatte man ihn praktisch aufgegeben, und seine früheren Kollegen von der Tageszeitung sahen mitleidig auf ihn herab. Alle alten Freunde betrachteten ihn mit Argwohn, da er weder als Schuldner noch als Schriftsteller seine Verbindlichkeiten eingelöst hatte. Kränklichkeit, eine Folge des Fiebers, warf ihn jeden dritten Tag nieder und fraß alle Kraft, allen Mut aus ihm. Er wurde jetzt wirklich schwermütig und menschenscheu, so daß Tage vergingen, an denen er aus Furcht vor den Menschen nicht ins Restaurant zum Essen gehen wollte, und an anderen Tagen blieb er aus Geldmangel ohne Essen. Es war ein elendes Leben, so elend wie vielleicht nur das des untersten Proletariers. Zuweilen konnte er den ganzen Tag auf seinem Sofa liegenbleiben und im Kreis denken, in der Hoffnung, der Tod oder der Wahnsinn würden ihn befreien, doch dann kam gegen Abend der Hunger und jagte ihn hoch. Die Nacht stand bevor, und er hatte nicht die Kraft, weitere zwölf Stunden zu hungern. So lief er hinaus, schwitzte im Kampf gegen den Stolz kalten Schweiß, und dann suchte er jemanden auf, der sein Leben für diesmal rettete.

Das Rote Zimmer hatte sich aufgelöst. Die Maler waren ins Ausland gefahren; der Leutnant hatte seinen Abschied genommen und sich einem unbekannten Geschick entgegen nach Paris begeben; drei andere waren nach Amerika gefahren. Einige waren untergegangen. Die neue Betrachtungsweise und die Einsicht in die

Absurdität des Lebens hatte ihnen Abscheu vor den Tretmühlen der Gesellschaft eingeflößt und sie daran gewöhnt, das kleine Leben aus der großen Perspektive zu betrachten.

Er war jetzt völlig bankrott. Glaubte nichts, hoffte nichts, wollte nichts. Dann kam der Zufall in Gestalt eines anderen Willens und packte ihn am Kragen.

– Du mußt dich bei der Bibliothek bewerben und deinen Platz finden! sagte er.

– Meinen Platz! Es gibt für mich keinen Platz!

Hätte ihn jetzt nicht ein anderer losgeschickt und ihm Selbstgefühl gegeben, er wäre nie mehr aufgestanden. Er gehorchte blind, und dann war er wieder registriert, jetzt aber in der dicksten Oberklasse.

Weil die Bibliothek damals dem Erziehungsministerium unterstellt und gewissermaßen eine Nebenabteilung war, fand er sich eines schönen Tages aus dem Proletarierstand emporgehoben und trug den gesetzlichen Titel Königlicher Sekretär und e. o. Amanuens an der Königlichen Bibliothek. Das war zweimal königlich, und innerlich lächelte er, wenn er hörte, wie Vorgesetzte und Bürodiener ihn als königlich anredeten. Und wenn er in das Königliche Schloß ging, wo damals die Dienstlokale lagen, kam er sich wie ein Dieb vor, der dort vorbereitende Untersuchungen für einen Einbruch anstellte. Er wunderte sich darüber, daß man ihn gut behandelte, obwohl seine Anschauungen bekannt waren, doch er merkte bald, daß so kenntnisreiche Leute nicht konservativer waren als er, daß überall eine stille Skepsis herrschte, daß man aber trotzdem leben mußte, wie dick die Luft auch sein mochte, da es ja »niemand ändern konnte«.

Als er jetzt zum ersten Mal in den Bibliothekssaal kam, groß wie Berns Salon und voller Bücher, staunte er. Das war ein Meer, in das er sich kopfüber stürzen und es bis auf den Grund austrinken wollte. Angesichts dieser unermeßlichen Arbeit des Menschengeistes wurde er demütig und glaubte, hier könnten alle Rätsel des Weltgeistes gelöst werden. Wo sollte er anfangen? Zuerst ging er zu den Philosophen. Die kannte er schon, und keiner hatte dem, was Schopenhauer und Hartmann gesagt hatten, ein Wort hinzuzufügen. Er irrte von Regal zu Regal, war aber ein Buch älter als fünfzig Jahre, dann war es in die neuen schon eingegangen und überflüssig. Hier ließ sich also kein neues Wort zur Lösung des Lebensrätsels finden, das gelöst war, da man jetzt entdeckt hatte, daß der Zweck des Lebens darin bestand, das Leben zu fristen, bis der Tod kam. Blieb also nur, das Leben zu fristen. Zu diesem Zweck mußte er ein tüchtiger Bibliothekar werden und sich ein Spezialgebiet zulegen, das er souverän beherrschte und das die anderen Beamten nicht beherrschten. Und gleichzeitig wollte er ein ganz neutrales Gebiet wählen, das ihn dazu brachte, die Gegenwart zu vergessen, die niemals aufhörte, ihn zu quälen, da ja unter der Asche seiner ausgebrannten Illusionen noch immer ein Funken Hoffnung glimmte, es könne besser werden. Zu diesem Zweck begann er, sich auf gut Glück umzusehen, und da man ihm großzügigerweise einen eigenen Schlüssel für die Räume gegeben hatte, konnte er sich dort zu jeder Stunde des Tages aufhalten, die ihm beliebte.

Die neuen Titel waren mit sozialem Ansehen verbunden, und Johan bemerkte bald, wie altbekannte Gesichter einen neuen Ausdruck annahmen, doch er war zu klug, um den ehemaligen Widersachern ein gewisses Recht abzusprechen. Früher war er ja Proletarier gewesen und hatte sich in der Gesellschaft, die sie bewunderten und hochachteten, als untauglich erwiesen, warum sollten sie ihm dann nicht Verachtung erweisen? Von ihrem Standpunkt aus war das schließlich ganz konsequent. Jetzt war er etwas, und jetzt nickte man freundlich: Willkommen bei uns! Er bemerkte nun auch, daß dies seiner Person gleichsam ein wenig Macht verlieh. Saß er zum Beispiel allein am Ausleihetisch und es kam irgendein Forscher, ein Professor aus Uppsala, ein höherer Beamter, und er mußte ihn bedienen, dann war es fast so, als stehe er über dem Bittsteller, der um eine Auskunft oder ein Buch bat. Kaum ein Bibliotheksbenutzer ließ sich nicht düpieren, zuerst vom Schloßgebäude und dann von den Büchern. Alle sahen mehr oder weniger demütig aus, wenn sie den inneren Raum betraten.

Und das soziale Ansehen brachte vornehme Bekanntschaften mit sich, selbstverständlich, und Kredit in Geschäften, und einen Arbeitsmarkt. Er lebte jetzt von Zeitungsartikeln und Übersetzungen und machte sich mit seiner Rolle als ordentlicher Beamter so vertraut, wie er konnte.

Eines Tages stieß er auf des gesuchte Opiat, und es erwies sich als von ausgezeichneter Qualität. In der Handschriftensammlung fand er zufällig eine Sammlung chinesischer Bücher. Da es sich um gedruckte Bücher handelte, durften sie nicht unter den Handschriften stehen. Er meldete sie daher zum Umstellen an.

– Stellen Sie sie um, antwortete der Vorgesetzte, und katalogisieren Sie sie, wenn es Ihnen Spaß macht.

Das Wort fiel auf fruchtbaren Boden, und Johan stürzte sich auf die chinesische Sprache. Bereits das eigenartige Äußere der Bücher, der gelbe Umschlag, gelb wie südländischer Sonnenschein, und die schönen großen Schriftzeichen, die er nicht verstand, die aber Gedanken von Menschen ausdrückten, zogen ihn an. Das vom Westen weit entfernte Wunderland, das Vaterland der Weisen, das farbenfrohe Leben, die immer trächtige Natur packten ihn, und er ertränkte sich, seine Hoffnungen und seine Verzweiflung in dem beruhigenden, moschusduftenden Studium. Nach einem halben Jahr kopfzermarternder Studien lieferte er nicht ohne eine gewisse Siegesfreude den Katalog ab. Er war Sinologe und hatte für die chinesische Sprache das ausschließliche Privileg.

Dann erweiterte er den Gegenstand und versuchte, ihn auf vielerlei Weise mit Schweden in Verbindung zu bringen, indem er in der chinesischen Literatur Angaben über Schweden und die Schweden und in der schwedischen Literatur Angaben über China und die Chinesen suchte. Das Resultat bestand in einem Mémoire, das im Französischen Institut vorgetragen wurde, Korrespondenz mit Sinologen auf der ganzen Welt, einer Medaille und der Mitgliedschaft in einer gelehrten Gesellschaft. So gelang es ihm nach und nach, sich einen gesunden Idiotismus zuzulegen, der alle Intelligenz ernstlich zum Erliegen zu bringen drohte, und er kam auf seinem neuen Ochsenpfad so weit, daß er mit einem russischen Orden liebäugelte, nach dem er nur die Hand hätte ausstrecken müssen, als die Ereignisse seinen langen Schlaf unterbrachen und ihn auf die Bahn warfen, die seine war. Die Zeit war reif, die Verhältnisse hatten sich geändert. Ein Unwetter begann sich zusammenzuziehen, und einige Donner in der Ferne kündigten das Erdbeben an, das nicht ausbleiben konnte.

*

Zu allem Unglück hatte er schon seit seinem Eintritt in die Morgenzeitung eine Geliebte. Er war ihr auf einer Orgie begegnet, die von den Freunden und ihren Geliebten abgehalten worden war. Weil Johan und sie die einzigen Einzelpersonen waren, wurden sie zusammengeworfen. Sie nannte sich Frau, war angeblich verheiratet, jedoch kinderlos, und ihren Mann bekam man nie zu Gesicht. Er treibe sich mit anderen Mädchen herum, hieß es. Es gab also weiter keine Hindernisse für die Beziehung, und sie kam ohne die geringsten Schwierigkeiten zustande, zumal ein Widerstand fast nicht vorhanden war. Es begann unsentimental und ohne jeden Idealismus. Doch aufgrund der großen Bildungs- und Meinungsunterschiede gab es recht wenig Berührungspunkte. Sie wollte sich jeden Tag amüsieren und erschien so oft in Johans Wohnung, daß sie seine Arbeit behinderte. Schließlich hatte er das Ganze satt, wollte aber nicht Schluß machen. Er schickt darum einen Kollegen, der seine Rolle übernehmen und ihn befreien soll. Dies gelingt bei der ersten Attacke, und damit wäre die Angelegenheit erledigt gewesen. Doch als er die Nachricht erhielt, daß der Kollege seine Mission ausgeführt hatte, erwachte die Eifersucht oder was immer es war, und er geriet außer sich. Er fühlte sich mit dieser unbedeutenden Frau verwachsen und war verzweifelt. Sucht sie wieder auf; repariert die Beziehung und begibt sich in eine schmachvolle Sklaverei, weil sie jetzt sah, daß sie unentbehrlich war. Er zerrte an seiner Kette, die jetzt schwerer war als zuvor, weil sie schändlich war.

In einem Anfall von Wut beschließt er, sich zu rächen und sie spüren zu lassen, was es heißt, verstoßen zu sein. Zu diesem Zweck erdichtet er einen Brief, in dem er erklärt, er sei sie leid und habe sich bereits in eine andere verliebt. Die Wirkung blieb nicht aus. Sie kommt ins Zeitungsbüro, drängt ins Zimmer, weiß wie eine Leiche, entstellt von Eifersucht, und krank. Mitleid ergreift ihn, und er begleitet sie hinaus. Sie nehmen den Dampfer nach Djurgården. Sie weint und behauptet, sie liebe ihn. Sie bittet um die Gnade, ihn treffen zu dürfen; sie werde treu sein und seine Sklavin. Sie küßt seine Hände und kriecht vor ihm. Das Ergebnis ist eine neuerliche Versöhnung. Doch als er dann als Beamter in die Bibliothek eintrat, stellte er eine erneute Veränderung fest. Jetzt, da er Aufstiegschancen zeigte, erwachte in ihr die Furcht, ihn zu verlieren, und ihr Unterklasseninstinkt mahnt sie, ihn unten zu halten. Er wiederum versucht, sich an Land zu retten, indem er eine Gelegenheit sucht, einer großen und reinen Neigung zu begegnen. Darunter verstand er ein Mädchen von seinem Stand und seiner Bildung, mit der er sich verloben und später verheiraten konnte. Trotz aller Skepsis existierte sie noch, die Madonnenverehrung, und er sah in einer solchen Verbindung seine Rettung. Nicht weil er glaubte, eine Frau finden zu können, die seine Gedanken verstand, es gab ja kaum einen Mann, der das konnte, doch jedenfalls sollte es eine Frau sein, die, die – was? Die in ein Pensionat gegangen, unschuldig, unerreichbar war, wer weiß, was sonst noch alles? In der Liebe ist der Mann Aristokrat, wenn auch nicht so sehr wie die Frau. Er kann sich mit jeder verheiraten, aber nur eine aus derselben oder aus einer höheren Klasse lieben. Was beweist das anderes, als daß das Klassenvorurteil sich so eingenistet hat, daß es zu einem unbewußten Auswahlkriterium geworden ist, als er die Gattung fortsetzen will. Statt eine kräftige Mutter zu suchen, sucht er eine auf der gesellschaftlichen Skala Höherstehende. Darum werden nicht höher entwickelte Menschen, sondern besser angepaßte Gesellschaftsmitglieder geboren, was zur Folge hat, daß die Gesellschaft an Kraft gewinnt, die Gattung aber verliert. In eine Frau mit derben Formen, häßlichen Nägeln oder großen Füßen konnte er sich nicht verlieben. Zu der Frau, die er lieben würde, wollte er aufsehen. Was sollte auf-sehen bedeuten? In bezug auf die Intelligenz konnte keine Frau über ihm stehen. Also wollte er zu Schönheit, Herkunft, Stellung, Vermögen, dem Unerreichbaren aufsehen? Also sozial auf-sehen. Doch zu seiner Vorstellung von einer Frau, die es wert war, geliebt zu werden, gehörte auch: Weiblichkeit, Mütterlichkeit, die Dinge eben, zu denen der Mann aufsah, weil er sie nicht besaß und nie bekommen konnte, das Komplement, das, worin die Frau dem Mann überlegen war. Die Geschlechterdifferenzierung, die in unserer Zeit im Begriff ist, von entsexualisierten Individuen getilgt zu werden, tendiert zur Degeneration. Wenn die unterschiedlichen Eigenschaften nivelliert werden, wird die Gattung herabsinken, und jeder Versuch einer Gleichstellung, bei der man die Frau dem Mann angleicht, wird die Geschlechter nur noch weiter voneinander entfernen, und erst dann wird die Frau dem Mann unterlegen sein. Zumindest die Evolutionisten sollten dies einsehen, doch die haben sich als erste in diese Verirrung verrannt.

Als indessen Johans Geliebte erneut versuchte, die Oberhand zu gewinnen, indem sie untreu war, beschloß er, sich in eine große Leidenschaft zu stürzen und zu diesem Zweck nach einer langen Trennung seine Schwestern zu besuchen, die jetzt erwachsene Damen waren und in ihrem Bekanntenkreis erwachsene Mädchen hatten.

Es war an einem Samstagnachmittag im August, als er sich gerade zu einer Fahrt nach Drottningholm umkleidete, wo seine Familie wohnte. Es klopft an der Tür, und er öffnet der Geliebten, die in Gesellschaft eines männlichen Bekannten eintritt.

– Wohin willst du? fragt sie.
– Zu meinen Schwestern nach Drottningholm!
Beim Wort Schwestern horcht sie auf, und ihre Augen blitzen.
– Die hast du früher nie besucht, sagte sie.
– Nein, aber jetzt!
– Wo wohnen sie eigentlich?
– Auf Drottningholm!
– Sind dort viele Sommergäste?
– Viele!
– Und auch junge Mädchen?
– Ja, sicher!
Er sah im Spiegel, daß ihr Gesicht Schmerz ausdrückte, unheimlich, wild, wie bei einem verletzten Tier.
– Kannst du nicht bei uns in der Stadt bleiben? fragte sie bittend.
– Nein, das kann ich nicht. Entschuldigung, aber jetzt muß ich zum Dampfer!

Sie bat und bettelte, und der Freund spielte den Edelmütigen und half mit. Johan empfand Mitleid mit ihr. Das war die Verzweiflung der Unterklasse darüber, daß es ein Gebiet gab, das unerreichbar blieb. In diesem Punkt litt er mit ihr, und er vergaß einen Augenblick, daß er ihr Sklave gewesen war und sie auf ihm herumgetrampelt hatte. Doch er blieb tapfer und ging. Sie begleiteten ihn die Straße hinunter und baten, er solle bleiben.

Bei der Norrbro schließlich versuchte sie zu drohen.

– Wir gehen jetzt nach Djurgården, sagte sie.

– Geht nur, sagte Johan, auf Wiedersehen und viel Vergnügen!

Sie trennten sich. Als er in Drottningholm ankam und die Schwestern sah, fühlte er sich wie befreit. Der Park, das Schloß, die Seen, die Haine hatte er das letzte Mal als Kind gesehen, und wie immer wirkte dieses äußere Medium so, daß alte Gedanken, Vorstellungen und Gefühle hochkamen. Der Glockenturm stand noch dort, und jetzt läutete er wie damals, als er zum ersten Male vom Klara Kirchhof zur Sommerfrische hierhergekommen war, den Sonntag ein. Dort oben auf dem Kvarnbacken stand das weiße Haus; doch die Mutter war nicht mehr da. Alles war genauso schön, sauber, luftig, er aber fühlte sich, als komme er aus dem Schmutz. Was bedeutet das Wort Schmutz? Die körperliche Liebe außerhalb der gesellschaftlichen Gesetze ist schmutzig geworden, die Armut ist als schmutzig abgestempelt worden, die Freiheit von Aberglauben und Vorurteilen hat das Aussehen von Schmutz angenommen. In welchem Schmutz war er sonst gewesen? Das war ein schwerer Rückfall in Kindheit und Vorurteile! War die Mutter rein gewesen, war die Glocke der Pagode, die zu Abgötterei und Fetischismus rief, heilig gewesen, waren seine selbstsüchtigen, kleinlichen, geilen Kindheitsgedanken rein gewesen? Gewiß nicht! Jetzt aber schien es so.

Und als er seine Schwestern sah, von denen die älteste der Mutter ähnelte, empfand er für diese jungen Frauen ein so reines Gefühl, daß er alle Gefühle für andere Frauen für unrein hielt.

Er unterhielt sich mit ihnen über ihre Bekannten und erfuhr, daß ein Mädchen, für das er in der Jugend geschwärmt hatte, noch Zuneigung zu ihm hegen sollte. Wirklich! Und jetzt stieg ihr Bild auf, jung, schön und vor allem rein. Er fühlte sich als Sünder, als Schuft, und sie, die er so lange Jahre nicht gesehen hatte, wollte er anbeten.

– Wo fand man sie?

– In Stockholm, und jeden Dienstag besuchte sie die Vorträge an der Musikakademie.

Er werde dorthin kommen!

– Ja, tu das, dann sehen wir uns.

Johan kehrte ruhig, stark und von heiteren Gedanken erfüllt in die Stadt zurück. Es war, als sei alles von ihm gewichen. Sollte sie nur kommen, dieser böse Engel, er würde sie zurückschlagen. Er mietete ein Klavier, begann zu spielen und zu singen, und kaufte sich Heckenrosen für einen Fenstergarten. Und dann nahm er sich den Abtrünnigen vor, um ihn umzuarbeiten. Er hatte die alte Geliebte nach der Trennung mehrere Tage lang nicht gesehen, als er an einem Montagabend durch den Berzeliuspark ging. Er begegnet einer Gruppe von Damen und Herren, die betrunken und laut waren. Am Arm eines langen Artillerieoffiziers hängt sie, seine Geliebte. Als sie Johan bemerkt, dreht sie sich nach ihm um und lacht aus vollem Hals. Das war ihm unangenehm, doch er setzt seinen Weg ziemlich gelassen fort. Am folgenden Nachmittag, als er sich umkleidete, um zur Musikakademie zu gehen, klopfte es wieder ein kleines Doppelklopfen (zwei Doppelte, wie man sagte); Johan öffnete einen Spalt und antwortete zwei grünen Stecknadelkopfaugen: empfange nicht! Dann verriegelte er. Jetzt erhob sich im Flur ein merkwürdiger, komplizierter Lärm. Zuerst klopfte es weiter. Dann wurde es still. Dann knallte die Wohnungstür zu, als sei jemand für immer gegangen. Dann wurde sie wieder geöffnet, und nun wurde wütend an die Innentür geklopft. Die Mamsellen von gegenüber kamen heraus; Worte wurden gewechselt, und dann wurde es still.

– Sie wollte sehen, wie es mir nach der gestrigen Begegnung geht! dachte Johan.

Dann kleidete er sich an und ging hinaus. Doch als er ein Stück die Straße entlanggegangen war, holten ihn zwei kurze trippelnde Schritte ein.

– Wann kann ich dich treffen? fragte sie, halb triumphierend, halb bittend.
– Nie! antwortete er und kehrte ihr den Rücken.
Sie folgte ihm, die Arsenalsgatan hinunter; zunächst mit erlöschender Stimme bittend; schließlich Schimpfworte ausstoßend wie ein Straßenmädchen. Jetzt war freilich Schluß, und atemlos und erregt kam er in den Saal der Akademie, wo er die Schwestern traf und die erblickte, die er bereits anbetete.
Damit war diese Liebesgeschichte zu Ende. Sie hatte aus vielen Episoden bestanden, darunter einigen für den Liebhaber weniger ehrenvollen. So hatte er in einem Anfall von Eifersucht, als seine Erniedrigung am tiefsten gewesen war, an den Mann geschrieben und ihn gebeten, auf seinen Schatz ein Auge zu haben, wobei er den Ort angab, wo er die Falsche auf frischer Tat ertappen konnte. Das war schäbig, doch es hatte in jenem Augenblick keine andere Möglichkeit gegeben, sich zu rächen. Jetzt aber war es vorbei, und er war froh, von einer in jeder Hinsicht schändlichen Verbindung befreit zu sein, in der er sogar die Rolle des Diebes gespielt hatte, da er von der Frucht eines anderen nahm, auch wenn er nicht der Verführer gewesen war. Für die Frau entstand kein Schaden, denn sie hatte die Liebe ursprünglich als ihre Laufbahn gewählt, fühlte sich damit wohl und war eine genußsüchtige »mangeuse d'hommes«. Eigentümlich, offenbar aber nicht ungewöhnlich war, daß er auf den Mann niemals eifersüchtig war, seiner Geliebten aber die ganze Zeit treu. Was also ist Eifersucht? Ernest Feydeau hat in dem bekannten Roman Fanny einen Liebhaber geschildert, der auf den Mann eifersüchtig ist, doch der bleibt als eine lächerliche Figur auf dem Balkon sitzen.
Hätte er nun Anlagen zum Frauenhasser gehabt, hätte er natürlich nie wieder eine Frau angesehen und das ganze Geschlecht verurteilt, doch er war Frauenverehrer, und darum schloß er sich sofort einer anderen an.
Die Frucht seiner akademischen Vorträge war eine brennende Flamme. Er sah sie und liebte sie. Tat er das wirklich? Oder dichtete er? Nach einiger Zeit, nachdem er sie mehrere Male gesehen hatte, sandte er den folgenden Brief ab, der um die Eröffnung einer

Bekanntschaft ersuchte. Der Brief ist an einigen Stellen geziert, wirkt an anderen aufrichtig und ist im übrigen charakteristisch für die teufelsverehrende Verzweiflung der Nachromantik, die in der Frau die Retterin und den Engel sah. Es gibt eine ganze Gruppe, wenn man nicht behaupten will, dies gelte für alle, von Liebhabern, die das Herz einer Frau zu gewinnen suchen, indem sie sich als vom Teufel Besessene präsentieren, um bei ihr Erlösung zu erbetteln. Daß es sich um unbefriedigten Trieb handelte, der um Erhörung bettelte, ist sehr unwahrscheinlich und müßte untersucht werden. Eine jüngere Generation, die den Glauben an Gott aufgegeben hat, hat den Frauenkult beibehalten. Ist es die Mutter, der Ursprung (= Gott), den sie anbeten, oder sind sie in diesem Punkt Idealisten? Die Schwierigkeit für die jungen Männer der Oberklasse, eine Geliebte aus derselben Klasse zu finden, ist immer groß gewesen, und darum hat die Verachtung der Hure und die Überschätzung der Tochter aus guter Familie in derselben Proportion zugenommen. Er sucht eine ebenbürtige Frau, um sich zu komplettieren, doch da erscheint das ökonomische Problem auf der Bildfläche und stellt sich dar wie das Rätsel der Sphinx: antworte oder stirb! Bewußter Kulturmensch, der alles durchschaute, suchte er in ihr jetzt das Unbewußte, mit dem er in neuer Auflage noch einmal die »güldene« Kinderzeit erleben konnte. Das zerrissene Band zwischen sich und der Mutter wollte er wieder knüpfen, denn der Mann kann ohne die Frau nicht leben, die Frau aber sehr wohl ohne Mann. Er wollte eine Auffrischung der Naturkraft von ihr und ihr seine Gedanken zurückgeben – falls sie sie haben wollte. Er wollte ihr Gefühlsleben mit seinem Kopfleben verbinden und damit einen vollständigen Menschentyp schaffen. Oder glaubte er das vielleicht nur? Kurzum, er schrieb seinen Brief, vorsichtshalber in der Form von Briefen an einen Freund abgefaßt, damit er sich für den Fall der Rücksendung nicht der Ablehnung eines Heiratsantrags aussetzte.

»*Auszüge aus einem Brief an den Freund X.*

Dienstag, den 20. April 1875
Heute war der erste Frühlingstag. Ich ging aus der Stadt, wo es still, einsam und häßlich ist, wo nicht ein Baum dem Auge, welches den Himmel = das Nichts sucht, die Aussicht trübt, wo nicht ein Busch an eine Schlange, nicht eine Blume an einen Dorn erinnert, wo nicht die Vögel Spottlieder auf die Boshaftigkeit des Schöpfers singen und den lähmenden Gedanken an ein höheres Wesen wecken, und wo ein Verzweifelter fühlen kann, wie das Herz der verwüsteten Natur gegen sein eigenes schlägt. Alles war zerstört, denn die Sonne schien, und es war Frühling. Du hast mir die Freude des Winters nicht gegönnt! Warum durfte ich das Dunkel nicht behalten, das Dunkel für meine Gedanken, das Eis für mein Herz; was haben die Vögel hier zu suchen? Ich möchte sie alle miteinander in einen großen Käfig setzen und ihnen Safranbrot geben, daß sie stürben; wäre ich Gottes Sohn, würde ich meinen Vater bitten, mir einen Korb zu machen, so groß, daß er alle diese Hummeln und Bienen faßte, die dort oben in der Weide lärmen, und sie dann mit schlechtem Tabak totrauchen; man gibt dem einen Dukaten, der die erste Lerche schießt – hundert für die erste und das Doppelte für die folgenden – und dann die unglückseligen Schmetterlinge, die einen ganzen Tag mit dem Leben kämpfen müssen – hätte ich dabei sein dürfen, sie zu erfinden, hätte ich sie mit Insektenpulver auf den Flügeln zur Welt kommen lassen, statt des so gepriesenen Staubes – warum gibt es keine staatlichen Mittel für Insektennadeln – warum läßt nicht die Intendantur Wiesen und Wälder von Unkraut befreien – warum wird der Verkauf von Leberblümchen nicht bestraft wie das Betteln – warum muß der Himmel so abscheulich blau sein, wenn es auf der Erde so viel Schmutz gibt – Genug!
Es wurde Mittag!
Werde ich nie aufhören zu hetzen wie ein wildes Tier, werde ich in meiner unruhigen Seele nie Frieden finden, wann werden die Bosheit und die Mißerfolge nachlassen! Du kennst meine Vergangenheit! Ich habe keine Kindheit gehabt; was weiß ich von der Freude der Jugend? Es gibt keine Erinnerung, bei der ich mich in

dunklen Stunden ausruhen kann, und dennoch besitze ich zuviel Lebenskraft, um die Entscheidung zu treffen, nicht mehr zu existieren! Ich wurde müde und wollte zu schlafen versuchen. Es war früh am Nachmittag. Unruhige Träume quälten mich – ich stürzte hoch – ich mußte hinaus – es war ein entsetzliches Gefühl der Einsamkeit – ich fürchtete mich vor dem Dunkel, obwohl die Sonne hoch am Himmel stand. – Wohin sollte ich gehen? – ich mußte ins Gewimmel hinaus, unter Menschen, gleichgültig welche. Da fiel mir ein, daß ich eine Karte für die Vorträge in der Musikakademie hatte, wohin mitzugehen ich meiner Schwester versprochen hatte, wo ich aber noch nie gewesen war. Es quälte mich, zwei glückliche Menschen zu sehen! Ich eile dorthin! Noch nicht richtig durch die Tür gekommen, empfinde ich diese schreckliche Angst, die mich befällt, wenn ich unter viele Menschen komme – ich will umkehren, als ich jemanden sehe, der mich grüßt. Es war ein junges Mädchen. Linkisch wie immer erwidere ich den Gruß, vergesse aber nicht nachzusehen, ob auch sie mir dieses spöttische Lächeln zukommen läßt, an das ich so gewöhnt bin – denn alle Mädchen glauben, ich sei verrückt, und lachen darum über mich! Nein, mein Gott! ich begegnete nur zwei freundlichen Blicken, die so mild schauten, daß es mich in die Seele schnitt! Ich erkannte sie, und ich schämte mich! Es ist zehn Jahre her, daß ich mit ihr gesprochen habe, oder sind es acht? – Erinnerst Du Dich, daß ich einmal, als ich in alten Erinnerungen kramte, von dem kleinen Mädchen in *** erzählt habe, das ich Sommer für Sommer dort draußen unter den Kiefern aufwachsen sah, und daß ich sie, seit sie erwachsen ist, nie mehr gesehen habe! Es gibt also eine Erinnerung, bei der ich verweilen kann! Wie schwer wären sie gewesen, diese schönen Sommertage, als ich mit diesem schrecklichen Jungen eingesperrt war, hätte ich nicht dies kleine Kind gehabt, um von ihm Geduld zu lernen. Sie hatte eine kleine Schwester, der sie Mutter sein sollte – die armen Kinder hatten keine Mutter. – Nie wurde sie ihrer überdrüssig oder böse auf sie, stets war sie diejenige, die zwischen den anderen Frieden stiftete. Im letzten Sommer, da war sie kein Kind mehr, und wie schön sie war! Ich kann mich nicht erinnern, daß ich mit ihr gesprochen hätte, obwohl ich täglich im Hause war – ich wagte es nicht, und sie antwortete so kurz – ich war schüchtern und muß sie wohl erschreckt haben. Wie oft wurde ich von dem lieben alten Mann gescholten, wenn ich beim Puffspiel nicht aufpaßte! Das war ihretwegen, doch das wußte niemand! Und dann ging ich in die Welt hinaus und vergaß das Ganze, und dann kam eine andere und dann noch eine andere, die mir so weh tat – aber das geschah mir recht! ...

Ich ging in den Saal hinein – ich hatte vor den vielen Leuten überhaupt keine Angst. Ich war nicht mehr einsam; mir war wohl zumute: man sang, ich hörte nicht, was; es wurde mir so weich und warm ums Herz, und ich schämte mich meiner Schwäche nicht! Der Saal lag im Halbdunkel, doch durch das Dunkel sah ich etwas Lichtes, es war ihr bleiches Gesicht mit den reinen, sanften Zügen – sie war schwarz gekleidet; hatte sie Trauer oder trägt sie an einem Kummer? Es liegt eine solche Wehmut um ihren Mund; auf der Brust trug sie ein Stahlkreuz; jetzt wandte sie das Gesicht ab, doch das Kreuz strahlt und funkelt im Licht der Lampen; warum ist es ein Kreuz und kein Stern? Welch eine Musik zieht jetzt durch den Raum – ich wage die Sängerin nicht anzusehen – sie ist vermutlich abscheulich; ich wage nicht auf die Worte zu hören, sie sind bestimmt einfältig – ein schrecklicher Mensch beugt sich vor und deckt alles zu, und es wird wieder dunkel, so nächtlich dunkel; aber wieder blitzt es auf, das Dunkel verschwindet, und ich begegne ihren Blicken! ...

Ich ging erschüttert, glücklich, verzweifelt nach Hause! Es sang in der Luft, es jubelte im Herzen, alle bösen Gedanken wichen, ich fühlte mich so schlecht und wollte wieder gut werden. Ich warf mich auf mein Sofa und weinte – zum ersten Mal in sechs langen, schrecklichen Jahren. Gesegneter Frühling!!

Sonntag, den 25. April
Welche Tage habe ich erlebt! Ich lebe wieder! Heute morgen nahm ich ein Doppelfenster heraus und ließ die Frühlingsluft hereinströmen! Das Eis auf der Bucht dort unten war fort, und die Sonne schien so herrlich! Alle Glocken klingen über die Dachgiebel jubelnd zu meinem Mansardenfenster hinauf – der Wind flüstert

etwas hinter der Gardine – die Wetterfahne, welche mich den ganzen Winter mit ihren Klageliedern ermüdet hat, quietscht so munter in ihren Haken – unten im Hafen flaggen die Schiffe, alles ist Freude und Sonnenlicht und Frühling, und wieder höre ich die wunderbare Musik, die jubelnd in meinem Herzen singt, meinem vor der Zeit alten, vertrockneten Herzen!!!

Und ich ging hinaus – nicht dorthin, wo es so abschreckend öde und häßlich ist, nein, in die Haine, wo die Blumen darauf warten, Pfingsten zu feiern – und ich suchte unter dem trockenen Laub ein Leberblümchen, und ich küßte es, und ich segnete es und flüsterte ihren Namen!!!

Und ein Laubsänger saß im Haselbusch, und er fragte nicht, ob ich mich nicht schämte! Oh, du liebenswerter kleiner häßlicher Vogel, du, der du so schön singst und zu dem ich so voller Bosheit war, hör mich an, ich will dich ein Lied lehren, das Steine erweichen wird; doch beeil dich, denn der Sommer ist kurz! Setz dich dort auf den Zweig; jetzt kommt der Wind, und ich flüstere!!! – – – Aber jetzt darfst du noch nicht davon erzählen! Im Herbst, wenn du von uns fortfliegst, oh, dann darfst du es über Meer und Land singen; vielleicht wird es dann ein Trauergesang auf eine begrabene Liebe, vielleicht, vielleicht! . . .

Dienstag, den 27. April

Ich habe sie wieder gesehen! Warum ist nicht jeden Tag Dienstag?

Dienstag, den 4. Mai

Man hat mich durchschaut! Man findet mich so verändert; man hat mich in der -gatan gesehen, wo ich nichts zu suchen habe, wie es heißt, wo ich aber einen Freund entdeckt habe, der Nummer fünfzehn wohnt. Man hat mich in einem Blumenladen gesehen, wo ich eine Azalee, eine Heckenrose, ein Stiefmütterchen, ein Vergißmeinnicht und eine Reseda gekauft habe. Die Nachbarn können nicht schlafen, denn der Königl. Sekretär hat sich ein Klavier besorgt und singt.

Oh, ich verabscheue diese Vorträge, wo man vor einem Haufen netter, aber unerträglicher Menschen ausbreiten soll, was man am allerheiligsten hält!

Wie soll ich sie dann sehen, mit ihr sprechen können! Letztens – warum habe ich ihr nicht in den Mantel geholfen – ach, ich habe solche Angst, mich lächerlich zu machen. Ich machte mir in der -gatan zu schaffen – sie war in Begleitung, ich überholte sie am Kungsbacken, ich kam mir so schüchtern vor, wie kein junges Mädchen es gewesen wäre!

Jetzt kommt das Schreckliche! Ich habe erfahren, daß sie eine junge Dame à la mode ist, von allen jungen Herren umschwärmt; daß sie schon verschiedene Angebote zurückgewiesen hat, daß sie kalt ist! Aber, mein Gott, soll ich mir denn mehr als den anderen zutrauen? Ach, wenn sie mich nur kennte, wenn sie nur wüßte, was sie für mich ist und war, sie würde nicht wollen, daß ein Mensch verlorengeht – ja, ich fühle, wenn dies zerbricht, dann sinke ich wieder hinab.

Ich bin jetzt eine Zeitlang so glücklich gewesen – das bedeutet Unglück!

Sonntag, den 9. Mai

Kann das wahr sein? Wenn es so wäre, hat es doch etwas zu bedeuten? Ich war heute bei den Schwestern. Ich erhielt einen Brief, oder ich nahm einen Brief, datiert vom 6. Juni 1873, von Jenny S. an meine Schwester. Ich wage nicht zu sagen, was er enthielt, erinnere mich aber an einen Vers von Heine. Denk Dir nur, wenn der Gottlose etwas meinte, als er damals folgendermaßen schrieb:

> Sie liebten sich beide, doch keiner
> wollt' es dem andern gestehn;
> Sie sahen sich an so feindlich
> und wollten vor Liebe vergehn.
>
> Sie trennten sich endlich und sahn sich
> nur noch zuweilen im Traum;
> Sie waren längst gestorben
> und wußten es selber kaum.

Die Adresse hat *sie* geschrieben: ** ***.

Ich werde heute nacht ungewöhnlich lange wach liegen und lesen ...

Weh mir, wenn sie wüßte, daß ich diesen Brief gelesen habe.

Eine Frau verlangt immer, daß ein Mann glaubt, er werde verabscheut von der, die er liebt!

†   Dienstag, den 11. Mai

Sie war nicht dort! Wenn ich wüßte, warum! Die Schwester sagt, daß nur noch ein Vortrag stattfinden wird. Stell Dir vor!

Das hat mich auf ernste Gedanken gebracht. Etwas muß geschehen! Was? Soll ich ihren Bruder, meinen alten Schüler aufsuchen, ihm sagen, was ich auf dem Herzen habe – oh! er würde es niemals weitergeben können, wie ich will! Sie verkehrt bei meiner Cousine! Dorthin gehe ich unter keinen Umständen! Sie hat einen Vormund! Da kommt der wunde Punkt! Ihr Vormund hat kein Recht über ihr Herz, und ich kann ihr ja keinen Antrag machen, weil sie mich nicht kennt. Ich will ihre Bekanntschaft machen, es liegt bei ihr, mich abzulehnen! Verhaßte Gesellschaftsgesetze verbieten mir, sie aufzusuchen, ihre Wege auszuspionieren, und ich hasse alles, was krumm ist. Soll ich also die Hände in den Schoß legen und alles laufenlassen? Nein, ich breche die Gesellschaftsgesetze, geflickt werden können sie immer! Sie muß wissen, daß ich sie liebe, nicht als Jüngling, sondern als Mann, das heißt fürs Leben! Aber wie? Tod und Verzweiflung!

Dienstag, den 18. Mai

Zum letzten Mal vielleicht! Oh, es ist, als habe man mir das Herz aus der Brust gerissen! Sie saß heute da und zeigte ihren Freundinnen einen Brief. War es einer von denen, worin ... Sie sieht nicht grausam aus; nur schlechte Naturen können mit heiligen Dingen spielen!

Hat sie mich durchschaut? Nicht ein Blick im Augenblick des Abschieds, der mir eine Hoffnung gibt, von der ich leben könnte! Liebt sie einen anderen?!

Ich habe meinen Entschluß gefaßt. Man hat kein Recht, an ein junges Mädchen zu schreiben. Nun gut, ich schreibe an einen anderen, den unbekannten Freund, den ich vergebens gesucht, aber nie gefunden habe, und sie muß es lesen! *Schickt sie diesen Brief nicht bis Samstagabend, den 29. dieses Monats zurück, habe ich das Recht, sie aufzusuchen, wo immer auf der Welt es sein mag, dann hat sie erklärt, daß sie mich nicht verabscheut, daß sie keinen anderen liebt, daß sie mir gestattet, ihre Bekanntschaft zu machen – und nicht mehr.* Anderenfalls, dann – Gott helfe mir!

Den 24. Mai

Du hast jetzt meinen Brief gelesen, mein unbekannter Freund, und dann antwortest Du mir nur mit der prosaischen Frage, ob ich heiraten kann, denn Du weißt, daß man in meinem Alter nicht lange verlobt ist. Ja, antworte ich! Meine ganze frühere Arbeitskraft ist wieder erwacht, und mit ihr und dem frohen Mut schwinden die Mißerfolge. Ich bin extra ordinarie Amanuens in der Königlichen Bibliothek, ich bin Pensionatslehrer, Literat und habe vor, Schriftsteller zu werden. Du erinnerst Dich, wie ich vor drei Jahren den Fünfakter Ein Abtrünniger zusammenschrieb, der mein Gesellenstück werden sollte; Du weißt, wie mich die kleinlichen Kritteleien des Königl. Theaters verärgerten und wie ich im Zorn die Arbeit beiseite warf, obwohl ich wußte, daß es von mir abhing, ob es aufgeführt wurde, ob ich nämlich die nötigen Änderungen vornehmen wollte. Jetzt habe ich mit neuen Kräften die Arbeit aufgenommen, und wie anders sehe ich jetzt die Dinge! Das, was fehlte, diese Innerlichkeit, diese Liebe, wie ihr es nanntet und was ich nie verstehen konnte, sie – ja, jetzt weiß ich, was das ist – und jetzt muß ich das Stück umarbeiten – in Versen. Übermorgen werde ich es *** vorlesen – er muß es verstehen, denn er hat viel gelitten. Du siehst, daß meine Zukunftsillusionen die Unterstützung der Wirklichkeit besitzen!

Weiter fragst Du mich, woher ich weiß, daß ich liebe. Was versteht man unter Glauben in der Religion? Nicht ein Festhalten an gewissen Lehren, sondern eine solche Umwandlung des Menschen zu einem Besseren, daß er nicht mehr der ist, der er war! So ist meine Liebe! Glaubst Du, ein schönes Gesicht hätte diese Wiedergeburt bei mir bewirken können? Glaubst Du, zwei blaue Augen könnten Klarheit in den Sinn des Zweiflers bringen, ein hartes Gemüt züchtigen, den Haß von Jahren schmelzen, den Spott zum Verstummen bringen, den Lästerungen Schweigen gebieten, den Glauben an die Menschheit wiedererwecken, neue Kräfte zur Tätigkeit rufen und einem unseligen Geist Frieden geben? Nein! Ein Schwert ist durch meine Seele gegangen, es ist Gott, der sie gesandt hat, ein Leben zu retten, das ist mein inniger Glaube, und aus ihm habe ich gewagt, was ich gewagt habe!

Falls Du am Samstagabend meine Adresse brauchen solltest, sie folgt hier.«

*

Es liegt etwas Kindliches in diesem ganzen Brief, und er klingt wie Reue über den Zweifel, wie Sehnsucht zurück zum Unbewußten. Wenn ein Kamerad aus dem Roten Zimmer ihn hätte lesen können, er hätte gesagt: was für ein falscher Teufel, so dichten zu können! Ja, das ist die Frage: was ist das Wahre, und was ist das Falsche? Seine Seele war wie die Jahresringe des Baumes: das alte Holz war noch darin, doch es war nicht zu sehen, bevor man nicht das junge, das darüber lag, abriß. Jeder Mensch, der sich zum klaren Sehen entwickelt hat, wird, obwohl er das Bewußtsein als Fortschritt empfindet, das unbewußte Gefühlsleben als verlorenen Genuß vermissen, und Bewußtsein ist Schmerz für den, der mit Halluzinationen begonnen hat. Das Bibelmärchen verbindet die Entstehung der Sünde, des Todes und des Schmerzes mit dem Essen der Frucht vom Baum der Erkenntnis. Das ist doch Hartmanns Philosophie in nuce. Junge Menschen der heutigen Zeit, die mit klarer Einsicht in die relative Nichtigkeit des Lebens aufgezogen werden, leiden nicht, denn sie vermissen nichts. Johan dagegen, ein Halbblutromantiker, vermißte den seligen Unwissenheitsrausch, in dem er aufgewachsen war. Darum konnte er lange vor dem Bewußtsein eine Jalousie herunterlassen, wieder Kind werden, spielen, wüten, glauben und hoffen und so weiter, und manchmal verlosch seine Skepsis von selbst, und auch in seinem späteren Leben war er noch lange zeitweise kindlich, was besonders dann wieder der Fall war, als er selbst Kinder bekam und täglich um sich hatte. Als Übergangsform wies er beide Artcharaktere, den des Romantikers und den des Naturalisten, auf, wie die Blindschleiche, die unter der Haut noch die rudimentären Füße der Eidechse hat. Diese Doppelnatur war der Schlüssel zu seiner Persönlichkeit und zu seiner Schriftstellerei.

Den Brief erhielt er zurück, doch die Ereignisse waren so über ihn hereingestürzt, daß er nicht die Zeit hatte, den Schlag zu spüren. Eines Tages, noch während der Freiersgeschichte, erhielt er ein Billett von einer unbekannten weiblichen Person, die ihn um ein Treffen bat, wobei sie sich als auf Reisen befindlich und als Verlobte eines seiner Jugendfreunde vorstellte. Er fand sich ein und begegnete einer jungen Dame aus guter Familie, gebildet, gut gekleidet und mit einer etwas ungewöhnlichen Art, offen, ohne dabei unweiblich zu sein. Sie wurden rasch miteinander bekannt, und um sie zu beruhigen, erzählte er ihr von seinen Freiersplänen. Sie betrachteten einander also nicht als feuergefährlich und wurden miteinander vertraut. Bald besuchten sie Theater, bald trafen sie sich in Familien, und alles war offen und aufrichtig. Doch während ihres letzten Besuches in Stockholm hatte Johan vom Ideal seinen Brief zurückerhalten. Er war Manns genug, ihr dies nicht zu erzählen, doch weil er jetzt wieder bankrott war, stürzte er sich auf die, die ihm am nächsten war. Er wollte sie nicht vom Freund weglocken, sondern er wollte sie lieben, hoch, rein, auf Distanz, hoffnungslos. Er wollte und mußte eine Frau haben, die er anbeten konnte. Anbeten, das war jetzt seine Schwäche, seit sich sein Gottesbegriff getrübt hatte. Selbst war er zu schwach, um an sich allein zu glauben, und sein Verehrungsbedürfnis, das keine Nahrung erhielt, seit er die Ehrfurcht vor allem verloren hatte, machte sich in dieser Anbetung Luft. Freunde hatte er keine mehr, und darum mußte er um jeden Preis anbeten, verehren, lieben. Als sich die Stunde des Abschieds näherte, konnte er nicht länger schweigen, sondern sagte ihr kalt und ruhig etwa folgendes:

– Wenn Sie wenigstens dem russischen Zaren gehören würden, aber nun gehören Sie einem Freund. Nehmen Sie ihn, meinen Freund, aber Sie können mir nicht verbieten, Sie zu lieben. Ich verlange nichts weiter, als Sie auf Distanz verehren zu dürfen. Muß ich ihn dazu um Erlaubnis bitten? Geht ihn das etwas an? Ich habe vor, Ihnen zu schreiben. Sie brauchen nicht zu antworten! Er darf es lesen, wenn er will!

Das fand sie lustig und originell und erwiderte nichts darauf. Und so kam der vorletzte Tag. Am Morgen erhielt er ein Billett mit etwa folgendem Wortlaut:

Ich war gestern bei einer Familie in der -gatan und habe Ihren Abtrünnigen gelesen. (Sie sind mir sicher deshalb nicht böse!) Da man dort am Theater aufs lebhafteste interessiert ist und mit Theaterleuten verkehrt, ist man sehr neugierig auf den Autor und hat mich gebeten, Sie vorzustellen, falls Sie die Familie mit Ihrer Bekanntschaft beehren wollten. Weil sie glauben, für Ihr Stück und seinen Erfolg etwas tun zu können, bitte ich Sie inständig, heute um drei Uhr mit mir dorthinzugehen.

Ihre ***

P.S. Sie müssen kommen. Es sind einfache und herzliche Menschen, die Ihnen bereits jetzt gut sind. Dies.

Darauf antwortete Johan: nein! Er war schüchtern, stolz, und wollte Menschen nicht benutzen. Zu Unbekannten gehen und über dieses und jenes reden, wenn man beabsichtigte, sie für die eigenen Zwecke zu benutzen, nein, das wollte er nicht.

Und sie mußte allein gehen.

Der letzte Tag brach an. An dem sonnigen Maimittag gingen sie über die Drottninggatan, und er bekam gerade einen Rüffel, weil er nicht gehorcht hatte, als plötzlich eine junge Dame stehenbleibt und wie eine gute Bekannte grüßt. Dann wird der Königliche Sekretär der Freifrau*** vorgestellt.

– Warum wollen Sie nicht zu uns kommen? fragte sie offen und vorwurfsvoll.

Er antwortete nicht, denn er konnte nicht irgend etwas zusammenlügen.

– Aber jetzt müssen Sie es unbedingt versprechen? schloß sie fragend.

Er versprach es, und so trennten sie sich. Seine Dame ging über die Straße, um in einem Laden Einkäufe zu machen, und er wartete draußen.

Als er sich umwandte und die Straße hinunterschaute, bemerkte er noch die feine Gestalt der jungen Frau, und unter dem blauen Schleier auf dem kleinen japanischen Hut spielten leuchtend goldblonde Haare um die weiße Halsrüsche. Er schaute ihr lange, lange nach, bis sie im Menschenstrom verschwand.

– Nun? fragte die Madonna, die aus dem Laden kam und ihm einige Pakete zum Tragen übergab.

– Wie alt mag sie sein? fragte Johan.

– Dreiundzwanzig Jahre.

– Und sie sah aus wie sechzehn.

– Ist es jetzt sicher, daß Sie hingehen? Versprechen Sie es mir?

– Ich verspreche es!

– Wissen Sie, ich bin eine alte Hexe; wissen Sie, daß alle Finninnen das sind? Und jetzt vermache ich Sie meinen Freunden in der -gatan; sie werden Ihnen gefallen, und sie werden Sie mögen. Es ist schade um die kleine Freifrau; sie hat eine unwiderstehliche Lust auf das Theater, aber sie darf nicht, wissen Sie ...

– Weswegen denn?

– Seine Stellung natürlich, oh, es gibt so viel Eitelkeit und so viele Vorurteile. Jetzt leben Sie wohl; treffen wir uns heute abend am Dampfer?

– Natürlich!

Am Abend ist er am Landungssteg, und als die Trossen rasseln und die Maschine stampft, werden die letzten Worte gewechselt:

– Leben Sie wohl! Und danke für diesen herrlichen Maimonat.

– Leben Sie wohl! Versprechen Sie, daß Sie zu ...

– Ja, ja, ja, ich verspreche es, ich gehorche ja wie Ihr Sklave! Ich *werde* hingehen!

Der Dampfer legte ab, Taschentücher winkten, und er stand allein am Strand.

Briefe

Juni 1886

An Albert Bonnier

Othmarsingen, 21. 6. 86

Bester Herr Bonnier,

Da das Leben kurz, die Kunst aber lang ist, vollende ich die Schilderung meines berühmten Lebenslaufes, solange ich in Schwung und interessiert bin. Dies hat auch den Vorteil, daß ich mich selbst erforsche, bevor ich zur Schriftstellerei zurückkehre. Beginne jetzt also Teil 3, wobei es Ihnen ziemlich freigestellt ist, den Veröffentlichungstermin zu bestimmen, jedoch in gewissen Grenzen, und ich meine, die Wirkung ist größer, wenn die Teile dicht aufeinander folgen.

Teil 3 geht von 72 bis 75[1] und endet mit dem schicksalsschwangeren Zufall, der den Helden, zu dieser Zeit Königlicher Sekretär und e. o. Amanuens, in die Norrtullsgatan 12 führte, wo er seiner künftigen Ehefrau begegnete.

Was Teil 4 enthalten wird, steht noch nicht fest. An sich sollte man aufs Ganze gehen und das so ungewöhnliche und hochromantische Drama in die Entwicklungsgeschichte einbauen, doch leider besitzt man seine Erfahrungen nicht allein, und bei einem solchen Manöver stehen Glück und Frieden vieler Menschen auf dem Spiel. Es fragt sich allerdings, ob nicht die Interessen einiger einzelner für eine so wichtige Sache wie die, daß der ganze wahrheitsgemäße Lebenslauf eines Menschen ans Licht gebracht wird, zurückgestellt werden sollte. Ich habe den Frieden meines ganzen Privatlebens geopfert und meine ganze Person den Schafen ausgeliefert, sollten da nicht auch andere für eine so gute und wichtige Sache ihren Pelz hergeben. Wie man sieht, ist mein Buch keine Ehrenrettung oder Rechtfertigungsschrift, es ist eine Seelenanalyse, anatomische Psychologie.

Meine Frau und ich haben viele Male erwogen, unseren Briefwechsel aus der Zeit des Bruchs 1876 unter dem Titel Er und Sie zu veröffentlichen, im Interesse der Kinder und unserem eigenen anonym und ohne Namen. Wenn ich jetzt diese bemerkenswerten

---

1 Die Periode des Roten Zimmers.

Aktenstücke, die einen ganzen Band füllen, wieder lese, finde ich sie schon an sich so interessant, so gut geschrieben, teilweise so schön, und so ehrenvoll für alle Teile, daß sie ohne Rechtfertigungsinteresse gut als Seelenroman, wenn auch nicht erdichtet oder arrangiert, sondern gelebt, herausgegeben werden könnten. Würde ich jetzt wieder einen Roman konstruieren, würde er von neuen Gesichtspunkten gefärbt sein und unwahr werden.

Das muß jetzt offenbleiben, und ich wollte Sie rechtzeitig darauf vorbereiten, damit Sie in Ihren Überlegungen Zeit haben, sich an ein derart ungewöhnliches Unternehmen zu gewöhnen. (George Sand und Sandeau haben es getan, freilich mit Beschuldigungen.)

Teil 3 also enthält

> *Der Literat*
>   Aftonposten und Svalan
> *Ein Abtrünniger* = (Meister Olofs Naturalgeschichte)
> *Er geht zur Börse*
>   (Svensk Försäkringstidning)
> *Bankrott*
>   (Die Zeitung bricht zusammen, Pfändung, wahnsinnige Liebe, 14 Tage verheiratet.)
> *Der Arbeiter des Meeres*
>   In Sandhamn.
> *Bohème-Leben*
>   Dagens Nyheter Medborgaren.
> *Liebesaffären*
> *Königlicher Sekretär*
> *Nihilismus*
> *Ein Hexenweib*
>   (Frau X. schickt Johan in die Norrtullsgatan 12)
>   Ende von Teil 3.

Zu diesem Zweck würde ich nun einige Bücher benötigen, die Sie, Herr Bonnier, als Vermittler mir vielleicht gütigerweise beschaffen könnten, so daß ich mich nicht mit Überweisungen und unzuverlässigen Kommissionären herumschlagen müßte. Nämlich:

	Buckle Geschichte der Zivilisation	
	Tocqueville Über die Demokratie in Amerika	
Antiquarisch	*Hartman* Philosophie des Unbewußten	
oder	*Junius* Carl XV	
neu.	Eine Psychologie	Die besten, die in
	und	den schwedischen Schulen
	Eine Logik	benutzt werden.

Ich beginne jetzt wieder zu schreiben und warte vor allem auf Buckle, der bereits ins zweite Kapitel aktiv eingreift.

Diese Arbeit ist diejenige, die mich von allen vielleicht am meisten interessiert hat, und ich spüre, wie ich mit ihrem Fortgang zu verstehen beginne. Sie war nötig, damit ich zur Schriftstellerei zurückkehren kann.

Mit Grüßen an Karl Otto und mit

Hochachtung und Ergebenheit
August Strindberg

An einen Unbekannten

Othmarsingen, d. 22. Juni 1886

Sehr geehrter Herr Redakteur,
in Beantwortung Ihres geehrten Schreibens, in dem Sie mich bitten, in Ihrer Zeitung mitzuarbeiten, darf ich mitteilen, daß ich mich nicht in schwedische Parteistreitigkeiten einmischen will, von denen ich keine Kenntnis nehme, da das Studium der schweren sozialen Fragen meine gesamte Zeit und Aufmerksamkeit in Anspruch nimmt.

Hochachtungsvoll
August Strindberg

An Verner von Heidenstam

Othmarsingen, 23. 6. 86

Antwort:
Pingeligkeit ist eine Eigenschaft eines Nervensystems, das feiner als andere konstruiert ist und darum seine Sache besser machen kann. Ein Chronometer ist pingeliger als irgendeine alte Zwiebel, doch was kümmert das die Welt, wenn er nur hundertstel Sekunden anzeigt.

Pingeligkeit ist eine Folge vieler Ursachen: von Überanstrengung, von nicht eingenommenen Mahlzeiten, von venerischen Krankheiten, die man sich bei schlechten Ficks zugezogen hat, von Hungerfieber, von Mißhandlung, und nur ein oberflächlicher Beobachter sieht bloß das Phänomen, ohne nach der Ursache zu forschen.

Pingeligkeit ist ein körperliches Gebrechen wie Priapismus und hat mit der Entwicklungsgeschichte der Seele nichts zu tun.

Wer nach einem halben Leben übermenschlicher Arbeit die Produktionskosten nicht hereinholt, ist schlecht bezahlt und hat infolgedessen Grund, unzufrieden zu sein. Er hat also nur ausstehende Forderungen, keine Schulden.

Diejenigen, die sich von Forderungen (an die geleistete Arbeit anderer) ernähren, haben die größten Schulden, auch wenn sie es nicht glauben, und sie sollten kein Recht haben, Heringe und Kartoffeln zu essen, geschweige denn Gänseleberpastete. Und sie können ihre Schulden niemals bezahlen, das ist das schlimmste.

Einer, der in 2 Monaten 2 Bände geschrieben hat und sich erholen will, macht eine Vergnügungsreise von zwei Tagen, um gut zu essen, eine schöne Aussicht zu sehen, eine feine Partie Billard zu spielen. Dann findet er schlechtes Wetter vor, erhält schlechtes Essen, bekommt nasse Füße, die Reisekrankheit, gerät an einen schlechten Billardtisch, und dann soll er sich amüsieren, obwohl er nicht das Vergnügen vorfindet, das er gesucht hat. Wie soll das zugehen? Er soll erdichten, daß es schön ist! Ja, aber er war des Dichtens müde, und wollte sich in Wirklichkeiten erholen, die er nicht vorgefunden hat.

Daß ich der Zukunft nütze, ist sicher, da ich bereits der Gegenwart in so hohem Maße genützt habe.

Daß meine Ansprüche hoch sind, ist unwahr. Sie sind geringer als die eines Kontoristen, dessen ganzer Nutzen darin besteht, seinem Prinzipal beim Plündern zu helfen, damit dessen Kinder mit Ansprüchen ernährt werden können. Ich habe keine Leckereien verlangt; nur solche Nahrungsmittel, die mein kranker Körper brauchte. Ich habe *einen* Fischgang verlangt und bekomme sechs Fleischgänge, die ich nicht haben wollte. Ich habe einen Salzhering verlangt, Krebse, und anderes bescheidenes Essen, das sich mein Unterklassenmagen wünscht. Du wolltest Champagner, während ich kaum Wein vertrug. Ich will Gurken, die 15 Centimes das Stück kosten, und Du willst Gänseleberpastete. Ich brauche eingesalzene und scharfe Nahrungsmittel, Du brauchst frisches Essen (das als teurer und leckerer gilt). Ich habe einen ganzen Monat lang Kalbsbraten gegessen, der so fein sein soll, und habe mich nach Abwechslung, nicht nach Leckereien gesehnt. Mit dem Zusammenbruch Deiner Prämisse entfällt somit Deine gesamte Beweisführung.

Das Paradies besteht doch darin, daß einem ein Wunsch erfüllt wird, wie unbedeutend er auch ist. Mir wurde auf der Reise nicht mehr als ein Wunsch erfüllt: der, Kaviar zu essen. All die anderen Wünsche wurden zunichte gemacht, darum wurde nichts aus dem Paradies.
Und könnte ich so wie du ein Paradies erdichten, wäre ich sofort zufrieden und würde den Hungrigen Genügsamkeit predigen.

Ich habe heute die Rückkehr meiner Frau erwartet, erhalte aber einen Brief, daß sie einen Blutsturz gehabt hat und erst in einer Woche kommen kann. Vermutlich muß ich nach Genf fahren – die Stadt, die ich am meisten hasse; was ich zuallerletzt wollte. Bleibe ich hier, werde ich sehr pingelig und demzufolge so rücksichtsvoll sein (nach Deiner Mitteilung), niemand anders mit meinem Umgang zu quälen. Daß Eva, die ihren Vorteil darin sieht, sich im Ausland aufhalten und gutes Essen zu sich nehmen zu können, sowohl den Umgang mit mir als auch meine Abneigung gegen die Vernachlässigung der Kinder ertragen muß, ist unangenehm, doch nicht unangenehmer, als es für mich ist, sie ertragen zu müssen.

Dies über mich!

Der Sohn der Magd

Teil IV
Der Schriftsteller
Die Entwicklungsgeschichte einer Seele
(1877-1887)

1. Nach dem Sturm

(1877)

Der Sturm war vorübergegangen, doch in den zwei Jahren 75 und 76 hatte er getobt wie nie zuvor in seinem bunten Leben. Johan war aktiv in einem Familiendrama aufgetreten, hatte wieder erfolglos eine Zeitung herausgegeben und war gerade von seiner ersten Auslandsreise nach Hause gekommen. Ein älterer Bekannter, der eine Erbschaft gemacht hatte und sie in angenehmer Gesellschaft durchbringen wollte, hatte ihn eingeladen, mit nach Paris zu fahren.

Anfangs war er überwältigt von dem fremden Land, weil es fremd und südländischer war als sein eigenes, doch der Aufenthalt in Paris, dem Mittelpunkt der Welt, nahm ihm viele Illusionen. Als er den Louvre und die Theater besucht hatte, fragte er sich, was er dort verloren hatte, doch er war auch ruhiger, seit er gesehen hatte, daß das Höchste der Kunst und der Literatur nicht so hoch war, wie er gedacht hatte. Als er aus dem Louvre kam und Raffael gesehen hatte, war er sehr bekümmert. Sollte er es wagen, seine Meinung über diese Porzellangemälde zu sagen, die so viel von ihrem Wert verloren, wenn man im selben Saal die naiven Vorbilder Peruginos, des Lehrers, sehen konnte? Oft hatte er sich, ohne Raffael gesehen zu haben, gefragt, wie es möglich war, daß ein Ölmaler knapp fünfzig Jahre nach der Einführung der Ölfarben in die Technik unerreichbar hatte werden können. Dies stand ja im Widerspruch zur Natur jeder Entwicklung, und nachdem sich auf allen anderen Gebieten alles weiterentwickelt hatte, konnte er nicht begreifen, wie die Ölmalerei hatte stillstehen können. Und eines Abends in einem Pariser Café, als er kühner geworden war, stellte er den Künstlern seine vorsichtigen Fragen und erfuhr schließlich die unter ihnen allgemein übliche und bekannte Ansicht, die Technik sei seit Raffael so weit fortgeschritten, daß alle Schüler an der École des Beaux-Arts in der Farbe stärker seien als Raffael. Selbstverständlich, nachdem ja mindestens dreißig neue Farbstoffe in die

Palette aufgenommen worden waren und die Skala dadurch reicher geworden war. Einige betonten auch, der Gesichtssinn habe sich durch jahrhundertelange Studien geschärft, und einer, der lahmen Widerstand leisten wollte, wandte ein, man müsse Raffael in Italien und nicht in Paris sehen, und damit hatte er sicher ganz recht, wenn auch die Rechtgläubigen noch immer in den Louvre pilgern, um La belle Jardinière anzubeten.

Die französische Schauspielkunst gefiel ihm nicht, vielleicht, weil diese Kunst die nationalste von allen ist, da Gesten und Mienen nun einmal nicht in allen Ländern das gleiche ausdrücken.

Im übrigen war die Stadt eine große Stadt, zu groß, und jetzt im Oktober dunkel, feucht und schmutzig. Es gab so vieles, was ihm widerstrebte, neue Sitten, neue Sprache, neue Kost, und er erlebte die Rolle des Fremden stark als die des Ruhelosen, des Eindringlings, der im Land eines anderen nichts, kaum das gewöhnliche billige Recht, zu fordern hat.

Er kehrte darum mit ebenso großer Freude zurück, wie er abgereist war, und als er nach Hause kam, war er sehr zufrieden mit seinem Land. Das Beste, was das Ausland hatte geben können, war schon ins eigene Land einverleibt worden, was das Ausland aber zumindest nicht sofort geben konnte, das war ein Milieu, das zu seiner organischen und psychischen Existenz paßte.

Auch andere, stärkere Bindungen zogen ihn zurück. Er war verlobt, wenn er auch noch lange keine Möglichkeit sah zu heiraten.

Wieder heimgekehrt, merkte er, wie die vielen neuen Eindrücke der Reise die der letzten Jahre teilweise ausgelöscht hatten, und Erinnerungen aus früheren Entwicklungsstadien begannen wieder hochzukommen. Es war, als sei sein Inneres geschüttelt worden, wodurch das, was sich auf dem Grund befunden hatte, nach oben gekommen war. Der Mangel an geregelter Arbeit, wie ihn eine Reise mit langen einsamen Stunden im Eisenbahncoupé mit sich bringt, hatte ihm Zeit zum Ausruhen geschenkt, und jetzt begannen die Gedanken, sich zu ordnen, sich zu gruppieren, während der ausgeruhte Kopf gleichzeitig nach produktiver Arbeit verlangte. Alle Hoffnung auf eine Aufführung des großen Stückes war jetzt dahin, seit er es zum letzten Mal vom Königlichen Theater zurückbekommen hatte, und seit das Nya Teatern mit Björnsons Ein Fallissement und Der Redakteur (1875) den Weg für ein nordisches realistisches Drama gebahnt hatte, glaubte er, seine Zeit sei vorüber. Ein solches mit seinem Stück schaffen zu können, davon hatte er geträumt; nun war es von einem anderen geschaffen worden, und er war überflüssig. Auf die erste Bitterkeit folgte eine stille Resignation, die nahezu fatalistisch wurde, nachdem ihm das Nya Teatern sein Stück ungespielt zurückgesandt hatte. Von seinem Dachfenster auf dem Ladugårdslandet aus hatte er zugesehen, wie das neue Theater gebaut wurde, und mit jeder Schicht Ziegel war seine Hoffnung gewachsen. Nun war das Haus fertig, das Theater eingeweiht, und vom Gründer waren große Worte bezüglich einer neuen schwedischen Dramatik gefallen, die mit dem neuen Gebäude entstehen sollte. Sie kam auch, die neue Dramatik, doch sie war norwegisch. Der Stärkere hatte gesiegt, wie es sich gehört. Der Schwede schien seine Kulturperiode, glänzend und von kurzer Dauer, zu Ende gelebt zu haben, und jetzt kam der eben erwachte Stärkere und wollte seine leben.

Ein im Jahr zuvor unternommener mißglückter Versuch, ein schwedisches Lustspiel zu schreiben, das in der Zeit von 1848 spielte und beinahe gänzlich tendenzlos war, hatte ihn nun ebenso wie die vielen abratenden Stimmen abgeschreckt, für das Theater zu schreiben, und brachte ihn, als sich jetzt die Schreiblust meldete, auf die Idee, sich in der Novellenform zu versuchen. Das Genre hatte er schon früher in Zeitungen gepflegt, doch ein Detail aus seinem reichen Vorrat in einem kleinen Bild zusammenzudrängen, behagte ihm nicht, und sich stückweise zu verkaufen, hielt er für Verschwendung, denn all diese Szenarien würde er zumindest irgendwann in einer unbekannten Zukunft vielleicht einmal brauchen können. Darum beschloß er jetzt, in vielen kleinen Bildern ein Thema darzustellen. Ein solches drängte sich jetzt in den Vordergrund, er konnte nicht sagen, wieso, vielleicht, weil es ihn von den quälenden Eindrücken der letzten Jahre in eine Vergangenheit zurückversetzte, die keinen Zusammenhang mit der Gegenwart hatte. Ein Schriftsteller wählt seine Themen nicht, doch dessenungeachtet kann er unter den Themen wählen, die ihn bereits beschäftigen. Er setzte sich also hin, um seine Studentenerinnerungen niederzuschreiben, und so entstand Aus Fjärdingen und Svartbäcken.

Er schrieb nicht in der Absicht, Mißstände aufzudecken, herumzukritteln oder sich zu rächen, denn inzwischen hielt er alles für einen einzigen großen Mißstand und für gleichermaßen kritikwürdig, mochte es nun groß oder klein, hoch oder gering, da oben oder da unten sein. Ein stiller leidenschaftsloser Pessimismus lag diesen einfachen Skizzen zugrunde. Kein Parteiinteresse, keine Konjunkturströmungen folgenden Bewertungen, keine Buhlerei um die Meinung der Majorität, und, was nicht zuletzt bemerkenswert war, keine Spur mehr von seiner alten Demokratenmonomanie. Die Erfahrungen der letzten Jahre hatten ihn zu wirklicher Humanität erzogen, deren Sympathie sich auf alle Gesellschaftsklassen, auch auf die höchsten, erstreckt, wo immer sie einen Unglücklichen antrifft, der seinen bitteren Kampf um die Stellung, sei sie hoch oder gering, austrägt. Er hatte erlebt, daß es ein härteres Schicksal war, von einer Stellung abzusteigen, an die Geburt und Erziehung einen ohne eigenes Zutun geworfen hatten, als in einer niedrigen Position zu bleiben, in der man geboren war. Er hatte gesehen, wie schwer der Traum von der Gleichstellung zu realisieren war. Stieg, oder stürzte, einer von oben in eine niedrigere Klasse hinunter, wurde er von dieser noch weiter niedergetreten, statt wenigstens als Gleicher begrüßt zu werden. Treten oder getreten werden, darum schien es zu gehen; unter mich oder über mich, nicht neben mir!

Davon abgesehen hatten ihm auch seine eigenen persönlichen Erfahrungen, seit er den Gesellschaftsgesetzen gehorchte und sich in die Gesellschaft eingeordnet hatte, ein gewisses Mißtrauen gegen die edle Gesinnung unter dem dürftigen Rock eingeflößt. Beschuldigungen, er sei hochmütig, weil er seinen gesetzlichen Titel ebenso führte wie sie den ihren, Mißbilligung, weil er sein Schiff gerettet hatte, ohne ihres retten zu können, offene Schadenfreude, wenn es ihm schlecht ging, führten dazu, daß er sich mit guten Gründen von Bekannten zurückzog, die zum großen Teil ihr Interesse daraus bezogen hatten, daß er ihnen Anerkennung und Menschenwürde geschenkt hatte, und von denen auch ein großer Teil wie geplatzte

Kautschukblasen zusammensackte, sobald er es leid wurde, sie aufzublasen. Warum sollte er mit Feinden verkehren, die ihm übelwollten? fragte er sich, und nicht ohne Grund! Doch viele dieser Verlassenen waren gefährliche Feinde, die zum großen Teil noch in Zeitungsredaktionen saßen und ihm lächerlicherweise später, als er begann, wieder Demokratenmonomane zu werden, sich also unter ihnen befand, seine gefährlichen Sympathien für das »Pack« ankreideten.

Das Buch wurde ohne Nebenabsichten geschrieben, ohne daß der Verfasser daran dachte, Erfolg zu haben oder sich einen Namen zu machen. Er gab es anonym heraus, und die Arbeit war für ihn nicht mehr als ein Vergnügen. Er schrieb es als Gescheiterter, als Abgestiegener, und eine gewisse Sympathie für die, die er verlassen hatte, sogar für die Alten, weist auf seine resignierte Gemütsverfassung oder vielleicht auf Müdigkeit nach einem stürmischen sorgenvollen Leben voller zerstörter Hoffnungen hin. Darum las er die Rezensionen mit großer Gelassenheit, und mit seinem Wissen über ihre Entstehung und ihre Urheber wußte er, was sie wert waren: es ist möglich, daß er den Eindruck, den das Buch machte, unterschätzte. Von einem Rezensenten wurde er als Anfänger mit Talent begrüßt, von einem als Meister des kleinen Genres, von einem (dies war ein verlassener Freund) als Anekdotenerzähler, von einem anderen wiederum (einem persönlichen Freund) als genialer Absinthtrinker usw. Dies kunterbunte Urteil untermauerte seine Auffassung von der absoluten Subjektivität der Urteile, und so hatte er nichts dagegen. Dann kehrte er zu den Büchern und dem Chinesischen zurück, um sich auf dieser sicheren Bahn eine Zukunft zu schaffen und vielleicht oberhalb und außerhalb dieses selbsternannten Gerichtshofes zu stehen, der so pompös das Stempelrecht der Literatur ausübte.

Sein Bekanntenkreis war im letzten Jahr ein anderer als der des Roten Zimmers geworden. Vom neutralen Gebiet der Künstler, wo man nur im Schattenreich der »sinnlichen Wahrnehmung« lebte, war er durch einen Zufall in einen Kreis aus Naturforschern, Kandidaten der Medizin und Veteranen des Sängerbundes Runa gekommen, die nun alle aus Uppsala zurückgekehrt waren, meist mit

Examen. Im Laboratorium eines jungen Arztes kam man zusammen. Dort wurden Diskontdarlehen vergeben und Wechsel ausgestellt, und dort wurde jetzt die Übersetzung der Philosophie Hartmanns beschlossen, die in lose Bögen zerlegt und zur ordnungsgemäßen Übersetzung ins Schwedische verteilt wurde, nachdem man mit großer Mühe einen Verleger aufgetrieben hatte.

Gegen Ende des Jahres eröffnen sich Aussichten: die Behörde wird umorganisiert, und Johan erhält ein regelrechtes Gehalt. Gleichzeitig wird er aufgefordert, in der Posttidningen über Kunst und für die Finsk Tidskrift eine Monatsrevue zu schreiben. So ist alles in bester Ordnung, und jetzt kann er in ein neues Stadium seines Lebens eintreten, indem er mit seiner Verlobten die Ehe eingeht. Dem Ideal der damaligen Zeit entsprechend sollte es eine moderne Ehe werden, auf Gleichheit in Rechten und Pflichten aufgebaut und mit gegenseitiger persönlicher und ökonomischer Freiheit. Sie, die Arbeitseinkünfte auf dem Arbcitsmarkt der Frau hatte, sollte sich selbst ernähren, er, der ein Einkommen auf dem Arbeitsmarkt des Mannes hatte, sollte für sich sorgen. Da er Schulden hatte, wurde ein Ehevertrag geschlossen. Dann mietete man drei Zimmer. Er richtete sein Schlaf- und Arbeitszimmer ein, sie das ihre, und das dritte war neutrales Gebiet, oder Salon und Eßzimmer. Kinder wollten sie natürlich nicht haben. Ebensowenig sollte ein Dienstbote angestellt und eine Küche geführt werden, sondern ein Mädchen kam morgens und ging abends, und das Essen ließ man holen. Es war beinahe ideal.

Wieder ein Zuhause zu haben, zum Essen nicht ausgehen zu müssen, nie allein, sondern ständig in der Nähe einer geliebten Frau zu sein, war für Johan wie eine Verwirklichung seiner alten Träume vom Heim und von der Mutter. Es lag Wärme und Sicherheit darin, stets jemanden zu haben, an den man sich wenden, dem man sich anvertrauen konnte, und immer Unterstützung zu finden, wenn er sich beklagte. Kein Gezänk über Dienstmädchen oder Haushalt, und keiner über dem anderen. Es herrschte fast Gleichgewicht, wenn auch nicht ganz, denn er stand gewissermaßen in ihrer Schuld. So war der Salon mit den Resten ihres elterlichen Mobiliars eingerichtet worden, das sie kurz zuvor von ihrer verstorbenen

Mutter geerbt hatte. Da gab es altmodische Möbel, da hingen Porträts ihrer Vorväter mit Kronen über den Rahmen, die bei seinen früheren Freunden großen Anstoß erregten. Er wollte sie abnehmen, doch da meinte sie, dies sei kindischer, als sie hängen zu lassen. All das aber hatte zur Folge, daß er sich fühlte, als sei er ihrem Stamm aufgepfropft und als trete er in ihre Familie ein, sie aber nicht in seine, denn mit der war es jetzt zum unversöhnlichen Bruch gekommen. Indessen reflektierte er nicht über seine Lage, sondern lebte in einem Rausch der Gefühle und einem ständigen Arbeitsfieber. Ein Jahr verbrachte er, ohne an die schöne Literatur zu denken, als eines Tages ein Freund zufällig die letzte Bearbeitung seines großen Stückes liest, jetzt in Versen abwechselnd mit Prosa und mit einem Nachspiel versehen, in dem er die pessimistische Weltanschauung formuliert hatte. Diese hatte er in die altpersische Sage von Ormuz und Ahriman oder dem Kampf des Dunkels und des Lichtes, hier in der Bedeutung des Bösen und des Guten, gekleidet. Während des stürmischen Jahres, in dem er in großer Seelennot gewesen war, hatte wieder sein wankelmütiger Kinderglaube an eine böse und eine gute Macht herumgespukt und ihn auf diese dualistische Erklärungsmethode mit zwei Göttern gebracht: Gott und Teufel, wie man sie in der christlichen Lehre nennt, doch als er die Welt so finster sah, konnte er nicht glauben, daß der Teufel bereits besiegt sei. Andererseits aber war er zu weit, um an einen Gott glauben zu können, der in die kleinen Angelegenheiten des menschlichen Lebens persönlich eingriff, und der zugleich einen Kampf zu bestehen hatte. Über die Kämpfenden stellt er darum Den Ewigen. Gott mußte er beibehalten, wenn jetzt auch als unbegreifliche Macht, deren Wesen zu ergründen nicht lohnte, und obwohl er ein Anhänger von Darwins inzwischen verbreiteten Lehren war, die eine Entwicklung vom unorganischen zum organischen Leben bis hin zum Menschen behaupteten, konnte er darin absolut kein Argument für den Atheismus entdecken; im Gegenteil sah er in der gesetzmäßigen Entwicklung gerade einen starken Beweis für die Existenz eines weisen Gesetzgebers.

Das Stück wurde nun gedruckt, und er selbst durfte zu seinem Erscheinen die Notiz schreiben, natürlich ohne ein Urteil abzugeben. Dann aber war es vollkommen still. Die in den Zeitungsredaktionen Zurückgelassenen hatten keine Eile, ihn als dramatischen Autor zu feiern, bis eine Zeitung schließlich loslegte und meinte, das Stück sei ein Humbug. Das war alles, was ihm die Mühe so vieler Jahre einbrachte. Und wie quälend war das Bewußtsein, daß alle alten Gönner und Freunde, deren Interesse er hatte wachhalten können, indem er ihnen Hoffnungen auf gerade dieses Stück machte, jetzt lesen würden, er sei ein Humbug. Und wie leicht mußte es den beiden Theaterdirektoren ums Herz sein, als sie jetzt schriftlich bekamen, daß sie ihm kein Unrecht getan hatten.

Jetzt war er also tot. Zehn Jahre zuvor hatte man Vielversprechendes von ihm gesehen; dann hatte er als Benachteiligter gegolten und die unangenehme Rolle des Verkannten gehabt. Jetzt kam an den Tag, daß er nie zum Schriftsteller »bestimmt« gewesen war, denn an die ästhetische Gnadenwahl glaubte man noch. Jetzt riefen die alten Zeitungskollegen mit ungetrübter Freude: All's todt! Sie hatten ihn herabgezerrt, zu sich, unter sich, nachdem er sich über sie hinaus nach oben gearbeitet hatte, und nachdem sie ihn aus der Burg der Wissenschaft, in der er sich eingeschlossen hatte, nicht hatten herausholen können, war er jetzt, als er sich in die offenen Jagdreviere der Literatur hinausbegeben hatte, um so leichter zu hetzen.

Zu diesem Zeitpunkt entdeckt er Dickens. Als Jüngerer hatte er David Copperfield gelesen, ihn aber langweilig gefunden. Später hatte ihm jemand Unser gemeinschaftlicher Freund in die Hand gedrückt. Er versuchte ihn zu lesen, konnte es aber nicht. Er war buchstäblich unfähig zusammenzuhalten, was er las, und als ein Bekannter schließlich frank und frei sagte, Dickens sei verrückt, wurde ihm leichter ums Herz, und er warf das Buch weg. Jetzt kehrte es durch einen anderen zurück, der ihm förmlich das Versprechen abpreßte, David Copperfield zu lesen. Er las und war begeistert. Eine stille Ruhe, eine Gelassenheit wie nach einem zu Ende gekämpften Leben stellte sich ein, und er nahm sich sofort ein Abonnement bei der Leihbücherei, um die ganze Romanserie durchzugehen. Bald bemerkte er jedoch, daß dieser liebevolle Schriftsteller, der das Schicksal der Benachteiligten mit Tränen und

Lächeln betrachtete, recht gehässig sein konnte, wenn er das angriff, was er für Mißstände des sozialen Lebens hielt, und daß er weder Personen noch verehrungswürdige Dinge schonte. Im Laufe des Jahres, in dem er nun Dickens las, erwacht in ihm der Wunsch, auf ähnliche Art einen konzentrierten Angriff gegen diese ganze Gesellschaft zu führen, mit der er sich niemals hatte versöhnen können, die aber trotzdem auf seiner Achtung, Bewunderung und seiner Arbeit bestand. Anfangs wollte er einen schwedischen Pickwick-Club schaffen, dann aber meldeten sich seine eigenen Erinnerungen, und nun versuchte er sie zu gruppieren, einzurahmen, und nachdem das Ganze unter seinem Schmelzofen lange gekocht hatte, war es fertig zum Guß. Die Gesellschaft sollte vor einem modernen Mann Revue passieren, und den fand er schließlich im Zeitungsberichterstatter. Doch jetzt kamen äußere Umstände hinzu, die seinen Beschluß, die Maske fallen zu lassen, reifen ließen, und jetzt hörte er die Flut, auf die er so lange gewartet hatte, über Untiefen brausen, auf denen so viele schöne Schiffe gestrandet waren. Er brauchte nur den Anker zu lichten, dann würde auch sein Schiff landen – endlich.

2. Die Explosion

(1879)

Das Jahr 1878 endete mit einem Knall, an den sich jeder noch ein wenig erinnern dürfte. Gesellschaften brachen zusammen, alte Firmen wurden aufgelöst; Wechselfälschungen, Fälle von Flucht, Selbstmordversuche und Wahnsinn kündigten das Ende jener guten Zeit an, in der jedermann mit allen zur Verfügung stehenden gesetzlichen Mitteln so viel vom Guten dieser Welt an sich zu bringen versucht hatte, wie sich erreichen ließ. Die Idee der Aktiengesellschaft oder das Assoziationsprinzip war in zu großem und unsicherem Umfang angewandt worden, und obwohl es zur Entstehung so vieler gemeinnütziger Unternehmen beigetragen hatte, hatte es doch eine individuelle Verantwortungslosigkeit bei der Verwaltung des Eigentums anderer und einen Leichtsinn beim Einsatz von Geldmitteln mit sich gebracht, die sich zu wahren Schelmenstücken auswuchsen. Doch nicht alle von denen, die zu Fall kamen, waren unehrenhaft. Viele waren vom Schwindel erfaßt worden; eine allgemeine Leichtblütigkeit hatte die Gemüter ergriffen, und man hatte die Produktionskapazität des Landes überschätzt und fingierte Tauschsummen mit wirklichem Ertrag verwechselt. Man tauschte und tauschte, und weil dieselbe Summe an vielen Stellen vorkam, entstand ein scheinbarer Exponent für Aktiva, die nicht existierten.

Das Vertrauen war gestört, Kredite wurden verweigert, und Johan, der alte Schulden ausgleichen mußte, geriet in Bedrängnis. Seit seiner Heirat hatten ihn die Freunde ihre Anteile an gemeinsamen Darlehen einzahlen lassen, und schließlich stürzte er über eine Bürgschaft. Da sowohl er als auch seine Frau altmodische Auffassungen hinsichtlich der Erfüllung von Verpflichtungen hatten, stellten sie, trotz ihres Ehevertrags, alle Aktiva ihres Besitzes zur Disposition der Gläubiger und boten den großen Gläubigern einen Vergleich bei sechzig Prozent an. Die kleinen wurden unter der Hand mit vollen 100% abgefunden. Die Freunde lachten über diesen Idealismus und meinten, er solle 25% bieten, ebensoviel, wie ihm die großen, jetzt stürzenden Bankiers für die Wertpapiere boten, die er von ihnen besaß. Doch er blieb dabei und wollte seine Kraftprobe unbedingt im großen alten Stil ablegen, und schließlich wurden *alle voll* (100%) bezahlt.

Als die Angelegenheit abgewickelt war und er wieder etwas Ruhe hatte, machte er sich daran, *sine ira et studio*, seinen Roman zu schreiben. Im Januar fing er an, und im August war der Roman fertig. Er hatte der Arbeit täglich nur zwei Morgenstunden widmen können; den Vormittag verbrachte er in der Bibliothek, und am Nachmittag übersetzte er für Verleger. Auf diese Weise entstand Das Rote Zimmer.

Das Buch erschien im Herbst mit einem Motto von Voltaire: »Nichts ist so unangenehm, wie im Verborgenen gehängt zu werden.« Was wollte er damit sagen? Das Zitat hatte er im Candide gefunden, doch man hat es in leicht veränderter Form Voltaire in den Mund gelegt, der von Rousseau gesagt haben soll: »Der

Anspruchslose ist so eitel, daß er am Galgen enden wollte, wenn er nur seinen Namen auf den Pfahl bekäme.« War es nun der Verfasser des Roten Zimmers, der hier so offen seine Eitelkeit preisgab? Vermutlich nicht; denn damals war er schon nicht mehr naiv. Nein, es war wohl seine ganze Generation mit all ihren fehlgeschlagenen Hoffnungen, die man im verborgenen gehängt hatte und die jetzt am öffentlichen Galgen den Bütteln und den gekauften Hurraschreiern die Zunge herausstrecken und womöglich auf der Leiter noch eine kleine Rede halten wollte, eine kleine Verteidigungsrede, die sich von Trommelwirbeln nicht übertönen ließ.

Die Rede war gehalten, und man hatte aufgehorcht! Dies war der Erfolg. Die simpelste taktische Methode gebot den Feinden nun, denselben zu schmälern, und die Streitmacht wurde in Stellung gebracht. In Kenntnis der ästhetischen Gesinnung des damaligen Publikums hatte der Feind Verstand genug, das an sich Unwesentliche anzugreifen: das Talent, und nun sollte er mit einem Schlag als Imitator Zolas klassifiziert werden. Das Unglück wollte es freilich, daß er, als er sein Buch schrieb, von Zola nichts gelesen hatte und auch über Tätigkeit oder Ideen dieses Mannes nichts wußte. Darum wollte er jetzt etwas von Zola lesen und bekam Die Schnapsbude, die gerade in schwedischer Übersetzung erschienen war, in die Hand. Als er das Buch gelesen und über die intensive Kraft der Schilderung und die Unerschrockenheit bei der Behandlung des Motivs gestaunt hatte, hielt er sich für überflüssig. Was er hatte tun wollen, war also schon geschehen, auch auf dem Gebiet des Romans. Noch einmal abserviert, kehrte er zur Vergangenheit zurück und versteckte sich eine Zeitlang hinter seinen kartographischen und orientalischen Studien. Unterdessen setzten sich die Verteidigungsmaßnahmen in Form von Angriffen fort, die er nicht zur Kenntnis nahm, von denen verschiedene kleine Sticheleien ihn aber erreichten. Ein Rezensent, der sein Leben auf Buchauktionen zugebracht hatte, erklärte schlicht, das Buch sei Dichtung, solche Figuren und solches Bohemeleben gebe es in Schweden nicht; ein anderer, der das Rote Zimmer ein wenig kannte, erklärte, alles sei schamlose Wirklichkeit. Ein Professor der schönen Künste, der das Ganze durchschaut hatte, fand den

Mittelweg und hielt dem Verfasser vor, er habe die Figuren zerstört, indem er ihnen falsche Masken aufgesetzt habe. Diese Bemerkung traf zu, doch schließlich handelte es sich dabei um ein humanes Verfahren, Privatpersonen nicht bloßzustellen. Der Verfasser hatte also recht, als er einem Freund gegenüber behauptete, er könne Fotografien der Figuren vorlegen, und ebenso recht, als er erklärte, er habe nicht fotografiert. Es war Dichtung, und es war Wirklichkeit, und demnach Wirklichkeitsdichtung oder Realismus. Wieviel er umgedichtet hat, weiß nur er selbst, doch es war viel mehr, als man zu glauben bereit war, denn damals besaß er noch die Fähigkeit, mit Hilfe der Phantasie Figuren und Szenen herbeizuzaubern. So ist der Großhändler Nicolaus Falk eine künstliche Figur; die geschilderte Abendmahlzeit in der Österlånggatan einschließlich Zimmerschmuck und der ganzen Szenerie völlig erfunden. Von der Beerdigung auf dem Nya Kyrkogården hatte er, kurz gesagt, nur gehört. Die Vita Bergen hatte er nicht gesehen und wußte kaum, wo sie lagen. Der Zeitungsredakteur beim Graumantel glich vielen, war aber kein bestimmter; daß es einen Verleger wie Smitt in Stockholm nicht gab, ließ sich leicht nachprüfen, da nur um die zehn Verleger existierten; Pastor Skåre war ein aus allen möglichen Knochensammlungen zusammengesetztes Pappmachéskelett, weshalb es schwer war, ihn zusammenzuhalten. Die nächste taktische Bewegung des Feindes aber bestand ganz richtig in folgendem: einerseits selbst Rache an den vorgestellten Modellen zu nehmen, andererseits diese auf den Verfasser zu hetzen. Das war ein guter Schachzug.

War das Buch bitter? Nein, auch hier liegt eine stille skeptische Gelassenheit über der Schilderung, und wo die Karikatur in den Vordergrund tritt, wirkt sie nur mildernd. So ist die übertriebene Zeichnung des Amtes allenfalls komisch, und darum konnte man sich im Amt selbst, in dem sich der Verfasser tagtäglich aufhielt, unbekümmert darüber unterhalten. Ja, man bot ihm sogar noch bissigere Details an, wie etwa, daß man in diesem und jenem Amt, in dem der Gewährsmann gearbeitet hatte, die Schnapsflaschen im Schrank des Registrators verwahrte. Angenommen, er hätte eine solche im ganzen gesehen harmlose Einzelheit aufgenommen, die lediglich besagte, daß die Beamten ihren Frühstücksschnaps im Dienstzimmer einnehmen mußten statt im Restaurant, er hätte einen häßlichen und ungerechtfertigten Schatten auf einen ganzen Berufsstand geworfen. Diese Einzelheit ließ er indessen weg und verwandte nur harmlosere, im Grunde aber nicht weniger wahre. Hätte man gewußt, wie viele und noch stärkere Fakten er hatte weglassen müssen, man hätte ihm wegen dieser Geschichte nie die Ohren langgezogen.

Das Geheimnis der Wirkung, die das Buch hatte, bestand darin, daß der Verfasser an die Kleinigkeiten des Lebens die große Perspektive angelegt hatte. Welcher Trost für die Kleinen, die Gescheiterten, die Gehetzten, zu sehen, daß alles was sie verehrt und vergeblich angestrebt hatten, nur Staub und Asche war. Das war ebensogut wie Christentum, mit dem Unterschied, daß der Pessimismus Menschen nicht unglücklich machte, indem er irgendwelche neuen illusorischen Hoffnungen aufbaute, die einstürzen müssen. Johan war von allen Illusionen so frei, daß er sich nicht einmal von den Modefragen der Zeit hatte täuschen lassen. Obwohl er selbst als Jungverheirateter im höchsten erotischen Stadium lebte, durchschaut er dennoch die Natur der Ehe, die der Frau gibt, was sie begehrt, die Rolle der femme entretenue. Er hatte in seiner Ehe die Frage der selbständigen Stellung der Frau für sich gelöst, da seine Frau in den Arbeitsmarkt der Frau eingetreten war und sich versorgte, ohne in den Arbeitsmarkt des Mannes einzudringen, doch weiter war er auf dem Weg der Erfahrung noch nicht gekommen und hatte so zum einen nicht erkannt, daß diese Situation leicht unhaltbar werden konnte und daß zum anderen eine solche Verbindung keine Ehe war. Hier richtet er sein erstes warnendes Wort an die verheirateten Männer gegen den heimtückischen Versuch, den Familienversorger durch das Eigentumsrecht verheirateter Frauen in totale ökonomische Sklaverei zu bringen. Hinsichtlich der wirklichen Natur der Liebe scheint er jedoch noch in einem seligen Selbstbetrug zu schweben, leicht erklärlich, weil er kürzlich selbst erlebt hat, wie das heftige Auftreten derselben Stürme verursacht, in denen er fast untergegangen wäre. Noch ist es eine unerklärliche Naturkraft, die Bande zerreißt, die den Feigen zum Helden und den

Ehrlichen weniger gewissenhaft macht, Herzen zerschmettert, den Tapferen zu Boden schlägt, den Schwachen aufrichtet.

Als Nachromantiker und Kulturmensch konnte er einer rohen Naturkraft eine solche Macht in der gebildeten Gesellschaft nicht zugestehen, darum verharrt er noch staunend und anbetend.

Von der krankhaften Sympathie der Degenerierten für die Prostituierte läßt er sich dagegen nicht irreführen. Durch lange Erfahrung, die er im eben erschienenen Buch des englischen Arztes (Lewis), Die Grundzüge der Gesellschaftslehre, auch teilweise bestätigt fand, war er zu der Ansicht gelangt, daß die Prostituierten aus natürlicher Auswahl hervorgegangen seien. Bei den Gesprächen, die er in vielen langen Nächten mit diesen Frauen geführt hatte, war ihm nie auch nur eine einzige Sentimentale, eine einzige, die sich als unglücklich bezeichnet hätte, begegnet. Seine Lektüre von Berichten aus Magdalenaheimen hatte ihn zudem gelehrt, daß beinahe alle, die man von ihrem Weg geholt hatte, mit Vergnügen auf ihn zurückgekehrt waren. Und keine einzige von ihnen konnte Armut vorschützen, da das Heim sie unterhielt und ihnen Schutz gewährte. Von denen, die er selbst kennengelernt hatte, waren die meisten ganz einfach Dienstmädchen gewesen, die Mamsellen werden und nicht mehr hatten arbeiten wollen. Viele sparten Geld und traten später als verheiratete Frauen auf, andere brachten ihren Verdienst durch. Diese seine wahrheitsgemäße Darlegung seiner Beobachtungen wurde jetzt herzlos genannt. Er hatte kein Mitleid mit denen, die mit ihrem Los nicht unzufrieden waren. Seine vorurteilslose Darlegung der Prostitutionsfrage war vor allem durch die Aufregung veranlaßt, die die Föderation damals zu verbreiten begann. Keine von Frauen gebildete Vereinigung hat je ein so unvernünftiges Programm gehabt, und keine hat ihre wahren Absichten so schlecht verborgen. Die Prostitution abschaffen? Was soll das heißen? Eine ganze Klasse von Frauen daran hindern, ihre Gunst zu verkaufen. Wodurch? Die Untersuchung abschaffen! Das hieße allerdings, das Gewerbe zu erleichtern; aber das Gewerbe sollte doch verhindert werden! Was wollte man, was beabsichtigte man! Vermutlich war diese Bewegung ein Erwachen der Frau zum Bewußtsein dessen, daß sie den schlechteren Teil gewählt hat, und nun wollte sie ihre Scham verbergen und dem Mann die Schuld geben. Damit setzt die Verfolgung von Männern ein, die auf der Straße alter Sitte gemäß dieses Gewerbes verdächtige Frauenzimmer fragten, ob sie es gestatteten, daß man ihnen Gesellschaft leistete. Durch dieses hinterhältige Vorgehen wurde die Laufbahn manch rechtschaffenen Mannes zerstört, die Mißbräuche arteten, ebenso wie in England, in reine Spekulation aus, und wer unter der Geschichte am meisten litt, waren die Prostituierten.

In der Arbeiterfrage nahm der Autor eine reservierte, von den wirklich Freisinnigen als verdächtig bezeichnete Haltung ein. Als Unzufriedene hatten sie seine Sympathie, doch als Arme, als die einzigen Armen, konnten sie ihn nicht ganz auf ihre Seite ziehen, da es in anderen Gesellschaftsklassen viel ärmere gibt. Er hatte auch gesehen, wie die führenden Männer des Arbeitervereins augenblicklich zufrieden wurden, sobald sie nach oben gekommen waren, und sie hatten sogar dem konservativen Lager eine helfende Hand gereicht, ja, königliche Personen hofiert, während sie sich andererseits als Wahlkorporation benutzen ließen und in religiösen Fragen mehr als reaktionär waren.

Da er die Arbeiterfrage damals noch nicht studiert hatte, gab er kein bestimmtes Urteil ab, beendete das Buch aber mit dem Versprechen, sie zu untersuchen.

Unter anderem enthielt das Buch eine Entdeckung auf dem schwer erforschbaren Gebiet des Seelenlebens. Er hatte festgestellt, daß Menschen von gleichem Bildungsgrad die gleichen Ansichten über die gleichen Dinge hatten, und daß sich diese Ansichten mit der Epoche oder der Generation veränderten. Darum läßt er den Helden die Gedanken anderer lesen und aus ihren Köpfen Äußerungen, Meinungen und Kritik herausholen, als arbeite er mit einem Lufttelegrafen. Es war der Automatismus oder die willenlose Gehirntätigkeit des Majoritätsmenschen, die er beobachtet hatte, wenn er auch eine Formel dafür noch nicht angeben konnte. Doch in Kenntnis der relativen Ungültigkeit der Urteile hörte er auf, Kritiken seiner Arbeiten zu lesen.

– Was interessiert mich, was Kollege Pettersson über meine Schriften denkt, sagte er. Ich weiß im voraus, was er mit seinem

Standpunkt denken muß, und wüßte ich es nicht, könnte ich es mir ausrechnen. Außerdem, er kommt noch mit dem alten Ellenmaß, während wir schon das neue Metermaß benutzen!

Genug davon: er schloß sich mit seinen Studien in seine Wohnung ein und dachte weder an Erfolg noch an die Fortsetzung der Schriftstellerei. – Ich habe das Meine gesagt, jetzt habe ich nichts mehr hinzuzufügen. Hinzu kam, daß er sich nach der Lektüre von Zola vollkommen überflüssig fühlte. – Das ist doch schon gedruckt, sagte er, warum soll ich es da schreiben? ...

Gleichzeitig tritt ein Ereignis ein, das zum Wendepunkt seines Lebens wird, wie es bei jedem gesunden Menschen der Fall sein muß: nach zwei Jahren Ehe stand er im Begriff, Vater zu werden. Die Gewißheit erfüllte ihn zunächst mit Furcht. Wie konnte er ein Kind aufnehmen und versorgen, und wie sollte sich jetzt seine erträumte Idealehe realisieren! Doch bald gewöhnte er sich an den Gedanken, und das Ungeborene wurde rasch ein persönlicher Vertrauter, ein lieber Gast, den man erwartete, und für dessen Zukunft er kämpfen wollte. Seine Frau, die vorher ein Kamerad gewesen war, bekam als Mutter einen anderen Wert, und das Unschöne in der Beziehung, das sich bereits bemerkbar gemacht hatte, verschwand. Ein großes, hohes gemeinsames Interesse veredelte die Beziehung, machte sie intimer und setzte schlummernde Kräfte in Tätigkeit. Diese Wartezeit war schöner als die Zeit der Verlobung und die als Jungvermählte und die nach der Ankunft des Kindes die schönste seines Lebens.

Als er die neugeborene Tochter in seine Arme nahm, fühlte er, daß die Seele nur unsterblich werden kann, wenn sie in einen jüngeren Körper überführt wird, und daß ohne Kinder das Leben ein Raubtier ist, das nur die Leben anderer frißt, ohne sich fressen zu lassen. Doch er hatte auch ein seltsames Gefühl, aufgeblüht zu sein und Samen getragen zu haben. In seinem Kind wurde er wieder zum Kind, doch er selbst meinte, alt geworden zu sein. Er war abgesetzt und hatte den Nachfolger schon im Haus. Dieses Gefühl des Altseins verschaffte sich bald in seiner schriftstellerischen Tätigkeit Ausdruck, wobei er gleichzeitig geben, verschenken, sich opfern, das Mobiliar seiner ganzen Seele in die Häuser der anderen bringen wollte. Um der Mutter, die sich jetzt einerseits um ihre Karriere, andererseits um die Zukunft ihres Kindes Sorgen zu machen begann, eine Freude zu machen, schrieb er, damit sie eine Rolle bekam, ein Stück. Das Thema hatte lange herumgelegen und handelte von nichts. Es war eine Idylle, die jedoch zwangsläufig von gewissen Erinnerungen seines vergangenen Lebens gefärbt war und durch die in der Luft liegenden Gedanken der Zeit ein wenig mit Sauerstoff versetzt wurde. Im Geheimnis der Gilde verherrlicht er den Glauben als die treibende Kraft des Lebens und symbolisiert ihn mit dem alten Zeichen des Kreuzes, der Kreuzform der gotischen Kirche. Mit der Geburt des Kindes war nämlich das Gefühl eines relativen Wertes des Lebens für das Individuum, wenn es ihm nämlich gut geht, zu ihm zurückgekehrt, und die Zukunft des Kindes war ihm eine Mahnung, für die Zukunft zu arbeiten, damit es dem Kind mit seinen Zeitgenossen besser ginge, als es ihm mit seinen gegangen war. Sein Bild von der Frau hatte eine spürbare und wohltuende Veränderung durchgemacht. Ganz richtig sieht er jetzt ein, daß ihr einziger und hoher Wert darin besteht, Mutter zu sein. Auf allen anderen Gebieten ist sie überflüssig, da der Mann alles andere besser kann als sie, und auch genug Kräfte besitzt, und sein Typ einer wahren Frau ist mustergültig. Das abscheuliche Amazonenideal, zu dem ihn eine kränkliche Zeitströmung verleitet hatte, hat er aufgegeben, um es später zu Experimentierzwecken wiederaufzunehmen und bis zur Konsequenz des Absurden weiterzuspinnen, wohin es führt.

Daneben enthielt das Stück einen neuen Gedanken (aus Darwins Produktion) hinsichtlich des Aufgehens des Individuums in der Art und seines eigenständigen Lebens in ihr sowie einige Andeutungen zur Degeneration, wenn der Sohn die Stellung des Vaters erbt, ohne seine gestohlenen Meriten zu erben u.a. Da man nicht ins Theater geht, um Philosophie zu hören, fiel das Stück so ruhig und still, wie es gekommen war, durch, wurde aber unter Lobgesängen einiger Alter beigesetzt, die darin etwas sehr Schönes und dazu ein Versprechen jenes fürchterlichen Verfassers des Roten Zimmers gesehen hatten, sich nun zu bessern, nachdem er, für den Fall, daß sein Schlag zu hart ausgefallen war, in der Rolle des Narren um Verzeihung gebeten hatte. Die wirklich Freisinnigen brummten und redeten von der Schwedischen Akademie. Unerklärlich war ihnen sein Angriff auf den Zweifel und seine Empfehlung des Glaubens, weil sie natürlich nicht wußten, daß er mit der Abfassung dieses Stückes seinen Zweifel, für sein Fortkommen in der Welt schädlich, aus sich herausdichten wollte und daß die Not ihn zwang, bei einem Programm zu bleiben, wie man sagt, das heißt bei einem zufälligen Standpunkt, von dem er freilich wußte, daß man ihn morgen als das absolut Vernünftige feiern würde.

Indessen hatte das Stück eine keineswegs beabsichtigte Wirkung; es legte Balsam auf die Wunden, die Das Rote Zimmer geschlagen hatte, und die Fortschrittlicheren machten aus dem Roten Zimmer einen literarischen Erfolg, oder vielleicht war der Roman wirklich ein solcher gewesen, wenn auch der Verfasser sich darüber keine klare Meinung hatte bilden können, denn sein Bekanntenkreis war von der Art, daß man einander kaum mit Höflichkeiten verwöhnte.

Während der Lärm sich legte, ordnete er sein umfangreiches kulturhistorisches Material, das sich im Laufe der Jahre bei der Bibliotheksarbeit angesammelt hatte, und unter dem Eindruck der Beschreibungen vom Leben alter Zeiten in Europas Hauptstädten, die in letzter Zeit erschienen waren, entwickelte er den Plan zu Alt-Stockholm. In alte Zeiten zurückzugehen, schläferte ihn ein, und das erwähnte Gefühl, alt zu sein, trat wieder so deutlich hervor, daß er seinem Kind von der guten alten Zeit zu erzählen meinte. Und als er auf seine schmerzliche Vergangenheit zurückblickte, entstand die optische Täuschung, daß die ganze dunkle Vergangenheit in weiter Entfernung lag, während der Vordergrund der Gegenwart aus Licht, Hoffnung und Liebe bestand. Die Illusion, mit dreißig Jahren alt zu sein, wurde in aller Schärfe sichtbar, als er für diese Arbeit auf eigene Faust Gegenstände aus seiner Kindheit als Antiquitäten abzeichnen ließ, die beim Korrekturlesen herausgenommen werden mußten, weil sie allzu neu waren.

Als er so die Arbeit geplant und das erste halbe Heft geschrieben hatte, wurde er vor Überanstrengung müde und kränklich und mußte einen Mitarbeiter engagieren, worauf Alt Stockholm ganz allmählich im Laufe zweier Jahre herauskam; doch bevor das letzte Heft erschien, hatte er sich bereits in einen neuen Streit gestürzt.[1]

Während er sich in das Studium alter Zeiten vertieft hatte, waren ihm die Bewegungen der Gegenwart etwas entgangen. Zwar hörte er Lärm, hörte aber nicht so genau hin. So erfuhr er, daß ein Student in Uppsala die Notwendigkeit einer freiwilligen Beschränkung des Bevölkerungszuwachses in der ärmeren Klasse verkündet hatte. Da einige Jahre zuvor dieselbe Frage von Bergstedt in Samtiden untersucht worden war, mit sich anschließender Polemik, in der sich der feingebildete Mann eine schamlose Behandlung hatte gefallen lassen müssen, und da Johan kürzlich Die Grundzüge der Gesellschaftslehre gelesen hatte, worin das Thema erschöpfend dargelegt war, legte er das Gezänk zu den Akten.

Der Radau nach dem Roten Zimmer war kaum verstummt, als ein neuer um das Puppenheim entstand. Johan ging nicht ins Theater und wollte das Stück nicht lesen, denn er fürchtete starke literarische Eindrücke, da er wußte, daß ein Schriftsteller später so leicht Gelesenes und Gelebtes vermischt. Soviel erfuhr er, daß das Stück die Scheidung verteidigte, und damit war er natürlich einverstanden. Hätte er aber gewußt, unter welchen Bedingungen, hätten sich ihm die Haare vielleicht sofort gesträubt. Nun las er das Puppenheim erst zwei Jahre später. Was also war das Puppenheim? Vielleicht ganz einfach die Entdeckung, daß die Frau dem Mann moralisch und intellektuell unterlegen war. Das war schön und gut, doch die Schuld schob man auf den Mann, weil man auf dem damaligen Standpunkt der Forschung glaubte, die Frau werde vom Mann unterdrückt, was später für falsch befunden wurde. Die Folge dieser Entdeckung war ein neuer Irrtum, nämlich die Einbildung, man erhebe die Frau zum Mann, indem man ihr die gleiche Erzie-

---

[1] Bibliographische Anmerkung: Strindberg hat von Alt-Stockholm die folgenden Kapitel allein geschrieben: Ein Spaziergang in Stockholm um 1730; Die Feste Weihnachten und Ostern; Straßenmusik und Volksbelustigungen; Kinder und Jugend; Gilden, Zünfte, Gesellschaften; Dialekt, Slang und Jargon; Legenden und Aberglauben; Flora und Fauna; und hat an folgenden Kapiteln mitgearbeitet: Gratisvergnügungen; Seuchen; Berühmtheiten der Straße; Ordensgesellschaften und Clubs; Verkehrswesen; Polizei. Von den 222 im Buch enthaltenen Illustrationen hat Strindberg 193 beschafft.

hung zukommen läßt wie dem Mann. Nun sollte von Rechts wegen die weibliche Erziehung dahingehend reformiert werden, daß die Frau zur Ehefrau, Mutter, Kinderpflegerin und Wirtschafterin erzogen wird, damit die Männer nicht gezwungen sind, ihr Haus, ihr wirtschaftliches Wohlergehen, die Erziehung ihrer Kinder halbgebildeten Puppen mit oder ohne Abitur zu überlassen. Jetzt aber war die Bewegung in Gang, und die Frau, die für die gewissenlose Handhabung ihrer häuslichen Pflichten gezüchtigt werden müßte, wurde zum Märtyrer, und alle jungen Herren heulten über Noras trauriges Lebensschicksal.

Das Stück war krank wie sein Verfasser und wurde anfangs schweigend aufgenommen, bis es den Damen und den jungen Herren gelang, zum Sturm zu blasen. Im starken, realistischen, unsentimentalen Berlin wurde es ausgelacht. Im Norden aber gewann es durch geschickte und eifrige Bemühungen Terrain, so daß sich sogar ein so scharfsichtiger Mann wie Georg Brandes düpieren ließ. Unbewußte oder bewußte Geschlechtsimpulse hatten ganz allmählich die Wirkung, daß Nora, der Haustyrann, die Fälscherin, freigesprochen und Helmer, der liebende, ehrliche Mann verurteilt wurde. Und die klare Logik wurde durch Rampenlicht und Schauspielerin beidäugig geblendet. Und dann kam der große Schwarm der Blaustrümpfe und sammelte nach dem großen Männerschlachten Suppenknochen.

(Wir kommen auf das Thema später zurück!)

Gleichzeitig mit dem Roten Zimmer war in Schweden die Revolverpresse eingeführt worden. Die Zukunft wird über den Einfluß der zurückkehrenden Amerikaemigranten auf das schwedische Kulturleben vielleicht eine Studie erstellen können. Die Freiheit, aus der in Amerika eine anarchistische Tyrannei mit wechselnden absolutistischen Herrschern geworden ist, war nichts für die schwedischen Auswanderer, denen in einer anderen historischen Entwicklung mit europäischem Mittelalter und Rittertum Vorstellungen vom Recht des Schwächeren gründlich in Fleisch und Blut übergegangen waren.

Der Kampf um die Stellung fiel ihnen in Amerika schwer, doch die Methode: schlag zu, hier lädt dich keiner ein, hatten sie gelernt, und die Devise: drauflos, damit die anderen Angst bekommen, hatten sie zu der ihren gemacht.

Heimgekehrt zu ihren verzagten Landsleuten, mußten sie natürlich siegen. Einem solchen Heimkehrer gelang es nun eine Zeitlang, sich durch eine Schreckensherrschaft die Öffentlichkeit gefügig zu machen. Der Mann sollte seine Laufbahn als »Abpresser« für eine gewisse Zeitung begonnen haben, eine Tätigkeit, die darin bestand, Sündern, die wegen Ordnungsverstößen oder Trunkenheitsvergehen bei der Polizei gelandet waren, eine Geldsumme für die Unterdrückung der Zeitungsmeldung abzupressen, eine Zusage, die nicht immer eingehalten wurde. Als Chronisten hatte er eine Johan seit seiner Zeitungszeit wohlvertraute Persönlichkeit zur Seite, die von den Kollegen offen »der Schurke« genannt wurde. Die Zeitung kam zustande, war eine Kombination aus Sensation und Skandal nach französischem Vorbild mit zeitgemäßer Scheinheiligkeit, Künstlerkolportage und Intrige, und wurde letztlich von einer Geldfirma getragen. Um berühmt zu werden, mußte man entweder zahlen oder zum persönlichen Bekanntenkreis des Revolvermannes gehören, was nicht verlockend war, zumal er seine Schreckensherrschaft an Gastwirten und -wirtinnen ausübte, bei denen die Rechnung unbezahlt liegenblieb.

Zunächst staunte die Öffentlichkeit über diese unglaubliche Dreistigkeit des Auftretens, lachte anfangs und beugte sich schließlich, zahlte und machte Gebrauch von dem, was sich zur allgemeinen Verwendung anbot. Ein Beispiel war gegeben, und mit Beginn der achtziger Jahre war die schwedische Presse in ein neues Zeitalter eingetreten. Die Konservativen eigneten sich die Methode an, und damit hat die Revolverpresse die Reptilien hervorgebracht.

3. Unten und wieder oben

(1881)

Die Geschichte, die geschriebene, sollte man nicht für eine Darstellung der Vergangenheit halten, wie sie wirklich vergangen ist, denn wie die Vergangenheit aussah, weiß niemand ganz genau. Die objektiven Forscher, wie sie sich nennen, referieren Dokumente; doch die verlorengegangenen Dokumente (Papier und Pergament sind vergänglich) und die beiseite geschafften Dokumente, die auf die Sache vielleicht ein anderes Licht werfen würden, können natürlich nicht referiert werden. Zu den zuverlässigsten Dokumenten zählte man zu allen Zeiten und eigentümlicherweise nicht zuletzt heutzutage eigenhändige Briefe. Er selbst hat es so geschrieben, sagt man, und damit ist die Sache bewiesen, jedoch nur in dem Fall, daß der Brief im Sinne der vorgefaßten Meinung des Urteilenden belastet; entlastet er, legt man ihn beiseite oder hält ihn für verlogen. Nun gibt es im Zusammenleben der menschlichen Seelen eine notwendige Tendenz zur Anpassung, ohne die ein Zusammenleben unmöglich wäre. Spricht man mit jener Person, rückt man etwas leicht zu ihrem Vorteil zurecht, spricht man mit einer anderen, macht man dem ihren ein Zugeständnis, und täte man das nicht, äußerte man seine volle Meinung, würde das Gespräch damit enden, daß man einander ins Gesicht spuckte und auseinanderginge, um sich nie wieder zu begegnen. Diese notgedrungenen Anpassungen haben den Menschen den Ruf eingebracht, falsch zu sein, und man braucht nur Zeuge eines Bruchs zwischen Freunden zu sein, der durch den Klatsch eines Dritten hervorgerufen wurde, um zu hören, welch unterschiedliche Meinungen ein und dieselbe Person über ein und dieselbe Sache haben kann. Beim Briefeschreiben, wo man vorsichtiger sein muß, ist diese Anpassungstendenz noch größer. Was man einem sagen kann, sagt man einem anderen nicht, und einem Dritten gegenüber muß man sich hinunterbegeben, um verstanden zu werden, bei einem Vierten muß man sich auf die Zehenspitzen stellen, um zu beweisen, daß man hinaufreicht, und vor einem Fünften muß man auf den Knien liegen, um eine Gnade zu erbetteln. Ein jüngerer Psychologe hat sogar entdeckt, daß sich die Schrift (Handschrift) des Briefschreibers unbewußt der desjenigen anpaßt, an den er schreibt, vor allem wenn die Korrespondenz rege ist.

Briefe sind also mittelmäßige historische Dokumente. Andere Dokumente mit größerer Autorität sind Gesetze und Bekanntmachungen. Gesetze aber haben den Fehler, daß sie entweder erst durch den Brauch erzwungen werden, oder daß sie sich überleben und ihre Anwendungsmöglichkeit eingebüßt haben, wenn ein neues an ihre Stelle tritt. Das Gesetz gibt darum nicht exakt das Niveau des Volksgeistes in einer Epoche wieder, sondern liegt oft darüber, oft darunter. Regierungsakten oder die Registratur gelten als die zuverlässigsten aller Dokumente, doch sie drücken entweder nur den Willen der regierenden Personen aus oder betreffen die äußeren Beziehungen des Staates zu fremden Mächten, oder die Geschichte des Territoriums, berühren selten das Innere und Tiefere im Leben der Nation und sind Quellen ausschließlich für die Staatsgeschichte. Darum kann es objektive Geschichtsschreibung nicht geben, um so weniger, als es kein objektives Subjekt gibt, dessen Bewußtsein die äußeren Ereignisse passieren können, ohne von der ganz bestimmten Betrachtungsweise des Individuums und der Epoche gefärbt zu werden. Geschichte ist darum nur die Geschichte der Zeitperiode, in der die Geschichte geschrieben wird. Tatsächlich aber gesteht man das Epitheton objektiv den Historici zu, die der Durchschnittsauffassung der Epoche entsprechend geschrieben haben und darum nicht von der Normale abgewichen sind, die die Majoritätsmeinung von einer vorausgegangenen Periode übernommen hat.

Gegen Ende der siebziger Jahre hatte man begonnen, eine neue Schwedische Geschichte herauszugeben, die unter der Bezeichnung Linnströms Geschichte bekannt ist. Daß sie den Namen des Verlegers tragen durfte und noch trägt, ist recht sonderbar. Daß die Initiative von einem Verleger ausging, war weder ungewöhnlich noch herabsetzend und hatte keinerlei Einfluß auf die Beschaffenheit der Arbeit, es sei denn zu ihrem Vorteil, denn auf ihren

Illustrationsteil wurde viel Mühe und Geld verwendet, das die Autoren nie hätten aufbringen können.

Linnströms Geschichte hatte die Prinzipien der Arbeitsteilung und der Assoziierung angewandt, und das Buch erschien unter großem Lärm und mit großen Ansprüchen. Der erste Teil aus zusammengewürfeltem Material, Polemik in archäologischen Fragen, Berichten über neuere Detailentdeckungen und gegenseitigem Lob war leblos, weshalb die Öffentlichkeit sich reserviert verhielt. Es folgten die übrigen Teile, meist von jungen Dozenten geschrieben, die ohne eine Spur von selbständiger Meinung oder Forschung Vorlesungen und Kollegien der Professoren wiedergaben. Die Abschreibereien sowohl von Fakten als auch von Urteilen waren bisweilen schamlos, doch das machte nicht viel aus, weil die Gesellschafter sich die Kritik gegenseitig selbst spendierten. Der Text war eine Pennälerarbeit. Die große Kraftanstrengung des Zeitalters der Signaturen bestand darin, seine Unfähigkeit zu demonstrieren, doch die älteren Geschichtsschreiber hatten an treuen und dankbaren Schülern nichts auszusetzen, und die jüngeren hatten nicht mitzureden. Das Buch hatte also alle Aussichten auf Erfolg, doch die Öffentlichkeit weigerte sich, und diesmal schien es, als sei die Masse über ihre jungen Lehrer hinausgewachsen.

Zu diesem Zeitpunkt kommt, ebenfalls auf Initiative eines Verlegers, eine andere Unternehmung in der gleichen Richtung zustande. Der Verfasser von Alt-Stockholm, der sich als kulturhistorischer Forscher ausgewiesen hatte, erhält die Anfrage, ob er nach dem Muster von Scherrs Germania eine Populäre Schwedische Kulturgeschichte schreiben wolle. Die Idee sagte dem Verfasser zu, doch er behielt sich die volle Freiheit vor, von Scherrs Diwanbuch abzuweichen, das auf deutschem Patriotismus nach dem Krieg von 1870 fußte. Die Freiheit wurde zugestanden und das Unternehmen in Angriff genommen. Nun ist zu bemerken, daß der Verfasser alle vorbereitenden Studien in den Sammlungen der Bibliothek selbst durchgeführt, auch Archive durchgestöbert und dabei einbezogen hatte, was andere ausgelassen hatten, nicht weil es wertlos war, sondern weil sie von ihrem Standpunkt aus keine Verwendung dafür hatten. Er war also dem Unternehmen mehr als gewachsen, da es nur darin bestand, ein populäres Buch zu liefern, bei welcher Aufgabe die Ansprüche normalerweise über eine fleißige Benutzung des gesammelten Materials anderer nicht hinausgingen.

Ein paar Monate verwandte er nun darauf, das Material zu sichten und in seinem Zimmer alle erforderlichen Quellenschriften zu sammeln. Dann mußte das Material nach einem Prinzip geordnet, zeitgemäß beleuchtet, als Glieder einer Entwicklungskette in einen Zusammenhang gebracht werden. Die Schwierigkeiten, einen vernünftigen Zusammenhang zu finden, drängen sich jetzt auf, und auflösend, verwirrend meldet sich der Zweifel, ob es da wirklich einen vernünftigen Zusammenhang gibt. Gab es und gibt es einen solchen in der Geschichte, auch wenn wir ihn nicht sehen können? fragte er sich. Vielleicht war das Ganze nur ein »nacheinander« und kein »infolge von«. War nicht die Geschichte ein launenhaftes Sammelsurium, eine Kreisbewegung? Waren nicht Kulturen entstanden und vergangen, Gesellschaftsformen aufgetreten und verschwunden, hatten nicht Religionen gewechselt, und waren die Menschen nicht trotzdem genauso dumm und unglücklich geblieben? Sicherlich hatten diejenigen, die früher geglaubt hatten, einen Zusammenhang zu sehen, nur das ordnende Bestreben ihres Denkapparates wahrgenommen, die Dinge in Kausalzusammenhänge zu bringen, und wo die Phänomene nicht hineinpassen wollten, wurden sie ausgelassen. Vermutlich wurde die Welt von Zufällen regiert, wenn auch von notwendigen Zufällen, die sich nicht ereignet hätten, wenn sie nicht von der Notwendigkeit bedingt gewesen wären.

Nun wollte er die ganze Arbeit aufgeben, doch im letzten Augenblick entschloß er sich, die »tellurische Perspektive« ab- und eine kleinere anzulegen. Bisher hatte man die Geschichte als von mehr oder weniger starken persönlichen Willen hervorgebracht gesehen, aufgestellt und unterstützt von Interessen, man hatte die Vorsehung durch gottgewählte Menschen die Schicksale regieren sehen, und von den gottgewählten Privilegierten hatte man sich die Geschichte schreiben lassen. Jetzt wollte ein Mann aus den unteren Klassen abrechnen, jetzt wollte ein Unprivilegierter die Geschichte so schreiben, wie sie sich von unten aus dargestellt hatte, und man würde sehen, wie die Beleuchtung von unten auf die zu Monumenten gewordenen historischen Persönlichkeiten wirkte. Daß dies jetzt einmal geschah, war durchaus nicht schlecht, und Übertreibungen mußten mit Übertreibungen kuriert werden, doch der Wahrheit kam er vielleicht kaum näher als die anderen. Der Hauptfehler seiner Methode war unvermeidlich der, daß er die herrschenden Gesetze über- und die Persönlichkeit unterschätzte. Während nun also die Vorgänger einseitig die Persönlichkeit als wirkende Ursache der Weltereignisse dargestellt hatten, machte er den Fehler, sie zu unterschätzen. Außerdem war er notwendigerweise schwankend, da er nicht an einer Perspektive festhalten konnte, nachdem er unter mehreren zu wählen hatte, und im Arbeitsfieber meldete sich das eine oder andere Gespenst aus Christentum, Romantik und kindlicher Erziehung. Am meisten belastete ihn die Reichhaltigkeit seines Materials, und sein Kopf, der von der Bibliotheks- und Entdeckungshitze noch warm war, konnte nicht genügend unterscheiden, was von Bedeutung an sich und was als Entdeckung von Bedeutung war. Hierdurch wurde die Arbeit mit unwichtigen Details überladen, und Kleinigkeiten erhielten ein manchmal allzu großes Gewicht.

Auch äußere Umstände beeinflußten die Arbeit ungünstig, wie die gehässige Aufnahme und die hierdurch verursachte Furcht der Verleger, deren wirtschaftliche Existenz vom Ausgang eines Unternehmens abhing, in das sehr große Summen investiert worden waren. Die Aufnahme war eigentlich unerwartet, denn er war vollkommen gelassen ans Werk gegangen und hatte die schärfsten Angriffe auf das Bestehende mit unbewußter Naivität niedergeschrieben. Diese Gelassenheit hatte er in den letzten Jahren durch Umgang mit Mitgliedern der herrschenden Partei erworben, mit denen er gesprächsweise alles alte Achtenswerte von seinem Sockel geholt hatte. Bis ganz nach oben gab es diese Zweifler, und als er jetzt sein erstes Heft veröffentlichte, meinte er nur die Ansicht der Gebildeten auszusprechen. Noch waren die Interessen nicht bedroht und die Parteien nicht formiert, so daß man gut zusammenlebte und zu sagen wagte, was man dachte. So hatte er auch Das Rote Zimmer der Posttidningen als Fortsetzungsroman angeboten und es vom Redakteur arglos und nur mit der Erklärung zurückerhalten, es sei für die Zeitung nicht geeignet. Welch unerhörte Ahnungslosigkeit lag doch darin! Des weiteren war die Ankündigung mit dem berüchtigten Angriff auf Geijer einem älteren Beamten an einer der gelehrtesten Institutionen des Landes vorgelegt worden. Dieser hatte den Angriff nur etwas allzu larmoyant gefunden, in einem Punkt die Formulierung beanstandet, im übrigen aber nichts zu streichen gehabt.

Als das Buch erschien, wurde es sogar vom Allehanda wohlwollend aufgenommen, sogar als notwendig usw. gelobt. Auch dort hatte man nicht gesehen, wo seine Gefahr lag.

Wer entdeckte nun, daß eine Gefahr darin lag? Waren es etwa die Gesellschafter von Linnströms Geschichte? Schließlich hätte es recht nahegelegen, eine derartige Beschuldigung vorzubringen, doch sie wurde nicht vorgebracht, und es war vielleicht kurzsichtig, alles kleinlichem Eigennutz zuzuschreiben, oder dem Neid darüber, daß ein anderer ausgeführt hatte, was sie selbst beabsichtigt hatten. Daß Eigennutz beteiligt war, ist sicher, da einer von Linnströms Historici dem Verleger offen sagte, der Verfasser des Schwedischen Volks habe denen, die nach ihm kommen würden, das Geschäft zerstört! Schließlich lag das Material bereit und war jedermanns Eigentum, die Idee lag in der Luft, warum hatten sie sie nicht ergriffen? Und gegen den Zunftzwang hatte er auch nicht verstoßen, da er als Bibliotheksmann anerkannter Forscher und im engen Kontakt mit den gelehrten Autoritäten von diesen als Zunftgenosse aufgenommen worden war. Nein, es war wohl die damals gerade erwachte Reaktion, die gemeinsam mit ihren neuerworbenen kaiserlichen Bundesgenossen und Verwandten die Zähne zu zeigen begann und nun ein Exempel statuieren oder ihre Macht erproben wollte, doch sicherlich war es auch die Belohnung (oder die Rache) für Das Rote Zimmer, die jetzt die Gelegenheit nutzte.

Die Angriffe erfolgten, wie gesagt, unerwartet, denn wie konnte man auf ein unschuldiges Buch, das sich nur als eine Sittengeschichte und noch dazu eine unwissenschaftliche ausgab, so böse sein. Er hatte es doch weder Die Geschichte des Schwedischen Volkes noch Schwedische Kulturgeschichte genannt, und außerdem zeigten die leicht und frei gestalteten Illustrationen, daß es sich hier um eine populärwissenschaftliche Arbeit handelte. Es war also nicht redlich, strengere Maßstäbe anzulegen und die Arbeit von einem wissenschaftlichen Standpunkt aus zu beurteilen. Doch auch als er aus dieser Richtung kam, biß der Feind auf Granit, denn auf dem Gebiet der Kulturgeschichte, die man nie studiert hatte, war man unkundig, total unwissend und mußte infolgedessen das eigene veraltete bißchen Wissen über die politische Geschichte auf seine Kulturgeschichte anwenden. Offen gesagt gab es im ganzen schwedischen Reich nicht mehr als drei Personen, die die Arbeit beurteilen konnten, die aber schwiegen.

Das Buch an sich war kein solcher Mißgriff wie Afzelius' Märchengeschichten. Jene Arbeit nämlich war in einer Periode entstanden, in der man, auf andere Weise übertreibend, unten bei der Landbevölkerung Spuren der Kultur in ihrer reinsten Form suchte, aber nur abgelegte Kleider aus den Schlössern der Herren und schlechte Übersetzungen von Gelehrtenschriften fand, abgesehen davon, daß Afzelius dem Persönlichkeitskult der damaligen Zeit entsprechend die Geschichte in der Anekdote suchte (wie Held und Corvin).

Der Angriff auf Geijer war vollkommen berechtigt, hätte aber länger und motivierter sein können, falls dies zur Sache gehört hätte. Geijer ist ein Nachrufschreiber, ein Kind der Heiligen Allianz, und weil er einer absolut sterilen Epoche angehört, die außerhalb der Entwicklungskette steht, kann ihn die junge Generation ganz einfach streichen, ohne der Undankbarkeit gegenüber ihren Vorgängern bezichtigt zu werden. Daß er zu guter Letzt, als es zu spät war, einen Blick für die fruchtbaren Wirkungen der Französischen Revolution bekam, war nicht mehr als die bescheidene Pflicht eines so gefeierten Mannes. Sein Abfall war nicht so ernst gemeint, Karl Johan verehrte er nach wie vor, und sah, *nach dem Abfall*, in der konstitutionellen Monarchie die ideale Staatsform.

Als Historiker ist Geijer unbedeutend. Lagerbring, Dalin, Botin, Carlson, Malmström haben bessere Chroniken geschrieben und Fryxell viel bessere Populärgeschichte. In der Freiheitszeit hat sich

Fryxell sogar zur Kunst und gründlichen Forschung eines Macauley hochgearbeitet. Heute wagt dies niemand zu sagen, doch in zehn Jahren steht es vielleicht in der Literaturgeschichte.

Geijer war eine Uppsalagröße, ein Cliquenmann, ein *lettré*, ein Dilettant, aber kein Gelehrter und kein Philosoph. Als Forscher wird er von Hellstenius für seine schnelle Arbeitsweise gelobt, wobei Hellstenius lustigerweise dieselbe Anekdote, die zur Herabsetzung Fryxells diente, zur Hervorhebung Geijers benutzt. Dieser, so wird im Vorwort zu den Gesammelten Schriften berichtet, habe an einem Vormittag im Archiv die Registratur mehrerer Jahre durchgearbeitet, was im Zusammenhang mit Fryxell zum Beweis für Schludrigkeit wird. Ansonsten ist die Uppsala-Anekdote über den Bibliothekar Schröder bekannter. Jener, der für Geijer forschte, lief nämlich herum und erzählte, wie weit »sie« mit seiner Geschichte gekommen seien.

In Geijers Person wie in seiner Geschichte liegt etwas Unvollendetes. Er beginnt 1825 Die Geschichte des Svea-Reiches und gibt nur einen Teil, die Heidenzeit, heraus. Dann ist Schluß. 1832 fängt er noch einmal an, jetzt mit Die Geschichte des Schwedischen Volkes, und schließt vier Jahre später mit Kristina, obwohl er doch noch elf Jahre lang weiterlebt.

Seine Poesie ist nahezu minderwertig, seine Musik mittelmäßig, seine Philosophie deutsch, und seine Staatswissenschaft englisch und französisch. Er scheint der Typ einer schwedischen Größe zu sein – ein gebildeter Dilettant, und darum wurde er auch so groß.

Er war das hervorragendste Talent der Reaktion, und darum wurde er zur Fahne erhoben. Darum war es die unangenehme Pflicht eines Mannes der neuen Generation, erst einmal diese Fahne herunterzureißen, und daß er diesmal richtig gezielt hatte, das sollte er bald merken.

Als er jetzt allein im Sturm saß, von so viel Lärm betäubt, wunderte er sich anfangs darüber, daß niemand zu seiner Verteidigung auftrat; so kindlich war er tatsächlich, daß er glaubte, die Menschen würden sich für eine Meinung bloßstellen. Doch bestürzt war er, als er unter den Verfolgern solche sehen mußte, die im Gespräch ungefähr die gleichen Ansichten wie er geäußert hatten.

So naiv war er durch all das Geschwätz geworden, das er nach dem Roten Zimmer zu hören bekommen hatte, des Inhalts, wie lieb und anständig die Menschen seien, und wie ungerecht und haßerfüllt er sie geschildert habe. – Du mußt liebevoll über uns schreiben, wenn wir dich schlagen, du mußt uns den Rücken hinhalten, wenn wir mit dem Prügel kommen; etwa so hatte man die eigenen bescheidenen Ansprüche an seine Feder angemeldet. Nun erkannte er, wie die Liebevollen ihn getäuscht hatten, und er rüstete sich zur Revanche, um zu zeigen, zu welch widerlicher Heuchelei das Zusammenleben den Menschen zwang, seit das Faustrecht nicht mehr galt.

Allein, ohne Partei oder öffentliche Meinung hinter sich, für eine Ansicht einzutreten, ist mit Sensationen verbunden, die einen an der Existenz des Individualcharakters zweifeln lassen. Er kam sich vor, als sei seine Person ausgelöscht, sein Ich annulliert, als sei er tot. Nur als Glied einer Kette konnte er sein Ich empfinden, ohne sie gab es ihn nicht. Ist es da erstaunlich, daß die Macht der öffentlichen Meinung so groß ist, wie dumm diese Meinung auch sein mag. Sie tritt auf wie ein Sturmwind, und die Stärksten weichen anfangs aus, lassen sich dann aber mitziehen, willenlos. Darum ist der Kampf der Geister um die öffentliche Meinung oder die Suggestion vielleicht furchtbarer als jener der Körper um entsprechende Vorteile. Es besteht starke Ähnlichkeit zwischen diesem Streit und dem Kampf um das Weibchen: die Frage ist, wer den Samen für Künftiges versenken darf; auch ein Moment des Kampfes um die Macht gehört dazu, denn wer eine öffentliche Meinung hervorgerufen hat, der hat eine Partei und folglich Macht.

Er war hoffnungslos geschlagen. Da kommt als Entsatzsignal die Nachricht, sein berüchtigtes Jugendstück Meister Olof habe bei der ersten Vorstellung einen starken Eindruck hinterlassen, und gewissen Stellen, die in Beziehung zu seinem eben zurückgeschlagenen Angriff stehen mochten, sei zugejubelt worden. Er selbst war zu dieser Gelegenheit krank und hatte nicht anwesend sein können, doch der Erfolg galt als so ausgemacht, daß sich sofort Glückwünsche und Frontveränderungen einstellten. War es nun ihm gelungen, diese öffentliche Meinung zu wecken, oder hatte es sie schon vorher gegeben? Bei den Jungen, die er nicht kannte, war sie vorhanden gewesen; und daß sie während des vorangegangenen Sturmes geschwiegen hatten, lag daran, daß sie noch nicht mitreden durften. Er erwacht wieder zum Leben und fühlt, daß er jemand ist; die Seele gewinnt ihre Spannkraft zurück, weitet sich und nimmt sich selbst mit Wohlbehagen wahr.

Gleichzeitig kommen in seinen kleinen Bekanntenkreis einige junge Männer, die später unter der Bezeichnung Junges Schweden mehr oder weniger bekannt wurden. Für ihn repräsentierten sie die künftige öffentliche Meinung, die einmal die der Majorität werden sollte, und hinter ihnen ahnte er eine andere Generation als die, aus der er herausgetreten war. Doch sie hatten Ansichten, die ihm teilweise fremd waren. In bestimmter Hinsicht hielt er sie für rückständig, in anderen für so weit abseits (er glaubte nicht, daß es wirklich fortschrittlich war), daß sie einander nicht verstanden. So hatten sie noch Nationalheilige wie Bellman, und mit seinem Angriff auf Geijer waren sie nicht einverstanden. Auf den konservativen Ibsen, der den Bund der Jugend geschrieben hatte, waren sie unkritisch voll und ganz eingeschworen, und für die russischen Nihilisten schwärmten sie. Durch sie hört er jetzt auch von der kommenden Gesellschaft, dem Sozialistenstaat. Letzterer sagte ihm nicht zu, weil er meinte, daß er dem Differenzierungsgesetz, das doch gerade die Grundlage der Entwicklung war, diametral entgegenstehe. Als sie darauf antworteten, gerade durch den Sozialismus werde die Differenzierung zu ihrem Recht kommen, wurde die Frage als in ferner Zukunft liegend vertagt. Alle waren sie Atheisten. – Wie kann man ohne Gott leben, und wie kann man an Gesetze ohne Gesetzgeber glauben, war Johans Einwand. Und wie kann man es ertragen, ein so elendes Leben ohne Hoffnung auf ein besseres künftiges zu leben? Wie kann man an Entwicklung glauben und dennoch meinen, beim Tod des Körpers sei es mit der Persönlichkeit plötzlich zu Ende? – Darauf antworteten sie, das Leben selbst sei sein Zweck, die Persönlichkeit existiere lediglich als Teil der Art und die Unsterblichkeit lediglich im Fortleben der Art. –

Für Johan als Romantiker und Individualisten waren dies harte Worte, denn sein eigenes Leben war ihm so unzulänglich vorgekommen, und seine Kinder waren noch so klein, daß er das Fortleben seiner Seele in den ihren nicht hatte feststellen können. Die anderen waren außerdem Anhänger der freien Liebe und meinten daher, ein verheirateter Mann habe nicht das Recht, auf seine Ehefrau eifersüchtig zu sein oder von ihr auch nur Treue zu verlangen. Sie übersahen nämlich, daß die Ehefrau sich vertraglich verpflichtet hatte, dem Mann treu zu sein, weil er sich der Kinder annahm, die sie gebar, doch zu dieser Zeit hatte es etwas so Liberales, von der unterdrückten Frau zu predigen, daß die schrecklichsten logischen Böcke ungehindert durchgehen durften. Vermutlich sind diejenigen unter diesen jungen Männern, die heute verheiratet sind, in dieser Frage konservativer geworden.

Was Johan an ihnen vermißte, war Sensibilität für menschliches Leiden oder Gefühl überhaupt. Ausschließlich Gesetze regierten die Welt, und das Zeitalter der Vernunft war jetzt da. Gefühle waren Rudimente von Tieren und Kindern, und mußten als für das reine Denken hinderlich abgelegt werden. Musik und Tanz liebten sie nicht, konnten mit Worten und Gedanken nicht spielen oder, wie man sagt, scherzen. Die Genüsse Essen und Trinken schätzten sie hingegen, und dem Fleisch versagten sie das Seine nicht. Damit war Johan zwar ebenfalls einverstanden, doch er fühlte, daß sie Kinder einer anderen Zeit waren als er. Darum sagte er oft prophetisch: in fünf Jahren ist meine Zeit vorbei, und meine Rolle wird darin bestehen, zwischen der alten und der neuen Zeit zermahlen zu werden. Ich bin ein Übergangsmensch, und als solcher habe ich die öffentliche Meinung nie auf meiner Seite! –

Wenn er über seine Freunde, in denen er die Männer der Zukunft sah, nachdachte, fragte er sich oft, ob sie tatsächlich so weit voraus seien. Waren nicht auch sie in gerade absteigender Linie Nachkommen jener Reaktions- und Idealistenepoche, die ihn hervorgebracht hatte? Hatten sie sich im Zeitraum von zehn Jahren von den Seelenkrankheiten des Zeitalters befreien können? Ließ sich der neue Mensch so geschwind schaffen, und waren sie nicht demselben Gesetz wie er unterworfen gewesen, in der Jugend all die verschiedenartigen atmosphärischen Strömungen, die hierhin und dorthin wehen, in sich aufsaugen zu müssen? Waren nicht viele dieser Winde wie Böen älterer Anschauungen gekommen, hatten Dünste aus alten Gruben nicht auch sie angesteckt? Mode-Theorien, Versuchs-Meinungen, Konjunkturansichten brausten einem doch um die Ohren, und junger Sinn, heißes Blut, ungeregeltes Geschlechtsleben konnte auch einen schärferen Verstand als den ihren benebeln. So bemerkte er an ihnen auch einen kleinen Zug, der entweder auf Kränklichkeit des Gefühls oder Gefangensein in einem Mode-Liberalismus hindeutete. Sie waren übertrieben besorgt um Tiere, während sie menschlichem Leiden gegenüber weniger empfindsam waren. Johan quälte nie Tiere, widmete ihnen aber auch keine besondere Fürsorge. Sie hielten das Jagen für verbrecherisch. Diese Empfindlichkeit, die sich in unserer Zeit stark bemerkbar gemacht hat, ist unterschiedlich interpretiert worden. Einige haben in ihr ein Krankheitsphänomen gesehen, und ein berühmter französischer Irrenarzt interpretiert sie als Anzeichen von Degeneration, Neuropathie. Andere haben sie als ein Gefühl der Verwandtschaft mit niederen Organismen gedeutet, ein Ergebnis der transformistischen Weltanschauung. Damit mag es sich verhalten, wie es will, aber Tierfreunde haben sich häufig als boshafte Menschen und starke Egoisten erwiesen, und wenn ein Mensch andere Mitmenschen flieht, um ein hinterhältiges Bündnis mit einem ehemaligen Wolf einzugehen, ist er bestimmt nicht gut.

In einem Punkt war man sich freilich einig: konzentrierter Angriff auf die alte Gesellschaftsform. Die kommende kannte man nicht, und über sie redete man nicht. Soweit ging es gut, besonders, weil man sich als Forscher proklamierte und unaufhörlich davor warnte, sich an ein Programm zu binden, weil man ja im voraus wußte, daß die Wahrheit von heute die Lüge von morgen ist. Johan allerdings neigte am meisten der Abrißmethode der russischen Nihilisten zu und wollte, daß man nur einreißen und dann die Natur wirken lassen sollte.

*

Nach dem Erfolg des Stückes wurden wieder versöhnliche Hände ausgestreckt, wieder Rücken gebeugt, und von oben winkte man ihn zum Tempel der Ehre und des Goldes, wenn er sich nur in das weiße Kleid der Unschuld hüllen wollte. Als er sah, wie all diese Erbfeinde sich vor der Macht beugten, die ihm mit der öffentlichen Meinung zur Verfügung stand, ließ er sich einen Augenblick lang täuschen und glaubte, sie seien so edel in ihren Herzen, sie, die da kamen, ihn zu feiern oder anzuwerben, daß er ernstlich meinte, sie hätten die Liebe im Herzen. Der Erfolg machte ihn weich, und Dichtererinnerungen aus seiner eben ausgegrabenen Jugend tauchten auf. Er befreit seinen Schreibtisch von den Büchern und schreibt innerhalb von vierzehn Tagen ein Märchenspiel, dessen Philosophie die folgende ist: das Leben ist gut, und das Leben ist schlecht, die Menschen sind eher unverständig als falsch, und die Liebe ist das Höchste. Doch das Stück wurde beiseite gelegt, um sehr viel später gespielt zu werden, und kam dann zwei Jahre später als Anachronismus und Konjunktur zugleich gerade gelegen.

4. Die Rache

(1882)

Warum nutzte er jetzt nicht seinen Erfolg und ließ das Vergangene vergessen sein? Warum schloß er jetzt nicht seinen Kompromiß und trat wieder ein in die Gesellschaft, die ihm so nobel die Hand reichte? Vor einigen Jahren, als ihm die Mechanik der Menschenseele noch unbekannt gewesen war, hätte er mit der Hand auf dem Herzen geantwortet: weil er die Sache der Unterdrückten nicht verraten, seiner Fahne nicht untreu werden wollte, und dergleichen mehr. Jetzt kann er das wahrer, wenn auch nicht so schön sagen: er tat es nicht, weil seine Leidenschaft, Irrtümer aufzudecken, stärker war als sein Verstand; weil sein Rassenhaß in Blut und Nerven lag; weil die Rache für das Unrecht an ihm und seiner Klasse ihm im Augenblick größeren Genuß bereitete als eine Vermittlung, die ihn rasch zu einem verachteten Herrenknecht gemacht hätte; weil sein Gehirn nun einmal monoman auf die Forschung nach den Fehlern der Gesellschaft eingestellt war; ganz einfach: weil er nicht anders konnte. Sein Weg war durch Bluterbe, Temperament, Gesellschaftsstellung unvermeidlich abgesteckt: kurz und gut: es war keine Tugend, es war eine Naturnotwendigkeit.

Brächte er jetzt, wie er hoffte, »die anderen«, all jene, die für das Wohl anderer zu arbeiten meinten, dazu, mit der Hand auf dem Herzen dasselbe Bekenntnis abzulegen, dann wäre es ehrliches Spiel, doch dazu bringt er die anderen nicht, nicht weil sie nicht ebenso wahrheitsliebend sein können, sondern weil sie ihren Selbstbetrug nicht entdeckt haben, und dafür können sie nichts. Hierauf entgegnet man: nach sich selbst beurteilt man andere! – Richtig, am strengsten war er gegen sich selbst, machte die Erfahrung an sich, doch anschließend prüfte er sie an hundert anderen, die er kannte, und fand, daß sie im Grunde ebenso beschaffen sein mußten; und dann las er die Erkenntnisse aufrichtiger und scharfsinniger Forscher über die Natur der Seele und stellte fest, daß das Resultat dasselbe war.

Er wollte die Gesellschaft angreifen, doch nach den Sitten der Zeit war es nicht möglich, dies larmoyant oder philosophisch zu tun, denn dann konnte man zu Fall kommen, ebenso wie er über Das Schwedische Volk gestürzt war, als er sich aufs offene Feld hinausbegeben hatte, wohin eine neuere und aufgeklärtere Kriegskunst nie ein Gefecht verlegt. Darum entschied er sich für die Satire, die persönliche, die zu allen Zeiten eine anerkannte und dankbare Dichtungsart gewesen und nicht zuletzt von den gebildeten Klassen zur Verhöhnung oder Abfertigung des Packs verwendet worden ist. Als Vorbild wählte er Grenville Murray's Les Hommes du Seconde Empire.

Aufs Land hinausgekommen, geht er ans Werk. Erfrischt von Meeresluft, Baden und Sport; mutig durch den jüngsten Erfolg, übermütig durch die Gesinnungsunterstützung der Freunde, war es ihm ein Leichtes, Verhältnissen, Institutionen und Personen auf den Leib zu rücken, öffentlichen Personen wohlgemerkt, deren öffentliche Tätigkeit der Öffentlichkeit gehört. Jetzt aber wollte er ihre private Tätigkeit zeigen, ihr privates Leben im Kontrast zu ihrem öffentlichen, und so ging er darauf ein. Dies war notwendig, aber nicht klug. Unrechter als das Durchhecheln seines Privatlebens durch andere war es nicht, aber doch ebenso unrecht. Nachdem er dies bereits an anderer Stelle zugegeben hat, kann er zu seiner Ehre auch noch sagen, daß er viel schonender vorging als sie, und daß das Persönliche für ihn Nebensache war. Das Buch Das neue Reich enthält so viele Zeitbilder, so viele Entdeckungen auf gesellschaftlichem Gebiet, daß es nicht unter die Rubrik hätte fallen müssen, unter der es in Schweden landete, und daß es nicht auf Kosten von Persönlichkeiten lebte und seine Rolle spielte, läßt sich daran erkennen, daß es in Finnland, wo die betreffenden Individuen unbekannt waren, von der gebildeten Kritik zur »besten satirischen Literatur Schwedens« gezählt wurde.

Am Tag, bevor das Buch erschien, saß der Verfasser draußen auf dem Värtan mit seinen Freunden in einem Segelboot. Sie hatten die Druckbogen mitgenommen und lasen.

– Aber daß du es wagst, das drucken zu lassen! rief einer aus, der sonst nicht ängstlich war. Das wird man dir heimzahlen!

– Natürlich, antwortete der Verfasser, gebe ich hiermit jedem einzelnen die Freiheit, mir alle Vergehen und Laster anzudichten, doch ich habe auch den Effekt ihrer Dichtungen rückgängig gemacht.

– Bist du da sicher?

– Er überlegte einen Augenblick und antwortete dann: Sicher? Nein, das ist wahr, sicher kann ich nicht sein! Aber ungeschehen möchte ich es trotzdem nicht machen!

In diesem Augenblick dachte er an seine Frau und seine Kinder, und er sah den »Engel mit dem Kelch«, er sah aber auch den Revolvermann, und den »Schurken«, und alle anderen ehemaligen Freunde, an denen das Glück ihn vorbeigeschoben hatte und die jetzt die Hände ausstrecken würden, um ihn zu empfangen, wenn er zu ihnen hinuntergerissen würde.

Der Schuß ging los, mit bekannter Wirkung und vorausgesehenen Folgen. Doch es stand lange auf der Kippe, bis man sich darüber klar wurde, ob es ein Erfolg war oder nicht. Es wurde gelacht, und das war ein Vorteil für den Verfasser. Dann aber kamen alle Heiligen angekrochen und wuschen ihre Hände in Unschuld, und sogar die Berufshumoristen, die für ein lumpiges Gelächter jahrelang Leute von vorn und hinten abgezeichnet hatten, die für einen vermeintlichen Witz wehrlose kleine Privatleute verfolgt hatten, bekreuzigten sich und griffen zur Mönchskutte. Es war jämmerlich!

Schlußwort: Satire ist gleichberechtigt, woher sie auch kommt, und als der Verfasser des Neuen Reichs seine schrieb, erkannte er anderen nicht das Recht ab, ihre zu schreiben. Darum hat er vor den Versuchen anderer in diesem Genre den Hut gezogen, und er tut es noch einmal!

*

Nachdem er sich Wirklichkeit und Gegenwart vorgenommen hatte, überfiel ihn eine unbegreifliche Sehnsucht, sie zu vergessen und sich in einer erdichteten und vergangenen Welt zu ertränken, und gleichzeitig der Romantik Lebewohl zu sagen. In dem Stück Herrn Bengts Gattin verhöhnt er mit leichter Hand die schrulligen Vorstellungen der Frau von der Ehe als der absoluten Glückseligkeit und versucht, die unbilligen Forderungen an den Ehemann, wie sie Ibsen im Puppenheim aufgestellt hatte, herabzusetzen. Gegen besseres Wissen wird er nun von romantischen Rezensenten als Romantikus verhöhnt, wofür er sich freilich nicht ausgegeben hatte, da er die Romantik belächelte, und wenn er es gewesen wäre, hätte es ihm schließlich als Verdienst angerechnet werden müssen. Das Stück fiel – der Rache zum Opfer – durch. Rache gegen Rache, das stimmte, doch statt zurückzuschlagen, hätte man immerhin nach idealen Theorien die andere Wange hinhalten müssen, das aber tat man nicht, und darum war der Verfasser fest überzeugt, daß die Sache mit den Liebesmethoden und der Nachforderung christlicher Ohrfeigen nur ein Scherz sei.

Doch die Rache (die objektive) nahm andere, rohere Formen an und war absolut nicht nobel. Um sich nun geradewegs aus der ganzen Wirklichkeit herauszubegeben, die jetzt nach der Niederlage auf der Bühne und nach dem Verzicht auf jedes soziale Ansehen trist war, verlegte er das Schlachtfeld in vergangene Zeiten zurück, auch um zu zeigen, daß er nicht nur über Leute herfallen wollte. In Schwedische Schicksale behandelt er alle Gesellschaftsfragen, die er in den Satiren gestreift hatte, doch natürlich ohne die beabsichtigte Wirkung. Man griff nach den schmucken Papieren, doch nach dem Fliegengift griff man nicht. Es wurde Poesie. Dies war nun die Folge des Versuchs, schön und edel zu schreiben. Die Schelme hatten ihn also ein weiteres Mal in den Sack gelockt, und jetzt wollten sie zubinden und ihn zum Schweigen bringen. Er erkannte rasch, daß er sich hatte überlisten lassen, und er sehnte sich wieder in die Schlacht. Die Luft daheim begann drückend zu werden, und obwohl er sich für zu alt zum Umpflanzen hielt, riß er seine Wurzeln heraus, die tief saßen, und dann reiste er ins Ausland.

Zuvor aber hatte er die falschen Engel gründlich bei den Ohren genommen, und um sich diesmal über dem Niveau der Pamphletisten zu bewegen, wählte er die Versform und schrieb seine Gedichte. Während noch Korrektur gelesen wurde, war er über die Grenze.

5. Paris

(1883)

Bessere Beweise der Abhängigkeit des Geistes von der Materie bieten unter anderem Versuche erwachsener Menschen, das Milieu durch Reisen zu wechseln. Auch wenn man nichts Liebes zurückgelassen hat, keinen Stein in einem von den Vätern ererbten Haus, keine Scholle eines Ackers besitzt, auch wenn man froh ist, aus einer Umgebung herausgekommen zu sein, die unerträglich war, und wenn man wie der Weise seine ganze Habe bei sich trägt, so daß man nicht den geringsten Grund hat, sich nach Hause zu sehnen, trägt der Körper sein Heimweh in sich. Bei der Umpflanzung werden die zartesten Wurzeln beschädigt, eine andere Erde bietet fremde Kost, neue Gegenstände führen zu neuen Gedanken, die zu den alten geworfen werden, und es treten Reibungen auf, unter denen Seele und Körper leiden.

Er war nach Paris aufgebrochen. Die alte Anziehungskraft, die alles zu diesem Mittelpunkt der Welt zieht, hatte bei der Wahl des Ortes auch auf ihn seine Wirkung getan. Es war gleichgültig, wohin er fuhr; denn der Zweck seiner Reise war nur der Ortswechsel. In Paris hatte er Freunde von früher, mit gemeinsamen Erinnerungen an schönere Zeiten, mit denen er sich aufheitern konnte. In dem tristen stillen Passy verbrachte er den Herbst, der ihm wie ein mehrere Monate anhaltendes Zahnweh vorkam. Er wohnte hinter dem Trocadero und machte seine Spaziergänge durch die öden Arkaden des leeren Palastes. Von dort hatte er Aussicht über die große Stadt, die ihn ängstigte und bedrückte. Nicht ein einziger ehrgeiziger Gedanke befiel ihn, sich als Rädchen in diesen großen Elektromotor einzufügen, der mit tausend Zinkdrähten die Maschinen der ganzen Welt in Bewegung setzte. Er wußte genau, was sein Platz war, und ihm war sehr wohl klar, daß seine hier bekannten Landsleute, die Künstler, nur als Ausländer und unter der Bedingung eingeführt worden waren, daß sie alles Nationale und Originale zu Hause ließen und sich hier als treue Schüler der herrschenden Richtung erwiesen. Eben noch hatte er Björnsons Fischermädchen, zu Hause ein Meisterwerk, spurlos vorüberziehen sehen; er hatte Christina Nilssons kurze und glänzende Karriere mit einem verweigerten Reengagement und schließlich mit Unpopularität und Grobheiten in den Zeitungen enden sehen. Diese Spuren schreckten von allen Gelüsten ab, in die Höhle des Löwen zu kriechen. Doch wenn er in die Stadt hinunterging, um die Herrlichkeiten der Kunst und der Industrie zu betrachten, legten sich allmählich sein Respekt und seine Furcht, und statt dessen schlich sich wieder die alte Geringschätzung der ganzen Kulturherrlichkeit an ihn heran. Im Théâtre Français sah er den großen Erfolg des Tages, Die Welt, in der man sich langweilt, und er war sprachlos darüber, daß eine undramatische Bagatelle mit abgegriffenen Szenen, fadenscheiniger Intrige, uralten Theaterkniffen auf der ersten Bühne der Welt gespielt werden durfte. Im Industriepalast sah er die Triennal-Ausstellung der Kunst. Dies war die Crème der Crème dreier Jahressalons, und er fand dort nicht ein Kunstwerk von Bedeutung. Nur Arme, Beine, Brüste, Kleider, Bäume, Boote, tote Gegenstände, und das schlimmste war, daß sie zum großen Teil nicht gut gemalt waren. Was blieb denn von der Kunst übrig, wenn sowohl Inhalt als auch Form fehlten. Er sah die Manetausstellung und wagte zu behaupten, dieser Mann habe einen Augenfehler oder sei geistig verwirrt. Doch Manet hatte durch die Erfolge seines Freundes Zola bereits Samen in die Köpfe einer Majorität senken können, und sein Urteil wurde verworfen, bis schließlich Zola selbst in L'Œuvre das vollständige Geständnis ablegt, Manet sei verrückt. Er las die Zeitungen und fand kaum einen Bericht über die Ereignisse draußen in der Welt, nur Klatsch über Lappalien und Ehrfurcht vor vielem Veralteten, vor dem er schon lange die Achtung verloren hatte. Und jetzt kommt ihm der Gedanke, daß die Großstadt nicht das Herz des Körpers ist, das den Puls antreibt, sondern eine Geschwulst, die das Blut verunreinigt und den Körper vergiftet.

Zu Weihnachten wollte er Dichter werden und also wieder aufsteigen, nachdem seine Freunde, die Literaten, ihn hinuntergezogen hatten, nicht hinunter zu sich, sondern wie üblich unter sich. Natürlich hatte er die Dichter über sich, die ihm auf die Finger traten, und die Literaten unter sich, die ihn am Rockschoß zerrten. Es war eine leichte Arbeit, ihn hinunterzuziehen, und Talente, die niemals eine Verslehre gesehen hatten, entdeckten sofort, daß er die Versgesetze nicht kannte, obwohl er klassische Bildung besaß und in seinem Leben an die zwanzigtausend Verse geschrieben hatte, und, was schwerer wog, für ein Drama in Versen eine ehrenvolle Erwähnung der Schwedischen Akademie bekommen hatte. Er durfte also zu jenem Weihnachtsfest kein Dichter werden. Nun hätte er, der dies ganze Spiel verachtete, nicht nach einer so zweideutigen Ehre wie der Beherrschung der Verskunst gestrebt, doch so lange »die anderen« diesen Sport so hochschätzten, mußte er ihnen zeigen, daß auch er es konnte, wenn er wollte. Und so begann er mit der Fortsetzung der Schlafwandlernächte.

*

Während er so über seinen dichterischen Angriffen auf die Kultur sitzt, erscheinen Max Nordaus Konventionelle Lügen der Kulturmenschheit. Als er das Buch gelesen hatte, war er einen Augenblick lang erst einmal richtig froh. Er stand nicht allein, er war nicht länger ein Sonderling, der von Originalitätswut gehetzt wurde, er war kein Neider, der alles und alle heruntermachte; er war kein ungehorsamer Junge, der an Widerspruchsgeist litt. Für alles, was er im Roten Zimmer und im Neuen Reich durch Kopfrechnungen und Rückschlüsse herausgefunden hatte, lieferte Nordau die Gleichungen. Die Untersuchungen hatten zu den beinahe gleichen Resultaten geführt: die Verwechslung der Kultur mit Degeneration; die Überbefruchtung des Industrialismus war kein Fortschritt in eine gesunde, sondern in eine kranke Richtung; die Emanzipation der Frau nur Nachwirkungen des Idealismus; der zersetzende Einfluß der Großstadt auf das Land und die Notwendigkeit einer allmählichen Rückkehr zur Vereinfachung. Dort stand alles schwarz auf weiß. Scherzhaft schrieb er nach der Lektüre einem Freund: Herr, nun läßt du deinen Diener in Frieden ziehen ... Gott sei Dank, daß nicht ich der Tor war, sondern die anderen!

*

Gleichzeitig macht er die Bekanntschaft Björnsons, die, wenn auch nur vorübergehend, für seine Entwicklung von Bedeutung war. Er hatte Björnson nie gesehen. Als dieser in Stockholm und Uppsala gewesen war, hatte Johan sich vor ihm gefürchtet und ihn gemieden. Er hatte Getöse gehört, als sei ein Gewitter durch Land und Reich gezogen, und ein Gefühl gehabt, als sei ein Zauberer vorübergegangen, der verhexen konnte. Er erlebte, wie Leute gebrochen aus seinen Vorträgen kamen, als hätten sie einen Zeugungsakt oder einen Todeskampf mit angesehen. Johan fühlte, daß es hier ein starkes Ich gab, dessen Same stärker als der seine war, das seine Seele vielleicht befruchten würde. Das schlug er sich wieder aus dem Kopf, als ahne er den Sieger des Kampfes, und versteckte sich. Aus demselben Grund hatte er nicht gewagt, den Redakteur oder das Fallissement zu sehen oder zu lesen.

Als Johan jetzt nach Paris kam, erhielt er direkte Grüße von Björnson, er solle ihn als Gesinnungsfreund besuchen. Johan bekam Angst, so wie er sich eine Jungfrau vorstellte, die der Befruchtung so lange wie möglich aus dem Weg gehen will. Auf dieselbe Art hatte er gleich nach dem Roten Zimmer eine Einladung in Stockholm abgelehnt, bei der er die besten Vertreter des Jungen Dänemark treffen sollte. Er hatte Angst davor, Freunde zu bekommen und in Partei- und Programmstreitigkeiten hineingezogen zu werden.

Eines Tages aber findet er nun in seiner Wohnung in Neuilly Björnson höchstpersönlich vor, der auf ihn wartet. Er hatte zwei Porträts von Björnson gesehen, eines aus seiner jüngeren, der Synnövezeit, eines aus seiner älteren. Ersteres hatte einen großen aufrechten Mann mit dunklem Vollbart und einem schwermütigen norwegischen Zug um den Mund gezeigt. Das letztere stellte ein kolossales Haupt mit Löwenmähne, zwei schußbereiten Blicken hinter großen Brillengläsern und Augenbrauen, groß wie der Schnurrbart eines Jünglings, dar. Der Mund hatte einen festen starken Zug, der auf eine ungewöhnliche Manneskraft schließen ließ. Jetzt sah er in der Nachmittagsdämmerung auf seinem Sofa einen zwar kräftig gebauten Mann mit einem jedoch nicht allzu außergewöhnlichen Äußeren; eher einen Mittelklassetyp, und ohne diese Feinheit, die er sich bei einem Genie und Dichter vorgestellt hatte. Er sprach mit einer freundlichen, gesenkten Stimme, etwas weichlich, als spreche er zu einem Kranken, und Johan war bei dieser Gelegenheit äußerst magen- und nervenkrank.

Nachdem man sich gegenseitig gemustert hatte, öffnete man einander die Herzen, und man fand, daß man im Denken verwandt war, und daß ähnliche Schicksale einander die Hand reichten. Björnson hatte sich durch sein Draufgängertum für die liberale Partei in Norwegen unbrauchbar gemacht; Der König hatte seine Beliebtheit reduziert, denn das Stück war als Skandal und Majestätsbeleidigung abgestempelt worden; und nun zuletzt war sein Handschuh in Hamburg durchgefallen. Johan fühlte sich daher mit dem herabgestürzten Gott auf einer Ebene, und seine Furcht legte sich sofort, zumal er nach einigen Gesprächen bemerkte, daß er mehr wußte und mit einem schärferen Verstand ausgestattet war. Doch als die Sympathie, vermischt mit dem tragischen Mitleid, das eine gestürzte Größe immer einflößt, Johan übermannte, stellte er jede Kritik ein, hörte auf, Widerstand zu leisten, und gab sich hin. An der Seite dieses gewaltigen Mannes empfand er eine ungewöhnliche Geborgenheit, und er konnte ein Gefühl von Sohnesliebe nicht unterdrücken. Dies teilte dem älteren Freund von selbst die Rolle eines väterlichen Freundes zu, dem sich Johan gern unterwarf, da sich diese in Wohlwollen und manchmal zärtlicher Fürsorge äußerte. Doch damit stellte sich Johan unter ihn, und Björnson, zum Teil naiv wie ein Mensch, der über sein Ich nie genau reflektiert hat, fand sich recht gut in diese Rolle, die ihm zugefallen war, und jetzt wird er zum Beichtvater und recht bald zum Gewissen. So prägt er Johan in Form freundlicher Vorhaltungen nachdrücklich ein, daß er mit Liebe schreiben und nicht persönlich werden solle, während er im selben Atemzug seinen großen Haß gegen den König austobt und selbst erzählt, wer die Personen in Über die Kraft seien und wie sie hießen. Doch er war in dieser Kindlichkeit so liebenswert, daß Johan ihn nicht mit einer Gegenrechnung betrüben wollte, denn Johan hatte die Tendenz, sich von dem, dem er seine Ergebenheit geschenkt hatte, niedertrampeln zu lassen. Freundschaft soll in erster Linie, so heißt es, auf Interesse gegründet sein. Möglich, doch oft mag das Interesse der Freundschaft lediglich darin bestehen, daß man das Bedürfnis hat, geliebt zu werden oder zu lieben; oft kann Freundschaft durch ein gemeinsames Interesse entstehen, das von zweien besser als von einem allein gefördert wird, und dann ist die Beziehung lauter, weil der eine ebensoviel gibt, wie der andere nimmt.

Johan spürte den furchtbaren Haß, der daheim auf ihm lastete, und er sehnte sich nach dem Schutz, den Freundschaft schenkt. Darum dachte er über seine Beziehung zu Björnson nicht nach und reflektierte nicht über dessen Person. Er bot seine Dienste an, um dessen Popularität wiederherzustellen, und verwandte Zeit und Mühe darauf, den harten Kampf, der Norwegen bevorstand, mit seinen geringen Mitteln zu unterstützen.

Als Dichter und Mensch war Björnson ein Komplex aus Persönlichkeiten. Da gab es den Geistlichen (väterliches Erbe), der der Gemeinde ohne Widerspruchsmöglichkeit predigte; da gab es den Bauern mit einem kleinen verschlagenen Zug; da war der Theaterdirektor, der den Effekt suchte; der Volkstribun, der erwecken, erschüttern und mitreißen wollte. Hinter alledem aber steckte ein gutes Kind. Johan erinnerte sich später, daß Björnson, wenn er lächelte, zwei Reihen abgenutzter kurzer ungefährlicher Zähne zeigte, die an die Milchzähne eines Kindes erinnerten. Er erinnerte sich, wie Björnson in einer kleinen Mittagsgesellschaft zur falschen Zeit Theaterdonner und große Worte eingesetzt hatte, welche Schwierigkeiten es ihm machte, einen Scherz zu verstehen, den er sich stets zunächst mißtrauisch anhörte, dann aber ohne jede Zurückhaltung lachte.

Zuweilen begegnete er in ihm dem Norweger gegen den Schweden; der eroberten Provinz gegen das feindliche Land. Manchmal sah er kurz die stärkere, aber unzivilisiertere Rasse durchscheinen, die zur im Niedergang begriffenen Rasse mit Neid auf- und mit Verachtung hinabschaute. Doch Wehmut erfüllte ihn, wenn er den aus dem gesunden Gebirgsland Verbannten weit von Heim und Herd in einer Wohnung an einer Pariser Avenue sitzen sah. Und oft, wenn sie über den Boulevard gingen, durch all diesen falschen Luxus, ergriff es ihn, den einst von einem ganzen Volk verehrten Sohn der Berge hier unbekannt, unbeachtet, stumm daherkommen zu sehen. Für ihn war dies ebenso disharmonisch wie der Anblick, wenn im Jardin d'Acclimatation die gewaltigen Gestalten der Sioux-Indianer von Pariserinnen begafft wurden, ein Schauspiel, das er sich täglich leistete.

Doch Björnsons Position in der norwegischen Sache war halb. Er wollte Politik machen, aber nicht die Frage studieren, und er benutzte seine Dichtkunst, um sich Macht zu verschaffen. Doch Politik macht man nicht mit Machtworten, und der altmodische Propheten-Ton und die großen Schlagworte aus den Zeiten des Skandinavismus und der Studententreffen waren archaisch geworden. Außerdem war Björnson zu gut und zu leichtgläubig, um Intrigen betreiben und verschwiegen sein zu können, was äußerst notwendig gewesen wäre, und seine aufrichtige Natur vertrug nur schlecht die Kniffe, zu denen ein Parteimann notgedrungen greifen muß. Nie zeigt sich die Unzulänglichkeit von Ehrlichkeit und gutem Glauben deutlicher, als wenn eine Gruppe von Menschen ein großes Majoritätsinteresse fördern soll. Bedenkenlos greift der Ehrlichste zu Lug und Trug, und meint, für das »allgemeine Beste«, das nichts anderes als das der Gruppe ist, seien alle Mittel erlaubt. Warum glaubt man so wenig an den Sieg einer gerechten Sache? Weil man vielleicht insgeheim glaubt, daß Ehrlichkeit nicht am längsten währt und keine Sache ohne Betrug siegt. Dies alles war Björnson zuwider, und er verschaffte sich Erleichterung, indem er so schnell wie möglich erzählte, wenn er sich zu einer kleinen Sünde hatte verführen lassen, für welche Feinde sich leichthin selbst die Absolution erteilt hätten.

Indessen entdeckte Johan eines schönen Tages, daß er unfrei war. Der ältere Mann mit dem Gewicht des großen Namens und dem Ansehen seiner Stellung, mit dem Mandat der Jungen ausgestattet, legte freundlich, doch dafür um so härter seine Hand auf ihn. Johan begann auch Differenzen zwischen ihnen zu entdecken, denen mit Kompromissen nicht abzuhelfen war, und er sah voraus, daß es nach dem Ende des politischen Kampfes, der jetzt so viel Verschiedenartiges zusammenhielt, zum Bruch kommen würde. In Björnson saß das Christentum noch immer tief und flackerte zuweilen in Rezidiven auf, spukte unter vielen Namen und Formen: wie seine Forderung nach sittlicher Reinheit, seine oft verwendeten biblischen Ausdrücke Rechtfertigungsgefühl, Geistesforderung, Pflichtgefühl gegenüber dem Gesellschaftsgesetz, Herznahme und Liebesmethode u. a. Das waren Worte ohne Taten, und gerade darum schmeckten sie Johan nach Pastor. Björnsons Ergänzung war Jonas Lie. Auf das Gesetz des ersteren war er das Evangelium. Mit einer lebhaft phosphoreszierenden Begabung, einer milden versöhnlichen Gemütsart wirkte er eher verführend als überzeugend und hatte vielleicht darum größeren Einfluß als Björnson. Lie war ein Magnetiseur, und wenn er und Johan zusammentrafen, ging es darum, wer den anderen hypnotisieren und ihm im Schlaf die Suggestion eingeben würde. Hier kamen Stahl und Feuerstein zusammen, und wie das knisterte und sprühte! Doch diese Ausschweifungen der Seele reiben auf. Keuchend ging man auseinander und wußte nicht, was mein und dein war von diesen Phantasiekindern, die man zusammen gezeugt hatte, von diesen Ideen mit zwei Vätern. Es war Vergeudung, Ausschweifung, und manches Talent hat seine Schätze verplaudert.

Auf die Freundschaft, die schönste Würze des Lebens, muß der Mann der Öffentlichkeit verzichten, denn sie läßt die freie Tätigkeit seines Denkens erschlaffen, und der erzwungene Weg seines Willens wird krumm.

Johan sehnte sich in die Einsamkeit hinaus, um sein von starken Geistern zusammengeknülltes Ich zu entwirren. Hinzu kam zunehmende Kränklichkeit, und eine dunkle Sehnsucht von der Luxusstadt weg in eine großartige herrliche Natur hinaus ließ ihn im letzten Augenblick, auch vom Arzt ermahnt, in die Schweiz hinunterziehen.

Sein Märchenspiel, das jetzt aufgeführt worden war, hatte Erfolg gehabt, weil es zu einer Partei liebevoll, wenn auch gegen eine andere boshaft gewesen war. Ein weiteres Mal hatte er nun die öffentliche Meinung und dazu noch Freunde gewonnen. Noch einmal lächelte ihm das Leben zu, und er fühlte sich voller Edelmut, wie es nur der Sieger kann, wenn der Feind erst niedergetreten zu seinen Füßen liegt. Und mit der Menschenliebe des Stärkeren zu den Schwachen, die ihm nicht länger schaden können, reiste er in die Schweiz hinunter, um sich der Zukunft der leidenden Menschheit zu widmen.

6. Rousseau

(1884)

Die Ankunft in der Schweiz war von großer Bedeutung für die Entwicklungsgeschichte seiner Seele. Es war Januar, als er in Lausanne eintraf, und in dieser Jahreszeit ist es dort sehr ruhig, weil der Touristenstrom zum Erliegen gekommen ist. Der Anblick der Alpen ergriff ihn stark, die frische, scharfe Luft wirkte belebend, und er fühlte, daß er hier in ein Milieu gekommen war, das die Vorstellungen, die er sich von der Schweiz gemacht hatte, weit übertraf. In einem kleinen Chalet unten am Seeufer außerhalb von Lausanne mietete er sich in einer Familienpension ein und bekam ein großes helles Zimmer mit Balkon und Aussicht auf den See und die Savoyer Alpen am gegenüberliegenden Ufer, dem Französischen Jura im Westen und den Walliser Alpen im Osten. Aus dem lärmenden Paris und einem umfangreichen Bekanntenkreis gekommen, empfand er jetzt die beruhigende Wirkung der Einsamkeit und der Stille. Von der makadamisierten Landstraße, auf der man selten einen Wanderer sah und auf der vielleicht zwei Fuhrwerke am Tag vorbeikamen, hörte man keinen Lärm; die wenigen Bewohner des Hauses waren ruhige und friedliche Leute, und mit den wenigen Fremden wurde bei Tisch nur über belanglose Dinge Konversation gemacht. Über der ganzen Gegend lag eine feiertägliche Ruhe, die Tage vergingen, einer wie der andere, und alle glichen einem einzigen langen Sonntag. Zeitungen las er nicht, und seinen Gedanken konnte er jetzt ungestört von fremdem Einfluß nachgehen. Seine Morgen- und Abendspaziergänge machte er am Ufer des Genfer Sees auf einem Fußweg, auf dem er so gut wie nie einem Menschen begegnete. Kein Gegenstand, der an die Kultur oder die organisierte Gesellschaft erinnerte, begegnete seinen Blicken, die einzig in der Betrachtung der blauen Fläche des großen Sees und der Schneefelder der hohen Berge versanken. Von seinem Zimmer, das sich mit großen breiten Fenstern nach außen öffnete, sah er nichts außer dem See und den Alpen. Vom Balkon, auf dem er promenierte, wenn er vom Schreibtisch aufstand, hatte er dieselbe Aussicht. Sein überanstrengtes Gehirn und seine Nerven ruhten sich aus, und der gute Schlaf langer Nächte, einfache Kost ohne starke Getränke, hygienische Lebensführung und das Fehlen von Gesellschaft und Gesprächen sorgten für eine Ruhe, die anfangs seine Kräfte scheinbar verringerte oder ihm zumindest einen Teil seiner Willenskraft nahm, und nur den Gedanken ihren stillen Gang ließ. Es war ihm, als liege alles, was er gelebt und gedacht hatte, in schmelzender Gestalt in einem Tiegel und warte nur auf die Form, damit der Guß vonstatten gehen könne. Da er noch glaubte, das zufällig zusammengewürfelte Chaos der Wirklichkeit lasse sich ordnen, weil sich die Wahrnehmungen in ein System ordnen ließen, versuchte er, in jener Unordnung, die das Gesellschaftsgebäude bot, den Zusammenhang zu entdecken. Die Gesellschaft war jetzt tatsächlich in Unordnung. Nordau hatte es gezeigt, er selbst hatte es hinreichend dargelegt, jetzt aber wollte er die Verpflichtung erfüllen, die ihm die Angegriffenen auferlegt hatten: er wollte die Ursachen und die Entstehung der Unordnung zeigen, und er wollte sagen, wie er es haben wollte und wie es so werden konnte. Wieder hatte er sich vom Feind auf ein anderes Feld hinauslocken lassen, wo man ihn aus besseren Positionen beschießen konnte. Er in seiner Eigenschaft als schönliterarischer Schriftsteller hatte nicht die Pflicht, den Gründen nachzugehen, das mochten die Philosophen tun; und er hatte nicht die Pflicht, Reformvorschläge zu präsentieren, das sollten die Politiker tun. Doch als er jetzt an sich diesen Mangel bemerkte, daß er weder zum Philosophen noch zum Politiker noch zum Ökonom erzogen war, und als ihm klar wurde, daß die Forderungen, die man an ihn gestellt hatte, von keinem einzigen Gesellschaftsmitglied erfüllt werden konnten, weil das Wissen auf so viele verteilt war, begriff er, daß die erste Ursache für das Elend des Gesellschaftsmenschen gerade darin lag, daß man zum Teil einer Maschine und nicht zu einem Individuum erzogen wurde. Der Philosoph verstand den Ökonomen nicht, der Ökonom nicht den Philosophen, und keiner von ihnen den Staatsmann. Darum herrschte eine allgemeine Verwirrung, und einen Augenblick lang dachte er daran, seiner Ansicht poetischen Ausdruck zu geben und die Symbole der alten Legende vom Turmbau zu Babel zu entlehnen. Die Menschen wollten den Himmel stürmen und die Lösung des Lebensrätsels suchen, Gott aber rührte ihre Zungen an und rief eine allgemeine Verwirrung hervor, so daß der eine nicht verstand, was der andere sagte. Ja, so war es in der Gesellschaft, und erst jetzt bemerkte er, daß die Menschen unschuldige Toren waren, die nichts dafür konnten, daß sie Toren waren, und daher bereute er es, sie geschlagen statt aufgeklärt zu haben. Jetzt aber wollte er sie aufklären und ihnen sagen, sie seien unschuldige Toren. Ob sie aber diese Aufklärung hinnehmen oder ob sie ihn nicht für diese schändliche Unterstellung schlagen würden, darüber dachte er nicht nach. Da sie an ihrem Unglück unschuldig waren, waren sie im Kern gut, und Bosheit gab es nicht, nur Unwissenheit. Und damit war er unversehens bei Rousseaus Fundamentalsatz angelangt, dem großen Irrtum, daß der Mensch ursprünglich gut sei, das heißt, seinem Nächsten nicht schaden wolle. Nun liegt darin ein Quentchen Wahrheit, denn der Schaden, den ein Mensch einem anderen zufügt, entsteht meist aus Notwehr, und wer vorwärts will, muß den Pfad für andere trampeln, wenn es keine gebahnten Wege gibt. Dieser ideale Glaube aber, daß die Menschen Engel sind, führte dazu, daß sich die Männer der Französischen Revolution, die mit Rousseaus neuer Lehre ans Werk gingen, verrechneten und noch schneller, als sie es geahnt hatten, statt des Engels mit den weißen Kleidern das wilde Tier mit dem bluttriefenden Maul sehen mußten.

Wie er im einzelnen zu dieser gefährlichen Engelslehre kam, läßt sich jetzt schwer rekonstruieren, doch gab es wie immer viele Motive dafür. Er war nervenkrank und schwach und fühlte sich manchmal, als stehe er am Ende seines Lebens. Die Ewigkeit fürchtete er nicht, denn sie lächelte ihm zu wie ein schöneres besseres Land; doch am wirklichen oder vermeintlichen Ende des Lebens nimmt sich alles anders aus. Rasch steht man außerhalb der Schußweite der Menschen; man hat den Kampf aufgegeben, und folglich gibt es keine Feinde mehr. Man überdenkt den Schaden, den man anderen zugefügt hat, und wenn man den geringen Nutzen seines Tuns erkennt, bereut man, diesmal jedoch nicht aus Furcht, sie könnten zurückschlagen, sondern aus einem von ihrem Leiden auf das eigene Sensorium zurückschließenden Gefühl heraus, durch das man ihr Leiden an sich erfährt.

Zudem war ihm das Glück gewogen gewesen, so daß sich der Wind wieder zu seinem Vorteil gedreht hatte. Schließlich durfte er in einem schönen Land weit weg von allem Streit ein Sonntagsleben leben, sah seine Kinder gesund, gut und liebevoll, hatte im Augenblick keine wirtschaftlichen Sorgen; nicht die blutvergiftende Sorge für den Haushalt. Er hatte erlebt, daß Feinde, die er bis aufs Blut verletzt hatte, seinem Talent Anerkennung zollten, wenn er auch nicht völlig sicher war, ob sie ihm als dem augenblicklichen Herrscher der öffentlichen Meinung nicht notgedrungen huldigten. Auch seine gesteigerte Bereitschaft, Leiden, die vielleicht nur in ihm existierten, außerhalb von sich zu suchen, trug dazu bei, und hatte er auch Schläge ausgeteilt, so hatte er sie doch zurückbekommen, so daß man hätte quitt sein können.

Isoliert von Nation und Vatererde, weit weg von den verpflichtenden Erinnerungen an Kindheit und Erziehung, die sich in jener Stadt, in der er gelebt hatte, verkörperten, ohne in einen Gesellschaftskörper eingegliedert zu sein, fühlte er sich von allem befreit, das seinen Haß auf die Gesellschaft und ihre Mitglieder hätte wekken können, mit denen er um Stellung und Brot gekämpft hatte. Vermischt mit heimlichem Heimweh sorgte all dies für eine milde versöhnliche Stimmung.

Jetzt begann er, die Ursachen der allgemeinen Unzufriedenheit mit der Gesellschaft zu studieren und zu überdenken, ohne die Schuld den Menschen zu geben. Nach ausgiebiger Lektüre von Volkswirtschaft, Philosophie und Gesellschaftswissenschaft blieb er bei der Ansicht, daß nichts zu machen sei, solange die Arbeitsteilung, wie es bisher der Fall war, überall so weit ging, daß jedes Mitglied ein Teil der Maschine war, und also kein darüber und außerhalb stehender Maschinist das Ganze überschauen und lenken konnte. Nun war zwar die Arbeitsteilung gerade der Ursprung jeder Entwicklung, jeden organischen Lebens, jeder Natur, Kultur, Gesellschaft, und das einzige vollkommene Individuum war die Zelle, die die Arbeit noch nicht einmal auf Organe verteilt hatte, und schließlich war die Arbeitsteilung nichts anderes als die Folge jenes Gesetzes, das unter der Bezeichnung Differenzierung die Entstehung der Arten ermöglicht hatte. Darum aber setzte er vorsichtigerweise eine »zu weit getriebene« Arbeitsteilung und nicht die Arbeitsteilung an sich als Ursache ein, und im übrigen konnte der Mensch, wenn er, wie man behauptete, die übrigen Naturgesetze beherrschte, sich doch auch dieses Differenzierungsgesetz unterwerfen, und das mußte durch gleichartige Erziehung geschehen. Dies war angemessen, weil es zumindest die Überbildung der Heterogenen vermindern würde und die Gesellschaft mit gleichgearteten Elementen leichter zu leiten wäre als mit ungleichartigen, doch damit war er auch unbewußt beim Sozialismus angekommen, der letztlich auf die Unterdrückung übertriebener Individualisierung hinausläuft oder mit einer Variante: *allen* die Gelegenheit geben will, sich frei, wenn auch gesetzmäßig (!) zu individualisieren.

Noch einige Zeit zuvor hatte er den modernen Gesellschaftsmenschen für einen Krüppel gehalten und im Bürger des antiken Griechenland das Idealindividuum gesehen, das all seine körperlichen und geistigen Funktionen harmonisch entwickelt hatte, so daß er Bürger, Philosoph, Künstler, Handwerker, Staatsmann, Krieger und Familienvater in einer Person war, und es ist fraglich, ob nicht der Gesellschaftsmensch der Zukunft der Bürger der antiken Welt minus Sklavenbesitzer sein wird.

Anschließend ging er zu einem Angriff auf die Überschätzung der Kulturarbeit über, und das war gefährlich. Man brauchte ihn nur ein wenig zu schubsen und hatte ihn bei einem Angriff auf die Kultur, während er auf die Überkultur zielte, und in seiner überströmenden Liebe zu den guten Menschen hatte er ihre Ehrlichkeit im Kampf für seine Ansicht überschätzt. Glaubte wirklich irgend jemand, daß er dem Schießpulver, der Dampfkraft und der Elektrizität ihre große Rolle zum Nutzen der Menschheit hätte streitig machen wollen? Ist es möglich, daß man so etwas im Ernst glaubte? Im Ernst?

Stuart Mill gilt nunmehr als der Entlarver Rousseaus. Letzterer hatte nämlich Natur und Kultur einander gegenübergestellt. Warum nicht? Das Selbstbewußtsein tritt ja erst beim Menschen auf (die Philosophen sagen mittlerweile nein), und Kultur wäre also die bewußte Umgestaltung der Natur durch den Menschen, was man der unbewußten, gesetzmäßigen Zufällen ausgelieferten Natur demnach gut gegenüberstellen kann. Der haarspalterische Mill mag ja gern auch Kultur als Natur bezeichnen, der Unterschied bleibt jedenfalls so scharf, daß ihn noch ein Spencer beobachten kann. Als Kultur könnte man auch die Anpassung an veränderte Medien bezeichnen, die sich der selbstbewußte Mensch selbst auferlegt hat, doch wenn sich in der Kultur unserer Zeit die Medien so rasch und oft verändern, ist die Anpassung unzureichend erfolgt, und darum strebt sie stärker als früher nach einer Rückkehr, und gerade das macht diese Sehnsucht nach der Natur aus, den Grund für diese so schlecht angeschriebene Naturschwärmerei, die die Sozialisten so altmodisch finden, an der sie jedoch selbst arbeiten, da sie den Naturgesetzen (unter anderem dem der Differenzierung) größere Möglichkeiten einräumen wollen, frei gegen die Überkultur zu wirken.

Es gibt so viele Modelaunen in der Welt des Denkens, und wenn ein Gedanke auch nur einen Anflug von Unmodernität hat, ist er sofort unerwünscht, und der Sozialismus selbst ist so alt wie der Reifrock und der Rüschenbesatz und wurde von niemand anders als dem alten Rousseau persönlich zur Taufe getragen, doch sein undankbares uneheliches Kind will den Vater nicht länger anerkennen, auch wenn es behauptet, daß es an die Entwicklungsgesetze glaubt.

*

Als er seinen Essay niedergeschrieben hatte (und warum sollte er keine Essays schreiben dürfen), fiel ihm ein Buch in die Hände, das ihn in Mark und Bein erschütterte. Es war Nils Nilssons Arbetskarls Schlußabrechnung mit dem schwedischen Gesetz in vier Bänden. Während er es las, hörte er Musik in der Luft, und Engelsstimmen sangen Friede und Seligkeit auf Erden. Da wurde Kritik an der alten Gesellschaft geübt, wenn auch nicht so scharf wie bei Nordau, es wurde aber auch neu aufgebaut. Jetzt erinnerte er sich, den roten Umschlag dieses bemerkenswerten Buches bei einem Kommilitonen in Uppsala gesehen zu haben, der es gelobt, aber für verrückt gehalten hatte. Später war der Name des Autors womöglich hie und da aufgetaucht, doch er hatte keine Notiz von ihm genommen.

Jetzt war es das Neubauunternehmen, was ihm am meisten zusagte. Es gab also einen bereits zwanzig Jahre alten und auf Schwedisch erschienenen positiven Umbauvorschlag, und dennoch schrien die Schelme daheim, man könne nur abbrechen, aber nichts Neues dafür errichten. So machten es die Schelme immer, und so hatten sie es immer gemacht.

Hier gab es ihn, den Neubau, im Detail, von einem gebildeten Juristen und mit Glaube und Liebe und Hoffnung und so weiter geschrieben. Nach der Lektüre schrieb Johan nach Hause: daß Schweden ein solches Genie wie Nils Nilsson besitze, habe er nicht gewußt. Damals war ihm nämlich nicht bekannt, daß der Verfasser ganz einfach Sozialist oder Saint-Simonist und sein Buch fast durchweg eine Darstellung der Systeme Fouriers und Saint-Simons war. Da gab es die Vereinigten Staaten von Europa und die Familistère; da fand sich die freie Liebe und das Kinderhaus, Kooperative und gemeinsame Erziehung. Da war Platos Idealstaat, den Forderungen der Zukunft entsprechend umgestaltet.

Als sich die erste Begeisterung gelegt hatte, nahmen Johans individualistische Gefühle Anstoß am Kasernierungssystem, und er dachte an Bismarcks Äußerung von der sozialistischen Gesellschaft als eines künftigen Zuchthauses, denn er konnte sich nicht vorstellen, daß andere Menschen anders als seine Zeitgenossen empfinden würden.

Darum nahm er in seinen Essay eine Anmerkung auf, in der er sich, gegen Nils Nilsson, für die »Freiheit des Geistes« aussprach.

Als er jetzt indessen sah, daß man den Moses Nordau und den Propheten Nils Nilsson hatte, kehrte er zur schönen Literatur zurück.

Die erste Frucht seiner Bekanntschaft mit dem Sozialismus wurde eine Novelle, in der er unter der Tarnung einer preußischen Leutnantsuniform seine Gewissensqualen darüber schildert, daß er Feinde niedergehauen hat. Als Mensch bereute er nämlich die Schläge, die er ausgeteilt hatte, er bereute seine Heldentat, schöne Irrtümer zerstört zu haben, doch ungeschehen machen wollte er sie nicht. Sie war schön und liebevoll geschrieben. Dem Feind schmeckte das; und ergraute Sünder weinten sich die Augen aus und hielten sich für Märtyrer und Gerechte, nachdem er sie ja selbst um Verzeihung gebeten und gesagt hatte, sie seien so gut und reinen Herzens. So muß man schreiben, meinten sie, so muß man über uns schreiben, wo wir doch so nett zu ihm sind. Sie hatten nämlich gerade sein großes Gedicht, dessen sie im offenen Kampf nicht hatten Herr werden können, meuchlings gemordet, doch auch das verzieh er ihnen.

In derselben Novelle prügelt er auf Voltaire ein, weil der die Liebe nicht besitze und außerdem den Ewigen Frieden, das Stimmrecht der Frau und die Vereinigten Staaten von Europa verherrlicht habe.

Als es Frühling wird, ergreift ihn eine heftige Sehnsucht nach Italien, das nicht weit weg liegt, und er lichtet den Anker und reist ans Mittelmeer hinunter. Italien jedoch, das Land der Touristenfreuden, sagt ihm aus mehreren Gründen nicht zu. Es war ein Ausflugslokal für die Oberklasse, in dem er, wie er spürte, nichts zu suchen hatte. Sein Denken war jetzt so einseitig auf das Leiden der Menschheit gerichtet, daß es ihn genierte, dort zum Genießen zu Orangen und Marmorpalästen zu kommen, und er sah nur Hütten und Arme, nur Not und Leiden. So monoman arbeitet ein überanstrengtes Schriftstellergehirn, und unter dieser schützenden Verkleidung konnten sich wieder Christentum und Idealismus bei ihm einschleichen.

Er kehrt in die Schweiz als das Idealland zurück, in dem die Unterschiede von Bildung und Besitz am geringsten und wo gute Ansätze zu wahrer Demokratie gegeben sind.

Jetzt tritt in sein Leben ein störendes Element ein, das ihn zwei Jahre nutzloser Arbeit kostet und beinahe umgebracht hätte. Vom Vorsteher eines internationalen Sprachinstituts in Paris war er aufgefordert worden, einen Vortrag über die schwedische Literatur der letzten Jahre zu halten. Er hatte mit einem entschiedenen Nein geantwortet, denn über literarische Feinde wollte er sich nicht äußern, und außerdem hatte er Angst, in den Apfel des Ehrgeizes zu beißen. Man winkte nämlich mit den Namen anderer Professoren, seiner künftigen Kollegen, und für die französische Literatur stand kein Geringerer als François Coppée auf dem Vortragsprogramm. Der Institutsvorsteher blieb hartnäckig, wollte Johan mit dem Erwähnten und anderen Größen zusammenbringen, und erklärte, die Sache könne Johan von Nutzen sein, seine Stücke könnten übersetzt und gespielt werden. Einen Augenblick horchte er auf, und elektrische Blitze erschienen vor seinen Augen; Macht, Stellung, der Mammon lockten, und eine ganze Nacht lang flüsterte der Versucher lockende Worte in sein Ohr, doch am Morgen kamen Björnsons und Lies Haugianergewissen, und sein eigenes altes Leidens-Ideal meldete sich wieder, und er siegte. Gleichwohl mußte er dem Institut gestatten, seinen Namen auf das Programm zu setzen, weil er den Vortrag erst in einem Jahr halten sollte. Wie zufrieden mit sich fuhr er jetzt nach Paris, mit dem Gedanken, daß er gekonnt hätte, wenn er gewollt hätte. Und als er jetzt die Kuppel des Institut de France sah, dachte er: unter diesem Gewölbe hätten meine Worte, meine eigenen in der Sprache dieses Landes geschriebenen Worte erklingen können. Doch es kam ihm nie in den Sinn, dem Marquis-Professor, der seine Abhandlung gelesen und mit dem er zwei Jahre korrespondiert hatte, einen Besuch zu machen. Er sah dessen Namen und den seiner Marquise oft in Fest- und Ballnotizen des Figaro, und er war überzeugt, daß es der Weg zu etwas Besserem hätte sein können, wenn er sich um die Bekanntschaft bemüht hätte, doch er verzichtete: es war zuviel für ihn. War es Schüchternheit oder Stolz oder das Bewußtsein, daß seine Bildung ein Plagiat dieses französischen Originals war, oder fürchtete er sich vor einer glänzenden Niederlage, schlimmer als die eher gemütlichen daheim, oder was war es?

Ein Wort, das er sehr fürchtete, hieß Glücksritter. Nachdem alle Menschen versuchen, sich so glücklich wie möglich zu machen, sollte das Wort nichts Verletzendes enthalten, doch es wird pfiffig sowohl von denen verwendet, die das Glück bereits gesucht und gefunden haben, um andere abzuschrecken, als auch von denen, die es gesucht, aber nicht gefunden haben, um anderen den Mut zu nehmen, sie zu überholen. Gewollt hätte er schon, wenn er nicht die klägliche Figur gefürchtet hätte, die ein entlarvter Glücksritter darstellt, und er hätte sich wohl bis zum Versuch durchgerungen, hätte er nämlich die erforderlichen Eigenschaften besessen: Geschmeidigkeit, Unverschämtheit, Herrschaft über seinen Körper, seine Worte, sein Denken; doch all dies fehlte ihm, und darum wurde er notgedrungen und nicht aus Tugend diesmal kein Glücksritter. Was ihn nicht hinderte, sich damals einzubilden, er sei ein Mann des Leidens und des Verzichts, welcher der Pflicht folgte, wo nur Zwang herrschte. Jetzt aber erschien der Versucher wieder, diesmal mit Waffen ausgerüstet, die ihn zu Fall bringen sollten. Man sandte ihm eine Einladung, sich als Mitredakteur an einer internationalen Revue für schöne Literatur zu beteiligen. Unter den Redakteuren waren mehrere berühmte Namen, ein paar davon sogar aus der Académie Française. Doch es gab auch andere Köder. Es sollte der Versuch gemacht werden, unter den Gebildeten aller Nationen eine literarische Vereinigung zustande zu bringen, die unabhängig von Nationalität und politischem Haß für einen Zusammenschluß der Völker wirken sollte. Johan, der damals für die Internationalität schwärmte, weil er sich in der Schweiz unter Fremden als Angehöriger einer Unterklassennation fühlte und sich dort außerdem von internationalen Arbeiter-, Revolutions-, Post- und Telegrafen-, Friedens-, Literatur- und Sanitätsvereinen umringt fand, sah in dem neuen Vorhaben eine große und eine ehrenvolle Aufgabe. Daneben winkte die Machtstellung, über die gesamte nordische Literatur vor dem Ausland, Europa, der Welt Gericht sitzen zu können, denn sogar in Amerika, China, Indien hatte die Zeitschrift Redakteure.

Nachdem er sich gelobt hatte, zu seinen Feinden edelmütig und liebevoll zu sein, nahm er das Angebot an und rüstete sich, um würdig debütieren und in die französische Sprache all die Farbe aufnehmen zu können, die sein eigener Stil besaß. Er beschafft sich zwei Lehrer und schreibt französisch, spricht französisch und träumt auch die Träume des Ehrgeizes auf französisch.

Jetzt hatte er wirklich eine Machtstellung, die er jedoch aufgrund der Umstände, oder aus Temperamentsgründen oder aus Mangel an Kraft aufgeben mußte.

Kurz darauf legt ein Freund der damals sehr angesehenen Nouvelle Revue eine von Johans besten Novellen vor. Er erhält sie mit Höflichkeiten und Anmerkungen zurück, allerdings mit einem Angebot, für die Revue etwas zu schreiben und es unveröffentlicht einzureichen. Nun wuchs sich der Mut zum Sanguinikertum aus, und er, der jetzt einen hohen Trumpf in der Hand hielt – er spielt ihn nicht aus, sondern läßt ihn fallen. Warum? Warum schrieb er damals seine Novelle nicht und rettete sich aus der Falle, die man daheim für ihn vorbereitete. Bis heute kann er darauf keine Antwort geben, doch er kann es bereuen. Er hatte sich wieder täuschen lassen und glaubte, seine Liebesmethode habe Erfolg gehabt und alle Feinde hätten ihm vergeben und liebten ihn.

Und darüber hinaus findet er für sein in Stockholm durchgefallenes Drama einen Pariser Kollaborateur, der ihm Hoffnungen auf eine Aufführung an einem Pariser Theater macht. Es ist möglich, daß alles, wovon er nun träumte, Wirklichkeit hätte werden können, wenn auch die Resultate nicht ganz so glänzend gewesen wären, wie seine Phantasie sie haben wollte, doch er hatte gute Karten auf der Hand, wenn er nur gewußt hätte, wie er sie ausspielen sollte.

Indessen gewöhnte er sich daran, sich als Europäer zu betrachten, und ein neueres größeres Heimatland winkte. Dies gab ihm Zuversicht und Selbstgefühl. Man hatte ihn als Talent aufgesucht, das gebraucht wurde, das Glück war ihm nachgelaufen, und er war kein Glücksritter gewesen, was sein patriotisches und religiöses Gewissen beruhigte. Bei alledem aber arbeitete sein exaltierter Kopf an einem kolossalen Plan, an etwas Welterschütterndem, worüber zu sprechen er erröten würde, wenn er nicht jetzt, nachher, darüber lächeln könnte. Zuerst würde er in Paris einmarschieren, sich einen Namen machen, und dann mit der Macht dieses Namens das ganze Kulturschloß in die Luft sprengen, durch eine Satire auf dessen anspruchsvolle Position als Mittelpunkt der Welt. Das war Grössenwahn, das waren Atlantica-Phantasien, es läßt sich nicht leugnen, doch es ist nicht sicher, ob er sie nicht unter anderen günstigeren Umständen hätte realisieren können. Der Plan, Europa über den Pariser Spötter lachen zu lassen, war nicht großartiger als der Max Orells, die ganze Welt über England lachen zu lassen, und die englische Antwort auf John Bull et son île war weder witzig noch scharfsinnig.

Dieser Plan aber machte einem anderen, ernsteren und größeren, auch schwereren, Platz, nämlich dem, den europäischen Bauern zu entdecken und zu erwecken und mit ihm der Kultur zu drohen. Die neue Variante dieses Plans bestand darin, in einer einzigen großen Blitzreise Länder und Landbevölkerung ganz Europas zu dokumentieren, die als nahezu unbekannt gelten konnten, während jährlich hundert Beschreibungen von Städten mit Hotels, Theatern und Museen herausgegeben werden. Der Plan kam schließlich zur Ausführung, und als das Ganze niedergeschrieben war, hatte er den ersten Teil von Frankreichs Bauer beendet.

*

Er debütiert mit seinem französischen Aufsatz und nutzt die Gelegenheit, sich Björnson, der gerade in seiner großen Schlacht steckt, und allen Glanz und alle Popularität nötig hat, die erreichbar waren, als Waffenträger anzubieten. Statt einer literarischen Analyse wurde daraus eine Lobrede und eine »politische« Tendenzschrift, doch einige Pariser Zeitungen gaben sie wieder, und er war stolz, seinen Helden gefeiert zu haben, dessen mannhaftes Auftreten etwas von norwegischer Königssaga an sich hatte, mochten andere sich auch gewünscht haben, den Helden an der Walstatt und nicht so weit davon entfernt zu sehen. Das aber hatte seine guten Gründe.

*

In Ouchy ging es auf den Sommer zu, und die Touristen strömten in Scharen herbei. Die Winterwohnung wurde stickig, und nagend und zehrend meldete sich das Heimweh. Man mußte den Aufenthaltsort wechseln und vor der Hitze fliehen, und darum zog man in die Berge hinauf. Dies war die Kur, und sofort wird er wieder gesund, lebenslustig und mutig und macht sich daran, ein Buch über die Frau zu schreiben, über die er noch nicht hatte nachdenken wollen, da er selbst im glücklichen erotischen Stadium, geadelt und verschönt von der verjüngenden und alles versöhnenden Ankunft dreier Kinder lebte, die mit einer willkommenen Realität jede Reflexion über die Natur der Beziehung verdrängten.

7. Die Frau und Das Junge Schweden

(1884-1885)

Mit Sympathie und viel abergläubischer Ehrfurcht vor der Mutter machte er sich ans Werk, über die Ehe zu schreiben, und die Ohren klangen ihm von all dem Reden über die unterdrückte Stellung der Frau, und als Unterdrückter wollte er Mittel zu ihrer Rettung wie zu der aller anderen Unterdrückten ersinnen und experimentell entwickeln. Um volle Klarheit zu erhalten, entschied er sich für die Methode, von den Ehen, die er gesehen hatte, so viele wie möglich zu schildern; und er hatte viele gesehen, denn die meisten seiner Freunde in dieser Zeit waren verheiratet. Von diesen griff er zwölf heraus, die charakteristischsten, und dann fing er an. Als er etwa die Hälfte geschrieben hatte, hielt er inne und überschaute die Sammlung. Das Resultat war in einer anderen Richtung ausgefallen, als er erwartet hatte. Dazu trug ein Zufall bei, der in der Pension, in der er jetzt wohnte, um die dreißig Frauen zusammengeführt hatte. Er sah sie zu allen Mahlzeiten und überall, müßig, geschwätzig, prätentiös, vergnügungssüchtig. Da waren gelehrte Damen, die die Saturday Review auf den Stühlen liegenließen, da waren schreibende Damen, kranke Damen, faule Damen, junge Damen, aufgedonnerte Damen. Wenn er ihr unbekümmertes Faulenzerleben ohne Sorgen, ohne Verpflichtungen, ohne Mühen sah, fragte er sich: wovon leben diese Parasiten mit diesen Haufen von Kindern? Und weil er ausschließlich Damen sah, fragte er sich: wo ist der Mann? – Da entdeckt er den Familienversorger.

Der Mann saß weit weg in einem dunklen Kontor in London City; der Mann war nach Tonkin abkommandiert; der Mann arbeitete in seinem Büro in Paris und wartete auf die Ferien; der Mann machte eine Geschäftsreise nach Australien, um seiner Tochter zu einer Mitgift zu verhelfen. Und die drei Männer, die es dort gab, waren der Anlaß für ihn, über die angebliche Sklavin nachzudenken. Da schickte man einen Mann in eine glühendheiße Dachkammer hinauf, während Mutter und Tochter im ersten Stock Zimmer mit Balkon hatten. Da führte ein älterer Mann, selbst ein rüstiger und beweglicher Fußwanderer, seine kränkliche Ehefrau Schritt für Schritt, stützte sie, wenn sie eine Steigung hinauf mußte, mit der Hand im Rücken, trug ihre Schals, ihre Stühle, ihre Kleinigkeiten, ehrfurchtsvoll und liebevoll, als sei er im Alter, in dem sie aufgehört hatte, seine Frau zu sein, ihr Sohn geworden.

Da saß König Lear mit seiner Tochter, es war entsetzlich. Er war über sechzig Jahre alt, hatte acht Kinder gehabt, darunter sechs Töchter, die er in den Tagen seines Reichtums sein Haus und vermutlich seine Ökonomie hatte verwalten lassen. Jetzt war er arm, hatte nichts, und alle hatten ihn verlassen, alle außer einer Tochter, die von einer Tante ein kleines Vermögen *geerbt* hatte. Jetzt war der einstige Riese, der für einen Haushalt von zwölf Personen hatte arbeiten können, gebrochen durch die Demütigungen des Bankrotts, genötigt, das Gnadenbrot seiner Tochter zu essen, und er bekam zu spüren, was das bedeutete. Sie, die über zwanzig Jahre lang das niemals rationierte, freigebige Brot der Liebe gegessen hatte, lief jetzt, bald über ihr Schicksal weinend, bald ihrem Vater den Tod wünschend, bei ihren neunundzwanzig Freundinnen herum. Und man spendete ihr Trost, und man bedauerte sie. Hierdurch ermuntert, beginnt sie ihrem Vater Vorwürfe zu machen, daß sie nichts habe lernen dürfen, und verfluchte die Männer, die ihre Töchter in der Sklaverei halten. – Eines Tages sagte Johan zu ihr: Sie, die Sie eine so gediegene Erziehung genossen haben, daß Sie drei Sprachen sprechen und schreiben, Sie könnten, bis Sie heiraten, bestimmt gut von Sprachunterricht leben. Außerdem hatte Ihr alter Vater vermutlich keine Ahnung davon, daß Sie unverheiratet bleiben wollen, und Sie damals, als Sie jung waren, sicher auch nicht. (Als einziger junger Mann hatte sich Johan erstaunliche Rechte verschafft, zu den Damen unhöflich zu sein.) Und Ihr Vater wußte es nicht besser, als Sie zu einer künftigen Mutter mit der Bildung zu erziehen, mit der Sie die passende Gesellschaft für einen gebildeten Mann sein könnten.

Nein, sie habe niemals heiraten wollen, denn sie wolle ihr Brot selbst verdienen und nicht von einem Mann leben. – Dies war das ständige Thema und schien den Kernpunkt der Frauenfrage auszumachen. Die Frau war sich des wirklich Schiefen, um nicht zu sagen Erniedrigenden ihrer Stellung bewußt geworden, und insoweit hatte sie recht, doch es gibt bisher nur einen Weg, aus ihr herauszukommen: sich in seinem Haus wirklich nützlich zu machen, seinen Haushalt gut zu führen und für seine Kinder zu sorgen. Damit hat sie sich emanzipiert und verdient selbst ihr Brot.

Als er jedoch täglich von der unterdrückten Frau hörte, lenkte dies seine Gedanken wieder auf die Stellung des Mannes, und er erkannte, daß es sich hier um ein so verworrenes Knäuel handelte, wie es nur Frauen zustande gebracht haben konnten.

Als er seine zwölf Ehen geschildert hatte und die etwa sechzig durchging, die er aufgezeichnet hatte, fand er keine einzige, in welcher der Mann nicht schikaniert, unterdrückt und besiegt war. Es ging hier also nicht darum, für Unterdrückte zu sprechen, hier blieb nur noch, Intriganten zu entlarven. – Stellen Sie sich vor, sagte er eines Tages zu König Lears Tochter; die Sie jetzt die ganze Belastung kennen, abgesehen von sich selbst eine einzige Person mit dem Geld zu ernähren, das Sie geschenkt bekommen haben, stellen Sie sich vor, wie hart es für einen Familienvater ist, wenn er für zwölf arbeiten muß! Können Sie sich in diese Lage hineindenken, ohne zuzugeben, daß er ein härteres Los hat als Sie?

Nein, das konnte sie natürlich nicht, und der Alte war schlecht gekleidet, so daß sie sich vor der Gesellschaft schämte, und er wurde gerüffelt wie ein kleiner Junge und sogar bei Tisch zurechtgewiesen. Und dieser Mann war einmal der Chef einer Werft, Konsul und Reichstagsabgeordneter gewesen, und hatte acht Kinder gezeugt und aufgezogen. Er war noch immer ein intelligenter, ein gebildeter, bewanderter, scharfsinniger Mann und wurde von seiner einfältigen unnützen Tochter so behandelt. Wenn sie ihre Monatskrankheit hatte und biß und tobte, weil sie daran erinnert wurde, daß sie eine Frau war, dann gingen die neunundzwanzig Freundinnen auf Zehenspitzen über ihren Korridor und trugen Tees und Medikamente herbei, als stehe die Welt im Begriff, einen großen Bürger zu verlieren; als aber der alte Vater nach einem Schlaganfall darniederlag, fragten die Mitfühlenden jede halbe Stunde, ob es bald zu Ende gehe. Und als er wieder aufstand, wurde er von den Feinfühligen empfangen, als habe er etwas Böses getan. Er, der Held, der seine starken, harten Kämpfe ausgetragen hatte und jetzt alle Bitterkeit und Qual des Alters litt, er beklagte sich nie, wollte zuweilen vor allen Menschen fliehen und sich im Hinterhof ein Loch suchen, um wie die alte Hauskatze im verborgenen zu sterben.

Dann kam ein Arzt, der das Unglück gehabt hatte, eine begabte Frau zu bekommen. Er wurde zum Hüten der Kleinkinder hinausgeschickt, während die Ehefrau und das Dienstmädchen Toilette machten und badeten. – Warum soll sich nicht auch der Mann um die Kinder kümmern, wenn die Frau es muß? fragte die Begabte ganz offen. Und natürlich antwortete niemand, sondern man fand es ganz richtig, daß der Mann die kleine Ruhepause von der Arbeit für die Versorgung der Familie nutzte, um die Tätigkeiten des Dienstmädchens der Frau zu versehen, denn die Frau hütete ihre Kinder nie, sondern bewies ihre Begabung, indem sie Gefängnisse besichtigte und dummen Priestern zuhörte.[1]

Manchmal fragte sich Johan, ob er an dreißig ausgewählte Exemplare des weiblichen Geschlechts geraten sei und ob er es wagen solle, zu generalisieren, doch wenn er all die Hunderte, die er gesehen hatte, zusammenzählte, und wenn er »die Besten«, die er in Paris gesehen hatte, herausgriff, und wenn er sie dann mit den Allerbesten, den Bahnbrecherinnen und Reformatricen in Stockholm, kombinierte, dann fand er, daß das ganze Gewebe aus demselben Garn bestand, daß die einzig wertvollen die Frauen seien, die unter dem Spitznamen »Wahre Frauen« liefen, und daß diese unbedeutenden Frauen als einzige gerade deshalb einen Wert hatten, weil sie leisteten, was der Mann nicht konnte.

Nun fühlte er sich wie ein Bandit, der eines schönen Tages all diese Märtyrer umstoßen würde, und nur mit Mühe konnte die Freundschaft aufrechterhalten werden.

Dann ist das Buch fertig, doch die Vorrede fehlt. Zufällig bekommt er Tschernischewskis Was thun? in die Hand und kapituliert sofort. Edelmütig und dumm leiht er das Buch den Damen. Sie rochen Lunte, und jetzt hatte er die Waffen aus der Hand ge-

---

[1] Mit diesem Paar schmückt er später die berüchtigte Geschichte – genannt Der Familienversorger, in Heiraten, Teil 2.

geben. Die Feinfühligsten meinten allerdings, es sei schade um den Mann, und für den Nihilisten, der nicht heiraten wollte, sondern auf dem Nagelbett lag, mußten sie sich begeistern.

Johan entdeckte jedoch sofort den Fehler in Was thun?. Es gab kein Kind in dieser Ehe, es war keine Ehe, und da war noch etwas anderes. Das Buch handelt von Entsexualisierten, und ihr Zusammenleben ist abnorm; diese Abnormität aber ist ein Phänomen, das früher oder später ins Kalkül aufgenommen werden muß, wenn nicht die Lösung des ganzen Problems falsch werden soll.

Dagegen gingen Johan die Augen für die ganze Evolution auf, die im Erwachen der Frau zum Bewußtsein ihrer Schuld der Art gegenüber liegt, und für ihre Wut, wenn sie ihre selbstverschuldete Erniedrigung erkennt, die in ein einziges schreckliches, oft wirklich rührendes Bemühen ausartet, dem Mann die Schuld zu geben. Sie kennt jetzt die Untaten der Mütter an den Kindern, und sie will um jeden Preis und mit allen Mitteln über ihn kommen, denn neben ihm will sie nicht stehen, da sie den Mann verachtet, weil er sich von Geschlechtsimpulsen zu einem solchen Vertrag wie der Ehe hat hinreißen lassen.

Nach der Lektüre ergriff ihn tiefes Mitleid mit der Frau, und in der Vorrede zu seinem Buch versuchte er nun herauszufinden, wo der Saldo lag, wie die Bilanz verbessert werden konnte, ohne daß ein Teil, nicht einmal der Mann, darunter litt. Die Untersuchung ergibt, daß die gegenwärtige Gesellschaft, da auf dem Patriarchat aufgebaut, natürlich nicht als dieselbe alte Gesellschaft weiterbestehen könnte, wenn man zum Matriarchat überginge. Die Republik ließ sich nicht unter Beibehaltung der Monarchie einführen. Doch als er zur Frage des Eintretens der Frau in den Arbeitsmarkt kommt, strauchelt er, weil er vergißt, daß die Frau *ihren* Arbeitsmarkt hat; er fühlt aber, daß es nicht richtig sein kann, wenn die Frau konkurriert, oder genauer, den Mann verdrängt, bevor dieser teilweise von den Familienversorgungspflichten befreit ist, da er ja gerade aufgrund damit verbundener Verpflichtungen diesen großen Arbeitsmarkt allein besitzt. Also handelt es sich, wenn die Frau jetzt eindringt, nicht um Konkurrenz, sondern es ist das Streben nach Privilegien; es ist ein Wettrennen, in dem das eine Pferd hundert Kilo trägt und das andere nichts. Das ist nicht freier Wettbewerb oder Konkurrenz. Das ist Galanterie.

Darüber hinaus hat er noch nicht den Betrug mit dem Ehevertrag entdeckt, auch wenn er voller Verblüffung auf ein Gesetz starrt, das einen armen Mann zum Versorger einer reichen Frau machen kann.

Für eine wirkliche Befreiung der Frau konnte er in der alten Gesellschaft keine Möglichkeit sehen. Denn er vermutete, daß die offene Erklärung so vieler Frauen, sie wollten keine Kinder haben, ein Ausdruck von Rassenverschlechterung bei einigen und von wirtschaftlichen Sorgen und Furcht vor einem Ehezwang bei anderen war. Darum ging er von der sehr vernünftigen Annahme aus, daß die Geschlechter unter gesunden Verhältnissen einander wie bisher suchen und auch zusammen Kinder erzeugen würden. Doch gerade diese Annahme wurde zurückgewiesen und verworfen: keine Kinder; keine geschlechtlichen Beziehungen mehr! Hier hält er schließlich inne und ist ratlos angesichts eines Phänomens, dessen Wurzeln er ohne eine lange seriöse Erforschung der Vergangenheit nicht aufspüren konnte, doch bereits jetzt war die Tatsache nicht zu übersehen, daß im Laufe der Zeiten, durch erzwungene Triebunterdrückung, durch die christliche Verachtung des Irdischen ein neuer Entwicklungskeim gelegt worden war, der jetzt im verborgenen gedieh, und daß das weibliche Geschlecht sich in zwei Varianten geteilt hatte, die im Begriff standen, sich als Arten zu fixieren, die sterile und die fruchtbare, so daß jede Lösung der Frauenfrage mittels Generalisierung unmöglich war. Was jetzt gefördert wurde, war die Sache der Entsexualisierten, und der Fehler lag darin, daß man ihre Forderungen auch auf die Mütter ausdehnen wollte.

Als Buch und Vorrede fertig waren, traf die Nachricht von Frau Kowalewskis Ernennung zum Professor an der Stockholmer Hochschule ein. Für die dreißig war das ein Freudentag, und die Zeitungsnotiz wurde Johan morgens, mittags und abends aufgetischt. Doch die Frauen faßten sie voller Schadenfreude als Niederlage des Mannes auf. Demnach ging es darum, den Mann zu besiegen? – Ja, darum ging es! – Johan wagte zu behaupten, daß dies da kein Sieg sei, der höhere oder gleiche Begabung erkennen ließ, denn an der Universität aus Büchern von Männern Lektionen zu pauken und sich dann zu einer überflüssigen Tätigkeit durchzuintrigieren, sei kein Beweis für eine höhere Begabung. Frau Kowalewski sei kein mathematisches Genie; sie sei eine gewöhnliche Kandidatin, die ihre Abhandlungen in Berlin bei Weierstrass gebaut hatte. Hier handele es sich also nicht um einen Beweis dafür, daß die Frau in dieser Richtung ebenso begabt sei wie der Mann.

Hier handelte es sich vielmehr um etwas anderes: daß sie vorwärtsgekommen war aufgrund des Verdienstes, eine Frau zu sein. Was sollte nun aus dem Mann werden in einem solchen Kampf, in dem er sich das geforderte Verdienst gar nicht verschaffen konnte? Und was sollte aus dem großen gemeinsamen Kampf für die neue Gesellschaft werden, wenn man einen neuen Kampf begonnen hatte? Dies zeigte sich auch kurz darauf.

Johan hatte vieles überwinden müssen, bevor er die Ehrfurcht vor der Mutter und Frau hatte ablegen können, und in einer Erzählung, die er Vogel Phönix nannte, hatte er sogar eine schöne Apologie für die von den modernen Amazonen verschmähte Mutter. Als das Buch erscheinen sollte, war er unruhig und ging zu seiner Frau, um sein Gewissen zu erleichtern. Seine Frau, die ihm vor allem eine Mutter gewesen war, sah, daß er Schelte haben wollte.

– Was hast du denn getan, fragte sie, daß du so unglücklich aussiehst?

– Ja, ich habe ein Buch geschrieben!

– Soo? Wovon handelt es denn?

– Jaa, es handelt von den Frauen!

– Na, hast du denn schön geschrieben?

– N-nein, nicht so ganz, aber du darfst es nicht lesen! Ich bereue es so schrecklich.

– Nun, warum schreibst du denn so, daß es dir hinterher leid tut, mein Kind?

– Ich konnte es nicht ändern, ich mußte in dieser verflixten Sache Bescheid wissen. Aber weißt du, fuhr er fort, das ist nur theoretisch und braucht dich nicht zu kümmern. Du weißt, daß ich euer Freund bin, aber Ungerechtigkeiten kann ich nicht mit ansehen und ... versprich jetzt, daß du mein Buch nicht liest!

Sie versprach es, und das war gut so.

Es war theoretisch, wie gesagt, und in der Vorrede hatte er seinen damals noch populären Namen in den Dienst der Frauenfrage gestellt und die völlige Gleichstellung der Frau mit dem Mann gefordert, nachdem die nötigen Reformen durchgeführt seien, so daß niemandem Schaden entstehen konnte.

Doch er mußte bald erkennen, daß es nicht um Gleichstellung, sondern um Unterwerfung ging.

Nach dem Aufbruch aus dem großen Frauenhaus trafen Telegramme ein, er habe einen Religionsprozeß auf den Hals bekommen.

Religions- ? Das konnte er nicht begreifen. Er hatte doch über die Frau geschrieben.

Das wirkliche Ziel dieses berüchtigten Religionsprozesses kann jetzt als aufgedeckt gelten. Es war eine von einer Frau, und natürlich unter Vorschiebung eines Mannes, inszenierte Farce. Die Einzelheiten gehören in die Memoiren und also nicht in den Rahmen dieses Buchs.

Es war eine von Frauen schlecht geschriebene Komödie, und die Rolle, die man Johan zuteilen wollte, paßte nicht zu ihm. Sie war durchweg verlogen. Er lehnte sie ab, doch man zwang sie ihm auf, und dazu noch ein paar andere, die ihm noch weniger gefielen. Er sollte Volkstribun, Religionsreformator, Parteiführer werden, alles, nur nicht das, was er war – Schriftsteller. Und im Laufe des Prozesses sah er nur Verlogenheit, schlecht verstellte Mienen, und er wußte, daß man von Religion sprach und die Frauen meinte. Es war die schmerzlichste Zeit, die er je erlebt hatte.

Einen Augenblick lang, als der Feind zu mächtig zu werden drohte, ergriff ihn der Gedanke, die Rolle des Demagogen wirklich anzunehmen, in den Haufen einzubrechen, ihn zu sprengen und auf eigenem Feld zu schlagen. Dazu bedurfte es eines Opfers, und er war bereit, es zu bringen. Die bestorganisierte Partei, die es gab, war der Guttemplerorden, der von Reaktionären beherrscht wurde. Johan war ein ganzes Jahr lang abstinent gewesen, wie man das nennt, und von der Ankunft des Telegrammes an nahm er keinerlei starke Getränke zu sich.

Er glaubte also die Prüfung bestehen zu können und gab ein

halbes Gelöbnis ab. Opfer! Das war alter christlicher Stil, und den Sommer über hatte er von der Heilung der Menschheit mit Hilfe von Mäßigung, Verringerung von Luxus geträumt, und war schließlich sogar auf den Vegetarismus verfallen. Also Askese! Dann aber begann er sich zu fragen, ob diese Opferforderung an die Unteren nicht ein Schelmenstück sei. Wer fragte den Staatschef oder den Kirchenchef danach, ob sie starke Getränke tranken. Der Erzbischof prahlte doch damit, daß er so frei von Vorurteilen sei, daß er Karten spielte und tanzte. Wer warf dem Chef der Bauernpartei vor, daß er feine Mahlzeiten liebte? Warum also sollte der Chef der Radikalen jetzt Wasser trinken?

Die Abstinenz raubte ihm die Kraft, und er fiel zusammen wie ein Scheuerlappen. Um ihn vor Krankheiten zu bewahren, mußte der Arzt ihm auferlegen, seine Gewohnheiten wiederaufzunehmen, und damit er nicht als Heuchler betrachtet wurde, nahm er den Rückzug bei einem offiziellen Abendessen vor, bei dem auch Abstinenzler anwesend waren. Er verstellte sich also nie, doch auch wenn er es getan hätte, wäre dies ein simples Parteimanöver gewesen, wie es sich alle geachteten Parteileute erlaubten, und dagegen war kaum etwas einzuwenden, denn Feinden gegenüber allzu aufrichtig zu sein, ist nur dumm.

Der Prozeß war vorüber und hatte sein Hauptziel erreicht. Johan war zerrissen, unfähig zur Arbeit und wirtschaftlich so gut wie ruiniert. Als Nachlese kam es zu einigen mißlungenen Attentaten, seine Familie auseinanderzusprengen, alles erwartet, vorausgesehen und verhütet.

Das war die Art, auf die die weichherzige Frau kämpfte, und durch die Erfahrungen dieser Zeit, und aus der à-la-modischen Frauenliteratur lernte Johan viele Geheimnisse des liebenden, opfernden und verzeihenden Frauenherzens kennen.

Weniger Kummer machte ihm der Kampf gegen die Dummheit, den er außerdem zu führen hatte, denn mit dem befaßte er sich nicht, sondern ließ dessen schmutzige Handschuhe einfach im Dreck liegen.

Doch der Prozeß hatte auch andere Folgen, darunter die Entzweiung der jungen Männer, die einig hätten sein sollen, um die großen Fragen der religiösen, politischen und sozialen Reform voranzutreiben, womit die Damen durchaus nichts zu tun hatten, da ihre Interessen andere und geringfügiger waren und darum bis auf weiteres hätten zurückgestellt werden müssen.

Jetzt also beginnt sich die Kunde vom Jungen Schweden zu verbreiten. Als Johan zum ersten Mal mit der jüngeren Generation in Berührung gekommen war, waren ihre Mitglieder noch mit ihren Studien beschäftigt. Gleich nach Erscheinen des Schwedischen Volkes hatten sie einen Zusammenschluß angestrebt, und man war mehrfach zusammengetroffen, um eine Zeitung, später eine Zeitschrift zu gründen. Bei diesen Zusammenkünften hatte es stets ein Grundprinzip gegeben: kein Programm! Man wußte nämlich, daß es hier so viel Unerforschtes, so viel Wahrheit aufzuspüren gab, daß man nicht irgendwelche Forderungen auf einem gedruckten Zettel fixieren konnte. Diese Publikationspläne hatten eine rein sozialpolitische und keine literarische Absicht. Sie kamen zu Fall und wurden auf die Zukunft verschoben. Nach dem Neuen Reich präsentierte man Johan eines Tages ein kleines Blatt, das eine Theaterzeitung war. Johan, der es sich anschaute, schien es schwach zu sein, vor allem von Schauspielern und Schauspielerinnen zu handeln und auf eine idealistische Art die Frauenfrage zu streifen. Das Blatt wurde von einem Witzblatt verspottet, und die jungen Redakteure wurden lächerlich gemacht. Unter diesen war auch einer aus Johans Bekanntenkreis, der ihn nun um seine Mitarbeit bat. Johan antwortete nein. Er interessiere sich nicht für das Theater und sei zu alt, um auf diese Weise Prügel zu beziehen. Er habe seine fünfzehnjährige Schule als Schriftsteller hinter sich und nicht die Pflicht, noch einmal von vorn anzufangen.

Dies rief Mißvergnügen hervor, und schon brummte man, die Partei werde im Stich gelassen. Welche Partei? fragte er. Die Theaterpartei? Ich kann in eurer Zeitung ein Parteienziel oder eine Arbeit für den Fortschritt nicht erkennen, zumal in einer Novelle der Realismus in der Literatur bespöttelt worden war.

Die Zeitung starb rasch. Darauf wurde Johan aufgefordert, eine Anthologie junger moderner Schriftsteller in Gang zu bringen, die zeigen sollten, was sie konnten. Zu den Jungen, die natürlich

Opposition machen sollten, zählten die pseudopietistische Frau Edgren und der wütende Blaustrumpf Agrell, die beide kein Talent und keinen Verstand besaßen und nur die starke Strömung des Puppenheims unterstützt hatten, die ihr leichtes Schiffchen zum Schwimmen bringen konnte.

Vorbereitungen wurden getroffen, wenn auch schlappe, und dann reiste Johan von all dem fort. Er spürte, daß er in diesem Schafstall zu sehr Wolf war, um sich einsperren zu lassen, ohne daß es zu einer Beißerei kam. Das ästhetische Bestreben der literarischen Partei war ihm fremd, und die schöne Literatur für ihn nur eine Waffe oder ein Vergnügen.

Als er dann ein halbes Jahr im Ausland gewesen war, hört er, daß eine radikale Zeitung zustande gekommen und erschienen sei, und er wurde aufgefordert, als Freiwilliger einzutreten. Wieder einmal war man vorgeprescht, und dann sollte er nachkommen und helfen. Nun kannte er sich zwar in der schönen Literatur aus, meinte aber, daß man ihn mit seiner zwölfjährigen Erfahrung in Zeitungsangelegenheiten vorher in das Geheimnis hätte einweihen können. Doch er hielt sich bei dieser Kleinigkeit nicht weiter auf, sondern trat unter dem Oberbefehl der Jüngeren als Soldat ins Glied. Diese hatten jetzt ein Programm aufgestellt.

Aus Programmen ergeben sich alle möglichen Streitpunkte, und aus dem Programm folgen Losungen, Befehle, Kompromiß und Vergleich, oder blinder Gehorsam. Johan hatte sich also nie zum Chef gemacht, sondern sich um der Sache willen untergeordnet, und dies war nicht so schwer, weil sich das Programm noch in der Entwicklung befand. Zwar hatte man, eher aus mangelndem Instinkt oder unter dem Einfluß Mills, seine sogenannte Naturverehrung desavouiert, doch er respektierte ihre Ansicht und ließ sie gewähren, damit keine Zwietracht entstand.

An dieser Stelle gebärdet sich das Junge Schweden als Chef und erteilt Johan Befehle hinsichtlich seines Verhaltens im Prozeß. Als er nicht gleich gehorcht, schicken sie Björnson als Büttel vor, was der Anlaß zum jähen Bruch zwischen Johan und ihm ist, worüber Johan später trauerte, obwohl die Zeit zu einer Trennung schon reif war. Johan aber, gegen Feinde wie ein Wolf, war seinen Freunden gegenüber ein Lamm, und als er erkannte, daß ihr autoritäres Verhalten von Wohlwollen und Eigeninteresse diktiert war, ließ er fünf gerade sein.

Mit dem Prozeß folgte ein gemeinsamer mannhafter Ansturm gegen die Religionsunterdrückung, an dem die Damen nicht beteiligt wurden, weil sie für solche Kleinigkeiten kein Interesse haben. Soweit ging es gut. Als aber der Prozeß zu Ende war, da rückten die Damen an und waren auf Unfrieden aus, denn jetzt war Johan gefährlich für sie, und es gelang ihnen, die Männer, die den Kampf um die großen Fragen so gut eingeleitet und ausgetragen hatten, der einzigen kleineren wegen auseinanderzubringen: der Frauenfrage.

Noch nimmt Johan weder Anstoß daran noch äußert er sich in seinen Schriften anders als zustimmend zu den Bestrebungen der Jungen, denn er sah nicht auf Details, und er war toleranter als sie, obwohl es fraglich war, wer eigentlich das Recht gehabt hatte, sich über die Tätigkeit des anderen von oben herab zu äußern.

Noch einmal muß er erfahren, daß er Parteimitglied ist, obwohl er einer Registrierung nie zugestimmt hat, und daß er Vorgesetzte hat, die sich die Freiheit nehmen, aus seinen Manuskripten mißliebige Sätze zu entfernen, die weder Moral noch Religion verletzten noch irgendwie gerichtlich verfolgt werden konnten, nur weil sie mit ihren Ansichten über die Frauen nicht übereinstimmten. Alle großen Fragen waren jetzt beiseite geschoben, alle gemeinsamen Interessen zerbrochen – nur der Frauen wegen.

Und eigenartigerweise: die Sozialisten, denen er so kräftige Schützenhilfe geleistet hatte, da der ganze erste Teil von Heiraten einzig darauf hinausläuft, alle mit der Gesellschaft Unzufriedenen zum Sozialismus zu bringen und den Frauen nur eine einzige Möglichkeit aufzeigt: entweder Sozialismus oder keine Freiheit; die Sozialisten fielen ihm in den Rücken, desavouierten ihn, verzichteten auf einen zu dieser Zeit sehr starken Kämpen, nur weil er unhöflich zu den Frauen war.

Ein Versuch, seinen Aufsatz über die Gleichstellung oder Tyrannei der Frauen Punkt für Punkt zu widerlegen, mißlang und beschränkte sich auf ein paar einzelne unscharfe Einwände und einige Schimpfworte. Anfangs ist er wütend und sieht in den Frauen nur eine reaktionäre, egoistische, kleinliche Partei, die trennen möchte, um herrschen zu können, doch er unterdrückt seine Leidenschaften und erkämpft sich Ruhe, um zu prüfen, bevor er schuldig spricht.

Ohne Haß, ohne Bitterkeit, aller Schikane, aller schäbigen Rache zum Trotz macht er sich unter weiterer Anwendung der Liebesmethode daran, die Frauenfrage und die soziale Frage durchzuexperimentieren, und auf diese Weise entstand das liebevolle Buch, das Utopien genannt wurde. Doch bevor er es schrieb, hatte er alles, was die schärfsten Köpfe über diese Fragen gedacht hatten, gesammelt und gelesen, und nun steckt er bis zu den Schultern im Sozialismus, ohne sich freilich vom Industrialismusprogramm der Berliner einwickeln zu lassen. Für die Befreiung der Frau, jener Frau, die weiterhin als Geschlecht leben wird, sieht er keinen anderen Ausweg als die Familienassoziation, in der vereinte Kräfte leicht die Kinder aufziehen können. Also keine Befreiung unter Beibehaltung der alten Gesellschaft. Nein, das mochte man nicht. So und nicht anders sollte es sein; wie das Programm es vorschreibt! Die Partei war gebildet, und das Programm war fertig. Die Liebesmethode wurde außerdem für Idealismus befunden, was sie vermutlich ist, und den liebevollen Frauenzimmern sagte sie merkwürdigerweise am wenigsten zu.

In voller, auf dem Weg der Erfahrung gewonnener Überzeugung, daß nur die roheste, am brutalsten ausgesprochene Wahrheit eine Wirkung haben kann, und wütend, daß er sich hat prellen lassen, reist er nach Paris, um die Veröffentlichung der französischen Ausgabe von Heiraten zu überwachen, vom Zorn des tödlich Verwundeten und Düpierten erfüllt, Rache zu fordern, nicht von seinen jüngeren Widersachern, sondern, trotz allem, nach wie vor an deren und seinen Feinden – den Reaktionären, und daneben an den Frauen. Die Reaktion hatte nämlich ihre sämtlichen hundert Häupter erhoben und, unterstützt durch die Spaltung, welche die Frauen zustande gebracht hatten, nach einigen unerheblichen Wahlniederlagen einen leichten Sieg errungen. Den Frauen wollte er in einem zweiten Teil von Heiraten in der rücksichtslosesten Form die ganze Wahrheit sagen, und dann würde der Kompromiß zustande kommen. Um dieses gefährliche Experiment vornehmen zu können, nimmt er seiner Frau das feste Versprechen ab, daß sie nie wieder seine Schriften lesen wird, was im übrigen nicht so notwendig war, da sie den ersten Teil von Heiraten bereits gelesen und genug Gerechtigkeitsgefühl gehabt hatte, um einzusehen, was er zuvor schon eingesehen hatte, daß die Ehe für die Frau etwas Erniedrigendes war. Daß es ihr nicht gefiel, wie er sich über die kleinen Schwächen der Frau lustig gemacht hatte, war klar, doch das war bald verziehen.

*

So war er zum dritten Mal in Paris. Was er dort tun wollte, ist bereits angedeutet worden, und was er tat, gehört in die Memoiren, denn auf seine Entwicklungsgeschichte hatte es keinen Einfluß. Nachdem es ihm schließlich über seine Erwartung hinaus gut gelungen war, sein Anliegen zu erfüllen, reiste er an die normannische Küste, um zu baden und für eine künftige Arbeit Landschaft und Bauern zu studieren.

Hier erfährt er durch Briefe aus Schweden von der berüchtigten »Absetzung«. – Abgesetzt? fragte er sich, war ich denn je ernannt? Und wie verhielt es sich damit? Er legte die Sache zu den Akten, als gehe sie ihn nichts an, zumal er sich keineswegs verlockt fühlte durch die Ehre, mit einigen jungen Männern ohne andere Ambitionen als die, schöne Literatur zu produzieren, Prügel zu beziehen. Dann aber trafen Nachrichten ein, für die literarische Linke sei ein neuer Chef designiert worden, und es habe sich erwiesen, daß Frau Edgren den Ansprüchen der Jungen besser entspreche. Schon wieder die Frauen! Jetzt erinnerte er sich, daß er im Herbst zuvor der erste unter den Gebildeten gewesen war, der offen gesagt hatte: ich bin Sozialist, und daß er eine Zusammenfassung des Sozialistenprogramms geliefert hatte. Doch man hatte es nicht gern gesehen, daß er der erste war, weshalb die Frauenzimmer nach einem richtigen Sozialisten schickten, dem Ehemann einer gewissen Frau, der Uniform und Holzbein hatte und zugleich die Frau verehrte. So hatte das zu klingen und nicht so! Abgesetzt!

*

Wie ist die jüngere Generation zu so hohen Vorstellungen vom Verstand und dem Interesse der Frauen für die Gesellschaftsfragen gekommen? Wenn man genau hinsieht, behandeln die weiblichen Schriftsteller doch nur ein Thema, das ihnen direkt Gewinn bringt: die Frauenfrage, und, wenn sie wirklich großzügig sein wollen, die Armenfrage, nicht aber den armen ausgebeuteten Familienversorger; und wenn sie gelegentlich um den unterdrückten Arbeiter buhlen, rechnen sie sich nie aus, daß es ihm besser ginge, wenn er nicht von Frau und Kindern unterdrückt wäre, sondern sie sehen nur darauf, wie es der Frau, auf Kosten des Mannes, noch besser gehen kann.

Dies ist der Madonnakult im letzten Stadium. Johan fragte einmal einen jungen Schriftsteller, der Atheist war, wie er ohne Gott zurechtkomme? – Der junge Mann antwortete: wir haben statt dessen die Frau. Hat also mit der Evolutionslehre wieder der Mutterkult Einzug gehalten, und hat die neue Generation Gott durch die Frau ersetzt? Gott war der am weitesten entfernte Ursprung: als er zu Fall kam, griff man zum nächstliegenden: der Mutter. Ist es so vor sich gegangen? Es mag ja vernünftig sein, wenn es so ist. Dann aber sollten sie sich wenigstens für die Mutter selbst, für die wirkliche Frau entscheiden, vor der sich der Mann, und mag er ein noch so starker Geist sein, beugt, wenn sie mit ihren Attributen Leibesfrucht und nährender Brust auftritt, an die sogar der kampfesmüde Riese manchmal seinen müden Kopf legen will, um sich an seinen Ursprung erinnern zu lassen. Doch die Jungen haben ihre Verachtung der Mutter verkündet und an ihre Stelle die häßliche sterile Entartung der Amazone gestellt – den Blaustrumpf!

8. Er wird Atheist

(1885)

Als er von Paris an den Meeresstrand kam und ein großes blaues Nichts sah, und das Auge vergeblich einen Gegenstand, das Ohr vergeblich einen Laut suchte, ergriff ihn ein Gefühl, als sei er am

Ende seines Weges angekommen und stehe dem Tod gegenüber. Jetzt aber winkte nicht mehr die Fortsetzung dort drüben, auf der anderen Seite, die früher seine Hoffnung gewesen war. Es war aus, endgültig aus. Eine Müdigkeit, wie er sie früher kaum gekannt hatte, warf ihn nieder, überanstrengt wie er war, nachdem er ein Buch in einer fremden Sprache geschrieben hatte; nachdem er seiner natürlichen Seelenrichtung in Paris bis zum äußersten Gewalt angetan hatte und zwei lange Monate zwischen Hoffnung und Verzweiflung hin und her geworfen worden war. Als er nun in seinem Zimmer vor diesem majestätischen Naturschauspiel saß, das das Meer früher geboten hätte, und jetzt aus dem Fenster sah, durch das ihm das Nichts entgegengaffte, spürte er, wie der Ewigkeitsgedanke ihn im Stich ließ, wie anders diese Natur an sich doch war, welcher er früher all die schönen Gefühle zugesprochen hatte, die er aus sich herausholte und in sie hineinverlegte, und er macht in seinem stürmischen Leben eine Pause und reflektiert.

Badegäste waren noch nicht angekommen, der Ort lag verlassen da und wurde nur von Kleinstadtbewohnern besucht; es herrschte vollkommene Stille. Er hatte die Mittel für etwa einen Monat bei sich, doch wenn sie aufgebraucht waren, wußte er keinen Ausweg mehr. Er hielt einen teuer erkauften Sieg in seiner Hand, konnte ihn aber nicht nutzen. Sein Schiff hatte die Stürme überstanden, ging aber im Hafen unter. Als er jetzt seine gesunden, fröhlichen Kinder unter dem Fenster in den Sanddünen des Strandes spielen sah und daran dachte, wie unbedacht er gehandelt hatte, als er für die und die Motive ihr Wohl hintangestellt hatte, und wenn er sich ausmalte, welches Schicksal ihnen bevorstehen würde, wenn er zu Fall kam, überkamen ihn Reue und ein dunkles Gefühl, hier nicht recht gehandelt zu haben. Zwar stand er noch dazu, daß Menschen in seiner Position versuchen mußten, größeren Gruppen als der eigenen kleinen Familie zu nützen, und daß er, während er für eine ganze kommende Generation arbeitete, zugleich auch für seine Kinder arbeitete. Dann aber fragte er sich: hätte er mit seinem Temperament und seiner Erziehung anders handeln können? Nein, mußte er antworten. Diese Prämissen hatten zu dieser conclusio geführt. Damit stieg der Zweifel an einer gütigen Vorsehung auf, die alles zum Besten lenkt und die Menschenschicksale bestimmen kann. Sein Gottesbegriff, letztlich eine Objektivierung von Wahrnehmungen, war in den letzten Jahren sehr schwankend gewesen. Als er das vorige Mal krank war und den Tod kommen glaubte, hatte sein Wunsch, nicht jung von den Seinen gehen zu müssen, die Form des Ewigkeitsgedankens angenommen. Er wollte nicht glauben, daß es zu Ende sein sollte, und darum erdichtete er eine Ewigkeit, in der die Person weiterlebt. In der Schweiz war der Schöpfer wieder aufgetaucht, als er angesichts des herrlichen Musterstücks der Schöpfung, das dort vor ihm lag, keine andere Erklärung finden konnte, und da die neuen Lehren die Hoffnung auf einen besseren Zustand der Dinge weckten, sah er die lenkende weise Hand der Vorsehung, die den Menschen die Triebkraft der Liebe gegeben hatte, um dafür zu sorgen, daß es allen gutgehe. Als sich während des immer hektischer verlaufenden Prozesses die ganze Welt gegen ihn erhoben hatte, befahl er sich und die Seinen in Gottes Hand und fühlte sich mit dem höchsten Wesen persönlich vertraut. Doch nachher, als er hörte, wie sich Gottes Auserwählte in Drohungen austobten, hörte, wie die Furien, die von anderen Liebe forderten, vor Wut über ihn keuchten, weil er Gerechtigkeit angeboten hatte, wo sie neue Vorteile verlangten, als er an allen Ecken und Enden Egoismus sah, da kam er nach und nach zu dem Gedanken, daß die Welt von ganz anderen Kräften gelenkt werde als von einem liebevollen persönlichen Gott. Und einsam, ausgestoßen und zurückgeworfen, suchte er nun nicht länger sein Schicksal außerhalb von sich, sondern ging zum ersten Mal in seinem Leben in sein eigenes Selbst: dort lag sein Schicksal, und in dem all der anderen Ichs lag das Schicksal der Welt.

Wie lange war er doch im Kreis herumgelaufen, seit er elf Jahre zuvor in Meister Olof die Unvernunft des Strebens nach dem Himmel durchschaut hatte. Die Erde, die 100000 Jahre brauchte, um ein Schieferlager zu bilden, sollte jetzt gezwungen werden, innerhalb von fünfundzwanzig Jahren vier Millionen Menschenhirne so zu verändern, daß sie funktionierten, wie er wollte. Welche Unvernunft! Er hatte volle Freiheit gepredigt, und war von den

Sklaven, die fanden, es gebe zu viel Freiheit, dafür gesteinigt worden. – Nicht so weit, hatten sie gerufen; wir sind mit weniger zufrieden. Nicht Freiheit für alle, nur für uns! – Er erinnerte sich, wie er während seines letzten Aufenthaltes in Stockholm mit Arbeitern über die Befreiung der Dienstleute und der Statare gesprochen hatte, und wie sie zurückgeschreckt waren. – Die Dienstboten sollen auch frei sein? – Und hätte er die Dienstboten gefragt, ob sie frei sein wollten, hätten sie geantwortet: frei sein, um zu hungern, oder um als Verheiratete mit einem Gesellen Hering und Kartoffeln zu essen; nein, dann lieber saubere Manschetten haben und auf Kosten der Herrschaft Beefsteak essen!

Er entsann sich, daß gewisse Mißtöne von seiten der Arbeiter auch während des Prozesses zu hören gewesen waren. – In einem privaten Brief eines Arbeiters an einen Freund hatte ihn dunkle Rede von »falschen Propheten, die für die reichen Bauern arbeiten«, betroffen gemacht. Die Unwissenden glaubten, sein Agrarsozialismus laufe darauf hinaus, die Lebensverhältnisse der »Bauernpartei« zu verbessern. So ging es, wenn man zum Volk sprechen wollte!

Im Sommer vor dem Prozeß, als er noch vom Glanz der Erfolge umgeben war und das Angebot hatte, in der angesehensten Zeitschrift Frankreichs zu schreiben, ausnahmsweise unter guten ökonomischen Bedingungen, hatte er ganz und gar unbesonnen Beiträge an eine der bescheideneren schwedischen Zeitungen gesandt. Darin hatte er nämlich den Namen eines jungen Schriftstellers gesehen, der aufgrund von gesellschaftlicher Stellung, Herkunft, guter wirtschaftlicher Lage und Beziehungen nicht den geringsten sichtbaren persönlichen Grund hatte, sich zu den Unzufriedenen zu gesellen. Wäre es Haß gewesen, hätte er anonym schreiben können. Als Johan diesen Namen in der Zeitung sah, dachte er: wenn es auf dieser Seite solchen Glauben, solche Opferbereitschaft gibt, ja, dann ist es meine Pflicht, meinen Namen zu opfern! Und er opferte!

Aber siehe da! Er erhielt daraufhin von einem ehemaligen Arbeiter einen freundlichen Brief, ungefähr folgenden Inhalts: Sie als Mann des Volkes sollten nicht in solchen Zeitungen schreiben. Für das Volk muß Ihr Name erhaben sein, weil es zu Ihnen aufsehen will wie zu einer Fahne. Das Volk will Symbole! – So aristokratisch war das Volk, oder so realistisch, so vernünftig, daß es bei Bedarf mit falschen Karten spielte, wenn es sich mit Falschspielern einließ. – Johan war ein unverbesserlicher Idealist gewesen. Er hatte nicht nur an Gott, sondern auch an Engel geglaubt!

Dann hatten sich die Radikalen aufgrund von Meinungsverschiedenheiten gespalten und standen einander wie Hähne gegenüber. Die Freikirchenanhänger, die in den Reichstag gekommen waren, hatten »den anderen« die Religionsfreiheit verweigert. Die Pietisten, die Johan einen Moment lang beschnuppert hatten, ob er sich nicht benutzen ließ, hatten sich seiner ein wenig bedient und ihn dann weggeworfen. In Norwegen hatte der Volksverführer die Volksbewegung benutzt, um Staatsminister zu werden, und als er an die Exzellenzposition gekommen war, sagte er: genug! In Schweden hatte die Bauernpartei ihre Mehrheit benutzt, um Steuern loszuwerden, wofür der König eine Armee erhielt. In Paris hatten Gambetta und Jules Ferry, zwei enthusiastische Zweifler, das Land abgrundtief verschuldet und sich dann mit Statuen und Vermögen, letzteres jedoch leicht angeschlagen, zurückgezogen. In Paris hatte er Victor Hugos Apotheose gesehen. Am ersten Tag nach dem Tod weinten die Zeitungen; am zweiten trockneten sie die Tränen, und am dritten überlegten sie, wie sie die Leiche am besten verwenden konnten. Alle Parteien gingen für den Katafalk Kompromisse ein, und die Begeisterung über den Todesfall war ungetrübt, denn der Tote war so geschmackvoll gewesen, im Mai zu sterben, wenn der Salon eröffnet wird und der Fremdenstrom einsetzt. Nach acht Tagen, als der Trauerflor auf den Triumphbogen gekommen war, meinte man, das sei zuviel, und begann zu bereuen. Während der Sarkophag gezimmert wurde, fingen die Radikalen und die Liberalen an, sich um die Leiche zu schlagen. Noch bevor der Tag der Beisetzung gekommen war, hatte man den Toten satt und begann Anekdoten zu drucken, die schließlich in Liebesgeschichten übergingen, und die Beisetzung selbst wurde gefeiert wie eine Bauernhochzeit. Ohne Tränen, ohne Trauer, so daß ein Redner es für besser hielt, dem skeptischen Publikum zu gestehen, dies sei ein Freudenfest. Am nächsten Tag sagte Le Figaro, das Ganze sei eine kolossale *blague* gewesen!

Benutzen und sich nicht benutzen lassen; oder im Notfall beides! Auch in Paris hatte sich Johan klugerweise nach einem Interesse umgesehen, für das er sich einsetzen konnte, und sich zur Benutzung angeboten, und darum gelang es ihm schließlich zu gewinnen, was er wollte. Solange er aber herumlief und bat, eine Menge Beziehungen für seine Zwecke benutzen zu dürfen, sagte man schroff nein! Das war durchaus richtig!

Indessen hatte er nun nach zahlreichen Erfahrungen ein großes Material zu verdauen. Durch neuaufgenommene Beziehungen zur Partei der Jungen in Dänemark hatte er erkannt, daß Reaktion, Kompromiß, Verrat zur Tagesordnung gehörten. Estrup hatte den Absolutismus eingeführt; und das Morgenbladet hatte mit der literarischen Linken gebrochen. Drachmann hatte königliche Verse geschrieben, und Giellerup war nach einer renommistischen Geschäftsreise nach Hause zurückgekehrt und hatte um Verzeihung dafür gebeten, daß er an die Entwicklung geglaubt hatte.

Ibsen war in der Wildente zu dem Resultat gekommen, daß Idealismus und Realismus, Liebe und Haß, Mann und Frau alle miteinander Unfug seien. Sogar den Glauben an die Frau hatte er fallenlassen. Und wie hatte man sich nicht um die Brocken gerissen und überall versucht, das Stück für die eigenen Zwecke zu benutzen: die Frauen gegen die Männer, die Männer gegen die Frauen, während der pfiffige Spötter dasaß und über das Gezerre lächelte.

Aus diesem ganzen Durcheinander ging es jetzt Johan allmählich auf, daß letztlich überall nur das Ego befördert werden sollte, und in einer strengen Selbstprüfung kam er zum selben Resultat, obwohl er keine sonderliche Lust hatte, es einzugestehen, solange alle anderen, Furien und Büttel, behaupteten und den Leuten tatsächlich weismachen konnten, sie besäßen die Liebe.

Der erste Schritt war nun, daß er sich selbst eingestand, Idealist gewesen zu sein, geschwärmt, sich auf Engel verlassen, zuviel verlangt, seine Zeit sinnlos auf die Himmelsarbeit vergeudet zu haben, und während er die Sache Gott zugeschoben hatte, war die Welt lustig von Unterteufeln regiert worden. Nun setzt er für sich folgende Rechnung auf: gibt es einen Gott, dann geht es uns nichts an. Wir lassen diese Frage als unlösbar offen, nachdem er sich nicht offenbart hat. Und wir müssen sie offenlassen, denn in diesem Leben schadet sie uns, und dieses Leben ist das einzige, das uns etwas angehen darf. Gibt es noch eines, wird es mit dem schon auch noch gutgehen!

Darauf folgt eine Untersuchung der Frage, ob sich in der Weltordnung, so wie wir sie hier auf Tellus gesehen haben, irgendeine Entwicklung zur Vernunft oder zum Glück des Menschen aufspüren läßt. Ohne sich von Gott oder auch nur Darwin einschüchtern zu lassen, geht er die Schöpfungsgeschichte der Erde durch und stellt eine Bewegung, Veränderungen, Störungen, Erschütterungen fest, doch die angebliche ruhig verlaufende Entwicklung kann er nicht feststellen. Denn wenn eine solche vorläge, hätte zuerst das ganze Pflanzenreich die Evolutionsskala durchlaufen und dann auf die höchste Pflanze das niederste Tier folgen müssen. Er konnte auch nicht finden, daß der Affe geistig oder körperlich höher stand als der kluge und starke Elefant, und der Elefant unserer Quartärperiode stand niedriger (war für die Existenz schlechter ausgestattet) als der Mastodont und der Plesiosaurier. Die geologischen Formationen waren mit fortschreitender Zeit keineswegs höher entwickelt; sie waren nur anders. Es konnte keine Rede davon sein, daß permischer Schiefer höher stand als silurischer, auch wenn letzterer in den Ablagerungen später auftrat und die in ihm enthaltenen Tierarten höher entwickelte Organe hatten als die Tiere im ersteren. In jeder geologischen Periode herrschten die am besten Ausgestatteten, das ist richtig, doch warum hatte sich der Höhlenbär nicht entwickelt, und warum hatten die riesigen Flugechsen ihr Erbe nicht der nächsten Periode hinterlassen, so daß der Mensch schließlich als Riese aus allem hervorgegangen wäre, statt ein solcher Zwerg zu sein. Nein, das waren nur, durcheinander und nacheinander, gesetzmäßige Zufälle und notwendige Launen, und keine geplante Schöpfung. Die Erdachse kippte ein wenig, und bums, ging eine ganze Flora und Fauna den Weg alles Irdischen, und ein neuer Entwicklungsabschnitt ohne direkte Verbindung zum vorangegangenen setzte ein. Damit kam er natürlich nicht um die Abstammung des Menschen von einer Affenart herum, doch ob der Affe vorher Elefant gewesen war, ließ er ungeprüft. Überblickte er dann die Geschichte des Menschen, war auch dort alles unorganisiertes zufälliges Geschehen. Bei den Menschen war die Entwicklung so ungleichmäßig verlaufen, daß es noch Kannibalen, Pflanzenfresser, Fleischfresser, Insektenfresser und Allesfresser gab. Und so viele Zivilisationen und Kulturen, so viele Gesellschaftsformen, Religionen, Philosophien. Die Antike war der Gegenwart in gewissen Stücken voraus gewesen, und das Christentum war wie eine einzige große Reaktion gefolgt. Früher hatte man sich geschlagen, später begaunerte man einander. Deshalb war ja auch die ganze Gesellschaft auf konventionelle Lügen und auf stillschweigende Übereinkünfte gegründet, daß man einander begaunern werde. Die ägyptische Kultur war tot, und das Land lebte noch immer in Sklaverei; die palästinensische war tot, und trotz dreihundert Jahren Kreuzzug besaßen die Türken nach wie vor Christi Grab; die griechische war tot, und das Land lag da wie eine Wüste; die römische war am Ende und kam durch den Barbaren zu Fall. Stets war es der Barbar, der siegte. Ob er als Türke über Palästina, als Mazedonier über Hellas, als Gote über die Römer herfiel. Die Kultur war also nicht zweckmäßig für den Bestand der Art. Und im letzten französisch-deutschen Krieg siegte der Deutsche, weil er mehr Barbar als der Franzose war, und nach dem Deutschen würde Europas nächster Barbar vielleicht der Russe werden. Es war nicht die Philosophie des Deutschen, die schließlich siegte, nicht sein Wissen, sondern sein Rest an Barbarei, der ihn in die Lage versetzte, sich mit einer solchen Wissenschaft wie der Kriegskunst zu beschäftigen. Er hatte nicht die Liebe, und auch nicht den Glauben, aber er hatte die Kanonen. Also der Stärkste, nicht der Gebildetste, nicht der Feinfühlige, nicht der Liebevolle. Nein, alles war sich gleichgeblieben in der Alten Welt, verändert hatte sich viel, zu immer größerer Vernunft entwickelt aber kaum, und in Sedan, wo eine Kultur untergegangen ist, war Gott bestimmt nicht dabei. Selbst wenn sich die Geschichte zum Glück der meisten Menschen hin entwickelt hätte, wäre auch dafür kein Gott nötig gewesen, sondern die Menschen könnten es sich selbst so leidlich eingerichtet haben, wie es nun einmal war. Doch kürzlich hatte ein berühmter Ökonom, Henry George, dessen Name um die Welt ging, bewiesen, daß dem Fortschritt die Armut folgt, und zwar in solcher Progression, daß je größer der Fortschritt ist, desto tiefer die Armut wird, also schlimmer als je in unserer Zeit. Schlimmer als je in der Gegenwart, das hieß zumindest nicht Fortschritt zum Glück, und die Ursache all dieser Not, dieses Jammers: der Fortschritt selbst oder die Kultur!

Als moderner Geist mußte Johan natürlich konservativ sein, wenn er nicht an Darwins zur liberalen Theologie erhobene Lehre vom Ursprung der Arten glaubte, und, was schlimmer war, wenn er im Unterschied zu den Nachklangsidealisten nicht an die Anwendbarkeit dieser Evolutionstheorie auf die Entwicklung der menschlichen Geschichte glaubte. Hatten sie nicht wieder Gottes Vorsehung unterschoben, wenn sie sagten, das jetzt Bestehende sei das Bestmögliche und besser als das Vorangegangene, weil es danach gekommen war. Waren sie denn der Meinung, daß es 1820 in Frankreich besser war als 1790, und ist die Regierungszeit Napoleons des Ersten wirklich besser gewesen als die Ludwigs XVI? Könnten wir nicht womöglich in einer Zeit des Rückschritts leben, in welcher der Rückschritt in der Umkehrung der Entwicklung besteht? Dergleichen hatte man schon früher gesehen! Im übrigen, und das zuletzt, existierte nun die Entwicklung zum menschlichen Glück als inneres Gesetz, warum trat dann bei jedem Reformversuch ein anderes gesetzmäßiges Phänomen ein, nämlich eine allgemeine Bekämpfung des Fortschritts, und zwar noch regelmäßiger, so daß man meinen könnte, der Stillstand sei das Gesetz? Nein, es waren nur Bewegungen. Doch ob dies nun so war oder nicht, ging niemanden etwas an, und all dies Forschen und Schnüffeln nach Zusammenhang oder Ursprung war Idealismus, und auch die Vorstellung von Gott war Idealismus. Gab es aber Gott wirklich, dann mußte er ignoriert (abgeschafft) werden, denn für das Glück der Menschheit hatte er sich als hinderlich erwiesen.

Hier geriet er in Widersprüche: hat nicht die Gottesphantasie die Menschen auch wirklich glücklich gemacht? Nein, denn die, welche sich eingebildet hatten, mit Gott und der Genügsamkeit glücklich zu sein, wären wirklicher glücklich gewesen, wenn sie sich darauf verlegt hätten, ihre irdischen Verhältnisse zu verbessern. Ja, aber war nicht der Zufriedene am glücklichsten? Es schien so, doch das war ja nur ein eingebildetes Glück und also ein geringeres als ein wirkliches.

Während diese ganze große Wäsche dasteht und kocht, nähert sich langsam, aber sicher die Not. Er glaubt sie zu sehen, wie sie sich zum Sprung duckt wie eine Katze; nachts liegt er wach und hört, langsam seufzend, aber entschlossen, die Flut steigen. In acht Tagen ist der Tod da. Der Hungertod eines Individuums und seiner wenig zahlreichen Familie inmitten einer zivilisierten Gesellschaft. Die Existenzmittel zu Ende, alle Möglichkeiten erschöpft, alle Hilfsquellen in Anspruch genommen, und sein Arbeitsmarkt ruiniert. Das hatte er jetzt mit seinen sechsunddreißig Jahren davon, daß er fleißiger als andere gewesen war, daß er für diese Gesellschaft gearbeitet hatte – da hielt er inne. Er hatte doch an der Unterminierung dieser Gesellschaft gearbeitet, wie konnte er dann von dieser Gesellschaft etwas verlangen? Die Gesellschaft hatte recht, ihn auszuhungern, wenn er die Gesellschaft nicht in Frieden ließ. Ja, aber war es die ganze Gesellschaft gewesen, die er angegriffen und das Wohl aller, dem er Schaden zugefügt hatte? Nein, nur dem der herrschenden Gruppe. Und er hatte für die kommende herrschende Gruppe gearbeitet, war mit ihr aneinandergeraten, weil er keine Befehle befolgen wollte. Und diese kommende Majorität hatte bereits eine Theologie voller Verirrungen, Aberglaube und Dogmen, mit dem Sakrament der Frau und der Unfehlbarkeit des Industriearbeiters, auf die einen Meineid zu schwören oder zu sterben sie ihn jetzt mit glühenden Zangen unter seiner Nase zwingen wollten. Jetzt kamen sie mit einem neuen Konfirmationszwang in Gestalt des alleinseligmachenden Bebelianismus daher, und hatten in der Bekenntnisfreiheit bereits solche Intoleranz bewiesen, daß sie ihn, weil er nicht orthodox war, verworfen, seinem Ansehen geschadet, seine Existenz zerstört hatten.

Mit Überdruß und Abscheu wandte er sich von der ganzen Welt ab und traf Anstalten für seinen Abschied vom endlichen Dasein. Jetzt aber lag nicht das andere Land mit kühlen Schatten, blauen

Seen und wärmenden Sonnen verlockend auf der anderen Seite. Da war nur ein Loch in der Erde, eine Holzkiste und ein paar Schaufeln Gefasel. Dort stand kein gütiger Gott mehr, der sein Stöhnen hörte und seinen Kindern Erziehung und Unterhalt gewährte. Dies war die Realität, so sah das Leben aus, und die schreckliche handgreifliche Wirklichkeit schüttelte ihn im Nacken, so daß er sofort alle Phantasien und Träume von sich gab und erwachte. Gott und Himmel und Ewigkeit mußten über Bord, wenn sich das Schiff aufrichten sollte, und es mußte der See standhalten, denn er war nicht allein! Also zuerst mit Gott über Bord! Das entlastete sofort. Und allein auf sich selbst gestellt, legt er sich erst einmal folgende Kardinalfrage vor: Was ist der Zweck des Lebens? Das Leben selbst! Das Leben kann keine andere Aufgabe haben, als daß man es erhält, bis man stirbt. Dazu hat man den Selbsterhaltungstrieb bekommen. Damit war ihm seine Aufgabe klar. Er setzte sich an seinen Tisch, rechnete und schrieb Briefe, alles in der Absicht, so schnell wie möglich an einen anderen Ort zu kommen, wo sich andere vorteilhaftere Existenzbedingungen boten. Denn er wollte leben, und mußte leben! Nur leben! Konnte man das *nur* nennen?

*

Dies war allerdings nur der letzte Streich gegen seine seit langem unterhöhlte Gottesphantasie, denn im letzten halben Jahr hatte es Schlag um Schlag gesetzt. Überall, wo er einem jungen Menschen begegnete, hörte er, wie Gott entweder geleugnet oder ignoriert wurde. Und sogar unter den Älteren hatte sich der Unglaube verbreitet. Björnson höchstpersönlich erklärte, er sei Agnostiker oder einer, der meinte, über Gott nichts wissen zu können. Johan schlug stets damit zurück, daß dies eine Gefühlssache sei, die nicht dem Denken unterliege. Das war ganz richtig gesagt, doch gerade darum mußte er, der ein denkender Mensch werden wollte, mit diesen Rudimenten einer niederen Form, die Gefühle heißen und letztlich unklare Wahrnehmungen sind, aufräumen. Dann kam Ingersoll, ein begeisterter Atheist, voller Glaube und Liebe und Hoffnung. Das fesselte Johan, und theoretisch begann er jetzt die Möglichkeit zuzugeben, daß man auf eine Vorsehung verzichten könne. Dann erwischt er Tolstoi, der Christus ganz einfach zum Atheisten macht und gleichwohl den Kern des ganzen Christentums beibehält, falls es da irgendeinen Kern gab. Dann kommt Jacobsens Tod, woraufhin man sich um die Leiche schlägt und die Frage diskutiert, ob er gläubig gewesen sei oder nicht. Dann sein erwachtes Nachdenken über diese Gefühlsangelegenheit, und schließlich erscheint der Atheismus als kategorisches Postulat; es mußte so sein, daß es keinen Gott gibt, oder wir sind verloren. Als er hiermit fertig war, erhält er die Bestätigung in einer kleinen Novelle eines jungen schwedischen Schriftstellers, der mehr auf dem Gefühlsweg als auf dem des Beweises die Unzulänglichkeit des Gottesbegriffes aufdeckt, und als er schließlich Frau Edgrens Novelettenbeweis für die Existenz Gottes liest, wird er in seinem neuen Glauben bestärkt.

*

Nachdem er mit Mühe und Not sein Schiff in den Hafen gerettet hat, fühlt er sich genötigt, seine Weltanschauung von Grund auf umzugestalten, gemäß der neuen Prämisse: hilf dir selbst; und der neuen Pflicht: man muß leben, um jeden Preis, für sich und die Seinen leben. Alles andere ist Ehrgeiz, grober Eingriff in Menschenschicksale, Anmaßung. Die große Sache ist nichts weiter als das große Interesse vieler großer Egoisten. Um wirklich grundehrlich zu sein, darf er sich nicht länger fragen: hast du eine Verpflichtung, die große Sache zu fördern, sondern er muß fragen: hast du ein Interesse daran, daß sie gefördert wird, denn einzig das Interesse berechtigt zur Teilnahme, und darum ist der Kampf des Arbeiters um die Verbesserung seiner Stellung als ein berechtigter zu betrachten, während die Teilnahme der davon in ihren Interessen nicht berührten Intelligenzen Mißtrauen hervorruft. Das ist nicht eure Angelegenheit, sondern die der Arbeiter, darum glauben wir euch nicht, weil euer Interesse nicht sauber ist, sondern weil ihr natürlich darauf wartet, den Kuchen, den sie backen, an euch zu bringen.

Es dauerte Monate, bis er sich beugen, sich entschließen konnte, mit der ganzen tief verwurzelten Eigenliebe, allen zusammenphantasierten Nützlichkeitsträumen zu brechen, und bis er es über sich bringen konnte zu bekennen: es war Egoismus, doch er war berechtigt. Da aber mußte sein Rechtsgefühl auch antworten: wenn aller Egoismus, als treibende Kraft in der Welt, berechtigt ist, dann ist auch der Egoismus der anderen, der Egoismus der verhaßten Oberklasse, berechtigt.

Die Fragen führen zu Antworten, und die Antworten werfen neue Fragen auf. Schließlich sieht er ein, daß er mit der Vergangenheit brechen, mit dem Alten abrechnen, seine ganze Entwicklung von der Kindheit bis dato durchgehen, die Spuren der Entwicklungsgeschichte seiner Seele Schritt für Schritt verfolgen und ohne vorgefaßte Meinungen ans Werk gehen muß, um die Richtschnur für das halbe Leben zu finden, das ihm vielleicht noch blieb.

Zu diesem Zweck arbeitete er das Buch Der Sohn der Magd aus, dessen Ende sich jetzt nähert und dessen Resultate sich vielleicht in einer späteren Tätigkeit zeigen werden, welche auch immer es sein mag.

9. Idealismus und Sozialismus

(1886)

Als Johan angefangen hatte, sich mit dem Sozialismus zu befassen, hatte er darin einen Reformplan zur Umbildung der gesamten Gesellschaft von den Wurzeln bis zur Spitze gesehen. In Genf hatte er sich die Schriften der älteren Sozialisten beschafft, und wer ihm am meisten zusagte, war Cabet, dessen Reise in Ikarien die neue Gesellschaft in lebendigen Bildern durchexperimentierte. Cabets Methode schien einfach und logisch: die gegenwärtige Gesellschaft ist auf der Familie aufgebaut, doch die Familie hat sich isoliert und besitzt nicht die Fähigkeit, das Individuum zum Gesellschaftsmitglied zu erziehen, sondern macht es nur zum Familienmitglied. Entwickele also die Familie mit Hilfe von Familienassoziation oder Familistère, und die Gesellschaft hat in der Entwicklung einen Schritt nach vorn getan: das enge Familienleben erweitert sich,

Mann und Frau treten aus dem stickigen Schlaf- und Kinderzimmerkreis heraus und werden Bürgerkandidaten, die darauf vorbereitet sind, als Bürger in die Gesellschaft einzutreten. Johan macht eine Reise zur Familistère in Guise und sieht sie aus der Nähe. Findet hier die Utopie mit Dampfküche und Kinderhaus verwirklicht, doch die Frauen, die jetzt von Küche und Kinderzimmer befreit waren, hatten keinen Arbeitsmarkt, und nachdem sie untätig zu Hause gesessen hatten, begannen sie, dessen überdrüssig zu werden, und schämten sich ihrer Untätigkeit. Darum holten sie Töpfe und Kinder zurück, um etwas zu haben, mit dem sie sich beschäftigen konnten, da die Freiheit, nichts zu tun, sie ermüdet hatte. Dort waren ihm aber auch die Augen für die bedrohte Stellung des Mannes aufgegangen. Die nicht arbeitenden Ehefrauen hatten nämlich Stimmrecht bekommen, saßen im Vorstand und bestimmten über die Einkünfte des Mannes, der sich zehn Stunden am Tag abschuftete. Dies konnte doch nicht Gleichstellung sein! Außerdem sah er die ganze Familistère auf Grund der Konkurrenz vom Untergang bedroht, und weil die Fabrik Luxuswaren wie Schirmständer, Spucknäpfe, Fontänen und ähnliches produzierte, begann er über die Einseitigkeit des Industriesozialismus nachzudenken. – Dann nimmt er Marx, Lassalle, Lange, Schäffle und Bebel zur Hand, und die Arbeiterfrage bricht über ihn herein. Der Arbeiterfrage hatte sich Johan stets mit einer gewissen Vorsicht genähert. Mit Arbeitern hatte man nämlich ausschließlich Industriearbeiter gemeint, und das roch nach Parteiinteresse. Warum bezog man nicht Erdarbeiter, Seeleute, Dienstboten ein? Im Roten Zimmer hatte er den Arbeiterverein als einen konstituierten und funktionalisierten Wahlmännerverein gezeigt. Er hatte das Geschrei gehört, als der Chef des Arbeiterinstituts von den Arbeitern gestürzt wurde, weil er geäußert hatte, die Arbeiter sollten sich nicht mit Politik befassen. Da fragt er sich, ob der Doktor nicht ein bißchen recht gehabt hat. Um sich mit dem Schicksal der Gesellschaft zu befassen, ist ebensoviel Wissen erforderlich, wie wenn man sich mit der Heilkunde beschäftigt, mindestens ebensoviel, für das letztere aber waren Garantien erforderlich, für das erstere nicht. Dies war nun eine der vielen Inkonsequenzen, welche die Gesellschaft in sich barg, immerhin hatte man zur Politik unwissende Bauern zugelassen, und das eine mochte ebenso gut oder schlecht sein wie das andere. Jetzt aber muß Johan selbst erfahren, daß die Arbeiter bereits eine politische Partei waren und ihr Agitationsausschuß die Sozialisten oder die äußerste Linke. Er wird nämlich geächtet oder konservativ genannt, weil er nicht ein, wenn auch großes, Cliqueninteresse unterstützen wollte, sondern die Freiheit für noch mehr verlangte. Er wollte sich nicht daran beteiligen, die Gesellschaft für eine einzige Klasse umzugestalten, sondern für alle Klassen. Dies gefiel der Klasse nicht. Und die Arbeiter, die dem Reformator im Glückspeter applaudiert hatten, weil er wollte, daß alle auf glattem Straßenpflaster gehen, meinten lustigerweise mit alle inzwischen nur noch sich selbst. Wer war nun der Konservative? Und wie wird man konservativ? Das kann entweder so zugehen, daß man altert und die Zeit an einem vorbeiwächst, oder so, daß eine Partei durch heftige Agitation erreicht, daß ein Programm als liberal gilt. Alles, was dem Programm nicht zustimmt, ist konservativ, wer nicht meint, Kapital sei Diebstahl (Ausnahme: die Spar- und Hilfskassen der Arbeiter); wer nicht an Marx' philosophisches System glaubt; wer nicht Atheist ist; wer nicht an die Frau glaubt; und vor allem, wer nicht an die unterdrückten Arbeiter glaubt.

»Neben dem Büttel ist keiner so unsympathisch wie der Märtyrer.« An Märtyrer glaubt man nicht mehr, weil man weiß, daß niemand ohne entsprechende oder größere Vorteile Unannehmlichkeiten hinnimmt. Johan hatte sich selbst als egoistischer Märtyrer entlarvt, und hatte kürzlich die unterjochte Frau entlarvt. Als er jetzt die Klagen der Arbeiter hörte, als seien sie die einzigen, die es schwer hatten, und ihre kühnen Forderungen las, die ganze Gesellschaft solle ihnen beispringen, ergriff ihn die Lust zu untersuchen, ob sie unglücklicher als andere seien und eine solche lobpreisende, hätschelnde Anteilnahme vor anderen Unglücklichen verdienten. Proletarier hatte er in allen Klassen gesehen: in der literarischen, der künstlerischen, in der der Lehrer, der Beamten, des Militärs, in den pauvres honteux der Oberklasse, in der Klasse der Häusler und Statare, der der Dienstboten, überall.

Aus dem Gedächtnis trug er einzelne Erfahrungen zusammen, las Berichte, machte Studien am lebenden Gegenstand und gelangte durch Vergleiche und Beobachtungen zu einem Ergebnis, das er später verifizierte.

Ausgehend von einer Untersuchung der menschlichen Beobachtungsmethode im allgemeinen stellte er fest, daß Beobachtungsvermögen und Wahrnehmung monoman und automatisch arbeiteten. Er erinnerte sich, daß ihm damals, als er angefangen hatte, sich mit Geologie zu beschäftigen, auf einer Exkursion als erste Steinart devonischer Kalk, dunkelblau mit weißen Quarzstreifen, aufgefallen war, denn er wohnte zufällig in einer Gegend, in der diese Formation offenlag. Während der folgenden vierzehn Tage sah er, wohin er auch kam, nur devonischen Kalk. Dies war nun freilich keine Halluzination, denn den Kalk gab es, doch bevor er auf ihn aufmerksam geworden war, hatte er ihn nie bemerkt. Nun dagegen sah er ihn in Mauern, in der Makadamisierung der Straße, in Treppenstufen, in Kachelofensteinen. Er machte eine kleine Reise und sah weder Menschen noch Häuser noch Bäume, sondern nur Felsen und Stratifikationen, und bei ihnen fiel das Auge immer auf devonischen Kalk. Er war von devonischem Kalk besessen. Wer ein Ärztebuch über eine bestimmte Krankheit gelesen hat, meint, diese Krankheit zu haben, und alle Phänomene der Diagnose treffen zu. Als er in Paris war und mit Björnson verkehrte, war dieser damit beschäftigt, auf der Welt die Brunst abzuschaffen, und las zu diesem Zweck Brunstliteratur, und so sah er überall Brunst. Aus Brunst war der König charakterlos, aus Brunst schloß Sverdrup Kompromisse, von Brunst waren die Frauen unterjocht, durch Brunst waren Heringsfischerei und Holzwirtschaft zurückgegangen. Es war zu dieser Zeit gefährlich, in Björnsons Nähe zu kommen, denn bei seinen Freunden und Nächsten sah er nur die Verwüstungen der Brunst. Er sah sie in den Gemälden der Künstler, den Arbeiten der Schriftsteller, in den einfachsten Handlungen der Menschen.

Wie verheerend war doch die jahrelange Epidemie des Puppenheims, durch die jede nachlässige und verlogene Frau zu einer Nora und jeder Ehemann zu einem Helmer wurde. Man sah nur unterjochte edle Frauen und tyrannische kleinkarierte Männer. Die anderen sah man nicht.

Konnte es also nicht sein, daß in Analogie dazu der arme unglückliche Arbeiter, den man überall sah, eine Monomanie war.

Johan rief sich zunächst einige kleine Tatsachen ins Gedächtnis. Als Das Rote Zimmer erschienen war, hatte er einen Gruß von einem Arbeiter erhalten, der sich durch die Schilderung des Arbeiterbundes beleidigt fühlte. Johan hatte nämlich den Helden nach einem Essen im Frack erscheinen lassen, worauf er dieses festlichen Anzugs wegen von den Arbeitern mit mißtrauischen Blicken betrachtet wurde. Der Gruß, den er von dem beleidigten Arbeiter erhielt, lautete folgendermaßen: wenn der Verfasser in den Verein kommen wollte, würde er feststellen, daß sie alle Fräcke trugen! – Ach so, sie trugen alle Fräcke, das ließ zumindest nicht auf tiefe Armut schließen, und Johan hatte sich diese Festbekleidung erst mit sechsundzwanzig Jahren kaufen können.

Während seines Stockholmer Aufenthalts beim Prozeß kam ein ehemaliger Arbeiter, inzwischen Werkmeister, zu Johan und wollte ihn ausfragen.

– Kennen Sie den Arbeiter, mein Herr, fragte er Johan scharf.

Johan wußte nichts weiter über den Arbeiter, als daß er vom Kapital ausgebeutet und tief unglücklich war, »der unglücklichste von allen«, hatte er kurz zuvor geschrieben, doch er meinte ihn gründlich zu kennen.

– Ich muß Ihnen sagen, fuhr der Werkmeister fort, daß ich eine so gute Zeit, wie ich sie als Arbeiter hatte, als Werkmeister nie gehabt habe.

– Das läßt sich jetzt im nachhinein leicht sagen, wandte Johan ein.

– Sehen Sie, mein Herr, seit es die Maschinen gibt, ist der Arbeiter nicht mehr Körperarbeiter, sondern Beamter. Er kontrolliert mit einer Schraube oder einem Hahn den Verlauf der Arbeit, aber er arbeitet nicht mehr selbst.

– Ja, aber die Maschine verblödet ihn mehr als die Körperarbeit.

– Nein, das tut sie nicht. Denn jetzt steht er an seinem Rad und liest mit der Zigarre im Mund seine Zeitung.

– Das ist nicht wahr, sagte Johan.

– Woher wissen Sie das? Haben Sie in der Fabrik gearbeitet? Nein, mein Herr, finden Sie erst heraus, wie es sich verhält, und schreiben Sie dann. Sie wissen nicht, wessen Geschäfte Sie besorgen, wenn Sie den Arbeiter aufwiegeln. Er, der seine Arbeit auf die Maschine des Kapitalisten hat abwälzen können, der die Maschine des Fabrikanten ausbeutet, würde sich nicht gegen die Maschinen erheben, die ihn von der schweren körperlichen Arbeit befreit haben. Aber wissen Sie, was er macht, wenn er unzufrieden wird und dem Kapitalisten schaden will; er zerstört die Maschine. Sie tragen die Verantwortung für das, was Sie schreiben. Der Arbeiter ist bereits ein Herr, der Ihr und aller Herr werden will, und Herren wollten wir doch keine mehr haben.

Johan war, was den Arbeiter betraf, monoman, verwarf alles, sah keine Motive, nahm keine Vernunft an.

In Paris stieß er im Frühjahr zufällig auf einen schwedischen Zuschneider in einer Kleiderfabrik. Der Mann war früher Meister gewesen und hatte Arbeiter gehabt, hatte aber schließen müssen, weil die Arbeiter ihre Lohnforderungen erhöht hatten. Er war nach wie vor ein Arbeiterfreund, hielt jedoch die Arbeiter nicht für sonderlich benachteiligt und war jetzt als Arbeiter mit seiner Stellung zufriedener als früher als Meister. Dann aber kam es zum großen Pariser Schneiderstreik, und er stand mit seiner Familie in einem fremden Land als Arbeitsloser da. Jetzt, wo sein Schuh drückte, sah er die Dinge in einem neuen Licht.

– Jeder einzelne hat das Recht, seine Lebensbedingungen zu verbessern, aber es ist nicht richtig, die Meister wie Banditen zu behandeln. Sie tun nicht mehr und nichts anderes, als was jeder Geselle täte, wenn er Meister würde.

– Ja, aber das System ist ungerecht, sagte Johan, sie sollten einen Gewinnanteil bekommen.

– Ja, aber als ich Meister war, hat es keinen Gewinn gegeben, sondern Verlust, und den wollten sie natürlich nicht teilen. Und selbst wenn ein großer Meister aufgrund von Beziehungen so viel umsetzen könnte, daß es möglich wäre, zwanzigtausend Francs im Jahr zurückzulegen, dann könnte der Gewinn dieses Jahres fürs erste nicht verteilt werden, denn im nächsten Jahr könnte es Verlu-

ste geben, und dann wären Rücklagen nötig, und im übrigen, was wäre dem Arbeiter mit einer Jahresausschüttung von vielleicht 50 Francs gedient? Nein, zur Zeit ist der Sozialismus nicht möglich!
– Nein, nicht mit diesem System, sagte Johan.
– Hoffentlich bekommen wir bald das neue, sagte der Schneider, der kurz darauf nach Amerika reiste, um mitten in den Chicago-Streiks zu landen. Indessen: dieser Zuschneider oder Arbeiter verdiente drei- bis viertausend Francs, bewohnte mit seiner Familie eine hübsche kleine Wohnung mit Speisezimmer, möbliert wie die eines Bürgers, und war stets gut gekleidet, seine Kinder waren immer wie aus dem Ei gepellt und die Ehefrau ebenso. Es ging also nicht um direkte Armut, sondern um eine unsichere Stellung. Unsicher aus mehreren Gründen, nicht zuletzt wegen der zu dieser Zeit übertriebenen Forderungen der Arbeiter.
Als Johan später Berichte über Arbeitslöhne in allen europäischen Gesellschaften durchging, entdeckte er, daß es reiche Arbeiter und arme gab, wie in allen anderen Gesellschaftsklassen, und daß die Generalisierung des armen Arbeiters ebenso unbegründet war wie die der unterjochten Frau. In Belgien, so die Angabe, konnten bestimmte Glasbläser 20.000 Francs im Jahr verdienen, jedoch mit der Pflicht, Handlanger zu entlohnen, die nicht allzu großzügig bezahlt wurden; ein Diamantenschleifer in Amsterdam konnte bis auf 30 Francs am Tag kommen, oder 9.000 Francs im Jahr; ein Ebenholzschnitzer in Paris bis auf 20 Francs am Tag; ein Arbeiter in einer Klavierfabrik im selben Land um die 2.800 RM im Jahr; ein Juwelierarbeiter in Rom bis auf 25 Lire am Tag oder 7.500 Lire im Jahr. Daß die Löhne auch äußerst niedrig sein konnten, das wußte man nur zu gut. Doch warum waren die Löhne in gewissen Branchen so niedrig? Zum ersten, weil die Arbeit durch die Maschinen so leicht geworden war, daß man sie für nicht mehr wert hielt, zumal sie jetzt von Kindern verrichtet werden konnte; konnte da der Arbeiter verlangen, daß eine leichtere Arbeit ebenso hoch wie eine schwere bezahlt wurde? Zum zweiten, weil der Fabrikant für die Maschine, welche die wirkliche Arbeit verrichtete, mehr bezahlen mußte und folglich weniger an den Arbeiter, der Handlanger der Maschine war. Zum dritten: der große Zustrom von Arbeits-

suchenden, die einander schlicht unterboten, um Konkurrenten zu töten; und der Arbeiter konnte nicht verlangen, daß der Fabrikant ihm mehr bot, als er verlangte. Woher kam dieser große Zustrom? Das war die Frage. Vom Land, war die Antwort. Warum kamen sie vom Land? Aus vielen Gründen: die überzähligen Kinder des Bauern, die keinen Boden hatten, mußten in die Welt hinaus; die Einführung landwirtschaftlicher Maschinen, die die Arme überflüssig machten; die Unzufriedenheit mit dem kargen und ungeselligen Leben draußen auf dem Land und der allgemeine berechtigte Wunsch, verbesserte Daseinsbedingungen, größeren Lebensgenuß zu finden. Dort also, vor der Stadt, auf dem Land, saß die Wurzel des schmerzenden Zahns.

Jetzt macht er sich daran, die Lebensbedingungen des Landarbeiters zu studieren, und gelangt zu Ergebnissen, die ihn zu der Ansicht bringen, daß die Arbeiterfrage, wie man sie nennt, nur ein Symptom war, daß die eigentliche Krankheit tiefer lag, und daß der Ruf der Industriesozialisten nach der Intervention des Staates auf die Beseitigung des Symptoms und nicht auf die Heilung der Krankheit hinauslief. Und so wird ihm bald klar, daß die Arbeiterbewegung eher politischer als sozialer Natur war; daß die Arbeiter lediglich der Vierte Stand waren, der heranrückte, um, wenn er dran war, die Bourgeoisie abzuschaffen und der Welt zu beweisen, wie sie regieren konnten. Nun, sie waren jetzt dran, sehr richtig, und ihre Revolution war ebenso berechtigt wie die der Bürger beim letzten Mal, aber hatten sie auch die Fähigkeit, der ganzen Gesellschaft die Organisation zu geben, die erforderlich war, und waren sie demokratisch genug, um das Wohl aller Gesellschaftsklassen zu berücksichtigen? Das war eine andere Frage. Der Arbeiter ist nicht mehr länger die unterste Klasse. Er selbst meint, über dem Bauern zu stehen, den er in dessen Eigenschaft als Körperarbeiter verachtet; selbst nennt er sich bereits Herr, und wenn es ihm besser geht, hält er sich Dienstboten. Hat er sich in seinem Auftreten anderen unterdrückten Klassen gegenüber als hinreichend liberal erwiesen? Wir wollen sehen! Er macht Eingaben und schreibt, oder läßt schreiben, daß er sich nicht zur freien Konkurrenz oder zur Manchester-Lehre bekennt, sondern den Eingriff des Staates zugunsten eines Normalarbeitstages, des Kinderschutzes und so weiter wünscht. Er will also Schutz. Nun ereignet sich in Form einer Landwirtschaftskrise ein landesweites Unglück und bedroht den Haupterwerbszweig des Landes. Die Notleidenden verlangen als Wohltätigkeit den staatlichen Eingriff eines vorübergehenden Schutzzolls. Der Arbeiter ruft: Freiheit und kein Schutz. Schutzzölle sind Barbarei, die den anderen nützt, um uns zu schaden. Ja, aber Schutz für sich billigte er! Also für sich, aber nicht für die anderen. Außerdem begriff er nicht, daß sein Brot genauso teuer wäre, mit wie ohne Zoll, da den Preis die Bäckerzunft diktiert; weiter begriff er nicht, daß eine ruinierte Bauernklasse mit ein paar Millionen Käufern weniger die Industrie ruinieren und Scharen von Arbeitern an den Bettelstab bringen würde.

Der Arbeiter, der Feind der freien Konkurrenz, predigt jedoch die freie Konkurrenz der Frau mit dem Familienversorger. Warum?

Ibsen hat in seiner norwegischen Thronrede die beiden neuen Adelsstände, den Arbeiter und die Frau, begrüßt! War das wie üblich ironisch oder prophetisch?

Der Arbeiter ist mit Sicherheit die neue Bourgeoisie, die bei der nächsten Revolution mit ihrem Schwarm juristischer Gehilfen an die Macht kommt, und es ist nichts dabei, wenn das Niveau gesenkt wird, wenn die alte Oberklasse abgeschafft wird und eine neue aufsteigt. Das ist vielleicht noch das Rationalste in der ganzen Entwicklung, nachdem es sich anscheinend bis jetzt Schritt für Schritt darauf zubewegt hat, und das Recht auf seiten des Siegers ist. Doch darauf folgen neue Fragen. Werden die anderen Gesellschaftsgruppen dem mit dem Schweigen des Beifalls zusehen, und werden sie keinen Widerstand leisten? Mit Recht und Gerechtigkeit kann man nicht rechnen, doch angenommen, eine große Mehrheit glaubte noch an diese Faktoren und wollte sie in die Bilanz aufgenommen sehen, hat der Arbeiter mit all seinen Anklagen gegen den Kapitalisten recht? Hat er ein Recht auf die Maschinen, und ist ihm mit ihnen geholfen, und können nicht andere Mittel seiner Not abhelfen, wo es sie wirklich gibt? Um recht zu haben, muß man in der Mehrheit sein, weil das Glück der meisten für das Ganze das beste ist, und auch, weil nur eine Mehrheit recht bekommt, was die

Hauptsache ist. Sind die Arbeiter in Schweden in der Mehrheit? Die Statistik gibt unter der Rubrik Bergbau und erzeugende Industrie 410.371 Personen inklusive Frauen, Kinder, Dienstboten und Hilfskräften an; unter Landwirtschaft und Nebenzweige aber 2.309.790. Wenn man aus der ersten Zahl die Arbeiter allein, oder die »Ausgebeuteten«, herausdestilliert, erhält man einer anderen anerkannten Quelle zufolge sage und schreibe 52.000 Industriearbeiter bei einer Bevölkerungszahl von 4½ Millionen, also eine verschwindende Minderheit. Doch die Arbeiter haben sich der großen Renaissancebewegung bemächtigt und ihr ihren Namen gegeben, jener Bewegung, die mit der Französischen Revolution auf die Umgestaltung der gesamten Gesellschaft abzielte und einen orthodoxen Arbeitersozialismus mit einer Bibel voller Fundamentalirrtümer älteren Datums geschaffen hat, denen Katechismus und Handbuch bereits entnommen wurden. Die großen Propheten sind Karl Marx und Lassalle, mit denen »ewige« Sozialistenwahrheiten das Licht der Welt erblickt haben, an die man glauben muß, um selig zu werden, obwohl moderne Freidenker die Hauptwahrheiten bereits widerlegt haben.

Kapital (oder Eigentum, darauf kommt es nicht so genau an) ist Diebstahl; so etwa lautet das erste Gebot, angemessener ausgedrückt: alles Kapital ist die Frucht der Arbeit und nur der Arbeit, der Kapitalist besitzt die Frucht der Arbeit, darum ist der Besitz von Kapital oder Arbeitsfrucht beim Kapitalisten Diebstahl. Ist dies die richtige Schlußfolgerung? Kann nicht der Erwerb der Arbeitsfrüchte anderer auf andere Weise vor sich gehen, zum Beispiel durch Tausch oder Kauf? Hier kommt zum Beispiel ein rühriger und ehrlicher Arbeiter in ein Dorf, wo es eine Menge überzähliger Bauernkinder gibt, die hungern und in einer üblen Verfassung sind, da der Boden nicht ausreicht oder schlecht bewirtschaftet ist. Mitten durch das Dorf fließt ein Flüßchen, das zufällig einen Wasserfall bildet. Der Rührige und Ehrliche hat keine Öre in der Tasche, und der Wasserfall ist für die Bauern wertlos. Der Rührige und Ehrliche ist kein Kapitalist oder übelgesonnener Ausbeuter, aber er will leben wie alle anderen, und er hat zweitausend Kronen auf der Sparkasse, die er von seiner Arbeit zurückgelegt hat, statt sich im

Wirtshaus Schnaps zu kaufen. Mit diesen Ersparnissen pachtet er den Wasserfall auf fünfzig Jahre. Mit seinem Wasserfall, den er schließlich ehrlich gepachtet hat, und mit seinem guten Ruf als rühriger und ehrlicher Mann geht er zu anderen ehrlichen und sparsamen Männern und leiht sich eine Summe zum Aufbau einer sehr kleinen zum Beispiel Hutfabrik. Dann fragt er die ausgehungerten Bauernkinder: Jungs, ihr habt bis jetzt Heringslake und Kartoffeln gegessen und in der Sonne gesessen; wollt ihr bei mir täglich zehn Stunden arbeiten, dann könnt ihr jeden Tag Brot und Hering und Kartoffeln essen, und, wenn ihr fleißig seid, sonntags Fleisch und ein Glas Bier dazu bekommen. Die Bauernkinder preisen den edlen Mann, und die Fabrik geht. Samstags, wenn der Lohn fällig ist, geht ein kleines Scherflein zum Kaufmann des Dorfes, der den Bauernkindern gegen Geld Ware gibt; ein Scherflein geht zum Bäcker, viele gehen ins Wirtshaus, wo man ißt und trinkt. Wenn aber jetzt der Kaufmann Geld eingenommen hat, geht auch er öfter zum Bäcker, und der Bäcker geht zum Gastwirt, und der Gastwirt geht zu den Bauern und kauft Korn und Fleisch, und jetzt steigen die Preise an einem Ende und fallen an einem anderen, wenn aber alle verkaufen können, entsteht allgemeine Zufriedenheit. Die Armenfürsorge hat geringere Ausgaben, und die Eltern brauchen keine überzähligen Kinder mehr zu ernähren. Nun kommen die Folgen. Die Fabrik stellt Strohhüte her, und die Herstellung des Flechtwerks wird teuer, denn die alten Bauersfrauen nehmen für diese leichte Arbeit ebensoviel wie für das Zusammennähen des Huts. Der Fabrikant geht durch das Dorf und fragt Mädchen und alte Frauen, ob sie in freien Stunden, wenn sie untätig dasitzen und die Kinder und die Ziegen hüten oder auf den Kochtopf aufpassen, Stroh flechten wollen. Ja, das wollen sie. Doch sie bekommen weniger bezahlt, weil die Arbeit leichter ist und weil sie sie billiger ausführen können, und weil sie einen Mann und einen Vater haben, der sie ernährt, und ihre Zeit infolgedessen billiger ist. Jetzt blüht das Dorf auf, und das Geschäft geht. Der Fabrikant legt Geld zurück und wird reich. Als Reicher baut er Häuser und kauft wertloses Holz vom Bauern und Kalk vom Kaufmann, und jetzt schafft er sich Pferde an und muß vom Bauern Hafer kaufen; und seine Dienstboten brauchen Nahrungsmittel in großen Mengen. Und die Bauern brechen altes Weideland um, säen Weizen und Hafer, und im Dorf herrscht allgemeine Zufriedenheit.

Dann kommt ein Sozialist ins Dorf, ein richtiger Berliner Schlingel, und hält im Wirtshaus eine Rede vor den Arbeitern, die es sich jetzt haben leisten können, die Töchter der Bauern zu heiraten und zu ernähren. Er hält eine Rede etwa wie folgt: alles Kapital ist angesammelte Arbeit; dieser Kapitalist ist durch eure Arbeit reich geworden, denn ohne eure Arbeit wäre er nicht reich geworden. Die Maschinen gehören den Arbeitern, also ist er ein Dieb. Beweist ihm, daß sein Kapital ohne eure Arbeit wertlos ist und streikt!

Darauf streiken sie, lärmen vor dem Fenster des Fabrikanten. Der kommt heraus und hört sich die Rede des Werkmeisters über Kapital und Diebstahl an. Was soll nun der Fabrikant antworten, ohne damit zu prahlen, daß er das ganze Dorf zum Blühen gebracht hat? Kann ein aufgeklärter Leser sich das vorstellen? Dieser Mann hatte niemals gestohlen, nur geschenkt. Er hatte ihrem Wasserfall Wert geschenkt; er hatte der Arbeit der Bauernjungen Wert geschenkt; er hatte den untätigen Stunden der Frauen Wert gegeben; hatte dem Boden und allen Dorfgrundstücken Wert gegeben. Womit? Mit seiner Ehrlichkeit, seiner Sparsamkeit, seiner Voraussicht, seiner Rührigkeit: also durch seine Arbeit, und seine Intelligenz. Dies war der Ursprung des Kapitals! Und nicht Diebstahl. – Ja, aber ohne ihre Arbeit ... wendet der Sozialist ein, wäre er nicht reich geworden. – Ja, aber nur mit ihrer Arbeit im Sonnenschein wäre er nicht reich geworden, also war nicht *nur* ihre Arbeit die Voraussetzung zur Entstehung des Kapitals. Ein Arbeiter hätte ihn nicht reich gemacht, er aber hatte ein paar Hundert über die Armut erhoben. War das nicht ehrliches Spiel? Vielleicht standen sie in gleich großer Schuld zueinander und waren also quitt? Waren sie nicht zufrieden, konnte er morgen nach zweitausend Bauernjungen telegrafieren, die ihm mit hocherhobenen Händen danken würden, weil er ihnen Fleisch und Brot anstelle von Salzlake und Kartoffeln gab. Hatte er nicht seine Ersparnisse aufs Spiel gesetzt, als er das Unternehmen begann, und riskierte er es nicht jeden Tag? Sollte er keine Risikoprämie bekommen, und sollte er als Direktor kein Gehalt haben?

Nehmen wir an, die Arbeiter bekämen oder nähmen jetzt die Fabrik, um alle so reich zu werden wie er. Das Geschäft ginge sofort zurück, denn sie wüßten nicht, wo es Kunden gibt, sie wüßten nicht, wie eine Korrespondenz geführt wird, wie Wechsel ausgestellt, Bücher geführt, Gelder investiert werden. Die Fabrik, die in der Hand des Rührigen und Kundigen 20.000 Kronen im Jahr erbrachte, könnte jetzt nicht mehr als 10.000 erbringen, und nun erhielten die 200 Arbeiter im ersten Jahr eine Ausschüttung von 50 Kronen, was mit ihrem Durchschnittslohn 850 statt 800 Kronen ergäbe. Im Jahr darauf müßten die Maschinen repariert werden. Da die Arbeiter sich nicht durch Sachverstand und Rührigkeit einen guten Namen gemacht hätten, bekämen sie keinen Kredit. Die Fabrik ginge in Konkurs. Die Häuser wären wertlos, und die Arbeiter, die ihr Kapital gestohlen hätten, müßten jetzt erkennen, daß Kapital auch ehrlich erworben sein und in einer rührigen Hand großen Wert besitzen, in unkundigen Händen aber wertlos sein kann.

Dies war nur ein Fall, allerdings ein recht gewöhnlicher Fall von Kapitalbildung. Es gibt so viele andere Fälle, in denen Kapital durch eigene Arbeit entsteht, daß von Diebstahl nicht die Rede sein kann. Ein Arzt wird reich, ohne irgendwelche Arbeiter auszubeuten; ein Bauer entdeckt ein Erzvorkommen; ein Ingenieur erfindet eine Maschine; ein Sohn erbt (z.B. das Vermögen eines Arztes); eine Mißernte in Deutschland kann einen russischen Getreidehändler reich machen, ohne daß er zu stehlen braucht; ein Krieg kann den Wert der Aktien eines Rentiers erhöhen, ohne daß er mit der Not Wucher treibt usw.

Kapital kann schließlich in anderem als Körperarbeit liegen, in gutem Verstand, Fleiß. Aber Marx war Philosoph, und, was schlimmer war, Deutscher, Idealist, und Hegelianer. Seine Methode bestand darin, das gesuchte Resultat als Prämisse aufzustellen, eben jenes, welches entdeckt werden sollte. Anschließend sammelt er eine große Anzahl von Fakten als Beweis dafür; die Gegenbeweise werden weggelassen. Das ist eine gute alte philosophische

Methode. Marx war auch nicht nur der gelehrte Forscher, zu dem man ihn machen wollte, sondern der leidenschaftliche Agitator, der von London aus das Programm der Internationale redigiert. Lassalle war sein Reisevertreter. Beide waren Idealisten, sahen brandrot, und wollten sofort verwirklicht haben, was ihre Schreibtischphantasien geschaffen hatten. Wie konnten sie anders, Kinder von Reaktion und Romantik, die lebten und arbeiteten, bevor noch der Transformismus die alten Gehirne hatte reinigen können. Und wie kann eine junge Generation es wagen, auf so altem, schon vorgeschichtlichem Grund zu bauen.

Johan hatte sich vor dieser Art Sozialismus stets ein wenig gefürchtet; und nur in »agitatorischer Absicht« oder zu Experimentierzwecken hatte er Sätze aus ihren Büchern übernommen, wobei er die Frage des Privateigentums jedoch dahingestellt sein ließ. Als er jetzt die Arbeiterfrage zu untersuchen beginnt, stellt er rasch fest, daß mit ihrer Lösung allein die Gesellschaft nicht gerettet ist. Die Freiheit des Denkens und der Meinungsäußerung wäre durchaus nicht garantiert, wenn die Arbeiter die Maschinen bekämen (zahlreiche Arbeiter waren Pietisten); ebensowenig wäre man der politischen Freiheit sicher (es gab monarchistische Arbeiter, die königliche Umzüge abhielten); außerdem begann er im Industrie-Arbeiter das nicht gerade nützlichste der Gesellschaftsmitglieder zu sehen, denn er produzierte nicht, sondern bearbeitete nur, und oft eine Menge zweifelhafter Nützlichkeiten, die nicht selten reine Nutzlosigkeiten waren, wie Galanterie-Artikel, Luxusmöbel und anderes, was erst in zweiter Linie kam. Mit seiner Naturschwärmerei würde der Arbeiter rasch die Gestalt eines Auswuchses auf dem anderen großen Auswuchs, der Großstadt, annehmen, der nur durch eine gründliche Operation entfernt werden könnte.

Jetzt tritt er in den zweiten Grad des sozialistischen Salomotempels ein und wird Agrarsozialist, oder Konservativsozialist, wie all die Gruppen genannt werden, die keine orthodoxen Maschinensozialisten sind.

Nachdem Johan Gleiches und Ungleiches veröffentlicht hatte, worin er die Todsünde begangen hatte, daran zu zweifeln, daß die im Gang befindliche Entwicklung ein Vorwärts war, las er zufällig

das Buch des weltberühmten Henry George über Fortschritt und Armut. Darin gab es neben vielem anderen ein Kapitel mit der Überschrift: *Die Möglichkeit eines Rückgangs in der modernen Zivilisation*, und in diesem Kapitel war folgendes zu lesen:
»Man ist heutzutage geneigt, über jede Andeutung zu spotten, die besagt, daß wir nicht in jeder Beziehung fortschreiten; und der Geist unserer Zeit gleicht jenem, der sich in einem Erlaß äußert, den der schmeichlerische Obermandarin dem Kaiser von China vorschlug, der die alten Bücher verbrennen ließ: ›Daß alle, die über die Schi und Pu miteinander zu sprechen wagen, getötet werden sollten; daß jene, welche die Vergangenheit erwähnen und dabei die Gegenwart tadeln, mit all ihren Verwandten den Tod erleiden sollten.‹«
Dann wirft George die Vermutung auf, wir befänden uns am Ende einer Zivilisation. Die Rettung der Gesellschaft sieht er nicht in der Expropriierung der Maschinen, sondern in einer einzigen ausgedehnten Landreform, genau das, was die heute belächelten Physiokraten im vorigen Jahrhundert gepredigt haben. Die gleiche Andeutung vom Untergang der Industriegesellschaft und ihrer Ablösung durch eine Agrargesellschaft hatte Nordau bereits in den Lügen gemacht. Und Agrarsozialisten gab es in ganz Europa: in England hatte R. Wallace 1883 die Nationalisierung des Bodens vorgeschlagen; in Deutschland gab es die Agrarier mit Professor Adolf Wagner als Sprecher, und in Frankreich begegnete Johan Agrarkollektivisten, auf welche letzteren er noch ausführlicher zu sprechen kommen wird. Jetzt war er wieder eine halbe Elle voraus gewesen, und als er im Vorbeigehen einen Hinweis auf die Lösung der Gesellschaftsfrage durch Bodenreform und auf den Rückzug der Zivilisation fallenläßt, tauchen Gerüchte über seinen Geisteszustand auf, der dann von Delegierten ernsthaft untersucht wird. Was die gebildete Welt gerade gelesen, gehört und diskutiert hatte (George war in ein paar hundert Auflagen gelesen und in Zeitschriften der ganzen Welt rezensiert worden), war für den Schweden noch ein Hirngespinst.
Als Johan dann wieder nach Paris kam und durch Beobachtungen in der Großstadt in seiner Ansicht bestärkt wurde, daß das Elend

mit der Zivilisation wuchs (Paris hatte 400.000 Arme), aber in der Minderheit und daher unterdrückt war, las er eines Morgens in der Pariser Zeitung par excellence, Le Figaro, daß Graf Tolstoi, der Held des Tages in Frankreich, die alte Fahne Rousseau gehißt, mit schöner Literatur und Gesellschaft gebrochen hatte und jetzt Krieg gegen die Zivilisation, Rückkehr zu gesundem Leben in dem einfachen angemessenen Milieu predigte, welches das Land im Gegensatz zur Stadt bietet, und Bauernprophet geworden war. Das Gelächter der Boulevardzeitungen ist für diesen Tag erstickt, und Johan überdenkt das Phänomen voller Hochachtung, ohne jedoch Apostel werden zu wollen. – Noch ein Verrückter, dachte er; froh, daß er nicht mehr der einzige war, auch darin nicht. Und Tolstoi war auch nicht der einzige in Rußland, denn die ganze Nihilistenbewegung ebenso wie der Kommuneaufstand in Paris waren ja eine Revolte gegen die Luxuskultur, auf Naturschwärmerei gegründet. Also war Johan diesmal Gegenstand des kindischen Bauerngrinsens des Halbignoranten gewesen, und, was schwerer wog, selbst der Großmeister in Berlin, Bebel, schien von derselben Sehnsucht nach einem gesunden Rückzug ergriffen worden zu sein. So hat der Meister gesagt: »Die neue Gesellschaft wird Mittel und Wege (zur Vergrößerung der Landwirtschaft) finden, dieser Verschwendung zu begegnen. Sie wird diese Frage leichter lösen, *und zwar auch dadurch, daß die großen Städte allmählich aufhören zu existieren, indem die Bevölkerung sich dezentralisiert.*« Und er ist zuweilen nicht ganz frei von etwas arkadischer Schwärmerei, wenn er schildert, wie in der neuen Gesellschaft »die Landbevölkerung sich an der Industrie, die Industriebevölkerung dem Ackerbau beteiligt«; ja, der wilde Agitator, der seine Zeit zwischen dem Reichstag und der Werkstatt aufteilt, ist bereits von der reinen Sehnsucht des Alters nach einem kleinen Stückchen Garten ergriffen worden, welchen Wunsch er generalisierend in die neue Gesellschaft hineinverlegt, in der »jede Kommune gewissermaßen eine Kulturzone um sich bildet, in der sie einen größeren Teil ihres Lebensbedarfes selbst baut. Namentlich wird *die Gartenkultur, die angenehmste fast aller praktischen Beschäftigungen, jetzt ihre höchste Blüte entfalten. Gemüse-, Obstzucht, Blumen, Ziersträucher* bieten ein unerschöpfliches Feld für die menschliche Tätigkeit, und diese Arbeit ist überwiegend Detailarbeit, welche die Anwendung größerer Maschinen ausschließt.«

Er schwärmt ja, der große Realist, und träumt von einem Volk aus lauter Gärtnern. Als Johan nun mit dem Agrarsozialismus kam, wurde er von minderjährigen Bebelianern als ein Kind der alten Zeit begrüßt, das aus seiner Lust, »in der Sommerfrische zu wohnen«, ein System machen wolle. War es Unwissenheit, oder waren es schlimmere Motive, die diese Äußerung diktierten? Doch auch Bebel spricht von Wissenschaftlerei, von der Erniedrigung der schönen Künste zu Handwerken, und sagt für eine neue Gesellschaft die Rückkehr der Kunst zu freiem Spiel voraus. Johan war also in allen Punkten ein reiner Bebelsozialist und sogar in der Frauenfrage, wo er in Übereinstimmung mit dem Propheten erklärt, daß die Befreiung der Frau (das heißt, die Hinführung zu regelmäßiger Arbeit) »bei den jetzigen gesellschaftlichen und politischen Einrichtungen ebenso unmöglich ist wie die Lösung der Arbeiterfrage«.

Warum wurden dieselben Lehren, von Johan verkündet, bei den Jungsozialisten in Schweden so übel aufgenommen? Es müssen rein persönliche böswillige Motive der Freunde – oder der Freundinnen – gewesen sein. Absetzung um jeden Preis. Nicht so, sondern so!

Nachdem er seine Angelegenheiten in Paris erledigt hatte, zog Johan ins französische Bauernland hinaus, wo er sich zehn Monate lang aufhielt und dieses und jenes studierte, darunter die Bauern.

In dieser Zeit tritt in Frankreich der Agrarsozialismus auf und wird unter die Fittiche der Nouvelle Revue genommen, die den von Eugène Simon unter dem maskierten Titel La Cité Chinoise vorgelegten Vorschlag zu einer Lösung der Gesellschaftsfrage durch eine einzige Steuer auf den Boden oder *impôt métrique* publiziert. Und gleich darauf erscheint Toubeaus systematische Arbeit über die Erhöhung der Bevölkerung durch metrische Besteuerung; und schließlich erhält die Bewegung ein Organ in Fernande Maurice's Zeitung La Terre aux Paysans.

Jetzt war der Irrsinn systematisiert und machte Propaganda.

Die Lehren der französischen Agrarsozialisten enthielten, kurz gesagt, folgende Hauptpunkte: Das Gedränge der Industriearbeiter in den Städten entsteht durch Zuwanderung vom Land; die Hauptursache dieser Zuwanderung ist: Mangel an Boden. Gegenmittel metrische Besteuerung, zum Beispiel 25 Francs auf den Hektar. Der kleine Bauer verliert nichts, der große aber wird gezwungen, Wälder und Jagdland zum Unterpreis zu verkaufen und sich auf den kleinen Ackerbau zu verlegen, der sich mehr lohnt als der große. Eine andere Gruppe fügt hinzu: verteilt sofort die 16 Millionen Doppelmorgen ungenutztes Land, das brachliegt; verbessert die Anbaumethoden und macht den Ackerbau zu Gartenbau, dann kann der französische Boden fünfmal soviel Menschen ernähren.

Hiermit war beabsichtigt, die Landbevölkerung auf dem Land zu halten, damit nicht durch eine Übervölkerung der Städte die Arbeitslöhne der Industriearbeiter gedrückt wurden, denn es war der Überfluß an Arbeitskräften, der die Löhne senkte, und nicht die Kapitalisten, das wußte man gut, und die Löhne würden sofort steigen, wenn Mangel an Arbeitern entstand.

Warum ist der Agrarsozialismus den Führern der Arbeiterpartei nun so verhaßt und wird sofort als konservativ abgefertigt? Ja, offenbar darum, weil er möglicherweise zu einem Funktionieren der Gesellschaft beitragen kann und so den Konkurs verhindert. Die Arbeiter aber wollen den Bankrott, und die Unzufriedenheit darf nicht abflauen, sondern muß aufrechterhalten werden. Es kann ja auch möglich sein, daß eine Krise besser als eine langsame Entwicklung ist, doch sie kann auch Panik mit sich bringen und zu Kompromissen noch üblerer Art führen.

So hat man in Deutschland auf seiten der Industriesozialisten alle Möglichkeiten der deutschen Philosophie benutzt, um aus der Statistik ein System zu konstruieren, welches zeigen soll, daß die kleine Landwirtschaft das Allerschlechteste und der Bauer ein fossiler Überrest ist, der in den Ablagerungen der sich gerade bildenden Gesellschaftsformation petrifiziert wird. Zu diesem Zweck erkor die Sozialistenrevue Neue Zeit als Opfer Frankreich, wo der Grundbesitz der meist zerstückelte in ganz Europa und der Bauer tatsächlich die einzige Klasse mit einem Wohlstand ist, der von Industrie- und Handelskrisen unabhängig ist und sogar außerhalb des Einflusses der ausländischen Getreidekonkurrenz steht. Jetzt sollte jedoch das Gegenteil bewiesen werden, und man geht mit einem unbewiesenen Satz ans Werk: die Industrie hat sich vom Handwerk, bei dem der Arbeiter die Maschine besaß, zur Großindustrie entwickelt, also muß sich die Landwirtschaft von klein zu groß entwickeln, weil dies das Gesetz der Entwicklung ist. Als beweiskräftige Beispiele zieht man die Riesenfarmen Amerikas heran, von denen man um des Zusammenhangs willen annimmt, sie würden mit Dampfpflügen betrieben, obwohl sie mit Pferden und Maultieren betrieben werden, und von denen man, um den Vergleich zu ermöglichen, nicht erwähnt, daß sie aus jungfräulichem Boden bestehen, der nicht gedüngt werden muß. Der Vergleich, der demnach auf beiden Beinen hinkte, muß indessen als Prämisse jenes idealistischen philosophischen Systems, das nun auf Marx' falschen Prämissen errichtet wird, fest auf beiden Beinen stehen. Dann rückt die Statistik an, und es wird bewiesen, daß in Frankreich in den Departements, in welchen großer Ackerbau betrieben wird, der Boden am meisten, und in denen, in welchen der kleine Ackerbau vorherrscht, der Boden am wenigsten erbringt. Nun aber will es das Unglück, daß zum ersten eines der Departements, die unter der Rubrik Großer Grundbesitz aufgeführt werden, das Departement Nord, gerade das Departement ist, dessen Grundbesitz der meistgeteilte in ganz Frankreich ist, und der bestbewirtschaftete. Dies führt zu einem Fehlschluß. Was zum anderen den hohen Hektarertrag der um Paris gelegenen Güter angeht, so hat die gefährliche Statistik hier wieder einmal Zweideutiges vermittelt. Es trifft zu, daß es in den erwähnten Departements die größten Pächter Frankreichs gibt, aber ist die Größe der Güter die Ursache für den hohen Hektarertrag? Nein, denn die Nähe der Hauptstadt hat die Düngemittel leicht zugänglich und billig gemacht, und außerdem pflegt der Großpächter Geld in künstliche Düngemittel zu stecken. Man ziehe diese Ausgabe ab und lege dem Vergleich den Nettoertrag zugrunde. Kein Departement produziert so viel wie das Departement Nord, *weil* es bis ins Unendliche unterteilt ist und darum gut bewirtschaftet wird, und seine tatsächlichen Durchschnittserträge per Hektar sind dennoch größer als die der Seinedepartements, weil deren Bauern das kostbarste, aber billigste aller Düngemittel verwenden, l'engrais humain.

Nun folgt ein Fehlschluß größeren Ausmaßes. Die Hypothekendarlehen haben ganz erheblich zugenommen, und dies beweise, daß der Bauer ruiniert sei. Nein: 1. nimmt der Bauer keine Hypotheken auf, sondern legt Geld zurück, weshalb er 1871 ⅔ der französischen Kriegsanleihen zeichnen konnte. 2. Nähme er Hypotheken auf, würde das beweisen, daß er damit begonnen hat, seinen Betrieb zu verbessern, denn Hypotheken werden zu solchen produktiven Zwecken wie besseren Werkzeugen und Düngemitteln verwendet und sind somit keine ruinösen Schulden. 3. sind es in Wirklichkeit die größeren Landbesitzer, die Geld aufnehmen. Und die Ergebnisse der neueren Forschung sind die folgenden: in Frankreich sind alle größeren Grundbesitzer und Pächter ruiniert, und Land wird für ein Nichts verkauft, so daß bald jeder Tagelöhner ein Stück erwerben kann. Also geht in Frankreich die Evolution nach wie vor vom großen Landwirtschaftsbetrieb zum kleinen.

Und was die große industriell betriebene Landwirtschaft angeht, so sind nur einige Versuche zustande gekommen, freilich mit Verlust. Eine Gesellschaft in Colombier bei Alençon, die mit vier Dampfpflügen um die 800 Doppelmorgen bewirtschaftet, verliert jedes Jahr 25.000 Francs. Grund dafür ist, daß ein Dampfpflug 32.000 Francs kostet und nur vier Monate im Jahr in Betrieb, also acht Monate lang totes Kapital ist und sich infolgedessen nicht lohnen kann. Nein, beim großen europäischen Landwirtschaftsbetrieb handelt es sich um eine Revolution, die bald vorüber ist und hinter sich Reaktion und dazu ein bindungsloses Landproletariat zurückläßt, denn die Menschenmassen, die man zum Pflügen, Säen und Ernten zusammenziehen muß, sind anschließend ohne Arbeit.

Und in Deutschland, wo der große Landwirtschaftsbetrieb größere Verbreitung gefunden hat, ist die Landbevölkerung sogar ruiniert worden oder in kapitalistische Sklaverei geraten. Wie können nun die Industriesozialisten diese Evolution aus Analogiegründen für lobenswert und zeitgemäß halten, wenn die gleiche Entwicklung im Bereich der Industrie als monströse Barbarei abgelehnt wird?

Bei dieser ganzen gelehrten Abhandlung handelte es sich um nichts weiter als Tendenzpoesie, deren Thema der Statistik entnommen war. Und dennoch erhob sie den Anspruch der Wissenschaftlichkeit, weil sie ja Termini aus der Nationalökonomie, Zahlen aus Tabellen und aus der deutschen Philosophie die ganze Verfahrensweise entlehnt hatte.

Nun beginnt Johan sich zu fragen, ob nicht der ganze Sozialismus ein philosophisches System ist, ein Versuch, die unklaren Wahrnehmungen der wechselnden, mannigfaltigen Phänomene des Lebens im Denkapparat zu ordnen, und ob nicht eben dieser Ordnungssinn letztlich der Urheber aller Systeme in Wissenschaft, Philosophie, Politik gewesen ist, die deshalb auch alle zusammengebrochen sind, weil sie nichts weiter als ein Ausdruck des Ordnungstriebes des subjektiven Geistes waren. Die Wirklichkeit aber, die stets Unordnung, Unregelmäßigkeit, Differenzierung, Entstehung von Arten wollte, hatte sich immer hartnäckig geweigert zu ordnen, sich zu klassifizieren, und darum existierten all die Systeme tot weiter, während das Leben voranschritt, und während das System errichtet wurde, hatte die Zeit es überholt, während das System verkündet wurde, hatte es seine Anwendungsmöglichkeit eingebüßt, und als es angewandt werden sollte, paßte es nicht mehr.

Das System des deutschen Industriesozialismus hatte den gleichen Fehler wie einst das Linnés für das Pflanzenreich: die Grundlage seiner Einteilung war einseitig. Es konzentrierte sich nur auf ein Organ, ein Interesse, das sexuelle. Daher bei der Einordnung das entsetzliche Mißverhältnis, daß eine Klasse zwei Gattungen, eine andere ein paar Tausend umfaßte. Der deutsche Sozialismus hatte nur eine einzige Gesellschaftsklasse wahrgenommen: den Industriearbeiter, und nach ihm sollte die Gesellschaft geordnet werden. Daß Marx, der in einer Industrieprovinz wie Rheinpreußen geboren, in einem Industriezentrum wie Berlin erzogen wurde und dann eine publizistische Tätigkeit in Köln ausübte, von daher die Welt als eine industrielle Organisation sehen mußte, war einleuchtend, ebenso, daß Bebel, der, in Köln geboren, später im Industrieland Sachsen lebte, auf dasselbe Gleis geriet. Der Menschengeist ist begrenzt, und von seinem Milieu kann man sich ebensowenig befreien wie von den Dispositionen seines Körpers. Noch weniger aber kann sich der Geist von der allgemeinen Denkströmung seiner Epoche isolieren, sondern muß in dessen Verirrungen oder Wahrheiten mehr oder weniger gefangen sein. Marx ist zu Beginn des Jahrhunderts geboren, beerbt teilweise die Französische Revolution, doch auch die Heilige Allianz, ohne es zu wollen, ohne es zu wissen. Anfangs Hegelianer, muß er das Bestehende verehren, als Israelit aber ist er zu positiv veranlagt, um Ideologe zu werden, und als Nicht-Christ rechnet er nicht mit der Engelsnatur des Menschen. Er ist Realist, hört jedoch nicht auf, Philosoph zu sein; er ist Positivist, aber noch nicht Evolutionist. Als Philosoph sieht er nur seine Prämisse.

In Das Kapital, in dem das System entwickelt werden soll, wenn auch noch nicht als evolutioniert, sieht er im Kapitalisten den bewußten Gauner, den Ausbeuter. Er erkennt nicht, daß der Kapitalist aus ebenso großer Notwendigkeit entstanden ist wie der Protelarier, und daß der Unterschied zwischen einem bewußten und einem unbewußten Gauner sehr groß ist. Dem gleichen monomanen Verfahren sind ja vor ihm alle Errichter ökonomischer Systeme erlegen. Die ökonomische Schule hatte das Kapital nur im Geld, die physiokratische im Boden, die Adam Smith'sche in der Arbeit gesehen. Marx entdeckt das Kapital nur in der ausgebeuteten Arbeit anderer. Im wirklichen Leben ist freilich kein Produkt durch einen einzigen Faktor entstanden. Es sind doch stets wenigstens zwei. Mag Marx also ein Erwecker, ein Glied einer Kette sein, an Propheten aber glaubt niemand mehr, und dennoch ist Marx ein Prophet, und seine Anhänger sind Gläubige, Blinde, die alles sehen, was sie sehen wollen, und noch mehr.

Marx ist auch Parteiagitator, und eine bessere Partei als die der Arbeiter stand zur Sprengung der alten Gesellschaft nicht zur Verfügung, und als solcher ist er unser Vorreiter und der aller Unzufriedenen, und nur als solche hat die Arbeiterpartei eine große Mission, nicht aber als der heraufziehende Vierte Stand: als die Arbeiter-Bourgeoisie!

10. Der Sohn der Magd

(1886)

Nachdem er sich aus der alten Weltanschauung herausgearbeitet, seit er die Lehre vom Himmel und Gott aufgegeben hatte, war er folgerichtig auf sich selbst allein als Träger seines Schicksals angewiesen. Als er mit seinem Selbst Bekanntschaft schließen will, findet er ein buntes Durcheinander vor, dem der corpus fehlt, das je nach dem Blickwinkel des Betrachters die Form wechselt und das vielleicht nicht mehr Realität besitzt als der Regenbogen, den man sieht, den es aber nicht gibt. Um seine irdische Bahn auf rationalere Weise fortsetzen zu können, als er sie bis jetzt befahren hat, beschließt er, aus der Vergangenheit Bilanz zu ziehen, die Ereignisse seines Lebens vom Anfang bis dato durchzugehen, die Entstehungs- und Entwicklungsgeschichte seiner Seele zu untersuchen, wie sie sich durch alle zusammenwirkenden Ursachen wie Vererbung, Erziehung, Naturell, Temperament, durch Druck und Einfluß der äußeren Ereignisse und der geistigen Bewegungen der betreffenden historischen Epoche ergeben hat. Dies war das Hauptziel des Buches über den Sohn der Magd, die Absicht durchaus nicht, Bekenntnisse niederzuschreiben, um sich zu entschuldigen; oder Memoiren, um zu unterhalten. Gleichzeitig konnte er einer jüngeren Generation die Periode, von der sie ausgehen würde, ein wenig verdeutlichen, wodurch sie ihre eigene Zeit besser verstehen würde.

Gelang es ihm aber, auf dieser langen und traurigen Wanderung durch das Schattenreich der Erinnerungen sein Ich dingfest zu machen? Nein zu antworten, hätte ihm früher Schwierigkeiten bereitet, denn ein persönlicher Gott fordert eine verantwortliche Persönlichkeit, jetzt aber fällt es ihm weniger schwer, weil er weiß, daß das Ich eine sehr zerbrechliche Form einer kleinen, in Bewegung befindlichen Menge von Kraft, oder, wenn man so will, Materie ist, die sich unter diesen und jenen gegebenen Umständen so und so entwickelt. Doch was hatte er damit gewonnen, da ihn dies ebensowenig anging wie die Frage, ob es Gott gab oder ob die

Sterne leuchtende Punkte waren? Fand er auch nicht direkt, was er suchte, so entdeckte er doch unterwegs andere unerwartete Dinge, die er vielleicht nicht angestrebt, auf die ihn seine blinde Leidenschaft, die wirklichen Verhältnisse zu ermitteln, jedoch geführt hatte. Aber das Resultat, die Zusammenfassung? fragt man. Wo liegt die Wahrheit, nach der er gesucht hat? Sie liegt hier und da in diesen tausend gedruckten Seiten, finde sie, sammle sie und prüfe, ob man sie zusammenfassen kann; prüfe, ob sie länger gültig sind als ein Jahr, fünf Jahre, denke nach, ob sie überhaupt Aussicht haben, gültig zu werden, nachdem es hierzu der Anerkenung durch eine Mehrheit bedarf. Und vergiß nicht, daß es die Wahrheit nicht geben kann, weil sie sich wie alles in einer ständigen Entwicklung befindet.

Da gibt es Widersprüche! Ja, Widersprüche muß es geben, denn die Dinge müssen von entgegengesetzten Seiten betrachtet werden, weil die Dinge nicht auf beiden Seiten gleich sind, und der Schriftsteller ist ein Experimentator, der versuchen muß, mit Hilfe erdichteter Bilder zu konstruieren, wie die Zukunft unter diesen und jenen gegebenen Umständen aussehen könnte, und nicht, wie sie werden muß, denn das weiß niemand. Da gibt es Irrtümer! Ja, natürlich, aber woher weißt du, der du weniger gelebt, weniger gelernt, weniger gedacht hast, daß gerade dies Irrtümer sind und nicht das andere? Man will einen Glauben, eine Meinung haben, das ist so bequem. Doch Glaube heißt ja stehenbleiben, die Meinung muß in einigen Jahren, wenn neue Entdeckungen sie widerlegt haben, geändert werden. Und in unserer suchenden Zeit ist es ein Vorteil, nichts zu glauben, da das Suchen die Hauptsache ist. Nein, jetzt kommt die Treibjagd, über Stock und Stein, und jeder Busch muß untersucht werden; gerätst du auf eine falsche Fährte, verlaß sie und such eine neue. Such, such! So hat es der gemacht, der dies geschrieben hat. Einmal aber glaubte er, fündig geworden zu sein, und schlug an. Das war damals, als er das Wildbret in einem gewissen Sozialistenprogramm aufgespürt zu haben meinte, aber nur die Fußstapfen seines eigenen alten idealistischen Stöberhundes sah. Damals wäre er fast für immer stehengeblieben. Das Programm war eingängig wie der Katechismus, schlug Wurzeln, ging auf und stand in Begriff, sich zu einem ebenso zähen Glauben wie das alte Christentum zu entwikkeln, und gerade vom alten Christentum, das sein Ursprung war, war ihm der Boden bereitet worden. Johan übernahm es ungeprüft wie eine Religion, auf dem dunklen Weg des Gefühls, auf dem des Herzens statt dem des Großhirns, doch er prüfte es, und es hielt der Prüfung nicht stand.

*

Der Sozialismus, in dem er eine Reformbewegung zur Umwandlung der Gesellschaft in jeder Beziehung gesehen hatte, saß lange wie ein Gewissen in ihm, was alle Ansichten tun, wenn sie dem Ich als Eigentum einverleibt werden. So war es mit dem Christentum gewesen, so mit dem Eltern- und Frauenkult, so mit Romantik und Theismus. Aber der Sozialismus war nur Romantik und Christentum und verdiente kein besseres Schicksal als sie. Er ist bereits eine Religion, die nicht widerlegt werden kann, weil religiöse Schwärmer Widerlegungen nicht akzeptieren. Er ist ganz dasselbe Symptom wie der Spiritismus bei Atheisten, ein Rückfall in die dunklen Regionen des religiösen Gefühls. Wie können Realisten eine Möglichkeit sehen, zum Beispiel in Schweden auf friedlichem Wege ein Programm durchzusetzen, das an die Menschen Forderungen wie an Engel stellt, nachdem noch nicht einmal das Programm von 1809 durchgeführt ist und kein einziger Paragraph des neuliberalen Programms von 1867? Ist das nicht Idealismus? Ist denn, ungeachtet der Reformationsrevolution, die katholische Lehre abgeschafft? Nein, denn auf dem Weg der Überzeugung konnte das nicht geschehen, und wo sie abgeschafft wurde, geschah es mit Gewalt. Also müssen diejenigen, welche die jungen Gehirne durch Erziehung und Schulen verändern wollen, sich die Macht verschaffen, dies zu tun, Macht aber gewinnt man nicht auf dem Wege der Überzeugung, sondern ***[1]

*

Nachdem er den ersten Teil des Sohns der Magd vollendet hatte, verließ Johan im Mai Frankreich und zog wieder in die Schweiz hinunter, nicht in die widerwärtige Hotel-Schweiz, wo Wucher

---
1 Gestrichen mit Genehmigung des Autors – (Notgedrungen) A. S.

und Erpressung zum Nationalcharakter geworden sind, sondern in das stille arkadische Land, wo heitere und gesunde Menschen ihr kleines Leben mit Arbeit, Fest und Gesang verbringen, und wo der Kampf um Macht und Stellung nicht so hitzig ist wie anderswo.

In einem kleinen Dorf im Kanton Aargau ließ er sich mit seiner Familie in einer Wirtschaft nieder. Der ganze Ort bestand aus vielleicht hundert Häusern, großen weißen Gebäuden mit grünen Fensterläden und Stall, Kuhstall und Scheune unter demselben Dach. Vor dem Haus lag der Garten mit Blumen und Gemüse und hinter dem Haus die Wiese mit den Apfelbäumen. Hier gab es keine Reichen und keine absolut Armen, und an dem amerikanischen Weizen hatte man nur Freude, denn niemand baute Weizen an, da das Dorf von Viehbauern bewohnt war. Von Politik und Wahlkämpfen hörte man nichts, und wenn Johan abends in den Gasthofsaal hinunterging oder sich auf die Veranda setzte und Bier trank, hörte er nur ruhige heitere Unterhaltung oder Gesang, oder er sah Alte Karten spielen, während die Jüngeren kegelten oder unten im Garten auf die Scheibe schossen. Wer wollte, setzte sich an den langen Tisch im Saal, und alle unterhielten sich. Der Postmeister, der Fabrikant, der Schullehrer, der Oberst, der Schuhmachergeselle mit aufgerollten Hemdsärmeln, der Stallknecht, der Müller, alle am selben Tisch und in einem Gespräch vereinigt.

Abends, wenn es zum Feierabend läutete, kamen alle Einwohner des Dorfes zum Brunnen. Die Telegrafenbeamtin, ein junges Mädchen, stellte sich mit ihrem Wassereimer unter die Dorfmägde und wartete, bis sie am Brunnenrohr an der Reihe war; die Knechte kamen mit den Pferden und die Mägde mit den Kühen zum Tränken, und der Postmeister kam in Hemdsärmeln, um im Trog seine Sense zu reinigen. Die Kuhglocken bimmelten, die Peitschen knallten, die Jugend sang und jodelte. Es war Arkadien.

Auf dem Berg mit dem Buchenwald aber, der über dem Dorf lag, erhob sich ein großes dunkles Steingebäude, das von weitem einer umgekippten Arche Noah ähneln mochte, aber ein Schloß war. Seinen Kern bildete ein runder Turm aus der Römerzeit, und sein Schiff ein Feudalschloß aus Feldstein mit von behauenen Steinsäulen unterteilten Fenstergruppen. Das Schloß gehörte einer Witwe, die es als Sommerfrische vermietete, und ihr derzeitiger Gast war ein junger Schwede, mit dem Johan im Jahr zuvor bekannt geworden, durch Italien gereist und im vergangenen Herbst in Frankreich ein paar Monate verkehrt war. Diesen Vertreter der jungen Generation hielt Johan für den emanzipiertesten und für den einzigen, der die Kraft besessen hatte, alle Konsequenzen der neuen Weltanschauung zu ziehen.

In ihm gab es keinen Funken von Idealismus oder Christentum mehr, und er hatte sich nicht verleiten lassen, sein Ruder nach einem jener Fallwinde zu legen, die alle Windhungrigen einzufangen versuchen, wenn sie Fahrt aufnehmen wollen.

Aus adeliger Familie stammend, hatte er sich seine Bildung auf Reisen verschafft, nachdem er sich früh der Kunst des Malens gewidmet hatte. Er hatte in Rom und Paris studiert, den Orient und Ägypten bereist, geheiratet, die Malerei aufgegeben, die er durchschaut hatte, und schließlich hatte er sich in der Schweiz niedergelassen, dem einzigen Land, in dem er existieren konnte. In Schweden zu leben, war für ihn undenkbar gewesen, weil der Meinungsdruck für eine moderne Seele zu stark war. Wie Johan litt er oft an der körperlichen Sehnsucht nach der Natur des Heimatlandes, und er hätte zu Hause ausgezeichnet leben, Karriere machen, und ein angenehmes Leben führen können, wenn – er gekonnt hätte. Er wollte, doch er fühlte, daß es unmöglich war. Seine Seele hatte sich differenziert, war schon zu einer neuen Art geworden und konnte nur auf das Aussterben der älteren Art warten. Johan und er hätten Klassenfeinde sein müssen, wurden aber sofort Freunde, weil sie als eine neue Art miteinander verwandt waren. Als Johan noch an den Idealstaat glaubte, hatten sie endlose Gespräche über den Sozialismus geführt, den X. für einen Widerspruch gegen die Naturgesetze hielt, da er der ganzen Bewegung, die die Ursache der Artentrennung gewesen war, zuwiderlief. Als sie einander jetzt wieder begegneten und Johan, vor allem mit Hilfe des Studiums der neueren Psychologie, den letzten Rest von Idealismus, oder Glauben an Wunschvorstellungen, hinter sich gelassen hatte, mußten sie nur korrigieren und komplettieren.

Oben in dem großen Rittersaal mit seinen Waffen und Rüstungen, seinen Ahnen an den Wänden, seinem Turmfalken vor dem Fenster, und angesichts des großartigen Alpenpanoramas vom Schwarzwald bis zum Montblanc, mit den schönen Dörfern darunter, pflegten sie ohne Zuhörer samstags ihre Denkübungen in den neuen Denkschulen abzuhalten.

Johan hatte gerade den ersten Teil des Sohns der Magd veröffentlicht, als sie an einem schönen Juniabend eine Zusammenkunft auf dem Schloß hatten.

– Mir scheint, begann X., als kämpfe deine Monomanie, Demokrat sein zu wollen, gegen etwas, dessen du nicht Herr bist.

– Ich weiß nicht, antwortete Johan, aber wenn ich ein Buch lese, ist mir, als verfolge mich ein Gewissen.

X. – Was ist Gewissen?

Johan. – Die Furcht vor den Folgen, sagt man heutzutage; das Gefühl, Unrecht getan zu haben, sagte man früher.

X. – Unrecht? Du bist durch Erziehung und natürliche Veranlagung über die Klasse aufgestiegen, in der du geboren bist; du bist nicht mehr Unterklasse, wie du das nennst, sondern Oberklasse. Warum schämst du dich? Spürst du vielleicht den Widerspruch in deinen Angriffen auf die Oberklasse, und spürst du, daß du dich in deinen Schriften selbst angreifst? Du bist altmodisch in dieser Hinsicht, und wovon du dich nicht befreien kannst, ist nichts weiter als Christentum mit Entsagungslehre.

Johan. – Ja, es kann aber auch mein angeborenes Klassengefühl sein, das mit der Entwicklung nicht hat Schritt halten können. Ich bin so lange Unterklasse gewesen, daß der Haß gegen die Oberklasse noch in mir steckt. Von Sympathie für die zu sprechen, die leiden, was ich früher gelitten habe, das wage ich ebensowenig wie du, aber sie ist als einfacher Reflex vorhanden. Die Leiden anderer erinnern mich an meine eigenen, und es ist absolut keine Tugend, daß ich meine Leiden in denen anderer noch einmal erleide; es ist Egoismus wie alles andere.

X. – Bist du sicher, daß die da unten, mit ihren stärkeren Nerven, wirklich erleiden, was du dir einbildest? Kann es nicht Kränklichkeit, Neurose in dir selbst sein, so wie mein Leiden, wenn ich höre, wie ein Hund heult, oder sehe, wie sich ein Angelwurm am Haken windet? Letzterer soll tatsächlich ein so niedrig entwickeltes Nervensystem haben, daß sein Leiden gleich Null ist, und darum werden aus ihm zwei Individuen, wenn du ihn zerschneidest.

Johan. – Möglich, daß du recht hast.

X. – Ich bin Demokrat bis zu den Baronen hinunter, denn ich bin einfacher Adeliger und leide darunter, daß es Grafen gibt. Die Prinzen daheim sind mit der Abschaffung der Kronprinzen einverstanden, und der Kronprinz hätte gern den König weg, nur damit er Nachfolger werden kann. Demokraten sind wir alle, und Aristokraten auch. Es ist nur die eingeteilte Skala, die uns trennt. Aber es gibt auch viele Skalen. Du als anerkannter Schriftsteller bist, verglichen mit mir als unbekanntem Schriftsteller, Oberklasse. Du gehörst zum neuen Nervenadel, der auf neue Ritterhäuser zustrebt; ich gehöre zum aussterbenden Muskeladel, denn wir liegen im Sterben, und wir sind zur Hälfte vom Geldadel getötet worden, der jetzt langsam vom neuesten Adel, dem Arbeiter, unterminiert wird.

Ich habe kürzlich Germinal gelesen, und ich war erschrocken, buchstäblich erschrocken. Wie du weißt, haben wir in meiner Familie eine Eisenhütte. In den letzten Jahren haben die Arbeiter bei der Ausführung der Bestellungen gestreikt, wieder und wieder haben uns Verluste getroffen, und der Ruin steht bevor.

Johan. – Nun, meinst du nicht, daß die Arbeiter recht haben?

X. – Natürlich haben sie recht, da sie die Macht haben, sich Recht zu nehmen. Meinst du, ich lächle nicht über diese kleinen Buckeligen, die Waldbauern daheim, die das ganze Jahr schuften, damit ich fremde Länder sehen und auf Schlössern wohnen kann. Dummköpfe, wäre ich an ihrer Stelle, ich machte es so, wie sie es jetzt vorhaben.

Johan. – Du gibst zu, daß sie recht haben.

X. – Natürlich, aber wir haben auch das Recht, unter Nutzung unserer Macht – des Militärs – Widerstand zu leisten! Beachte, daß ich nicht von Gerechtigkeit spreche, denn das ist nur ein Wort, und Gerechtigkeit gibt es nicht. Aufsteigen zu wollen, ganz nach oben, und dann hinunterzuzerren, was oben steht, das ist ein Naturgesetz, das sich nicht ändern läßt.

Johan. – Meinst du, daß der Arbeiter über die Waffengewalt siegen wird?

X. – Bestimmt! Das Militär kann unehrliche Arbeit nicht verhindern, nicht verhindern, daß ein Bergwerk durch Unachtsamkeit unter Wasser gesetzt wird, daß eine kostspielige Maschine durch einen Steinsplitter zwischen zwei Rädern ruiniert wird. Nein, mein Freund, es ist nicht der Sozialismus, für den diese starken Individualisten arbeiten, es ist der gesunde Anarchismus, der freie Kampf ums Dasein, der da auf uns zukommt, und in dem die Stärkeren überlegen sein werden. Wir sind zu gebildet oder zu schwach, um uns derselben Barbarei wie sie zu bedienen, darum gehen wir unter und mit uns die Kultur. Ich habe die Riesenleiche Orient gesehen, die in das letzte Stadium der Illusion eingetreten ist, und wenn wir dann noch leben, werden wir bald Europa dort liegen sehen, aber als eine unschöne Leiche.

Johan. – Glaubst du nicht, daß sich die Gesellschaft zum Wohl der meisten verändern läßt?

X. – Nein, denn in der Entwicklung vieler Stufen gibt es zu wenig Homogenität. Angenommen, daß man nach der Revolution den Versuch einer Neuordnung unternimmt, wird es zu viele Streitpunkte geben. Mit allgemeinem Stimmrecht soll ein Oberhaupt, ein Präsident oder ein Vorsitzender gewählt werden. Meinst du, die Katholiken wollten einen Protestanten haben? Es soll ein Regierungszentrum geben: meinst du, die Deutschen wollten es in Paris haben oder die Engländer an einem anderen Ort als London? Es sollen Deputierte entsandt werden: meinst du, die Frauen, die in der Mehrheit sind, wählten einen Mann? Es soll eine Arbeitergesellschaft werden: meinst du, die Bauern ließen die Arbeiter regieren? Und noch in hundert Jahren wird es Monarchisten geben, die intrigieren, Papisten, die intrigieren, Positivisten, Kollektivisten und – Anarchisten, die nicht organisieren wollen, und Anarchisten sind wir im Grunde alle: keiner über uns, das ist der Anarchismus.

Johan. – Ja, aber der Sozialismus ...

X. – Idealismus! Philosophie der Wünsche! Wenn eine Sozialisierung möglich wäre, dann hätten wohl die Sozialisten zunächst einmal ihre eigenen Meinungen miteinander in Einklang gebracht, aber niemand will seine Ansicht aufgeben, wie soll man da erwarten können, daß die da unten ihre Arbeitskraft und die da oben ihr Kapital aufgeben? Hast du in unserer Zeit irgendein Zeichen bemerkt, das auf ein Streben nach Aufgabe der Individualität hindeutet? Liegen nicht im Gegenteil die glänzendsten Beispiele für eine entgegengesetzte Bewegung vor? Geht nicht jeder der großen Führer in seine eigene Richtung, damit er nicht in der Herde laufen muß? Sieht es nicht so aus, als hätten die Menschen Angst, einander zu berühren, weil sie nicht von der Individualität des anderen angesteckt werden wollen? Warum wohnt Ibsen in München, Björnson in Paris, Snoilsky in Dresden, Hellqvist in Deutschland, Salmson in Paris, Kronberg in Rom? Auf einem Fleck versammelt, könnten sie für ihre große »Sache« sicherlich besser arbeiten. Warum sieht man in Kunst oder Literatur keine Schulen mehr? Hat Zola einen Schüler? Keiner will sich als Untertan eintragen lassen! Und in der Politik? Jedes Jahr ändern sich die Allianzen, die Parteien werden in Stücke zerschlagen, weil keiner dem Chef gehorchen will, und ein gehorsamer Chef will keiner sein! Und wie viele Sozialistengrüppchen haben wir nicht schon? Alle Zeichen deuten darauf hin, daß der Sozialismus gegen den Strom schwimmt, und darum kommt er nicht voran! Nein, nein, es läuft auf Revolution hinaus, nicht auf Verbrüderung! Abschaffung einiger alter Klassen, aber gefolgt von neuen, Senkung des Zensus, aber keine Aufhebung, und das kann heiter werden! Keine idealen Forderungen!

– Es ist sonderbar, fuhr X. fort, daß du, der du an nichts glaubst, weder an Gott, noch die Frau noch die Kunst, an die Armut und den Arbeiter glauben kannst. Versuche spaßeshalber, mit deinen Büchern, deinen Erfahrungen und deinem Kombinationsvermögen auch die Armut zu entlarven, wie du die Kunst entlarvt hast. Versuche, auch die andere Seite zu sehen! Vielleicht ist auch sie, alles in allem, Humbug!

Johan dachte eine Weile nach, dann begann er, nachdem er sich eine Zigarette angezündet und eine Wanderung durch das Zimmer begonnen hatte, als sei er allein:

– Manchmal scheint es mir, als kämen unsere Ansichten nicht durch reine Denkakte zustande, sondern durch den Selbsterhaltungstrieb, das Bedürfnis, oder das, was wir Interesse nennen. Das ist keine Ansicht, sondern ein Glaube, und ein Glaube entsteht, so scheint mir, durch ein Wollen, denn um zu glauben, muß man glauben wollen, einen Wunsch haben, dies zu glauben, ein Interesse daran haben, daß es so ist.

Darum sind die höheren Klassen meist konservativ, weil sie bei einer Veränderung etwas zu verlieren haben, und die unteren liberal, weil sie etwas zu gewinnen haben. Hat eine Majorität ein Interesse, dann dichtet sie ein Programm zusammen, dessen Wahrheit ohne Beweise anerkannt wird, klopft anschließend so lange an die Köpfe an, bis das Interesse eingesehen wird, und damit ist das Programm als Glaube angenommen. Jetzt nützen klare Beweise, nackte Tatsachen, scharfe Widerlegungen nichts mehr, sondern der Glaube sitzt fest, bis das Interesse befriedigt ist. Als plötzlich von der Armut in unserer Zeit die Rede war, tat dies in den meisten Gehirnen sofort seine Wirkung, denn eine relative Armut gibt es in allen Klassen, weil Viel nach Mehr verlangt, das Gesetz des Aufsteigens auf der sozialen Leiter zwingt den Menschen, die Ausgaben zu erhöhen, weil der Aufstieg sich in Kleidung, Lebensweise, Wohnung, Repräsentation und so weiter äußern muß. Ich glaube, daß die ganze Gesellschaft von Schwindel, Kredit, Spekulation lebt, und daß ein Großhändler mit 30.000 Kronen Einkommen arm sein kann, wenn sein Haushalt nämlich 40.000 kostet. Dagegen glaube ich andererseits, daß kein umsichtiger Mensch hungern oder zugrunde gehen muß, da sich erwiesen hat, daß die Lebensmittel unerhört im Preis fallen, nachdem sie in unerhörten Mengen produziert werden.

Die erste Ursache der Armut, der selbstverschuldeten, ist das Christentum, das in Erwartung des Weltuntergangs Armut, Verachtung des Irdischen und übertriebene Hochachtung vor dem Himmel gepredigt hat. Man strebte die Gemeinsamkeit von Eigentum an, was so vor sich ging, daß die Apostel ihre Berufe aufgaben, sich herumtrieben und bettelten, und dann bettelten Mönche und Priester bis in unsere Zeit. Nun lag auch ihrem Wunsch, um die Arbeit herumzukommen, ein Naturtrieb zugrunde, denn der Mensch ist nicht zum Arbeiten geboren, sondern er ist aufgrund der Auswanderung in den Norden und der Auszehrung des Bodens und so weiter dazu gezwungen, und dieser Zwang hat nicht zur Anpassung werden können. Darum ist es ein Gesetz, daß der Arbeiter so wenig und so schlechte Arbeit wie möglich liefert und daß der Arbeitgeber so schlecht bezahlt, wie er kann. Wir sind uns ja einig darüber, daß der Zweck des Lebens darin besteht, das Leben so angenehm wie möglich zu verbringen, bis man stirbt; und darum muß die Folge sein: daß wir uns von der Arbeit befreien und sie anderen aufladen, oder die Ausgaben verringern, oder die Einnahmen erhöhen, oder für die Kinder und das Alter sparen.

Aufgrund der Verachtung des Erdenlebens, gleichwohl eher eingepaukt als aufrichtig, haben die Menschen mit dem Himmel in der Hinterhand ihre irdischen Angelegenheiten vernachlässigt, und Lehren wie die folgenden: sorge nicht für morgen, oder: sehet die Vögel unter dem Himmel, und dergleichen mehr haben ein leichtsinniges Geschlecht geschaffen, das nicht an morgen denkt. Dies ist einer der Gründe für die Armut. Dann kommt die Erziehung. Das Geld ist kein konkreter Ausdruck des Wertes und ein gefährlicher Wertmaßstab. In der Hand des Kindes erscheint es anfangs entweder als Bestechnungs- oder als Genußmittel (Namnam kaufen). Welch grenzenloser Leichtsinn, dem Kind falsche Vorstellungen vom Wertmaßstab der Existenzmittel zu geben. Dann kommt der Jüngling mit seiner romantischen Verachtung des Geldes, einer Verachtung, die daraus entstanden ist, daß er von den Eltern alles geschenkt bekommen hat und nicht weiß, was das Geld ist. »Der schnöde Mammon«, das »lumpige Geld«! Welch ein Wahnsinn in diesen Sätzen. Das Geld, das in sich den Stickstoff birgt, den er für seinen Stoffwechsel benötigt, die Wärme, die sein Blut halten muß, den Phosphor, mit dem sein Gehirn arbeiten soll! Ist das lumpig? Oh Romantik, oh Idealismus! Nein, laßt uns das Goldene Kalb wieder aufstellen, aber in Gestalt einer Goldenen Kuh mit großen Eutern, aus denen die Säfte des Lebens strömen, Säfte, die der Landwirt mit seiner Arbeit aus der Erde geholt hat, und keinen Märchenesel, der Goldmünzen fallen läßt, wenn man ihn am Schwanz zieht! Ach! die klugen, die intelligenten, die realistischen Juden, die wir jetzt nur noch beneiden, nachdem wir früher so getan haben, als verachteten wir sie, sie ließen dem Himmel seinen Zehnten, doch die neun Zehntel behielten sie für morgen. Wann werden wir so zivilisiert sein, daß wir nicht wie die Wilden in den Tag hineinleben, sondern an unser Alter und unsere Kinder denken. Wir essen und trinken sechsmal soviel, wie wir brauchen, und kaufen zehnmal soviel Kleidungsstücke, wie wir abnutzen können, und später müssen wir betteln! Das geschieht uns recht, und wir erleiden, was unsere Taten verdienen.

In meiner Jugend galt Sparsamkeit als Laster. Ein Kamerad, der von seinem Geld nicht zum Punsch einladen oder es nicht verleihen wollte, wurde Knauser genannt und war verachtet. Wer verdächtigt wurde, Geld zu »verstecken«, war ausgestoßen. Welch eine Erziehung! Aber wie gut, daß man sie hat, um die Schuld von sich abwälzen zu können!

Doch es gibt ein paar Ursachen für die wirkliche Armut. Merkwürdig finden du und ich, daß als erste die Frau das Geschrei gegen die Ehe angestimmt hat, obwohl der Familienversorger allen Grund gehabt hätte, dies zu tun. Man stelle sich vor, die eine Hälfte der Menschheit lebt auf Kosten der anderen. Die Frau hat, indem sie vom Geld des Mannes lebte, jeden Begriff vom Wert des Geldes verloren, denn das Geld, das man nicht selbst erarbeitet hat, kann man nicht schätzen. Warum klagen alle Frauen darüber, daß der Mann kein fröhliches Gesicht macht, wenn sie kommen und Haushaltsgeld verlangen? Weil er kein fröhliches Gesicht macht! Wie sollte er? Heute als Junggeselle hat er zwölfhundert Kronen und kann leben. Im nächsten Jahr hat er Frau, Kind und Dienstmädchen und dieselben zwölfhundert Kronen. Sein persönliches Einkommen ist also auf vierhundert Kronen reduziert, und dennoch soll er ein fröhliches Gesicht machen. Kommt noch hinzu, daß die Ehefrau stets ein wenig besser gekleidet ist als der Mann, und auch ihre Kinder noch ein wenig über ihrem Stand kleiden wird, und man kann sich vorstellen, wie er sich anstrengen muß.

Er darf nicht jammern, aber sie darf plärren, soviel sie will! Die halbe Menschheit mit unproduktiver Arbeit beschäftigt! Wie kann es da anders sein, als es ist. Bedenke jetzt vor allem die Lage des verheirateten Arbeiters. Er heiratet ein Dienstmädchen. Sie heiratet, damit sie nicht mehr dienen oder arbeiten muß. Aber sie hat in besseren Häusern feinere Lebensgewohnheiten angenommen, die sie in ihr eigenes Heim mitbringt; und jetzt muß sie keine Angst mehr haben, ein Kind zu bekommen, weil sie einen Mann hat, der sie ernährt, während sie als Unverheiratete das Kind vielleicht selbst hätte ernähren müssen. Hat sich nicht ihre Lage verbessert und seine verschlechtert; und sie ist diejenige, die sich beklagt.

Ihre Hausarbeit ist für den Mann wertlos, denn im Wirtshaus hätte er besser und billiger gegessen. Was sie also im Hause an Nützlichem tut, geschieht um ihrer selbst willen, und der Mann müßte ihr durchaus keinen Dank schuldig sein.

Die Familie ist eine Verschwendung, die der Arbeiter ausbaden muß, und er sollte seine Reformversuche in erster Linie auf die unproduktive Frau, die an seinem Lohn nagt, und dann auf die überzähligen Kinder konzentrieren. Die Familie kann von der Familiengenossenschaft mit einer einzigen Küche und einem Kinderzimmer abgelöst werden, und die Ehefrau sollte gezwungen werden, außer Haus zu arbeiten, statt wie jetzt unter Gejammer und Drohungen Petitionen einzureichen, wobei ihr zugleich auferlegt werden sollte, mit ihrem Verdienst zu ihrem und ihrer Kinder Unterhalt beizutragen. Das wäre die Emanzipation des Familienversorgers aus der Sklaverei, und das wäre der richtige Weg zur Gleichstellung der Geschlechter, wenn auch Gleichheit dadurch ebensowenig zustande kommen kann.

Also: eine neue ökonomische Erziehung für unsere Kinder; kein Geld für Namnam; Buchhaltung und Sparbüchsen; Anhalten der Frau zu regelmäßiger produktiver Arbeit; Familienassoziation; Respekt vor dem schnöden Mammon und Wiedervergoldung des Goldenen Kalbs, das auf alle Kirchtürme gesetzt werden soll.

Nun, war das zusammenhängend? fragte Johan! atemlos und blieb am Fenster stehen.

X. – Ja, aber du hast die Prostitution vergessen.

Johan. – Die hängt nicht mit der Armut zusammen! Weißt du, die prostituierte Frau hat mich nie täuschen können. Nähme sich der Staat ihrer an, wäre das nicht mit Samthandschuhen! Derselbe sittliche Staat, der ehrbare Männer ins Gefängnis wirft, weil sie versuchten, so wichtige Fragen wie die sexuellen zu erforschen, würde solche vergnügungssüchtigen, saufgierigen, faulen Taugenichtse, die ein so schmutziges Handwerk betreiben, logischerweise köpfen. Und diesen Gifthändlerinnen ist es gelungen, die Schuld auf den Mann abzuwälzen und feinnervige Schwestern dazu zu bringen, die Kontrolle ihrer betrügerischen Produkte abzuschaffen, während jeder andere Gifthandel streng kontrolliert wird.

X. – Ja, aber die Frau hat das Gift doch nicht entwickelt?

Johan. – Doch, all diese Märchen von giftigen Würmern von den Südseeinseln sind Lügen. Es ist eine Prostituierte gewesen, die durch ihre Unreinlichkeit das Gift erzeugt hat, denn ein Mann kann, so wie er beschaffen ist, nicht die Quelle dieser Seuche sein! Da kriegt Frau Alving mit ihren »Gespenstern« die ganze Wahrheit voll ins Gesicht. Wohl bekomm's!

X. – Ja, und die verführten Mädchen?

Johan. – Die werden Ammen und Dienstmädchen oder heiraten. Die Prostituierte ist eine besonders lebensfrohe Gattung, die man in seiner Eigenschaft als Evolutionist nicht anschwärzen, aber auch nicht verhätscheln sollte. Frag sie, ob sie eine Stellung wollen, und ob die Arbeitslosigkeit die Ursache war. Man hat ihnen Stellen verschafft, sie aber haben sie verlassen und weitergemacht. Sie haben sich für ihren Weg entschieden, weil er ihnen zusagt. Auf einer anderen höheren Skala wären sie Mätressen oder untreue Ehefrauen. Es ist ihre Natur!

X. – Jedenfalls meinst du, daß die Armut selbstverschuldet sein kann.

Johan. – Leider meine ich es aus Erfahrung zu wissen, und ich glaube, daß Kapital nicht Diebstahl sein muß. Hier ein Märchen, das Wirklichkeit sein könnte. Tausend sparsame Leute, die durch ehrliche Arbeit Geld zurückgelegt haben, statt es zu verprassen, bilden eine Aktiengesellschaft, die eine Kohlengrube kauft.

X. – Da haben wir die Kehrseite von Germinal.

Johan. – Absolut! Dann kaufen sie eine Dampfmaschine ...

X. – Die aus der Arbeit der Maschinenarbeiter zusammengestohlen wurde.

Johan. – Aber nein! Die bei einem kooperativen Arbeiterverein gekauft wurde, der für sich selbst Dampfmaschinen herstellt! Wo ist da der Diebstahl?

X. – Ja, ich werde nicht nach ihm suchen!

Johan. – Siehst du jetzt, daß der unsichtbare Aktienbesitzer in Germinal kein Dieb sein muß! Wer aber anderer Eigentum zerstört, ist ein Dieb, wer unehrlich arbeitet, ist ein Dieb. Weißt du, daß es beim Glasbläserstreik in Belgien Arbeiter mit zwanzigtausend Francs Einkommen gewesen sind, die für die Zerstörung der Maschinenhäuser gesorgt haben, weil sich durch die Erfindung einer Maschine, die sie und alle zukünftigen Arbeiter vor Schwindsucht bewahren sollte, ihre Einkünfte verringert hatten. Das also war der arme Arbeiter! Humbug, Sir!

X. – Und die soziale Frage, was wird aus der?

Johan. – Die soziale Frage ist eine ansteckende Krankheit aus den großen Siechenhäusern, den Großstädten. Es ist Fäulnis, die Arbeiterfrage wie die Frauenfrage! Schau dir dieses Land hier, die Dörfer, an! Gibt es hier eine soziale Frage? Gibt es hier irgendwelche Bummler von Arbeitern; gibt es Blaustrümpfe, nervenkranke Frauenzimmer; gibt es hier Prostitution; gibt es auch nur venerische Krankheiten; gibt es unterdrückte Frauen? Und die Armen, die es gibt, bekommen Unterhalt von der Gemeinde! Warum gibt es hier keine soziale Frage? Ja, weil man noch nicht mit Maschinen arbeitet und zum Neuropathen wird, der nicht mehr müde ist, wenn der Abend kommt; weil die Körperarbeit den Menschen gesund macht und ihm einen guten Schlaf schenkt, der das Hirn freihält von Idealismus und Sozialismus, beides nur Krankheiten, die vom Müßiggang an der Maschine erzeugt werden, der weder Gehirn noch Muskeln ermüdet; weil man sich abends ins Bett legt und nicht in Wirtshäusern und Theatern herumhockt; weil die Geschlechter die Freiheit haben, ihre Jugend zu nutzen, ohne die Ehre einzubüßen, und weil kein Mädchen seine Gunst verkauft; weil man unbewußt konsequent der mechanischen Weltanschauung gemäß gelebt und sich nicht der wesentlichsten Voraussetzungen eines organischen Lebens und Wohlbefindens beraubt hat, sauerstoffreicher Luft, des Lichtes der Sonne und des Dunkels der Nacht, der körperlichen Bewegung, des freien Geschlechtslebens. Und darum lebt die Lebensfreude nur hier und immer hier! Hier ist die soziale und politische Frage so gut gelöst worden, wie es möglich ist. Hier gibt es keine Monarchie mit ihrem Aberglauben, keine Berufsarmee, keine Legion von Beamtenparasiten; keine Künstler- und Schriftstellerproletarier. Hier gibt es keine Regierungspräsidenten und Bischöfe; keine privilegierten Stände. Hier gibt es Religionsfreiheit, Presse-, Meinungs- und Äußerungsfreiheit, allgemeines Wahlrecht, hier gibt es kaum Klüfte zwischen den Gesellschaftsklassen; hier gibt es, wenn nicht Gleichheit, so doch Gleichstellung, und hier gibt es sparsame Menschen, die zwei Centimes zurücklegen, wenn sie vier verdienen; hier gibt es einen sozialen Gemeinsinn und eine leidliche Einigkeit; hier gibt es Mitleid mit Armen und Kranken; hier gibt es allgemeinen und gemeinsamen Unterricht für alle; hier ist das ganze liberale und neuliberale Programm Schwedens und ein wenig aus dem Sozialistenprogramm realisiert!

X. – Das auch?

Johan. – Ja, es gibt überall Konsumvereine, die den wirklich überflüssigen Zwischenhandel unnötig machen, hier unten im Dorf gibt es eine Käsereigenossenschaft, wo alle ihre Milch abliefern und gemeinsam Käse herstellen. Hätte ich Bebel ein paar Monate hier, ich würde ihm zeigen, daß Europa nicht Berlin und sein Sozialismus Lokalpatriotismus ist, und daß sich außerhalb von Berlin die soziale Frage auf andere Weise lösen läßt. Ich würde ihm seinen Idealstaat zeigen, in dem die Großstadt nicht existiert, in dem der Privatsozialismus den Staatssozialismus ersetzt hat und in dem sich Industrie und Landwirtschaft bereits assoziiert und einen gewissen Wohlstand herbeigeführt haben.

X. – Ja, aber die Schweizer wandern aus in Massen!

Johan. – Daran tun sie recht, wenn sie sich nicht einfügen. Darum würde ich Auswanderung oder Export aller Unzufriedenen empfehlen, falls sie nicht zur Sprengung des alten Staates nötig wären, wie es ihn in Berlin und Stockholm gibt, und falls es nicht gegen das angebliche Elend einige Hilfsmittel gäbe, die ausprobiert werden müssen, wenn der alte Staat (und natürlich die Kirche) zusammengebrochen sind.

X. – Und die wären?

Johan. – Es gibt noch eine *res nullius*, einen Besitz, der niemandem gehört: und das ist der unbestellte Boden. Ihn kann und sollte der Staat versuchsweise an Bauernsöhne, Häusler, Statare verteilen, oder ihn auch arbeitslosen Arbeitern aus den Städten überlassen, entweder gegen einen geringen Zins oder als staatliche Landwirtschaftskolonien. Die Folgen: verminderte Einwanderung in die Stadt; verminderte Konkurrenz unter den Arbeitern; erhebliches Ansteigen der Löhne; Rückgang der Großindustrie, da sie sich nicht mehr lohnt; des weiteren erhöhte Forderungen der Dienstboten: mit den Folgen: Hinführung der Ehefrauen zu gesunder Arbeit, die Grillen und Unzufriedenheit beseitigt; Verminderung des Luxus; mit deren Folge: Niedergang der Luxusindustrie. Weiter: eine gemeinsame Erziehung; Demokratisierung der Sitten zum Beispiel durch Einführung einer einzigen Klasse auf der Eisenbahn, Einführung eines einzigen Titels; freiwillige Selbsthilfekonsumversicherungsgesellschaften und so weiter, und so weiter. Doch all dies ist in einer alten Staatsgesellschaft wertlos und läßt sich in ihr nicht erreichen, und darum sollte man in den veralteten Staaten als erstes einen großen konzentrierten Angriff gegen den alten Staat unternehmen, statt die Kräfte mit übertriebenen Forderungen und Hirngespinsten zu verschleißen. Die Gesellschaft wird umgebildet werden, das steht außer Frage; alles entwickelt sich auf natürliche Weise auf Assoziierung zu, denn die Menschen sind von der harten Konkurrenz verängstigt; eines Tages wird es die Vereinigten Staaten von Europa geben, aber nicht morgen; es wird eine einzige kleine europäische Verteidigungsstreitmacht gegen Asiaten geben, aber nicht übermorgen; wir werden maßvoll werden, und es wird Gleichstellung geben; Volapük und internationale Briefmarken gibt es schon, aber es wird verflucht noch mal keine neue Gesellschaft geben, bevor nicht alle Parteien, Sozialisten, Kollektivisten, Emanzipateure, Phrasendrescher, Weiberhasser, Freihändler und Protektionisten sich vereinigt haben zu einem einzigen großen Bund, um Monarchie, Staatskirche, Bischöfe und Regierungspräsidenten auszurotten und das gute alte Programm von 1867 zu verwirklichen. Wenn sie so weitermachen und alles miteinander vermengen, gibt es einen Pfannkuchen, den die Alten allein essen werden, mit unserem Zucker drauf! Ja, so stehen die Dinge! Und weg mit der verdammten Hätschelei. Es ist die Hätschelei, die dazu geführt hat, daß nicht ein Mann mit Nerven und Muskeln vorzutreten und den Anführer zu machen wagt, ohne sich an die Brust zu schlagen. Es ist die Hätschelei unserer Unsitten und unseres Leichtsinns und unserer Verschwendung, die dazu führt, daß wir arme Faulenzer, nervöse Frauenzimmer, vergnügungssüchtige Jugendliche verhätscheln; Hundetölen und Vogeljunge verhätscheln, Grundsteuern und den ewigen Frieden, Getreidezölle und Arbeiteruniversitäten hätscheln – ja, es ist Hätschelei, nützlichen alten Menschen beizubringen, wie man die leuchtenden Punkte am Himmel nennt, wie Raffaels Mätressen umgetauft wurden, was Mirabeau im Ballhaus gesagt hat. Es ist das verdammte Herz, das mit der Hätschelei gekommen ist und dem Großhirn die Kraft genommen hat. Wer aber kam mit dem Herzen, beseitigte die Manneskraft, beseitigte den Willen und die Tat? Stuart Mill sagt, daß es die herzlose Frau war, die mit dem großen Herzen kam und das Großhirn des Mannes hereinlegte.

Stuart Mill, Stuart Mill, dich hat man auch verhätschelt, aber damals warst du ein Mann, als du schriebst: »Die Ehefrau ist ein Bundesgenosse der öffentlichen Meinung. Ein Mann, der in einer Ehe mit einer ihm an Intelligenz unterlegenen Frau lebt, findet in ihr ständig ein Gegengewicht gegen, oder, was schlimmer ist, einen Hemmschuh für jeden Versuch, die öffentliche Meinung zu überwinden. Wenn in jedem Haushalt ein derartiger Einfluß herrscht ... ist es da erstaunlich, daß sich die Männer im allgemeinen nicht über dieses respektable Mittelmaß erheben, das ein so stark ausgeprägter Zug unserer Zeit zu werden beginnt?«

Johan, der so geredet hatte, daß seine Lippen blau geworden waren, öffnete ein Fenster und blickte über die Landschaft, den Säntis und die Glarner Alpen, auf die die Sonne schien, während das ganze Tal von Gesang, Schellenklang und Jodeln widerhallte.

– Schreib auf, was du gesagt hast, sagte der Freund; wenn du dich traust!

– Ja, das werde ich tun, antwortete Johan, und das wird der Schluß des vierten Teils von Der Sohn der Magd werden.

– Und der fünfte, wovon wird der handeln?

– Frag die Zukunft!

Briefe

August bis September 1886

An Gustaf Steffen

Weggis, 9. Aug. 86

Bester Herr Steffen,
In Paris gibt es Fotografie-Revolver, die man in der Tasche trägt und wie zu einem Schuß abfeuert. Wären solche nicht besser (zwei Stück), denn wir müssen mit Apparaten vorsichtig sein. Sie kennen deren Monomanie in bezug auf Spione. Das Revolverbild wird klein, aber was macht das schon. Wir sitzen dann in aller Ruhe zu Hause und vergrößern?

Erkundigen Sie sich in Berlin, und bitten Sie, eine Probe machen zu dürfen. Mit einem solchen machen wir eine größere Zahl von Bildern, und kleine Platten lassen sich besser transportieren als große.

Kosten in Paris 80 Francs.

Jetzt habe ich an Bonnier wegen des Verlags geschrieben. Nimmt er nicht an, dann, dachte ich mir, sollten wir ein Rundschreiben in großem Stil für alle 200 Zeitungen Skandinaviens drucken und ihnen die Briefe für 200 Eier das Stück anbieten, und sie dann hektographieren. Das gibt, wenn wir 25 Zeitungen bekommen, 250 Kr. pro Brief – und bei 4 im Monat 1.000 Kr. = 1300 Fr. Das geht gut.

Nun habe ich zwar Politiken, die 10 Öre pro Zeile zahlt, wodurch ein Brief bis zu 80 Francs einbringen kann + Nya Pressen in Finnland 25 Francs pro Brief + Norska Dagbladet 13 Francs + Wiener Allgemeine 8 Taler = 20 Fr. Wenn ich außerdem noch ein paar schwedische bekäme, wäre das ja in Ordnung. Eine italienische und eine englische wären sicher nicht unmöglich, und eine holländische und belgische. Ich werde nach Holland schreiben, wo ich einen literarischen Bewunderer habe – aber England? Kennen Sie dort irgendeine landwirtschaftliche Zeitung, die Frankreich ärgern will? Eine suchen?

Doch dazu braucht man ja ein ganzes Büro. Wenn ich, als Sie in Othmarsingen waren, nur klar im Kopf gewesen wäre, dann hätten wir mit dem Rundschreiben gleich losgelegt!

Aber Geld, Geld! Nun hängt mein Plan davon ab, wann Bonnier die Auflage für Teil 2 festsetzt; bleibt es bei 4000, ist die Sache entschieden. Können Sie von Berlin aus (vermutlich leichter als ich von hier) die belgische, englische, holländische, italienische, amerikanische, spanische (deutsche gibt es wohl nicht!) Zeitung aufspüren, die *sowohl* solide, S.D. 'isch und landwirtschaftlich ist, dann würden wir ein französisches Rundschreiben *Über den Europäischen Bauern* in grandiosem Stil drucken, und dann würden Sie hier Bürovorsteher werden und expedieren!

Suchen Sie indessen nach dem Revolver, denn an den glaube ich am meisten!

Fürchte, daß ich hier in der Pension einen französischen Spion habe. Er nennt sich Rapp, Commandant (Major) und holt mich auf unerträgliche Weise aus. Man glaubt sicher, daß ich ihre Festungen auskundschafte! Oder vielleicht ist man auch verärgert darüber, daß ich ihre inneren Verhältnisse auf Deutsch schildere!

Ich sehne mich nach der Durchführung dieser Reise, und womöglich geht ja alles gut!

Der deutsche Verleger sollte damit gekitzelt werden, daß er Klischees für die italienische, englische, holländische Auflage verkaufen darf.

Eil. Freundl.
Aug. Sg.

Wo bekomme ich ein französisches Visum?

An Albert Bonnier

Weggis (Luzern), Schweiz,
9. Aug. 1886

Bester Herr Bonnier.
Ja, das war der Schluß von Teil 3. Hiermit nun Teil 4. Da er von der Öffentlichkeit gelesen werden wird und sein Erscheinen durch Teil

1, 2, 3 und 5 motiviert wird, ist er kein Geheimnis. Nun aber möchte ich gern, daß er auf meine Rechnung von einer freundlichen Person abgeschrieben wird, Brief für Brief, jeder auf einem eigenen Blatt, so daß man erkennt, wieviel noch ausgeschlossen werden könnte. Diese Person sollte aber über jeden Brief konsequent schreiben

Von xxx an xxx

Aber kann man nicht aus dem Zusammenhang erkennen, an wen und von wem das geschrieben wurde, und könnte man nicht alle Namen ausschließen? Die ewigen erdichteten Namen oder Titel würden doch ermüden, und das Ganze würde mehr wie »Schriftstellerei« aussehen, wenn man alle Namen ausließe.

Alle Namen sollten konsequent mit xxx bezeichnet werden. Der Leser kann sicher aus dem Zusammenhang erschließen, was er wissen muß, und die Mystifikation würde das Rücksichtslose retten. Man kann doch meinen, daß es erfundene Briefe sind. Kein Vorwort und keine Kommentare!

Auf jeden Fall bitte ich Sie, gütigst für die Reinschrift zu sorgen. Wäre Geijerstam als schönliterarischer Schriftsteller nicht geeigneter, die Sammlung durchzulesen und Änderungs- oder Streichungsvorschläge zu machen. Man könnte ihm ja in Ihrem Namen[1] hundert Kronen für die Mühe anbieten, denn er ist ein armer verheirateter Mann.

Jedenfalls eine Abschrift, denn ich lasse Teil 5 und 6 in Dänemark veröffentlichen, wenn Sie es nicht wagen oder wollen.

Es trifft zu, daß dies auch zwei andere Menschen betrifft, doch zum einen haben diese beiden die anderen beiden keineswegs geschont, zum anderen werden sie honett behandelt und können mit einigen Streichungen noch mehr reingewaschen werden. Aber warum soll immer und ewig nur ich Haare lassen!

Davon abgesehen ist die Sammlung von großem psychologischen Interesse und scheint mir, ganz offen gesagt, besser als irgendein Roman. Ein Roman würde immer wie Selbstverteidigung aussehen, zu Widersprüchen, Mißdeutungen Anlaß geben und nicht zu der großartigen und einzigartigen Arbeit passen, die ich jetzt ausge-

---

1 Auf meine Rechnung!

führt habe. Ein Menschenleben in 5 Bd. Das ist keine Laune, sondern die Reflexionen dreier Jahre haben den Entschluß reifen lassen.

Zwar ist es, als verkaufe man seine Leiche an die Anatomie, aber was macht das, wenn man tot ist und andere von dem Kadaver ihren Nutzen haben!

Ich schreibe jetzt Teil 5: Der Schriftsteller. Die Entstehungsgeschichte aller meiner Arbeiten mit Milieu, äußeren Umständen, der Idee, der Ausführung, Kommentaren.

Das Gefühl, daß dies eine Bilanz, vielleicht ein Testament ist, hat all meine Lust zu schöner Literatur getötet, bis ich diese Wanderung durch mein vergangenes schmerzliches Leben vollendet habe.

Habe mit einem Stück begonnen, konnte aber nicht Gauner genug sein, um für das Parkett zu schreiben. »Man muß ein bißchen dumm sein«, um für das Theater schreiben zu können, hat (glaube ich) Gondinet gesagt. Ja, das muß man! Es ekelt mich an, nur Künstler zu sein. Meine Intelligenz hat sich vom Phantasieren zum Denken entwickelt. Dieses Heraufbeschwören freiwilliger Halluzinationen am Schreibtisch erinnert an Selbstbefriedigung, und der Roman und das Theater sind etwas für die Damen. Mögen sie sich dieser Belustigungen annehmen!

Dieser Kampf gegen meine neue Berufung ist es, der meine Gesundheit untergräbt. Ich habe die Schönschriftstellerei durchschaut und die Illusionen verloren – ich kann mich also nicht mehr damit beschäftigen.

Darum will ich nach vollzogenem Abschied vom Alten wieder meinen großen Plan aufgreifen, Europas Länder und Bevölkerung außerhalb der Städte zu untersuchen, und trete am 1. September zusammen mit einem Chemiker, Modernisten, Realisten, der Landschaftstypen, Häuser, Gesichter usw. fotografiert, eine Reise durch Frankreich an, um danach die anderen Länder zu behandeln. Die Wiener Allgemeine, Politiken, Finska Nya Pressen und Norska Dagbladet haben sich verpflichtet, die Briefe zu drucken, aber jetzt suchen wir einen Verleger in Deutschland, was nicht unmöglich sein sollte, da es darum geht, Frankreich zu ärgern. Die Arbeit reizt mich und ist modern. Realitäten sehen, die Träume und die Vergangenheit vergessen, referieren, was man sieht; das ist eine gesunde Arbeit, und meine Energielosigkeit, die das größte Hindernis gewesen ist, wird von meinem Reisegefährten gemeistert, einem starken Willen, der mich durchprügeln würde, wenn ich abschlaffte.

Nun aber will ich zuvor Sie, Herr Bonnier, fragen, ob Sie den Verlag für Skandinavien[1] übernehmen möchten. Könnte nicht ein Versuch mit dem ersten Teil als Pendant zu Kaufmans Neuem Frankreich in einer kleineren Auflage mit einem, in Anbetracht der Kostspieligkeit der Illustrationen, geringeren Honorar gemacht werden?

Ich will hier anmerken, daß es sich nicht um eine sozialistische, politische Arbeit, sondern *vielmehr* um eine voyage pittoresque handeln wird. Wollen Sie die Klischees vom Deutschen kaufen, oder wollen Sie, daß der Deutsche bei Ihnen kauft?

Einmal angenommen, daß der Bauernstand aussterben wird, was unwahrscheinlich ist (nach der letzten Aufdeckung des amerikanischen Weizenschwindels, dessentwegen die Schweizer gewarnt werden, ihren Weizenanbau einzustellen! Hören Sie sich Branting an!), dann ist es ja die letzte Gelegenheit, ihre Sitten und ihr Leben festzuhalten.

Entschließen Sie sich für eine schwedische Ausgabe, werden die Briefe in Politiken und den anderen skandinavischen Zeitungen eingestellt! Sie könnten mit Teil I ja einen Versuch machen, wie gesagt als Pendant zu Kaufman.

Was den Plan für Frankreich betrifft, so beabsichtige ich, nachdem ich jetzt mit dem Île-de-France Bauern das Allgemeine dargestellt habe, folgende Spezialtypen zu behandeln und diese Gegenden zu besuchen.

Lille (Frankreichs bester Getreidebauer)
Pays d'Ange (Normandie = Schlachtvieh)
Flers (Norm. = Industrie auf dem Lande)
Rennes (Bretagne = Schule der Landwirtschaftsaufseher)
Nogent (Ammen, die die Kinder der Pariser töten.)

[1] Nur eine und zwar eine schwedische Ausgabe, keine dänische.

Beauce (Kornkammer von Paris)
Touraine (Garten Fr.'s)
Mettray (Landwirtschaftskolonie für verwahrloste Maschinen-Sozialisten)
Bordeaux (der Wein, der Tabak, Anbau-Genossenschaften)
Alais (Seidenraupen, Maulbeeren, Mais)
Nîmes (Ackerbau mit Hacke und ohne Dünger)
Hyères (Oliven, Kastanien, Orangen, Mais, Feigen)
Clermont (Auvergne) (Käserei, Auswanderung nach Paris = das ärmste Frankreich)
Nevers (Wald, Köhler, Holzflößerei)
Beaune (Wein)
Andelot (Franche Comté Hirten)

Doch der Herbst steht bevor, und im September muß die Reise stattfinden, wenn es nicht zu spät werden soll. Darum wäre es wünschenswert, daß Sohn d. M. vorher herauskäme, damit auf dem Buchmarkt keine Übervölkerung entsteht. Wir haben noch drei Wochen Zeit, und ich bitte Sie, intensiv an dieses Buch zu denken.

Die Finnen, die das einzige Manuskript besitzen, haben die Anweisung erhalten, es Ihnen direkt zu übersenden.

Tolstoi gelesen. Aber kann irgend jemand dieses ewige Damengeplapper aushalten! Und über diese Personenmassen muß man Protokoll führen. Peter war gut, aber er hat sich aus dem Staub gemacht. Die Schlachtengemälde waren unkünstlerisch und haben kein Bild ergeben. Nun, Tolstoi hatte die Schriftstellerei schon entlarvt und die Halluzinationen verloren, darum scheint das Buch dazu ausersehen, invita Minerva – Vestigia terrent! Das war mir eine Lehre.

Beglückwünschen Sie Karl Otto zur wiedergewonnenen Gesundheit!

Mit Hochachtung und Ergebenheit
August Strindberg

An Isidor Kjellberg

Weggis (Luzern), Schweiz,
13. August 1886

Bruder.

Wo Aas ist, versammeln sich auch die Geier! Wundert es Dich, daß ich dem Verlagsverein Fria Ordet diejenigen meiner letzten Schriften anbiete, die in Schweden entweder unterdrückt oder in Schwedisch nicht gedruckt wurden, falls sie kein Pirat gestohlen hat!

Die Gram darüber, von einer Clique beschissener Weiber mundtot gemacht zu sein, die alle das Recht haben, ihre dummen Meinungen über alle Fragen zu drucken, von denen sie keine einzige studiert haben, hat mir größere Unlust und Krankheit verursacht als alle miesen Intrigen, alle idiotische Freundlichkeit und alle kränkende Überwachung, all das Zusammenzählen von Essenskrümeln und Grogs, die ich während meiner Gefangenschaft in Grez getrunken und gegessen habe.

Ist es Eure Absicht, unterdrückte Schriften zu publizieren, melde ich mit einem gewissen Anspruch das folgende an und hoffe, daß das Komitee seine Tätigkeit nicht damit einleitet, daß es unterdrückt.

Bin ich im Unrecht, soll man mich widerlegen, wenn man kann, aber ich muß das Recht haben zu sprechen, wenn irgend jemand, dann ich!

Im Falle der Veröffentlichung sollte diese für die Unterklasse in preiswert gedruckten Heften erfolgen.

Zuerst sollten die unterdrückten Vorworte zu Heiraten 2 herausgegeben werden, da sie beim baldigen Erscheinen dieses Teils Konjunktur haben werden.

Auf das Honorar scheiße ich; ich ziehe doch ein Minimum in der Hand einem ganzen Vogelschwarm auf dem Dach vor. Von Bonnier bekomme ich bei 4.000 Ex. 200 Kr. pro Bogen. Könnt ihr mir 25 oder 30 geben, bin ich zufrieden. Könnt ihr mir nichts geben, dann begnüge ich mich mit der Beschämung und der Rache!

Ich bin abwechselnd gesund wie ein Fisch und krank wie ein

Todeskandidat, aber das ist die Folge meiner unnatürlichen Beschäftigung, der ewigen Sorge um die Zukunft und die Kinder, des Mangels an Umgang und Vergnügungen. Gehe zwischen dem Schreibtisch und dem Bett und dem Eßtisch und dem Klosett hin und her.

Daß ich meine große Bauernarbeit nicht ausführen durfte, war schade. Nun habe ich jedoch einen tüchtigen Reisegefährten gefunden (Chemiker, Modernist, Fotograf), und wenn wir erst Geld haben, brechen wir wieder auf. Die Briefe haben in Wien einen gewissen Erfolg gehabt und haben mir gelegen. Wenn die Bauern jetzt aussterben müssen, dann sollte man wohl ihre letzte Geschichte schreiben. Allerdings dürften sie länger leben als die Maschinisten, wenn man den Schweizer Zeitungen glauben darf, die vor der Einstellung des Weizenanbaus warnen, da das amerikanische Getreide Humbug ist!

Sogar Bebel erwartet nach der Bewegung der Maschinensozialisten einen Bauernkrieg, und dann bleibt noch der Krieg zwischen den Nationen, zwischen den Geschlechtern, zwischen Individualisten und Soziablen, und zuletzt zwischen Dummen und Schlauen. Es ist schade, daß Branting Berliner Orthodoxer geworden ist. Deutschland als Industrieland braucht den Industriesozialismus, aber Schweden als Agrarland den Agrarsozialismus.

Im Maschinisten-Sozialismus steckt viel deutscher Philosophie-Bodensatz und viel deutsche Systematisierungslust. Das ist schon schade! Bebel betrachtet sowohl Arbeiter als auch Frauen als Revolutions-Gegenstände und meint es mit seinen Programmen nicht so ernst. »In agitatorischer Absicht«, fügt er immer hinzu.

Mein Programm ist: »Schafft die Oberklasse ab! Dann werden wir sehen!«

Branting erschreckt mit seinen Maschinen die Leute. Und merk Dir: die Arbeiter sind keine Körperarbeiter mehr, sondern Kontrolleure, die auf Knöpfe drücken und an Rädchen drehen. Sie sind bald eine neue Oberklasse, die mit weißen Händen herumläuft und die Maschinen der Kapitalisten ihre Arbeit machen läßt. Ja, sie verachten bereits die Bauern als Körperarbeiter, und ein Maschinenarbeiter hält sich für besser als einen Handarbeiter. Paß auf, daß ihr nicht eine Schar Zufriedener statt eines Schwarms Revolutionäre herbeihofiert, und Revolution ist inzwischen das einzige, woran ich (und die Sozialisten) glauben, auch wenn wir es nicht sagen! Weißt Du, meine Intelligenz kann nicht beim Programm bleiben, darum bin ich am weitesten voraus und am freiesten, und ich halte Branting für einen Konservativen, so wie er mich, doch ich besitze größere Geistesfreiheit als er, denn ich habe mich zu meinem Programm hingelebt, er hat es gelesen und ist leider – fertig!

Es hat mich erstaunt, Fåhræus' Namen im Komitee zu sehen. Seine verletzende und unangenehme Rolle in Grez, im Namen des Wohltätigkeitskomitees meine Absinths aufzuschreiben und meine Moral zu überwachen, hat in mir Groll gegen ihn geweckt.

Im übrigen war er ein Aristokrat, bezeichnete sich als Idealist, Hasser des Sozialismus und der Revolution, Spencer-Automat, der meinte, wir gingen zu schnell, und für die Evolution 500 Jahre veranschlagte; vertrat die *unbewiesene* Meinung, Republik sei besser als Monarchie; erklärte es für unsittlich, daß Frauen trinken, und stellte sich für eine häßliche Intrige zur Verfügung, um einen Maler zu rächen, der sich schämte, mit einem Mädchen zu schlafen, das seine Frau werden sollte.

Ich weiß nicht mehr über den Mann, als daß er reich zu sein schien und der Meinung war, ich hätte kein Recht, mich über in Bauchspeck gebratene Eselsleber zu beklagen. Sein feines Äußeres stand einer ungeheuren Roheit nicht im Wege, und seine Heldentat, *Frau* Ribbing einen Totenkranz zu schicken, ist kein Beweis von Liberalismus.

Da hast Du altera pars!

Außerdem wandte er sich *gegen* einen Verein wie Fria Ordet, da dieser für andere belastend werden könne. Daher mein Erstaunen!

Ich frage mich, ob ihr nicht vorsichtig mit ihm sein solltet! Er hat sich über die Armen furchtbar verächtlich geäußert und sie »Lumpen« genannt. Bewunderte Bismarck und meinte, die Demokraten seien ebenso erbärmlich wie die Aristokraten oder schlimmer, was stimmen mag, doch aus seinem Mund hieß es, die Bestrebungen der Demokraten seien unberechtigt!

Leb wohl, Bruder, und laß bald von der Sache und von Dir und dem weiteren hören.

Freundlichst
August Strindberg

An Gustaf Steffen
[Weggis,] 20. Aug. 86

‖ Warum baut die Biene ihre Wabe sechseckig? Weil sie subjektiv ist, das Biest, und mit ihrem sechseckigen Auge alles sechseckig sieht. Warum sieht der Mensch die Planeten und die Kanholmsbucht rund? Weil dieser subjektive Teufel ein rundes Auge hat.

Beachte! Die Spinne mit ihren acht Beinen baut ein achteckiges Nest.

Beachte. Das Sechseck ist für die Biene nicht das Zweckmäßigste (= Gottes und Spencers und der Evolutionstheologen Vorsehung!), denn in den Ecken muß sie es abrunden.

Die alten Bienenkörbe waren rund, und sie hätte sich ihnen anpassen sollen. Nunmehr sind sie quadratisch, und trotzdem baut sie nicht quadratisch; was in jedem Fall das beste wäre. Die Wespen und die Hummeln in der Erde haben einen runden Bau, bauen aber trotzdem sechseckig, ergo ihrem Auge entsprechend.

‖ Warum will der Berlinermaschinistensozialist aus allen Menschen Maschinisten machen?

‖ Ob nicht die Biene den Mond vielleicht sechseckig sieht?

‖ Stell dir vor, die Erde wäre nicht rund? Sondern sechseckig?

‖ Müssen auf das Sensorium des Auges [die Buchstaben] ab nicht immer rund wirken? Nachdem der Bogen konkav ist.

Einwand? Aber dann müßte ein Haus auch rund aussehen?

Nein, denn die Gegenstände müssen »weit« entfernt sein, so wie die unebenen Kobben in der Kanholmsbucht.
‖ Was ist der Regenbogen? Nichts, denn zwei Menschen sehen nicht denselben!
Der Regenbogen ist eine subjektive Wahrnehmung, über welche die Professoren objektive Abhandlungen schreiben.
‖ Die Biene muß einen sechseckigen Regenbogen ohne Farben nur mit Lichtnuancen sehen.
‖ Also: Wir wissen von der äußeren Welt nichts, sondern »meinen« nur.
Wozu dann gurgeln?

‖ Das amerikanische Getreide ist nicht gefährlich, denn sein niedriger Preis beruht auf Sklavenarbeit. Wenn die Arbeiter in Amerika durch Streik und Sozialismus ihre Löhne erhöhen, wird das Getreide teurer, und der europäische Bauer ist gerettet.

‖ Europas Bauer wird dennoch überleben, doch Europas Großlandwirte werden kaputtgehen; denn der Bauer, der kein Korn verkauft, sondern Hühner, Butter, Eier, Gemüse ist von der amerik. Konkurrenz völlig unabhängig!

England und Sachsen werden zu Fall kommen, denn der letzte Bund berichtet, daß die amerikanischen Südstaaten Webereien errichtet haben und ihre Baumwolle selbst verweben. Also Tod den Gesellen. Hinaus aufs Land mit ihnen!
‖ Die Gesellen, welche die Maschinen der Kapitalisten ausbeuten, indem sie ihre Arbeit auf sie abwälzen, sind bereits Oberklasse. Bald gehen sie mit weißen Händen und weißen Manschetten in ihre Dienstzimmer und fingern an Knöpfen und Rädchen herum wie sonst ein Schreiber an seiner Feder.
Sie verachten bereits die Bauern – die einzigen wirklichen Körperarbeiter heutzutage.
Sind also Oberklasse und müssen von den Bauern abgeschafft werden.

|| Ein Dampfpflug kostet 40.000 Francs und braucht 1.000 Doppelmorgen Land. Funktioniert nicht auf schwedischen und Schweizer Hügeln.

Aug. S.

Wenn die Gesellen die Maschinen geklaut haben, werden sie Herren und wollen Knechte und Mägde haben: Also Revolution 5 = die der Knechte und Mägde! gegen die ehem. Gesellen!

An Albert Bonnier

Weggis, Luzern, 20. Aug. 1886

Bester Herr Bonnier.

Nun sieht es wirklich so aus, als könnte ich meinen Plan hinsichtlich der Bauernarbeit ausführen, und es wird mit einem von Deutschlands besseren Verlegern verhandelt, der das auf Deutsch Erschienene gelesen hat und nach der Lektüre der Preußischen Jahrbücher eine Kapazität gefunden zu haben meint. Allerdings ist noch nicht entschieden, ob die Reise im Herbst stattfindet oder erst im nächsten Jahr.

Dies war indessen ein Hoffnungsschimmer im letzten Augenblick, denn ich habe alle Stadien der Verzweiflung durchgemacht, seit ich erkannt habe, daß ich diese bei der Jugend und gewissen in der Entwicklung stehengebliebenen Individuen vorhandene Fähigkeit der bewußten Illusion verloren habe. Ich habe mich nämlich einen ganzen Monat mit dem 1. Akt eines Stücks herumgeschlagen, der schließlich fertig, aber so schlecht wurde, daß ich ihn kassiert habe. Nur Räsonnement, keine Charaktere. Dies war eine betrübliche Entdeckung, nachdem ich ja auch, mit Familie, von meiner Arbeit existieren muß. Ich mache mir jedoch keine Illusionen, sondern warte ab und studiere. Unter allen Umständen werde ich es so einrichten, daß mich die Korrekturen erreichen.

Jetzt kommt endlich Heiraten 2, freilich für uns ungelegen und trotz meiner Warnungen vom Frühjahr hinsichtlich der Herbstkonkurrenz. Wird dagegen Klage erhoben, dann kündige ich als gehörige Antwort sofort Lettres de Stockholm an, und dann bin ich in Schweden wohl verloren. Dies habe ich lange erwartet, und auf Rettung bedacht, habe ich die Bauernarbeit geplant. Dann kommt ja die Autobiographie, voll motiviert als Erinnerungen eines Emigranten an sein ehemaliges Vaterland. Daß ich mit meiner Auswanderung in die Schweiz verbrecherischer sein soll als die 200.000 Vaterlandsverräter, die in den letzten 20 Jahren nach Amerika ausgewandert sind, kann ich nicht begreifen. Man muß doch leben, und man holt sich das Brot, wo man kann; und da man meine Arbeiten des letzten Jahres nicht publizieren will, muß ich mir einen anderen Markt suchen.

Was den Titel des 2. Teils angeht, habe ich viel nachgedacht. Könnte man vielleicht sagen

Die Häutung
oder
In der Häutung

oder das erste Kapitel nehmen, Titel:

	Die Unzufriedenen
oder	*Bei den Unzufriedenen*
oder warum nicht	*Sturm und Drang*
oder	*Das Alte und das Neue*
oder	*Zur Tagesmitte* (Mittagssonnenwärme, wenn der Schnee schmilzt)
oder	*Entwicklung*
oder	*Die Ungläubigen*
oder	*Unglaube*
oder	*Gärstoffe*

Teil 3 darf seinen schlagkräftigen Titel *Aus dem Roten Zimmer* sicher behalten. Sollten nun, was zu empfehlen wäre, da es jetzt zu Verzögerungen kommt, Teil 2, 3 zusammen erscheinen, wäre der Titel wahrscheinlich der folgende:

Der Sohn der Magd
von
August Strindberg
Teil II
Gärstoffe
Teil III
Aus dem Roten Zimmer
Stockholm
Albert Bonnier
1886

Es wäre sehr schade, wenn nicht die ganze Arbeit auf Schwedisch erscheinen könnte, und eine solche Lücke wie die Epoche Er und Sie kann nicht offen stehenbleiben, zumal Teil 5 in Arbeit ist. Aber das werden wir ja sehen.

In acht Tagen führe ich meine Herde ins Winterquartier nach Zürich, welches Schicksal mir auch bevorstehen mag. Zu diesem Zweck bitte ich Sie, Herr Bonnier, mir gütigst das Minimumhonorar für Teil 3 = 2.300 Francs, berechnet nach nur 3.000 Exemplaren, zu senden, da ich noch nicht weiß, ob die Auflage feststeht. Steht sie fest, was ich sicherheitshalber in die Rechnung nicht einbezogen habe, hätte ich für Teil 2 noch um die 1.000 Francs gut, doch das werden wir dann sehen.

Jetzt kommt Svea. Ich halte es für eine liebe Pflicht, dafür zu schreiben, nachdem Sie mich gern dabei haben wollen. Allerdings kann ich Edelfelt nicht behandeln, weil ich ihn nicht genügend bewundere, nicht mehr als ein Bild von ihm gesehen und ihn nicht in seinem Atelier interviewt habe.
 Statt dessen sende ich in einigen Tagen (wenn Gott will?) eine schwedische Idylle in Versen, Der Geburtstag genannt, die vom neuen Klavier des Küsters und damit zusammenhängenden Umständen, Landschaften, Bauernkirche usw. handelt, völlig ungefährlich!

Sollten sie Ihnen über die Maßen gut gefallen, wäre ich geneigt, zwei weitere zu schreiben, Die Christmette (ein Weihnachtsabend in einer Stockholmer Bürgersfamilie (Bryggargård) mit Fahrt zur Mette in Solna und Frühstück mit Glühwein im Stallmästaregården) und Die Kindstaufe, Bambocciade, Groteske, nach der Natur (im Schärenmeer), mit betrunkenem Pastor und Schlummertrunk u. a.

Doch dann ist die Frage, ob nicht die drei (mit Vignetten) statt dessen ein hübsches Weihnachtsbuch (ohne Sozialismus und Frauenfrage oder Pessar) werden könnten. Das hat Zeit, bis der Regen aufgehört hat (es regnet schon seit dem 8. Mai, aber das Gewitter hat aufgehört, seit es in den Bergen zu schneien begonnen hat) und Nr. 1 abgesandt und gelesen ist. Dann sollten wir vielleicht etwas »bisher Ungedrucktes« für Svea nehmen, wenn Sie nur in diesem Fall darauf bestehen, meinen Namen dabei zu haben. Ich habe alte Idealistenverse, datiert 1871, u. ä.

Ich kann nicht leugnen, daß ich bezüglich Ihres Eindrucks von Teil 4 unruhig und neugierig bin. Gleichwohl habe ich die Reise nicht darauf gegründet, sondern auf zwei Aufführungsangebote von Glückspeter in Norwegen.

In der Hoffnung, daß die Herbstkampagne 1886 für alle Teile glücklich verlaufen möge, zeichne ich

Mit Hochachtung und Ergebenheit
August Strindberg

An Gustaf Steffen

Weggis, 24. Aug. 86

|| Ihre kolossale Unwissenheit läßt sich nur noch mit Ihren beschränkten Verstandesgaben und Ihrer Unverschämtheit vergleichen; nachdem sich aber die letztere Eigenschaft zu meiner überlegenen Intelligenz gesellen wird, muß ich sie wohl hinnehmen.

|| Die Sache mit den runden Waben wurde in Berlins (*kleiner*) Naturlehre als Beweis für die Vorsehung Gottes und die Zweckmäßigkeit der Schöpfung angeführt. Sie kennen ja die neuesten Forschungsergebnisse nicht. Die Biene hat drei Augen: eine kleine Laterne auf der Schädeldecke, die diffuses Licht speichert, wodurch

es für die Biene im Korb nicht dunkel ist, wohl aber für subjektive Chemiker.

‖ Sie glauben allen möglichen Unsinn wie ein Kind. Wenn es nur formuliert, seit Jahren gedruckt ist und Anhänger hat. »Der Zweifel ist der Anfang der Weisheit.« Dubito ergo sum.

‖ Wer soll denn die Pißpötte auskippen und den Kollektivfabrikateuren das Rasierwasser kochen, wenn sie die Maschinen »zurückgestohlen« haben?

‖ Wessen Maschinen?

‖ Nehmen wir an, Sie werden mein Reisegefährte (oder, wie Sie es nennen, mein Diener) und ich kaufe eine Kamera, dann werden Sie natürlich die Kamera »zurücknehmen«, wenn Sie Frankreich bereist haben, und dann mit meinen Fotografien das Edgrensche Stipendium beantragen? Ist es nicht so?

‖ Meine Entscheidung zu reisen hängt von der Beschaffung von Geld ab.

‖ Wissen Sie nicht, daß ich mit 9.000 Kronen Schulden Konkurs gemacht habe, wovon 8.000 bezahlt sind, während ich gleichzeitig die Bevölkerungsmenge um drei Personen vermehrt habe.

Wissen Sie nicht, daß man für mich gebettelt hat, und daß meine Arbeiten der letzten Jahre auf Schwedisch nicht gedruckt und nicht bezahlt worden sind.

Wie zum Teufel, glauben Sie, soll ich mir nichts, dir nichts 200 Fr. schicken, die ich nicht besitze?

Hat man auch geschrieben, daß ich Geld in Strümpfen spare?

Glauben Sie nicht zu viel von dem, was man über mich schreibt.

‖ Indessen ist es sehr wahrscheinlich geworden, daß mein Entschluß zu reisen in die Tat umgesetzt wird, und ich habe, welche Wirkung dies nun auch haben mag, Geld angefordert.

‖ Und hoffe Ihnen am Samstag 200 Fr. zu senden.

‖ Worauf Sie unverzüglich mit Instrumenten und »Entwicklung« hierherreisen. Wir üben in Reims und Umgebung. Und abends entwickeln wir.

‖ Auf Verleger verlasse ich mich jetzt nicht, und Manuskripte muß er haben, bevor es zur Entscheidung kommt. Klar!

‖ Vorgestern Brief von Christensen. Ich glaube aber nicht, daß es eine gute Beziehung unterstützt, wenn der Dritte mitteilt, was die anderen beiden denken. Jetzt hat er sich darüber ausgelassen, was Sie über mich denken. Das gibt doch Weiberklatsch und Komplikationen mit endlosen »Erklärungen«.

‖ Er ist mir vorgekommen wie ein Sozialistenpietist; voller Christus und Ideale. Wollte Ibsen nicht besuchen, weil der auf seine Karten Kommandeur gedruckt hat. Ich habe geantwortet, daß ich meine, es sei bescheidener, Kommandeur zu schreiben, wenn man das ist, als Prophet und Märtyrer, wenn man es nicht ist.

‖ Behandelte mich wie eine Art Ungläubigen, nicht mehr Gottes (und Bebels) Kind! Der Ihren Worten zufolge die soziale Frage für mich lösen wollte.

Er will sie natürlich, da er besser ist als ich, im Interesse des Arbeiters lösen, den er »liebt«.

‖ Ich habe ihn gebeten, aufrichtig zu sich selbst zu sein; nicht solche Reden zu führen, die falsch sind und der Oberklasse Waffen zuspielen; sondern als Determinist zuzugeben, daß ihn ebenso wie uns andere ein Trieb antreibt und daß seine Entsagung Not, nicht Tugend ist, daß er sich für die Arbeiterfrage interessiert, wie ich mich für die Bauernfrage interessiere, ohne blague! Er ist *interessierter* an seinen Arbeitern als ich an meinen Bauern, denn er will durch sie Reichstagsabgeordneter werden. Ich habe nichts zu erhoffen von meinen Bauern, die mein Buch nie lesen werden und es nur entstellt referiert bekommen.

‖ Enfin! Ihre Energie hätte sich darin äußern sollen, daß Sie Geld für eine Kamera und die Reise hierher gepumpt hätten! statt in Aufforderungen zu einer Entscheidung, die nur von äußeren Konjunkturen abhängt, die unbeständig sind wie der Wind und die mein Wille nicht beherrscht.

‖ Gestern Telegramm von Neue Freie, die mir ein Honorar schikken wollte. Was bedeutet das? Ist Ch. mir gegenüber mißtrauisch, oder hat er mich benutzt, um rasch Geld herauszupressen? Ich habe geantwortet und gebeten, ihm direkt das ganze Honorar zu schikken, das er behalten darf!

‖ Man muß meinen harten Schädel haben, um die unanständige

Art sehen und ertragen zu können, mit der Landsleute mich behandeln, und von daher wird mir erst klar, auf welch schamlose Weise man mich dargestellt hat. Aber darauf scheiße ich, und darum reise ich, um dieser ganzen schwedischen Meute in den Hintern zu treten!

‖ Indessen! Halten Sie sich bereit, fahren Sie aber nicht zu früh los, denn Geld aufzutreiben, ist nicht das leichteste.

Aug. S.

An Hjalmar Branting

Weggis, 28. Aug. 86

Bruder,

Kürzlich habe ich in einem Brief an Isidor K. ein wenig Prinzipiengalle über Dich und Deine Maschinistenpolitik verspritzt (Du hast es vermutlich bereits gelesen!) Sonst eine kurze Zusammenfassung. Ich habe vom Sozialismus als einer Bewegung geträumt, die alle Klassen umfaßt, vor allem aber die zuviel körperlich Arbeitenden. Nun scheint das Berliner Programm sich auf die Industriearbeiter zu beschränken, die ihre Arbeit bereits auf die Maschinen abgewälzt haben und Kontrolleure (Knopf-, Rädchen- und Schraubenmutterhantierer), also Oberklasse, geworden sind, welche die wirklich körperlich arbeitenden Bauern als degeneriert verachtet[1]. Darum ist die Bekämpfung des Getreideschutzzolls durch die Industriearbeiter *jetzt* eine Ungerechtigkeit, nachdem die Gerber den Lederzoll bekommen haben, wodurch die schwedischen Bauern gezwungen sind, schlechtes und teures Leder zu kaufen. Partiell und sofort Schutzzölle abzuschaffen, ist Idealik, Prinzipienreiterei. Die Schweiz hat sich damit ganz chevaleresk ruiniert, ist aber endlich realistisch geworden und zu einer anderen Ansicht gekommen! Weiter: Müßiggang und Maschinenarbeit sind kein Glück. Zu viel Körperarbeit ist ein Fluch, aber keine ist der Tod (sieh mich und andere Kopfarbeiter an). Der Industriearbeiter ist ein anämischer Tagedieb, der bald in die Krankengymnastik gehen muß, um sich Bewegung zu verschaffen. Der Maschinismus und die Entwicklung

1 Siehe Jacoby: L'Hérédité.

zur Großindustrie sind eine Entwicklung zur Krise, nicht zum Fortschritt. *Daß* Kleinbauern von Landkaufleuten und Probenreitern ruiniert werden, ist ein Faktum, aber eine traurige Folge des Kapitalismus.

Ein Dampfpflug braucht 1.000 Doppelmorgen ebenen Boden und kostet 40.000 Francs, und arbeitet sechs Wochen im Jahr. Kostet und bringt nichts 48 Wochen. Eignet sich für Schweden nicht!

Ist der Bauer ruiniert, weil er Hypotheken aufgenommen hat? Sind alle, die Darlehen haben, ruiniert?[1]

Ist eine Rückkehr zur Landwirtschaft Barbarei? War nicht die Landwirtschaft eine kolossale Entwicklung aus der Barbarei heraus?

Die Eisenbahnen haben auch eine antizivilisatorische Wirkung gehabt, indem sie die Menschen, die seßhaft gewesen sind, wieder zu Nomaden gemacht haben. (Denke an die Auswanderung und die Einwanderung).

Nein, im Aargau lachen nicht nur alte Weiber über die Eisenbahn. Alle rechnen in Fußmeilen, und wenn sie auf ein Fest wollen, wandern sie nachts in einem einzigen Schwarm acht Stunden lang mit Gesang und Trommeln und nehmen es als ein gesundes Vergnügen.

|| Indessen, streich das aus! Den Idioten fehlen die Voraussetzungen!

|| Die Bierstube darf abgemildert werden!
|| Rechtsgefühl wird gegen Gewissensfreih. ausgetauscht.
|| Die Lehrerinnen bleiben stehen, aus Prinzip. Sie hatten 1200 ohne Abitur; ich 900 mit. Verdienen sie gelegentlich weniger, dann ist das gerecht, denn die Frauenzimmer sollen weniger verdienen, solange das Gesetz sie nicht zur familiären Versorgung wenigstens ihrer eigenen Kinder verpflichtet.

1 Lies Toubeau: Relèvement de la population und Eugène Simon, la Cité Chinoise, zwei Perlen!

‖ In diesem Punkt kein Kompromiß.
‖ Nicht etwa ein Mann (♂) hat die Syph hervorgebracht, sondern eine Frau (♀). Das sollen die Föderationsdamen auf die Nase kriegen, wenn sie auf den Mann schimpfen, der seine Geschlechtsteile nie verkauft hat. Bleibt stehen!
‖ Zerrt sie herunter: wird geändert in Zerrt uns herunter (= die Oberklasse!), dann wird es ungefährlich!
‖ *Die* Zeit der Gärung (nicht Zeit [der Gärung]) wird akzeptiert.

Erkennst Du aus den Aufzeichnungen eines Zweiflers, was ich mit Rückkehr zur Natur meine (Abschaffung des Intelligenzluxus). Der Kolonialwarenhändler – der Maler – der Dichter = Ein komplettes Individuum statt dieser kranken Stück-Menschen, die durch die zu weit gehende Arbeitsteilung entstanden sind?

Der französische Bauer hat keine Hypothekendarlehen. Unabhängig vom amerikanischen Getreide, denn er verkauft kein Getreide, sondern Eier, Milch, Gemüse etc. für die Steuer.

Das amerikanische Getreide kann nur darum billig verkauft werden, weil es von Industriesklaven angebaut wird. Wird darum teurer, wenn der Sozialismus diese emanzipiert hat, und dann ist Europa gerettet.[1]

Der amerik. Weizen soll bereits blague sein, und die Schweizer Zeitungen warnen vor der Einstellung des Weizenanbaus.
  Das indische Getreide wird von völligen Sklaven angebaut (Siehe Nineteenth Century).

Lebwohl und versuche, in diesen Rhapsodien meine Gedanken ausfindig zu machen! Wenn Du kannst!

Dein Freund
August Strindberg

Gib Bonnier sofort die Route, sei so gut.

1 Die Bauernparteiler sind keine Bauern, sondern Landwirte!

An Mathilde Prager
                                Weggis, Luzern, d. 20. September 1886
Hochverehrte Frau Professorin.

Es betrübt mich aufrichtig, daß meine Briefkarte aus Lille einen solchen Ton gehabt haben muß, daß Sie durch ihn verletzt werden konnten.

Doch ich kann zu meiner Entschuldigung anführen, daß sie nach langen Eisenbahnreisen, anstrengenden Fußwanderungen mit Gepäck und Fotografie-Apparat in der grausamsten Sonnenhitze geschrieben wurde, und ich war daher allzu nervös, einen Brief in den gebräuchlichen und respektvollen Wendungen abzufassen. Außerdem kennen Sie aus meinen Schriften meinen knappen und kantigen Stil. Ich bitte Sie darum inständig, die Sache nicht für mehr zu halten, als sie war: eine hastige Mitteilung über einen Sachverhalt, und bitte, nun wieder in ein sauberes Zimmer mit Schreibtisch zurückgekehrt, um Verzeihung.

Was den Sachverhalt selbst, die Autorisierung angeht, so meine ich von Anfang an mitgeteilt zu haben, wie ich im Laufe dreier Jahre Autorisierungen in alle Himmelsrichtungen vergeben habe, da die Gesuche normalerweise von Drohungen begleitet waren, ohne meine Genehmigung zu veröffentlichen. Wenn man die Autorisierung dann nicht benutzte, habe ich eine neue bewilligt, denn sonst hätte ich ja unterdrückt werden können.

So war es mit den Schwedischen Schicksalen (die vermutlich (?) teilweise im Hamburger Correspondenz-Blatt gestanden haben, wo Dr. Otto Rüdiger zu publizieren »gedroht« hatte). Ein gewisser Herr Ludwig in Lindau hat sicher auch etwas übersetzt. Hierüber befinde ich mich in tiefer Unkenntnis, denn man sendet mir niemals Exemplare.

Indessen finden Sie, daß es jetzt zu spät für mich ist, ein Exklusivrecht auszufertigen, da ich dasselbe bereits teilweise abgegeben habe. Hierüber hatte ich informieren wollen.

Dies gilt indessen nur für die Vergangenheit. Wenn wir nun wieder auf die Bauernbriefe zurückkommen, bitte ich darum, mit Ihrer wohlwollenden Vermittlung rechnen zu dürfen. Die Reise durch

Frankreich ist abgeschlossen und wird nun veröffentlicht werden unter dem Titel:

Unter französischen Bauern
Abt. 2
Autopsien und Interviews

Die Reise wurde in der 3. Klasse durchgeführt, mit Wanderungen auf dem Land. Bauern wurden im Coupé, im Dorfkrug, in ihrer Hütte interviewt, und alle Provinzzeitungen wurden gekauft.

Die Wanderungen wurden unternommen in

> Franche Comté   Auvergne
> Champagne   Morvan
> Flandres   Bourgogne
> Normandie
> Bretagne
> Les Landes
> Languedoc
> Provence

Fotografien wurden mit Moment-Aufnahme gemacht und die Landschaften vom Coupéfenster und von der Landstraße aus »referiert«, außerdem wurden Bauernhäuser in Zeichenalben abgezeichnet.

Ich glaube, daß die Reise »modern« war und daß Abteil. 2 besser wird als Abt. 1.

Wenn Sie die Wiener Allgemeine Zeitung vorbereitend fragen könnten, ob sie geneigt ist, die Briefe aufzunehmen, wäre das vielleicht vorteilhaft.

Nun bitte ich Sie noch einmal um Entschuldigung für meine knappe Schreibweise. Ich bin gestern 16 Stunden gereist und heute morgen Post und Zeitungen von drei Wochen durchgegangen, und in meinem Kopf rollen noch die Wagenräder.

Also mit aufrichtigem Bedauern und tiefster Hochachtung

August Strindberg

Die Kameraden

Komödie in vier Akten

Personen

Axel, Maler
Bertha, seine Frau, Malerin
Abel, Freundin
Willmer, Literat
Östermark, Arzt
Frau Hall, dessen geschiedene Frau
Die Fräulein Hall, ihre Töchter aus einer späteren Verbindung
Starck, Leutnant
Frau Starck

Bühnenbild für alle Akte

Ein Maleratelier in Paris, im Erdgeschoß, mit Glastüren zu einem Garten. Im Hintergrund großes Fenster, Tür zum Flur. Studien, Gobelins, Waffen, Kostüme und Gipsdetails an den Wänden.

Rechts Tür zum Zimmer des Hausherrn.

Links Tür zum Zimmer der Hausfrau.

Mitten im Raum, etwas nach links, ein Podium für Modelle. Rechts eine Staffelei mit Zubehör.

Ein Kanapee. Ein großer Ofen mit durchsichtigen Glimmerklappen, durch die man das Kohlenfeuer sieht.

An der Decke eine Hängelampe.

Erster Akt

Erste Szene

Axel und der Doktor.

AXEL *sitzt und malt:* Und du auch in Paris?
DER DOKTOR Hier trifft sich ja alles wie im Mittelpunkt der Erde; und du bist verheiratet? Und glücklich?
AXEL Ja, doch, so là-là. Ja, ich bin recht glücklich. – Das versteht sich ...
DER DOKTOR Was versteht sich?
AXEL Hör mal, du bist Witwer und folglich verheiratet gewesen. Wie war es, verheiratet zu sein?
DER DOKTOR Sehr gut ... für sie!
AXEL Und für dich?
DER DOKTOR Mal so, mal so! Aber weißt du, man muß Kompromisse schließen, und wir haben immer Kompromisse geschlossen, so lange wie möglich.
AXEL Was heißt das, Kompromisse schließen?
DER DOKTOR Das heißt: daß ich nachgegeben habe!
AXEL Du?
DER DOKTOR Ja, das hättest du von einem Mann wie mir nicht gedacht!
AXEL Nein, das hätte ich nicht gedacht! – Hör mal, du glaubst nicht an die Frau, oder?
DER DOKTOR Oh nein! Das tue ich nicht! Aber ich liebe sie.
AXEL Auf deine Art, ja!
DER DOKTOR Sehr richtig, auf meine! Wie ist denn deine?
AXEL Wir haben uns wie Kameraden arrangiert, weißt du, und die Freundschaft ist höher und dauerhafter als die Liebe!
DER DOKTOR Hm! – Nun, Bertha malt auch? Gut?
AXEL Einigermaßen!
DER DOKTOR Wir waren früher gute Freunde, sie und ich, das

heißt, wir haben uns immer etwas gestritten. – Da kommt Besuch. – Still! Das ist Carl mit Frau!
AXEL *steht auf:* Und Bertha ist nicht zu Hause! Teufel auch!

Zweite Szene

Die Vorigen. Leutnant Carl Starck mit Frau Starck herein.

AXEL Na, herzlich willkommen! Hier haben wir uns wohl aus allen Ecken und Enden der Welt verabredet. Guten Tag, Frau Starck; Sie sehen aber gut aus nach der Reise.
FRAU STARCK Danke, lieber Axel, es ist eine wirkliche Vergnügungsreise für uns gewesen! Aber wo steckt denn Bertha?
CARL Ja, wo ist die junge Frau!
AXEL Sie ist im Atelier; ich erwarte sie aber jeden Augenblick! Wollt ihr euch nicht setzen!
DER DOKTOR *begrüßt die Neuankömmlinge.*
CARL Eigentlich nicht, weißt du. Wir wollten nur auf einen Sprung hereinschauen und sehen, wie es euch geht. Aber wir sind ja Sonnabend zum ersten Mai bei euch eingeladen!
AXEL Ach ja! Ihr habt die Karte also bekommen?
FRAU STARCK Ja, die haben wir schon in Hamburg bekommen! – Nun, was macht denn Bertha zur Zeit!
AXEL Ach, sie malt, wie ich. Wir erwarten gerade ihr Modell! Vielleicht – kann ich euch nicht bitten, Platz zu nehmen! Wenn ich aufrichtig sein soll!
CARL Hältst du uns etwa für prüde?
FRAU STARCK Er ist doch wohl nicht – entkleidet?
AXEL Natürlich!
CARL Ein Mann? Pfui Teufel! – Nein, *das* würde *ich* meiner Frau nicht erlauben. Allein mit einem nackten Mann?
AXEL Du steckst noch immer voller Vorurteile, Carl!
CARL Ja, weißt du ...
FRAU STARCK Pfui!
DER DOKTOR Ja, das sage ich auch!

AXEL Ich will nicht gerade behaupten, daß es ganz nach meinem Geschmack ist, aber solange ich ein weibliches Modell brauche...
FRAU STARCK Das ist etwas anderes...
AXEL Etwas anderes!
FRAU STARCK Ja, es *ist* etwas anderes; mag das eine auch dem anderen gleichen, so ist es doch nicht dasselbe.
Es klopft.
AXEL Da ist er!
FRAU STARCK Dann gehen wir! Also leb wohl und au revoir! Grüß Bertha herzlich von mir!
AXEL Dann lebt wohl, wenn ihr so ängstlich seid. Und au revoir!
CARL *und* DER DOKTOR Leb wohl, Axel!
CARL *zu Axel:* Du bleibst doch wenigstens hier?
AXEL Nein! Warum?
CARL *geht, schüttelt den Kopf:* Schrecklich!

Dritte Szene

Axel allein, malt. Es klopft.

AXEL Herein!
DAS MODELL *herein.*
AXEL So, da sind Sie ja wieder! Meine Frau ist noch nicht da.
DAS MODELL Aber es ist bald zwölf, und ich muß noch woanders hin.
AXEL So, so! Nun, das ist ärgerlich, aber hm, im Atelier wird irgend etwas dazwischengekommen sein. Wieviel bin ich schuldig?
DAS MODELL Das macht fünf Francs wie gewöhnlich!
AXEL *bezahlt:* Hier! Sie können auf alle Fälle noch eine Weile bleiben.
DAS MODELL Ja, wenn ich gebraucht werde!
AXEL Ja, setzen Sie sich bitte einen Augenblick!
DAS MODELL *geht hinter den Schirm.*

Vierte Szene

Axel allein. Zeichnet und pfeift. Kurz darauf Bertha.

AXEL Nun, guten Tag, meine Liebe, bist du endlich wieder da?
BERTHA Endlich!
AXEL Ja, das Modell wartet!
BERTHA *aufgeregt:* Nein! Nein! Ist er wieder hiergewesen?
AXEL Du hattest ihn für elf Uhr bestellt.
BERTHA Ich? Nein! Hat er das gesagt?
AXEL Ja, aber ich habe gestern gehört, daß du ihn bestellt hast!
BERTHA Mag sein, aber der Professor hat uns jedenfalls nicht gehen lassen; du weißt ja, es sind die letzten Stunden, und da ist man unruhig. Du bist mir doch nicht böse, Axel?
AXEL Böse? Nein. Aber dies ist das zweite Mal, und er nimmt immerhin fünf Francs, für nichts!
BERTHA Was kann ich denn dafür, daß der Professor uns festhält. Warum mußt du wieder mit mir schimpfen? Nie...
AXEL Habe ich mit dir geschimpft?
BERTHA Wie bitte? Hast du nicht...
AXEL Doch, doch, doch, ich habe mit dir geschimpft! Verzeih mir ... verzeih mir, daß ich geglaubt habe, es sei deine Schuld!
BERTHA Dann ist es ja gut! – Aber, wovon hast du ihn bezahlt?
AXEL Ach, stimmt ja, ich habe die zwanzig Francs wiederbekommen, die Gaga von mir geliehen hatte.
BERTHA *holt ein Haushaltsbuch hervor:* Aha, du hast sie wiederbekommen. Dann werde ich sie eintragen! Der Ordnung halber. Es ist dein Geld, also machst du damit natürlich, was du willst, aber da ich mich auf deinen Wunsch um die Finanzen kümmern soll, so ... *Schreibt.* »Fünfzehn Francs eingenommen; fünf Francs ausgegeben, Modell.« So, das wär's.
AXEL Hör mal; es waren zwanzig Francs Einnahmen!
BERTHA Ja, aber hier sind nur fünfzehn!
AXEL Ja, aber es w a r e n zwanzig Francs.
BERTHA Ja, aber hier auf dem Tisch liegen nur f ü n f z e h n. Kannst du das abstreiten?

AXEL Nein, nein, ich streite es nicht ab. Es liegen fünfzehn Francs auf dem Tisch! Es liegen ...

BERTHA Warum streitest du dann?

AXEL Habe ich ...? – Der Bursche wartet?

BERTHA Ach so! Sei so lieb und mach alles bereit!

AXEL *arrangiert das Podium; ruft dem Schirm zu:* Sind Sie schon ausgezogen?

DAS MODELL *hinter dem Schirm:* Gleich, mein Herr!

BERTHA *schließt die Tür; legt Holz in den Ofen:* So! Jetzt mußt du rausgehen!

AXEL *zögernd:* Bertha!

BERTHA Ja!

AXEL Ist das denn wirklich notwendig, ein nacktes Modell?

BERTHA Es ist wirklich notwendig!

AXEL Hm! Soso!

BERTHA Das Thema haben wir doch wohl ausdiskutiert!

AXEL Stimmt! Aber scheußlich ist es trotzdem. *Geht nach rechts ab.*

BERTHA *nimmt Pinsel und Palette; ruft dem Schirm zu:* Sind Sie fertig?

DAS MODELL Ich bin fertig!

BERTHA Dann kommen Sie! *Pause.*

BERTHA Kommen Sie! *Es klopft.*

BERTHA Wer ist da? Ich habe ein Modell hier!

WILLMER *draußen:* Ich bin's, Willmer! Mit Nachrichten von der Ausstellung!

BERTHA Von der Ausstellung! *Zum Modell.* Ziehen Sie sich an! Wir müssen die Sitzung verschieben! – Axel! Gaga ist da mit Nachrichten von der Ausstellung!

Axel herein; Willmer; das Modell geht während der folgenden Szene unbemerkt ab.

Fünfte Szene

Die Vorigen. Willmer.

WILLMER Guten Tag, meine Freunde! Morgen nimmt die Jury ihre Arbeit auf. – Sieh mal, Bertha, hier sind die Pastellstifte! *Zieht Pakete aus den Taschen.*
BERTHA Danke, lieber Gaga! Wieviel haben sie gekostet? Sie sind sicher teuer gewesen?
WILLMER Oh, nicht besonders!
BERTHA Aha, sie fangen also schon morgen an. Hast du gehört, Axel!
AXEL Ja, meine Liebe!
BERTHA Willst du mal sehr lieb sein! Sehr!
AXEL Ich will immer lieb zu dir sein, meine Liebe!
BERTHA Willst du? Hör mal, du kennst doch Roubey?
AXEL Ja, ich habe ihn in Wien kennengelernt, und wir wurden das, was man gute Freunde nennt.
BERTHA Du weißt, daß er in der Jury sitzt.
AXEL Na und?
BERTHA Ja, jetzt wirst du böse. Das weiß ich!
AXEL Aha, das weißt du! Dann mach mich nicht böse!
BERTHA *streichelt ihn:* Du willst für deine Frau kein Opfer bringen! Keines!
AXEL Betteln gehen? Nein, das will ich nicht!
BERTHA Nicht für dich, denn du kommst sicher ohnehin hinein, aber für deine Frau?
AXEL Bitte mich nicht!
BERTHA Ich sollte dich eigentlich nie um etwas bitten!
AXEL Doch, um Dinge, die ich tun kann, ohne Opfer zu bringen wie ...
BERTHA Deinen männlichen Stolz!
AXEL So kann man's auch nennen.
BERTHA Aber ich würde meinen weiblichen Stolz opfern, wenn ich dir helfen könnte.
AXEL Ihr habt keinen Stolz!

BERTHA Axel!
AXEL Schon gut, verzeih, verzeih!
BERTHA Du bist bestimmt neidisch auf mich! Es würde dir sicher nicht gefallen, wenn ich in die Ausstellung hineinkäme.
AXEL Es wäre meine größte Freude, wenn du hineinkämst, glaub mir das, Bertha.
BERTHA Würdest du dich auch freuen, wenn ich hineinkäme und du abgelehnt würdest?
AXEL Ich muß nachfühlen! *Legt die Hand auf die linke Seite.* Das wäre bestimmt ein unangenehmes Gefühl! Bestimmt! Erstens weil ich besser male als du, und außerdem, weil ...
BERTHA *geht einige Schritte durchs Zimmer:* Sag's nur, weil ich eine Frau bin!
AXEL Ja, auch deshalb! Es ist merkwürdig, aber ich habe ein Gefühl, als würdet ihr dort eindringen und marodieren, wo wir uns geschlagen haben, während ihr am Ofen saßet! Verzeih mir, Bertha, daß ich so rede, aber das sind die Gedanken, die mir so kommen.
BERTHA Siehst du, du bist genau wie alle anderen Männer, genauso!
AXEL Wie alle anderen! Das will ich hoffen!
BERTHA Und in letzter Zeit bist du so überlegen geworden! So warst du früher nicht!
AXEL Das liegt wohl daran, daß ich überlegen bin! Tut etwas, was wir nicht schon vorher getan haben!
BERTHA Was? Was sagst du? Schämst du dich nicht!
WILLMER Nun mal langsam, Freunde! Aber, aber, liebe Freunde! Bertha, beruhige dich! *Er wirft ihr einen Blick zu, den sie zu deuten versucht.*
BERTHA *schlägt eine andere Tonart an:* Axel, laß uns Freunde sein! Und hör mir einen Augenblick zu! Findest du, daß meine Stellung in deinem Haus – denn es ist deines – angenehm ist? Du gibst mir meinen Unterhalt, du bezahlst meine Stunden bei Julian, während du selbst es dir nicht leisten kannst, Unterricht zu nehmen. Glaubst du, ich kann es mit ansehen, wie du dich und dein Talent mit diesen Zeichnungen kaputtmachst und nur in deinen freien Stunden malen kannst. Du kannst dir nicht mal

Modelle leisten, während du meine mit ganzen fünf Francs pro Stunde bezahlst. Du weißt nicht einmal selbst, wie gut, wie edel, wie aufopfernd du bist, du weißt aber auch nicht, wie ich darunter leide, daß du dich so für mich abquälst. Ach, Axel, du kannst dir gar nicht vorstellen, wie mir in meiner Stellung zumute ist. Was bin ich für dich? In welcher Eigenschaft bin ich in deinem Haus? Oh, ich schäme mich, wenn ich daran denke!

AXEL Was, was, was! Bist du nicht meine Frau?

BERTHA Doch, aber ...

AXEL Was aber?

BERTHA Aber du unterhältst mich!

AXEL Und, soll man das nicht?

BERTHA Doch, früher, in alten Ehen war das so, aber wir wollten es nicht so halten! Wir wollten doch Kameraden sein!

AXEL Was ist das für dummes Zeug, soll der Mann nicht seine Frau unterhalten?

BERTHA Ich will es nicht! Und du, Axel, du mußt mir helfen. Ich bin dir nicht gleichgestellt, wenn wir so zusammenleben, aber ich könnte es werden, wenn du dich einmal demütigen würdest, ein einziges Mal! Du bist doch nicht der einzige, der zu einem Mitglied der Jury geht und für einen anderen ein gutes Wort einlegt. Wenn es für dich selbst wäre, das wäre etwas anderes, aber für mich. Für mich! Jetzt bitte ich dich, so schön ich kann. Erhebe mich aus meiner Erniedrigung, an deine Seite, und ich werde dir danken, ich werde dich nie mehr damit quälen, daß ich an meine Stellung erinnere, niemals, Axel!

AXEL Bitte mich nicht, du weißt, wie schwach ich bin!

BERTHA *umarmt ihn:* Doch, ich werde dich bitten, dich bitten, bis du meine Bitte erfüllst! So, jetzt tu nicht so stolz, sondern sei menschlich! So! *Küßt ihn.*

AXEL *zu Willmer:* Hör mal, Gaga, findest du nicht, daß die Frauen schreckliche Tyrannen sind?

WILLMER *gequält:* Doch, besonders, wenn sie unterwürfig werden!

BERTHA So, jetzt ist wieder schönes Wetter! Du gehst doch, Axel, nicht wahr. So; jetzt ziehst du den schwarzen Rock an, und dann kommst du wieder her, und wir gehen zusammen essen.

AXEL Woher weißt du, daß Roubey jetzt empfängt?
BERTHA Glaubst du, ich hätte das nicht in Erfahrung gebracht?
AXEL Ja, aber du bist ja eine Intrigantin, Bertha!
BERTHA *holt einen schwarzen Gehrock aus dem Schrank:* Weißt du, das muß man sein, sonst kommt man zu nichts. Hier ist der schwarze Rock! So!
AXEL Ja, aber das ist ja schrecklich. Was soll ich dem Mann sagen?
BERTHA Hm! Laß dir doch unterwegs was einfallen. Sag, daß, daß, daß deine Frau – nein – daß dir eine Taufe ins Haus steht ...
AXEL Pfui, Bertha!
BERTHA Na, dann sag, daß du ihm einen Orden verschaffen kannst!
AXEL Nein, du erschreckst mich, Bertha!
BERTHA Dann sag, was du willst! Komm, ich mach dir die Haare, dann bist du vorzeigbar. Kennst du seine Frau?
AXEL Überhaupt nicht!
BERTHA *bürstet ihm die Haare in die Stirn:* Dann mußt du dich ihr vorstellen lassen. Sie soll sehr großen Einfluß haben, mag aber keine Frauen.
AXEL Was machst du denn mit meinen Haaren?
BERTHA Ich frisiere dich so, wie es jetzt bei den Herren Mode ist.
AXEL Ja, aber ich will das nicht!
BERTHA So! Jetzt siehst du gut aus! Hör nur auf mich! *Sie geht zum Sekretär und nimmt ein Etui heraus, in dem der russische St.-Annen-Orden liegt, den sie ihm ins Knopfloch stecken will.*
AXEL Nein, Bertha, jetzt ist Schluß! Ich trage nie Orden!
BERTHA Aber du hast ihn angenommen!
AXEL Ja, weil ich ihn nicht zurückschicken konnte, aber ich trage ihn nie.
BERTHA Gehörst du einer politischen Partei an, die so freisinnig ist, daß sie die individuelle Freiheit unterdrücken will, Auszeichnungen anzunehmen?
AXEL Nein, das tue ich nicht, aber ich gehöre einem Kreis von Kameraden an, die sich gegenseitig versprochen haben, Verdienste nicht am Rock herumzutragen.
BERTHA Die aber Ausstellungsmedaillen angenommen haben!
AXEL Die nicht am Rock getragen werden!

BERTHA Was sagst du dazu, Gaga!
WILLMER Solange es Auszeichnungen gibt, tut man sich keinen Gefallen damit, gebrandmarkt herumzulaufen, und dem Beispiel anderer braucht man nicht zu folgen. Nimm sie meinetwegen ab, ich habe nichts dagegen, aber den anderen kann ich sie nicht abnehmen.
AXEL Ja, aber wenn die Kameraden, die sich größere Verdienste erworben haben als ich, ohne gehen, dann setze ich sie herab, wenn ich das Zeichen trage.
BERTHA Aber wenn es unterm Paletot nicht zu sehen ist, weiß kein Mensch Bescheid, und du hast niemanden gebrandmarkt.
WILLMER Da muß ich Bertha recht geben. Du trägst deinen Orden unterm Rock, also trägst du ihn nicht am Rock.
AXEL Jesuiten! Wenn man euch einen Finger gibt, nehmt ihr bald den ganzen Arm.

Sechste Szene

Die Vorigen. Abel herein; trägt einen Pelzmantel und Fellmütze.

BERTHA Da kommt ja Abel! Komm mal her und schlichte diesen Streit.
ABEL Guten Tag, Bertha, guten Tag, Axel. Wie geht es dir, Gaga? Worum geht es?
BERTHA Axel will seinen Orden nicht tragen, weil er sich wegen seiner Kameraden nicht traut.
ABEL Natürlich gehen die Kameraden der Frau vor, das ist ja ein Naturgesetz wie so viele andere. *Setzt sich an einen Tisch, holt ihr Tabakspäckchen hervor und dreht Zigaretten.*
BERTHA *befestigt das Band in Axels Knopfloch und legt den Stern ins Etui:* Er kann mir nützen, ohne jemandem zu schaden, aber ich fürchte, er will mir lieber schaden!
AXEL Bertha, Bertha! Aber ihr macht mich ja vollkommen verrückt. Ich halte es doch nicht für ein Verbrechen, dieses Band zu tragen, und ich habe auch keinen Eid abgelegt, es nicht zu tun,

aber es gehört zu unseren Überzeugungen, daß es feige ist, wenn man nicht wagt, seinen Weg ohne dieses Ding zu gehen.
BERTHA Unmännlich, natürlich! Aber diesmal gehst du ja nicht deinen Weg, du gehst meinen!
ABEL Du hast eine stellvertretende Schuld, Axel, gegenüber der Frau, die dir ihr Leben geopfert hat!
AXEL Ich habe das Gefühl, daß es falsch ist, was ihr sagt, aber ich habe weder Zeit noch Kraft gehabt, mir die Antwort auszudenken, denn es gibt eine Antwort! Es ist, als würdet ihr ein Netz über mich werfen, während ich in meine Arbeit vertieft bin. Ich fühle, wie sich das Netz um mich legt, aber mein Fuß verfängt sich darin, wenn ich es wegtreten will. Wartet nur, wenn ich erst einmal die Hände freibekomme, dann nehme ich mein Messer und zerschneide euer Garn. – Wovon sprachen wir gerade! Ja, ich sollte einen Besuch machen. So! Hol mir meine Handschuhe und den Mantel! Auf Wiedersehen, Bertha! Lebt wohl! – Ach, übrigens! Wo wohnt Roubey?
WILLMER, ABEL, BERTHA *gleichzeitig:* Rue des Martyrs fünfundsechzig!
AXEL Das ist gleich nebenan!
BERTHA Nur um die Ecke! Danke, Axel, daß du gehst! Na, findest du das Opfer so schwer?
AXEL Ich finde nur, daß euer Geschwätz ermüdend ist und daß es schön sein wird, hinauszukommen. Lebt wohl!

Siebte Szene

Willmer, Abel, Bertha.

ABEL Es ist schade um Axel! Es ist schade um ihn! Ihr wißt nicht, daß er abgelehnt ist!
BERTHA Und ich?
ABEL Über dich ist noch nicht entschieden; da du dich mit deinem eigenen Namen mit französischer Schreibweise eingeschrieben hast, kommst du erst bei O.

BERTHA Für mich besteht also noch Hoffnung!
ABEL Ja, für dich, aber nicht für Axel!
WILLMER Da bin ich aber gespannt!
BERTHA Woher weißt du denn, daß er abgelehnt ist?
ABEL Hm, ich habe jemanden getroffen, der »hors concours« ist, der es wußte. Und ich hatte schon etwas Angst, ich müßte eine Szene erleben, als ich hereinkam; aber er hat die Nachricht demnach noch nicht erhalten!
BERTHA Nein, nicht, daß ich wüßte! Aber Abel, bist du nun wirklich sicher, daß Axel Madame Roubey antrifft und nicht Monsieur.
ABEL Was hätte er mit Monsieur zu schaffen, der hat doch nichts zu sagen; Madame dagegen ist Vorsitzende des Schutzvereins der Malerinnen.
BERTHA Also: ich bin nicht abgelehnt – noch nicht!
ABEL Nein, wie ich schon sagte, und Axels Besuch wird helfen. Er hat einen russischen Orden, und Rußland ist in Paris sehr populär. Aber es ist um Axel trotzdem schade.
BERTHA Schade! Warum denn nur! An den Wänden der Ausstellung können doch nicht alle Platz haben. Es werden so viele Frauen abgelehnt, daß auch ein Mann es einmal vertragen kann zu fühlen, wie das ist. Wenn ich aber jetzt hineinkomme, bekommen wir bestimmt zu hören, daß er mein Bild gemalt hat, daß er mir alles beigebracht hat, daß er meinen Unterricht bezahlt hat. Darauf werde ich aber nichts geben, denn es ist nicht wahr.
WILLMER Jetzt werden wir das Ungewöhnliche erleben!
BERTHA Nein, ich glaube – vorausgesetzt, ich werde nicht abgelehnt –, daß wir etwas sehr Gewöhnliches erleben werden. Aber ich fürchte mich trotzdem vor dem Augenblick. Irgend etwas sagt mir, daß es zwischen Axel und mir nicht wieder gut wird.
ABEL Und gerade da sollte es gut werden, wenn ihr nämlich gleichgestellt seid.
WILLMER Ich meine, eure Verhältnisse werden viel klarer werden, und deine eigene Stellung viel angenehmer, wenn du verkaufen und dich selbst versorgen kannst.

BERTHA So müßte es werden! Wir werden ja sehen! Wir werden ja sehen!

Achte Szene

Die Vorigen. Das Dienstmädchen mit einem grünen Brief herein.

BERTHA Ein grüner Brief, an Axel! Das ist er! Das ist er! Er ist abgelehnt! Ja, das ist schrecklich; aber es ist trotzdem ein Trost für mich, wenn es bei mir schiefgeht!
ABEL Und wenn es bei dir gutgeht?
BERTHA *Pause.*
ABEL Darauf antwortest du nicht?
BERTHA Nein, darauf antworte ich nicht.
ABEL Weil dann das Gleichgewicht erschüttert ist, da du überlegen bist!
BERTHA Überlegen! Eine Frau ihrem Mann überlegen, ihrem Mann! Oh!
WILLMER Es ist nicht zu früh, ein Exempel zu statuieren.
ABEL Du bist heute beim Frühstück gewesen? War es lustig?
BERTHA Oh ja.
WILLMER Na, wann wirst du mein Buch besprechen, Abel?
ABEL Ich lese es gerade!
WILLMER Und, wird es eine hübsche Rezension?
ABEL Sie wird sehr hübsch! – Nun, Bertha, wie und wann wirst du den Brief überreichen?
BERTHA Genau das überlege ich mir gerade. Wenn er Madame Roubey nicht getroffen und die Sache nicht erledigt hat, wird er es erst recht nicht tun, wenn er diesen Schlag erhalten hat.
ABEL *steht auf:* Ich glaube nicht, daß Axel so unedel ist, sich an dir zu rächen.
BERTHA Unedel? Edel! Was soll das heißen! Warum ist er vorhin gegangen, als ich ihn losgeschickt habe? Ja, weil ich s e i n e Frau bin. Für eine andere wäre er nie gegangen!
ABEL Hätte es dir gefallen, wenn er es für eine andere getan hätte?

BERTHA So, lebt wohl, ihr müßt jetzt gehen, bevor er zurückkommt!
ABEL Das denke ich auch gerade! Leb wohl, Bertha!
BERTHA Ihr müßt jetzt wirklich gehen! Auf Wiedersehen!

Neunte Szene

Die Vorigen. Das Dienstmädchen meldet Frau Hall.

BERTHA Nanu, wer kann das denn sein?
ABEL, WILLMER Auf Wiedersehen, Bertha! *Sie gehen.*

Zehnte Szene

Bertha. Frau Hall herausgeputzt, aber schlampig gekleidet und von abenteuerlichem Aussehen.

FRAU HALL Ich weiß nicht, ob ich die Ehre habe, Ihnen bekannt zu sein! Sie sind doch Frau Alberg, geborene Ålund?
BERTHA Ja, die bin ich, nehmen Sie bitte Platz!
FRAU HALL Mein Name ist Hall! Oh mein Gott, ich bin so müde, ich bin so viele Treppen gestiegen, ach ja, ach ja! Ich glaube, ich werde ohnmächtig.
BERTHA Womit kann ich Ihnen dienen?
FRAU HALL Frau Alberg, Sie kennen einen Doktor Östermark; nicht wahr.
BERTHA Ja, das ist ein alter Freund von mir!
FRAU HALL Ein alter Freund, ja! Ja! Wissen Sie, liebe Frau Alberg, ich war früher mit ihm verheiratet, aber wir haben uns scheiden lassen. Ich bin eine geschiedene Frau.
BERTHA Oh! Das hat er mir nie gesagt!
FRAU HALL Nun, über so etwas spricht man nicht.
BERTHA Er hat mir gesagt, er sei Witwer.
FRAU HALL Nun, Sie waren damals ein junges Mädchen, und es liegt ihm wohl nicht sonderlich daran, daß es bekannt wird.

BERTHA Und ich habe immer gedacht, Doktor Östermark sei ein ehrlicher Mann.
FRAU HALL Ja, der ist mir gerade der Richtige. Das ist ein wirklich feiner Mann, das muß ich sagen!
BERTHA Nun, aber warum erzählen Sie mir das?
FRAU HALL Also warten Sie, liebe Frau Alberg, warten Sie, Sie bekommen es zu hören. Sie sind Mitglied des Vereins? Nicht wahr?
BERTHA Ja, das bin ich!
FRAU HALL Sieh an! Passen Sie auf!
BERTHA Hatten Sie Kinder!
FRAU HALL Zwei Kinder; zwei Töchter, Frau Ålund!
BERTHA Das ist etwas anderes! Und er hat sie mittellos zurückgelassen?
FRAU HALL Passen Sie auf! Er hat mir im Jahr eine lumpige Summe hingeworfen, die nicht mal für die Miete reichte! Und jetzt, wo die Mädchen erwachsen sind und ins Leben hinaus sollen, jetzt schreibt er, er sei ruiniert, so daß er nicht mehr als die Hälfte schicken kann. Ist das nicht hübsch? Gerade jetzt, wo die Mädchen erwachsen sind und ins Leben hinaus sollen!
BERTHA Das müssen wir in die Hand nehmen. Er kommt in ein paar Tagen her. Wissen Sie, Frau Hall, daß Sie das Gesetz auf Ihrer Seite haben und daß das Gericht ihn zwingen kann zu zahlen! Und er wird gezwungen werden! Hören Sie! Soso, man setzt einfach Kinder in die Welt und läßt sie dann mir nichts, dir nichts mit der armen verlassenen Mutter sitzen! Oh, der kann was erleben! Wollen Sie mir Ihre Adresse geben?
FRAU HALL *gibt ihr eine Visitenkarte:* Gute Frau Alberg! Sie sind mir doch nicht böse, wenn ich Sie um einen kleinen Gefallen bitte.
BERTHA Sie können sich ganz auf mich verlassen. Ich werde sofort an den Sekretär schreiben ...
FRAU HALL Ach ja, Sie sind so unendlich gut, aber bevor der Sekretär antwortet, hat man mich und meine armen Kinder vielleicht schon auf die Straße geworfen. Gute Frau Ålund, Sie können mir wohl nicht etwas leihen, eine geringfügige Summe, warten Sie! eine Kleinigkeit, so etwa zwanzig Francs?

BERTHA Nein, gute Frau, ich habe kein Geld. Es ist mein Mann, der mich bis auf weiteres versorgt, und das bekomme ich auch zu hören. Es ist bitter, das Gnadenbrot zu essen, wenn man jung ist, aber vielleicht kommen auch für mich andere Zeiten!
FRAU HALL Ach, liebe, gute Frau Alberg, Sie dürfen mir das nicht abschlagen, denn sonst bin ich verloren. Helfen Sie mir um Himmels willen!
BERTHA Ist Ihre Not groß und ernst?
FRAU HALL Das fragen Sie noch!
BERTHA Ich werde Ihnen dieses Geld leihen! *Sie geht zum Sekretär.* Zwanzig, vierzig, sechzig, achtzig! Fehlen zwanzig. Wo habe ich die gelassen? Hm! Das Frühstück! *Schreibt im Haushaltsbuch.* Farbe: zwanzig; verschiedenes: zwanzig. – Hier!
FRAU HALL Danke, gute Frau Ålund, danke, liebe Frau!
BERTHA So, für heute habe ich keine Zeit mehr für Sie. Leben Sie wohl, und verlassen Sie sich auf mich!
FRAU HALL *unsicher:* Da ist noch etwas!
BERTHA Nein, Sie müssen jetzt gehen!
FRAU HALL Warten Sie! Was wollte ich noch sagen? – – – Ach, das macht nichts! – *Geht.*

Elfte Szene

Bertha allein. Gleich darauf Axel. Bertha steckt den grünen Brief in die Tasche, als sie ihn kommen hört.

BERTHA Schon erledigt! Nun, hast du sie – ihn gesprochen?
AXEL Ich habe nicht mit ihm, sondern mit ihr gesprochen. Und das ist um so besser. Ich gratuliere dir, Bertha! Dein Bild ist schon angenommen!
BERTHA Oh! Was du nicht sagst! Und deines?
AXEL Das ist noch nicht entschieden, aber es wird ganz bestimmt durchkommen.
BERTHA Bist du da so sicher?
AXEL Natürlich ...

BERTHA Oh, ich bin angenommen! Wie schön, wie schön. Nun, gratulier mir doch!
AXEL Habe ich das nicht schon? Ich meine wirklich, ich hätte gesagt, ich gratuliere dir! Außerdem soll man das Fell erst verkaufen, wenn der Bär erlegt ist. In die Ausstellung hineinzukommen, ist gar nichts. Es ist ein Zufall! Es kann davon abhängen, mit welchem Buchstaben der Name anfängt. Du bist unter O gekommen, weil du deinen Namen französisch geschrieben hast, und da sie bei M angefangen haben, ging es um so leichter.
BERTHA Aha, du willst also sagen, ich bin hineingekommen, weil mein Name mit O anfängt.
AXEL Nicht gerade nur deswegen!
BERTHA Und wenn man dich ablehnt, dann liegt das wohl daran, daß dein Name mit A anfängt.
AXEL Nicht gerade nur daran, aber auch, zum Teil!
BERTHA Hör mal, ich finde, du bist nicht so edel, wie man von dir meint. Du bist neidisch.
AXEL Warum sollte ich das sein, wenn ich noch nicht mal weiß, wie es mir ergangen ist.
BERTHA Aber wenn du es erfährst!
AXEL Was!
BERTHA *zieht den Brief hervor.*
AXEL *faßt sich an die linke Seite und setzt sich auf einen Stuhl:* Was! – – – *Faßt sich.* Das ist ein Schlag, den ich nicht erwartet habe. Das ist höchst unangenehm!
BERTHA Nun, dann darf ich dir jetzt wohl helfen!
AXEL Du siehst schadenfroh aus, Bertha. Oh, ich fühle, daß hier drinnen ein großer Haß auf dich zu wachsen beginnt.
BERTHA Ich sehe froh aus, vielleicht, weil ich einen Erfolg gehabt habe, aber wenn man an einen Menschen gebunden ist, der sich über das Glück des anderen nicht freuen kann, fällt es einem schwer, mit seinem Unglück Mitleid zu empfinden.
AXEL Ich weiß nicht, wie es kommt, aber ich habe ein Gefühl, als wären wir jetzt Feinde geworden. Der Kampf um die Stellung ist zwischen uns getreten, darum können wir nie mehr Freunde sein.

BERTHA Kann sich dein gerechter Sinn nicht beugen, da du siehst, daß der Tüchtigere im Kampf gesiegt hat.
AXEL Du warst nicht die Tüchtigere!
BERTHA Die Jury muß es trotzdem gemeint haben!
AXEL Die Jury? Aber du weißt doch, daß du schlechter malst als ich!
BERTHA Ist das so sicher!
AXEL Ja, und ob das sicher ist. Außerdem, du hast unter günstigeren Umständen gearbeitet als ich. Du brauchtest nicht für Geld zu zeichnen, du konntest ins Atelier gehen, du hattest Modelle, und du bist eine Frau!
BERTHA Ja, jetzt bekomme ich zu hören, daß ich von dir gelebt habe ...
AXEL Unter uns, ja, aber die Leute werden es nicht erfahren, wenn du es nicht selbst erzählst.
BERTHA Oh, das haben die Leute schon erfahren. Aber sag mir, warum leidest du nicht darunter, daß ein Kamerad, ein männlicher Kamerad, mit geringeren Verdiensten hineingekommen ist.
AXEL Laß mich nachdenken. Weißt du, wir haben euch nie mit Kritik, sondern mit dem Gefühl erfaßt, und darum habe ich über unsere Stellung zueinander nie nachgedacht. Jetzt, da der Schuh drückt, kommt es mir vor, als wären wir keine Kameraden, da ich das Gefühl habe, als hättet ihr hier nichts zu suchen. Ein Kamerad ist ein mehr oder weniger loyaler Konkurrent, wir sind Feinde. Ihr habt hinter den Büschen gelegen, während wir die Schlachten schlugen, und jetzt, wo wir den Tisch gedeckt haben, setzt ihr euch hin, als wärt ihr bei euch zu Haus!
BERTHA Oh pfui! Durften wir je beim Kampf dabei sein?
AXEL Ihr durftet immer, aber ihr wolltet nicht oder konntet nicht. Auf unserem Gebiet, in das du jetzt einbrichst, mußte die Technik ihre gesamte Entwicklung durchlaufen und von uns vollendet werden, bevor ihr dazukamt. Und jetzt kauft ihr die Arbeit von Jahrhunderten für zehn Francs die Stunde in einem Atelier und für Geld, das wir mit unserer Arbeit verdient haben.
BERTHA Jetzt bist du jedenfalls nicht edel, Axel!
AXEL Wann bin ich edel gewesen? Doch, als ich mich von dir wie

einen alten Schuh niedertreten ließ ... aber jetzt bist du überlegen, jetzt halte ich es nicht mehr aus, edel zu sein. Weißt du, daß dieser Rückschlag auch unsere finanzielle Stellung verändert! Ich kann nicht mehr daran denken zu malen, sondern muß auf meinen Lebenstraum verzichten und ernsthaft Zeichner werden.
BERTHA Das brauchst du nicht; wenn ich verkaufen kann, sorge ich für mich selbst.
AXEL Außerdem ... Was ist das für eine Verbindung, die wir eingegangen sind? Die Ehe sollte auf gemeinsamen Interessen aufgebaut sein, unsere ist auf unvereinbaren aufgebaut.
BERTHA Darüber kannst du dir allein den Kopf zerbrechen; ich gehe jetzt essen; gehst du mit?
AXEL Nein, ich will mit meinem Kummer allein sein.
BERTHA Und ich brauche Gesellschaft für meine Freude. – – – Stimmt ja, wir haben ja für heute abend ein Treffen verabredet! Das geht jetzt ja wohl nicht mehr, wo du Kummer hast.
AXEL Schön ist es nicht, aber es muß wohl sein. Laß sie kommen.
BERTHA *zieht sich zum Ausgehen an:* Aber du mußt dabeisein, sonst würde es aussehen, als wärst du feige.
AXEL Ich werde bei euch sein, sei unbesorgt! – Aber gib mir etwas Geld, bevor du gehst.
BERTHA Die Kasse ist leer.
AXEL Leer?
BERTHA Ja, auch Geld nimmt ein Ende.
AXEL Kannst du mir zehn Francs leihen?
BERTHA *holt das Portemonnaie hervor:* Zehn Francs. Ja! Wenn ich soviel habe. Hier! – Kommst du nicht mit? Sag doch! Man wird es merkwürdig finden!
AXEL Und den besiegten Löwen vorm Triumphwagen spielen! Nein, weißt du. Ich brauche Zeit, um meine Rolle für die Nachmittagsvorstellung zu lernen.
BERTHA Dann auf Wiedersehen!
AXEL Auf Wiedersehen! Bertha! Darf ich dich um etwas bitten!
BERTHA Was denn?
AXEL Komm nicht betrunken nach Hause! Heute wäre das noch unangenehmer als sonst!

BERTHA Was geht das dich an, wie ich nach Hause komme.
AXEL Weißt du, ich fühle mich mit dir solidarisch wie mit einem Verwandten, da du denselben Namen trägst wie ich, und außerdem ist mir der Anblick einer betrunkenen Frau noch immer widerlich.
BERTHA Warum ist das widerlicher als der Anblick eines betrunkenen Mannes?
AXEL Ja, warum? Vielleicht weil ihr es nicht ertragt, ohne Verstellung gesehen zu werden.
BERTHA Auf Wiedersehen, du alter Schwätzer! – Du gehst nicht mit? *Geht.*
AXEL *steht auf und zieht den Gehrock aus, um sich eine Jacke anzuziehen:* Nein!

Vorhang.

Zweiter Akt

Dasselbe Bühnenbild wie im ersten Akt. Mitten im Zimmer ein großer Tisch mit Stühlen; auf dem Tisch Schreibzeug, Papier und Hammer des Vorsitzenden.

Erste Szene

Axel sitzt und malt. Abel rauchend daneben auf einem Stuhl.

AXEL Na, sind sie jetzt mit dem Essen fertig und beim Kaffee angekommen? Wurde viel getrunken?
ABEL Oh ja! Bertha führte das große Wort und war unangenehm.
AXEL Sag mir eines, Abel, bist du mein Freund oder nicht?
ABEL Nja, ich weiß nicht.
AXEL Kann ich mich auf dich verlassen?
ABEL Nein, das kannst du nicht.
AXEL Warum denn nicht?
ABEL Ich hab' das im Gefühl.
AXEL Hör mal, Abel, du hast doch einen männlichen Verstand, mit dir kann man sich vernünftig unterhalten, hör mal, sag mir, wie es ist, eine Frau zu sein! Ist es so schrecklich.
ABEL *im Scherz:* Ja, natürlich! Es ist ein Gefühl, als wäre man ein Neger.
AXEL Merkwürdig. Hör mal, Abel – du weißt, daß es meine Leidenschaft ist, Billigkeit und Gerechtigkeit zu suchen.
ABEL Ich weiß, daß du ein Schwärmer bist – – und darum geht es dir nie gut.
AXEL Aber dir geht es gut – – denn du hast kein Gefühl?
ABEL Ja.
AXEL Abel, hast du wirklich nie das Bedürfnis, einen Mann zu lieben?
ABEL Wie dumm du bist!
AXEL Hast du nie einen gefunden?

ABEL Nein. Es gibt so wenig Männer.
AXEL Nun, findest du nicht, daß ich ein Mann bin?
ABEL Du! – Nein!
AXEL Das bilde ich mir aber ein.
ABEL Du willst ein Mann sein? Arbeitest für eine Frau und bist angezogen wie eine Frau.
AXEL Ich, angezogen wie eine Frau!
ABEL Du kämmst dir die Haare in die Stirn und gehst mit offenem Hemdkragen; während sie Vatermörder und Bubikopf trägt; nimm dich in acht; bald zieht sie dir noch die Hosen aus!
AXEL Wie du redest!
ABEL Und was für eine Stellung hast du in deinem Haus? Du bettelst Geld von ihr, und sie stellt dich unter Kuratel. Nein, du bist kein Mann! Aber gerade darum hat sie dich genommen, als ihre Geschäfte in Unordnung waren.
AXEL Du haßt Bertha; was hast du gegen sie!
ABEL Ich weiß nicht, aber vielleicht habe ich auch einen Anflug von dieser Leidenschaft für Gerechtigkeit?
AXEL Hör mal, glaubst du gar nicht an deine große Sache!
ABEL Manchmal! Manchmal nicht! Was soll man heutzutage noch glauben! Manchmal kommt es mir vor, als wäre das Alte noch am vorteilhaftesten gewesen. Als Mütter hatten wir eine geachtete und geehrte Stellung, da wir damit unsere Bürgerpflicht erfüllten; als Hausfrauen waren wir Alleinherrscher, und die Kinder großzuziehen war ja keine unehrenhafte Beschäftigung. Gib mir einen Kognak, Axel! Wir haben soviel geredet.
AXEL *holt Kognak:* Warum trinkst du?
ABEL Ich weiß nicht! Ich bin wahrscheinlich verdorben. Oh, wer das Ungewöhnliche erleben könnte!
AXEL Was sollte das sein?
ABEL Ein Mann, der eine Frau beherrscht.
AXEL Na, und wenn du das erleben könntest?
ABEL Dann würde ich – wie heißt das doch noch – ihn lieben! Stell dir vor, wenn dieses ganze Theater b l a g u e wäre! Stell dir das vor!
AXEL Nein, eine Bewegung ist schon da, was für eine auch immer!
ABEL Ja, hier gibt es so viele Bewegungen vorwärts und rückwärts.

– Und eine Dummheit kann auch in Bewegung kommen, wenn man nur die Mehrheit dafür hat!

AXEL Wenn das so wäre, hättet ihr verdammt noch mal umsonst zuviel Lärm gemacht, denn jetzt fängt das Leben bald an, scheußlich zu werden.

ABEL Wir machen Lärm, daß ihr ganz wirr im Kopf werdet! Das ist es. – Nun, Axel, jetzt wird deine Stellung wohl freier werden, nachdem Bertha verkauft hat!

AXEL Verkauft? Sie hat verkauft?

ABEL Weißt du das nicht? Dieses kleine Bild mit dem Apfelbaum!

AXEL Nein, das hat sie nicht erzählt! Wann war das?

ABEL Vorgestern! Weißt du das nicht? Na, dann hat sie sicher vor, dich mit dem Geld zu überraschen.

AXEL Mich? Sie verwaltet doch die Kasse selbst!

ABEL Soo! Dann wird es wohl ... still, da kommt sie!

Zweite Szene

Die Vorigen. Bertha.

BERTHA *zu Abel:* Sieh da, guten Abend, du bist hier? Warum bist du gegangen?

ABEL Ich fand es langweilig!

BERTHA Ja, es macht keinen Spaß, sich mit anderen zu freuen.

ABEL Nein!

BERTHA Du sitzt hier so fleißig und malst, Axel!

AXEL Ja, ich sitze hier und schufte.

BERTHA Laß mich mal sehen! Das da ist gut, aber der linke Arm da ist zu lang!

AXEL Glaubst du?

BERTHA Glaube ich? Das kann ich doch sehen! Gib her ... *Nimmt ihm den Pinsel weg.*

AXEL Nein, laß das! Schämst du dich nicht!

BERTHA Was sagst du da!

AXEL *böse:* Schämst du dich nicht, habe ich gesagt! *Steht auf.* Willst du mir das Malen beibringen?
BERTHA Warum nicht?
AXEL Weil du von mir zu lernen hast, aber ich von dir – nichts.
BERTHA Mein Herr, ich finde, Sie behandeln Ihre Frau ohne Achtung. Man sollte wissen, welche Achtung man ...
ABEL Jetzt bist du altmodisch, Bertha! Was ist das für eine Spezialachtung, die der Mann der Frau schuldig ist, wenn sie gleichberechtigt sein sollen?
BERTHA Ach so, du hältst es für richtig, daß ein Mann zu seiner Frau grob ist?
ABEL Ja, wenn sie unverschämt zu ihm ist!
AXEL So ist's richtig! Kratzt euch die Augen aus!
ABEL Oh nein, dazu ist das Ganze doch zu unbedeutend.
AXEL Sag das nicht! – Hör mal, Bertha. Da sich an unserer Lage einiges ändern wird, will ich wissen, wie es um uns steht. Laß mich bitte das Haushaltsbuch sehen!
BERTHA Das ist ja eine noble Rache dafür, daß man dich abgelehnt hat!
AXEL Was für eine Rache! In welchem Zusammenhang steht das Haushaltsbuch mit meinem Pech bei der Ausstellung? Gib mir den Schlüssel zum Sekretär!
BERTHA *sucht in der Tasche:* Bitte sehr! – Hm, merkwürdig, vorhin dachte ich noch, ich hätte ihn!
AXEL Such ihn!
BERTHA Du sprichst in so befehlendem Ton! Das gefällt mir nicht!
AXEL Such den Schlüssel!
BERTHA *sucht im Zimmer:* Ja, aber das ist unerklärlich! – Er ist weg! Ich kann ihn nicht finden. Ich muß ihn verloren haben!
AXEL Bist du sicher, daß er nicht da ist?
BERTHA Absolut sicher!
AXEL *läutet.*

Pause.

Dritte Szene

Die Vorigen. Das Dienstmädchen herein.

AXEL Holen Sie einen Schlosser!
DAS DIENSTMÄDCHEN Einen Schlosser!
AXEL Einen Schlosser, der ein Schloß öffnen kann!
DAS DIENSTMÄDCHEN *bekommt einen Blick von Bertha:* Ich gehe sofort! *Geht.*

Vierte Szene

Die Vorigen außer dem Dienstmädchen.

AXEL *zieht sich eine andere Jacke an; nimmt das Ordensband ab und wirft es auf den Tisch:* Entschuldigt, meine Damen!
BERTHA *weich:* Genier dich nicht! Willst du ausgehen?
AXEL Ja, das will ich!
BERTHA Bleibst du nicht zur Versammlung?
AXEL Nein, das tue ich nicht!
BERTHA Ja, aber das wird man für sehr unhöflich halten!
AXEL Von mir aus! Ich habe Dringenderes zu tun, als mir euer Gequatsche anzuhören.
BERTHA *unruhig:* Wohin willst du gehen?
AXEL Darüber brauche ich keine Rechenschaft abzulegen; ich frage dich auch nicht, wohin du gehst!
BERTHA Du vergißt hoffentlich nicht, daß wir für morgen abend Karnevals-Besuch eingeladen haben.
AXEL Besuch? Stimmt ja. Morgen abend. Hm!
BERTHA Es ist unmöglich abzusagen, da Östermark und Carl ja heute hier gewesen sind und ich sie gebeten habe dabeizusein.
AXEL Um so besser!
BERTHA Komm nur rechtzeitig nach Hause, damit du Zeit hast, dein Kostüm anzuprobieren.
AXEL Mein Kostüm! Ach ja. Ich soll ein Frauenzimmer spielen.

Fünfte Szene

Die Vorigen. Das Dienstmädchen.

DAS DIENSTMÄDCHEN Der Schlosser hat jetzt noch keine Zeit, aber er kommt in ein paar Stunden.
AXEL Er hat keine Zeit! – So! – Vielleicht findet sich der Schlüssel doch wieder an! Jetzt muß ich jedenfalls gehen. Auf Wiedersehen!
BERTHA *weich:* Auf Wiedersehen! Komm nicht spät nach Hause!
ABEL *nickt Axel zum Abschied zu.*
AXEL Ich weiß nicht, was ich tun werde. Auf Wiedersehen! *Geht.*

Sechste Szene

Abel und Bertha.

ABEL Wie aufsässig dein Herr und Gebieter war!
BERTHA Wie unverschämt! Weißt du, ich hätte nicht übel Lust, ihn zu demütigen, so tief, daß er hinter mir herkriechen würde.
ABEL Ja, er scheint von dem Hieb mit der Ausstellung noch nicht genug zu haben. – Bertha, sag mir: Hast du diesen Narren je geliebt?
BERTHA Geliebt? – Ich habe ihn recht gern gehabt, weil er lieb war. Aber er ist dumm, und ... wenn er sich aufbläst, habe ich das Gefühl, ich könnte ihn hassen. Stell dir vor, es hat schon geheißen, er hätte mein Bild gemalt.
ABEL Wenn es schon so weit gekommen ist, mußt du etwas Eklatantes unternehmen.
BERTHA Wenn ich nur wüßte, wie?
ABEL Mir fällt immer was ein. Ja, laß mich nachdenken! Hör zu! Du könntest morgen abend sein abgelehntes Bild abholen und hier ankommen lassen, wenn die Gäste versammelt sind.
BERTHA Nein, das sieht aus, als wollte ich triumphieren. Das ist zu grausam.

ABEL Nun, wenn ich es holen lasse! Oder Gaga, das ist noch besser. Es wird vom Portier in Axels Namen abgeholt. Es muß ja doch wieder her, und es ist kein Geheimnis, daß er es zurückbekommen hat.
BERTHA Nein, weißt du ...
ABEL Was? Er setzt falsche Gerüchte in die Welt, und du hast doch wohl das Recht, dich zu verteidigen!
BERTHA Ich möchte schon, daß es passiert, aber ich will mit der Sache nichts zu tun haben. Ich will rein dastehen und schwören können, daß ich unschuldig bin.
ABEL Das sollst du haben! Laß mich nur machen.
BERTHA Was, glaubst du, wollte er mit dem Haushaltsbuch? Er hat es noch nie verlangt! Hat er irgendwelche Intrigen vor?
ABEL Jaa! Irgend so etwas wird es schon sein. Er will nachsehen, ob du die dreihundert Francs, die du für das Bild bekommen hast, als Einnahmen eingetragen hast.
BERTHA Welches Bild?
ABEL Das du Madame Roubey verkauft hast.
BERTHA Woher weißt du das?
ABEL Alle Welt weiß Bescheid!
BERTHA Axel auch?
ABEL Ja, ich habe es zufällig erwähnt, weil ich glaubte, er wüßte es. Es war schrecklich unklug von dir, es ihm nicht gleich zu sagen.
BERTHA Geht es ihn etwas an, wenn ich verkaufe!
ABEL Oh ja, in gewisser Weise! Das tut es schon!
BERTHA Ja, dann werde ich sagen, ich hätte ihn nicht noch trauriger machen wollen, nachdem er schon den Kummer gehabt hat, daß ich in die Ausstellung gekommen bin.
ABEL Strenggenommen hat er mit deinen Einkünften nichts zu schaffen, da ihr Gütertrennung habt, und du hast allen Grund, ihn kurz zu halten, und wäre es nur, um ein Exempel zu statuieren. Bleib hart, wenn er heute abend mit seinen Predigten kommt!
BERTHA Oh, ich weiß schon, wie ich ihn zu behandeln habe. Aber – etwas anderes. Wie sollen wir die Östermarksche Angelegenheit regeln?

ABEL Östermark, ja, der ist alles andere als mein Freund. Den überlaß mir! Wir haben noch eine alte Rechnung zu begleichen, er und ich. Sei nur ruhig! Mit dem werden wir auch noch fertig, denn wir haben das Gesetz auf unserer Seite.
BERTHA Was hast du vor?
ABEL Wir werden die Parteien konfrontieren, wie man sagt.
BERTHA Was bedeutet das?
ABEL Lade Frau Hall und ihre beiden Töchter zu dir ein, dann werden wir sehen, was für ein Gesicht er machen wird.
BERTHA Nein, keinen Skandal in meinem Haus!
ABEL Warum nicht? Kannst du dir einen solchen Trumpf versagen? Wenn Krieg ist, soll man seine Feinde töten und nicht nur verwunden. Und jetzt ist Krieg. Also!
BERTHA Ja, aber ein Vater und seine Frau und seine Töchter, die er achtzehn Jahre nicht gesehen hat.
ABEL Nun, dann soll er sie jetzt sehen.
BERTHA Du bist schrecklich, Abel!
ABEL Ich bin ein bißchen stärker als du. Die Ehe muß dich verweichlicht haben! Lebt ihr vielleicht wie Eheleute?
BERTHA Wie dumm du bist!
ABEL Du hast Axel gereizt; du bist auf ihm herumgetrampelt, aber noch kann er dich in die Ferse beißen. Also!
BERTHA Glaubst du, er wagt, etwas zu unternehmen?
ABEL Ich glaube, er wird dir eine Szene machen, wenn er nach Hause kommt!
BERTHA Oh, ich werde es ihm schon zurückgeben!
ABEL Wenn du es nur könntest! Die Sache mit dem Sekretärschlüssel war dumm. Sehr dumm!
BERTHA Vielleicht war es dumm. Aber er wird wieder hübsch brav sein, wenn er draußen gewesen ist und sich durchgelüftet hat. Ich kenne ihn.

Siebte Szene

Die Vorigen. Das Dienstmädchen mit einem Bündel herein.

DAS DIENSTMÄDCHEN Da ist ein Bote mit einem Kostüm für den gnädigen Herrn!
BERTHA So? Gib her! Es ist gut!
DAS DIENSTMÄDCHEN Aber es ist doch wohl für Sie, gnädige Frau, da es ja Frauenkleider sind.
BERTHA Nein, das ist schon richtig! Es ist für meinen Mann.
DAS DIENSTMÄDCHEN Du liebe Güte, soll jetzt auch der gnädige Herr Röcke tragen!
BERTHA Warum nicht, wenn wir Röcke tragen. So, geh jetzt! *Das Dienstmädchen geht. Sie öffnet das Bündel und nimmt ein spanisches Frauenkleid heraus.*
ABEL Das nenne ich einen guten Einfall. Oh, wie schön es ist, seine Dummheiten rächen zu können.

Achte Szene

Die Vorigen. Willmer mit einem Boten, der Pakete trägt.

WILLMER *in schwarzem Frack mit weißen Aufschlägen; Blume im Knopfloch; Kniehosen; rotem Halstuch und gefältelten Manschetten:* Guten Abend; seid ihr allein! So, hier hast du die Kerzen, und hier sind die Flaschen. Eine Chartreuse und zwei Flaschen Wermut; hier sind zwei Päckchen Tabak und das andere.
BERTHA Du bist wirklich ein lieber Junge, Gaga!
WILLMER Und hier ist die quittierte Rechnung!
BERTHA Sie ist quittiert! Dann hast du wieder ausgelegt!
WILLMER Ja, das können wir später noch erledigen. Aber beeilt euch jetzt, denn die Alte ist bestimmt bald hier.
BERTHA Sei so lieb und mach die Flaschen auf, während ich die Kerzen einsetze.
WILLMER Aber gern!

BERTHA *öffnet die Pakete mit den Kerzen am Tisch; Willmer steht daneben und packt die Flaschen aus dem Papier.*
ABEL Das sieht ja richtig familiär aus. Du wärst bestimmt ein lieber kleiner Mann geworden, Gaga.
WILLMER *legt Bertha die Hand um den Hals und küßt ihr den Nacken.*
BERTHA *dreht sich um und versetzt ihm eine Ohrfeige:* Schämst du dich nicht, Bürschchen! Was nimmst du dir heraus?
ABEL Wenn du dir das gefallen läßt, Gaga, läßt du dir auch das Messer gefallen.
WILLMER *wütend:* Bürschchen? Weißt du nicht, wer ich bin? Weißt du nicht, daß ich ein Schriftsteller von Rang bin!
BERTHA Du; der solchen Schund schreibt!
WILLMER Es war kein Schund, als ich für euch geschrieben habe.
BERTHA Du hast aufgeschrieben, was wir geredet haben, das war alles!
WILLMER Nimm dich in acht, Bertha; du weißt, daß ich dich stürzen kann.
BERTHA Aha, du drohst mir, du kleiner Köter. Sollen wir dem Jungen eine Tracht Prügel geben, Abel!
ABEL Bertha, überleg dir, was du sagst!
WILLMER Soso, ich bin euer Köter gewesen und habe auf eurer Schleppe gelegen; ich kann aber auch beißen!
BERTHA Dann laß mal deine Zähne sehen!
WILLMER Nein, du sollst sie zu spüren bekommen!
BERTHA Soso! Dann komm! Komm!
ABEL So, jetzt beruhigt euch, bevor es euch leid tut!
WILLMER *zu Bertha:* Weißt du, was man von einer verheirateten Frau sagen darf, die von einem Junggesellen Geschenke annimmt.
BERTHA Geschenke!
WILLMER Zwei Jahre lang hast du meine Geschenke angenommen.
BERTHA Geschenke! Verprügeln müßte man dich, du falscher Lump, der sich an meine Röcke gehängt hat. Glaubst du etwa, ich würde nicht mit dir fertig!
WILLMER *mit einem Achselzucken:* Doch, das ist möglich.

BERTHA Du wagst es, einen Schatten auf die Ehre einer Frau zu werfen.
WILLMER Ehre! Hm! Es ehrt dich nicht, daß ich ein paar Dinge für den Haushalt kaufen durfte, die du deinem Mann hast anschreiben lassen.
BERTHA Verlaß mein Haus, du Schuft!
WILLMER Dein Haus! Bei Kameraden rechnet man nicht so genau, aber bei Feinden soll man haarscharf rechnen! Und mit mir wirst du zu rechnen haben – du Abenteurerin, verlaß dich darauf! *Geht.*

Neunte Szene

Bertha. Abel.

ABEL Deine Dummheit wird dich noch mal zu Fall bringen, Bertha! Einen Freund als Feind gehen zu lassen, das ist gefährlich.
BERTHA Ach, laß ihn nur kommen! Er hat es gewagt, mich zu küssen! er hat gewagt, mich daran zu erinnern, daß ich eine Frau bin.
ABEL Weißt du, daran wird sich ein Mann immer erinnern, glaube ich! Du hast mit dem Feuer gespielt.
BERTHA Mit dem Feuer! Können denn ein Mann und eine Frau nie als Kameraden miteinander umgehen, ohne daß es gleich Feuer gibt.
ABEL Nein, weißt du, solange es zwei Geschlechter gibt, wird es immer brennen!
BERTHA Ja, aber das soll abgeschafft werden!
ABEL Ja – es soll ... Versuch's!

Zehnte Szene

Die Vorigen. Das Dienstmädchen.

DAS DIENSTMÄDCHEN *kann vor Lachen kaum an sich halten:* Da draußen ist eine Dame, die sich ... Richard ... Richard Wahlström nennt!
BERTHA *geht zur Tür:* Oh, Richard ist da!
ABEL Nun, dann können wir die Versammlung eröffnen! – Jetzt kommt's darauf an, ob wir deinen Knoten entwirren können, Bertha!
BERTHA Entwirren oder durchschneiden!
ABEL Oder uns darin verfangen!

Vorhang.

Dritter Akt

Dasselbe Bühnenbild wie im vorigen Akt. Die Deckenlampe brennt. Mondschein draußen vor dem Atelierfenster. Im Ofen brennt ein Feuer.

Erste Szene

Bertha und das Dienstmädchen. Bertha trägt einen Spitzenmorgenrock und näht an dem spanischen Frauenkleid; das Dienstmädchen faltet eine Halskrause.

BERTHA Es macht keinen Spaß, aufzubleiben und auf seinen Mann zu warten.
DAS DIENSTMÄDCHEN Glauben Sie, dem gnädigen Herrn macht es mehr Spaß, dazusitzen und auf Sie zu warten. Es ist das erste Mal, daß er allein ausgeht...
BERTHA Nun, was macht er denn, wenn er allein zu Hause sitzt?
DAS DIENSTMÄDCHEN Er bepinselt Holzstöcke!
BERTHA Holzstöcke!
DAS DIENSTMÄDCHEN Ja, er hat große Haufen von Holz, die er bemalt.
BERTHA Hm! Sag mir eines, Ida. Ist mein Mann nie zudringlich zu dir gewesen!
DAS DIENSTMÄDCHEN Niemals! Nein, er ist ein ordentlicher Herr!
BERTHA Stimmt das auch!
DAS DIENSTMÄDCHEN *mit fester Stimme:* Glauben Sie, ich bin so eine...
BERTHA Wie spät ist es jetzt?
DAS DIENSTMÄDCHEN Sicher fast halb zwölf.
BERTHA So! Dann kannst du schlafen gehen.
DAS DIENSTMÄDCHEN Bekommen Sie denn keine Angst unter all diesen Knochengerippen!

BERTHA Ich und Angst! – Still, jetzt ist die Tür aufgegangen! So, gute Nacht jetzt!

DAS DIENSTMÄDCHEN Gute Nacht, gnädige Frau! Schlafen Sie gut! *Geht.*

Zweite Szene

Bertha allein; legt die Arbeit weg; wirft sich aufs Kanapee; rückt die Spitzen am Morgenrock zurecht. Darauf springt sie auf; schraubt die Lampe zur Hälfte herunter, nimmt wieder die Stellung auf dem Sofa ein und stellt sich schlafend. Eine Pause: Darauf tritt Axel ein.

AXEL Ist jemand da? – Bertha, bist du da?

BERTHA *still.*

AXEL *geht zu ihr:* Schläfst du?

BERTHA *weich:* Ach! Du bist es, mein Freund! Guten Abend! Ich habe gelegen und bin eingeschlafen und habe so schlecht geträumt ...

AXEL Das ist gelogen, denn ich habe durchs Hoffenster gesehen, wie du dich so aufs Sofa gelegt hast.

BERTHA *springt auf.*

AXEL *ruhig:* Keine Verführungsszenen im Nachtgewand! Keine Melodramen! Sei vernünftig und hör dir an, was ich dir zu sagen habe! *Setzt sich auf einem Stuhl mitten ins Zimmer.*

BERTHA Was hast du mir zu sagen?

AXEL Eine ganze Menge; aber ich will mit dem Ende anfangen: Wir müssen dieses Konkubinat auflösen.

BERTHA Was? *Wirft sich rücklings aufs Sofa.* O mein Gott, was muß ich alles erleben.

AXEL Nur keine Hysterie, sonst gieße ich die Wasserkaraffe auf deine Spitzen aus!

BERTHA Das ist die Rache dafür, daß ich dich in einem freien Wettkampf besiegt habe.

AXEL Das steht mit der Sache in keinem Zusammenhang!

BERTHA Du hast mich nie geliebt!

AXEL Doch, ich habe dich geliebt, das war mein einziges Motiv, dich zu heiraten; aber warum hast du mich geheiratet? Weil es dir finanziell schlecht ging und weil du die Bleichsucht hattest!
BERTHA Es ist ein Glück, daß uns niemand hört!
AXEL Es wäre kein Unglück, wenn uns jemand hörte. Ich habe dich wie eine Kameradin behandelt, mit grenzenlosem Vertrauen, und ich habe auch kleine Opfer gebracht, die du kennst. – Ist der Schlosser hiergewesen?
BERTHA Nein, der ist nicht gekommen!
AXEL Das ist auch nicht nötig. Ich habe deine Buchführung gelesen.
BERTHA Ach so, du schnüffelst in meinen Büchern herum.
AXEL Das Haushaltsbuch ist gemeinsam! Du hast falsche Ausgabenposten eingetragen und es unterlassen, Einnahmen aufzuführen.
BERTHA Tja, Buchführung lernen wir nun mal nicht in der Schule. –
AXEL Wir auch nicht! Und was die Erziehung betrifft, so hast du eine viel bessere bekommen als ich: du hast das Seminar besucht, ich aber nur die Volksschule.
BERTHA Nicht die Bücher erziehen ...
AXEL Nein, die Mütter! Aber es ist eigenartig, daß sie ihren Töchtern nicht beibringen können, ehrlich zu werden ...
BERTHA Ehrlich! Ich frage mich, ob man nicht die meisten Verbrecher unter den Männern findet?
AXEL Die meisten Bestraften, müßtest du sagen, aber hinter neunundneunzig Prozent aller verbrecherischen Männer kann man mit dem Richter fragen: où est la femme? – Aber – um auf dich zurückzukommen. – Du hast mich ständig belogen und zum Schluß auch noch betrogen. Da steht zum Beispiel zwanzig Francs für Farbe statt zwanzig Francs für Frühstück bei Marguery.
BERTHA Das ist nicht wahr; es kostet nur zwölf Francs.
AXEL Also acht in die Tasche gesteckt! – Dann hast du dreihundert Francs für dein verkauftes Bild nicht aufgeführt.
BERTHA »Was die Frau durch eigene Arbeit verdient, darüber kann sie auch verfügen.« Heißt es in unserem Gesetz!

AXEL Das ist also nicht paradox? Keine Monomanie!
BERTHA Nein, das kann es wohl nicht sein!
AXEL Nun, wir wollen nicht kleinlich sein, du verfügst über dein Geld und hast in unverantwortlicher Weise über meines verfügt. Bist du nicht doch der Meinung – unter Kameraden –, daß du mir hättest sagen müssen, daß du verkauft hast.
BERTHA Das ging dich nichts an.
AXEL Es ging mich nichts an! Nun, dann bleibt mir nur noch, das Scheidungsgesuch einzureichen.
BERTHA Scheidung! Glaubst du, ich habe vor, die Schande einer geschiedenen Frau auf mich zu nehmen! Glaubst du, ich lasse mich aus meinem Haus jagen wie ein Dienstmädchen, das man mit seinem Koffer wegschickt!
AXEL Ich könnte dich auf die Straße werfen lassen, wenn ich wollte, aber ich werde menschlich vorgehen und Scheidung wegen Uneinigkeit beantragen!
BERTHA So wie du sprichst, hast du mich nie geliebt!
AXEL Antworte mir: Warum, glaubst du, habe ich um deine Hand gebettelt?
BERTHA Weil du wolltest, daß ich dich liebe.
AXEL O heilige, unverletzliche, angebetete Dämlichkeit! – Ich könnte dich wegen Fälschung verklagen, denn du hast bei Willmer Schulden gemacht und mir die Beträge in Rechnung gestellt.
BERTHA Ah, der kleine Lump ist am Werk gewesen.
AXEL Ich habe mich eben von ihm getrennt, nachdem ich ihm dreihundertfünfzig Francs bezahlt habe, die du ihm schuldig warst. Aber wir wollen in diesen Geldfragen nicht kleinlich sein. Wir haben schlimmere Dinge zu klären. Du hast diesen Lümmel zum Teil meinen Haushalt bezahlen lassen und dadurch mein Ansehen total zerstört. Was hast du mit dem Geld gemacht?
BERTHA Es ist alles Lüge, was du sagst!
AXEL Du hast es auf Festen ausgegeben?
BERTHA Nein, ich habe es gespart; und was das ist, weißt du nicht, du Verschwender!
AXEL Ach, du sparsame Seele! Der Schlafrock da kostet zweihundert Francs, und meiner kostet fünfundzwanzig.

BERTHA Hast du noch mehr zu sagen?
AXEL Nicht mehr, als daß du künftig darauf bedacht sein mußt, für dich selbst zu sorgen. Ich habe keine Lust mehr, Holzstöcke zu bemalen und zuzusehen, wie du den Verdienst zusammensparst.
BERTHA Ach so, du glaubst, du könntest dich so leicht den Verpflichtungen entziehen, die du auf dich nahmst, als du mich dazu verlockt hast, deine Frau zu werden. Du kannst was erleben!
AXEL Jetzt, wo mir die Augen aufgegangen sind, nimmt Vergangenes allmählich eine andere Farbe an. Es kommt mir fast so vor, als hättest du meinen Heiratsantrag provoziert; es kommt mir fast so vor, als sei ich gelegentlich dem ausgesetzt gewesen, was ihr Verführung nennt; ich habe heute das Gefühl, in die Hände einer Abenteurerin geraten zu sein, die mir in einem Hotel garni das Geld abluchsen wollte; ich habe fast den Eindruck, als hätte ich seit der Verbindung mit dir im Laster gelebt! *Steht auf.* Jetzt, wo du so mit dem Rücken zu mir dastehst und ich deinen Nacken mit dem kurzen Haar sehe, ist es – – – ja, es ist gerade so, als – puuh! als wärst du Judith und hättest mir deinen Körper geschenkt, um mir den Kopf abzuschneiden. Sieh, da liegt das Kostüm, mit dem du mich erniedrigen wolltest! Ja, denn du hast gefühlt, daß es eine Erniedrigung wäre, diese weiten Falten zu tragen, die verbergen sollen, um aufzureizen, diese ausgeschnittene Bluse, die auf den Tellern des Korsetts die Ware anbieten soll. Nein! Hier hast du deinen Liebeslohn wieder, jetzt werfe ich meine Kette ab! *Wirft den Ehering weg.*
BERTHA *sieht ihn voller Verwunderung an.*
AXEL *streicht sich das Haar aus der Stirn:* Du hast nicht gewagt zu sehen, daß ich eine höhere Stirn habe als du, und darum habe ich sie unterm Haar versteckt, um dich nicht zu demütigen und zu erschrecken! Aber jetzt, weißt du, werde ich dich demütigen, und weil du dich nicht damit begnügen wolltest, mir gleichgestellt zu sein, als ich mich zu dir herabließ, sollst du mir unterlegen sein, was du auch bist!

BERTHA Das alles, diese ganze noble Rache, weil du mir unterlegen warst!
AXEL Ich war dir überlegen, auch dann, als ich dein Bild gemalt habe!
BERTHA Du hast mein Bild gemalt. Sag das noch einmal, und ich schlage dich!
AXEL Du willst die rohe Gewalt verachten und bist doch immer die erste, die sich darauf beruft! Schlag nur zu!
BERTHA Glaubst du, ich könnte nicht! *Geht auf ihn zu.*
AXEL *umfaßt mit einer Hand ihre beiden Handgelenke und hält sie fest:* Ja, das glaube ich! Bist du jetzt überzeugt, daß ich dir auch k ö r p e r l i c h überlegen bin! Beuge dich, oder ich breche dich!
BERTHA Du wagst es, mich zu schlagen?
AXEL Warum nicht? Ich weiß nur einen Grund, warum ich dich nicht schlagen sollte.
BERTHA Und der wäre?
AXEL Daß du unzurechnungsfähig bist.
BERTHA *versucht, sich loszureißen:* Au, laß mich los!
AXEL Wenn du um Verzeihung gebeten hast! So, auf die Knie mit dir! *Er zwingt sie mit einer Hand nieder.*
Sieh jetzt zu mir auf, von unten! Da ist dein Platz, den du selbst gewählt hast!
BERTHA *gibt nach:* Axel, Axel! Ich erkenne dich nicht wieder! Bist du der, der geschworen hat, mich zu lieben, der gebeten hat, mich tragen, mich emporheben zu dürfen.
AXEL Das bin ich! Ich war damals stark und glaubte, die Kraft zu haben, es zu tun, aber du hast mir das Haar meiner Kraft abgeschnitten, während ich meinen müden Kopf in deinen Schoß legte, du hast mir mein bestes Blut ausgesaugt, während ich schlief – und trotzdem reicht es jetzt noch, dich zu bezwingen. Steh auf und laß uns mit dem Deklamieren aufhören. Wir haben von Geschäften zu reden!
BERTHA *steht auf; setzt sich aufs Sofa und weint.*
AXEL Warum weinst du?
BERTHA Ich weiß nicht! Weil ich schwach bin vielleicht! *Bertha ständig in stummem Spiel, den Übergang markierend.*

AXEL Siehst du, deine Kraft, das war ich! Als ich meinen Anteil zurücknahm, hattest du nichts mehr. Du warst wie ein Gummiball, den ich aufgeblasen hatte; als ich dich losließ, bist du zusammengefallen wie ein leerer Sack.

BERTHA *ohne aufzusehen:* Ich weiß nicht, ob es so ist, wie du sagst, aber seit wir uneins geworden sind, hat mich meine Kraft verlassen! Axel, willst du mir glauben, ich habe noch nie für dich empfunden, was ich jetzt fühle!

AXEL So, was fühlst du denn?

BERTHA Das kann ich nicht sagen! Ich weiß nicht, ob es ... Liebe ist, aber ...

AXEL Was meinst du damit –, Liebe! Ist es nicht wie eine stille Sehnsucht, mich noch einmal bei lebendigem Leibe aufzufressen. Du fängst an, mich zu lieben! Warum nicht schon früher, als ich gut zu dir war! Güte ist Dummheit, laß uns böse sein! Nicht wahr!

BERTHA Ja, sei lieber etwas böse, aber nicht schwach. *Steht auf.* Axel, verzeih mir, aber verlaß mich nicht. Liebe mich! Oh, liebe mich!

AXEL Es ist zu spät! Noch gestern, heute morgen wäre ich vor dir niedergefallen, so wie du jetzt vor mir stehst, aber jetzt ist es zu spät!

BERTHA Warum ist es jetzt zu spät?

AXEL Weil ich heute abend alle Bande zerrissen habe, auch das letzte!

BERTHA *nimmt seine Hände:* Was meinst du?

AXEL Ich habe dich betrogen!

BERTHA *zuckt zusammen:* Ah!

AXEL Es war die einzige Art, mich loszureißen!

BERTHA *faßt sich:* Wer ist sie?

AXEL Eine Frau ... *Pause.*

BERTHA Wie sieht sie aus?

AXEL Wie eine Frau! Mit langem Haar, hohem Busen und so weiter! Du mußt dich schonen!

BERTHA Glaubst du, ich bin eifersüchtig, auf – so eine.

AXEL Eine, zwei, viele davon!

BERTHA *holt Luft:* Und morgen sind unsere Freunde eingeladen. Willst du einen Skandal machen und die Einladung absagen?
AXEL Nein, ich will nicht niedrig sein in meiner Rache! Morgen geben wir das Fest, und übermorgen trennen sich unsere Wege!
BERTHA Ja, jetzt müssen sich unsere Wege trennen! – Gute Nacht! *Geht zur linken Tür.*
AXEL Gute Nacht! *Geht zur rechten Tür.*
BERTHA *bleibt stehen:* Axel!
AXEL Ja!
BERTHA Ach, es war nichts! – Doch, warte! *Geht mit gefalteten Händen auf ihn zu.* Liebe mich, Axel! Liebe mich!
AXEL Willst du mit einer anderen teilen?
BERTHA *Pause:* Ja! Wenn du mich nur liebst!
AXEL Nein, das kann ich nicht. Du ziehst mich nicht mehr so an wie früher!
BERTHA Liebe mich, aus Gnade! Ich bin jetzt aufrichtig, glaube ich, denn sonst würde ich mich nicht so demütigen, wie ich es jetzt tue, vor einem Mann.
AXEL Auch wenn ich Mitleid mit dir hätte, kann ich Liebe nicht herbeizwingen. Es ist aus, es ist tot!
BERTHA Ich bettle um die Liebe eines Mannes, ich, eine Frau, und er schiebt mich von sich weg!
AXEL Warum nicht! Wir dürfen wohl auch mal nein sagen, obwohl wir nicht so wählerisch sind.
BERTHA Eine Frau bietet sich einem Mann an und erhält ein Nein!
AXEL Fühl mal, wie Millionen es gefühlt haben, als sie auf Knien um die Gnade bettelten, geben zu dürfen, was der andere nimmt! Fühl es für dein ganzes Geschlecht und sage dann, was für ein Gefühl das ist!
BERTHA *steht auf:* Gute Nacht! Also übermorgen!
AXEL Und du willst das Fest morgen immer noch?
BERTHA Ja, ich will das Fest morgen haben!
AXEL Gut! Also – übermorgen!
Sie gehen wie vorher jeder in seine Richtung.

Vorhang.

Vierter Akt

Dasselbe Bühnenbild wie im vorigen Akt. Die Glastüren sind aber zum Garten hin offen. Draußen scheint die Sonne, und das Atelier ist hell erleuchtet. Die Seitentüren zu den Zimmern stehen offen. Im Garten ist ein Serviertisch zu sehen mit Gläsern und Flaschen usw. Axel trägt einen schwarzen Gehrock ohne Orden; mit Stehkragen und langem Halstuch sowie mit hochgekämmtem Haar. Bertha: dunkles Kleid mit viereckigem Ausschnitt, mit Fichu und Krause. Sie hat eine Blume auf der linken Schulter. Carl: in Zivil mit Orden. Die Fräulein Hall extravagant und kostbar gekleidet.

Erste Szene

Bertha vom Garten herein. Blaß und mit blauen Schatten um die Augen. Abel aus der Fondtür herein. Sie umarmen und küssen sich.

BERTHA Guten Tag, willkommen! Du kommst spät!
ABEL Guten Tag.
BERTHA Und Gaga hat versprochen zu kommen!
ABEL Ganz bestimmt. Er war voller Reue und hat um Verzeihung gebeten.
BERTHA *rückt die Krause zurecht.*
ABEL Was ist heute mit dir los? Du hast etwas.
BERTHA Wieso? Was?
ABEL Du bist nicht so wie sonst! Du hast ... Bertha! Du hast ...
BERTHA Rede nicht!
ABEL Du hast Farbe; du hast Glanz in den Augen! Was? Solltest du? Und so blaß? Bertha!
BERTHA Ich muß hinaus zu meinen Gästen.
ABEL Sag, ist Carl hier und Östermark?
BERTHA Sie sind beide draußen im Garten.
ABEL Und die Mädchen Hall, und Frau Hall?

BERTHA Frau Hall kommt später, aber die Mädchen sind da, in meinem Zimmer.
ABEL Das wird wohl auch nur eine langweilige Angelegenheit heute.
BERTHA Nein, heute nicht, du!

Zweite Szene

Die Vorigen. Willmer mit einem Blumenstrauß. Geht zu Bertha, küßt ihr die Hand und überreicht den Strauß.

WILLMER Verzeih! Um meiner Liebe willen!
BERTHA Nein, nicht deshalb, aber – das ist egal! Ich weiß nicht – aber heute will ich keine Feinde haben!

Dritte Szene

Die Vorigen. Axel.

Bertha und Willmer verlegen.
AXEL *zu Bertha, ohne Willmer zu beachten:* Verzeih! ... falls ich gestört habe!
BERTHA Durchaus nicht!
AXEL Ich wollte nur fragen, ob du ein Souper bestellt hast?
BERTHA Aber ja. Wie du es gewünscht hast!
AXEL Ja, das wollte ich nur wissen!
ABEL Wie feierlich ihr ausseht!
Bertha und Axel. Gaga geht in den Garten.
ABEL Hör mal, Gaga! *Eilt ihm nach.*

Vierte Szene

Bertha und Axel.

AXEL Was hast du zum Souper bestellt?
BERTHA *sieht ihn an und lächelt:* Hummer und Poularde.
AXEL *unsicher:* Worüber lächelst du?
BERTHA Über deine Gedanken.
AXEL Was denke ich denn?
BERTHA Du denkst an – oh nein, ich weiß es natürlich nicht – falls es nicht das erste Souper sein sollte, das wir als Verlobte auf Djurgården einnahmen, damals an dem Frühlingsabend, an dem du mir einen Heiratsantrag gemacht hast ...
AXEL Du hast mir einen Heiratsantrag gemacht ...
BERTHA Axel! – Und jetzt ist es das letzte Souper; das letzte Mal. Das war ein kurzer Sommer!
AXEL Sehr kurz; aber die Sonne wird bestimmt wieder scheinen.
BERTHA Ja, für dich; für dich scheint die Sonne auf jeder Straße.
AXEL Was hindert dich, am selben Feuer Wärme zu suchen.
BERTHA Wir werden uns also vielleicht wiedersehen, meinst du, eines Abends bei Laternenschein?
AXEL Das meinte ich nicht ... aber, à la bonne heure! Es wird wenigstens ein freies Verhältnis.
BERTHA Ja, sehr frei; besonders für dich.
AXEL Für dich auch. Aber angenehmer für mich.
BERTHA Das ist ein nobler Gedanke.
AXEL Na, na – – keine alten Wunden aufreißen! Wir sprachen vom Souper! Und wir dürfen unsere Gäste nicht vergessen! So! *Geht in sein Zimmer.*
BERTHA Vom Souper! Ja, natürlich! Darüber wollten wir sprechen. *Geht erregt in ihr Zimmer.*

Fünfte Szene

Die Fräulein Hall vom Garten herein. Dann Doktor Östermark.

FRÄULEIN AMELIE Es ist langweilig hier?
FRÄULEIN THERÈSE Unerträglich, finde ich. Und die Gastgeber sind nicht gerade höflich.
FRÄULEIN AMELIE Die Frau ist mir besonders unangenehm. So eine mit Bubikopf!
FRÄULEIN THERÈSE Ja, aber es soll ein Leutnant kommen ...
FRÄULEIN AMELIE Na, das ist gut, denn diese Künstler sind solche Freigeister. Still, das da ist bestimmt ein Diplomat ... er sieht so distinguiert aus.
Sie setzen sich aufs Kanapee.
DER DOKTOR *vom Garten herein, betrachtet sie durch sein Pincenez:* Habe die Ehre, meine Damen. Hm! Man trifft hier so viele Landsmänninnen. Sie sind auch Künstlerinnen? Malen, kann ich mir vorstellen?
FRÄULEIN AMELIE Nein, wir malen nicht!
DER DOKTOR Oh, ein bißchen wenigstens! Hier in Paris malen doch alle Damen – sich.
FRÄULEIN THERÈSE Das haben wir nicht nötig.
DER DOKTOR Dann spielen Sie, meine Damen?
FRÄULEIN AMELIE Spielen?
DER DOKTOR Ja, ich meine nicht Kartenspielen! Aber spielen tun alle Damen ein bißchen.
FRÄULEIN AMELIE Sie sind bestimmt gerade vom Land gekommen, mein Herr.
DER DOKTOR Gerade eben, mein Fräulein. Kann ich Ihnen irgendwie zu Diensten stehen?
FRÄULEIN THERÈSE Verzeihung, wir wissen nicht, mit wem wir die Ehre haben?
DER DOKTOR Die Damen kommen sicher gerade aus Stockholm. Hierzulande wagt man, miteinander zu sprechen, ohne eine Bürgschaft zu verlangen.
FRÄULEIN AMELIE Wir haben keine Bürgschaft verlangt.

DER DOKTOR Was verlangen Sie? Daß Ihre Neugier befriedigt wird. Nun, ich bin ein alter Hausarzt und heiße Andersson. Dürfte ich jetzt vielleicht Ihre Namen erfahren, meine Damen – – den Charakter brauche ich nicht.
FRÄULEIN THERÈSE Wir heißen Hall, falls es Sie interessiert, Herr Doktor.
DER DOKTOR Hall? Hm! Den Namen habe ich bestimmt schon mal gehört. Verzeihung, erlauben Sie eine Frage? Eine etwas plumpe Frage?
FRÄULEIN AMELIE Genieren Sie sich nicht!
DER DOKTOR Lebt Ihr Vater noch, meine Damen?
FRÄULEIN AMELIE Nein, er ist tot!
DER DOKTOR Ach so! Ja, jetzt bin ich schon so weit gegangen, daß es nicht mehr drauf ankommt. Herr Hall...
FRÄULEIN THERÈSE Unser Vater war Leiter der Feuerversicherung in Göteborg.
DER DOKTOR Ach so! Dann bitte ich um Entschuldigung! – Gefällt es Ihnen in Paris?
FRÄULEIN AMELIE Sehr! – Therèse, hast du gesehen, wo ich meinen Schal gelassen habe? Hier zieht es so kalt. *Steht auf.*
FRÄULEIN THERÈSE Wahrscheinlich hast du ihn im Gartenpavillon gelassen... *Steht auf.*
DER DOKTOR *steht auf:* Nein, gehen Sie nicht hinaus. Wenn Sie erlauben, werde ich ihn suchen. – Nein, bleiben Sie nur sitzen! Bleiben Sie ruhig sitzen. *Geht in den Garten hinaus.*

Sechste Szene

Die Fräulein Hall. Frau Hall von links, ziemlich angeheitert, mit flammend roten Wangen und schwerer Zunge.

FRÄULEIN AMELIE Sieh, da ist Mama! Und schon wieder so! Mein Gott, was hat sie hier zu suchen? – Was hast du hier zu suchen, Mama?
FRAU HALL Seid still! Ich habe wohl das gleiche Recht wie ihr, hier zu sein!

FRÄULEIN THERÈSE Warum hast du schon wieder getrunken! Stell dir vor, es kommt jemand?
FRAU HALL Ich habe doch nicht getrunken! Wie du redest!
FRÄULEIN AMELIE Wir werden unglücklich, wenn der Doktor zurückkommt und dich sieht. Komm, laß uns hier hineingehen, dann kannst du ein Glas Wasser bekommen.
FRAU HALL Das ist hübsch, seine Mutter so zu behandeln und zu sagen, sie hat getrunken, das der eigenen Mutter zu sagen.
FRÄULEIN THERÈSE Rede nicht, sondern geh sofort hinein! *Führt sie nach rechts.*
FRAU HALL *widerstrebend:* Seine Mutter so zu behandeln. Habt ihr denn keine Achtung vor eurer Mutter?
FRÄULEIN AMELIE Viel nicht. Beeil dich jetzt! *Sie gehen rechts hinein.*

Siebte Szene

Axel und Carl vom Garten herein.

CARL Nun, du siehst gut aus, mein lieber Axel, und hast ein männlicheres Aussehen als früher.
AXEL Ja, ich habe mich emanzipiert!
CARL Das hättest du gleich tun sollen, wie ich.
AXEL Wie du!
CARL Wie ich. Ich habe sofort meine Stellung als Chef und Oberhaupt der Familie eingenommen, wozu ich mich sowohl auf Grund meines überlegenen Verstandes als auch meiner natürlichen Anlage berufen fühlte.
AXEL Was hat deine Frau dazu gesagt?
CARL Weißt du, das habe ich vergessen, sie zu fragen! Aber allem Anschein nach fand sie das völlig in Ordnung. Sie brauchen nur wirkliche Männer, dann werden sogar aus Frauenzimmern Leute!
AXEL Aber die Macht sollte doch wenigstens geteilt werden.
CARL Macht läßt sich nicht teilen! Entweder gehorchen oder befeh-

len. Entweder du oder ich! Ich habe das Ich dem Du vorgezogen, und sie mußte sich fügen.
AXEL Jaja! – Aber sie hatte doch Geld!
CARL Überhaupt nicht! Sie hat nicht mehr als einen silbernen Eßlöffel mit in die Ehe gebracht. Aber für den verlangte sie Gütertrennung; und die hat sie bekommen. Sie war eine Frau mit Grundsätzen, verstehst du! – Aber sie ist lieb, wirklich lieb, aber ich bin auch lieb zu ihr. Es macht Spaß, verheiratet zu sein, finde ich, was? Und außerdem kann sie so fabelhaft gut kochen!

Achte Szene

Die Vorigen. Die Fräulein Hall von rechts herein.

AXEL Darf ich vorstellen! Leutnant Starck, die Fräulein Hall.
CARL Freut mich sehr, Ihre ... *zeigt, daß er sie wiedererkennt* Bekanntschaft zu machen, meine Damen.
DIE FRÄULEIN HALL *verlegen; knicksen und gehen in den Garten.*
CARL Wie kommen diese Damen hierher?
AXEL Wieso? Es sind Freundinnen meiner Frau, und es ist das erste Mal, daß sie hier sind. Kennst du sie?
CARL Ja, etwas!
AXEL Was soll das heißen?
CARL Hm! Ich habe sie eines Nachts in Petersburg kennengelernt!
AXEL Eines Nachts!
CARL Ja!
AXEL Ist das auch kein Irrtum?
CARL Neein! Das ist kein Irrtum. Das waren in Petersburg sehr bekannte Damen!
AXEL Und Bertha läßt sie in mein Haus!

Neunte Szene

Die Vorigen. Bertha stürzt herein.

BERTHA Was hat das zu bedeuten! Habt ihr die Mädchen beleidigt?
AXEL Nein ... aber ...
BERTHA Sie kommen weinend heraus und erklären, sie könnten in der Gesellschaft dieser Herren nicht bleiben! Was ist passiert?
AXEL Kennst du diese Damen?
BERTHA Es sind meine Freundinnen! Genügt das? Oder nicht?
AXEL Nicht ganz!
BERTHA Nicht ganz. Nun, aber wenn ...

Zehnte Szene

Die Vorigen. Doktor Östermark vom Garten herein.

DER DOKTOR Was soll denn das nun bedeuten? Was habt ihr den kleinen Mädchen angetan, daß sie weglaufen! Ich wollte ihnen in die Mäntel helfen, aber sie wollten nichts davon wissen und hatten Tränen in den Augen.
CARL Ich muß eine Frage stellen: sind das Berthas Freundinnen?
BERTHA Ja, das sind sie! Aber wenn mein Schutz nicht ausreicht, kann Doktor Östermark sie vielleicht unter seine Fittiche nehmen, da er eine gewisse Verpflichtung dazu hat.
CARL Hier liegt ein Mißverständnis vor. Du meinst, weil ich mit diesen Damen mal in Verbindung gestanden habe, müßte ich als ihr Ritter auftreten.
BERTHA In was für einer Verbindung?
CARL Einer zufälligen, wie das bei solchen Damen eben ist!
BERTHA Solchen Damen! Du lügst!
CARL Ich pflege nicht zu lügen!
DER DOKTOR Aber ich verstehe nicht: was habe ich mit diesen Damen zu schaffen?

BERTHA Mit deinen verlassenen Kindern möchtest du am liebsten gar nichts zu schaffen haben!

DER DOKTOR Das sind nicht meine Kinder. Ich verstehe das Ganze nicht!

BERTHA Es sind deine beiden Töchter mit deiner geschiedenen Frau.

DER DOKTOR Da du dir das Recht anmaßt, zudringlich zu werden und meine familiären Verhältnisse zum Gegenstand einer öffentlichen Untersuchung zu machen, werde ich dir öffentlich antworten! Du scheinst herausgefunden zu haben, daß ich nicht Witwer, sondern geschieden bin. Gut! Vor zwanzig Jahren wurde meine Ehe, die kinderlos war, aufgelöst. Danach bin ich eine neue Verbindung eingegangen und habe in ihr ein Kind, das kürzlich fünf geworden ist. Diese beiden erwachsenen Mädchen sind folglich nicht meine Kinder. Jetzt weißt du's!

BERTHA Aber deine Frau hast du in die Welt hinausgeworfen...

DER DOKTOR Nein, so ist es auch nicht gewesen. Sie ist weggegangen oder -getorkelt, wenn du so willst, und hat dann die Hälfte meiner Einkünfte bekommen, bis ich erfuhr, daß sie – – doch genug davon. Hättest du eine Vorstellung davon, was es mich an Arbeit und Entbehrungen gekostet hat, zwei Haushalte zu unterhalten, hättest du mir diese unangenehme Stunde erspart, aber so eine wie du kann sich das nicht vorstellen. Mehr brauchst du nicht zu wissen, zumal diese ganze Geschichte dich nichts angeht!

BERTHA Es würde mir Spaß machen zu erfahren, warum deine erste Frau dich verlassen hat!

DER DOKTOR Ich glaube, es würde dir keinen Spaß machen zu hören, daß sie boshaft, kleinlich, gemein war, und daß ich zu gut zu ihr war! Stell dir mal vor, du weichherzige, feinfühlige Bertha, stell dir vor, es wären tatsächlich meine Töchter gewesen, diese gemeinsamen Freundinnen von dir und Carl; stell dir vor, wie mein altes Herz sich gefreut hätte, nach achtzehn Jahren diese Kinder wiederzusehen, die ich in langen Krankheitsnächten auf meinen Armen getragen habe. Und stell dir vor, wenn sie, meine erste Liebe, meine Frau, mit der das Leben zum erstenmal Leben

wurde, deine Einladung angenommen hätte und gekommen wäre. Was für ein dankbarer fünfter Akt in dem Melodrama, das du uns bieten wolltest, was für eine noble Rache an einem Unschuldigen. Danke, meine alte Freundin, hab Dank für diese Rückzahlung der Freundschaft, die ich dir erwiesen habe.
BERTHA Rückzahlung! Ja, ich weiß, daß ich dir ... Honorare ... schuldig bin ...
AXEL, CARL, DER DOKTOR Oh! Oh!
BERTHA Ich weiß es! Ich weiß es sehr wohl!
AXEL, CARL, DER DOKTOR Nein, Pfui! Pfui!
DER DOKTOR Nein, jetzt gehe ich! Mein Gott! Ja, du bist mir von der richtigen Sorte! Entschuldige, Axel, aber ich kann nichts dafür!
BERTHA Das ist vielleicht ein Mann, der seine Frau beleidigen läßt!
AXEL Ich greife nicht in deine Rechte ein, weder in die zu beleidigen noch in die, beleidigt zu werden! *Musik im Garten; Gitarre und italienischer Gesang.*
Die Sänger sind gekommen, vielleicht wollen die Herrschaften hinausgehen, um nach all dem etwas Harmonie zu bekommen!

Elfte Szene

Alle draußen im Garten. Der Doktor allein. Die Musik aus dem Garten dringt gedämpft ins Zimmer. Der Doktor geht zur rechten Wand in der Nähe der Tür zu Axels Zimmer und betrachtet die Zeichnungen; Frau Hall tritt heraus, geht mit unsicheren Schritten ins Zimmer; bleibt stehen und setzt sich auf einen Stuhl. Der Doktor, der sie nicht wiedererkennt, verbeugt sich.

FRAU HALL Was ist das für Musik da draußen?
DER DOKTOR Das sind Italiener, gnädige Frau!
FRAU HALL Ach so; das sind wohl die, die ich in Monte Carlo gehört habe.
DER ARZT Oh, es gibt vielleicht noch mehr Italiener!
FRAU HALL Ich glaube, das ist Östermark persönlich! – Ja, es gab

niemanden, der mit der Antwort so schnell bei der Hand war wie er.

DER DOKTOR *fixiert sie:* Ah! – Daß es Dinge gibt ... die ... weniger furchtbar sind als die Furcht! Du bist es, Carolina! Und dies ist der Augenblick, vor dem ich achtzehn Jahre lang geflohen bin, von dem ich geträumt, den ich gesucht, gefürchtet, gewünscht habe; gewünscht, um den Schlag zu spüren und dann nichts mehr zu fürchten! *Er holt eine kleine Flasche hervor und feuchtet die Zunge mit ein paar Tropfen an.*
Hab keine Angst, das ist kein Gift; in so einer kleinen Dosis. Das ist fürs Herz, weißt du!

FRAU HALL Ach, dieses Herz. Ja! Du hattest soviel davon, du!

DER DOKTOR Es ist eigenartig, daß zwei alte Menschen sich nicht alle achtzehn Jahre treffen können, ohne Streit zu bekommen.

FRAU HALL Du warst immer derjenige, der Streit anfing!

DER DOKTOR Ich allein? Was! – Wollen wir jetzt aufhören? – Ich muß versuchen, dich anzusehen. *Nimmt einen Stuhl und setzt sich ihr gegenüber.*
Ohne zu zittern!

FRAU HALL Ich bin alt geworden!

DER DOKTOR Das wird man; man hat davon gelesen, es gehört, gesehen, selbst gespürt, aber trotzdem ist es schrecklich. Ich bin auch alt!

FRAU HALL Und du bist glücklich mit deinem neuen – Leben?

DER DOKTOR Ehrlich gesagt: es ist ein und dasselbe; anders, aber ziemlich gleich.

FRAU HALL Das alte war vielleicht besser?

DER DOKTOR Nein, es war nicht besser, weil es genauso war, aber es ist die Frage, ob es jetzt nicht besser gewesen wäre, bloß und gerade weil es das alte war. Man blüht nur einmal, und dann sät man; was dann kommt, ist nur ein wenig Nachlese.
Und du? Wie lebst du?

FRAU HALL *beleidigt:* Wie ich lebe?

DER DOKTOR Versteh mich richtig! Bist du zufrieden mit – deinem Leben, ich meine – ach, daß es so schwierig sein muß, mit Frauen zu sprechen. –

FRAU HALL Zufrieden? Hm!
DER DOKTOR Ja, du warst nie zufrieden! Aber wenn man jung ist, will man von allem nur das Beste haben, und dann bekommt man dritte Wahl, wenn man alt ist. Nun! Du hast zu Frau Alberg gesagt, deine Mädchen seien meine Kinder!
FRAU HALL Habe ich! Das ist nicht wahr.
DER DOKTOR Immer noch Lügen! – Früher, als ich unverständig war, habe ich es dir zur Last gelegt; aber jetzt weiß ich, daß es ein Naturfehler ist. Du glaubst selbst an das, was du lügst, und das, weißt du, ist bedenklich! Aber das gehört nicht hierher! Willst du gehen, oder willst du, daß ich gehe?
FRAU HALL Ich werde gehen! *Läßt sich auf den Stuhl fallen und tastet umher.*
DER DOKTOR Was! Betrunken? – – – Wie unangenehm, wie furchtbar unangenehm, oh! Pfui, ich glaube, mir kommen die Tränen! – Carolina! Nein, das halte ich nicht aus!
FRAU HALL Ich bin krank!
DER DOKTOR Ja, man wird krank, wenn man zuviel trinkt! Aber! Das ist schwerer, als ich gedacht habe. Ich habe kleine ungeborene Kinder getötet, um die Mutter zu retten, und ich habe gefühlt, wie sie im Todeskampf zitterten, ich habe in lebenden Muskeln gesägt und das Mark wie Butter aus gesunden Knochen auslaufen sehen, aber seit dem Tag, an dem du gegangen bist, hat mir nichts mehr so weh getan. Es war damals, als wärst du mit einer meiner Lungen weggegangen, so daß ich nur mit der anderen keuchen konnte! – Oh, jetzt glaube ich, ich ersticke!
FRAU HALL Hilf mir weg von hier! Hier ist soviel Lärm! Und ich weiß nicht, was wir hier sollen. Gib mir deine Hand!
DER DOKTOR *führt sie zur Fondtür:* Damals war ich es, der um deine Hand bat; und sie ruhte schwer auf mir, die kleine zarte Hand. Sie hat mich einmal ins Gesicht geschlagen, die feine weiße Hand; und ich habe sie trotzdem geküßt. – Oh! Jetzt ist sie verwelkt und schlägt nicht mehr ... Ah, dolce Napoli! Lebensfreude, wo bist du geblieben? Bist gegangen wie die da! Die meine Jugendbraut war!

FRAU HALL *in der Flurtür:* Wo ist mein Mantel?
DER DOKTOR *schließt die Tür:* Im Flur, wahrscheinlich. – Es ist schrecklich! *Zündet sich eine Zigarre an.*
Oh, dolce Napoli! Möchte gern wissen, ob es in diesem cholerakranken Fischerhafen so wunderbar ist? Blague, vermutlich! Blague! Blague! Bräute, Liebe, Neapel, Lebensfreude, antiquiert, modern, liberal, konservativ, ideal, real, naturalistisch, blague, blague!! Durch die Bank!

Zwölfte Szene

Der Doktor. Axel. Abel. Willmer. Starck. Frau Starck.

FRAU STARCK Wo wollen Sie denn hin, Herr Doktor?
DER DOKTOR Verzeihen Sie, es war nur ein kleines Qui pro quo. Hier hatten sich zwei Fremde eingeschlichen, die wir identifizieren mußten.
FRAU STARCK Die Mädchen!
CARL Ja, damit hast du aber nichts zu schaffen! Ich weiß nicht; hier liegt so etwas Feindseliges in der Luft.
FRAU STARCK Ach, du siehst überall Feinde, lieber Carl.
CARL Nein, ich sehe sie nicht, aber ich fühle sie!
FRAU STARCK Na, dann komm zu deiner Freundin, dann wird sie dich verteidigen.
CARL Ach, du bist immer so lieb zu mir.
FRAU STARCK Warum sollte ich es nicht sein, wenn du es so gut mit mir meinst!

Dreizehnte Szene

Die Vorigen. Die Fondtüren gehen auf, und zwei Männer tragen ein Bild herein. Das Dienstmädchen.

AXEL Was ist das denn?

DAS DIENSTMÄDCHEN Der Portier hat gesagt, es soll ins Atelier getragen werden, denn er könnte es nicht bei sich behalten.
AXEL Was sind denn das für Dummheiten. Tragen Sie das Bild hinaus!
DAS DIENSTMÄDCHEN Die gnädige Frau hat ihr Bild doch selbst holen lassen.
BERTHA Das ist nicht wahr! Außerdem ist es nicht mein Bild. Es gehört meinem Mann! Stellen Sie es da hin! *Das Dienstmädchen und die Männer gehen.*
Vielleicht ist es nicht dein Bild, Axel? Sehen wir mal nach!
AXEL *stellt sich vor das Bild.*
BERTHA Geh ein bißchen zur Seite, dann können wir nachsehen!
AXEL *tritt beiseite:* Es ist ein Irrtum!
BERTHA *schreit:* Was! Was ist das! Es ist ein Irrtum! Was soll das heißen! Es ist mein Bild, aber, das ist Axels Nummer. Ah! *Sie fällt.*

Vierzehnte Szene

Die Vorigen. Der Doktor und Carl tragen Bertha nach links in ihr Zimmer. Die Frauen folgen.

ABEL Sie stirbt!
FRAU STARCK Gott steh uns bei, was ist das! Arme Kleine! Doktor Östermark, tun Sie doch etwas! Sagen Sie etwas! Und Axel steht da und weiß nicht, was er machen soll.
Axel und Willmer allein.
AXEL Das hast du angerichtet!
WILLMER Ich?
AXEL *packt ihn beim Ohr:* Du, aber nicht alles! Hier hast du dein Teil. *Führt ihn zur Tür, die er mit einem Fuß öffnet; mit dem anderen gibt er Willmer einen Tritt und wirft ihn hinaus.*
Raus!
WILLMER Das wirst du büßen!
AXEL Das erwarte ich!

Fünfzehnte Szene

Axel. Doktor Östermark. Carl.

DER DOKTOR Was war das mit dem Bild?
AXEL Es sollte Schwefelsäure darstellen!
CARL Sag jetzt! Hat man dich abgelehnt oder sie?
AXEL Man hat mich mit ihrem Bild abgelehnt! Ich wollte ihr als guter Kamerad weiterhelfen und habe daher die Nummern vertauscht.
DER DOKTOR Ja, aber da ist noch etwas anderes! Sie sagt, du liebst sie nicht mehr.
AXEL Da hat sie recht. So ist es, und morgen trennen wir uns.
DER DOKTOR *und* CARL Trennen?
AXEL Ja! Wo es keine Bande gibt, die zerrissen werden könnten, löst es sich von selbst. Dies war keine Ehe, es war nur ein Zusammenwohnen oder etwas noch Schlimmeres!
DER DOKTOR Hier ist schlechte Luft! Kommt, laßt uns gehen!
AXEL Ja, ich will hinaus – weg von hier.
Sie gehen nach hinten.

Sechzehnte Szene

Die Vorigen. Abel.

ABEL Was? Die Herren wollen gehen?
AXEL Erstaunt dich das?
ABEL Kann ich mit dir sprechen!
AXEL Sprich!
ABEL Willst du nicht zu Bertha hineingehen?
AXEL Nein!
ABEL Was hast du ihr getan?
AXEL Ich habe sie gebeugt!
ABEL Das ist mir klar, denn sie war blau an den Handgelenken. Sieh mich an! – Das hätte ich dir nie zugetraut. Nun, Sieger, jetzt kannst du triumphieren!

AXEL Ein ungewisser Sieg, den ich mir übrigens nicht wünsche!
ABEL Bist du da so sicher? *Beugt sich zu ihm und sagt gedämpft* Bertha liebt dich, seit – – – seit du sie gebeugt hast.
AXEL Ich weiß. Aber ich liebe sie nicht mehr.
ABEL Willst du nicht zu ihr hineingehen.
AXEL Nein, es ist aus. *Nimmt den Arm des Doktors.* Komm!
ABEL Soll ich Bertha nicht grüßen?
AXEL Nein! Doch! Grüße sie und sag ihr, daß ich sie verachte und verabscheue!
ABEL Leb wohl, mein Freund!
AXEL Leb wohl, meine Feindin!
ABEL Feindin?
AXEL Vielleicht bist du meine Freundin?
ABEL Ich weiß nicht! Beides; nichts davon! Ich bin ein Bastard...
AXEL Das sind wir wohl alle, da wir eine Kreuzung von Mann und Frau sind! Vielleicht hast du mich auf deine Art geliebt, da du mich und Bertha auseinanderbringen wolltest.
ABEL *dreht sich eine Zigarette:* Geliebt! – Ich frage mich, wie es wäre zu lieben? Nein, ich kann nicht lieben; ich muß ein Krüppel sein – – denn es machte mir Freude, euch anzusehen, bis der Neid des Krüppels mich in Brand setzte. – Vielleicht hast du mich geliebt?
AXEL Nein, auf meine Ehre! Du warst für mich ein angenehmer Kamerad, der zufällig Frauenkleider trug; du hast nie den Eindruck gemacht, einem anderen Geschlecht anzugehören; und die Liebe, weißt du, kann und darf es allein zwischen Individuen verschiedenen Geschlechts geben...
ABEL Die geschlechtliche Liebe, ja!
AXEL Gibt es denn eine andere?
ABEL Ich weiß nicht! – Aber es ist bestimmt schade um mich! Und dieser Haß, dieser entsetzliche Haß! Vielleicht würde er aufhören, wenn ihr nicht soviel Angst davor hättet, uns zu lieben, wenn ihr nicht so – wie soll ich es ausdrücken – moralisch wärt, heißt es wohl!
AXEL Nun, dann seid doch um Himmels willen etwas liebens-

würdiger, und putzt euch nicht so heraus, daß man ans Strafgesetzbuch denken muß, wenn man euch sieht.
ABEL Findest du mich denn so schrecklich?
AXEL Ja, weißt du, du mußt schon entschuldigen! Aber du bist entsetzlich!

Siebzehnte Szene

Die Vorigen. Bertha.

BERTHA *zu Axel:* Willst du gehen?
AXEL Ja, eben wollte ich es noch, aber jetzt bleibe ich!
BERTHA *weich:* Was? Du ...
AXEL Ich bleibe in meinem Heim!
BERTHA In unserem ... Heim!
AXEL Nein, in meinem! In meinem Atelier, in meinen Möbeln!
BERTHA Und ich?
AXEL Du darfst tun, was dir beliebt, aber du mußt wissen, was du riskierst! – Weißt du, ich habe einen Antrag auf einjährige Trennung von Tisch und Bett gestellt. Bleibst du, das heißt, kommst du mir in dieser Zeit nahe, dann kannst du wählen zwischen Gefängnisstrafe oder als meine Mätresse zu gelten! Hast du jetzt Lust zu bleiben?
BERTHA Ah! – Das ist das Gesetz?
AXEL Das ist das Gesetz!
BERTHA Du wirfst mich also hinaus?
AXEL Nein, das Gesetz!
BERTHA Und du glaubst, damit bin ich zufrieden?
AXEL Das glaube ich nicht, denn du bist erst dann zufrieden, wenn in mir kein Leben mehr ist.
BERTHA Axel! Wie du redest! Wenn du wüßtest, wie ich ... dich liebe!
AXEL Das finde ich nicht unangemessen, aber ich liebe dich nicht mehr!
BERTHA *fährt auf:* Weil du die da liebst!

AXEL Nein, das tue ich ganz und gar nicht! Habe es nie getan und werde es auch nie tun! Was für eine unglaubliche Einbildung! Als gäbe es nicht noch andere und anziehendere Frauen als euch!

BERTHA Aber sie liebt dich!

AXEL Das ist möglich; ich glaube sogar, sie hat so etwas durchblicken lassen, ja, wenn ich mich recht erinnere, hat sie es geradeheraus gesagt; wie hast du dich nun entschieden?

BERTHA *schlägt einen anderen Ton an:* Du bist wirklich der unverschämteste Mensch, der mir je begegnet ist!

AXEL Ja, das kann ich mir denken!

BERTHA *zieht den Mantel an und setzt den Hut auf:* Und jetzt willst du mich auf die Straße setzen? Ist das dein Ernst?

AXEL Auf die Straße, oder wohin es dir beliebt!

BERTHA *rasend:* Glaubst du, eine Frau läßt sich so behandeln?

AXEL Du hast mich einmal gebeten zu vergessen, daß du eine Frau bist. Schön! Ich habe es vergessen!

BERTHA Aber weißt du, daß du Verpflichtungen dem Menschen gegenüber hast, der deine Frau gewesen ist?

AXEL Also bezahlen, für gute Kameradschaft? Was? Leibrentenanstalt!

BERTHA Ja!

AXEL Hier hast du für einen Monat Vorschuß! *Legt ein paar Geldscheine auf den Tisch.*

BERTHA *nimmt das Geld und zählt es:* Du hast doch noch ein bißchen Ehrgefühl in dir!

ABEL Leb wohl, Bertha, ich gehe jetzt!

BERTHA Warte doch, dann kannst du mich begleiten!

ABEL Nein, jetzt begleite ich dich nicht mehr.

BERTHA Was? Warum nicht?

ABEL Nein, ich schäme mich!

BERTHA *erstaunt:* Du schämst dich?

ABEL Ja, ich schäme mich! Leb wohl! *Geht.*

BERTHA Ich verstehe nicht! – Leb wohl, Axel! Danke für das hier! Sind wir Freunde? *Nimmt seine Hand.*

AXEL Ich bin es jedenfalls nicht! – Laß meine Hand los, sonst glaube ich, du willst mich wieder verführen!

BERTHA *geht zur Tür.*
AXEL *mit einem Seufzer der Erleichterung:* Schöne Kameraden! Oh!
DAS DIENSTMÄDCHEN *vom Garten herein:* Das Fräulein wartet auf Sie!
AXEL So! Ich bin gleich soweit!
BERTHA Ist das die neue Kameradin?
AXEL Nein, das ist keine Kameradin; das ist die Geliebte!
BERTHA Und künftige Ehefrau!
AXEL Vielleicht! Denn Kameraden wünsche ich mir im Café, aber zu Hause will ich meine Frau haben! *Bewegt sich, als wolle er gehen.*
Entschuldige!
BERTHA Dann leb wohl! Sehen wir uns nie mehr!
AXEL Doch, bestimmt! – Aber im Café! Leb wohl!

Vorhang

Briefe

November bis Dezember 1886

An Anna Wahlenberg

Gersau, 14. Nov. 1886

Mein Fräulein!

Ihre Befürchtungen, ich könnte Ihr Buch ungelesen lassen, waren schon begründet, denn ich lese nur die Frauenzimmerbücher, die ich unbedingt lesen muß. Ich lasse auch das Ihre ungelesen, nachdem ich auf die letzten Seiten gesehen und festgestellt habe, daß Ihre Begriffe von Billigkeit und Gerechtigkeit total verwirrt sind. Sie meinen also ganz bescheiden, daß die Frau in den Arbeitsmarkt des Familienversorgers eindringen soll, ohne daß er von der unerhörten Bürde befreit wird, eine Frau, ihre Kinder und ihre Dienstboten zu versorgen, weil die beiden miteinander Kinder haben. Und wie einfach und billig lebt die Frau doch! Man vergleiche einen Modehandel und einen Schneiderladen!

Soll sie versuchen, ihre Kräfte zu versechsfachen, zu verfünfzehnfachen (ich sehe hier jeden Tag einen weißhaarigen Mann, der fünfzehn Personen, vier Katzen und zwei Hunde versorgt, die die Frauenzimmer halten), und dann werden wir sehen. Daß Sie sich über einen derartigen Unverstand nicht schämen. Und Sie glauben, tiefer geblickt zu haben als ich! Man muß ein verwöhntes Frauenzimmer sein, um mit einem solchen Dünkel daherzukommen.

Ich habe von Ihnen nichts zu lernen, aber Sie können mit Gewinn fortfahren, meine Schriften zu studieren.

Hochachtungsvoll
August Strindberg

An Alexander Kielland

Gersau, 29. 11. 86.

Lieber Herr Kielland,

Ich muß meine Bücher bereits verschenken, damit sie gelesen werden, und darum habe ich Ihnen drei Exemplare geschickt. Schriftsteller, die soviel schreiben wie ich, brauchten nicht zu korrespondieren, und es [war] niemals meine Absicht, Sie mit einem

Briefwechsel zu belästigen. Nur, was meinen Haß betrifft, so ist der rein theoretisch, besonders jetzt gegen die Damen, die ich nach wie vor verehre. Wenn ich sehe, daß sich etwas verkehrt entwickelt oder daß sich eine Dummheit oder Ungerechtigkeit durchsetzt, dann bin ich körperlich außer Gleichgewicht, bis ich die Sache wieder ins Lot bringen kann.

Wenn Sie zum Beispiel eine Vorstellung hätten, was für ein idyllisches Familienleben ich habe, nach großen durchgestandenen Kämpfen, dann würden Sie mich vielleicht beneiden, doch dies konnte nur dadurch zustande kommen, daß ich mich emanzipiert, das heißt, auf meine männliche Würde geachtet habe, etwas, was Ihr Norweger nicht versteht. Darum ist Eure gesamte Literatur geschlechtslos, und es scheint, daß Eure Damen Eure Manuskripte lesen, bevor sie in Druck gehen. Ja, und darum werden wir alle, die im gleichen Glied kämpfen sollten, wieder Feinde, nur der Damen wegen, die dann angekrochen kommen und die Leichen fleddern, wenn wir uns gegenseitig totgeschlagen haben.

Ich bin schon siebenmal tot gewesen, noch aber lebe ich und werde wohl noch manche gute Schlacht schlagen, hoffe ich. Und nun leben Sie wohl, und lassen Sie uns einander in unseren Büchern wiedersehen.

Ihr
August Strindberg

An Edvard Brandes

Gersau, 3. Dez. 1886

Lieber Brandes,

Als ich Dein Telegramm erhielt, hatte ich meinen Revolverbrief bereits bereut und stand im Begriff, ihn zurückzunehmen, denn es war nicht schön, Dich unter Druck zu setzen und mit der Konkurrenz zu drohen. Gestatte mir jetzt, Idealist zu sein und auf jede Publikation in Dänemark zu verzichten. Willst Du aber Realist genug sein, mein nobles Angebot zurückzuweisen, dann: verschaffe mir ein wenig Genugtuung bei den Lesern der ersten Abteilung, die geglaubt haben, ich hätte mich damit des Französischen

Bauern entledigt, und auch beim Damenkomitee (den liebenswürdigen Damen), die mir den Zuschuß verweigert haben, weil sie »wußten«, daß ich das Schiffchen nicht ins Trockene bringen würde.

Also, ist Dein Opfer kleiner als meines, dann danke ich Dir – und Politiken mag drucken.

Etwas anderes: ich meine gelesen zu haben, daß die Venstre und die Nationalliberalen sich zusammengeschlossen haben, und daß Ihr und Morgenbladet sehr gute Freunde seid. Ergo! Nun, das war dies.

Jetzt aber ist die Sache die, daß ich kürzlich eine Komödie in 5 Akten, *Marodeure* genannt, beendet habe (die natürlich die Damen behandelt). Ich glaube, das Stück ist höchst wirkungsvoll, wohlbalanciert, und direkt. Der vierte Akt famos, und der fünfte mit zwei Dynamitpatronen am Ende (bildlich gesprochen). Ich setze eine gewisse Hoffnung auf dieses Stück, meine erste Gegenwartskomödie. Es liegt jetzt im Manuskript zum Lithographieren oder Drucken bei Bonnier, und Du wirst es bald bekommen!

Du wunderst Dich sicher darüber, daß ich als Verheirateter so roh über die Ehe schreiben kann! Das mußte heraus; und kann so brutal nur durch die schlichte Vorkehrung herauskommen, daß ich meine Frau gebeten habe, meine Gattin, die Mutter meiner Kinder zu sein und niemals meine Bücher zu lesen! So lebe ich, nach vielen innerhäuslichen Stürmen, mit den Meinen das bezauberndste Familienleben, und das kurioseste ist, daß, seit ich mich auf diese Weise emanzipiert habe, unsere Liebe blüht wie in der ersten Zeit unserer Ehe, und es fällt nie ein hartes Wort! Unglaublich, aber wahr. Doch zuvor mußte ich mein Haus von all diesen verdammten modernen Damen säubern, die meine Ehe eine Zeitlang unerträglich gemacht haben!

Meine ganze Opposition in der Frauenfrage ist die folgende: soll sie auf den Arbeitsmarkt des Familienversorgers, dann muß gleichzeitig er von einem großen Teil der Unterhaltsverpflichtungen für ihre Kinder befreit werden. Im übrigen soll sie Kinder gebären, das einzige, wozu man die Frau braucht, denn all das andere können wir selbst besser. Sie ist völlig überflüssig, außer als unsere fehlende Gebärmutter; doch als solche ist sie ausgezeichnet!

Ist es demokratisch, einen neuen privilegierten Adelsstand mit Stimmrecht ohne bürgerliche Pflichten zu schaffen?

Ist die unverheiratete Frau *genötigt*, in den Arbeitsmarkt des Mannes einzudringen, wenn sie ihren eigenen hat? Die Unverheiratete kann Dienstmädchen, Amme, Haushälterin, Lehrerin, Musiklehrerin, Schauspielerin, Tänzerin, Sängerin, Hofdame, Königin, Kaiserin, oder schlimmstenfalls Hure werden. Die letzte Möglichkeit hat der Mann nicht.

Wenn ich alle meine Entdeckungen in der Frauenfrage schreiben dürfte. Weißt Du, daß es saubere Ehefrauen gibt, die sich für jeden Beischlaf bezahlen lassen, und zwar mit Geld und bar?

Nein – wir dürfen mit den Damen nicht länger wie mit politischen Freunden spielen. In der Zeit der Not hat Björnson sie gepäppelt, obwohl er (mir in Paris) erklärt hat, er halte sie für niedere Tiere!

Jaja, so sieht es aus.
Lebwohl, danke, und bis demnächst.

Freundlichst
August Strindberg

An Hjalmar Branting

Gersau, 6. Dez. 86

Bruder Branting,

Ich habe Deinen Brief bekommen. Isidor K. hatte meine Frau des Diebstahls bezichtigt und gleichzeitig frank und frei gesagt, daß meine »Freunde« sicherlich imstande gewesen wären, meine Manuskripte in der Frauenfrage »mit Gewalt zu unterdrücken«. Besonders erwähnte er unter meinen »Freunden« Frau Branting. Es bedurfte also nur einer sehr schlichten Überlegung ohne dichterische Begabung, eine Gegenbeschuldigung, vertraulich, gegen ihn zu erheben.

Nachdem Ihr mich jetzt schon längere Zeit so unverhohlen schulmeistert, ohne daß ich meine Feder erhoben hätte, ist es allmählich an der Zeit, daß ich Euch einmal die Leviten lese, was vielleicht begründeter ist. Wo andere Menschen mit größerer Erfahrung und größerem Wissen noch nach der Wahrheit suchen, fanatisch nach ihr suchen mit dem Risiko, ihre gesamte vergangene Arbeit streichen zu müssen, da seid Ihr schon fertig, und trotz aller Versprechungen, kein Programm aufzustellen, habt Ihr bereits Eure Dogmatik und Euer Ritual. Bist Du ganz sicher, daß der Industriesozialismus nicht der letzte Ausläufer jener Idealistenbewegung ist, die in der Französischen Revolution versagt hat. Glaubst Du, daß das heutige Sozialistenprogramm so voll und real in der menschlichen Natur (oder der Kultur, wenn Dir das lieber ist) begründet ist, daß es realisiert werden könnte. Dieses Programm wurde erdichtet vom Ultraromantiker Saint-Simon, umgedichtet vom Verrückten Enfantin, korrigiert vom Realisten Auguste Comte, der jedoch noch mit dem halben Bein im Teig des Idealismus steckte. Kannst Du beschwören, daß Karl Marx, geboren 1818, im Inneren seines Kopfes wirklich sauber war, und daß ein Hitzkopf wie Lassalle (geboren 1824) die Menschen hinter dem Rock so sehen konnte, wie sie sind. Leider ist zu befürchten, daß Menschen derselben Epoche die Wahnvorstellungen dieser Epoche teilen und daß ihre Gehirne unter dem Dampfdruck arbeiten müssen, den die Zeit ausübt.

An eine Revolution mit wohltuenden Auswirkungen glaube ich, doch auf einen Industriestaat, der Produktion und Konsumtion regeln kann, mag ich nicht schwören. In Kenntnis der Menschennatur, so, wie sie ist und im Begriff steht zu werden, glaube ich nicht, daß sich die übrigen Gesellschaftsklassen auf einen solchen organisierten Idealstaat einlassen werden, vielleicht nicht einmal die Arbeiter selbst, wenn es soweit kommt. Von einem deutschen Sozialisten habe ich gehört, daß »nicht der Teufel ans Programm glaubt«, daß man aber etwas haben müsse, um sich dahinter zu verstecken. Ja, gut, aber Euer Programm schreckt eine Menge Anhänger ab, und diese verfluchte Anbetung der Schwachen ist bestimmt reines Christentum oder etwa nicht.

All dies ist in Teil 3, 4 der Magd nachzulesen, und vieles mehr, doch es liegt unveröffentlicht da und wird vermutlich genauso veraltet werden wie Heiraten 2 nach zweijährigem Herumliegen. Lebwohl! Bei Philippi sehen wir uns wieder.

Freundlichst
August Strindberg

Nachwort

> Der Kampf des Menschen gegen die
> Macht ist der Kampf des Gedächtnisses
> gegen das Vergessen.
> *Milan Kundera, Das Buch vom
> Lachen und Vergessen*

Gegen Ende seines vierten Lebensjahrzehnts beschließt Johan August Strindberg, sich »an einem großen Roman in vier, fünf Teilen totzuschreiben« (An Gustaf af Geijerstam, 13. 3. 1886; S. 783). Er beabsichtigt, mit dem Roman *Der Sohn der Magd* die Phase einer politisch und sozialkritisch engagierten Literatur hinter sich zu lassen; vor sich sieht er das Ziel einer »›entwickelten‹ Form des naturalistischen Romans, der das historische, psychische, soziale Milieu einbezieht, dazu die Ansichten des Autors in dieser Sache, die am allerwichtigsten sind, denn er soll über seinem Gegenstand stehen und wie Gott (in der Geschichte) die Leser verstehen lehren, was sie lesen«. (a. a. O.) Er verwirklicht seinen Plan innerhalb eines Dreivierteljahrs.

Schon früher hatte Strindberg autobiographisches Material benutzt. Dem dänischen Schriftsteller und Theaterkritiker Edvard Brandes gestand er, bereits als Fünfzehnjähriger auf französisch seine Biographie geschrieben zu haben. Unter dem Titel *Ein Zufluchtsort unter dem Schreckensregiment* stellte er in zwei Artikeln für die Zeitung Svenska Medborgaren Erfahrungen aus seiner Schulzeit auf dem Stockholmer Lyzeum dar, die in den ersten Teil von *Der Sohn der Magd* aufgenommen werden (S. 78-82).

Kurz nach dem »Heiraten«-Prozeß – Strindberg war im Herbst 1884 wegen vermeintlicher Gotteslästerung in seiner Novellensammlung *Heiraten I* angeklagt worden (FSA III) – erschien ein längerer Artikel in der Zeitung Tiden: *Die Geister waren erwacht. August Strindberg über seine Jugend* (25. 10. 1884).

In diesem Artikel geht es weniger um die Darstellung von Erinnerungen an seine späte Schulzeit als vielmehr um eine politische

Stellungnahme. Die Wahrheit müsse in »einfacher, roher Sprache« gesagt, Gedanken- und Gewissensfreiheit unter allen Umständen verteidigt und ausgeübt werden. Der von den aufwühlenden Erfahrungen des »Heiraten«-Prozesses geprägte Artikel reiht sich ein in die zahlreichen Angriffe gegen »die öffentliche Lüge« in der schwedischen Gesellschaft unter der Regentschaft Oscars II (1872-1907), mit dessen Thronbesteigung Strindberg sogleich die Reaktion hatte heraufdämmern sehen. Diese Gesellschaft hatte er 1879 in dem Roman *Das Rote Zimmer* (FSA I) und 1882 in den *Schilderungen aus dem Zeitalter der Attentate und Jubelfeste* (*Das neue Reich*; FSA II) unbarmherzig aufs Korn genommen. Um die jämmerliche Lage der freien Geister im Schweden Oscars II hervorzuheben, wird die Epoche unter dem Vorgänger Karl XV (1859-1872) geradezu verklärt:

»So wurde ich erzogen! Geistige Freiheit, Gewissensfreiheit gab es tatsächlich, wenn auch nicht im Gesetzbuch! Da redete man, was man dachte, da schrieb man, wie man redete; das war vor vierzehn Jahren! Was ist seitdem geschehen? Nun, man hat gelernt zu schweigen, man hat gelernt zu lügen! Man ist klug geworden...« (Tiden, 25. 10. 1884)

Bereits im folgenden Jahr schlug Strindberg seinem Verleger Albert Bonnier eine Sammlung mit autobiographischen Idyllen unter dem Titel *Auf dem Lande* vor und signalisierte seine Bereitschaft zu politischer Abstinenz:

»Ich werde wie alle Alten ruhiger. Die nächste Arbeit wird daher eine ›ohne Ideen‹... Ich habe genug getan, um das Recht zu haben, müde zu sein. Wagen Sie es, diese schwedischen Idyllen auf dem Lande bis Weihnachten herauszugeben? Es könnte die Rettung meiner Popularität und Existenz sein. Es wird ein harmloses Buch...« (2. 8. 1885)

Den Plan zu dieser Sammlung gab Strindberg schon nach vier Wochen auf. Ihm wurde bewußt, daß das Material seines ganzen bisherigen Lebens eine weit produktivere Möglichkeit bot.

Kein Zweifel: Seine brieflichen Äußerungen an seinen Verleger meinten durchaus, was sie sagten. Der »Heiraten«-Prozeß hatte ihn schwer mitgenommen. Sein Erfolg – er war von der Anklage der

Gotteslästerung freigesprochen worden – hatte sich als Pyrrhus-Sieg erwiesen. Inzwischen wurde er nicht nur von der konservativen, sondern wegen seiner skeptischen Einstellung zur Frauenbewegung auch von der liberalen und sozialdemokratischen Kritik angegriffen. Mit dem »Jungen Schweden« (Unga Sverige), seinem Selbstverständnis nach die literarisch-politische Avantgarde, die eine Zeitlang Strindberg als Wortführer betrachtet und insbesondere die Frauenbewegung unterstützt hatte, kam es zum Bruch. So ließ Strindberg im Juni 1885 Edvard Brandes wissen, er habe »4½ Millionen Feinde, dazu meine Freunde«. Das »Junge Schweden« verhöhnte er als »ungeschlechtliches, kastriertes, müßiges Gesindel, das versucht, für die Akademie zu schreiben, und sich hinter einem unglücklicherweise von Zola herausgeschleuderten ästhetischen Wort verbirgt: Analyse«. Hinzu kam die Lage seines Verlegers Albert Bonnier, der darauf drängte, alles Skandalträchtige und Politische künftig auszuklammern, zumal er, wie Strindberg am 24. 12. 1884 Jonas Lie mitteilt, verfolgt werde und darum nicht wage, »meine Arbeiten zu bringen. Jeder Verleger, der im Verdacht steht, dies zu planen, widerlegt so schnell wie möglich diese Beschuldigung.« Strindberg hatte also allen Grund, um seine wirtschaftliche Basis, den schwedischen Buchmarkt, zu bangen und auf eine Gegenstrategie zu sinnen.

Wenn Strindberg schon Ende 1884 die Konsequenz aus dieser Lage mit der Feststellung zog, letzten Endes müsse er seinen Weg allein gehen (An Jonas Lie, 24. 12. 1884), drückte er darin eine allgemeine Ernüchterung unter den skandinavischen Intellektuellen während der achtziger Jahre aus. Die erfolglose Opposition der Verfechter des »modernen Durchbruchs« gegen die konservativen Kräfte schlug in gegenseitige Anfeindungen um. Indem Strindberg z. B. an den Fähigkeiten der Unterklasse zweifelte, legte er sich mit den Sozialdemokraten an: »Mein Fehler ist es, daß ich mich an die Unterklasse gewandt habe. Es ist schlimmer, mit ihr zusammenzuarbeiten, denn sie käut nur alte Phrasen wieder, die sie von der Oberklasse gelernt hat, aber sie hat ihre Leidenschaften, mit denen man spielen und die Oberklasse erschrecken kann.« (An Edvard Brandes, 12. 6. 1885)

Die Ankündigung Strindbergs, die nächste Arbeit werde eine »ohne Ideen« sein, wurde jedoch nicht allein von diesen äußeren gesellschaftlich-politischen Faktoren bestimmt. Sie war schon mit den Ende 1884 beendeten *Utopien in der Wirklichkeit* (FSA III) literarisch vorbereitet worden. Denn diese sozialistischen Utopien hatten bei ihm – trotz ursprünglich gegenteiliger Versicherung – starke Zweifel hinterlassen, ob sie realisierbar seien. Dem norwegischen Kollegen Jonas Lie hatte er schon am Weihnachtsabend 1884 erklärt, seine Versuche, die »soziale Frage« theoretisch zu lösen, hätten ihn in eine Sackgasse geführt:

»Ich habe mein Spiel ausgespielt und bin im Rückstand. Es heißt, die Karten noch einmal mischen und neu verteilen.

Ich bin sogar geistig bankrott! Ich habe die soziale Frage auf französisch, englisch und deutsch studiert mit dem Ergebnis, daß ich auf dem gleichen nihilistischen Standpunkt stehe wie damals, als ich Das Rote Zimmer schrieb.... Es ist alles Dreck! Unrettbar!... Der Bau ist zu fest, als daß man ihn herunterreißen könnte, er muß gesprengt werden. Und er wird gesprengt werden!...«

Die Zielsetzung einer Arbeit »ohne Ideen« erweist sich, über ihren Zusammenhang hinaus, als Vorbereitung auf den nächsten Schritt, der in Strindbergs Entwicklung zu einer qualitativen Veränderung führt. Es gilt, noch einmal neu anzusetzen, von den bisherigen weltanschaulichen, politisch-sozialen und ästhetischen Überzeugungen Abstand, der Wirklichkeit gegenüber eine neue Einstellung und zu deren Darstellung eine neue Methode zu gewinnen. Strindberg bereitet sich auf den Roman *Der Sohn der Magd* vor.

Die Wahl des Zeitpunkts, in dem er mit der Ausarbeitung eines so großen Projekts beginnt, hängt sicher auch mit der in seinen Briefen drastisch dokumentierten wirtschaftlichen Lage zusammen. Er hofft, in Schweden wieder ins Geschäft zu kommen. Seit Anfang 1886 wohnt er mit seiner Familie in Grez bei Paris, wo seine finanzielle Situation als geradezu hoffnungslos erscheint. Eine Geldsammlung schwedischer Freunde und die Großzügigkeit des Verlegers Bonnier, der auf 8000 Kronen Vorschuß verzichtet, entspannen jedoch zunächst die Lage. Im Mai 1886 zieht die Familie nach Othmarsingen in der Schweiz um. In der Nähe liegt Schloß Brunegg, wo zur selben Zeit der schwedische Schriftstellerkollege Verner von Heidenstam wohnt, mit dem Strindberg in diesen Jahren einen regen und, wie der zweite und vierte Teil von *Der Sohn der Magd* zeigen, folgenreichen Gedankenaustausch pflegt. Die wirtschaftliche Not der Familie Strindberg wird ihren Höhepunkt nach dem Umzug von Issigathsbühl am Bodensee nach Dänemark im Herbst 1887 erreichen.

In derselben Zeit beginnt Strindbergs Ehe mit Siri von Essen ihrer entscheidenden Krise zuzutreiben. Zunächst war das gemeinsame Interesse am Theater die Grundlage ihrer Lebensgemeinschaft gewesen: Strindberg wollte Stücke schreiben, in denen seine Frau ihre Ambitionen als Schauspielerin würde verwirklichen können. Für ihre gemeinsame Zukunft hatte ihnen demnach das Ideal einer partnerschaftlichen – »kameradschaftlichen« – Ehe vorgeschwebt. Doch in der Konfrontation mit den wirklichen Verhältnissen konnte sich dieses Ideal nicht bewähren. Die Hoffnung, sich nach seiner Heirat mit einer Adligen als freier Schriftsteller etablieren zu können, mußte Strindberg schon nach kurzer Zeit begraben. Sehr bald sah er sich mit dem Rücken zur Wand nicht nur um das materielle Überleben der Familie, sondern auch um seine gesellschaftliche Position und Selbstachtung gegenüber der Oberklassenfrau kämpfen.

Strindberg hatte in seiner Kindheit erfahren, was Deklassierung bedeutet. Vor dem Hintergrund der seit der Jahrhundertmitte möglich gewordenen sozialen Mobilität, die mit Aufstieg lockte und mit Abstieg drohte, wenigen ersteres, vielen letzteres bescherte, erweist sich sein Werdegang als exemplarisch. In der »Wüstenwanderung« Ismaels, des »Sohns der Magd« (Genesis 16,11-12; 21,10-13), findet Strindberg das biblische Bild für sein Umherirren zwischen den Klassen. Die latente Angst mobilisiert zugleich den Willen zur Selbstbehauptung. Sie äußert sich in Formen, die das gesellschaftliche Ideal der »harmonischen Persönlichkeit« und des »Wahren, Schönen, Guten« als Verschleierung gesellschaftlicher Gewaltverhältnisse entlarven. Schon bevor er mit seiner Selbstdarstellung beginnt, ahnte er zumindest die sozialen Kosten für die Zerstörung der agrarischen Kultur. Im Namen des Fortschritts würden die

Frauen, die innerhalb der hauswirtschaftlich organisierten Kultur eine würdige Stellung innehatten, im Prozeß der Proletarisierung zu identitätslosen Fabrikarbeiterinnen. Strindbergs Angriffe auf die Frauenbewegung zielten demnach nicht auf die Frau, sondern erstens auf die konkreten allgemeinen Verhältnisse und zweitens auf eine Gruppe, die lediglich die Interessen der privilegierten Frauen vertrete. Hinzu kam, daß die Frauenbewegung sexualfeindlich und hinsichtlich der wirklichen gesellschaftlichen Zustände interesselos, idealistisch oder ratlos war. Auf jemanden, der wie Strindberg tagtäglich um sein Leben und das der Seinen kämpfte, mußte deren Forderung nach Gleichberechtigung als Provokation gelangweilter Oberklassenfrauen wirken. Er bemühte sich, seine Ehe von all diesen Streitigkeiten fernzuhalten. Doch dieser Versuch mußte scheitern, da er abstrakte Wesen statt lebendige Menschen – zumal aus unterschiedlichen Klassen – voraussetzt.

Nachdem diese grundsätzlichen Auseinandersetzungen in die Sphäre seiner Ehe eingedrungen waren, entdeckte er *sein* Dramenthema: die bürgerliche Ehe. Damit zeichnet sich hier ab, woher Strindberg in Zukunft hauptsächlich das Material für seine Arbeit als Dramatiker und Romanschriftsteller nehmen wird: aus seiner Ehe, aus seiner Biographie und aus dem inneren und äußeren Erleben der jeweiligen Lebensphase. Das eigene Leben wird Beweggrund und Gegenstand der literarischen Produktion. Daraus folgt zwangsläufig die Aufhebung einer strengen Trennlinie zwischen Lebenswirklichkeit und Dichtung, die der poetischen Bearbeitung des Lebensmaterials entspringt. Mit einem solchen Verfahren steht Strindberg in dieser Epoche nicht allein. Doch er erweist sich als derjenige, der diese Produktionsweise sich selbst und den Betroffenen gegenüber am rücksichtslosesten anwendet. Schon in einem Brief vom 30. März 1885 an Heidenstam gibt er zu erkennen, daß er Ehe und Familie innerhalb seines poetischen Raumes eine bestimmte Funktion zugedacht hat, die die Grundlagen eines wirklichkeitsgerechten Zusammenlebens notwendig zerstören muß: Man sei kein Schriftsteller, wenn man nicht, wie abscheulich dies auch sei, wie ein »Vampir« »seiner Freunde, seiner Nächsten, sein eigenes Blut« aussauge.

Nach der Entdeckung seines Themas teilt Strindberg seiner Frau die Rolle der unerschöpflichen Inspirationsquelle zu. Seine Thesen zu Ehe und Familie, so erläutert Olof Lagercrantz, werden als bühnenwirksame Ideen in Szene gesetzt. Der Plan zum Ehe-Drama werde mit Siri, von ihr undurchschaut, durchprobiert – sie im Endeffekt als wirkliche Person der Dichtung geopfert. Die Situation Siri Strindbergs, die auf ihre Karriere hat verzichten müssen, ist in dem hier dargestellten Zeitraum weiter dadurch belastet, daß die Familie kurzfristig Land, Ort und Wohnung wechseln muß, und das mit zwei Kindern. 1886 kommt das dritte zur Welt. Bei einer gegenseitigen Aufrechnung der Belastungen sähe es also für Strindberg so günstig nicht aus, wie er zuweilen glauben machen will. Siri Strindbergs Selbstverwirklichung ist auf der Strecke geblieben.

Seit 1886 geht sie davon aus, ihr Mann sei psychisch krank. Als sie Psychiater um Rat fragt, reagiert Strindberg mit der ungerechtfertigten Anklage, sie wolle ihn ins Irrenhaus bringen. In der familiären Wirklichkeit wird er das Motiv für eines seiner wirkungsvollsten Dramen, nämlich den *Vater* (FSA V), entdecken, das Strindberg bis zu seiner endgültigen künstlerischen Realisierung nicht mehr loslassen wird. Einer partnerschaftlichen Ehe wird der Boden entzogen. Die gegenwärtige familiäre Situation enthält damit einen weiteren dramatischen Stoff – das Scheitern der »Kameradschaftsehe« –, den Strindberg mit der Komödie *Marodeure/Die Kameraden* verwirklicht.

*

Bevor August Strindberg mit seiner Selbstdarstellung beginnt, erklärt er sich mehrmals für »tot«. »Was würden Sie dazu sagen«, fragt er seinen Verleger Albert Bonnier am 19. Februar 1886, »wenn ich jetzt, da ich in physischer, moralischer und ökonomischer Hinsicht tot bin, mein Leben schriebe? Es würde mich interessieren, ob ich es subjekt-objektiv schreiben soll wie Jules Vallès in Jacques Vingtras.« (S. 783) Als er schon mitten in der Arbeit am ersten Teil des Romans steckt, wiederholt er diese Aussage gegenüber Edvard Brandes: »Ich betrachte mich und mein Talent als tot

und schreibe jetzt die Geschichte meines Lebens in einer sonderbaren Romanform (Geheim!). Ich glaube mich hierdurch erforschen und den Schlüssel zu meiner Tonleiter entdecken zu können.«
(5. 4. 1886; S. 783)

Mit seinem »Tod« kündigt Strindberg überdeutlich seinen Standortwechsel an. Ein neuer Weg soll erprobt werden, um die Wirklichkeit erkennen und darstellen zu können. Er will sich von der »schönen« Literatur verabschieden, die er als »konstruierte« für ungeeignet hält, die Wirklichkeit wahrheitsgemäß zu erfassen. Er beabsichtigt, wie er im *Interview* (S. 14 ff.) ausführt, einen Beitrag für die »Zukunftsliteratur« zu leisten. Dazu bedarf es anderer literarischer Ausdrucksmittel als jener der literarischen Konvention. Das Ziel ist die »Wissenschaftlichkeit« der Literatur, und zwar durchaus in der Nachfolge Zolas, den Strindberg nach wie vor für den »Meister im Europa der Gegenwart« hält. Die Metapher »Wissenschaftlichkeit« im programmatischen Naturalismus ist eine ästhetische Kategorie und bewirkt eine qualitativ veränderte Darstellungsart. Sie zielt nicht darauf, wie der alte Vorwurf gegen den Naturalismus lautet, die Wirklichkeit photographisch abzubilden.

Émile Zola hat sich in seinem als Programm des Naturalismus angesehenen Essay »Le roman expérimental« (1880) hiermit auseinandergesetzt. Mit seinen »Experimentalromanen« will er zur Wissenschaft vom Menschen beitragen. Dazu zieht er wissenschaftliche Disziplinen wie Physiologie, Psychologie und Soziologie heran. Die Menschen werden hinsichtlich ihrer Anlage-, Erb- und Milieufaktoren exakt beobachtet und analysiert. Über die Lebensbedingungen der Menschen müssen authentische Dokumente (documents humains) gesammelt werden. Zentrale Kategorie dieses Verfahrens ist das literarische Experiment, das in einem fiktionalen Rahmen durchgespielt wird. Nach Zola ist der Mensch ein »Produkt der Luft und der Sonne wie die Pflanze« (Vorwort zum Roman »Thérèse Raquin«). Ihm gegenüber habe sich der »experimentierende Romanschriftsteller« als ein Wissenschaftler zu verhalten, »der das Werkzeug der anderen Gelehrten, die Beobachtung und die Analyse«, künstlerisch anwendet. Seine »Domäne ist dieselbe wie die des Physiologen, nur reicht sie weiter«. (»Le roman expérimental«, in: Œuvres complètes, Bd. 10, 1968). Zum Vorwurf, die Naturalisten wollten Photographen sein, stellt er klar, daß die Naturalisten das »tempérament« und den »persönlichen Ausdruck« akzeptieren. Zudem betont er, daß die experimentelle Methode notwendig die Natur verändere. Um den Mechanismus der Tatsachen zeigen zu können, müsse man Phänomene hervorbringen und steuern: »Die Beobachtung zeigt, das Experiment belehrt.« (a. a. O., S. 1180)

Die literarischen Erzeugnisse dieses Verfahrens sind auf sehr starken Widerstand gestoßen. Dieser macht deutlich, welche Herausforderung die neue Literatur-Konzeption war. Die Provokation für den Bildungsbürger bestand darin, daß die unverpflichtende, autonome *schöne* Literatur plötzlich engagiert und nicht mehr schön war.

Mit dem »Sohn der Magd« orientiert sich Strindberg methodisch an Zola. Zunächst macht er sich die »experimentelle Idee« – die »Entwicklung einer Seele« oder: die mißlingende Anpassung des »einsamen Individuums« an die Gemeinschaft (vgl. Thure Stenström, »Den ensamme«, Stockholm 1961) – klar. Dann stellt er das Material, das ihm sein 37jähriges Leben bietet, zu einem »literarischen Experiment« zusammen (»diriger les phénomènes«, a. a. O., S. 1180). Oberste Tugend des »experimentierenden Schriftstellers« ist der methodische Zweifel: »Auf dieser Idee und auf dem Zweifel basiert die ganze Methode ... ›Der Zweifler ist der wahre Wissenschaftler; er zweifelt einzig an sich selbst und an seinen Interpretationen, aber er glaubt an die Wissenschaft‹.« (a. a. O., S. 1180) Die Erforschung und Darstellung der Erb-, Milieu-, Bildungs- und Erziehungsfaktoren sowie der Einflüsse von Geschichte, Religion, Politik und Gesellschaft im ersten Teil entsprechen naturalistischer Verfahrensweise. Um Authentizität zu erreichen, geht Strindberg dokumentarisch vor: Er fügt Schulaufsätze, Briefe, Textpassagen aus früher gelesenen Büchern und aus seiner Examensarbeit ein und gibt tatsächlich geführte Gespräche wieder.

Nicht erst im *Interview* von 1886, sondern schon 1885 kündigte er die »Zukunftsliteratur« mit dem praktischen Vorschlag an, man solle »Ämter einrichten, wo jeder Mensch in einem bestimmten

Alter eine wahrheitsgetreue Biographie einreiche«; denn die Schriftstellerei werde bald am Ende sein. Und ganz im Sinne Zolas fügt er hinzu: »Das könnte Material für eine wirkliche Wissenschaft vom Menschen werden, falls eine solche benötigt würde.« (In: Birger Mörner, »Den Strindberg jag känt«, Stockholm 1924, S. 167f.) Welches Ziel er bei der sprachlichen Gestaltung verfolgt, kommt in der Äußerung gegenüber Edvard Brandes zum Ausdruck, er glaube, es gebe im ganzen Buch – gemeint ist der erste Teil – kaum »ein Bild oder überhaupt ›Stil‹; ...; keinen einzigen Witz, keine Satire, keine Landschaften und keine Frauen«. (9. 6. 1886; S. 403) Alles Beobachtete und Erlebte soll vom unbeteiligten Forscher aufgenommen, seziert und zugunsten der »experimentellen Idee« funktionalisiert werden. Indem Strindberg aus seiner Not – dem Ende 1884 erklärten »geistigen Bankrott« – eine methodische Tugend macht, wird er in der schwedischen Literatur zum Begründer der »wissenschaftlichen« und »dokumentarischen Literatur«.

Doch Strindberg will gegenüber Zola – das *Interview* belegt es – einen Schritt weiter gehen. Er wendet sich gegen Zolas zu einseitige Anwendung der Milieu- und Vererbungstheorie. Die »Entwicklungsgeschichte einer Seele«, die innere Wirklichkeit des Erzählers, kommt ihm zu kurz. Nach Strindberg läßt sich aus den naturalistischen Grundsätzen folgern, daß die Schriftsteller der Zukunft nur noch autobiographisches Material verarbeiten dürften. Denn authentisch könne nur die Innen- und Außenwirklichkeit des eigenen Lebens geschildert werden. Damit ist der Schritt zur Aufspaltung des Autors in einen »erzählenden« und einen »erzählten Erzähler« getan. In *Der Sohn der Magd* haben beide noch verschiedene Namen; in *Inferno* (1897; FSA VII) heißen sie Ich: das beobachtende Ich hat das erlebende Ich zum Gegenstand seines »Berichts«.

Neben das soziologische tritt damit verstärkt das psychologische Interesse. Das Ich des Autors wird sich im Kontext literarischer Experimente selbst zum Forschungsgebiet. Strindberg studiert die führenden Experten auf dem Gebiet der modernen Psychologie und Psychiatrie: den Engländer Maudsley, den Italiener Lombroso, dann vor allem die Franzosen Charcot, Bernheim und Ribot. Von ihnen erhält Strindberg die theoretische Grundlage für sein selbstanalytisches Vorgehen, das ihm bei manchen Forschern die Anerkennung als literarischer Vorläufer der Psychoanalyse gesichert hat. Der empirisch-experimentelle naturwissenschaftliche Zugriff hat sich demnach tendenziell Außen- und Innenwirklichkeit des Menschen auch auf dem Gebiet der Literatur erobert.

Strindberg bleibt dabei aber nicht stehen. Er wäre nicht Strindberg, wenn er seine Charakterfestigkeit damit beweisen wollte, daß er an dem Prinzip wissenschaftlicher Vorgehensweise festhielte. Er experimentiert damit so lange, bis sich neue Erkenntnisse ergeben, die er konsequent bis an die jeweilige Grenze ihrer Möglichkeit treiben wird. Aus dieser »Charakterlosigkeit« bezieht er sein Selbstbewußtsein; die »Charakterfestigkeit« ist ihm eher ein Ausdruck von Dummheit. Durch diese literarisch-wissenschaftliche Entwicklung trägt er – Nietzsche vergleichbar – zu einem Bewußtwerdungsprozeß bei, den der heutige Leser im überlebensnotwendigen Interesse einer Aufklärung der »Dialektik der Aufklärung« (Horkheimer / Adorno) nachzuvollziehen hätte.

»Charakterlosigkeit« prägt auch die Struktur des Romans *Der Sohn der Magd*. Strindberg bemüht sich nicht, Brüche und Perspektivverschiebungen zu vertuschen – eher im Gegenteil, er hebt sie als Ausdruck glaubhafter künstlerischer Tätigkeit hervor. Die Metapher »Charakterlosigkeit« kennzeichnet also nicht allein die psychologische Disposition des Autors, sondern zählt zu den Kriterien, mit denen sich die moderne Literatur Ende des 19. Jahrhunderts von erstarrten Normen zu lösen beginnt.

Der zweite Teil des Romans, *Die Zeit der Gärung*, ursprünglich »Sturm und Drang« genannt, zeigt die Wirkung eines prinzipiellen Einstellungswechsels. Während die Ausführungen im ersten Teil wesentlich von der Opposition zwischen der Ober- und Unterklasse bestimmt werden und Johan nur die Entscheidung lassen, sich auf die Seite der Unterklasse und der Demokratie zu stellen, werden im zweiten Teil diese Begriffe mit denen der Intelligenz, der Bildung und des Aristokratischen konfrontiert. In einem Brief an seinen Verleger bezeichnet Strindberg den *Sohn der Magd* als »das bedeutsamste Buch, das seit langem in Schweden geschrieben wurde«, und betont in Übereinstimmung mit der sich vorbereitenden Einstellungsänderung, im selben Atemzug, daß das Buch für »die akademisch Gebildeten«, nicht für »die Unter- oder Mittelklasse« geschrieben worden sei (18. 6. 1886; S. 785). Die Diskussion, die Strindberg mit Verner von Heidenstam in der Schweiz führte, gibt er im vierten Teil wieder. Sie ist Ausdruck einer Kehrtwendung. Die Utopie einer Intelligenzaristokratie, die dann in *Tschandala* (1888; FSA VI) und *Am offenen Meer* (1889/90; FSA VI) erprobt wird, gewinnt Konturen.

Die offene Darlegung der veränderten Standpunkte kommt dem Selbstkommentar eines Autors gleich, im Verlauf der »erzählten Zeit« ist nicht nur das erinnerte und beobachtete, sondern während der »Erzählzeit« auch das beobachtende, reflektierende Ich ständiger Beeinflussung und so der Veränderung unterworfen. Die Dokumentation des Reflexionsvorgangs während des Schreibens bewirkt einen höheren Grad an Authentizität und Objektivität. Strindberg weist Ende 1886 Albert Bonnier auf dieses Verfahren selbst hin, wenn er ihn dringend ersucht, die drei letzten Kapitel des vierten Teils zu lesen, »damit Sie sehen, auf welchem Standpunkt ich *jetzt* stehe, und wie wichtig eine baldige Publikation ist«. ([um den 31.] 12. 1886; S. 788)

Der im *Sohn der Magd* angelegte experimentierende Perspektivismus erinnert an die Serie der von Strindberg »Impressionistenfotografien« genannten Selbstporträts vom Herbst 1886 (in: »Der andere Strindberg«, Frankfurt 1981): Das zu photographierende Objekt führt bei der Bestimmung der Optik souverän Regie. Nur ein ständiger Wechsel des Blickwinkels bietet die Chance, sich der Wirklichkeit eines Menschen zu einem gegebenen Zeitpunkt zu nähern. Insofern läßt sich *Der Sohn der Magd* als ein »Bericht« über die »Entwicklung einer Seele« oder als ein dynamisches Selbstporträt in Romanform bezeichnen, das aus den Blickwinkeln des Jahres 1886 entsteht.

Im Brief an Albert Bonnier vom 19. Februar 1886 faßt Strindberg seine Überlegungen zum neuen Roman in die Formel einer »subjekt-objektiven« Darstellungsweise, die jetzt als theoretische Basis einer »entwickelten Form des naturalistischen Romans«, einer »sonderbaren Romanform« gilt. Die bis heute andauernde grundsätzliche Kontroverse, ob Strindbergs Werke nichts anderes als eine maskierte Autobiographie oder ob auch seine »autobiographischen Schriften« fiktionale Texte seien, hat hier ihren Ursprung. Auf alle Fälle ist das Konzept eines »subjekt-objektiven« Darstellungsverfahrens auch ein ästhetischer Vorgang. Indem dafür authentisches Material aus der Fakteninnen- und -außenwelt gewählt wird, ist noch keine Objektivität garantiert. Vielmehr ist eine strikte Trennung zwischen autobiographischer Wirklichkeit und Dichtung nicht mehr möglich. Die Frage, ob ein Werk »wahr« sei, hängt von der jeweiligen Funktion und Struktur ab. Geht man davon aus, Strindberg habe eine Autobiographie etwa in der Tradition Rousseaus schreiben wollen, stellt sich das Problem natürlich anders als unter der Voraussetzung eines fiktionalen Textes, der aus autobiographischem Material eine literarische Figur schafft, mit deren Hilfe allgemeine Zusammenhänge der Innen- und Außenwirklichkeit erkannt werden sollen. Ein Werk ist nicht schon deshalb wahr, weil es dokumentarisches Material verwendet. Dokumente für sich sind nicht wahr, sondern nachprüfbar. Die Frage der Wahrheit ist nur im Kontext eines Erkenntnis- und Normensystems sinnvoll zu stellen. Strindberg erklärt, *Der Sohn der Magd* seien »keine confessions oder mémoires, vieles ist arrangiert« (An Edvard Brandes, 9. 6. 1886; S. 403). Es kann ihm nicht um eine rein dokumentarische Autobiographie gegangen sein.

Strindberg verweist einerseits auf den Untertitel »Die Entwicklungsgeschichte einer Seele«, also auf die Innenwelt des Subjekts. Andererseits habe er auch die Geschichte Schwedens – die äußere Wirklichkeit – in diesem Zeitraum erfassen wollen. Zudem darf nicht vernachlässigt werden, daß *Der Sohn der Magd* 1. der Obertitel, 2. Titel des ersten Buches und 3. Titel des letzten Kapitels im vierten und letzten Buch ist. Er zeigt das soziologische Interesse an.

Die Funktion des Titels mag Strindbergs Hinweis auf den Roman »Jacques Vingtras« (Paris 1879-1883) des ehemaligen Kommunarden Jules Vallès verdeutlichen. Der Roman gilt als ein Vorläufer des Naturalismus und trägt autobiographische Züge. Das aus der Perspektive des Ich-Erzählers Jacques Vingtras aufgebaute Werk wird, indem er sein Leben schildert, zu einer vehementen Anklageschrift gegen die französische Gesellschaft des 19. Jahrhunderts, insbesondere die unter dem Regime Napoleons III. An der eindeutigen sozialkritischen Einstellung des Autors ändert sich im Verlauf des Romans nichts. Zu beobachten ist vielmehr eine allmähliche Verschärfung der Angriffe. Der Erzähler geht von der eigenen erbärmlichen Kindheit aus, stellt die Mißhandlung der Kinder allgemein und die elenden Zustände in der ganzen Gesellschaft dar, um im dritten Teil die Ereignisse vor und während der Pariser Kommune tagebuchartig zu schildern, wodurch bei aller Subjektivität der Erzählperspektive zugleich ein objektiver Eindruck vermittelt wird. Der Erzähler bietet keine sozialistischen Patentlösungen für die sozialen Konflikte an; er bleibt vielmehr Individualist. Doch verliert er die Klassenabhängigkeit des einzelnen als grundsätzliches Problem nicht aus dem Blick.

Diese Merkmale dürften Strindberg angeregt haben, Jules Vallès' Werk zum Vorbild zu nehmen. Die Selbstporträtierung geschieht nicht um ihrer selbst willen. Da es um die Entwicklung einer Seele geht, wird Johan im Sinne der neuen Psychologie als psychologischer »Fall« analysiert, der auf diese Weise die geschichtlich gewordenen und gegenwärtigen allgemeinen Verhältnisse sowie die jeweils möglichen Reaktionsweisen spiegelt. Die dreifache Titelverwendung *Der Sohn der Magd* – und vor allem die für das allerletzte Kapitel – besagt, daß Strindberg die klassenspezifische Zuordnung Johans nicht aufgibt; er erkennt sie als unaufhebbar an, und zwar ohne Rücksicht darauf, ob eine solche Zuordnung aufgrund seiner tatsächlichen familiären Herkunft objektiv richtig ist. Der Erkenntnisprozeß wird vielmehr von dem Interesse an einer Objektivität im Sinne der »experimentellen Fragestellung« geleitet: Wie ergeht es Johan, dem – als einer literarischen Figur – die Attribute des »Sohns der Magd« verliehen werden, beim Versuch, sich auf eine Auseinandersetzung mit der Gesellschaft einzulassen, mit dem Ziel, in diese als werdender Schriftsteller integriert zu werden?

Das autobiographische Material wird gewählt, da es im Sinne von Strindbergs Naturalismusbegriff am geeignetsten ist, die »experimentelle Idee« ästhetisch zu verwirklichen.

Der Sohn der Magd wird oft als Bildungsroman angesehen. Die »experimentelle Fragestellung« legt den Gedanken nahe. Doch das Ergebnis des »literarischen Experiments« spricht eher dagegen. Johan »verläßt« das Romangeschehen nicht als »harmonische Persönlichkeit«. Sein Anpassungsprozeß mißlingt. Die Form des Bildungsromans ist ironisch verwendet. Er bleibt sowohl mit sich als auch mit der Gesellschaft im Zwiespalt. Durch den Einfluß seines Diskussionspartners im letzten Kapitel des *Schriftstellers* kündigt sich zwar die Hinwendung zu einem neuen Individualismus an, doch der Schluß bleibt offen; die Spannung zwischen dem »Sohn der Magd« und dem sich ankündigenden Geistesaristokraten in Johan wird nicht gelöst. Insofern ist die Entwicklung des Individuums hier derjenigen im klassischen Bildungsroman gegenläufig und legt, will man bei dem Begriff bleiben, den eines Anti-Bildungsromans nahe.

Am Ausgang des Romans geht die erzählte Zeit in die Erzählzeit über, wodurch der Leser noch innerhalb der Fiktion über deren Schwelle hinausgeführt wird, um sich mit der konkreten gesellschaftlichen Situation des Schriftstellers im Schweden Oscars II konfrontiert zu sehen. Die Illusionen der Autoren, die seit den siebziger Jahren unter Georg Brandes' Führung die entscheidenden kulturellen und politisch-gesellschaftlichen Probleme debattieren und praktisch lösen wollten, sind an den verhärteten Verhältnissen zerschellt: die wirtschaftlich expansiven Kräfte von Bürgertum, Adel, Kirche und König haben ihr gemeinsames Interesse an der Konsolidierung eines modernisierten ancien régime nicht nur erkannt, sondern in die Tat umgesetzt. Die in den sechziger Jahren eingeleitete politische Liberalisierung hat sich als Sprengstoff erwiesen, seit die im Zuge einer raschen Industrialisierung wachsende Arbeiterbewegung die Verwirklichung liberaler Ideen auch für sich fordert. Ein bekanntes Gespenst geht nun auch in Schweden um: der Ruf freier Geister nach der Republik, nach Demokratisierung der Gesellschaft. Oscar II spricht von »meinem schwedischen Volk«; einige freie Geister wagen, die Klassengesellschaft beim Namen zu nennen. Das Kleinbürgertum orientiert sich an den höheren Klassen und ist, wie die Bauern, für fortschrittliche Ideen, die die Intellektuellen vertreten, kaum zu gewinnen. Zugleich expandiert der moderne Verwaltungsstaat, so daß die Beamtenschaft eine immer größere Rolle spielt. Für ihren Kampf steht den Intellektuellen des »modernen Durchbruchs« keine wirkungsvolle Presse zur Verfügung. Staat und Gesellschaft durchdringen einander in dieser Zeit immer stärker, so daß sich eine funktionsfähige kritische Öffentlichkeit nur schwer entwickeln kann. Als repräsentativ kann die erbitterte Feststellung Victoria Benedictssons (ps. Ernst Ahlgren) 1886 gegenüber Axel Lundegård gelten: »Opposition? – gut! Aber wo gibt es das Organ der Opposition?« Weiter: »Wo gibt es das Publikum, das sie aufrechterhalten sollte? Nein, die Reaktion ist zur Zeit zu stark, jede Schlacht, die man schlägt, ist jetzt ein Verlust.« (Dagboksblad och brev, Bd. II, Stockholm 1928, S. 88)

Die offiziellen Kulturideale sind rückwärtsgewandt. Ein Schriftsteller, der sich um eine kulturelle und gesellschaftliche Erneuerung bemüht und bei diesem Unterfangen als freier Autor auch noch auf den schwedischen Buchmarkt, folglich auf die Kritik der Presse angewiesen ist, befindet sich in einer wenig erfolgversprechenden Lage. Er gerät leicht an den Rand der Gesellschaft. Strindberg ist für die Nachwelt in der Tat nur das bekannteste Beispiel. Angesichts der Wirkungslosigkeit der Anstrengungen bei gleichzeitigen Existenznöten kann die kleine Gruppe der »modernen Durchbruchsliteraten« auf eine tragfähige Solidarität untereinander nicht bauen. Die Erbitterung darüber, daß das Volk – d.h. die Bauern, das Kleinbürgertum und die Arbeiter –, sich nicht kurzfristig den »idealen Forderungen« der Intellektuellen anschließt, schlägt schnell in Hohn und Spott über die unaufklärbare dumme Masse um.

Betrachtet man die Rezeptionszeugnisse (siehe S. 797 f.), kann man eine Abwehr gegen Strindberg beobachten, die der gegen Emile Zola vergleichbar ist. Der häufige Versuch, den *Sohn der Magd* als Bestätigung der schon vorher gängigen Vorurteile über Strindberg als Apostel der Unsittlichkeit, als Egozentriker, Weiberhasser oder Psychotiker zu werten, gründet sich einerseits auf den Inhalt, anderseits auf die Form. Publikum und Kritik waren zwar schon durch die Literatur des Realismus an häßliche Inhalte gewöhnt, wurden aber durch die Darstellungsweise immer wieder versöhnt. Strindberg demontiert die well made novel. Er provoziert und trifft deshalb auf Unverständnis und Widerstand, weil er den Lesern ihre ästhetischen und weltanschaulichen Vorurteile bewußt zu machen und zu unterminieren droht – Denk- und Lesegewohnheiten, mit deren Hilfe der Leser die vorgetragene Kritik an desolaten Zuständen bisher hat entschärfen können. So versucht man, aus Strindberg – und zahlreiche andere Fälle ließen sich aufzählen – einen individuellen Fall zu machen. Die bürgerliche Sehnsucht nach Harmonie verlangt, wie auch immer, das Schließen der durch die »soziale Frage« aufgebrochenen gesellschaftlichen Abgründe – und sei es nur durch einen »schönen Schein«. Das Ziel bleibt die »harmonische Persönlichkeit«, gleichgültig, unter welchen grotesken Verhältnissen. Strindberg, der »Sohn der Magd«, verweigert sich einer solchen verlogenen Versöhnung.

*

Seit sich Strindberg mit den beginnenden achtziger Jahren verstärkt an der Diskussion sozialer und politischer Probleme, insbesondere der Ehe- und Frauenfrage, beteiligte, beschäftigte ihn der Plan, »Gegenwartskomödien« zu schreiben. Im Kampf gegen die Frauenbewegung mußte er die Bühne erobern. Nur dann hatte er eine Chance, gegen die Dramen der Frauenbewegung, und vor allem gegen Ibsens Thesen in »Ein Puppenheim«, wirkungsvoll seine Auffassung zu vertreten, die Frauenemanzipation sei die Angelegenheit einer Minderheit privilegierter Frauen, die zwar die Rechte, keineswegs aber die Pflichten der Männer forderten.

Die Novelle *Ein Puppenheim* in der Sammlung *Heiraten I* (1884; FSA III) war die erste Parodie, mit der Strindberg seinem norwegischen Rivalen Ibsen und der Frauenbewegung aufwartete. Eine zweite wurde im Herbst 1884 für das Theater – und zwar unter bezeichnenden Arbeitstiteln wie »Sklavinnen« oder »Zweikampf« – lediglich projektiert, nicht aber ausgeführt. Denn zur gleichen Zeit entwickelte Strindberg eine zunehmende Abneigung gegen die Dramenproduktion, und zwar aufgrund derselben literaturtheoretischen Neuorientierung, welche die formalen und thematischen Innovationen im Roman *Der Sohn der Magd* hervorbringt. Ebenso wie die »schöne« und »konstruierte« Erzählliteratur verfällt die entsprechende Dramenliteratur dem Verdikt, die Wirklichkeit verlogen darzustellen.

Es ekle ihn an, »nur Künstler zu sein«, schreibt er, nachdem er mit dem ersten Akt zur *Marodeure*-Fassung begonnen hat. Man müsse etwas dumm sein, um für das Theater schreiben zu können. Der Roman und das Theater seien gerade richtig für die Damen. Indem er aber im selben Atemzug hinzufügt, seine Intelligenz habe sich vom »Phantasieren zum Denken entwickelt« (An Albert Bonnier, 9. 8. 1886; S. 670), verhilft er dem verdutzten Leser zum Verständnis dafür, daß das Stück *Marodeure* dennoch entstanden ist. Während er sich nämlich einerseits, und zwar schon im Frühjahr 1883, über das Theater so abschätzig äußerte, beschäftigte er sich anderseits mit Zolas programmatischem Aufsatz »Le naturalisme au théâtre« und dessen Drama »Thérèse Raquin«. Der Weg vom »Phantasieren zum Denken« bedeutet demnach nichts anderes, als daß Strindberg unter dem Einfluß des französischen Naturalismus nicht nur eine neue Roman-, sondern auch eine neue Dramenform zu entwickeln begann, die einer veränderten Wahrnehmung der Wirklichkeit und den aktuellen Inhalten entspräche. Das Theater sollte aufhören, nur etwas »für die Damen« – also illusionäre Unterhaltung – zu sein, sondern im Sinne naturalistischer Zielsetzung politisch-moralisch auf die Gesellschaft einwirken. Für ein solches Theater wird Authentizität der Themen und Stoffe zum entscheidenden Kriterium.

Es ist also kein Zufall, daß Strindberg erst nach Abschluß der ersten drei Teile von *Der Sohn der Magd* im August 1886 endgültig mit der Ausarbeitung seiner ersten »Gegenwartskomödie« *Marodeure* (bzw. nach der endgültigen Umarbeitung: *Die Kameraden*, vgl. S. 808) beginnt, sondern eine Folge der Auseinandersetzung mit seinem autobiographischen Material in Romanform, die ihn auch hinsichtlich einer zeitgemäßen Dramenform eine neue Perspektive gewinnen läßt. Wenn Strindberg einen Monat zuvor –

schon im Blick auf das Komödien-Projekt – seinem Verleger mitteilt, er habe wieder Lust zur »schönen Literatur«, ist das – vom Ergebnis her gesehen – nichts weiter als taktisches Kalkül (4. 7. 1886; S. 785). Wenn er sich gegenüber Edvard Brandes, der das Stück »ein witziges und geistreiches Pamphlet« genannt hat (An Strindberg, 18. 1. 1887), mit den Worten verteidigt: »Alles ist erdichtet; konstruiert« ([um den 29.] 4. 1887; S. 807), verhält er sich ähnlich berechnend. Konstruiert und erdichtet ist auch *Der Sohn der Magd*, wenn auch – unter naturalistischer Prämisse – auf authentische Weise. Ebenso besitzt die Komödie *Marodeure* authentische Züge. Sie ist kein Beweis für Strindbergs Rückkehr zur »schönen Literatur«; vielmehr kennzeichnet sie gemeinsam mit dem *Sohn der Magd* einen Wendepunkt in Strindbergs künstlerischer Entwicklung.

Der in den Briefen nachvollziehbare Entstehungsprozeß der ersten »Gegenwartskomödie« (vgl. S. 802-808) – von der *Marodeure*-Fassung an über mehrere Zwischenstationen bis zur endgültigen *Kameraden*-Fassung – zeigt sie als Werk einer Übergangsphase, das die Dramen des von Strindberg so genannten »großen Naturalismus« (vgl. Nachwort zu FSA V) vorbereitet: *Der Vater, Fräulein Julie, Gläubiger*. Die Unsicherheit bei der Gestaltung des letzten Aktes und des Schlusses sowie die Streichung des ersten Aktes der *Marodeure*-Fassung, der noch allzusehr an die gängige französische Gesellschaftskomödie erinnert (vgl. S. 812-830), sind dafür Symptome. Die zukunftsweisende Substanz dagegen ist schon in der *Marodeure*-Fassung – vor allem im 4. Akt (bzw. in *Die Kameraden* im 3. Akt) – vorhanden. Die Beschäftigung mit der neuesten wissenschaftlichen Literatur – insbesondere mit Lombrosos Kriminalpsychologie, der Suggestionspsychologie der Nancy-Schule und der Matriarchatsforschung – führt als weiterer Ausdruck einer naturalistischen Einstellung zur »Verwissenschaftlichung« nicht nur des Romans, sondern auch des Dramas. Damit wird zugleich Strindbergs gesellschaftspolitischer Kampf, dem die Idee der »Gegenwartskomödie« entsprang, »wissenschaftlich« begründet, psychologisch vertieft und folglich »objektiviert«. Daß Strindberg die politisch-gesellschaftliche Dimension nicht zugunsten einer autobiographisch-individualpsychologischen Sichtweise aufgibt, bekräftigt der im Januar und Februar 1887 erscheinende Artikel *Das letzte Wort in der Frauenfrage*. Strindberg wendet sich hierin gegen den »Verein für das Eigentumsrecht der verheirateten Frau«. Dieser, 1873 gegründet, hatte das Gesetz von 1874 mitinitiiert, aufgrund dessen die Ehefrau über ihr in einem Ehevertrag vom Verwaltungsrecht des Mannes ausgenommenes Eigentum und über durch eigene Arbeit erworbenes Eigentum allein verfügen konnte, ohne daß der Ehemann gleichzeitig von seinen Unterhaltspflichten gegenüber Frau und Kindern entbunden worden wäre. Ein vom Verein 1876 ebenfalls unterstützter Gesetzesentwurf, der 1884 wiederholt und 1886 für verfassungswidrig erklärt wurde, ging noch weiter und sah grundsätzliche Gütertrennung, eine obligatorische Unterhaltspflicht des Ehemannes gegenüber der Ehefrau und einen eherechtlich festgelegten Anteil der Ehefrau am Vermögen des Ehemannes vor. Strindberg weist darauf hin, daß bereits im Gesetz von 1874 eine ungerechte Verteilung der ökonomischen Belastungen angelegt sei, da sich die Ehefrau nicht einmal im Falle eines eigenen Einkommens am Unterhalt der Familie beteiligen müsse, während der Mann nach wie vor dazu verpflichtet war. Mögliche Folgen dieser Gesetzeslücke stellt er auch in *Marodeure/Die Kameraden* dar.

Während *Der Sohn der Magd* die »entwickelte Form des naturalistischen Romans« verwirklicht (siehe S. 768), bereitet die Komödie *Marodeure* gewissermaßen eine entwickelte Form des naturalistischen Dramas vor. Was nach konsequent naturalistischer Auffassung für den Roman gilt – nur das eigene Leben liefere authentisches Material –, trifft – modifiziert – auch auf das Drama zu. Die Verwendung von »Erlebnismaterial« aus der eigenen Ehe – speziell der Ehekrise im Herbst 1886 – für die Dramenproduktion beabsichtigt nicht etwa eine Abbildung der Ehesituation, sondern dient dazu, wirklich authentische Zeugnisse zur Verfügung zu haben. Zusätzliche »documents humains« sammelt Strindberg auf seinem »Beobachtungsfeld« in der Künstlerkolonie in Grez. Als Modell für Axel und Bertha dient ihm das amerikanische Malerehepaar Chadwick, dessen Ehe zerbrochen sei, nachdem für die Kunstausstellung nur das Gemälde der Frau zugelassen worden sei (An Carl Larsson, 27. 5. 1887; S. 807).

In dem Artikel *Das letzte Wort in der Frauenfrage* benutzt Strindberg dieses Motiv, das sowohl auf die Dichtung als auch auf die Wirklichkeit zurückverweist, als ein Argument dafür, daß eine solche ungerechte Verteilung der Lasten den Mann ruinieren kann:

»Eine Künstlerin, Malerin, heiratet nach Abschluß eines Ehevertrages einen Künstler, Maler. Sie malt und verkauft weiter. Der Mann muß sie und eine Haushälterin unterhalten, die deren Aufgaben zu Hause übernimmt. Kinder kommen. Die Frau malt weiter, denn sie kann es sich leisten zu malen, wenn der Mann für ihre Kinder und ihr Kindermädchen sorgt. Aber jetzt muß der Mann seine Einkünfte vervierfachen. Seine Kunst geht zugrunde, und er ›sackt ab‹ zu einem Zeichner, während die Frau als Malerin groß herauskommt. Ich glaube, daß die Rechte der Frau dabei etwas auf Kosten des Mannes erweitert worden sind.«

In dem Stück gibt es zwar Elemente, die es in die Nähe eines politischen Thesentheaters rücken, doch die Züge des »großen Naturalismus« sind unübersehbar: die »naturgegebene« Überlegenheit des Mannes auf intellektuellem Gebiet; die Kameradschaftsehe als idealistische Verbrämung eines unausweichlichen Kampfes um die Macht; also Kampf der Geschlechter; die Frau als Vampir.

Der 4. Akt (bzw. der 3. Akt in *Die Kameraden*) zeigt deutlich die erbitterten Kontrahenten der Ehe-Dramatik. Der Dialog wird nicht stilisiert, sondern aus der Alltagssprache entwickelt, wie ein Netz geknüpft, in dem die Gegner einander zu fangen suchen, und zur psychologischen »Vivisektion« (vgl. FSA V) der Ehepartner eingesetzt.

Mit der Komödie *Marodeure/Die Kameraden* kündigt Strindberg sein neues Theater an, das als experimentelles Theater – dem roman expérimental vergleichbar – nach naturalistischen Grundsätzen »literarische Experimente« durchführt.

Strindberg erklärt diesen Zusammenhang selbst: Zum Erstaunen des Lesers teilt er mit, sein Frauenhaß sei »komplett theoretisch« (An Edvard Brandes, 22. 1. 1887; S. 806). Auf Übertreibungen seitens der Frauenbewegung müsse mit Übertreibungen geantwortet werden: »Darum habe ich in Heiraten II ordentlich losgelegt. Jetzt kann ich Kompromisse machen und bin zu Zugeständnissen bereit.« (An Edvard Brandes, 3. 1. 1887; S. 805)

Noch klarer kommt Strindbergs Fähigkeit zu engagierter Distanz und entschlossener Experimentierfreudigkeit zum Ausdruck, wenn er Albert Bonnier von der Qualität der *Marodeure*-Fassung zu überzeugen versucht. Er sei, läßt er ihn wissen, von der Frauenfrage besessen und lasse nicht davon ab, »weil ich sie bis auf den Grund erforschen und durchexperimentieren muß, bevor ich von ihr ablassen kann«. (6. 2. 1887; S. 806)

Im selben Zusammenhang erfährt der Verleger von einem weiteren Ergebnis des konsequent durchgeführten »literarischen Experiments«: von der Fertigstellung des ersten Akts von *Der Vater*. Der Plan zu diesem Drama resultiert aus den inhaltlichen wie formalen Neuerungen der ersten »Gegenwartskomödie«. Ihre Figuren und Konflikte kündigen weitere Motive auf Strindbergs Weg an, Dichtung und Wirklichkeit zu vermitteln: den »Kampf der Gehirne« (siehe FSA V) und den »Geistesaristokraten« (siehe FSA VI).

Horst Brandl

Anhang

DER SOHN DER MAGD (TJÄNSTEKVINNANS SON)

Strindberg zu ›Der Sohn der Magd‹

An Albert Bonnier, 19. 2. 1886: Was würden Sie dazu sagen, wenn ich jetzt, da ich in physischer, moralischer und ökonomischer Hinsicht tot bin, mein Leben schriebe?

Es würde mich interessieren, ob ich es subjekt-objektiv schreiben soll wie Jules Vallès in Jacques Vingtras.

Um reine Kunstwerke zu fabrizieren, bin ich absolut zu zerschlagen.

An Gustaf af Geijerstam, [um den 13.] 3. 1886: Jetzt fange ich an, mich an einem großen Roman in vier, fünf Teilen totzuschreiben: »My novel.« Typ: Jacques Vingtras von Jules Vallès. Eine »entwickelte« Form des naturalistischen Romans, der das historische, psychische, soziale Milieu einbezieht, dazu die Ansichten des Autors in dieser Sache, die am allerwichtigsten sind, denn er soll über seinem Gegenstand stehen und wie Gott (in der Geschichte) die Leser verstehen lehren, was sie lesen.

An Edvard Brandes, [um den 5.] 4. 1886: Ich bin müde! Ja! ich laufe auch mit einem sechsschüssigen Revolver in der Hosentasche herum. Dann aber denke ich: amüsant zu sehen, wie es weitergeht! Habe in der letzten Zeit zuviel gelesen: Moral, Psychiatrie, Soziologie, Ökonomie, weshalb mein Kopf jetzt ein einziger Brei ist.

Ich betrachte mich und mein Talent als tot und schreibe jetzt die Geschichte meines Lebens in einer sonderbaren Romanform (Geheim!). Ich glaube mich hierdurch erforschen und den Schlüssel zu meiner Tonleiter entdecken zu können.

An Albert Bonnier, 25. 4. 1886, S. 199

An Albert Bonnier, 7. 5. 1886, S. 395

An Albert Bonnier, 14. 5. 1886: In Teil I gibt es einen gefährlichen Punkt (falls für einen toten Mann überhaupt etwas gefährlich sein kann). Und wir müssen den zu befürchtenden Angriffen zuvorkommen. Zu diesem Zweck hätte ich gern aus Allehanda oder Aftonbladet 1864 oder 65 (Per Staaff, oder irgend ein Lehrer aus dieser Zeit, der Pastor Staaff, Axel Strindberg, Spilhammar wissen sicher Jahr und Monat; es war im Sommer oder im Herbst) eine Abschrift eines oder mehrerer Leitartikel, Untersuchungen der Sittlichkeit an Stockholmer Jungen- und Mädchenschulen betreffend. Ich glaube mich zu erinnern, daß das Resultat ungefähr wie Sodom und Gomorrha ausfiel oder daß es nicht einen gab, der unschuldig war. Dies ist ein wichtiges Dokument und gehört zur Sittengeschichte der Zeit, die ich schildere.

Bei meinen vertraulichen Zechgesprächen mit all meinen vielen männlichen Bekannten ist oft oder immer scherzhaft diese Jugendsünde zur Sprache gekommen, und es war nie die Rede davon, daß jemand aus diesem Kreis in dieser Hinsicht unschuldig gewesen wäre; man fragte nicht, *ob* es stattgefunden habe, man erzählte lediglich, *wann* es zum ersten Mal stattfand und wie.

Nun will ich wissen, ob meine Generation schlechter war als andere, was ich bezweifle.

Allgemein ist anzunehmen, daß derjenige, der diese Tatsache bestreitet, schlimmer war als die anderen oder mit anderen Worten ein Heuchler.

Wenn Sie, Herr Bonnier, mir dieses Dokument gütigst beschaffen könnten, würde ich es auszugsweise referieren, denn es ist nicht schön, sich in dieser Angelegenheit als einzigen Schuldigen zu bezeichnen.

An Gustaf af Geijerstam, 22. 5. 1886: Ich glaube, wir sind alle verrottet oder verrückt (nachdem ich in Maudsley Maladies de l'Esprit gelesen habe, sehe ich meine Diagnose klar vor mir). Lies den Sohn der Magd, und Du wirst erkennen: Größenwahn, diables noirs usw. Dieses Buch wird in fünf (5!) Teilen zeigen, daß der Kulturmensch absolut bewußtseinskrank ist.

An Edvard Brandes, 27. 5. 1886, S. 401

An Albert Bonnier, 30. 5. 1886: Geben Sie das Interview G[ustaf] af G[eijerstam], der das Buch wohl rezensieren wird. ... Meinetwegen soll er darüber inform., daß der Verf. weder Biographie, Verteidigung, oder Bekenntnisse veröffentlichen wollte, sondern sein Leben, das er am besten von allen Leben kennt, benutzt hat, um die Geschichte einer Seele darzustellen und den Begriff Charakter zu erforschen – worauf ja die ganze Literatur beruht.

An Albert Bonnier, 31. 5. 1886: Was G[ustaf] af G[eijerstam] in seiner Kritik vor allem herausstellen soll, ist: daß es sich hier um einen Versuch handelt, die Literatur von der Kunst zu emanzipieren. Daß es keine mémoires oder confessions sind; daß ich lediglich die Leiche der Person, die ich am besten kennengelernt habe, genommen und am Kadaver Anatomie, Physiologie, Psychologie, Geschichte studiert habe. –

Der zweite Teil wird wertvoller, tiefergehend. Die Nebenpersonen gelobt oder nicht dargestellt, weil sie nicht hierhergehören.

Ich werde diesem Teil irgend einen anderen pittoreskeren Titel geben.
Dann.

An Edvard Brandes, 9. 6. 1886, S. 403

An Albert Bonnier, 18. 6. 1886: In einigen Tagen geht der 2. Teil von S. d. M. ab, vielleicht morgen. Ich halte es für das bedeutsamste Buch, das seit langem in Schweden geschrieben wurde, aber, es ist für die Gebildeten geschrieben worden und kann von der Unter- oder Mittelklasse nicht gelesen werden. Wendet sich darum an die akademisch Gebildeten, für die ich wohl eigentlich schreiben sollte. Unverstanden zu bleiben, von Hinz und Kunz, macht mir keine Freude, und sie kann ich nicht bekehren.

Eine andere praktische Frage: nachdem Teil I ja nicht gut zu gehen scheint, wäre es nicht sinnvoll, ihn auszuverkaufen, um den Titel S. d. M. beibehalten zu können, oder ihn zumindest als Obertitel zu behalten, so daß die anderen Teile den 1. verkaufen?

Die neuen Titelvorschläge sind (zur Auswahl!)

Wie man Schriftsteller wird
Zum Parnaß
Sturm und Drang
Geschichte eines Schriftstellers

Edvard Brandes schreibt mir Gutes über das Buch, das er für tiefsinnig und bedeutend hält.

An Albert Bonnier, 21. 6. 1886, S. 533

An Hjalmar Branting, [um den 28.] 6. 1886: Über mein Buch! Es ist eine Bilanz meines Lebens. Vielleicht die Einleitung zu einem Selbstmord, obwohl ich bei ausgezeichneter Laune bin, oder eine Rückkehr zur schönen Literatur. Teil 2 ist fertig. Wertvoller als Teil 1. Und Teil 3 wird gerade geschrieben. Meiner Meinung nach wird dies der eigentliche Kern meiner Gesammelten Schriften, und all die andere Scheiße kann als Anmerkung nachgestellt werden.

An Albert Bonnier, 4. 7. 1886: Ich schreibe jetzt an Teil III, habe ein Viertel fertig.

Es ist, als machte ich meine ganze Erziehung noch einmal durch, und ich glaube, daß ich aus dieser Schule so klar hervorgehe, wie ich werden kann. Anschließend packe ich alle Bücher ein, und kehre zur schönen Literatur zurück, die mich wieder reizt.

An Albert Bonnier, 27. 7. 1886: Die Angst, teils durch Unterbrechungen aus der Stimmung zu geraten, teils durch Krankheit daran gehindert zu werden, zu Ende zu schreiben, hat mich veranlaßt, Teil 3 zu beenden, der hiermit übersandt wird.

Hiermit ist meine Geschichte geschrieben, denn Teil 4, Er und Sie, liegt fertig da, wenn Sie ihn sich ansehen wollen. Ein Teil 5 ist vorgesehen: Der Schriftsteller. Er soll die Entstehungsgeschichte meiner Arbeiten, die eigene Kritik an denselben und die Absicht mit ihnen zeigen. Dieser Teil aber kann aufgeschoben werden und künftig durch meine große Briefsammlung vom Roten Zimmer bis heute ersetzt werden.

Ich bin jetzt für eine Zusammenlegung von Teil 2, 3 unter dem Titel:

Für Brot und Stellung
oder
Über Brot und Stellung
(Entwicklungsgeschichte einer Seele 1867-75)
(oder)
Hinterlassen und Aufgenommen
(––––––––)

Weiter später, wenn ich die Sache überschlafen habe.

An Albert Bonnier, 9. 8. 1886, S. 668

An Albert Bonnier, 20. 8. 1886, S. 678

An Albert Bonnier, 22. 9. 1886: Doch um diese Wiederauferstehung erreichen zu können, muß ich zuerst richtig sterben, und um uns den Markt nicht zu verschließen, müssen wir uns mit Sohn d. M. beeilen. Er ist mit Er und Sie leider nicht zu Ende, sondern ich muß in Teil 5 *Der Schriftsteller* noch meine Schriftstellerei erforschen und dann so geläutert ein neues Leben beginnen. Es ist doch beneidenswert, in diesem einzigen erbärmlichen Leben zwei Leben leben zu dürfen! Seine kostbaren Erfahrungen zum eigenen Besten nutzen und von vorn beginnen zu können, illusionslos, geläutert. Ich schlage daher ein rasches Verramschen des alten Menschen vor, so daß sich der S. d. M. verbreiten kann wie eine Kolportagepublikation, ohne auf Heiraten 2 und dessen bedauerliches Erscheinen in der Welt Rücksicht nehmen zu müssen.

An Albert Bonnier, 9. 10. 1886: Schlimmer ist es mit Ihren Bedenken hinsichtlich Teil 4. Ich habe schon erwogen, einen Roman daraus zu machen, den Gedanken wieder aufgegeben, hin und her, und will vor allem nicht den S. d. M. zerstören, der, für Schweden, bereits mein Œuvre darstellt. ...

Die Verzögerung von Teil 3 ist unangenehm. Durch sie läßt das Interesse der Öffentlichkeit und das meine nach, und ich kann nicht Teil 5 auf Halde schreiben, zumal Teil 4 in Schweden nun unsicher ist.

Biete ich ihn in Dänemark an, gibt es doch Schwierigkeiten mit der schwedischen Veröffentlichung. Und gehe ich zu einem anderen schwedischen Verleger, sieht es zwischen uns wieder böse aus, nachdem die Herren Verleger den point d'honneur haben, daß man in Monogamie zu leben hat, abgesehen davon, daß es mir widerstrebt, Sie damit Mißverständnissen auszusetzen.

Dieser Haken mit Teil 4 hat mich derangiert. Vielleicht gibt sich das später.

Ich werde nicht normal, bevor ich das Ende von SdM gesehen habe.

Künstlerische Produktion kann jetzt nur noch durch stärkere Sensationen wie Revanchelust verursacht werden, und das einzige, was mich jetzt interessiert, ist Psychologie, ohne Künstlertum.

An Albert Bonnier, 21. 10. 1886: Was Sie gegen das Tagebuch eines Zweiflers haben, verstehe ich nicht. Mir kommt es darauf an zu zeigen, daß ich vor Zola und Tolstoi fertig war, zu deren Schüler man mich unbedingt machen will. Ich beanspruche also eine schlichte Rehabilitation.

An Albert Bonnier, 5. 12. 1886: Ich schreibe jetzt den letzten Teil von Sohn d. M. Doch die Verzögerung der Veröffentlichung lähmt meine schriftstellerische Arbeit unglaublich, denn durch das Studium meines ganzen Lebens bin ich zu Entdeckungen gelangt, die ich nicht erwartet habe, und die, kämen sie in anderen meiner Schriften zum Vorschein, eine Polemik auslösen würden, auf die ich mich ausschließlich in meinem Buch einlassen will.

An Albert Bonnier, [um den 15.] 12. 1886: Da ich nach meinen Contres nun nicht mehr an viel glaube, will ich einmal klug sein und, zwei Fliegen mit einer Klappe schlagend, Er und Sie in Romanform schreiben, so daß dies auch Teil 5 der Magd werden kann. Das verstößt gegen den Plan der Arbeit, ist aber das einzig mögliche Verfahren. Wenn dieser Teil nach dem Schriftsteller (Teil 4 oder 5?) kommt, dann macht das nichts, da die Teile numeriert sind. Doch dann kommen die Königliche Bibliothek, die Gardekaserne, das Theater und all das hinein, und alle Personen. Der Held muß nach wie vor Johan heißen, das läßt sich nicht ändern! Wagen Sie das? Stellen Sie sich vor, was für ein Risiko, einen ganzen ausgearbeiteten Roman zu schreiben, und ihn dann weder auf Deutsch noch auf Schwedisch veröffentlichen zu können, wenn die N[eue] F[reie] P[resse] zögert. Das wäre der absolute Tod!

An Albert Bonnier, [um den 31.] 12. 1886: Mit heutiger Post geht nun der vierte und vorerst letzte Teil der Magd ab. Wenn Sie Zeit haben, bitte ich Sie, die drei letzten Kapitel zu lesen, damit Sie sehen, auf welchem Standpunkt ich jetzt stehe, und wie wichtig eine baldige Publikation ist.

An Albert Bonnier, 8. 1. 1887: Sicherlich ist Teil 4 räsonierend, doch es gab nichts anderes, und das ganze Buch war ein Räsonnement mit mir selbst. Meine privaten Verhältnisse konnte und wollte ich nicht ans Licht zerren. Darum ist es wohl am besten, sie mit Im Roten Zimmer hineinzuschmuggeln (Die Lehrjahre) – oder wie Sie wollen!

An Verner von Heidenstam, 9. 1. 1887: Im 3. u. 4. Teil der Magd bin ich offen vom Sozialismus abgefallen, weil er Idealismus und deutsche Philosophie ist, und habe mich zum – Revolutionär erklärt. Du und Schloß Brunegg kommen im letzten Kapitel vor. Hast Du etwas dagegen?

Werkgeschichte

Bereits 1874, als Fünfundzwanzigjähriger, veröffentlichte Strindberg in Svenska Medborgaren, der Zeitung der schwedischen Bauernpartei, eine Reihe längerer autobiographischer Skizzen. Zehn Jahre später, 1884, erscheint in der sozialdemokratischen Zeitung Tiden eine längere Episode aus Strindbergs Schulzeit unter dem Titel »Die Geister waren erwacht. Aus August Strindbergs Autobiographie.«. Sie findet sich später, stark gekürzt, in Teil I des Romans *Der Sohn der Magd* wieder (S. 183).

Im Spätsommer 1885 übersendet Strindberg seinem Verleger Albert Bonnier die Disposition zu einer Skizzensammlung mit dem Titel *På landet. Uppsvenska sommarminnen.* (Auf dem Lande. Mittelschwedische Sommererinnerungen). Die Titel der einzelnen Abschnitte dieser geplanten Arbeit erinnern deutlich an den Inhalt einiger Kapitel von Teil I des *Sohns der Magd*. Strindberg kommt mit dieser Arbeit jedoch nicht voran und bricht sie schließlich ab. Am 19. Februar – Strindberg sendet am selben Tag den 1. Teil von *Unter französischen Bauern* an die dänische Zeitung Politiken ab und teilt dies seinem Verleger mit – erwähnt er gegenüber Bonnier den Plan, »sein Leben zu schreiben« (vgl. S. 783).

Wie nahezu alle seine Werke schreibt Strindberg den Roman in erstaunlich kurzer Zeit. Teil I, *Der Sohn der Magd*, geht im Manuskript bereits am 25. 4. 1886 an Bonnier ab. Während das Buch gesetzt wird, arbeitet Strindberg – mittlerweile in Othmarsingen im Aargau – schon an Teil II, *Die Zeit der Gärung*. Am 21. Juni schließt er ihn ab und beginnt unmittelbar darauf mit Teil III, *Im Roten Zimmer*, den er am 27. Juli 1886 beendet. Teil IV, *Der Schriftsteller*, ist Ende 1886 fertiggestellt. Bonnier nimmt

Strindbergs Ankündigung vom Februar 1886, sein Leben »schreiben« zu wollen, skeptisch auf. Er befürchtet Polemik und spricht sich für eine Weiterverfolgung des Projektes der »Mittelschwedischen Sommererinnerungen« aus. Als er das Manuskript von Teil I, *Der Sohn der Magd* gelesen hat, zeigt er sich indessen beruhigt. Er bietet Strindberg die unverzügliche Veröffentlichung an. Die Frage, worum es sich bei diesem Buch eigentlich handelt, um eine Biographie oder einen Roman, hat für den Verleger untergeordnete Bedeutung. Das Buch spreche für sich selbst (3. 5. 1886). Bezeichnenderweise lehnt er Strindbergs Vorschlag vom 17. Mai 1886 ab, Teil I mit einem Vorwort in Interviewform zu versehen. Der Vorschlag mag relativ spät erfolgt sein – der Verlag befindet sich nach Bonniers Angaben bereits in der Endphase der Produktion – die technischen Gründe scheinen gleichwohl vorgeschoben: Die Ablehnung des Interviews ist der erste in einer langen Reihe von Eingriffen, Kürzungen und Streichvorschlägen, die Strindbergs Absichten mit dem Roman *Der Sohn der Magd* letztlich unterlaufen: »Sowohl Branting als auch ich sind der Ansicht, daß in diesem Interview zahlreiche Reflexionen vorkommen, die lediglich Anstoß und Kritik hervorrufen« (24. Mai 1886). Wie beim ersten, so auch bei den folgenden Teilen antizipieren Bonnier und sein literarischer Berater und Korrektor Hjalmar Branting Anstoß und Kritik. Tabubelegte Themen wie Onanie, Prostitution, die Auseinandersetzung mit Zeitgenossen werden sorgfältig auf ein salonfähiges Maß gestutzt. Weniger gesellschaftsfähige Ausdrücke werden gestrichen. Nach einigen Hakeleien akzeptiert Strindberg die Änderungen jeweils (vgl. Strindberg zu *Der Sohn der Magd* und S. 685 f.), denn in einem Punkt haben Autor und Verleger ein identisches Interesse, mögen ihre Motive auch unterschiedlich sein: *Der Sohn der Magd* soll so rasch wie möglich erscheinen.

Während Bonnier jedoch mit Strindbergs Arbeitstempo bei den Teilen I und II kaum Schritt halten kann – Teil I erscheint am 29. Mai 1886, Teil II am 27. September –, will er das bei den folgenden beiden Teilen bereits nicht mehr. Im Oktober 1886 lehnt er eine Veröffentlichung des Briefwechsels zwischen Strindberg und Siri von Essen, der unter dem Titel *Er und Sie* (Han och Hon) als Teil IV geplant ist, ab (vgl. S. 669), obwohl Strindberg zur Vermeidung gerichtlicher Auseinandersetzungen alle Personen-, Orts- und Straßennamen unkenntlich machen will. Aus Teil III, *Im Roten Zimmer* will er zunächst den Abschnitt *Aufzeichnungen eines Zweiflers* (S. 471-481), den er als »Füllmaterial« bezeichnet, gekürzt oder ganz ausgeschlossen sehen (23. 9. 1886). Noch während Strindberg den betreffenden Abschnitt umarbeitet – er fällt schließlich weg –, dringt Bonnier auf eine weitere Änderung. Er will jetzt die Haushälterinnenepisode von Kymmendö (S. 486-489) »wesentlich gereinigt, reduziert und umgearbeitet« haben, am besten solle sie freilich ganz entfallen. Was sich zunächst als ein Reflex auf die negativen Rezensionen zu den ersten beiden

Teilen (vgl. S. 797) und als Versuch darstellt, sich mit einem problemlosen Roman von dem Ruf zu befreien, man sei der Skandalverleger eines Skandalautors, erhält kurz darauf noch einen weiteren Akzent: »Das mosaische Schlachtmesser dürfen wir doch sicher in ein stählernes Papiermesser verwandeln!« (26. 10. 1886). Strindberg gibt nach einem vergeblichen Versuch, Hjalmar Branting seine Absichten zu erklären (vgl. S. 685 f.), in allen Punkten nach.

Am 18. 2. 1887 schließlich erscheint Teil III, *Im Roten Zimmer*, separat, und nicht, wie ursprünglich geplant, zusammen mit Teil IV (dem ursprünglichen Teil V), *Der Schriftsteller*, den Bonnier ablehnt. Bonniers Ablehnung von Teil IV stützt sich nicht – was sich angesichts gewisser formaler Unterschiede und der häufig unübersehbaren Trockenheit, Langatmigkeit des Textes vermuten ließe – auf ästhetische, formale Kriterien. Sie bezieht sich, wie schon die Streich- und Kürzungsvorschläge zu den vorangegangenen Teilen, auf den Inhalt, und hier auf spezielle Teile: Strindbergs Angriffe auf die Frauenbewegung (bes. S. 607, 609, 612), auf die erste Professorin Europas, Sonja Kovalevski (S. 604), auf die Männer des Jungen Schweden (S. 608 f.), die zudem größtenteils Bonnier-Autoren sind, und schließlich auf eine der nationalen Größen, den Historiker Geijer (S. 567).

Bonnier will den problemlos absetzbaren Romanautor, er will nicht, wie schon seine Reaktion vom Februar 1886 zu erkennen gibt, den Analytiker von Staat und Gesellschaft, den Polemiker. So präsentiert er in hinhaltender Absicht dem Autor seine wirtschaftlichen Motive – er will zunächst die Verkaufszahlen von Teil III abwarten, bevor er die Auflage von Teil IV festsetzt. Die Teile I-III hatten eine Auflagenhöhe von je 4000 Exemplaren, für Teil IV rechnet Bonnier mit weniger. Als Strindberg (am 8. Juli 1887) auf die unverzügliche Veröffentlichung oder die Rücksendung des Manuskriptes drängt, offenbart sich der Vorwandcharakter dieser wirtschaftlichen Erwägungen: »... Daß Ihr Werk durch verschiedene Umstände, sowohl böswillige Angriffe von seiten Ihrer Gegner, wie ohne Zweifel auch durch Übertreibungen auf Ihrer eigenen Seite, derzeit unter einer bedauerlichen und völlig beispiellosen Unpopularität leidet, ist eine Tatsache, die Ihnen nicht unbekannt sein dürfte, obwohl Sie selbst in jener Entfernung von der Heimat, in der Sie sich befinden, auch nicht annähernd ermessen können, wie schrecklich intensiv sie ist. Jetzt unter solchermaßen obwaltenden Umständen obengenannten Teil IV zu veröffentlichen, würde, nach meiner Meinung, Ihrem Ansehen nur noch weiter schaden und keinem von uns nützen...« (25. 7. 1887). Im Klartext: Strindberg und Teil IV von *Der Sohn der Magd* sind unter den obwaltenden Umständen – Strindbergs Unpopularität und des Inhaltes von Teil IV – für Bonnier zu dieser Zeit kaum von Interesse.

Als *Der Schriftsteller* mit zweiundzwanzigjähriger Verspätung im Rahmen einer Neuauflage der Teile I-III im Jahre 1909, wiederum bei Bonnier, erscheint, gibt Strindberg Teil IV ein Vorwort mit kommentiertem Werkkatalog und den wiederaufgelegten Teilen ein Vorwort und eine Nachschrift bei, die die veränderte Haltung Strindbergs im Jahre 1909 zum Ausdruck bringen. Entgegen seinen Versicherungen, es seien »lediglich einige rohe Worte« sowie »einige Zeilen, die reine Versehen oder unnötige Angriffe enthalten«, gestrichen, hat Strindberg auf beträchtliche Teile seines Manuskriptes verzichtet: auf die Angriffe gegen das Junge Schweden, gegen prominente Mitglieder der Frauenbewegung und gegen Geijer. Strindberg hat 1909 andere Gegner, und er ist sich dessen bewußt. So hat er außer den Angriffen von 1886 auch die überaus positive Charakterisierung seines ehemaligen Freundes Verner von Heidenstam (S. 651) aus dem Text entfernt. Bald darauf wird dieser in der letzten großen Auseinandersetzung im Leben Strindbergs, der »Strindbergfehde« von 1910/11, zu seinen schärfsten Widersachern zählen.

Begleitende Texte Strindbergs zu
›Der Sohn der Magd‹ (1909)

Vorwort zu ›Der Sohn der Magd‹
[Auflage 2-6]

Dies ist die Geschichte eines 60jährigen Menschenschicksals. Die ersten Teile* wurden mit etwa vierzig Jahren geschrieben, und, wie ich damals glaubte, vor dem Tod, denn ich war müde, sah im Dasein keinen Sinn mehr, hielt mich für überflüssig, weggeworfen. Ich lebte nämlich damals von der trostlosen Weltanschauung, die ein halb gottloser Mensch besitzt, wollte aber Bilanz ziehen und die Lage überschauen, mich vielleicht von einigen unrichtigen Beschuldigungen befreien. Im Laufe der Arbeit entdeckte ich jedoch einen gewissen Plan und eine Absicht hinter meinem bunten Leben, und ich bekam wieder Lust zu leben, vor allem aus Neugier darauf, wie es weitergehen und wie ein solches Leben enden würde.

Ich lebte in fremden Ländern, vergessen und vergessend, ganz und gar von den Naturwissenschaften in Anspruch genommen, nachdem ich die Schriftstellerei aufgegeben hatte, als ich im Jahr 1896 in eine Phase gerate, die ich Inferno genannt habe, unter welchem Titel 1897 jenes Buch erschien, das zum Wendepunkt meines Lebens wurde. Legenden setzt 1898 die Schilderungen der Zerstörung, die meine Person durchmachte, fort, aus welcher Prozedur die gewaltige Produktion hervorging, die darauf einsetzte und sich in beinahe zahllosen Dramen, Gedichten, Romanen ergoß.

*

* Der Sohn der Magd, Die Zeit der Gärung, Im Roten Zimmer, Der Schriftsteller

Es sind viele Schriftstellertypen, denen wir hier begegnen, jeder einzelne aber ist ein adäquater Ausdruck seines Zeitabschnittes, mit dessen Bewegungen, Gegenbewegungen, Verirrungen. Jetzt zu streichen oder zu ändern, was ich mißbillige und verabscheue, hieße doch den Text verfälschen, darum erscheinen die Urkunden in nahezu der Gestalt, in der sie entstanden sind. Ich habe mich zwar gefragt, ob es richtig ist, diese Brandpfeile noch einmal auszusenden, doch nach reiflicher Überlegung erscheint mir dieser Schritt zumindest als indifferent. Ein Mensch mit vernünftigen Begriffen von der Moral und mit einer klaren Vorstellung von den höchsten Dingen läßt sich von Sophismen nicht täuschen, und der in Auflösung Befindliche findet schwerlich Unterstützung in diesen Deduktionen, die bereits widerlegt sind.

Ob der Autor wirklich, wie er zuweilen glaubte, mit Standpunkten experimentiert oder sie in verschiedenen Personen inkarniert, sich polymerisiert, oder ob eine gnädige Vorsehung mit dem Autor experimentiert hat, mag für den aufgeklärten Leser aus den Texten hervorgehen. Denn die Bücher sind recht aufrichtig geschrieben, natürlich nicht ganz, denn das ist unmöglich. Hier werden Geständnisse abgelegt, die keiner verlangt hat, und Schuld übernommen, die vielleicht so groß nicht war, da ja der Autor sogar seine stummen Gedanken bestraft. Auch die Beziehungen entsprechen einigermaßen der Wahrheit, können aber nicht völlig exakt sein. Wenn ich zum Beispiel mit 60 Jahren durchlese, was ich mit 40 Jahren geschrieben habe, erscheint mir einiges wie unbekannt, wie nicht geschehen. Ich habe also bestimmte Einzelheiten meiner Kindheit in den letzten 20 Jahren vergessen, bin aber beinahe sicher, daß ich mich mit 40 an sie erinnert habe.

Und eine Geschichte kann auf vielerlei Weise erzählt, von verschiedenen Seiten beleuchtet, gefärbt und entfärbt werden. Hat der Leser also eine Geschichte gefunden, die anders als in einer meiner anderen Schriften erzählt ist, wo sie wiederholt wird, dann mag er sich erinnern, worauf ich gerade hingewiesen habe.

Dies ist die Analyse meines langen wechselvollen Lebens, die Ingredienzen meiner Schriftstellerei, das Rohmaterial. Wer das Resultat sehen will, der nehme und lese das Blaubuch, das die Synthese meines Lebens ist!

Der Autor

Vorwort zu ›Der Sohn der Magd‹
[Entwurf, ungedruckt]

Die ersten Teile dieses Buches wurden mit 40 Jahren geschrieben. Bilanz. Vor dem Tod. 60 Jahre eines Schriftstellerlebens. Ein Schriftsteller soll ein adäquater Ausdruck seiner Zeit sein – lebt er in ihr durch mehrere Epochen, nimmt er neue Physionomien an. –

{ Sohn d. M.
...
...
... Er und Sie
Beichte
Quarantäne
Inferno
Legenden
Blaubuch.
L. Synthese

Ändern = Fälschen =
Vieles wurde in 20 Jahren vergessen – Jetzt erinnere ich mich an vieles nicht mehr, woran ich mich 1889 erinnern konnte – und bin erstaunt darüber, daß ich in dieser Weise erzählt habe.
Eine Geschichte kann auf mehrere Weisen erzählt werden. Verschweigen – aus Rücksichtnahme –, auslassen. –
Es gibt Erlebnisse, die man ausstreicht ...
Es war viel schlimmer, als ich erzählt habe ...
Alle Irrtümer der Zeit, alle Bewegungen – werden gespiegelt = Stadien auf dem Lebensweg – – – Hartmann und Schopenhauer – Der Unglaube 1860 = Materialismus und Freidenkerei – Darwinismus bis Ingersoll – Nordaus Nihilismus – Anarchismus – Sozialismus. – Nietzsche. –
Experimentieren mit Standpunkten – alle waren trügerisch, bis auf einen!

Nachschrift
[zu Teil I; Auflage 2-6]

Jetzt, nach abgeschlossener Korrektur dieses Teils I, liegt mir daran zu beteuern, daß mir diese Arbeit ein unsägliches Leiden verursacht hat. Dennoch fällt mir nicht ein zu versuchen, die Herausgabe zu unterdrükken. Das Opfer ist einmal gebracht; ich kann es nicht zurücknehmen! Dagegen hätte ich den Wunsch gehabt, die Mitmenschen, die bloßgestellt worden sind, zu schonen, doch hierzu gibt es keine Möglichkeit. Bleibt mir nur zu sagen: Es gibt Handlungen, vor denen man zurückschreckt, die man aber gleichwohl begehen muß, weil sie einer Aufgabe dienen. Die Berufung des Dichters ist Selbstopferung, doch dieses Buch, das »vor dem Tode« geschrieben wurde, war damals ein Untersuchungsprotokoll über das Kind und den Jüngling; nun ist ein Urteil daraus geworden, aber auf Bewährung.

Lediglich einige rohe Worte wurden gestrichen; und einige Zeilen, die reine Versehen oder unnötige Angriffe enthalten, wurden entfernt.
Den 7. Februar 1909

Der Autor

Vorwort

[zu ›Der Schriftsteller‹, 1. Auflage 1909]
[Mit ⟨ ⟩ werden Einfügungen Strindbergs
in der Korrektur gekennzeichnet.]

Dieses Buch wurde 1886 geschrieben; hat seitdem als Manuskript gelegen und ist bisher nicht im Druck erschienen. Es gehört also zum lange Vergangenen, und stellt nur einen Abschnitt im Leben des Verfassers dar, ein Stadium, das zu den Akten gelegt ist, und soll als solches beurteilt werden. Es sind keine Memoiren oder Bekenntnisse, sondern war einmal eine Bilanz oder eine Abrechnung. Doch der Titel mag irreführend sein, und um den Schriftsteller richtig einzuordnen, muß ich folgendes Merkblatt drucken, das die wichtigsten Arbeiten aufzählt, unter Angabe der Epochen, in denen sie entstanden sind.

SIEBZIGER JAHRE
⟨also nicht 80er Jahre, wozu man unberechtigterweise
Das Rote Zimmer zu zählen pflegt:⟩

In Rom ⎫
Der Geächtete ⎬ Etüden
Hermione ⎭
Meister Olof Beide Fassungen
Fjärdingen und Svartbäcken
Das Rote Zimmer Rückblick auf die siebziger Jahre

ACHTZIGER JAHRE

Das Geheimnis der Gilde Achtung. Leitet die achtziger Jahre des Verfassers ein.
Herrn Bengts Gattin ⎫ Setzt das Vorausgegangene mit wiedergewonne-
Glückspeters Reise ⎬ nem Glauben, Liebe, Hoffnung zu Leben und
  ⎭ Menschen fort.
Schwedische Schicksale In der Stilart der Romantik, aber mit Inhalt und Betrachtungsweise der Gegenwart.
Das neue Reich Kritik am bestehenden Vergehenden.

Schlafwandlernächte Reaktion gegen Atheismus und Deszendenzlehre. ⟨Befreiung des Verses von den »Abzählreimen« der Akademie.⟩

Heiraten Die Ehefrage im richtigen Fahrwasser; im 1. Teil eigentlich eine Verteidigung und Verherrlichung der Ehe mit Heim, Mutter und Kind. Im 2. Teil Kritik.

Utopien Positive Vorschläge im Geiste Saint-Simons; wobei die Novelle Gewissensqualen (»Die Friedensnovelle«) gleichwohl rein künstlerischen Wert besitzen soll; die anderen dagegen nicht.

Die Hemsöer
Das Leben der
Schärenleute
(Inklusive: Der
Küster auf Rånö)
⎬ Befreiung von der Problemlösung; reine Schilderung der Natur und des Volkslebens; L'art pour L'art, bereits 1889, also vor dem Pepita-Attentat und der Rückkehr der Byronschen Snobschule.

Der Vater
Fräulein Julie
Gläubiger
⎬ Versuche zur Umgestaltung des Dramas in zeitgemäßer Form. (Der erste Versuch war Der Geächtete, »der ausgeführte Einakter« 1872 im Dramatischen Theater.)

⟨Diese drei Stücke wurden in das Repertoire des Théâtre Libre, de l'Œuvre (Paris) und der Freien Bühne (Berlin) aufgenommen.⟩

Am offenen Meer Nietzsches Philosophie übt Einfluß aus; doch das Individuum geht im Streben nach dem absoluten Individualismus unter. Leitet die neunziger Jahre ein: Übermensch.

NEUNZIGER JAHRE

Die Schlüssel des Himmelreiches (1892). Dunkel, Trauer, Verzweiflung; absolute Skepsis.

Einakter Aus dem zynischen Leben.

Pause bis 1898. Auslandsaufenthalte, Chemie (Antibarbarus; als Student an der Sorbonne eingeschrieben, um das Laboratoire des Recherches zur Analyse zu benutzen).

Inferno 1898
Legenden 1899
Advent
Damaskus 1, 2
⎬ Die große Krise mit 50 Jahren; Revolutionen im Seelenleben, Wüstenwanderungen; Zerstörung, Swedenborgs Höllen und Himmel. ⟨Nicht beeinflußt von Huysmans' En route, noch weniger von Péladan, der dem Verf. damals unbekannt war, ebenso wie En route, sondern auf eigene Erlebnisse gegründet.⟩

Rausch
Gustav Vasa
Die Folkunger
Erik XIV
⎬ Licht nach dem Dunkel; Neue Produktion mit wiedergefundenem Glauben, Liebe, Hoffnung – und voller felsenfester Gewißheit.

⟨Gustav Adolf = Nathan der Weise⟩

NEUES JAHRHUNDERT

Ostern   Schule des Leidens.
Damaskus III   Die Inferno-Wanderung.
Der Todestanz
Schwanenweiß
Die Kronbraut
Ein Traumspiel   Buddhistisches und Ur-christliches Drama.
Kristina
Gustav III
Die Nachtigall von Wittenberg Versöhnung mit dem Protestantismus als Befreiung vom Heidnischen Rom, und mit lokaler, nordgermanischer Renaissance.
Einsam
Die Gotischen Zimmer Rückblick auf das Jahrhundertende und Einleitung in Das neue Jahrhundert.
Neue schwedische Schicksale Die Personen der Regenten werden eingeführt.
Fagervik und Skamsund Aus dem eigenen und dem Leben anderer.
Wortspiele und Kleinkunst Der Hexameter im Stile Stjernhjelms, wiederbelebt in Schwedischen Naturschilderungen.
Schwarze Fahnen Abrechnung und Abschied von Deszendenten und Dekadenten.
Blaubücher   Kommentare zum Vorig. usw.

*

Der letzte Ritter
Der Reichsverweser
Der Jarl von Bjälbo
Abu Casem   Spielzeug für Kinder.
Der Schwarze Handschuh Weihnachten; Lyrische Phantasie.
Die große Landstraße (1909) Abschied vom Leben und Selbsterklärung.

*

Der Verfasser war also 1886 nicht fertig; vielleicht fing er da erst an. Das vorliegende Buch ist also nur von sekundärem Interesse, weil es ein Fragment darstellt; und der Leser muß daran denken, daß es vor über zwanzig Jahren geschrieben wurde. Die Person dieses Schriftstellers ist mir also ebenso fremd wie dem Leser – und ebenso unsympathisch. Weil er nicht mehr existiert, empfinde ich keine Anteilnahme, und nachdem ich daran beteiligt war, ihn zu töten (1898), glaube ich das Recht zu haben, *diese*

Vergangenheit als gesühnt und aus Dem Großen Buch getilgt zu betrachten.
Oktober 1909

Der Autor
(von Gustav Vasa, dem Traumspiel,
dem Letzten Ritter u. a.)

Zur Rezeption

Teil I von *Der Sohn der Magd* erscheint am 29. Mai, Teil II am 27. September 1886. Am 18. 2. 1887 folgt Teil III.

Die Reaktion der schwedischen Kritik auf die ersten drei Teile schwankt zwischen deutlicher Irritation und Empörung. Irritation, wo es den Rezensenten an den geeigneten Instrumenten zur literaturkritischen Würdigung sichtlich fehlt; Empörung, wo die romantechnische Innovation Strindbergs viel weniger interessiert als das neueste Werk eines Skandalautors, dessen letzter Skandal erst ein Jahr zurücklag.

Zwar ahnte man, daß Strindberg eine psychologische Studie vorgelegt hatte (so A. Krook, in Göteborgs-Posten, 5. 6. 1886), zwar lobte man die »mitreißende und originelle Darstellungskunst« (Svenska Dagbladet, 1. 6. 1886), zwar erkannte man, daß *Der Sohn der Magd* »viele tief gefühlte und meisterhaft erzählte Beobachtungen« enthielt (Aftonbladet, 16. 6. 1886) – Strindbergs kompromißlose Darstellung tabubelegter Themen – Onanie, Prostitution, Alkoholmißbrauch – verstießen aber auch in der entschärften Form gegen den propagierten guten Geschmack: Sie provozierten eine überwiegend prüde Kritikergeneration, ihr sittliches Empfinden ein weiteres Mal unter Beweis zu stellen. Und selbst bei denen, die, anders als der schärfste Kritiker Strindbergs, der spätere Ständige Sekretär der Schwedischen Akademie, Carl David af Wirsén, der vom *Sohn der Magd* eine ernstliche Gefährdung von Sitte und Ordnung ausgehen sah (Vårt land, 8. 6. 1886), dem Roman mit literaturästhetischen Mitteln beizukommen suchten, kollidierte *Der Sohn der Magd* mit dem am konventionellen Entwicklungsroman geschulten Literaturverständnis. So lobt der junge Karl Warburg Strindberg zwar für seinen Mut, tabuierte und delikate Sachverhalte aufzugreifen, kommt aber bei der Würdigung des Romans als Roman über Allgemeinplätze wie »das bestkomponierte Buch Strindbergs« und »epische Ruhe« nicht hinaus.

Wie wenig man mit Strindbergs »Versuch in Zukunftsliteratur« anfangen konnte und wollte – die Teile II und III wurden 1898 lange vor einer Neuauflage verramscht –, zeigen auch die Rezensionen des 1909 erscheinenden Teils IV. Wiederum notiert man mehr oder weniger ratlos einerseits Strindbergs mitreißenden Stil und seine »unglaubliche Energie«, dem

Aufbau des Romans steht man hilflos gegenüber. Souverän übersehen die Rezensenten in der Regel den Umstand, daß Strindberg seinem mit zweiundzwanzigjähriger Verspätung erschienenen Buch ein eigens geschriebenes Vorwort mit einem kommentierten Werkkatalog voranstellt. Man vermißt das, was Strindberg eben erklärtermaßen *nicht* abgeben will: »Bekenntnisse«, »Einblicke in das Seelenleben« und gar: »in die seltsame Werkstatt seines Gehirns« (Stockholms Dagblad, 24. 12. 1909). Bezeichnend ist, daß viele Rezensenten, wenige Monate nach dem ersten Generalstreik in der schwedischen Geschichte im Sommer 1909, Strindbergs ausführliche Auseinandersetzung mit den verschiedenen Spielformen des Sozialismus als interessantesten und wichtigsten Teil des Buches bezeichnen und in dieser Bestandsaufnahme von 1886 eine »Abrechnung mit dem Sozialismus« (so Ruben G. Berg, Afton-Tidningen, 17. 12. 1909) – wohlgemerkt dem des Jahres 1909 – sehen. Strindberg, der zu diesem Zeitpunkt bereits an den Artikeln arbeitete, die seine Abrechnung mit der schwedischen Kultur und Politik enthielten und zur »Strindbergfehde« führten, sollte seine Rezensenten belehren, daß sie sich auch hierin irrten.

Strindbergs *Sohn der Magd* zählt heute zu den schwedischen Klassikern. Diese Feststellung ist nur insoweit interessant, als für diesen zweiten großen Roman Strindbergs das Gleiche gilt wie für seinen ersten, *Das Rote Zimmer* (Röda rummet; 1879; FSA I), für den Göran Printz-Påhlsson feststellte: Alle sagen, er ist groß, doch niemand sagt, warum. Mit seiner vor allem in Teil I feststellbaren Tendenz, das Kindheitsmilieu zu proletarisieren, gilt *Der Sohn der Magd* der schwedischen Literatursoziologie heute als klassisches Muster, als Paradigma für die Werke der in Schweden zahlenmäßig besonders starken Gruppe der »Proletarischen Autoren« (Proletärdiktare). Wie fragwürdig es ist, Strindberg als den »ersten schwedischen Dichter« zu bezeichnen, der »in einem autobiographischen Entwicklungsroman eine proletarische Perspekive anlegte« (Lars Furuland, »Litteratur och samhälle«, in: »Forskningsfält och metoder inom litteraturvetenskapen«, hrsg. von Lars Gustafsson, Stockholm 1970), wird bei der Lektüre von *Der Sohn der Magd* deutlich.

*

1984 erschien im Berliner Verlag Bibliographisches Bureau der dreiteilige Roman »Die Vergangenheit eines Thoren« von August Strindberg. Nur der Untertitel – »Die Entwicklung einer Seele« – läßt erkennen, worum es sich eigentlich handelte, um den *Sohn der Magd I-III*, der als Fortsetzung der 1893 im selben Verlag erschienenen und wohl auch vom selben anonymen Übersetzer (= Wilhelm Kämpf) übersetzten »Beichte eines Thoren«, eigentlich *Das Plädoyer eines Irren* (Le plaidoyer d'un fou; 1888; FSA V), lanciert werden sollte. Die Rezensenten wußten jedoch zwischen der mittlerweile als »unsittlich« konfiszierten »Beichte« und der »Vergangenheit« alias *Der Sohn der Magd* sehr wohl zu unterscheiden: Der Roman biete »dem psychologisch geschulten Leser eine gute Ernte an menschlichen Dokumenten. ... Auch der naive Leser wird das Buch mit wachsender Anteilnahme genießen und sich oft veranlaßt fühlen, von Strindberg weg und auf sich zu blicken.« (Die Gesellschaft, 10, I, 1894, S. 388) Doch bereits jetzt deutet sich in der Kritik jene Interpretationsweise an, die sich später durchsetzen sollte, so in der Rezension von R. Friedrich (Blätter für literarische Unterhaltung, I, 1894, S. 473 ff.): Einerseits »Gewebe von ›Dichtung und Wahrheit‹«, lade der Roman doch andererseits dazu ein, »die Entwickelung dieses Schriftstellers zu verfolgen, seine Eigenart festzustellen und die Grundlage zu bestimmen...«, kurz, im künstlerischen Produkt »die Urkunden für solche Seelenanalyse zu sehen«.

Daß sich die professionellen Leser gegen das künstlerische Produkt und für die Seelenanalyse entschieden, zeigt S. Rahmers Schrift »August Strindberg, eine pathologische Studie« (München 1907), in der Rahmer »Strindbergs autobiographische Schriften« als »eine bemerkenswerte Bereicherung der Literatur, die wir als pathologische bezeichnet haben«, begrüßt. Folgenlos blieben vereinzelte Proteste gegen diese Vorgehensweise wie der des Karl Kraus: »Man muß den Herren Psychiatern mehr konzidieren als den Genies: man muß ihnen ein für allemal zugeben, daß alle Dichter verrückt sind, damit sie uns endlich mit den Nachweisen in jedem einzelnen Fall verschonen. Man muß ihnen zugeben, daß alle ›Symptome‹, die man bei einem Dichter beobachten kann, einen Kommerzialrat für die Internierung reif machen.« (Die Fackel, 239-240, 31. 12. 1907, S. 34)

Als Emil Schering 1909/1910 die vermeintlich erste deutsche Übersetzung des *Sohns der Magd* veröffentlichte und seinen »Sohn einer Magd« im Rahmen der von ihm angestrebten deutschen Gesamtausgabe der »Abteilung: Lebensgeschichte« zuordnete, waren interessierte Forscher hierdurch gleichsam autorisiert, auch den »Sohn einer Magd« als »Urkunden für solche Seelenanalyse« zu nutzen. A. Storch (»August Strindberg im Lichte seiner Selbstbiographie. Eine psychopathologische Persönlichkeitsanalyse«, München u. a. 1921) dient »Der Sohn einer Magd« als Beweismaterial für die These, Strindbergs Psychose gehöre zweifellos »nach ihrem klinischen Symptombild in die große Schizophreniegruppe«. Bemerkenswert ist die Einschränkung, die Storch vornimmt, ohne daß ihm seine Diagnose zweifelhaft wird. Strindbergs Krankheitsverlauf sei ganz untypisch, seine Schizophrenie weiche von den bekannten Schizophrenieformen stark ab: »Selbst auf dem Höhepunkt der Psychose bleibt eine ungewöhnliche Fähigkeit der Selbstbeobachtung, die Selbstschilderung von außerordentlicher Klarheit ermöglicht.«

Das eindrucksvollste Beispiel für eine am ästhetischen Wert erklärtermaßen uninteressierte Deutung von »Der Sohn einer Magd« lieferte Karl

Jaspers (»Strindberg und Van Gogh«, Leipzig 1922), dem bereits der Umstand, daß Strindberg an der Figur des Johan sein eigenes Ich beobachtet, als Beleg für die schizoide Veranlagung des Autors dient. Jaspers meint, den schizophrenen, paraphrenen oder paranoischen Prozeß, den er bei Strindberg diagnostiziert, bereits in früher Jugend ausfindig machen zu können: in Johans Beziehungen zu Freudenmädchen, seiner Eifersucht im Zusammenhang mit einer dreitägigen eheähnlichen Beziehung zu einer Haushälterin (vgl. S 486 ff.). Ähnlich problemlos wie die Deutung funktioniert bei Jaspers die Zuweisung von »Der Sohn einer Magd« zum psychopathologischen Material – der Zeitpunkt des Ausbruchs der Krankheit liegt laut Jaspers um 1886/87, in der Zeit der Abfassung von *Der Sohn der Magd*. Schon 1915 hatte Carl Hagemann derartige Versuche auf den einfachen Nenner gebracht: »Strindberg ist krank. Und damit tut man ihn ab. Froh, wieder einmal ein Schlagwort gefunden zu haben, mit dem man sich einen unbequemen Wahrheitssucher vom Hals schaffen konnte.« Über solche kuriosen Bemühungen hinaus fand *Der Sohn der Magd* in Deutschland wenig oder keine Resonanz. Dies zeigt auch der Umstand, daß es nach der Schering-Übersetzung und einer 1964 im Rostocker Hinstorff Verlag erschienen Neuübersetzung der ersten beiden Teile in Deutschland bislang zu keinen weiteren Ausgaben gekommen ist.

Zur Textgestalt

Die vorliegende Ausgabe präsentiert den Roman *Der Sohn der Magd* erstmals vollständig in der von Strindberg 1886 gewünschten Gestalt. Der Roman wurde auf der Grundlage eines neu etablierten Textes neu übersetzt. Hauptgrundlage der Übersetzung war das Manuskript Strindbergs. Die auf Wunsch Bonniers ausgeschlossenen *Aufzeichnungen eines Zweiflers* (S. 471-481) werden in der von Strindberg vorgesehenen Form zum ersten Mal veröffentlicht. Die Korrekturen Strindbergs zur 1. Auflage (Teil IV), bzw. zur 1. und 2. Auflage (Teile I-III) wurden berücksichtigt; sie werden jedoch in vielen Fällen, wenn es um einzelne Worte, geringfügige Veränderungen von Sätzen oder Umstellungen in ihnen geht, in der deutschen Übersetzung nicht sichtbar.

Die Manuskripte weisen zahlreiche Streichungen auf, deren Urheberschaft sich in vielen Fällen nicht klären läßt. Gestrichene Stellen, bei denen sich ein direktes Einwirken des Verlegers erkennen oder aus dem Briefwechsel nachweisen läßt, wurden wieder in den Text eingefügt. Nicht aufgenommen wurden sachliche Fehler, sowie Stellen, die im Text unmotiviert erscheinen und die auch bereits zur 1. Auflage ausgeschlossen wurden; letztere wurden in den Anmerkungen nachgewiesen. Von Strindberg zur verspäteten 1. Auflage des Teils IV 1909 gestrichene Passagen wurden wieder aufgenommen, entsprechend der auch der schwedischen Nationalausgabe zugrundeliegenden Regel, daß nach der sogen. »Inferno-Krise« (1896/97) vorgenommene Streichungen an vorher entstandenen Texten unbeachtet bleiben. Die Vorworte zur 2. Auflage (Teile I-III) bzw. zur 1. Auflage (Teil IV) sowie die Nachschrift zu Teil I von 1909 sind im Anhang aufgeführt (S. 791-797). Korrigiert wurden die z. B. bei Wortähnlichkeiten vereinzelt auftretenden Lesefehler des Herausgebers der ersten schwedischen Strindberg-Gesamtausgabe, John Landquist, und Setzfehler. Diese Stellen wurden nicht eigens gekennzeichnet.

Die Textanordnung folgt dem Manuskript. Längere Dialogpartien wurden aus Gründen der Lesbarkeit gelegentlich aufgelöst. Strindbergs Eigenwilligkeiten hinsichtlich Interpunktion und Orthographie wurden, soweit dies im Deutschen möglich ist, in den Text übernommen.

Während Strindberg anfangs die auch in Deutschland gebräuchliche Kennzeichnung von Titeln verwendete, verzichtete er ab Mitte der siebziger Jahre konsequent auf die Setzung von Anführungszeichen bei wörtlicher Rede und Titeln, deren Hauptbezugsworte er lediglich durch große Anfangsbuchstaben ausweist. Er greift damit bereits sehr früh zu einer Kennzeichnungsform, die sich im Schwedischen mittlerweile fast generell durchgesetzt hat. Hiermit wird vermieden, daß der Text aufgesplittert wird und wie eine trockene wissenschaftliche Abhandlung wirkt. Während der schwedische Leser aufgrund der im Schwedischen üblichen Kleinschreibung durch große Anfangsbuchstaben kenntlich gemachte Titel in der Regel unschwer erkennen wird (Ausnahme: Titel, die aus Eigennamen bestehen, z.B. Brand), sind im Deutschen in der Regel nur Titel mit vorgestelltem großgesetzten Artikel im Nominativ klar erkennbar (z.B. *Der* Bund der Jugend); sie bleiben beim flektierten Artikel undeutlich (z.B. *den* Bund der Jugend). Um den Charakter des Originaltextes nicht zu verfremden, wurde in diesen Fällen dennoch auf die Setzung von Anführungszeichen verzichtet und bei mehrgliedrigen Titeln das erste Bezugswort (z.B. dem *Neuen* Reich) groß gesetzt. Schwer zu identifizierende oder heute weitgehend unbekannte Titel wurden in den Anmerkungen nachgewiesen.

DIE KAMERADEN/MARODEURE
(KAMRATERNA/MARODÖRER)

Strindberg zu ›Die Kameraden/Marodeure‹

An Albert Bonnier, 14. 5. 1886: Luft und Ortsveränderung haben mich jetzt aufgerüttelt, und wenn Teil II von Der Sohn der Magd fertig ist, schreibe ich sofort zwei lange geplante Gegenwartsstücke: eines für das Nya und eines für das Dramatiska Teatern.

An Albert Bonnier, 20. 6. 1886: Jetzt gibt es zwei Stücke nacheinander. Das ist schon mein Genre, weil man sich nicht selbst zu zeigen braucht.

An Albert Bonnier, 9. 8. 1886, S. 668

An Albert Bonnier, 12. 8. 1886: Jetzt schreibe ich wieder an dem Stück. Es macht mir Spaß! Messerscharfe Psychologie, skeptisch, frech, leider etwas unanständig, wieder ganz der alte Strindberg! Der eine Held ist Leutnant, der die Gesellen abfertigt: »diese neue *Oberklasse*, die die Maschinen der Kapitalisten für sich arbeiten läßt.« Und die Damen! – Oh!

An Albert Bonnier, 20. 8. 1886, S. 678

An Albert Bonnier, 25. 8. 1886: Soll ich Ihnen den 1. Akt meiner Komödie schicken, die ja doch nie fertig wird? Er kann selbständig gelesen werden?
Ich sende ihn! Aber da ist diese hoffnungslose Frauenfrage!

An Albert Bonnier [, um den 30. 11. 1886]: Mit heutiger Post geht ein Paket mit einer Komödie in 5 Akten an Sie ab (die letzten vier jetzt in den vergangenen acht Tagen geschrieben, was den Wert nicht verringert, da ich nicht langsam schreiben kann). Das Stück ist meiner Meinung nach sehr spielbar, doch damit man nicht den Damen zum Opfer fällt (es handelt natürlich von Damen), müssen gewisse Vorsichtsmaßnahmen getroffen werden. ...
Ich bilde mir ein, eine gute Arbeit geleistet zu haben, kann mich aber irren. Unter allen Umständen will ich nicht nur auf eine Karte, das Nya Teatern, setzen, sondern auf so viele wie möglich, darum bekommt Josephson es nicht, bevor es gedruckt und lithographiert ist. Unglücklicherweise existiert keine Kopie, und ich bitte Sie darum inständig, es niemandem leihweise zu überlassen! Ich würde mir eine Kugel in den Kopf jagen, wenn es wegkäme.
Nun, jetzt müssen Sie, Herr Bonnier, es erst lesen, dann sehen wir

weiter, aber es wäre mir sehr lieb, wenn es gleich im neuen Jahr gespielt würde.

Ein anderes Problem ist, daß ich die Theater und ihre Direktoren nicht kenne. Gibt es außer dem Nya, Göteborg, Malmö (Wer?) Engelbrecht?? Helsinki, Kristiania, Kopenhagen andere?

An Ludvig Josephson, 1. 12. 1886: Nach einer sehr langen Theaterpause lasse ich wieder von mir hören. Mit gestriger Post ist meine erste schwedische Gegenwartskomödie in fünf (5) Akten an Herrn Albert Bonnier abgegangen. ...

Hätten Sie, Herr Josephson, die Güte, Herrn Bonnier zu besuchen und das Stück entweder dort zu lesen oder über Nacht auszuleihen, dann werden Sie ein, wie ich glaube, sehr spielbares und sittliches Stück vorfinden, mit Rollen und Repliken. Die Szenerie ist einfach, sollte aber desto sorgfältiger hergestellt werden. Wenn Sie Änderungsvorschläge haben, machen Sie sie gleich. Der Schluß verlangt vielleicht noch eine Replik, aber welche. Etwas anderes. Welche Schauspieler gibt es jetzt am Nya Teatern? Habe zwei Jahre lang keine schwedische Zeitung mehr gelesen. Kann man Gurli Åberg und Hillberg für die Hauptrollen bekommen? Gibt es irgendein häßliches, aber intelligentes Mädchen für Abel?

An Edvard Brandes, 3. 12. 1886, S. 754

An Albert Bonnier, 9. 12. 1886: Das Stück ist dramatischer als Wahre Frauen und Gespenster und dürfte also in seiner Art ausgezeichnet sein. Darum braucht es nicht auf Erfolg zu spekulieren, denn hierzu sind bisweilen recht schlechte Stücke wie Glückspeter und ähnliche erforderlich.

Ich fühle mich also weiter im Wort, wenn es rasch gedruckt wird. Auf den Umschlägen der zehn Exemplare sollte stehen: »Änderungen und Streichungen müssen mit dem Autor vereinbart werden.« Obwohl es darin weder Derbheiten noch Schmähungen zu streichen gibt, ja, ich erinnere mich, daß es darin keinen schwedischen Fluch gibt, obwohl ein Offizier mitwirkt.

Doch ich will eine Aufführung zumindest nicht wegen Kleinigkeiten verhindern.

An Albert Bonnier, 10. [?] 12. 1886: Das Stück ist nicht so ausfällig, wie Sie befürchten; der Schluß jedoch kann vielleicht geändert werden, und ich möchte Sie oder Josephson fragen, ob ich im fünften Akt wirklich den Doktor mit seiner geschiedenen Frau und seinen (wirklichen) Töchtern konfrontieren soll. Das ist eine *Szene*, aber ich und das Publikum lieben keine Szenen, zumal so äußerst peinliche. Ibsen hätte aus dem Einfall ein Stück gemacht.

An Albert Bonnier, 20. 12. 1886: Ja, aber jetzt sollte man das Stück anbieten. Dazu ist wohl ein Angebotsbrief oder so etwas erforderlich. Des weiteren bitte ich um 10 Ex. für das Ausland.
Und drucken Sie, Herr Bonnier, die Auflage noch nicht, denn es ist möglich, daß der fünfte Akt verändert wird, wenn man ihn schwach findet.
...
Noch etwas: dies ist das Mittelstück einer Trilogie. Sollte man nicht beim Druck den Obertitel angeben?

An Albert Bonnier, [um den 31. 12. 1886]: Ich glaube, daß Sie, Herr Bonnier, sich bezüglich der Zustimmung, auf die ich in der Frauenfrage nicht zählen könne, etwas übereilt haben. Vielmehr sind die Reaktionssymptome, die man im Ausland feststellen konnte: England: Mans War; das Auftreten der Englischen Ärztegesellschaft gegen höhere Studien der Frauen; in Paris La Légende de la femme emancipée; in Wien: Frauenfeind; in Berlin; Verbot von Universitätsexamina; ... .
Also war ich auch in dieser Frage kein Sonderling oder Idiot, sondern wie gewöhnlich meiner Zeit etwas voraus, und es kann gut sein, daß meine Komödie, wenn auch nicht in diesem, dann im nächsten Jahr Aufwind bekommt (vergl. Gespenster), und sie wird ganz bestimmt ein Monument oder ein Meilenstein, der eine zurückgelegte Wegstrecke in der Entwicklung angibt. Habe ich nicht bereits die Verirrung mit der »Unterjochten Frau« ausgerottet, und habe ich nicht Frau Adlersparres altliberale Emanzipation supprimiert?
Trotzdem, drucken Sie nicht, ich bitte Sie, den fünften Akt, denn der muß noch etwas erweitert werden, und die Frage ist, ob nicht die »Szenen« doch hinein müssen.

An Edvard Brandes, 3. 1. 1887: Dann: Du hast mein Stück doch jetzt gelesen?
Willst Du mir als der erste, der es (außer dem Verleger) gelesen hat, folgende Fragen beantworten:
1. Soll ich im 5. Akt wirklich Frau Hall einführen und sie mit ihrem geschiedenen Mann konfrontieren? Dann gibt es ein Melodrama und Geheule, und kann, wohlgemerkt, komisch werden, da einerseits der Doktor ein sog. Humorist, Frau Hall andererseits weinerlich und lächerlich ist.
Die Szene ist verlockend und neu (?), kann aber für ein andermal aufgehoben werden.
2. Sollte dafür vielleicht der Doktor, ohne die Fräulein Hall zu kennen, eine kleine Szene mit ihnen bekommen, in der über belanglose Angelegenheiten geplaudert wird. Das wäre vielleicht ein kleiner Kitzel für das Publikum, das im fünften Akt etwas Prickelndes erwartet. Sie können sich

über Theater und Malerei oder was auch immer unterhalten. Das Publikum ist noch der Meinung, daß es sich um Vater und Töchter handelt, und das reizt. Nur tragikomisch darf es nicht werden!

In dem Stück stecken psychologische Beobachtungen, aber ich weiß, daß es gegen den Strom geht, und gleichwohl ist die Sache mit dem Arbeitsmarkt das wichtigste, der Kernpunkt der Frage. Doch wie Du siehst, habe ich diesen Punkt nicht einseitig forciert. Das Ganze wendet sich lediglich dagegen, daß die Luder sich verheiraten, um einen Versorger im Rücken zu haben.

Willst Du, daß ich im 5. Akt Frau Starck oder den Doktor sagen lasse: Verflucht nochmal, dann geht arbeiten, aber heiratet nicht! Entweder: arbeiten oder heiraten, aber nicht beides!

Indessen: Die Sache ist zu weit gegangen, eine Reaktion war nötig, und eine Reaktion auf Übertreibungen kann nur mit Übertreibungen erfolgen. Darum habe ich in Heiraten II ordentlich losgelegt. Jetzt kann ich Kompromisse machen und bin zu Zugeständnissen bereit. Doch erst müssen wir den Respekt vor der Frau loswerden, sonst trampelt sie uns nieder.

Findest Du nicht, daß durch dieses ganze Frauengetue die Männer unmännlich geworden sind. Ist es nicht ein guter Einfall, wenn ich Bertha sich in Axel verlieben lasse, nachdem sie eine Abreibung bekommen hat. Sollte ich das Stück vielleicht retten, indem ich in der Schlußreplik diese »Liebe« mehr betone und damit den Eindruck vermeide, daß sie wegen ihres Eindringens in den Arbeitsmarkt angegriffen wird. Abel ist auch entflammt. Den beiden Damen eine Eifersuchtsszene geben? Oder vielleicht ist es feiner, wie es ist, weil Abel, indem sie Axels Geständnis verschweigt, dem Publikum zeigt, daß auch sie Frau ist und Männlichkeit zu schätzen weiß, während Bertha ein hoffnungsloses geiziges entsexualisiertes Tier ist! Vielleicht?

Marodeure ist allerdings der 2. Teil einer Trilogie.

Der 1. handelt vom Vater und Berthas Kindheit. Der 3. von Berthas späterem Schicksal als Mutter und Ehefrau eines Speckhökers. Bleibt das Stück jetzt ungespielt, schreibe ich es mit seinen drei Teilen fertig und *sorge dafür*, daß sich Engelbrecht seiner annimmt!

An Edvard Brandes, 22. 1. 1887: Daß ich eine geizige und unehrliche Frau herausgegriffen habe, ist nicht ungerechter oder unästhetischer als die schändlichen Angriffe Ibsens und seiner Schwestern auf den Mann. Doch es kommt hinzu, daß die Frau insgesamt von Natur aus geizig und instinktiv schurkenhaft ist, auch wenn wir brünstigen Männchen das nicht erkannt haben; ich habe also eine typische Frau herausgegriffen. Sie ist eine Verschwenderin auf Kosten des Mannes, doch wie das Weibchen, das für die Jungen Nahrung sammelt, von Natur aus geizig. Dies ist das Motiv, doch man führt nicht die Grundmotive auf der Bühne vor, besonders, wenn es um Angriffs- oder Vergeltungskrieg geht.

Jetzt beginne ich mit dem Umschreiben des vierten Aktes. Dann mit Teil 1, Der Vater, und in zehn Jahren, wenn wir die Frauenluder auf dem Hals haben mit Stimmrecht und allem, werden unterjochte Männer meine Trilogie ausgraben, aber nicht wagen, sie aufzuführen.

Heb diesen Brief zehn Jahre lang auf, wenn Du so lange lebst, und erinnere mich, wenn ich noch lebe, an diese Prophezeiung. Ich werde mich herzlich und ehrlich schämen, wenn ich unrecht gehabt habe. Ich bin drei Jahre lang im Ausland mit etwa hundert Frauen aller Nationen umgegangen und habe sie beobachtet, und ich habe ihr übermütiges, haßerfülltes Auftreten nicht anders verstanden, als daß es darum geht, höher zu kommen und nicht gleichauf. Lies nur ihre Bücher und Stücke; welche Unverschämtheiten in der Behandlung des Mannes! Und achte darauf, wie ich, der ich *nur* das Gleiche über sie gesagt habe wie sie über uns, und mit größerem Recht, wie ich behandelt werde.

Aber ich werde kämpfen bis zum letzten Nervenendchen, und beißen sie mich kaputt, dann könnt ihr später ein Stück über »den letzten Mann« schreiben. Mein Frauenhaß ist im übrigen komplett theoretisch, und ich kann keinen Tag verbringen, ohne mir einzubilden, daß ich meine Seele an ihrem unbewußten Pflanzenleben erwärme.

An Albert Bonnier, 6. 2. 1887: Nach Empfang Ihrer Hiobsbotschaft sehe ich mich wieder in den Belagerungszustand mit Aushungern versetzt. War es mein Fehler, daß meine Arbeit Marodeure unfruchtbar geworden ist?...

Nun bin ich von der Frauenfrage besessen und lasse nicht davon ab, weil ich sie bis auf den Grund erforschen und durchexperimentieren muß, bevor ich von ihr ablassen kann. Darum habe ich jetzt den ersten Akt des 1. Teils der Trilogie *Der Vater* fertig, deren Teil II Marodeure ist. Ich bitte Sie also, brechen Sie Marodeure nicht ab, sondern fügen Sie die Szenen ein, die ich Ihnen zugesandt habe, und Sie werden, wenn die Zeit reif ist, eine bemerkenswerte Arbeit sehen, die noch den Klugen wahnwitzig vorkommen wird, aber gerade darum Zukunft hat. Brechen Sie ab, dann muß ich noch einmal zu einem anderen Verleger laufen, denn ich lasse mich in einer Frage von so großer und durchgreifender Wichtigkeit wie dieser, die von solchen Männern a.D. wie Ibsen und Björnson verpfuscht und vertan worden ist, nicht zum Schweigen bringen.

In vierzehn Tagen habe ich mein Trauerspiel Der Vater fertig. Warten Sie bis dann.

An Albert Bonnier, 15. 2. 1887: Sie scheinen es sich von Anfang an zur Ehrensache gemacht zu haben, dieses Stück zu vernichten, das an sich die beste schwedische Komödie ist, die je geschrieben worden ist. Jetzt sprechen Sie von makulieren, überlegen lange, *ob* es gedruckt werden soll. Ich bin es ja wohl, der zu bestimmen hat, ob meine Manuskripte gedruckt werden sollen. Nun gut, ich nehme Ihr Angebot zu makulieren an, dann verkaufe ich mein Manuskript anderswo. Im übrigen habe ich Ihre Behandlungsweise satt. Sie haben Ihre Befugnisse überschritten, als Sie in mein schriftstellerisches Leben eingreifen wollten, und Ihre durchsichtigen Bemühungen, durch Krethi und Plethi, Damen und Minderjährige auf meine Schriftstellerei Einfluß zu nehmen, ist mir unerträglich.

An Edvard Brandes, [um den 29. 4. 1887]: Was ich nie verstanden habe: Du hast Marodeure ein Pamphlet genannt! Warum? Alles ist erdichtet; konstruiert.

Jetzt ist das Stück umgearbeitet: so daß zwei große Szenen in den fünften Akt eingeflossen sind: zwischen dem Doktor und den Töchtern, und dem Doktor und seiner geschiedenen Frau!

An Carl Larsson, 27. 5. 1887: Ich hatte meine erste Gegenwartskomödie über das Eigentumsrecht der Verheirateten Frau geschrieben. Es handelte von Chadwick und seiner Frau, der Mann aber war arm-gemacht. Sie konkurrieren für die Kunstausstellung, und er wird abgelehnt; sie kommt hinein! Sie verkauft Bilder, und er darf zeichnen. Die Ehe geht kaputt!

Dies behagt dem malenden Fräulein Bonnier nicht, und also verbreitet man, das Stück (das gut gemacht ist) handle von meiner Frau. Es wird nicht gespielt, nicht gedruckt, und ist in keiner Weise anstößig. Eine nette Geschichte!

An Hans Österling, 13. 8. 1887: Die Absicht mit Zweikampf (= Marodeure) war, auch ihn gedruckt und veröffentlicht zu sehen. Ich möchte aber vorschlagen, daß wir die Aufnahme des Vaters abwarten, ehe wir den Vertrag machen, denn ich bin nur im Notfall geneigt, Zweikampf zu verschenken. Machen Sie mit dem Vater Gewinn, können Sie mir auch eine Kleinigkeit für Zweikampf geben.

An Axel Lundegård, 7. 12. 1887: August Lindberg schreibt heute, daß er Grillen Cetti mündlich referiert hat. »Doch es muß noch ... von deiner eigenen Hand bearbeitet werden.«

Ich glaube im Gegenteil, daß es von jemand anders bearbeitet werden muß, denn ich bin für »die Forderungen des Publikums« hier blind. Jedoch will ich selbst die letzte Schwangerschafts-Liebes-erwachen-Szene schreiben, die [con] brio sein muß.

An Axel Lundegård, 19. 12. 1887: Grillen heute zurückgekommen! Werden nun zum Drama umgearbeitet. Die Mädchen werden die Töchter des Doktors! Große Szene.
Axel geht und kommt nicht wieder! Man soll gehen – wenn man kann.

An Hans Österling, 24. 12. 1887: Als Sie sich erboten haben, die jetzt für die Bühne umgearbeiteten Marodeure zu drucken, meinten Sie, mir einen Gewinnanteil geben zu können. Würden Sie statt dessen für den Druck des Vaters auf *Französisch* aufkommen, wenn ich Ihnen durch Subskription unter meinen Freunden 100 Exemplare à 20 Kronen garantieren könnte, ohne Provisionsabzug?

Oder schlimmstenfalls; was würden Sie mir für den Druck des Vaters auf *Französisch* in 1000 Exemplaren berechnen, wenn Sie Marodeure geschenkt bekommen?

An Hans Österling, 28. 12. 1887: Marodeure, das nun Kameraden heißt, ist umgearbeitet und geht morgen ab, aber die letzte Szene des letzten Aktes muß noch einmal umgearbeitet werden.

An Hans Österling, 30. 12. 1887: Als Antwort auf die direkte Frage teile ich in Eile mit, daß Kameraden *gesetzt*, abgezogen oder geklappt, auf Betreiben des Damenrings aber abgebrochen, also ungedruckt, unveröffentlicht sind. Und jetzt völlig umgearbeitet, so daß der ganze erste Akt gestrichen ist usw.

An Hans Österling, 13. 1. 1888: Veranlaßt durch einen gerade empfangenen Brief aus Stockholm, habe ich die folgende hastige Entscheidung getroffen. Um die Konjunktur mit dem Vater am Nya Teatern zu nutzen, bitte ich Sie gütigst, Grillen per eingeschriebene Sendung an Herrn August Falck am Nya Teatern, Sthlm. zu senden, es wird dort von vier flinken Männern in einer Nacht abgeschrieben und gelesen, und dann hoffentlich auch gespielt. Worauf sie am folgenden Tag das Originalmanuskript für den Satz erhalten. Doch vorher bitte ich Sie, ein Blatt davor zu setzen und das Stück folgendermaßen zu taufen:

Die Kameraden
Komödie in vier Akten
von
August Strindberg

Werkgeschichte

Die Komödie *Die Kameraden* ist durch Umarbeitung der fünfaktigen Komödie *Marodeure* entstanden. Die Idee, als weiteren Beitrag zur Frauenfrage einen zweiten Teil von *Heiraten* (FSA III) oder ein bereits geplantes Stück mit dem Titel »Sklavinnen« zu schreiben, taucht während des Jahres 1884 gelegentlich in Briefen Strindbergs auf. Erst im August 1886 jedoch beginnt Strindberg mit der Arbeit an dem Stück, das jetzt *Marodeure* heißen soll. Es bleibt zunächst beim 1. Akt, mit dem Strindberg nicht recht zufrieden ist (vgl. S. 678). Ende November aber schreibt er die übrigen vier Akte und sendet das Manuskript des fertigen Stückes am 30. 11. 1886 an Bonnier. Bemerkenswert ist, daß er sich über die Technik des Stücks nur vage äußert – wichtiger ist ihm seine Verwendbarkeit in der Diskussion der Frauenfrage (vgl. S. 755 f.). Gerade dies dürfte der Grund dafür sein, daß Bonnier dem Stück von Anfang an ablehnend gegenübersteht. In seinem Antwortschreiben vom 7. 12. 1886 äußert der Verleger sich mit dem Stück wenig zufrieden. Er nennt es »undramatisch«, »peinlich bissig und bitter«, sieht darin nicht mehr als eine Variante von *Heiraten II* und argwöhnt eine Fortsetzung Strindbergscher Ehediskussionen auf der Bühne. Zwar erklärt er sich bereit, die von Strindberg gewünschte Anzahl von 10 Exemplaren drucken zu lassen, gibt aber deutlich zu verstehen, daß ihm ein Einstellen des Satzes und ein Makulieren des bereits fertiggestellten lieber wäre. Strindberg ist sich der Mängel des Stückes bewußt. In seiner Antwort an den Verleger kündigt er am 7. 12. Änderungen des letzten Aktes an, am 10.12. macht er den Vorschlag, zwei Szenen hinzuzufügen, und übersendet Einschübe für den 5. Akt. Schließlich bittet er den Verleger, den letzten Akt vorerst nicht zu drucken. Gleichwohl werden in Stockholm die von Strindberg gewünschten 10 Exemplare hergestellt. Eines verbleibt bei Bonnier, drei gehen an Strindberg, die übrigen sechs werden an Theater versandt. Die Adressaten sind Edvard Brandes, der es an das Folketheater in Kopenhagen weitergibt, Ludvig Josephson, der Leiter des Nya Teatern Stockholm, der Malmöer Theaterdirektor Engelbrecht, das Svenska Teatern Helsinki, die Direktion des norwegischen Kristiania Teater und das Stora Teatern in Göteborg. Am 12. 1. 1887 teilt Bonnier mit, Ludvig Josephson finde das Stück »unmöglich«. Bonnier sieht sich damit in seiner Meinung bestätigt und versäumt nicht, seinem Autor die Gründe für diesen Fehlschlag, so wie er sie sieht, zu nennen: »Ich befürchte, daß Sie in letzter Zeit zu isoliert gelebt haben, um die öffentliche Meinung zu verfolgen und kennenzulernen, und wenn man noch nicht einmal die Zeitungen eines Landes lesen will, ist es, wie ich glaube, schwierig, für dieses Land zu schreiben und an seiner Literatur teilzunehmen.«

Strindberg denkt zwar weiter über Änderungen nach (vgl. S. 804 f.), bezeichnet das Stück aber andererseits gegenüber dem Verleger als »die beste schwedische Gegenwartskomödie, die je geschrieben wurde« (vgl. S. 807). Er sieht *Marodeure* mittlerweile als zweiten Teil einer Trilogie, die vom *Vater* eingeleitet werden soll. Am 24. 2. 1887 übergibt er Karl Otto Bonnier, dem Sohn des Verlegers, bei dessen Besuch in Lindau Änderungsvorschläge zum 5. Akt, vermutlich in der gegenüber Edvard Brandes und Albert Bonnier angedeuteten Art (vgl. S. 804f.). Bonnier bleibt weiter ablehnend und reagiert auf die scharfen Vorhaltungen Strindbergs schließlich mit der Freigabe des Stücks.

Nach einer Umarbeitung, bei der es sich entweder um die Ausführung der Karl Otto Bonnier übergebenen Änderungsvorschläge oder um eine neue Bearbeitung handelt, wird das Stück, nun unter dem Titel *Zweikampf* (Tvekamp) im April 1887 wieder erwähnt (vgl. S. 807). Auch die Versuche Strindbergs, für diese Fassung einen Verleger zu finden, schlagen fehl. Erste Verhandlungen mit dem Helsingborger Buchdrucker und Verleger Hans Österling im Sommer 1887 bleiben erfolglos (vgl. S. 807). Anläßlich einer Inszenierung der dänischen Fassung von *Der Vater* kommt Strindberg im Herbst 1887 in Kontakt mit dem Schriftsteller und Übersetzer Axel Lundegård, der den *Vater* ins Dänische übersetzt hatte. Lundegård erhält den Auftrag, eine dänische Fassung des Stücks zu erarbeiten. Grundlage dieser dänischen Übersetzung ist *Zweikampf*, jetzt in *Grillen* umgetauft. *Grillen*, dessen neue versöhnliche Schlußszene am Tage der Premiere von *Der Vater* in der Kopenhagener Zeitung Politiken veröffentlicht wird (siehe S. 839f.), findet ebensowenig Interesse wie *Marodeure*, und selbst der Auftraggeber der dänischen Fassung, der Kopenhagener Theaterdirektor Hunderup, sieht von einer Aufführung ab.

Im Dezember 1887 kommt es zu einer weiteren Bearbeitung von *Zweikampf/Grillen*, bei der Lundegård die Rolle des Bearbeiters einnimmt (vgl. S. 807). Grundlage dieser Überarbeitung, bei der das Stück »von der Frauenfrage gereinigt werden« soll, ist das später so genannte Mauritzbergsexemplar, in das Lundegård seine Änderungen einträgt. Lundegårds Bearbeitung bestand offenbar hauptsächlich aus Streichungen (vgl. S. 843f.). Unter anderem streicht er den gesamten 1. Akt und gibt der Komödie den neuen Titel *Aprilwetter* (Aprilväder). Strindberg bietet für den Fall, daß das Stück durch die Bearbeitung zu kurz wird, ein »Nachstück« an; die Schlußszene, die er sich wiederum versöhnlich vorstellt (Nach der Entdeckung, daß Bertha schwanger ist, versöhnt sich das Ehepaar; vgl. S. 807), behält er sich selbst zur Umarbeitung vor. Auch diese Fassung findet weder bei Theaterdirektoren noch bei Verlegern Anklang. Strindberg erbittet sich Lundegårds »Mauritzbergsexemplar« und arbeitet das Stück zwischen dem 19. 12. und dem 28. 12. ein weiteres, letztes Mal um. Das Stück bleibt vieraktig und erhält noch einmal einen neuen Schluß (S. 746-749), der an den ursprünglichen von *Marodeure* (S. 839) erinnert. Nach Abschluß der Arbeit sendet Strindberg das Stück, das jetzt den Titel

Kameraden (Kamrater) trägt, am 29. 12. 1887 an Hans Österling. Am 13. 1. 1888 bittet er diesen, es mit dem Titel *Die Kameraden* (Kamraterna) an August Falck am Nya Teatern in Stockholm zu senden (vgl. S. 808). Strindberg hofft, daß das Theater nach dem *Vater* nun auch *Die Kameraden* zur Aufführung annimmt. Im April 1888 erscheint das Stück im Verlag von Hans Österling in Helsingborg.

Varianten

Das Verzeichnis der Varianten zwischen *Die Kameraden* und *Marodeure* orientiert sich an der textkritischen Ausgabe von Carl R. Smedmark (Hrsg.), August Strindbergs dramer, Band III, Stockholm 1964, S. 449-487.

Es strebt keine historisch-kritische Wiedergabe aller Textstadien von *Marodeure* über *Zweikampf, Grillen, Aprilwetter, Kameraden* bis *Die Kameraden* an, sondern will vor allem das Material wiedergeben, das bis zur Endfassung *Die Kameraden* gestrichen wurde, dazu Abweichungen, die deutliche inhaltliche oder atmosphärische Veränderungen mit sich bringen. Weniger relevante Varianten (wie z. B. der abweichende Vorname des Dienstmädchens etc.) und Varianten, die in der deutschen Übersetzung kaum sichtbar wären, da sie auf unterschiedliche Wortformen, das bloße Auswechseln von Wörtern und Ausdrücken oder Umstellungen von oder innerhalb von Sätzen zurückgehen, bleiben unberücksichtigt.

Passagen, die sich in *Die Kameraden*, nicht aber in *Marodeure* finden, werden nicht im Detail angemerkt. Da der ganze 1. Akt von *Marodeure* in *Die Kameraden* gestrichen ist, entspricht der 1. Akt von *Die Kameraden* dem 2. Akt von *Marodeure*. Die 1. und 2. Szene dieses Aktes wurde für *Die Kameraden* neu geschrieben, so daß die 3. Szene des 1. Aktes von *Die Kameraden* der 1. Szene des 2. Aktes von Marodeure entspricht. Die 3., 4., 5. und 6. Szene im 4. Akt von *Die Kameraden* wurden neu geschrieben; die 7. Szene entspricht im wesentlichen der 3. Szene im 5. Akt von *Marodeure*. Die 11. Szene dieses Aktes ist für *Die Kameraden* neu hinzugekommen. Die 16. Szene im 4. Akt von *Die Kameraden* entspricht somit der 11. Szene im 5. Akt von *Marodeure* und wird hier mit einer eigenen 12. Szene (S. 837f.) fortgesetzt.

Personenverzeichnis

Rollen:
Bertha Ålund. Jacke, Hemdbrust, Vatermörder-Kragen, Männerhalstuch, kurzes Haar, 23 Jahre, dunkel.

Elin Abel. Kurzgeschnittenes Haar; wie Bertha gekleidet, aber der Mantel ein »Kutschermantel«, 20 Jahre, rotbraunes Haar.
Doktor Östermark. 50 Jahre. Graumelierter Backenbart und Schnurrbart, Pincenez. Etwas kahl; korpulent.
Herr Willmer, Schriftsteller. In die Stirn gekämmtes Haar, bartlos, offener Hemdkragen und Halsband mit Medaillon; klein und zartgliedrig.
Axel Alberg, Maler. Rotbraunes Haar, Schnurrbart und Kinnbart; englischer Reiseanzug, Jackett mit Rückenfalte und Schleifen; nicht dekoriert [trägt also keinen Orden].
Carl Starck, Leutnant der Artillerie. Völlig schwarzer Vollbart, grober Körperbau; Dienstuniform mit Orden.
Frau Starck. Klein, fett; gutmütig, Anfang 30.
Frau Hall
Die Fräulein Hall
Ida, bei Bertha in Diensten. [Richard Wahlström]
[Die Magd]

Erster Akt

Ein schwedisches Eßzimmer. Die Wände mit Tapeten aus bedrucktem Papier und darunter weiße Paneele. Die Türfüllungen weißgestrichen und Flügeltüren mit Messingschlössern. Im Hintergrund ein großer flacher Kachelofen mit Nische; die Ofenluken aus Messing. An der Decke ein gläserner Kronleuchter von älterer Form.

Links: Im Vordergrund eine Anrichte; im Hintergrund eine Tür zur Wohnung.

Rechts: Im Vordergrund ein Sofa; im Hintergrund Tür zum Flur und zur Küche.

Im Hintergrund: Auf jeder Seite des Kachelofens ein Tisch für Brettspiele, mit Spiegelleuchtern darüber.

Mitten im Raum ein runder, gedeckter Eßtisch. Rohrstühle überall, wo an den Wänden Platz ist.

Eine Malerstaffelei mit Palette und Farbschatulle rechts im Vordergrund, an der Flurtür ein Garderobenständer. Über dem Sofa eine Wanduhr.

Erste Szene

Bertha Ålund und Elin Abel sitzen zu Tisch und beenden gerade das Dessert, wenn der Vorhang aufgeht.

BERTHA *läutet die Tischglocke.*
IDA *durch die Flurtür herein.*
BERTHA Bring den Kaffee herein!
IDA Sind die Herrschaften denn schon fertig?
BERTHA Ja, bring den Kaffee herein!
IDA Soll ich nicht erst abdecken?
BERTHA *zornig:* Das kannst du anschließend machen! Bring jetzt den Kaffee herein! Jetzt gleich!
IDA *geht ab.*
BERTHA *zu Abel:* Sie sind schrecklich! Was?
ABEL Sprich nicht über sie!
BERTHA Oh, mein Kopf, mein Kopf! Es ist entsetzlich! Und so kann ich auch nicht arbeiten. Ich habe seit acht Tagen keinen Pinsel mehr angerührt.
ABEL Du solltest verreisen.
BERTHA Ja, das sollte ich! Aber ...
ABEL *steht auf und nimmt ihren Mantel vom Garderobenständer; aus den Taschen holt sie: ein Päckchen Tabak, Zigarettenpapier, Mundstück, Streichhölzer und ein Messer; worauf sie sich wieder auf ihren Platz setzt und eine Zigarette dreht.*
BERTHA *liest Brotkrümel von der Tischdecke auf:* Mit dem Tod meiner Mutter hörte die Pension meines Vaters auf, und jetzt stehe ich ohne Geld da. Was um Himmels willen soll ich anfangen? Malen? Es gibt ja fünfhundert Maler, und alle Stipendien gehen ja an die Herren, ob sie nun besser oder schlechter malen können als wir.
IDA *trägt ein Kaffeetablett mit Kognakflasche und Gläsern herein.*
BERTHA *serviert.*
ABEL Ja, es sind schwere Zeiten, in denen wir leben.
BERTHA Ja, weiß Gott! Und wohin soll das noch führen! – Mach den Ofen an, Ida!
IDA Wir haben kein Holz da, gnädiges Fräulein!
BERTHA Schon wieder alle?
IDA Ja, dafür kann ich doch nichts; Holz verbrennt, wenn man es anzündet!
BERTHA Wie vorlaut du seit einiger Zeit bist, Ida!
IDA Ja, wie das wohl kommt?
BERTHA Geh raus, daß ich dich nicht mehr sehen muß!
IDA *geht ab.*
BERTHA Frierst du, dann zieh dir den Mantel an.
ABEL Danke, meine Liebe, genau das habe ich vor! – Hör mal, Ålund, wir müssen uns für dich etwas einfallen lassen; so kann es nicht weitergehen. *Pause.* Weißt du, daß Carl und Axel aus dem Krieg zurückgekehrt sind?

BERTHA Ich habe es gehört!
ABEL Und Carl ist Leutnant geworden, und Axel ist mit viertausend Mark im Jahr von einer deutschen illustrierten Zeitung als Zeichner engagiert worden.
BERTHA Nein, was sagst du?
ABEL Und beide sind ausgezeichnet worden. Wie heißt er jetzt? Nichan Iftikar, nein, Medijdchi hieß das!
BERTHA Ach, das ist ja schön – für sie. Ich mochte sie beide gern, sie waren früher nette Jungen. Jetzt sind sie wohl wie alle anderen Männer geworden, so richtig tüchtig.
ABEL Axel war immer so weich, hatte aber mehr wirkliche Achtung vor der Frau als Carl.
BERTHA Ja, er war eine ausgesprochen liebenswürdige Natur. Carl hatte wohl auch seine Verdienste, aber er konnte es nie lassen, uns als Frauenzimmer zu behandeln.
ABEL *zündet sich eine Zigarette an:* Ja, den Fehler hatte er. – Axel würde einen guten Ehemann abgeben ...
BERTHA Für mich, meinst du?
ABEL Hm! Für wen auch immer, besonders aber für dich, weil du mit Männern nicht zurechtkommst.
BERTHA Nein, ich kann solche männlichen Kerle nicht ausstehen.
IDA *herein:* Herr Willmer!

Zweite Szene

Die Vorigen. Herr Willmer. Die Damen bleiben sitzen.

BERTHA *grüßt nach hinten:* Guten Tag, lieber Gaga, nett, daß du kommst!
WILLMER *zieht den Mantel aus:* Guten Tag, liebe Freunde, ich störe hoffentlich nicht, aber ich muß euch ein Stündchen sehen.
BERTHA Du bist immer nett, du ...
WILLMER *tritt vor, küßt Bertha die Hand:* Guten Tag, meine Liebe, wie geht es dir heute?
BERTHA Schlecht, offen gesagt.
WILLMER Und dir, Abelchen?
ABEL Danke! Wie geht es dir?
WILLMER Oh, ich bin so nervös, daß ich am ganzen Körper zittere! Hier, für dich, Ålund. *Überreicht ihr eine Farbschatulle.*
BERTHA Nein, was für eine schöne Schatulle! Was kostet sie?
WILLMER Nur zweiundzwanzig Kronen!
BERTHA Sagst du Ida Bescheid, sie soll noch ein Glas bringen?

WILLMER *in der Flurtür:* Ida! Bring mir ein Kognakglas. *Zu Abel.* Und hier ist dein Tabak. *Legt drei Päckchen auf den Tisch.*
ABEL Nein, was für eine Menge Tabak. Was kostet er?
WILLMER *begegnet Ida in der Flurtür und erhält sein Glas, das er füllt:* Einsfünfzig pro Päckchen.
BERTHA Willst du mir eine Zigarette drehen, lieber Gaga, du bist doch immer so nett?
WILLMER Mit dem größten Vergnügen, das weißt du. Na, hast du heute etwas gemalt?
BERTHA Nein, überhaupt nichts, mein Lieber!
ABEL Hast du heute etwas geschrieben, Gaga?
WILLMER Zwei Seiten; nur zwei Seiten, aber ich glaube, hier kann ich meine Arbeit nie beenden. Ich muß sicher verreisen?
BERTHA Sieh an, willst auch du uns verlassen.
WILLMER Ja, was soll ich tun, was soll ich tun. Hier zu Hause finde ich keine Ruhe, es gibt so viele Dinge ... Hör mal, ich finde es ziemlich kalt hier bei euch. Ich friere an den Füßen.
BERTHA Findest du? Sollen wir vielleicht Feuer machen?
WILLMER Nein, nur keine Umstände, nicht meinetwegen, nicht meinet... Nur keine Umstände!
BERTHA Ja, unseretwegen auch nicht. Aber wenn dir kalt ist, leg dir meinen Schal um. Er liegt auf der Sofalehne, wenn du ihn nehmen willst.
WILLMER Danke, meine Liebe, danke, besten Dank; wenn ich darf, sage ich nicht nein. *Legt sich den Schal um die Schultern.*
BERTHA Also, du willst verreisen! ... Du hast es gut, du.
WILLMER Übrigens, ich habe Axel und Carl getroffen! Habt ihr sie gesehen?
BERTHA, ABEL Nein! Und?
WILLMER Tja, was soll man sagen! Ja, wenn man so will, sind sie sich gleich! Schlechter Ton, gemeine Sprache, natürlich.
BERTHA Und Axel?
WILLMER Axel war wie immer, so ziemlich jedenfalls. Er war immer ein feiner Mensch, er hatte etwas Distinguiertes, ein gewisses Etwas...
ABEL Und jetzt?
WILLMER Er kam mir etwas männlicher vor, wie man so sagt –
BERTHA Nennst du es männlich, wenn man ...
WILLMER Was?
BERTHA Überlegen ist.
WILLMER Habe ich gesagt, er sei ...
BERTHA Nein, aber du hast es gemeint ...
WILLMER Angenommen, ich hätte es gemeint, so bitte ich dich zu bedenken, daß ich hinzugefügt habe »wie man so sagt«.

BERTHA Ja, aber das ist nicht männlich. Du bist viel männlicher als all diese großen Grobiane, die in uns nur die Frau sehen.
ABEL Gaga ist ein lieber Junge und würde ein guter Mann werden. – Gibst du mir Feuer!
WILLMER Du sollst nicht so heftig reagieren, Bertha ...
BERTHA Du darfst nicht Bertha sagen, du sollst mich bei meinem Familiennamen nennen. Ich will nicht daran erinnert werden, daß ich für dich eine Frau bin. Ich bin dein Freund, und wenn ich Willmer zu dir sage, sollst du zu mir Ålund sagen.
WILLMER Ja, aber du sagst Gaga zu mir ...
BERTHA Ja, das ist nur ein Kosename, aber argumentiere doch nicht so schrecklich, ich werde ganz verrückt im Kopf!
WILLMER Verzeih, aber sei mir nicht böse. Du weißt, daß ich nicht leben kann, wenn ich nicht bei euch sein darf. Wenn ich nicht eine Frau am Tag sehe, werde ich krank. Ich liebe dich, das weißt du, ich liebe euch alle, euer ganzes Geschlecht ...
BERTHA Still, du Verrückter!
Es klingelt.
IDA *herein:* Doktor Östermark!
WILLMER Dann gehe ich!
BERTHA Nein, bleib hier!
ABEL Wer hat den eingeladen?
BERTHA Das war ich; aber geh nicht. Er ist nicht so gefährlich, wie er tut, und ich kann ihm antworten. Er ist ja mein Nachbar und alter Freund!

Dritte Szene

Die Vorigen. Doktor Östermark.

DER DOKTOR Guten Tag, kleine Mädchen, wie geht es euch? *Geht vor zu Willmer, der mit dem Rücken zur Tür sitzt, und faßt ihn beim Kopf.* Was ist das denn für eine Kleine, die habe ich noch nicht gesehen?
BERTHA *stellt vor:* Herr Willmer, der Schriftsteller ...
DER DOKTOR Nein, was sagst du, ist es ein Herr? Ich bitte um Entschuldigung, ich habe ihn für ein Frauenzimmer gehalten.
BERTHA Und darum mußtest du unhöflich sein?
DER DOKTOR Es war doch nicht unhöflich, ihm so nett den Kopf zu tätscheln. Ach so, es ist ein kleiner Herr. – Na, guten Tag, Abel, du hast mich nicht begrüßt!
ABEL Guten Tag, Östermark!
DER DOKTOR Vielleicht wollen die Damen einen Augenblick mit hinauskommen, nein, die Herren ...

BERTHA Geh einen Augenblick ins Schlafzimmer, Abel...
WILLMER Ich habe draußen was zu erledigen und komme gleich wieder, wenn ich darf.
BERTHA Ach! wenn du das tust, dann bring mir ein paar Farbtuben mit. Zwei rosa Lack und eine Mangan. Willst du das?
WILLMER Sehr gern!
BERTHA Danke, das ist nett!
WILLMER *und* ABEL *gehen:* Dann bis gleich. Auf Wiedersehen, Herr Doktor.
DER DOKTOR Auf Wiedersehen, kleine Mädchen, oder Jungen – was ihr auch seid.

Vierte Szene

Der Doktor und Bertha.

DER DOKTOR *setzt sich auf das Sofa:* Nuun?
BERTHA Nuun?
DER DOKTOR Nun mal raus mit der Sprache, jetzt werden wir ernsthaft miteinander reden!
BERTHA *verlegen:* Nein, ich kann nicht.
DER DOKTOR Warum läßt du mich dann kommen?
BERTHA Ich dachte, es wäre leichter, als es ist.
DER DOKTOR Siehst du!
BERTHA Sind wir wieder bei dem Thema?
DER DOKTOR Ja, sind wir! Aber du brauchst nicht zu sprechen; ich werde fragen. Kopfschmerzen, schlechter Schlaf, kein Appetit; Unlust bei der Arbeit, Nerven, Nörgelei, Überdruß an allem. Es ist unerträglich. Was?
BERTHA Es ist nicht auszuhalten! Ja!
DER DOKTOR Siehst du!
BERTHA Sind wir wieder bei dem Thema?
DER DOKTOR Wir sind wieder bei dem Thema, und dann wechseln wir es! Du mußt heiraten!
BERTHA Niemals!
DER DOKTOR Dann auf Wiedersehen!
BERTHA Nein, warte! – Ist es die einzige Bestimmung der Frau zu heiraten?
DER DOKTOR Bis auf weiteres, ja!
BERTHA Das ist eine niedrige Bestimmung!
DER DOKTOR Nein, nicht unter den derzeitigen Verhältnissen!
BERTHA Die Frau eines Mannes zu werden?
DER DOKTOR Nicht schlimmer, als wenn er der Mann der Frau wird. Aber

du wirst auch Verwalterin der Familie, du wirst Erzieherin von Staatsbürgern, du wirst Chef einer ökonomischen Institution, die zwar mangelhaft ist, aber im Augenblick das einzig Mögliche.
BERTHA Und die seine! Ich will etwas Eigenes haben!
DER DOKTOR Die gegenwärtige Gesellschaft baut auf der Familie auf, willst du die auflösen, dann löst du die Gesellschaft auf. Willst du das?
BERTHA Nein, ich will die Gesellschaft nicht auflösen!
DER DOKTOR Nein, das kann ich mir vorstellen; du willst die Republik, aber die Monarchie behalten! Aber das geht nicht, meine Liebe!
BERTHA Ich will Gerechtigkeit; ich will nicht, daß mein Mann allein über meines und seines bestimmt!
DER DOKTOR Das tut er nicht, meine Liebe, das tut er nicht. Er bestimmt nicht einmal über das, was ihm gehört.
BERTHA Das wagst du mir zu sagen? Wenn ich verheiratet wäre und könnte ein Bild verkaufen, dann würde er über mein Geld verfügen.
DER DOKTOR Nein, das ist nicht so! Der Zusatz zum neunten Kapitel des Ehegesetzes, über Eheverträge, lautet nach 1874 so: »Was eine Ehefrau durch Arbeit erwirbt, darüber darf sie selbst verfügen!« Ja, es ist so!
BERTHA Du lügst!
DER DOKTOR Oh, schäm dich!
BERTHA Schämen? Nur weil ich eine Frau bin, wagst du sowas zu sagen.
DER DOKTOR Nein, wenn du ein Mann wärst, der zu sagen wagte »du lügst«, dann würde ich ihn verprügeln, aber du bist nun einmal eine Frau, und ich bin altmodisch genug, die Frau nicht als dem Mann gleichgestellt zu betrachten.
BERTHA Nicht gleichgestellt, nein, das wissen wir schon.
DER DOKTOR Dann nicht vergleichbar! Es sind unvereinbare Größen, verstehst du!
BERTHA Und du behauptest, die Frau verfügt über das, was sie verdient?
DER DOKTOR Ich teile es dir in Form einer Tatsachenerklärung mit.
BERTHA Warum sollte dann der Verein für das Eigentumsrecht der verheirateten Frau dafür arbeiten, die Sache durchzudrücken?
DER DOKTOR Frag ihn!
BERTHA *sieht ihn mit großem Erstaunen an:* Du bist der unverschämteste Kerl, der mir je begegnet ist!
DER DOKTOR Ja, das bin ich auch!
BERTHA Du bist einzigartig! Weißt du, ich bewundere dich.
DER DOKTOR Siehst du! Du möchtest mich vielleicht heiraten?
BERTHA Dich? *Lacht.*
DER DOKTOR Es würde dir guttun, einen solchen Mann zu bekommen. Ich würde dir die Flügel stutzen. Oh nein, wir würden sehr lieb sein. Siehst du, kleine Bertha, ich bin Witwer, wie du weißt, und trotzdem würde ich gern wieder heiraten!

BERTHA Trotzdem! Du bist zu verrückt! Wie war es denn, verheiratet zu sein?
DER DOKTOR Oh, für sie war es wohl gut, aber für mich war es mal so, mal so.
BERTHA Na, und wenn ihr verschiedener Meinung wart?
DER DOKTOR Ja, dann haben wir Kompromisse geschlossen; siehst du, mein Kind, man muß Kompromisse schließen.
BERTHA Was heißt das, Kompromisse schließen?
DER DOKTOR Daß ich nachgegeben habe, natürlich!
BERTHA Das nehme ich dir nicht ab!
DER DOKTOR Nein, man sollte es von einem solchen Mann wie mir nicht annehmen, aber es ist wahr, leider.
BERTHA Du, unter dem Pantoffel!
DER DOKTOR Ich!
BERTHA Oh! *Lacht.* Nein, aber ich habe dich gar nicht gefragt, ob du ein Glas möchtest!
DER DOKTOR Nein danke, mein Kind! Außerdem muß ich jetzt gehen. Wie spät ist es? Halb fünf! Mal im Ernst, Bertha! Ich habe dir nichts anderes zu sagen! Nichts! Aber noch ein Rat. Wenn du heiratest, dann nimm einen richtigen Mann, nicht so einen, der – wie nennt ihr ihn – Putte oder Bébé?
BERTHA Einen Mann wie dich!
DER DOKTOR Nein, wie ich gewesen bin! Jetzt bin [ich] alt, meine Liebe, und tauge zu nichts mehr ...
BERTHA Hör mal ... du bist mir doch nicht böse?
DER DOKTOR Ich, oh nein! Ein alter Freund verträgt viel, weißt du. Aber du ärgerst dich doch nicht über mich, Bertha?
BERTHA Nein, solange du nicht anrührst, was mir heilig ist.
DER DOKTOR Heilig? Jeder Mensch hebt das Seine in den Himmel, meine Liebe. Aber du glaubst doch trotzdem, daß das mit dem Ehegesetz stimmt?
BERTHA Nein, das glaube ich erst, wenn ich es sehe.
DER DOKTOR Das ist doch zum ... Merkwürdig, daß du einem Mann sein Wort nicht glaubst!
BERTHA Einem Mann!
DER DOKTOR Ja, ja. Von mir aus kannst du auch den Frauenzimmern glauben, aber sei vorsichtig. Verlaß dich drauf, ich werde wiederkommen und dir das Gesetzbuch zeigen, bevor die Sonne untergeht. Auf Wiedersehen jetzt, und sei vernünftig, sei vernünftig!
BERTHA Du glaubst nicht an die Frau, nicht? Ich weiß es.
DER DOKTOR Ich glaube nicht an den Mann, ich glaube nicht an Gott, warum sollte ich an euch glauben, ihr falschen Geschöpfe. Auf Wiedersehen, meine Freundin! Ich komme mit dem Gesetzbuch wieder.

Fünfte Szene

Bertha. Abel.

ABEL Ist er jetzt weg?
BERTHA Ja; hast du was gehört?
ABEL Ja, als ihr geschrien habt. Das ist ja ein Frauenhasser!
BERTHA Nein, das will ich nicht behaupten. Er haßt keinen Menschen, aber unser Freund ist er nicht.
ABEL Warum gibst du ihm dann nicht den Laufpaß?
BERTHA Nein, weil ich, trotz allem, ein gewisses Vergnügen an seiner offenen Art finde, und außerdem ... aber das ist egal.
ABEL Was?
BERTHA Ich bin arm! Ich kann mir keinen anderen Arzt leisten!

Sechste Szene

Die Vorigen. Willmer.

BERTHA Sieh mal, da ist Gaga wieder!
WILLMER Hier bin ich, und hier ist die Farbe! Es kommt Besuch!
BERTHA Danke, mein Freund, leg sie dort in die Schatulle.
WILLMER Es kommt Besuch! Ich habe Carl und Axel unten auf der Straße gesehen, und sie schienen hierher zu kommen!
BERTHA Was sagst du! *In der Flurtür.* Ida! Bring das Kaffeetablett raus.
  Ida herein, bringt den Kaffee hinaus und macht auf dem Tisch sauber.
ABEL Jetzt gehe ich! Auf Wiedersehen, Bertha!
BERTHA Nein, bleib, ich bitte dich! Du darfst jetzt nicht gehen! Hörst du!
ABEL Doch, ich muß. Ich mag Carl nicht; er ist genauso roh wie Östermark.
BERTHA Und du willst mich mit all den Herren allein lassen. Du darfst nicht gehen!
ABEL Na schön, deinetwegen! – So, jetzt sind sie da!
  Es läutet.

Siebte Szene

Die Vorigen. Carl. Axel.

BERTHA *ihnen entgegen:* Willkommen, willkommen zurück, liebe Freunde! Wie geht es euch?

CARL Guten Tag, Berthalein! Danke, uns geht es ganz ausgezeichnet. Und dir?
AXEL Guten Tag, Bertha. Wir haben uns lange nicht gesehen.
BERTHA Daß ihr wohlbehalten wieder zu Hause seid! Ich hätte nie gedacht, daß wir euch wiedersehen würden! Die Herrschaften kennen sich?
CARL Ja! Fräulein Abel, Herr Willmer! Wir sind uns schon begegnet!
AXEL Ich habe die Ehre...
BERTHA Nun, aber setzt euch jetzt, ihr könnt nach einer solchen Reise Ruhe gebrauchen. War es nicht schrecklich mit anzusehen, wie Menschen so vernichtet werden?
AXEL Es war einfach furchtbar.
BERTHA Und was sagst du dazu, Carl?
CARL Ich? Ich fand es schön zu sehen, wenn die Menschen sich zeigen, wie sie sind!
BERTHA Pfui!
CARL Es war durchaus nicht pfui, einmal seine Meinung zu sagen. Auge um Auge, und Zahn um Zahn!
BERTHA Hu, wie du redest!
CARL Oh, ihr seid nicht so zimperlich, wenn es darum geht, einen unschuldigen kleinen Mord zu begehen.
AXEL Carl ist entsetzlich mit seinen Paradoxa! Und er behauptet, modern zu sein.
CARL Ja, ist es nicht natürlich, daß man seine Feinde im Kampf um die Stellung und ums Dasein vernichtet. Und ist es nicht altmodisch, das rechte Ohr hinzuhalten, wenn man einen Schlag auf das linke bekommen hat. Das heißt: ich glaube, niemand hat das je getan.
AXEL Wie wär's, wollen wir jetzt nicht von etwas anderem reden.
BERTHA Ja, das finde ich auch!
Plazierung:
Axel und Bertha, Carl, Abel und Willmer.
AXEL *zu* BERTHA: Du hast einen schmerzlichen Verlust erlitten, seit wir uns zuletzt gesehen haben.
BERTHA Ja, ja, und meine Situation hat sich seitdem verändert...
AXEL Du hast keine angenehme Zeit, ich weiß, arme Bertha. Wie denkst du dir jetzt die Zukunft?
BERTHA Was hilft es zu denken...
Unterhaltung mit leiser Stimme.
CARL *zu Abel und Willmer:* Und dann ließ ich die Kanonen abprotzen. Die Bulgaren krochen auf dem Bauch ins Tal hinunter und wollten unsere Vorposten überraschen. Feuer! sagte ich. Zisch! ertönte es, und dann lagen sie da wie ein Haufen Rebhühner und zappelten mit den Flossen.
ABEL Haben Rebhühner Flossen?

CARL Ja, wissen Sie das nicht, mein Fräulein?
WILLMER Nun, war es nicht ein unangenehmes Gefühl, so viele Leben vergeudet zu sehen?
CARL Nein, das war höchst angenehm!
WILLMER Nun, aber als Ihnen die Kugeln um die Ohren pfiffen, Herr Leutnant?
CARL Ja, da habe ich mich gebückt.
WILLMER Ängstlich, natürlich?
CARL Natürlich, aber das durfte man nicht zeigen. Der Gefreite, der an der Lunte stand, wollte den Rücken kehren, aber da habe ich ihm mit der Peitsche ins Gesicht geschlagen, klatsch!
BERTHA *lauscht.*
WILLMER Was für eine Roheit!
ABEL Das ist ja entsetzlich. Sie haben ihm ins Gesicht geschlagen, Herr Leutnant ...
CARL Mitten zwischen die Augen! Und für ihn war es, als hätte er einen Schnaps gekriegt. Er wurde sofort munter und drehte sich um.
WILLMER Und das im neunzehnten Jahrhundert, wo man glaubt, die Zeit der rohen Kraft sei vorüber.
CARL Die Schwachen haben es gehofft, denn jetzt sind sie nach oben gekommen, gegen alle Gesetze der Natur und der Kunst.
WILLMER Und Sie predigen das Recht des Stärkeren, Herr Leutnant?
CARL Ich predige gar nichts, aber ich habe beobachtet, daß wir in einer Zeit der Dekadenz leben, in der man das Unbedeutende wahre Größe nennt, in der man das Talentlose als Ehrlichkeit preist, das Verfaulte als die Gesundheit selbst und schlechte Nerven als ein gutes Herz – aber warten Sie nur, das wird sich ändern.
WILLMER Und was wird dann werden?
CARL Auf Verfall folgt Umsturz. Was weiß ich, und was schert es mich!

Axel und Bertha.

AXEL Und jetzt gedenkst du nach Paris zu fahren?
BERTHA Ich denke so viel, aber ob es was werden kann?
AXEL Du mußt Auswege finden. Hier zu Hause kannst du nicht bleiben!
BERTHA Das weiß ich.
Die Unterhaltung wird mit leiser Stimme fortgesetzt.

Carl. Abel. Willmer.

CARL Warum tragen Sie das Haar kurzgeschnitten, mein Fräulein?
ABEL Aus dem gleichen Grund wie Sie, Herr Leutnant.
CARL Oh, das kann ich nicht glauben. Ich habe kurzes Haar, damit man

mich nicht mit einem Frauenzimmer verwechselt, aber aus dem Grund haben Sie es ja wohl nicht?
ABEL Warum soll es einen Unterschied zwischen den Geschlechtern geben, wenn es eigentlich keinen gibt?
CARL Nein, hör dir das an, Axel! Es soll heutzutage keinen Unterschied mehr zwischen den Geschlechtern geben. Aber ich weiß, daß es ihn dennoch gibt! Darf ich sagen, was es ist?
WILLMER Ich finde, Sie nehmen sich etwas zuviel heraus, Herr Leutnant.
ABEL Laß es ihn sagen!
CARL Darf ich es wirklich sagen? Darf ich das? Nein, ich trau' mich nicht, Sie würden nur böse auf mich werden. Aber vielleicht haben Sie recht? Es werden heute wirklich so viele Irrtümer begangen!
ABEL Sie sind ein Frauenhasser, Herr Leutnant!
CARL *lacht aus vollem Hals:* Nein, hörst du, Axel! Bin ich ein Frauenhasser? Weißt du noch, in Belgrad?
AXEL Du redest zuviel Unsinn!
CARL Hören Sie, Sie sollten heiraten, mein Fräulein!
ABEL Nein, das werde ich nicht!
CARL Warum denn nicht? Haben Sie irgendwelche besonderen Gründe, mein Fräulein?
ABEL Müssen denn alle Frauen heiraten?
CARL Ja, alle, große und kleine! Auf die eine oder andere Weise.
ABEL Warum gibt es dann so viele unverheiratete?
CARL Weil sie so aufsässig sind! Wenn ihr lieb wärt, würdet ihr allesamt Männer bekommen.
ABEL Ja, aber es werden mehr Männer als Frauen geboren.
CARL Das ist nicht wahr. Es werden gleich viele geboren, aber es werden mehr Männer als Frauen zu Tode gequält!
BERTHA Ich finde, sie könnten andere Gesprächsthemen wählen!
CARL Nein, ich weiß nicht. Dieses ist das interessanteste von allen, warum sollten wir, das heißt ich nicht darüber sprechen dürfen, wenn Sie es dürfen? Nun, Bertha, willst du nicht heiraten?
BERTHA Nein, ich habe nicht die Absicht, die Kindergebärerin irgendeines Mannes zu werden.
CARL Du kannst ja eigene Kinder gebären.
BERTHA Nein, ich will überhaupt keine Kinder gebären!
CARL Wer soll es dann tun? Noch ist es keinem Mann gelungen, dahin zu kommen, aber es gibt wohl bald eine neue Evolution ...
BERTHA Ich würde heiraten, wenn es einen Mann gäbe, der vergessen würde, daß ich eine Frau bin, und der mir menschliche Rechte geben würde.
CARL Du bist nicht mit den göttlichen zufrieden, die du schon hast? Aber nimm dich vor einem Mann in acht, der vergißt, daß du eine Frau bist!

AXEL Warum? Wenn er sich nur immer daran erinnert, daß sie seine Freundin ist.
CARL Freundin! Habt ihr jemals eine Freundschaft gesehen, die weiter reichte als die Liebe?
BERTHA Die Liebe? Was ist das?
CARL Oh! Oh! Hast du nie die Liebe erlebt?
BERTHA Nein!
CARL Oh! Oh! Wenn ich deinen künftigen Mann kennen würde, ich würde ihn warnen! Ja, aber dann bist du nicht wie andere Menschen! – Haben Sie die Liebe auch nicht erlebt, Fräulein Abel?
ABEL Nein!
CARL Oh, das ist aber schade. Das ist etwas, glauben Sie mir! Oh!
BERTHA Du hast aber bestimmt erlebt, was Liebe ist!
CARL Ich! Ja, viele Male! Die Liebe ist ewig – bis fünfundfünfzig! Wahrscheinlich bekommt man deswegen erst in dem Alter seine Leibrente.

Achte Szene

Die Vorigen. Ida.

IDA Da ist jemand, der Sie sprechen will, Fräulein!
BERTHA Wer ist es?
IDA Ja, es ist, ich weiß es nicht! Vielleicht wollen Sie rauskommen, Fräulein.
BERTHA *aufgeregt, geht hinaus:* Verzeiht, daß ich euch einen Augenblick allein lasse!

Neunte Szene

Die Vorigen außer Bertha und Ida.

CARL Herr ... Willmer, Sie schreiben Bücher?
WILLMER Ja, ich habe einige Versuche in gebundener Form herausgegeben.
CARL Verse? Pfui Teufel! Ich habe auch Verse geschrieben, als ich in Karlberg war, aber, hm, Gott behüte! Ich war verliebt!
ABEL Auf Ihre Weise!
CARL Auf meine Weise, ja, und ich muß sagen wie meine Alte, die alte Art und Weise war trotzdem ... Verzeihung, ich dachte, wir wären allein!
AXEL Carl!
CARL Hier bin ich! Aber jetzt muß ich gehen! Es ist schon spät!
AXEL Warte, Bertha kommt gleich wieder.

Willmer und Abel stehen auf.
ABEL Kommst du mit, Gaga?
WILLMER Ja, ich komme mit dir!

Zehnte Szene

Die Vorigen. Bertha.

BERTHA *blaß und erregt:* Wollt ihr schon gehen?
CARL Ja, ich bin verabredet, aber ich komme ein andermal wieder! Auf Wiedersehen, Bertha.
BERTHA Und Sie auch? Ja, aber du gehst doch nicht, Axel! Bleib noch eine Weile bei mir sitzen!
AXEL Ja, ich habe nichts weiter vor, und wenn du meiner Gesellschaft nicht überdrüssig bist ...
BERTHA Was redest du! Wir haben uns ja seit Ewigkeiten nicht gesehen. Auf Wiedersehen, Carl! Auf Wiedersehen, Abel! Komm bald wieder, Gaga!
CARL Wie heißt der Kerl? Gaga? Und sie heißt Abel? Das halte auseinander, wer kann! Auf Wiedersehen, Berthalein, und werd wieder gesund! Auf Wiedersehen, Axel! Wir sehen uns morgen. *Holt eine Zigarre hervor. Zu Abel.*
Können Sie mir Feuer geben, mein Fräulein!
ABEL *zündet ein Streichholz an:* Bitte sehr!
CARL *zieht an der Zigarre, während Abel das Streichholz hält:* Gräßlich, sich das Haar so abzuschneiden, wenn man sonst so hübsch aussieht!
BERTHA *bewegt:* Was sagst du, Carl?
CARL Ich sage, daß du dich gemacht hast!
BERTHA Quatschkopf!
ALLE *durcheinander:* Auf Wiedersehen, auf Wiedersehen!

Elfte Szene

Axel und Bertha.
Es wird allmählich dunkel im Zimmer.

BERTHA Nun, Axel, du hast mein Bild noch nicht gesehen!
AXEL Nein, stimmt!
BERTHA Na, viel gibt's da nicht zu sehen!
AXEL Es ist wirklich gut. Du hast Fortschritte gemacht, und ich gratuliere dir! Aber warum hast du ein solches Thema gewählt? Wie nennst du das Bild?

BERTHA Ich nenne es ganz einfach »Die Stummen«!
AXEL Das ist eine moderne Idee, und sie dürfte ansprechen. Es ist sehr gut.
– Hast du in letzter Zeit etwas verkauft?
BERTHA Wie kommst du darauf! Frauen dürfen doch nicht verkaufen!
AXEL Ja, es ist schrecklich ungerecht, aber das wird wohl bald besser werden!
BERTHA Aber sag jetzt, was du von der Farbe hältst.
AXEL Jaa! Ich finde, du hättest der Hauptgestalt etwas mehr geben können.
BERTHA Ja, aber die habe ich gerade mit Absicht zurückgenommen, um ihre Zurückgezogenheit zu charakterisieren.
AXEL Hm, hm! Ja, dann entfällt meine Anmerkung.
BERTHA Nun, malst du im Augenblick irgend etwas?
AXEL Nein, um Himmels willen, ich mußte nur zeichnen. Aber jetzt will ich mich umsehen und hoffe, daß ich etwas für die Pariser Ausstellung machen kann.
BERTHA Willst du dich nicht setzen!
AXEL *setzt sich auf das Sofa:* Danke sehr! Danke!
BERTHA *setzt sich daneben.*
Pause.
BERTHA Es geht ein Engel durch das Zimmer!
AXEL Ja, so sagt man!
BERTHA Woran denkst du?
AXEL *steht auf, geht zum Kachelofen und lehnt sich mit dem Rücken dagegen:* Ach, ich habe so vieles im Kopf!
BERTHA Es dämmert, glaub' ich, ich werde die Lampe anzünden.
AXEL Ja, mir scheint, es wird schon dunkel. Die Tage sind so kurz jetzt nach Neujahr!
BERTHA *geht in die Wohnung.*
AXEL *allein, sieht ihr nach und zwirbelt seinen Schnurrbart.*
Pause.
BERTHA *mit der Lampe zurück:* So, jetzt haben wir Licht! – Willst du nicht deine Zigarre anzünden?
AXEL Nein danke, nein danke!
BERTHA Na, aber jetzt mußt du etwas vom Krieg erzählen!
AXEL Ach nein, bitte mich nicht, vom Krieg zu reden! Laß uns von was anderem sprechen.
BERTHA Du bist so nervös. Ist dir kalt? Vielleicht sollte ich Bescheid sagen, daß Feuer gemacht wird. *Geht in den Flur und ruft:* Ida! *Flüstert mit ihr und kommt zurück.*
BERTHA Du warst mit deiner Reise nicht zufrieden!
AXEL Oh doch, aber ...
BERTHA Und du hast ein gutes Engagement bekommen, wie ich höre. Und auch noch dekoriert! Was ist es, was fehlt?

AXEL Was mir fehlt? Hm? Was fehlt? – Das Beste! Was ist das Leben ...
Ida mit einer Holztrage herein; macht Feuer im Kachelofen.
BERTHA Jetzt wollen wir uns bequem ans Feuer setzen und von alten Zeiten plaudern! Komm her und setz dich! *Zieht zwei Stühle vor den Kachelofen.*
AXEL Ja, das wird schön, hier ist es wirklich kühl!
BERTHA Wir haben hier gesessen und so eifrig geredet, daß wir nicht gemerkt haben, wie kalt es ist. Beeil dich jetzt, Ida!
Ida hinaus.
Bertha und Axel am Feuer.
BERTHA Ist es nicht schön, hier wieder so in Ruhe zu sitzen?
AXEL Doch, das ist es! Deine Mutter sagte immer: wenn die Lampe brennt und das Feuer knistert, dann ist das Zuhause das, was es sein soll.
BERTHA Ja, meine arme Mama hatte nicht viel Freude an ihrem Zuhause. Nicht daß ich etwas Böses über Papa sagen will, er war schon lieb, aber er war nicht der Mann, den sie gebraucht hätte.
AXEL Er war zu gutmütig ... ja, ich meine, er war nichts ...
BERTHA *fixiert ihn:* Er war an und für sich ein guter Mann, aber er paßte nicht zu ihr. Nicht alle Frauen mögen liebe Männer. Ich für mein Teil könnte wiederum so einen wie Carl zum Beispiel nie ertragen.
AXEL Carl ist sehr lieb, aber ich glaube nicht, daß er eine Frau glücklich machen könnte.
BERTHA Lieb? Das kann ich nicht finden!
AXEL Oh, es ist nichts Schlechtes an ihm, obwohl er in seinen Ansichten über die Frau ein bißchen altmodisch ist.
BERTHA Glaubst du an die Frau, Axel?
AXEL Ich glaube, daß die Zukunft ihr gehört, denn sie ist gütiger als der Mann; sie ist aufopfernd, sie ist wahrhaftig, und sie ist rein.
BERTHA Danke für diese Worte!
AXEL Ich glaube, daß ihre Mitarbeit die Menschheit vorwärtsbringen wird, weiter, als wir ahnen können, ich glaube, wenn die Frau hätte eingreifen können, in die Regierung, in die Gesellschaft, in die Kunst, in die Literatur, würde die Welt jetzt anders aussehen.
BERTHA Ja, und warum konnte sie es nicht? Warum?
AXEL Das ist die Schuld der Gesellschaft!
BERTHA Und des Mannes!
AXEL Ja, ja, auch die des Mannes!
BERTHA Wenn auch nicht aller Männer! Es gibt Ausnahmen!
Pause.
BERTHA Ist es nicht schön, am Feuer zu sitzen?
AXEL Oh ja!
BERTHA Warum bist du eigentlich in den Krieg gezogen, du, der den Krieg so verabscheut?

AXEL *steht auf:* Weil ich sterben wollte!
BERTHA Warum wolltest du sterben? Du?
AXEL Weil ich – eine Frau liebte!
BERTHA Nun, soll man deshalb sterben!
AXEL Nein, nicht deshalb, aber weil man nicht wiedergeliebt wird.
BERTHA Das sollte man wohl erst mal herausfinden.
AXEL Oh, das kann man schon sehen.
BERTHA Man kann auch fragen!
AXEL Nein, so was fragt man nicht. Nur in den Romanen sagt man: liebst du mich?
BERTHA Angenommen, du liebst jemanden, würdest du sie nicht erst fragen, bevor du dich entschließt zu sterben.
AXEL Das würde ich nie wagen!
BERTHA Weil du Angst hast, abgewiesen zu werden!
AXEL Ja, natürlich! Und ich glaube, ich würde es nie überleben!
BERTHA Ja, aber sie kann dir doch keinen Heiratsantrag machen! Du bist wirklich verrückt! Aber ich glaube, die Lampe geht aus! Das hat uns gerade noch gefehlt! *Steht auf und schraubt an der Lampe.*
AXEL *ermannt sich:* Bertha, spielst du mit mir?
BERTHA Spielen? Ich?
AXEL Ich verstehe dich nicht! Wer bist du, Sphinx? Bist du ein Teufel oder ein Engel?
BERTHA Keines von beiden. Ich bin nur eine normale Frau.
AXEL Ich habe dich gesucht, und ich bin vor dir geflohen, ich hasse dich, aber ich liebe dich!
BERTHA »Ich liebe dich!« Da bist du im Roman mittendrin! Aber mit mir keine Romantik, bitte! Sprich ernsthaft!
AXEL Ich spreche aus der Tiefe meines Herzens, aus vollstem, heiligstem Ernst, wenn ich dich frage: willst du meine Frau werden?
BERTHA Ich werde darüber nachdenken.
AXEL Nein, du darfst nicht denken; man soll über seine Gefühle nicht räsonieren!
BERTHA Es ist keine Sache von Gefühlen, sich für ein ganzes Leben zu binden.
AXEL Liebst du mich denn nicht? Glaubst du nicht an meine Liebe?
BERTHA Doch, doch; aber vergiß nicht, daß das Gesetz dir Rechte über mich gibt; und meine Kunst opfere ich niemals, um die Sklavin eines Mannes zu werden.
AXEL *auf Knien:* Ich bin es doch, der dein Sklave werden will; du sollst deine Kunst nicht aufgeben, du sollst sie im Gegenteil pflegen, und ich werde dir helfen, ich werde dich unterstützen!
BERTHA Steh doch auf! Du bist ein guter Mann und der einzige, mit dem ich es wagen würde, eine Ehe einzugehen. Hier meine Hand, wenn du

versprichst, in mir nie etwas anderes als deine Freundin zu sehen, und daß du mich nie als eine Frau behandelst.

AXEL *will ihre Hand ergreifen.*

BERTHA *zieht sich zurück:* Wenn du's versprichst, und wenn du der Welt das Beispiel geben willst, daß sich ein Mann für eine Frau opfert!

AXEL Ich verspreche ...

BERTHA Du versprichst es jetzt, aber wirst du es später auch halten, wenn du Schmähungen ertragen und hören mußt, daß du unter dem Pantoffel stehst, daß du kein richtiger Mann bist? Gib mir einen Beweis, daß du es wagst, meinetwegen Unangenehmes zu ertragen. Nimm dieses Armband! Trag es als Zeichen unserer Verbindung und als einen Beweis, daß du mich liebst, denn lieben, das heißt opfern!

AXEL *nimmt das Armband, küßt es und befestigt es am Handgelenk:* Verlangst du nichts weiter von mir, als daß ich deine liebliche Fessel tragen soll. Das ist ein Unterpfand ... ein Beweis ...

Zwölfte Szene

Die Vorigen. Doktor Östermark.
Die Lampe ist halb erloschen.

DER DOKTOR *mit einem Buch, ohne Axel zu sehen:* Verzeih! Bist du da im Dunkeln? Sieh mal, hier habe ich das Gesetz. Das neunte Kapitel des Ehegesetzes, Paragraph eins, königliche Verordnung vom elften Dezember achtzehnhundertvierundsiebzig! Still jetzt, still jetzt!

BERTHA Komm jetzt nicht mit dummen Büchern, siehst du nicht ...

DER DOKTOR *zeigt ihr das Buch:* Das hier ist für dich gar nicht schlecht. »Kann die Ehefrau durch eigene Arbeit etwas verdienen, soll sie darüber auch verfügen!«

BERTHA Ich will nichts hören! Siehst du nicht! ...

DER DOKTOR *ergreift sie am Arm:* Du mußt!

AXEL Was soll das? Worum geht es?

DER DOKTOR Axel! Bist du hier im Dunkeln, ich habe dich nicht gesehen! Nein, aber meine liebe Bertha!

BERTHA *spielt die Verwirrte:* Wie bitte? Daß ich ...

DER DOKTOR Ein junges Mädchen ist nicht mit einem Herrn in einem Zimmer allein, nachdem die Dunkelheit angebrochen ist.

AXEL Was willst du damit sagen? Was wagst du zu unterstellen?

DER DOKTOR Ich will damit sagen, daß ein Mann auf den guten Ruf einer Frau bedacht sein sollte.

BERTHA *schüchtern:* Ja, wir sind unachtsam gewesen, aber – *wechselt Blicke mit Axel* – der Ruf einer Frau läßt sich reparieren ...

AXEL Kann er das? Willst du, Bertha?
BERTHA Axel und ich sind verlobt!
DER DOKTOR Na, na! Was höre ich da! – Nun, um so besser! Dann bekomme ich einen Zeugen, der in der Sache Partei ist. Lies hier! Lies laut! Wie steht es da?
BERTHA *zupft Axel am Ärmel:* Hör nicht auf sein Advokatengerede!
AXEL Was gehen uns diese Paragraphen an ...
DER DOKTOR Nein, aber hört mir doch um Himmels willen zu! Natürlich geht es euch an, gerade euch!
BERTHA Wir wollen nicht, also brauchen wir seine Paradoxa auch nicht zu hören!
DER DOKTOR Oh doch, du hast gesagt, ich lüge.
BERTHA *wirft einen Blick ins Buch:* Ach, das sind Druckfehler!
DER DOKTOR *außer sich:* Oh Gott im Himmel, rette meinen Verstand! Es sind Druckfehler! Nein, dann gebe ich auf! Axel, heirate diese Frau nicht, sie wird dich umbringen!
AXEL Das ist gut, dann brauche ich es nicht selbst zu tun!
DER DOKTOR Er auch! Oh! Nimm dich in acht, Axel, sie wird dich schlagen!
AXEL Das wird mir guttun!
DER DOKTOR Aber das ist ja entsetzlich! Da es aber nicht zu ändern ist, dann viel Glück, meine Kinder, und vermehrt euch und bevölkert die Erde. Im Ernst: Du tust recht daran zu heiraten, Bertha, das ist viel besser, als mit dieser Malerei herumzupfuschen.
BERTHA Ich werde meine Kunst nicht aufgeben! Niemals!
DER DOKTOR So! So! Wir werden sehen!
BERTHA Das wirst du nie sehen, denn wir fahren sofort nach Paris! Nicht wahr, Axel?
AXEL *verlegen:* Doch, das stimmt, und dann heiraten wir bürgerlich nach französischem Gesetz!
DER DOKTOR Das ist gut, das ist gut! Küßt euch jetzt, dann kann ich zusehen. Es ist schön, junge, glückliche Menschen zu sehen! Ach ja!
AXEL *nähert sich Bertha, doch sie entzieht sich.*
DER DOKTOR Naa! Ihr seid schüchtern! So! Paßt jetzt auf, ich schraube die Lampe herunter!
Er schraubt die Lampe herunter.
AXEL *und* BERTHA *umarmen sich.*
DER DOKTOR *schraubt die Lampe wieder hoch:* Ja, das ist herrlich! – Oh Jugend, Liebe, Verrücktheit!
BERTHA *macht sich frei:* Nichts Verrücktes, bitte!
AXEL Nur Liebe! Liebe!

Zweiter bis fünfter Akt

Für S. 695, Z. 1 bis Z. 30 hat *Marodeure:*
AXEL Oh, du bist schrecklich, Bertha, wenn du erst mal loslegst?
BERTHA Ich glaube, du bist ein bißchen dumm, was?

Für S. 696, Z. 3 »Guten Tag« bis Z. 4 »auf« hat *Marodeure:*
WILLMER Guten Tag, Bertha, guten Tag, Axel. Störe ich vielleicht?
AXEL Überhaupt nicht, überhaupt nicht!
BERTHA *steht auf:* Überhaupt nicht! Nun, hast du etwas von der Ausstellung gehört?
WILLMER Gar nichts! Die Jury fängt allerdings erst morgen mit ihrer Arbeit an!

Für S. 697, Z. 23 »überlegen« bis Z. 24 »haben!« hat *Marodeure:*
AXEL ... verheiratet bin. Es ist erst die Frau, die uns zu Männern macht!

Nach S. 701, Z. 4 fährt *Marodeure* fort:
WILLMER So viele hunderttausend Frauen, die sich für ihre Männer geopfert haben; wann wird man einen Mann sehen, der sich für eine Frau opfert.

Nach S. 704, Z. 2 fährt *Marodeure* fort:
WILLMER Auf Wiedersehen, Bertha! – Ach ja, übrigens, hast du gehört, daß Carl verheiratet ist?
BERTHA Nein, was sagst du? Mit wem denn?
WILLMER Sie heißt, ja, ich weiß es nicht mehr, aber du wirst sie sehen, denn sie kommt zur Ausstellung hierher!
AXEL Zusammen mit Östermark, dem Doktor.
BERTHA Nun, das wird nett werden, alte Bekannte wiederzusehen. Aber wollt ihr nicht einen Kognak, bevor ihr geht? So!
AXEL Warum nicht!
BERTHA *bringt Kognak und Gläser:* Und, wie ist Carls Frau?
WILLMER Ja, er dachte, er bekäme eine Gans, aber da soll er sich geirrt haben. Der Vater war Handwerker, und das Mädchen hatte eine gute Erziehung bekommen. Er hatte etwas Geld, schloß aber einen Ehevertrag, also hat mein lieber Carl kein Geschäft gemacht.
AXEL Bist du sicher, daß er ein Geschäft machen wollte?
BERTHA Prost! *Sie trinken.*

Für S. 708, Z. 26 »und jetzt« bis Z. 27 »zu Haus!« hat *Marodeure:*
AXEL ... und jetzt, wo wir Männer uns gegeneinander erhoben haben

und die alte Gesellschaft ihrem Untergang entgegenzugehen scheint, jetzt kriecht ihr hervor und plündert.

Für S. 711, Z. 15 hat *Marodeure:*
ABEL Weil – wir Feinde sind.
AXEL Wir?
ABEL Ich gehöre einer Partei an, die dir nicht freundlich gesonnen ist.
AXEL Mir persönlich?
ABEL Unpersönlich!
AXEL Es geht also um einen richtigen Krieg?
ABEL Das fragst du? Während ihr noch das Gelände erkundet, nehmen wir das Schlachtfeld in Besitz.

Nach S. 711, Z. 19 »als wäre man ein« fährt *Marodeure* fort:
ABEL ... Neger; ihr mögt uns noch so sehr emanzipieren, weiß werden wir dennoch nie.

Nach S. 711, Z. 22 »Gerechtigkeit« fährt *Marodeure* fort:
AXEL ... zu suchen, aber in dieser Angelegenheit habe ich noch keine Untersuchung darüber gesehen, was recht und billig ist.
ABEL In dieser Angelegenheit? Wo hast du je Recht und Billigkeit gesehen?
AXEL Was? Du glaubst nicht an Gerechtigkeit und ...
ABEL Es geht nicht um Recht, sondern um Macht! Idealist!
AXEL Ach so! Jetzt beginne ich zu verstehen!
ABEL So, jetzt beginnst du endlich zu verstehen! Das ist wirklich reichlich spät!
AXEL Aber ich bin erstaunt: Was liegt denn hinter dieser gesegneten Bewegung, die alle Freude und alle Kraft des Lebens zerfrißt? Seid ihr unterdrückt gewesen oder nicht?
ABEL Nein, wir sind überlistet worden! Wir dachten, ihr wärt unsere Sklaven, bis wir entdeckt haben, daß ihr die Macht hattet. Wir haben geschwiegen, solange unsere Erniedrigung nicht zu spüren war!
AXEL Ja, aber wir denken, daß ihr von unseren Vorvätern unterdrückt worden seid, was für Leute das auch gewesen sein mögen.
ABEL Ihr denkt! Was man euch nicht alles einreden kann!
AXEL Nun, und warum rennt ihr so gegen uns an, wo wir doch so lieb zu euch sind!
ABEL Man braucht jemanden, dem man die Schuld geben kann!

Für S. 712, Z. 2 bis Z. 4 hat *Marodeure:*
AXEL Sind Männer knapp?
ABEL Ja, Männer, M ä n n e r! Und weißt du warum? Als die Frauen in der vorigen Generation sahen, daß sie schwächer waren als die Männer, da

haben sie angefangen, unbewußt oder nicht, die Auswahl zugunsten der schwächeren Männer zu treffen. Sieh dir nur die Männer an, die jetzt die schönsten und reichsten Frauen bekommen! Die Zeit der Leutnants, der Stärksten, ist vorbei, und die Zeit Gagas ist gekommen. Was für ein schönes Geschlecht das geben wird!
AXEL Das hast du in Büchern gelesen.
ABEL Das habe ich in euren Büchern gelesen!
AXEL Weil ihr solche Bücher nicht selber schreiben könnt!
ABEL Nein, aber wir können in euren lesen!
AXEL Nun, findest du nicht, daß ich ein Mann bin?
ABEL *zeigt auf das Armband:* Du! – Was trägst du da am Arm?
AXEL Das ist eine Erinnerung an die Fessel, die die Sklavin einmal getragen hat und die ich jetzt als ein Zeichen der Versöhnung und der Befreiung tragen will.
ABEL Du glaubst, daß sie eine Fessel getragen hat! Nein, weißt du, was das ist?
AXEL Sag es!
ABEL Ich schäme mich!
AXEL Raus mit der Sprache!
ABEL Die älteste Münze war ein Armreif! Es ist also – die Bezahlung!
AXEL Pfui! Steht so etwas in den Büchern?
ABEL In den verbotenen Büchern, ja!

Zwischen S. 712, Z. 9 »Vatermörder und« und Z. 10 »nimm« fährt *Marodeure* fort:
ABEL ... Bubikopf trägt; du trägst ja ihren Schal und ihre Wolljacke, während sie deinen Schlips und deine Jacke anhat.

Für S. 712, Z. 17 bis Z. 18 hat *Marodeure:*
ABEL Ich weiß nicht, aber auch ich habe durch die gemeinsame Erziehung mit Männern und durch das Lesen männlicher Bücher einen Anflug von dieser Leidenschaft für Gerechtigkeit mitbekommen. Wenn ich etwas sehe, was nicht recht ist, fühle ich mich im ganzen Körper schief, bis ich es zurechtgerückt habe. Ich empfinde es manchmal als einen kolossalen Genuß, mich auf die Seite der Männer zu stellen und laut zu sagen, paßt auf, Frauen; ihr könnt keine Wohnung mieten, ohne daß ein Mann das Haus gebaut hat; ihr könnt nicht mit der Eisenbahn fahren, ohne in die Schuld eines Mannes zu geraten; ihr könnt kein Telegramm abschicken, nicht ins Theater gehen, ein Bild ansehen, ein Buch lesen, ohne daß ein Mann euch das Vergnügen oder den Nutzen geschenkt hat; und wenn ihr jetzt mit euren kleinen Pusselarbeiten kommt, dann ist das Diebstahl von Männern, Diebstahl! Und sollte sich eure Stellung einmal verbessern, solltet ihr einmal aus eurer selbstverschuldeten Erniedrigung

emporgezogen werden, dann sind es Männer, denen ihr dafür zu danken habt, denn sie sind es gewesen, die euch emporgezogen haben, als ihr euch nicht mehr erheben konntet! Aber wir werden uns hüten, das zu sagen! Jetzt habe ich getrunken, und darum rede ich! – Aber – es gibt eine Sache, die die Frau kann und die der Mann nicht kann – eine einzige!
AXEL Soo! Und das wäre?
ABEL Kinder gebären! Da ist sie überlegen!
AXEL Sind wir wieder bei dem Thema.
ABEL Ja, wenn das Menschengeschlecht weiter bestehen soll, und das soll es wohl, nachdem wir so wild dafür arbeiten, ... dann muß es wohl auf alle Fälle auch Kinder geben, sonst sind wir in neunzig Jahren ausgestorben.
AXEL Nun, wenn du schon so viel weißt, kannst du mir sagen, warum die Frauen keine Kinder mehr haben wollen?
ABEL Darauf kann ich nicht antworten! Die Bücher sagen, daß das den Untergang einer Rasse andeutet. Die antike Welt endete mit Poetinnen und ... enfin, hier gibt's so viele Evolutionen vorwärts und rückwärts.

Für S. 712, Z. 28 »verdorben.« bis Z. 29 »könnte!« hat *Marodeure:*
ABEL ... verdorben, wie die anderen deliqueszenten jungen Herren.
AXEL Was ist denn das, deliqueszent?
ABEL *trinkt:* Oh, wer vor dem Tod das Wunderbare erleben könnte!

Für S. 714, Z. 13 »So ist's« bis Z. 15 »nicht!« hat *Marodeure:*
AXEL Hört auf zu zanken, Frauen!
ABEL Was für einen Ausdruck gebrauchst du da?
AXEL Ich wüßte nicht, daß das Wort Frauen ein unpassender Ausdruck geworden ist! Oder schämt ihr euch dessen?

Zwischen S. 725, Z. 7 »kennst.« und » – Ist« fährt Marodeure fort:
AXEL Aber du hast in mir nur das andere Geschlecht und den Strohmann gesehen.

Für S. 725, Z. 23 bis Z. 24 hat *Marodeure:*
BERTHA Verzeihung, die Statistik lehrt, daß unter Männern mehr Verbrecher anzutreffen sind als unter Frauen.

Zwischen S. 726, Z. 30 »zerstört.« und »Was« fährt *Marodeure* fort:
AXEL Ein Mann kann die Ehre einer Frau auf mancherlei Weise reparieren, aber eine Frau kann nicht die Ehre eines Mannes reparieren.

Für S. 728, Z. 13 bis Z. 15 hat *Marodeure:*
BERTHA Du schlägst eine Frau!
AXEL Nein, ich halte sie, während die Schande sie schlägt; obwohl ich keinen Grund weiß, außer einem, warum man sie nicht schlagen soll.

Zwischen S. 728, Z. 26 »Kraft zu haben,« und Z. 27 »du« fährt *Marodeure* fort:
AXEL ... es zu tun, aber du hast es wie der Kannibale gemacht; du hast meine Seele aufgegessen, um damit deine eigene zu düngen, und darum hast du endlich die Macht über mich bekommen. Du hast alle meine Eigenschaften in dich hineingenagt, die dir fehlten, ...

Zwischen S. 729, Z. 13 »aufzufressen.« und Z. 14 »Du fängst« fährt *Marodeure* fort:
AXEL Kannibale! Wenn du eine Frau siehst, die sich über den Rest der Herde erhebt, dann kannst du dir ausrechnen, wie viele Männer sie verspeist hat!

Nach S. 730, Z. 30 fährt *Marodeure* fort:
BERTHA *steht auf:* Weißt du, was dem Mann passieren kann, der eine Frau in ihrem Allerheiligsten beschimpft hat.
AXEL Allerheiligsten! Das ist mehr als heilig!
BERTHA Weißt du, was ihm passieren kann?
AXEL Er kriegt wohl Schwefelsäure ins Gesicht, kann ich mir vorstellen, und dann darf der blinde Mann dasitzen und sein ganzes Leben lang arbeiten, um die Süße und ihren Liebhaber zu unterhalten.

Nach S. 731, Z. 18 fährt *Marodeure* fort:
BERTHA Kommt Richard?
ABEL Nein, du, sie ist krank. Wir haben schlechte Depeschen vom Kriegsschauplatz bekommen. In Deutschland hat die Regierung den Frauen verboten, an den Universitäten zu studieren, und in der englischen Ärztegesellschaft hat man es gewagt, die Eignung der Frau für höhere Studien zu diskutieren. Das wird alles ein schönes Durcheinander.
BERTHA *erschüttert:* Was sagst du?
ABEL Ja, so ist es!

Für S. 734, Z. 19 »Damen« bis Z. 24 »bißchen.« hat Marodeure:
DER DOKTOR ... Damen. Manche malen Landschaften, andere Figuren, und diejenigen, die weder das eine noch das andere tun, malen sich selbst.
FRÄULEIN THERÈSE Ja, es ist schrecklich gewöhnlich. Es scheint in der

Luft zu liegen: alle Damen wollen schön sein – und alle Herren geistreich. Aber das mißlingt – manchmal.
DER DOKTOR *betrachtet ihre Kleidung:* Ja, das wissen die Götter!

Für S. 734, Z. 34 hat *Marodeure:*
FRÄULEIN AMELIE Einen Bürgen pflegt man von Leuten zu verlangen, die weniger zahlungsfähig aussehen. Von Ihnen haben wir keinen Bürgen verlangt.

Für S. 736, Z. 16 hat *Marodeure:*
Die Vorigen gehen in den Garten hinaus. Axel und Carl von der Tür rechts herein (Axels Zimmer).
CARL Soo, die Damen gehen, wenn wir kommen.
BERTHA Ja, wir bekommen Angst!

Für S. 737, Z. 4 »Überhaupt« bis Z. 7 »verstehst du!« hat *Marodeure:*
CARL Das brauchte ich nicht, denn ich bekomme selbst Zinsen, und nach dem bißchen, was sie hat, frage ich nicht. Sie hat einen Ehevertrag verlangt, den bekam sie; aber ich glaube, sie wird es bereuen; denn wenn ich vor ihr sterbe, bekommen die Kinder einen Vormund, und sie wird mich wahrscheinlich nicht beerben. Aber das habe ich nicht so genau im Kopf!

Zwischen S. 740, Z. 4 »Unschuldigen.« und »Danke« fährt *Marodeure* fort:
DER DOKTOR ... Unschuldigen, der nur das Verbrechen begangen hat, als Mann geboren zu sein.

Ab S. 745, Z. 14 fährt *Marodeure* fort und beendet die Szene:
DER DOKTOR So, du siehst es erst jetzt ein!
AXEL Erst jetzt! Mann und Frau sind mit Sicherheit Feinde, bis sie ein gemeinsames Interesse bekommen, und es gibt nur eines!
DER DOKTOR Und das ist das Kind! Sag nur, was du denkst, und hab keine Angst! Ich habe zu sagen gewagt, daß ich es ungerecht fand, daß ein junges Ding mir die Position als städtischer Arzt wegnahm, als ich mich darum bewarb, beachte bitte: mich mit größeren Meriten darum bewarb!
AXEL Es ist also folglich so ...
DER DOKTOR Das ist der Grund, warum ich hier bin, um das Glück zu suchen und den Lebensunterhalt für meine beiden Haushalte! Ich werde wohl Hebamme werden oder auf meine alten Tage Zähne ziehen müssen. Nein, wißt ihr, ich scherze nur, weil ich nicht klagen darf, aber es fängt an, ernst zu werden.

AXEL Sie kommen wie die Chinesen in Amerika und unterbieten uns in unserer Arbeit.
DER DOKTOR Das Unterbieten ist doch keine Kunst für sie, denn sie brauchen nicht für die Kinder zu sorgen, die sie in die Welt setzen! Das ist nicht Konkurrenz, das ist Einbruch, das ist Diebstahl! Das ist kein ehrlicher Ringkampf, sondern das sind Weiberkniffe! Na, Axel, was gedenkst du zu tun, mein Junge?
AXEL In einem ungleichen Kampf hat man doch das Recht, sich zurückzuziehen, nicht wahr, Carl?
CARL Ja, aber man hat auch das Recht zu fliehen!
AXEL *nimmt seinen Hut:* Dann fliehe ich!
DER DOKTOR Du fliehst! Nein, bleib stehen! Wenn wir schon fallen sollen, dann sollten wir zumindest erst kämpfen!
AXEL Aber man darf Frauen doch nicht schlagen!
DER DOKTOR Aber gegen sie kämpfen, das darf man.
AXEL Und das kaum! Man hat nur das Recht, Hiebe entgegenzunehmen, ohne zu klagen.
DER DOKTOR *nimmt seinen Hut:* Dann weiß ich keinen anderen Rat, als den Rückzug anzutreten!

Für S. 746, Z. 2 hat *Marodeure:*
ABEL Ja, jetzt ist er ungewiß, wo es Männer gibt. – Du hast neulich gesagt: Es ist in erster Linie die Frau, die den Mann zum Mann macht; aber es ist der Mann, der die Frau zur Frau macht.

Für S. 746, Z. 4 hat *Marodeure:*
AXEL Warum sagt ihr dann, daß ihr keine männlichen Männer haben wollt?

Mit S. 746, Z. 6 »Nein, es ist aus.« endet in *Marodeure* die elfte Szene. *Marodeure* fährt fort:

Zwölfte Szene

Die Vorigen. Frau Starck.

FRAU STARCK Carl, mein Freund; willst du mit mir gehen?
CARL Gern!
FRAU STARCK Hier können wir nichts machen! Ich kenne mich hier nicht aus, aber etwas geht hier nicht mit rechten Dingen zu, irgend etwas stimmt an dieser ganzen Geschichte nicht.
DER DOKTOR Das ist krank, meine liebe Frau Starck.
FRAU STARCK Ja, es ist nicht gut! Ich will damit nichts zu tun haben.

CARL Da hast du recht, meine Alte!
FRAU STARCK *zu Axel:* Leb wohl! Aber sei wieder lieb zu ihr. Die Frau ist ein schwaches Gefäß, und es ist eure Schuld, wenn sie sich stärker zeigt, als sie ist. Ihr sollt auf sie achten, damit sie wie ein Mensch lebt und andere auch leben läßt.
DER DOKTOR Oh, das ist sehr gut gesagt, liebe Frau Starck. Sie sind eine wahre Frau.
CARL Ja, du bist so verständig, meine Alte. Und wenn wir Mädchen bekommen, werden sie etwas anderes lernen.
FRAU STARCK Oh, sei still, du!
CARL Wie bitte? Wollen wir keine Kinder haben! Das werden wir ja sehen!
FRAU STARCK *zu Axel:* So, jetzt sei lieb und sag ihr freundlich Lebwohl!
CARL Bleibe hart, Axel! – Ja, aber hier gibt es keine Versöhnung.
Carl und Frau Starck durch den Garten hinaus.
DER DOKTOR Ist es nicht zu ändern?
AXEL *nimmt seine Handschuhe, Mantel und Hut:* Es ist absolut nicht zu ändern! Ich kann nicht in meinem Zuhause auf Kriegsfuß leben, und hier herrscht offener Krieg.
ABEL Wenn du jetzt gehst, Axel, bekommst du einen Prozeß.
AXEL Also schon jetzt Kriegsgefangener! Sie ist also beim Rechtsanwalt gewesen?
ABEL Ja! Du wirst vermutlich zu Schadenersatz oder Unterhalt verurteilt werden!
DER DOKTOR Häftling auf Lebenszeit; du auch.
AXEL Ich soll mein ganzes Leben für dieses Geschöpf arbeiten, ich soll es mir nie leisten können, ein Zuhause zu haben, eine Frau, die ich der Welt zeigen kann, niemals ... Das kann doch nicht Recht sein?
ABEL Nein, aber es ist Gesetz! Und ihr selbst habt das Gesetz gemacht. Sei beim nächsten Mal auf der Hut!
DER DOKTOR Wie wird es dann werden, wenn ihr an der Gesetzgebung beteiligt seid.
ABEL Oh, das werdet ihr dann schon sehen!
DER DOKTOR Dann!

Nach S. 746, Z. 8 »Grüße sie« fährt *Marodeure* fort:
AXEL ... und sag ihr, daß ich sie geliebt habe bis zum letzten Augenblick; und daß ich ihr nie untreu war, grüße sie und sag ihr, daß ich ihr alles schenke, was sich in diesem Haus befindet, in dem ich gern noch geblieben wäre, aber daß ich gegangen bin, damit sie sieht, daß ich auch in dieser Hinsicht stärker war als sie! Lebt wohl!

Ab S. 746, Z. 12 beginnt die dreizehnte und Schlußszene von *Marodeure: Abel. Bertha hinaus.*

BERTHA Ist er gegangen?

ABEL Ja, er ist gegangen und kommt nie wieder!

BERTHA Ach so! Er ist gegangen, für immer! – Hat er nichts gesagt, bevor er ging?

ABEL Doch, er hat gesagt, er überläßt dir den gesamten Haushalt, mit Möbeln, Hausrat und Bettwäsche.

BERTHA Mir?

ABEL Dir.
Pause.

BERTHA Sonst hat er nichts gesagt?

ABEL Nichts!
Pause.

BERTHA *sieht sich im Zimmer um:* Hat er nichts geschrieben?

ABEL Nein, ich glaube nicht!
Pause.

ABEL Aber du kannst zum Anwalt gehen und es schriftlich bekommen!

BERTHA *denkt nach:* Kommst du mit!

ABEL Nein, jetzt nicht mehr! Bei der Schlacht wollte ich dabeisein, aber bei der Plünderung, pfui! Leb wohl, Bertha!

BERTHA Warum gehst du?

ABEL Weil ich mich schäme! *Geht.*

BERTHA *erstaunt:* Schäme?

Vorhang.

Am 14. 11. 1887, dem Tag der Premiere von *Der Vater* im Kopenhagener Casino-Theater, veröffentlichte Axel Lundegård (Übersetzer und Bearbeiter von *Marodeure/Die Kameraden*) den Artikel »August Strindberg paa dansk Scene« (August Strindberg auf der dänischen Bühne) und zitierte, um Strindberg vom Vorwurf des Frauenhasses zu entlasten, diese versöhnliche Schlußversion der Komödie, die zu diesem Zeitpunkt den Arbeitstitel *Grillen* trug:

»In der Schlußszene der Fortsetzung des *Vaters* sagt Doktor Östermark zu Bertha, die jetzt selbst geheiratet hat, und zwar einen Maler (Axel):

›Du glaubst vielleicht, du wie ich, daß die Sache verhandelt worden ist? Daran war nichts Böses. Wenn die Diskussion jetzt abgeschlossen ist, verlangen wir einen Vorschlag, und dann sprechen wir von etwas anderem.

AXEL *zu Bertha:* Nicht wahr, Bertha? Wir wollen von etwas anderem sprechen.

BERTHA Ja, von etwas völlig anderem! Aah, es kommt mir vor, als hätten sie die Ofenklappen zu früh geschlossen; es ist stickig hier; hier sind Brandgeruch und Kopfschmerzen.

DER DOKTOR Und deshalb wollen wir die Fenster aufmachen und Mailuft atmen, Dolce Napoli hören, in den Wald gehen und Feuer im Haar trinken [Idiom n. e.]. So, jetzt gehe ich und hole den Wagen. Nehmt euch in den Arm, Kinder. Dann bekommen wir ein Ende mit Versöhnung, obwohl das nicht so tiefsinnig ist.
BERTHA Nein, wir wollen nicht tiefsinnig sein.
AXEL Lieber froh. Nicht wahr?
DER DOKTOR Ja, gebt uns die Freude zurück, Prediger der Lebensfreude! Gebt uns den kleinen munteren Geist der Eintracht und schickt die Dovregeister nach Hause. Sie kamen von ihrem nebligen Hochgebirge mit Alpdrücken und Hotelrechnungen für ideelle Auslagen und machten das Leben dunkel und unheimlich. Gebt uns jetzt die Sonne wieder, nur ein kleines bißchen Sonnenschein, damit man sieht, daß der alte Planet noch immer an dem alten Himmel sitzt. Nicht die ganze Sonne, aber ein bißchen Sonnenschein! Nur ein kleines bißchen!«

So endet die Forsetzung des *Vaters*.«

Zur Rezeption

Strindbergs Hoffnungen auf eine Uraufführung von *Die Kameraden* am Nya Teatern in Stockholm erfüllten sich nicht. Von einer »Konjunktur für den Vater« (vgl. S. 808) konnte keine Rede sein – das Stück erlebte nicht mehr als acht Vorstellungen, und ebenso wie Nya Teatern lehnten alle anderen in Frage kommenden Theater die Aufführung von *Die Kameraden* ab. In Schweden blieb es, bis zur schwedischen Erstaufführung im Jahre 1910, bei Rezensionen des Textes. Nach dem Skandal mit dem *Vater* sind die Kritiker im Falle der *Kameraden* diesmal durchaus nicht ratlos. Zu den im Zusammenhang mit dem Namen Strindberg schon fast wie Pflichtübungen wirkenden Erwähnungen der geschickten Disposition und der originellen, raschen Sprache kommt es diesmal nur vereinzelt. Im Mittelpunkt – Strindbergs Artikel zur Frauenfrage (vgl. FSA V) haben ihre Wirkung getan – steht Strindbergs vermeintliches Frauenbild. Strindberg »entfache ein neues Feuer des Hasses gegen die Frau«, indem er sie »als ein Scheusal ... als Sinnliche, dem Laster Verfallene« darstelle (A. Krook, Göteborgs-Posten, 1. 4. 1888). Der Rezensent von Svenska Dagbladet gehört zu denjenigen, die mit der Bezeichnung »Komödie« ein Lustspiel verbinden, das anspruchslose Unterhaltung zu bieten habe. Er bestreitet der »moralischen Mißgeburt Bertha« sogar die Lebensfähigkeit: »Diese Frau Bertha, die Strindberg vor uns wüten läßt, ist ganz einfach unmöglich, und wir behaupten, daß der Autor ihr Gegenbild in der Wirklichkeit niemals gesehen hat.« (Svenska Dagbladet, 14. 4. 1888.) Dem unerbittlichsten Gegner

Strindbergs unter den schwedischen Kritikern, Carl David af Wirsén, bietet das Erscheinen der *Kameraden* die Gelegenheit zu einer Generalabrechnung mit dem Strindbergschen Werk. Sie erfolgt verfrüht, wie sich mit Erscheinen von *Fräulein Julie* ein halbes Jahr später zeigen sollte. So wirken Feststellungen wie »Der Zynismus ist in diesem Stück auf die Spitze getrieben ... Niedrigkeit in Zielsetzung und Inhalt vereinigen sich in schöner Harmonie mit Niedrigkeit in Ton und Ausdruck« vorschnell. Der in Aussicht gestellte »warme Willkommensgruß der Widersacher« – im Falle einer deutlichen »Rückkehr Strindbergs zu gesünderen Ideen« – sollte Strindberg entgehen.

Erst ein Vierteljahrhundert später werden *Die Kameraden* am 17. 10. 1910 in dem von Strindberg mitbegründeten Intimen Theater zum ersten Mal vor einem schwedischen Publikum aufgeführt. Das Stück erlebt in dieser Spielzeit 27 Aufführungen. Seine Beurteilung durch eine neue Kritikergeneration läßt ein neues Strindberg-Verständnis erhoffen: Die Komödie wird als Komödie entdeckt, im Biestig-Heiteren, im Tragisch-Komischen entdeckt man jetzt »den echten Strindberg« (Dagens Nyheter, 18. 5. 1910). »Eine der typischsten Arbeiten Strindbergs«, »geglückteste Satire über die Frau« – die Reihe der Lobsprüche läßt sich fortsetzen. Urteilen wie diesen steht die Meinung des Socialdemokraten, es handele sich eher um eine Parodie auf Strindberg, recht isoliert gegenüber.

*

Die *Marodeure* stießen weder in Schweden noch in Deutschland auf Resonanz. In Schweden wurde das Stück erstmals 1953 aufgeführt, eine zweite Aufführung folgte 1963, wobei man beide Male meinte, einer Welturaufführung beizuwohnen. Die tatsächliche Welturaufführung der *Marodeure* hatte 1922 in Gera stattgefunden. Die deutsche Erstaufführung und zugleich die Welturaufführung der *Kameraden* findet am 23. Oktober 1905 unter der Regie Josef Jarnos im Wiener Lustspieltheater statt. Anders als beim Erscheinen des Textes in Schweden siebzehn Jahre zuvor kann Strindbergs Auseinandersetzung mit einem auf Irrwege geratenen Feminismus in Wien auf mehr Verständnis zählen. Otto Weiningers Werk »Geschlecht und Charakter«, Karl Kraus' Fackel, Wedekinds Stücke mögen umstritten sein, sie haben die Atmosphäre vorbereitet. Die Kritik sieht in den *Kameraden* »ein Erlebnis, ein Ereignis. Strindbergs Weiberhaß reißt mit. Mag man noch so sehr die Haltlosigkeit seiner Behauptungen fühlen, die Argumente sind von schlagender Genialität« (R. Holzer, in: Österreichische Rundschau, H. 5. 1905/06). Für Rudolf Lother findet Strindbergs »Frauenhaß« in den *Kameraden* seinen stärksten Ausdruck. Strindberg gehe von der Erfahrung aus, daß die Frau, »wo sie als Persönlichkeit versagt«, die »Künste des Weibchens spielen läßt ... sie weiß, daß wenn der Mann sich ihr auch entziehen will, das Männchen ihr doch nicht entkommt«. Wie Strindberg »feminin empfindet, rächt er sich auf ganz feminine Art am Weibe«. (Bühne und Welt, VIII, 1905/06, Bd. 1, S. 168).

Der insgesamt positiven Aufnahme durch die Wiener Kritik steht, als das Stück 1906 am Berliner Lessingtheater aufgeführt wird, ein so gut wie einhelliger Verriß durch die Berliner Presse gegenüber. Technisch wie psychologisch handele es sich bei den *Kameraden* um ein unmögliches Stück. Es stehe bereits »jenseits von Gut und Schlecht: es wirkt heute schlechtweg töricht und ist nur als Grille eines damals in blindeste Weiberverachtung verrannten Verbitterten zu verstehen«. (J.E. in: Literarisches Echo, 8/1905/06, Sp. 1318)

Doch weder ein Verdikt wie das des Literarischen Echo – »Es braucht kein Geist vom Norden her zu kommen, uns das zu sagen!« – noch die psychologischen Bemühungen Karl Jaspers', der den *Vater* und *Die Kameraden* als Produkte eines ersten schizophrenen Schubes bei Strindberg zu deuten weiß, sind für die Aufnahme der *Kameraden* im deutschen Sprachraum repräsentativ oder hinderlich. Mit insgesamt 1174 Aufführungen, die der Deutsche Bühnenspielplan für den Zeitraum zwischen 1905 und 1927 verzeichnet, sind *Die Kameraden* lange Zeit Strindbergs beliebtestes Stück. Ein weiterer Indikator für die Popularität der *Kameraden* ist, daß es 1919 zu einer Verfilmung des Stückes in Deutschland kam. Mit Harriet Bosse, der dritten Ehefrau Strindbergs, und dem deutschen Schauspieler Alfred Abel in den Hauptrollen verfilmte die deutsche Gesellschaft Centaur Film den Strindbergschen Stoff, die Zwischentitel des Stummfilms stammten von dem finnlandschwedischen Schriftsteller und zeitweiligen Adlatus Strindbergs Adolf Paul. Die Kritik begegnete dem Film überwiegend zurückhaltend: Strindbergs Stücke ohne Strindbergs Sprache – das komme einer Verstümmelung der Strindbergschen Kunst nahe, befand die schwedische Zeitung Svenska Dagbladet (15.1.1920).

Frühe deutsche Übersetzungen des Stücks erschienen 1909 von Ernst Brausewetter (abgeschlossen bereits 1892), von Emil Schering 1906 und von Else von Hollander sowie Heinrich Goebel 1919. Diese eher steifleinenen Bühnenfassungen, die die Spannung zwischen Idee und Stil häufig eher verdeckten als sichtbar machten, wirkten sich in der Zeit vor 1933 für den Erfolg der *Kameraden* nicht nachteilig aus. Nach der 12jährigen Zwangspause für Strindbergs Stück in Deutschland machten sie freilich einen weiteren Erfolg unmöglich. Dies zeigen auch die Kritiken der am meisten beachteten von drei Inszenierungen, die *Die Kameraden* zwischen 1957 und 1980 im deutschen Sprachraum erlebten. Friedrich Luft drückt angesichts der Bemühungen des Berliner Renaissance-Theaters (Regie Ulrich Haupt, in den Hauptrollen Peter Mosbacher, Elfriede Irrall und Tilly Lauenstein) bündig aus, was seine Kollegen umständlich begründeten: »Versuch am falschen Objekt. Als man dieses Stück vor zwanzig Jahren auf seine heutige Brauchbarkeit prüfte... war der Befund negativ. Er ist es wieder.« (Die Welt, 2. 2. 1967) Die Gründe: »Spinnweben der Zeit« (Der Abend, 1. 2. 1967), »Klinische Einzelfälle« (Der Tagesspiegel, 2. 2. 1967), »Vier Akte Geschlechterkampf, das wirkt im Jahre 1967 lächerlich, selbst wenn August Strindberg seiner dramatisierten Lebensbeichte nicht die Bezeichnung Komödie beigegeben hätte.« Auch wenn es nicht an einsichtigeren Rezensionen fehlt, die auf das falsche Verständnis des Wortes »Komödie« beim Regisseur verweisen – »...selten hat eine Schauspielerin bei der Analyse einer Rolle so von einem Irrtum gelebt wie Elfriede Irrall...« (Berliner Morgenpost, 2. 2. 1967) –, man bezeichnet das Stück als »ältlich«, wo doch zunächst einmal nur die deutsche Fassung und die Inszenierung gemeint sein kann, und macht es sich leicht. Warum, versucht Marcus Sobotta im Spandauer Volksblatt, 2. 2. 1967, zu erklären:

»...Heute sitzt im Parkett ein Publikum, das sich in der Illusion sicher wähnt, die Emanzipation zunächst gereinigt und dann angewendet und vollstreckt zu haben. Betrachtete man die gesellschaftlichen Realitäten offen, so würde sich herausstellen, daß es mit der Freiheit und der Gleichberechtigung der Frauen gar nicht so weit her ist.«

Zur Textgestalt

Weder zu *Die Kameraden* noch zu *Marodeure* ist ein Originalmanuskript erhalten. Von Lundegård für die Umarbeitung von *Marodeure* zu *Grillen* vorgenommene Änderungen sind in ein Exemplar von *Marodeure* – das sogen. Mauritzbergsexemplar – eingetragen worden. Dieses lag Strindberg bei der endgültigen Umarbeitung zu *Die Kameraden* vor. Ebenfalls erhalten ist die im Januar 1888 am Nya Teatern in Stockholm hergestellte Abschrift, die vermutlich auf dem Originalmanuskript fußt (vgl. S. 808).

Ein Vergleich der beiden Stücke läßt erkennen, daß die Hauptsubstanz der vieraktigen Komödie *Die Kameraden* mit Abschluß der fünfaktigen Komödie *Marodeure* praktisch vorlag. Die späteren Umarbeitungen hatten vor allem Streichungen, wie z. B. die des 1. Aktes, eine zwei- bzw. dreimalige Änderung des Schlusses, darüber hinaus oft formale Veränderungen innerhalb der Dialoge und Veränderungen von Einzelheiten zur Folge, die in der deutschen Übersetzung kaum sichtbar wären. Sieben neue Szenen (siehe S. 811) kamen hinzu. Zur Aufnahme in diesen Band wurde die Endfassung *Die Kameraden* gewählt. Um beide Fassungen vorstellen zu können, wurden das Rollenverzeichnis zu *Marodeure*, der gestrichene 1. Akt und andere gestrichene Partien, der ursprüngliche Schluß von *Marodeure* sowie der versöhnliche Schluß von *Grillen* in den Anhang aufgenommen.

Der Text von *Die Kameraden* und die Varianten wurden für diese Ausgabe auf der Grundlage von C. R. Smedmarks Ausgabe (Strindbergs dramer III, Stockholm 1964), die die Kriterien einer kritischen Ausgabe erfüllt, und der obenerwähnten Abschrift von Hans-Joachim Maass neu übersetzt.

ANMERKUNGEN

Der Sohn der Magd
Teil I. Der Sohn der Magd

13 *Schück in seinem Buch über Shakespeare:* Johan Henrik Schück, (1855-1947), Literaturprofessor, Herausgeber der »Svensk Litteraturhistoria« (Schwedische Literaturgeschichte; ab 1885), »Shakespere och hans tid« (Shakespeare und seine Zeit; 1883/84).

14 *L. O. Smith:* (1836-1913), Kaufmann, Reichstagsabgeordneter, Alkoholhersteller und -großhändler, kontrollierte ab 1869 einen großen Teil der schwedischen Alkoholherstellung und des Verkaufs. Smith verband seine Geschäftsinteressen mit sozialen Reformen, organisierte auf privater Basis Konsumgenossenschaften (»Arbeiterringe«) und Volksküchen, führte gleichzeitig aber auch eine aggressive Billigpreispolitik und wurde deshalb von den Abstinenzlerlogen angegriffen.
C. O. Berg: (1839-1903), Geschäftsmann, führendes Mitglied der schwedischen Abstinenzlerbewegung, eröffnete 1870 in einer ehemaligen Synagoge eine Seemannskapelle mit Leseraum und Volksküche.
fange ich nicht an: Einige Tage nach Absendung des Interviews an Bonnier (vgl. S. 789) bat Strindberg (mit Brief vom 25. 5. 1886) um Einfügung des folgenden Einschubs »an geeigneter Stelle, wahrscheinlich nach den Äußerungen über das Trinken«.
»Ebensowenig kann ich mein Leben in Einklang mit meiner Lehre der sogenannten Unsittlichkeit bringen, zum einen, weil mein Trieb von Kirche und Gesetz legalisiert worden ist, zum anderen, weil ich mit monogamen Instinkten geboren bin.
Interv.: Aber warum predigen Sie dann geschlechtliche Freiheit, mein Herr?
Aut.: Weil ich aufgrund meiner Jugenderfahrungen weiß, daß derjenige, der nicht verheiratet ist, brennt, und darum will ich nicht, daß die Sittlichkeitseiferer die Triebe anderer auf gesetzlichem Wege unterdrücken, nachdem ja die Unsittlichkeitseiferer die Sittlichen auch nicht unsittlich machen wollen. Dies also ist die wahre Freiheit – für andere, ich predige hier also nicht aus egoistischen Beweggründen.«

16 *Pitaval:* François Gaymont de Pitaval (1673-1743), französischer Rechtsgelehrter, veröffentlichte ab 1743 die »Causes célèbres et

intressantes« in 20 Bden. Eine deutsche Auswahl erschien 1792 in der Übersetzung Friedrich Schillers unter dem Titel »Merkwürdige Rechtsfälle als ein Beitrag zur Geschichte der Menschheit«.

17 *die Revolution von 1792:* Auf dem Reichstag 1789 in Stockholm baute Gustav III seine Stellung als absoluter Herrscher aus, indem er dem Adel alte Privilegien und Machtpositionen nahm. Die Unterstützung des Besitzbürgertums und der Kronbauern erhielt er wegen seiner gleichzeitigen wirtschaftlichen Zugeständnisse. Daher spricht Strindberg von einer *königlichen Revolte.* Zugleich machte sich der König durch einen despotischen Regierungsstil verhaßt. Die vorwiegend von Adligen durchgeführte Verschwörung, der der König im März 1792 zum Opfer fiel, verfolgte widersprüchliche Ziele: sowohl Wiederherstellung adliger Privilegien als auch Verwirklichung freiheitlicher Ideen im Sinne Rousseaus und der Französischen Revolution. Strindberg nennt diese Ereignisse offenbar deshalb eine *Revolution,* weil unter dem neuen Regime Reuterholms (1792-1796) – wenn auch nur für kurze Zeit – das Menschenrecht der Meinungsfreiheit verwirklicht wurde. Im Juli 1792 erließ Reuterholm die »Verordnung über die Druckfreiheit« und hob damit die Zensur sowie alle von Gustav III eingeführten Strafen für Schriftsteller und Buchdrucker auf. Es entstand sofort ein Strom politisch radikaler Schriften, die an die Ereignisse in den USA und in Frankreich erinnerten.

vierten und fünften: Strindberg denkt hier an die Bauern und die bisher ständisch nicht repräsentierten Land-, aber auch schon an die Industriearbeiter. Bis zur Parlamentsreform von 1866 bestand der schwedische Reichstag aus den vier Ständen Adel, Klerus, Stadtbürger und Bauern.

Karl Johan mit seinen Unterklasseninstinkten: Jean Baptiste Bernadotte, Sohn eines katholischen Advokaten, wurde während der Französischen Revolution General, unter Napoleon Marschall; 1810 wurde er zum schwedischen Thronfolger gewählt und 1818 als Karl XIV Johan zum König von Schweden gekrönt.

Oscar I: Sohn Karls XIV Johan, schwedischer König 1844-1859.

Hartmansdorff: Jacob August von Hartmansdorff (1792-1856), Sprecher des Adelsstandes. Sein Versuch, die liberale Presse zu unterdrücken, löste 1838 Straßenunruhen aus und führte zu seinem Rücktritt.

18 *Familistère:* (frz.) Familienähnlicher Zusammenschluß, genossenschaftlicher Familienverband; vgl. S. 626 und *Die Familistère in Guise* (Familistèren i Guise; 1885; FSA III).

19 *die Meerkatze des Königs:* Redensart, Kindern gegenüber gebraucht, wenn sie in den Spiegel sehen (»Schau mal, ein Äffchen«).

ein adliges Geschlecht: Anspielung Strindbergs auf die angebliche

Verbindung zwischen seiner Großmutter väterlicherseits mit Graf Neipperg, dem Geliebten von Napoleons zweiter Frau; vgl. dazu Olof Lagercrantz, »Strindberg«, Frankfurt 1980, S. 12.

20 *Dalkulla:* Bezeichnung für die Mädchen aus Dalarna, die als Mägde arbeiteten.

eines berühmten englischen Erfinders: Strindbergs Tante Elisabeth war mit dem englischen Unternehmer und Erfinder Samuel Owen (1774-1854) verheiratet gewesen, der 1817 das erste schwedische Dampfschiff baute.

23 *»Lieber Gott, mach mich fromm«:* Im Original: »Gud som haver«, die Anfangsworte des Kindergebets »Gud som haver barnen kär« (Gott, der die Kinder liebhat), das in seinem Gebrauch dem deutschen Kindergebet »Lieber Gott, mach mich fromm« entspricht.

32 *3 Reichstaler und 16 Schillinge banko:* In Schweden existierten bis 1904 zwei Währungen: Die von der schwedischen Reichsbank herausgegebene Banko-Währung war nicht ganz doppelt soviel wert wie die Riksgälds-Währung der Reichsschuldenverwaltung.

33 *eine Kupferplatte:* Eine Erklärung für die Kupferplatte gibt Strindberg in *Alt-Stockholm* (Gamla Stockholm, 1880-1882, S. 189; siehe FSA II): »Kein einziger Kupferschmied hatte Cholera bekommen, und darum konnte sich jeder vor Ansteckung mit einer solchen Platte schützen /.../ die immer die Brusthöhlung bedecken mußte und dort, was dem Gesundheitszustand kaum zuträglich sein konnte, Grünspan ansetzte.
Wenn die Kinder vollständig ausgerüstet waren, ließ man sie ein Glas Teerwasser trinken und steckte ihnen ein Stück Kalmuswurzel in den Mund. Das sollte sehr nützlich sein, falls sie keinen Knoblauch kauen wollten, was noch nützlicher war, doch das wollten sie unter keinen Umständen.«

einem Piraten: Große Stofftasche.

38 *einem kleinen Schloß:* Der chinesische Pavillon in Drottningholm.

39 *der Kronprinz:* Karl, Sohn Oscars I, als Karl XV schwedischer König 1859-1872.

40 *Beerdigungskaramellen:* Bonbons in schwarzem Papier mit christlichen Motiven, zum Andenken an den Toten überreicht.

47 *Emile:* Hauptfigur des gleichnamigen Romans von Rousseau.
Hötorget: Viktualienmarkt im Zentrum Stockholms.
Nya Kyrkogården: Der »Neue Friedhof« im Norden Stockholms.
nach Norrbacka oder zum Stallmästaregården: Beliebte Gasthäuser im Norden Stockholms.

48 *Kiesos:* Von schwed. Ås, eiszeitliche Grundmoräne vor allem in Mittelschweden.

50 *achtzehn Meilen:* Eine schwedische Neumeile = 10 Kilometer.

53 *König Oscar war tot:* Oscar I starb am 8. 7. 1859.
54 *Briefmarke:* Im Orig.: munlack (Mundlack), dünne, oblatenartige Verschlußmarke zum Versiegeln von Briefen.
66 *Robinsöhne:* Im Orig. Robinsöner; söner Plural von schwed. son (Sohn).
72 *Wallins Predigten:* Johan Olof Wallin (1779-1839), Erzbischof von Uppsala, Mitglied der Schwedischen Akademie, Herausgeber und Hauptautor des ersten allgemeinen schwedischen Kirchengesangbuches (1819).
Olin: Johan Axel Olin (1825-1911), pietistischer Prediger, Homilet, ab 1857 Hofprediger.
Elmblad: Per Magnus Elmblad (1806-1887), nach 1830 führende Persönlichkeit des religiösen Lebens in Stockholm, Übersetzer des Neuen Testaments.
Rosenius: Carl Olof Rosenius (1816-1868), zusammen mit Elmblad Organisator der Evangelischen Vaterlandsstiftung (Evangeliska Fosterlandsstiftelsen), gegr. 1856, des Hauptorgans der schwedischen Laienbewegung.
den Pietisten: Zeitschrift für religiöse Erweckung und Erbauung, 1842 von C.O. Rosenius und dem englischen Methodistenprediger George Scott gegründet.
Die geistliche Taubenstimme: (Andlig Dufworöst), christliche Kinderzeitung, redigiert von P.M. Elmblad, erschien 1848-1861.
74 *ein jüngerer französischer Arzt:* Vermutlich Jean Martin Charcot (1825-1893), als Neurologe und Psychiater vor allem durch seine Arbeiten über Hysterie, Hypnotismus und Systemerkrankungen des Rückenmarks berühmt; 1885/86 Lehrer Sigmund Freuds.
männlichen Jungfrauen: Anspielung auf Björnsons »Handschuh«-Moral. In seinem Schauspiel »Ein Handschuh« (En hanske; 1883; dÜ 1888 u.a.) propagiert er die »Jungfräulichkeit« der Männer vor der Ehe.
Das Spiel, oder...: Dieser Satz wurde auf Wunsch des Verleges zur 1. Auflage ausgeschlossen.
78 *zusätzliches Taschengeld:* Im Orig.: Handkasse.
80 *Sirupskirche:* Spöttische Bezeichnung für die Seraphimerkirche.
hjälm oder svärd: Schwedische Namensendungen, die angeben, daß eine Familie adlig ist; Beispiele: Åkerhjälm, Ehrensvärd.
83 *Fredmans Episteln:* (Fredmans Epistlar; 1790; dÜ i.A. in: »Der schwedische Anakreon«, 1856, und zahlreichen anderen Übersetzungen, z.B. »Das trunkene Lied«, hrsg. v. H. v. Gumppenberg, F. Niedner und G. Schwarz, 1958.) Die Trink- und Liebeslieder begründeten den Ruf Carl Michael Bellmans (1740-1795) als eines der bedeutendsten europäischen Rokoko-Dichter.

Anmerkungen 849

90 *Focks Physik:* Alfred Fock (1818-1901), schwedischer Naturwissenschaftler; »Lärobok i fysiken« (Lehrbuch der Physik; 1853).

Girardins Chemie: Jean Girardin (1803-1884), französischer Chemieprofessor; »Lessons de chimie elementaire« (Lektionen in der Elementarchemie; 1837; sÜ 1850).

Figuiers Entdeckungen und Erfindungen: Guillaume Figuier (1819-1894), französischer wissenschaftlicher Schriftsteller; »Sednare tiders vigtigaste vetenskapliga upptäckter och uppfinningar. Bearbetning efter franskan A. H. Fock, (Die wichtigsten wissenschaftlichen Entdeckungen und Erfindungen der letzten Zeit. Bearbeitet nach dem Französischen von A. H. Fock; 1853-1856).

Nyblæus' Chemische Technologie: Claes Gudmund Nyblæus (1817-1899); Strindberg meint vermutlich: »Lärobok uti pharmaceutisk technologi eller systematisk beskrifning af de pharmaceutiska operationerna« (Lehrbuch der pharmazeutischen Technologie oder systematische Beschreibung der pharmazeutischen Operationen; 1846).

92 *Technologie:* Vermutlich Tidskrift för teknologi och tillämpad naturlära (Zeitschrift für Technologie und angewandte Naturlehre); erschien 1859-1861, 1864.

93 *Franzéns... Gedichte:* Frans Michael Franzén (1772-1847), finnlandschwedischer Dichter, 1808 Mitglied der Schwedischen Akademie. Seine Lyrik ist vom Klassizismus geprägt, bereitet jedoch die Romantik vor. Beeinflußt von Herder, Ossian und Gray.

Tegnérs Gedichte: Esaias Tegnér (1782-1846), bedeutendster schwedischer Dichter der Romantik, ab 1824 Bischof in Växjö.

Blumauers Aeneis: Aloys Blumauer (1755-1798); »Abenteuer des frommen Helden Aeneas« (1783-1785), Parodie auf Vergils »Aenaeis«.

Frau Carléns ... Romane: Emilie Flygare-Carlén (1807-1892), schwedische Romanschriftstellerin. Beginnt schwülstig-romantisch und nähert sich dann in ihren Bürger- und Bauernromanen dem Realismus.

Fredrika Bremers Romane: (1801-1865), schwedische Schriftstellerin. Als Frauenrechtlerin beschäftigte sie sich mit sozialen und religiösen Fragen; führte nach englischem Vorbild den Familienroman in Schweden ein, u. a. mit »Schilderungen aus dem Alltagsleben« (Teckningar ur vardagslivet; 1828-1831). Dtsch. erschienen: »Gesammelte Schriften« (50 Bde.; 1857-1870).

dem Jungfernturm: (Jungfrutornet; 1868-1870; dÜ 1869-1875), Seeroman von Emilie Flygare-Carlén, in deutscher Übersetzung im Rahmen der 99-bändigen Gesamtausgabe erschienen.

99 *Parteischrift des Dr. Kapff:* Sixt Karl Kapff (1805-1879), »War-

nung eines Jugendfreundes vor dem gefährlichsten Jugendfeind oder Belehrung über geheime Sünden, ihre Folgen, Heilung und Verhütung durch Beispiele aus dem Leben erläutert und der Jugend und ihren Erziehern an's Herz gelegt von S C Kapff«. 8. A. Stuttgart 1861. – Die erste deutsche Ausgabe erschien 1841, die erste schwedische 1860, mindestens sieben weitere Auflagen folgten.

114   *Blandare:* Bei Studenten beliebtes Getränk aus Cognac und Likör, das zusammen mit gerösteten Mandeln getrunken wurde.

in allen Fugen erschüttern sollte: Im Manuskript hat Strindberg am Ende des Kapitels für die Fortsetzung von Teil I einen Plan skizziert, dem er jedoch nicht folgte: »Die gute Wesensart des Schulfreundes. Doppelleben. Pietisten unter sich. Todesgedanken auf die leichte Schulter genommen.«

115   *Beskow, der bußfertige Leutnant:* Gustav Emanuel Beskow (1834-1899), vor allem in der Bürgerschicht beliebter schwedischer Pietistenprediger und Schulrektor. Sein Buch »Reseminnen från Egypten, Sinai och Palestina« (Reiseerinnerungen aus Ägypten, Sinai und Palästina; 1861) war ein Bestseller.

116   *Gunnar Wennerberg:* (1817-1901), schwedischer Lyriker, Komponist und Dozent für Ästhetik, 1866 Mitglied der Schwedischen Akademie, 1870-1875 und 1888-1891 Kultusminister. Vor allem bekannt durch seine »Gluntarna« (Die Burschen) von 1848-1851, Studentenlieder, in denen er humorvoll das Studentenleben der vierziger Jahre in Uppsala besingt.

Justizrat Adlercreutz: Axel Gustaf Adlercreutz (1821-1880), führender Konservativer, 1870-1874 Justizminister, Anhänger der nonkonformistischen Evangelischen Vaterlandsstiftung.

Reform der Volksvertretung: Umwandlung der ständisch verfaßten Monarchie von 1809 in eine parlamentarische Monarchie mit zwei Kammern. Die Reform wurde 1866 durchgeführt. Für die Zweite Kammer galt ein allgemeines, allerdings durch Zensus eingeschränktes Wahlrecht.

Schützenbewegung: Unter dem Eindruck der bedrohlichen außenpolitischen Lage um 1860 entstandene Bewegung, die zur lokalen Verteidigung Freiwilligenkorps aufstellte. 1867 erreichte sie eine Mitgliederzahl von 40000.

die neuen Oppositionszeitungen: Dagens Nyheter, 1864 von Rudolf Wall gegründet, erste Stockholmer Morgenzeitung, liberal. Söndags-Nisse, satirische Wochenzeitschrift, erschien 1862-1924.

117   *die Norbecksche Theologie:* Anders Erik Norbeck (1805-1870), schwedischer Theologe, Religionslehrer am Stockholmer Gymnasium; »Lärobok i theologien för gymnasierna« (Lehrbuch der Theologie für die Gymnasien; 1840).

119	*tote Pastoren:* Aus der pietistischen Sichtweise die Pastoren der Staatskirche; die pietistischen Laienprediger galten als »erweckt«.
130	*Frau Marie Grubbe:* (Fru Marie Grubbe; 1876; dÜ 1878 u. a.); Roman des dänischen Schriftstellers Jens Peter Jacobsen (1847-1885).
133	*die Namen der Schauspieler:* Ein beliebter Treffpunkt der Stockholmer Schauspieler war das Hotel Rydberg am Gustav Adolfs Torg, in den die Regeringsgatan einmündet.
136	*bei der Andalusierin:* Im alten Stockholmer Opernhaus (abgerissen 1892) gab es zwei Lokale, »Andalusiskan«, Die Andalusierin, und das Operncafé.
137	*Studententreffen:* Seit 1829 in verschiedenen skandinavischen Universitätsstädten unregelmäßig stattfindende Treffen, deren Ziel die Förderung der Ideen des Skandinavismus – der politischen und kulturellen Annäherung der skandinavischen Länder aneinander – war. Die idealistischen Forderungen der Versammlungsteilnehmer – unter ihnen zahlreiche Schriftsteller – hatten auf die reale Politik der skandinavischen Regierungen, die sich an der politischen Großwetterlage orientierten, vergleichsweise wenig Einfluß. Angesichts der sich verschärfenden Schleswig-Holstein-Frage drängten die Anhänger des Skandinavismus auf ein direktes militärisches Eingreifen Schwedens auf seiten Dänemarks. 1863 kam es zu einem Versuch, direkt Druck auf den schwedischen König Karl XV auszuüben, als August Sohlmann, der Herausgeber der Stockholmer Zeitung Aftonbladet, eine leichtfertige, vertrauliche Äußerung Karls XV, er persönlich wolle im Falle eines preußischen Angriffs 22 000 Mann nach Dänemark führen, zu einem Telegramm an die dänische Zeitung Faedreslandet benutzte: »Auf dem Weg befinden sich *22 000 Mann und Er selbst.*« Nach Kriegsausbruch nahmen norwegische und schwedische Freiwillige am Krieg teil. *Leutnant Betzholtz,* der frühere Turnlehrer Strindbergs, fiel in einer der ersten Schlachten. Seine Beisetzung war für Aftonbladet Anlaß, zu einer Kundgebung in *La Croix' Salon,* einem beliebten Treffpunkt der Stockholmer Liberalen, aufzurufen. Bei dieser Kundgebung kam es zu Zusammenstößen, in deren Verlauf sich die Kontrahenten – einerseits die Stockholmer Polizei, andererseits Studenten und Liberale – mit Hilfe von Feuerwehrschläuchen gegenseitig bespritzten.
138	*einen fanatischen Zug an:* Die folgende Passage von »An seinem Sarg ...« bis »... stand den Chören vor« wurde im Manuskript gestrichen.
	Lyzeum: Bezeichnung für das Stockholmer private Gymnasium.
	Georg Göthe: Anders Georg Göthe (1846-1933), Kunsthistori-

ker, zeitweise Lehrer am Gymnasium, erstellte den ersten wissenschaftlichen Katalog über die Sammlungen des Stockholmer Nationalmuseums.

Conny Burman: Constantin Burman (1831-1912), Zeichenlehrer am Stockholmer Gymnasium und einer der bekanntesten Karikaturisten dieser Zeit.

Riddarhuset: Tagungsort des Adelsstandes im Vier-Stände-System.

Antragsgegner: Gegner der Umwandlung des Vier-Stände-Reichstages in ein Zweikammersystem.

139 *Der Oberpastor Cramér:* Johan Nicolas Cramér (1812-1853), schwedischer Pädagoge, 1842 zum Geistlichen geweiht, jedoch nie im Kirchendienst, 1858 aus der Kirche ausgetreten; »Afskedet från kyrkan eller en fritänkares strödda anteckningar och betraktelser under läsningen af bibeln« (Der Abschied von der Kirche oder die vermischten Aufzeichnungen und Betrachtungen eines Freidenkers bei der Lektüre der Bibel; 1858).

die Bücher Ignells: Nils Ignell (1806-1864), Vikar in Stockholm; »Granskning af den christliga sedeläran« (Überprüfung der christlichen Sittenlehre; 1842-1846), »Christendomens huvudläror« (Die Hauptlehren des Christentums; 1850), »Menskliga utvecklingens historia« (Geschichte der menschlichen Entwicklung; 5 Bde.; 1855-1862), u.a.

140 *Der letzte Athener:* »Den siste atenaren« (1859; dÜ 1875), kulturhistorischer Tendenzroman von Viktor Rydberg (1828-1895), in dem er eine Synthese zwischen antikem Humanismus und wahrem christlichen Glauben verkündet.

Die Lehre der Bibel von Christus: »Bibelns lära om Kristus« (1862). In dieser Zusammenfassung seiner bibelkritischen Gedanken bestreitet Viktor Rydberg die Göttlichkeit Christi.

Renans Leben Jesu: »Vie de Jesus«, die Einleitung der »Histoire des origines du christianisme«, des Hauptwerks des frz. Orientalisten Ernest Renan (1823-1892). Renan stellt die Göttlichkeit Christi in Frage und interpretiert ihn als Religionsstifter.

Boströms Angriff auf die Höllenlehre: Christopher Jacob Boström (1797-1866), »Anmärkningar om helvetesläran« (Anmerkungen zur Höllenlehre; 1864). Boström war Schwedens einflußreichster Philosoph des 19. Jahrhunderts. In seiner Persönlichkeitsphilosophie versucht er, Platons Ideenlehre und Kants kritische Philosophie miteinander zu verbinden und weiterzuentwickeln. Einerseits wurde seine entschiedene Ablehnung der kirchlichen Lehre von der ewigen Verdammnis von den liberalen Kräften begrüßt, andererseits seine Verteidigung des korporativen Vier-Stände-Systems gegen das 1866 durchgesetzte Zwei-Kammer-System bekämpft. 1833-1837 war er Hauslehrer der königlichen Prinzen. – Siehe S. 307.

141 *Parker:* Theodore Parker (1810-1860), amerikanischer Unitarier, vertrat eine antidogmatische, rationalistische Religionsphilosophie, lehnte die Lehre von der Erbsünde ab und hielt eine höhere Religion als die des Christentums für möglich.

144 *Moleschott:* Jakob Moleschott (1822-1893), holländisch-italienischer Physiologe. Sein Buch »Der Kreislauf des Lebens; physiologische Antworten auf Liebigs Chemische Briefe« (1852) vertrat die radikale Auffassung, verschiedene Formen der Materie seien gleichzusetzen; es kostete Moleschott 1854 seinen Heidelberger Lehrstuhl.

151 *Frau Hvasser:* Elise Hvasser (1831-1894), eine der bekanntesten Stockholmer Schauspielerinnen.

152 *die Kur:* Klinik zur Behandlung von Geschlechtskrankheiten in der Stockholmer Hantverkargatan 13.

154 *Dies war die Ästhetik:* Der nächste Absatz beginnt im Manuskript mit dem folgenden Satz, der zur ersten Auflage ausgeschlossen wurde: »In Johans Elternhaus las man die Alte Illustrierte Zeitung, in welcher Blanches Erzählungen des Mietkutschers und Die Erinnerungen des Schauspielers jetzt das Licht der Welt erblickten.«

Lenströms Ästhetik: Carl Julius Lenström (1811-1893), Dozent für komparative Literaturgeschichte in Uppsala. Strindberg meint vermutlich das »Handbok i sköna konsternas historia« (Handbuch zur Geschichte der schönen Künste; 1848).

Boijes Malerlexikon: Fredrik Boije (1773-1857). Sein »Målarlexikon för konstidkare och taflesamlare« (Malerlexikon für Kunstliebhaber und Bildersammler; 1833) war viele Jahre lang das einzige schwedische Werk auf diesem Gebiet.

Oulibicheff: Alexandre Dmitrijewitsch Oulibicheff (1794-1858), schrieb »Nouvelle biographie de Mozart, suivie d'un aperçu sur l'histoire générale de la musique« (1847).

Talis Qualis': (Ich bin, was ich bin), Pseud. für Carl August Strandberg (1818-1877), schwedischer Dichter, vom deutschen Vormärz beeinflußt.

in der Übersetzung Kullbergs: Carl Anders Kullberg (1815-1897), schwedischer Schriftsteller und Übersetzer vor allem klassischer italienischer Literatur, hatte 1860 Torquato Tassos »Befreites Jerusalem« in einer zweibändigen Ausgabe veröffentlicht.

Carl von Zeipels Erzählungen: Carl Samuel von Zeipel (1793-1849), schwedischer Schriftsteller, Verfasser von Historien- und Sensationsromanen im Stile Sues und Scotts und von Kinderliteratur.

in der Übersetzung Hagbergs: Carl August Hagberg (1810-1864), Übersetzer der 1847-1851 erschienenen schwedischen Shakespeare-Ausgabe (»Shakespeares dramatiska arbeten«).

Holmbergsson: Johan Holmbergsson (1764-1842), Professor für Jurisprudenz an der Universität Lund, heiratete 1802 Margareta Maria Strindberg.

155 *Lithografiskt Allehanda:* Das »Lithographische Allerlei«, eine Zeitschrift.

Svedboms Lesebuch: Per Erik Svedbom (1811-1857), 1850-1856 Rektor der Nya Elementarskolan (Gymnasium) in Stockholm, Vertreter fortschrittlicher Unterrichtsmethoden, veröffentlichte 1844 das »Läsebok för Svensk ungdom« (Lesebuch für die schwedische Jugend).

Bjurstens Literaturgeschichte: Herman Bjursten (1825-1866), Schwedisch- und Lateinlehrer am Stockholmer Gymnasium, als Mitarbeiter der konservativen Zeitung Nya Dagligt Allehanda bei den »Wasserspritzereien vor La Croix' Salon« einer der Hauptbeteiligten (vgl. S. 137 Anm.), Autor von Abenteuerromanen.

Fähnrich Stål: »Die Sagen des Fähnrich Stål« (Fänrik Ståls sägner; 1848-1860; dÜ 1852/62, 1955), Balladen- und Romanzyklus des finnlandschwedischen Dichters Johan Ludvig Runeberg (1804-1877) über den Kampf des meist aus Finnlandschweden bestehenden schwedischen Heeres gegen Napoleon 1808/09. Das Eingangslied »Vårt land« (Unser Land) wurde später die finnische Nationalhymne.

die öden Könige auf Salamis: »Die Könige auf Salamis« (Kungarne på Salamis; 1863; dÜ 1875), Schicksalstragödie im antiken Stil von Runeberg.

156 *Snoilskys später so bekannter Spatz:* Carl Johan Graf Snoilsky (1841-1903), Lyriker, Mitglied der Schwedischen Akademie. Griff soziale Themen auf und vertrat politisch den Liberalismus der sechziger Jahre. In seinem Gedicht »Weihnachtsgedanken in Rom« (Jultankar i Rom) aus dem Gedichtzyklus »Italienische Bilder« (Italienska bilder; 1865; dÜ i. A. 1892) bringt ein Spatz das Heimweh des Dichters zum Ausdruck.

Braun: Vilhelm von Braun (1813-1860), schwedischer Dichter; »Dikter« (Gedichte; 4 Bde.; 1837-1841) und »Poetiska kalendrar« (Poetische Kalender; 11 Ausgaben; 1843-1860).

Sehlstedt: Elias Sehlstedt (1808-1874), einer der beliebtesten Poeten seiner Zeit.

157 *in den Elchschützen:* »Die Elchschützen« (Elgskyttarna; 1832; dÜ 1891), Verserzählung von Runeberg.

Aron auf dem Herd: (Aron på spisen; 1834; dÜ 1891), Verserzählung von Runeberg.

Topelius: Zacharias Topelius (1818-1898), finnlandschwedischer Dichter, Professor für Geschichte. Veröffentlichte romantische Romane, Novellen und Gedichte, vorzugsweise mit historischen Motiven.

Nyblom: Carl Ruppert Nyblom (1832-1907), schwedischer Dichter, ab 1860 Dozent für Ästhetik in Uppsala, Verfechter eines »gesunden Realismus« in Opposition zu einem »unnatürlichen Idealismus«. Als Kritiker der Posttidningen nach 1870 zeitweise Rivale Strindbergs, der gleichzeitig Kritiker der Dagens Nyheter war.

Illustrerad Tidning: Die »Illustrierte Zeitung«.

In seinen Vorträgen war Nyblom: Die zweite Hälfte des Satzes ab »als Dichter ...« wurde im Manuskript gestrichen.

Der reiche Onkel: »Rika morbror« (1845), Lustspiel von August Blanche (1811-1868), schwedischer Dramatiker und Romancier, Autor beliebter Lustspiele, meist Bearbeitungen französischer Vorlagen; Schilderungen des Stockholmer Volkslebens; nach einer Erbschaft ging Blanche in die Politik. Vgl. S. 269.

Engelbrekt und seine Dalekarlier: (Engelbrekt och hans dalkarlar; 1846; dÜ 1866), Volksstück von Blanche.

Der Besieger des Bösen: »Den ondes besegrare« (1858), Bearbeitung der französischen Volkskomödie »Le fil de la vierge« von Joseph Mélesville (1787-1865) durch Johanna Stjernström (1838-1875), die Frau des Theaterdirektors.

Arlberg: Fritz Arlberg (1830-1860), Stockholmer Schauspieler.

Stjernström: Franz Stjernström (1816-1877), Besitzer und Leiter des Mindre Teatern in Stockholm.

Knut Almlöf: (1829-1899), schwedischer Komiker und Charakterdarsteller.

Die schwache Seite: Bearbeitung des französischen Vaudeville-Einakters »La corde sensible« von Clairville und Thiboust.

Ein Ausflug ins Grüne: Schwedische Version des Stückes »Les prés Saint-Gervais« von Sardou.

Jolins Müllerfräulein: Johan Jolin (1818-1848), schwedischer Komiker und Dramatiker, Verfasser von Vaudevilles, Lustspielen und Gelegenheitsstücken, neben Blanche der produktivste Bühnenautor seiner Zeit in Schweden; »Mjölnarfröken« (Das Müllerfräulein; 1865), Lustspiel in fünf Akten.

Meister Smith: »Mäster Smith eller Aristokrater äro vi alla« (Meister Smith oder Aristokraten sind wir alle), Volksstück von Jolin. Das Stück entstand bereits 1847.

Lächeln und Tränen: »Löjen och tårar. Dimbilder ur Stockholmslivet« (Lächeln und Tränen. Nebelbilder aus dem Stockholmer Leben; 1862). Bei dem Stück handelt es sich um eine von Jolin vorgenommene freie Bearbeitung der deutschen Posse »Berlin wie

es weint und lacht« (1857) von David Kalisch (1820-1872), dem Gründer des Kladderaddatsch.
Der Schmähschreiber: »Smädesskrivaren« (1854), Komödie von Jolin.

158 *Hedberg:* Frans Hedberg (1828-1908), Autor von über hundert Theaterstücken, meist Sing- und Lustspielen; sein Stück »Die Hochzeit auf Ulvåsa« (Bröllopet på Ulvåsa; 1865; dÜ 1873) galt lange als eines der klassischen schwedischen Stücke.
Die Värmländer: »Wermlänningarne« (1846), Volksstück von Fredrik Dahlgren (1816-1895), bis heute beliebtestes schwedisches Volksstück.
Södermans Marsch: August Söderman (1832-1876), Komponist der Musik zu »Die Hochzeit auf Ulvåsa«.
Das schlechte Stück ...: Dieser Satz wurde zur 1. Auflage vom Verleger geändert zu: »Das Stück hatte im übrigen ...«.
Bengt Lagman: Männliche Hauptfigur in der »Hochzeit auf Ulvåsa«.

160 *gemüth:* Im Orig. dtsch.
Carl Johan Uddman: (1821-1878), schwedischer Opernsänger, seit 1846 als Buffo an der Stockholmer Oper.

161 *das Geschrei:* Mit der Begründung, Offenbach sei einer königlichen Bühne nicht würdig, kürzte der schwedische Reichstag 1868 die Subventionen des Königlichen Theaters von 75 000 auf 60 000 Reichstaler.

162 *Schwartz:* Edvard Schwartz (1826-1897), gefeierter Shakespeare-Darsteller des Königlichen Theaters.

163 *die Gluntarna:* Siehe S. 116 Anm.

169 *Statare:* Festangestellte Landarbeiter auf den süd- und mittelschwedischen Gütern, größtenteils mit Naturalien entlohnt. Bis 1946, als das Statsystem wegen seiner großen sozialen Härten abgeschafft wurde, die größte Gruppe unter den schwedischen Landarbeitern.

171 *Dahlbergs Suecia:* Eric Dahlberg (1625-1703), Ingenieur und Architekt, fertigte ab 1661 Karten der schwedischen Städte und Zeichnungen der bekanntesten Gebäude an, die in »Suecia antica et hodierna« veröffentlicht wurden (letzte Auflage 1924).
Unionszeit: Zeit der sogen. Kalmarer Union, der Vereinigung Schwedens mit Norwegen und Dänemark unter norwegischer Oberhoheit, von 1397-1434.

174 *Gävle vapen:* Schwedische Tabakmarke.

177 *Frithiofs Saga:* (1820-1825; dÜ 1826 u.a.), Epos von Tegnér auf der Grundlage einer isländischen Saga.
Axel: (1822; dÜ 1824 u.a.), romantische Verserzählung aus der Zeit Karls XII von Tegnér.

Die Kommunikanten: (Nattvardsbarnen; 1820; dÜ 1825 u.a.), religiöses, in Hexametern abgefaßtes Lehrgedicht von Tegnér.

179 *Für Sie bin ich nicht Sie.:* Die Anrede mit »Sie« (schwed. Ni) wurde in Schweden bis zu Beginn dieses Jahrhunderts von Standespersonen im Verkehr mit Untergebenen oder Nicht-Standespersonen verwendet. Untergebene oder Nicht-Standespersonen hatten Standespersonen in der 3. Person mit dem Titel anzusprechen. Die korrekte Antwort Johans hätte also lauten müssen: »Warum hat der Herr Sekretär nicht früher etwas dagegen gesagt...«.

181 *Die Ausstellung von 66:* Die erste skandinavische Industrieausstellung 1866 in Stockholm.

Dietrichsons: Lorentz Dietrichson (1834-1917), norwegischer Literaturkritiker und Schriftsteller, wichtiger Vertreter des Skandinavismus, ab 1861 Dozent in Uppsala.

Die Wahlen zu den Kammern: Bei den Wahlen zur Zweiten Kammer von 1867 erhielten die Mitglieder der Bauernpartei (Lantmannapartiet) die Mehrheit. Dreiviertel der Parlamentsmitglieder hatten jedoch bereits dem alten Ständereichstag angehört.

Gripenstedts: Johan August Gripenstedt (1813-1874), 1856-1866 Finanzminister, Wortführer der Freihandelsanhänger.

Fräuleinreform: Bezeichnung für das 1858 verabschiedete Gesetz, welches das Mündigkeitsalter unverheirateter Frauen auf 25 Jahre festlegte und den Titel Fräulein (Fröken), der bis dahin adligen und nichtadligen Standespersonen vorbehalten war, allen unverheirateten Frauen zusprach.

183 *Norbeck:* Siehe S. 117 Anm.
184 *Storkyrkobrinken:* Gasse in der Stockholmer Altstadt.
187 *im Halseisen:* Vermutlich Anspielung auf den Konkurs von Johans Vater. Der Pranger als Zwangsmittel für Schuldner war in Stockholm schon zu Beginn des 19. Jahrhunderts abgeschafft worden.

Briefe Februar bis April 1886

195 *Jonas Lie:* (1833-1908), norwegischer Schriftsteller des »modernen Durchbruchs«. Seine Romane behandeln vor allem die Krisenerscheinungen im norwegischen Bürgertum.

den König: »Der König« (Kongen; 1877; dÜ 1896 u.a.), Schauspiel von Björnstjerne Björnson.

unseren Bruch: Wegen großer Meinungsverschiedenheiten in der Frauenfrage war es nach dem »Heiraten«-Prozeß Ende 1884 zum endgültigen Zerwürfnis mit Björnson gekommen (siehe FSA III).

des Stortings: Das Storting, die norwegische Volksvertretung.

196 *die Privilegien-Examina:* Strindberg denkt an das Abitur und andere Examina als Voraussetzungen für privilegierte Positionen. Siehe *Das neue Reich* (Det nya riket; 1882; FSA II).

Steffens: Gustaf Fredrik Steffen (1864-1929), Nationalökonom, Soziologe und Politiker. Er begleitete Strindberg im August/September 1886 auf eine Frankreichreise, die dem Studium der französischen Bauern diente. Steffen reiste nach heftigen Streitigkeiten verfrüht ab. Dazu Strindbergs erste Vivisektion *Der Kampf der Gehirne* (Hjärnornas kamp; 1887; FSA V). – Strindberg schreibt in den ersten Briefen stets Steffens.

197 *Christensen:* Strindberg verdächtigte den deutschen Schriftsteller Jens L. Christensen, das Manuskript zu einem nicht erhaltenen Aufsatz über die Frauenfrage *Le tiers sexe* unterschlagen zu haben. Er sollte diesen Aufsatz und Strindbergs *Kleinen Katechismus für die Unterklasse* ins Deutsche übersetzen.

den Katechismus: August Strindbergs Kleiner Katechismus für die Unterklasse (August Strindbergs Lilla katekes för Underklassen; 1884; FSA III).

maladie de la personnalité: Anspielung auf Th. Ribot, »Les maladies de la personnalité«, Paris 1885.

198 *einer neuen Arbeit: Der Sohn der Magd*

meine neueste Arbeit: Unter französischen Bauern (Bland franska bönder; 1886; siehe FSA III) erschien erst 1889 bei Bonnier. Strindberg spricht hier vom 1. Teil dieser Sammlung; den 2. Teil mit dem Titel *Autopsien und Interviews* stellte er aus den Aufzeichnungen der Frankreich-Reise zusammen, die er im August/September 1886 mit Steffen unternahm.

199 *fünf Bände:* Vgl. Werkgeschichte, S. 789.

200 *in Heftform:* Der Verleger war gegen diese Publikationsform.

Isidor: Isidor Bonnier (1848-1925), früher Klassenkamerad Strindbergs am Stockholmer Lyzeum, leitete den Adolf Bonnier Verlag, von dem sich Strindbergs Verleger Albert Bonnier (1820-1900), Onkel Isidor Bonniers, 1865 mit einem eigenen Verlag abgespalten hatte.

die Lebensversicherungen: Albert Bonnier hatte diese als Sicherheit für die Kredite und Vorschüsse erhalten, die in der von Albert Bonnier im Februar 1886 gestrichenen Schuldenlast enthalten waren (vgl. Nachwort, S. 762).

Karl Otto: Karl Otto Bonnier (1856-1941), Sohn Albert Bonniers, der ab 1886 Teilhaber im Albert Bonnier Verlag war.

Der Sohn der Magd
Teil II. Die Zeit der Gärung

204 *die Nation:* Studentische Landsmannschaft in Uppsala (und Lund), mit sozialen und gesellschaftlichen Aufgaben. Seit 1663 ist die Mitgliedschaft in einer Nation für Angehörige der Universität obligatorisch.

die annektierten Provinzen: Die süd- und westschwedischen Provinzen Skåne, Halland und Blekinge waren erst 1658 an Schweden gefallen.

207 *Atterboms Sehern und Dichtern:* »Svenska siare och skalder« (Schwedische Seher und Dichter; 1841-1855), das bedeutendste Werk des schwedischen Dichters und Literaturhistorikers Per Daniel Amadeus Atterbom (1790-1855) mit Biographien schwedischer Dichter und Philosophen.

Thorilds: Thomas Thorild (1759-1808), einer der wenigen schwedischen Vertreter des »Sturm und Drang«.

Grössenwahn: Im Orig. dtsch.

Großmachtideen Karls X: Pläne Karls X Gustav (1622-1660), ein nordeuropäisches Großreich unter schwedischer Führung zu schaffen.

das Attilaprojekt Karls XII: Plan zur Eroberung russischer Gebiete, der nach der Schlacht von Poltava 1709 aufgegeben werden mußte.

Rudbecks Atlantica-Manie: Der schwedische Naturforscher und Historiker Olof Rudbeck (1630-1702) versuchte in seinem Werk »Atland eller Manhem« (Atlantica oder Menschenheim; 1675-1698) nachzuweisen, daß die Urheimat der europäischen Kultur nicht Griechenland und der Mittelmeerraum, sondern Schweden sei.

209 *Im Laufe seines langen Junggesellendaseins:* Der folgende Teil des Satzes »... in dem er in Kontakt mit gut hundert Freudenmädchen kam« wurde auf Wunsch des Verlegers zur 1. Auflage gestrichen.

211 *Flustret:* Traditionsreiches Restaurant und Café in Uppsala.

216 *Geijers Geschichte:* Erik Gustaf Geijer (1783-1847), Historiker und Dichter, neben Atterbom die wichtigste Persönlichkeit der schwedischen Romantik, Mitbegründer des »Götiska Förbundet« (Götischer Bund) 1811, Verfasser der »Geschichte des Schwedischen Reiches« (Svea Rikes Häfder; 1825), der »Geschichte des Schwedischen Volkes« (Svenska Folkets Historia; 1832-1836). – Zusammenfassende Ausgabe beider Werke dtsch. »Geschichte des schwedischen Volkes«; 1832-1834.

218 *Professor Bergfalk:* Pehr Erik Bergfalk (1798-1890), Rechtsgelehrter, Professor in Uppsala 1838-1861, Schüler von E. G. Geijer, einer

der führenden Liberalen in Uppsala, Mitarbeiter an der Verfassungs- und Rechtsreform.

Elis Malmströms: Bernhard Elis Malmström (1816-1865), schwedischer Dichter und Literaturhistoriker, Spätromantiker, von Hegel beeinflußt, 1856 Professor in Uppsala.

Swedelius: Wilhelm Swedelius (1816-1889), Historiker und Staatswissenschaftler, Mitglied der Schwedischen Akademie.

219 *Berzelius:* Jöns Jakob Freiherr von Berzelius (1779-1848), Professor in Stockholm, einer der bedeutendsten Chemiker seiner Zeit, führte eine neue chemische Nomenklatur ein, entdeckte mehrere Elemente.

221 *den Hüttenwerksbesitzer:* Schwed. brukspatron, Besitzer eines metallverarbeitenden Betriebs mit angeschlossener Land- und Forstwirtschaft und zuarbeitenden Betrieben auf dem Lande.

224 *Da unten und da oben:* Das Kapitel trug anfangs die Überschrift »Wieder da unten«.

235 *Zerrt sie herunter!:* Zur 1. Auflage auf Betreiben Bonniers geändert in: »Zerrt uns herunter!«; vgl. S. 686 Anm.

236 *die totale Abstinenz:* 1879 wurde die erste schwedische Loge des Internationalen Guttemplerordens (IOCT) gegründet, der im Unterschied zur älteren, 1831 von George Scott und Samuel Owen gegründeten Mäßigkeitsgesellschaft (Nykterhetssällskapet) einen völligen Verzicht auf Alkohol forderte.

243 *Puback:* Punsch

244 *Ichheit:* Im Orig. dtsch.

246 *Die Asenzeit:* (Asatiden; 1813; dÜ 1840), Gedicht von Tegnér.

Die Milchstraße: »Vintergatan« (1845), romantisches Gedicht von Topelius.

247 *Gesundheit:* Im Orig. dtsch.

250 *Nur für Regen und Thau ...:* Das Schiller-Zitat im Orig. dtsch.

251 *»der Freiheit Land«:* Im Orig. dtsch.

252 *Axel Key:* (1832-1901), schwedischer Mediziner, Universitätsprofessor in Stockholm, liberaler Reichstagsabgeordneter.

Christian Lovén: (1835-1901), schwedischer Physiologe am Karolinischen Institut in Stockholm und liberaler Reichstagsabgeordneter.

Harald Wieselgren: (1835-1906), schwedischer Publizist, Autor von Biographien über bedeutende Schweden.

Hedlund: Sven Adolf Hedlund (1821-1900), schwedischer Publizist und Politiker, Reichstagsabgeordneter, zeitweise Anhänger der Bauernpartei (Lantmannapartiet).

Meijerberg: Carl Jonas Meijerberg (1816-1903), schwedischer Pädagoge, einer der Reformer des schwedischen Volksschulwesens, Reichstagsabgeordneter.

Nach der Reaktion von 1872: Nach dem Regierungsantritt König Oscars II.

254 *Großhändler:* Großhändler gehörten zur höchsten Klasse des schwedischen Bürgerstandes. Der Titel besagte nicht, daß sein Träger einen Großhandel betrieb.

262 *Weltschmerz:* Im Orig. dtsch.

273 *zum Medikofil:* Medizinisch-philosophisches Examen, Zwischenprüfung der medizinisch-naturwissenschaftlichen Fakultät, bei der die zum Studium der Medizin oder Naturwissenschaften nötigen Kenntnisse aus dem Bereich der philosophischen Fakultät geprüft wurden. 1907 abgeschafft.

275 *Rückfront der Carolina:* Die Carolina Rediviva, Universitätsbibliothek in Uppsala.

279 *Wijkanders Lucidor:* Carl Oscar Wijkander (1826-1899), Schriftsteller und Dramaturg am Königlichen Theater in Stockholm; sein Schauspiel »Lasse Lucidor« (1854) behandelte schablonenhaft das Leben des schwedischen Barockdichters Lars Johansson (1638-1674), Pseud. Lasse Lucidor.

282 *Ladugårdslandet:* Frühere Bezeichnung des Stockholmer Stadtteils Östermalm.

292 *Man hatte erlebt, wie ein Provinzschauspieler a. D. ....:* Der Nebensatz »die kaum höhere Gesichtspunkte erkennen ließ ...« lautet im Manuskript »die kaum höhere Gesichtspunkte und besseres Wissen erkennen ließ ...«.

Hyltén-Cavallius: Gunnar Olof Hyltén-Cavallius (1818-1889), Volkskundler und Schriftsteller, 1856 zum Direktor des Königlichen Theaters ernannt.

293 *den Fechter von Ravenna:* »Der Fechter von Ravenna« (1857), Drama des österreichischen Schriftstellers Friedrich Halm (1806-1871).

298 *Rudolf Wall:* (1828-1893), Journalist und Schriftsteller, Herausgeber der Tageszeitung Dagens Nyheter.

300 *Die Erzählungen des Feldschers:* »Fältskärns berättelser« (1853-1867; dÜ i. A. 1855 u. a.) von Topelius, Zyklus romantischer Erzählungen über die Zeit des Dreißigjährigen Krieges.

303 *Das sinkende Hellas:* (Det sjunkande Hellas; 1869), Vorarbeit zu *Hermione.* Siehe FSA I.

304 *Hier bekam der Leiter der Schauspielschule einen Hieb ...:* Der zweite Teil des Satzes ab »bei welchen Gelegenheiten ...« wurde zur 1. Auflage auf Wunsch Bonniers ausgeschlossen.

307 *Biberg:* Nils Fredrik Biberg (1776-1827), schwedischer Philosoph, einer der Vorgänger Boströms auf dem Lehrstuhl für Philosophie in Uppsala, Vertreter eines »positiven ethischen Rationalismus«.

Grubbe: Samuel Grubbe (1786-1853), schwedischer Philosoph, einer der Vorgänger Boströms auf dem Lehrstuhl für Philosophie in Uppsala, stand im Ruf eines Eklektizisten.

308 *Auseinandersetzung mit Bischof Beckman:* Anders Fredrik Beckman (1812-1894), Theologieprofessor und Universitätsrektor (1859-1860), ab 1864 Bischof, griff Boström an in seiner Schrift »Om den eviga osaligheten. Granskning af ›Anmärkningar om helvetesläran‹, våra teologer och prester allvarligen att förehålla« (Über die ewige Unseligkeit. Prüfung der ›Bemerkungen über die Höllenlehre‹, unseren Theologen und Geistlichen ernstlich vorzuhalten; 1864).

309 *Signaturen:* Mitglieder der 1860 von literarisch interessierten Studenten und Dozenten (u. a. Lorentz Dietrichson, Carl Snoilsky, C. D. af Wirsén) in Opposition zum romantischen Epigonentum gegründeten »Namnlösa Sällskapet« (Namenlose Gesellschaft) in Uppsala.

Snoilsky: Siehe S. 156 Anm.

Björck: Ernst Daniel Björck (1838-1868), Mitglied der Namenlosen Gesellschaft, Pseud. Daniel.

310 *Björck verriet sich:* Die Anspielung bezieht sich wahrscheinlich auf Björcks Verserzählung »Ett minne« (Eine Erinnerung).

die Gegner Hans Jægers: Hans Jæger (1854-1910), Autor des – bereits eine Stunde nach Erscheinen als unsittlich beschlagnahmten – Buches »Christiania Bohême« (Fra Kristiania-Bohêmen; 1885; dÜ i. A. 1902).

312 *Tiedemand:* Adolf Tiedemand (1814-1876), norwegischer Maler, machte Düsseldorf zum Zentrum der norwegischen Malerei (»Düsseldorfer Schule«).

Gude: Hans Fredrik Gude (1825-1903), norwegischer Landschaftsmaler, seit 1841 in Düsseldorf.

Kierulf: Halvdan Kjerulf (1815-1868), norwegischer Komponist, beeinflußt von der deutschen Romantik.

Nordraak: Rikard Nordraak (1842-1866), norwegischer Komponist.

Zwischen den Schlachten: (Mellem slagene; 1857; dÜ 1857 u. a.), Drama von Björnson.

313 *Den Bund der Jugend:* »Der Bund der Jugend« (De unges forbund; 1869; dÜ 1872 u. a.), Drama von Ibsen.

Steensgaard: Männliche Hauptfigur in Ibsens »Bund der Jugend«.

auf den Siebzehnten Mai pfiff man: »Der Siebzehnte Mai« (Syttende maj; 1883; dÜ 1911 u. a.), Gedicht von Björnson.

Aslaksen: Männliche Nebenfigur in Ibsens »Bund der Jugend«.

Brand: (1865; dÜ 1872 u.a.), Drama von Ibsen.
Haugianer: Anhänger des norwegischen Pietisten Hans Nielsen Hauge (1771-1824).
314 *Peer Gynt:* (1867; dÜ 1881 u.a.), Drama von Ibsen.
Die Komödie der Liebe: (Kjærlighetens komedi; 1862; dÜ 1889 u.a.), Drama von Ibsen.
315 *Der Hellseher* (Den Fremsynte; 1870; dÜ 1875), Roman von Jonas Lie.
der Dovregubbe: Der König der norwegischen Trolle, Figur in Ibsens »Peer Gynt«.
das Puppenheim: »Ein Puppenheim« (Et dukkehjem; 1879; dÜ 1879 u.a.), Drama von Ibsen
Die Helden auf Helgeland: (Hærmændene på Helgeland; 1857; dÜ 1876 u.a.), Drama von Ibsen.
317 *eine Tragödie über Erik XIV:* Ein Schauspiel über Erik XIV, schwedischer König 1560-1568, schrieb Strindberg 1899 (FSA VIII).
318 *Winge:* Mårten Eskil Winge (1825-1896), schwedischer Maler von Motiven vor allem aus der nordischen Mythologie, Professor an der Kunstakademie Stockholm.
Malmström: Johan August Malmström (1829-1901), schwedischer Maler, bevorzugtes Gebiet nordische Mythologie.
Molin: Johan Peter Molin (1814-1873), Bildhauer, in seiner Jugend Bäcker, schuf zahlreiche in schwedischen Städten aufgestellte Skulpturen, Denkmäler und Brunnen, darunter die Statue Karls XII im Stockholmer Kungsträdgården; vgl. S. 265-269.
320 *Tegnérs Epilog zur Magisterpromotion:* »Epilog zur Magisterpromotion in Lund« (Epilog vid Magisterpromotionen i Lund; 1820; dÜ 1827 u.a.).
321 *war das Stück fertig: In Rom* (I Rom; 1870; siehe FSA I).
323 *den Freidenker:* Der Freidenker (Fritänkaren; 1869; siehe FSA I), »Dramatischer Entwurf« im Uppsala-Milieu.
325 *den Magistrat in Tälje:* »Der Magistrat in Tälje« (Magistern uti Tälje), Lied von Carl Michael Bellman, No. 33 aus »Fredmans Liedern« (Fredmans sånger; Stockholm 1791; dÜ i.A. 1856 u.a.).
In Gripsholm geht es lustig zu: (På Gripsholm är allt för roligt), Lied von Bellman, No. 34 aus »Fredmans Liedern«.
die romantische Parteikritik Atterboms: In »Schwedische Dichter und Seher« (vgl. S. 207 Anm.) behandelt Atterbom ausführlich Bellman und interpretiert ihn als Romantiker.
Auf, Amaryllis: (Opp Amaryllis), Lied von Bellman, No. 31 aus »Fredmans Liedern«.
Ljunggrens 1867 erschienene Vorlesungen: Gustaf Håkon Ljung-

gren (1823-1905), »Bellman och Fredmans Epistlar« (Bellman und Fredmans Episteln; 1867).

326 *Eichhorn:* Christoffer Eichhorn (1837-1889), Literatur- und Kunstforscher, Bibliothekar der Königlichen Bibliothek, scharfer Kritiker der Fryxellschen Bellman-Darstellung, die Bellman als unmoralische Persönlichkeit verurteilt (zu Fryxell siehe S. 327 Anm.).

des Ordens Par Bricole: Par Bricole (»auf Umwegen«), Ordensgesellschaft, gegründet um 1774, entstanden aus einem Freundeskreis um Carl Michael Bellman mit der Aufgabe, »unter vergnügtem und angemessenem Zeitvertreib die Mühsal des Lebens und die Not bedürftiger Mitmenschen zu lindern«. Wesentliches Moment bei den Zusammenkünften der Ordensgesellschaft, die sich in späteren Jahren vor allem der Pflege des Andenkens an Bellman widmete, sind Gesang und Instrumentalmusik.

Byström: Johan Nicolas Byström (1783-1848), Bildhauer, Schüler Tobias Sergels, schuf die Büste Bellmans, die sich auf der Stockholmer Insel Djurgården befindet.

327 *der alte Fryxell:* Anders Fryxell (1795-1881), neben Geijer meistgelesener Historiker seiner Zeit, Mitglied der Schwedischen Akademie, kritisierte in seinen »Bidrag till Sveriges litteraturhistoria« (Beiträge zur schwedischen Literaturgeschichte, 1-9; 1860-1862) die neuromantische Bewegung und die positive Interpretation Bellmans, den er als Abstinenzler ablehnte.

328 *In den Büchern und Auf der Bühne:* Die Überschrift des Kapitels lautete ursprünglich »Die Bücher«.

329 *Helge:* (1814; dÜ 1831/38), Versdrama im nordischen Stil von Adam Oehlenschläger.

den ästhetischen Systemen, wie sie Ljunggren ...: H.H. Ljunggren, »Framställning av de förnämsta estetiska systemerna« (Darstellung der wichtigsten ästhetischen Systeme, I-II; 1856-1860).

330 *Der Schaber:* Kopie von Lysippos' Statue »Apoxyomenos« (Der sich Schabende) von 325 v. Chr., die im Stockholmer Nationalmuseum aufgestellt war. Die bekannteste Kopie befindet sich in den Vatikanischen Sammlungen.

332 *Frau Schwartz:* Marie Sophie Schwartz (1819-1894), schwedische Autorin populärer bis trivial-sentimentaler Romane, die der liberalen Opposition gegen den Adel Ausdruck geben sollten. Dtsch. »Gesammelte Romane«, 1-44; 1865-1874.

333 *sein Stück:* In Rom.

336 *Zerrissen:* Im Orig. dtsch.

347 *Novum:* Beliebtes Wirtshaus in Uppsala.

350 *Hakon Jarl oder Idealismus und Realismus:* Die erste Seite des

Manuskriptes trägt den Vermerk: »Meine Abhandlung für cum laude im Fil. Kand. Examen.« Das Fil. Kand. (= Filosofie Kandidat)-Examen ist das erste Examen an schwedischen Universitäten und entspricht etwa dem deutschen 1. Staatsexamen. Der Examenskandidat mußte vor der Prüfung die von ihm angestrebte Note angeben.

353 *Was ist in dieser Hinsicht Tegnér...:* Tegnérs »Frithiof Saga« und Oehlenschlägers »Hakon Jarl« (1806) haben beide die Auseinandersetzung des absterbenden nordischen Heidentums mit dem neuen Christentum zum Gegenstand. Während Tegnér in seinem Epos die Gestalt des »guten Heiden« zeigt, der christliches Gedankengut und christliche Sittlichkeit antizipiert und sie in Gestalt des Lichtgottes Balder verehrt, stellt Oehlenschläger in seinem fünfaktigen Trauerspiel Heidentum und Christentum, vertreten durch die historischen Gestalten Hakon Jarl und Olav Tryggvason, einander letztlich unversöhnlich gegenüber.

355 *die »Goldhörner«:* (Guldhornene; 1803; dÜ 1831), Gedicht von Oehlenschläger über die beiden Goldhörner, die 1639 bzw. 1734 im jütländischen Gallehus gefunden wurden und die mit ihren Runeninschriften eines der frühesten Zeugnisse des nordischen Runenalphabetes darstellen. Die beiden Hörner wurden 1802 aus den königlichen Sammlungen in Kopenhagen entwendet und wahrscheinlich eingeschmolzen.

357 *Wessel:* Johan Herman Wessel (1742-1785), norwegischer Dramatiker, Autor des Stückes »Liebe ohne Strümpfe« (Kierlighed uden strømper; 1772; dÜ 1827 u.a.), einer satirischen Tragödie, die Inhalt und Form des den Zeitgeschmack beherrschenden französischen Trauerspiels auf die Sphäre des »kleinen Mannes« überträgt und es so parodiert.

358 *Ewald:* Johannes Ewald (1743-1781), dänischer Dichter, Vorläufer der Romantik, Bearbeiter altnordischer Stoffe.
Die Norwegische Gesellschaft: 1772 gegründete landsmannschaftliche kulturelle Vereinigung von Norwegern, die in Kopenhagen lebten. – Norwegen stand bis 1814 unter dänischer Oberhoheit.
Grundtvig: Nicolai Fredrik Grundtvig (1783-1872), dänischer Theologe, Schriftsteller und Volkserzieher, der Vater des »Fröhlichen Christentums«, Gründer der dänischen Volkshochschulen.

359 *der sogenannte Baggesen-Oehlenschläger-Streit:* Im »Karfunkel oder Klingklingel-Almanach« (1810) hatte der an der deutschen Aufklärung orientierte Jens Baggesen (1764-1826) dem jüngeren Oehlenschläger vorgeworfen, er sei ein Apologet der deutschen Romantik (»der Karfunkelpoesie«), habe Phantasie und Verstand voneinander getrennt und somit die Versprechungen, die er mit seinen ersten Werken gegeben habe, nicht eingelöst. Diese Kritik

führte in den stark nach Deutschland orientierten literarisch interessierten Kogenhagener Kreisen zu heftigen Kontroversen. Baggesen wurde vorgeworfen, nicht kulturelles Interesse, sondern die Berufung Oehlenschlägers auf die Kopenhagener Professur für Ästhetik (1809), auf die auch Baggesen sich beworben hatte, sei das tatsächliche Motiv für den Angriff.

das stellenweise wirklich großartige Labyrinth: »Das Labyrinth« (Labyrinten; 1792/93; dÜ 1836), romantischer Bericht über eine Deutschlandreise von Jens Baggesen.

360 *Molbech:* Christian Molbech (1783-1857), dänischer Schriftsteller und Literaturhistoriker. Seine Zeitschrift Athene (1814-1817) war Organ für die Anhänger Oehlenschlägers im Baggesen-Oehlenschläger-Streit.

Nyerup: Rasmus Nyerup (1759-1829), Verfasser der »Dansk Litteraturhistoria« (Dänische Literaturgeschichte, 6 Bde.; 1800-1828).

Rahbek: Knud Rahbek (1760-1830), dänischer Schriftsteller, Professor für Literaturgeschichte in Kopenhagen, Gründer der Zeitschrift Den danske Tilskuer (Der dänische Zuschauer; 1791-1808), durch die er als Theater- und Literaturkritiker großen Einfluß gewann.

zwischen Phosphoristen und Akademisten: Auseinandersetzung zwischen Mitgliedern des 1807 in Uppsala gegründeten Aurora-Bundes – zumeist aus Studenten und jüngeren Dozenten bestehend, die sich für eine Erneuerung des literarischen und geistigen Lebens in Schweden einsetzten – und den Akademisten oder Neugotikern. Die Auseinandersetzung fand in den Zeitschriften Phosphoros (Zs. der »Phosphoristen«) und Iduna (Zs. der »Neugotiker«) statt.

Kommentar Per Vrølers: Die sich anschließenden Verszitate stammen aus »Knud Sjællandfarers nærmere Oplysning« (Knud Seelandfahrers eingehendere Aufklärung; 1816) von Jens Baggesen. Sie wurden nach dem dänischen Text neu übersetzt.

Die Oehlenschläger-Zitate aus »Hakon Jarl« wurden nach der Ausgabe »Poetiske Skrifter«, III, 1958, neu übersetzt.

361 *Heiberg:* Johan Ludvig Heiberg (1791-1860), vielseitig interessierter und einflußreicher dänischer Dichter und Kritiker, Verfasser von Vaudevilles und Schauspielen, Theaterdirektor in Kopenhagen, entdeckte Hegel für Dänemark.

363 *Poul Møller:* (1794-1838), dänischer Dichter, war mit seinen häufig geschmacklosen Parodien auf Baggesen einer der eifrigsten Teilnehmer am Baggesen-Oehlenschläger-Streit.

Fahlcrantz: Christian Erik Fahlcrantz, Theologieprofessor in Uppsala, seit 1854 Bischof in Västerås; »Reseminnen från åren 1835 och 1836« (Reiseerinnerungen aus den Jahren 1835 und 1836; 1865).

365 *die Poesien Joungs:* Edward Young (1683-1765), englischer Dichter der Aufklärung. Hauptwerk »The Complaint, or: Night Thoughts, on Life, Death, and Immorality« (1742-1745; dÜ i. A. 1760/61). – Manuskript und 1. Auflage haben *Joung*.

366 »*Weltschmerz«:* Im Orig. dtsch.

372 *Brandes über Hotspur:* Georg Brandes, »William Shakespeare« (1895-1896; dÜ 1895-1896); Band 1, Kap. XXIII (»Heinrich Percy. Die Meisterschaft der Charakterzeichnung. Hotspur und Achilles«).

373 *Hauch:* Johannes Carsten Hauch (1790-1872), dänischer Dichter norwegischer Herkunft, 1846-1848 Professor für nordische Sprachen und Literatur in Kiel, 1851 Nachfolger Oehlenschlägers als Professor in Kopenhagen. Stark von der deutschen Romantik beeinflußte Dramen (»Tiberius«; 1828; dÜ 1836) und Romane (»Vilhelm Zabern«; 1834; dÜ 1836).

375 *Ny Illustrerad Tidning:* Die »Neue Illustrierte Zeitung«.

376 *Protégé eines Königs:* Die Überschrift des 12. Kapitels lautete ursprünglich »Schlaraffenland und Eldorado«.

378 *Fördärvet:* Gasthaus in Uppsala.

380 *Das Stück wurde gespielt:* Der Geächtete (Den Fredlöse; 1871; siehe FSA I).

381 *den Kronprätendenten:* »Die Kronprätendenten« (Kongsemnerne; 1864; dÜ 1872 u. a.), Schauspiel von Ibsen.

387 *Freu dich, Florenz:* Das Zitat stammt aus Dantes »Göttlicher Komödie«, Die Hölle, 26. Gesang, Str. 1-3; es wurde hier zitiert nach der Übersetzung von Friedrich von Falkenhausen (1937).

Briefe Mai bis Juni 1886

395 *Sie beide:* Gemeint sind Vater Albert und Sohn Karl Otto Bonnier.
Konstruktionsliteratur: Vgl. Nachwort, S. 766.
dem verflixten Heiraten: Heiraten II (FSA III) erschien erst Ende Oktober 1886, *Der Sohn der Magd,* Teil I, Ende Mai 1886.
den Societäten: Die von Juliette Adam herausgegebene Zeitschrift La Nouvelle Revue hatte seit einigen Jahren unter dem kollektiven Pseudonym »Graf Paul Vasili« eine Reihe intimer Sittenschilderungen aus europäischen Hauptstädten – z. B. »La Société de Berlin« – sehr erfolgreich publiziert. Bonnier hatte im Herbst 1883 das Berlin-Buch herausgebracht. Strindberg war der Band über »La Société de Stockholm« angeboten worden, in den die im Brief genannten Texte eingehen sollten. Doch sein Manuskript wurde abgelehnt:

»Es erfüllte nicht die französischen Forderungen nach Pikanterie.« (Vgl. Lagercrantz, a.a.O., S. 209). *Lettres de Stockholm* erschienen im Mai-Juli 1886 in Revue Universelle, Paris.

den Französischen Briefen: Unter französischen Bauern. Siehe S. 198 Anm.

396 *Änderungen:* Bonnier wollte statt »Hurenhaus« »Bordell« (hier »Freudenhaus«; vgl. S. 153) und die Tilgung einiger abwertender Äußerungen über C.R. Nyblom (vgl. S. 157) und Frans Hedberg (vgl. S. 158 Anm.).

Linders Familjebok: »Nordisk Familjebok. Konversationslexikon och realencyclopedi«, 1876 ff. Bände 1-4 redigiert von Nicolaus Linder.

dem Laurentschen Pensionsgefängnis: Strindberg war bei der genannten Pension in Grez verschuldet gewesen und hatte sich erst mit Hilfe einer von schwedischen Freunden durchgeführten Geldsammlung auslösen können (vgl. Nachwort, S. 762).

Namenszettel: Gemäß dem Druckfreiheitsgesetz enthielt der Namenszettel den Namen und die Angabe des Aufenthaltsorts des Autors. Er wurde von zwei Zeugen beglaubigt und für den Fall einer Anklage beim Buchdrucker in einem versiegelten Brief hinterlegt.

397 *Snoilsky:* Siehe S. 156 Anm. Snoilsky hatte Strindberg bei Erscheinen von *Das neue Reich* (1882; FSA II; vgl. S. 576 f.) seine Sympathie mitteilen lassen, aber nicht gewagt, offen für ihn einzutreten. Snoilsky lebte während der achtziger Jahre in Dresden.

Bebel: August Bebel vertritt in seinem Hauptwerk »Die Frau und der Sozialismus« (1879) die Auffassung, die Befreiung des Proletariats und die Emanzipation der Frau seien unabhängig voneinander nicht realisierbar.

398 *Le Matriarcat:* Aufsatz des französischen Soziologen Paul Lafargue.

Bildungsschwindel: Strindberg bezieht sich auf das Buch von Jens L. Christensen, »Der moderne Bildungsschwindel in Haus und Familie, sowie im täglichen Verkehr«, Leipzig 1885. – Unter dem Pseudonym Skaldaspilli erschien 1884 in Leipzig das Buch: »Jens Christensen, der Büchermacher, am Pranger wegen Plagiats und literarischen Diebstahls«. – Am 20. 1. 1885 wurde »Der moderne Bildungsschwindel« vom Landgericht Wien verboten.

Agrell: Alfhild Teresia Agrell (1849-1923), schwedische Erzählerin und Dramatikerin, Ibsen als Vorbild.

Edgren: Anne Charlotte Leffler-Edgren (1849-1892), in erster Ehe mit dem Juristen Gustaf Edgren verheiratet. Verfasserin von Dramen und Romanen, die die Probleme begabter Frauen aus der Oberschicht auf dem Weg zu ihrer Selbstverwirklichung behandeln.

durch den Prozeß: Der »Heiraten«-Prozeß 1884; siehe FSA III.

399 *Hans Jægers Kristiania-Bohême:* Siehe S. 310 Anm.

400 *Gustaf af Geijerstam:* (1858-1909), schwedischer Erzähler und Dramatiker, einer der entschiedensten Befürworter des Realismus, des »modernen Durchbruchs« in der schwedischen Literatur der achtziger Jahre.

Bruder: Diese Anredeform (schwed. bro[de]r) ist in Schweden unter (älteren) Akademikern noch heute gebräuchlich; zu Strindbergs Zeit war sie auch zwischen engen Freunden und Gesinnungsgenossen üblich.

Revue: Die von Geijerstam herausgegebene Revy för litterära och sociala frågor (Revue für literarische und soziale Fragen; 1885-1886), in der sich frühere Bundesgenossen Strindbergs schriftstellerisch von ihm absetzten.

Ödland: (Ödesmål); auf dieses Stück gibt es keinen weiteren Hinweis.

Probenreiter: Scherzhafte Bezeichnung für Handelsagent.

die Brantings über die Konkurrenz: Hjalmar Branting (1860-1925), Mitgründer der Sozialdemokratischen Arbeiterpartei Schwedens, langjähriger Parteivorsitzender und späterer Ministerpräsident, hatte in der Revy för litterära och sociala frågor 1886 den Aufsatz »En undergräfd magtställning« (Eine unterhöhlte Machtstellung) veröffentlicht, den Strindberg als Angriff auf sich wertete. In dem Aufsatz betont Branting, daß in Landwirtschaft und Industrie die Tendenz von Klein- zu Großbetrieben gehe und daß die ökonomische Entwicklung die noch vorhandene Machtstellung der schwedischen Bauern bald untergraben werde: »Nicht dem Bauern, sondern dem Arbeiter gehört die Zukunft.« – Strindbergs Vermutung wurde von Branting zurückgewiesen.

Nyberg: Ivar Nyberg (1855-1925) gehörte eine Zeitlang zur Künstlerkolonie in Grez.

401 *Fr. Key:* Ellen Key (1849-1926), schwedische Schriftstellerin, die sich vor allem für die Rechte der Frauen und Kinder einsetzte. In Deutschland wurde sie durch ihr Buch »Das Jahrhundert des Kindes« (Barnets århundrade, I-II; 1900; dÜ 1905) bekannt.

Edvard Brandes: (1847-1931), dänischer Schriftsteller, Theaterkritiker, Politiker, Mitgründer der ersten dänischen radikal-liberalen Zeitung Politiken. Bruder von Georg Brandes.

der letzte Brief: Das sechste Kapitel *Das Zivilbegräbnis* (Civilbegravningen) in *Unter französischen Bauern I* war am 24. 5. 1886 in Politiken erschienen. Strindberg hatte jedoch bis dahin kein Belegexemplar erhalten.

schreien nach einer Forts.: Die Bemerkung bezieht sich vermutlich

auf die Veröffentlichung von Texten aus *Unter französischen Bauern*, die in der Wiener Allgemeinen Zeitung abgedruckt waren.
403 *um es in Dänemark übersetzen zu lassen:* Edvard Brandes hatte vorgeschlagen, Strindberg solle seine Bücher gleichzeitig auf Schwedisch und Dänisch veröffentlichen.
Philipsen: In Gustav Philipsen (1853-1925) hatte Brandes einen interessierten dänischen Verleger gefunden. Der erste Teil von *Der Sohn der Magd* erschien im Oktober 1886 in seinem Verlag. Die Herausgabe der folgenden Teile lehnte er ab.
statt nach Schweden: Edvard Brandes hatte Strindberg mitgeteilt, er wolle den Sommer auf Dalarö in den Stockholmer Schären verbringen.
Wirtschaft: Im Orig. dtsch.
404 *Schlaraffenland:* Im Orig. dtsch.

Der Sohn der Magd
Teil III. Im Roten Zimmer

407 *Bei den Unzufriedenen:* Das Kapitel trug anfangs die Überschrift »Die dritte Staatsgewalt«.
408 *Wahlberg:* Herman Alfred Wahlberg (1834-1906), schwedischer Landschaftsmaler, Mitglied der »Düsseldorfer Schule«.
410 *Hultgren:* Johan Olof Hultgren (1819-?), schwedischer Verwaltungsbeamter und Publizist, veröffentlichte neben der genannten Schrift eine Reihe weiterer Broschüren zur Reform der Volksvertretung, darunter: »Kritik af allmänna valprincipen jämte förslag till en national representation« (Kritik des allgemeinen Wahlprinzips und Vorschläge zu einer nationalen Vertretung; 1865).
Hedin: Sven Adolf Hedin (1834-1905), liberaler Politiker und Publizist, Redakteur von Aftonbladet, nicht identisch mit dem Entdeckungsreisenden Sven Hedin.
411 *Provinziallandtage:* Schwed. landsting, verantwortlich für die Regionalverwaltung, die Gesundheits- und die Kulturpolitik.
413 *Winges Thor mit den Riesen:* M.E. Winges (vgl. S. 318 Anm.) 1871 vollendetes Gemälde »Thors Kampf mit den Riesen«.
Rosen: Georg von Rosen (1843-1923), schwedischer Maler, seit 1874 Professor an der Kunstakademie. Das Bild »Erik XIV und Karin Månsdotter« wurde 1871 vollendet.
415 *Fäderneslandet:* Die Zeitung Fäderneslandet wurde 1852 gegründet und war zunächst die radikalste, arbeiterfreundlichste Zeitung Schwedens. Nach 1885, als der neu gegründete Social-Demokraten ihre Rolle übernahm, entwickelte sie sich zur Skandalzeitung. Ende

der zwanziger Jahre wurde Fäderneslandet nach einer Reihe von Erpressungsskandalen eingestellt.

423 *Bienenkorbpapier:* Schreibpapier der schwedischen Marke Lessebo, das als Wasserzeichen einen Bienenkorb zeigt. Bevorzugtes Schreibpapier Strindbergs.

Ein Abtrünninger: Erste (Prosa-)Fassung von *Meister Olof* (Mäster Olof; 1872; FSA I).

Fryxell: Fryxell (siehe S. 327 Anm.) veröffentlichte ab 1823 »Erzählungen aus der schwedischen Geschichte« (Berättelser ur svenska historien; dÜ i.A. 1843), in denen er die besondere Bedeutung des Adels für die schwedische Geschichte hervorhob.

Afzelius: Arvid August Afzelius (1785-1871), schwedischer Theologe und Volkskundler; »Schwedische Volkslieder aus der Vergangenheit« (Svenska folkvisor från forntiden; 1814-1816; dÜ i.A. 1830 u.a.); »Sagen des schwedischen Volkes« (Svenska folkets sago-häfder; 1839-1870; dÜ i.A. 1842).

425 *Die Hure mußte also vorkommen ...:* Die zweite Hälfte des Satzes ab »weil sich beide bezahlen ließen...« wurde von Strindberg in den Fahnen gestrichen.

432 *»Die sittliche Herrschaft der Mehrheit ...«:* Dies und die übrigen Tocqueville-Zitate aus »De la Démocratie en Amerique« wurden nach der Ausgabe Paris 1951, S. 258, 263, 265 ff. übersetzt.

438 *Samuel Ödman und Olof Eneroth:* Samuel Ödman (1750-1829), Theologe und Naturforscher; Per Olof Eneroth (1825-1881), Autor zahlreicher Arbeiten über den Gartenbau. Beide litten an malariaartigem Fieber und schubweise auftretenden Wahnvorstellungen.

nicht aber aus letzterem allein herleiten: In der Handschrift folgt der mit Bleistift gestrichene Satz: »Nur Frauen, Kinder und dergleichen suchen für ein sichtbares Resultat nur eine Ursache.«

440 *wo man in großem Umfang öffentlich Unzucht betrieb ...:* Der Nebensatz wurde von Strindberg in den Fahnen gestrichen.

Berns großem Etablissement: Von H.R. Berns 1854 im Stockholmer Berzelius-Park gegründetes Café, Restaurant und Hotel.

443 *das Buch des Dozenten Schück:* Die 1883-1884 erschienene Arbeit Henrik Schücks »William Shakespere«. Vgl. S. 13 Anm.

447 *das Stück: Meister Olof.*

448 *Dietrichsons Ein Arbeiter:* »Ein Arbeiter« (En arbetare; 1872; dÜ 1911). Das Stück Lorentz Dietrichsons (vgl. S. 181) behandelt die Geschichte des Erbauers der ersten leistungsfähigen Lokomotive George Stephenson.

449 *des Jubels von 1865:* Die schwedische Parlamentsreform 1865.

Blutstropfen von 1870: Gemeint ist der deutsch-französische Krieg 1870/71.

450 *Kræmers Diamanten in Steinkohle:* Anders Robert von Kræmer, (1825-1903), Militärpolitiker; »Diamanter i stenkol« (Diamanten in Steinkohle; 1857), realistische Reiseschilderungen von England und Schottland.
Ån Bogsveigs Saga: Der Anfang der Ån Bogsveigs Saga (Början av Ån Bogsveigs Saga; 1872; FSA I), Novelle mit einem isländischen Motiv.

454 *Hartman und der Pessimismus glauben ...:* Der folgende, von Strindberg in Klammern gesetzte Satz wurde im Manuskript gestrichen.

455 *Darwin war der erste und Hartmann der zweite:* Dieser Satz wurde, obwohl im Manuskript nicht gestrichen, in die 1. Auflage nicht aufgenommen.

463 *Jacques Cœur:* (1398-1456), Finanzminister Charles' VII von Frankreich, bekannt für seine Ansammlung sagenhaften Reichtums.

465 *Hasselbacken:* 1852 eröffnetes Restaurant auf der Stockholmer Insel Djurgården, beliebtes Ausflugsziel der besseren Stockholmer Kreise.

468 *Sodomie ist das:* Von Bonnier im Manuskript gestrichen.

469 *dem Kassierer des Morgenpapier geglättet:* Vermutlich Vorbereitung der als Toilettenpapier benutzten Zeitung. Von Bonnier zur 1. Auflage gestrichen.

470 *Um eine Vorstellung von den Kämpfen seiner Seele ...:* Dieser Satz, der zu den »Aufzeichnungen eines Zweiflers« überleitet, wurde von Bonnier umformuliert: »Seine Aufzeichnungen aus dieser Zeit geben eine Vorstellung von den Kämpfen seiner Seele und von seinem ständigen Getriebensein, die Widersprüche des Lebens lösen zu wollen.«

471 *»Aufzeichnungen eines Zweiflers:* Die ganze folgende Passage (bis S. 481: »... nicht mehr erforderlich zu sein. –«) wurde von Bonnier zur 1. Auflage ausgeschlossen. Der Text der 1. Auflage setzt nach dem Satz »So wollte er es haben!« unmittelbar fort: »Dies war das Geheimnis seines später so falsch verstandenen ...« (in dieser Ausgabe S. 481).
Zu ihrer Veröffentlichung im Rahmen des Romans *Der Sohn der Magd* wurden die »Aufzeichnungen eines Zweiflers« mit einem neuen Titelblatt versehen, das neben dem Motto »Sapere aude!« den Vermerk Strindbergs trägt: »An den Setzer! Die Aufzeichnungen werden so, wie sie sind, gesetzt. Unvollständig, mit Sternchen zwischen den Abschnitten.« Ein weiteres – das ursprüngliche Titelblatt der »Aufzeichnungen« trägt den Vermerk: »(Dies ist vom Beginn der 1870er Jahre, dürfte Teil des Roten Zimmers sein und stammt tatsächlich vom Unterzeichneten.   August Strindberg

Vielleicht vor allem nach Th. re. Buckle.)«
486 *Als er ins Haus kam ...:* Die Fortsetzung des Satzes »... so, daß er das Mädchen bat, bei ihm zu schlafen« und der nächste Satz wurden im Manuskript vom Verleger gestrichen. Vgl. S. 789f.
unsichtbare Verbindung des Fleisches: »des Fleisches« vom Verleger im Manuskript gestrichen.
Am vierten Tag kam Aron zurück...: Die folgende Passage wurde bis S. 487 »... raste ihren bekannten Lauf« vom Verleger gestrichen. Vgl. S. 789.
487 *Außerdem hatte er sein Blut ...:* Der Nebensatz »vielleicht sein Bild auf die Frucht ihres Leibes gedrückt ...« wurde vom Verleger gestrichen.
Wenn er sich aber geirrt hatte?: Die folgende Passage bis S. 488 »Jetzt schämte er sich seiner Schwäche ...« wurde auf Wunsch des Verlegers ausgeschlossen. Vgl. S. 789f.
489 *Konnte er sicher sein, daß sie keinen neuen Betrug beging ...:* »... und seinen Samen vermischte ...« wurde auf Wunsch des Verlegers ausgeschlossen.
490 *Hage:* Hag, hier: eingehegtes, baumbestandenes Weideland.
493 *»Familienmädchen«:* Mädchen aus sogen. »besserer Familie«, im Gegensatz zu erwerbstätiger junger Frau.
497 *Korrespondenzen für die liberale Morgenzeitung: Briefe aus Sandhamn über den letzten Sturm, über den Untergang der Barke Neptun auf Finngrundet und die wunderbare Rettung seiner Besatzung durch Kapitän Fredrik Möller auf dem Schoner Aimo und über verschiedenes anderes* (Bref från Sandhamn om den senaste stormen, om barskeppet Neptuns undergång på Finngrundet och dess besättnings underbara räddning af kapten Fredrik Möller på skonertskeppet Aimo samt om åtskilligt annat; Dagens Nyheter 3./4. 12. 1873); *Postskriptum zum Brief aus Sandhamn* (Postscriptum till Bref från Sandhamn; Dagens Nyheter 6. 12. 1873). Siehe FSA I.
501 *Später im Bibliotheksdienst ...:* Dieser Satz wurde erst in der Korrektur eingefügt und ersetzt den ursprünglichen Satz: »Man hatte schließlich Muskelkraft durch Dampfmaschinen und Pferde ersetzt, man hatte die unsichere Wahrnehmung des Auges durch das fotografische Bild ersetzt, warum sollte man nicht auch das so abgearbeitete Gedächtnis durch einen Stellvertreter ergänzen?«
502 *Bosch:* Von türkisch boš, leer, inhaltslos, in Europa verbreitet durch Moriers Roman »Ayesha« (1834), bei Strindberg als Interjektion, Adjektiv und Substantiv für »Unsinn« verwendet.
503 *den Kompromiß eingegangen war:* 1873 war es in den Fragen der Einführung der allgemeinen Wehrpflicht und der Grundsteuern zwischen den beiden Kammern des schwedischen Parlaments zu einem

Kompromiß gekommen: Man einigte sich auf ein Wehrpflichtigenheer und eine jährliche Abschreibung der Grundsteuern um drei Prozent.

505 *wenn alle anderen ihre äußern durften:* Auf diesen Satz folgt der in den Fahnen gestrichene Satz: »Zumal seine Meinung die für die gegenwärtige Zeitrichtung richtige war.«

507 *hielt man das Opfer für vollbracht.:* Im Manuskript wird dieser Satz fortgesetzt: »... und die jährliche Subvention, die der schwedische Kronprinz vom Kaiser des Deutschen Reichs erhielt, wurde von den früheren Freunden, den Franzosen, in leicht zu zählenden Silberlingen aufgebracht.«

der Kleinstadtstudienrat Wirsén: Carl David af Wirsén (1842-1912), Dozent für Literatur, Mitglied (ab 1878) und Ständiger Sekretär der Schwedischen Akademie (ab 1883), Mitglied der Namenlosen Gesellschaft (der Signaturen), einer der unversöhnlichsten Gegner Strindbergs, Literaturkritiker der Post- och Inrikes Tidningar, des offiziellen Mitteilungsorgans der schwedischen Regierung.

Dozent Scheele: Kurt Henning Gezelius von Scheele (1838-1920), Theologe, Bischof von Visby, erster Vertreter Schwedens im Lutherischen Weltrat, Verfasser der »Teologisk symbolik« (Theologische Symbolik; 1877-1879, 2 Bde.).

Beskow, Adlercreutz: Siehe S. 115 Anm. bzw. S. 116 Anm.

518 *So hatte er in einem Anfall von Eifersucht ...:* Dieser und der folgende Satz wurden von Strindberg in der Korrektur gestrichen.

520 *»Auszüge aus einem Brief an den Freund X.«:* Die folgende Passage bis S. 527 gibt den aus mehreren Teilen bestehenden Originalbrief Strindbergs an Elisabeth Cervin wieder. Oberhalb der Überschrift befindet sich Strindbergs Vermerk »Antrag an eine Jugendflamme. Mit abschlägigem Bescheid zurückerhalten.« (Vgl. ASB I, Nr. 89).

Zur Veröffentlichung im Rahmen von *Der Sohn der Magd* hat Strindberg Personen, Orts- und Straßennamen, die auf die Identität der Empfängerin und anderer Personen schließen lassen, getilgt. Diese Maßnahme steht offenbar bereits im Zusammenhang mit der geplanten Veröffentlichung des Briefwechsels zwischen Strindberg und Siri von Essen als Teil IV des Romans, wo Strindberg zur Unkenntlichmachung der Beteiligten das gleiche Verfahren wählte. Vgl. hierzu S. 789 und S. 786.

524 *Sie trennten sich endlich ...:* Die zweite Strophe des Heine-Gedichtes ist im Manuskript gestrichen.

525 *Die Adresse hat sie geschrieben:* ** ***:* Im Manuskript steht, von Strindberg gestrichen, an Stelle der Sternchen »Elisabeth Strindberg«.

526 *Gott helfe mir!:* Im Manuskript folgen die gestrichenen Sätze: »Findest Du es unpassend, daß ich mein Porträt mitschicke! Eine Frau kann erkennen, ob es in meinem Gesicht Linien gibt, die etwas Niedriges ausdrücken oder etwas Abstoßendes bedeuten. Doch ich sehe so böse aus. Ach, das liegt an der Schlechtigkeit der Welt und der Bosheit der Menschen.«

Briefe Juni 1886

533 *Ehrenrettung:* Im Orig. dtsch.
Er und Sie: (Han och Hon) Siehe S. 789 und FSA I.

534 *George Sand und Sandeau:* Strindbergs Anspielung bezieht sich wohl auf George Sands autobiographisches Buch »Elle et lui« (1859), worin sie jedoch nicht ihre Beziehung zu Sandeau, sondern die zu Musset beschreibt.
Aftonposten: Stockholms Aftonpost, kurzlebige Abendzeitung, hrsg. von der Nyliberala sällskapet (Neuliberale Gesellschaft; vgl. S. 252, 410). Nach dem endgültigen Abbruch des Studiums, im Frühjahr 1872, begann Strindberg bei dieser Zeitung seine journalistische Tätigkeit.
Svalan: Bereits im Frühjahr 1872 war Strindberg Mitarbeiter dieser Zeitschrift gewesen.
Meister Olofs Naturalgeschichte: Siehe S. 429.
Svensk Försäkringstidning: (Schwedische Versicherungszeitung), 1873 gegründet und von Strindberg redigiert.
Der Arbeiter des Meeres: Offensichtlich Anspielung auf Victor Hugos Roman »Les travailleurs de la mer« (1866), der für den 1890 erschienenen Roman *Am offenen Meer* (I havsbandet; 1889/90; FSA VI) von Bedeutung ist.
Dagens Nyheter: Siehe S. 116 Anm.
Medborgaren: Populäre Wochenzeitung, 1870-1877, ab 1871 Svenska medborgaren und ab 1873 politisches Organ der Lantmannapartiet, einer sich nach 1866 bildenden Partei, die sehr unterschiedliche politische Kräfte – Liberale und Konservative, Bauern und Gutsbesitzer – in sich vereinte. Wichtigster gemeinsamer Programmpunkt zu dieser Zeit war der Kampf gegen das Freihandelssystem.
Frau X.: Die Finnin Ina Forstén, die die Bekanntschaft mit dem Ehepaar Carl Gustaf und Siri Wrangel, Strindbergs späterer Frau, vermittelt hatte.

535 *Herr Redakteur:* Der Brief ist wahrscheinlich an J. M. Engström, Redakteur der Zeitung Nya Samhället, gerichtet, die, von einer

Gruppe Sozialdemokraten herausgegeben, vom 5. 6.-11. 9. 1886 erschien. Die radikalsozialistische Gruppe war mit dem Kurs der Sozialdemokratischen Arbeiterpartei Schwedens und ihrem Organ, dem Social-Demokraten, unzufrieden.

536 *Verner von Heidenstam:* (1858-1940), schwedischer Schriftsteller. Heidenstam war einer der wichtigsten Vertreter der neuromantischen Dichtung der neunziger Jahre in Schweden. 1889 veröffentlichte er eine Programmschrift gegen den Naturalismus (»Renässans«), in der er gegen »Grauwetterstimmung« und »Schuhmacherrealismus« der engagierten Literatur der achtziger Jahre polemisierte. Im folgenden schrieb er historische Werke aus nationalem Geist und neuklassizistische Lyrik. Die Freundschaft mit Strindberg endete Anfang der neunziger Jahre. In der sogen. »Strindbergfehde« (1910/11; siehe FSA XII) standen sich Heidenstam und Strindberg als erbitterte Widersacher gegenüber. – Heidenstam verbrachte den Sommer 1886 auf Schloß Brunegg in der Nähe von Othmarsingen.

Antwort: Nach einem gemeinsamen Ausflug mit kleinen Pannen hatten sich Strindberg und Heidenstam mißgestimmt getrennt, worauf Heidenstam am 22. 6. 1886 brieflich reagiert hatte: »Den ganzen Abend habe ich – Du mußt entschuldigen – über Deine ungewöhnlich großen Ansprüche nachgedacht. Sie sind so Teil Deiner Persönlichkeit, daß sie fast eine neue Erklärung für Deine Arbeit liefern. Sie erzeugen eine selbstquälerische Pingeligkeit, die Deinem Wesen, Deiner Sprache, Deiner Art zu sein ein besonderes Colorit verleiht. Sowohl Du als auch Deine Frau sind kränklich, nervös pingelig (auch Deine Kinder). Die Reibungen in Eurer Ehe beruhen womöglich bloß auf Euer beider übertriebener Pingeligkeit. Sie vergiftet Euer häusliches Leben. – – – Du, ›Sohn der Magd‹, grinst abfällig über das, was Hunderte verwöhnter Touristen mit Appetit verzehren. Deine nervöse Pingeligkeit ist in Monomanie übergegangen; Du brütest über Deiner fixen Idee, daß das meiste schlecht u. ungenießbar ist. Mit Unzufriedenheit über die Gesellschaft hast Du begonnen u. endest mit Unzufriedenheit über Beefsteaks, Forellen und allzu violette Billardkugeln.«

538 *Eva:* Eva Carlsson, das Kindermädchen der Familie Strindberg. Heidenstam deutet in dem o. g. Brief an, daß Strindbergs »Pingeligkeit« sich auch auf die Bediensteten übertragen habe.

über mich: Den Schluß des Briefes, in dem Strindberg seinerseits Anschuldigungen formuliert, hat Heidenstam offenbar entfernt. Die Art dieser Anschuldigungen geht aus Heidenstams Antwort – wahrscheinlich vom 24. 6. 1886 – hervor: »Natürlich beruht der Umgang auf einem Kompromiß, doch ich kann nicht begreifen, daß dieser Kompromiß gebrochen worden sein soll, weil ich eine Debatte über eine Eigentümlichkeit Deiner Wesensart begonnen habe. --- Gib zu, daß man jemanden verletzt und beleidigt, wenn man ihn, wie Du es mit mir tust, roh und ungeschliffen nennt. Roh und ungeschliffen genannt zu werden ist die größte Beleidigung, die es gibt.«

Der Sohn der Magd
Teil IV. Der Schriftsteller

542 *des großen Stückes: Meister Olof.*
543 *Ein Fallissement:* »En fallit« (1875; dÜ 1876 u. a.), Drama von Björnson.
Der Redakteur: »Redaktøren« (1875; dÜ 1875 u. a.), Drama von Björnson.
544 *Aus Fjärdingen und Svartbäcken:* (Från Fjärdingen och Svartbäcken; 1877; FSA I), Sammlung kleiner Novellen.
546 *Posttidningen:* Siehe S. 507 Anm.
548 *All's todt!:* Im Orig. dtsch.
550 *Doch er blieb dabei ...:* Die zweite Hälfte des Satzes »... und schließlich wurden *alle voll* [100%] bezahlt« wurde von Strindberg in der Korrektur hinzugefügt.
Das Rote Zimmer: (Röda rummet; 1879: FSA I).
552 *Graumantel:* In Strindbergs Roman *Das Rote Zimmer* Bezeichnung für die Stockholmer Zeitung Aftonbladet.
553 *das Eigentumsrecht verheirateter Frauen:* Siehe Nachwort, S. 778.
554 *Magdalenaheimen:* Heime zur Besserung der Prostituierten in einigen schwedischen Städten; das erste Stockholmer Heim wurde 1852 gegründet.
die Föderation: Die »Fédération britannique continentale et générale« (in Deutschland »Britische und allgemeine Föderation«), 1875 in Liverpool gegründet, die sich der Hebung der allgemeinen Sittlichkeit und der Beseitigung der Prostitution widmete, hatte 1878 eine schwedische Filiale bekommen.
557 *im Geheimnis der Gilde: Das Geheimnis der Gilde* (Gillets hemlighet; 1880; siehe FSA II).
558 *Die wirklich Freisinnigen brummten und redeten von der Schwedischen Akademie:* Die Fortsetzung dieses Satzes: »... und gaben vor zu glauben, daß der Verfasser die alte Lehre des Kreuzes gepredigt habe, wo er doch nur ein poetisches Bild aus der gotischen Architektur entlehnt hatte« wurde von Strindberg in der Korrektur gestrichen.
558 *Alt-Stockholm:* (Gamla Stockholm; 1880-1882; siehe FSA II). Die Anmerkung auf S. 559 stammt von Strindberg.

ein Student in Uppsala: Der schwedische Volkswirtschaftler und Vertreter des Neumalthusianismus Knut Wicksell hatte 1880 in seinem Vortrag »Was sind die allgemeinen Ursachen des Alkoholmißbrauchs, und wie lassen sie sich vermeiden?« eine Geburtenbeschränkung befürwortet und löste damit in Schweden eine mehrere Jahre lang dauernde Sittlichkeitsdebatte aus.

Bergstedt in Samtiden: Carl Frederik Bergstedt (1817-1903), schwedischer Publizist und Reichstagsabgeordneter, Redakteur von Aftonbladet, 1871-1874 Herausgeber und nahezu alleiniger Autor der politisch-kulturellen Wochenzeitung Samtiden, vertrat die Forderung nach einem gesunden Realismus in der Kunst, einer verbesserten, an den Erkenntnissen der Naturwissenschaften orientierten Volksbildung.

561 *als »Abpresser« für eine gewisse Zeitung:* Zur 1. Auflage so geändert von »als ›Abpresser‹ für die Zeitung Fäderneslandet«. Zu Fäderneslandet siehe S. 415.

564 *Linnströms Geschichte:* »Historia«, erschien in sechs Teilen zwischen 1877-1881 in Lars Hiertas Bokförlag AB, dessen Eigentümer zwischen 1862-1874 Karl Hjalmar Linnström (1836-1914) war.

Linnströms Geschichte hatte die Prinzipien...: Die folgende Passage bis »... als sei die Masse über ihre jungen Lehrer hinausgewachsen« wurde zur 1. Auflage in der Korrektur gestrichen.

Scherrs Germania: Johannes Scherr (1817-1886), deutscher Kultur- und Literaturhistoriker; »Geschichte deutscher Kultur und Sitte« (1852-1853).

eine Populäre Schwedische Kulturgeschichte: Das Schwedische Volk (Svenska folket; 1881-1882; FSA II).

567 *die Ankündigung mit dem berüchtigten Angriff auf Geijer:* Das Schwedische Volk erschien in Heftform. Auf der Rückseite des ersten Heftes schreibt Strindberg über Geijer (vgl. S. 216 Anm.), dieser habe lediglich »Königsdiener zum schwedischen Volk« gezählt; er, Strindberg, wolle diesen Fehler nun wiedergutmachen.

Wer entdeckte nun, daß eine Gefahr...: Die folgende Passage bis »... die jetzt die Gelegenheit nutzte« wurde in der Korrektur zur 1. Auflage gestrichen.

568 *Das Buch an sich war kein solcher Mißgriff...:* Die folgende Passage bis S. 569 »... das sollte er bald merken« ist in der Korrektur zur 1. Auflage gestrichen.

Afzelius': Siehe S. 423 Anm.

Held: Friedrich Wilhelm Held (1813-1872), deutscher Journalist, veröffentlichte zusammen mit dem Schriftsteller und Journalisten Otto von Corvin die »Illustrierte Weltgeschichte« (1844-1852; sÜ 1846-1852).

Lagerbring: Sven Lagerbring (1707-1787), schwedischer Historiker, Autor von »Swea Rikes Historia« (Geschichte Schwedens; 1769-1783), des ersten schwedischen Geschichtswerks mit Trennung von Quelle und Literatur.

Dalin: Olof von Dalin (1708-1763), schwedischer Historiker und Anhänger der Aufklärung; »Svea Rikes Historia« (Geschichte Schwedens; 1747-1752).

Botin: Anders af Botin (1724-1790), schwedischer Historiker, veröffentlichte 1757 »Utkast till svenska folkets historia« (Entwurf zur Geschichte des schwedischen Volkes).

Carlson: Fredrik Carlson (1811-1887), Historiker, Schüler Rankes, 1837-1846 Lehrer der königlichen Prinzen, Mitglied der Wissenschaftsakademie; »Schwedens Geschichte unter den Königen des pfälzischen Hauses« (Sveriges Historia under konungarne av Pfalziska huset; 1855-1885; dÜ i. A. 1882-1887), erste systematische Darstellung der karolingischen Epoche in der Geschichte Schwedens.

Malmström: Carl Gustaf Malmström (1822-1912), Historiker, 1882-1887 Reichsarchivar; »Sveriges politiska historia från Carl XII död till statshvälfningen 1772« (Schwedens politische Geschichte vom Tod Karls XII bis zum Staatsstreich 1772; 1855-1877), mit außerordentlich gründlicher Akten- und Archivarbeit.

569 *Fryxell:* Siehe S. 327 Anm.

574 *ein Märchenspiel: Glückspeters Reise* (Lycko-Pers resa; 1882; siehe FSA II).

576 *Das neue Reich:* Siehe S. 196 Anm.

577 *Herrn Bengts Gattin:* (Herr Bengts hustru; 1882; siehe FSA II).

578 *Schwedische Schicksale: Schwedische Schicksale und Abenteuer* (Svenska öden och äventyr; heftweise 1882-1891; siehe FSA II, III, VI).

seine Gedichte: Gedichte in Versen und Prosa (Dikter på vers och prosa; 1883; FSA II).

579 *Björnsons Fischermädchen:* »Fiskerjenten« (1868; dÜ 1868 u.a.).

Christina Nilsson: (1843-1923), nach Jenny Lind Schwedens international bekannteste Sängerin.

Die Welt, in der man sich langweilt: »Le monde où l'on s'ennuie« (1881), Stück von Edouard Pailleron (1834-1899).

580 *Schlafwandlernächte: Schlafwandlernächte an wachen Tagen. 1-4. Nacht* (Sömngångarnätter på vakna dagar. 1-4 Natt; 1883; FSA III).

581 *Johan fühlte, daß es hier ...:* Dieser Satz wurde zur 1. Auflage gekürzt zu: »Johan fühlte, daß es hier ein starkes Ich gab, stärker als seines.«

582 *Johan bekam Angst, so wie er sich eine Jungfrau ...:* Dieser Satz

wurde zur 1. Auflage gekürzt in: »Johan bekam Angst und wich aus.«
Synnövezeit: Entstehungszeit der Novelle »Synnøve Solbakken« (1857; dÜ 1859 u.a.).
Der König: Siehe S. 195 Anm.
sein Handschuh: Siehe S. 74 Anm.
585 *Jonas Lie:* Siehe S. 195 Anm.
592 *seinen Essay: Über die allgemeine Unzufriedenheit, ihre Ursachen und Heilmittel* (Om det allmänna missnöjet, dess orsaker och botemedel; 1884; FSA III).
Nils Nilssons Arbetskarls Schlußabrechnung: Nils Nilsson Arbetskarl, Pseud. für Nils Hermann Quiding (1847-1880), Jurist, Stadtrat in Malmö und Reichstagsabgeordneter. Quiding war Anhänger des utopischen Sozialismus und trat für eine stark dezentralisierte Staatsorganisation und eine Vereinigung der europäischen Staaten zu einem Staatenbund ein; das »Slutlikvid med Sveriges lag i fyra böcker, uppgjord av Nils Nilsson Arbetskarl« (Schlußabrechnung mit dem schwedischen Gesetz in vier Bänden, aufgestellt von Nils Nilsson Arbetskarl) erschien 1871-1876.
593 *eine Novelle:* Gewissensqualen (Samvetskval; 1884; FSA III).
594 *sein großes Gedicht:* Schlafwandlernächte.
So monoman arbeitet ...: Dieser Satz wurde in der Korrektur zur 1. Auflage gestrichen.
François Coppée: (1842-1908), französischer Dichter.
597 *Grössenwahn:* Im Orig. dtsch.
Max Orells: Richtig Max O'Rell, Pseud. des französischen Journalisten Paul Blouët (1848-1903), der eine Anzahl beißender Satiren auf die Britischen Inseln, darunter »John Bull et son île« (1883; sÜ 1884), veröffentlichte.
598 *den ersten Teil von Frankreichs Bauer:* Unter französischen Bauern. Siehe S. 198 Anm.
eine »politische« Tendenzschrift: Der Essay Björnstjerne Björnson erschien 1884 in Le monde poétique. Siehe FSA III.
602 *»Wahre Frauen«:* Anspielung auf das Stück »Sanna kvinnor« (Wahre Frauen; 1883) von Anne Charlotte Edgren, das die Forderung nach einem Eigentumsrecht verheirateter Frauen (vgl. Nachwort, S. 778) unterstützte.
das Buch: Heiraten I (Giftas I; 1884; FSA III).
604 *auf ein Gesetz:* Siehe Nachwort, S. 778.
Als Buch und Vorrede fertig ...: Die folgende Passage bis S. 605 »... zeigte sich auch kurz darauf« wurde in der Korrektur zur 1. Auflage gestrichen.
Frau Kowalewskis Ernennung: Sonja Kovalevski (1850-1891),

Anmerkungen 881

Mathematikerin, ab 1884 an der Hochschule in Stockholm, erste Professorin Europas.
605 *Vogel Phönix:* (Fågel Fenix), Novelle in *Heiraten I.*
606 *Das wirkliche Ziel:* Vermutung, Königin Sofia, die Frau Oscars II, habe den Prozeß indirekt in Gang gesetzt; vgl. FSA III.
607 *Weniger Kummer machte ihm ...:* Das Ende des Satzes wurde zur 1. Auflage gekürzt in »... ließ dessen schmutzige Handschuhe liegen«.
608 *ein kleines Blatt ...:* Das Manuskript fährt hier fort: »das sich Puck nannte und ...«.
Zu den Jungen, die natürlich Opposition ...: Dieser Satz wurde zur 1. Auflage gekürzt und endete »... zählten auch einige Damen«.
610 *Gleichstellung und Tyrannei:* (Likställighet och tyranni; 1884; siehe FSA III). Der Aufsatz erschien im Januar 1885 in der Zeitschrift Ur dagens krönika.
611 *das Utopien genannt wurde:* Utopien in der Wirklichkeit (Utopier i verkligheten; 1884; siehe FSA III).
612 *daß Frau Edgren den Ansprüchen ...:* Zur 1. Auflage geändert in »daß eine Frau den Ansprüchen besser ...«.
617 *der Volksverführer:* Johan Sverdrup (1816-1892), norwegischer Linkspolitiker, Chef der ersten liberalen Regierung Norwegens 1884-1889.
618 *Estrup hatte den Absolutismus eingeführt:* Jacob Estrup, dänischer Ministerpräsident von 1875-1894, regierte unter Ausnutzung der verfassungsmäßig schwachen Stellung des dänischen Parlaments von 1879 bis 1894 ohne parlamentarische Kontrolle der Haushaltsmittel.
Drachmann: Der dänische Dichter Holger Drachmann (1846-1908). Drachmann hatte sich 1883 in seinen »Skyggebilder fra Rejser i Indland og Udland« (Schattenbilder von Reisen im In- und Ausland) von den Gesinnungsgenossen des »modernen Durchbruchs« losgesagt.
Giellerup: Karl Gjellerup (1857-1919), dänischer Schriftsteller, erhielt 1917 zusammen mit Henrik Pontoppidan den Nobelpreis für Literatur. Die Anspielung betrifft sein Buch »Vandreaaret« (Das Wanderjahr; 1885), in dem er einen ähnlichen Positionswechsel wie Drachmann vornimmt.
624 *Jacobsens Tod:* Der Tod des dänischen Dichters Jens Peter Jacobsen am 30. 4. 1885.
Als er hiermit fertig war ...: Die zweite Hälfte des Satzes ab »und als er schließlich Frau Edgrens Novelettenbeweis ...« wurde in der Korrektur gestrichen.

eines jungen schwedischen Schriftstellers: Gemeint ist vermutlich Oscar Levertin (1862-1906), der 1885 die Novelle »I elfte timmen« (In elfter Stunde) veröffentlichte.

Frau Edgrens Novelettenbeweis: Vermutlich die Novelle »Tvivel« (Zweifel; 1885), in deren Mittelpunkt der Repräsentant eines asketischen Christentums steht.

625 *Cabet:* Etienne Cabet (1788-1856), französischer Publizist, verfaßte 1844 den utopischen Roman »Reise nach Ikarien« (dÜ 1894).

626 *Reise zur Familistère in Guise: Die Familistère in Guise* (Familistèren i Guise; 1885; FSA III).

der Chef des Arbeiterinstituts: Anton Nyström, der Chef des 1880 gegründeten Stockholmer Arbeiterinstituts, eines Vorläufers des Arbeiterbildungsverbandes, war 1881 zum Rücktritt gezwungen worden, als der Stockholmer Stadtrat dem Institut die Mittel mit der Begründung sperrte, sein Vorsteher vertrete »positivistische und freidenkerische Ideen«.

633 *in seiner norwegischen Thronrede:* Rede Ibsens vor dem Fahnenzug der norwegischen Arbeiter in Trondheim am 14. Juni 1885.

638 *Gleiches und Ungleiches:* (Likt och olikt; 1884), kulturkritische Aufsätze. Siehe FSA III.

639 *Henry George:* (1839-1897), amerikanischer Volkswirtschaftler. Das Zitat aus »Progress and poverty« (1880) wurde der deutschen Übersetzung »Fortschritt und Armut« (1892) entnommen.

Nordau in den Lügen: Max Nordau (1849-1923) in »Die conventionellen Lügen der Kulturmenschheit« (1883).

640 *So hat der Meister gesagt:* August Bebel in »Die Frau und der Sozialismus«.

641 *Toubeaus systematische Arbeit:* »La repartition metrique des impôts« (1880), das sich Strindberg von Bonnier hatte schicken lassen.

649 *das Programm von 1809:* Die Regierungsakte, die 1809 nach dem Sturz Gustavs IV verabschiedet wurde. Siehe S. 116 Anm.

Also müssen diejenigen, welche durch Erziehung ...: Dieser Satz, der sich einschließlich der Anmerkung (»Gestrichen mit Genehmigung des Autors ...«) bereits im Manuskript befindet, wurde in der Korrektur gestrichen. Ein Hinweis, daß diese Streichung auf Betreiben Bonniers vorgenommen wurde, läßt sich nicht finden. Es dürfte sich vielmehr um einen practical joke Strindbergs handeln.

650 *Wirtschaft:* Im Orig. dtsch.

651 *ein junger Schwede:* Verner von Heidenstam.

In ihm gab es keinen Funken von Idealismus ...: Dieser Satz wurde in der Korrektur gestrichen.

Er hatte in Rom und in Paris studiert ...: Die folgende Passage wurde bis »... zu korrigieren und komplettieren« in der Korrektur gestrichen.

653	*neue Ritterhäuser:* Neue Oberhäuser.
655	*Warum wohnt Ibsen in München ...:* Dieser Satz wurde in der Korrektur aus Aktualisierungsgründen gestrichen.

Hellqvist: Karl Gustav Hellqvist (1851-1890), schwedischer Maler, 1886 Professor an der Kunstakademie in Berlin.

Salmson: Hugo Salmson (1843-1894), schwedischer Maler. Schilderte auf seinen Bildern meist die Mühsal bäuerlichen Lebens.

Kronberg: Julius Kronberg (1850-1921), schwedischer Maler, der einzige der hier genannten, der sich mit seiner Heimat wieder versöhnte. Ab 1890 erhielt er staatliche Aufträge, so zu Deckengemälden im Königlichen Schloß und im Zuschauerraum von Dramaten.

660	*Frau Alving:* Hauptfigur in Ibsens »Gespenster« (Gengangare; 1881; dÜ 1884 u. a.).
664	*»Die Ehefrau ist ein Bundesgenosse ...:* Das Mill-Zitat stammt aus »The subjection of women« (1869) und wurde nach der Ausgabe New York 1929 übersetzt.

Briefe August bis September 1886

667	*des Verlags:* Es geht um die Verlegung der geplanten »Bauernbriefe«, die Resultat der gemeinsamen Reise sein sollten.
668	*Teil 2:* Der zweite Teil von *Der Sohn der Magd.*

S.D'isch: Sozialdemokratisch.

dieser Reise: Die im August/September gemeinsam durchgeführte Frankreichreise. Siehe S. 198 Anm.

Der deutsche Verleger: Gustaf Steffen soll mit einem Dr. Carl Bloch in Berlin verhandelt haben. – n. e.

Teil 4: Hier ist noch der Briefwechsel *Er und Sie* gemeint; vgl. S. 789 und FSA I.

669	*zwei andere Menschen:* Siri von Essens erster Ehemann Carl Gustav Wrangel und ihre Mutter Elisabeth von Essen.
670	*Teil 5:* Jetzt Teil 4.

mit einem Stück: Marodeure.

Gondinet: Die Äußerung des Dramatikers Edmond Gondinet war in Le Figaro am 22. 12. 1885 gedruckt worden: »Pour faire du théâtre, il faut être un peu bête.«

einem Chemiker: Gustaf Steffen.

671	*zu Kaufmanns Neuem Frankreich:* Carl Richard Johannes Kaufmann (1846-1894), dänischer Journalist und Schriftsteller, lebte in Paris und verfaßte mehrere Bücher über Frankreich, darunter »Fra det moderne Frankrig« (Aus dem modernen Frankreich; 1882).

Île de France-Bauern: Der Anfang 1886 geschriebene Text *Bau-*

ernleben in einem französischen Dorf (Bondeliv i en fransk by), der die erste Abteilung von *Unter französischen Bauern* bildet. Siehe S. 198 Anm.

672 *dieses Buch:* Der Verleger lehnt das Projekt zunächst als zu umfangreich ab, ließ es dann aber 1889 erscheinen, nachdem aus den vorgesehenen Photographien nichts geworden war.

Tolstoi: Strindbergs Bemerkungen beziehen sich auf »Krieg und Frieden«, das Bonnier ihm geschickt hatte.

673 *Isidor Kjellberg:* (1841-1895), gehörte zu der Anfang der achtziger Jahre von Strindberg so genannten Gruppe »Unga Sverige« (Das Junge Schweden), zu der u. a auch Hjalmar Branting gehörte (vgl. Nachwort, S. 761). 1885 versuchte Kjellberg, eine »freisinnige Verlagsgesellschaft« unter dem Namen »Fria Ordet« (Das freie Wort) zu gründen, die wichtige von den kommerziellen Verlagen abgelehnte radikale Schriften veröffentlichen sollte. Ein Aufruf zur Aktienzeichnung hatte nur wenig Erfolg.

die unterdrückten Vorworte zu Heiraten 2: Zur 1. Auflage von *Heiraten II* (Giftas II; 1885/86; FSA III) hatte der Verleger einen großen Teil von Strindbergs Vorwort und einen umfangreichen »Nachtrag« gestrichen.

674 *die Briefe: Unter französischen Bauern,* 1. Teil.

675 *Fåhræus':* Klas Fåhræus (1863-1944), Kritiker und Schriftsteller, hatte sich Anfang 1886 in Grez aufgehalten, als die Geldsammlung für Strindberg durchgeführt wurde (vgl. S. 762).

Komitee: Das Gründungskomitee von »Fria Ordet«, bestehend aus Kjellberg, Branting, Fåhræus.

einen Maler: Anspielung auf Karl Nordström (1885-1923) und seine Verlobte Tekla Lindeström.

einen Totenkranz: Eine Anekdote erzählt, Fåhræus habe als Student in Uppsala eine Philosophieprüfung bei Professor Sigurd Ribbing ablegen wollen. Nachdem Ribbing mehrmals den Termin vergessen hatte, setzte der Kandidat diesen fest, »insofern er [der Professor] noch am Leben ist«. Als der Professor auch diesmal nicht erschien, übersandte Fåhræus »zur Erinnerung an einen oft vermißten Lehrer« der Ehefrau einen Kranz.

676 *mit ihrem sechseckigen Auge:* An dieser Stelle zeichnete Strindberg ein Sechseck.

die Kanholmsbucht: Bucht im Stockholmer Schärenmeer zwischen Runmarö im Süden, Harö im Osten, Möja im Norden und Vindö im Westen.

einen runden Bau: An dieser Stelle zeichnete Strindberg eine runde Figur.

Nachdem der Bogen konkav ist: Strindberg ergänzt mit Bleistift:

»Und wird das Bild nicht ebenso ausfallen, wenn ab. gespiegelt wird, also sieht man das Bild vielleicht nur von außen umgekehrt!«.
677 *der letzte Bund:* Die Berner Zeitung Der Bund.
678 *der Preußischen Jahrbücher:* Strindberg denkt hier an den kritischen Artikel von Otto Rüdiger, »August Strindberg, ein schwedischer Sensationsschriftsteller«, in: Preußische Jahrbücher, 1885.
eines Stücks: Marodeure.
die Korrekturen: Die Zeit der Gärung, Teil 2 von *Der Sohn der Magd.*
Lettres de Stockholm: Siehe S. 395 Anm.
679 *Titel:* Zur endgültigen Titelwahl siehe Inhaltsverzeichnis.
Häutung: Schwed. tandömsning (Zahnwechsel). Wird im übertragenen Sinne für Umbruchsphasen verwendet.
Sturm und Drang: Im Orig. dtsch.
680 *Svea:* Literatur-Kalender des Bonnier-Verlags.
Edelfelt: Bonnier hatte angeregt, Strindberg solle für den Kalender Svea auf das Jahr 1887 eine Studie über den finnlandschwedischen Maler Albert Edelfelt (1854-1905) schreiben.
eine schwedische Idylle: Diese Idee verwirklichte Strindberg erst 1902 mit *Die Stadtreise* (Stadsresan; FSA IX).
681 *Die Christmette:* Schwed. Julottan. Sie findet sehr früh am Morgen des ersten Weihnachtstages statt. Das geplante Gedicht wurde nicht ausgeführt.
Die Kindstaufe: Anläßlich der Geburt seiner Tochter Greta 1883 hatte Strindberg bereits ein Gedicht über dieses Thema geplant.
Glückspeter: Glückspeters Reise.
Berlins (kleiner) Naturlehre: Nils Johan Berlin (1812-1891), Professor für Medizinische Chemie u. a. in Lund. Bekannt durch seine Lehrbücher »Lärobok i naturlären för folkskolor och folkskollärareseminarier« (Lehrbuch der Naturlehre für Volksschulen und Volksschullehrerseminare; 1852) und »Läsebok i naturlären för Sweriges allmoge« (Lesebuch der Naturlehre für Schwedens Volk; 1852), die bis in die jüngere Zeit verwendet wurden.
auf der Schädeldecke: An dieser Stelle zeichnete Strindberg den Schädel einer Biene.
682 *das Edgrensche Stipendium:* Strindberg hatte erfolglos versucht, für seine geplante Untersuchung über die europäischen Bauern zunächst in Fankreich, dann in Italien eine Unterstützung aus dem 1885 gestifteten »Lorénska fonden« zu erhalten. Der junge Soziologe Viktor E. Lorén (1857-1885) hatte sein großes Vermögen einem Fond zur Unterstützung sozialwissenschaftlicher Forschungen zur Lösung der »sozialen Frage« vermacht. Zum Ausschuß, der diese Stiftung verwaltete, gehörte Anne Charlotte Leffler-Edgren. Ein

weiteres weibliches Mitglied war Sonja Kovalevski (siehe S. 604 Anm.).

Christensen: Siehe S. 197 Anm.

683 *Neue Freie:* Christensen hatte die Erzählung *Höhere Zwecke* (Högre ändamål; 1882) aus *Schwedische Schicksale und Abenteuer* (Svenska öden och äventyr; FSA II) übersetzt, die am 17. 8. 1886 in der Wiener Zeitung Neue Freie Presse erschien.

684 *Isidor K.:* Isidor Kjellberg; vgl. S. 673 Anm.

685 *Probenreitern:* Siehe S. 400 Anm.

streich das aus: Strindberg gibt im folgenden Branting Anweisungen zu Textänderungen. Dieser war von Bonnier gebeten worden, *Die Zeit der Gärung* Korrektur zu lesen. – Die von Strindberg genehmigte Streichung der Behauptung, Entfernungen würden gewöhnlich nach der Dauer des Fußwegs angegeben (S. 221), wurde nicht vorgenommen.

abgemildert werden: Branting hatte vorgeschlagen, die Ausdrucksweise in der Schilderung der Bierstubenszenen (S. 208) zu verändern. Trotz Strindbergs Zustimmung geschah dies nicht.

Gewissensfreih.: »Rechtsgefühl« wurde durch »Gewissensfreiheit« ersetzt (S. 226).

686 *In diesem Punkt:* Branting hatte Strindbergs Angaben über die Löhne der Lehrerinnen (S. 223) angezweifelt.

Bleibt stehen: Branting hatte sich über diese Behauptung (S. 209) gewundert.

ungefährlich: Diese Stelle (S. 235) wurde geändert. Branting hatte Strindberg mitgeteilt, für Bonnier enthalte die Formulierung »Zerrt sie herunter« »eine Aufforderung, auf den König zu schießen«.

Aufzeichnungen eines Zweiflers: Siehe S. 471-481 und S. 789.

die Route: Bezieht sich auf die bevorstehende Frankreichreise. Strindberg hatte Branting eine Adressenliste geschickt, die dieser an Bonnier weitergab.

687 *Mathilde Prager:* (1844-1921), österreichische Übersetzerin von Werken Georg Brandes', Ibsens und Strindbergs. – Nachdem sie unter dem Pseudonym Erich Holm im Mai 1885 einen Artikel über *Das Rote Zimmer* veröffentlicht hatte, begann sie mit der Übersetzung von Werken Strindbergs. Im September 1885 erschien in der Neuen Freien Presse das erste Resultat: *Gewissensqualen* aus *Utopien in der Wirklichkeit. Unter französischen Bauern I* erschien – nach der Ablehnung der Neuen Freien Presse – in der Wiener Allgemeinen Zeitung.

einen solchen Ton: Strindberg entschuldigte sich für seinen »Ton« auf einer Briefkarte aus Lille, auf der er am 4. 9. 1886 die Bitte Mathilde Pragers um die alleinigen Übersetzungsrechte abgelehnt hatte. Die Erteilung hätte ohnehin keine Folgen gehabt, da die skandinavischen Länder noch nicht der Berner Konvention beigetreten waren.

Dr. Otto Rüdiger: Siehe S. 678 Anm.

Herr Ludwig: Der Buchhändler Wilhelm Ludwig hatte bereits frühe Erzählungen Strindbergs übersetzt. Als Strindberg Anfang 1887 – vermutlich auf Ludwigs Anregung – nach Issigathsbühl bei Lindau übersiedelte, zog er in das von diesem bewohnte Haus ein.

688 *Moment Aufnahme:* Im Orig. dtsch.

Die Briefe aufzunehmen: Für den zweiten Teil von *Unter französischen Bauern* konnten Mathilde Prager und Strindberg weder eine deutschsprachige Zeitung noch einen deutschen Verlag finden.

Die Kameraden

690 *Bertha:* Diese Figur entspricht der Bertha in *Der Vater* (FSA V), dem ersten Stück der geplanten Trilogie. Eine weitere Figur in beiden Stücken ist:

Östermark, Arzt: Im Personenverzeichnis des Originals »Östermark, Doktor«; im Deutschen korrekterweise »Östermark, Arzt«, die Angabe im Personenverzeichnis von *Der Vater* lautet »Doktor Östermark«. Im weiteren Verlauf steht in beiden Stücken die Figurenbezeichnung »Doktorn« (Der Doktor).

734 *Freigeister:* Im schwed. Orig. frihandlare (Freihändler).
735 *plumpe:* Im schwed. Orig. lantlig (ländlich, provinziell).
741 *sät man:* Im schwed. Orig. går man i frö (trägt man Samen).
743 *Feindseliges:* Im schwed. Orig. fienden i luften (der Feind in der Luft).

Briefe November bis Dezember 1886

753 *Anna Wahlenberg:* (1858-1933), schwedische Schriftstellerin. Sie hatte Strindberg ihr Buch »Kleine Seelen« (Små själar) zugeschickt, einen Roman über eine emanzipierte, berufstätige Frau, die sich aus ihrer konservativen Umgebung löst. Im Begleitschreiben drückt sie einerseits dem »Wahrheitssucher Strindberg« ihre Bewunderung aus, andererseits hielt sie ihm seine »Ungerechtigkeit« gegenüber der Frau vor. Falls er die Zusendung des Buches als aufdringlich empfinde, fügte sie u.a. hinzu, »brauchen Sie es ja einfach nur wegzuwerfen«.

Alexander Kielland: (1849-1906), norwegischer Schriftsteller, der in seinen Erzählungen und Romanen im Geiste des »modernen Durchbruchs« kompromißlos soziale Mißstände und Verlogenheit von Gesellschaft, Staat und Kirche darstellt.

drei Exemplare: Strindberg hatte Kielland drei Exemplare von *Heiraten II* geschickt. Dieser hatte brieflich seiner Verwunderung Ausdruck gegeben und gefragt, ob er sie verteilen solle.

754 *rein theoretisch:* Im selben Brief erklärte Kielland, die »Raserei«, in der das Buch geschrieben sei, ergreife ihn so, »daß ich Sie förmlich beneide.« Seine bedauerliche Schwäche für die Frauen jedoch werde ihm Strindberg hoffentlich nachsehen und ihm erlauben, in nahezu allem mit ihm uneinig zu sein.

meinen Revolverbrief: Strindberg hatte am 18. 11. 1886 damit gedroht, *Unter französischen Bauern II* in Morgenbladet, dem Organ der nationalliberalen Konkurrenz, drucken zu lassen, falls es von Politiken abgelehnt werde. Daraufhin erklärte Edvard Brandes seine Bereitschaft zum Druck.

755 *beim Damenkomitee:* Siehe S. 682 Anm.

die Venstre: Wörtlich: »die Linke«, die dänischen Linksliberalen.

756 *meine Manuskripte in der Frauenfrage:* Strindberg hatte der »freisinnigen Verlagsgesellschaft« »Fria Ordet« (vgl. S. 673 Anm.) mehrere Manuskripte, darunter die »unterdrückten Vorworte zu Heiraten 2« *Das letzte Wort in der Frauenfrage* (Sista ordet i kvinnofrågan; vgl. S. 778) angeboten, jedoch kurz darauf wieder zurückgezogen. Nachdem er das Manuskript zu *Das letzte Wort in der Frauenfrage* trotz mehrerer Mahnungen nicht zurückerhalten hatte, verdächtigte er schließlich Kjellberg und das Ehepaar Branting, ihre »freisinnige« Verlagstätigkeit mit »Zensur« beginnen zu wollen. Am 19. 11. 1886 wies Hjalmar Branting diese Anschuldigung entschieden zurück. Er und seine Frau hätten nicht einmal von der Existenz dieses Aufsatzes gewußt. Im übrigen, läßt er Strindberg wissen, teile seine Frau weitgehend Strindbergs Auffassungen zur Frauenemanzipation, insbesondere hinsichtlich der »Sozietätsdamen«. – Das Manuskript war vorübergehend verlorengegangen, von Kjellberg jedoch wieder aufgefunden worden, nachdem Strindberg den Text »aus dem Gedächtnis« (Brief an Isidor Kjellberg vom 18. 11. 1886) noch einmal geschrieben hatte.

EDITORISCHE NOTIZ

Die Frankfurter Strindberg-Ausgabe stellt eine repräsentative Auswahl der Werke August Strindbergs in chronologischer Anordnung dar. Die Kriterien der Textauswahl insgesamt werden im editorischen Nachwort zu Band I beschrieben; an dieser Stelle wird auch auf die Textetablierung eingegangen, die u. a. auf Strindbergs eigenwillige Orthographie und Interpunktion, soweit im Deutschen möglich, Rücksicht zu nehmen versucht.

Jeder Band enthält eine Zeittafel, Nachwort, Kommentar und Anmerkungen.

Die Texte werden zum Teil erstmals in deutscher Sprache, in neuer bzw., in einigen wenigen Ausnahmen, überarbeiteter Übersetzung vorgelegt. Den Übersetzungen bzw. Überarbeitungen liegen meist Texte zugrunde, die anhand von Manuskripten und Strindbergs Korrekturen zu den Erstausgaben entweder von den Redakteuren der neuen schwedischen Nationalausgabe (NA) oder von den einzelnen Bandherausgebern dieser Ausgabe neu etabliert wurden. Stehen Manuskripte nicht mehr zur Verfügung, wurde auf die Erstausgaben und jüngere Ausgaben zurückgegriffen, insbesondere auf die 55bändige Landquist-Ausgabe (SS). Briefe Strindbergs sind meist der fünfzehnbändigen Briefausgabe von Torsten Eklund (ASB) entnommen; nur Briefe, die nicht aus dieser Ausgabe stammen, werden in den Anmerkungen nachgewiesen.

Die Anmerkungen bringen darüber hinaus kleinere Textvarianten und erläutern, was aufgrund der zeitlichen und geographischen Distanz als erklärungsbedürftig erscheint. Personen und Titel werden nur dann kommentiert, wenn nicht vorausgesetzt werden kann, daß sie von deutschen Lexika erfaßt werden. Querverweise werden wie folgt gekennzeichnet: »FSA III«, z.B., weist auf den Abdruck eines Textes in Band III der Frankfurter Strindberg-Ausgabe hin; »siehe FSA III« gibt an, daß in Briefen oder im Anhang auf einen Text oder einen Themenkomplex eingegangen wird.

Eine Zusammenstellung der verwendeten Literatur, eine komplette Zeittafel über Leben und Werk Strindbergs und das Personen- und Werkregister sind in Band XII enthalten.

ABKÜRZUNGEN

a. a. O.:	am angegebenen Ort
Anm.:	Anmerkung
ASB:	August Strindbergs brev [A. S.'s Briefe] I–XV. Hrsg. von Torsten Eklund. Stockholm 1948–1976
Bd. (Bde.):	Band (Bände)
dtsch.:	deutsch
dÜ:	deutsche Übersetzung
dÜ i. A.:	deutsche Übersetzung in Auszügen
dÜ 1878 u. a.:	erste deutsche Übersetzung 1878; weitere folgten
dÜ u. a. 1878:	Eine von mehreren deutschen Übersetzungen erschien 1878
FSA (I):	Frankfurter Strindberg-Ausgabe (Band I)
hrsg.:	herausgegeben
NA (22):	August Strindbergs Samlade Verk. Nationalupplaga [A. S.s Gesammelte Werke. Nationalausgabe]. Redaktion Lars Dahlbäck u. a. Stockholm 1981–(Band 22). Geplant sind 72 Bände.
n. e.:	nicht ermittelt
OD:	Ockulta dagboken [Das okkulte Tagebuch] von August Strindberg. Faksimilierte Ausgabe Stockholm 1977
o. g:	oben genannt
Orig.:	Original
OS:	Samlade otryckta skrifter av August Strindberg [Gesammelte ungedruckte Schriften von A. S.] I–II. Hrsg. von Vilhelm Carlheim-Gyllensköld. Stockholm 1918–1919
Pseud.:	Pseudonym
S.:	Seite
schwed.:	schwedisch
SS (22):	Samlade skrifter av August Strindberg [Gesammelte Schriften von A. S.] 1–55. Hrsg. von John Landquist. Stockholm 1912–1921 (Band 22)
sÜ:	schwedische Übersetzung
vgl.:	vergleiche
Zs.:	Zeitschrift

NACHWEIS DER ÜBERSETZER

Der Sohn der Magd · Übersetzt von Jörg Scherzer
Die Kameraden · Übersetzt von Hans-Joachim Maass
Marodeure (Varianten) · Übersetzt von Hans-Joachim Maass
Briefe · Übersetzt von Jörg Scherzer

BILDNACHWEIS

Seite 5: Strindberg auf einer der »Impressionistenfotografien« in Gersau 1886. Strindbergmuseum, Stockholm.

Inhalt

Zeittafel 6

Der Sohn der Magd
Teil I. Der Sohn der Magd

Interview 11
1. Furchtsam und hungrig 17
2. Die Dressur beginnt 40
3. Fort von zu Hause 49
4. Berührung mit der Unterklasse 58
5. Bei der Oberklasse 79
6. Schule des Kreuzes 94
7. Die erste Liebe 115
8. Eisgang 137
9. Er ißt anderer Leute Brot 166
10. Charakter und Schicksal 181

Briefe Februar bis April 1886

An Jonas Lie vom 19. 2. 1886 195
An Gustaf Steffen vom 21. 3. 1886 196
An Albert Bonnier vom 25. 4. 1886 199

Der Sohn der Magd
Teil II. Die Zeit der Gärung

1. Im Vorhof 203
2. Da unten und da oben 224
3. Der Arzt 259
4. Vor dem Vorhang 272
5. Wie er Aristokrat wird 282
6. Hinter dem Vorhang 292

7. Er wird Schriftsteller 300
8. Der Runa-Bund 306
9. In den Büchern und Auf der Bühne 328
10. Zerrissen 336
11. Idealismus und Realismus 1871 347
12. Protégé eines Königs 385
13. Auflösung 385

Briefe Mai bis Juni 1866

An Albert Bonnier vom 7. 5. 1886 395
An Gustaf Steffen vom 19. 5. 1886 397
An Gustaf af Geijerstam vom 21. 5. 1886 400
An Edvard Brandes vom 27. 5. 1886 401
An Edvard Brandes vom 9. 6. 1886 403

Der Sohn der Magd
Teil III. Im Roten Zimmer

1. Bei den Unzufriedenen 407
2. Ein Abtrünniger 422
3. Das Rote Zimmer 430
4. Der Redakteur 457
5. Seelennot 467
6. Im Nothafen 493
7. Das öffentliche Wort 500
8. Königlicher Sekretär 509

Briefe Juni 1886

An Albert Bonnier vom 21. 6. 1886 533
An einen Unbekannten vom 22. 6. 1886 535
An Verner von Heidenstam vom 23. 6. 1886 536

Der Sohn der Magd
Teil IV. Der Schriftsteller

1. Nach dem Sturm 541
2. Die Explosion 549
3. Unten und wieder oben 562
4. Die Rache 574
5. Paris 578
6. Rousseau 586
7. Die Frau und Das Junge Schweden 599
8. Er wird Atheist 613
9. Idealismus und Sozialismus 625
10. Der Sohn der Magd 647

Briefe August bis September 1886

An Gustaf Steffen vom 9. 8. 1886 667
An Albert Bonnier vom 9. 8. 1886 668
An Isidor Kjellberg vom 13. 8. 1886 673
An Gustaf Steffen vom 20. 8. 1886 676
An Albert Bonnier vom 20. 8. 1886 678
An Gustaf Steffen vom 24. 8. 1886 681
An Hjalmar Branting vom 28. 8. 1886 684
An Mathilde Prager vom 20. 9. 1886 687

Die Kameraden

Erster Akt 691
Zweiter Akt 711
Dritter Akt 723
Vierter Akt 731

Briefe November bis Dezember 1886

An Anna Wahlenberg vom 14. 11. 1886 753
An Alexander Kielland vom 29. 11. 1886 753

An Edvard Brandes vom 3. 12. 1886 754
An Hjalmar Branting vom 6. 12. 1886 756

Nachwort 759

Anhang

Der Sohn der Magd

Strindberg zu ›Der Sohn der Magd‹ 783
Werkgeschichte 788
Begleitende Texte von 1909 791
Zur Rezeption 797
Zur Textgestalt 800

Die Kameraden

Strindberg zu ›Die Kameraden/Marodeure‹ 802
Werkgeschichte 809
Varianten aus ›Marodeure‹ 811
Zur Rezeption 840
Zur Textgestalt 843

Anmerkungen 845
Editorische Notiz 889
Abkürzungen 890
Nachweis der Übersetzer 891
Bildnachweis 891

August Strindberg
Werke in zeitlicher Folge
Frankfurter Ausgabe

Gesamtübersicht

Band I · 1869–1879: Frühe Lyrik · Meister Olof · *Zeitungsartikel und Reportagen* · Er und Sie · Aus Fjärdingen und Svartbäcken · Das Rote Zimmer

Band II · 1879–1883: Das schwedische Volk · Das neue Reich · Schwedische Schicksale und Abenteuer · Gedichte in Versen und Prosa

Band III · 1883–1886: Schlafwandlernächte · Utopien · Heiraten I, II · Schwedische Schicksale und Abenteuer · Ober- und Unterklasse · Die Prozeßreise

Band IV · 1886: Der Sohn der Magd I–IV · Die Kameraden (*mit Varianten aus* Marodeure)

Band V · 1887–1888: Der Vater · Vivisektionen (I) · Die Hemsöer · Das Plädoyer eines Irren · Das Leben der Schärenleute · Fräulein Julie

Band VI · 1888–1892: Gläubiger *und andere Einakter* · Blumenmalereien und Tierstücke · Schwedische Schicksale und Abenteuer · Am offenen Meer

Band VII · 1892–1898: Vivisektionen (II) · Jardin des plantes · Inferno · Legenden · Nach Damaskus I, II

Band VIII · 1898–1900: Das Kloster · Vor höherem Recht · Gustav Vasa · Erik XIV · Gustav Adolf

Band IX · 1900–1903: Mittsommer · Ostern · Der Todestanz I, II · Nach Damaskus III · Kristina · Ein Traumspiel · Gustav III · Wortspiele und Kleinkunst

Band X · 1903–1905: Einsam · Die Gotischen Zimmer · Schwarze Fahnen

Band XI · 1906–1908: Richtfest · Ein Blaubuch I, II · Kammerspiele

Band XII · 1908–1912: Ein Blaubuch III, IV · Offene Briefe ans Intime Theater · Die große Landstraße · Rede an die Schwedische Nation